용어해설과 법령을 같이 보는

노동 · 근로 정보와
용어 · 법규 총람

공저 : 김종석
이기옥

법문 북스

머 리 말

우리나라가 급격하게 경제성장을 이룩한 것은 1천6백만명이 산업현장에서 성실하게 일하고 있는 근로자들이 있었기 때문입니다. 그래서 이러한 근로자의 권리를 보장하기 위하여 1953년에 제정된 근로기준법은 헌법에서 보장된 근로조건의 기준을 정함으로써 근로자의 기본적 생활을 보장하고 향상시킴으로써 국민경제의 균형 있는 발전에 크게 기여하여 왔습니다.

근로기준법은 사용자와 근로자가 근로계약을 체결하는데 가장 기본적인 기준을 설정해 놓고 있어 모든 근로자 및 사용자가 상식적으로 숙지하고 있어야 합니다. 그러나 시대의 변화와 함께 산업 현장의 근무조건도 이에 맞게 적응하지 못하고 노동분쟁이 다양하게 자주 발생하고 있습니다. 더구나 약자인 근로자는 자기에게 주어진 권리를 모르고 불리한 대우와 처우를 받는 경우가 많이 발생하고 있습니다.

모든 법령이 그렇지만 노동과 근로 법령은 특히 우리 생활과 밀접하게 관련되어 있습니다. 그래서 법률관련 실무자 뿐 아니라 일반인들도 상식적으로 알고 있어야 할 필요가 있는 부분이 적지 않습니다.

'법학의 기본은 법조문'이라 했습니다.
노동 및 근로관계 법률용어들을 해설한 법률용어 부분과

노동법과 근로기준법, 그리고 그 외 다수의 관계법령을 수록
하고 있는 법전 부분으로 구성되어있습니다.

　　이러한 자료들은 대법원, 법제처, 보건복지부, 대한법률구
조공단, 근로복지공단에 나타난 해설과 상담사례 및 판례들
을 취합하고 체계적으로 정리, 분석하여 누구나 이해하기
쉽게 편집하였습니다,

2019. 5.

편저자

목　차

제1편 총 론

제2장 비정규직근로자

제3장 여성근로자

제4장 건설일용근로자

제5장 외국인근로자

제2편 노동용어해설

제3편 노동관련법령

제 1 편

총 론

제1장
근로자(勤勞者)

1. 근로자의 정의

「근로자」란 직업의 종류와 관계없이 임금을 목적으로 사업이나 사업장에 근로를 제공하는 자를 말합니다〔근로기준법(이하 '근기법'이라 한다)법 제2조 제1항 제1호〕.

근기법상 근로자는 직업의 종류와 관계가 없고 정신노동·육체노동·사무노동의 구별도 문제가 되지 않으며, 상용·일용·임시직·촉탁직 등 근무형태나 직종·직급 등도 근로자 여부를 판단하는 기준은 아닙니다.

근기법 제2조에 규정된 『근로를 제공하는 자』라 함은 사용종속관계를 전제로 하는 바, 근로자가 사용자에게 고용되어 근로를 제공한다는 것은 사용자의 지휘·명령을 받아 그가 원하는 내용의 일을 하는 것을 말하며 이를 사용종속관계라 합니다. 종속적인 관계가 있는지 여부는 다음의 요건을 기준으로 당사자 사이의 관계 전반에 나타나는 사정 등을 종합적으로 고려하여 판단합니다.

① 업무의 내용이 사용자에 의해 정해질 것, ② 취업규칙.복무규정.인사규정 등의 적용을 받으며, 업무수행과정에서 사용자로부터 상당한 지휘.감독을 받을 것, ③ 사용자에 의해 근무시간과 장소가 지정되고 이에 구속받을 것, ④ 근로자 스스로가 제3자를 고용하여 업무를 대행케 하는 등 업무의 대체성이 없을 것, ⑤ 비품.원자재, 작업도구 등을 사용자가 제공할 것(소유관계), ⑥ 보수가 근로 자체의 대상적 성격을 갖고, 기본급이나 고정급이 정하여져 있을 것, ⑦ 근로소득세의 원천징수 등 보수에 관한 사항 여부, ⑧ 근로제공관계의 계속성과 사용자에의 전속성이 있을 것, ⑨ 사회보장제도 등 다른 법령에 의해 근로자 지위를 인정할 것, ⑩ 양 당사자의 경제.사회적 조건 등입니다.

근로자 여부를 판단하는 주요한 기준은 사용종속관계라고 할 수 있으며, 보수가 근로의 대가성을 갖는지 여부는 보조적인 기준이 된다. 「임금을 목적으로 한다」는 것은 받은 금품이 임금이냐를 판단하는 것이라기보다는 근로제공이 봉사활동이 아니고 소득을 얻기 위한 목적으로 행해지는 행동인지를 판단하는 것입니다.

지급받은 금품의 임금여부를 판단하는 경우 금품수령자가 근로자인지 여부를 다시 판단해야 하는 순환논리에 빠질 수가 있습니다.

2. 근로자의 종류

① 근기법상의 「근로자」란 직업의 종류와 관계없이 임금을 목적으로 사업이나 사업장에 근로를 제공하는 자를 말합니다.
② 「파견근로자」라 함은 파견사업주가 고용한 근로자로서 근로자파견의 대상이 되는 자를 말합니다.
③ 「기간제근로자」라 함은 기간의 정함이 있는 근로계약을 체결한 근로자를 말합니다.
④ 「단시간근로자」라 함은 근기법 제2조의 단시간근로자를 말합니다.

3. 근로계약의 체결

근로계약은 서면 또는 구두로 체결된 경우에도 유효합니다. 근로계약서가 작성되어 있지 않았다 하더라도 근로자가 제공할 근로와 그에 대한 대가로 보수를 받는다는 것을 안 상태에서 업무를 수행하고 있다면 근로계약이 체결되지 않았다고 일률적으로 판단할 수는 없습니다.

사용자는 근로계약을 체결할 때에 근로자에게 다음 각 호의 사항을 명시하여야 합니다. 근로계약 체결 후 다음 각 호의 사항을 변경하는 경우에도 또한 같습니다.

① 임금
② 소정근로시간
③ 근로기준법 제55조에 따른 휴일
④ 근로기준법 제60조에 따른 연차 유급휴가
⑤ 취업의 장소와 종사하여야 할 업무에 관한 사항
⑥ 업무의 시작과 종료 시각, 휴게시간, 휴일, 휴가 및 교대 근로에 관한 사항
⑦ 임금의 결정·계산·지급 방법, 임금의 산정기간·지급시기 및 승급(昇給)에 관한 사항

⑧ 가족수당의 계산·지급 방법에 관한 사항

⑨ 퇴직에 관한 사항

⑩ 근로자퇴직급여 보장법 제4조에 따라 설정된 퇴직급여, 상여 및 최저임 금에 관한 사항

⑪ 근로자의 식비, 작업 용품 등의 부담에 관한 사항

⑫ 근로자를 위한 교육시설에 관한 사항

⑬ 출산전후휴가·육아휴직 등 근로자의 모성 보호 및 일·가정 양립 지원에 관한 사항

⑭ 안전과 보건에 관한 사항

⑮ 근로자의 성별·연령 또는 신체적 조건 등의 특성에 따른 사업장 환경 의 개선에 관한 사항

⑯ 업무상과 업무 외의 재해부조(災害扶助)에 관한 사항

⑰ 표창과 제재에 관한 사항

⑱ 그 밖에 해당 사업 또는 사업장의 근로자 전체에 적용될 사항

⑲ 사업장의 부속 기숙사에 근로자를 기숙하게 하는 경우에는 기숙사 규 칙에서 정한 사항

사용자는 위 ①과 관련한 임금의 구성항목·계산방법·지급방법 및 ②부터 ④까지의 사항이 명시된 서면을 근로자에게 교부하여야 합 니다. 다만, 본문에 따른 사항이 단체협약 또는 취업규칙의 변경 등 대통령령으로 정하는 사유로 인하여 변경되는 경우에는 근로자 의 요구가 있으면 그 근로자에게 교부해야 합니다.

친권자나 후견인은 미성년자의 근로계약을 대리할 수 없습니다. 친 권자, 후견인 또는 고용노동부장관은 근로계약이 미성년자에게 불 리하다고 인정하는 경우에는 이를 해지할 수 있습니다.

사용자는 18세 미만인 자와 근로계약을 체결하는 경우에는 근기법 제17조에 따른 근로조건을 서면으로 명시하여 교부하여야 합니다. 명시된 근로조건이 사실과 다를 경우에 근로자는 근로조건 위반을 이 유로 손해의 배상을 청구할 수 있으며 즉시 근로계약을 해제할 수 있 습니다. 근로자가 손해배상을 청구할 경우에는 노동위원회에 신청할 수 있으며, 근로계약이 해제되었을 경우에는 사용자는 취업을 목적으 로 거주를 변경하는 근로자에게 귀향 여비를 지급하여야 합니다.

근로자 명부

①성명		②생년월일	
③주소			(전화 :)
④부양가족	명	⑤종사업무	

이력	⑥기능 및 자격		퇴직	⑩해고일	년 월 일
	⑦최종 학력			⑪퇴직일	년 월 일
	⑧경력			⑫사유	
	⑨병역			⑬금품청산 등	

⑭고용일(계약기간)	년 월 일 ( )	⑮근로계약갱신일	년 월 일

〈16〉 근로계약조건	

〈17〉특기사항(교육, 건강, 휴직등)

210mm×297mm[일반용지 60g/㎡(재활용품)]

근로조건 위반 손해배상 청구 신청서

※ 색상이 어두운 란은 신청인이 적지 않습니다.

접수번호		접수일	처리기간: 30일
신청인	성명		주민등록번호
	주소		
			(전화번호 :)
	사업장명		근무부서
피신청인	사업장명		사업의 종류
	대표자명		근로자 수
	사업장 주소(소재지)		
			(전화번호 :)

신청 이유 및 청구 금액(근로계약 당시의 근로조건과 입사 이후의 근로조건 및 손해배상 청구금액을 구체적으로 기재할 것)

「근로기준법」 제19조제2항과 같은 법 시행규칙 제2조에 따라 위와 같이 근로조건 위반을 이유로 한 손해배상 청구를 신청합니다.

년   월   일

신청인   (서명 또는 인)

대리인   (서명 또는 인)

○○지방노동위원회 귀중

첨부서류	1. 근로계약서 사본 2. 사용자가 근로조건을 위반하였다는 사실을 증명하는 자료	수수료 없음

처 리 절 차

신청서 제출	→	접수	→	확인·검토	←	심의·의결	←	통보
신청인		지방노동위원회 사무국		지방노동위원회 심사담당		지방노동위원회 심판위원회		

210mm×297mm(백상지 80g/㎡)

제   호

근로계약 해지서

사업장명	사업의 종류
대표자 성명	생년월일
소재지 (전화번호 :)	

근로자성명	생년월일
소재지 (전화번호 :)	
종사업무	
계약내용	
해지사유	

「근로기준법」 제67조제2항과 같은 법 시행규칙 제16조제1항제4호에 따라 위와 같이 근로계약을 해지합니다.

                                                                        년   월   일

                              ○○지방고용노동청(지청)장   직인

210mm×297mm(백상지 80g/㎡)

취업규칙 [ ]신고서
[ ]변경신고서

※ [ ]에는 해당되는 곳에 ✓ 표시를 합니다.

접수번호	접수일	처리기간 1일

신고 내용	사업장명	사업의 종류
	대표자 성명	생년월일
	소재지 　　　　　　　(전화번호 :　　　　　　　)	
	근로자수　　　　　　　　　　　　명 　　(남　　명, 여　　명)	노동조합원수 　　　　　　　명
	의견청취일 또는 동의일 　　　　　　　년　　　　월　　　　일	

「근로기준법」 제93조와 같은 법 시행규칙 제15조에 따라 위와 같이 취업규칙을 [ ]
신고, [ ] 변경신고]합니다.

년　　　　월　　　　일

신청인　　　　　　(서명 또는 인)

대리인　　　　　　(서명 또는 인)

○○지방고용노동청(지청)장 귀하

첨부서류	1. 취업규칙 (변경신고 하는 경우에는 변경 전과 변경 후의 내용을 비교한 서류) 2. 근로자의 과반수를 대표하는 노동조합 또는 근로자 과반수의 의견을 들었음을 증명하는 자료 3. 근로자의 과반수를 대표하는 노동조합 또는 근로자 과반수의 동의를 받았음을 증명하는 자료 (근로자에게 불리하게 변경하는 경우에만 첨부합니다.)	수수료 없음

처 리 절 차

신청서 제출	→	접 수	→	내용검토	→	결 재	→	통 보
신청인		지방고용노동청 (지청)장 (민원실)		지방고용노동청(지청)장 (근로개선지도과)		지방고용노동청(지청)장 (청장·지청장)		변경명령 (법령　또는 단 체 협 약 에 저축되는　경 우)

210mm×297mm[일반용지 70g/㎡(재활용품)]

제 호	
취업규칙 변경명령서	
사업장명	사업의 종류
대표자 성명	생년월일
소재지 (전화번호 :)	

변경을 명하는 사항

변경을 명하는 사유

변경기한

　　　　　　　　　　년　　　　　월　　　　일까지

「근로기준법」 제96조제2항과 같은 법 시행규칙 제16조제1항제5호에 따라 취업규칙 중 위의 사항에 관하여 변경할 것을 명합니다.

　　　　　　　　　　　　　　　　　　　　　　　　년　　　월　　　일

　　　　　　　　○○지방고용노동청(지청)장　　　　| 직인 |

210mm×297mm(백상지 80g/㎡)

제 호	
휴게시간 또는 휴일 부여 명령서	
사업장명	사업의 종류
대표자 성명	생년월일
소재지 (전화번호 :)	

근로시간의 연장이 부적당하다고 인정하는 사유

        년   월   일 발생한 근로시간의 연장에 대하여 「근로기준법」 제53조제5항과 같은 법 시행규칙 제16조제1항제3호에 따라 다음의 휴게시간 또는 휴일을 줄 것을 명합니다.

                    휴게시간 :   시간

                    휴일 :   일

                                            년   월   일

        ○○지방고용노동청(지청)장   직인

210mm×297mm(백상지 80g/㎡)

15세 미만인 자의 취직인허증 [ ] 교부   신청서
                                     [ ] 재교부

※ [ ]에는 해당되는 곳에 "✓" 표시를 합니다.
※ 뒤쪽의 작성방법을 읽고 작성하여 주시기 바랍니다.   (앞쪽)

접수번호	접수일	처리기간: 3일

15세 미만인 자	성명	주민등록번호
	주소	

사용자 (사용자 가 될 자)	사업장명	사업의 종류
	대표자 성명	주민등록번호
	소재지	(전화번호 :)
	15세 미만인 자의 종사업무	임금
	근로시간	사용기간

학교장	학교명	
	소재지	
	(전화번호 :)	
	수업시간	
	의견	

친권자 또는 후견인	성명	주민등록번호
	주소	
	(전화번호 :)	
	15세 미만인 자와의 관계	동의여부

「근로기준법」 제64조제1항과 같은 법 시행령 제35조·제39조 및 같은 법 시행규칙 제11조제1항·제2항에 따라 위와 같이 15세 미만인 자의 취직인허증의 { [ ] 교부, [ ] 재교부} 를 신청합니다.

                                                 년   월   일

                  사용자(사용자가 될 자)   (서명 또는 인)

                      15세 미만인 자   (서명 또는 인)

○○지방고용노동청(지청)장   귀하

첨부서류	취직인허증을 못쓰게 되거나 잃어버리게 된 사유서(재교부를 신청하는 경우에만 첨부)	수수료 없음

                         210mm×297mm(백상지 80g/㎡)

제   호

15세 미만인 자의 취직인허증

15세 미만인자	성명	생년월일
	주소	

사용자	사업장명	사업의 종류
	대표자 성명	생년월일
	소재지	(전화번호 :)
	15세 미만인 자의 종사업무	임금
	근로시간	사용기간

학교	학교명	
	소재지	(전화번호 :)

친권자 또는 후견인	성명	생년월일
	주소	(전화번호 :)
	15세 미만인 자와의 관계	

「근로기준법」 제64조와 같은 법 시행규칙 제11조제3항에 따라 위와 같이 15세 미만인
자의 사용을 인허합니다.

년   월   일

○○지방고용노동청(지청)장 | 직인 |

210mm×297mm(백상지 80g/㎡)

작 성 방 법

1. "15세 미만인 자의 종사업무"란에 15세 미만인 자를 둘 이상의 업무에 사용하려는 경우에는 그 사용 직종을 모두 적으시기 바라며, 이 중 일부 직종에 대해서만 허가할 수도 있습니다.
2. "학교장"란은 15세 미만인 자가 의무교육대상이거나 학교에 재학 중인 경우에만 작성합니다 (재교부의 경우 작성할 필요 없음)

처 리 절 차

이 신고서는 아래와 같이 처리됩니다.

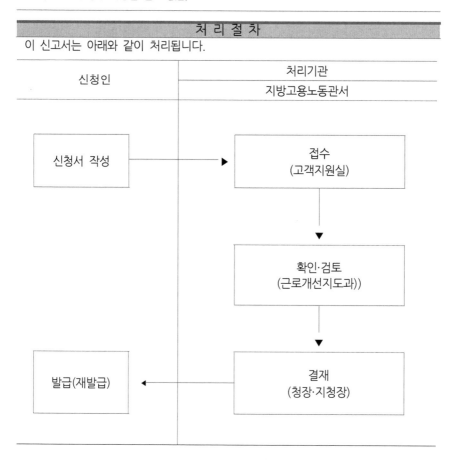

신청인	처리기관
	지방고용노동관서

- 신청서 작성 → 접수 (고객지원실)
- 확인·검토 (근로개선지도과))
- 결재 (청장·지청장)
- 발급(재발급)

4. 근로자의 구제신청

① 사용자가 근로자에게 부당해고 등을 하면 근로자는 노동위원회에 구제를 신청할 수 있습니다. 구제신청은 부당해고 등이 있었던 날부터 3개월 이내에 하여야 합니다.

노동위원회는 구제신청을 받으면 지체 없이 필요한 조사를 하여야 하며 관계 당사자를 심문하여야 합니다. 노동위원회는 심문을 할 때에는 관계 당사자의 신청이나 직권으로 증인을 출석하게 하여 필요한 사항을 질문할 수 있습니다.

노동위원회는 심문을 할 때에는 관계 당사자에게 증거 제출과 증인에 대한 반대심문을 할 수 있는 충분한 기회를 주어야 합니다. 노동위원회의 조사와 심문에 관한 세부절차는 노동위원회법에 따른 중앙노동위원회가 정하는 바에 따릅니다.

② 노동위원회는 심문을 끝내고 부당해고 등이 성립한다고 판정하면 사용자에게 구제명령을 하여야 하며, 부당해고 등이 성립하지 아니한다고 판정하면 구제신청을 기각하는 결정을 하여야 합니다. 이에 따른 판정, 구제명령 및 기각결정은 사용자와 근로자에게 각각 서면으로 통지하여야 합니다.

③ 노동위원회는 구제명령(해고에 대한 구제명령만을 말합니다)을 할 때에 근로자가 원직복직(原職復職)을 원하지 아니하면 원직복직을 명하는 대신 근로자가 해고기간 동안 근로를 제공하였더라면 받을 수 있었던 임금 상당액 이상의 금품을 근로자에게 지급하도록 명할 수 있습니다.

④ 노동위원회법에 따른 지방노동위원회의 구제명령이나 기각결정에 불복하는 사용자나 근로자는 구제명령서나 기각결정서를 통지받은 날부터 10일 이내에 중앙노동위원회에 재심을 신청할 수 있습니다. 중앙노동위원회의 재심판정에 대하여 사용자나 근로자는 재심판정서를 송달받은 날부터 15일 이내에 행정소송법의 규정에 따라 소(訴)를 제기할 수 있습니다. 이 기간 이내에 재심을 신청하지 아니하거나 행정소송을 제기하지 아니하면 그 구제

명령, 기각결정 또는 재심판정은 확정됩니다.

⑤ 노동위원회의 구제명령, 기각결정 또는 재심판정은 근기법 제31
조에 따른 중앙노동위원회에 대한 재심 신청이나 행정소송 제기
에 의하여 그 효력이 정지되지 않습니다.

⑥ 노동위원회는 구제명령(구제명령을 내용으로 하는 재심판정을 포함
합니다.)을 받은 후 이행기한까지 구제명령을 이행하지 아니한 사
용자에게 2천만원 이하의 이행강제금을 부과합니다. 이행강제금을
부과하기 30일 전까지 이행강제금을 부과·징수한다는 뜻을 사용자
에게 미리 문서로써 알려 주어야 합니다. 이행강제금을 부과할 때
에는 이행강제금의 액수, 부과 사유, 납부기한, 수납기관, 이의제기
방법 및 이의제기기관 등을 명시한 문서로써 하여야 합니다.

이행강제금을 부과하는 위반행위의 종류와 위반 정도에 따른 금
액(아래 표 참조), 부과·징수된 이행강제금의 반환절차, 그 밖에
필요한 사항은 대통령령으로 정합니다.

노동위원회는 최초의 구제명령을 한 날을 기준으로 매년 2회의
범위에서 구제명령이 이행될 때까지 반복하여 제1항에 따른 이
행강제금을 부과·징수할 수 있습니다. 이 경우 이행강제금은 2년
을 초과하여 부과·징수하지 못합니다.

이행강제금의 부과기준

위반행위	해당 법조문	금액
정당한 이유 없는 해고에 대한 구제명령을 이행하지 아니 한 자	법 제33조 제1항	500만원 이상 2,000만원 이하
정당한 이유 없는 휴직, 정직(停職)에 대한 구제명령을 이행하지 아니 한 자	법 제33조 제1항	250만원 이상 1,000만원 이하
정당한 이유 없는 전직(轉職), 감봉에 대한 구제명령을 이행하지 아니 한 자	법 제33조 제1항	200만원 이상 500만원 이하
정당한 이유 없는 그 밖의 징벌(懲罰)에 대한 구제명령을 이행하지 아니 한 자	법 제33조 제1항	100만원 이상 500만원 이하

※ 비고 : 구체적인 이행강제금의 금액은 위반행위의 종류에 따른 부과금액의 범위에서 위반행위의 동기, 고의·과실 등 사용자의 귀책 정도, 구제명령 이행을 위한 노력의 정도, 구제명령을 이행하지 아니한 기간 등을 고려하여 결정한다.

⑦ 노동위원회는 구제명령을 받은 자가 구제명령을 이행하면 새로운 이행강제금을 부과하지 아니하되, 구제명령을 이행하기 전에 이미 부과된 이행강제금은 징수하여야 합니다. 이행강제금 납부의무자가 납부기한까지 이행강제금을 내지 아니하면 기간을 정하여 독촉을 하고 지정된 기간에 제1항에 따른 이행강제금을 내지 아니하면 국세 체납처분의 예에 따라 징수할 수 있습니다.

⑧ 근로자는 구제명령을 받은 사용자가 이행기한까지 구제명령을 이행하지 아니하면 이행기한이 지난 때부터 15일 이내에 그 사실을 노동위원회에 알려줄 수 있습니다.

부당해고등의 구제 신청서

접수번호	접수일	처리기간 : 90일 (사건에 따라 연장가능)

신청인	성명	생년월일
	주소	
		(전화번호 :)
	사업장명	근무부서

피신청인	사업장명	사업주 성명(법인인 경우 대표자 성명)
	사업장 주소	
		(전화번호 :)

해고등 발생일	
신청취지	
신청이유	(별지 작성 가능)

「근로기준법」 제28조제1항과 같은 법 시행규칙 제5조에 따라 위와 같이 부당해고등에 대한 구제를 신청합니다.

년   월   일

신청인   (서명 또는 인)

대리인   (서명 또는 인)

○○지방노동위원회 위원장 귀하

첨부서류	없 음	수수료 없음

처 리 절 차

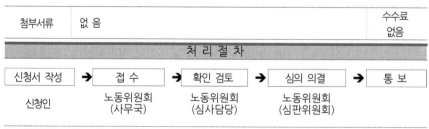

신청서 작성	→	접 수	→	확인 검토	→	심의 의결	→	통 보
신청인		노동위원회 (사무국)		노동위원회 (심사담당)		노동위원회 (심판위원회)		

210mm×297mm[백상지 80g/㎡ 또는 중질지 80g/㎡]

5. 사용자의 준수사항 및 금지행위

5-1. 준수사항

① 사용자는 근기법에서 정하는 근로조건은 최저기준이므로 근로관계 당사자는 이 기준을 이유로 근로조건을 낮출 수 없습니다. 근로조건은 근로자와 사용자가 동등한 지위에서 자유의사에 따라 결정하여야 합니다.

② 근로자와 사용자는 각자가 단체협약, 취업규칙과 근로계약을 지키고 성실하게 이행할 의무가 있습니다.

③ 사용자는 근로자에 대하여 남녀의 성(性)을 이유로 차별적 대우를 하지 못하고, 국적·신앙 또는 사회적 신분을 이유로 근로조건에 대한 차별적 처우를 하지 못합니다.

④ 사용자는 폭행, 협박, 감금, 그 밖에 정신상 또는 신체상의 자유를 부당하게 구속하는 수단으로써 근로자의 자유의사에 어긋나는 근로를 강요하지 못합니다.

⑤ 사용자는 사고의 발생이나 그 밖의 어떠한 이유로도 근로자에게 폭행을 하지 못합니다.

⑥ 누구든지 법률에 따르지 아니하고는 영리로 다른 사람의 취업에 개입하거나 중간인으로서 이익을 취득하지 못합니다.

⑦ 사용자는 근로자가 근로시간 중에 선거권, 그 밖의 공민권(公民權) 행사 또는 공(公)의 직무를 집행하기 위하여 필요한 시간을 청구하면 거부하지 못합니다. 다만, 그 권리 행사나 공(公)의 직무를 수행하는 데에 지장이 없으면 청구한 시간을 변경할 수 있습니다.

⑧ 사용자는 근로자가 퇴직한 후라도 사용 기간, 업무 종류, 지위와 임금, 그 밖에 필요한 사항에 관한 증명서를 청구하면 사실대로 적은 증명서를 즉시 내주어야 합니다. 이 증명서에는 근로자가 요구한 사항만을 적어야 합니다.

⑨ 누구든지 근로자의 취업을 방해할 목적으로 비밀 기호 또는 명부를 작성·사용하거나 통신을 하여서는 아니 됩니다.

⑩ 사용자는 각 사업장별로 근로자 명부를 작성하고 근로자의 성명, 생년월일, 이력, 그 밖에 대통령령으로 정하는 사항을 적어야 합니다. 이 근로자 명부에 적을 사항이 변경된 경우에는 지체 없이 정정하여야 합니다.

⑪ 사용자는 근로자 명부와 대통령령으로 정하는 근로계약에 관한 중요한 서류를 3년간 보존하여야 합니다.

5-2. 금지행위

① 사용자는 근로계약 불이행에 대한 위약금 또는 손해배상액을 예정하는 계약을 체결하지 못합니다.

② 사용자는 전차금(前借金)이나 그 밖에 근로할 것을 조건으로 하는 전대(前貸)채권과 임금을 상계하지 못합니다.

③ 사용자는 근로계약에 덧붙여 강제 저축 또는 저축금의 관리를 규정하는 계약을 체결하지 못합니다.

④ 사용자가 근로자의 위탁으로 저축을 관리하는 경우에는 다음 각 호의 사항을 지켜야 합니다.

 1) 저축의 종류·기간 및 금융기관을 근로자가 결정하고, 근로자본인의 이름으로 저축할 것

 2) 근로자가 저축증서 등 관련 자료의 열람 또는 반환을 요구 할 때에는 즉시 이에 따를 것

⑤ 사용자는 근로자에게 정당한 이유 없이 해고, 휴직, 정직, 전직, 감봉, 그 밖의 징벌(懲罰)을 하지 못합니다.

⑥ 사용자는 근로자가 업무상 부상 또는 질병의 요양을 위하여 휴업한 기간과 그 후 30일 동안 또는 산전(産前)·산후(産後)의 여성이 이 법에 따라 휴업한 기간과 그 후 30일 동안은 해고하지 못합니다. 다만, 사용자가 근기법 제84조에 따라 일시보상을 하였을 경우 또는 사업을 계속할 수 없게 된 경우에는 예외로 합니다.

⑦ 사용자가 경영상 이유에 의하여 근로자를 해고하려면 긴박한 경영상의 필요가 있어야 합니다. 이 경우 경영 악화를 방지하기 위한 사업의 양도·인수·합병은 긴박한 경영상의 필요가 있는 것으로 봅니다.

경영상 이유에 의한 해고계획 신고서

※ 뒤쪽의 작성방법을 읽고 작성하여 주시기 바랍니다.(앞쪽)

접수번호	접수일		처리기간 즉시
사업장 개요	①사업장명		②사업의 종류
	③대표자 성명		④생년월일
	⑤근로자수 명 (남 : 명, 여: 명)		⑥전화번호
	⑦소재지		
근로자 대표	⑧직위		⑨성명
⑩해고사유 (별지작성가능)			
⑪해고예정인원	상시근로자의 %	명 (여 :) ·	
노동조합 또는 근로자 대표와 협의한 내용	⑫해고계획통보일 년 월 일	⑬해고계획 통보방법	
	⑭해고계획 통보내용 (별지작성가능)	해고를 피하기 위한 방법	
		해고기준	
		기 타	
⑮ 해고일정			

「근로기준법」 제24조제4항과 같은 법 시행규칙 제3조에 따라 위와 같이 경영상 이유에 의한 해고계획을 신고합니다.

년   월   일

신고인   (서명 또는 인)
대리인   (서명 또는 인)

○○지방고용노동청(지청)장 귀하

첨부서류	근로자대표에게 통보한 내용을 적은 해고 관련 서류 1부	수수료 없음

210mm×297mm[일반용지 60g/㎡(재활용품)]

작성방법

⑧ 란에는 노동조합장, 노사협의회 근로자위원, 선출된 대표자 등을 적습니다.

⑭ 란은 다음과 같이 적습니다.
  "해고를 피하기 위한 방법"란에는 "연장근로의 축소, 근로시간 단축, 신규채용의 중지, 배치전환, 재교육·훈련의 실시, 퇴직희망자의 모집 등" 해고를 피하기 위하여 하였거나 앞으로 할 계획의 구체적인 내용을 적습니다.
  "해고 기준"란에는 "근속연수가 짧은 자, 근무성적이나 능력이 낮은 자 등" 해고대상자 선정기준을 구체적으로 적습니다.
  "기타"란에는 해고자 우선 재고용 여부 등 필요한 사항을 적습니다.

⑮ 란에는 해고예고일, 해고예정일 등을 적습니다.

처 리 절 차

※ 이 신고서는 아래와 같이 처리됩니다.

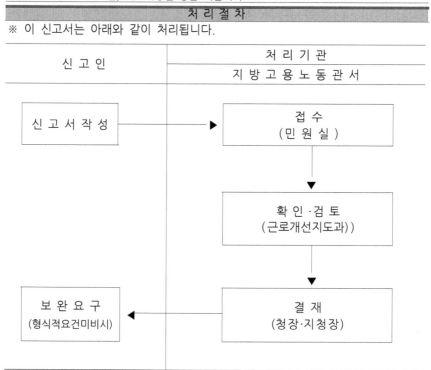

⑧ 사용자는 해고를 피하기 위한 노력을 다하여야 하며, 합리적이고 공정한 해고의 기준을 정하고 이에 따라 그 대상자를 선정하여야 합니다. 이 경우 남녀의 성을 이유로 차별하여서는 아니 됩니다.

⑨ 사용자는 ⑧에 따른 해고를 피하기 위한 방법과 해고의 기준 등에 관하여 그 사업 또는 사업장에 근로자의 과반수로 조직된 노동조합이 있는 경우에는 그 노동조합(근로자의 과반수로 조직된 노동조합이 없는 경우에는 근로자의 과반수를 대표하는 자를 말한다. 이하 "근로자대표"라 합니다)에 해고를 하려는 날의 50일 전까지 통보하고 성실하게 협의하여야 합니다.

⑩ 사용자는 ⑦에 따라 대통령령으로 정하는 일정한 규모 이상의 인원을 해고하려면 대통령령으로 정하는 바에 따라 고용노동부장관에게 신고하여야 합니다.

⑪ 사용자가 ⑦부터 ⑨까지의 규정에 따른 요건을 갖추어 근로자를 해고한 경우에는 근기법 제23조제1항에 따른 정당한 이유가 있는 해고를 한 것으로 봅니다.

⑫ 근기법 제24조에 따라 근로자를 해고한 사용자는 근로자를 해고한 날부터 3년 이내에 해고된 근로자가 해고 당시 담당하였던 업무와 같은 업무를 할 근로자를 채용하려고 할 경우 해고된 근로자가 원하면 그 근로자를 우선적으로 고용하여야 합니다. 정부는 해고된 근로자에 대하여 생계안정, 재취업, 직업훈련 등 필요한 조치를 우선적으로 취하여야 합니다.

⑬ 사용자는 근로자를 해고(경영상 이유에 의한 해고를 포함합니다)하려면 적어도 30일 전에 예고를 하여야 하고, 30일 전에 예고를 하지 아니하였을 때에는 30일분 이상의 통상임금을 지급하여야 합니다. 다만, 천재·사변, 그 밖의 부득이한 사유로 사업을 계속하는 것이 불가능한 경우 또는 근로자가 고의로 사업에 막대한 지장을 초래하거나 재산상 손해를 끼친 경우로서 다음에 정하는 사유에 해당하는 경우는 예외로 합니다.

- 납품업체로부터 금품이나 향응을 제공받고 불량품을 납품받아 생산에

차질을 가져온 경우
- 영업용 차량을 임의로 타인에게 대리운전하게 하여 교통사고를 일으킨 경우
- 사업의 기밀이나 그 밖의 정보를 경쟁관계에 있는 다른 사업자 등에게 제공하여 사업에 지장을 가져온 경우
- 허위 사실을 날조하여 유포하거나 불법 집단행동을 주도하여 사업에 막대한 지장을 가져온 경우
- 영업용 차량 운송 수입금을 부당하게 착복하는 등 직책을 이용하여 공금을 착복, 장기유용, 횡령 또는 배임한 경우
- 제품 또는 원료 등을 몰래 훔치거나 불법 반출한 경우
- 인사·경리·회계담당 직원이 근로자의 근무상황 실적을 조작하거나 허위 서류 등을 작성하여 사업에 손해를 끼친 경우
- 사업장의 기물을 고의로 파손하여 생산에 막대한 지장을 가져온 경우
- 그 밖에 사회통념상 고의로 사업에 막대한 지장을 가져오거나 재산상 손해를 끼쳤다고 인정되는 경우
⑭ 사용자는 근로자를 해고하려면 해고사유와 해고시기를 서면으로 통지하여야 합니다. 근로자에 대한 해고는 서면으로 통지하여야 효력이 있습니다. 사용자가 해고의 예고를 해고사유와 해고시기를 명시하여 서면으로 한 경우에는 통지를 한 것으로 봅니다.
⑮ 사용자가 근기법을 위반하였을 경우에는 다음과 같이 과태료가 부과됩니다.

과태료의 부과기준

1. 일반기준

가. 위반행위의 횟수에 따른 과태료 부과기준은 최근 1년간 같은 위반행위로 과태료를 부과받은 경우에 적용한다. 이 경우 위반행위에 대하여 과태료 부과처분을 한 날과 다시 같은 위반행위를 적발한 날을 각각 기준으로 하여 위반횟수를 계산한다.

나. 고용노동부장관은 위반행위자가 다음의 어느 하나에 해당하는 경우에는 제2호에 따른 과태료 금액의 2분의 1의 범위에서 그 금액을 감경할 수 있다. 다만, 과태료를 체납하고 있는 위반행위자의 경우에는 그러하지 아니하다.

  1) 위반행위자가 「질서위반행위규제법 시행령」 제2조의2제1항 각 호의 어느 하나에 해당하는 경우

  2) 위반행위자의 사소한 부주의나 오류 등 과실로 발생한 것으로 인정되는 경우

  3) 위반행위자가 위반행위를 바로 정정하거나 시정하여 해소한 경우

  4) 위반행위자가 자연재해·화재 등으로 재산에 현저한 손실이 발생하거나 사업여건의 악화로 사업이 중대한 위기에 처하는 등의 사정이 있는 경우

  5) 그 밖에 위반행위의 정도, 위반행위의 동기와 그 결과 등을 고려하여 감경할 필요가 있다고 인정되는 경우

2. 개별기준

위반행위	근거 법조문	과태료 금액(만원)		
		1차	2차	3차 이상
가. 법 제13조에 따른 요구가 있는 경우에 보고·출석하지 않거나 거짓된 보고를 한 경우	법 제116조 제1항제1호			
1) 보고 또는 출석을 하지 않은 경우		50	100	200
2) 거짓된 보고를 한 경우		300	300	300
나. 법 제14조에 따른 게시 또는 비치의무를 위반한 경우	법 제116조 제1항제2호	30	50	100
다. 법 제39조에 따른 사용증명서 교	법 제116조			

부의무를 위반한 경우	제1항제2호			
1) 사용증명서를 즉시 내어주지 않은 경우		30	50	100
2) 사실과 다르게 적은 사용증명서를 내어준 경우		50	100	200
3) 근로자가 요구하지 않은 사항을 사용증명서에 적은 경우		80	150	300
라. 법 제41조에 따른 근로자 명부 작성의무를 위반한 경우	법 제116조 제1항제2호			
1) 근로자 명부를 작성하지 않은 경우		30	50	100
2) 근로자 명부에 기재하여야 할 사항을 일부 적지 않거나 변경내용을 지체 없이 정정하지 않은 경우		20	30	50
마. 법 제42조에 따른 근로계약에 관한 서류의 보존의무를 위반한 경우	법 제116조 제1항제2호	80	150	300
바. 법 제48조에 따른 임금대장 작성의무를 위반한 경우	법 제116조 제1항제2호			
1) 임금대장을 작성하지 않은 경우		30	50	100
2) 임금대장 기재하여야 할 사항을 일부 적지 않은 경우		20	30	50
사. 법 제66조에 따른 연소자 증명서류 비치의무를 위반한 경우	법 제116조 제1항제2호	80	150	300
아. 법 제74조제7항에 따른 여성 근로자의 근로시간 단축을 허용하지 않은 경우	법 제116조 제1항제2호	500	500	500
자. 법 제91조에 따른 재해보상에 관한 중요서류 보관의무를 위반한 경우	법 제116조 제1항제2호	50	100	200
차. 법 제93조에 따른 취업규칙 작성·신고 의무를 위반한 경우	법 제116조 제1항제2호			
1) 취업규칙을 작성하지 않은 경우 2) 취업규칙을 작성하고 신고하지 않은 경우		70	130	250
3) 취업규칙의 변경신고를 하지 않은 경우		40	80	150

위반행위	근거 법조문	1차	2차	3차
		40	80	150
카. 법 제98조제2항을 위반하여 임원 선거에 간섭한 경우	법 제116조 제1항제2호	80	150	300
타. 법 제99조에 따른 기숙사 규칙의 작성 의무를 위반한 경우	법 제116조 제1항제2호			
1) 기숙사 규칙을 작성하지 않은 경우		40	80	150
2) 기숙사 규칙의 작성 또는 변경에 대하여 기숙사에 기숙하는 근로자 과반수를 대표하는 자의 동의를 받지 않은 경우		20	30	50
3) 기숙사 규칙을 지키지 않은 경우		30	50	100
파. 법 제102조에 따른 근로감독관 또는 그 위촉을 받은 의사의 임검 또는 검진을 거절, 방해 또는 기피하고 그 심문에 대하여 진술을 하지 않거나 거짓된 진술을 하며, 장부·서류를 제출하지 않거나 거짓된 장부·서류를 제출한 경우	법 제116조 제1항제3호			
1) 근로감독관 또는 그 위촉을 받은 의사의 임검 또는 검진을 거절, 방해 또는 기피한 경우		500	500	500
2) 근로감독관의 심문에 대하여 진술을 하지 않거나 거짓된 진술을 한 자				
가) 진술을 하지 않은 경우		50	100	200
나) 거짓된 진술을 한 자		300	300	300
3) 근로감독관의 요구에 대하여 장부·서류를 제출하지 않거나 거짓된 장부·서류를 제출한 경우				
가) 장부·서류를 제출하지 않은 경우		50	100	200
나) 거짓된 장부·서류를 제출한 경우		300	300	300

6. 근기법의 적용 사업장

근기법은 상시 5명 이상의 근로자를 사용하는 모든 사업 또는 사업장에 적용합니다. 다만, 동거하는 친족만을 사용하는 사업 또는 사업장과 가사(家事) 사용인에 대하여는 적용하지 아니합니다. 상시 4명 이하의 근로자를 사용하는 사업 또는 사업장에 대하여는 근로기준법의 일부 규정을 적용할 수 있습니다.

상시 4명 이하의 근로자를 사용하는 사업 또는 사업장에 적용하는 법 규정

구 분	적 용 법 규 정
제1장 총 칙	제1조부터 제13조까지의 규정
제2장 근로계약	제15조, 제17조, 제18조, 제19조제1항, 제20조부터 제22조까지의 규정, 제23조제2항, 제26조, 제35조부터 제42조까지의 규정
제3장 임금	제43조부터 제45조까지의 규정, 제47조부터 제49조까지의 규정
제4장 근로시간과 휴식	제54조, 제55조, 제63조
제5장 여성과 소년	제64조, 제65조제1항·제3항(임산부와 18세 미만인 자로 한정한다), 제66조부터 제69조까지의 규정, 제70조제2항·제3항, 제71조, 제72조, 제74조
제6장 안전과 보건	제76조
제8장 재해보상	제78조부터 제92조까지의 규정
제11장 근로감독관 등	제101조부터 제106조까지의 규정
제12장 벌 칙	제107조부터 제116조까지의 규정(제1장부터 제6장까지, 제8장, 제11장의 규정 중 상시 4명 이하 근로자를 사용하는 사업 또는 사업장에 적용되는 규정을 위반한 경우로 한정한다)

「상시 사용하는 근로자 수」는 해당 사업 또는 사업장에서 법적용 사유 발생일 전 1개월(사업이 성립한 날부터 1개월 미만인 경우에는 그 사업이 성립한 날 이후의 기간을 말합니다. 이하 "산정기간"이라 합니다) 동안 사용한 근로자의 연인원을 같은 기간 중의 가동일수로 나누어 산정합니다.

그러나 다음의 구분에 따라 그 사업 또는 사업장에 대하여 5명(근기법 제93조의 적용 여부를 판단하는 경우에는 10명을 말합니다. 이하 "법 적용 기준"이라 합니다) 이상의 근로자를 사용하는 사업 또는 사업장(이하 "법 적용 사업 또는 사업장"이라 합니다)으로 보거나 법 적용 사업 또는 사업장으로 보지 않습니다.

① 법 적용 사업 또는 사업장으로 보는 경우 : 해당 사업 또는 사업장의 근로자 수를 산정한 결과 법 적용 사업 또는 사업장에 해당하지 않는 경우에도 산정기간에 속하는 일(日)별로 근로자 수를 파악하였을 때 법 적용 기준에 미달한 일수(日數)가 2분의 1 미만인 경우

② 법 적용 사업 또는 사업장으로 보지 않는 경우 : 해당 사업 또는 사업장의 근로자 수를 산정한 결과 법 적용 사업 또는 사업장에 해당하는 경우에도 산정기간에 속하는 일별로 근로자 수를 파악하였을 때 법 적용 기준에 미달한 일수가 2분의 1 이상인 경우

근기법 제60조부터 제62조까지의 규정(제60조제2항에 따른 연차유급휴가에 관한 부분은 제외합니다)의 적용 여부를 판단하는 경우에 해당 사업 또는 사업장에 대하여 위의 규정에 따라 월 단위로 근로자 수를 산정한 결과 법 적용 사유 발생일 전 1년 동안 계속하여 5명 이상의 근로자를 사용하는 사업 또는 사업장은 법 적용 사업 또는 사업장으로 봅니다.

■ 근로기준법 시행규칙 [별지 제5호서식]

근로시간 연장 [ ]인가 [ ]승인 신청서

※ [ ]에는 해당되는 곳에 ✓ 표시를 합니다.

접수번호		접수일	처리기간	**3일**

신청인	사업장명		사업의 종류	
	대표자 성명		생년월일	
	소재지	(전화번호 :		)

신청내용	연장업무의 종류	
	연장기간	년 월 일부터 년 월 일까지 (일)
	근로자수	명 (남 명, 여 명)
	연장사유 발생일	년 월 일

시간 연장사유(구체적으로 적으시기 바랍니다.)

「근로기준법」 제53조제4항과 같은 법 시행규칙 제9조제1항에 따라 위와 같이 신청합니다.

년   월   일

신청인　　(서명 또는 인)
대리인　　(서명 또는 인)

○○지방고용노동청(지청)장 귀하

첨부서류	근로자의 동의서 사본 1부	수수료 없음

처리절차

신청서 제출	→	접 수	→	내용검토	→	결 재	→	통 보
신청인		지방고용노동청 (지청)장 (민원실)		지방고용노동청 (지청)장 (근로개선지도과)		지방고용노동청 (지청)장 (청장·지청장)		

210mm×297mm[일반용지 60g/㎡(재활용품)]

제 호

근로시간 연장 [ ] 인가서
[ ] 승인서

사업장명	사업의 종류
대표자 성명	생년월일

소재지
(전화번호 :   )

연장업무의 종류

연장기간
　　　　　년　　 월　　 일부터　　　 년　　 월　　 일까지 (　　일)

추가 연장근로시간(주당)　　　　　　　　　　　　　　　　　　시간

근로자수
　　　　　　　　　　　명 (남　　　 명, 여　　　 명)

「근로기준법」 제53조제4항과 같은 법 시행규칙 제9조제3항에 따라 위와 같이

근로시간 연장을　　　　　[ ] 인가　　 합니다.
　　　　　　　　　　　　　[ ] 승인

　　　　　　　　　　　　　　　　　　　　　　　년　　 월　　 일

○○지방고용노동청(지청)장　　　직인

210mm×297mm(백상지 80g/㎡)

[ ] **감시적**
[ ] **단속적** 근로종사자에 대한 적용제외 승인 신청서

※ [ ]에는 해당되는 곳에 √ 표시를 합니다.

접수번호		접수일	처리기간	**10일**

신청인	①사업장명		②사업의 종류	
	③대표자성명		④생년월일	
	⑤근로자수		⑥전화번호	
	⑦소재지			

신청 내용	⑧종사업무		
	⑨근로자수	감시적 근로종사자	명 (남: 명, 여: 명)
		단속적 근로종사자	명 (남: 명, 여: 명)
	⑩근로형태	감시적 근로종사자	
		단속적 근로종사자	

「근로기준법」 제63조제3호와 같은 법 시행규칙 제10조제1항에 따라 위와 같이 [[ ] 감시적,   [ ] 단속적] 근로종사자에 대한 「근로기준법」 제4장 및 제5장에서 정한 근로시간, 휴게와 휴일에 관한 규정의 적용 제외 승인을 신청합니다.

년   월   일

신청인   (서명 또는 인)
대리인   (서명 또는 인)

○○지방고용노동청(지청)장 귀하

첨부서류 없 음	수수료 없음

처 리 절 차				

신청서 제출 ➡ 접 수 ➡ 내용검토 ➡ 결 재 ➡ 통 보

신청인	지방고용노동청(지청)장 (민원실)	지방고용노동청(지청)장 (근로개선지도과)	지방고용노동청(지청)장 (청장·지청장)	

210mm×297mm[일반용지 60g/㎡(재활용품)]

제 호	
[ ] 감시적 **[ ] 단속적 근로종사자에 대한 적용 제외 승인서** ※ [ ]에는 해당되는 곳에 "√" 표시를 합니다.	
사업장명	사업의 종류
대표자 성명	생년월일
근로자수	전화번호
소재지	

종사업무		
근로자수	감시적 근로종사자	명 (남: 명, 여: 명)
	단속적 근로종사자	명 (남: 명, 여: 명)
근로형태	감시적 근로종사자	
	단속적 근로종사자	

「근로기준법」 제63조제3호와 같은 법 시행규칙 제10조제4항에 따라 위와 같이{ [ ] 감시적, [ ] 단속적} 근로종사자에 대한 「근로기준법」 제4장 및 제5장에서 정한 근로시간, 휴게와 휴일에 관한 규정의 적용 제외를 승인합니다.

년 월 일

○○지방고용노동청(지청)장 [직인]

210mm×297mm(백상지 80g/㎡)

■ 학습지판매위탁 상담교사도 근로기준법상의 근로자인지요?

Q. 저는 학습지제작·판매회사인 A회사와 위탁업무계약을 체결한 교육상담교사입니다. 저와 같은 경우에도 근로기준법상의 근로자로서 퇴직금을 청구할 수 있는지요?

A. 근로기준법상 근로자의 범위에 관하여 판례는 "근로기준법상의 근로자에 해당하는지 여부는 계약의 형식과는 관계없이 실질에 있어서 근로자가 임금을 목적으로 종속적인 관계에서 사용자에게 근로를 제공하였는지 여부에 따라 판단하여야 하고, 이를 판단함에 있어서는 업무의 내용이 사용자에 의하여 정하여지고 취업규칙·복무규정·인사규정 등의 적용을 받으며 업무수행과정에 있어서도 사용자로부터 구체적이고 직접적인 지휘·감독을 받는지 여부, 사용자에 의하여 근무시간과 근무장소가 지정되고 이에 구속을 받는지 여부, 비품·원자재·작업도구 등의 소유관계, 보수가 근로자체의 대상적(對償的) 성격을 가지고 있는지 여부와 기본급이나 고정급이 정하여져 있는지 여부 및 근로소득세의 원천징수 여부 등 보수에 관한 사항, 근로제공관계의 계속성과 사용자에의 전속성의 유무와 정도, 사회보장제도에 관한 법령 등 다른 법령에 의하여 근로자로서의 지위를 인정하여야 하는지 여부, 양 당사자의 경제·사회적 조건 등을 종합적으로 고려하여 판단하여야 하고, 반대로 어떤 근로자에 대하여 누가 근로기준법 제28조 제1항(현행 근로기준법 제34조), 제30조(현행 근로기준법 제36조)가 정하는 퇴직금 지급의무를 부담하는 사용자인가를 판단함에 있어서도 계약의 형식이나 관련 법규의 내용에 관계없이 실질적인 근로관계를 기준으로 하여야 하고, 이때에도 위와 같은 여러 요소들을 종합적으로 고려하여야 한다."라고 하였습니다(대법원 1999. 2. 9. 선고 97다56235 판결, 2001. 4. 13. 선고 2000도4901 판결, 2002. 7. 26. 선고 2000다27671 판결).

또한, "학습지 등을 제작·판매하는 회사와 위탁업무계약을 체결한 교육상담교사의 경우 그 위탁업무의 수행과정에서 업무의 내용이나 수행방법 및 업무수행시간 등에 관하여 그 회사로부터 구체적이고 직접적인 지휘·감독을 받고 있지 아니한 점, 그 회사로부터 지급받는 수수료는 그 위탁업무수행을 위하여 상담교사가 제공하는 근로의 내용이나 시간과는 관계없이 오로지 신규회원의 증가나 월회비의 등록에 따른 회비의 수금실적이라는 객관적으로 나타난 위탁업무의 이행실적에 따라서만 그 지급여부 및 지급액이 결정되는 것이어서 종속적인 관계에서의 근로제공의 대가로써의 임금이라 보기 어려운 점 및 그밖에 업무수행시간의 정함이 없는 점 등 여러 사정을 종합하여 볼 때, 교육상담교사는 그 회사와의 사이에 사용·종속관계하에서 임금을 목적으로 근로를 제공한 근로자로 볼 수 없다."라고 하였습니다(대법원 1996. 4. 26. 선고 95다20348 판결, 2005. 11. 24. 선고 2005다39136 판결).

따라서 귀하의 경우에도 위와 같은 종합적인 기준에 의하여 근로기준법상의 근로자인지 여부를 판단하여야 할 것인바, 위 판례에 비추어 볼 때 근로기준법상의 근로자로 인정되기는 어려울 것으로 보입니다.

　입시학원 운영자의 시설 내에서 수강생에게 강의를 하고 매월 수강료 수입금의 일정비율을 배분받기로 한 입시학원 단과반 강사는 학원측에 대하여 사용 종속관계 하에서 임금을 목적으로 근로를 제공하는 근로자로 볼 수 없다는 이유로 이를 근로기준법상의 근로자로 보아야 한다(대법원 1996. 7. 30. 선고 96도732 판결).

　근로기준법상의 근로자에 해당하는지 여부는 계약의 형식이 고용계약인지 도급계약인지보다 그 실질에 있어 근로자가 사업 또는 사업장에 임금을 목적으로 종속적인 관계에서 사용자에게 근로를 제공하였는지 여부에 따라 판단하여야 하고, 위에서 말하는 종속적인 관계가 있는지 여부는 업무 내용을 사용자가 정하고 취업규칙 또는 복무(인사)규정 등의 적용을 받으며 업무 수행 과정에서 사용자가 상당한 지휘·감독을 하는지, 사용자가 근무 시간과 근무 장소를 지정하고 근로자가 이에 구속을 받는지, 노무제공자가 스스로 비품·원자재나 작업도구 등을 소유하거나 제3자를 고용하여 업무를 대행하게 하는 등 독립하여 자신의 계산으로 사업을 영위할 수 있는지, 노무 제공을 통한 이윤의 창출과 손실의 초래 등 위험을 스스로 안고 있는지와, 보수의 성격이 근로 자체의 대상적 성격인지, 기본급이나 고정급이 정하여졌는지 및 근로소득세의 원천징수 여부 등 보수에 관한 사항, 근로 제공 관계의 계속성과 사용자에 대한 전속성의 유무와 그 정도, 사회보장제도에 관한 법령에서 근로자로서 지위를 인정받는지 등의 경제적·사회적 여러 조건을 종합하여 판단하여야 한다. 다만, 기본급이나 고정급이 정하여졌는지, 근로소득세를 원천징수하였는지, 사회보장제도에 관하여 근로자로 인정받는지 등의 사정은 사용자가 경제적으로 우월한 지위를 이용하여 임의로 정할 여지가 크다는 점에서, 그러한 점들이 인정되지 않는다는 것만으로 근로자성을 쉽게 부정하여서는 안 된다(대법원 2006. 12. 7. 선고 2004다 29736 판결 등 참조).

■ 대학병원의 전공의가 근로기준법상의 근로자에 해당하는지요?

Q. 저는 A대학병원에서 전공의 과정을 밟고 있는 레지던트입니다. 그런데 몇 달 전부터 저에 대한 임금이 지급되지 않고 있어 병원 측에 그 지급을 요구하였으나, 병원 측은 레지던트 과정도 교육의 과정이므로 임금을 지급하지 않아도 되며 그 전에 얼마씩 지급한 것도 장학금 내지 생활비조로 병원 측에서 호의적으로 지급한 것이었다고 말하고 있습니다. 저는 계속 이를 다투었다가는 장래에 좋지 않은 영향을 줄 것도 같아 어떻게 하여야 할지 모르겠습니다. 좋은 방법이 있는지요?

A. 근로기준법 제2조 제1항 1호에서는 '근로자'를 '직업의 종류와 관계없이 임금을 목적으로 사업이나 사업장에 근로를 제공하는 자를 말한다.'라고 정의하고 있습니다.

귀하의 경우 '전공의'과정은 '전문의'자격을 따기 위한 필수적인 수련과정에 해당한다는 점에서 과연 귀하가 근로기준법 소정의 '임금을 목적으로 근로를 제공하는 자'에 해당하는지 여부가 다투어질 수 있습니다.

이에 관하여 판례는 "인턴 또는 레지던트 등 '수련의', '전공의'의 경우에도 그들이 비록 전문의 시험자격취득을 위한 필수적인 수련과정에서 수련병원에 근로를 제공하였다고 하더라도 수련의, 전공의의 지위는 교과과정에서 정한 환자진료 등 피교육자적인 지위와 함께 병원에서 정한 진료계획에 따라 근로를 제공하고 그 대가로 임금을 지급받는 근로자로서의 지위를 아울러 가지고 있다 할 것이고, 또한 병원측의 지휘·감독아래 노무를 제공함으로써 실질적인 사용·종속관계에 있다고 할 것이므로 전공의는 병원경영자에 대한 관계에 있어서 근로기준법상의 근로자에 해당한다."라고 하였습니다(대법원 1998. 4. 24. 선고 97다57672 판결, 2001. 3. 23. 선고 2000다39513 판결).

따라서 귀하는 근로기준법의 보호를 받을 수 있으므로 임금 등의 지급을 구할 권리가 있고, 만일 이로 인해 어떠한 불이익한 처우를 받게 된 경우에는 역시 근로자의 지위에서 권리구제를 받을 수 있을 것입니다.

[관련판례 1]

노조법상의 근로자란 타인과의 사용종속관계하에서 노무에 종사하고 그 대가로 임금 등을 받아 생활하는 자를 말하고, 그 사용종속관계는 당해 노무공급계약의 형태가 고용, 도급, 위임, 무명계약 등 어느 형태이든 상관없이 사용자와 노무제공자 사이에 지휘·감독관계의 여부, 보수의 노무대가성 여부, 노무의 성질과 내용 등 그 노무의 실질관계에 의하여 결정되는 것이다(대법원 1993. 5. 25. 선고 90누1731 판결, 대법원 2006. 10. 13. 선고 2005다64385 판결 등 참조).

[관련판례 2]

골프장에서 일하는 캐디는, ① 골프장 시설운영자와 사이에 근로계약·고용계약 등의 노무공급계약을 전혀 체결하고 있지 않고, ② 그 경기보조업무는 원래 골프장 측이 내장객에 대하여 당연히 제공하여야 하는 용역 제공이 아니어서 캐디에 의한 용역 제공이 골프장 시설운영에 있어서 필요불가결한 것이 아니며, ③ 내장객의 경기보조업무를 수행한 대가로 내장객으로부터 직접 캐디 피(caddie fee)라는 명목으로 봉사료만을 수령하고 있을 뿐 골프장 시설운용자로부터는 어떠한 금품도 지급받지 아니하고, ④ 골프장에서 용역을 제공함에 있어 그 순번의 정함은 있으나 근로시간의 정함이 없어 자신의 용역 제공을 마친 후에는 골프장 시설에서 곧바로 이탈할 수 있고, ⑤ 내장객의 감소 등으로 인하여 예정된 순번에 자신의 귀책사유 없이 용역 제공을 할 수 없게 되더라도 골프장 시설운용자가 캐디 피에 상응하는 금품이나 근기법 소정의 휴업수당을 전혀 지급하고 있지도 아니하며, ⑥ 내장객에 대한 업무 수행과정에서 골프장 시설운용자로부터 구체적이고 직접적인 지휘·감독을 받고 있지 않으며, ⑦ 근로소득세를 납부하고 있지 않고, ⑧ 내장객에 대한 경기보조업무 수행을 해태하여도 그 용역을 제공하는 순번이 맨 끝으로 배정되는 등의 사실상의 불이익을 받고 있을 뿐 달리 골프장 시설

운용자가 캐디에 대하여 회사의 복무질서 위배 등을 이유로 한 징계처분을 하지 아니하는 등의 여러 사정을 종합하여 볼 때, 골프장 시설운영자에 대하여 사용종속관계하에서 임금을 목적으로 근로를 제공하는 근기법 소정의 근로자로 볼 수 없다 할 것이다(대법원 1996. 7. 30. 선고 95누13432 판결 참조).

■ 학교법인이 운영하는 대학교 시간강사가 근로자인지요?

Q. 대학교에서 시간강사로 위촉한 강사들이 근로자임을 전제로 근로복지공단에서 학교법인 앞으로 산업재해보상보험료 등을 부과하였습니다. 그런데 학교법인에서 근무하는 시간강사들 대부분이 정해진 기본급이나 고정급이 없고, 근로소득세도 원천징수되지 않는 일시적인 근로제공관계에 있는데 이러한 경우에도 시간강사가 근로자로서 인정되어 학교법인이 산업재해 보상보험료 등을 납부해야 하는지요?

A. 근로기준법 제2조 제1항 제1호는 "'근로자'란 직업의 종류와 관계없이 임금을 목적으로 사업이나 사업장에 근로를 제공하는 자를 말한다."라고 규정하고 있습니다.

근로자의 범위에 관하여 판례는 "근로기준법상의 근로자에 해당하는지 여부를 판단함에 있어서는 그 계약의 형식이 민법상의 고용계약인지 또는 도급계약인지에 관계없이 그 실질에 있어 근로자가 사업 또는 사업장에 임금을 목적으로 종속적인 관계에서 사용자에게 근로를 제공하였는지 여부에 따라 판단하여야 할 것이고, 위에서 말하는 종속적인 관계가 있는지 여부를 판단함에 있어서는, 업무의 내용이 사용자에 의하여 정하여지고 취업규칙 또는 복무(인사)규정 등의 적용을 받으며 업무수행과정에 있어서도 사용자로부터 구체적, 개별적인 지휘·감독을 받는지 여부, 사용자에 의하여 근무시간과 근무장소가 지정되고 이에 구속을 받는지 여부, 근로자 스스로가 제3자를 고용하여 업무를 대행케 하는 등 업무의 대체성 유무, 비품, 원자재나 작업도구 등의 소유관계, 보수의 성격이 근로 자체의 대상적 성격이 있는지 여부와 기본급이나 고정급이 정하여져 있는지 여부 및 근로소득세의 원천징수 여부 등 보수에 관한 사항, 근로제공관계의 계속성과 사용자에의 전속성의 유무와 정도, 사회보장제도에 관한 법령 등 다른 법령에 의하여 근로자로서의 지위를 인정받는지 여부, 양 당사자의 경제·사회적 조건 등을 종합적으로 고려하여 판단하여야 할 것이다."라고 하였습니다(대법원 1994. 12. 9. 선고 94다22859 판결).

한편, 위 사안과 관련하여 판례는 "학교법인이 운영하는 대학교에서 강의를 담당한 시간강사들은 학교측에서 시간강사들의 위촉·재위촉과 해촉 또는 해임, 강의시간 및 강사료, 시간강사의 권리와 의무 등에 관하여 정한 규정에 따라 총장 등에 의하여 시간강사로 위촉되어 대학교측이 지정한 강의실에서 지정된 강의시간표에 따라 대학교측이 개설한 교과목의 강의를 담당한 점, 대학교측의 학사관리에 관한 규정 및 학사일정에 따라 강의계획서를 제출하고 강의에 수반되는 수강생들의 출·결석 관리, 과제물 부과와 평가, 시험문제의 출제, 시험감독, 채점 및 평가 등 학사관리업무를 수행한 점, 위와 같은 업무수행의 대가로 시간당 일정액에 실제 강의시간 수를 곱한 금액(강사료)을 보수로 지급받은 점, 시간강사가 제3자를 고용하여 위와 같은 업무를 수행하는 것은 규정상 또는 사실상 불가능한 점, 시간강사가 위와 같은 업무를 수행하면서 업무수행에 불성실하거나 대학교의 제반 규정을 위반하고 교수로서의 품위를 유지하지 못하는 경우 등에는 전임교원(총장, 학장, 교수, 부교수, 조교수 및 전임강사)에 대한 재임용제한 및 해임 또는 파면 등 징계처분과 동일한 의미를 갖는 조치인 재위촉제한 또는 해촉(해임)을 받도록 되어 있는 점 등을 종합하여 보면, 대학교의 시간강사는 임금을 목적으로 종속적인 관계에서 학교법인에게 근로를 제공한 근로자에 해당한다고 봄이 상당하다."라고 하였습니다(대법원 2007. 3. 29. 선고 2005두13018, 13025 판결). 따라서 대학교의 시간강사를 근로기준법에서 정한 근로자

임을 전제로 하여 학교법인에 산업재해보상보험료 등을 부과하는
처분은 정당하다고 보입니다.

■ 자기소유 버스로 사업주의 회원 운송을 하면 근로기준법상 근로자인지요?

Q. 저는 제 소유 버스를 수영장 사업주의 명의로 등록하고 위
수영장에 전속되어 위 수영장이 정한 운행시간 및 운행노선
에 따라 회원운송용으로 운행하고 있습니다. 그래서 위 수영
장의 사업주로부터 매월 일정액의 급여를 지급받고 있습니
다. 이러한 경우 제가 차량운행 중에 재해를 당하면 근로기
준법상 근로자로서 산업재해보상을 받을 수 있는지요?

A. 근로기준법상의 근로자에 해당하는지 여부에 관하여 판례는 "근
로기준법상의 근로자에 해당하는지 여부는 그 계약의 형식이 민
법상의 고용계약인지 또는 도급계약인지에 관계없이 그 실질에
있어 근로자가 사업 또는 사업장에 임금을 목적으로 종속적인

관계에서 사용자에게 근로를 제공하였는지 여부에 따라 판단하여야 한다."라고 하였습니다(대법원 1997. 12. 26. 선고 97다17575 판결, 2001. 4. 13. 선고 2000도4901 판결, 2002. 7. 26. 선고 2000다27671 판결).

그러므로 근로제공자가 기계, 기구 등을 소유하고 있다고 하여 그것이 곧 자기의 계산과 위험부담하에 사업경영을 하는 사업자라고 단정할 것은 아닙니다. 귀하가 위 수영장이 정한 운행시간 및 운행노선에 따라 회원운송용 버스를 왕복운행하고, 일일운행점검표를 작성하여 매일 결재를 받는 등 그 운행에 관하여 수영장의 지시·감독을 받았고, 타인으로 하여금 위 버스를 대신 운행하게 하는 것이 거의 불가능하였으며, 위 수영장에 전속되어 노무를 제공하였을 뿐 위 버스를 이용하여 다른 영업행위를 한 사실이 없는 점 등이 인정된다면 비록 근로계약서, 임금대장이 작성되지 않았다거나 근로소득세가 원천징수 되지 않았다고 하더라도, 귀하는 위 수영장에 대하여 사용·종속적인 관계에서 자신 소유의 차량을 이용하여 근로를 제공하는 방법으로 근로를 제공하고 실비변상적인 성격의 금원을 포함한 포괄적인 형태의 임금을 받는 자로 보입니다(대법원 2000. 1. 18. 선고 99다48986 판결). 따라서 귀하가 위 차량운행 중 재해를 당하게 되면 근로기준법상의 근로자로서 산업재해보상을 받을 수 있을 것으로 보입니다.

관련판례1

　　근로기준법 상의 근로자에 해당하는지 여부를 판단함에 있어서는 그 계약이 민법상의 고용계약이든 또는 도급계약이든 그 계약의 형식에 관계없이 그 실질에 있어 근로자가 사업 또는 사업장에 임금을 목적으로 종속적인 관계에서 사용자에게 근로를 제공하였는지 여부에 따라 판단하여야 하고, 여기서 종속적인 관계가 있는지 여부를 판단함에 있어서는 업무의 내용이 사용자에 의하여 정하여지고, 취업규칙·복무규정·인사규정 등의 적용을 받으며, 업무수행과정에 있어서도 사용자로부터 구체적이고 직접적인 지휘·감독을 받는지 여부, 사용자에 의하여 근무시간과 근무장소가 지정되고 이에 구속을 받는지 여부, 근로자 스스로가 제 3자를 고용하여 업무를 대행케 하는 등 업무의 대체성 유무, 비품·원자재·작업도구 등의 소유관계, 보수가 근로 자체의 대상적(대상적) 성격을 갖고 있는지 여부와 기본급이나 고정급이 정하여져 있는지 여부 및 근로소득세의 원천징수 여부 등 보수에 관한 사항, 근로제공관계의 계속성과 사용자에의 전속성의 유무와 정도, 사회보장제도에 관한 법령 등 다른 법령에 의하여 근로자로서의 지위를 인정받는지 여부, 양 당사자의 경제·사회적 조건 등을 종합적으로 고려하여 판단하여야 한다(대법원 1996. 7. 30. 선고 96도732 판결).

[관련판례2]

근로기준법상의 근로자에 해당하는지 여부는 계약의 형식이 고용계약인지 도급계약인지보다 그 실질에 있어 노무제공자가 사업 또는 사업장에 임금을 목적으로 종속적인 관계에서 사용자에게 근로를 제공하였는지 여부에 따라 판단하여야 한다. 여기에서 종속적인 관계가 있는지 여부는 업무내용을 사용자가 정하고 취업규칙 또는 복무규정 등의 적용을 받으며 업무수행과정에서 사용자가 상당한 지휘·감독을 하는지, 사용자가 근무시간과 근무장소를 지정하고 노무제공자가 이에 구속을 받는지, 노무제공자가 스스로 비품·원자재나 작업도구 등을 소유하거나 제3자를 고용하여 업무를 대행하게 하는 등 독립하여 자신의 계산으로 사업을 영위할 수 있는지, 노무제공을 통한 이윤의 창출과 손실의 초래 등 위험을 스스로 안고 있는지, 보수의 성격이 근로 자체의 대상적 성격인지, 기본급이나 고정급이 정하여졌는지 및 근로소득세의 원천징수 여부 등 보수에 관한 사항, 근로제공관계의 계속성과 사용자에 대한 전속성의 유무와 그 정도, 사회보장제도에 관한 법령에서 근로자로서 지위를 인정받는지 등의 경제적·사회적 여러 조건을 종합하여 판단하여야 한다. 다만 기본급이나 고정급이 정하여졌는지, 근로소득세를 원천징수하였는지, 사회보장제도에 관하여 근로자로 인정받는지 등의 사정은 사용자가 경제적으로 우월한 지위를 이용하여 임의로 정할 여지가 크다는 점에서 그러한 점들이 인정되지 아니한다는 것만으로 근로자성을 쉽게 부정하여서는 아니 된다(대법원 2006. 12. 7. 선고 2004다29736 판결 등 참조).

■ 외국인회사의 경우에도 근로기준법이 적용되는지요?

Q. 저는 외국인이 경영하는 상시 근로자 5명인 회사에서 근무하고 있습니다. 이 경우에도 근로기준법이 적용되는지요? 적용된다면 그 구체적인 적용기준은 어떤지요?

A. 근로기준법 제11조 제1항은 "근로기준법은 상시 5인 이상의 근로자를 사용하는 모든 사업 또는 사업장에 적용한다."라고 규정하고 있고, 이는 국가·지방자치단체에 의한 사업은 물론 국영기업체, 공익사업체, 사회사업단체, 종교단체가 행하는 모든 사업에 적용됩니다(서울지법 1996. 9. 10. 선고 96가단90373 판결, 대법원 1979. 3. 27. 선고 78다163 판결).

이와 같이 근로기준법은 이 법의 적용대상이 되는 사업을 한정시키지 않고 모든 사업에 적용되도록 규정하고 있으므로 사업의 개념은 탄력적으로 파악되어야 할 것입니다. 여기서 사업 또는 사업장의 판단기준과 관련하여 문제되는 것은 다음과 같습니다.

첫째, 한 사업주가 2개 이상의 사업장을 갖는 경우에 장소적으로 분산되어 있다 하여도 동일한 조직적 관련을 가지고 사업의 독립성이 없을 경우에는 하나의 사업장으로 보아야 할 것입니다.

둘째, 계절적 사업 또는 일용근로자만을 사용하는 사업장의 경우도 같은 법의 적용을 받아야 합니다(대법원 1987. 4. 14. 선고 87도 153 판결).

셋째, 외국인사업에 대해서는 외국인회사가 우리나라에서 한국인 노동자를 고용하여 사용자의 지위를 가지는 한, 자연인이나 법인을 불문하고 근로기준법상의 규정 및 의무를 준수·이행하여야 합니다.

넷째, 근로기준법도 국내법으로서 국내에서만 적용되며 통치권이 미치지 못하는 국외의 사업장에 대해서는 적용되지 않는 것이 원칙입니다. 그러므로 한국인이 경영하는 외국소재 기업체에서는 근로기준법이 적용되지 않습니다. 반면, 국내에 본사(기업체)가 있고 그 출장소나 지점 등이 외국에 있는 경우에 그 출장소나 지점에 근무하는 한국인 노동자에게는 근로기준법 및 산업재해보상보험법이 적용됩니다(산업재해보상보험법 제122조).

다만, 상시 5인 이상의 근로자를 사용하는 사업 또는 사업장이라도 다음의 경우에는 근로기준법이 적용되지 않습니다.

첫째, 동거의 친족만을 사용하는 사업은 종속적 근로관계를 인정할 수 없으니 친족상호간에 누가 사용자이고 노동자인지를 형식적으로 구별하기 곤란하기 때문에 법적용에서 제외하고 있습니다. 그러나 민법 제777조에 의한 법률상의 친족범위(8촌 이내의 혈족, 4촌 이내의 인척, 배우자)밖에 있는 친족을 근로자로 사용하는 경우에는 근로기준법이 적용됩니다.

둘째, 가사사용인은 제외됩니다. 가사사용인이란 일반가정의 가정부, 파출부 등 가사에 종사하는 자를 말합니다. 가사사용인과의 관계는 주로 개인의 사생활과 관련되어 있고 근무시간이나 임금규제를 통하여 국가의 감독행정이 미치기 어렵기 때문입니다.

셋째, 특별법에 의한 적용의 예외로서 선원의 경우는 해상노동의 특이성을 고려하여 선원법이 적용되며, 국가공무원 및 지방공무원은 특별규정(예 : 공무원연금법, 공무원보수규정 등)이 있는 경우에는 근로기준법의 적용이 제한되며, 사립학교교직원은 사립학교법에 특별히 근로기준법의 적용을 배제한다는 규정이 없는 한 근로기준법이 적용됩니다.

또한 판례는 "근로기준법 제10조(현행 근로기준법 제11조) 본문에서 '상시 5인 이상의 근로자를 사용하는 사업 또는 사업장'이라고 함은 근로자 수가 때때로 5인 미만이 되는 경우가 있어도 상태적으로 5인 이상이 되는 경우에는 이에 해당하고, 나아가 당해 사업장에 계속 근무하는 근로자뿐 아니라 그때그때의 필요에 의하여 사용하는 일용근로자도 포함하는 것이다."라고 하였습니다(대법원 1997. 11. 28. 선고 97다28971 판결, 2000. 3. 14. 선고 99도1243 판결 ※ 상시고용근로자수=일정기간 내의 고용자 연인원수/일정사업기간내 가동일수).

따라서 귀하의 경우 외국인회사의 한국지부라도 속지주의 원칙상 한국인 노동자를 고용하여 사용자의 지위를 가지는 한 자연인이나 법인을 불문하고 근로기준법상의 규정 및 의무를 준수·이행할 의무가 있으므로, 사용자가 근로기준법에 위반할 경우에는 고용노동부 지방노동사무소에 고발하거나 법원에 민사상 소송을 청구할 수 있음은 물론이고, 이외에 별도로 노동위원회에 구제신청도 할 수 있다 하겠습니다.

「관련판례」

근로기준법상의 근로자에 해당하는지 여부는 계약의 형식이 고용계약인지 도급계약인지보다 그 실질에 있어 노무제공자가 사업 또는 사업장에 임금을 목적으로 종속적인 관계에서 사용자에게 근로를 제공하였는지 여부에 따라 판단하여야 한다. 여기에서 종속적인 관계가 있는지 여부는 업무내용을 사용자가 정하고 취업규칙 또는 복무규정 등의 적용을 받으며 업무수행과정에서 사용자가 상당한 지휘·감독을 하는지, 사용자가 근무시간과 근무장소를 지정하고 노무제공자가 이에 구속을 받는지, 노무제공자가 스스로 비품·원자재나 작업도구 등을 소유하거나 제3자를 고용하여 업무를 대행하게 하는 등 독립하여 자신의 계산으로 사업을 영위할 수 있는지, 노무제공을 통한 이윤의 창출과 손실의 초래 등 위험을 스스로 안고 있는지, 보수의 성격이 근로 자체의 대상적 성격인지, 기본급이나 고정급이 정하여졌는지 및 근로소득세의 원천징수 여부 등 보수에 관한 사항, 근로제공관계의 계속성과 사용자에 대한 전속성유무와 그 정도, 사회보장제도에 관한 법령에서 근로자로서 지위를 인정받는지 등의 경제적·사회적 여러 조건을 종합하여 판단하여야 한다(대법원 2006. 12. 7. 선고 2004다29736 판결 등 참조).

■ 산업기술연수생도 근로기준법상 근로자인지요?

Q. 중국인이 국내 염색가공업체인 A회사에서 산업기술연수생으로 일을 하던 중 안면부위에 중화상을 입었습니다. 이 경우 근로기준법상의 근로자로서 산업재해보상보험법상의 보험금을 받을 수 있는지요?

A. 근로기준법 제2조 제1항 제1호는 "이 법에서 근로자라 함은 직업의 종류를 불문하고 사업 또는 사업장에 임금을 목적으로 근로를 제공하는 자를 말한다."라고 규정하고 있고, 산업재해보상보험법 제5조 제2호에서 '근로자'는 근로기준법에 의한 근로자를 말한다고 규정하고 있습니다.

위 사안과 관련하여 판례는 "산업기술연수사증을 발급받은 외국인이 정부가 실시하는 외국인산업기술연수제도의 국내대상업체에 산업기술연수생으로 배정되어 대상업체와 사이에 상공부장관의 지침에 따른 계약서의 양식에 따라 연수계약을 체결하였다 하더라도 그 계약의 내용이 단순히 산업기술의 연수만에 그치는 것이 아니고, 대상업체가 지시하는 바에 따라 소정시간 근로를 제공하고 그 대가로 일정액의 금품을 지급받으며 더욱이 소정시간외의 근무에 대하여는 근로기준법에 따른 시간외 근로수당을 지급받기로 하는 것이고, 이에 따라 당해 외국인이 대상업체의 사업장에서 실질적으로 대상업체의 지시·감독을 받으면서 근로를 제공하고 수당명목의 금품을 수령하여 왔다면 당해 외국인도 근로기준법 제14조(현행 근로기준법 제2조) 소정의 근로자에 해당한다."라고 하였습니다(대법원 1995. 12. 22. 선고 95누2050 판결, 1997. 10. 10. 선고 97누10352 판결).

따라서 위 질문의 경우에도 근로기준법상의 근로자로서 산업재해보상보험법상의 보험금을 받을 수 있을 것으로 보입니다.

근로기준법 제109조, 제36조 위반죄의 주체는 사용자인바, 근로기준법 제2조는 '사용자'라 함은 사업주 또는 사업 경영 담당자, 그 밖에 근로자에 관한 사항에 대하여 사업주를 위하여 행위하는 자를 말한다고 규정하고 있다. 여기에서 '사업주'란 사업경영의 주체를 말하고, '근로자에 관한 사항에 대하여 사업주를 위하여 행위하는 자'라 함은 근로자의 인사·급여·후생·노무관리 등 근로조건의 결정 또는 업무상의 명령이나 지휘·감독을 하는 등의 사항에 대하여 사업주로부터 일정한 권한과 책임을 부여받은 자를 말한다(대법원 1989. 11. 14. 선고 88누6924 판결, 대법원 2008. 10. 9. 선고 2008도5984 판결 등 참조).

■ 경리부장 겸 상무이사의 경우 근로기준법상의 근로자에 해당되는지요?

Q. 저는 A주식회사에서 경리부장 겸 상무이사로서 5년간 근무하다가 퇴직하였으나 그 퇴직금을 단 한 푼도 지급받지 못하였습니다. 그 이유는 제가 형식상 A회사의 상무이사로 되어 있었고, 이사의 퇴직금에 관하여는 별도로 정한 바가 없으며 이사는 근로기준법상의 근로자가 아니기 때문에 퇴직금을 지급할 수 없다고 하는데, 저는 퇴직금을 지급받을 수 없는지요?

A. 사용자는 퇴직하는 근로자에게 급여를 지급하기 위하여 퇴직급여제도 중 하나 이상의 제도를 설정하여야 하며(근로기준법 제34조, 근로자퇴직급여 보장법 제4조), 근로기준법 제2조 제1항 제1호는 '근로자'라 함은 직업의 종류를 불문하고 사업 또는 사업장에 임금을 목적으로 근로를 제공하는 자를 말한다고 규정하고 있습니다. 그러므로 이사로서의 지위를 겸하고 있었던 귀하가 근로기준법에 의하여 퇴직금을 지급받을 수 있는 근로자에 해당되는지가 문제됩니다. 이에 관하여 판례는 "회사의 업무집행권을 가진 이사 등 임원은 그가 회사의 주주가 아니라 하더라도 회사로부터 일정한 사무처리의 위임을 받고 있는 것이므로, 특별한 사정이 없는 한 사용자의 지휘·감독아래 일정한 근로를 제공하고 소정의 임금을 받는 고

용관계에 있는 것이 아니어서 근로기준법상의 근로자라고 할 수 없다."라고 하면서 "정관 및 관계법규상 이사의 보수 또는 퇴직금에 관하여 주주총회의 결의로 정한다고 규정되어 있는 경우 금액, 지급방법, 지급시기 등에 관한 주주총회의 결의가 있었음을 인정할 증거가 없는 한 이사의 보수나 퇴직금청구권을 행사할 수 없다."라고 하였습니다(대법원 1992. 12. 22. 선고 92다28228 판결). 그러나 "근로기준법의 적용을 받는 근로자란 사용자로부터 근로의 대가를 받고 사용자에게 근로를 제공하는 자를 말하는 것이므로, 회사의 이사가 회사로부터 위임받은 사무를 처리하는 이외에 사용자의 지휘·감독아래 일정한 노무를 담당하고 그 대가로 일정한 보수를 지급받아 왔다면 근로기준법상의 근로자라고 볼 수 있다." 라고 하였습니다(대법원 1992. 5. 12. 선고 91누11490 판결, 2005. 5. 27. 선고 2005두524 판결).

따라서 귀하의 경우도 귀하가 회사로부터 위임받은 이사로서의 사무를 처리하는 이외에 사용자의 지휘·감독아래 일정한 노무를 담당하고 그 대가로 일정한 보수를 지급받아 왔다면 근로기준법상의 근로자라고 보아 퇴직금을 청구할 수 있을 것으로 보입니다.

｜관련판례1｜

상법 제385조 제1항에 의하면, 이사는 언제든지 주주총회의 특별결의로 해임할 수 있으나, 이사의 임기를 정한 경우에 정당한 이유 없이 그 임기만료 전에 이사를 해임한 때에는 그 이사는 회사에 대하여 해임으로 인한 손해의 배상을 청구할 수 있다. 여기에서 '정당한 이유'란 주주와 이사 사이에 불화 등 단순히 주관적인 신뢰관계가 상실된 것만으로는 부족하고, 이사가 법령이나 정관에 위배된 행위를 하였거나 정신적·육체적으로 경영자로서의 직무를 감당하기 현저하게 곤란한 경우, 회사의 중요한 사업계획 수립이나 그 추진에 실패함으로써 경영능력에 대한 근본적인 신뢰관계가 상실된 경우 등과 같이 당해 이사가 경영자로서 업무를 집행하는 데 장해가 될 객관적 상황이 발생한 경우라야 할 것이다(대법원 2004. 10. 15. 선고 2004다25611 판결 등 참조).

상법 제388조는 "이사의 보수는 정관에 그 액을 정하지 아니한 때에는 주주총회의 결의로 이를 정한다."고 규정하고 있다. 여기에서 말하는 이사의 보수에는 월급·상여금 등 명칭을 불문하고 이사의 직무수행에 대한 보상으로 지급되는 대가가 모두 포함되고, 퇴직금 내지 퇴직위로금도 그 재직 중의 직무집행의 대가로 지급되는 보수의 일종이다(대법원 1977. 11. 22. 선고 77다1742 판결 등 참조). 위 규정은 강행규정이므로, 정관에서 이사의 보수 또는 퇴직금에 관하여 주주총회의 결의로 정한다고 되어 있는 경우에 그 금액·지급시기·지급방법 등에 관한 주주총회의 결의가 있었음을 인정할 증거가 없다면 이사는 보수나 퇴직금을 청구할 수 없다(대법원 2004. 12. 10. 선고 2004다25123 판결 등 참조).

근로기준법 제2조 제1호에서 규정하는 근로자는 직업의 종류와 관계없이 임금을 목적으로 사업이나 사업장에 근로를 제공하는 자를 말하며, 이에 해당하는지는 계약의 형식과 관계없이 실질적으로 임금을 목적으로 종속적인 관계에서 사용자에게 근로를 제공하였는지에 따라 판단한다.

한편 주식회사의 이사는 주주총회에서 선임하고 그 등기를 하여야 한다. 이러한 절차에 따라 선임된 이사는 이사회의 구성원으로서 회사 업무집행의 의사결정에 참여하는 등 상법에서 정한 권한을 행사할 수 있고, 또한 회사로부터 위임을 받아 일정한 사무를 처리할 수 있다. 따라서 이사가 상법상 정하여진 이사로서의 업무를 실질적으로 수행하는 한편 회사의 경영을 위한 업무를 함께 담당하는 경우에, 그 담당하고 있는 전체 사무의 실질이 사용자의 지휘·감독 아래 일정한 근로를 제공하는 것에 그치는 것이 아니라면, 그 이사는 회사로부터 위임받은 사무를 처리하는 것으로 볼 수 있다. 그리고 주식회사의 이사가 정관이나 주주총회의 결의에서 정한 바에 따라 지급받는 보수는 원칙적으로 상법 제388조의 규정에 근거한 것으로 보아야 하고, 또한 회사의 규정에 의하여 퇴직금을 지급받는 경우에도 그 퇴직금은 원칙적으로 재직 중의 위임 사무 집행에 대한 대가로 지급되는 보수의 일종이라고 할 수 있으므로, 보수와 퇴직금을 지급받았다고 하여 그 이사가 반드시 근로자의 지위를 가지게 된다고 볼 것은 아니다(대법원 2013. 9. 26. 선고 2012 다28813 판결 참조).

■ **실업자도 노동조합 및 노동관계조정법상의 근로자에 해당되는지요?**

Q. 저는 현재 직장을 구하는 중에 있는 실업자입니다. 그런데 지역별 노동조합이 생긴다고 하기에 이에 가입하고 싶습니다. 가입이 가능한지요?

A. 직장생활을 하는 근로자를 보호하기 위한 법률로는 근로기준법이 있고, 근로자의 단결권·단체교섭권·단체행동권이라는 근로3권을 보장하기 위한 법률로는 노동조합 및 노동관계조정법(이하 '노조법'이라 한다)이 있습니다.

근로기준법 제2조 제1항 제1호에 의하면 '근로자'란 직업의 종류와 관계없이 임금을 목적으로 사업이나 사업장에 근로를 제공하는 자를 말하며, 노조법 제2조 제1호에 의하면 '근로자'라 함은 직업의 종류를 불문하고 임금·급료 기타 이에 준하는 수입에 의하여 생활하는 자로 규정하고 있습니다.

또한 노조법 제2조 제4호는 "'노동조합'은 근로자가 주체가 되어 자주적으로 단결하여 근로조건의 유지·개선 기타 근로자의 경제적·사회적 지위의 향상을 도모함을 목적으로 조직하는 단체 또는 그 연합단체를 말하며 다만, 같은 호 라목에 의하면 근로자가 아닌 자의 가입을 허용하는 경우 노동조합으로 보지 않는다."라고 규정하고 있습니다.

이와 관련하여 지역별 노동조합이 그 구성원으로 '구직중인 여성 노동자'를 포함하여 노동조합설립신고를 한 것에 대하여 판례는 "근로기준법은 '현실적으로 근로를 제공하는 자에 대하여 국가의 관리·감독에 의한 직접적인 보호의 필요성이 있는가'라는 관점에서 개별적 노사관계를 규율할 목적으로 제정된 것인 반면에, 노조법은 '노무공급자들 사이의 단결권 등을 보장해 줄 필요성이 있는가'라는 관점에서 집단적 노사관계를 규율할 목적으로 제정된 것으로 그 입법목적에 따라 근로자의 개념을 상이하게 정의하고 있는 점, 일정한 사용자에의 종속관계를 조합원의 자격요건으로 하는 기업별 노동조합의 경우와는 달리 산업별·직종별·지역별 노동조합 등의 경우에는 원래부터 일정한 사용자에의 종속관계를 조합원의 자격요건으로 하는 것이 아닌 점에 비추어, 노조법 제2조 제1호 및 제4호 (라)목 본문에서 말하는 '근로자'에는 특정한 사용자에게 고용되어 현실적으로 취업하고 있는 자뿐만 아니라, 일시적으로 실업 상태에 있는 자나 구직중인 자도 노동3권을 보장할 필요성이 있는 한 그 범위에 포함된다."라고 하였습니다(대법원 2004. 2. 27. 선고 2001두8568 판결).

이에 비추어볼 때 지역별 노동조합이 그 구성원으로 구직중인 실업자도 포함시키도록 하고 있다면, 귀하도 노동조합에 가입이 가능할 것으로 보입니다.

관련판례1

근로자의 기본적인 노동조건 등에 관하여 그 근로자를 고용한 사업주로서의 권한과 책임을 일정 부분 담당하고 있다고 볼 정도로 실질적이고 구체적으로 지배·결정할 수 있는 지위에 있는 자가, 노동조합을 조직 또는 운영하는 것을 지배하거나 이에 개입하는 등으로 노조법 제81조 제4호에서 정한 행위를 하였다면, 그 시정을 명하는 구제명령을 이행하여야 할 사용자에 해당한다(대법원 2010. 3. 25. 선고 2007두8881 판결 등 참조).

사용자의 행위가 노동조합 및 노동관계조정법(이하 '노조법'이라 한다)에 정한 부당노동행위에 해당한다는 점은 이를 주장하는 근로자 또는 노동조합이 증명하여야 하므로, 필요한 심리를 다하였어도 사용자에게 부당노동행위의사가 존재하였는지 여부가 분명하지 아니하여 그 존재 여부를 확정할 수 없는 경우에는 그로 인한 위험이나 불이익은 이를 주장하는 근로자 또는 노동조합이 부담할 수밖에 없다(대법원 2011. 7. 28. 선고 2009두9574 판결 참조). 그리고 사용자가 근로자를 해고함에 있어서 적법한 징계해고사유가 있어 징계해고한 이상 사용자가 근로자의 노동조합활동을 못마땅하게 여긴 흔적이 있다 하여 그 사유만으로 징계해고가 징계권 남용에 의한 노조법상의 부당노동행위에 해당한다고 단정할 것도 아니다(대법원 1994. 12. 23. 선고 94누3001 판결 참조).

■ 미성년자의 근로계약은 어떻게 해야 하나요?

Q. 저는 올해 고등학교를 졸업하고 사회에 첫발을 내딛은 만 18세의 미성년자입니다. 부모님은 제가 대학에 진학하기를 원하셨지만 저는 자력으로 취업하여 사회적으로 자립하고 싶은데, 미성년자의 취업에 따른 법률문제는 어떻게 되어 있는지요?

A. 근로기준법 제64조 제1항은 15세 미만인 자(「초·중등교육법」에 따른 중학교에 재학중인 18세 미만인 자를 포함)는 고용노동부장관의 취직인허증을 소지한 자가 아닌 경우에는 근로자로 사용하지 못하게 하고, 같은 법 제67조 제1항은 친권자 또는 후견인은 미성년자의 근로계약을 대리할 수 없다고 규정하고 있는데, 여기에는 법정대리권의 행사뿐만 아니라 미성년자의 위임에 의한 임의대리의 경우도 포함된다고 할 것입니다. 이는 비록 미성년자의 동의를 얻었다 하더라도 미성년자에게 불리한 친권남용이 될 가능성이 많기 때문입니다.

따라서 미성년자의 근로계약은 친권자 또는 후견인의 동의를 얻어 본인 자신이 체결하는 것이 원칙이라 하겠습니다. 다만, 친권자, 후견인 또는 고용노동부장관은 근로계약이 미성년자에게 불리하다고 인정하는 경우에는 이를 해지할 수 있습니다(같은 법 제67조 제2항).

그리고 같은 법 제68조는 "미성년자는 독자적으로 임금을 청구할 수 있다."라고 규정하여 미성년자에게 독자적인 임금청구권을 부여하고 있습니다. 이는 임금청구를 친권자가 대리로 수행하게 할 경우 친권자 등이 법정대리권을 빙자하여 미성년자가 수령해야 할 임금을 중간에서 수취하여 사용함으로써 미성년자가 반강제적 근로에 종사하게 되는 경우가 생길 여지가 있기 때문입니다.

같은 법 제43조 제1항 본문에서도 "임금은 통화로 직접 근로자에게 그 전액을 지급하여야 한다."라고 규정하여 사용자에게 임금직접지불의 의무를 부여함으로써 미성년자를 보호하고 있습니다.

그 외 근로기준법에는 18세 미만의 자에 대하여는 연소자 증명서의 비치(제66조), 근로시간, 야간근로와 휴일근로의 제한(제69조, 제70조) 등이 규정되어 있으나 귀하와 같이 18세 이상인 자에 대하여는 18세 이상의 여성을 오후 10시부터 오전 6시까지의 시간 및 휴일에 근로시키려면 그 근로자의 동의를 받아야 하는 것(제70조 제1항, 상시 5명 이상의 근로자를 사용하는 사업장에 한정)을 제외하고는 해당이 없습니다.

제2장
비정규직근로자

1. 비정규직근로자의 의미

비정규직 근로자의 개념에 대해서는 국제적으로 통일된 기준은 없습니다. 다만, 경제협력개발기구(OECD)는 고용기간이 짧은 유기계약근로자(temporary worker), 시간제근로자(part-time worker) 및 파견근로자(temporary agency worker) 정도를 비정규직 근로자로 파악하고 있습니다.

우리나라에서는 외환위기 이후 비정규직 근로자의 개념과 범위를 둘러싸고 논쟁이 지속됨에 따라 2002년 7월 노사정위원회의 비정규직특위에서 노·사·정 합의로 비정규직 근로자의 개념과 범위를 정하게 되었습니다. 이 합의에 따르면 비정규직 근로자는 고용형태를 기준으로 '한시적 근로자(기간제근로자)', '단시간 근로자(시간제근로자)', '파견·용역·호출 등의 형태로 종사하는 근로자(비전형근로자)'로 정의하는 한편, 고용이 불안정하고 근로기준법상 보호나 각종 사회보험의 혜택에서 누락되어 사회적 보호가 필요한 근로계층을 취약근로자로 정의하였습니다.

통상적으로 '비정규직 보호법'이라고 불리는 법령에는 기간제 및 단시간근로자 보호 등에 관한 법률 및 파견근로자보호 등에 관한 법률이 있습니다. 이러한 비정규직 보호법은 여러 종류의 비정규직 근로자 중 기간제근로자, 단시간근로자 및 파견근로자를 보호대상으로 하고 있습니다.

2. 기간제근로자

2-1. 정의

「기간제근로자」란 근로기간이 정해져 있는 근로계약을 체결한 근로자를 말합니다(기간제 및 단시간근로자 보호 등에 관한 법률(이하 '기간제법'이라 줄여 씁니다. 제2조제1호). 따라서 계약직, 임시직, 일용직, 촉탁직 등 명칭에 관계없이 기간의 정함이 있는 근로계약을 체결한 근로자는 모두 기간제근로자에 해당합니다.

2-2. 근로조건의 서면 명시

사업주는 기간제근로자와 근로계약을 체결하는 경우 다음의 모든 사항을 서면으로 명시해야 합니다(기간제법 제17조).

① 근로계약기간에 관한 사항
② 근로시간·휴게에 관한 사항
③ 임금의 구성항목·계산방법 및 지불방법에 관한 사항
④ 휴일·휴가에 관한 사항
⑤ 취업의 장소와 종사하여야 할 업무에 관한 사항

2-3. 상시 4명 이하의 근로자를 사용하는 사업주의 근로계약

상시 4명 이하의 근로자를 사용하는 사업주는 기간제근로자와 근로계약을 체결하는 경우 다음의 모든 사항을 서면으로 명시해야 합니다(기간제법 제3조제2항, 동법 시행령 제2조).

① 근로계약기간에 관한 사항
② 휴게에 관한 사항
③ 임금의 구성항목·계산방법 및 지불방법에 관한 사항
④ 휴일에 관한 사항
⑤ 취업의 장소와 종사하여야 할 업무에 관한 사항

상시 4명 이하의 근로자를 사용하는 사업 또는 사업장에 적용하는 법 규정

구 분	적 용 법 규 정
제1장 총칙	제1조 제2조
제2장 기간제근로자	제5조
제3장 단시간근로자	제7조
제5장 보칙	제16조제4호 제17조제1호·제2호(휴게에 관한 사항에 한정한다)·제3호·제4호(휴일에 관한 사항에 한정한다)·제5호 제18조부터 제20조까지의 규정
제6장 벌칙	제21조 제23조 제24조제2항제2호 제24조제3항부터 제6항까지의 규정

2-4. 불리한 처우 금지

사업주는 기간제근로자가 다음의 어느 하나에 해당하는 행위를 한 것을 이유로 해고하거나 그 밖의 불리한 처우를 할 수 없습니다(기간제법 제16조).

① 차별적 처우의 시정신청, 시정신청에 따른 노동위원회에의 참석 및 진술, 시정명령에 따른 재심신청 또는 행정소송의 제기
② 시정명령 불이행의 신고
③ 법률 위반 또는 명령 위반에 대한 감독기관 등에의 통고

상시 4명 이하의 근로자를 사용하는 사업주는 기간제근로자가 법률 위반 또는 명령 위반에 대한 감독기관 등에의 통고를 한 것을 이유로 해고하거나 그 밖의 불리한 처우를 할 수 없습니다(기간제법 제3조제2항, 동법 시행령 제2조 및 별표 1).

2-5. 기간제근로자의 정규직 채용

기간제근로자는 2년 이상 근로계약 시 무기계약을 체결한 것으로 봅니다. 사업주는 무기계약을 체결하려는 경우 기간제근로자를 우선적으로 고용하도록 노력해야 합니다.

2년 이상 근로계약 시에는 무기근로계약을 체결해야 합니다.

2-6. 기간제근로자의 근로기간

사업주는 2년을 초과하지 않는 범위에서(기간제 근로계약의 반복갱신 등의 경우에는 그 계속근로한 총기간이 2년을 초과하지 않는 범위에서) 기간제근로자를 사용할 수 있습니다(기간제법 제4조제1항 본문).

기간의 정함이 있는 근로계약은 그 기간의 만료로 고용관계가 종료되는 것이 원칙이지만, 근로계약이 만료됨과 동시에 근로계약기간을 갱신하거나 동일한 조건의 근로계약을 반복하여 체결한 경우에는 갱신 또는 반복한 계약기간을 모두 합산하여 계속근로연수를 계산해야 합니다(대법원 1995.07.11. 선고 93다26168 전원합의체판결).

한편, 근로계약기간이 갱신되거나 반복 체결된 근로계약 사이에 일부 공백 기간이 있다고 하더라도 그 기간이 전체 근로계약기간에 비해 길지 않고, 계절적 요인이나 방학기간 등 해당 업무의 성격에 기인하거나 대기기간·재충전을 위한 휴식 기간 등의 사정이 있어 그 기간 중 근로를 제공하지 않거나 임금을 지급하지 않을 상당한 이유가 있다고 인정되는 경우에는 근로관계의 계속성은 그 기간 중에도 유지됩니다(대법원 2006.12. 07 선고 2004다29736 판결).

상시 4명 이하의 근로자를 사용하는 사업주는 기간제근로자의 근로기간이 2년을 초과하더라도 무기근로계약을 체결할 의무가 없습니다(기간제법 제3조제1항).

2-7. 기간제근로자 2년 초과사용의 예외적 허용

2-7-1. 2년 초과하여 기간제근로자를 사용할 수 있는 경우

다음의 어느 하나에 해당하는 경우에는 2년을 초과하여 기간제근로자로 사용할 수 있습니다(기간제법 제4조제1항 단서).

① 사업의 완료 또는 특정한 업무의 완성에 필요한 기간을 정한 경우(건설공사 등 유기사업, 특정 프로그램 개발 또는 프로젝트 완수를 위해 고용하는 경우를 말합니다.)

② 휴직·파견 등으로 결원이 발생하여 해당 근로자가 복귀할 때까지 그 업무를 대신할 필요가 있는 경우(출산·질병·군입대 등으로 인한 휴직, 장기파견근로자를 대체하는 경우를 말합니다.)

③ 기간제근로자가 학업, 직업훈련 등을 이수함에 따라 그 이수에 필요한 기간을 정한 경우

④ 고용상 연령차별금지 및 고령자고용촉진에 관한 법률 제2조제1호의 고령자(55세 이상)와 근로계약을 체결하는 경우

⑤ 전문적 지식·기술의 활용이 필요한 경우로서 다음의 어느 하나에 해당하는 경우

- 박사학위(외국에서 수여받은 박사학위를 포함)를 소지하고 해당 분야에 종사하는 경우
- 국가기술자격법 제9조제1호에 따른 기술사 등급의 국가기술자격을 소지하고 해당 분야에 종사하는 경우
- 다음에서 정한 전문자격을 소지하고 해당분야에 종사하는 사람

전문자격의 종류
1. 「건축사법」 제7조에 따른 건축사
2. 「공인노무사법」 제3조에 따른 공인노무사
3. 「공인회계사법」 제3조에 따른 공인회계사
4. 「관세사법」 제4조에 따른 관세사
5. 「변리사법」 제3조에 따른 변리사
6. 「변호사법」 제4조에 따른 변호사
7. 「보험업법」 제182조에 따른 보험계리사
8. 「보험업법」 제186조에 따른 손해사정사
9. 「부동산가격공시 및 감정평가에 관한 법률」 제23조에 따른 감정평가사

10. 「수의사법」 제2조제1호에 따른 수의사

11. 「세무사법」 제3조에 따른 세무사

12. 「약사법」 제3조에 따른 약사

13. 「약사법」 제4조에 따른 한약사

14. 「약사법」 제45조에 따른 한약업사

15. 대통령령 제14319호 약사법 시행령 일부개정령 부칙 제2조에 따른 한약조제사

16. 「의료법」 제5조에 따른 의사

17. 「의료법」 제5조에 따른 치과의사

18. 「의료법」 제5조에 따른 한의사

19. 「중소기업진흥에 관한 법률」 제46조에 따른 경영지도사

20. 「중소기업진흥에 관한 법률」 제46조에 따른 기술지도사

21. 「항공법」 제26조에 따른 사업용조종사

22. 「항공법」 제26조에 따른 운송용조종사

23. 「항공법」 제26조에 따른 항공교통관제사

24. 「항공법」 제26조에 따른 항공기관사

25. 「항공법」 제26조에 따른 항공사

⑥ 정부의 복지정책·실업대책 등에 따라 일자리를 제공하는 경우로서 다음의 어느 하나에 해당하는 경우

- 고용정책 기본법, 고용보험법 등 다른 법령에 따라 국민의 직업능력 개발, 취업 촉진 및 사회적으로 필요한 서비스 제공 등을 위해 일자리를 제공하는 경우

- 제대군인 지원에 관한 법률 제3조에 따라 제대군인의 고용증진 및 생활안정을 위해 일자리를 제공하는 경우

- 국가보훈 기본법 제19조 제2항에 따라 국가보훈대상자에 대한 복지증진 및 생활안정을 위해 보훈 도우미 등 복지 지원 인력을 운영하는 경우

⑦ 다른 법령에서 기간제근로자의 사용 기간을 기간제 및 단시간근로자 보호 등에 관한 법률 제4조 제1항과 달리 정하거나 별도의 기간을 정해 근로계약을 체결할 수 있도록 한 경우

⑧ 국방부장관이 인정하는 군사적 전문적 지식·기술을 가지고 관련 직업에 종사하거나 고등교육법 제2조 제1호에 따른 대학에서 안보 및 군사학 과목을 강의하는 경우

⑨ 특수한 경력을 갖추고 국가안전보장, 국방·외교 또는 통일과 관련된 업무에 종사하는 경우

⑩ 고등교육법 제2조에 따른 학교(고등교육법 제30조에 따른 대학원대학을 포함)에서 다음의 업무에 종사하는 경우

- 조교의 업무(고등교육법 제14조)

- 겸임교원, 명예교수, 시간강사, 초빙교원 등의 업무(고등교육법 시행령 제7조)

⑪ 통계법 제22조에 따라 고시한 한국표준직업분류의 대분류 1과 대분류 2 직업에 종사하는 자의 소득세법 제20조제1항에 따른 근로소득(최근 2년간의 연평균근로소득을 말함)이 고용노동부장관이 최근 조사한 고용형태별 근로실태조사의 한국표준직업분류 대분류 2 직업에 종사하는 자의 근로소득 상위 25%에 해당하는 경우

⑫ 근로기준법 제18조제3항에 따른 1주 동안의 소정근로시간이 뚜렷하게 짧은 단시간근로자를 사용하는 경우

⑬ 국민체육진흥법 제2조제4호에 따른 선수와 같은 조 제6호에 따른 체육지도자 업무에 종사하는 경우

⑭ 다음의 연구기관에서 연구업무에 직접 종사하는 경우 또는 실험·조사 등을 수행하는 등 연구업무에 직접 관여하여 지원하는 업무에 종사하는 경우

- 국공립연구기관

- 정부출연연구기관 등의 설립·운영 및 육성에 관한 법률 또는 과학기술분야 정부출연연구기관 등의 설립·운영 및 육성에 관한 법률에 따라 설립된 정부출연연구기관

- 특정연구기관 육성법에 따른 특정연구기관

- 지방자치단체출연 연구원의 설립 및 운영에 관한 법률에 따라 설립된 연구기관

- 공공기관의 운영에 관한 법률에 따른 공공기관의 부설 연구기관

- 기업 또는 대학의 부설 연구기관

- 민법 또는 다른 법률에 따라 설립된 법인인 연구기관

2-7-2. 2년 초과사용 시 무기근로계약의 체결

위의 2년 초과사용의 예외적 허용사유가 없거나 소멸되었음에도 불구하고 2년을 초과하여 기간제근로자로 사용하는 경우에는 그 근로자는 기

간의 정함이 없는 근로계약을 체결한 근로자로 봅니다(기간제법 제4조 제2항). 만약, 사업주가 2년을 초과해서 기간제근로자를 사용할 때 종전에 체결한 근로계약기간의 만료를 이유로 고용을 종료하면, 이는 '해고'에 해당하므로 근로기준법 제23조의 '정당한 이유'가 있어야 합니다.

사용기간 2년 초과 자체에 대한 벌칙 등 제재는 없으나, 2년 초과사용 시 정당한 이유가 없는 고용종료는 부당해고에 해당합니다.

2-8. 기간제근로자의 우선 고용(무기계약직 근로자로의 전환)

사업주는 기간의 정함이 없는 근로계약을 체결하려는 경우에는 해당 사업 또는 사업장의 동종 또는 유사한 업무에 종사하는 기간제근로자를 우선적으로 고용하도록 노력해야 합니다(기간제법 제5조). 상시 4명 이하의 근로자를 사용하는 사업주는 기간제근로자의 근로기간이 2년을 초과하더라도 무기근로계약을 체결할 의무는 없지만 기간의 정함이 없는 근로계약을 체결하려는 경우에는 기간제근로자를 우선적으로 고용하도록 노력해야 합니다(기간제법 제3조 제1항·제2항, 동법 시행령」 제2조 및 별표 1).

3. 단시간근로자의 개념

3-1. 정의

「단시간근로자」란 1주일 동안의 소정근로시간이 그 사업장에서 같은 종류의 업무에 종사하는 통상근로자의 1주일 동안의 소정근로시간에 비해 짧은 근로자를 말합니다(기간제법 제2조 제2호 및 근로기준법 제2조 제1항 제8호).

「소정의 근로시간」이란 다음의 근로시간의 범위에서 근로자와 사업주 간에 정한 근로시간을 말합니다(근로기준법 제2조제1항 제7호).

① 1주간 근로시간(휴게시간 제외)이 40시간을 초과하지 않을 것, ② 1일 근로시간(휴게시간 제외)이 8시간을 초과하지 않을 것, ③ 15세 이상 18세 미만인 자의 근로시간은 1일에 7시간, 1주일에 40시간을 초과하지 않을 것(다만, 당사자의 합의에 따라 1일에 1시간, 1주일에 6시간을 한도로 연장할 수 있음), ④ 잠함(潛函) 또는 잠수작업 등 높은 기압에서 행하는 유해하거나 위험한 작업의 근로시간은 1일에 6시간, 1주일에 34시간을 초과하지 않을 것

3-2. 단시간근로자의 통상근로자 전환 노력

사업주는 통상근로자를 채용하려는 경우 해당 사업 또는 사업장의 동종 또는 유사한 업무에 종사하는 단시간근로자를 우선적으로 고용하도록 노력해야 합니다(기간제법 제7조 제1항).

3-3. 통상근로자의 단시간근로자 전환 노력

사업주는 가사, 학업 그 밖의 이유로 통상근로자가 시간제(단시간) 근로를 신청하는 때에는 해당 근로자를 단시간근로자로 전환하도록 노력해야 합니다(기간제법 제7조 제2항).

3-4. 근로조건 서면 명시

① 사업주는 단시간근로자와 근로계약을 체결하는 경우 다음의 모

든 사항을 서면으로 명시해야 합니다(기간제법 제17조).
- 근로계약기간에 관한 사항
- 근로시간·휴게에 관한 사항
- 임금의 구성항목·계산방법 및 지불방법에 관한 사항
- 휴일·휴가에 관한 사항
- 취업의 장소와 종사하여야 할 업무에 관한 사항
- 근로일 및 근로일별 근로시간

② 상시 4명 이하의 근로자를 사용하는 사업주는 단시간근로자와 근로계약을 체결하는 경우 다음의 모든 사항을 서면으로 명시해야 합니다(기간제법 제3조 제2항, 동법 시행령」 제2조 및 별표 1).
- 근로계약기간에 관한 사항
- 휴게에 관한 사항
- 임금의 구성항목·계산방법 및 지불방법에 관한 사항
- 휴일에 관한 사항
- 취업의 장소와 종사하여야 할 업무에 관한 사항

3-5. 불리한 처우 금지

사업주는 단시간근로자가 다음의 어느 하나에 해당하는 행위를 한 것을 이유로 해고하거나 그 밖의 불리한 처우를 할 수 없습니다(기간제법 제16조).

상시 4명 이하의 근로자를 사용하는 사업주는 단시간근로자가 법률위반 또는 명령 위반에 대한 감독기관 등에의 통고를 한 것을 이유로 해고하거나 그 밖의 불리한 처우를 할 수 없습니다(기간제법 제3조 제2항, 동법 시행령 제2조 및 별표 1).

사업주가 기간제법을 위반한 경우에는 아래와 같이 과태료 처분을 받습니다.

과태료의 부과기준

1. 일반기준
   가. 위반행위의 횟수에 따른 과태료 부과기준은 최근 2년간 같은 위반
   행위로 과태료를 부과받은 경우에 적용한다. 이 경우 위반행위에
   대하여 과태료 부과처분을 한 날과 다시 같은 위반행위를 적발한
   날을 각각 기준으로 하여 위반횟수를 계산한다.
   나. 고용노동부장관은 다음의 어느 하나에 해당하는 경우에는 제2호에
   따른 과태료 금액의 2분의 1의 범위에서 그 금액을 감경할 수 있
   다. 다만, 과태료를 체납하고 있는 위반행위자의 경우에는 그러하
   지 아니하다.
   1) 위반행위자가 「질서위반행위규제법 시행령」 제2조의2제1항 각 호
   의 어느 하나에 해당하는 경우
   2) 위반행위자가 자연재해·화재 등으로 재산에 현저한 손실이 발생하
   거나 사업여건의 악화로 사업이 중대한 위기에 처하는 등의 사정
   이 있는 경우
   3) 위반행위가 사소한 부주의나 오류 등 과실로 인한 것으로 인정되는
   경우
   4) 위반행위자가 위법행위로 인한 결과를 시정하거나 해소한 경우
   5) 그 밖에 위반행위의 정도, 위반행위의 동기와 그 결과 등을 고려하
   여 감경할 필요가 있다고 인정되는 경우

2. 개별기준

위반행위	근거 법조문	과태료 금액(만원)		
		1차	2차	3차 이상
가. 법 제14조(법 제15조의2제 4항 및 제15조의3제2항에 따라 준용되는 경우를 포 함한다)에 따라 확정된 시 정명령을 정당한 이유 없 이 이행하지 않은 경우	법 제24조 제1항			

		1억원의 범위에서 해당 배상 명령액	1억원의 범위에서 해당 배상 명령액	1억원의 범위에서 해당 배상 명령액
1) 배상을 내용으로 하는 시정명령을 이행하지 않은 경우				
2) 근로시간, 휴일·휴가 등 근로조건의 차별에 대한 시정명령을 이행하지 않은 경우		500	1,000	2,000
3) 시설 등 이용의 차별에 대한 시정명령을 이행하지 않은 경우		500	1,000	2,000
나. 법 제15조제1항(법 제15조의2제4항 및 제15조의3제2항에 따라 준용되는 경우를 포함한다)을 위반하여 정당한 이유 없이 고용노동부장관의 이행상황 제출요구에 불응한 경우	법 제24조제2항제1호	200	400	500
다. 법 제17조를 위반하여 근로조건을 서면으로 명시하지 않은 경우	법 제24조제2항제2호			
1) 법 제17조제1호, 제3호 또는 제6호를 명시하지 않은 경우		50 (서면명시 사항 1개호 당)	100 (서면명시 사항 1개호 당)	200 (서면명시 사항 1개호 당)
2) 법 제17조제2호, 제4호 또는 제5호를 명시하지 않은 경우		30 (서면명시 사항 1개호 당)	60 (서면명시 사항 1개호 당)	120 (서면명시 사항 1개호 당)

4. 파견근로자

4-1. 정의

「파견근로자」란 파견사업주가 고용한 근로자로서 근로자파견의 대상
이 되는 자를 말합니다(파견근로자보호 등에 관한 법률(이하 '파견제
근로자법'이라 한다) 제2조 제5호). 즉, 파견근로자는 임금을 지급하
고 고용관계가 유지되는 고용주와 업무지시를 하는 사업주가 일치하
지 않는 근로자의 형태로서 파견사업주에게 고용된 후 그 고용관계
를 유지하면서 근로자 파견계약의 내용에 따라 사용사업주의 사업장
에서 지휘·명령을 받아 사용사업주를 위해 근무하는 자를 말합니다.
사내하도급 근로자는 파견근로자에 해당하지 않기 때문에 원칙적으
로 파견근로자보호 등에 관한 법률에 따른 보호를 받을 수 없지만,
사내하도급이 불법파견의 형태로 이루어진 경우에는 파견근로자로
인정되어 파견근로자보호 등에 관한 법률에 따른 보호를 받을 수
있습니다. 이 법에서 사용하는 용어의 정의는 다음과 같습니다.

① 근로자 파견 : 파견사업주가 근로자를 고용한 후 그 고용관계를 유지
   하면서 근로자파견계약의 내용에 따라 사용사업주의 지휘·명령을 받아
   사용사업주를 위한 근로에 종사하게 하는 것을 말합니다(파견근로자법
   제2조 제1호).
② 파견사업주: 근로자파견사업을 행하는 자를 말합니다(파견근로자법 제
   2조 제3호).
③ 사용사업주: 근로자파견계약에 따라 파견근로자를 사용하는 자를 말합
   니다(파견근로자법 제2조 제4호).

■ 파견근로자보호 등에 관한 법률 시행규칙 [별지 제1호서식]

근로자파견사업 [ ] 신규 허가신청서
[ ] 갱신

※ 뒤쪽의 작성방법을 읽고 작성해 주시기 바라며, 색상이 어두운 란은 신청인이 적지 않습니다.

(앞쪽)

접수번호		접수일	처리기간	20일

신청인	①상호 또는 법인 명칭		②사업자등록번호 (법인등록번호)	
	③소 재 지		④전 화 번 호 (휴대전화번호)	
	⑤대 표 자		⑥주민등록번호	

⑦자 산 상 황	동산	원,	부동산	원

⑧사무실전용면적(㎡)

인적 사항	구 분	성 명	주민등록번호	등록기준지
	⑨대 표 자			
	⑩임 원			
	⑪파견사업관리책자			

「파견근로자보호 등에 관한 법률 시행규칙」 제3조제1항 또는 제5조제1항에 따라 다음과 같이 신청합니다.

년 월 일

신청인 (서명 또는 인)

○○지방고용노동청(지청)장 귀하

첨부 서류	신규허가 신청시 (각 1부)	1. 별지 제2호서식에 따른 사업계획서 2. 정관(법인인 경우만 해당합니다) 3. 자산상황을 확인할 수 있는 서류(개인인 경우만 해당합니다) 4. 사무실 전용면적으로 확인할 수 있는 서류 및 그 위치도 5. 신청인(법인인 경우에는 임원)이 외국인인 경우에는 법 제8조 각 호에 해당하지 아니함을 증명하는 해당 국가의 정부, 그 밖에 권한 있는 기관이 발행한 서류 또는 공증인이 공증한 신청인의 진술서로서 「재외공관 공증법」에 따라 해당 국가에 주재하는 대한민국공관의 영사관이 확인한 서류	수수료 3만원 다만, 전자문서로 신청하는 경우에는 무료로 한다.
	갱신허가 신청시 (각 1부)	1. 정관(법인인 경우만 해당합니다) 2. 허가증 사본 3. 신청인(법인인 경우에는 임원)이 외국인인 경우에는 법 제8조 각 호에 해당하지 아니함을 증명하는 해당 국가의 정부, 그 밖에 권한 있는 기관이 발행한 서류 또는 공증인이 공증한 신청인의 진술서로서 「재외공관 공증법」에 따라 해당 국가에 주재하는 대한민국공관의 영사관이 확인한 서류	수수료 1만원 다만, 전자문서로 신청하는 경우에는 무료로 한다.
담당	신규허가	법인 등기사항증명서(법인)	

공무원 확인사항	신청시	
	갱신허가 신청시	1. 법인 등기사항증명서(법인) 2. 사업자등록증(개인)

본인은 이 건 업무처리와 관련하여 「전자정부법」 제36조제1항에 따른 행정정보의 공동이용을
통하여 담당 공무원이 위의 확인사항 중 제2호의 확인사항을 확인하는 것에 동의합니다.

※ 신청인이 담당 공무원의 확인에 동의하지 아니하거나 「전자정부법」 제36조제1항에 따른
   행정정보의 공동이용을 통하여 확인할 수 없는 경우에는 해당 서류를 신청인이 직접 제출
   하여야 합니다.

신청인(대표자)   (서명 또는 인)

210mm×297mm[백상지 80g/㎡]

■ 파견근로자보호 등에 관한 법률 시행규칙 [별지 제6호서식]

근로자파견사업 [   ] 변경허가신청서
[   ] 변경신고서

※ 뒤쪽의 작성방법을 읽고 작성해 주시기 바라며, 색상이 어두운
   란은 신청인이 적지 않습니다.
                                                        (앞쪽)

접수번호	접수일	처리기간	**14일**

①상호(법인명칭)	②허가번호
③소 재 지	④전화번호 (휴대전화번호)
⑤대 표 자	⑥주민등록번호

⑦변경사항	⑧ 변경 전
	⑨ 변경 후

⑩인적사항 변경	성 명	주민등록번호	등록기준지

「파견근로자보호 등에 관한 법률 시행규칙」 제4조에 따라 위와 같이 신청(신고)합니다.

년   월   일

신청인(신고인)   (서명 또는 인)

○○지방고용노동청(지청)장   귀하

첨부
서류
	변경허가
	신청 시
		1. 사업소 수의 증가
		  가. 별지 제2호서식에 따른 해당 사업소의 사업계획서
		  나. 해당 사업소의 사무실 전용면적을 확인할 수 있는
		     서류 및 그 위치도
		2. 사업소의 위치변경: 사무실 전용면적을 확인할 수
		   있는 서류 및 그 위치도
		3. 사업주(법인의 경우에는 대표자)의 변경: 제3조제1
		   항제5호에 따른 서류(외국인의 경우에 한정합니다)
		4. 허가증 사본
			수수료
			2만원
			다만, 전자
			문서로 신
			청하는 경
			우에는 무
			료로 한다.

	변경신
	고 시
		1. 법인의 임원(대표자를 제외합니다)의 변경: 제3조제
		   1항제5호에 따른 서류(외국인의 경우에 한정합니다)
		2. 파견사업관리책임자의 변경: 제3조제1항제5호에 따
		   른 서류(외국인의 경우에 한정합니다)
			수수료
			없음

3. 상호 또는 법인 명칭의 변경: 변경된 내용을 증명할
  수 있는 서류
4. 허가증 사본

210mm×297mm[일반용지 60g/㎡(재활용품)]

(뒤쪽)

수입인지 붙이는 난	수 수 료
	변경허가: 2만원 다만, 전자문서로 신청하는 경우에는 무료로 한다.

유 의 사 항
변경허가를 받지 아니하고 허가받은 사항을 변경한 때에는 3년 이하의 징역 또는 2천만원 이하의 벌금에 처하게 되며, 변경신고를 하지 아니하고 허가받은 사항을 변경한 때에는 허가가 취소되거나 1개월 이내의 영업정지 처분을 받을 수 있습니다.

작 성 방 법
⑩란에는 파견사업주, 법인의 임원, 파견사업관리책임자 등의 인적사항 변경이 있는 경우에만 기재합니다.

처 리 절 차

이 신청서는 아래와 같이 처리됩니다.

신 청 인	처 리 기 관
	지 방 고 용 노 동 관 서

신 청 서 작 성 → 접 수
(민 원 실)

↓

내 용 검 토
[근로개선지도과]

↓

통 보 ← 결 재
[청(지청)장]

근로자파견사업 폐지신고서

※ 색상이 어두운 란은 신청인이 적지 않습니다.

접수번호	접수일	처리기간	즉시

상호(법인명칭)	전화번호

소재지

대표자	생년월일

허가번호	허가연월일

폐지연월일

폐지사유

「파견근로자보호 등에 관한 법률」 제11조제1항 및 같은 법 시행규칙 제6조제1항에 따라 위와 같이 신고합니다.

년   월   일

신고인   (서명 또는 인)

○○지방고용노동청(지청)장 귀하

첨부서류	허가증 원본	수수료 없음

유의사항

근로자파견사업의 허가를 받은 자가 그 사업을 폐지한 경우에는 폐지신고를 하여야 하며, 이를 위반한 경우에는 300만원 이하의 과태료에 처합니다.

210mm×297mm[일반용지 60g/㎡(재활용품)]

■ 파견근로자보호 등에 관한 법률 시행규칙 [별지 제5호서식]

근로자파견사업허가증 재교부신청서

※ 색상이 어두운 란은 신청인이 적지 않습니다

접수번호	접수일	처리기간	5일

상호(법인명칭)	사 업 자 등 록 번 호 (법인등록번호)
소 재 지	전 화 번 호
대 표 자	생 년 월 일
주　　소	전화번호 (휴대전화번호)

허가번호

재교부를 신청하는 이유

「파견근로자보호 등에 관한 법률 시행규칙」 제3조제4항에 따라 위와 같이 신고합니다.

년　　　월　　　일

신청인　　　　　　　　　　　　(서명 또는 인)

○○지방고용노동청(지청)장　귀하

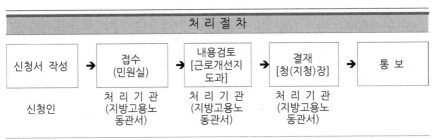

처 리 절 차				
신청서 작성	→ 접수 (민원실)	→ 내용검토 [근로개선지 도과]	→ 결재 [청(지청)장]	→ 통 보
신청인	처 리 기 관 (지방고용노 동관서)	처 리 기 관 (지방고용노 동관서)	처 리 기 관 (지방고용노 동관서)	

210mm×297mm[백상지 80g/㎡]

4-2. 사내하도급 근로자는 파견근로자에 해당하지 않습니다.

4-2-1. 사내하도급의 개념

「사내하도급」이란 원사업주로부터 업무를 도급받거나 업무의 처리를 수탁한 사업주가 자신의 의무를 이행하기 위해 원사업주의 사업장에서 해당 업무를 수행하는 것을 말합니다(고용노동부, 사내하도급 근로자의 근로조건 보호 가이드라인, 2011).

즉, 사내하도급 근로자는 원사업주의 공간을 이용하지만 근로와 관련된 지시·명령을 원사업주가 아닌 수탁사업주에게 받는 것으로서 이는 사용사업주의 지시를 받는 파견근로자와 성격이 다르기 때문에 파견근로자보호 등에 관한 법률에 따른 보호를 받을 수 없습니다.

4-2-2. 사내하도급 근로자를 파견근로자로 보는 경우

근로자파견에 해당하는지 여부는 당사자의 형식적이고 명목상 정한 계약형식과 상관없이 계약목적 또는 대상의 특정성, 전문성 및 기술성, 계약당사자의 기업으로서 실체 존부와 사업경영상 독립성, 계약 이행에서 사용사업주의 지휘명령권 보유 등을 종합적으로 고려하여 그 근로관계의 실질을 따져서 판단해야 합니다(서울고등법원 2011. 2. 10. 선고 2010누23752 판결). 구체적으로는 ① 수급사업주의 근로자들이 각종 작업지시서 등에 따라 단순·반복적인 업무를 수행하고, ② 수급사업주 회사의 고유 기술이나 자본 등이 업무에 투입된 바가 없으며, ③ 원사업주가 수급사업주 근로자들에 대한 일반적인 작업배치권과 변경 결정권을 가지고 있는 점(수급사업주 회사의 현장관리인이 근로자들에게 구체적인 지휘명령권을 행사하였다고 하더라도 이는 원사업주의 결정사항을 전달한 것에 불과하거나 통제되는 것에 불과하다는 점) 등에 해당하면 그 근로자들은 사내하도급 근로자가 아닌 파견근로자로 보아야 합니다(대법원 2010. 7. 22. 선고 2008두4367 판결).

이에 따라 사내하도급이 불법파견의 형태를 띤 경우에는 사내하도급 근로자는 파견근로자, 원사업주는 사용사업주, 수급사업주는 파견사업주가 되며, 근로자들은 「파견근로자보호 등에 관한 법률」에 따른 보호를 받을 수 있게 됩니다.

4-3. 근로자파견 대상 업무

근로자파견사업이 가능한 업무와 예외적으로 허용하는 사유 및 근로자파견이 절대적으로 금지되는 업무는 법령에 정해져 있습니다. 근로자파견사업이 가능한 업무는 파견근로자보호 등에 관한 법률 시행령 별표 1에 열거된 업무이며, 제조업의 직접생산공정업무는 제외됩니다(파견근로자법 제5조 제1항 및 동법 시행령」 제2조 제1항).

4-4. 근로자파견의 예외적 허용

위 파견대상업무가 아니라도 출산·질병·부상 등으로 결원이 생긴 경우 또는 일시적·간헐적으로 인력을 확보해야 할 필요가 있는 경우에는 근로자파견사업이 가능합니다(파견근로자법제5조 제2항).

4-5. 근로자파견의 절대적 금지업무

위 허용사유의 유무에 상관없이 다음의 업무에 대해서는 근로자파견사업이 금지됩니다(파견근로자법 제5조 제3항 및 동법 시행령 제2조 제2항).

① 건설공사현장에서 이루어지는 업무

② 항만운송사업법 제3조 제1호, 한국철도공사법 제9조 제1항 제1호, 농수산물 유통 및 가격안정에 관한 법률 제40조, 물류정책기본법 제2조 제1항 제1호의 하역업무로서 직업안정법 제33조에 따라 근로자공급사업 허가를 받은 지역의 업무

③ 선원법 제2조제1호에 따른 선원의 업무

④ 동일한 사업장 내에서 공정의 일부분을 도급하는 경우로서 다음의 어느 하나에 해당하는 작업(산업안전보건법 시행령 제26조 제1항).

- 도금작업
- 수은·연·카드뮴 등 중금속을 제련·주입·가공 및 가열하는 작업
- 산업안전보건법 제38조제1항에 따라 허가를 받아야 하는 물질을 제조하거나 사용하는 작업

- 그 밖에 유해 또는 위험한 작업으로서 산업재해보상보험 및 예방심의위
  원회의 심의를 거쳐 고용노동부장관이 정하는 작업
⑤ 진폐의 예방과 진폐근로자의 보호 등에 관한 법률 제2조제3호에 따른
  분진작업을 하는 업무
⑥ 산업안전보건법 제44조에 따른 건강관리수첩의 교부대상 업무
⑦ 의료법 제2조에 따른 의료인의 업무 및 의료법 제80조에 따른 간호조
  무사의 업무
⑧ 의료기사 등에 관한 법률 제3조에 따른 의료기사의 구체적인 업무
⑨ 여객자동차 운수사업법 제2조제3호에 따른 여객자동차운송사업의 운전
  업무
⑩ 화물자동차 운수사업법 제2조제3호에 따른 화물자동차운송사업의 운
  전업무

4-6. 위반 시 제재

이를 위반해서 근로자파견사업을 하거나 근로자파견의 역무를 제공
받은 경우에는 3년 이하의 징역 또는 3천만원 이하의 벌금에 처해
집니다(파견근로자법 제43조 제1호 및 1호의2).
또한, 공중위생 또는 공중도덕상 유해한 업무에 취업시킬 목적으로
근로자파견을 하면 5년 이하의 징역 또는 5천만원 이하의 벌금에
처해지며, 그 미수범도 처벌됩니다(파견근로자법 제42조).

4-7. 파견근로자의 취업조건

파견사업주는 근로자파견을 하려는 경우 미리 해당 파견근로자에게
파견사유, 근로사항 등에 대하여 서면으로 알려주어야 하며, 근로자
파견 시에는 해당 파견근로자에게 서면으로 미리 알려주어야 합니
다. 파견사업주는 정당한 이유 없이 파견근로자가 사용사업주와의
고용관계가 종료된 후 사용사업주에게 고용되는 것을 금지하는 내용
의 근로계약이나 근로자파견계약을 체결해서는 안 됩니다.

4-7-1. 서면 고지의무

파견사업주는 근로자파견을 하려는 경우 미리 해당 파견근로자에게 다음의 사항을 서면으로 알려주어야 합니다(파견근로자법 제20조 제1항, 제26조 제1항, 동법 시행규칙 제11조 및 제12조).

① 파견근로자의 수
② 파견근로자가 종사할 업무의 내용
③ 파견사유(출산·질병·부상 등으로 결원이 생긴 경우 또는 일시적·간헐적으로 인력을 확보해야 할 필요에 따라 근로자를 파견하는 경우만 해당)
④ 파견근로자가 파견되어 근로할 사업장의 명칭 및 소재지와 그 밖에 파견근로자의 근로 장소
⑤ 파견근로 중인 파견근로자를 직접 지휘·명령할 사람에 관한 사항
⑥ 근로자파견기간 및 파견근로 개시일에 관한 사항
⑦ 시업(始業) 및 종업(終業)의 시각과 휴게시간에 관한 사항
⑧ 휴일·휴가에 관한 사항
⑨ 연장·야간·휴일근로에 관한 사항
⑩ 안전 및 보건에 관한 사항
⑪ 근로자파견의 대가(對價)
⑫ 파견사업관리책임자 및 사용사업관리책임자의 성명·소속 및 직위
⑬ 근로자가 파견되어 근로할 사업장의 복리후생시설의 이용에 관한 사항

이를 위반하여 근로자를 파견할 때 미리 해당 근로자에게 취업조건을 고지하지 않은 파견사업주에게는 1천만원 이하의 과태료가 부과됩니다(파견근로자법 제46조 제3항).

4-7-2. 서면 계약체결

근로자파견계약의 당사자는 근로자파견계약을 체결하는 경우 각 파견근로자별로 계약서를 작성하여 서면으로 계약을 체결해야 합니다. 다만, 근로자파견계약의 내용이 동일한 경우에는 하나의 계약서로 작성할 수 있습니다(파견근로자법 제20조 제1항 및 동법 시행규칙 제11조 제1항). 이를 위반하여 근로자파견계약을 서면으로 체결하지 않은 사업주는 최대 6개월의 영업정지 처분을 받을 수 있습니다(파견근로자법 제12조 제1항 제15호).

4-7-3. 파견대가의 내역 제시

파견근로자는 파견사업주에게 해당 근로자파견의 대가에 관하여 그 내역의 제시를 요구할 수 있으며, 파견사업주는 이를 요구받은 때에는 지체 없이 그 내역을 서면으로 제시해야 합니다(파견근로자법 제26조 제2항 및 제3항). 이를 위반하여 파견대가 내역의 제시를 요구받고도 그 내역을 제시하지 않은 파견사업주에게는 300만원 이하의 과태료가 부과됩니다(파견근로자법 제46조 제5항 제2호의2).

4-8. 파견근로자 고용제한의 금지

파견사업주는 정당한 이유 없이 파견근로자 또는 파견근로자로서 고용되려는 사람과 그 고용관계의 종료 후 사용사업주에게 고용되는 것을 금지하는 내용의 근로계약을 체결해서는 안 됩니다. 파견사업주는 정당한 이유 없이 파견근로자와 고용관계의 종료 후 사용사업주가 해당 파견근로자를 고용하는 것을 금지하는 내용의 근로자파견계약을 체결해서는 안 됩니다(파견근로자법 제25조).

이를 위반하여 파견근로자가 사용사업주에게 고용되는 것을 제한하는 근로계약 또는 근로자파견계약을 체결한 파견사업주는 최대 6개월의 영업정지 처분을 받을 수 있습니다(파견근로자법 제12조 제1항 제17호).

4-9. 파견근로 대상에 대한 고지의무

파견사업주는 근로자를 파견근로자로서 고용하고자 할 때에는 미리 당해 근로자에게 그 취지를 서면으로 알려주어야 합니다. 파견사업주는 고용한 근로자 중 파견을 목적으로 고용하지 않은 근로자를 근로자파견의 대상으로 하기 위해서는 미리 그 취지를 서면으로 알려주고 해당 근로자의 동의를 얻어야 합니다(파견근로자법 제24조).

이를 위반하여 근로자의 동의를 받지 않고 근로자를 파견한 파견사업주는 최대 6개월의 영업정지 처분을 받을 수 있습니다(파견근로자법 제12조 제1항 제16호). 파견사업주가 파견근로자법을 위반하면 다음과 같은 행정처분을 받게 됩니다.

행정처분기준

1. 일반기준
  가. 위반행위가 2이상인 때에는 그중 중한 처분기준에 의하며, 2이상의
      처분기준이 같은 영업정지인 경우에는 중한 처분기준에 나머지 각각
      의 처분기준의 2분위 1을 더하여 처분한다.
  나. 위반행위의 횟수에 따른 행정처분기준은 당해 위반행위가 있는 날이
      전 최근 1년간 같은 위반행위로 행정처분을 받은 경우에 적용한다.
  다. 위반행위의 동기·내용·정도 및 횟수 등 다음의 해당 사유를 고려
      하여 그 처분을 감경할 수 있다. 이 경우 그 처분이 영업정지인
      경우에는 그 처분기준의 2분의 1 범위에서 감경할 수 있고, 허가
      취소인 경우에는 6개월 이내의 영업정지로 감경(다만, 법 제7조
      제1항에 따른 허가 또는 법 제10조제2항에 따른 갱신허가를 거
      짓이나 그 밖의 부정한 방법으로 받은 때와 법 제8조에 따른 결
      격사유에 해당하게 된 때에는 제외한다)할 수 있다.
    1) 위반행위가 고의나 중대한 과실이 아닌 사소한 부주의나 오류로
       인한 것으로 인정되는 경우
    2) 위반의 내용·정도가 경미하여 파견근로자에게 미치는 피해가 적
       다고 인정되는 경우
    3) 위반행위자가 처음 해당 위반행위를 한 경우로서, 3년 이상 해당
       사업을 모범적으로 해 온 사실이 인정되는 경우
    4) 위반행위자가 해당 위반행위로 인하여 검사로부터 기소유예 처분을
       받거나 법원으로부터 선고유예의 판결을 받은 경우

2. 개별기준

위 반 사 항	행 정 처 분 기 준		
	1차 위반	2차 위반	3차 위반
(1) 법 제5조제5항을 위반하여 근로자파견사 업을 행한 때	경 고	영업정 지3월	허가 취소
(2) 법 제6조제1항, 제2항 또는 제4항을 위반하 여 근로자파견사업을 행한 때	경 고	영업정 지3월	허가 취소
(3) 법 제7조제1항의 규정을 위반한 때			

	1차	2차	3차
(가) 허위 기타 부정한 방법으로 허가를 받은 때	허가 취소		
(나) 허가를 받지 아니하고 중요한 사항을 변경한 때	영업정지3월	허가 취소	
(4) 법 제7조제2항의 규정에 의한 변경신고를 하지 아니하고 신고사항을 변경한 때	경 고	영업정지1월	허가 취소
(5) 법 제8조의 규정에 의한 허가의 결격 사유에 해당하게 된 때			
(가) 제1호 내지 제5호의 규정에 해당 하게 된 때	허가 취소		
(나) 제6호의 규정에 해당하게 된 때	경 고	허가 취소	
(6) 법 제9조의 규정에 의한 허가의 기준에 적합하지 아니하게 된 때	경 고	영업정지1월	허가 취소
(7) 법 제10조제2항의 규정에 의한 갱신허가를 허위 기타 부정한 방법으로 받은 때	허가 취소		
(8) 법 제11조제1항의 규정에 의한 폐지신고를 하지 아니한 때	경 고	허가 취소	
(9) 법 제13조제2항의 규정을 위반하여 영업정지처분의 내용을 사용사업주에게 통지하지 아니한 때	경 고	영업정지1월	영업정지2월
(10) 법 제14조의 규정에 의한 겸업금지의무를 위반한 때	경 고	영업정지2월	허가 취소
(11) 법 제15조의 규정을 위반하여 명의를 대여한 때	허가 취소		
(12) 법 제16조제1항의 규정을 위반하여 근로자를 파견한 때	경 고	영업정지3월	허가 취소
(13) 법 제17조의 규정에 의한 준수사항을 위반한 때	경 고	영업정지1월	영업정지2월
(14) 법 제18조의 규정에 의한 보고를 하지	경 고	영업정지1월	영업정지2월

아니하거나 허위의 보고를 한 때			
(15) 법 제20조제1항에 따른 근로자파견계약을 서면으로 체결하지 아니한 때	경 고	영업정지1월	영업정지2월
(16) 법 제24조제2항의 규정을 위반하여 근로자의 동의를 얻지 아니하고 근로자파견을 행한 때	경 고	영업정지1월	허가취소
(17) 법 제25조의 규정을 위반하여 근로계약 또는 근로자파견계약을 체결한 때	경 고	영업정지1월	허가취소
(18) 법 제26조제1항을 위반하여 파견근로자에게 법 제20조제1항제2호.제4호부터 제12호까지의 사항을 알려주지 아니한 때	경 고	영업정지1월	영업정지2월
(19) 법 제28조의 규정에 의한 파견사업관리책임자를 선임하지 아니하거나 결격사유에 해당하는 자를 선임한 때	경 고	영업정지1월	허가취소
(20) 법 제29조의 규정에 의한 파견사업관리대장을 작성하지 아니하거나 보존하지 아니한 때	경 고	영업정지1월	허가취소
(21) 법 제35조제5항의 규정을 위반하여 건강진단결과를 송부하지 아니한 때	경 고	영업정지1월	영업정지2월
(22) 법 제37조의 규정에 의한 근로자파견사업의 운영 및 파견근로자의 고용관리 등에 관한 개선명령을 이행하지 아니한 때	경 고	영업정지1월	영업정지3월
(23) 법 제38조의 규정을 위반한 때			
(가) 보고명령을 이행하지 아니하거나 허위의 보고를 한 때	경 고	영업정지1월	영업정지3월
(나) 관계공무원의 출입·검사·질문 등의 업무를 거부·기피하거나 방해한 때	경 고	영업정지1월	영업정지3월

4-10. 파견기간의 제한

근로자파견의 기간은 원칙적으로 1년을 초과할 수 없지만 출산·질병·부상 등으로 결원이 생긴 경우 또는 일시적·간헐적으로 인력을 확보할 필요가 있는 경우에는 1년을 초과할 수 있습니다.

파견사업주·사용사업주 및 파견근로자간의 합의가 있는 경우에는 파견기간을 연장할 수 있습니다.

근로자파견의 기간은 원칙적으로 1년을 초과할 수 없습니다(파견근로자법 제6조 제1항). 다만, 출산·질병·부상 등으로 결원이 생긴 경우 또는 일시적·간헐적으로 인력을 확보할 필요가 있는 경우에는 1년을 초과할 수 있습니다. 이 경우 파견기간은 다음과 같습니다(파견근로자법 제5조 제2항, 제6조 제1항 및 제4항).

① 출산·질병·부상 등 그 사유가 객관적으로 명백한 경우에는 그 사유의 해소에 필요한 기간

② 일시적·간헐적으로 인력을 확보할 필요가 있는 경우에는 3개월 이내의 기간(다만, 그 사유가 해소되지 않고 파견사업주·사용사업주 및 파견근로자간의 합의가 있는 경우에는 1회에 한하여 3개월의 범위에서 기간 연장 가능)

4-11. 파견기간 연장의 예외적 허용

파견사업주·사용사업주 및 파견근로자간의 합의가 있는 경우에는 파견기간을 연장할 수 있습니다. 이 경우 1회를 연장할 때에 그 연장기간은 1년을 초과하지 못하며, 연장된 기간을 포함한 총 파견기간은 2년을 초과하지 못합니다. 다만, 파견근로자가 고용상 연령차별금지 및 고령자고용촉진에 관한 법률 제2조 제1호에 따라 55세 이상 고령자인 경우에는 총 파견기간 2년을 초과하여 파견기간을 연장할 수 있습니다(파견근로자법 제6조).

이를 위반하여 근로자파견사업을 하거나 근로자파견의 역무를 제공받은 사람은 3년 이하의 징역 또는 3천만원 이하의 벌금에 처해집니다(파견근로자법 제43조 제1호 및 1호의2).

4-12. 파견근로자의 직접고용 의무

파견근로자의 총 파견기간이 2년을 초과하거나 파견 절대금지 업무에 파견되는 등의 사유가 발생한 경우 사용사업주는 해당 파견근로자를 직접 고용해야 합니다. 다만, 파견근로자가 명시적인 반대의사를 표시하는 등의 사유가 있으면 직접고용하지 않아도 됩니다. 사용사업주가 다음의 어느 하나에 해당하는 경우에는 해당 파견근로자를 직접 고용해야 합니다(파견근로자법 제6조의2 제1항).

① 파견대상업무에 해당하지 않는 업무에서 파견근로자를 사용하는 경우 (파견근로자법 제5조제2항에 따라 근로자파견사업을 한 경우는 제외)

② 파견근로 절대금지업무에 파견근로자를 사용하는 경우

③ 총파견기간인 2년을 초과하여 계속적으로 파견근로자를 사용하는 경우

④ 파견기간 연장의 예외적 허용 사유(당사자간의 합의)를 위반하여 파견근로자를 사용하는 경우

⑤ 허가를 받지 않고 근로자파견사업을 행하는 사람으로부터 근로자파견의 역무를 제공받은 경우

그러나 사용사업주의 직접고용 의무는 다음의 어느 하나에 해당하는 경우에는 적용되지 않습니다(파견근로자법 제6조의2 제2항 및 동법 시행령 제2조의2).

① 해당 파견근로자가 명시적인 반대의사를 표시하는 경우

② 「임금채권보장법」 제7조제1항 각 호의 어느 하나에 해당하는 경우

③ 천재·사변 그 밖의 부득이한 사유로 사업의 계속이 불가능한 경우

직접고용사유에 해당하면서도 파견근로자를 직접 고용하지 않은 사용사업주에게는 3천만원 이하의 과태료가 부과됩니다(파견근로자법 제46조 제2항).

4-13. 파견근로자에 대한 차별적 처우는 금지

파견사업주와 사용사업주는 파견근로자임을 이유로 사용사업주의 사업 내의 동종 또는 유사한 업무를 수행하는 근로자에 비해 임금이나

그 밖의 근로조건 등에 있어서 합리적인 이유 없이 불리하게 처우해서는 안 됩니다.

「차별적 처우」란 다음 사항에 있어서 합리적인 이유 없이 불리하게 처우하는 것을 말합니다(파견근로자법 제2조 제7호).

① 근로기준법 제2조제1항제5호에 따른 임금
② 정기상여금, 명절상여금 등 정기적으로 지급되는 상여금
③ 경영성과에 따른 성과금
④ 그 밖에 근로조건 및 복리후생 등에 관한 사항

파견사업주 및 사용사업주가 지켜야 할 파견근로자에 대한 차별적 처우의 금지의무는 4명 이하의 근로자를 사용하는 경우에는 적용되지 않습니다(파견근로자보호 등에 관한 법률 제21조 제4항).

또한, 4명 이하의 근로자를 사용하는 사업장에서 파견사업주 또는 사용사업주로부터 차별적 처우를 받은 파견근로자는 차별적 처우 시정신청을 할 수 없습니다(파견근로자법 제21조제4항).

파견사업주가 파견근로자법을 위반한 경우에는 다음과 같이 과태료 처분을 받습니다.

과태료의 부과기준

1. 일반기준
   가. 위반행위의 횟수에 따른 과태료 부과기준은 최근 2년간 같은 위반행위로 과태료를 부과받은 경우에 적용한다. 이 경우 위반행위에 대하여 과태료 부과처분을 한 날과 다시 같은 위반행위를 적발한 날을 각각 기준으로 하여 위반횟수를 계산한다.
   나. 고용노동부장관은 다음의 어느 하나에 해당하는 경우에는 제2호에 따른 과태료 금액의 2분의 1의 범위에서 그 금액을 감경할 수 있다. 다만, 과태료를 체납하고 있는 위반행위자의 경우에는 그러하지 아니하다.
    1) 위반행위자가 「질서위반행위규제법 시행령」 제2조의2제1항 각 호의 어느 하나에 해당하는 경우

2) 위반행위자가 자연재해·화재 등으로 재산에 현저한 손실이 발생하
   거나 사업여건의 악화로 사업이 중대한 위기에 처하는 등의 사정이
   있는 경우
3) 위반행위가 사소한 부주의나 오류 등 과실로 인한 것으로 인정되는
   경우
4) 위반행위자가 위법행위로 인한 결과를 시정하거나 해소한 경우
5) 그 밖에 위반행위의 정도, 위반행위의 동기와 그 결과 등을 고려하
   여 감경할 필요가 있다고 인정되는 경우

2. 개별기준

위반행위	근거 법조문	과태료 금액		
		1차	2차	3차 이상
가. 법 제6조의2제1항을 위반하여 파견근로자를 직접 고용하지 않은 경우	법 제46조 제2항	1,000 만원	2,000 만원	3,000 만원
나. 법 제11조제1항에 따른 신고를 하지 않거나 허위의 신고를 한 경우	법 제46조 제5항제1호	200만원	300만원	300만원
다. 법 제18조 또는 제38조제1항에 따른 보고를 하지 않거나 허위의 보고를 한 경우	법 제46조 제5항제2호	300만원	300만원	300만원
라. 법 제21조제3항, 제21조의2제4항 및 제21조의3제2항에 따라 준용되는 「기간제 및 단시간근로자 보호 등에 관한 법률」 제14조제2항 또는 제3항에 따라 확정된 시정명령을 정당한 이유 없이 이행하지 않은 경우	법 제46조 제1항			
1) 배상을 내용으로 하는 차별시정명령을 이행하지 않은 경우		1억원의 범위에서 해당 배상 명령액	1억원의 범위에서 해당 배상 명령액	1억원의 범위에서 해당 배상 명령액

2) 근로시간, 휴일·휴가 등 근로조건에 대한 차별시 정명령을 이행하지 않은 경우		500만원	1,000 만원	2,000 만원
3) 시설 등 이용에 대한 차별 시정명령을 이행하지 않은 경우		500만원	1,000 만원	2,000 만원
마. 법 제21조제3항, 제21조의 2제4항 및 제21조의3제2 항에 따라 준용되는 「기간 제 및 단시간근로자 보호 등 에 관한 법률」 제15조제1항 에 따른 고용노동부장관의 이행상황 제출요구에 정당한 이유 없이 불응한 경우	법 제46조 제4항	200만원	400만원	500만원
바. 법 제26조제1항을 위반하여 근로자파견을 할 때에 미리 해당 파견근로자에게 법 제 20조제1항 각 호의 사항 및 그 밖에 고용노동부령으로 정하는 사항을 서면으로 알 리지 않은 경우	법 제46조 제3항			
1) 전부를 알리지 않은 경우		500만원	1,000 만원	1,000 만원
2) 일부를 알리지 않은 경우		200만원	400만원	1,000 만원
사. 법 제26조제3항을 위반한 경우	법 제46조 제5항제2호 의2	300만원	300만원	300만원
아. 법 제27조·제29조 또는 제 33조를 위반한 경우	법 제46조 제5항제3호	200만원	300만원	300만원
자. 법 제35조제3항 또는 제5항을	법 제46조	200만원	300만원	300만원

위반하여 해당 건강진단결과를 송부하지 않은 경우	제5항제4호			
차. 법 제37조에 따른 개선명령을 위반한 경우	법 제46조 제5항제5호	300만원	300만원	300만원
카. 법 제38조제2항에 따른 검사를 정당한 이유 없이 거부·방해 또는 기피한 경우	법 제46조 제5항제6호	300만원	300만원	300만원

4-13-1. 파견근로자에 대한 차별적 처우의 판단기준

파견근로자에 대한 차별적 처우를 판단함에 있어 비교대상근로자는 사용사업주의 사업 내의 동종 또는 유사한 업무를 수행하는 근로자입니다(파견근로자법 제21조 제1항).

「동종 또는 유사한 업무」에 해당하는지 여부는 주된 업무의 성질과 내용, 업무수행과정에서의 권한과 책임의 정도, 작업조건 등을 종합적으로 고려하여 판단해야 합니다(서울행정법원 2009. 6. 3. 선고 2008구합24743 판결). 사용사업주의 사업 내의 동종 또는 유사한 업무를 수행하는 근로자의 업무가 파견근로자의 업무와 동종 또는 유사한 업무에 해당하는지는 취업규칙이나 근로계약 등에 명시된 업무 내용이 아니라 근로자가 실제 수행하여 온 업무를 기준으로 판단하되, 이들이 수행하는 업무가 서로 완전히 일치하지 않고 업무의 범위 또는 책임과 권한 등에서 다소 차이가 있다고 하더라도 주된 업무의 내용에 본질적인 차이가 없다면, 특별한 사정이 없는 이상 이들은 동종 또는 유사한 업무에 종사한다고 보아야 합니다(대법원 2012.10.25. 선고 2011두7045 판결).

4-13-2. 불리한 처우와 합리적인 이유가 없는 경우

「불리한 처우」란 사업주가 임금 그 밖의 근로조건 등에서 파견근로자와 사용사업주의 사업 내의 동종 또는 유사한 업무를 수행하는 근로자를 다르게 처우함으로써 파견근로자에게 발생하는 불이익 전반을 의미하고,

"합리적인 이유가 없는 경우"란 파견근로자를 달리 처우할 필요성이 인정되지 않거나, 달리 처우할 필요성이 인정되는 경우에도 그 방법이나 정도 등이 적정하지 않은 경우를 의미합니다(대법원 2012.10.25. 선고 2011두7045 판결).

그리고 합리적인 이유가 있는지는 개별 사안에서 문제가 된 불리한 처우의 내용 및 사업주가 불리한 처우의 사유로 삼은 사정을 기준으로 파견근로자의 고용형태, 업무 내용과 범위·권한·책임, 임금 그 밖의 근로조건 등의 결정요소 등을 종합적으로 고려하여 판단해야 합니다 (대법원 2012.10.25. 선고 2011두7045 판결).

차별금지 영역으로 인정한 사례는 기본금, 상여금, 근속수당, 안전수당(무사고수당), 공정지원금, 교통비, 가족수당, 경조휴가 및 경조금, 교육비보조, 체력단련비, 성과배분 및 생산 장려금, 창립일 유급휴가, 정기승호 등을 지급·적용 받지 못하거나 적게 지급 받는 것 등입니다.

4-14. 파견근로자의 파견 기간

근로자파견의 기간은 원칙적으로 1년을 초과할 수 없지만 출산·질병·부상 등으로 결원이 생긴 경우 또는 일시적·간헐적으로 인력을 확보할 필요가 있는 경우에는 1년을 초과할 수 있습니다. 파견사업주·사용사업주 및 파견근로자간의 합의가 있는 경우에는 파견기간을 연장할 수 있습니다.

4-14-1. 1년 이상 파견 금지 원칙

근로자파견의 기간은 원칙적으로 1년을 초과할 수 없지만, 출산·질병·부상 등으로 결원이 생긴 경우 또는 일시적·간헐적으로 인력을 확보할 필요가 있는 경우에는 1년을 초과할 수 있습니다.

4-14-2. 파견기간 연장의 예외적 허용

파견사업주·사용사업주 및 파견근로자간의 합의가 있는 경우에는 파견기간을 연장할 수 있습니다. 이 경우 1회를 연장할 때에 그 연장기간은 1년을 초과하지 못하며, 연장된 기간을 포함한 총 파견기간은 2년을 초과하지 못합니다. 다만, 파견근로자가 고용상 연령차별금지 및 고령자고용촉진에 관한 법률 제2조 제1호에 따라 55세 이상 고령자인 경우에는 총 파견기간 2년을 초과하여 파견기간을 연장할 수 있습니다.

4-14-3. 파견근로자의 직접고용 의무

사용사업주는 총파견기간인 2년을 초과하여 계속적으로 파견근로자를 사용하는 경우 해당 파견계약직 근로자를 직접 고용해야 합니다.

5. 비정규직 보호법의 보호범위

기간제근로자, 단시간근로자, 파견근로자는 일반적인 근로자 관련 법령뿐만 아니라 비정규직 보호법인 기간제 및 단시간근로자 보호 등에 관한 법률 및 파견근로자보호 등에 관한 법률의 보호를 받게 되지만 그 외의 비정규직 근로자는 비정규직보호법의 보호를 받을 수 없고, 일반적인 근로자 관련 법령으로만 보호됩니다.

5-1. 기간제법에 따른 보호범위

계약직, 임시직, 촉탁직 등 근로의 명칭과 관계없이 근로계약 기간 이 정해져 있는 경우에는 모두 기간제근로자에 해당하여 기간제법의 보호를 받을 수 있습니다.
1주일 동안의 소정근로시간이 그 사업장에서 같은 종류의 업무에 종사하는 통상 근로자의 1주일 동안의 소정근로시간에 비해 짧은 근로자는 단시간근로자로서 기간제 및 단시간근로자 보호 등에 관한 법률의 보호를 받을 수 있습니다.

5-2. 파견근로자보호 등에 관한 법률에 따른 보호범위

임금을 지급하고 고용관계가 유지되는 고용주와 업무지시를 하는 사 업주가 일치하지 않는 근로자의 형태로서 파견사업주에게 고용된 후 그 고용관계를 유지하면서 근로자 파견계약의 내용에 따라 사용사업 주의 사업장에서 지휘, 명령을 받아 사용사업주를 위해 근무하는 파 견근로자는 파견근로자법의 보호를 받을 수 있습니다.

■ 단시간근로자의 초과근무는 어떻게 보호되나요?

Q. 저는 단시간근로자로 근무하고 있습니다. 그런데 사장이 자꾸 초과근무를 강요하면서 초과근무를 할 수 없으면 그만두라고 협박을 하고 있습니다. 이런 경우에는 어떻게 해야 하나요?

A. 5명 이상의 근로자를 사용하는 사업주가 단시간근로자에게 소정 근로시간을 초과하여 근로하게 하려는 경우에는 해당 근로자의 동의를 얻어야 하며, 동의를 얻었다고 하더라도 1주일에 12시간을 초과하여 근로를 시킬 수 없습니다. 이를 위반하는 사업주는 처벌됩니다. 그리고 사업주는 단시간근로자가 동의한 초과근로에 대해 통상임금의 100분의 50 이상을 가산하여 지급해야 합니다. 단시간근로자는 사업주가 동의를 얻지 않고 초과근로를 하게 하는 경우 이를 거부할 수 있습니다.

단시간근로자의 동의를 얻지 않고 초과근로를 하게 하거나 동의를 얻었더라도 1주일에 12시간을 초과하여 근로하게 한 사업주는 1천만원 이하의 벌금에 처해집니다.

(참고)

단시간근로자의 근로조건 결정기준 등에 관한 사항

1. 근로계약의 체결
   가. 사용자는 단시간근로자를 고용할 경우에 임금, 근로시간, 그 밖의 근로조건을 명확히 적은 근로계약서를 작성하여 근로자에게 내주어야 한다.
   나. 단시간근로자의 근로계약서에는 계약기간, 근로일, 근로시간의 시작과 종료 시각, 시간급 임금, 그 밖에 고용노동부장관이 정하는 사항이 명시되어야 한다.

2. 임금의 계산
   가. 단시간근로자의 임금산정 단위는 시간급을 원칙으로 하며, 시간급 임금을 일급 통상임금으로 산정할 경우에는 나목에 따른 1일 소정근로시간 수에 시간급 임금을 곱하여 산정한다.
   나. 단시간근로자의 1일 소정근로시간 수는 4주 동안의 소정근로시간을 그 기간의 통상 근로자의 총 소정근로일 수로 나눈 시간 수로 한다.

3. 초과근로
   가. 사용자는 단시간근로자를 소정 근로일이 아닌 날에 근로시키거나 소정근로시간을 초과하여 근로시키고자 할 경우에는 근로계약서나 취업규칙 등에 그 내용 및 정도를 명시하여야 하며, 초과근로에 대하여 가산임금을 지급하기로 한 경우에는 그 지급률을 명시하여야 한다.
   나. 사용자는 근로자와 합의한 경우에만 초과근로를 시킬 수 있다.

4. 휴일·휴가의 적용
   가. 사용자는 단시간근로자에게 법 제55조에 따른 유급휴일을 주어야 한다.
   나. 사용자는 단시간근로자에게 법 제60조에 따른 연차유급휴가를 주어야 한다. 이 경우 유급휴가는 다음의 방식으로 계산한 시간단위로 하며, 1시간 미만은 1시간으로 본다.

$$\text{통상 근로자의 연차휴가일수} \times \frac{\text{단시간근로자의 소정근로시간}}{\text{통상 근로자의 소정근로시간}} \times 8\text{시간}$$

   다. 사용자는 여성인 단시간근로자에 대하여 법 제73조에 따른 생리휴가 및 법 제74조에 따른 산전후휴가를 주어야 한다.
   라. 가목 및 다목의 경우에 사용자가 지급하여야 하는 임금은 제2호가목에 따른 일급 통상임금을 기준으로 한다.

마. 나목의 경우에 사용자가 지급하여야 하는 임금은 시간급을 기준으로 한다.

5. 취업규칙의 작성 및 변경

가. 사용자는 단시간근로자에게 적용되는 취업규칙을 통상근로자에게 적용되는 취업규칙과 별도로 작성할 수 있다.

나. 가목에 따라 취업규칙을 작성하거나 변경하고자 할 경우에는 적용대상이 되는 단시간근로자 과반수의 의견을 들어야 한다. 다만, 취업규칙을 단시간근로자에게 불이익하게 변경하는 경우에는 그 동의를 받아야 한다.

다. 단시간근로자에게 적용될 별도의 취업규칙이 작성되지 아니한 경우에는 통상 근로자에게 적용되는 취업규칙이 적용된다. 다만, 취업규칙에서 단시간근로자에 대한 적용을 배제하는 규정을 두거나 다르게 적용한다는 규정을 둔 경우에는 그에 따른다.

라. 가목 및 다목에 따라 단시간근로자에게 적용되는 취업규칙을 작성 또는 변경하는 경우에는 법 제18조 제1항의 취지에 어긋하는 내용이 포함되어서는 아니 된다.

■ 파견근로자로 인정되는 조건은 무엇인지요?

Q. 저는 사내하도급(사내하청) 근로자로 형식적인 근로계약은 수급사업주와 체결했지만 실제로는 원사업주의 작업지시를 받은 지 3년이 되었습니다. 이런 경우 파견근로자로 인정되는 것 아닌가요?

A. 수급사업주의 근로자들이 각종 작업지시서 등에 따라 단순·반복적인 업무를 수행하고, 수급사업주 회사의 고유 기술이나 자본 등이 업무에 투입된 바가 없으며, 원사업주가 수급사업주 근로자들에 대한 일반적인 작업배치권과 변경 결정권을 가지고 있으면 그 근로자들은 사내하도급(사내하청) 근로자가 아닌 파견근로자로 봅니다. 파견근로자는 임금을 지급하고 고용관계가 유지되는 고용주와 업무지시를 하는 사업주가 일치하지 않는 근로자의 형태로서 파견사업주에게 고용된 후 그 고용관계를 유지하면서 근로자 파견계

약의 내용에 따라 사용사업주의 사업장에서 지휘·명령을 받아 사용사업주를 위해 근무하는 자를 말합니다.

한편, 사내하도급(사내하청) 근로자는 원사업주로부터 업무를 도급받거나 업무의 처리를 수탁한 사업주가 자신의 의무를 이행하기 위해 원사업주의 사업장에서 해당 업무를 수행하는 근로자를 말합니다.

사내하도급(사내하청) 근로자를 파견근로자로 보는 경우로서는 판례는 ① 수급사업주의 근로자들이 각종 작업지시서 등에 따라 단순·반복적인 업무를 수행하고, ② 수급사업주 회사의 고유 기술이나 자본 등이 업무에 투입된 바가 없으며, ③ 원사업주가 수급사업주 근로자들에 대한 일반적인 작업배치권과 변경 결정권을 가지고 있으면 그 근로자들은 사내하도급(사내하청) 근로자가 아닌 파견근로자로 보고 있습니다.

이에 따라 사내하도급(사내하청)이 불법파견의 형태를 띤 경우에는 그 근로자는 파견근로자, 원사업주는 사용사업주, 수급사업주는 파견사업주가 되며, 근로자들은 파견근로자보호 등에 관한 법률에 따른 보호를 받을 수 있게 됩니다.

■ 기간제근로자도 육아휴직을 사용할 수 있나요?

Q. 저는 기간제근로자로 근무 중입니다. 육아문제로 휴직을 하고 싶은데 정규직이 아니어도 육아휴직을 사용할 수 있나요?

A. 사업주는 근로자가 만 6세 이하의 초등학교 취학 전 자녀를 양육하기 위하여 육아휴직 또는 육아기 근로시간 단축을 신청하는 경우에 특별한 사정이 없는 한 1년 이내의 기간 동안 이를 허용해야 합니다.

사업주는 근로자가 다음의 어느 하나에 해당하는 경우를 제외하고 만 8세 이하 또는 초등학교 2학년 이하의 자녀(입양한 자녀를 포함)를 양육하기 위하여 휴직을 신청하는 경우에 1년 이내의 기간 동안 이를 허용해야 합니다. 이를 위반하여 근로자의 육아휴직 신청을 받고 육아휴직을 허용하지 않은 사업주는 500만원 이하의 벌금에 처해집니다(남녀고용평등과 일·가정 양립 지원에 관한 법률 제37조 제4항 제4호).

① 육아휴직을 시작하려는 날의 전날까지 해당 사업에서 계속 근로한 기간이 1년 미만인 근로자

② 같은 영유아에 대하여 배우자가 육아휴직을 하고 있는 근로자

아울러 사업을 계속할 수 없는 경우를 제외하고 육아휴직을 이유로 해고나 그 밖의 불리한 처우를 해서는 안 되며, 육아휴직 기간에는 그 근로자를 해고하지 못합니다. 이를 위반하여 근로자에게 육아휴직을 이유로 해고나 그 밖의 불리한 처우를 하거나 사업을 계속할 수 없는 사유가 없음에도 육아휴직 기간동안 해당 근로자를 해고한 사업주는 3년 이하의 징역 또는 2천만원 이하의 벌금에 처해집니다. 사업주는 육아휴직을 마친 후에는 해당 근로자를 휴직 전과 같은 업무 또는 같은 수준의 임금을 지급하는 직무에 복귀시켜야 합니다. 이를 위반하여 근로자가 육아휴직을 마친 후 휴직 전과 같은 업무 또는 같은 수준의 임금을 지급하는 직무에 복귀시키지 않은 사업주는 500만원 이하의 벌금에 처해집니다.

기간제근로자의 육아휴직 기간은 근속기간에는 포함되지만, 기간제 및 단시간근로자 보호 등에 관한 법률 제4조에 따른 사용기간에는 산입되지 않습니다. 따라서 육아휴직기간을 제외한 근무기간이 2년을 초과해야 무기계약직으로 전환될 수 있습니다.

사업주는 육아휴직을 신청할 수 있는 근로자가 육아휴직 대신 1년 이내의 기간을 정하여 근로시간 단축(이하 "육아기 근로시간 단축"이라 함)을 신청하는 경우 이를 허용해야 합니다.

사업주가 해당 근로자에게 육아기 근로시간 단축을 허용하는 경우 단축 후 근로시간은 주당 15시간 이상 이어야 하고 30시간을 넘어서는 안 됩니다. 다만, 다음의 어느 하나에 해당하는 경우에는 사업주는 육아기 근로시간 단축을 허용하지 않을 수 있습니다.

① 단축개시예정일의 전날까지 해당 사업에서 계속 근로한 기간이 1년 미만인 근로자가 신청한 경우

② 같은 영유아의 육아를 위하여 배우자가 육아휴직(다른 법령에 따른 육아휴직을 포함)을 하고 있는 근로자가 신청한 경우

③ 사업주가 직업안정법 제2조의2 제1호에 따른 직업안정기관에 구인신청을 하고 14일 이상 대체인력을 채용하기 위하여 노력하였으나 대체인력을 채용하지 못한 경우(다만, 직업안정기관의 장의 직업소개에도 불구하고 정당한 이유 없이 2회 이상 채용을 거부한 경우는 제외)

④ 육아기 근로시간 단축을 신청한 근로자의 업무 성격상 근로시간을 분할하여 수행하기 곤란하거나 그 밖에 육아기 근로시간 단축이 정상적인 사업 운영에 중대한 지장을 초래하는 경우로서 사업주가 이를 증명하는 경우

사업주가 육아기 근로시간 단축의 적용 제외에 해당하여 근로시간 단축을 허용하지 않는 경우에는 해당 근로자에게 그 사유를 서면으로 통보하고 육아휴직을 사용하게 하거나 그 밖의 조치를 통하여 지원할 수 있는지를 해당 근로자와 협의해야 합니다. 사업주는 육아기 근로시간 단축을 이유로 해당 근로자에게 해고나 그 밖의 불리한 처우를 해서는 안 됩니다.

이를 위반하여 육아기 근로시간 단축을 이유로 해당 근로자에 대하여 해고나 그 밖의 불리한 처우를 한 사업주는 3년 이하의 징역 또는 2천만원 이하의 벌금에 처해집니다.

사업주는 근로자의 육아기 근로시간 단축기간이 끝난 후에 그 근로자를 육아기 근로시간 단축 전과 같은 업무 또는 같은 수준의 임금을 지급하는 직무에 복귀시켜야 합니다.

이를 위반하여 육아기 근로시간 단축이 끝난 후에 육아기 근로시간 단축 전과 같은 업무 또는 같은 수준의 임금을 지급하는 직무에 복귀시키지 않은 사업주는 500만원 이하의 벌금에 처해집니다 (남녀고용평등법 제37조 제4항 제5호).

월급 금액으로 정하여진 통상임금을 시간급 금액으로 산정할 때에는 그 금액을 월의 통상임금 산정 기준시간 수(주의 통상임금산정 기준시간에 1년간의 평균 주의 수를 곱한 시간을 12로 나눈 시간)로 나눈 금액에 의하여야 하므로(근로기준법 시행령 제6조 제2항 제4호), 그 시간급 통상임금 산정을 위해서는 먼저 월급 금액으로 정하여진 통상임금을 확정하여야 한다. 그런데 근로자가 근로기준법 제50조의 기준근로시간을 초과하는 약정 근로시간에 대한 임금으로 월급을 지급받거나 기본시급과 함께 매월 고정수당을 지급받는 경우, 그 월급이나 월급의 형태로 지급받는 고정수당에는 통상임금으로 볼 수 없는 근로기준법 제55조 소정의 유급휴일에 대한 임금과 근로기준법 제56조 소정의 연장·야간근로에 대한 임금이 포함되어 있어 그 통상임금을 확정하기가 곤란하므로, 이러한 경우에는 유급휴일에 근무한 것으로 의제하여 그 근로의제시간을 약정 근로시간(연장 및 야간근로시간의 경우 각 가산율 고려)과 합하여 총 근로시간을 산정한 후 유급휴일에 대한 임금의 성격을 가지는 부분과 연장·야간근로수당분이 포함된 월급 또는 월급 형태로 지급받는 고정수당을 그 총 근로시간 수로 나누는 방식에 의하여 그 시간급 통상임금을 산정하여도 무방하다(대법원 2012. 3. 29. 선고 2010다91046 판결 등 참조).

■ 근로자를 파견할 수 있는 업무가 따로 있나요?

Q. 저는 생산업체를 운영하는 사업주입니다. 다른 생산업체와 파견계약을 맺고 근로자를 파견하려고 하는데 근로자를 파견할 수 있는 업무가 따로 정해져 있나요?

A. 근로자파견사업이 가능한 업무와 예외적으로 허용하는 사유 및 근로자파견이 절대적으로 금지되는 업무는 법령에 정해져 있습니다. 근로자를 파견할 수 있는 업무는 전문적인 기술을 요하는 업무 또는 전화교환, 수금, 주유원, 건물 청소, 운전 등 법령으로 정하는 업무이며, 제조업의 직접생산공정업무에는 근로자를 파견할 수 없습니다. 위의 파견대상 업무에 해당하지 않더라도 출산·질병·부상 등으로

결원이 생긴 경우 또는 일시적·간헐적으로 인력을 확보해야 할 필요가 있는 경우에는 예외적으로 근로자파견사업이 가능합니다. 다만, 건설공사 현장에서 이루어지는 업무, 근로자공급사업 허가를 받은 지역의 업무, 선원 업무, 동일한 사업장 내에서 공정의 일부분을 도급하는 특정의 작업, 분진작업, 간호조무사, 의료기사 등의 업무에는 어떠한 경우라도 근로자를 파견할 수 없습니다.

사용사업주가 근로자 파견의 절대적 금지업무에 파견근로자를 사용하는 경우에는 해당 근로자를 직접 고용해야 합니다.

■ 비정규직 근로자의 차별적 처우를 신고하려면 어떻게 하나요?

Q. 저는 비정규직 근로자로서 정규직 근로자에 비하여 성과급과 휴가에 있어서 차별을 받았습니다, 이에 대해서 신고하려고 하는 데 어떻게 해야 하나요?

A. 5명 이상의 근로자를 사용하는 사업주는 비정규직 근로자임을 이유로 정규직 근로자, 통상 근로자 또는 사용사업주의 사업 내의 동종 또는 유사한 업무를 수행하는 근로자에 비해 임금이나 그 밖의 근로조건 등에 있어서 합리적인 이유 없이 불리하게 처우해서는 안 됩니다.

5명 이상의 근로자를 사용하는 사업주는 비정규직 근로자임을 이유로 비교대상 근로자에 비하여 임금이나 그 밖의 근로조건 등에 있어서 차별적 처우를 하여서는 안 됩니다.

① 기간제근로자의 비교대상 근로자: 해당 사업 또는 사업장에서 동종 또는 유사한 업무에 종사하는 기간의 정함이 없는 근로계약을 체결한 정규직 근로자

② 단시간근로자의 비교대상 근로자: 해당 사업 또는 사업장에서 동종 또는 유사한 업무에 종사하는 통상근로자

③ 파견근로자의 비교대상 근로자: 사용사업주의 사업 내의 동종 또는 유사한 업무를 수행하는 근로자

차별적 처우를 받은 비정규직 근로자는 차별적 처우가 있은 날

(계속되는 차별적 처우는 그 종료일)로부터 6개월 이내에 노동위원회에 직접 시정을 신청할 수 있습니다.

차별적 처우의 신고를 받은 노동위원회는 조사·심문을 통하여 시정명령 또는 기각결정을 합니다.

노동위원회는 심문 과정에서 관계 당사자 쌍방 또는 일방의 신청 또는 직권으로 조정절차를 개시할 수 있으며, 관계 당사자가 미리 노동위원회의 중재결정에 따르기로 합의하여 중재를 신청한 경우에는 중재를 할 수 있습니다.

［관련판례］

사용자가 사고나 비위행위 등을 저지른 근로자에게 시말서를 제출하도록 명령한 경우, 그 시말서가 단순히 사건의 경위를 보고하는 데 그치지 않고 더 나아가 근로관계에서 발생한 사고 등에 관하여 '자신의 잘못을 반성하고 사죄한다는 내용'이 포함된 사죄문 또는 반성문을 의미하는 것이라면, 이는 헌법이 보장하는 내심의 윤리적 판단에 대한 강제로서 양심의 자유를 침해하는 것이므로 효력이 없고, 그에 근거한 사용자의 시말서 제출명령은 업무상 정당한 명령으로 볼 수 없다(대법원 2010. 1. 14. 선고 2009두6605 판결 참조).

■ 기간제근로자로 2년 근무했는데 언제 정규직이 되나요?

Q. 저는 기간제근로자로서 2년을 근무했습니다. 언제 정규직이 될 수 있나요?

A. 사업주는 2년을 초과하지 않는 범위에서(기간제 근로계약의 반복 갱신 등의 경우에는 그 계속 근로한 총기간이 2년을 초과하지 않는 범위에서) 기간제근로자를 사용할 수 있습니다.

근로자의 근로기간이 2년을 초과한 경우에는 예외적인 사유에 해당하지 않는 한 기간의 정함이 없는 근로계약(무기근로계약)을 체결해야 합니다. 2년 초과사용의 예외적 허용사유가 없거나 소멸되었음에도 불구하고 2년을 초과하여 기간제근로자로 사용하는 경우에는 그 근로자는 기간의 정함이 없는 근로계약을 체결한 근로자로 봅니다.

그러나 다음의 어느 하나에 해당하는 경우에는 2년을 초과하여 기간제근로자로 사용할 수 있습니다.

① 사업의 완료 또는 특정한 업무의 완성에 필요한 기간을 정한 경우

② 휴직·파견 등으로 결원이 발생하여 해당 근로자가 복귀할 때까지 그 업무를 대신할 필요가 있는 경우

③ 기간제근로자가 학업, 직업훈련 등을 이수함에 따라 그 이수에 필요한 기간을 정한 경우

④ 55세 이상 고령자와 근로계약을 체결하는 경우

⑤ 전문적 지식·기술의 활용이 필요한 경우로서 법령으로 정하는 경우

⑥ 정부의 복지정책·실업대책 등에 따라 일자리를 제공하는 경우로서 법령으로 정하는 경우

⑦ 다른 법령에서 기간제근로자의 사용 기간을 기간제 및 단시간근로자 보호 등에 관한 법률과 달리 정하거나 별도의 기간을 정해 근로계약을 체결할 수 있도록 한 경우

⑧ 국방부장관이 인정하는 군사적 전문적 지식·기술을 가지고 관련 직업에 종사하거나 대학에서 안보 및 군사학 과목을 강의하는 경우

⑨ 특수한 경력을 갖추고 국가안전보장, 국방·외교 또는 통일과 관련된 업무에 종사하는 경우

⑩ 고등교육법 제2조에 따른 학교(고등교육법 제30조에 따른 대학원대학을 포함)에서 조교 및 교원의 업무에 종사하는 경우

⑪ 한국표준직업분류의 대분류 1과 대분류 2 직업에 종사하는 자의 근로소득이 고용노동부장관이 최근 조사한 고용형태별 근로실태조사의 한국표준직업분류 대분류 2 직업에 종사하는 자의 근로소득 상위 25%에 해당하는 경우

⑫ 1주 동안의 소정근로시간이 뚜렷하게 짧은 단시간근로자를 사용하는 경우

⑬ 선수와 체육지도자 업무에 종사하는 경우

⑭ 법령에서 정한연구기관에서 연구업무에 직접 종사하는 경우 또는 실험·조사 등을 수행하는 등 연구업무에 직접 관여하여 지원하는 업무에 종사하는 경우

[관련판례]

원고용주에게 고용되어 제3자의 사업장에서 제3자의 업무를 수행하는 사람을 제3자의 근로자라고 하기 위해서는, 원고용주가 사업주로서의 독자성이 없거나 독립성을 결하여 제3자의 노무대행기관과 동일시할 수 있는 등 그 존재가 형식적·명목적인 것에 지나지 아니하고, 사실상 당해 피고용인은 제3자와 종속적인 관계에 있으며 실질적으로 임금을 지급하는 주체가 제3자이고 근로 제공의 상대방도 제3자이어서, 당해 피고용인과 제3자 사이에 묵시적 근로계약관계가 성립하였다고 평가할 수 있어야 한다(대법원 2010. 7. 22. 선고 2008두4367 판결 등 참조).

■ 기간제근로자도 퇴직금을 받을 수 있나요?

Q. 저는 조그만 중소기업체에 기간제 근로자로 근무하고 있습니다. 퇴직하면 퇴직금을 받을 수 있나요?

A. 사업주는 계속근로기간 1년에 대하여 30일분 이상의 평균임금을 퇴직금으로 퇴직근로자에게 지급할 수 있는 제도(확정급여형퇴직연금제도, 확정기여형퇴직연금제도 또는 퇴직금제도 중 하나 이상)를 설정해야 합니다(근로자퇴직급여 보장법 제4조 제1항 및 제8조 제1항).

「평균임금」이란 평균임금을 산정할 사유가 발생한 날 이전 3개월 동안에 그 근로자에게 지급된 임금(사업주가 근로의 대가로 근로자에게 임금, 봉급, 그 밖에 어떠한 명칭으로든지 지급하는 일체의 금품을 말함)의 총액을 그 기간의 총일수로 나눈 금액을 말합니다. 그런데 5명 미만의 근로자를 사용하는 사업주는 2010년 11월 30일까지에 해당하는 퇴직금을 지급할 법적의무는 없습니다.

예컨대, 상시 근로자가 2명인 사업장에 근무하는 근로자가 2010

년 11월 30일 이전에 퇴직한 경우에는 사업주가 퇴직금을 주기로 약정한 경우를 제외하고 퇴직금을 받을 수 없습니다. 그러나 5명 미만의 근로자를 사용하는 사업의 사업주는 2010년 12월 1일부터 2012년 12월 31일까지에 해당하는 퇴직금을 근로자에게 지급해야 하며, 사업주가 부담할 금액은 근로자의 근로기간 1년 당 30일분의 평균임금의 50%입니다. 예컨대, 상시근로자가 2명인 사업장에 근무하는 근로자가 2012년 1월 1일부터 2012년 12월 31일까지 1년을 근무하면서 임금으로 월 100만원을 받았다면 해당 근로자에 대하여 사업주가 지급해야 할 퇴직금은 50만원이 됩니다.

모든 사업의 사업주는 2013년 1월 1일 이후부터 발생되는 퇴직금을 근로자에게 지급해야 하며, 사업주가 부담할 금액은 근로자의 근로기간 1년 당 30일분의 평균임금입니다.

사업주는 근로자가 퇴직한 경우에는 그 지급사유가 발생한 날부터 14일 이내에 퇴직금을 지급하여야 합니다. 다만, 특별한 사정이 있는 경우에는 당사자 간의 합의에 따라 지급기일을 연장할 수 있습니다. 이를 위반하여 퇴직금을 지급하지 않은 사업주는 3년 이하의 징역 또는 2천만원 이하의 벌금에 처해집니다. 다만, 이 경우 피해자의 명시적인 의사에 반하여 공소를 제기할 수 없습니다.

퇴직금을 받을 권리는 3년간 행사하지 않으면 시효로 소멸됩니다. 퇴직금을 지급받지 못한 근로자는 필요한 경우 사전상담을 한 후에 진정 또는 고소 여부를 결정한 후 사업장소재지 관할 지방고용노동관서에 진정 또는 고소를 할 수 있습니다.

퇴직금 체불 당시 최종 3월분의 월평균 임금이 400만원 미만인 퇴직금 체불로 인한 피해근로자(국내 거주 외국인 포함)는 대한법률구조공단의 법률구조를 받을 수 있습니다.

퇴직금 체불로 인한 피해근로자는 사업장 소재지 관할 지방법원·지원에 민사소송을 제기하여 확정판결을 받은 뒤 강제집행을 할 수 있습니다. 이 경우 사업주의 재산이 있어야 강제집행을 통하여 체불퇴직금을 받을 수 있으므로 사전에 사업주의 재산을 파악하고 가압류하는 것이 중요합니다.

체불퇴직금이 2천만원 이하인 경우 사업장소재지 관할 지방법원·지원, 시군법원에 소액사건심판을 제기하여 저렴한 소송비용과 간단한 절차로 체불퇴직금을 받을 수 있는 권원을 확보할 수 있습니다.

▌관련판례1▐

기간을 정하여 근로계약을 체결한 근로자의 경우 그 기간이 만료함으로써 근로자로서의 신분관계가 당연히 종료하고, 근로계약을 갱신하지 못하면 갱신 거절의 의사표시가 없어도 당연 퇴직하는 것이 원칙이다. 다만 근로계약, 취업규칙, 단체협약 등에서 기간 만료에도 불구하고 일정한 요건이 충족되면 당해 근로계약이 갱신된다는 취지의 규정을 두고 있거나, 그러한 규정이 없더라도 근로계약의 내용과 근로계약이 이루어지게 된 동기 및 경위, 계약 갱신의 기준 등 갱신에 관한 요건이나 절차의 설정 여부 및 그 실태, 근로자가 수행하는 업무의 내용 등 당해 근로관계를 둘러싼 여러 사정을 종합하여 볼 때 근로계약 당사자 사이에 일정한 요건이 충족되면 근로계약이 갱신된다는 신뢰관계가 형성되어 있어 근로자에게 근로계약이 갱신될 수 있으리라는 정당한 기대권이 인정되는 경우에는, 사용자가 이를 위반하여 부당하게 근로계약의 갱신을 거절하는 것은 부당해고와 마찬가지로 아무런 효력이 없고, 이 경우 기간만료 후의 근로관계는 종전의 근로계약이 갱신된 것과 동일하다(대법원 2011. 4. 14. 선고 2007두1729 판결 등 참조).

▌관련판례2▐

사용자로부터 해고된 근로자가 퇴직금 등을 수령하면서 아무런 이의의 유보나 조건을 제기하지 않았다면 특별한 사정이 없는 한 그 해고의 효력을 인정하였다고 할 것이고, 따라서 그로부터 오랜 기간이 지난 후에 그 해고의 효력을 다투는 소를 제기하는 것은 신의칙이나 금반언의 원칙에 위배되어 허용될 수 없다. 그렇지만 근로자가 해고의 효력을 인정하지 아니하고 이를 다투고 있었다고 볼 수 있는 객관적인 사정이 있다거나 그 외에 상당한 이유가 있는 상황 아래에서 퇴직금을 수령하는 등 반대의 사정이 있음이 엿보이는 때에는, 명시적인 이의를 유보함이 없이 퇴직금을 수령한 경우라고 하여도 일률적으로 해고의 효력을 인정하였다고 보아서는 안 된다(대법원 1996. 3. 8. 선고 95다51847 판결, 대법원 2005. 11. 25. 선고 2005다38270 판결 등 참조).

■ 단시간근로자의 처우는 어떻게 되나요?

Q. 저는 단시간근로자로 근무하고 있습니다. 그런데 정규직과 많은 차별을 받고 있는 것 같습니다. 단기근로자의 처우는 어떻게 되나요?

A. 사업주는 통상근로자를 채용하려는 경우 단시간근로자를 우선적으로 고용하도록 노력해야 하며, 통상근로자가 가사, 학업 그 밖의 이유로 단시간근로를 신청하는 때에는 해당 근로자를 단시간근로자로 전환하도록 노력해야 합니다.
사업주는 단시간근로자의 근로조건을 서면으로 명시해야 하며, 통상근로자와 비교하여 불리한 처우를 해서는 안 됩니다.
사업주가 단시간근로자에게 소정근로시간을 초과하여 근로하게 하려는 경우에는 해당 근로자의 동의를 얻어야 하며, 단시간근로자는 이를 거부할 수 있습니다.
사업주가 단시간근로자에게 소정근로시간을 초과하여 근로하게 하려는 경우에는 해당 근로자의 동의를 얻어야 합니다(기간제법 제6조 제1항 전단).
사업주는 초과근로에 대하여 근로자의 동의를 얻었다고 하더라도 1주일에 12시간을 초과하여 근로하게 할 수 없습니다(기간제법 제6조 제1항 후단).
사업주는 단시간근로자가 동의한 초과근로에 대해 통상임금의 100분의 50 이상을 가산하여 지급해야 합니다(기간제법 제6조 제3항).
상시 4명 이하의 근로자를 사용하는 사업 또는 사업장의 경우에는 위 규정이 적용되지 않습니다(기간제법 제3조 제1항, 제2항 동법 시행령 제2조 및 별표 1).

단시간근로자는 사업주가 동의를 얻지 않고 초과근로를 하게 하는 경우 이를 거부할 수 있습니다(기간제법 제6조 제2항). 단시간근로자의 동의를 얻지 않고 초과근로를 하게 하거나 동의를 얻었더라도 1주일에 12시간을 초과하여 근로하게 한 사업주는 1천만원 이하의 벌금에 처해집니다(기간제법 제22조).

■ 단시간근로자도 퇴직금을 받을 수 있나요?

Q. 저는 단시간근로자로 근무하고 있습니다. 그런데 퇴직하면 퇴직금을 받을 수 있나요?

A. 사업주는 1년(52주 + 1일) 이상 근무하고 퇴직하는 단시간근로자에게 지급하기 위한 퇴직급여제도를 설정해야 합니다(근로자퇴직급여 보장법 제4조 제1항 본문). 이 경우 퇴직금의 금액은 해당 사업장의 같은 종류의 업무에 종사하는 통상근로자의 근로시간을 기준으로 산정한 비율에 따라 결정됩니다(근로기준법 제18조 제1항). 다만, 사업주는 4주간을 평균하여 1주일의 소정근로시간이 15시간 미만인 근로자에 대해서는 퇴직급여를 설정하지 않아도 됩니다(근로자퇴직급여 보장법 제4조 제1항 단서).
이는 최소한의 기준을 정해놓은 것으로서 사업주가 1주일의 소정근로시간이 15시간 미만인 단시간근로자에게도 퇴직급여제도를 설정하는 것에는 아무런 제한이 없습니다.

제3장
여성근로자

제3장 여성근로자(女性勤勞者)

1. 여성의 근로를 보호하는 제도

1-1. 여성근로자를 위한 근무환경 조성

남성과 다른 생리적 특성을 가진 여성근로자의 보호를 위해 갱내 등 위험한 장소에서의 근로는 금지되며, 야간 및 휴일근로는 근로자의 동의하에 가능합니다.

상시 5명 이상의 근로자를 사용하는 모든 사업 또는 사업장의 사용자는 여성근로자가 청구하면 월 1일의 무급생리휴가를 주어야 합니다.

여성근로자는 근무 중 문제가 발생했을 때에는 사업주 또는 직장 내의 고충처리위원이나 명예고용평등감독관에게 고충신고를 할 수 있으며, 민간단체의 고용평등상담실을 통해서도 도움을 받을 수 있습니다.

1-2. 위험한 장소에서의 근로 금지

상시 5명 이상의 근로자를 사용하는 모든 사업 또는 사업장의 사용자는 18세 이상의 여성을 보건상 유해·위험한 사업 중 임신 또는 출산에 관한 기능에 유해·위험한 다음의 사업에 사용해서는 안 됩니다(근기법 제65조 제2항·제3항, 제11조 제1항, 동법 시행령 제40조 및 별표 4).

① 2-브로모프로판을 취급하거나 노출될 수 있는 업무(다만, 의학적으로 임신할 가능성이 전혀 없는 여성인 경우는 제외)

② 그 밖에 고용노동부장관이 산업재해보상보험및예방심의위원회의 심의를 거쳐 지정하여 고시하는 업무

임산부 등의 사용금지직종

구 분	사 용 금 지 직 종
임신 중인 여성	1. 「산업안전기준에 관한 규칙」 제59조와 제60조에서 규정한 둥근톱으로서 지름 25센티미터 이상, 같은 규칙 제61조와 제62조에서 규정하는 띠톱으로서 풀리(Pulley)의 지름 75센티미터 이상의 기계를 사용하여 목재를 가공하는 업무 2. 「산업안전기준에 관한 규칙」 제5편제3장과 제4장에 따른 정전작업, 활선작업 및 활선 근접작업 3. 「산업안전기준에 관한 규칙」 제6편제2장제3절에서 규정한 통나무비계의 설치 또는 해체업무와 제6편제5장에 따른 건물 해체작업(지상에서 작업을 보조하는 업무를 제외한다) 4. 「산업안전기준에 관한 규칙」 제6편제3장제3절에서 규정하는 터널작업, 같은 규칙 제439조에 따른 추락위험이 있는 장소에서의 작업, 같은 규칙 제452조에 따른 붕괴 또는 낙하의 위험이 있는 장소에서의 작업 5. 「산업보건기준에 관한 규칙」 제58조제4호에 따른 진동작업 6. 「산업보건기준에 관한 규칙」 제69조제2호 및 제3호에 따른 고압작업 및 잠수작업 7. 「산업보건기준에 관한 규칙」 제108조에 따른 고열작업이나 한랭작업 8. 「원자력법」 제97조에 따른 방사선 작업 종사자 등의 피폭선량이 선량한도를 초과하는 원자력 및 방사선 관련 업무 9. 납, 수은, 크롬, 비소, 황린, 불소(불화수소산), 염소(산), 시안화수소(시안산), 2-브로모프로판, 아닐린, 수산화칼륨, 페놀, 에틸렌글리콜모노메틸에테르, 에틸렌글리콜모노에틸에테르, 에틸렌글리콜모노에틸에테르 아세테이트, 염화비닐, 벤젠 등 유해물질을 취급하는 업무

	10. 사이토메갈로바이러스(Cytomegalovirus)·B형 간염 바이러스 등 병원체로 인하여 오염될 우려가 짙은 업무. 다만, 의사·간호사·방사선기사 등으로서 면허증을 소지한 자 또는 양성 중에 있는 자를 제외한다.
	11. 신체를 심하게 펴거나 굽힌다든지 또는 지속적으로 쭈그려야 하거나 앞으로 구부린 채 있어야 하는 업무
	12. 연속작업에 있어서는 5킬로그램 이상, 단속작업에 있어서는 10킬로그램 이상의 중량물을 취급하는 업무
	13. 그 밖에 고용노동부장관이 「산업재해보상보험법」 제8조에 따른 산업재해보상보험및예방심의위원회(이하 "산업재해보상보험및예방심의위원회"라 한다. 이하 이 표에서 같다)의 심의를 거쳐 지정하여 고시하는 업무
산후 1년이 지나지 아니한 여성	1. 납, 비소를 취급하는 업무. 다만, 모유 수유를 하지 아니하는 여성으로서 본인이 취업 의사를 사업주에게 서면으로 제출한 경우에는 그러하지 아니한다.
	2. 2-브로모프로판을 취급하거나 노출될 수 있는 업무
	3. 그 밖에 고용노동부장관이 산업재해보상보험및예방심의위원회의 심의를 거쳐 지정하여 고시하는 업무
임산부가 아닌 18세 이상인 여자	1. 2-브로모프로판을 취급하거나 노출될 수 있는 업무. 다만, 의학적으로 임신할 가능성이 전혀 없는 여성인 경우에는 그러하지 아니하다.
	2. 그 밖에 고용노동부장관이 산업재해보상보험및예방심의위원회의 심의를 거쳐 지정하여 고시하는 업무
18세 미만인 자	1. 「산업보건기준에 관한 규칙」 제69조제2호 및 제3호에 따른 고압작업 및 잠수작업
	2. 「건설기계관리법」, 「도로교통법」 등에서 18세 미만인 자에 대하여 운전·조종면허 취득을 제한하고 있는 직종 또는 업종의 운전·조종업무
	3. 「청소년보호법」 등 다른 법률에서 18세 미만 청소년의 고용이나 출입을 금지하고 있는 직종이나 업종

4. 교도소 또는 정신병원에서의 업무
5. 소각 또는 도살의 업무
6. 유류를 취급하는 업무(주유업무는 제외한다)
7. 2-브로모프로판을 취급하거나 노출될 수 있는 업무
8. 그 밖에 고용노동부장관이 산업재해보상보험및예방심의위원회의 심의를 거쳐 지정하여 고시하는 업무

사용자는 여성을 갱내(坑內)에서 근로시킬 수 없습니다. 다만, 보건·의료, 보도·취재 등 다음에서 정하는 업무를 수행하기 위하여 일시적으로 필요한 경우에는 근로시킬 수 있습니다(근기법 제72조 및 동법 시행령 제42조).

① 보건, 의료 또는 복지 업무
② 신문·출판·방송프로그램 제작 등을 위한 보도·취재업무
③ 학술연구를 위한 조사 업무
④ 관리·감독 업무
⑤ 위의 4개규정의 업무와 관련된 분야에서 하는 실습 업무

이를 위반하고 여성을 위험한 장소에서 근로시킨 사용자는 3년 이하의 징역 또는 2천만원 이하의 벌금에 처해집니다(근기법 제109조 제1항).

1-3. 야간근로 및 휴일근로의 제한

상시 5명 이상의 근로자를 사용하는 모든 사업 또는 사업장의 사용자는 18세 이상의 여성을 오후 10시부터 오전 6시까지의 시간 및 휴일에 근로시키려면 해당 근로자의 동의를 받아야 합니다(근기법 제70조 제1항 및 제11조 제1항).

이를 위반하는 경우에는 2년 이하의 징역 또는 1천만원 이하의 벌금에 처해집니다(근기법 제110조 제1호).

1-4. 생리휴가의 허용

상시 5명 이상의 근로자를 사용하는 모든 사업 또는 사업장의 사용자는 여성근로자가 청구하면 월 1일의 생리휴가를 주어야 합니다(근기법 제73조 및 제11조 제1항).

이를 위반하여 생리휴가를 허용하지 않은 사용자는 500만원 이하의 벌금에 처해집니다(근기법 제114조 제1호).

1-5. 사업주 또는 직장 내의 고충처리위원에게 고충신고

여성근로자는 남녀차별, 직장 내 성희롱, 출산전후휴가, 육아휴직, 육아기 근로시간 단축, 직장어린이집, 가족돌봄휴직 등과 관련한 문제가 발생하였을 때에는 사용자에게 고충을 신고할 수 있습니다[남녀고용평등과 일·가정 양립 지원에 관한 법률(이하 '남녀고용평등법'이라 한다) 제25조 참조].

고충 신고는 구두, 서면, 우편, 전화, 팩스 또는 인터넷 등의 방법으로 해야 합니다(남녀고용평등법 시행령 제18조 제1항).

고충 신고를 받은 사용자는 특별한 사유가 없으면 신고 접수일부터 10일 이내에 신고된 고충을 직접 처리하거나 근로자참여 및 협력증진에 관한 법률에 따라 설치된 노사협의회에 위임하여 처리하게 하고, 사업주가 직접 처리한 경우에는 처리 결과를, 노사협의회에 위임하여 처리하게 한 경우에는 위임 사실을 해당 근로자에게 알려주어야 합니다(남녀고용평등법 제25조 및 동법 시행령 제18조 제2항).

사업주는 고충접수·처리대장을 작성하여 갖추어 두고 관련 서류를 3년간 보존해야 합니다(남녀고용평등법 시행령 제18조 제3항).

고충접수·처리대장은 전자적 처리가 불가능한 특별한 사유가 없으면 전자적 처리가 가능한 방법으로 작성하여 갖추어 두어야 하며, 이에 따른 서류는 전자적인 방법으로 작성·보존할 수 있습니다(남녀고용평등법 시행령 제18조 제4항).

1-6. 명예고용평등감독관에게 상담

고용노동부장관은 사업장의 남녀고용평등 이행을 촉진하기 위하여 그 사업장 소속 근로자 중 노사가 추천하는 사람으로 다음에 해당하는 사람을 명예고용평등감독관을 위촉할 수 있습니다(남녀고용평등법 제24조 제1항 및 동법 시행규칙 제16조 제1항).

① 근로자참여 및 협력증진에 관한 법률에 따른 노사협의회의 위원 또는 고충처리위원
② 노동조합의 임원 또는 인사·노무 담당부서의 관리자
③ 그 밖에 해당 사업의 남녀고용평등을 실현하기 위하여 활동하기에 적합하다고 인정하는 사람

1-7. 명예고용평등감독관의 업무

명예고용평등감독관은 다음의 업무를 수행합니다(남녀고용평등법 제24조 제2항).

① 해당 사업장의 차별 및 직장 내 성희롱 발생 시 피해 근로자에 대한 상담·조언
② 해당 사업장의 고용평등 이행상태 자율점검 및 지도 시 참여
③ 법령위반 사실이 있는 사항에 대하여 사업주에 대한 개선 건의 및 감독기관에 대한 신고
④ 남녀고용평등 제도에 대한 홍보·계몽
⑤ 그 밖에 남녀고용평등의 실현을 위하여 고용노동부장관이 정하는 업무

사업주는 명예고용평등감독관으로서 정당한 임무 수행을 한 것을 이유로 해당 근로자에게 인사상 불이익 등의 불리한 조치를 해서는 안 됩니다(남녀고용평등법 제24조 제3항). 이를 위반한 경우에는 500만 원 이하의 벌금에 처해집니다(남녀고용평등법 제37조 제4항 제6호).

법인의 대표자나 법인 또는 개인의 대리인, 사용인,

그 밖의 종업원이 그 법인 또는 개인의 업무에 관하여 위와 같은 위반행위를 하면 그 행위자를 벌하는 외에 그 법인 또는 개인에게도 해당 조문의 벌금형을 과(科)합니다. 다만, 법인 또는 개인이 그 위반행

위를 방지하기 위하여 해당 업무에 관하여 상당한 주의와 감독을 게을리 하지 않은 경우에는 그렇지 않습니다(남녀고용평등법 제38조).

1-8. 민간단체 고용평등상담실을 통한 상담

여성근로자는 차별, 직장 내 성희롱, 모성보호 및 일·가정 양립 등에 관한 상담을 실시하는 민간단체에 상담을 할 수 있습니다(남녀고용평등법 제23조 제1항 참조). 고용노동부장관은 위의 상담을 실시하는 민간단체에 필요한 비용의 일부를 예산의 범위에서 지원할 수 있습니다(남녀고용평등법 제23조 제1항).

명예고용평등감독관 추천 · 위촉동의서

〈추 천 서〉

아래 사람을 명예고용평등감독관으로 추천합니다.

성명 (한자)	김 노 동 (金 勞 動)				주민 등록 번호	650102-1234567		
소속 및 직책	생산1부 반장	직 종	☑생산직 □사무직	노조원 여 부	무	입사일자	2000. 5.	
사업장 (단체) 개 요	사업장명 (단체명)	한국전자(주)				사업 종류	제조업	
	소 재 지	서울 영등포구 영등포동 1	근로 자수	100 (여 20명)		연 락 처	○전화번호: 02-123-4567 ○이메일 등: nodong@nodong. co.kr	
추천자 의견	위 사람은 평소 업무에 성실하고 회사발전에 기여하므로 명예고용평등감독관으로 추천함							

2019 년   3 월 16 일

추천기관명 : 한국전자(주)   전화 : 02-123-4567
소 재 지 : 서울 영등포구 영등포동 1
사 업 주 성명 : 이 한 국   (서명 또는 인)
근로자 대표 성명 : 홍 길 동   (서명 또는 인)

〈위촉동의서〉

위 본인은 명예고용평등감독관 위촉에 동의합니다.

2019 년   3 월 16 일

성명 : 김 노 동   (서명 또는 인)

○○지방노동청(사무소)장 귀하

210mm×297mm(일반용지60g/㎡(재활용품))

2. 평등한 기회 보장

2-1. 여성근로자에 대한 차별금지

사업주는 근로자에게 성별, 혼인, 가족 안에서의 지위, 임신 또는 출산 등의 사유로 합리적인 이유 없이 채용 또는 근로의 조건을 다르게 하거나 그 밖의 불리한 조치를 해서는 안 됩니다. 사업주는 임금 및 복리후생, 교육·배치·승진, 정년·퇴직 및 해고 등의 분야에서 여성근로자를 차별해서는 안 됩니다.

2-2. 사용자의 성(性)차별 금지

2-2-1. 차별의 개념

「차별」이란 사업주가 근로자에게 성별, 혼인, 가족 안에서의 지위, 임신 또는 출산 등의 사유로 합리적인 이유 없이 채용 또는 근로의 조건을 다르게 하거나 그 밖의 불리한 조치를 하는 경우를 말합니다(남녀고용평등법 제2조제1호 본문).

비록 사업주가 채용조건이나 근로조건은 동일하게 적용하더라도 그 조건을 충족할 수 있는 남성 또는 여성이 다른 한 성(性)에 비하여 현저히 적고 그에 따라 특정 성(性)에게 불리한 결과를 초래하며 그 조건이 정당한 것임을 증명할 수 없는 경우도 차별에 해당합니다. 다만, 다음의 경우에는 차별에 해당하지 않습니다(남녀고용평등법 제2조제1호 단서).

① 직무의 성격에 비추어 특정 성(性)이 불가피하게 요구되는 경우

② 여성근로자의 임신·출산·수유 등 모성보호를 위한 조치를 하는 경우

③ 그 밖에 남녀고용평등법 또는 다른 법률에 따라 적극적 고용개선조치를 하는 경우

2-2-2. 남녀차별 금지가 적용되지 않는 사업장

① 다음의 사업 또는 사업장의 경우에는 남녀차별 금지가 적용되지 않습니다 (남녀고용평등법 제3조 제1항 단서 및 동법 시행령 제2조 제1항).

 1) 동거하는 친족만으로 이루어지는 사업 또는 사업장

 2) 가사사용인

② 상시 5명 미만의 근로자를 사용하는 사업 또는 사업장에 대해서는 다음의 사항이 적용되지 않습니다(남녀고용평등법 제8조부터 제11조 제1항까지 및 동법 시행령 제2조 제2항).

 1) 동일 가치 노동에 대한 동일 임금 지급

 2) 복리후생에서 남녀차별 금지

 3) 교육·배치 및 승진에서 남녀차별 금지

 4) 정년·퇴직 및 해고에서 남녀차별 금지

③ 사업주가 남녀고용평등법을 위반한 경우에는 다음과 같이 과태료가 부과됩니다.

위반행위의 종류별 과태료 부과기준

위 반 행 위	해당 법조문	금 액
1. 사업주가 법 제12조를 위반하여 직장 내 성희롱을 한 경우	법 제39조 제1항	
가. 직장 내 성희롱과 관련하여 최근 3년 이내에 과태료처분을 받은 사실이 있는 사람이 다시 직장 내 성희롱을 한 경우		1천만원
나. 한 사람에게 수차례 직장 내 성희롱을 하거나 2명 이상에게 직장 내 성희롱을 한 경우		500만원
다. 그 밖의 직장 내 성희롱을 한 경우		300만원
2. 사업주가 법 제14조제1항을 위반하여 직장 내 성희롱 발생이 확인되었는데도 지체 없이 행위자에게 징계나 그 밖에 이에 준하는 조치를 하지 아니한 경우	법 제39조 제2항 제1호	400만원

3. 사업주가 법 제14조의2제2항을 위반하여 근로자가 고객 등에 의한 성희롱 피해를 입었음을 주장하거나 고객 등으로부터의 성적 요구 등에 불응한 것을 이유로 해고나 그 밖의 불이익한 조치를 한 경우	법 제39조 제2항 제2호	500만원
4. 사업주가 법 제18조의2제1항을 위반하여 근로자가 배우자의 출산을 이유로 휴가를 청구하였는데도 3일의 휴가를 주지 아니한 경우	법 제39조 제2항 제3호	500만원
5. 사업주가 법 제19조의2제2항을 위반하여 육아기 근로시간 단축을 허용하지 아니하였으면서도 해당 근로자에게 그 사유를 서면으로 통보하지 아니하거나, 육아휴직의 사용 또는 그 밖의 조치를 통한 지원 여부에 관하여 해당 근로자와 협의하지 아니한 경우	법 제39조 제2항 제4호	400만원
6. 사업주가 법 제19조의3제2항을 위반하여 육아기 근로시간 단축을 한 근로자의 근로조건을 서면으로 정하지 아니한 경우	법 제39조 제2항 제5호	400만원
7. 사업주가 제19조의2제1항을 위반하여 육아기 근로시간 단축 신청을 받고 육아기 근로시간 단축을 허용하지 않은 경우	법 제39조 제2항 제6호	500만원
8. 사업주가 제22조의2제1항을 위반하여 가족돌봄휴직의 신청을 받고 가족돌봄휴직을 허용하지 않은 경우	법 제39조 제2항 제7호	500만원
9. 사업주가 법 제13조제1항을 위반하여 직장 내 성희롱 예방교육을 하지 아니한 경우	법 제39조 제3항 제1호	200만원
10. 사업주가 법 제17조의3제1항을 위반하여 시행계획을 제출하지 아니한 경우	법 제39조 제3항 제2호	300만원
11. 사업주가 법 제17조의3제2항을 위반하여 남녀근로자 현황을 제출하지 아니하거나 거짓으로 제출한 경우	법 제39조 제3항 제3호	300만원
12. 사업주가 법 제17조의4제1항을 위반하여 이행실적을 제출하지 아니하거나 거짓으로 제출한	법 제39조 제3항 제4호	300만원

경우(법 제17조의3제3항에 따라 시행계획을 제출한 자가 이행실적을 제출하지 아니하는 경우는 제외한다)		
13. 사업주가 법 제18조제4항을 위반하여 관계 서류의 작성·확인 등 모든 절차에 적극 협력하지 아니한 경우	법 제39조 제3항 제5호	200만원
14. 사업주가 법 제31조제1항에 따른 보고 또는 관계서류의 제출을 거부하거나 거짓으로 보고 또는 제출한 경우	법 제39조 제3항 제6호	200만원
15. 법 제31조제1항에 따른 검사를 거부, 방해 또는 기피한 경우	법 제39조 제3항 제7호	200만원
16. 사업주가 법 제33조를 위반하여 관계 서류를 3년간 보존하지 아니한 경우	법 제39조 제3항 제8호	200만원

비고: 고용노동부장관은 위반행위의 동기와 그 결과 등을 고려하여 과태료 부과금액을 2분의 1의 범위에서 늘리거나 줄일 수 있다. 이 경우 과태료의 총액은 법 제39조제1항부터 제3항까지의 규정 중 해당 조항의 과태료 상한액을 초과할 수 없다.

3. 동일한 임금 지급

사업주는 특정 성(性)에 관계없이 동일한 사업 내의 동일 가치 노동에 대하여는 동일한 임금을 지급해야 합니다(남녀고용평등법 제8조 제1항). 동일 가치 노동의 기준은 직무 수행에서 요구되는 기술, 노력, 책임 및 작업 조건 등으로 하고, 사업주가 그 기준을 정할 때에는 노사협의회의 근로자를 대표하는 위원의 의견을 들어야 합니다.

사업주가 임금차별을 목적으로 설립한 별개의 사업은 동일한 사업으로 봅니다.

이를 위반하여 동일한 사업 내의 동일 가치의 노동에 대하여 동일한 임금을 지급하지 않은 사업주는 3년 이하의 징역 또는 2천만원 이하의 벌금에 처해집니다(남녀고용평등법 제37조 제2항 제1호).

법인의 대표자나 법인 또는 개인의 대리인, 사용인, 그 밖의 종업원이 그 법인 또는 개인의 업무에 관하여 위와 같은 위반행위를 하면 그 행위자를 벌하는 외에 그 법인 또는 개인에게도 해당 조문의 벌금형을 과(科)합니다. 다만, 법인 또는 개인이 그 위반행위를 방지하기 위하여 해당 업무에 관하여 상당한 주의와 감독을 게을리 하지 않은 경우에는 그렇지 않습니다(남녀고용평등법 제38조).

4. 복리후생에서의 차별금지

사업주는 임금 외에 근로자의 생활을 보조하기 위한 금품의 지급 또는 자금의 융자 등 복리후생에서 남녀를 차별해서는 안 됩니다(남녀고용평등법 제9조).

이를 위반한 사업주는 500만원 이하의 벌금에 처해집니다(남녀고용평등법 제37조 제4항 제2호).

법인의 대표자나 법인 또는 개인의 대리인, 사용인, 그 밖의 종업원이 그 법인 또는 개인의 업무에 관하여 위와 같은 위반행위를 하면 그 행위자를 벌하는 외에 그 법인 또는 개인에게도 해당 조문의 벌금형을 과(科)합니다. 다만, 법인 또는 개인이 그 위반행위를 방지하기 위하여 해당 업무에 관하여 상당한 주의와 감독을 게을리 하지 않은 경우에는 그렇지 않습니다(남녀고용평등법 제38조).

5. 교육·배치·승진에서의 차별금지

사업주는 근로자의 교육·배치 및 승진에서 남녀를 차별해서는 안 됩니다(남녀고용평등법 제10조).
이를 위반한 사업주는 500만원 이하의 벌금에 처해집니다(남녀고용평등법 제37조 제4항 제3호).
법인의 대표자나 법인 또는 개인의 대리인, 사용인, 그 밖의 종업원이 그 법인 또는 개인의 업무에 관하여 위와 같은 위반행위를 하면 그 행위자를 벌하는 외에 그 법인 또는 개인에게도 해당 조문의 벌금형을 과(科)합니다. 다만, 법인 또는 개인이 그 위반행위를 방지하기 위하여 해당 업무에 관하여 상당한 주의와 감독을 게을리 하지 않은 경우에는 그렇지 않습니다(남녀고용평등법 제38조).

6. 정년·퇴직 및 해고에서의 차별금지

사업주는 근로자의 정년·퇴직 및 해고에서 남녀를 차별해서는 안 됩니다(남녀고용평등법 제11조 제1항).

7. 혼인, 임신 또는 출산을 퇴직 사유로 예정하는 근로계약 체결금지

사업주는 여성근로자의 혼인, 임신 또는 출산을 퇴직 사유로 예정하는 근로계약을 체결해서는 안 됩니다(남녀고용평등법 제11조 제2항).
이를 위반하여 근로자의 정년·퇴직 및 해고에서 남녀를 차별하거나 여성근로자의 혼인, 임신 또는 출산을 퇴직사유로 예정하는 근로계약을 체결하는 사업주는 5년 이하의 징역 또는 3천만원 이하의 벌금에 처해집니다(남녀고용평등법 제37조 제1항). 법인의 대표자나 법인 또는 개인의 대리인, 사용인, 그 밖의 종업원이 그 법인 또는 개인의 업무에 관하여 위와 같은 위반행위를 하면 그 행위자를 벌하는 외에 그 법인 또는 개인에게도 해당 조문의 벌금형을 과(科)합니다. 다만, 법인 또는 개인이 그 위반행위를 방지하기 위하여 해당 업무에 관하여 상당한 주의와 감독을 게을리 하지 않은 경우에는 그렇지 않습니다(남녀고용평등법 제38조).

8. 임산부 보호 정책

8-1. 근로시간의 제한 및 단축

임산부인 여성근로자를 보호하기 위해 근로기준법은 근로시간 제한 및 단축규정을 두고 있습니다. 임산부의 탄력적 근로시간제, 시간외 근로, 야간 및 휴일근로는 원칙적으로 금지됩니다. 임신 후 12주 이내 또는 36주 이후에 있는 여성근로자는 1일 2시간의 근로시간 단축을 신청할 수 있습니다.

8-2. 탄력적 근로시간제의 적용 금지

임신 중인 여성근로자에게는 탄력적 근로시간제가 적용되지 않습니다(근기법 제51조 제3항). 이는 사용자가 임신 중인 여성근로자가 특정시기에 장시간 근로를 하게 되는 경우 신체적·정신적으로 악영향을 끼칠 수 있으므로 이를 막기 위한 것입니다.

「탄력적 근로시간제」란 근로기준법상의 기준근로시간에 대한 예외를 인정한 것을 말하며, 2주 단위와 3개월 단위의 탄력적 근로시간제로 구분됩니다(근기법 제50조 제1항·제2항 및 제51조 제1항·제2항).

① 2주 단위 탄력적 근로시간제 : 사용자가 취업규칙(취업규칙에 준하는 것을 포함)에서 정하는 바에 따라 2주 이내의 일정한 단위기간을 평균

하여 1주 동안 40시간의 근로시간을 초과하지 않는 범위 내에서 특정한 주에 1주 40시간을(48시간을 초과할 수 없음), 특정한 날에 1일 8시간의 근로시간을 초과하여 근로하게 할 수 있는 것을 말합니다.

② 3개월 단위 탄력적 근로시간제 : 사용자가 근로자대표와의 서면 합의에 의하여 3개월 이내의 단위기간을 평균하여 1주 동안 40시간의 근로시간을 초과하지 않는 범위 내에서 특정한 주에 1주 40시간을(52시간을 초과할 수 없음), 특정한 날에 1일 8시간(12시간을 초과할 수 없음)의 근로시간을 초과하여 근로하게 할 수 있는 것을 말합니다.

8-3. 시간 외 근로 금지

사용자는 임신 중의 여성근로자에게 시간 외 근로를 하게 해서는 안됩니다(근로기준법 제74조 제5항 전단).

사용자는 산후 1년이 지나지 않은 여성에 대하여는 단체협약이 있는 경우라도 1일에 2시간, 1주일에 6시간, 1년에 150시간을 초과하는 시간 외 근로를 시킬 수 없습니다(근기법 제71조).

8-4. 쉬운 근로로 전환

사용자는 임신 중의 여성근로자의 요구가 있는 경우에는 쉬운 종류의 근로로 전환해주어야 합니다(근로기준법 제74조 제5항 후단).

이를 위반하고 임신 중 또는 산후 1년이 지나지 않은 여성에게 시간 외 근로를 시키거나 쉬운 근로로 전환해주지 않은 사용자는 2년 이하의 징역 또는 1천만원 이하의 벌금에 처해집니다(「근로기준법」 제110조 제1호).

8-5. 야간근로 및 휴일근로의 제한

사용자는 임산부를 오후 10시부터 오전 6시까지의 시간 및 휴일에 근로시킬 수 없습니다(근기법 제70조 제2항 본문). 다만, 다음의 어느 하나에 해당하는 경우로서 임산부의 야간 또는 휴일근로 인가 신청서에 그 근로자의 동의서 또는 청구서와 근로자대표와 협의(근로기준법 제70조 제3항)한 결과를 기록한 사본을 첨부하여 관할 지방고용노동관서의 장에게 제출하여 인가를 받은 경우에는 임산부에게 야간 및 휴일에 근로를 시킬 수 있습니다(근기법 제70조 제2항 단서 및 동법 시행규칙 제12조 제1항).

① 산후 1년이 지나지 않은 여성의 동의가 있는 경우
② 임신 중의 여성이 명시적으로 청구하는 경우

고용노동부장관에게 인가를 받지 않고 임산부를 야간 및 휴일에 근로시킨 사용자는 2년 이하의 징역 또는 1천만원 이하의 벌금에 처해집니다(근기법 제110조 제1호).

사용자는 고용노동부장관의 인가를 받기 전에 근로자의 건강 및 모성보호를 위해 야간 및 휴일근로의시행 여부와 방법 등에 관하여 그 사업 또는 사업장의 근로자대표와 성실하게 협의해야하며 이를 위반한 경우에는 500만원 이하의 벌금에 처해집니다(근기법 제114조 제1호).

[☑임산부 □18세 미만인 자]의 [☑야간 ☑휴일]근로 인가 신청서				처리 기간 3 일	
① 사업장명	희망드림(주)	② 사업의 종류		도·소매업	
③ 대표자성명	김 근 로	④ 주민등록번호		640101-1******	
⑤ 소재지	①⑤⓪-⑨⑧① 서울영등포구 여의도동 456-7 　　　　　　　（전화 : 02-2670-1234）				
⑥ 신청이유	야간, 휴일근로				
⑦ 사유발생일	2010년 2월 12일	⑧ 종사업무		캐셔	
⑨ 인가기간	2010.2.12. ~ 2011.2.11. 까지	⑩ 근로형태		계약직	
⑪ 인가대상 근로자수	야업근로	계 1 명	남 명	여 1 명	
	휴일근로	계 1 명	남 명	여 1 명	

　　「근로기준법」 제70조제2항 단서 및 제3항과 같은 법 시행규칙 제12조제1항에 따라 위와 같이 [☑임산부 □18세 미만인 자]의 [☑야간 ☑휴일]근로에 대한 인가를 신청합니다.

　　　　　　　　　　　　2010 년   2 월   10 일

　　　　　　　　　　　　　　　신청인　　　김 근 로　（서명 또는 인）
　　　　　　　　　　　　　　　대리인　　　　　　　　（서명 또는 인）
　　　　　지방노동청(　　　지청)장 귀하

구비서류 : 1. 해당 근로자의 동의서나 청구서 사본 　　　　　　2. 법 제70조제3항에 따른 근로자대표와의 협의 결과 사본	수수료 없 음

210mm×297mm[일반용지 60g/㎡(재활용품)]

（뒤쪽）

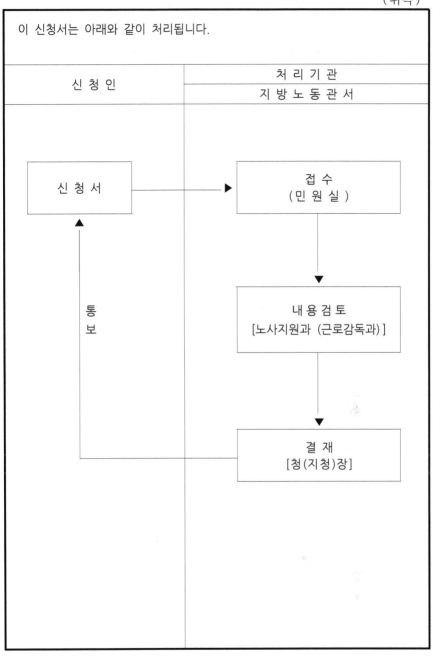

이 신청서는 아래와 같이 처리됩니다.

신 청 인	처 리 기 관
	지 방 노 동 관 서

신 청 서 → 접 수 (민 원 실)

↓

내 용 검 토 [노사지원과 (근로감독과)]

↓

결 재 [청(지청)장]

통 보

제 호		
[ ]임산부 [ ]18세 미만인 자 의 [ ]야간 [ ]휴일 근로 인가서		

사업장명	사업의 종류
대표자 성명	생년월일
소재지	
(전화번호 :)	

신청이유		
사유발생일		종사업무
인가기간		근로형태
인가대상 근로자수	야간근로 명 (남 명, 여 명)	
	휴일근로 명 (남 명, 여 명)	

「근로기준법」제70조제2항 단서 및 제3항과 같은 법 시행규칙 제12조제2항에 따라 위와 같이 { [ ] 임산부,   [ ] 18세 미만인 자}의 { [ ] 야간,   [ ] 휴일}근로를 인가합니다.

년   월   일

○○지방고용노동청(지청)장   직인

210mm×297mm(백상지 80g/㎡)

8-6. 임신기 근로시간 단축제의 허용

사용자는 임신 후 12주 이내 또는 36주 이후에 있는 여성근로자가 1일 2시간의 근로시간 단축을 신청하는 경우 이를 허용해야 합니다 (근기법 제74조 제7항 본문).

만약 여성근로자의 1일 근로시간이 8시간 미만인 경우에는 1일 근로시간이 6시간이 되도록 근로시간 단축을 허용할 수 있습니다(근기법 제74조 제7항 단서). 다만, 상시 300명 미만의 근로자를 사용하는 사업 또는 사업장에는 근로시간 단축에 관한 규정(동법 제74조 제7항~제9항)이 2016. 3. 25. 부터 적용됩니다[동법(법률 제12527호) 부칙 제1조 제2호].

8-7. 근로시간 단축에 따른 임금삭감 금지

사용자는 근로시간 단축을 이유로 해당 여성근로자의 임금을 삭감해서는 안 됩니다(근기법 제74조 제8항).

8-8. 근로시간 단축의 신청방법 및 절차 등

근로시간 단축을 신청하려는 여성 근로자는 근로시간 단축 개시 예정일의 3일 전까지 임신기간, 근로시간 단축 개시 예정일 및 종료 예정일, 근무 개시 시각 및 종료 시각 등을 적은 문서(전자문서를 포함)에 의사의 진단서(단, 같은 임신에 대하여 근로시간 단축을 다시 신청하는 경우는 제외)를 첨부하여 사용자에게 제출해야 합니다 (근기법 제74조 제9항 및 동법 시행령 제43조의2). 여성근로자가 근로시간 단축을 신청하였음에도 이를 허용하지 않은 사업주에게는 500만원 이하의 과태료가 부과됩니다(근기법 제116조 제1항 제2호).

9. 출산전후휴가

9-1. 출산전후휴가의 사용

사용자는 임신 중의 여성에게 출산 전과 출산 후를 통하여 90일의 출산전후휴가를 주어야 합니다. 이 경우 휴가 기간의 배정은 출산 후에 최소 45일 이상이 되어야 하며, 90일을 연속으로 사용해야 합니다(근기법 제74조 제1항). 만약 임신 중인 여성이 한 번에 둘 이상 자녀를 임신했다면 120일의 출산전후휴가를 주어야 하며, 이 경우 휴가 기간의 배정은 출산 후 60일 이상이 되어야 합니다. 사용자는 산전(産前) 및 산후(産後)의 여성근로자를 출산전후휴가 기간과 그 후 30일 동안은 해고할 수 없습니다(근로기준법 제23조 제2항). 다만, 사용자가 여성근로자에게 일시보상을 했거나, 사업을 계속할 수 없게 된 경우에는 해고할 수 있습니다. 이를 위반하여 여성근로자를 해고하면 5년 이하의 징역 또는 3천만원 이하의 벌금에 처해집니다(근기법 제107조). 사용자는 근로자가 출산 등 비상(非常)한 경우의 비용에 충당하기 위해 임금 지급을 청구하면 지급기일 전이라도 이미 제공한 근로에 대한 임금을 지급해야 합니다(근로기준법 제45조). 이를 위반하여 비상 시 임금을 지급하지 않은 경우에는 1천만원 이하의 벌금에 처해집니다(근기법 제113조). 사업주는 출산전후휴가 종료 후에는 휴가 전과 동일한 업무 또는 동등한 수준의 임금을 지급하는 직무에 복귀시켜야 합니다(근로기준법 제74조 제6항). 이를 위반한 사업주는 500만원 이하의 벌금에 처해집니다(근기법 제114조 제1호). 연차 유급휴가의 일수를 산정할 때 임신 중의 여성의 출산전후휴가 기간은 출근한 것으로 봅니다(근기법 제60조 제6항 제2호).

출산전후(유산·사산)휴가 확인서

※ 뒤쪽의 작성방법을 읽고 작성하시기 바라며, [ ]에는 해당되는 곳에 "√" 표시를 합 (앞쪽)
니다.

<table>
<tr><td rowspan="7">기
본
사
항</td><td>①사업장관리번호</td><td colspan="4"></td></tr>
<tr><td>②우선지원대상기업</td><td colspan="2">[ ]해당
[ ]비해당</td><td colspan="2">(「고용보험법 시행령」제12조에 따름)</td></tr>
<tr><td>③사업장명칭</td><td colspan="4"></td></tr>
<tr><td>④사업장소재지</td><td colspan="4">(담당자   )

(전자우편: , 전화번호:)</td></tr>
<tr><td>⑤피보험자성명</td><td colspan="2"></td><td>⑥피보험자
주민등록번호</td><td></td></tr>
<tr><td>⑦피보험자의 고용형태</td><td colspan="4">[ ]정규직
[ ]비정규직([ ]기간제근로자, [ ]단시간근로자, [ ]파견근로자,
[ ]기타)</td></tr>
</table>

<table>
<tr><td rowspan="4">⑧출산
(예정)일</td><td rowspan="4">년 월 일</td><td rowspan="3">⑨출산전후
(유산·사산)휴가
부여기간</td><td>년 월 일 ~
년 월 일(일)</td></tr>
<tr><td>년 월 일 ~
년 월 일(일)</td></tr>
<tr><td>년 월 일 ~
년 월 일(일)</td></tr>
<tr><td>분할사용 여부
[ ]아니오 [ ]예</td></tr>
<tr><td colspan="2">⑩임신기간(유산·사산휴가의 경우)</td><td colspan="2">1. 11주 이내 2. 12주~15주
3. 16주~21주 4. 22주~27주
5. 28주 이상</td></tr>
<tr><td colspan="2">⑪통상임금
(출산전후휴가등 시작일 기준)</td><td colspan="2">산정기준: 시급, 일급, 주급, 월급(기타   )
통상임금: 원</td></tr>
<tr><td colspan="2">⑫산정기준 기간동안의 소정근로시간(휴
가시작일 기준)</td><td colspan="2">총   시간</td></tr>
</table>

<table>
<tr><td rowspan="2">⑬출산전후(유·사산)휴가기간 중 통상임금
지급명세
[우선지원대상기업이 아닌 경우 60일을
초과한 무급휴가기간(30일) 중 지급 급여]</td><td>휴가기간</td><td>첫번째
30일</td><td>두번째
30일</td><td>세번째
30일</td></tr>
<tr><td>급여지급액
(없으면 "없음")</td><td>원</td><td>원</td><td>원</td></tr>
</table>

<table>
<tr><td>⑭피보험단위기간
산정대상기간</td><td>⑮임금지급
기초일수</td><td colspan="2">본 확인서의 기재사항은 사실과 다르지 않습니다.
년   월   일</td></tr>
<tr><td>~</td><td>일</td><td colspan="2">근로자   (서명 또는 인)</td></tr>
</table>

~		일	「고용보험법」제77조 및 같은 법 시행규칙 제
~		일	123조에 따라 위와 같이 출산전후(유산·사산)휴
~		일	가 사실을 확인합니다.
~		일	
~		일	확인자 사업장명
~		일	대표자　　　　　(서명 또는 인)
⑯통산피보험단위기간		일	○○지방고용노동청(지청)장 귀하

210mm×297mm[일반용지 60g/㎡(재활용품)]

(뒤쪽)

작성방법

◎ 사업주는 출산전후(유산·사산)휴가 확인서 작성·확인 등 모든 절차에 적극 협력하여야 합니다.

1. ①란 사업장관리번호는 고용보험가입번호를 적습니다.
2. ②우선지원 대상기업 해당 여부는「고용보험법 시행령」제12조에 해당하는 기업을 의미합니다.
   ※ 자세한 사항은 「고용보험법 시행령」 제12조를 참조하십시오.
3. ⑦란의 피보험자 고용형태 분류는 다음과 같습니다.
   ※ 기간제 근로자 : 기간의 정함이 있는 근로계약을 체결한 근로자
   ※ 단시간 근로자 : 1주 동안의 소정근로시간이 그 사업장에서 같은 종류의 업무에 종사하는 통상 근로자의 1주 동안의 소정근로시간에 비하여 짧은 근로자
   ※ 파견 근로자 : 파견사업주가 고용한 근로자로서 근로자파견의 대상이 되는 자
4. ⑨란의 휴가부여기간은 출산전후휴가를 부여한 전체 기간을 적습니다. 만약, 출산전후휴가를 분할하여 사용한 경우 각각의 기간을 모두 적습니다. 출산전후휴가를 분할하여 사용한 경우 분할사용 여부에 반드시 "예"라고 표시해야 합니다.
5. ⑩란의 임신기간은 유산 또는 사산휴가를 부여받은 경우(정상 분만의 경우 기재 불필요) 임신기간 (의료기관에서 발행한 진단서상 임신기간)을 적습니다.
6. ⑪란의 통상임금은 최초 출산전후휴가등 시작일 기준의 통상임금을 말합니다. 따라서 월급 근로자의 경우는 출산전후휴가 시작일 현재의 월 통상임금을 적고, 주급, 일급, 시급 근로자의 경우 해당 급여지급기준에 ○표시하고 해당 통상임금(주급, 일급, 시급)을 적습니다.
   ※통상임금:「근로기준법 시행령」 제6조와 「통상임금산정지침」(고용노동부예규) 참조
   　　　　　「통상임금산정지침」은 고용노동부홈페이지 〈법령정보실-예규〉에서 검색 가능
7. ⑫란의 소정근로시간은 출산전후휴가등 시작일을 기준으로 ⑪란의 통상임금 산정기준 단위기간 (일급인 경우 일, 주급인 경우 주, 월급인 경우 월 등)동안의 소정근로시간을 적되, 연장·야간·휴일근로시간 등은 소정근로시간이 아니므로 총시간에서 제외하며,
   - 시급 또는 일급일 경우에는 1일의 소정근로시간을 적되, 일 소정근로시간 및 1주간의 근무일수가 불규칙할 경우에는 이전 4주간을 통산하여 1일 평균 근로시간을 적습니다.
8. ⑬란은 출산전후휴가등의 기간 중에 통상임금에 해당하는 금품을 사업주가 지급하였을(지급예정인 경우 포함) 경우 해당기간별 지급액을 적고, 없으면 "없음"이라고 적습니다. 다만, 우선지원 대상기업이 아닌 경우 60일을 초과한 무급휴가기간(세번째 30일) 중 급여지급액이 있는 경

우에 적습니다.

9. ⑭란의 피보험단위기간 산정대상기간이란 재직기간 중 사업주로부터 임금을 지급받은 기간을 말하며 ⑭란은 각 월별로 구분하여 적되, 출산전후휴가 종료일부터 소급하여 피보험단위기간이 180일(⑯란의 합계일수)이 되는 기간까지 적습니다.

  - 출산전후휴가기간 중 무급휴가기간(90일 중 마지막 30일)은 피보험단위기간에서 제외하고, 무급휴가기간이라도 사업주가 임금을 지급하였으면 피보험단위기간에 포함하여야 합니다.
    (예: '02.9.1.부터 11.30.까지 출산전후휴가를 부여하고 최초 2개월만 임금을 지급한 경우
         '02.10.1.~10.31., '02.9.1.~9.30., '02.8.1~8.31., … 등으로 기재)

10. ⑮란의 임금지급기초일수는 ⑭피보험단위기간 산정대상기간 중 "임금지급의 기초가 된 일수"를 말하며, 이 경우 "임금지급의 기초가 된 일수"에는 주휴일 등 현실적으로 근로하지 아니한 날이 포함될 수 있습니다.

  ※ 정확한 통상임금 산정을 위하여 해당 근로자의 임금대장(출산전후휴가등 시작일 기준으로 전후 3개월분) 또는 근로계약서 사본, 급여지급규정 등을 첨부하여 주시기 바랍니다.

10. 육아휴직

10-1. 육아휴직의 신청

근로자는 만 8세 이하 또는 초등학교 2학년 이하의 자녀를 양육하기 위하여 육아휴직을 신청할 수 있으며, 육아휴직을 마친 후에는 휴직 전과 같은 업무 또는 같은 수준의 임금을 지급하는 직무에 복귀할 수 있습니다. 육아휴직의 기간은 1년 이내로 하며, 이 기간은 근속기간에 포함됩니다.

사업주는 육아휴직을 이유로 해고나 그 밖의 불리한 처우를 해서는 안 되며, 사업을 계속할 수 없는 경우를 제외하고는 육아휴직 기간에는 그 근로자를 해고하지 못합니다.

10-2. 육아휴직의 신청대상

사업주는 근로자가 만 8세 이하 또는 초등학교 2학년 이하의 자녀를 양육하기 위하여 휴직(이하 '육아휴직'이라 함)을 신청하는 경우에 이를 허용해야 합니다(남녀고용평등법 제19조제1항 본문). 다만, 위의 규정은 2014년 1월 14일 이후에 육아휴직을 신청한 경우에 적용됩니다[남녀고용평등법 제19조제1항 본문 및 부칙(법률 제12244호) 제3조].

이를 위반하여 근로자로부터 육아휴직 신청을 받았음에도 육아휴직을 허용하지 않은 사업주는 500만원 이하의 벌금에 처해집니다(남녀고용평등법률 제37조 제4항 제4호).

법인의 대표자나 법인 또는 개인의 대리인, 사용인, 그 밖의 종업원이 그 법인 또는 개인의 업무에 관하여 위와 같은 위반행위를 하면 그 행위자를 벌하는 외에 그 법인 또는 개인에게도 해당 조문의 벌금형을 과(科)합니다. 다만, 법인 또는 개인이 그 위반행위를 방지하기 위하여 해당 업무에 관하여 상당한 주의와 감독을 게을리하지 않은 경우에는 그렇지 않습니다(남녀고용평등법 제38조).

10-3. 육아휴직이 허용되지 않는 경우

다음의 경우에는 사업주가 육아휴직을 허용하지 않을 수 있습니다(남녀고용평등법 제19조제1항 단서).

① 육아휴직을 시작하려는 날(이하 '휴직개시예정일'이라 함)의 전날까지 해당 사업에서 계속 근로한 기간이 1년 미만인 근로자

② 같은 영유아에 대하여 배우자가 육아휴직(다른 법령에 따른 육아휴직을 포함)을 하고 있는 근로자

10-4. 육아휴직 허용 기간

육아휴직의 기간은 1년 이내로 합니다(남녀고용평등법 제19조 제2항). 육아휴직 기간은 근속기간에 포함됩니다.

10-5. 육아휴직의 신청방법

육아휴직을 신청하려는 근로자는 휴직개시예정일의 30일 전까지 육아휴직 대상인 영유아의 성명, 생년월일, 휴직개시예정일, 육아휴직을 종료하려는 날(이하 '휴직종료예정일'이라 함), 육아휴직 신청 연월일, 신청인 등에 대한 사항을 신청서에 적어 사업주에게 제출해야 합니다(남녀고용평등법 시행령 제11조 제1항).

다음의 어느 하나에 해당하는 경우에는 휴직개시예정일 7일 전까지 육아휴직을 신청할 수 있습니다.

① 출산 예정일 이전에 자녀가 출생한 경우

② 배우자의 사망, 부상, 질병 또는 신체적·정신적 장애나 배우자와의 이혼 등으로 해당 영유아를 양육하기 곤란한 경우

■ 고용보험법 시행규칙 [별지 제100호서식] 〈개정 2017. 6. 28.〉

[ ]육아휴직 [ ]육아기 근로시간 단축 급여 신청서

※ 뒤쪽의 공지사항 맟 적성방법을 읽고 작성하시기 바라며, [ ]에는 해당하는 곳에 √표를 합니다.

(앞쪽)

접수번호	접수일	처리기간: 14일

신청인	성명		주민등록번호	
	주소			
	(전화번호:	)	(휴대전화번호:	)

①자녀의 주민등록번호

②육아휴직 또는 육아기 근로시간 단축 급여 신청기간
　(사업주로부터 부여받은 총 휴직기간 또는 근로시간 단　　　　　　　　　　　년　　　월　　　일
　축 기간 중 급여를 지급받으려는 기간)　　　　　　　　　～　　년　　　월　　　일

③육아휴직 또는 육아기 근로시간 단축 급여를 지급받을 계좌번호
　　　은행명:　　　　　　　　　　계좌번호:
　　　예금주:

④육아휴직 또는 육아기 근로시간 단축 급여 신청 기간 동안 사업주로부터 급여를 받은 사실이 있습니까?
　　　　　　　　　[ ]예 (기간:　　　　금액:　　　　원)
　　　　　　　　　[ ]아니오

⑤육아휴직 또는 육아기 근로시간 단축 급여 신청 기간 중에 조기복직, 창업, 다른 사업장에 취업 또는 이직(퇴사)한 사실이 있습니까?
　　　　　　　　　[ ]예 (조기복직일, 창업·취업·이직일:　　　　)
　　　　　　　　　[ ]아니오

⑥배우자가 그 자녀와 관련된 육아휴직 또는 육아기 근로시간 단축을 동시에 부여받은 사실이 있습니까?
　　　　　　　　　[ ]예 (휴직기간 :　　　　　　부터
　　　　　　　　　[ ]아니오

⑦신청기간 연장 사유(육아휴직 또는 육아기 근로시간 단축 기간이 끝난 후 12개월이 지나 신청하는 신청자만 기재)

⑧해당 자녀에 대해 신청인이 아닌 부(父)또는 모(母가) 과거에 육아휴직을 사용한 적이 있어 이번 육아휴직이 부모 중 두 번째 육아휴직에 해당합니까?
　　　　　　　　[ ]예　　　　　　　　　[ ]아니오

⑨⑧에 해당하는 경우 해당 자녀가 첫 아이 이후 출생한 자녀 입니까? (둘째, 셋

째, 넷째 등)

[ ]예	[ ]아니오

「고용보험법」 제70조 또는 제73조의2 및 같은 법 시행규칙 제116조제1
항에 따라 위와 같이 신청합니다.

년   월   일

신청인 (서명 또는 인)

○○지방고용노동청(○○지청)장   귀하

| 첨부서류 | 다음 각 호 중 어느 하나의 서류를 첨부하여야 합니다.
1. 사업주가 통상임금에 해당하는 금품을 근로자에게 지급한 사실을 증명할 수 있는 서류로서 다음 각 목의 어느 하나에 해당하는 서류
　가. 통장 사본 등 송금을 증명할 수 있는 자료 사본 1부.
　나. 해당 근로자의 신분증 사본 1부와 통상임금에 해당하는 금품을 지급받았다는 해당 근로자의 사실확인서(근로자의 날인이 포함되어야 합니다) 1부.
2. 통상임금을 확인할 수 있는 증명자료(임금대장 등) 사본 1부.
3. 주민등록표 등본 등 근로자와 자녀의 모자관계를 증명할 수 있는 서류 1부(출산전후휴가의 경우만 해당합니다).
4. 유산·사산휴가의 경우 유산이나 사산을 하였음을 증명할 수 있는 「의료법」 제3조에 따른 의료기관의 진단서(임신기간이 적혀 있어야 합니다) 1부. | 수수료
없음 |

210mm×297mm[일반용지 60g/㎡(재활용품)]

(뒤쪽)

작성방법

◎ 고용보험에서 지급하는 출산전후휴가 급여 대위 신청은 출산전후휴가(유산·사산휴가 포함) 종료일부터 12개월 이내에 하여야 합니다.

1. ①란 사업장관리번호는 고용보험가입번호를 적습니다.
2. ②란 우선지원 대상기업 해당 여부는 「고용보험법 시행령」 제12조에 해당하는 기업을 의미합니다.
 ※ 자세한 사항은 「고용보험법 시행령」 제12조를 참조하십시오.
3. ⑨란의 휴가부여기간은 출산전후휴가를 분할하여 사용한 경우 각각의 기간을 모두 기재합니다. 출산전후휴가를 분할하여 사용한 경우 분할사용 여부에 반드시 "예"라고 체크해야 합니다.
4. ⑩란의 임신기간은 유산 또는 사산휴가를 부여받은 경우(정상 분만의 경우 기재 불필요) 임신기간(의료기관에서 발행한 진단서상 임신기간)을 적습니다.
5. ⑪란의 통상임금은 최초 출산전후휴가등 시작일 기준의 통상임금을 말합니다. 따라서 월급 근로자의 경우는 출산전후휴가 시작일 현재의 월 통상임금을 적고, 주급, 일급, 시급 근로자의 경우 해당 급여지급기준에 "○" 표시하고 해당 통상임금(주급, 일급, 시급)을 적습니다.
 ※통상임금: 「근로기준법 시행령」 제6조와 「통상임금산정지침」(고용노동부예규)참조
　　　　　「통상임금산정지침」은 고용노동부홈페이지 〈법령정보실-예규〉에서 검색 가능
6. ⑫란의 소정근로시간은 출산전후휴가등 시작일을 기준으로 ⑪란의 통상임금 산정기준 단위기간(일급인 경우 일, 주급인 경우 주, 월급인 경우 월 등)동안의 소정근로시간을 적되, 연장·야간·휴일근로시간 등은 소정근로시간이 아니므로 총시간에서 제외하며,
 - 시급 또는 일급일 경우에는 1일의 소정근로시간을 적되, 일 소정근로시간 및 1주간의 근무일수가 불규칙할 경우에는 이전 4주간을 통산하여 1일 평균 근로시간을 적습니다.
7. ⑬란의 근로자에게 준 휴가급여 등 지급액은 출산전후(유산·사산)휴가 기간 중에 통상

임금에 해당하는 금품을 사업주가 지급하였을 경우 해당 기간별 지급금액을 적고, 없으면 "없음"이라고 적습니다.

8. ⑭란 계좌번호는 출산전후휴가 급여 등을 대위하여 지급받을 대표자(사업주)의 계좌번호를 적어야 합니다.

■ 고용보험법 시행규칙[별지 제105호서식] 〈개정 2017. 6. 28.〉

출산전후(유산·사산)휴가 급여 신청서(회차)

※ 뒤쪽의 유의사항 및 작성방법을 읽고 작성하시기 바라며, [ ]에는 해당되는 곳에 "√" 표시를 합니다.

(앞쪽)

접수번호		접수일	처리기간: 14일
급여신청구분	[ ] 출산전후휴가		[ ] 유산·사산휴가
신청인	① 성명	② 주민등록번호	
	③ 주소 및 연락처 (전화번호:) (휴대전화번호:)		

④출산일(출산예정일, 유산·사산일)	⑤ 다태아 여부 [ ]예 [ ]아니오

⑥영아의 주민등록번호(다태아인 경우 전부 기재)

⑦이번 회차 신청기간

. . . ~ . . .

⑧출산전후휴가 급여등을 지급받을 계좌번호

　　은행명: 　　　　　　계좌번호: 　　　　　　예금주:

⑨출산전후휴가 급여등의 신청대상기간 중 통상임금에 해당하는 금품을 사업주로부터 받은 사실이 있습니까?

　　　[ ]예 (기간: . 금액: 원), [ ]아니오

⑩출산전후휴가 급여등 신청기간 중 조기복직, 창업, 다른 사업장에 취업 또는 이직(퇴사)한 사실이 있습니까?

　　　[ ]예 (조기복직일, 창업·취업·이직일: . . .), [ ]아니오

⑪신청기간 연장사유
(출산전후휴가 기간등이 종료된 후 12월이 경과하여 신청하는 신청자만 기재)

「고용보험법」 제75조 및 같은 법 시행규칙 제121조에 따라 위와 같이 신청합니다.

년 월 일

신청인 (서명 또는 인)

○○지방고용노동청(지청)장 귀하

신청인 제출서류	1. 「고용보험법 시행규칙」 제123조에 따른 출산전후(유산·사산)휴가 확인서 1부(최초 1회만 해당합니다) 2. 임금대장, 근로계약서 등 통상임금을 확인할 수 있는 자료 사본 1부 3. 휴가기간 동안 사업주로부터 금품을 지급받은 경우 이를 확인할 수 있는 자료 4. 유산 또는 사산을 하였음을 증명할 수 있는 의료기관(「의료법」에 따른 의료기관을 말합니다)의 진단서(임신기간이 적혀 있어야 합니다) 1부	수 수 료 없 음

담당 공무원 확인사항	(유산·사산휴가만 해당합니다)
	주민등록표 등본

작성방법

◎ 고용보험에서 지급하는 출산전후휴가 급여등은 출산전후휴가(유산·사산휴가 포함) 종료일부터 12개월 이내에 신청하여야 합니다.

1. 출산전후휴가 급여등 신청은 회차별(1, 2, 3, 4회차)로 구분하여 적습니다.
2. 출산전후휴가등을 부여 받았으나 출산전후휴가 급여등 신청일 현재 아직 출산하지 아니하였을 경우에는 ④란은 출산예정일을 적고, ⑥주민등록번호를 111111-1111111로 적습니다. (유산 또는 사산, 외국인인 경우에도 ⑥주민등록번호를 111111-1111111로 기재)
3. ⑦란은 사업주로부터 부여 받은 총 휴가기간 중 금회 급여신청 해당기간 및 일수만 적습니다.
4. ⑧란의 계좌번호는 신청인 계좌번호를 적어야 합니다.
5. ⑨란은 출산전후휴가 급여등을 신청하는 기간 중 사업주로부터 통상임금에 해당하는 금품을 지급 받았을 경우(지급예정인 경우 포함) 그 기간과 금액을 적습니다.
6. ⑩란은 조기 출근, 창업·취업 또는 이직하였을 경우만 적습니다.
   ※ ⑨란, ⑩란을 사실대로 적지 아니하면 부정수급으로 결정되어 급여액을 반환하고 그 급여액에 해당하는 금액의 추가징수를 당하는 불이익을 받을 수 있습니다.
7. ⑪란의 신청기간 연장사유는 천재지변, 본인·배우자 또는 그 직계존·비속의 질병·부상, 「병역법」에 따른 의무복무, 범죄혐의로 인한 구속 또는 형의 집행 등이 발생한 경우를 말합니다.

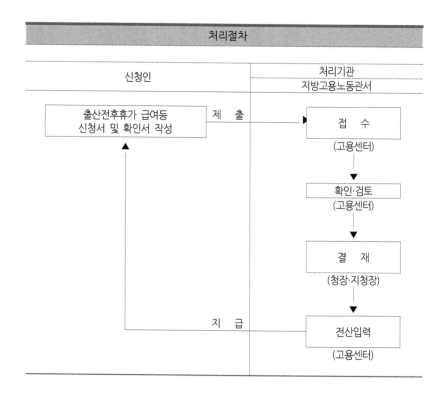

처리절차		
신청인	처리기관 지방고용노동관서	

신청인: 출산전후휴가 급여등 신청서 및 확인서 작성

제 출 →

접 수
(고용센터)

↓

확인·검토
(고용센터)

↓

결 재
(청장·지청장)

↓

지 급

전산입력
(고용센터)

10-6. 육아휴직의 허용

사업주는 근로자가 휴직개시예정일의 30일 전까지의 기한이 지난 뒤에 육아휴직을 신청한 경우에는 그 신청일부터 30일 이내에, 휴직 개시예정일 7일 전까지의 기한이 지난 뒤에 육아휴직을 신청한 경우에는 그 신청일부터 7일 이내에 육아휴직 개시일을 지정하여 육아휴직을 허용해야 합니다(남녀고용평등법 시행령 제11조 제3항).

사업주는 육아휴직을 신청한 근로자에게 해당 자녀의 출생 등을 증명할 수 있는 서류의 제출을 요구할 수 있습니다.

10-7. 육아휴직의 변경신청

육아휴직을 신청한 근로자는 휴직개시예정일 전에 다음의 어느 하나에 해당하는 사유가 발생한 경우에는 사업주에게 그 사유를 명시하여 휴직개시예정일을 당초의 예정일 전으로 변경하여 줄 것을 신청할 수 있습니다.

① 출산 예정일 이전에 자녀가 출생한 경우

② 배우자의 사망, 부상, 질병 또는 신체적·정신적 장애나 배우자와의 이혼 등으로 해당 영유아를 양육하기 곤란한 경우

휴직종료예정일은 한 번만 연기할 수 있으며, 이 경우 당초의 휴직종료예정일 30일 전까지 사업주에게 신청해야 합니다. 다만, 배우자의 사망, 부상, 질병 또는 신체적·정신적 장애나 배우자와의 이혼 등으로 해당 영유아를 양육하기 곤란한 경우로 휴직종료예정일을 연기하려는 경우에는 당초의 예정일 7일 전까지 신청합니다.

10-8. 육아휴직 신청의 철회

육아휴직을 신청한 근로자는 휴직개시예정일의 7일 전까지 사유를 밝혀 그 신청을 철회할 수 있습니다(남녀고용평등법 시행령 제13조 제1항).

10-9. 육아휴직의 종료

근로자는 다음의 어느 하나에 해당하는 날에 육아휴직이 끝난 것으로 봅니다(남녀고용평등법 시행령 제14조 제3항).

① 영유아가 사망하거나 영유아와 동거하지 않게 된 것을 통지하고, 사업주로부터 근무개시일을 통지받은 경우에는 그 근무개시일의 전날

② 영유아가 사망하거나 영유아와 동거하지 않게 된 것을 통지하였음에도 사업주로부터 근무개시일을 통지받지 못한 경우에는 근로자가 통지 한 날부터 30일이 되는 날

※ 예를 들어 근로자가 8월 1일에 통지하였다면 8월 30일에 육아휴직이 끝난 것으로 봅니다.

③ 영유아가 사망하거나 영유아와 동거하지 않게 된 것을 통지하지 않은 경우에는 영유아의 사망 등의 사유가 발생한 날부터 37일이 되는 날

※ 예를 들어 영유아의 사망 등의 사유가 8월 1일에 발생하였다면, 9월 6일에 육아휴직이 끝난 것으로 봅니다.

육아휴직 중인 근로자가 새로운 육아휴직을 시작하거나 출산전후휴가 또는 육아기 근로시간 단축을 시작하는 경우에는 그 새로운 육아휴직, 출산전후휴가 또는 육아기 근로시간 단축 개시일의 전날에 육아휴직이 끝난 것으로 봅니다.

10-10. 육아휴직을 이유로 한 불리한 처우의 금지

사업주는 육아휴직을 이유로 해고나 그 밖의 불리한 처우를 해서는 안 되며, 사업을 계속할 수 없는 경우를 제외하고는 육아휴직 기간에는 그 근로자를 해고하지 못합니다.

10-11. 육아휴직 후의 업무 복귀

사업주는 육아휴직을 마친 후에는 휴직 전과 같은 업무 또는 같은 수준의 임금을 지급하는 직무에 복귀시켜야 합니다(남녀고용평등법 제19조 제4항 전단). 육아휴직을 이유로 해고나 그 밖의 불리한 처

우를 하거나, 사업을 계속할 수 없는 경우가 아님에도 육아휴직 기간 동안 해당 근로자를 해고한 경우에는 3년 이하의 징역 또는 2천만원 이하의 벌금에 처해집니다. 육아휴직을 마친 후 복귀한 근로자에게 휴직 전과 같은 업무 또는 같은 수준의 임금을 지급하는 직무에 복귀시키지 않은 경우에는 500만원 이하의 벌금에 처해집니다. 법인의 대표자나 법인 또는 개인의 대리인, 사용인, 그 밖의 종업원이 그 법인 또는 개인의 업무에 관하여 위와 같은 위반행위를 하면 그 행위자를 벌하는 외에 그 법인 또는 개인에게도 해당 조문의 벌금형을 과(科)합니다. 다만, 법인 또는 개인이 그 위반행위를 방지하기 위하여 해당 업무에 관하여 상당한 주의와 감독을 게을리하지 않은 경우에는 그렇지 않습니다.

11. 사업주에 대한 지원

11-1. 출산육아기의 고용안정을 위한 지원금 지급

고용노동부장관은 사업주가 출산육아기의 계속고용, 육아휴직 등의 허용, 대체인력 채용을 한 경우에는 이에 대한 출산육아기 고용안정 지원금을 지급합니다.

여성근로자의 근로계약기간이나 파견계약기간이 임신기간이나 출산전후휴가 기간 또는 육아휴직 기간(자녀가 생후 15개월이 될 때까지의 기간으로 한정) 중에 끝나는 경우 그 근로계약기간이나 파견계약기간이 끝난 즉시 또는 출산 후 15개월 이내에 근로기간을 1년 이상으로 하는 근로계약을 체결하는 사업주는 고용안정 지원금을 지원받습니다.

11-2. 출산육아기 계속고용에 대한 고용안정 지원금

고용노동부장관은 다음의 어느 하나에 해당하는 피보험자인 여성근로자의 근로계약기간이나 파견계약기간이 임신기간이나 출산전후휴가 기간 또는 육아휴직 기간(자녀가 생후 15개월이 될 때까지의 기간으로 한정) 중에 끝나는 경우 그 근로계약기간이나 파견계약기간이 끝난 즉시 또는 출산 후 15개월 이내에 그 근로자와 근로기간을 1년 이상으로 하는 근로계약을 체결하는 사업주(파견근로자인 경우에는 파견근로자보호 등에 관한 법률에 따른 사용사업주를 포함)에게 고용안정 지원금으로서 일정금액을 지원합니다(고용보험법 제23조 및 동법 시행령 제29조 제1항 제1호).

① 근로계약기간이 1년 이하인 자
② 파견근로자보호 등에 관한 법률에 따른 파견근로자

이 규정은 2014년 10월 1일을 기준으로 육아휴직 중이거나 육아휴직이 종료된 여성근로자와 근로계약을 체결하는 경우에도 적용됩니다[고용보험법 시행령(대통령령 제25645호) 부칙 제2조].

11-3. 출산육아기의 계속고용에 대한 고용안정 지원금 지급신청

출산육아기의 계속고용에 대한 고용안정 지원금을 지급받으려는 사업주는 다음 서류를 소재지 관할 직업안정기관에 제출해야 합니다(고용보험법 시행규칙 제51조 제1항 제1호).

① 출산육아기 고용안정 지원금 신청서
② 최초의 근로계약서와 근로계약이 끝난 후 계속 고용에 대한 근로계약서(파견근로자인 경우에는 최초의 파견계약서와 파견기간이 끝난 후의 계속 고용에 대한 근로계약서를 말함) 사본 각 1부(최초로 신청하는 경우에만 첨부)
③ 월별 임금대장 사본 1부
④ 피보험자의 임신기간, 출산전후휴가 또는 육아휴직의 실시를 증명하는 서류 사본 1부

출산육아기의 계속고용에 대한 고용안정 지원금은 계속 고용한 날이 속하는 분기의 다음 분기부터 분기 단위로 신청하되, 근로계약을 체결하고 1년 후부터는 한꺼번에 신청할 수 있습니다(고용보험법 시행규칙 제51조 제2항 제1호).

■ 고용보험법 시행규칙 [별지 제102호서식] 〈개정 2017. 6. 28.〉

[　]육아휴직
[　]육아기 근로시간 단축 　　　확인서

※ 뒤쪽의 작성방법을 읽고 작성하시기 바라며, [　]에는 해당하는 곳에 "√" 표시를 합니다.

(앞쪽)

기본사항	①사업장관리번호		②사업장명		
	③사업장소재지	□□□-□□□ (전자우편:	전화번호:	담당자:	)
	④피보험자성명		⑤피보험자주민등록번호		
	⑥육아휴직 등 대상자녀의 성명		⑦대상자녀의 주민등록번호		

⑧육아휴직 또는 육아기 근로시간 단축 기간	년　월　일 ~ 　년　월　일

⑨육아기 근로시간 단축에 따른 근로시간 변동	근로시간 단축 전 소정근로시간　총　　시간
	근로시간 단축 후 소정근로시간　총　　시간

⑩통상임금 (육아휴직 또는 육아기 근로시간 단축 시작일 기준)	산정기준 : 시급, 일급, 주급, 월급, 기타
	통상임금: 　　　　　　원

⑪산정기준 단위기간 동안의 소정근로시간 (육아휴직 또는 육아기 근로시간 단축 시작일 기준)	총　　　시간

⑫육아휴직 또는 육아기 근로시간 단축 기간 중 급여지급 내역		⑬피보험단위기간 산정대상 기간(휴직시작일 미포함)	⑭임금지급 기초일수
월	원	~	일
월	원	~	일
월	원	~	일
월	원	~	일
월	원	~	일
월	원	~	일
월	원	~	일
월	원	~	일
월	원 ⑮통산피보험단위기간		일

확인서의 기재사항은 사실과 다르지 않습니다.

년　　월　　일

근로자 (서명 또는 인)

「고용보험법」 제71조 와 제74조제2항 및 같은 법 시행규칙 제118조에 따라 위와 같이 육아휴직(육아기 근로시간 단축) 사실을 확인합니다.

확인자 사업장명

대표자 (서명 또는 인)

○○지방고용노동청(지청)장 귀하

출산육아기 고용안정 지원 제도 안내

1. 육아휴직 또는 육아기 근로시간 단축을 30일(「근로기준법」 제74조에 따른 출산전후휴가 기간 90일과 중복되는 기간은 제외) 이상 허용한 사업주에게는 육아휴직 등에 대한 출산 육아기 고용안정장려금을 지급합니다. 이 경우, 지원금의 1개월분에 해당하는 금액은 육 아휴직 등을 시작한 날부터 30일이 되는 날 이후에 지급하고, 나머지 금액은 육아휴직 등이 끝난 후 6개월 이상 해당 근로자를 피보험자로 계속 고용하는 경우에 지급합니다.

2. 출산전후휴가, 육아휴직 또는 육아기 근로시간 단축 등의 시작일 전 60일이 되는 날 이후 새로 대체인력을 고용하여 30일 이상 계속 고용한 사업주에게는 대체인력지원금을 지급 합니다. 이 경우, 출산전후휴가, 육아휴직 또는 육아기 근로시간 단축 등이 끝난 근로자를 30일 이상 계속 고용하여야 하고 고용조정으로 다른 근로자를 이직시키지 않아야 합니다.

작성방법

◎ 사업주는 육아휴직(육아기 근로시간 단축) 확인서 작성·확인 등 모든 절차에 적극 협력 하여야 합니다.

1. ①, ② 및 ③란은 사업장에 관한 정보를 적습니다.

2. ⑥ 및 ⑦란은 육아휴직 등 대상자녀의 이름과 주민등록번호를 적습니다.

3. ⑧란은 사업주가 근로자에게 부여한 육아휴직(육아기 근로시간 단축) 총 기간을 적습니다.

4. ⑨란의 육아기 근로시간 단축에 따른 근로시간 변동은 육아기 근로시간 단축 전 소정 근로시간과 육아기 근로시간 단축 후 소정근로시간을 각각 적습니다.

5. ⑩란의 통상임금은 최초 육아휴직(육아기 근로시간 단축) 시작일 기준의 통상임금을 말합니다. 따라서 월급 근로자의 경우는 육아휴직(육아기 근로시간 단축) 시작일 현재 의 월 통상임금을 적고, 주급, 일급, 시급 근로자의 경우 해당 산정기준에 "○" 표시하 고 해당 통상임금(주급, 일급, 시급)을 적습니다.

   ※ 통상임금: 「근로기준법 시행령」 제6조와 「통상임금산정지침」(고용노동부예규)참조 「통상임금산정지침」은 고용노동부홈페이지 〈법령정보실-예규〉에서 검색 가능합니다.

6. ⑪란의 소정근로시간은 육아휴직(육아기 근로시간 단축) 시작일을 기준으로 ⑨란의 통상임금 산정기준 단위기간(일급인 경우 일, 주급인 경우 주, 월급인 경우 월 등)동 안의 소정근로시간을 적되, 연장·야간·휴일근로시간 등은 소정근로시간이 아니므로 총 시간에서 제외하며, 시급 또는 일급일 경우에는 1일의 소정근로시간을 적되, 일 소정 근로시간 및 1주간의 근무일수가 불규칙할 경우에는 이전 4주간을 통산하여 1일 평 균 근로시간을 적습니다.

7. ⑫란은 육아휴직(육아기 근로시간 단축) 기간 중에 급여를 사업주가 지급하였을(지급 예정인 경우 포함) 경우 해당기간별 지급금액을 적습니다.

8. ⑬란의 피보험단위기간 산정대상기간이란 재직기간 중 사업주로부터 임금을 지급받은 기간을 말하므로 각 월별로 구분하여 적되, 육아휴직 시작일 전날부터 피보험단위기 간이 180일이 되는 기간까지 소급하여 적습니다.

   ※ 근로자가 육아휴직(육아기 근로시간 단축) 시작일 전 「근로기준법」 제74조에 따른 출산전후휴가를 부여받고, 이 휴가기간 중 사업주로부터 통상임금을 지급받은 기 간은 피보험단위기간에 포함됩니다

   (예시: 2002.11.30.까지 출산전후휴가를 사용하고, 2002.12.1.부터 육아휴직을 사 용한 근로자에 대하여 사업주가 2002.10.31.까지 임금을 지급한 경우

2002.10.1~10.31., 2002.9.1~9.30., 2002.8.1~8.31., 2002.7.1~7.31.,… 등으로 기재)

9. ⑭란의 임금지급기초일수는 ⑭피보험단위기간 산정대상기간 중 "임금지급의 기초가된 일수"를 말하며, 이 경우 "임금지급의 기초가 된 일수"에는 주휴일 등 현실적으로 근로하지 아니한 날이 포함될 수 있습니다.

   ※ 정확한 통상임금 산정을 위하여 해당 근로자의 임금대장[육아휴직(육아기 근로시간 단축) 시작일 기준으로 전후 3개월분] 또는 근로계약서 사본, 급여지급규정 등을 첨부하여 주시기 바랍니다.

10. ⑮란의 통산피보험단위기간은 임금지급기초일수를 모두 더한 일수로서 180일 이상이 되어야 급여를 지급받을 수 있습니다.

■ 고용보험법 시행규칙[별지 제106호서식] 〈개정 2017. 6. 28.〉

출산전후(유산·사산)   [ ]지급   결정 통지서
휴가 급여   [ ]부지급

※ [ ]에는 해당되는 곳에 "√" 표시를 합니다.

신청인	성명	생년월일
	주소	
휴가부여기간		신청일
결정내용	[ ] 지급(금액:) - 급여산출명세: [ ] 부지급(부지급 사유:)	

「고용보험법 시행규칙」 제122조제1항에 따라 위와 같이 결정하여 알려드립니다.

년   월   일

○○지방고용노동청(지청)장   직인

지급안내

출산전후휴가 급여등은 귀하가 출산전후휴가 급여등 신청 시 적으신 계좌번호로 즉시 입금됩니다.

심사청구안내

1. 이 통지에 이의가 있는 경우에는 심사를 청구할 수 있습니다.
2. 심사를 청구할 경우에는 이 통지서를 받은 날부터 90일 이내에 원처분청(급여의 지급 또는 부지급 결정을 한 기관)을 거쳐 고용보험심사관에게 청구하시기 바랍니다.

기안자(직위/직급)   서명   검토자(직위/직급)   서명   결재권자(직위/직급)   서명
협조자(직위/직급)   서명
시행 처리과명-일련번호(시행일자) 접수 처리과명-일련번호(접수일자)
우편번호   주소   / 홈페이지 주소
전화번호 ( )   팩스번호 ( )   / 담당자의 전자우편주소/공개구분

210mm×297mm[백상지(80g/㎡) 또는 중질지((80g/㎡)]

11-4. 출산육아기 육아휴직 등에 대한 고용안정 지원금

고용노동부장관은 피보험자(근로자)에게 육아휴직 또는 육아기 근로시간 단축(이하 "육아휴직 등"이라 함)을 30일(출산전후휴가의 기간과 중복되는 기간은 제외) 이상 허용하는 사업주에게 고용안정 지원금으로서 일정금액을 지원하고 있습니다(고용보험법 제23조 및 동법 시행령 제29조 제1항 제2호).

11-5. 출산육아기 육아휴직 등에 대한 고용안정 지원금 지급신청

육아휴직 등에 대한 고용안정 지원금을 지급받으려는 사업주는 다음의 서류를 소재지 관할 직업안정기관에 제출해야 합니다(고용보험법 시행규칙 제51조 제1항 제2호).

① 출산육아기 고용안정 지원금 신청서
② 피보험자의 육아휴직 등 실시를 증명하는 서류 사본 1부

1개월분에 해당하는 금액은 육아휴직 등을 시작한 날부터 30일이 되는 날 이후에 신청하고, 나머지 금액은 육아휴직 등이 끝난 날부터 6개월이 되는 날 이후에 한꺼번에 신청할 수 있습니다.

■ 고용보험법 시행규칙[별지 제53호서식]

년   차 출산육아기 고용안정 지원금 신청서

※ 뒤쪽의 작성방법을 읽고 작성하시기 바라며, [ ]에는 해당되는 곳에 "√" 표시를 합니다.
※ 색상이 어두운 난은 신청인이 적지 않습니다.

(앞쪽)

접수번호	접수일	처리기간: 10일

사업장	사업장관리번호		
	명칭	대규모기업	[ ] 해당 [ ] 비해당
	소재지 (전화번호: 휴대전화번호: 담당자:)		

신청 지원금 종류	1. 출산육아기 고용안정 지원금(기간제·파견근로자 재고용)(「고용보험법 시행령」 제29조제1항제1호)-①②⑩⑪ 작성 2. 출산육아기 고용안정 지원금(육아휴직등 부여)(「고용보험법 시행령」 제29조제1항제2호)-③④⑤⑥⑩⑪ 작성 3. 출산육아기 대체인력지원금(「고용보험법 시행령」 제29조제1항제3호)-⑦⑧⑨⑩⑪ 작성

신청 내용	①재고용된 기간제·파견근로자 수	명	②기간제·파견근로자의 재고용형태	상용직	명
				계약직	명
	③육아휴직(육아기 근로시간 단축 포함)을 한 피보험자 수	명	④육아휴직 지원 총개월 수		개월
			⑤육아기근로시간단축 지원 총개월 수		개월
			⑥총월수(④+⑤)		개월
	⑦신규대체근로자 수	명	⑧대체근로자 채용 총개월 수		개월
	⑨대체인력 채용 전 3개월, 채용 후 6개월 고용조정에 따른 근로자 이직 여부			[ ]예 [ ]아니오	
	⑩지원금 신청액				원
	※ 출산육아기 고용안정 지원금(육아휴직등 부여)의 1개월분에 해당하는 금액은 육아휴직 또는 육아기 근로시간 단축을 30일 이상 허용한 경우에 지급하고, 나머지 금액은 육아휴직 또는 육아기 근로시간 단축이 끝난 후 6개월 이상 해당 근로자를 피보험자로 계속 고용한 경우에 지급합니다.				
	⑪계좌번호	은행	(예금주:)		

「고용보험법 시행령」 제29조제1항 및 같은 법 시행규칙 제51조에 따라 위와 같이 신청합니다.

년   월   일

신청인 (서명 또는 인)

○○지방고용노동청(지청)장 귀하

첨 부 서 류	1. 「고용보험법 시행령」 제29조제1항제1호에 해당하는 경우: 다음 각 목의 서류. 다만 가목의 서류는 최초로 신청하는 경우에만 첨부한다. 　가. 최초의 근로계약서와 근로계약이 끝난 후 재고용에 대한 근로계약서(파견근로자인 경우에는 최초의 파견계약서와 파견기간이 끝난 후의 재고용에 대한 근로계약서를 말한다) 사본 각 1부 　나. 월별 임금대장 사본 1부 　다. 피보험자의 임신기간, 출산전후휴가 또는 육아휴직의 실시를 증명하는 서류 사본 1부	수수 료 없음

2. 「고용보험법 시행령」 제29조제1항제2호 및 제3호에 해당하는 경우: 다음 각 목의 서류
  가. 피보험자의 영 제29조제1항제1호에 따른 출산전후휴가, 영 제29조제1항제2호에 따른 육아휴직등 또는 영 제29조제1항제3호에 따른 유산·사산휴가 실시를 증명하는 서류 사본 1부
  나. 새로 고용한 대체인력의 근로계약서 사본과 월별 임금대장 사본 각 1부(「고용보험법 시행령」 제29조제1항제3호에 해당하는 경우만 제출한다)

210mm×297mm[백상지 80g/㎡(재활용품)]

공지사항

본 민원의 처리결과에 대한 만족도 조사 및 관련 제도 개선에 필요한 의견조사를 위해 귀하의 전화번호(휴대전화)로 전화조사를 실시할 수 있습니다.

작성방법

1. ⑫재고용 직전 고용(파견)계약란은 지원금 신청대상 근로자와 재고용 직전 체결한 근로계약(파견계약)의 시작일자(파견일자) 및 만료일자를 적고(근로계약서 또는 파견계약서와 일치), ⑭재고용계약란도 이에 준하여 적습니다(난이 부족하면 별지를 사용할 수 있습니다).
2. ⑬출산일은 출산 후 15개월 이내에 근로자와 근로계약기간을 1년 이상으로 하는 근로 계약을 체결하는 경우에 적습니다.
3. ⑮재고용형태는 기간의 정함이 없는 경우 상용직, 1년 이상 계약기간을 정한 경우 계약직으로 적습니다.
4. ⑯신청기간은 재고용 시 체결한 근로계약의 시작일부터 1개월 단위로 적습니다.
5. 신청대상 피보험자 명세는 앞면 ① 및 ②란의 지원대상자 수와 각각 일치해야 합니다.
  ※ 기간제·파견근로자 재고용에 대한 지원금은 재고용일부터 무기계약은 1년간, 유기계약은 6개월간 지급됩니다.
6. ⑰란의 휴직 등[출산전후휴가, 유산·사산휴가 또는 육아휴직(육아기 근로시간 단축)]의 기간과 ⑲란의 대체인력 채용기간은 달력상의 기간을 적습니다.
7. ⑱란의 휴직 등 개월 수란은 출산전후휴가, 유산·사산휴가 또는 육아휴직(육아기 근로시간 단축) 기간을 달력상의 기간으로 적되, 1개월에 이르지 못하고 남은 기간은 그 기간을 30으로 나누어 산정된 숫자를 적습니다.
  〈예시 : 1. 1.부터 3. 15.까지 휴직(근로시간 단축)인 경우 2개월 + 0.5개월(15/30=0.5)이므로 2.5개월로 기재〉
8. ⑳대체인력채용개월 수: 대체인력채용 기간을 달력상의 기간으로 적고, 1개월에 이르지 못하고 남은 기간은 30으로 나누어 산정된 개월수를 적습니다.
  〈예시 : 3. 15.부터 6. 20.까지 대체인력으로 채용된 경우 3개월 + 0.2개월(6/30=0.2)이므로 3.2개월로 기재〉

년 기간제·파견 근로자 재고용에 대한 지원금 신청 명세

성명	주민등록번호	⑫재고용 직전 고용(파견)계약		⑬출산일	⑭재고용계약		⑮재고용형태 (상용직, 계약직)	⑯신청기간 (신청회차)
		시작일자	만료일자		시작일자	만료일자		

재고용자수　　총　　　　　　명(상용직:　　　　　　, 계약직:　　　　　　)

년 휴가·휴직(육아기 근로시간 단축) 또는 대체인력채용 명세

연번	성명	주민등록번호	⑰휴직 등 기간	⑱휴직 등 개월 수	대체인력		⑲대체인력 채용기간	⑳대체인력 채용개월 수
					성명	주민등록번호		

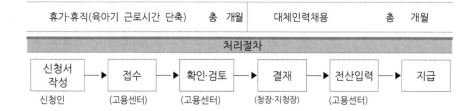

휴가·휴직(육아기 근로시간 단축)	총 개월	대체인력채용	총 개월

처리절차

신청서 작성 (신청인) → 접수 (고용센터) → 확인·검토 (고용센터) → 결재 (청장·지청장) → 전산입력 (고용센터) → 지급

11-6. 출산육아기의 대체인력 채용에 대한 지원금 지급

고용노동부장관은 피보험자(근로자)에게 출산전후휴가, 유산·사산 휴가 또는 육아휴직 등을 30일 이상 부여하거나 허용하고 대체인력을 고용한 경우로서 다음의 요건을 모두 갖춘 사업주에게 대체인력지원금(출산육아기 대체인력 채용에 대한 고용안정 지원금)으로서 일정 금액을 지원하고 있습니다(고용보험법 제23조 및 동법 시행령 제29조 제1항 제3호).

① 출산전후휴가, 유산·사산 휴가 또는 육아휴직 등의 시작일 전 60일이 되는 날(출산전후휴가에 연이어 유산·사산 휴가 또는 육아휴직 등을 시작하는 경우에는 출산전후휴가 시작일 전 60일이 되는 날) 이후 새로 대체인력을 고용하여 60일 이상 계속 고용할 것

② 출산전후휴가, 유산·사산 휴가 또는 육아휴직 등이 끝난 후 출산전후휴가, 유산·사산 휴가 또는 육아휴직 등을 사용한 근로자를 30일 이상 계속 고용할 것

③ 새로 대체인력을 고용하기 전 3개월부터 고용 후 6개월까지 고용조정으로 다른 근로자(새로 고용한 대체인력보다 나중에 고용된 근로자는 제외)를 이직시키지 않을 것

위의 규정은 2014년 1월 14일 이후에 육아휴직을 신청한 경우부터 적용되며, 2014년 1월 14일 이전에 육아휴직을 신청했다면, 육아휴직을 신청할 수 있는 자녀는 만 6세 이하의 초등학교 취학 전 자녀만이 해당됩니다[남녀고용평등법 제19조제1항 본문 및 부칙(법률 제12244호) 제3조].

11-7. 출산육아기의 대체인력 채용에 대한 고용안정 지원금 지급신청

출산육아기의 대체인력 채용에 대한 고용안정 지원금을 지급받으려는 사업주는 다음의 서류를 소재지 관할 직업안정기관에 제출해야 합니다(고용보험법 시행규칙 제51조 제1항 제2호).

① 출산육아기 고용안정 지원금 신청서

② 피보험자의 육아휴직 등 또는 유산·사산휴가의 실시를 증명하는 서류 사본 1부

③ 새로 고용한 대체인력의 근로계약서 사본과 월별 임금대장 사본 각 1부

출산육아기의 대체인력 채용에 대한 고용안정 지원금은 육아휴직 등이 끝난 후 30일이 지난날과 대체인력을 고용 후 6개월이 지난 날 중 늦은 날부터 신청할 수 있습니다(고용보험법 시행규칙 제51조 제2항 제3호).

11-8. 출산육아기 고용안정 지원금의 제한

고용노동부장관은 사업주가 근로자를 새로 고용하거나 고용유지조치를 하여 다음 어느 하나에 해당하게 된 경우 그 금액을 빼고 지원할 수 있습니다(고용보험법 제26조의2 및 동법 시행령 제40조의2).

① 북한이탈주민의 보호 및 정착지원에 관한 법률에 따라 지원금 등 금전적 지원을 받는 경우

② 산업재해보상보험법에 따라 지원금 등 금전적 지원을 받는 경우

③ 장애인고용촉진 및 직업재활법에 따라 지원금 등 금전적 지원을 받는 경우

④ 그 밖에 국가 또는 지방자치단체로부터 금전적 지원을 받는 경우

* 참고

여성 근로자의 고용 기준에 미달하는 사업

1. 상시 1,000명 미만의 근로자를 고용하는 사업의 경우
 가. 여성 근로자의 고용비율이 해당 사업이 속한 산업별 전(全) 직종 여성 근로자의 고용비율 평균(해당 산업에 속하는 사업 중 상시 1,000명 미만의 근로자를 고용하는 사업의 전 직종 여성 근로자의 고용비율 평균을 말한다)의 70퍼센트에 미달하는 사업. 다만, 여성 근로자의 고용비율이 50퍼센트 이상인 사업은 제외한다.
 나. 여성 관리자의 고용비율이 해당 사업이 속한 산업별 여성 관리자의 고용비율 평균(해당 산업에 속하는 사업 중 상시 1,000명 미만의 근로자를 고용하는 사업의 여성 관리자의 고용비율 평균을 말한다)의 70퍼센트에 미달하는 사업
2. 상시 1,000명 이상의 근로자를 고용하는 사업의 경우
 가. 여성 근로자의 고용비율이 해당 사업이 속한 산업별 전 직종 여성 근로자의 고용비율 평균(해당 산업에 속하는 사업 중 상시 1,000명 이상의 근로자를 고용하는 사업의 전 직종 여성 근로자의 고용비율 평균을 말한다)의 70퍼센트에 미달하는 사업. 다만, 여성 근로자의 고용비율이 50퍼센트 이상인 사업은 제외한다.
 나. 여성 관리자의 고용비율이 해당 사업이 속한 산업별 여성 관리자의 고용비율 평균(해당 산업에 속하는 사업 중 상시 1,000명 이상의 근로자를 고용하는 사업의 여성 관리자의 고용비율 평균을 말한다)의 70퍼센트에 미달하는 사업

비고

1. 여성 근로자의 고용비율 및 여성 관리자의 고용비율은 법 제17조의3제1항에 따라 해당 사업의 사업주가 제출하는 남녀 근로자 현황을 기준으로 다음 각 목과 같이 산정(算定)한다.
 가. 여성 근로자의 고용비율 = 여성 근로자 수/근로자 수
 나. 여성 관리자의 고용비율 = 여성 관리자 수/관리자 수
2. 산업별 적용방법은 각 사업장별로 그 주된 사업의 종류에 따라 다음과 같이 적용한다.
 가. 사업의 종류는 「통계법」에 따라 통계청장이 고시하는 한국표준산업분류에 따라 적용 사업장의 최종 산출물, 완성품, 제공되는 서비스의 주된 내용에 따라 대분류 기준에 따르는 것을 원칙으로 하되, 다음과 같이 조정하여 적용한다.
  1) 농업, 임업, 어업 및 광업은 통합
  2) 제조업은 산업 중분류를 기준으로 경공업 1, 경공업 2, 경공업 3, 화학공업

1, 화학공업 2, 중공업 1, 중공업 2 및 전자산업으로 분류

가) 경공업 1: 제조업 중분류 중 식료품 제조업, 음료 제조업, 담배 제조업

나) 경공업 2: 제조업 중분류 중 섬유제품 제조업(의복 제외), 의복·액세서리 및 모피제품 제조업, 가죽·가방 및 신발 제조업, 인쇄 및 기록매체 복제업, 기타 제품 제조업

다) 경공업 3: 제조업 중분류 중 목재 및 나무제품 제조업(가구 제외), 펄프·종이 및 종이제품 제조업, 가구 제조업

라) 화학공업 1: 제조업 중분류 중 의료용 물질 및 의약품 제조업

마) 화학공업 2: 제조업 중분류 중 코크스·연탄 및 석유정제품 제조업, 화학물질 및 화학제품 제조업(의약품 제외), 고무제품 및 플라스틱제품 제조업

바) 중공업 1: 제조업 중분류 중 비금속 광물제품 제조업, 금속가공제품 제조업(기계 및 가구 제외), 기타 기계 및 장비 제조업, 자동차 및 트레일러 제조업

사) 중공업 2: 제조업 중분류 중 1차 금속 제조업, 기타 운송장비 제조업

아) 전자산업: 제조업 중분류 중 전자부품·컴퓨터·영상·음향 및 통신장비 제조업, 의료·정밀·광학기기 및 시계 제조업, 전기장비 제조업

3) 건설업은 산업 중분류를 기준으로 하여 종합 건설업과 전문직별 공사업으로 분류

가) 종합 건설업

나) 전문직별 공사업

4) 숙박 및 음식점업은 산업 중분류를 기준으로 하여 숙박업과 음식점 및 주점업으로 분류

가) 숙박업

나) 음식점 및 주점업

5) 운수업은 산업 중분류를 기준으로 하여 육상운송 및 수상운송 관련업과 항공운송업으로 분류

가) 육상운송 및 수상운송 관련업: 운수업 중분류 중 육상운송 및 파이프라인 운송업, 수상 운송업, 창고 및 운송 관련 서비스업

나) 항공 운송업

6) 전문, 과학 및 기술 서비스업은 산업 중분류를 기준으로 연구개발 및 전문서비스 관련업과 기술 서비스 관련업으로 분류

가) 연구개발 및 전문서비스 관련업: 전문, 과학 및 기술 서비스업 중분류 중 연구개발업, 전문서비스업, 기타 전문, 과학 및 기술 서비스업

나) 기술 서비스 관련업: 전문, 과학 및 기술 서비스업 중분류 중 건축기술, 엔지니어링 및 기타 과학기술 서비스업

7) 사업시설관리 및 사업지원 서비스업은 산업 중분류를 기준으로 사업시설 관리 관련업과 사업지원 서비스업으로 분류

가) 사업시설 관리 관련업: 사업시설관리 및 사업지원 서비스업 중분류 중 사업시설 관리 및 조경 서비스업

　나) 사업지원 서비스업: 사업시설관리 및 사업지원 서비스업 중분류 중 사업지원 서비스업

　8) 공공행정, 국방 및 사회보장 행정, 가구 내 고용활동 및 달리 분류되지 않은 자가소비 생산활동, 국제 및 외국기관은 통합

나. 같은 사업장에서 둘 이상의 사업을 하는 경우 종사하는 근로자 수가 가장 많은 사업을 기준으로 산업분류를 적용한다.

다. 하나의 사업주가 장소가 분리된 둘 이상의 사업장을 경영하면서 사업의 종류가 각각 다른 경우 각 사업별로 산업분류를 적용한다.

3. 직종의 적용방법은 「통계법」에 따라 통계청장이 고시하는 한국표준직업분류에 따라 대분류 기준을 따르고, 관리자란 각급 부서 단위 책임자로서 조직의 다른 부서 또는 외부기관에 대하여 소관부서를 대표하고 그 내부 부서의 정책과 활동을 기획·지휘 및 조정하는 업무를 수행하며, 부서원을 감독·평가하는 위치에 있는 사람을 말한다.

■ 여성근로자는 어떤 보호를 받을 수 있는지요?

Q. 저는 여성근로자입니다. 여성은 남성에 비하여 근로기준법상 특별한 보호규정이 있다고 하는데, 어떠한 내용인지요?

A. 역사적으로 볼 때 각 나라의 노동보호법은 신체적·생리적 요건이 성인남자 근로자에 비하여 약한 상태에 있는 여자와 연소자를 과중한 근로시간, 야간근로 또는 유해·위험작업으로부터 보호하는 것으로 시작되었으며, 우리나라의 경우에도 헌법 제32조, 근로기준법 제5장(제64조~제75조), 남녀고용평등법등에서는 여자와 연소자의 보호를 주요내용으로 하고 있습니다.

근로기준법상 여성근로자의 보호규정을 살펴보면, 첫째, 사용자는 임신 중이거나 산후 1년이 경과되지 아니한 여성은 대통령령이 정하는 도덕상 또는 보건상 유해·위험한 사업에 사용하지 못하도록 규정하고 있으며(같은 법 제65조 제1항, 제3항), 임산부가 아닌 18세 이상의 여성을 위의 보건상 유해·위험한 사업 중 임신 또는 출산에 관한 기능에 유해·위험한 대통령령이 정하는 사업에 사용하지 못한다고 규정하고 있습니다(같은 법 제65조 제2항, 제3항).

둘째, 야간근로 및 휴일근로가 금지됩니다. 즉, 18세 이상의 여성을 오

후 10시부터 오전 6시까지의 사이 및 휴일에 근로시키고자 하는 경우에는 당해 근로자의 동의를 얻어야 하고(같은 법 제70조 제1항 상시 5명 이상의 근로자를 사용하는 사업장에 한정), 임산부를 오후 10시부터 오전 6시까지의 사이 및 휴일에 근로시키지 못하고, 다만 산후 1년이 지나지 아니한 여성의 동의가 있는 경우, 임신 중의 여성이 명시적으로 청구하는 경우로서 고용노동부장관의 인가를 얻은 경우에는 예외가 됩니다(같은 법 제70조 제2항).

셋째, 갱내에서의 근로가 금지됩니다(같은 법 제72조).

넷째, 여자근로자에게는 시간외근로가 제한됩니다. 같은 법 제71조에서는 사용자는 산후 1년이 지나지 아니한 여성에 대하여는 단체협약이 있는 경우라도 1일에 2시간, 1주일에 6시간, 1년에 150시간을 초과하는 시간외의 근로를 시키지 못하도록 규정하고 있습니다.

다섯째, 생리휴가를 보장합니다. 같은 법 제73조는 "사용자는 여성근로자가 청구하면 월 1일의 생리휴가를 주어야 한다."라고 규정하고 있습니다(상시 5명 이상의 근로자를 사용하는 사업장에 한정).

여섯째, 산전·산후 휴가를 주고 있습니다. 같은 법 제74조에서는 사용자는 임신 중의 여성에게 산전·산후를 통하여 90일의 보호휴가를 주어야 하고, 이 경우 산후에 45일 이상 확보되도록 하여야 하며, 임신 중인 여성이 임신 16주 이후 유산 또는 사산한 경우에도 대통령령으로 정하는 바에 따라 보호휴가를 주어야 하고, 위 휴가 중 최초 60일은 유급으로 하여야 하고, 또한 임신 중의 여성근로자의 청구가 있는 경우에는 쉬운 종류의 근로에 전환시켜야 하며 시간외근로를 시키지 못하도록 규정하고 있습니다. 나아가 사업주에게 산전·산후 휴가 종료 후에는 휴가 전과 동일한 업무 또는 동등한 수준의 임금을 지급하는 직무에 복귀시킬 의무를 부여하고 있어(신설 2008.3.28.), 위 보호휴가를 이유로 직무복귀에 있어 불이익을 당하지 않도록 규정하고 있습니다.

일곱째, 육아시간을 보장하고 있습니다. 근로기준법 제75조에서 사용자는 "생후 1년 미만의 유아를 가진 여성근로자가 청구하면 1일 2회 각각 30분 이상의 유급 수유시간을 주어야 한다."라고 규정하고 있습니다(상시 5명 이상의 근로자를 사용하는 사업장에 한정). 따라서 귀하의 경우 근로기준법상 위에서 언급한 것과 같은 내용을 보장받을 권리가 있다 하겠습니다.

■ 육아휴직을 한 근로자에 대하여 연차유급휴가일수를 어떻게 산정해야 하는지요?

Q. 근로기준법 제59조 제1항은 '사용자는 1년간 8할 이상 출근한 근로자에 대하여는 15일의 유급휴가를 주어야 한다'고 규정하고 있는 바, 남녀고용평등법 제19조의 육아휴직을 한 근로자에 대하여 연차유급휴가일수를 어떻게 산정해야 하는지요?

A. 사업장의 연간 총소정근로일수에서 육아휴직기간을 제외한 나머지 소정근로일수에 대해 출근율을 산정하고, 그 출근율이 8할 이상인 경우의 연차유급휴가일수는 연간 총소정근로일수에 대한 육아휴직기간을 제외한 소정근로일수의 비율에 따라 산정해야 합니다.

근로기준법 제59조 제1항은 "사용자는 1년간 8할 이상 출근한 근로자에 대하여는 15일의 유급휴가를 주어야 한다."고 규정하고 있고, 같은 조 제6항은 근로자가 업무상의 부상 또는 질병으로 휴업한 기간과 임신 중의 여성이 같은 법 제72조 제1항 또는 제2항의 규정에 의한 보호휴가로 휴업한 기간은 출근한 것으로 본다고 규정하고 있습니다.

또한, 남녀고용평등법 제19조 제1항은 "사업주는 생후 3년 미만의 영유아를 가진 근로자가 그 영유아의 양육을 위하여 휴직(이하 "육아휴직"이라 한다)을 신청하는 경우에 이를 허용하여야 한다."고 규정하고 있고, 같은 조 제2항은 "육아휴직기간은 1년 이내로 하되, 당해 영유아가 생후 3년이 되는 날을 경과할 수 없다."고 규정하고 있으며, 같은 조 제3항은 "사업주는 육아휴직을 이유로 해고 그 밖의 불리한 처우를 하여서는 아니 되며, 육아휴직 기간 동안은 당해 근로자를 해고하지 못한다."고 규정하고 있습니다.

육아휴직은 생후 3년 미만의 영유아를 가진 근로자가 그 영유아의 양육을 위하여 신청하는 휴직으로서, 근로자의 육아부담을 해소하고 계속근로를 지원함으로써 근로자의 생활안정 및 고용안정을 도모하는 한편, 기업의 숙련인력 확보를 지원하는 제도이며, 연차유급휴가제도는 소정의 근로를 한 근로자에게 그 근로에 따른 피로의 회복을 위하여 정신적·육체적 휴양의 기회를 제공함으로써 이러한 정신적·육체적 휴양을 통하여 노동력을 유지·배양하고, 문화적 생활의 향상을 기하려는데 그 제도의 취지가 있습니다. 근로기준법 제59조 제1항에서 연차유급휴가 부여대상을 1년간 8할 이상 출근한 근로자로 정하고 있는데, 1년간 8할 이상의 출근이라고 하는 것은 1년의 총 일수에서 근로제공의무가 없는 날을 뺀 일수, 즉 소정근로일수의 8할 이상을 출근한 것을 말한다고 할 것입니다.

그런데, 근로기준법 제59조 제6항에서 업무상 재해로 인한 휴업기간과 산전후휴가기간은 출근한 것으로 보도록 규정하고 있으나, 육아휴직기간에 대해서는 아무런 규정이 없고, 「남녀고용평등법」 제19조에서 육아휴직기간을 1년 이내로 하되, 육아휴직을 이유로 해고 그 밖의 불리한 처우를 하지 못하며, 육아휴직기간을 근속기간에 포함한다고 규정하고 있을 뿐입니다. 여기서 불리한 처우를 하지 못하도록 하는 것은 육아휴직을 이유로 해당 근로자에게 휴직, 정직, 배치전환, 전근, 출근정지, 승급정지, 감봉 등 경제상·정신상·생활상 불이익을 주지 않는 것을 의미하며, 육아휴직기간이 남녀고용평등법에 의하여 보장되어 있는 기간이라 할지라도 근로기준법 제59조 제6항에 규정된 업무상 재해로 인한 휴업기간과 산전후휴가기간과 같이 육아휴직기간을 연차유급휴가 산정시 출근한 것으로 보아 소정근로일수 계산에 포함시켜야 하는 것은 아닙니다.

그렇다면, 육아휴직기간을 포함하여 계속근로연수가 1년 이상인 근로자가 육아휴직기간을 제외한 나머지 소정근로일수의 출근율이 8할 이상이면 연차유급휴가를 부여하되, 연차유급휴가일수는 육아휴직기간을 제외한 나머지 소정근로일수와 연간 총소정근로일수의 비율에 따라 산정하는 것이 육아휴직을 사용한 근로자에 비해 근로제공을 한 다른 근로자와의 형평성차원에서 합당할 뿐만 아니라 연차유급휴가가 소정근로를 제공한 근로자에게 피로회복을 위해 유급휴가를 부여한다는 제도 취지에도 적합합니다.

또한 국가공무원복무규정 제15조 제1항은 재직기간별로 연가일수를 규정하면서 같은 조 제2항은 임신·출산 또는 자녀를 양육하기 위한 휴직기간을 재직기간에 산입한다고 규정하고 있으나, 위 규정 제17조 제2항은 법령에 의한 의무수행이나 공무상 질병 또는 부상으로 인하여 휴직한 경우를 제외한 휴직의 경우에는 당해 연도 휴직기간을 월로 환산하여 12월로 나눈 비율에 의해 산출된 일수를 연가일수에서 공제하도록 하여 육아휴직기간의 비율만큼 연가일수가 공제되도록 규정하고 있는 점과 비교하더라도 이 사안의 경우에 연차유급휴가일수를 산정함에 있어 연간 총소정근로일수에 대한 육아휴직기간을 뺀 소정근로일수의 비율에 따라 계산하는 것이 형평에 맞습니다.

따라서 질의의 경우에는 사업장의 연간 총소정근로일수에서 육아휴직기간을 제외한 나머지 소정근로일수에 대해 출근율을 산정하고, 그 출근율이 8할 이상인 경우의 연차유급휴가일수는 연간 총소정근로일수에 대한 육아휴직기간을 제외한 소정근로일수의 비율에 따라 산정해야 합니다.

■ 육아휴직 중 오후에 출근하여 근무할 수 있는지요?

Q. 저는 아이를 양육하기 위하여 육아휴직 중인데, 남편이 오후 출근을 하게 되어서 오전에는 시간을 낼 수 있게 되었습니다, 반나절 정도만이라도 일할 수 있을까요?

A. 네. 가능합니다. 육아휴직을 신청할 수 있는 근로자는 육아휴직 대신 육아기 근로시간의 단축을 신청할 수 있습니다.

사업주는 육아휴직을 신청할 수 있는 근로자가 육아휴직 대신 근로시간의 단축을 신청하는 경우에 이를 허용해야 합니다. 다만, 대체인력 채용이 불가능한 경우, 정상적인 사업 운영에 중대한 지장을 초래하는 등 일정한 경우에는 육아기 근로시간 단축의 신청이 제한됩니다.

육아기 근로시간 단축의 기간은 1년 이내로 합니다. 육아기 근로시간 단축 중의근로시간은 주당 15시간 이상이어야 하고, 30시간을 넘어서는 안 됩니다. 이를 위반하여 근로자로부터 육아기 근로시간 단축 신청을 받았음에도 불구하고 이를 허용하지 않은 사업주는 500만원 이하의 과태료를 부과 받습니다.

구 교육공무원법(2011. 5. 19. 법률 제10634호로 개정되기 전의 것) 제44조 제1항 제7호는 '만 6세 이하의 초등학교 취학 전 자녀'를 양육대상으로 하여 '교육공무원이 그 자녀를 양육하기 위하여 필요한 경우'를 육아휴직의 사유로 규정하고 있으므로, 육아휴직 중 그 사유가 소멸하였는지는 해당 자녀가 사망하거나 초등학교에 취학하는 등으로 양육대상에 관한 요건이 소멸한 경우뿐만 아니라 육아휴직 중인 교육공무원에게 해당 자녀를 더 이상 양육할 수 없거나, 양육을 위하여 휴직할 필요가 없는 사유가 발생하였는지 여부도 함께 고려하여야 하고, 국가공무원법 제73조 제2항의 문언에 비추어 복직명령은 기속행위이므로 휴직사유가 소멸하였음을 이유로 신청하는 경우 임용권자는 지체 없이 복직명령을 하여야 한다(대법원 2014.06.12. 선고 2014두4931 판결).

■ 아이를 유산했는데, 휴가를 사용할 수 있나요?

Q. 저는 결혼 5년만에 어렵게 아이를 가졌으나 유산해서 몸도 마음도 많이 지쳐있습니다. 당분간 집에서 쉬고 싶은데, 휴가를 사용할 수 있을까요?

A. 네, 가능합니다. 임신 중인 여성이 유산 또는 사산한 경우에는 유산·사산 휴가를 청구할 수 있습니다. 사용자는 임신 중인 여성이 유산 또는 사산한 경우로서 그 근로자가 청구하면 유산·사산 휴가를 주어야 합니다. 다만, 인공 임신중절 수술에 따른 유산의 경우는 예외적인 경우에만 허용됩니다.

유산·사산휴가를 청구한 여성근로자는 근로기준법 제74조 제3항 및 동법 시행령 제43조 제3항의 규정에 따라 유산·사산휴가가 주어집니다. 유산·사산휴가를 청구하려는 여성근로자는 휴가 청구 사유, 유산·사산 발생일 및 임신기간 등을 적은 유산·사산휴가 신청서에 의료기관의 진단서를 첨부하여 사업주에게 제출해야 합니다.

이를 위반하여 근로자에게 유산·사산휴가를 허용하지 않은 사용자는 2년 이하의 징역 또는 1천만원 이하의 벌금에 처해집니다.

■ 육아휴직과 육아기 근로시간 단축의 선택적 사용이 가능한지요?

Q. 저는 아이를 양육 중인데 육아휴직과 육아기 근로시간 단축을 혼합해서 사용하는 것도 가능한가요?

A. 네, 총 1년의 기간 내에서 육아휴직과 육아기 근로시간 단축을 혼합하여 선택적으로 사용할 수 있습니다.

육아휴직이나 육아기 근로시간 단축을 하려는 경우에는 다음의 방법 중 하나를 선택하여 사용할 수 있습니다.

① 육아휴직의 1회 사용
② 육아기 근로시간 단축의 1회 사용
③ 육아휴직의 분할 사용(1회만 가능)
④ 육아기 근로시간 단축의 분할 사용(1회만 가능)
⑤ 육아휴직의 1회 사용과 육아기 근로시간 단축의 1회 사용

이 경우 어느 방법을 사용하든지 그 총 기간은 1년을 넘을 수 없습니다. 전일제 육아휴직을 1회 분할해서 사용하거나 육아기 근로시간 단축을 1회 분할해서 사용하거나 또는 육아휴직과 육아기 근로시간을 혼합하는 등 자유롭게 사용할 수 있으나, 육아휴직급여를 받기 위해서는 육아휴직을 한번에 30일 이상 사용해야 합니다.

■ 배우자도 출산휴가를 낼 수 있나요?

Q. 저의 아내가 출산하느라 고생을 많이 해서 곁에서 돌봐주고 싶은데, 남편인 저도 휴가를 낼 수 있을까요?

A. 네, 근로자(남편)은 배우자(아내)의 출산을 이유로 휴가를 청구할 수 있습니다. 사업주는 근로자(남편)가 배우자(아내)의 출산을 이유로 휴가를 청구하는 경우에는 5일의 범위에서 3일 이상의 휴가를 주어야 합니다. 이 때 사용한 휴가기간 중 최초 3일은 유급으로 합니다. 다만, 배우자 출산휴가는 근로자(남편)의 배우자(아내)가 출산한 날부터 30일이 지나면 청구할 수 없습니다.

이를 위반하여 근로자가 배우자의 출산을 이유로 휴가를 청구하였는데도 5일의 범위에서 3일 이상의 휴가를 주지 않거나 근로자가 사용한 휴가 중 3일을 유급으로 하지 않은 사업주는 500만원 이하의 과태료를 부과 받습니다.

■ 야간근무 및 휴일도 근무하라고 하는데 꼭 해야 하나요?

Q. 제가 다니는 회사는 직원이 약 50명 정도 되는 작은 회사인데, 일손이 많이 부족한 탓에 여자직원들도 야근뿐만 아니라 휴일에도 출근 하라고 하네요. 꼭 해야 하는 건가요?

A. 아닙니다. 여성근로자의 동의가 없으면 그 여성근로자에게 야간근로 및 휴일근로를 시킬 수 없습니다.

상시 5명 이상의 근로자를 사용하는 모든 사업 또는 사업장의 사용자는 18세 이상의 여성을 오후 10시부터 오전 6시까지의 시간 및 휴일에 근로시키려면 해당 근로자의 동의를 받아야 합니다. 이를 위반하는 경우에는 2년 이하의 징역 또는 1천만원 이하의 벌금에 처해집니다.

   근로기준법이 연장·야간·휴일 근로에 대한 가산임금, 해고예고수당, 연차휴가수당 등의 산정기준 및 평균임금의 최저한으로 규정하고 있는 통상임금은 근로자가 소정근로시간에 통상적으로 제공하는 근로인 소정근로(도급근로자의 경우에는 총 근로)의 대가로 지급하기로 약정한 금품으로서 정기적·일률적·고정적으로 지급되는 임금을 말한다. 1개월을 초과하는 기간마다 지급되는 임금도 그것이 정기적·일률적·고정적으로 지급되는 것이면 통상임금에 포함될 수 있다. 그리고 고정적인 임금이라 함은 '임금의 명칭 여하를 불문하고 임의의 날에 소정근로시간을 근무한 근로자가 그 다음 날 퇴직한다 하더라도 그 하루의 근로에 대한 대가로 당연하고도 확정적으로 지급받게 되는 최소한의 임금'을 말하므로, 근로자가 임의의 날에 소정근로를 제공하면 추가적인 조건의 충족 여부와 관계없이 당연히 지급될 것이 예정되어 지급 여부나 지급액이 사전에 확정된 임금은 고정성을 갖춘 것으로 볼 수 있다.

   여기서 말하는 조건은 근로자가 임의의 날에 연장·야간·휴일 근로를 제공하는 시점에 그 성취 여부가 아직 확정되어 있지 않은 조건을 말하므로, 특정 경력을 구비하거나 일정 근속기간에 이를 것 등과 같이 위 시점에 그 성취 여부가 이미 확정되어 있는 기왕의 사실관계를 조건으로 부가하고 있는 경우에는 고정성 인정에 장애가 되지 않지만, 근로자가 소정근로를 했는지 여부와는 관계없이 지급일 기타 특정시점에 재직 중인 근로자에게만 지급하기로 정해져 있는 임금은 그 특정시점에 재직 중일 것이 임금을 지급받을 수 있는 자격요건이 된다. 그러한 임금은 기왕에 근로를 제공했던 사람이라도 특정시점에 재직하지 않는 사람에게는 지급하지 아니하는 반면, 그 특정시점에 재직하는 사람에게는 기왕의 근로 제공 내용을 묻지 아니하고 모두 이를 지급하는 것이 일반적이다. 그와 같은 조건으로 지급되는 임금이라면, 그 임금은 이른바 '소정근로'에 대한 대가의 성질을 가지는 것이라고 보기 어려울 뿐 아니라 근로자가 임의의 날에 근로를 제공하더라도 그 특정시점이 도래하기 전에 퇴직하면 당해 임금을 전혀 지급받지 못하여 근로자가 임의의 날에 연장·야간·휴일 근로를 제공하는 시점에서 그 지급조건이 성취될지 여부는 불확실하므로, 고정성도 결여한 것으로 보아야 한다(대법원 2013. 12. 18. 선고 2012다89399 전원합의체 판결, 대법원 2013. 12. 18. 선고 2012다94643 전원합의체 판결 등 참조).

■ 출산전후휴가를 분할하여 사용할 수 있나요?

Q. 저는 임신 중인데 출산유가를 분할하여 사용할 수도 있나요?

A. 네. 가능합니다. 다만, 근로자에게 유산·사산의 경험이 있거나, 출산전후휴가를 청구할 당시 연령이 만 40세 이상이거나, 유산·사산의 위험이 있다는 의료기관의 진단서를 제출한 경우에만 제한적으로 가능합니다.

출산 전과 출산 후를 통하여 90일(한 번에 둘 이상 자녀를 임신한 경우에는 120일)의 출산전후휴가는 90일(한 번에 둘 이상 자녀를 임신한 경우에는 120일)을 연속으로 사용해야 하는 것이 원칙입니다. 다만, 임신 중인 여성근로자가 유산의 경험 등 다음의 사유로 출산전후휴가를 청구하는 경우에는 출산 전 어느 때 라도 휴가를 나누어 사용할 수 있습니다. 이 경우에도 출산 후의 휴가 기간은 연속하여 45일(한 번에 둘 이상 자녀를 임신한 경우에는 60일) 이상이 되어야 합니다. 이를 규정을 위반한 사용자는 2년 이하의 징역 또는 1천만원 이하의 벌금에 처해집니다.

① 임신한 근로자에게 유산·사산의 경험이 있는 경우, ② 임신한 근로자가 출산전후휴가를 청구할 당시 연령이 만 40세 이상인 경우. ③ 임신한 근로자가 유산·사산의 위험이 있다는 의료기관의 진단서를 제출한 경우

▌관련판례▐

근로기준법 제60조 제1항은 연차유급휴가에 관하여 '사용자는 1년간 8할 이상 출근한 근로자에게 15일의 유급휴가를 주어야 한다.'고 규정하고 있는데, 이는 근로자에게 일정 기간 근로의무를 면제함으로써 정신적·육체적 휴양의 기회를 제공하고 문화생활의 향상을 기하려는 데 그 취지가 있다(대법원 1996. 6. 11. 선고 95누6649 판결 등 참조). 이러한 연차유급휴가는 근로자가 사용자에게 근로를 제공하는 관계에 있다는 사정만으로 당연히 보장받을 수 있는 것이 아니라, 1년간 8할 이상 출근하였을 때 비로소 부여받을 수 있는 것이므로 다른 특별한 사정이 없는 한 이는 1년간의 근로에 대한 대가라고 볼 수 있고, 따라서 근로자가 연차유급휴가를 사용하지 못하게 됨에 따라 사용자에게 청구할 수 있는 연차휴가수당은 임금에 해당한다고 할 것이다(대법원 1991 11. 12. 선고 91다14826 판결, 대법원 2000. 12. 22. 선고 99다10806 판결 등 참조).

■ 집에서 직접 양육하는 경우에도 양육수당을 받을 수 있나요?

Q. 어린이집이나 유치원을 이용하는 경우에는 정부로부터 보육료를 지원받는다고 하던데, 집에서 직접 양육하는 경우에는 지원금이 없나요?

A. 아닙니다. 만 5세 이하의 영유아를 가정에서 직접 양육하는 경우에도 양육수당을 지원받을 수 있습니다.

만 5세 이하 영유아를 어린이집, 유치원, 종일제 아이돌봄 서비스 등을 이용하지 않고 가정에서 양육하는 경우에는 소득수준에 관계없이 가정 양육수당을 지원받을 수 있습니다.

양육수당을 신청하려는 영유아의 부모(아동의 보호자로서 친권자·후견인, 그 밖에 영유아를 사실상 보호하고 있는자)가 아동 거주지(주민등록상 거주지) 관할 동 주민센터에 신청서를 제출하거나 복지로 홈페이지를 통해 온라인으로 신청할 수 있습니다. 가정양육수당은 현금으로 지급되며, 시장·군수·구청장이 계좌적정성 확인 후 아동 또는 부모 등의 명의 계좌에 입금합니다.

[관련판례]

> 감시·단속적 근로 등과 같이 근로시간, 근로형태와 업무의 성질을 고려할 때 근로시간의 산정이 어려운 것으로 인정되는 경우에는 사용자와 근로자 사이에 기본임금을 미리 산정하지 아니한 채 법정수당까지 포함된 금액을 월급 여액이나 일당임금으로 정하거나 기본임금을 미리 산정하면서도 법정 제 수당을 구분하지 아니한 채 일정액을 법정 제 수당으로 정하여 이를 근로시간 수에 상관없이 지급하기로 약정하는 내용의 이른바 포괄임금제에 의한 임금 지급계약을 체결하더라도 그것이 달리 근로자에게 불이익이 없고 여러 사정에 비추어 정당하다고 인정될 때에는 유효하다. 그러나 위와 같이 근로시간의 산정이 어려운 경우가 아니라면 근로기준법상의 근로시간에 관한 규정을 그대로 적용할 수 없다고 볼 만한 특별한 사정이 없는 한 근로기준법상의 근로시간에 따른 임금지급의 원칙이 적용되어야 하므로, 이러한 경우에 앞서 본 포괄임금제 방식의 임금 지급계약을 체결한 때에는 그것이 근로기준법이 정한 근로시간에 관한 규제를 위반하는지를 따져, 포괄임금에 포함된 법정수당이 근로기준법이 정한 기준에 따라 산정된 법정수당에 미달한다면 그에 해

당하는 포괄임금제에 의한 임금 지급계약 부분은 근로자에게 불이익하여 무효라 할 것이고, 사용자는 근로기준법의 강행성과 보충성 원칙에 의하여 근로자에게 그 미달되는 법정수당을 지급할 의무가 있다(대법원 2010. 5. 13. 선고 2008다6052 판결 참조).

■ 출산전후휴가 기간에도 급여를 받을 수 있나요?

Q. 저는 출산 예정일이 얼마 남지 않아서 출산전후휴가를 신청하였습니다. 휴가 기간에도 급여를 받을 수 있나요?

A. 네, 출산전후휴가 기간 중 최초 60일(한 번에 둘 이상 자녀를 임신한 경우에는 75일)은 유급휴가로 급여를 받을 수 있습니다. 출산전후휴가 중 최초 60일(한 번에 둘 이상 자녀를 임신한 경우에는 75일)은 유급휴가입니다. 다만, 사업주는 남녀고용평등과 일·가정 양립 지원에 관한 법률 제18조에 따라 출산전후휴가급여 등이 지급된 경우에는 그 금액의 한도에서 지급의 책임을 면하게 됩니다. 이를 위반하여 여성근로자에게 출산전후휴가 급여를 지급하지 않은 사업주는 2년 이하의 징역 또는 1천만원이하의 벌금에 처해집니다.

출산전후휴가 급여를 지급받으려는 여성근로자는 다음의 서류를 모두 첨부하여 신청인의 거주지나 사업장의 소재지 관할 직업안정기관의 장에게 제출해야 합니다.

① 출산전후휴가 급여 신청서
② 출산전후휴가 확인서 1부(최초 1회만 제출)
③ 통상임금을 확인할 수 있는 자료(임금대장, 근로계약서 등) 사본 1부
④ 휴가기간 동안 사업주로부터 금품을 지급받은 경우 이를 확인할 수 있는 자료

통상임금은 근로조건의 기준을 마련하기 위하여 근로기준법이 정한 것이므로, 사용자와 근로자가 통상임금의 의미나 범위 등에 관하여 단체협약 등에 의하여 따로 합의할 수 있는 성질의 것이 아니다. 따라서 성질상 근로기준법상의 통상임금에 속하는 임금을 통상임금에서 제외하기로 노사 간에 합의하였다고 하더라도 그 합의는 효력이 없다. 연장·야간·휴일 근로에 대하여 통상임금의 50% 이상을 가산하여 지급하도록 한 근로기준법의 규정은 각 해당 근로에 대한 임금산정의 최저기준을 정한 것이므로, 통상임금의 성질을 가지는 임금을 일부 제외한 채 연장·야간·휴일 근로에 대한 가산임금을 산정하도록 노사 간에 합의한 경우 그 노사합의에 따라 계산한 금액이 근로기준법에서 정한 위 기준에 미달할 때에는 그 미달하는 범위 내에서 노사합의는 무효이고, 무효로 된 부분은 근로기준법이 정하는 기준에 따라야 한다(대법원 2013. 12. 18. 선고 2012다89399 전원합의체 판결 등 참조).

■ 육아휴직 기간 급여액은 어느 정도인가요?

Q. 저는 육아휴직을 신청하려고 합니다. 육아휴직 기간에도 급여를 받을 수 있다고 하던데, 얼마 정도를 받을 수 있나요?

A. 육아휴직 급여는 일반적인 경우 육아휴직 개시일을 기준으로 월 통상임금의 40%에 해당하는 금액을 월별 지급받게 되며, 상한액은 월 100만원, 하한액은 월 50만원입니다.

일반적인 경우 육아휴직 급여는 육아휴직 개시일을 기준으로 월 통상임금의 40%에 해당하는 금액을 월별 지급받으며, 상한액은 월 100만원, 하한액은 월 50만원입니다.

만약 위에 따른 육아휴직 급여의 25%에 해당하는 금액을 빼고 남은 금액이 50만원 미만일 경우에는 월 50만원을 지급받습니다. 육아휴직 급여의 지급대상 기간이 1개월을 채우지 못하는 경우에는 월 통상임금의 40%에 해당하는 금액을 해당 월에 휴직한 일수로 일할계산(日割計算)하여 지급받습니다.

① 상한액: 월 100만원을 그 달의 일수로 나누어 산정한 금액에 육아휴직 일수를 곱하여 산정한 금액

② 하한액: 월 50만원을 그 달의 일수로 나누어 산정한 금액에 육아휴

직 일수를 곱하여 산정한 금액

만약 위에 따른 육아휴직 급여의 25%에 해당하는 금액을 빼고 남은 금액이 50만원 미만일 경우에는 50만원을 그 달의 일수로 나누어 산정한 금액에 육아휴직 일수를 곱하여 산정한 금액을 지급받습니다.

같은 자녀에 대하여 부모가 순차적으로 육아휴직을 하는 경우 두 번째 육아휴직을 한 피보험자의 최초 3개월의 육아휴직 급여는 월 통상임금에 해당하는 금액으로 하며, 이 때 월별 상한액은 월 150만원입니다.

육아휴직 급여의 25%에 해당하는 금액(육아휴직 급여의 25%에 해당하는 금액을 빼고 남은 금액이 50만원 미만일 경우는 육아휴직 급여에서 위의 지급금액을 빼고 남은 금액)은 육아휴직 종료 후 해당 사업장에 복직하여 6개월 이상 계속 근무한 경우에 합산하여 일시불로 지급됩니다.

■ 가족돌봄휴직 제도는 어떤 경우에 신청할 수 있나요?

Q. 저는 어머니가 심하게 다치셔서 거동이 불편하신데 저 말고는 곁에서 보살펴 줄 사람이 없습니다. 어머니의 간병을 위한 휴직 신청도 가능할까요?

A. 네, 가능합니다. 근로자는 부모, 배우자, 자녀 또는 배우자의 부모의 질병, 사고, 노령으로 인하여 그 가족을 돌보기 위해 가족돌봄휴직을 신청할 수 있습니다.

「가족돌봄휴직」이란 근로자가 부모, 배우자, 자녀 또는 배우자의 부모(이하 "가족"이라 함)의 질병, 사고, 노령으로 인하여 그 가족을 돌보기 위해 무급으로 휴직하는 것을 말합니다.

가족돌봄휴직 기간은 연간 최장 90일로 하며, 나누어 사용할 수 있으며, 이 경우 나누어 사용하는 1회의 기간은 30일 이상이 되어야 합니다. 그러나 대체인력 채용이 불가능한 경우, 정상적인 사업 운영에 중대한 지장을 초래하는 경우 등의 일정한 사유가 있는 경우에는 가족돌봄휴직이 허용되지 않습니다. 이를 위반하여 가족돌봄휴직의 신청을 받고 가족돌봄휴직을 허용하지 않은 사업주는 500만원 이하의 과태료를 부과받습니다. 가족돌봄휴직 기간은 근속기간에 포함됩니다. 다만, 평균임금 산정기간(근로기준법 제2조제1항제6호)에서는 제외됩니다.

■ 출산이 늦어진 경우에 출산 후 휴가기간은 어떻게 되나요?

Q. 저는 임신하여 출산휴가를 하고 있는데 출산이 생각보다 늦어져서 출산 후 휴가 기간을 45일을 확보하지 못한 경우에는 어떻게 하나요?

A. 이 경우에도 사업주는 출산 후 45일이 보장되도록 휴가를 더 부여해야 합니다. 다만, 추가로 부여한 출산전후휴가 기간에 대하여 사업주가 임금을 지급할 의무는 없습니다(근로기준법 제74조 제1항 참조). 다만, 임신 중인 여성근로자가 유산의 경험 등 다음의 사유로 출산전후휴가를 청구하는 경우에는 출산 전 어느 때 라도 휴가를 나누어 사용할 수 있도록 해야 합니다. 이 경우에도 출산 후의 휴가 기간은 연속하여 45일(한 번에 둘 이상 자녀를 임신한 경우에는 60일) 이상이 되어야 합니다(근로기준법 제74조 제2항 및 동법 시행령 제43조 제1항). 이를 위반한 사용자는 2년 이하의 징역 또는 1천만원 이하의 벌금에 처해집니다(근로기준법 제110조 제1호).

① 임신한 근로자에게 유산·사산의 경험이 있는 경우

② 임신한 근로자가 출산전후휴가를 청구할 당시 연령이 만 40세이상인 경우

③ 임신한 근로자가 유산·사산의 위험이 있다는 의료기관의 진단서를 제출한 경우

사용자는 임산부의 출산을 이유로 불이익을 주어서는 안 됩니다. 사용자는 산전(産前) 및 산후(産後)의 여성근로자를 출산전후휴가 기간과 그 후 30일 동안은 해고할 수 없습니다(「근로기준법」 제23조 제2항). 다만, 사용자가 여성근로자에게 일시보상을 했거나, 사업을 계속할 수 없게 된 경우에는 해고할 수 있습니다. 이를 위반하여 여성근로자를 해고하면 5년 이하의 징역 또는 3천만원 이하의 벌금에 처해집니다(「근로기준법」 제107조).

자녀양육을 위한 육아휴직 기간 중 다른 자녀를 출산하거나 또는 출산이 예정되어 있어 구 국가공무원 복무규정(2011. 7. 4. 대통령령 제23010호로 개정되기 전의 것) 제20조 제2항에 따른 출산휴가 요건을 갖춘 경우에는 더 이상 기존 자녀의 양육을 위하여 휴직할 필요가 없는 사유가 발생한 때에 해당한다. 따라서 육아휴직 중인 여성 교육공무원이 출산휴가 요건을 갖추어 복직신청을 하는 경우는 물론 그 이전에 미리 출산을 이유로 복직신청을 하는 경우에도 임용권자는 출산휴가 개시 시점에 휴직사유가 없어졌다고 보아 복직명령과 동시에 출산휴가를 허가하여야 한다(대법원 2014.06.12. 선고 2014두4931 판결).

■ 8살 아이도 육아휴직을 신청할 수 있나요?

Q. 저는 중학교 교사입니다. 올해 초등학교에 입학한 아이를 제가 옆에서 돌봐주고 싶은데, 8살 아이도 육아휴직을 신청할 수 있을까요?

A. 교육공무원도 일반적인 육아휴직과 같이 만 8세 이하 또는 초등학교 2학년 이하의 자녀를 양육하기 위하여 육아휴직을 신청할 수 있습니다. 이때 가능한 육아휴직 기간은 자녀 1명에 대하여 3년 이내로 하며 분할하여 휴직할 수 있습니다(교육공무원법 제45조 제1항). 교육공무원법 이외에도 국가공무원법 제71조 제2항 제4호, 지방공무원법 제63조 제2항 제4호에서도 육아휴직에 관하여 위와 같은 내용을 규정하고 있습니다.

○ 진정신고서(출산휴가 또는 육아휴직 미부여 / 출산휴가 또는 육아휴직 중 해고 / 육아휴직을 이유로 불리한 처우 / 육아휴직 후 임금수준 하락 / 육아휴직 기간 근속기간 미포함)

▶ 등록인정보

*성 명		*생년월일	
*주 소			
*전화번호		*핸드폰번호	
*이메일			
수신여부확인	○ 예 ○ 아니오 민원신청 처리상황을 문자메시지(SMS), E-mail 통해 정보를 제공받으실 수 있습니다.		

▶ 피진정인정보   *필수입력 항목입니다

*회사명			
*대표자명			
*회사주소 (실근무장소)			
*회사전화번호		근로자수	

▶ 진정내용

입사일		퇴사일	
출산전후휴가 (육아휴직) 신청일		출산전후휴가 (육아휴직) 신청기간	
육아휴직 대상 자녀의 성명		육아휴직 대상 자녀 생년월일 (출산예정일)	
제 목			
*내 용 (별지 기재 가능)			

■ 육아휴직을 철회할 수 있나요?

Q. 저는 육아휴직을 신청하였는데 이를 철회하려면 어떤 사유가 있어야 하나요?

A. 육아휴직을 신청한 후 휴직개시예정일 전에 ① 해당 영유아의 사망, ② 양자인 영유아의 파양 또는 입양의 취소, ③ 육아휴직을 신청한 근로자가 부상, 질병 또는 신체적·정신적 장애나 배우자와의 이혼 등으로 해당 영유아를 양육할 수 없게 된 경우 등의 사유가 발생하면 그 육아휴직 신청은 없었던 것으로 봅니다.
이 경우 근로자는 지체 없이 그 사실을 사업주에게 알려야 합니다(남녀고용평등법 시행령 제13조 제2항).

■ 육아휴직 중 아이가 사망하면 어떻게 하나요?

Q. 저는 육아휴직중인데 갑자기 저희 아이가 병으로 사망하였습니다. 이 경우 육아휴직은 어떻게 되나요?

A. 육아휴직 중인 근로자는 그 영유아가 사망하거나 영유아와 동거하지 않게 된 경우에는 그 사유가 발생한 날부터 7일 이내에 그 사실을 사업주에게 알려야 합니다(남녀고용평등법 시행령 제14조 제1항).
사업주는 육아휴직 중인 근로자로부터 영유아의 사망 등에 대한 사실을 통지받은 경우에는 통지받은 날부터 30일 이내로 근무개시일을 지정하여 그 근로자에게 알려줘야 합니다(남녀고용평등법 시행령 제14조 제2항).

제4장
건설일용근로자

제4장 건설일용근로자(建設日傭勤勞者)

1. 건설일용근로자

건설일용근로자는 근기법에 따라 근로조건의 서면 명시(明示), 법정근로시간 보장, 휴일·휴게 보장, 연장근로·야간근로 및 휴일근로에 대한 가산임금 지급, 임금의 정기지급, 직상수급인의 임금지급 연대책임, 휴업수당의 지급, 체불임금 구제 등 여러 보호를 받을 수 있으며, 최저임금법에 따른 최저임금 이상을 임금으로 지급받을 권리가 있습니다.

산업재해보상보험 및 고용보험에 가입된 사업장에 근로를 제공한 건설일용근로자가 산업재해를 당한 경우에는 산업재해보상보험급여를 지급받을 수 있고, 이직(離職)을 한 경우에는 실업급여를 받을 수 있으며, 또한 건설근로자 퇴직공제에 가입된 사업장에 근로를 제공한 건설일용근로자가 퇴직 등을 하는 경우 퇴직공제금을 지급받을 수 있습니다.

2. 건설일용근로자의 의의

① 「건설일용근로자」란 '한국표준산업분류'에 따른 건설업에 종사하는 일용근로자를 말합니다(건설근로자의 고용개선 등에 관한 법률(이하 '건설근로자법'이라 줄여 씁니다) 제2조 제1호·제2호).

② 「건설업」에는 계약 또는 자기계정에 의해 지반조성을 위한 발파·시굴·굴착·정지 등의 지반공사, 건설용지에 각종 건물 및 구축물을 신축 및 설치, 증축·재축·개축·수리 및 보수·해체 등을 수행하는 산업활동으로서 임시건물, 조립식 건물 및 구축물을 설치하는 활동이 포함됩니다[「한국표준산업분류」(통계청 고시 제2007-53호, 2007.12.28. 발령, 2008.2.1. 시행]. 건설업에 포함되는 건설활동은 도급·자영건설업자, 종합 또는 전문 건설업자에 의해 수행됩니다[「한국표준산업분류」(통계청 고시 제2007-53호, 2007.12.28. 발령, 2008.2.1. 시행].

직접 건설활동을 수행하지 않더라도 건설공사에 대한 총괄적인 책임을 지면서 건설공사 분야별로 도급 또는 하도급을 주어 전체적으로 건설공사를 관리하는 경우에도 건설활동으로 봅니다[「한국표준산업분류」(통계청 고시 제2007-53호, 2007.12.28. 발령, 2008.2.1. 시행].

③ 「일용근로자」란 1일 단위의 계약기간으로 고용되고 1일이 종료되면 근로계약도 종료하는 계약형식의 근로자를 말합니다(근기 68207-1265, 94.8.10, 근기 68207-113, 99.9.22). 따라서 일용근로자의 경우 다음 날은 이미 근로계약이 존재하지 않는 것으로 다음 날의 계약을 새로 체결하지 않는 한 사용자는 계속하여 고용할 의무가 없습니다(근기 68207-1265, 94.8.10, 근기 68207-113, 99.9.22). 그러나 명목상 일용근로자라 하더라도 공사현장 등에 기간의 정함이 없이 채용된 후 통상적인 근로관계가 상당기간 지속되어 특별한 사정이 없는 한 공사만료 시까지의 계속근로가 예정되어 있는 경우에는 공사만료 시까지 고용관계가 계속되는 것으로 볼 수 있습니다(근기 68207-1265, 94.8.10, 근기 68207-113, 99.9.22).

④ 「근로자」란 직업의 종류와 관계없이 임금을 목적으로 사업이나 사업장에 근로를 제공하는 자를 말합니다(근기법 제2조 제1항 제1호).

⑤ 「임금」이란 사용자가 근로의 대가로 근로자에게 임금, 봉급, 그 밖에 어떠한 명칭으로든지 지급하는 일체의 금품을 말합니다(근기법 제2조 제1항 제5호).

3. 건설일용근로자의 근로조건 보호

3-1. 근로기준법의 적용

상시 5인 이상의 근로자를 사용하는 사업 또는 사업장에 근로를 제공하는 건설일용근로자는 원칙적으로 근기법이 적용됩니다[근기법 제11조제1항 및 건설일용근로자 보호지침(고용노동부 2004. 8)].

상시 4인 이하의 근로자를 사용하는 사업 또는 사업장은 근기법 시행령 별표 1에서 정하는 규정만 적용됩니다[근기법 제11조제2항, 동법 시행령 제7조 및 건설일용근로자 보호지침(고용노동부 2004. 8)].

3-2. 강제근로, 폭행 및 중간착취 금지

3-2-1. 강제근로 금지

사용자는 폭행, 협박, 감금, 그 밖에 정신상 또는 신체상의 자유를 부당하게 구속하는 수단으로써 건설일용근로자의 자유의사에 어긋나는 근로를 강요하지 못합니다(근기법 제7조).

이를 위반한 자는 5년 이하의 징역 또는 3천만원 이하의 벌금에 처해집니다(근기법 제107조).

3-2-2. 폭행의 금지

사용자는 사고의 발생이나 그 밖의 어떠한 이유로도 건설일용근로자에게 폭행을 하지 못합니다(근기법 제8조).

이를 위반한 자는 5년 이하의 징역 또는 3천만원 이하의 벌금에 처해집니다(근기법 제107조).

3-2-3. 중간착취의 배제

누구든지 법률에 따르지 않고서는 영리로 건설일용근로자의 취업에 개입하거나 중간인으로서 이익을 취득하지 못합니다(근기법 제9조).

이를 위반한 자는 5년 이하의 징역 또는 3천만원 이하의 벌금에 처해집니다(근기준법 제107조).

법률에 따라 영리로 다른 사람의 취업에 개입하거나 중간인으로서 이익을 취하는 자로서는 유료직업소개소 등이 있습니다.

3-3. 근로계약 체결에서의 보호

고용노동부는 건설일용근로자 등의 직업안정을 위해 유료 직업소개소 등록 제를 시행하고 있으며, 사용자가 건설일용근로자와 근로계약을 체결할 때 임금, 소정근로시간, 휴일 등을 명시하도록 하고 있습니다(직업안정법 제19 조, 근기법 제17조 본문 및 동법 시행령 제8조).

근기법에 따른 기준에 미치지 못하는 근로조건을 정한 근로계약은 그 부분에 한해 무효로 되고, 그 무효로 된 부분은 근로기준법에 정한 기준에 따릅니다(근기법 제15조).

3-4. 근로조건의 보호

건설일용근로자는 근기법에 따라 근로조건의 서면 명시(明示), 법정근로시간 보장, 휴일·휴게 보장, 연장근로·야간근로 및 휴일근로에 대한 가산임금 지급, 임금의 정기지급, 직상수급인의 임금지급 연대책임, 휴업수당의 지급, 체불임금 구제 등 여러 보호를 받을 수 있습니다(근기법 제17조, 제43조, 제44조의2, 제46조, 제50조, 제53조, 제54조, 제55조, 제56조).

3-5. 근로계약 종료에 대한 보호

건설일용근로자는 하루 단위로 근로계약을 체결하고 당일 근로계약이 종료되면 계약이 만료되므로 해고 및 퇴직금 지급 문제는 생기지 않는 것이 원칙입니다[건설일용근로자 보호지침(고용노동부 2004. 8)]. 다만, 건설일용계약을 계속적·반복적으로 갱신하여 건설일용근로자가 1년 이상 계속 근로한 것으로 인정되면 건설일용근로자도 사용자로부터 퇴직금을 받을 수 있습니다(근로자퇴직급여 보장법 제8조 제1항).

3-6. 그 밖의 건설일용근로자 보호 및 지원

3-6-1. 건설근로자 퇴직공제

혹서기인 6월부터 9월까지와 혹한기인 11월부터 2월까지는 눈, 비, 기온 등으로 공사가 중단되는 경우가 많아 건설일용근로자가 근로를 제공할 수 없는 날이 생기기 때문에 건설일용근로자가 1년 이상 계속 근로하여 퇴직금을 지급받기는 현실적으로 매우 어렵습니다.

이에 따라 건설일용근로자의 노후 보장 및 고용 개선을 위한 "건설근로자 퇴직공제제도"를 마련하여 사업주가 건설일용근로자 등을 피공제자로 하여 건설근로자회에 공제부금을 내고 피공제자가 건설업에서 퇴직을 하는 등의 경우에 퇴직공제금을 건설근로자에게 지급하고 있습니다(건설근로자법 제2조 제5호).

■ 건설근로자의 고용개선 등에 관한 법률 시행규칙 [별지 제3호서식]

건설근로자 퇴직공제 가입신청서

※ [ ]에는 해당하는 곳에 √표시를 하시기 바라며, 바탕색이 어두운 난은 신청인이 적지 않습니다.

접수번호		접수일		처리기간: 7일

신청인 (사업주)	상호(법인 명칭)		대표자 성명	
	주된 사무소의 소재지			
			(전화번호:)	
	법인등록번호(생년월일)		사업자등록번호	

사업장	가입범위	사업장별 [ ] 사업의 전부 [ ]		
	사업주 구분	원수급 [ ] 하수급 [ ] 자체시공 [ ]		
	공사명			
	소재지	(전화번호:)		
	총공사금액 천원	공제부금액 천원		건설호(실)수 호(실)
	사업기간	착공일		주된 공사종류
	발주자	구분	국가 [ ] 지자체 [ ] 정부출자·출연기관 [ ] 정부재출자기관 [ ] 민간 [ ] 기타 [ ]	
		주소 및 성명(명칭)		

원수급인 (하수급인 승인 가입의 경우 작성)	원도급공사명		상호	법인등록번호
	공제가입번 호	-		

※공제가입번호	-	-	※공제가입일

「건설근로자의 고용개선 등에 관한 법률」 제10조제2항 및 같은 법 시행규칙 제7조제1항에 따라 위와 같이 신청합니다.

년   월   일

신청인(사업주)   (서명 또는 인)

건설근로자공제회 귀중

첨부서류	1. 도급계약서(발주자가 직접 시공하는 경우에는 사업계획승인서 또는 건축허가서를 말한다)나 하도급계약서 사본 1부 2. 도급금액 산출명세서(발주자가 직접 시공하는 경우에는 공사원가계산서를 말한다)나 하도급금액 산출명세서 중 공제부금의 금액이 명시된 부분의 사본 1부	수수료 없음

처리절차					

신청서 작성	→	접수	→	확인검토	→	결재	→	전산입력	→	통보
신청인		건설 근로자 공제회		건설 근로자 공제회		건설 근로자 공제회		건설 근로자 공제회		

210mm×297mm(백상지 80g/㎡)

건설근로자 퇴직공제 가입 기재사항 변경신고서

신고인 (사업 주)	상호(법인 명칭)	
	대표자 성명	법인등록번호
	주된 사무소의 소재지	
	공사명	공제가입번호

변경사항	변경일자	변경 전 내용	변경 후 내용	변경 사유

「건설근로자의 고용개선 등에 관한 법률 시행규칙」 제8조에 따라 위와 같이 신고합니다.

년   월   일

신고인(공제가입사업주)

(서명 또는 인)

건설근로자공제회 귀중

첨부서류	다음 각 호의 어느 하나에 해당하는 사항이 변경된 경우 그 변경사항을 증명할 수 있는 자료 1. 상호 또는 법인 명칭, 주된 사무소의 소재지 2. 사업장의 명칭 또는 소재지 3. 사업기간 4. 도급금액 산출명세서나 공사원가계산서에 명시된 공제부금의 금액	수수료 없음

처 리 절 차

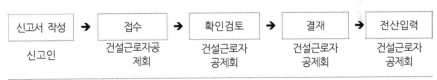

신고서 작성	→	접수	→	확인검토	→	결재	→	전산입력
신고인		건설근로자공제회		건설근로자공제회		건설근로자공제회		건설근로자공제회

210mm×297mm(백상지 80g/㎡)

■ 건설근로자의 고용개선 등에 관한 법률 시행규칙 [별지 제8호서식]

퇴직공제 가입자증 재발급신청서

※ 색상이 어두운 란은 신청인이 적지 않습니다.

접수번호	접수일	처리기간: 7일

신청인	상호(법인 명칭)	대표자 성명
	법인등록번호	
	주된 사무소의 소재지	

<재발급신청 사업장 명세>

공제가입번호	공사명	재발급 신청 사유

「건설근로자의 고용개선 등에 관한 법률 시행규칙」 제11조제2항에 따라 건설근로자 퇴직공제가입자증 재발급을 신청합니다.

년   월   일

신청인(공제가입사업주)   (서명 또는 인)

건설근로자공제회 귀중

첨부서류	없음	수수료 없음

처 리 절 차

신청서 작성	→	접수	→	확인 검토	→	결재	→	전산 입력	→	재발급
신청인		건설 근로자 공제회		건설 근로자 공제회		건설 근로자 공제회		건설 근로자 공제회		건설 근로자 공제회

210mm×297mm(백상지 80g/㎡)

건설근로자 퇴직공제 관계성립신고서

※ [ ]에는 해당하는 곳에 √표시를 하시기 바라며, 바탕색이 어두운 난은 신고인이 적지 않습니다.

접수번호		접수일		처리기간: 7일	
신고인 (사업주)	상호(법인 명칭)			대표자 성명	
	주된 사무소의 소재지			(전화번호:)	
	법인등록번호(생년월일)			사업자등록번호	
	가입범위	사업장별 [ ]		사업의 전부 [ ]	

사업장	사업주구분	원수급 [ ] 하수급 [ ] 자체시공 [ ]				
	공사명					
	소재지	(전화번호:)				
	총공사 금액	천원	공제부 금액	천원	건설호 (실)수	호(실)
	사업기간		착공일		공사종류	
	발주자	구분	국가 [ ] 지자체 [ ] 정부출자·출연기관 [ ] 정부재출자기관 [ ] 민간 [ ] 기타 [ ]			
		주소 및 성명(명칭)				

원수급인 (하수급인 성립 신고인인 경우에만 작성)	원도급공사명		상호	법인등록번호
	공제 가입 번호	- -		
※공제가입번호	- -		※공제가입일	

「건설근로자의 고용개선 등에 관한 법률」 제10조의4 및 같은 법 시행규칙 제9조제1항에 따라 위와 같이 신고합니다.

년   월   일

신고인(사업주)   (서명 또는 인)

건설근로자공제회 귀중

첨부서류	1. 도급계약서(발주자가 직접 시공하는 경우에는 사업계획승인서 또는 건축허가서를 말한다)나 하도급계약서 사본 1부 2. 도급금액 산출명세서(발주자가 직접 시공하는 경우에는 공사원가계산서를 말한다)나 하도급금액 산출명세서 중 공제부금의 금액이 명시된 부분의 사본 1부	수수료 없음

처리절차				

신고서 작성	→	접수	→	확인검토	→	결재	→	전산입력	→	결과 통보
신고인		건설근로자 공제회		건설근로자 공제회		건설근로자 공제회		건설근로자 공제회		

210mm×297mm(백상지 80g/㎡)

■ 건설근로자의 고용개선 등에 관한 법률 시행규칙 [별지 제6호서식]

퇴직공제 관계성립 기재사항 변경신고서

※ 당연가입 사업주용

접수번호		접수일			처리기간 4일
신고인(사업주)	① 상호 또는 법인 명칭				
	② 대표자 성명				
	③ 주된 사무소 소재지				
	④ 공사명		⑤ 공제가입번호		

⑥ 변경사항	⑦ 변경일	⑧ 변경 전 내용	⑨ 변경 후 내용	⑩ 변경 사유

「건설근로자의 고용개선 등에 관한 법률 시행규칙」 제10조에 따라 위와 같이 신고합니다.

년   월   일

신고인(퇴직공제 관계 성립신고 사업주)   (서명 또는 인)

건설근로자공제회 이사장 귀하

첨부서류	1. 상호 또는 명칭, 주된 사무소의 소재지 변경: 법인 등기사항증명서 중 변경사항이 명시된 부분의 사본(개인인 경우에는 사업자등록증) 2. 사업기간, 도급금액 산출명세서 또는 공사원가계산서에 명시된 공제부금 금액의 변경: 설계변경 명세서 중 변경사항이 명시된 부분의 사본	수수료 없 음

작 성 방 법

1. ⑤란은 건설근로자 퇴직공제 가입신청 시 부여받은 "공제가입번호"를 적습니다.
2. ⑥란은 "상호 또는 명칭의 변경", "주된 사무소의 소재지 변경", "사업기간의 변경", "공제부금 금액의 변경" 중 선택하여 적습니다.
3. ⑧, ⑨란은 변경 전과 변경 후의 내용을 적습니다.

처 리 절 차

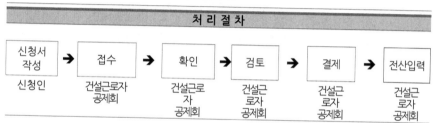

210mm×297mm[일반용지 70g/㎡(재활용품)]

■ 건설근로자의 고용개선 등에 관한 법률 시행규칙 [별지 제15호서식]

건설근로자 퇴직공제 부정행위신고서

※ 바탕색이 어두운 난은 신고인이 적지 않습니다.

접수번호	접수일	처리기간: 30일

신고인	성명	생년월일
	주소	
	(전화번호:)	

신고인	성명	생년월일
	주소	
	(전화번호:)	

신고할 부정행위 내용	
부정행위자 명(시공사명 또는 사업장명)	주된 사무소의 주소(법인의 경우 법인의 주소)
	(전화번호 :)
주소(사업장 소재지)	
(전화번호 :)	
부정행위 신고내용(구체적으로 기재)	

「건설근로자의 고용개선 등에 관한 법률」 제16조의2 및 같은 법 시행규칙 제19조제2항에 따라 위와 같이 부정행위를 신고합니다.

년 월 일

신고인 (서명 또는 인)

건설근로자공제회 귀중

첨부서류	부정행위를 증명할 수 있는 자료(자료가 있는 경우에만 해당합니다)	수수료 없음

처리절차									

신고서 작성	→	접수	→	신고서 및 증명자료 검토	→	부정행위 조사	→	결재	→	통지
신고인		건설근로자공제회		건설근로자공제회		건설근로자공제회		건설근로자공제회		

210mm×297mm(백상지 80g/㎡)

3-6-2. 산업재해 예방과 산업재해 보상

사용자는 건설일용근로자 등의 산업재해 예방을 위한 안전조치 및 보건조치를 해야 하고, 건설일용근로자의 작업내용을 변경하는 경우와 건설일용근로자를 유해하거나 위험한 작업에 사용하는 경우에는 교육을 실시해야 합니다(산업안전보건법 제23조, 제24조 및 제31조 제2항·제3항). 산업재해보상보험에 가입된 사업장에서 근로를 제공하던 중 업무상 재해를 당한 건설일용근로자는 고용기간에 관계없이 요양급여, 휴업급여, 장해급여, 간병급여, 유족급여, 상병보상연금, 장의비, 직업재활급여 등의 보험급여를 받을 수 있습니다(산업재해보상보험법 제36조 제1항 본문, 제40조, 제52조, 제57조, 제61조, 제62조, 제66조, 제71조, 제72조).

3-6-3. 실업급여와 고용안정 지원

고용보험에 가입된 건설일용근로자가 ① 이직일 이전 18개월간 피보험단위기간(근로일수)을 모두 더한 일수가 180일 이상이고, ② 근로의 의사와 능력이 있음에도 불구하고 취업하지 못한 상태에 있으며, ③ 이직사유가 수급자격의 제한 사유(자발적 이직 등)에 해당하지 않고, ④ 수급자격 인정신청일 이전 1개월 동안의 근로일수가 10일 미만이면 구직급여 및 취업촉진수당 등 실업급여를 받을 수 있습니다(고용보험법 제40조 제1항). 고용보험에 가입된 건설일용근로자가 직업능력개발훈련을 수강한 경우에는 고용노동부장관으로부터 필요한 비용의 전부나 일부를 지원받을 수 있으며, 고용보험에 가입되지 않은 건설일용근로자는 직업능력개발계좌를 개설하여 직업능력개발훈련을 받을 수 있습니다(고용보험법 제29조 제1항, 동법 시행령 제43조, 근로자직업능력 개발법 제18조 및 동법 시행령 제18조 제2항).

4. 근로계약의 체결 등

4-1. 근로계약의 체결

건설일용근로자의 근로계약은 특별한 형식 없이 구두합의만으로도 성립하지만, 나중에 문제가 생겼을 경우에 그 내용을 증명하기 어렵거나 곤란한 경우가 있을 수 있으므로 계약의 내용을 문서로 작성하는 것이 좋습니다.

건설일용근로자의 근로조건이 근로기준법에 따른 기준에 미치지 못하는 근로조건을 정한 근로계약은 그 부분에 한정하여 무효로 되고, 그 무효로 된 부분은 근로기준법에서 정한 기준에 따릅니다.

4-2. 근로계약의 의의

「근로계약」이란 근로자가 사용자에게 근로를 제공하고 사용자는 근로자의 근로제공에 대해서 임금을 지급하는 것을 목적으로 체결된 계약을 말합니다(근기법 제2조 제1항 제4호).

4-3. 근로계약의 체결 방법

건설일용근로자의 근로계약은 특별한 형식 없이 구두합의만으로도 성립하지만, 나중에 문제가 생겼을 경우에 그 내용을 증명하기 어렵거나 곤란한 경우가 있을 수 있으므로 계약의 내용을 문서로 작성하는 것이 좋습니다.

서면근로계약을 체결하면 이런 점이 좋습니다. 사업주는 ① 근로자와의 근로조건 분쟁을 미리 방지할 수 있습니다. ② 근로자에게 소속감을 주게 되어 생산성이 향상됩니다. ③ 근로자의 이탈을 방지하여 인력수급의 어려움이 경감됩니다. 근로자는 ① 임금체불을 방지하고 임금체불이 발생한 경우 법적 해결이 쉬워집니다. ② 산업재해가 발생한 경우 입증자료로 사용할 수 있습니다. ③ 고용보험, 산업재해보험, 건강보험, 국민연금 등 사회보험의 신고가 누락되어도 적용을 쉽게 받을 수 있습니다. ④ 사업주의 건설근로자 퇴직공제부금 납입 누락을 방지할 수 있습니다.

4-4. 근로조건의 결정 및 준수

4-4-1. 근로조건의 결정

근로조건은 건설일용근로자와 사용자가 동등한 지위에서 자유로운 의사에 따라 결정해야 합니다(근기법 제4조).

근기법에 따른 근로조건은 최저기준이므로 건설일용근로자와 사용자는 근로기준법에 따른 기준을 이유로 하여 근로조건을 낮출 수는 없습니다(근기법 제3조).

4-4-2. 근로계약의 일부 무효

근기법에 따른 기준에 미치지 못하는 근로조건을 정한 근로계약은 그 부분에 한정하여 무효로 되고, 그 무효로 된 부분은 근로기준법에서 정한 기준에 따릅니다(근기법 제15조).

※ **위약예정의 금지** : 사용자는 건설일용근로자와 근로계약 불이행에 대한 위약금이나 손해배상액을 예정하는 계약을 체결할 수 없습니다(근기법 제20조). 사용자가 건설일용근로자와 근로계약의 불이행에 대한 위약금 또는 손해배상액을 예정하는 계약을 체결한 경우 500만원 이하의 벌금에 처해집니다(근기법 제114조 제1호).

※ **전차금 상계의 금지** : 사용자는 건설일용근로자의 전차금(前借金)이나 그 밖에 근로할 것을 조건으로 하는 전대(前貸)채권과 임금을 상계하지 못합니다(근기법 제21조). 사용자가 건설일용근로자의 전차금이나 그 밖에 근로할 것을 조건으로 하는 전대채권과 임금을 상계한 경우 500만원 이하의 벌금에 처해집니다(근기법 제114조 제1호).

※ **강제 저축의 금지 등** : 사용자는 근로계약에 덧붙여 건설일용근로자와 강제 저축 또는 저축금의 관리를 규정하는 계약을 체결할 수 없습니다(근기법 제22조 제1항). 사용자가 근로계약에 덧붙여 건설일용근로자와 강제 저축이나 저축금의 관리계약을 체결한 경우 2년 이하의 징역 또는 1천만원 이하의 벌금에 처해집니다(근기법 제110조 제1호).

4-4-3. 근로조건의 준수의무

사용자와 건설일용근로자는 근로계약, 단체협약, 취업규칙을 지키고 성실하게 이행해야 합니다(근기법 제5조).

4-5. 사용자의 근로조건 명시 의무

4-5-1. 근로조건의 명시

사용자는 건설일용근로자와 근로계약을 체결할 때에 건설일용근로자에게 다음의 근로조건을 모두 명시(明示)해야 합니다(근기법 제17조 전단 및 동법 시행령 제8조).

① 임금
② 소정근로시간
③ 휴일(건설일용근로자에게 휴일을 제공해야 하는 경우만 해당함)
④ 연차 유급휴가(건설일용근로자에게 연차 유급휴가를 제공해야 하는 경우만 해당함)
⑤ 취업의 장소와 종사해야 할 업무에 관한 사항
⑥ 근로기준법에 따라 작성·신고된 취업규칙(사용자가 상시 10명 이상의 근로자를 사용하는 경우에만 해당함)
⑦ 기숙사규칙에서 정한 사항(사업장의 부속 기숙사에 근로자를 기숙하게 하는 경우만 해당함)

4-5-2. 임금 구성항목 등의 서면 명시

사용자가 근로조건을 건설일용근로자에게 명시하는 경우 임금의 구성항목·계산방법·지급방법, 소정근로시간, 휴일 및 연차 유급휴가에 관한 사항은 서면으로 명시하고 건설일용근로자의 요구가 있으면 그 건설일용근로자에게 교부해야 합니다(근기법 제17조 후단).

사용자가 건설일용근로자와 근로계약을 체결하는 때에 근로조건을 명시하지 않거나, 임금의 구성항목·계산방법·지급방법, 소정근로시간, 휴일 및 연차 유급휴가에 관한 사항을 서면으로 명시하지 않은 경우 또는 명시하더라도 건설일용근로자의 교부요구에 응하지 않은 경우 500만원 이하의 벌금에 처해집니다(근기법 제114조 제1호).

「소정(所定)근로시간」이란 법정 근로시간(근기법 제50조, 제69조 본문 또는 산업안전보건법 제46조)의 범위에서 근로자와 사용자 사이에 정한 근로시간을 말합니다(근기법 제2조 제1항 제7호).

4-6. 근로조건의 위반에 대한 손해배상 청구 등

사용자가 건설일용근로자에게 명시한 근로조건이 사실과 다를 경우에 건설일용근로자는 근로조건 위반을 이유로 손해의 배상을 청구할 수 있으며, 즉시 근로계약을 해제할 수 있습니다(근기법 제19조 제1항). 건설일용근로자가 사용자에게 손해배상을 청구할 경우에는 노동위원회에 신청할 수 있으며, 근로계약이 해제되었을 경우에는 사용자는 취업을 목적으로 거주를 변경하는 건설일용근로자에게 귀향 여비를 지급해야 합니다(근기법 제19조 제2항).

4-7. 고용에 관한 서류의 발급

사업주는 건설일용근로자를 고용하면 다음의 사항을 적은 서류를 즉시 그 건설일용근로자에게 내주어야 합니다(건설근로자법 제6조 및 동법 시행규칙 제3조 제1항·제2항).

① 사업주(법인인 경우에는 대표자를 말함)의 성명
② 사업장의 명칭 및 소재지(사업주가 법인인 경우에는 법인의 명칭 및 소재지를 포함)
③ 근로시간, 임금 및 고용기간
④ 업무의 내용
⑤ 건설일용근로자의 배치 장소, 그 사업의 퇴직공제 가입대상 여부와 가입 여부

「사업주(事業主)」란 근로자를 고용하여 건설업을 하는 자로서 관계 법령에 따라 면허·허가를 받거나 등록을 한 자를 말합니다(건설근로자법 제2조 제1호).

5. 근로시간 등

5-1. 근로시간 및 가산임금 등

건설일용근로자의 근로시간은 1일 8시간 1주, 40시간을 초과할 수 없으나 사용자와 건설일용근로자가 합의하면 1주간에 12시간을 한도로 1주 40시간 근로시간을 연장할 수 있습니다. 이를 위반한 사용자는 2년 이하의 징역 또는 1천만원 이하의 벌금에 처해집니다(근기법 제110조). 사용자는 건설일용근로자가 연장근로와 야간근로(오후 10시부터 오전 6시까지 사이의 근로)를 한 경우 통상임금의 100분의 50 이상을 가산하여 지급해야 합니다. 사용자는 건설일용근로자의 근로시간이 4시간인 경우에는 30분 이상, 8시간인 경우에는 1시간 이상의 휴게시간을 근로시간 도중에 주어야 합니다.

위의 근로시간을 산정함에 있어 작업을 위하여 근로자가 사용자의 지휘·감독 아래에 있는 대기시간 등은 근로시간으로 봅니다(근기법 제50조 제3항). 근로기준법이 적용되지 않는 상시 근로자가 5명 미만인 사업장에는 법정근로시간과 연장 근로의 제한 규정이 적용되지 않습니다(근기법 제11조 제2항, 제56조, 동법 시행령 제7조, 별표 1).

5-2. 연장·야간 근로에 대한 가산임금

사용자는 건설일용근로자가 연장근로 또는 야간근로(오후 10시부터 오전 6시까지 사이의 근로)를 한 경우 통상임금의 100분의 50 이상을 가산하여 지급해야 합니다(근기법 제56조). 이를 위반한 사용자는 3년 이하의 징역 또는 2천만원 이하의 벌금에 처해집니다(근기법」 제109조). 근로기준법이 적용되지 않는 상시 근로자가 5명 미만인 사업장에는 야간근로에 대한 가산임금 규정이 적용되지 않습니다(근기법 제11조 제2항, 제56조, 동법 시행령 제7조, 별표 1).

6. 건설일용근로자의 휴게·휴일·연차유급휴가

6-1. 휴게

사용자는 건설일용근로자의 근로시간이 4시간인 경우에는 30분 이상, 8시간인 경우에는 1시간 이상의 휴게시간을 근로시간 도중에 주어야 합니다(근기법 제54조 제1항). 이를 위반한 사용자는 2년 이하의 징역 또는 1천만원 이하의 벌금에 처해집니다(근기법 제110조). 건설일용근로자는 휴게시간을 자유롭게 이용할 수 있습니다(근기법 제54조 제2항).

6-2. 휴일

근기법이 적용되는 상시 근로자가 5명 이상인 사업장은 건설일용근로자가 1주 5일을 계속 근로한 경우 1일의 유급휴일과 1일의 무급휴무일을 주어야 합니다[근기법 제55조 및 건설일용근로자 보호지침(고용노동부 2004. 8) 참조].

이를 위반한 사용자는 2년 이하의 징역 또는 1천만원 이하의 벌금에 처해집니다(근기법 제110조 제1호).

근기법이 적용되지 않는 상시 근로자가 5명 미만인 사업장은 건설일용근로자가 1주 6일을 계속 근로한 경우 1일의 유급휴일을 주어야 합니다[근기법 제11조 제2항, 제55조, 동법 시행령 제7조, 별표 1 및 건설일용근로자 보호지침(고용노동부 2004. 8) 참조]. 이를 위반한 사용자는 2년 이하의 징역 또는 1천만원 이하의 벌금에 처해집니다(근기법 제110조 제1호).

건설일용근로자가 5일(상시 근로자가 5명 미만인 사업장은 6일) 동안 계속 근로하여 유급휴일 지급요건을 충족한 경우에도 휴일을 주어야 할 날 직전 일에 근로관계가 종료된 경우에는 유급휴일을 주지 않을 수 있습니다[근기법 제55조 및 건설일용근로자 보호지침(고용노동부 2004. 8) 참조].

6-3. 휴일근로에 대한 가산임금

근기법이 적용되는 상시 근로자가 5명 이상인 사업장의 건설일용근로자가 유급휴일에 근로를 제공한 경우 사용자는 통상임금의 100분의 50 이상을 가산하여 지급해야 합니다(근기법 제56조). 이를 위반한 사용자는 3년 이하의 징역 또는 2천만원 이하의 벌금에 처해집니다(근기법 제109조).

근로기준법이 적용되지 않는 상시 근로자가 5명 미만인 사업장에는 휴일근로에 대한 가산임금 규정이 적용되지 않습니다.

※ 휴일근로에 대한 가산임금 산정례

휴일에 8시간을 근로한 경우 사용자가 건설일용근로자에게 지급해야 하는 금액

임금 + 휴일수당 + 가산임금(통상임금의 100분의 50 이상)
= 사용자가 지급해야 하는 금액

6-4. 연차유급휴가

건설일용근로자가 1개월 이상 개근하는 경우 또는 1년에 80퍼센트 이상 출근하는 경우가 많지는 않지만, 만약 건설일용근로자가 1개월 이상 개근하거나 1년간 80퍼센트 이상 출근한 경우 사용자는 해당 건설일용근로자에게 다음의 기준에 따라 연차유급휴가를 주어야 합니다(근기법 제60조 제1항·제2항 및 건설일용근로자 보호지침 고용노동부, 2008. 4. 참조). 이를 위반한 사용자는 2년 이하의 징역 또는 1천만원 이하의 벌금에 처해집니다(근기법 제110조 제1호).

① 사용자는 근로한 기간이 1년 미만인 건설일용근로자 또는 1년간 80퍼센트 미만 출근한 건설일용근로자가 1개월 동안 개근한 경우 1일의 연차유급휴가를 주어야 합니다(근기법 제60조 제2항 및 건설일용근로자 보호지침)

② 사용자는 계속근로 기간이 1년 이상인 건설일용근로자가 1년 동안 80퍼센트 이상 출근한 경우 15일의 연차유급휴가를 주어야 합니다(근기법 제60조 제1항 및 건설일용근로자 보호지침 고용노동부, 2008. 4.).

7. 사용자에 대한 과태료 부과 처벌

사용자가 건설근로자법을 위반하면 다음과 같이 과태료 처분을 받게 됩니다.

과태료의 부과기준

1. 일반기준
   가. 위반행위의 횟수에 따른 과태료의 부과기준은 최근 2년간 같은 위반행위로 과태료를 부과받은 경우에 적용한다. 이 경우 위반행위에 대하여 과태료 부과처분을 한 날과 다시 같은 위반행위를 적발한 날을 각각 기준으로 하여 위반횟수를 계산한다.
   나. 고용노동부장관은 다음의 어느 하나에 해당하는 경우에는 제3호(나목은 제외한다)에 따른 과태료 금액의 2분의 1의 범위에서 그 금액을 감경할 수 있다. 다만, 과태료를 체납하고 있는 위반행위자의 경우에는 그러하지 아니하다.
   1) 위반행위자가 「질서위반행위규제법 시행령」 제2조의2제1항 각 호의 어느 하나에 해당하는 경우
   2) 위반행위자가 자연재해·화재 등으로 재산에 현저한 손실이 발생하거나 사업여건의 악화로 사업이 중대한 위기에 처하는 등의 사정이 있는 경우
   3) 위반행위가 사소한 부주의나 오류 등 과실로 인한 것으로 인정되는 경우
   4) 위반행위자가 위법행위로 인한 결과를 시정하거나 해소한 경우
   5) 그 밖에 위반행위의 정도, 위반행위의 동기와 그 결과 등을 고려하여 감경할 필요가 있다고 인정되는 경우

2. 공사규모에 따른 과태료 감경기준
   제3호나목에 따른 과태료는 제3호나목의 금액에 다음 각 목에 따라 구분한 사업주의 공사예정금액 중 해당하는 목에서 규정한 비율을 곱한 금액으로 한다.
   가. 100억원 이상 : 100분의 100
   나. 30억원 이상 100억원 미만: 100분의 90

다. 5억원 이상 30억원 미만 : 100분의 80
라. 1억원 이상 5억원 미만 : 100분의 70

3. 개별기준

위반행위	근거 법조문	과태료 금액(만원)		
		1차	2차	3차 이상
가. 법 제5조제1항에 따라 고용 관리 책임자 관련 신고를 하지 않은 경우	법 제26조제3항제1호	25	50	100
나. 법 제7조의2에 따라 화장실· 식당·탈의실을 설치하지 않거 나 이용할 수 있도록 조치하 지 않은 경우	법 제26조제1항			
1) 화장실		200	200	200
2) 식당		200	200	200
3) 탈의실		100	100	100
다. 법 제10조의4제1항에 따른 신고를 하지 않은 경우	법 제26조제2항	100	200	300
라. 법 제13조제1항에 따른 공제 부금을 내지 않은 경우	법 제26조제3항제4호	25	50	100
마. 법 제15조제2항에 따른 증명 요구에 따르지 않은 경우	법 제26조제3항제5호	20	40	80
바. 법 제23조제1항에 따른 보 고를 하지 않거나 거짓 보 고를 한 경우 또는 자료를 제출하지 않거나 거짓 자료 를 제출한 경우	법 제26조제3항제6호	20	40	80
사. 법 제23조제3항에 따른 시 정명령, 그 밖에 필요한 조 치에 따르지 않은 경우	법 제26조제3항제6호	15	30	60

■ 건설일용근로자로 근무하다 실직한 경우에도 구직급여를 받을 수 있나요?

Q. 저는 2년 가까이 건설일용근로자로 근무하다가 그만두고, 취업을 준비하고 있습니다. 건설일용근로자도 실업 기간 중 구직급여를 받을 수 있나요?

A. 네, 받을 수 있습니다. 다만, 고용보험에 가입한 자로서 구직급여 수급요건을 갖추어야 합니다.

구직급여 수급요건은 고용보험에 가입된 건설일용근로자가 ① 이 직일 이전 18개월간 피보험 단위기간(근로일수)을 모두 더한 일수 가 180일 이상이고, ② 근로의 의사와 능력이 있음에도 불구하고 취업하지 못한 상태에 있으며, ③ 이직사유가 수급자격의 제한 사 유(자발적 이직 등)에 해당하지 않고, ④ 수급자격 인정신청일 이 전 1개월 동안의 근로일수가 10일 미만이면 구직급여 및 취업촉 진수당 등 실업급여를 받을 수 있습니다. 「실업급여」란 근로의 의 사와 능력이 있음에도 불구하고 취업하지 못한 상태에 있는 고용 보험에 가입되거나 가입된 것으로 보는 근로자의 생활에 필요한 급여를 실시하여 근로자의 생활안정과 구직활동을 촉진하기 위한 제도를 말합니다(고용보험법 제1조 및 제2조 제3호·제4호).

■ 유보임금 명목으로 임금을 받지 못하고 있는데 이는 불법이 아닌 가요?

Q. 저는 조그마한 건설현장에서 일용근로자로 근무하고 있는데, 유보임금(쓰메끼리) 명목으로 임금을 두 달째 받지 못하고 있습니다. 이러한 유보임금이 적법한 것인가요?

A. 건설현장에서 관행적으로 이루어지는 임금유보는 임금의 정기지급원칙에 위반한 위법한 행위입니다. 따라서 임금을 지급받지 못한 건설일용근로자는 관할 지방고용노동관서(고용센터)에 진정이나 고소를 하여 구제받을 수 있습니다.

건설일용근로자라도 일정 기간에 상시적으로 출근하거나 출근이 예정되어 월급형태로 임금을 지급하는 경우에는 최소한 월 1회 이상 날짜를 정하여 정기적으로 임금을 지급해야 합니다.

임금은 노동을 제공한 달에 받는 것이 일반적이지만 건설현장은 노동을 제공한 달이 아닌 그 다음 달이나 그 이후에 임금을 받는 관행이 있습니다. 이를 유보임금이라고 합니다.

이러한 임금유보(쓰메끼리)는 임금의 정기지급원칙에 위반하는 것으로서 임금유보를 한 사용자는 3년 이하의 징역 또는 2천만원 이하의 벌금에 처해집니다.

■ 사업주가 파산하였을 경우 못 받은 임금은 어떻게 구제받을 수 있나요?

Q. 저는 건설현장에서 일하고 있는 일용근로자인데, 얼마 전 사업주가 파산하였습니다. 받지 못한 임금이 꽤 되는데, 어떻게 구제받을 수 있을까요?

A. 체당금 지급신청을 하여 최종 3개월분의 임금의 지급을 청구할 수 있습니다.

「체당금」이란 사업주가 파산의 선고, 회생절차개시의 결정, 고용노동부장관의 도산 등 사실인정을 받은 경우, 사업주가 근로자에게 미지급 임금·퇴직금·휴업수당(이하 "임금 등"이라 함)을 지급하라는 판결, 명령, 조정 또는 결정 등이 있는 경우에 퇴직한 근로자가 지급받지 못한 임금·퇴직금·휴업수당의 지급을 청구하면, 제3자의 변제에 관한 민법 제469조에도 불구하고 고용노동부장관이 사업주를 대신하여 지급하는 임금 등을 말합니다.

체당금제도는 근로자를 사용하는 모든 건설업 또는 건설사업장에 적용됩니다. 다만, 「주택법」에 따른 주택건설사업자, 건설산업기본법에 따른 건설업자, 전기공사업법에 따른 공사업자, 정보통신공사업법에 따른 정보통신공사업자, 소방시설공사업법에 따른 소방시설업자 또는 문화재수리 등에 관한 법률에 따른 문화재수리업자가 아닌 자가 시공하는 다음의 어느 하나에 해당하는 공사에는 체당금제도가 적용되지 않습니다.

① 총공사금액이 2천만원 미만인 공사

② 연면적이 100제곱미터 이하인 건축물의 건축 또는 연면적이 200제곱미터 이하인 건축물의 대수선에 관한 공사

체당금의 지급 신청은 파산의 선고, 회생절차의 개시 등에 따른 체당금을 받으려는 사람은 다음의 구분에 따라 체당금 지급청구서를 제출해야 합니다(임금채권보장법 제7조 제7항, 동법 시행령 제9조 및 동법 시행규칙 제5조).

① 일반체당금 : 파산선고 또는 회생절차개시의 결정이 있는 날부터 2년 이내에 일반체당금 지급청구서를 관할지방고용노동관서의 장에게 제출

② 소액체당금 : 판결 등이 있는 날부터 1년 이내에 소액체당금 지급청구서에 다음 서류를 첨부하여 근로복지공단에 제출

1) 임금채권보장법」 제7조제1항제4호 각 목의 어느 하나에 해당하는 판결, 명령, 조정 또는 결정 등(이하 "판결 등 "이라 함)이 있는 경우 그 정본

2) 임금채권보장법 제7조제1항제4호 중 다음의 어느 하나에 해당하는 종국판결, 소송상 화해 또는 결정이 있는 경우에는 그 확정증명원 정본

- 민사집행법 제24조에 따른 확정된 종국판결
- 민사집행법 제56조제5호에 따른 소송상 화해, 청구의 인낙(認諾) 등 확정판결과 같은 효력을 가지는 것
- 민사조정법 제30조에 따른 확정된 조정을 갈음하는 결정

3) 체불 임금 등사업주 확인서의 사본

■ 임금채권보장법 [별지 제3호서식]

일반체당금 지급청구서

[체당금(替當金)이란 기업이 도산하여 임금·휴업수당 및 퇴직금을 받지 못하고 퇴직한 근로자에게 국가가 사업주를 대신하여 지급하는 임금·휴업수당 및 퇴직금을 의미합니다.]

※ 뒤쪽의 작성방법을 읽고 작성하시기 바랍니다. (앞쪽)

①접수번호	②접수일	처리기간 7일

③접수 지방고용노동관서   지방고용노동청(지청)

청구인	④성명		⑤ 주민등록번호	
	⑥주소		(전화번호:)	
			(휴대전화번호:)	
			(전자우편주소:)	
	⑦체당금(*) 원		⑧체당금 구분(*) [ ]임금 [ ]휴업수당 [ ]퇴직금	
임금 의뢰	⑨입금은행			
	⑩예금주			
	⑪계좌번호			
대상 사업주	사업장명		⑫사업자등록번호	
	대표자 성명	소재지		
	⑬산업재해보상보험 가입 여부(*) [ ]가입 [ ]미가입		⑭확인통지서 대장번호(*)	

「임금채권보장법 시행령」 제9조제1항 및 같은 법 시행규칙 제5조제1호에 따라 위와 같이 체당금의 지급을 청구합니다.

년   월   일

청구인   (서명 또는 인)
대리인   (서명 또는 인)

근로복지공단 ○○○○지역본부(지사)장 귀하

첨부 서류	없음						수수료 없음
처 리	선람		결 재	담당	차장	부장	본부장 (지사장)
	조회확인						
	입력확인						
공지사항							

이 민원의 처리 결과에 대한 만족도 조사 및 관련 제도 개선에 필요한 의견조사를 위해 귀하의 전화번호(휴대전화번호)로 전화조사를 할 수 있습니다.

210mm×297mm[일반용지 60g/㎡(재활용품)]

소액체당금 지급청구서

※ 뒤쪽의 작성방법을 읽고 작성하시기 바랍니다. (앞쪽)

접수번호	접수일	처리기간 14일

<table>
<tr><td rowspan="7">청구인</td><td colspan="2">성명</td><td colspan="2">주민등록번호</td></tr>
<tr><td colspan="4">주소

)

)

)
(전화번호:

(휴 대 전 화 번 호 :

(전 자 우 편 주 소 :</td></tr>
<tr><td colspan="2">근무기간 및 퇴직일
　년　월　일　~　년　월　일</td><td colspan="2">①체불 임금등·사업주 확인
서 발급번호</td></tr>
<tr><td>②소(訴) 제기 또는 신청
등을 한 날</td><td>③판결등이 있는 날</td><td colspan="2">④지급받지 못한 임금등의
총 확정금액
　원</td></tr>
<tr><td colspan="4">⑤지급받지 못한 임금등의 총 확정금액에 대하여 청구일 현재까지 사업주나 퇴직
연금사업자 등으로 부터 지급받은 금액(사업주 지급금, 퇴직연금, 이행보증보험 및
출국만기보험 등의 금액)　　　　　　　　　　　　　　　　원</td></tr>
<tr><td colspan="4">⑥청구일 현재까지 지급받지 못한 임금등의 금액
　가. 최종 3개월분의 임금 또는 휴업수당:　　　　　　　원
　나. 최종 3년간의 퇴직금:　　　　　　　　　　　　　원</td></tr>
<tr><td colspan="4">⑦지급받아야할 체당금　　　　　　　　　　　　　　　원</td></tr>
</table>

⑧입금 의뢰	입금은행	예금주	계좌번호

⑨대상 사업주	사업장명		사업자등록번호
	대표자 성명	소재지	

「임금채권보장법」 제7조 및 「임금채권보장법 시행규칙」 제5조제2호에 따라
위와 같이 체당금의 지급을 청구합니다.

년　　월　　일

청구인　　　(서명 또는 인)
대리인　　　(서명 또는 인)

근로복지공단 ○○○○지역본부(지사)장 귀하

⑩ 첨부 서류	1. 「임금채권보장법」 제7조제1항제4호 각 목의 어느 하나에 해당하는 　판결, 명령, 조정 또는 결정 등이 있는 경우 그 정본 2. 다음 각 목의 어느 하나에 해당하는 종국판결, 소송상 화해 또는 결 　정이 있는 경우에는 그 확정증명원 정본	수수 료 없 음

가. 「임금채권보장법」 제7조제1항제4호가목에 따른 종국판결
나. 「임금채권보장법」 제7조제1항제4호다목에 따른 확정판결과 같은
효력을 가지는 것 중 소송상 화해
다. 「임금채권보장법」 제7조제1항제4호마목에 따른 조정을 갈음하는 결정
3. 체불 임금등·사업주 확인서 사본

처리	선람		결재	담당	차장	부장	본부장 (지사장)
	조회확인						
	지급할 체당금액						
	입력확인						

210mm×297mm[백상지 80g/㎡(재활용품)]

■ 임금채권보장법 시행규칙[별지 제7호의2서식]

체불 임금 등·사업주 확인서 발급신청서

(앞쪽)

접수번호	접수일	처리기간 3일

①신청인	성명	주민등록번호
	주소	(전화번호:) (휴대전화번호:) (전자우편주소:)
	근무기간	
	지급받지 못한 임금등의 총 금액	
②대상 사업주	사업장명	사업자등록번호
	성명	법인인 경우 실제 대표자의 성명
		법인인 경우 명의 대표자의 성명
	소재지	
	사업의 종류	사업기간
③직상 사업주 (대상자 인 경우에만 해당)	사업장명	사업자등록번호
	성명(법인인 경우에는 대표자 성명)	
	소재지	
	사업의 종류	사업기간
신청	④신청내용	
	⑤사용용도	
	신청부수	

「임금채권보장법」 제12조제1항 및 「임금채권보장법 시행규칙」 제9조의2제1항에 따라 체불 임금등 및 체불 사업주의 확인을 신청하오니, 체불 임금등·사업주 확인서를 발급하여 주시기 바랍니다.

20   .   .   .

신청인 :   (인)

○○지방고용노동청(○○지청)장 귀하

210mm×297mm[백상지 80g/㎡(재활용품)]

작성방법

①"신청인"란에는 신청인의 성명 등의 인적사항과 지급받지 못한 임금등을 적습니다. 다만, 대상 사업주가 동일하여 여러 명이 함께 신청하는 경우에는 대표 신청인의 인적사항을 적고, 그 밖의 신청인은 고용노동부장관이 정하는 별도 서식에 따라 해당 인적사항과 지급받지 못한 임금등을 적어 제출합니다.

②"대상 사업주"란에는 대상 사업주의 사업장명 및 소재지 등을 적습니다.

③"직상 사업주"란은 「건설산업기본법」 제2조제7호에 따른 건설업자가 아닌 공사도급의 하수급인에게 고용되었던 경우에만 작성하고, "직상 사업주"는 「건설산업기본법」 제2조제7호에 따른 건설업자가 아닌 해당 사업주(무면허 하수급인)에게 하도급을 주었던 「건설산업기본법」 제2조제7호에 해당하는 건설업자를 말합니다.

④"신청내용"란에는 "○○○○년 ○월 ○일 소(訴)를 제기한 체불임금 진정(고소)사건과 관련된 체불임금 및 체불사업주 내역" 으로 적습니다.

⑤"사용용도"란에는 "법률구조용"으로 적습니다.

처리절차

이 신청서는 아래와 같이 처리됩니다.

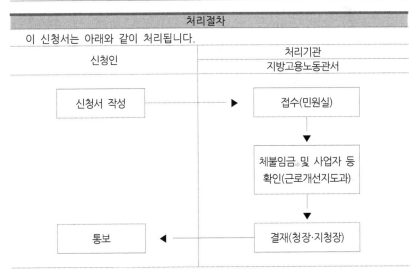

■ 임금채권보장법 시행규칙[별지 제7호의3서식]

체불 임금 등·사업주 확인서

(앞쪽)

①체불 근로자	성명			주민등록번호	
	주소				
	직위			근무기간	
	임금산정기간			정기임금지급일	

②체불 사업주	사업장명			사업자등록번호	
	실제 대표 자	성명 (법인인 경우에는 실제 대표자 성명)		주민등록번호	
	명의 대표 자	성명 (법인인 경우에는 명의 대표자 성명)		주민등록번호	
	주소	실제대표자			
		명의대표자			
	사업장 소재지			상시 근로자수	
	사업의 종류		사업기간		

③적법 한 직상 건설업 자	사업장명			사업자등록번호	
	실제 대표 자	성명 (법인인 경우에는 대표자 성명)		주민등록번호	
	명의 대표 자	성명 (법인인 경우에는 대표자 성명)		주민등록번호	
	주소	실제대표자			
		명의대표자			
	사업장 소재지			상시 근로자수	
	사업의 종류		사업기간		

④체불 임금등 내역 (원)	총 금액	원					
	최우선 변제금	구분	계	임금	퇴직금	휴업수당	재해 보상금
		계					

최종 1개월(1년)분 〈00.00.00 ~ 00. 00. 00〉					
최종 2개월(2년)분 〈00.00.00 ~ 00. 00. 00〉					
최종 3개월(3년)분 〈00.00.00 ~ 00. 00. 00〉					

210mm×297mm[백상지 80g/㎡(재활용품)]
(뒤쪽)

⑤체불 임금등 및 그 밖의 금품등의 상세내역(원)

구분	합계	임금	퇴직금	상여금	휴업수당	미사용 연차수당	그 밖의 금품
계							
0000년 00월 〈00.00.00 ~ 00. 00. 00〉							
0000년 00월 〈00.00.00 ~ 00. 00. 00〉							
0000년 00월 〈00.00.00 ~ 00. 00. 00〉							
0000년 00월 〈00.00.00 ~ 00. 00. 00〉							

확인 근거				
사용 용도 (신청 부수)		확인자	근로감독관 ○○○ (전화번호:)	

첨부 서류	1. 2.	참고	①수사 중　②취하종결 ③기소송치　④불기소송치 ⑤기소중지 송치

　　귀하의 체불 임금등 및 사업주에 관한 증명 신청에 대하여 「임금채권보장법」 제
12조제2항 및 「임금채권보장법 시행규칙」 제9조의2제2항에 따라 위와 같이 확인·
발급합니다.

20　　.　　.　　.

○○지방고용노동청(지청)장　　[직인]

※ 비고

1. 퇴직금에 대한 체불이 있는 경우에는 근로감독관집무규정 별지 제24호서식의 「
평균임금 및 퇴직금 산정서」를 첨부합니다.

2. ④체불 임금등 내역란의 최종 1개월(1년)분, 최종 2개월(2년)분, 최종 3개월(3년)
분은 근로자의 퇴직일을 기준으로 1개월(1년)씩 소급한 기간 동안 체불된 임금과
퇴직금 등의 내역을 적습니다.

3. ⑤체불 임금등 및 그 밖의 금품등의 상세내역란은 근무한 기간을 월별로 구분하
여 아래 예시와 같이 작성합니다.

　　(예시) 임금산정기간이 매월 1일부터 말일까지에 해당하는 근로자가 2015년 5월
16일까지 근무하고 퇴직한 경우, 2015년 5월〈2015년 5월 1일~5월 16
일〉, 2015년 4월〈2015년 4월 1일~4월 30일〉, 2015년 3월〈2015년 3
월 1일~3월 31일〉, 2015년 2월〈2015년 2월 1일~2월 28일〉 등으로
각각 구분하여 해당 기간의 체불 임금 등의 내역을 적습니다.

4. 대상 사업주가 동일하여 여러 명이 함께 확인서 발급을 신청한 경우에는 ①체불
근로자, ④체불 임금등 내역, ⑤체불 임금등 및 그 밖의 금품등의 상세내역란에
는 대표 신청인에 대한 내역을 적고, 그 밖의 신청인에 대해서는 고용노동부장관
이 정하는 별도 서식에 따라 해당 인적사항과 체불 임금등 내역 등을 작성합니
다.

210mm×297mm[백상지 80g/㎡(재활용품)]

■ 건설일용근로자의 퇴직공제금의 계산은 어떻게 하나요?

Q. 저는 건설현장에서 일용근로자로 일하다가 퇴직하였습니다. 퇴직공제금으로 생활을 하고 있는데, 퇴직공제금의 계산은 어떻게 하는 건지 알고 싶습니다.

A. 퇴직공제금은 납부한 공제부금에 이자를 가산하여 지급합니다. 공제부금의 납부 월수는 퇴직공제에 가입한 사업주에 고용되어 근로한 일수(日數)를 기준으로 계산하며, 이자는 납부한 공제부금에 해당 연도의 월 기준이자율을 적용하여 월 단위 복리로 산정합니다.
퇴직공제금은 건설근로자의 고용개선 등에 관한 법률 시행령 제12조에 따라 납부한 공제부금(건설근로자의 고용개선 등에 관한 법률 제7조제2항에 따라 지원된 공제부금을 포함)에 그 이자를 합산한 금액으로 합니다.
퇴직공제금의 계산은 납부한 공제부금 + 이자(월복리)입니다.
「퇴직」이란 개념은 피공제자가 몸담고 일했던 건설업 생활을 청산하고 영원히 떠나게 된 때(사망 포함)를 의미합니다. 공제부금의 납부 월수는 퇴직공제에 가입한 사업주에 고용되어 근로한 일수(日數)를 기준으로 하여 계산합니다. 다만, 피공제자가 둘 이상의 퇴직공제에 가입한 사업주에게 고용되어 근로한 경우에는 각각의 근로일수를 합산한 일수를 기준으로 하여 납부 월수를 계산합니다. 이자는 납부한 공제부금에 해당 연도의 월 기준이자율을 적용하여 월 단위 복리로 산정합니다. 이 경우 이자계산기간은 공제부금의 납부일부터 퇴직공제금의 지급청구일까지로 합니다. 건설근로자 고용개선 등에 관한 법률에 따른 퇴직공제에 가입하여 퇴직공제부금을 납부하였는데, 해당 건설근로자가 해당 사업주와 사실상 계속하여 1년 이상 계속근로를 유지하고 퇴직하는 경우 퇴직공제금 외에 퇴직금도 전액 지급받을 수 있습니다.

■ 건설일용근로자도 연장근로에 대한 가산임금을 받을 수 있나요?

Q. 저는 건설일용근로자로서 공사장에서 하루 평균 10시간씩 일하고 있습니다. 건설일용근로자도 연장근로를 하면 가산임금을 받을 수 있나요?

A. 네. 받을 수 있습니다. 건설일용근로자가 근로기준법이 적용되는 5인 이상 사업장에서 연장근로 또는 야간근로를 한 경우에는 사용자로부터 통상임금의 100분의 50 이상을 가산임금으로 지급받을 수 있습니다. 법정근로시간은 건설일용근로자의 1주일 동안 근로시간은 휴게시간을 제외하고 40시간을 초과할 수 없습니다. 건설일용근로자의 1일 근로시간은 휴게시간을 제외하고 8시간을 초과할 수 없습니다. 건설일용근로자와 사용자가 합의하면 1주일 동안 40시간인 건설일용근로자의 법정근로시간을 초과하여 1주일에 12시간을 한도로 근로시간을 연장할 수 있습니다. 근로기준법이 적용되지 않는 상시 근로자가 4명 이하인 사업장에는 법정근로시간과 연장 근로의 제한 규정이 적용되지 않습니다. 사용자는 건설일용근로자가 연장근로 또는 야간근로(오후 10시부터 오전 6시까지 사이의 근로)를 한 경우 통상임금의 100분의 50 이상을 가산하여 지급해야 합니다. 근로기준법이 적용되지 않는 상시 근로자가 5명 미만인 사업장에는 야간근로에 대한 가산임금 규정이 적용되지 않습니다.

■ 유료직업소개소 이용할 경우 주의할 점은 무엇인가요?

Q. 저는 직업소개소를 통해 건설현장에서 일용근로자로 일하려고 합니다. 유료 직업소개소를 이용할 때 주의해야 할 점은 무엇인가요?

A. 유료직업소개소를 이용하려는 경우에는 먼저 등록된 직업소개소인지 확인하고, 소개요금이 고용노동부에서 고시한 금액을 넘는지 확인해야 합니다.

거짓 구인광고 또는 거짓 구인조건에 의해 피해를 입은 경우에는 시·군·구청 및 지방고용노동관서에 신고할 수 있습니다. 건설일용근로자가 등록되지 않은 유료 직업소개소를 이용하는 경우 선급금 지급을 요구 받거나 최저임금을 보장받지 못하는 사업장을 소개 받는 등 여러 불이익을 당할 수 있으므로 직업소개를 받기 전에 반드시 특별자치도지사·시장·군수 및 구청장에게 등록된 직업소개소인지 확인해야 합니다.

유료직업소개사업 등록을 하고 유료직업소개사업을 하는 자는 구직자로부터 다음의 요금 외의 금품을 받아서는 안 됩니다.

① 고용기간이 3개월 미만인 경우: 고용기간 중 지급하기로 한 임금의 100분의 4 이하

② 고용기간이 3개월 이상인 경우: 3개월간 지급하기로 한 임금의 100분의 4 이하

직업소개사업, 근로자 모집을 하는 자나 이에 종사하는 사람은 거짓 구인광고를 하거나 거짓 구인조건을 제시해서는 안 됩니다. 거짓 구인광고 또는 거짓 구인조건 제시의 범위는 신문·잡지, 그 밖의 간행물, 유선·무선방송, 컴퓨터통신, 간판, 벽보 또는 그 밖의 방법에 의해 광고를 하는 행위 중 다음의 어느 하나에 해당하는 것으로 합니다.

① 구인을 가장하여 물품판매·수강생모집·직업소개·부업알선·자금모금 등을 하는 광고

② 거짓 구인을 목적으로 구인자의 신원(업체명 또는 성명)을 표시하지 않는 광고

③ 구인자가 제시한 직종·고용형태·근로조건 등이 응모할 때의 그것과 현저히 다른 광고

④ 그 밖에 광고의 중요내용이 사실과 다른 광고

고시한 금액을 초과한 소개요금이나 거짓 구인광고로 피해를 입은 경우에는 가까운 시·군·구청 및 지방고용노동관서(고용센터)에 신고할 수 있습니다.

■ 건설일용근로자의 퇴직공제금의 지급 요건과 지급 사유는 무엇인가요?

Q. 저는 건설일용근로자인데, 일을 그만두고 퇴직공제금을 지급받으려고 합니다. 퇴직공제금을 지급받기 위한 요건은 무엇인가요?

A. ① 공제부금의 납부 월수(月數)가 12개월 이상인 경우로서 ② 건설업에서 퇴직·사망한 경우나 60세에 이른 경우에는 피공제자나 그 유족은 퇴직공제금을 지급받을 수 있습니다.

퇴직공제금의 지급 요건은 건설근로자공제회는 ① 공제부금의 납부 월수(月數)가 12개월 이상인 피공제자가 ② 건설업에서 퇴직·사망한 경우나 60세에 이른 경우에는 피공제자나 그 유족에게 퇴직공제금을 지급해야 합니다.

공제부금의 납부 월수는 퇴직공제에 가입한 사업주에 고용되어 근로한 일수(日數)를 기준으로 하여 계산합니다. 다만, 피공제자가 둘 이상의 퇴직공제에 가입한 사업주에게 고용되어 근로한 경우에는 각각의 근로일수를 합산한 일수를 기준으로 하여 납부 월수를 계산합니다. 이 경우 납부 일수 21일분을 1개월로 보아 공제부금의 총 납부 일수를 21로 나누어 산정합니다. 퇴직공제금의 구체적 지급 사유는 다음과 같습니다.

① 피공제자 자신이 독립하여 새로운 사업을 시작한 경우

② 건설업 외의 사업(제조업, 서비스업 등) 에 고용된 경우

③ 기간의 정함이 없는 상용근로자로 고용된 경우

④ 부상 또는 질병으로 건설업에 종사하지 못하게 된 경우

⑤ 피공제자가 사망한 경우

⑥ 피공제자의 연령이 60세에 이른 경우

⑦ 그 밖의 건설업에 종사할 수 없는 사유가 있거나 종사할 의사가 없음을 입증하는 경우

■ 건설현장에서 부상한 경우 요양급여를 받을 수 있나요?

Q. 저는 건설현장에서 일용근로자로 일하고 있는데, 고층으로 벽돌을 나르다가 떨어져 크게 다쳤습니다. 이런 경우에도 요양급여를 받을 수 있나요?

A. 네. 업무상 재해로 인한 상해에 해당하므로 산업재해보험에 따른 요양급여를 지급받을 수 있습니다.

「산업재해보상보험」이란 근로자의 업무상 재해를 신속하고 공정하게 보상하고, 업무상 재해를 당한 근로자의 재활 및 사회 복귀를 촉진하며, 산업재해 예방과 그 밖에 근로자의 복지 증진을 위한 사업 등을 하기 위해 정부가 시행하는 사회보험을 말합니다.

다음의 어느 하나에 해당하는 자가 시공하는 공사는 산업재해보상보험법이 적용됩니다.

① 주택법에 따른 주택건설사업자

② 건설산업기본법에 따른 건설업자

③ 전기공사업법에 따른 공사업자

④ 정보통신공사업법에 따른 정보통신공사업자

⑤ 소방시설공사업법에 따른 소방시설업자

⑥ 문화재수리 등에 관한 법률에 따른 문화재수리업자

업무상 재해를 당한 건설일용근로자는 산업재해보상보험법에서

정한 요건에 따라 요양급여, 휴업급여, 장해급여, 간병급여, 유족급여, 상병보상연금, 장의비, 직업재활급여 등의 보험급여를 받을 수 있습니다.

「업무상 재해」란 업무상의 사유에 따른 근로자의 부상·질병·장해 또는 사망을 말합니다. 요양급여는 근로자가 업무상의 사유로 부상을 당하거나 질병에 걸린 경우(부상 또는 질병이 3일 이내 요양으로 치유되는 경우 제외함)에 그 근로자에게 지급됩니다.

■ 건설일용근로자도 퇴직금과 퇴직공제금을 받을 수 있나요?

Q. 저는 건설현장에서 일용근로자로 일하고 있는데, 앞으로의 노후대책이 걱정됩니다. 건설일용근로자도 퇴직금 등을 받을 수 있나요?

A. 건설일용근로자도 근로자퇴직급여 보장법에 따른 요건을 충족하면 퇴직금을 지급받을 수 있습니다. 그러나 건설일용근로자는 1년 이상 계속 근로하기 어려운 점이 있으므로 퇴직공제금 제도를 이용하여 퇴직 시 건설근로자공제회로부터 퇴직공제금을 지급받을 수도 있습니다. 근로자퇴직급여 보장법 제8조 제1항에서는 사용자는 근로자에게 계속근로기간 1년에 대해 30일분 이상의 평균임금을 퇴직금으로 지급하는 제도를 설정하도록 정하고 있습니다. 「일용근로자」란 1일 단위의 계약으로 채용되고 그 날의 근로가 종료함으로써 근로계약도 종료되어 계속근로가 유지되지 않는 자를 말하나, 일용근로자라도 사용자와의 고용관계가 계속해서 1년 이상 지속되었다면 퇴직금 지급대상이 됩니다. 다만, 건설현장 일용근로자의 경우 건설현장의 특성상 부득이 1년 이상 계속근로가 어려운 점이 있습니다.

「퇴직공제(退職共濟)」란 사업주가 건설근로자를 피공제자로 하여 건설근로자공제회에 공제부금(共濟賦金)을 내고 그 피공제자가 건설업에서 퇴직하는 등의 경우에 건설근로자공제회가 퇴직공제금을 지급하는 것을 말합니다. 건설근로자공제회는 일용근로자가 건설업에서 퇴직 등을 한 경우에는 해당 근로자에게 적립된 공제부금에 소정의 이자를 더하여 퇴직공제금을 지급합니다.

■ 건설현장 일용근로자도 휴일수당을 받을 수 있나요?

Q. 저는 조그마한 건설현장에서 일용근로자도 휴일수당을 받을 수 있나요?

A. 근기법에 따른 휴일은 1주 동안 소정근로일수를 개근한 자에게 주도록 되어 있으므로 근로계약이 1일 단위로 체결되어 1주간의 소정근로일수를 산정할 수 없는 건설일용근로자에게는 사용자는 원칙적으로 유급휴일을 주지 않을 수 있습니다. 그러나 유급휴일은 1주간의 근로로 인해 축적된 근로자의 피로를 풀어주고 건강을 확보하게 하고 여가의 이용을 가능하게 하여 사회적·문화적 생활을 할 수 있도록 하는데 있으므로 건설일용근로자가 실근로일수를 기준으로 1주일에 5일(5명 미만 사업장은 6일) 동안 개근하였으면 유급휴일을 주어야 합니다.

건설일용근로자는 소정근로일수를 산정할 수 없으므로 실근로일수를 기준으로 유급휴일 지급 여부를 판단합니다. 또한 일용근로자의 경우 휴일수당을 포함하여 임금을 지급 받기로 사전에 약정하지 않은 한 휴일수당은 임금과는 별도로 지급되는 것이므로 유급휴일을 준 건설일용근로자에게는 임금과는 별도로 휴일수당을 지급해야 합니다.

■ 시공참여자가 임금을 주지 않고 잠적했는데 구제 받을 수 있나요?

Q. 저는 건설현장에서 원수급인으로부터 하수급을 받은 시공참여자 밑에서 일을 하였는데, 시공참여자가 임금을 주지 않고 도망갔어요. 이 경우 어떻게 구제받을 수 있나요?

A. 시공참여자(십장)로부터 지급받지 못한 임금을 원수급인(직상수급인)에게 청구하면 됩니다. 원수급인이 청구에 응하지 않으면 관할 지방고용노동관서(고용센터)에 진정이나 고소를 하여 구제받을 수 있습니다.

　「직상수급인」이란 건설산업기본법 또는 다른 법률 등에 의해 등록 등을 하고 건설관련업을 하는 자를 말하고, 직상수급인이 건설업자가 아닌 경우에는 그 상위 수급인 중에서 최하위의 건설업자를 직상수급인으로 봅니다.

　건설업에서 사업이 2차례 이상 공사도급이 이루어진 경우에 건설업자가 아닌 하수급인이 그가 사용한 근로자에게 임금(해당 건설공사에서 발생한 임금으로 한정함)을 지급하지 못한 경우에는 그 직상수급인은 하수급인과 연대해서 하수급인이 사용한 근로자의 임금을 지급할 책임을 집니다.

　직상수급인은 하수급인과 연대해서 책임을 지므로 하수급인이 임금체불을 청산한 경우 그 범위 내에서 직상수급인은 연대책임을 면하게 되고, 또한 직상수급인이 연대책임을 이행하면 그 범위 내에서 하수급인은 체불임금 책임을 면하게 됩니다.

　직상수급인이 연대책임을 지지 않는 경우에는 3년 이하의 징역 또는 2천만원 이하의 벌금에 처해집니다.

제5장
외국인근로자

제5장 외국인근로자(外國人勤勞者)

1. 외국인근로자의 정의

「외국인근로자」란 대한민국의 국적을 가지지 않은 자로서 대한민국에 소재하고 있는 사업 또는 사업장에서 임금을 목적으로 근로를 제공하고 있거나 제공하려는 자를 말합니다(외국인근로자의 고용 등에 관한 법률(이하 '외국인근로자법'이라 한다) 제2조 본문). 따라서 대한민국의 국민으로서 외국의 영주권을 취득한 자 또는 영주할 목적으로 외국에 거주하고 있는 자인 '재외국민'(재외동포의 출입국과 법적지위에 관한 법률 제2조 제1호)은 외국인근로자가 아닙니다.

2. 외국인근로자 취업 및 체류자격

외국인이 대한민국에서 취업하려면 출입국관리법에 따라 취업활동을 할 수 있는 체류자격을 받아야 합니다.

외국인의 취업활동은 체류자격에서 정해진 범위에 한정됩니다. 취업활동을 할 수 있는 체류자격을 받지 않은 외국인이 취업을 하면, 3년 이하의 징역 또는 2천만원 이하의 벌금에 처해집니다(출입국관리법 제94조 제8호).

취업활동을 할 수 있는 체류자격을 받지 않은 외국인을 고용하거나 그 고용을 업으로 알선 또는 권유하면, 3년 이하의 징역 또는 2천만원 이하의 벌금에 처해집니다.

3. 취업활동이 가능한 체류자격의 종류

대한민국에서 취업활동이 가능한 외국인의 체류자격은 아래 표와 같습니다. 이 경우 '취업활동'은 해당체류 자격의 범위에 속하는 활동을 말합니다(출입국관리법시행령 23조 및 별표1).

외국인의 체류자격

체류자격 (기 호)	체류자격에 해당하는 사람 또는 활동범위
1. 외교 (A-1)	대한민국정부가 접수한 외국정부의 외교사절단이나 영사기관의 구성원, 조약 또는 국제관행에 따라 외교사절과 동등한 특권과 면제를 받는 사람과 그 가족
2. 공무 (A-2)	대한민국정부가 승인한 외국정부 또는 국제기구의 공무를 수행하는 사람과 그 가족
3. 협정 (A-3)	대한민국정부와의 협정에 따라 외국인등록이 면제되거나 면제할 필요가 있다고 인정되는 사람과 그 가족
4.사증면제 (B-1)	대한민국과 사증면제협정을 체결한 국가의 국민으로서 그 협정에 따른 활동을 하려는 사람
5.관광·통과 (B-2)	관광·통과 등의 목적으로 대한민국에 사증 없이 입국하려는 사람
6.일시취재(C-1)	일시적인 취재 또는 보도활동을 하려는 사람
7. 삭제 <2011.11.1>	
8. 단기방문 (C-3)	시장조사, 업무 연락, 상담, 계약 등의 상용활동과 관광, 통과, 요양, 친지 방문, 친선경기, 각종 행사나 회의 참가 또는 참관, 문화예술, 일반연수, 강습, 종교의식 참석, 학술자료 수집, 그 밖에 이와 유사한 목적으로 90일을 넘지 않는 기간 동안 체류하려는 사람(영리를 목적으로 하는 사람은 제외한다)
9.단기취업 (C-4)	일시 흥행, 광고·패션모델, 강의·강연, 연구, 기술지도 등 수익을 목적으로 단기간 취업활동을 하려는 사람
10.문화예술 (D-1)	수익을 목적으로 하지 않는 학술 또는 예술 관련 활동을 하려는 사람(대한민국의 고유문화 또는 예술에 대하여 전문적인 연구를 하거나 전문가의 지도를 받으려는 사람을 포함한다)

11. 유학 (D-2)	전문대학 이상의 교육기관 또는 학술연구기관에서 정규과정의 교육을 받거나 특정 연구를 하려는 사람
12. 기술연수 (D-3)	법무부장관이 정하는 연수조건을 갖춘 사람으로서 국내의 산업체에서 연수를 받으려는 사람
13. 일반연수 (D-4)	법무부장관이 정하는 요건을 갖춘 교육기관이나 기업체, 단체 등에서 교육 또는 연수를 받거나 연구활동에 종사하려는 사람[연수기관으로부터 체재비를 초과하는 보수(報酬)를 받거나 유학(D-2)·기술연수(D-3) 체류자격에 해당하는 사람은 제외한다]
14. 취재 (D-5)	외국의 신문, 방송, 잡지, 그 밖의 보도기관으로부터 파견 또는 외국 보도기관과의 계약에 따라 국내에 주재하면서 취재 또는 보도활동을 하려는 사람
15. 종교 (D-6)	외국의 종교단체 또는 사회복지단체로부터 파견되어 대한민국에 있는 지부 또는 유관 종교단체에서 종교활동을 하려는 사람과 대한민국 내의 종교단체 또는 사회복지단체의 초청을 받아 사회복지활동을 하려는 사람 및 그 밖에 법무부장관이 인정하는 특정 종교활동 또는 사회복지활동에 종사하려는 사람
16. 주재 (D-7)	가. 외국의 공공기관·단체 또는 회사의 본사, 지사, 그 밖의 사업소 등에서 1년 이상 근무한 사람으로서 대한민국에 있는 그 계열회사, 자회사, 지점 또는 사무소 등에 필수 전문인력으로 파견되어 근무하려는 사람[다만, 기업투자(D-8) 체류자격에 해당하는 사람은 제외하며, 국가기간산업 또는 국책사업에 종사하려는 경우나 그 밖에 법무부장관이 필요하다고 인정하는 경우에는 1년 이상의 근무요건을 적용하지 않는다] 나. 「자본시장과 금융투자업에 관한 법률」 제9조제15항제1호에 따른 상장법인 또는 「공공기관의 운영에 관한 법률」 제4조에 따른 공공기관이 설립한 해외 현지법인이나 해외지점에서 1년 이상 근무한 사람으로서 대한민국에 있는 그 본사나 본점에 파견되어 전문적인 지식·기술 또는 기능을 제공하거나 전수받으려는 사람(다만, 상장법인의 해외 현지법인이나 해외지점 중 본사의 투자금액이 미화 50만 달러 미만인 경우는 제외한다)

17.기업투자 (D-8)	가. 「외국인투자 촉진법」에 따른 외국인투자기업의 경영·관리 또는 생산·기술 분야에 종사하려는 필수전문인력(국내에서 채용하는 사람은 제외한다) 나. 지식재산권을 보유하는 등 우수한 기술력으로 「벤처기업육성에 관한 특별조치법」 제2조의2제1항제2호다목에 따른 벤처기업을 설립한 사람 중 같은 법 제25조에 따라 벤처기업 확인을 받거나 이에 준하는 사람으로서 법무부장관이 인정하는 사람 다. 다음의 어느 하나에 해당하는 사람으로서 지식재산권을 보유하거나 이에 준하는 기술력 등을 가진 사람 중 법무부장관이 인정한 법인 창업자 1) 국내에서 전문학사 이상의 학위를 취득한 사람 2) 외국에서 학사 이상의 학위를 취득한 사람
18.무역경영 (D-9)	대한민국에 회사를 설립하여 경영하거나 무역, 그 밖의 영리사업을 위한 활동을 하려는 사람으로서 필수전문인력에 해당하는 사람[수입기계 등의 설치, 보수, 조선 및 산업설비 제작·감독 등을 위하여 대한민국 내의 공·사 기관에 파견되어 근무하려는 사람을 포함하되, 국내에서 채용하는 사람과 기업투자(D-8) 체류자격에 해당하는 사람은 제외한다]
18의2.구직 (D-10)	가. 교수(E-1)부터 특정활동(E-7)까지의 체류자격[예술흥행(E-6) 체류자격 중 법무부장관이 정하는 공연업소의 종사자는 제외한다]에 해당하는 분야에 취업하기 위하여 연수나 구직활동 등을 하려는 사람으로서 법무부장관이 인정하는 사람 나. 기업투자(D-8) 다목에 해당하는 창업 준비 등을 하려는 사람으로서 법무부장관이 인정하는 사람
19.교 수 (E-1)	「고등교육법」에 따른 자격요건을 갖춘 외국인으로서 전문대학 이상의 교육기관이나 이에 준하는 기관에서 전문분야의 교육 또는 연구·지도 활동에 종사하려는 사람
20.회화지도 (E-2)	법무부장관이 정하는 자격요건을 갖춘 외국인으로서 외국어전문학원, 초등학교 이상의 교육기관 및 부설 어학연구소, 방송사 및 기업체 부설 어학연수원, 그 밖에 이에 준하는 기관 또는 단체에서 외국어 회화

	지도에 종사하려는 사람
21.연 구 (E-3)	대한민국 내 공·사 기관으로부터 초청을 받아 각종 연구소에서 자연과학 분야의 연구 또는 산업상 고도기술의 연구·개발에 종사하려는 사람[교수(E-1) 체류자격에 해당하는 사람은 제외한다]
22.기술지도 (E-4)	자연과학 분야의 전문지식 또는 산업상 특수한 분야에 속하는 기술을 제공하기 위하여 대한민국 내 공·사 기관으로부터 초청을 받아 종사하려는 사람
23.전문직업 (E-5)	대한민국 법률에 따라 자격이 인정된 외국의 변호사, 공인회계사, 의사, 그 밖에 국가공인 자격이 있는 사람으로서 대한민국 법률에 따라 할 수 있도록 되어 있는 법률, 회계, 의료 등의 전문업무에 종사하려는 사람[교수(E-1) 체류자격에 해당하는 사람은 제외한다]
24.예술흥행 (E-6)	수익이 따르는 음악, 미술, 문학 등의 예술활동과 수익을 목적으로 하는 연예, 연주, 연극, 운동경기, 광고·패션 모델, 그 밖에 이에 준하는 활동을 하려는 사람
25.특정활동 (E-7)	대한민국 내의 공·사 기관 등과의 계약에 따라 법무부장관이 특별히 지정하는 활동에 종사하려는 사람
25의2. 삭제 <2007.6.1>	
25의3.비전문취업 (E-9)	「외국인근로자의 고용 등에 관한 법률」에 따른 국내 취업요건을 갖춘 사람(일정 자격이나 경력 등이 필요한 전문직종에 종사하려는 사람은 제외한다)
25의4. 선원취업 (E-10)	다음 각목에 해당하는 사람과 그 사업체에서 6개월 이상 노무를 제공할 것을 조건으로 선원근로계약을 체결한 외국인으로서 「선원법」 제2조제6호에 따른 부원(部員)에 해당하는 사람 　가. 「해운법」 제3조제1호·제2호·제5호 또는 제23조제1호에 따른 사업을 경영하는 사람 　나. 「수산업법」 제8조제1항제1호, 제41조제1항 또는 제57조제1항에 따른 사업을 경영하는 사람 　다. 「크루즈산업의 육성 및 지원에 관한 법률」 제2

	조제7호에 따른 국적 크루즈사업자로서 같은 조 제4호에 따른 국제순항 크루즈선을 이용하여 사 업을 경영하는 사람

26. 방문동거
(F-1)
	가. 친척 방문, 가족 동거, 피부양(被扶養), 가사정리, 그 밖에 이와 유사한 목적으로 체류하려는 사람으로서 법무부장관이 인정하는 사람
	나. 다음 어느 하나에 해당하는 사람의 가사보조인
	  1) 외교(A-1), 공무(A-2) 체류자격에 해당하는 사람
	  2) 미화 50만 달러 이상을 투자한 외국투자가(법인인 경우 그 임직원을 포함한다)로서 기업투자(D-8), 거주(F-2), 영주(F-5), 결혼이민(F-6) 체류자격에 해당하는 사람
	  3) 정보기술(IT), 전자상거래 등 기업정보화(e-business), 생물산업(BT), 나노기술(NT) 분야 등 법무부장관이 정하는 첨단·정보기술 업체에 투자한 외국투자가(법인인 경우 그 임직원을 포함한다)로서 기업투자(D-8), 거주(F-2), 영주(F-5), 결혼이민(F-6) 체류자격에 해당하는 사람
	  4) 취재(D-5), 주재(D-7), 무역경영(D-9), 교수(E-1)부터 특정활동(E-7)까지의 체류자격에 해당하거나 그 체류자격에서 거주(F-2) 바목 또는 영주(F-5) 가목의 체류자격으로 변경한 전문인력으로서 법무부장관이 인정하는 사람
	다. 외교(A-1)부터 협정(A-3)까지의 체류자격에 해당하는 사람과 외국인등록을 마친 사람의 동거인으로서 그 세대에 속하지 않는 사람
	라. 그 밖에 부득이한 사유로 직업활동에 종사하지 않고 대한민국에 장기간 체류하여야 할 사정이 있다고 인정되는 사람

27. 거 주 (F-2)	가. 국민의 미성년 외국인 자녀 또는 영주(F-5) 체류자격을 가지고 있는 사람의 배우자 및 그의 미성년 자녀 나. 국민과 혼인관계(사실상의 혼인관계를 포함한다)에서 출생한 사람으로서 법무부장관이 인정하는 사람 다. 난민의 인정을 받은 사람 라. 「외국인투자 촉진법」에 따른 외국투자가 등으로

다음 어느 하나에 해당하는 사람

1) 미화 50만 달러 이상을 투자한 외국인으로서 기업투자(D-8) 체류자격으로 3년 이상 계속 체류하고 있는 사람

2) 미화 50만 달러 이상을 투자한 외국법인이 「외국인투자 촉진법」에 따른 국내 외국인투자기업에 파견한 임직원으로서 3년 이상 계속 체류하고 있는 사람

3) 미화 30만 달러 이상을 투자한 외국인으로서 2명 이상의 국민을 고용하고 있는 사람

마. 영주(F-5) 체류자격을 상실한 사람 중 국내 생활관계의 권익보호 등을 고려하여 법무부장관이 국내에서 계속 체류하여야 할 필요가 있다고 인정하는 사람(강제퇴거된 사람은 제외한다)

바. 외교(A-1)부터 협정(A-3)까지의 체류자격 외의 체류자격으로 대한민국에 7년 이상 계속 체류하여 생활 근거지가 국내에 있는 사람으로서 법무부장관이 인정하는 사람[다만, 교수(E-1)부터 전문직업(E-5)까지 또는 특정활동(E-7) 체류자격을 가진 사람에 대해서는 최소 체류기간을 5년으로 한다]

사. 비전문취업(E-9), 선원취업(E-10) 또는 방문취업(H-2) 체류자격으로 취업활동을 하고 있는 사람으로서 과거 10년 이내에 법무부장관이 정하는 체류자격으로 4년 이상의 기간 동안 취업활동을 한 사실이 있는 사람 중 다음 요건을 모두 갖춘 사람

1) 법무부장관이 정하는 기술·기능 자격증을 가지고 있거나 일정 금액 이상의 임금을 국내에서 받고 있을 것(기술·기능 자격증의 종류 및 임금의 기준에 관하여는 법무부장관이 관계 중앙행정기관의 장과 협의하여 고시한다)

2) 법무부장관이 정하는 금액 이상의 자산을 가지고 있을 것

3) 대한민국 「민법」에 따른 성년으로서 품행이 단정하고 대한민국에서 거주하는 데에 필요한 기본 소양을 갖추고 있을 것

아. 「국가공무원법」 또는 「지방공무원법」에 따라 공무원으로 임용된 사람으로서 법무부장관이 인정하는

	사람
	자. 나이, 학력, 소득 등이 법무부장관이 정하여 고시하는 기준에 해당하는 사람
	차. 투자지역, 투자대상, 투자금액 등 법무부장관이 정하여 고시하는 기준에 따라 부동산 등 자산에 투자한 사람 또는 법인의 임원, 주주 등으로서 법무부장관이 인정하는 외국인. 이 경우 법인에 대해서는 법무부장관이 투자금액 등을 고려하여 체류자격 부여인원을 정한다.
	카. 자목이나 차목에 해당하는 사람의 배우자 및 자녀(법무부장관이 정하는 요건을 갖춘 자녀만 해당한다)
28.동 반 (F-3)	문화예술(D-1)부터 특정활동(E-7)까지의 체류자격에 해당하는 사람의 배우자 및 미성년 자녀로서 배우자가 없는 사람[기술연수(D-3) 체류자격에 해당하는 사람은 제외한다]
28의2.재외동포 (F-4)	「재외동포의 출입국과 법적 지위에 관한 법률」 제2조제2호에 해당하는 사람(단순 노무행위 등 이 영 제23조제3항 각 호에서 규정한 취업활동에 종사하려는 사람은 제외한다)
28의3.영주 (F-5)	법 제46조제1항 각 호의 강제퇴거 대상이 아닌 사람으로서 다음 각 목의 어느 하나에 해당하는 사람 가. 대한민국 「민법」에 따른 성년이고, 본인 또는 동반가족이 생계를 유지할 능력이 있으며, 품행이 단정하고 대한민국에 계속 거주하는 데에 필요한 기본 소양을 갖추는 등 법무부장관이 정하는 조건을 갖춘 사람으로서, 주재(D-7)부터 특정활동(E-7)까지의 체류자격이나 거주(F-2) 체류자격으로 5년 이상 대한민국에 체류하고 있는 사람 나. 국민 또는 영주(F-5) 체류자격을 가진 사람의 배우자 또는 미성년 자녀로서 대한민국에 2년 이상 체류하고 있는 사람 및 대한민국에서 출생한 것을 이유로 법 제23조에 따라 체류자격 부여 신청을 한 사람으로서 출생 당시 그의 부 또는 모가 영주(F-5) 체류자격으로 대한민국에

체류하고 있는 사람 중 생계유지 능력, 품행, 기본적 소양 등을 고려한 결과 대한민국에 계속 거주할 필요가 있다고 법무부장관이 인정하는 사람

다. 「외국인투자 촉진법」에 따라 미화 50만 달러 이상을 투자한 외국투자가로서 5명 이상의 국민을 고용하고 있는 사람

라. 재외동포(F-4) 체류자격으로 대한민국에 2년 이상 계속 체류하고 있는 사람으로서 생계유지 능력, 품행, 기본적 소양 등을 고려하여 대한민국에 계속 거주할 필요가 있다고 법무부장관이 인정하는 사람

마. 「재외동포의 출입국과 법적 지위에 관한 법률」 제2조제2호의 외국국적 동포로서 「국적법」에 따른 국적 취득 요건을 갖춘 사람

바. 종전 「출입국관리법 시행령」(대통령령 제17579호로 일부개정되어 2002. 4. 18. 공포·시행되기 이전의 것을 말한다) 별표 1 제27호란의 거주(F-2) 체류자격(이에 해당되는 종전의 체류자격을 가진 적이 있는 사람을 포함한다)이 있었던 사람으로서 생계유지 능력, 품행, 기본적 소양 등을 고려하여 대한민국에 계속 거주할 필요가 있다고 법무부장관이 인정하는 사람

사. 다음 각 호의 어느 하나에 해당하는 사람으로서 법무부장관이 인정하는 사람
  1) 국외에서 일정 분야의 박사 학위를 취득한 사람으로서 영주(F-5) 체류자격 신청 시 국내 기업 등에 고용된 사람
  2) 국내 대학원에서 정규과정을 마치고 박사학위를 취득한 사람

아. 법무부장관이 정하는 분야의 학사 학위 이상의 학위증 또는 법무부장관이 정하는 기술자격증이 있는 사람으로서 국내 체류기간이 3년 이상이고, 영주(F-5) 체류자격 신청 시 국내기업에 고용되어 법무부장관이 정하는 금액 이상의 임금을 받는 사람

자. 과학·경영·교육·문화예술·체육 등 특정 분야에서 탁월한 능력이 있는 사람 중 법무부장관이 인정하는 사람

차. 대한민국에 특별한 공로가 있다고 법무부장관이

인정하는 사람

카. 60세 이상으로서 법무부장관이 정하는 금액 이상의 연금을 해외로부터 받고 있는 사람

타. 방문취업(H-2) 체류자격으로 취업활동을 하고 있는 사람으로서 이 표 제27호 거주(F-2)란의 사목 1)부터 3)까지의 요건을 모두 갖추고 있는 사람 중 근속기간이나 취업지역, 산업 분야의 특성, 인력 부족 상황 및 국민의 취업 선호도 등을 고려하여 법무부장관이 인정하는 사람

파. 거주(F-2) 자목에 해당하는 체류자격으로 대한민국에서 3년 이상 체류하고 있는 사람으로서 생계유지 능력, 품행, 기본적 소양 등을 고려하여 대한민국에 계속 거주할 필요가 있다고 법무부장관이 인정하는 사람

하. 거주(F-2) 차목의 체류자격을 받은 후 5년 이상 계속 투자상태를 유지한 사람으로서 생계유지 능력, 품행, 기본 소양 등을 고려하여 대한민국에 계속 거주할 필요가 있다고 법무부장관이 인정하는 사람과 그 배우자 및 자녀(법무부장관이 정하는 요건을 갖춘 자녀만 해당한다)

거. 기업투자(D-8) 다목에 해당하는 체류자격으로 대한민국에 3년 이상 계속 체류하고 있는 사람으로서 투자자로부터 3억원 이상의 투자금을 유치하고 2명 이상의 국민을 고용하는 등 법무부장관이 정하는 요건을 갖춘 사람

너. 5년 이상 투자 상태를 유지할 것을 조건으로 법무부장관이 정하여 고시하는 금액 이상을 투자한 사람으로서 품행 등 법무부장관이 정하는 요건을 갖춘 사람

더. 기업투자(D-8) 가목에 해당하는 체류자격을 가지고「외국인투자촉진법 시행령」제25조제1항제4호에 따른 연구개발시설의 필수전문인력으로 대한민국에 3년 이상 계속 체류하고 있는 사람으로서 법무부장관이 인정하는 사람

28의4.결혼이민 (F-6)	가. 국민의 배우자 나. 국민과 혼인관계(사실상의 혼인관계를 포함한다)에

	서 출생한 자녀를 양육하고 있는 부 또는 모로서 법무부장관이 인정하는 사람 다. 국민인 배우자와 혼인한 상태로 국내에 체류하던 중그 배우자의 사망이나 실종, 그 밖에 자신에게 책임이 없는 사유로 정상적인 혼인관계를 유지할 수 없는 사람으로서 법무부장관이 인정하는 사람
29. 기타 (G-1)	외교(A-1)부터 결혼이민(F-6)까지, 관광취업(H-1) 또는 방문취업(H-2) 체류자격에 해당하지 않는 사람으로서 법무부장관이 인정하는 사람
30.관광취업 (H-1)	대한민국과 "관광취업"에 관한 협정이나 양해각서 등을 체결한 국가의 국민으로서 협정 등의 내용에 따라 관광과 취업활동을 하려는 사람(협정 등의 취지에 반하는 업종이나 국내법에 따라 일정한 자격요건을 갖추어야 하는 직종에 취업하려는 사람은 제외한다)
31.방문취업 (H-2)	가. 체류자격에 해당하는 사람: 「재외동포의 출입국과 법적 지위에 관한 법률」 제2조제2호에 따른 외국국적동포(이하 "외국국적동포"라 한다)에 해당하고, 다음의 어느 하나에 해당하는 만 25세 이상인 사람 중에서 나목의 활동범위 내에서 체류하려는 사람으로서 법무부장관이 인정하는 사람[다만, 재외동포(F-4) 체류자격에 해당하는 사람은 제외한다] 1) 출생 당시에 대한민국 국민이었던 사람으로서 가족관계등록부, 폐쇄등록부 또는 제적부에 등재되어 있는 사람 및 그 직계비속 2) 국내에 주소를 둔 대한민국 국민 또는 영주(F-5) 체류자격 마목에 해당하는 사람인 8촌 이내의 혈족 또는 4촌 이내의 인척으로부터 초청을 받은 사람 3) 「국가유공자 등 예우 및 지원에 관한 법률」 제4조에 따른 국가유공자와 그 유족 등에 해당하거나 「독립유공자예우에 관한 법률」 제4조에 따른 독립유공자와 그 유족 또는 그 가족에 해당하는 사람 4) 대한민국에 특별한 공로가 있거나 대한민국의 국익 증진에 기여한 사람 5) 유학(D-2) 체류자격으로 1학기 이상 재학 중인 사람의 부모 및 배우자 6) 국내 외국인의 체류질서 유지를 위하여 법무부장

관이 정하는 기준 및 절차에 따라 자진하여 출국한 사람

7) 1)부터 6)까지의 규정에 해당하지 않는 사람으로서 법무부장관이 정하여 고시하는 한국말 시험, 추첨 등의 절차에 따라 선정된 사람

나. 활동범위

1) 방문, 친척과의 일시 동거, 관광, 요양, 견학, 친선 경기, 비영리 문화예술활동, 회의 참석, 학술자료 수집, 시장조사·업무연락·계약 등 상업적 용무, 그 밖에 이와 유사한 목적의 활동

2) 한국표준산업분류표에 따른 다음의 산업 분야에서의 활동

가) 작물 재배업(011)

나) 축산업(012)

다) 작물재배 및 축산 관련 서비스업(014)

라) 연근해 어업(03112)

마) 양식 어업(0321)

바) 소금채취업(07220)

사) 제조업(10~33). 다만, 상시 사용하는 근로자 수가 300명 미만이거나 자본금이 80억원 이하인 경우에만 해당한다.

아) 하수, 폐수 및 분뇨 처리업(37)

자) 폐기물 수집운반, 처리 및 원료재생업(38)

차) 건설업(41~42). 다만, 발전소·제철소·석유화학 건설현장의 건설업체 중 건설면허가 산업환경설비인 경우는 제외한다.

카) 산동물 도매업(46205)

타) 기타 산업용 농산물 및 산동물 도매업(46209)

파) 가정용품 도매업(464)

하) 기계장비 및 관련 물품 도매업(465)

거) 재생용 재료 수집 및 판매업(46791)

너) 기타 가정용품 소매업(475)

더) 기타 상품 전문 소매업(478)

러) 무점포 소매업(479)

머) 육상 여객 운송업(492)

버) 냉장 및 냉동 창고업(52102). 다만, 내륙에 위치한 업체에 한정한다.

서) 호텔업(55111). 다만, 「관광진흥법」에 따른 호텔업은 1등급·2등급 및 3등급의 호텔업으로 한정한다.
어) 여관업(55112)
저) 일반 음식점업(5611)
처) 기타 음식점업(5619)
커) 서적, 잡지 및 기타 인쇄물 출판업(581)
터) 음악 및 기타 오디오물 출판업(59201)
퍼) 사업시설 유지관리 서비스업(741)
허) 건축물 일반 청소업(74211)
고) 사업시설 및 산업용품 청소업(74212)
노) 여행사 및 기타 여행보조 서비스업(752)
도) 사회복지 서비스업(87)
로) 자동차 종합 수리업(95211)
모) 자동차 전문 수리업(95212)
보) 모터사이클 수리업(9522)
소) 욕탕업(96121)
오) 산업용 세탁업(96911)
조) 개인 간병인 및 유사 서비스업(96993)
초) 가구 내 고용활동(97)

4. 체류자격별 취업활동의 제한

4-1. 단기취업의 체류자격에 해당하는 경우

① 단기취업(C-4), 교수(E-1), 회화지도(E-2), 연구(E-3), 기술지도(E-4), 전문직업(E-5), 예술흥행(E-6), 특정활동(E-7), 비전문취업(E-9), 선원취업(E-10), 관광취업(H-1) 또는 방문취업(H-2)의 체류자격에 해당하는 경우에 해당 외국인근로자는 지정된 근무처 외에서 근무해서는 안 됩니다(출입국관리법 제18조 제2항).

예외적으로 전문적인 지식·기술 또는 기능을 가진 사람으로서 교수(E-1), 회화지도(E-2), 연구(E-3), 기술지도(E-4), 전문직업(E-5), 예술흥행(E-6), 특정활동(E-7) 자격으로 외국인등록을 하고 체류 중인 사람에 대해서는 위의 지정근무처 근무제한규정이 적용되지 않습니다(출입국관리법 제21조 제3항, 동법 시행령 제26조의2 제1항). 이를 위반하면 1년 이하의 징역 또는 1천만원 이하의 벌금에 처해집니다.

② 해당 외국인근로자가 그 체류자격의 범위에서 근무처를 변경하거나 추가하려면 미리 법무부장관(위임된 경우 출입국관리소장 또는 출입국관리소 출장소장)의 허가를 받아야 합니다(출입국관리법 제21조 제1항).

예외적으로 전문적인 지식·기술 또는 기능을 가진 사람으로 교수(E-1), 회화지도(E-2), 연구(E-3), 기술지도(E-4), 전문직업(E-5), 예술흥행(E-6), 특정활동(E-7) 자격으로 외국인등록을 하고 체류 중인 사람은 근무처를 변경하거나 추가한 날부터 15일 이내에 법무부장관에게 신고하면 됩니다. 이를 위반하면 1년 이하의 징역 또는 1천만원 이하의 벌금에 처해집니다.

③ 누구든지 다른 법률에 의해 고용을 알선하는 경우를 제외하고는 근무처의 변경·추가허가를 받지 않은 해당 외국인근로자를 고용하거나 고용을 알선해서는 안 됩니다(출입국관리법 제21조).

이를 위반하여 근무처의 변경 또는 추가허가를 받지 않은 외국인의 고용을 업으로 알선하면 3년 이하의 징역 또는 2천만원 이하의 벌금에 처해지며, 그 외국인을 고용하면 1년 이하의 징역 또는 1천만원이하의 벌금에 처해집니다(출입국관리법 제95조 제6호).

4-2. 거주의 체류자격에 해당하는 경우

거주(F-2)(라목부터 바목까지는 그 체류자격에 해당하는 분야의 활동을 하려는 경우만을 말함), 재외동포(F-4), 영주(F-5) 또는 결혼이민(F-6) 의 체류자격에 해당하는 경우에 해당 외국인근로자는 취업활동의 제한을 받지 않습니다(출입국관리법 시행령 제23조 제2항부터 제4항까지). 다만, 위 표의 제12호[재외동포(F-4)]의 체류자격에 해당하는 외국인은 다음의 행위를 할 수 없으며, 허용되는 취업활동이라도 국내법령에 따라 일정한 자격이 필요할 경우에는 그 자격을 갖추어야 합니다.

① 단순노무행위 : 단순하고 일상적인 육체노동을 요하는 업무로서 「한국 표준직업분류」에 따른 단순노무직 근로자의 취업분야의 행위.

② 선량한 풍속이나 그 밖의 사회질서에 반하는 행위 : 다음 어느 하나에 해당하는 행위를 말합니다.

가). 복표발행업, 현상업, 회전판돌리기기업, 추첨업 또는 경품업 등의 사행 행위 영업장소 등에 취업하는 행위

나). 유흥주점(식품위생법 제36조제2항 및 동법 시행령 제21조 제8호 라 목)에서 유흥종사자로 근무하는 행위

다). 다음의 어느 하나에 해당하는 풍속영업 중 선량한 풍속에 반하는 영업장소 등에 취업하는 행위
  - 단란주점영업 및 유흥주점영업
  - 숙박업, 이용업 및 목욕장업
  - 비디오물감상실업, 노래연습장업 및 게임제공업·복합유통 게임제공업
  - 무도학원업 및 무도장업
  - 청소년 보호법 제2조 제5호 가목(6)에 따른 청소년 출입·고용금지업소

라) 그 밖에 공공의 이익이나 국내 취업질서 등을 유지하기 위해서 그 취업을 제한할 필요가 있다고 인정되는 행위

재외동포의 취업활동 제한에 관한 구체적 범위는 법무부장관이 재외 동포의 출입국및체류심의조정위원회의 심의·조정을 거쳐 고시됩니다 [출입국관리법 시행규칙 제27조의2 제3항 및 재외동포(F-4)자격의

취업활동 제한범위 고시(법무부 고시 제2015-29호, 2015. 1. 26. 발령, 2015. 2. 1. 시행)].

4-3. 방문취업동포(H-2) 〈건설업종취업등록제〉

2009년 5월부터 방문취업동포 건설업종 취업등록제가 시행됩니다. 이후로 방문취업동포가 건설업에 취업하기 위해서는 건설업 취업등록 신청 및 취업교육 등 절차를 거쳐 반드시 "건설업 취업 인정 증명서"를 발급받아야 하며, 2009년 12월부터는 건설업 취업 인정증명서 없이 건설업에 취업할 수 없습니다. 건설업 취업 인정증명서 없이 건설업에 근무하는 자는 체류기간 연장불허(1회 위반) 및 사증·체류허가 취소(2회 이상 위반) 등 법적 불이익을 받게 됩니다.

5. 외국인근로자 취업절차

5-1. 비전문취업(E-9) 체류자격자 취업절차

비전문취업(E-9) 체류자격을 가진 외국인근로자는 고용노동부장관이 정하는 《외국인근로자 도입계획》상 도입 규모 및 업종에 해당하는 기업 등에 취업할 수 있습니다.
비전문취업(E-9) 체류자격자의 취업절차는 ① 외국인구직자명부 등록, ② 고용지원센터소장의 고용 추천, ③ 근로계약 체결, ④ 사증 발급 신청, ⑤ 입국, ⑥ 외국인 취업교육 이수, ⑦ 근로 시작 등의 순서로 이루어집니다.

5-2. 비전문취업(E-9) 체류자격 외국인근로자의 취업 규모 및 업종

고용노동부는 매년 외국인근로자의 도입 규모 및 업종 등이 포함된 「외국인근로자 도입계획」을 관보, 일간신문 또는 인터넷을 통해 공표하고 있습니다(외국인근로자법 제5조 제1항 및 동법 시행령 제3조).
현재 대한민국과 비전문취업(E-9) 체류자격 외국인근로자의 송출에 관한 양해각서(MOU)를 체결한 국가는 필리핀, 몽골, 스리랑카, 베트

남, 태국, 인도네시아, 우즈베키스탄, 파키스탄, 캄보디아, 중국, 방글라데시, 네팔, 키르기스스탄, 미얀마, 동티모르 15개 국가입니다.

5-2-1. 외국인구직자명부 등록

사용자는 외국인구직자명부에 등록된 외국인근로자 중에서 적격자를 채용하게 되므로, 비전문취업(E-9) 체류자격을 가진 외국인근로자가 대한민국에서 취업하려면 반드시 외국인구직자명부에 등록되어 있어야 합니다(외국인근로자법 제8조 제3항).

외국인구직자명부에 등록되기 위해서는 한국어능력시험 성적, 경력 등 외국인구직자 선발기준에 해당하는 능력을 갖추어야 합니다(외국인근로자법 제7조 제2항).

5-2-2. 사업자의 요청과 고용지원센터소장의 추천

외국인근로자가 취업하기 위해서는 사용자의 고용 요청과 고용지원센터소장의 추천이 있어야 합니다.

사용자가 추천받은 외국인근로자 중에서 적합한 사람을 선정한 경우에는 즉시 고용허가서가 발급됩니다.

5-2-3. 근로계약 체결

① 표준근로계약서

고용지원센터소장의 추천을 받아 대한민국의 사용자에 의해 선정된 외국인근로자는 그 사용자와 근로계약을 체결합니다. 이 때 근로계약은 표준근로계약서를 사용해서 이루어집니다.

근로계약의 체결은 사용자에 의해 한국산업인력공단이 대행할 수 있습니다(외국인근로자법 제9조 제2항).

근로계약을 체결한 외국인근로자는 근로계약서 1부를 받습니다(외국인근로자법 시행령 제16조).

② 근로계약기간

외국인근로자와 사용자는 3년의 기간 내에서 당사자 간 합의에 따라 근로계약을 체결하거나 갱신할 수 있습니다(외국인근로자법 제9조 제3항 및 제18조).

이 경우 근로계약은 외국인근로자가 입국한 날부터 효력이 발생합니다(외국인근로자법 시행령 제17조 제1항). 다만, 취업활동기간 3년이 만료되어 출국하기 전에 사용자가 고용노동부장관에게 재고용허가를 요청한 외국인근로자는 3년의 기간제한(외국인근로자법 제18조)에도 불구하고 1회에 한해서 2년 미만의 범위에서 취업활동기간을 연장 받아, 연장된 취업활동기간의 범위에서 근로계약을 체결할 수 있습니다(외국인근로자법 제18조의2).

사용자가 재고용 허가를 받으려면 취업활동 기간 만료일까지의 근로계약기간이 1개월 이상인 외국인근로자를 대상으로 해당 근로자의 취업활동 기간 만료일의 7일 전까지 다음의 서류를 소재지 관할 직업안정기관의 장에게 제출해야 합니다. 이 경우 고용지원센터에서 행정정보의 공동이용을 통하여 사업자등록증을 확인하며, 신청인은 확인에 동의하지 않으면 사업자등록증 사본을 제출해야 합니다(외국인근로자법 시행규칙 제14조의2 제1항).

가) 취업기간 만료자 취업활동기간 연장신청서
나) 외국인등록증 사본
다) 여권 사본
라) 표준근로계약서 사본

취업활동기간 연장 신청을 받은 소재지관할 직업안정기관의 장은 연장신청서를 검토한 결과 해당요건을 충족하는 경우에는 신청서를 접수한 날부터 7일 이내에 취업기간 만료자 취업활동기간 연장 확인서를 발급합니다(외국인근로자법 시행규칙 제14조의2 제2항).

■ 외국인근로자의 고용 등에 관한 법률 시행규칙 [별지 제12호의3서식]
EPS시스템(www.eps.go.kr)에서도 이용할 수 있습니다

취업기간 만료자 취업활동 기간 연장신청서

※ 뒤쪽의 유의사항 및 작성방법을 읽고 작성하여 주시기 바라며, [ ]에는 해당되는 곳에 √
표를 합니다.
(앞쪽)

접수번호		접수일	처리기간	7일
사업장명		전화번호		
소재지		대표자		
사업의 종류		사업자등록번호(주민등록번호)		

사실관계 기재란	· [ ]외국인근로자 도입 업종에 해당 · [ ]취업기간 만료자 재취업활동 기간 연장 신청일 2개월 전부터 고용허가서 　　　발급일까지 내국인근로자를 고용조정으로 이직시키지 않았음 · [ ]취업기간 만료자 재취업활동 기간 연장 신청일 5개월 전부터 고용허가서 　　　발급일까지 임금체불이 없음 · [ ]고용보험 및 산업재해보상보험 가입 · [ ]이미 고용한 외국인근로자에 대한 출국만기보험등 및 보증보험 가입

취업기간 만료 외국인근로자 인적사항

일련 번호	성명	①외국인 등록번호	국적	여권번호	②체류기간 만료일	외국인근로자 서명 또는 날인

※ 취업기간 만료 외국인근로자가 많은 경우에는 별지에 적을 수 있습니다.

　　우리 사업장에서는 위 취업기간 만료 외국인근로자가 「외국인근로자의 고용 등에 관한 법률
」 제18조의2 및 같은 법 시행규칙 제14조의2에 따라 취업활동 기간을 연장할 수 있도록 신청
합니다.

년　　　월　　　일

신청인 (서명 또는 인)

○○지방고용노동청(○○지청)장 귀하

신청인 제출서류	1. 외국인등록증 사본,　2. 여권 사본,　3. 표준근로계약서 사본	수수료 없음
담당 공무원 확인사항	사업자등록증	

행정정보 공동이용 동의서

　　본인은 이 건 업무처리와 관련하여 담당 공무원이 「전자정부법」제36조제1항에 따른 행정정
보의 공동이용을 통하여 위의 담당 공무원 확인 사항을 확인하는 것에 동의합니다.　*동의
하지 아니하는 경우에는 신청인이 직접 관련 서류를 제출하여야 합니다.

신청인 (서명 또는 인)

210mm×297mm[백상지 80g/㎡(재활용품)]

③ 사증 발급 신청

근로계약을 체결한 외국인근로자는 사용자로부터 사증발급인정서를 송부 받아 대한민국대사관 또는 영사관에 비전문취업(E-9) 체류자격 사증의 발급을 신청합니다(외국인근로자법 제10조, 출입국관리법 제8조 및 동법 시행규칙 제9조). 사용자가 외국인근로자를 대신해서 사증발급인정서를 발급받으면(외국인근로자법 제10조), 그 외국인근로자는 별도의 심사절차 없이 사증을 발급받을 수 있습니다. 국가에 따라 사증발급인정서 대신 사증발급인정번호를 부여하기도 하는데, 사증발급인정번호는 전자사증이 발급되는 국가에서 인정됩니다.

④ 입국

외국인근로자는 유효한 여권과 사증을 가지고 입국해야 합니다. 다만, 대한민국 법무부장관의 재입국허가를 받았거나 재입국허가가 면제된 사람으로서 그 허가 또는 면제받은 기간이 끝나기 전에 입국하는 경우에는 사증 없이도 입국할 수 있습니다(출입국관리법 제7조 제2항 제1호).

⑤ 외국인 취업교육 이수

외국인근로자는 입국한 후 15일 이내에 한국산업인력공단 또는 국제노동협력원에서 실시하는 외국인 취업교육을 받아야 합니다(외국인근로자법 제11조 제1항).

⑤ 건강진단

사용자는 근로자의 건강보호·유지를 위해 고용노동부장관이 지정하는 기관 또는 국민건강보험법에 따라 건강진단을 실시하는 기관(건강진단기관)에서 외국인근로자에 대한 건강진단을 실시해야 하며, 이에 따라 외국인근로자는 통상 외국인 취업교육을 받을 때 건강진단을 함께 받게 됩니다(산업안전보건법 제43조).

건강진단 불합격자는 2차 정밀검사를 실시하게 됩니다. 2차 정밀검사 결과가 확정될 때까지 지방출입국과 협의해서 격리수용 후, 이상이 없을 경우에는 사업장에 정상적으로 배치되나 부적격자로 확정될 경우 출국 조치됩니다.

⑥ 외국인등록

외국인근로자는 입국한 날부터 90일 이내에 그 체류지를 관할하는 지방출입국·외국인관서에 외국인등록을 해야 합니다(출입국관리법 제31조 제1항).

⑦ 근로 시작

외국인 취업교육을 이수한 외국인근로자는 근로계약을 체결한 사업장에 배치되어 근로를 시작하게 됩니다.

⑧ 체류기간 연장허가 신청

근로계약기간을 갱신하는 경우, 즉 1년의 체류기간을 초과해서 계속 체류하려는 경우에는 그 기간이 끝나기 전에 관할 지방출입국·외국인관서에 체류기간 연장허가를 신청해야 합니다(출입국관리법 제25조).

⑨ 국내에 취업 중인 비전문취업 체류자격 외국인근로자가 사업장을 변경해서 취업하려는 경우

외국인근로자가 다음의 어느 하나에 해당하는 경우가 발생해서 그 사업 또는 사업장에서 정상적인 근로관계를 지속하기 곤란한 경우에는 근로계약 종료 후 1개월 이내에 고용지원센터에 다른 사업 또는 사업장으로의 변경을 신청해야 합니다[외국인근로자법 제25조 제1항·제3항, 동법 시행령 제30조 제1항 및 외국인근로자의 책임이 아닌 사업장변경 사유(고용노동부 고시 제2016-4호, 2016. 1. 20. 발령·시행)].

가) 사용자가 정당한 사유로 근로계약기간 중 근로계약을 해지하려거나 근로계약기간이 만료된 후 갱신을 거절하려는 경우

나) 사업 또는 사업장의 휴업, 폐업 등으로 근로를 계속할 수 없게 되었다고 인정되는 경우

다) 사용자의 근로조건 위반 또는 부당한 처우 등으로 근로를 계속할 수 없게 되었다고 인정되는 경우

라) 상해 등으로 외국인근로자가 해당 사업 또는 사업장에서 계속 근무하기는 부적합하나 다른 사업 또는 사업장에서의 근무는 가능하다고 인정되는 경우

■ 외국인근로자의 고용 등에 관한 법률 시행규칙 [별지 제13호서식]
EPS시스템(www.eps.go.kr)에서도 이용할 수 있습니다

사업장 변경신청서

※ 뒤쪽의 제출서류 및 작성방법을 읽고 작성하시기 바라며, [ ]에는 해당되는 곳에 √표를 합니다.

(앞쪽)

접수번호		접수일		처리기간	
①성명(영어)			성별		사 진
국적			외국인등록번호		3cm×4cm
입국일					(모자 벗은
체류자격			체류자격 만료일		상반신으로 뒤 그림 없이 6개월 이내 촬영한 것)

② 연락처	한국 내 주소				
	한국 내 전화번호		전자우편		
	휴대전화번호		③가입 보험 [ ]상해보험 [ ]귀국비용보험		

신체 조건	키	cm	몸무게	kg	근로 능력	팔/손	좌[ ]정상 [ ]기능장애	우[ ]정상 [ ]기능장애
						다리/발	좌[ ]정상 [ ]기능장애	우[ ]정상 [ ]기능장애

언어 능력	한국어	[ ]상 [ ]중 [ ]하	입국 전 한국어 능력시험 점수	점
	영어	[ ]상 [ ]중 [ ]하		

입국 전 이력 및 경력사항	학력 /전공		직업학교 /전공			기능 수준 평가	[ ]실시 [ ]미실시	
	자격	[ ]유 [ ]무	※ 자격면허 자격에 "[√]유" 표시한 경우에만 작성			1		
						2		
	근무 경력	[ ]유 [ ]무	④업종 (분류번호) ※ 근무경력에 "[√]유" 표시한 경우에만 작성	1. ( )	⑤직무내용 (분류번호)	1. ( )	근무 기간	년 개월
				2. ( )		2. ( )	근무 기간	년 개월

입국 후 경력사항	⑥업종 (분류번호)	1. ( )	⑦직무내용 (분류번호)	1. ( )	근무 기간	년 개월
		2. ( )		2. ( )	근무 기간	년 개월
		3. ( )		3. ( )	근무 기간	년 개월

희망 취업조건	우선 순위	⑧희망 업종(분류번호)	⑨희망 직무내용(분류번호)
	1	( )	( )
	2	( )	( )

3		( )	( )
회망 근무지역	1.( )시·도 ( )시·군·구		
	2.( )시·도 ( )시·군·구		[ ]관계 없음
회망 임금 또는 보수의 형태·금액		월 기본급 ( )원 이상	
그 밖의 회망사항(근무 가능 기간 및 시간 등)			

210mm×297mm[백상지 80g/㎡(재활용품)]

(뒤쪽)

사업장 변경신청 사유	[ ]근로계약기간 만료 [ ]근로계약 해지 [ ]휴업·폐업, 고용허가의 취소 또는 고용의 제한 등 고용노동부장관이 고시 한 사유 [ ]상해 등

「외국인근로자의 고용 등에 관한 법률」 제25조제1항 및 같은 법 시행규칙 제16조제1항에 따라 위에 적은 사항은 사실과 다름이 없음을 확인합니다.

년   월   일

신청인   (서명 또는 인)

○○지방고용노동청(○○지청)장 귀하

신청인 제출서류	여권 사본(「출입국관리법」 제88조에 따른 외국인등록 사실증명을 확인 할 수 없는 경우에만 제출합니다)	수수료 없음
담당 공 무원 확인사항	「출입국관리법」 제88조에 따른 외국인등록 사실증명	

행정정보 공동이용 동의서

 본인은 이 건 업무처리와 관련하여 담당 공무원이 「전자정부법」제36조제1항에 따른 행정정보의 공동이용을 통하여 위의 담당 공무원 확인 사항을 확인하는 것에 동의합니다.   *동의하지 아니하는 경우에는 신청인이 직접 관련 서류를 제출하여야 합니다.

신청인   (서명 또는 인)

작성방법

1. 사업장 변경 신청 시 여권 또는 외국인등록증을 제시해 주시기 바랍니다.
2. 사업장 변경 신청 후 사정 변경 등으로 신청내용을 취소하거나 변경하려는 경우에는 즉시 신청기관으로 통지하여 주시기 바랍니다.
3. 사업장 변경신청서상의 해당란이 본인의 구직사항과 관계없는 경우에는 적지 않아도 됩니다.
4. ①란의 영어 성명은 여권 또는 외국인등록증에 적힌 것과 동일하게 적어야 합니다.
5. ②란의 연락처는 취업알선 시 중요한 사항이므로 반드시 연락 가능한 전화번호를 적기 바랍니다.
6. ③란의 가입보험은 신청인이 가입한 보험을 모두 체크합니다.(고용허가제에 의하여 입국한 외국인근로자는 반드시 근로계약 효력 발생일(E-9: 최초 입국일)부터 15일 이내에 상해보험에 가입하고, 3개월 이내에 귀국비용보험 또는 신탁에 가입하여야 합니다.)
7. ④·⑥·⑧란의 업종(분류번호)은 고용센터에 갖추어져 있는 '표준산업분류표(KSIC)'를 참고하여 해당 업종의 중분류(두 자릿수)를 적고 의문사항은 직원에게 문의하시기 바랍니다
8. ⑤·⑦·⑨란의 직무내용(분류번호)은 고용센터에 갖추어져 있는 '고용직업분류표(KECO)'를 참고하여 해당 직무의 소분류(세 자릿수)를 적고 의문사항은 직원에게 문의하시기 바랍니다.
9. 가입신청서 외 각종 양식은 고용센터에 갖추어져 있습니다.

이 신청서는 아래와 같이 처리됩니다.

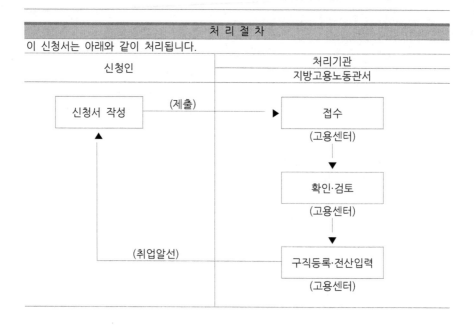

신청인	처리기관 지방고용노동관서

신청서 작성 ──(제출)──▶ 접수 (고용센터)

▼

확인·검토 (고용센터)

▼

(취업알선) ◀── 구직등록·전산입력 (고용센터)

■ 외국인근로자의 고용 등에 관한 법률 시행규칙 [별지 제13호의3서식]
EPS시스템(www.eps.go.kr)에서도 이용할 수 있습니다

사업장 변경 신청기간 연장신청서

※ 뒤쪽의 유의사항, 작성방법을 읽고 작성하여 주시기 바라며, [ ]에는 해당되는 곳에 √표
를 합니다.
(앞쪽)

접수번호	접수일	처리기간

①성명(영어)	성별 [ ]남 [ ]여
국적	외국인등록번호
입국일	
체류자격	체류자격 만료일

	한국 내 주소	
②연락처	한국 내 전화번호	전자우편
	휴대전화번호	가입 보험 [ ]상해보험 [ ]귀국비용보험

연장 사유	[ ]업무상 재해 [ ]임신 [ ]기타(사유:)	[ ]질병 [ ]출산

「외국인근로자의 고용 등에 관한 법률」 제25조제3항 및 같은 법 시행규칙 제16조제2항에
따라 위에 적은 사항은 사실과 다름이 없음을 확인합니다.

년   월   일

신청인   (서명 또는 인)

○○지방고용노동청(○○지청)장 귀하

신청인 제출서류	1. 여권 사본(「출입국관리법」 제88조에 따른 외국인등록 사실증명을 확인할 수 없는 경우에만 제출합니다) 2. 병원 진단서 등 업무상 재해, 질병, 임신, 출산 등의 사유를 증명할 수 있는 서류 또는 그 밖의 경우 연장이 불가피함을 증명할 수 있는 자료	수수료 없음
담당 공무원 확인사항	「출입국관리법」 제88조에 따른 외국인등록 사실증명	

행정정보 공동이용 동의서
본인은 이 건 업무처리와 관련하여 담당 공무원이 「전자정부법」제36조제1항에 따른 행정정보의 공동이용을 통하여 위의 담당 공무원 확인 사항을 확인하는 것에 동의합니다.   *동의하지 아니하는 경우에는 신청인이 직접 관련 서류를 제출하여야 합니다. 신청인   (서명 또는 인)

210mm×297mm[백상지 80g/㎡(재활용품)]

⑩ 근무처 변경허가 신청

외국인근로자는 위와 같은 사유로 새로운 사업장에서 근무하게 되는 경우 고용지원센터에 사업 또는 사업장 변경을 신청하는 것과는 별도로 근로가 시작되기 전 미리 관할 지방출입국·외국인관서에 근무처 변경허가를 신청해야 합니다(출입국관리법 제21조 제1항).

사업 또는 사업장 변경 신청일부터 3개월 이내에 근무처 변경허가를 받지 못하면 강제출국 대상자가 됩니다. 다만, 업무상 재해, 질병, 임신, 출산 등의 사유로 근무처 변경허가를 받을 수 없거나 근무처 변경신청을 할 수 없는 경우에는 그 사유가 없어진 날부터 3개월 이내에 근무처 변경허가를 받거나 1개월 내에 근무처 변경신청을 해야 합니다(외국인근로자법 제25조 제3항).

⑪ 사업 또는 사업장 변경의 제한

외국인근로자의 사업 또는 사업장 변경은 입국한 날부터 3년의 기간 중에는 원칙적으로 3회를 초과할 수 없습니다.

취업활동기간 3년이 만료되어 출국하기 전, 사용자의 재고용허가 요청에 의해 취업활동기간이 연장된 외국인근로자의 경우(외국인근로자법률 제18조의2 제1항), 연장된 기간 중 사업 또는 사업장 변경은 2회를 초과할 수 없습니다(외국인근로자법 제25조 제4항).

휴업, 폐업, 그 밖에 외국인근로자의 책임이 아닌 사유로 그 사업장에서 근로를 계속할 수 없게 되었다고 인정되는 경우는 위의 변경 횟수의 제한을 받지 않습니다.

⑫ 체류지 변경신고

사업장이 변경됨으로써 외국인근로자의 체류지도 함께 변경되는 경우 그 외국인근로자는 새로운 체류지로 전입한 날부터 14일 이내에 새로운 체류지를 관할하는 시장·군수·구청장 또는 지방출입국·외국인관서에 전입신고를 해야 합니다(출입국관리법 제36조 제1항).

5-3. 방문취업(H-2) 체류자격자 취업절차

방문취업(H-2) 체류자격을 가진 외국인근로자는 고용노동부장관이 정하는 《외국인근로자 도입계획》상 도입 규모 및 업종에 해당하는 기업 등에 취업할 수 있습니다.

방문취업(H-2) 체류자격자의 취업절차는 ① 외국인 취업교육 이수, ② 구직 신청, ③ 근로계약 체결, ④ 외국인등록, ⑤ 근로 시작 등의 순서로 이루어집니다.

5-3-1. 근로계약 체결

① 표준계약서의 작성 등

외국인구직자명부에 등록된 외국인근로자 중 대한민국의 사용자에 의해 선정된 외국인근로자는 그 사용자와 근로계약을 체결합니다. 이 때 근로계약은 표준근로계약서를 사용해서 이루어집니다(외국인근로자법 제9조 제1항). 근로계약의 체결은 사용자에 의해 한국산업인력공단이 대행할 수 있습니다 (외국인근로자의 고용 등에 관한 법률 제9조 제2항). 근로계약을 체결한 외국인근로자는 근로계약서 1부를 받습니다(외국인근로자법 시행령 제16조).

표준근로계약서
Standard Labor Contract

아래 당사자는 다음과 같이 근로계약을 체결하고 이를 성실히 이행할 것을 약정한다.
The following parties to the contract agree to fully comply with the terms of the contract stated hereinafter:

사용자 Employer	업체명 Name of the enterprise	전화번호 Phone number
	소재지 Location of the enterprise	
	성명 Name of the employer	사업자등록번호(주민등록번호) Identification number

근로자 Employee	성명 Name of the employee	생년월일 Birthdate
	본국주소 Address(Home Country)	

1. 근로계약 기간	신규 또는 재입국자: (　　) 개월,　사업장변경자:　　년　월　일 ~　년 월　일 - 수습기간: [ ]활용(입국일부터 [ ]1개월 [ ]2개월 [ ]3개월) 　　　　　　[ ]미활용 ※ 신규 또는 재입국자의 근로계약기간은 입국일부터 기산함(다만, 「외국인근로 　　자의 고용 등에 관한 법률」제18조의4에 따라 출국한 날부터 3개월이 지난 　　후 재입국한 경우는 입국하여 근로를 시작한 날부터 기산함).
1. Term of Labor contract	New or Re-entering employee: (　　) month(s) Employee who changed workplace: from (　　　　YY/MM/DD) to (　YY/MM/DD) - Probation period: [ ] Included (for [ ] 1 month　[ ] 2 months　[　] 3 months from entry date), [ ] Not included. ※ For newcomers or re-entering employees, the labor contract will enter 　into effect from the entry date(but, the contract of employees who 　re-enter three months after departing from Korea in accordance with 　Article 18-4 of Act on Foreign Workers` Employment, etc. will enter 　into effect from the first day of work).
2. 근로장소	※ 근로자를 이 계약서에서 정한 장소 외에서 근로하게 해서는 안 됨.
2. Place of employment	※ The undersigned employee is not allowed to work apart from the 　contract enterprise.
3. 업무내용	- 업종: - 사업내용: - 직무내용:
3 Description of work	- Industry: - Business description: - Job description:
4. 근로시간	시　분 ~　시　분 - 1일 평균 시간외 근로시간:　　시간 　(사업장 사정에 따라 변동 가능) - 교대제 ([ ]2조2교대, [ ]3조3교대, [ ]4조3교　　　※　가사사용인, 개인간병인의 　경우에는 기재를 생략할 수 　있음.

	대, [ ]기타)	
4. Working hours	from ( ) to ( ) - average daily over time: hours (changeable depending on the condition of a company) - shift system ([ ]2groups 2shifts, [ ]3groups 3shifts, [ ]4groups 3shifts, [ ]etc.)	※ An employer of workers in domestic help, nursing can omit the working hours.
5. 휴게시간	1일 분	
5. Recess hours	( )minutes per day	

210mm×297mm[백상지(80g/㎡) 또는 중질지(80g/㎡)]

(뒤쪽)

6. 휴일	[ ]일요일 [ ]공휴일([ ]유급 [ ]무급) [ ]매주 토요일 [ ]격주 토요일 [ ]기타( )	
6. Holidays	[ ]Sunday [ ]Legal holiday([ ]Paid [ ]Unpaid) [ ]Every Saturday [ ]Every other Saturday [ ]etc.( )	
7. 임금	1) 월 통상임금 ( )원 - 기본급[월(시간, 일, 주)급] ( )원 - 고정적 수당: (수당: 원), (수당: 원) - 상여금 (원) * 수습기간 중 임금 ( )원 2) 연장, 야간, 휴일근로에 대해서는 수당 지급	
7. Payment	1) Monthly Normal wages ( )won - Basic pay[(Monthly, hourly, daily, weekly) wage] ( )won - Fixed wages: (fixed wages :)won, (fixed wages :)won - Bonus: ( )won * Wage during probationary employment period: ( ) won 2) Additional pay rate applied to overtime, night shift or holiday work.	
8. 임금지급일	매월/매주 ( )일/요일. 다만, 임금 지급일이 공휴일인 경우에는 전날에 지급함.	
8. Payment date	( ) of every month/every week. If the payment date falls on a holiday, the payment will be made on the day before the holiday.	
9. 지급방법	[ ]직접 지급, [ ]통장 입금 ※ 사용자는 근로자 명의로 된 예금통장 및 도장을 관리해서는 안 됨.	
9. Payment methods	[ ]In person, [ ]By direct deposit transfer into the employee's account ※ The employer will not retain the bank book and the seal of the employee.	

10. 숙식제공	1) 숙박시설 제공
	- 숙박시설 제공 여부: [ ]제공 [ ]미제공
	제공 시, 숙박시설의 유형([ ]아파트, [ ]단독주택, [ ]연립·다세대 주택, [ ]아파트 또는 주택에 준하는 시설, [ ]그 밖의 임시 주거시설)
	- 근로자 부담금액: 원
	2) 식사 제공
	- 식사 제공 여부: 제공([ ]조식, [ ]중식, [ ]석식), [ ]미제공
	- 근로자 부담금액: 원
	※ 숙식 제공의 범위와 근로자의 비용 부담 수준은 사업주와 근로자 간 협의(신규 또는 재입국자의 경우 입국 이후)에 따라 별도로 결정
10. Accommo-dations and Meals	1) Provision of accommodation
	- Provision of accommodation: [ ]Provided, [ ]Not provided
	(If provided, type of accommodations: [ ]Apartment, [ ]House, [ ]Multiplex housing unit, [ ]Apartment or House style accommodation, [ ]Other makeshift accommodations)
	- Cost of accommodation paid by employee: won
	2) Provision of meals
	- Provision of meals: [ ]Provided([ ]breakfast, [ ]lunch, [ ]dinner), [ ] Not provided
	- Cost of meals paid by employee: won
	※ Accommodation arrangement and costs, including the amount paid by employee, will be determined by mutual consultation between the employer and employee(Newcomers and re-entering employees will consult with their employers after arrival in Korea).

11. 이 계약에서 정하지 않은 사항은 「근로기준법」에서 정하는 바에 따른다.

 ※ 가사서비스업 및 개인간병인에 종사하는 외국인근로자의 경우 근로시간, 휴일·휴가, 그 밖에 모든 근로조건에 대해 사용자와 자유롭게 계약을 체결하는 것이 가능합니다.

11. Other matters not regulated in this contract will follow provisions of the Labor Standards Act.

 ※ The terms and conditions of the labor contract for employees in domestic help and nursing can be freely decided through the agreement between an employer and an employee.

년   월   일
_____
(YY/MM/DD)

사용자: Employer:	(서명 또는 인) (signature)	
근로자: Employee:	(서명 또는 인) (signature)	

② 근로계약기간

외국인근로자와 사용자는 3년의 기간 내에서 당사자 간 합의에 따라 근로계약을 체결하거나 갱신할 수 있습니다(외국인근로자법 제9조 제3항 및 제12조 제1항, 제18조). 다만, 취업활동기간 3년이 만료되어 출국하기 전에 사용자가 고용노동부장관에게 재고용허가를 요청한 외국인근로자는 3년의 기간제한에도 불구하고 1회에 한해서 2년 미만의 범위에서 취업활동기간을 연장 받아, 연장된 취업활동기간의 범위에서 근로계약을 체결할 수 있습니다(외국인근로자법 제18조의2).

사용자가 재고용 허가를 받으려면 취업활동 기간 만료일까지의 근로계약기간이 1개월 이상인 외국인근로자를 대상으로 해당 근로자의 취업활동 기간 만료일의 7일 전까지 다음의 서류를 소재지 관할 직업안정기관의 장에게 제출해야 합니다. 이 경우 고용지원센터에서 행정정보의 공동이용을 통하여 사업자등록증을 확인하며, 신청인은 확인에 동의하지 않으면 사업자등록증 사본을 제출해야 합니다(외국인근로자법 시행규칙 제14조의2 제1항).

가) 취업기간 만료자 취업활동기간 연장신청서

나) 외국인등록증 사본

다) 여권 사본

라) 표준근로계약서 사본

취업활동기간 연장 신청을 받은 소재지관할 직업안정기관의 장은 연장신청서는 검토한 결과 해당요건을 충족하는 경우에는 신청서를 접수한 날부터 7일 이내에 취업기간 만료자 취업활동기간 연장 확인서를 발급합니다.

③ 근로 시작

사용자와 근로계약을 체결한 외국인근로자는 사업장에 배치되어 근로를 시작하게 됩니다.

④ 취업개시 신고(외국인등록사항 변경신고)

외국인등록을 한 외국인근로자가 최초로 고용되어 근로를 시작하는 경우에는 그 취업시작 사실(외국인등록사항 변경사실)을 근로시작일부터 14일 이내에 그 체류지를 관할하는 지방출입국·외국인관서에 신고해야 합니다(출입국관리법 제35조 및 동법 시행규칙 제49조의2 제3호).

⑤ 체류기간 연장허가 신청

근로계약기간을 갱신하는 등의 이유로 체류기간을 초과해서 계속 체류하려는 경우에는 그 기간이 끝나기 전에 관할 지방출입국·외국인관서에 체류기간 연장허가를 신청해야 합니다(출입국관리법 제25조).

5-3-2.취업 중인 방문취업 체류자격 외국인근로자가 사업장을 변경해서 취업하려는 경우의 절차

① 사업 또는 사업장 변경 신청

외국인근로자가 다음의 어느 하나에 해당하는 경우가 발생해서 그 사업 또는 사업장에서 정상적인 근로관계를 지속하기 곤란한 경우에는 근로계약 종료 후 1개월 이내에 고용지원센터에 다른 사업 또는 사업장으로의 변경을 신청해야 합니다.

가) 사용자가 정당한 사유로 근로계약기간중 근로계약을 해지하려거나 근로계약기간이 만료된 후 갱신을 거절하려는 경우

나) 사업 또는 사업장(이하 "사업장"이라 한다)의 휴업, 폐업 등으로 근로를 계속할 수 없게 되었다고 인정되는 경우

다) 사용자의 근로조건 위반 또는 부당한 처우 등으로 근로를 계속할 수 없게 되었다고 인정되는 경우

라) 상해 등으로 외국인근로자가 해당 사업 또는 사업장에서 계속 근무하기는 부적합하나 다른 사업 또는 사업장에서의 근무는 가능하다고 인정되는 경우

② 근무처 변경신고(외국인등록사항 변경신고)

외국인등록을 한 외국인근로자가 취업 중이던 사업 또는 사업장을 변경하는 경우에는 그 소속 근무처 변경사실(외국인등록사항 변경사실)을 근무처 변경일부터 14일 이내에 그 체류지를 관할하는 지방출입국·외국인관서에 신고해야 합니다(출입국관리법 제35조 및 동법 시행규칙 제49조의2 제4호).

③ 사업 또는 사업장 변경의 제한

외국인근로자의 사업 또는 사업장 변경은 입국한 날부터 3년의 기간(외국인근로자법 제18조) 중에는 원칙적으로 3회를 초과할 수 없습니다. 취업활동기간 3년이 만료되어 출국하기 전, 사용자의 재고용허가 요청에 의해 취업활동기간이 연장된 외국인근로자의 경우, 연장된 기간 중 사업 또는 사업장 변경은 2회를 초과할 수 없습니다. 휴업, 폐업, 그 밖에 외국인근로

자의 책임이 아닌 사유로 그 사업장에서 근로를 계속할 수 없게 되었다고 인정되는 경우는 위의 변경 횟수의 제한을 받지 않습니다.

④ 체류지 변경신고

사업장이 변경됨으로써 외국인근로자의 체류지도 함께 변경되는 경우 그 외국인근로자는 새로운 체류지로 전입한 날부터 14일 이내에 새로운 체류지를 관할하는 시장·군수·구청장 또는 지방출입국·외국인관서에 전입신고를 해야 합니다(출입국관리법 제36조 제1항).

⑤ 그 밖의 절차

사업 또는 사업장의 변경을 신청한 외국인근로자는 다른 사용자와 근로계약을 체결하고 근로를 시작하게 됩니다.

6. 외국인근로자 준수사항

6-1. 보험가입 의무

대한민국에 입국한 외국인근로자는 4대 사회보험(산업재해보상보험·
국민건강보험·고용보험·국민연금보험)과 외국인근로자의 고용 등에
관한 법률의 4대 보험(출국만기보험·임금체불 보증보험·귀국비용보
험·상해보험)의 피보험자 또는 수급권자가 되므로, 일정한 요건에 해
당되면 보험금을 수령할 수 있습니다.

외국인근로자법에서는 외국인근로자의 귀국비용을 충당하고 업무상
재해 이외의 질병·사망 등에 대비하기 위해 외국인근로자가 귀국비
용보험·신탁 및 상해보험에 가입하도록 의무화하고 있습니다.

외국인근로자의 보험가입은 통상 외국인 취업교육을 받을 때 이루어
집니다.

6-2. 귀국비용보험·신탁 가입

귀국비용보험·신탁이란 외국인근로자 체류기간 만료 시 출국을 유도
하여 불법체류를 방지하고 귀국 시 필요한 비용에 충당하기 위해 외
국인근로자가 가입해야 하는 보험 또는 신탁을 말합니다.

① 가입 대상자

　비전문취업(E-9) 또는 방문취업(H-2) 체류자격을 가진 외국인근로자로
서 대한민국에 취업한 자는 모두 귀국비용보험 등의 가입 대상이 됩니
다(외국인근로자법 제15조 제1항).

② 가입 기간

　근로계약의 효력발생일부터 3개월 이내에 귀국비용보험 등에 가입해야
합니다(외국인근로자법 시행령 제22조 제1항).

　근로계약 효력발생일이란 비전문취업(E-9) 외국인근로자는 입국일, 방문취
업(H-2) 외국인근로자는 근로계약서의 근로시작일, 입국한 외국인근로자
로서 사업장 변경을 한 경우에는 근로계약서의 근로시작일을 말합니다.

③ 납입 보험료

외국인근로자는 국가별 납부금액을 일시금 또는 3회 이내로 나누어 납입해야 합니다(외국인근로자법 시행령 제22조 제1항 제1호·제3항 및 외국인 고용 관리시스템).

④ 보험금 지급사유

외국인근로자는 다음의 어느 하나에 해당하는 사유가 발생하면 귀국비용보험 등의 일시금의 지급을 신청할 수 있습니다(외국인근로자법 시행령 제22조 제2항).

가) 체류기간이 만료되어 출국하려는 경우

나) 개인사정으로 체류기간의 만료 전에 출국(일시적 출국은 제외)하려는 경우

다) 사업 또는 사업장에서 이탈하였던 외국인근로자가 자진 출국하려거나 강제퇴거 되는 경우

보험사업자는 귀국비용보험 등의 일시금 신청을 받으면 관할 출입국 관리사무소의 장에게 그 외국인근로자의 출국사실 여부를 확인한 후 귀국비용보험 등의 일시금을 지급해야 합니다(외국인근로자법 시행령 제22조 제1항 제3호).

귀국비용보험 등의 보험금 청구는 지급사유가 발생한 날부터 3년이내에 행사해야 합니다. 3년 이내에 청구하지 않으면 소멸시효가 완성되며, 소멸시효가 완성된 보험금 등은 한국산업인력공단으로 이전됩니다(외국인근로자법 제13조 제4항 및 제15조 제3항).

외국인근로자가 귀국비용보험 등에 가입하지 않으면 500만원 이하의 과태료가 부과됩니다(외국인근로자법 제32조 제1항 제6호).

6-3. 상해보험 가입

상해보험이란 외국인근로자가 업무상 재해 이외의 질병·사망 등에 대비해서 가입해야 하는 보험을 말합니다. 외국인근로자는 사용자의 산업재해보상보험 가입 여부와 관계없이 상해보험을 의무적으로 가입해야 합니다.

상해보험에서는 업무상 재해 이외의 상해 또는 질병사고를 보상하므로 산업재해에 해당될 경우에는 산업재해보상보험에 따라 보상을 받

습니다. 따라서 산업재해로 보상을 받은 후 추가로 상해보험에서 보상받을 수는 없습니다.

① 가입 대상자

비전문취업(E-9) 또는 방문취업(H-2) 체류자격을 가진 외국인근로자로서 대한민국에 취업한 자는 모두 상해보험의 가입 대상이 됩니다(외국인근로자법 제23조 제2항 및 동법 시행령 제28조 제1항).

② 가입 기간

근로계약의 효력발생일부터 15일 이내에 상해보험에 가입해야 합니다. 근로계약 효력발생일이란 비전문취업(E-9) 외국인근로자는 입국일, 방문취업(H-2) 외국인근로자는 근로계약서의 근로시작일, 입국한 외국인근로자로서 사업장 변경을 한 경우에는 근로계약서의 근로시작일을 말합니다.

③ 보험금

납입 보험료는 외국인근로자의 연령, 성별, 보험기간에 따라 다릅니다.

④ 보험금 지급사유

외국인근로자가 사망하거나 질병 등이 발생한 경우 본인 또는 유족이 보험회사에 상해보험의 보험금액을 청구할 수 있습니다.

⑤ 미가입시 처벌

외국인근로자가 상해보험에 가입하지 않으면 500만원 이하의 벌금에 처해집니다.

6-4. 출국만기보험금 및 임금체불 보증보험금의 수령

6-4-1. 출국만기보험·신탁금의 지급 신청

외국인근로자 계속하여 1년 이상을 근무하고 출국(일시적 출국 제외) 또는 사망하거나 체류자격이 변경된 경우 등에는 적립된 금액을 일시금으로 청구할 수 있습니다. 만약, 외국인근로자가 근무기간이 1년 미만인 경우에는 그 일시금을 사용자가 받게 됩니다(외국인근로자법 시행령 제21조 제2항 제2호 단서).

출국만기보험·신탁 일시금은 사용자가 매월 납입한 보험료의 적립금입니다. 다만, 사용자는 외국인근로자의 근로관계가 종료되거나 체류자격이 변경된 경우 출국만기보험 등의 일시금의 금액이 퇴직금의 금액보다 적은 경우에는 그 차액을 외국인근로자에게 지급해야 합니다.

출국만기보험 등의 지급시기는 피보험자 등이 출국한 때부터 14일(체류자격의 변경, 사망 등에 따라 신청하거나 출국일 이후에 신청하는 경우에는 신청일부터 14일) 이내로 합니다(외국인근로자법 제13조 제3항).

출국만기보험 등의 보험금 청구는 지급사유가 발생한 날부터 3년이내에 행사해야 합니다. 3년 이내에 청구하지 않으면 소멸시효가 완성되며, 소멸시효가 완성된 보험금 등은 한국산업인력공단으로 이전됩니다(외국인근로자법 제13조 제4항).

6-4-2. 임금체불 보증보험금의 지급 신청

① 「임금채권보장법」이 적용되지 않거나 ② 상시 300명 미만의 근로자를 사용하는 사업 또는 사업장[방문취업(H-2) 체류자격을 가진 외국인근로자를 고용한 건설업의 경우는 제외]에서 임금체불 사실이 발생한 경우 외국인근로자는 먼저 고용노동부 지방고용노동청 근로감독과 또는 고용지원센터에 임금체불 사실을 신고해야 합니다. 임금체불사실이 확인될 경우 한국산업인력공단에 보험금 신청을 할 수 있습니다.

사용자의 임금체불금액이 보증금액 한도(200만원)를 초과하더라도 그 보증금액 한도 내에서 체불임금을 받을 수 있으며, 나머지 임금체불금액에 대해서는 사용자에게 직접 청구하거나 고용노동부 근로감독과로 문의하면 됩니다.

6-5. 출입국관리법의 준수사항

외국인근로자법에 따라 취업 중인 외국인근로자도 외국인의 입국·체류 및 출국 등에 관한 일반적인 사항을 규율하고 있는 출입국관리법의 적용을 받습니다. 따라서 비전문취업(E-9) 또는 방문취업(H-2) 체류자격 외국인근로자는 근로계약이 갱신되거나 근무지 또는 체류지가 변경된 경우 출입국관리법에 따라 허가를 받거나 신고를 할 의무가 있습니다.

6-6. 외국인등록 등

6-6-1. 외국인등록

외국인근로자는 입국한 날부터 90일 이내에 그 체류지를 관할하는 지방출입국·외국인관서에 외국인등록을 해야 합니다(출입국관리법 제31조 및 동법 시행령 제40조). 이를 위반하면 1년 이하의 징역 또는 1천만원 이하의 벌금에 처해집니다(출입국관리법 제95조 제7호).

6-6-2. 외국인등록사항의 변경

외국인 등록 후 다음의 어느 하나에 해당하는 사항이 변경된 경우 14일 이내에 그 체류지를 관할하는 지방출입국·외국인관서에 신고해야 합니다(출입국관리법 제35조, 동법 시행령 제44조 및 동법 시행규칙 제49조의 2).이를 위반하면 10만원 이상 100만원의 이하의 과태료가 부과됩니다.
① 성명, 성별, 생년월일 및 국적
② 여권의 번호, 발급일자 및 유효기간
③ 방문취업(H-2)의 자격에 해당하는 자로서 개인, 기관, 단체 또는 업체에 최초로 고용된 경우에는 그 취업개시 사실
⑤ 방문취업(H-2)의 자격에 해당하는 자로서 개인, 기관, 단체 또는 업체에 이미 고용되어 있는 경우에는 그 개인, 기관, 단체 또는 업체의 변경(명칭 변경을 포함)

6-6-3. 지문 및 얼굴에 관한 정보의 제공 등

외국인등록을 하여야 하는 사람으로 17세 이상인 사람은 외국인등록을 하는 때에 출입국관리공무원이 지정하는 정보화기기를 통하여 양쪽 모든 손가락의 지문 및 얼굴에 관한 정보를 제공하여야 합니다. 다만, 17세가 되기 전에 외국인등록을 한 사람은 17세가 된 날부터 90일 이내에 지문 및 얼굴에 관한 정보를 제공하여야 합니다(출입국관리법 제38조 제1항 제1호, 동법 시행규칙 제50조 제1호).

지문 및 얼굴에 관한 정보의 제공을 거부하는 외국인에게는 지방출입국장·외국인관서장이 체류기간 연장허가 등 출입국관리법에 따른 허가를 하지 않을 수 있습니다(출입국관리법 제38조 제2항).

6-4. 체류기간 연장허가

6-4-1. 체류기간 연장허가

비전문취업(E-9) 또는 방문취업(H-2) 체류자격 외국인근로자는 3년의 범위에서 체류기간을 부여받습니다. 외국인근로자가 부여받은 체류기간을 초과하여 계속 체류하고자 할 때에는, 그 체류기간이 끝나기 전에 지방출입국·외국인관서의 체류기간 연장허가를 받아야 합니다(출입국관리법 제25조 및 동법 시행령 제31조). 이를 위반하면 3년 이하의 징역 또는 2천만원 이하의 벌금에 처해집니다(출입국관리법 제94조 제3호).

6-4-2. 근무처 변경·추가허가 및 신고 주

① 근무처 변경·추가허가

대한민국에 체류하는 외국인근로자가 그 체류자격의 범위에서 그의 근무처를 변경하거나 추가하려는 경우에는 미리 허가를 받아야 합니다(출입국관리법 제21조 제1항 본문).

근무처 변경·추가허가를 받으려는 사람은 근무처 변경·추가 허가 신청서에 체류자격별 해당서류를 첨부해서 그 체류지를 관할하는 지방출입국·외국인관서에 제출해야 합니다(출입국관리법 시행령 제26조 제1항).

② 근무처 변경·추가 신고

전문적인 지식·기술 또는 기능을 가진 사람으로 다음의 자격요건에 해당하는 사람은 근무처를 변경하거나 추가한 날부터 15일 이내에 법무부장관에게 신고하면 됩니다.

가) 자격요건

- 교수(E-1), 회화지도(E-2), 연구(E-3), 기술지도(E-4), 전문직업(E-5), 예술흥행(E-6), 특정활동(E-7) 자격으로 외국인등록을 하고 체류 중이어야 함
- 변경·추가되는 근무처에서 활동하는데 필요한 자격요건을 구비하고 있어야 함(예: E-2 자격 원어민 영어보조교사가 사설외국어학원에서 활동하려면 대학졸업 및 학사학위 이상의 요건을 갖추어야 함)

나) 적용제외대상

- 예술흥행(E-6) 체류자격자 중 「관광진흥법」에 따른 호텔업시설, 유흥업소 등에서 공연활동에 종사하는 자(E-6-2)

- 특정활동(E-7)자격자 중 고용업체별 허용인원 제한 등이 있어 사전관리가 필요한 다음 직종 종사자: 판매사무원(31215), 주방장 및 조리사(441), 디자이너(285), 호텔접수 사무원(3922), 의료코디네이터(S3922), 해삼양식기술자(63019), 조선용접기능공(7430), 숙련우수인재[제조업 현장관리자(700), 건설업 현장관리자(770), 농축어업 현장관리자(600)]
- 자격요건을 갖추었더라도 본인 귀책사유로 해고 또는 중도 퇴직한 자로서 원 고용주의 이적 동의를 받지 못한 자

근무처의 변경·추가 신고를 하려는 사람은 근무처 변경·추가 신고서에 체류자격별 해당서류(「출입국관리법 시행규칙」 별표 5의2)를 첨부해서 그 체류지를 관할하는 지방출입국·외국인관서에 제출해야 합니다(「출입국관리법 시행령」 제26조의2 제2항).

6-4-3. 체류지 변경신고

외국인 등록을 한 외국인근로자가 그 체류지를 변경하는 경우 새로운 체류지로 전입한 날부터 14일 이내에 새로운 체류지를 관할하는 시장·군수·구청장 또는 지방출입국·외국인관서에 전입신고를 해야 합니다(출입국관리법 제36조 제1항 및 동법 시행령 제45조 제1항). 이를 위반하면 100만원 이하의 벌금에 처해집니다(출입국관리법 제98조 제2호).

6-4-4. 여권과 외국인등록증의 휴대

대한민국에 체류하는 외국인근로자는 항상 여권과 외국인등록증을 지니고 있어야 하며, 출입국관리공무원 또는 권한 있는 공무원이 여권 등의 제시를 요구할 경우에는 요구에 응해야 합니다(출입국관리법 제27조). 이를 위반하면 100만원 이하의 벌금에 처해집니다(출입국관리법 제98조 제1호).

7. 사용자에 대한 과태료 부과

외국인근로자를 사용하는 사업주가 외국인근로자법을 위반하면 다음과 같이 과태료 처분을 받게 됩니다.

과태료의 부과기준

1. 일반기준
   가. 위반행위의 횟수에 따른 과태료 부과기준은 최근 2년간 같은 위반행위로 과태료를 부과 받은 경우에 적용한다. 이 경우 위반행위에 대하여 과태료 부과처분을 한 날과 다시 같은 위반행위를 적발한 날을 각각 기준으로 하여 위반횟수를 계산한다.
   나. 고용노동부장관은 위반행위자가 다음의 어느 하나에 해당하는 경우에는 제2호에 따른 과태료 금액의 2분의 1의 범위에서 그 금액을 감경할 수 있다. 다만, 이 법에 따른 과태료를 체납하고 있는 위반행위자의 경우에는 그러하지 아니하다.
      1) 위반행위자가 「질서위반행위규제법 시행령」 제2조의2제1항 각 호의 어느 하나에 해당하는 경우
      2) 위반행위자가 자연재해·화재 등으로 재산에 현저한 손실이 발생하거나 사업여건의 악화로 사업이 중대한 위기에 처하는 등의 사정이 있는 경우
      3) 위반행위가 사소한 부주의나 오류 등 과실로 인한 것으로 인정되는 경우
      4) 위반행위자가 위법행위로 인한 결과를 시정하거나 해소한 경우
      5) 그 밖에 위반행위의 정도, 위반행위의 동기와 그 결과 등을 고려하여 감경할 필요가 있다고 인정되는 경우

2. 개별기준

위반행위	근거 법조문	과태료 금액(만원)		
		1차 위반	2차 위반	3차 이상 위반
가. 사용자가 법 제9조제1항을 위반하여 근로계약을 체결	법 제32조 제1항제1호	60	120	240

할 때 표준근로계약서를 사용하지 않은 경우				
나. 사용자가 법 제11조제2항을 위반하여 외국인근로자에게 취업교육을 받게 하지 않은 경우	법 제32조 제1항제2호	60	120	240
다. 사용자가 법 제12조제3항에 따른 특례고용가능확인을 받지 않고 같은 조 제1항에 따른 사증을 발급받은 외국인근로자를 고용한 경우	법 제32조 제1항제3호	100	200	400
라. 사용자가 법 제12조제4항을 위반하여 외국인구직자 명부에 등록된 사람 중에서 채용하지 않은 경우 또는 외국인근로자가 근로를 시작한 후 사용자가 직업안정기관의 장에게 신고를 하지 않거나 거짓으로 신고한 경우	법 제32조 제1항제4호	60	120	240
마. 사용자가 법 제13조제1항 후단을 위반하여 출국만기보험등의 매월 보험료 또는 신탁금을 3회 이상 연체한 경우	법 제32조 제1항제5호	80	160	320
바. 외국인근로자가 법 제15조제1항을 위반하여 보험 또는 신탁에 가입하지 않은 경우	법 제32조 제1항제6호	80	160	320
사. 사용자가 법 제17조 제1항을 위반하여 신고를 하지 않거나 거짓으로 신고한 경우	법 제32조 제1항제7호	60	120	240
아. 법 제20조제1항에 따라 외	법 제32조	100	200	400

국인근로자의 고용이 제한된 사용자가 법 제12조제1항에 따른 사증을 발급받은 외국 인근로자를 고용한 경우	제1항제8호				
자. 사용자나 외국인근로자 또 는 외국인근로자 관련 단 체가 법 제26조제1항에 따른 명령을 따르지 않아 보고를 하지 않거나 거짓 으로 보고한 경우	법 제32조 제1항제9호	60	120	240
차. 사용자나 외국인근로자 또 는 외국인근로자 관련 단체 가 법 제26조제1항에 따른 명령을 따르지 않아 관련 서류를 제출하지 않거나 거 짓으로 제출한 경우	법 제32조 제1항제9호	60	120	240
카. 사용자나 외국인근로자 또는 외국인근로자 관련 단체가 법 제26조제1항에 따른 질문 또는 조사·검사를 거부·방해 하거나 기피한 경우	법 제32조 제1항제9호	100	200	400
타. 법 제27조제1항·제2항 또 는 제3항에 따른 수수료 및 필요한 비용 외의 금 품을 받은 경우	법 제32조 제1항제10호	100	200	400

■ 외국인근로자도 국내 노동 관련 법령을 적용받나요?

Q. 저는 외국인을 채용하였는데, 외국인근로자도 대한민국 노동 법령의 적용을 받나요?

A. 외국인근로자는 대한민국에서 근로자로서의 지위를 갖습니다. 따라서 외국인근로자는 노동관계 법령의 적용 대상이 되어 법에 따른 보호를 받을 수 있습니다. 따라서 국내 근로자와 동일하게 근로기준법, 최저임금법, 임금채권보장법 등 노동관계 법령에 의해 노동기본권을 보호받습니다.

■ 재외동포도 국내에 취업할 수 있나요?

Q. 저는 재외동포입니다. 그런데 동생 수술 때문에 돈이 급하게 필요해서 조국에 입국하여 유흥주점에서 일하면 돈을 많이 벌 수 있다던데, 재외동포(F-4) 자격으로 대한민국에 입국한 유흥주점의 종업원으로 일할 수 있나요?

A. 불가능합니다. 재외동포(F-4) 체류자격으로 입국한 경우에는 취업 활동에 제한을 받지 않는 것이 원칙이지만, 유흥주점 등 일정 분야에서는 일할 수 없습니다.

재외동포(F-4) 체류자격으로 근무할 수 없는 분야로는 단순노무 행위로서 즉, 단순하고 일상적인 육체노동을 요하는 업무로서 「한국표준직업분류」에 따른 단순노무직 근로자의 취업분야의 행위와 선량한 풍속이나 그 밖의 사회질서에 반하는 행위를 하는 경우, 그 밖에 공공의 이익이나 국내 취업질서 등의 유지를 위해서 그 취업을 제한할 필요가 있다고 인정되는 행위입니다.

■ 외국인노동자가 임금 체불 등 부당한 처우를 받았을 때 피해구제는 어디에다 하나요?

Q. 외국인노동자가 임금 체불 등 부당한 일을 겪었을 때 그 피해구제는 어떻게 받을 수 있나요?

A. 외국인노동자를 사용하는 업주가 노동관계 법령이 지켜지지 않아 근로자의 권리가 침해된 경우 권리구제절차를 통해 피해근로자는 상담을 받거나 침해된 권리를 회복시킬 수 있습니다. 즉, 외국인노동자는 ① 사업장 내 고충처리기관의 상담, ② 노동부를 통한 진정, ③ 노동위원회를 통한 구제신청, ④ 국가인권위원회를 통한 진정, ⑤ 사법기관에 의한 재판, ⑥ 대한법률구조공단의 지원 등을 이용해서 권리를 구제받을 수 있습니다.

■ 외국인근로자가 비전문취업(E-9) 체류자격자인 경우 취업절차는 어떻게 되나요?

Q. 외국인근로자가 비전문취업(E-9) 체류자격으로 대한민국에서 취업하려면 어떤 절차를 거쳐야 하나요?

A. 외국인근로자가 비전문취업(E-9) 체류자격자의 취업절차는 ① 외국인구직자명부 등록, ② 고용지원센터소장의 고용 추천, ③ 근로계약 체결, ④ 사증 발급 신청, ⑤ 입국, ⑥ 외국인 취업교육 이수, ⑦ 근로 시작 등의 순서로 이루어집니다.

외국인근로자가 비전문취업(E-9) 체류자격으로 대한민국에서 취업하려면 외국인구직자명부에 등록되어 있어야 합니다.

대한민국의 사용자가 고용지원센터의 추천을 받아 선정한 외국인근로자는 표준근로계약서로 근로계약을 체결하고 근로계약서 1부를 받습니다. 근로계약을 체결한 외국인근로자는 사용자로부터 사증발급인정서를 송부 받아 대한민국대사관 또는 영사관에 신청하여 비전문취업(E-9) 체류자격 사증을 발급받습니다. 외국인근로자는 유효한 여권과 사증을 가지고 대한민국에 입국해야 합니다. 외국인근로자는 대한민국에 입국한 후 15일 이내에 외국인 취업교육을 받아야 하며, 일반적으로 외국인 취업교육을 받을 때 건강진단을 함께 받게 됩니다. 외국인 취업교육을 이수한 외국인근로자는 사업장에 배치되어 근로를 시작합니다. 입국한 날부터 90일 이내에 체류지를 관할하는 지방출입국·외국인관서에 외국인등록을 해야 합니다.

■ 외국인근로자가 비전문취업(E-9) 또는 방문취업(H-2) 체류자 격자인 경우 취업기간 및 사업장에 제한이 있나요?

Q. 외국인근로자가 비전문취업(E-9) 또는 방문취업(H-2) 체류 자격을 가진 경우에 취업할 수 있는 기간은 얼마인가요? 취업 할 수 있는 기간 중에 사업장을 변경하는 것이 가능한가요?

A. 비전문취업(E-9) 또는 방문취업(H-2) 체류자격자는 입국한 날부터 3년의 범위 내에서 취업활동을 할 수 있습니다. 또한 취업활동기 간 3년이 만료되어 출국하기 전에 사용자가 노동부장관에게 재고 용 허가를 요청한 외국인근로자는 1회에 한정하여 2년 미만의 범 위에서 취업활동기간을 연장 받을 수 있습니다.

비전문취업(E-9) 체류자격자는 근로계약을 체결한 사업장에서 근 로하는 것이 원칙이지만, 다음과 같은 예외적 사유가 발생한 경우 에는 고용지원센터에 다른 사업 또는 사업장으로의 변경을 신청 할 수 있습니다.

① 사용자가 정당한 사유로 근로계약기간 중 근로계약을 해지하려 거나 근로계약이 만료된 후 갱신을 거절하려는 경우

② 휴업·폐업이나 그 밖에 외국인근로자의 책임이 아닌 사유로 그 사업장에서 근로를 계속할 수 없게 되었다고 인정되는 경우

③ 사용자의 근로조건 위반 또는 부당한 처우 등으로 근로를 계속할 수 없게 되었다고 인정되는 경우

④ 상해 등으로 외국인근로자가 해당 사업 또는 사업장에서 계 속 근무하기는 부적합하나 다른 사업 또는 사업장에서의 근 무는 가능하다고 인정되는 경우

외국인근로자는 아래와 같은 경우에는 고용허가의 취소사유 가 됩니다.

① 사용자가 입국 전에 계약한 임금이나 그 밖의 근로조건을 위반한 경우

② 사용자가 임금체불이나 그 밖의 노동관계법을 위반하는 등의

이유로 근로계약을 유지하기 어렵다고 인정되는 경우

③ 사용자가 거짓이나 그 밖의 부정한 방법으로 고용허가를 받은 경우

외국인근로자가 다음에 해당할 때에는 국내업체에 고용되는데 제한사유가 됩니다.

① 외국인근로자 고용허가서를 발급받지 않고 외국인근로자를 고용한 경우

② 외국인근로자 고용허가가 취소된 경우

③ 외국인근로자의 고용 등에 관한 법률 또는 출입국관리법을 위반해서 처벌을 받은 경우

④ 외국인근로자 고용허가서를 발급받은 날부터 6개월 이내에 내국인근로자를 고용조정으로 이직시킨 경우

⑤ 외국인근로자에 대해 근로계약에 명시된 사업 또는 사업장 외에서 근로를 제공하게 한 경우

⑥ 근로계약이 체결된 이후부터 외국인 취업교육을 마칠 때까지의 기간 동안 경기의 변동, 산업구조의 변화 등에 따른 사업규모의 축소, 사업의 폐업 또는 전환과 같은 불가피한 사유가 없음에도 불구하고 근로계약을 해지한 경우

■ 비전문취업(E-9) 체류자격자의 고용절차는 어떻게 되나요?

Q. 사용자가 국외에 있는 외국인을 비전문취업(E-9) 체류자격으로 고용하려면 어떤 절차를 거쳐야 하나요?

A. 비전문취업(E-9) 체류자격자의 고용절차는 ① 내국인의 구인 신청, ② 고용허가의 신청, ③ 고용허가서의 발급, ④ 근로계약의 체결, ⑤ 사증발급인정서의 신청, ⑥ 외국인 취업교육의 실시, ⑦ 근로 시작 등의 순서로 이루어집니다.

사용자는 우선 고용지원센터에 내국인 구인신청을 해야 하고, 내국인 구인 노력에도 불구하고 원하는 인력을 채용하지 못한 때에는 고용지원센터에 외국인 근로자 고용허가를 신청할 수 있습니다.

사용자가 일정한 요건을 갖춘 경우 고용지원센터로부터 외국인 구직자명부에 등록된 자 중에서 적격자를 추천받으며, 사용자가 추천된 적격자 중에서 채용할 근로자를 선정할 경우 고용지원센터에서 외국인근로자 고용허가서를 발급받습니다.

사용자는 해당 외국인근로자와 표준근로계약서로 근로계약을 체결해야 하며, 근로계약이 체결되면 해당 외국인근로자를 대리해서 법무부장관에게 사증발급인정서를 신청할 수 있습니다. 사용자는 외국인근로자가 입국한 후 외국인 취업교육을 받을 수 있도록 해야 합니다.

■ 방문취업(H-2) 체류자격자의 취업절차는 어떻게 되나요?

Q. 외국인근로자가 방문취업(H-2) 체류자격으로 대한민국에서 취업하려면 어떤 절차를 거쳐야 하나요?

A. 방문취업(H-2) 체류자격자는 취업을 위해 외국인등록을 해야 하며, 절차는 ① 외국인 취업교육 이수, ② 구직 신청, ③ 근로계약 체결, ④ 근로 시작 등의 순서로 이루어집니다.

방문취업(H-2) 사증을 발급받고 입국한 외국인근로자로서 대한민국에서 취업하고자 하는 자는 외국인 취업교육을 받아야 하며, 일반적으로 외국인 취업교육을 받을 때 건강진단을 함께 받게 됩니다.

취업교육을 이수한 외국인근로자는 관할 고용지원센터에 구직신청을 하여 외국인구직자명부에 등록되어야 취업할 수 있습니다. 외국인구직자명부에 등록된 외국인근로자 중 대한민국의 사용자에 의해 선정된 외국인근로자는 표준근로계약서로 근로계약을 체결하고 근로계약서 1부를 받습니다. 근로계약을 체결한 외국인근로자는 사업장에 배치되어 근로를 시작합니다.

외국인근로자는 입국한 날부터 90일 이내에 체류지를 관할하는 지방출입국·외국인관서에 외국인등록을 해야 합니다. 외국인등록을 한 외국인근로자가 최초로 고용되어 근로를 시작하는 경우에는 그 취업시작 사실을 근로시작일부터 14일 이내에 체류지를 관할하는 지방출입국·외국인관서에 신고해야 합니다.

■ 불법체류자는 산재법에 정한 요양급여를 받을 수 없나요?

Q. 저는 불법체류인 상태로 공장에서 근무하다가 다쳤는데 회사에서 병원비를 줄 수 없다고 합니다. 산업재해보상보험법의 요양급여를 받을 수 있나요?

A. 불법체류 외국인근로자도 근로를 제공하는 한 근로자로 보아야 하므로 산업재해보상보험법에 따른 요양급여를 받을 수 있습니다. 판례(대법원 1995.9.15. 선고 94누12067 판결)는 "외국인이 취업자격이 아닌 산업연수 체류자격으로 입국하여 구 산업재해보상보험법(1994.12. 22. 법률 제4826호로 전문 개정되기 전의 것)의 적용대상이 되는 사업장인 회사와 고용계약을 체결하고 근로를 제공하다가 작업 도중 부상을 입었을 경우, 비록 그 외국인이 구 출입국관리법상의 취업자격을 갖고 있지 않았다 하더라도 그 고용계약이 당연히 무효라고 할 수 없고, 위 부상 당시 그 외국인은 사용 종속관계에서 근로를 제공하고 임금을 받아 온 자로서 근로기준법 소정의 근로자였다 할 것이므로 구 산업재해보상보험법상의 요양급여를 받을 수 있는 대상에 해당한다."고 하여 불법체류 근로자자도 근로를 제공하는 한 근로자로 인정하고 있습니다.

■ 외국인의 체류자격은 어떻게 되나요?

Q. 대한민국에서 취업활동이 가능한 외국인의 체류자격은 어떻게 되나요?

A. 대한민국에서 취업활동을 할 수 있는 체류자격에는 단기취업(C-4), 교수(E-1), 회화지도(E-2), 연구(E-3), 기술지도(E-4), 전문직업(E-5), 예술흥행(E-6), 특정활동(E-7), 비전문취업(E-9), 선원취업(E-10), 관광취업(H-1), 방문취업(H-2), 거주(F-2), 재외동포(F-4), 영주(F-5), 결혼이민(F-6)이 있습니다.

그러나 그 외의 외국인근로자는 지정된 근무처에서만 근무해야 하며, 그 체류자격의 범위 내에서 근무처를 변경하거나 추가하려면 미리 법무부장관의 허가를 받아야 합니다.

지정근무처 근무제한규정의 예외인 경우로서는 재외동포(F-4), 영주(F-5) 또는 결혼이민(F-6)의 체류자격을 가진 사람 외에 전문적인 지식·기술 또는 기능을 가진 사람으로서 교수(E-1), 회화지도(E-2), 연구(E-3), 기술지도(E-4), 전문직업(E-5), 예술흥행(E-6), 특정활동(E-7) 자격으로 외국인등록을 하고 체류 중인 사람에 대해서는 위의 지정근무처 근무제한규정이 적용되지 않습니다.

■ 3개월짜리 관광비자로 회화학원에 근무할 수 있나요?

Q. 저는 3개월짜리 관광비자를 받았어요. 1개월은 대한민국을 여행하고 남은 2개월 동안 회화학원에서 일하려는데 별 문제가 없을까요?

A. 외국인이 대한민국에서 취업하려면 「출입국관리법」에 따라 취업활동을 할 수 있는 체류자격(VISA)을 받아야 합니다. 따라서 관광비자로 대한민국에 머물고 있는 경우에는 종류여하를 불문하고 근로행위를 할 수 없습니다.

회화학원에 취업하려면 이에 해당하는 체류자격인 회화지도(E-2)비자를 미리 받아 입국하거나, 관광비자(B-2 또는 C-3)로 입국했다면 국내에서 회화지도 비자로 체류자격을 변경해야 합니다.

취업활동을 할 수 있는 체류자격을 받지 않은 외국인이 취업을 하면, 3년 이하의 징역 또는 2천만원 이하의 벌금에 처해집니다. 또한, 취업활동을 할 수 있 는 체류자격을 받지 않은 외국인을 고용하거나 그 고용을 업으로 알선 또는 권유하면, 3년 이하의 징역 또는 2천만원 이하의 벌금에 처해집니다.

■ 사용자가 방문취업(H-2) 체류자격자를 고용하려면 어떤 절차를 거쳐야 하나요?

Q. 사용자가 방문취업(H-2) 체류자격을 가진 외국국적동포를 고용하려면 어떤 절차를 거쳐야 하나요?

A. 방문취업(H-2) 체류자격자의 고용절차는 ① 내국인의 구인 신청, ② 특례고용가능확인의 신청, ③ 특례고용가능확인서의 발급, ④ 근로계약의 체결, ⑤ 근로개시의 신고 등의 순서로 이루어집니다. 사용자는 우선 고용지원센터에 내국인 구인신청을 해야 하고, 내국인 구인 노력에도 불구하고 원하는 인력을 채용하지 못한 때에는 고용지원센터에 특례고용가능확인서의 발급을 신청할 수 있습니다. 사용자가 일정한 요건을 갖춘 경우 특례고용가능확인서를 발급받으며, 이후 방문취업(H-2) 사증을 발급받아 입국한 외국국적동포로서 외국인구직자명부에 등록된 자 중에서 적격자를 채용할 수 있습니다. 특례고용가능확인제도란 「재외동포의 출입국과 법적지위에 관한 법률」의 실질적 적용에서 상대적으로 소외받아 온 중국 및 구소련동포 등에 대한 차별 해소 및 포용정책의 일환으로 도입된 고용허가제의 특례제도입니다. 만 25세 이상의 중국 및 구소련지역 등의 거주동포에 대해 방문취업(H-2) 사증(5년 유효 복수사증)을 발급해서 동포들의 입국을 확대하고, 사용자의 경우 한 번 특례고용가능확인서를 발급받으면 3년 동안 허용인원의 범위에서 방문취업(H-2) 체류자격으로 입국한 외국인근로자를 자유롭게 고용할 수 있도록 함으로써 비전문취업(E-9) 외국인근로자의 고용절차에 비해 그 고용과 취업절차를 간편하게 하고 있습니다.

제 2 편

노동용어해설

노 동 법 개 요

　자본주의사회에서는 노동력을 제공하는 근로자가 이를 제공받는 사용자에 대하여 항상 불리한 지위에 있게 된다. 근로자는 사용자보다 사회.경제적으로 힘이 약하고 육체와 결부되어 있는 노동력이라는 상품의 특수성으로 말미암아 사용자에게 종속될 수 밖에 없기 때문이다. 물론, 형식적으로 근로자는 법률상 사용자와 대등한 지위에 있다. 그러나, 근로자는 실질적으로 사용자가 정한 조건에 따라 채용되고 노동력을 제공하는 과정에서 사용자의 기업조직에 편입되어 일정한 직장규율에 따라 정해진 시간과 장소에서 사용자에게 구속되며 심지어는 근로자가 아무리 열심히 일을 할지라도 근로자의 생존권이 위협받을 염려마저 있게 된다. 노동법은 이와 같은 종속노동관계를 법으로 정하여 근로자의 생존권을 보장하기 위하여 마련된 법이다.

　노동법은 종속노동관계에 관한 법이지만 실제로 그 법률은 여러 가지 복잡한 형식을 갖는다. 어느 나라에서나 노동법이 하나의 法典(법전)으로 일목요연하게 구성되지 못하고 여러 개의 법률을 한데 모아 노동법이라고 파악하고 있다.

　서구 선진국의 경우 노동자보호에 관한 공장법으로부터 출발하여 노동조합및노동관계조정법〔노동조합법, 노동쟁의조정법〕등이 차례로 제정되어 20세기 초 비로소 여러 법규를 통틀어 노동법이라고 부르는 독립된 法域(법역)이 성립되었다.

　그러나 20세기 초 바이마르 헌법을 효시로 하는 복지국가헌법에서는 이와는 다르다. 미리 헌법에 노동법의 이념으로써 근로자의 생존권 내지 기본적 생활의 보장을 천명하고 이를 실현하기 위해 노동법을 체계화하고 있다. 다만 이러한 체계는 노동법의 보호대상인 근로자의 수를 기준으로 개별노동관계법과 집단노동관계법으로 나누어 그 대상과 성격을 달리 파악하고 있다. 개별노동관계에서는 개별노동자보호를, 집단노동관계에서는 당사자 자치보장을 그 주된 내용으로 하고 있다. 우리나라 헌법도 건국헌법 이후 이러한 현대헌법의 경향에 따르고 있다. 1987년 헌법에서도 제32조에서 개별노동관계에 대한 국가의 보호, 제33조에서 집단노동관계에 대한 당사자 자치의 노동기본권을 보장하고 있다. 한편 개별적인 근로자의 취업과 노동조건을 보호하기 위한 개별노동관계법으로서 근로기준법이, 노동조합을 비롯한 기타의 근로자단체와 사용자 또는 사용자단체 사이의 단체적 노동관계에 관한 법으로서 노동조합 및 노동관계조정법, 근로자참여 및 협력증진에 관한 법률, 노동위원회법 등으로 구체화되어 있다.

노 동 법

노동법(勞動法)
영 ; labour law
불 ; droit ouvrier

勞動法(노동법)은 일반적으로 從屬勞動關係(종속노동관계)에 관한 법이라고 말한다. 종속노동관계는 다른 사람의 지휘 명령 아래 노무를 제공하는 관계를 말한다. 자본주의 사회에서 근로자는 노동력이라는 상품을 사용자에게 제공하고 그 대가로 임금을 받아 생활하고 있다. 그리고 노동력이라는 상품은 시민법의 일반원칙인 契約自由의 原則(계약자유의 원칙) 아래 노사간 자유롭고 평등한 지위에서 제값을 받고 거래될 것을 기대하고 있다.

그러나 현실은 근로자가 사회경제적으로 열등한 지위에 있고 노동력이라는 상품의 특수성으로 항시 사용자가 일방적으로 정한 불리한 조건에 따라 노동계약이 이루어짐으로써 근로자는 사용자에게 얽매이게 된다. 또 근로자가 사용자에게 노동력을 제공함에 있어서는 근로자가 사용자의 기업조직에 편입되어 일정한 직장규율에 따라 근로의 시간 장소 및 방법 등에서 사용자의 지휘와 감독을 받게 된다. 이러한 사용자의 지휘 명령 아래 노무를 제공하는 관계를 종속노동관계라고 말하며 이에 관한 법을 노동법이라고 말한다.

종속노동관계(從屬勞動關係)

從屬勞動關係(종속노동관계)란 다른 사람의 지휘·명령 아래 노무를 제공하는 관계를 말한다. 흔히 이에 관한 법을 노동법이라고 말한다. 근로자는 사용자에게 노무를 제공하고 그 대가로 임금을 받아 생활을 유지하고 있다. 이러한 노사간의 노동관계를 종래 市民法(시민법)에서 債權關係(채권관계)로 보아 노사 당사자의 자유롭고 평등한 합의, 이른바 계약을 통하여 원만히 공정하게 이루어 질 것을 기대하여 왔다. 그러나 노사간 경제적인 힘의 불균형과 근로의 특수성은 勤勞關係(근로관계)에서 自由(자유) . 平等(평등)을 구현할 수 없고, 契約自由(계약자유)의 원칙은 완전히 허구화 되었다. 이에 따라 근로자는 사용자가 일방적으로 정한 조건에 따라 사용자의 지휘 명령 아래 노무를 제공하는 관계로 전락하였다. 이러한 근로관계를 노동법에서는 종속노동관계라고 보고 그에 관한 법을 노동법이라고 부른다.

종속노동관계에서 근로자는 사용자의 지휘 명령에 따르지만 어떻게 그 지휘 명령을 받게 되는가에 관하여는 종래 종속노동의 본질과 관련하여 적지 않게 논의되어 왔다. 독일 바이마르 공화국 이후 등장한 經濟的 從屬說(경제적 종속설), 人格的(法的) 從屬說(인격적(법적) 종속설), 組織的 從屬說(조직적 종속설) 등이 바로 그것이다. 경제적 종속설에 따르면 근로자가 사용자에게 경제적으로 종속되어 있는 사실에 종속노동의 본질을 찾는다. 근로자는 사용자에게 노동력을 파는 것 이외에 생활수단을 갖지 못하고, 또 경제적으로 열악한 지위에서 사용자가 일방적으로 정한 조건에 따라 근로계약을 체결함으로써 사용자의 지배에 따른다고 본다. 법률적 종속설에 따르면 근로자에 주어진 사회 경제적 지위와는 관계 없이 근로관계의 계기가 되는 노동계약의 내용에서 종속성의 본질을 찾는다. 다만, 이 입장에서는 ① 근로계약의 체결로 자기의 노동력에 대한 처분권한을 사용자에게 양도한 근로자는 그 노동력의 처분과정에서 사용자의 인격에 대한 지배를 받게 된다는 人格的 從屬說인(격적 종속설), ② 근로자는 근로계약의 내용에 따라 사용자의 지시를 받는 타인결정의 근로에 종속성을 구하는 他人決定勞動說(타인결정노동설), ③ 법률에 의한 권력관계에 따른 사용자의 노동력에 대한 관리권과 처분권에서 종속성을 찾는 權力的 從屬說(권력적 종속설), ④ 근로자는 노동계약의 체결로 經營組織體(경영조직체)에 편입되어 그 조직체에 대한 사용자의 지배에 종속성을 찾는 經營組織編入說(경영조직편입설) 등이 있다.

그러나 경제적 종속설이나 법률적 종속설은 서로 분리되는 별개의 이론이 아니다. 서로 유기적인 연관성을 갖는다. 경제적 종속설은 법률적 종속설을 가져오는 계기이며 경제적 종속설을 전제로 법률적 종속설이 전개된다. 이 점에서 오늘날 다수설은 양측면을 복합적으로 모아 從屬勞動關係(종속노동관계)를 해명하고 있다. 근로자의 열악한 사회 경제적 지위는 勞動契約(노동계약)을 매개로 노동력을 팔지 않을 수 없고, 또 그 계약체결시 실질적인 부자유 불평등을 감수하지 않을 수 없으며(경제적 종속설), 일단 취업후는 근로과정에서 근로계약에 따라 사용자의 지휘 명령에 따를 수 밖에 없다(법률적 종속설).

종속노동이론에 대한 비판론
(從屬勞動理論에 대한 批判論)

우리나라에서는 노동법을 從屬勞動關係(종속노동관계)에 관한 법으로 보는 것이 다수설의 입장이다. 노사관계에서 노사간의 실질적불평등에 착안하여 민법상 고용계약에 따른 형식적 불평등을 극복하려는 데서 노동법의 존재의의를 찾는다. 따라서 노동법의 독자성을 구하는 근거로 종속노동이론을 내세운다. 또, 실정법의 해석과 적용에서 이론적으로 법의 범위를 확정하고 근로계약을 전제로 통일된 근로자의 개념을 정립하는 데 있어서도 종속노동관계를 그 근간으로 한다.

그러나 오늘날 노동법을 종속노동관계로 피악하는데 대한 비판도 적지 않다. 그 근거로 ① 종속노동의 의미 . 내용에 수없는 학설 대립이 있어 그 개념자체가 애매하고, ② 종속노동도 다른 근로와 구별할 수 있는 엄격한 구별수단이 없으며, ③ 종속노동을 노동법으로 볼 경우 근로계약에 따른 종속 이전의 취업이나 실업을 배제하여 노동법의 범위를 좁게 제한할 우려가 있고, ④ 종속노동은 근로계약의 내용을 나타내는데 지나지 않는 생활사실을 설명하는 것으로 이를 법적개념으로 드는 것은 정책적 원리와 법의 원리를 혼돈하고 있으며, ⑤ 노동법의 고유의 대상인 勞動爭議(노동쟁의) 또는 團體協約(단체협약)의 현상에는 종속성이 없고, ⑥ 노동법 형성의 계기에 지나지 않는 종속성을 노동법의 개념으로 내세우는 것은 종속성의 배제를 목적으로 하는"있어야 할"근로관계를 확보하려는 노동법의 개념으로는 타당치 않다는 것 등을 든다.

물론 종속노동은 근로계약의 내용이며 법외적 사실도 나타남은 부인할 수 없다. 또 노동쟁의나 단체협약에서는 종속성이 희박하고, 노동법은 종속성의 배제를 목적으로 하는 법이며 종속성을 유지하기 위한 법은 아니다. 그러나 종속성이 법외적 사실이라고 하더라도 종래 市民法(시민법)에서 규제 할 수 없었던 생활관계로서 종속된 노동관계가 등장한 이상 법외적 사실과 결부된 생활관계를 노동법으로 보는 경우 반드시 법외적 사실이라는 것만으로 큰 오류라고 볼 수 없다. 또 종속노동관계를 규율한다고 종속노동관계를 합리화하는 것도 아니다. 특히 같은 근로이지만 都給(도급) . 雇用(고용) . 開業醫(개업의)와 같은 자유업자의 근로와 구별하는 지표로서 종속성을 들어야 한다면 노동법의 개념으로 종속노동관계를 들어도 무방하다고 본다. 또 노동법을"生存權確保(생존권확보)"나"社會的 勢力關係(사회적 세력 관계)"로 파악하더라도 종속노동관계에서 나타나는 특성을 무시할 수 없다고 본다면 노동법의 개념으로 종속노동관계를 드는 것이 타당하다고 본다.

노동법의 체계(勞動法의 體系)

勞動法(노동법)은 從屬勞動關係(종속노동관계)에 관한 법이지만 실제 그 법률은 여러 가지 복잡한 형식을 갖는다. 어느 나라나 노동법이 하나의 법전으로 일목요연하게 이루어지지 못하고 있다. 선진국의 경우, 근로자보호에 관한 工場法(공장법;1802)으로부터 시작하여 노동조합및노동관계조정법(노동조합법, 노동쟁의조정법)등이 차례로 제정되어 20세기 초에 이르러 여러 법규를 통털어 노동법이라고 부르는 독립된 법역이 성립되었다.

노동법은 크게 個別勞動關係法(개별노동관계법)과 集團勞動關係法(집단노동관계법)으로 나뉘어진다. 개별노동관계법에는 취업보장에 관한 법률로 職業安定法(직업안정법), 職業訓鍊基本法(직업훈련기본법), 男女雇傭平等法(남녀고용평등법) 등이 있고, 근로조건의 보호에 관한 勤勞基準法(근로기준법), 最低賃金法(최저임금법), 産業安全保健法(산업안전보건법) 및 船員法(선원법) 등이 있으며 社會保障(사회보장)에 관한 법률로 産業災害補償保險法(산업재해보상보험법)과 의료보험법등이 있다. 집단노동 관계법에는 勞動組合(노동조합)의 조직과 운영 및 활동 그리고 勞動爭議行爲(노동쟁의행위)의 보장과 제한 및 조정에 관한 노동조합및노동관계조정법, 勞動委員會(노동위원회)의 구성과 운영 및 권한에 관한 노동위원회법 및 勞使協議會(노사협의회)의 구성과 운영 및 협의사항에 관한 근로자참여및협력증진에관한법률 등이 있다.

노동기본권(勞動基本權)

勞動基本權(노동기본권)은 근로자의 생존권 확보를 위하여 헌법이 보장하고 있는 근로권(憲 §32①) 및 단결권 · 단체교섭권(쟁의권 憲§33①)을 포함하는 일체의 권리를 말한다. 이러한 권리는 보장의 방법에 따라서 그 성격을 달리한다. 헌법상의 근로권은 국민이 근로의 권리를 갖는다고 하는 취지의 선언적 규정에 불과한 것이며, 법률적으로는 정치적 강령을 표시한 것에 불과한 것이지만, 다른 3권은 노동조합및노동관계조정법 · 勤勞基準法(근로기준법) 등의 구체적 입법에 의하여 적극적으로 보장되어 있다. 이에 관하여 헌법은 公共福利(공공복리)에 의한 제약을 명정하지는 않았으나, 이러한 권리는 근로자의 생존을 확보하기 위한 수단으로서 보장된 것이라는 점을 고려할 때 그 자체가 절대적 권리로서 무한정의 행사의 보장을 받는 것이라고는 할 수 없다. 즉 전체 사회의 이익보호라는 측면에서 제약을 받게 된다. 다만, 이를 이유로 부당한 제한이 가해져서는 아니된다. 근로자의 기본권에 대하여 사용자측에는 "록.아웃"(lock out · 職場閉鎖(직장폐쇄)라고 하는 쟁의행위가 인정되고 있으나(노동조합및노동관계조정법§2-VI), 이것은 단지 노사의 균형상 인용되고 있을 뿐 노동기본권이라고는 볼 수 없는 성질의 것이다.

노동권(근로권)(勞動權<勤勞權>)

勞動權(노동권)(勤勞權<근로권>)이란 노동을 할 능력을 갖춘자가 노동을 할 기회를 사회적으로 요구할 수 있는 권리를 말한다. 현실에서 노동을 할 능력을 가지고 있으면서도 일반 기업에 취직할 수 없는 자에 대해서 국가 또는 공공단체가 최소한 일반적인 임금으로 근로의 기회를 제공하고, 그것이 불가능한 경우에는 이에 상응한 생활비를 부여할 것을 요구하는 권리라고 할 수 있다. 이 노동권에 관하여는 근본적으로 다른 두 가지의 개념이 있다. (1) 개인이 자유롭게 근로의 기회를 얻음을 국가가 침범하지 못한다는 소극적 의미의 자유권적 기본권으로 보고있는 17 · 8세기의 개인주의.자유주의를 배경으로 하는 자연법적 기본권리의 개념과, (2) 국민의 균등한 생활을 보장하고 경제적 약자인 근로자의 인간다운 생활을 보장하는 것을 내용으로 하는 적극적 의미의 生存權的 基本權(생존권적 기본권)으로 이해하는 20세기의 福利 · 厚生主義的 勞動權(복리 · 후생주의적 노동권)의 개념이 그것이다. 이러한 의미의 노동권은 法曹社會主義(법조사회주의)를 주창한"멩거"(Anton Menger)

이래 주로 독일에서 제창되어 1919년 바이마르헌법에서 처음으로 채택되었다. 우리 헌법상 노동권(근로권)의 규정은 단순한 직업선택의 자유 이상의 적극적 의미의 생존권적 기본권으로서의 근로권을 인정하는 동시에, 국가는 사회적.경제적 방법으로 근로자의 고용의 증진과 適正賃金(적정임금)의 보장에 노력하여야 하며, 법률이 정하는 바에 의하여 最低賃金制(최저임금제)를 시행하여야 하는 것과 (憲§32①),「국가는 사회보장 . 사회복지의 증진에 노력할 의무를 진다」(憲§34②)는 것을 함께 선언하고 있다.

> 근로의 권리는 사회적 기본권으로서, 국가에 대하여 직접 일자리(직장)를 청구하거나 일자리에 갈음하는 생계비의 지급청구권을 의미하는 것이 아니라, 고용증진을 위한 사회적 · 경제적 정책을 요구할 수 있는 권리에 그친다(헌재 2002. 11. 28, 2001헌바50).

단결권(團結權)
독: Koalitionsrecht

團結權(단결권)이라 함은 경제적 약자인 근로자가 경제적 강자인 使用者(사용자)에 대항하여 그들의 이익과 지위의 향상을 위하여 단결하는 권리를 말한다. 근로자는 근로조건의 향상을 위하여 자주적인 團結權(단결권) . 團體交涉權(단체교섭권) 및 團體行動權(단체행동권)을 가지기 때문에 (憲§33①), 광의로는 이 단결권 외에 단체교섭권 . 단체행동권을 포함한다. 結社의 自由(결사의 자유)와는 달리 국가의 적극적인 관여 . 보호를 필요로 하는 生存權的 基本權(생존권적 기본권)이다. 이 권리는 근로자의 근로조건의 향상을 위하여서만 보장된다. 여기의 근로자에는 법률로써 그 단결권이 인정된 공무원 이외의 공무원은 제외된다. 즉, 단순한 노무에 종사하는 공무원 이외의 공무원 및 교원은 노동운동 기타 공무 이외의 집단적 행위를 할 수 없다(國公§66, 노동조합및노동관계조정법§5 但書). 근로자의 단결권을 보장하고 있는 법률로서 노동조합및노동관계조정법이 있다.

> 헌법상 보장된 근로자의 단결권은 단결할 자유만을 가리킬 뿐이고, 단결하지 아니할 자유 이른바 소극적 단결권은 이에 포함되지 않는다고 보는 것이 우리 재판소의 선례라고 할 것이다. 그렇다면 근로자가 노동조합을 결성하지 아니할 자유나 노동조합에 가입을 강제당하지 아니할 자유, 그리고 가입한 노동조합을 탈퇴할 자유는 근로자에게 보장된 단결권의 내용에 포섭되는 권리로서가 아니라 헌법 제10조의 행복추구권에서 파생되는 일반적 행동의 자유 또는 제21조 제1항의 결사의 자유에서 그 근거를 찾을 수 있다(헌법재판소 2005. 11. 24. 자 2002헌바95, 96, 2003헌바9(병합) 전원재판부).

단체교섭권(團體交涉權)

영 ; right to bargain collectively

團體交涉權(단체교섭권)이라 함은 경제적 약자인 근로자가 勞動組合(노동조합)을 통하여 경제적 강자인 사용자와 근로조건의 유지·개선에 관하여 교섭하는 권리를 말한다. 우리 헌법도 이 권리의 보장을 규정하고 있다(憲§33①). 근로자의 이와 같은 단체교섭에 대하여 사용자 또는 사용자 단체가 정당한 이유없이 이를 거절 또는 해태할 수 없다 (노동조합및노동관계조정법§30②). 단체교섭의 결과 노사간에 체결되는 계약을 團體協約(단체협약)이라고 하는바, 노동조합및노동관계조정법은 이에 대한 여러 가지 보호규정을 두고 있다(노동조합및노동관계조정법§29~§36). 이 권리는 勤勞者 集團(근로자 집단)의 문제를 그 대상으로 하므로, 사용자가 독점적으로 보유하고 있는 經營權(경영권)(인사권 포함)과 利潤取得權(이윤취득권)에 속하는 사항은 교섭대상이 될 수 없다. 또한, 단체교섭의 주체는 개개 근로자가 주체가 되는 團結權(단결권)과는 달리 원칙적으로 노동조합이다(노동조합및노동관계조정법§29).

구 노동조합법(1996. 12. 31. 법률 제5244호 노동조합및노동관계조정법에 의하여 폐지된 법률) 제33조 제1항 본문은 "노동조합의 대표자 또는 노동조합으로부터 위임을 받은 자는 그 노동자 또는 조합원을 위하여 사용자나 사용자단체와 단체협약의 체결 기타의 사항에 관하여 교섭할 권한이 있다."고 규정하고 있었는바, 여기서 '교섭할 권한'이라 함은 사실행위로서의 단체교섭의 권한 외에 교섭한 결과에 따라 단체협약을 체결할 권한을 포함하는 것이다(대법원 1998. 1. 20. 선고 97도588 판결).

단체행동권(團體行動權)

團體行動權(단체행동권)이라 함은 경제적 약자인 근로자가 강자인 사용자에 대항하여 근로조건의 유지·개선을 위하여 罷業(파업)·怠業(태업)·示威運動(시위운동) 등의 단체적 행동을 할 수 있는 권리를 말한다. 즉 단체행동권은 단결체의 존립과 목적활동을 실력으로 관철하기 위한 근로자의 투쟁수단으로서 인정된 권리이다. 우리 憲法(헌법)도 이 권리를 보장하고 있다(憲§33①). 광의로는 團體交涉權(단체교섭권)도 단체행동권에 포함된다. 근로자의 이와 같은 단체행동은 결국 爭議行爲(쟁의행위)로 나타나므로 단체행동권은 爭議權(쟁의권)이라고도 한다. 이러한 근로자의 단체행동권은 근로자의 지위향상을 위한 것이므로 최대한으로 보장되어야 하나, 그 과도한 행위는 사용자에게 부당한 손해를 끼치고, 나아가서 국민경제를 위협하므로 노동조합및노동관계조정법은 일정한 행위의 제한·금지를 규정하고 있다(노동조합및노동관계조정법§41~§44).

근로자의 쟁의행위가 형법상 정당행위가 되기 위하여는 첫째 그 주체가 단체교섭의 주체로 될 수 있는 자이어야 하고, 둘째 그 목적이 근로조건의 향상을 위한 노사간의 자치적 교섭을 조성하는 데에 있어야 하며, 셋째 사용자가 근로자의 근로조건 개선에 관한 구체적인 요구에 대하여 단체교섭을 거부하였을 때 개시하되 특별한 사정이 없는 한 조합원의 찬성결정 및 노동쟁의 발생신고 등 절차를 거쳐야 하는 한편, 넷째 그 수단과 방법이 사용자의 재산권과 조화를 이루어야 함은 물론 폭력의 행사에 해당되지 아니하여야 한다는 여러 조건을 모두 구비하여야 한다(대법원 1998. 1. 20. 선고 97도588 판결).

국제노동법(國際勞動法)

國際勞動法(국제노동법)이라 함은 각국의 노동법 가운데에서 근로자 보호에 관한 법규를 통일하기 위하여 주로 국제조약(특히 國際勞動條約<국제노동조약>)에 근거하여 정하여진 법규를 말한다. 특별히 국제노동법이라는 명칭을 붙일 만한 일반적 이론은 확립되고 있지는 않다. 1890년의 "베를린국제노동회의"를 효시로 하며, 1906년 베를린의 국제노동회의에서는 婦人(부인)의 深夜作業禁止(심야작업금지).白燐(백린)성냥제조금지의 2조약이 성립되었다. 제1차 세계대전 후에는 각국의 노동조합의 요구를 인정하여 「베르사이유강화조약」중에 勞動編(노동편;第13編)을 마련하여 이 입법사업의 조직.목적을 확립하였다. 즉, 국제연맹가입국이 국제노동기관을 조직하고 국제노동사무국을 설치하여, 매년 1회 국제노동총회를 개최하였다. 제2차 세계대전 후에는 "베르사이유강화조약"의 노동편 대신에 國際勞動機關憲章(국제노동기관헌장)이 채택되었다. 그러나 기본적인 점에서는 변함이 없다.

국제노동조약(國際勞動條約)

國際勞動條約(국제노동조약)이라 함은 國際勞動總會(국제노동총회)가 채택한 노동의 국제적 통제에 관한 조약을 말한다. 각 가맹국은 입법 또는 다른 조치를 취하기 위하여 총회 후 적어도 1년 이내에 권한 있는 기관에 부의하지 않으면 아니된다. 그 기관의 동의를 얻지 못하였을 때에는 장해가 된 사정을 보고하지 않으면 안 된다. 條約不履行(조약불이행)에 대해서는 申告(신고). 異議申請(이의신청). 勞動審理委員會(노동심리위원회)나 國際司法裁判所(국제사법재판소)에 附議(부의).制裁(제재) 절차가 규정되어 있다. 노동의 국제적 통제라 함은 각 국에서의 노동, 특히 근로자 보호를 국제적으로 통제하는 것이다. 이에 관한 통일적 규칙을 조약으로 정하여 각국의 국내법상 이를 채택하여 실행한다. 1991년 우리 나라도 국제노동기구(ILO)에 가입하게 됨으로써 국내법상 국제노동계약을 채택하여 실시하여야 한다.

국제노동기구(國際勞動機構)

영 ; International Labour Organization

國際勞動機構(국제노동기구)라 함은 각국의 근로조건을 개선하고, 근로자의 지위를 향상시켜 사회적 불안을 제거함으로써 세계평화에 공헌하자는 목적아래 설립된 국제기구를 말한다. 약칭하여 ILO라고 한다. 제1차 세계대전 후 「베르사이유강화조약」제 13편에 노동조약을 채택하고 이 규약에 근거하여 국제연맹의 자주적인 한기관으로 설립되었다(1919년). 제2차 세계대전 후 1946년에는 동기관과 국제연합간에 협정을 체결하여 전문기관이 되었다. 동기관의 법적 기초인 國際勞動機構憲章(국제노동기구헌장)도 수정되어 1946년 10월 9일 제29차 노동총회에서 채택되었으며, 1948년 4월 20일에 醱酵(발효), 1953년 6월 25일에 개정된 바 있다. 주요기관으로 總會(총회), 理事會(이사회), 國際勞動事務局(국제노동사무국) 등이 있다. 동기구에의 가맹은 UN의 非加盟國(비가맹국)에도 개방되어 있다.

노동조합주의(勞動組合主義)

영 ; trade-unionism

勞動組合主義(노동조합주의)라 함은 노동조합운동의 모국인 영국의 勞動組合主義(노동조합주의)를 가리킨다. 그러나 널리 노동조합운동, 즉, 근로자가 노동조합의 단결력을 배경으로 하여 경제적.사회적 지위의 향상을 실현하려고 하는 단체운동의 방식을 의미하는 경우도 있다. 영국에서의 노동조합주의는 사상적으로는 약간의 변화를 보이고 있지만, 기본적으로는 「마르크시즘」을 부정하고 구소련 공산주의와 구별된다. 영국에서는 근로자를 위한 어떠한 시책도 이 노동조합주의와 조화되지 않는 것은 인정되지 않는다.

노동조합운동(勞動組合運動)

영 ; trade union movement
독 ; Gewerkschaftsbewegung
불 ; movent syndical

勞動組合運動(노동조합운동)이라 함은 근로자가 勞動組合(노동조합)을 결성하고 이를 중심으로 하여 그들의 경제적.사회적 지위의 향상을 도모하기 위하여 행하는 운동을 말한다. 이와 같은 근로자의 집단적 운동은 고용관계가 존재하였던 고대로부터 있었다고도 할 수 있다. 그러나 오늘날 노동조합운동이라고 하면, 보통 근대사회 이후의 조합운동, 즉 자본주의사회가 성립된 후에 발생.전개된 노동조합운동만을 가리킨다. 노동조합운동은 근대자본주의하에서 노동력의 판매를 통해서만 생활할 수 밖에 없는 근로자가 그 자신의 힘에 의해서 자신의 경제적.사회적 지위를 향상시키기 위하여 전개한 자연발생적인 운동이었기 때문에, 그것은 대체로 자본주의사회의 발전에 따라 발전되어 왔다고 할 수 있다. 따라서 勞動組合運動(노동조합운동)의 양상은 시대와 국가에 따라 많은 차이가 있다. 그러나, 대체적으로

자본주의 초기에는 노동조합운동이 국가에 의해서 심한 탄압을 받았기 때문에, 숙련기술자만에 의한 소규모의 비밀조직운동의 형태로 나타났고, 그 후 자본주의경제조직의 발전과 근로자의 自己意識(자기의식)의 앙양에 따라 국가 또는 사용자에 의해서 방임되는 단계를 거쳐 점차적으로 법적으로도 용인 내지 보장되는 운동으로 진전되었다. 그리하여 오늘날에 와서는 法的 規制面(법적 규제면)에서 국가에 따라 약간의 차이는 있지만, 노동조합운동은 법적으로는 거의 완전히 보장되고 있다. 노동조합운동의 조국은 영국이며, 1770년 무렵 임금인상을 목표로 재봉.모직물 등의 직공이 단체교섭을 한 것을 필두로 하여, 18세기 후반에 가서는 각종의 노동조합의 성립을 보게 되었다. 우리 나라에서는 헌법에서 團結權(단결권).團體交涉權(단체교섭권).團體行動權(단체행동권)을 보장함과 동시에 1963년 4월 14일 노동조합법 제정, 1997년 3월 13일에 노동조합및노동관계조정법으로 전면 개정으로 비로소 노동조합운동이 본격화 되었다.

노동공급계약(勞動供給契約)

勞動供給契約(노동공급계약)은 타인의 노무 또는 노동력를 이용하는 계약을 말한다. 이 계약에는 雇傭(고용). 都給(도급) . 委任(위임)의 세 가지의 형태가 있다. 그 가운데 (1) 고용은 노무 자체의 給付(급부)를 목적으로 하고, (2) 도급은 일의 완성, 즉 노무에 의하여 이루어지는 일정한 급부를 목적으로 하며, (3) 위임은 노무 제공자의 판단에 따른 사무의 처리를 목적으로 하는 점에서 그 특색이 있다.

노무관리(勞務管理)

勞務管理(노무관리)란 기업경영에 있어서 생산과정에 작용하는 노동력을 자본에 합리적으로 통합.제어하는 勞動力管理(노동력관리)를 말한다. 넓은 의미에서는 생산과정의 기술적 . 조직적인 문제를 대상으로 하는 생산관리와 관리근로자 층의 노동력관리도 여기에 포함된다. 노무관리는 고용관리 . 근로조건관리 . 급여관리로 나누어지며, 보통 적성검사 . 직무분석 . 직무평가.시간 및 동작연구 . 피로검사 . 인사고과 등의 방법에 의하여 채용.배치 . 이동.교육 . 훈련 . 안전위생 . 임금 . 근로시간 등의 관리를 행한다. 이러한 노무관리체계를 보강하는 것으로 근로자 개인의 인간성.감정능력 측면을 대상으로 하는 人間關係管理(인간관계관리)가 보급되기 시작하였다. 즉, 직장에 있어서의 상하의 의사소통이라든지 불만처리(고충처리)를 위한 개인적 접촉제도, 인사상담.생활상담 등 이른바 번민의 해결을 맡는 産業相談制度(산업상담제도), 근로자에게 생산기술.근로조건 등에 관한 의견발표의 기회를 부여하는 提案制度(제안제도), 기업의 실상을 근로자나 가족에게도 주지시키는 종업원 P.R제도, 완비된 福利厚生施設(복리후생시설) 등이 이에 해당된다.

고용노동부(雇傭勞動部)

고용노동부는 고용정책의 총괄, 고용보험, 직업능력개발훈련, 고용평등과 일·가정 양립
지원, 근로조건의 기준, 근로자 복지후생, 노사관계의 조정, 노사협력의 증진, 산업안전보
건, 산업재해보상보험과 그 밖에 고용과 노동에 관한 사무를 관장하는 행정기관을 말한다
(고용노동부와 그 소속기관 직제§3). 이전의 勞動廳(노동청)이 1981년 4월 8일 勞動部(노
동부)로 昇格(승격)하였고, 2010년 7월 5일 정부조직법 개정으로 부처 명칭을 고용노동부
로 변경하였다.

근로기준법(勤勞基準法)

勤勞基準法(근로기준법)은 헌법 제 32조 3항에 의거하여 근로조건의 기준을 정함으로써 근로자의 기본적 생활을 보장, 향상시키며 균형있는 국민경제의 발전을 기함을 목적으로 제정된 법률을 말한다(勤基§1). 이 법률은 1953년 5월10일 법률 제286호로 제정 · 공포되어 그 후 수차례 개정을 거쳐 오늘에 이르고 있다. 이 법률은 형식적으로는 (1) 統一的(통일적).網羅的(망라적)이라는 점, (2) 보호의 정도가 대개 국제적 수준에 도달하여 있다는 점, (3) 강력한 전국적 감독기관이 설치되어 있는 점 등이 그 특색이 있다. 이 법은 常時(상시) 5인 이상의 근로자를 사용하는 모든 사업 또는 사업장에 적용되고 동거의 친족만을 사용하는 사업 또는 사업장과 家事使用人(가사사용인)에 대하여는 적용되지 않는다. 그러나 상시 4인이하의 근로자를 사용하는 사업과 사업장은 대통령령의 규정에 따라 일부 규정을 적용할 수 있다(勤基§11).

근로(勤勞)

「勤勞(근로)」라 함은 精神勞動(정신노동)과 肉體勞動(육체노동)을 말한다(勤基§2). 정신노동이란 주로 두뇌를 써서 하는 노동을 말하고, 육체노동이란 육체를 움직여 그 물리적 힘으로써 하는 노동을 말한다.

근로자(勞勤者)

영 ; labourer
독 ; Arbeiter
불 ; Ouvrier

勤勞基準法(근로기준법)에서 "勤勞者(근로자)"는 직업의 종류를 불문하고 사업 또는 사업장에서 임금을 목적으로 근로를 제공하는 자를 말한다(勤基§2). 육체노동이든 정신노동이든 이를 묻지 않으며, 오직 근로의 대상으로 임금을 받는 관계, 이른바 從屬勞動關係(종속노동관계)가 존재하는 한 여기에서 말하는 근로자이다.

사용자(使用者)

영 ; employer
독 ; Arbeitgeber

●

勤勞基準法(근로기준법)에서 "使用者(사용자)"는 사업주 또는 사업경영담당자 및 기타 근로자에 관한 사항에 대하여 事業主(사업주)를 위하여 행위하는 자를 말한다(§2). 사업주란 당해사업의 經營主體(경영주체)를 말하고, 事業經營擔當者(사업경영담당자)란 사업의 경영을 위임받아 경영상의 권한과 책임을 가진 자를 말한다. 그리고 그 밖에 사업주를 위하여 행위하는 자란 인사, 급여 및 관리 등 근로자에게 관계있는 사항을 결정하거나 집행하는 데 관여하는 자를 뜻한다. 다만 이 개념은 상대적으로 상급자에 대해서는 근로자이지만 하급자에 대해서는 사용자가 될 수 있다.

근로계약(勤勞契約)

영 ; contract of service
독 ; Arbeitsvertrag
불 ; contract de travail

●

勤勞契約(근로계약)은 근로자가 사용자에게 근로를 제공하고 사용자는 이에 대하여 임금을 지급함을 목적으로 체결된 계약을 말한다(勤§2). 일반적으로 근로자와 사업주가 사용관계에 들어가 노사간 이른바 從屬的 勞動關係(종속적 노동관계)가 이루어지는 계약을 말한다. 이 계약에 의하여 근로자가 기업 내에서의 지휘를 취득하고 그의 의사에 관계없이 일반적으로 사용자가 정한 바에 따라 노무를 제공할 의무를 부담하게 된다. 근로계약은 그 형식에 있어 雇傭契約(고용계약).都給契約(도급계약) 또는 委任契約(위임계약) 등으로 이루어진다. 근로계약은 종속노동관계에 따라 근로자의 복종성이 따르므로 민법의 契約自由(계약자유)의 原則(원칙)에 대한 여러 가지 특칙을 두고 있다. 특히 근로기준법은 근로조건에 관한 기준을 법정하고, 이에 미달하는 근로조건을 정한 근로계약의 부분을 무효로 함과 동시에, 그 무효로 된 부분은 근로기준법에서 정하는 기준에 의한다고 정하고 있다(勤基§15). 또 근로자의 인적 구속 내지 강제근로가 될 우려가 있는 諸 約定(제 약정)의 금지를 규정하였고(勤基§17~§22), 해고제한(勤基§23~§27), 정당한 이유없는 해고 등의 구제신청(勤基§28), 취업방해의 금지(勤基§40), 연소근로자의 근로계약체결 등에 대한 규정이 있다(勤基§62~§66,§70). 그리고 근로계약의 내용은 團體協約(단체협약)과 就業規則(취업규칙)과의 관계에서 제약을 받는다(노동조합및노동관계조정법§33,勤基§100).

근로관계(勤勞關係)

영 : labour relation
독 : Arbeitsverhältnis

근로자와 그의 사용자 사이의 법률관계를 말하며, 노동관계라고도 한다. 즉 노동에는 이를 급부하는 자(피용인, 근로자)가 반드시 존재하는데, 이 양자 사이에는 노동수급관계 생긴다. 이 노동관계는 종래에는 순수한 사법상 채권관계로서 계속적 채권관계로 보아 왔지만, 오늘날의 노동법이론에 따르면 이는 타당하지 못한 견해이다. 본래 채권관계라 함은 어느 일방이 가지고 있는 경제가치를 공여하며, 서로 이러한 급부의 교환을 행하는 법률관계이다. 물론 근로관계도 형식적으로는 근로자는 사용자로부터 일정한 보수를 받고 이에 대하여 노동력이라는 상품을 제공하는 것이라고 볼 수 있기 때문에 단순한 채권관계라고도 할 수는 있으나, 근로자가 제공하는 노동력은 매매.증여.임대차 등의 목적물인 일반적 재화와는 본질적으로 성질을 달리하는 인적 급부이므로 근로관계는 민법채권편에서 각종의 계약관계와는 상이한 요소를 담고 있는 것으로 노동관계는 본질상 순수 채권관계라는 법률관계와는 그 성격을 달리한다. 이 근로관계는 개별적 노동관계와 집단적 노동관계로 구별된다. 노동관계의 성립에 대하여 종래 두 가지 학설이 주장되어 왔다. 그 하나는 편입설로서 사용자는 근로자를 채용하고 그의 노동력을 사용.처분함으로써 근로관계가 성립한다고 보는 이론으로서, 만약 근로자가 유효한 근로계약을 체결하지 않은 채 노무를 급부한 경우에는 이를 사실적 근로관계가 존재한다고 보아, 그 기간에 대해서는 유효한 근로계약이 존재한 것과 같은 권리.의무가 양 당사자가 부여된다고 하는 것이다.

근로조건(勤勞條件)

영 ; Working condition
독 ; Arbeitsbedingung
불 ; conditioon du travail

勤勞條件(근로조건)이란 근로자가 사용자에 대하여 근로계약에 의한 그의 노무를 제공하는 데 관한 제조건을 말한다. 賃金(임금) . 勤勞時間(근로시간) . 年次有給休暇(연차유급휴가) . 安全裝置(안전장치) 등이 이에 해당하며, 헌법에서 이 기준의 법정을 규정하고 있다(憲§32③). 勤勞基準法(근로기준법)은 이에 의거하여 일정한 규모 이상의 사업에 대해서 필요한 최소한의 근로조건의 기준을 임금.근로시간 등에 관하여 법정하고 이에 대한 차별대우를 금지함은 물론, 이 근로기준의 준수에 대한 감독방법을 강구하고 있다.

근로조건의 명시
(勤勞條件의 明示)

勤勞條件(근로조건)의 明示(명시)라 함은 근로계약의 체결시에 반드시 근로조건을 明示(명시)해야 함을 말한다. 이것은 근로계약체결시의 사용자의 의무이다. 보통 근로계약은 근로조건이 제시되지 않고 체결되는 경우가 많아서, 강제근로 등의 폐해를 가져오기 쉽다. 이러한 폐해를 방지하기 위하여 勤勞基準法(근로기준법) 제17조와 제19조에서는 이를 명시할 것과, 명시된 근로조건이 사실과 달랐을 경우에는(근로조건위반), 손해배상을 청구할 수 있음은 물론, 그 계약을 즉시 해제할 수 있다고 규정하고 있다. 그리고 근로계약이 해제되었을 경우 사용자는 취업을 목적으로 거주를 변경하는 근로자에게 歸鄕 旅費(귀향 여비)도 지급하여야 한다(勤基§19②).

균등처우(均等處遇)

均等處遇(균등처우)란 사용자는 근로자에 대하여 男女(남녀)의 차별적 대우를 하지 못하며, 국적ㆍ신앙 또는 사회적 신분을 이유로 賃金(임금) 기타 일체의 근로조건에 대한 차별대우를 해서는 아니되고 균등하게 處遇(처우)해야 된다는 것을 말한다(勤基§6). 이 규정에 위반한 경우 500만원 이하의 벌금에 처한다(勤基§114Ⅰ). 헌법 제11조 1항의 취지를 노사관계에서도 관철시키려고 하는 것이다. 남녀의 차별대우란 여자라고 하는 것을 이유로 차별하는 경우를 말한다. 예를 들면, 동일직종에 취업하는 중학졸업생의 초임급에 대해서 남녀를 차별해서는 안 된다. 국적에 의한 차별대우가 문제되는 경우는 주로 한국인 근로자와 한국 국적을 가지고 있지 않은 외국인 근로자의 경우이다. 신앙은 종교적인 것에 한하느냐, 널리 정치적 신념 또는 사상상의 신념의 자유까지도 포함시키느냐의 여부에 대해서 이론이 있으나, 널리 해석하는 것이 유력설의 입장이다. 사회적 신분은 서자출신과 같은 생래의 신분을 가리켜서 말하는 것이 보통이다.

강제근로의 금지
(强制勤勞의 禁止)

强制勤勞(강제근로)의 禁止(금지)란 폭행ㆍ협박ㆍ감금 기타 정신상 또는 신체상의 자유를 부당하게 구속하는 수단으로써 근로자의 자유의사에 반하여 강제근로를 시키는 것을 금지하는 것을 말한다(勤基§7). 여기서 폭행ㆍ협박ㆍ감금은 刑法上(형법상)의 범죄가 되는 행위이지만, 기타 정신상 또는 신체의 자유를 부당하게 구속한다는 것은 이보다 훨씬 넓은 개념이다. 종래 우리나라에서는 공장에서 여공을 기숙사에 강제수용하여 외부와의 접촉을 막아 사실상 인신을 감금하는 강제근로의 예가 많았었다. 이러한 현상은 우리 나라의 노동관계의 봉건성을 말하는 대표적인 것으로 근로기준법에서 이를 금지한 것이다. 强制勤勞(강제근로)의 금지위반에 대한 벌칙은 근로기준법상 가장 엄한 것으로서 2017년 11월 28일 일부 개정 근로기준법에 의할 때 5년 이하의 징역 또는 5,000만원 이하의 벌금에 처한다(勤基§107). 법률과 적법한 절차에 의하지 아니하고는 강제노역(강제근로)을 과할 수 없다(憲§12①).

강제저금의 금지
(强制貯金의 禁止)

强制貯金(강제저금)의 禁止(금지)라 함은 사용자가 근로계약에 부수하여 강제저축 또는 저축금의 관리를 규정하는 계약을 체결해서는 아니됨을 말한다(勤基§22 ①). 그러나 근로자의 위탁으로 저축금을 관리하는 것은 무방하다. 다만, 사용자가 근로자의 위탁으로 저축을 관리하는 경우에는 다음의 사항을 지켜야 한다.
 1. 저축의 종류·기간 및 금융기관을 근로자가 결정하고, 근로자 본인의 이름으로 저축할 것.
 2. 근로자가 저축증서 등 관련 자료의 열람 또는 반환을 요구할 때에는 즉시 이에 따를 것(勤基§29 ②).
동 규정은 강제저금의 수단으로 근로자를 억류할 가능성을 배제하기 위한 규정이다.

임금(賃金)
영 ; Wage
독 ; Lohn
불 ; Salaire

賃金(임금)이란 함은 사용자가 근로의 대상으로 근로자에게 임금, 봉급 기타 여하한 명칭으로든지 지급하는 일체의 금품을 말한다(勤基§2). 契約自由(계약자유)의 原則(원칙)에 따라 임금의 액.지급방법은 노사간에서 자유로이 결정될 성질의 것이지만, 그렇게 되면 사실상 사용자가 일방적으로 이를 결정하게 되어 근로자에게 불리하게 되므로 법은 두 가지의 점에서 이에 간섭하고 있다. 그 하나는 最低賃金(최저임금)이고(최저임금법).다른 하나는 임금이 확실히 근로자의 손에 들어가도록 배려하는 것이다. 후자에 관해서는 이미 民事執行法(민사집행법) 중에 그 보호규정이 마련되어 있다(押留禁止債權(압류금지채권).民執§246Ⅳ.民§497 참조). 근로기준법에서는 다시 전차금과 임금과의 상계금지(勤基§21), 未成年勤勞者(미성년근로자)의 임금수령의 보호(勤基§68)를 규정하고 있을 뿐만 아니라, 임금은 强制通用力(강제통용력)이 있는 통화로 직접 금액을 매월 1회 이상 일정기일에 지급하여야 한다는 것을 정하고 있다(勤基§43). 법령 또는 團體協約(단체협약)에 의한 임금의 일부공제, 통화 이외의 지급은 인정된다(勤基§43①但書). 임시적 임금에 대하여는 매월 1회이상 일정기일에 지급할 필요는 없다.

임금청구권(賃金請求權)

賃金請求權(임금청구권)이란 근로자가 사용자에 대해서 임금을 청구할 수 있는 권리를 말한다. 임금은 근로의 대가이며 근로자의 생활을 유지하는 유일한 재원이므로 근로자는 근로계약에 따라서 제공한 근로에 대해서 당연히 임금청구권을 자진다. 勤勞基準法(근로기준법)에서는 通貨支給(통화지급)直接支給(직접지급) . 全額支給(전액지급) . 一定期日支給(일정기일지급)을 정하고(勤基§43), 근로자에게 불의의 출비가 생긴 경우에는 지급기일 전의 非常時 支給(비상시 지급)을 규정하고(勤基§45), 휴업시의 생활보장을 위한 休業手當制度(휴업수당제도)를 규정하고 있다(勤基§46). 또한 都給制(도급제) 기타 이에 준하는 제도로 근로자를 사용하는 경우에도 보장지급의 제도를 정하고 있고(勤基§47), 임금과 전차금의 상계를 금지하는 등(勤基§21) 임금청구권의 실질적인 확보를 도모하고 있다.

임금통화지급의 원칙
(賃金通貨支給의 原則)

賃金通貨支給의 原則(임금통화지급의 원칙)이란 사용자가 근로자에게 지급하는 임금은 强制通用力(강제통용력)를 가진 통화로 지급하여야 한다는 원칙을 말한다(勤基§43①本文). 賃金(임금)이 現物(현물)로 지급되는 이른바 현물급여제(truck-system)의 폐해를 제거하기 위하여 제정된 영국의 現物賃金禁止法(현물임금금지법)에서 유래한다. 당해 기업의 생산품 기타 화폐이외의 수단으로 임금을 지급하는 경우, 사용자는 그만큼 안이한 시장개척을 하게 된다. 그러나 그 가격이 반드시 시장가격과 일치하기 어려울 뿐만 아니라, 換價(환가) 역시 용이하지 않기 때문에 근로자를 부당하게 착취하는 수단이 되고, 근로자의 생활을 위협한다는 취지에서 채택한 원칙이다. 이 원칙의 예외로서 법령 또는 團體協約(단체협약)에 특별한 규정이 있는 경우에는 임금의 일부를 공제하거나 통화 이외의 것으로 지급하는 것을 인정하고 있다(勤基§43①但書). 단체협약에서는 제품이나 일용품으로 지급한다는 뜻을 정하는 것이 보통이다. 주택.기숙사의 제공이 당연히 통화지급의 원칙에 반하는가의 여부에 대하여는 다툼이 있다.

임금대장(賃金臺帳)

賃金臺帳(임금대장)이라 함은 사용자가 사업장별로 임금지급의 명세를 기입.작성하여 근로자와 감독기관이 공람 할 수 있도록 비치하여 두는 대장을 말한다. 臺帳(대장)에 기입할 사항은 임금의 액수와 함께 가족수당계산의 기초가 되는 상황과 근로기준법 시행령 제22조에 정하는 제사항을 賃金支給時(임금지급시)마다 기입하여야 하며(勤基§48), 3년간 보존하여야 한다(勤基§42).

임금대장의 작성을 필요로 하는 이유는 국가의 감독기관이 각 사업장의 근로자의 근로조건을 수시로 손쉽게 파악할 수 있다는 점과, 근로의 실적과 지급임금과의 관계를 명확하게 기록함으로써, 사용자뿐만 아니라 근로자에게도 노동과 그 대가인 임금에 대한 관계를 인식시키는 데 있다.

평균임금(平均賃金)

平均賃金(평균임금)이라 함은 이를 산정하여야 할 사유가 발행한 날 이전 3월간에 그 근로자에 대하여 지급된 임금의 총액을 그 기간의 총일수로 나눈 금액을 말한다. 취업후 3월 미만도 이에 준한다(勤基§2①). 이 평균임금은 퇴직금(勤基§34), 휴업수당(勤基§46), 재해보상(勤基§82.§83.§85~§88), 취업규칙에 의한 감급(勤基§95) 등을 산출하는 기초가 된다. 즉 평균임금은 근로자가 현실적으로 지급받는 임금의 한 종류가 아니라 어떠한 給與金算出(급여금산출)에 기초가 되는 단위 개념이다. 平均賃金算出方式(평균임금산출방식)에 의하여 산출된 금액이 당해 근로자의 통상임금보다 저액일 경우에는 그 통상임금액을 평균임금으로 한다(勤基§2②). 임금이 시간급. 일급 .성과급제에 의하여 지급되는 경우나 도급제의 경우에는 平均賃金(평균임금)을 산정하여야 하는 3개월 사이에 결근일수가 많아서 당해 근로자의 평균임금이 저액으로 될 우려가 있으므로 이로 인한 불이익을 방지하기 위함이다.

첵크 · 오프(check off)

첵크 오프라 함은 사용자가 근로자에게 임금을 지급하기 전에 미리 임금에서 조합비를 공제하여 조합에 일괄납부하는 노동조합의 조합비 징수방법의 하나를 말한다. 미국에서 처음 시작되어진 제도이다. 임금은 근로기준법 제43조 1항 본문에 따라 원칙적으로 전액을 근로자에게 직접 지급하여야 하지만, 근로기준법 제43조 1항 단서의 규정에 의한 임금의 사전공제는 당해 사업 또는 사업장의 노동조합과 노동조합이 결성되지 아니한 때에는 근로자의 과반수를 대표하는 자와의 書面協定(서면협정)를 필요로 한다. 그러나 학설은 첵크오프에 관한 협정을 「組合保障條項(조합보장조항)」의 하나로 보아 근로기준법 제43조의 규정과는 직접적인 관계가 없다고 하는 견해가 유력하다.

남녀동일임금(男女同一賃金)

男女同一賃金(남녀동일임금)이라 함은 동일노동에 대하여 남녀근로자에게 동일한 임금을 지급해야 한다는 것을 말한다. 종래에는 질량으로 동일한 노동을 하고 있는데도 불구하고, 여자라고 하는 이유로 임금이 저렴하였던 것이 통례로 되어 있었으나 오늘날에는 이것이 허용되지 않는다(勤基§6). 양성의 본질적 평등(憲§11①)에 위배되는 것이며, 저렴노동을 기업에 제공함으로써 전체로서의 근로조건을 저하시키기 때문이다. 동일가치의 노동에 대하여 동일한 임금을 지급해야 한다는 원칙은 國際勞動機構憲章(국제노동기구헌장)에서도 권장되어, 1951년에는 "同一勞動(동일노동)에 대한 男女 勤勞者(남녀 근로자)의 同一報酬(동일보수)에 관한 條約(조약)"이 채택되었다. 여기서 동일가치노동, 동일보수라 함은 技能(기능).知識(지식).經驗(경험)등이 동일하여 제공하는 노동가치가 동일함에도 성별에 따른 차등대우를 금지하는 취지로서 능력에 따른 합리적인 차등까지도 금지하는 것은 아니다.

일용근로자(日傭勤勞者)

日傭勤勞者(일용근로자)라 함은 1일 단위의 계약기간으로 고용되고, 1일의 종료로써 근로계약도 종료하는 계약형식의 근로자를 말한다. 이러한 근로자는 사용되었던 다음날은 이미 계약이 존재하지 않게 되므로, 다음날의 계약을 새로이 체결하지 않는 한, 사용자는 계속해서 고용할 의무가 없다. 이러한 이유로 당초 常傭工(상용공)으로 고용하여야 할 자를 일용으로 고용하는 경우가 생기는 것이기 때문에, 勤勞基準法(근로기준법)은 이에 대한 보호를 위해서 일용근로자라 하더라도 계속해서 3개월을 초과하여 사용하는 경우에는 통상의 고용자와 같이 해고의 예고 또는 豫告手當支給(예고수당지급)에 관한 규정이 적용된다는 뜻의 규정을 두고 있다(勤基§35 I).

가사사용인(家事使用人)

일반 가사의 보조인으로서 가정부.파출부 등을 말한다. 가사사용인의 근로형태는 주로 개인의 사생활과 관련되어있고, 일반근로자와 같은 근로시간이나 임금에 관한 규제를 하기가 어렵다. 따라서 근로기준법의 대상에서 배제되고(근로기준법 11조1항 단서), 가사사용인의 근로관계에 대해서는 민법의 고용규정(민법 655조 내지 663조)이 적용된다. 가사사용인의 여부는 가정의 사생활에 관한 것인가의 여부를 기준으로 근로의 장소.종류 등을 구체적으로 판단하여 결정하여야 한다.

퇴직금(退職金)

退職金(퇴직금)이란 계속적인 勤勞關係(근로관계)의 종료를 사유로 하여 사용자가 퇴직자에 대하여 지급하는 금전을 말한다. 사용자가 퇴직하는 근로자에게 지급하는 퇴직급여 제도에 관하여는 「근로자퇴직급여 보장법」이 정하는 대로 따른다(勤基§34). 퇴직하는 근로자에게 繼續勤勞年數(계속근로연수) 1년에 대해서 30일분 이상의 평균임금을 지급할 수 있는 제도를 설정하여야 한다(근로자퇴직급여보장법§8①). 사용자는 주택구입 등 대통령령으로 정하는 사유로 근로자가 요구하는 경우에는 근로자가 퇴직하기 전에 당해 근로자가 계속 근로한 기간에 대한 퇴직금을 미리 정산하여 지급할 수 있다. 즉, 중간정산을 위하여는 일정한 사유가 있어야 한다. 이 경우 미리 정산하여 지급한 후의 퇴직금 산정을 위한 계속근로기간은 정산시점부터 새로이 기산한다(근로자퇴직급여보장법§8②). 이 퇴직금의 액수는 일반적으로 團體協約(단체협약)이나 就業規則(취업규칙) 등에서 근속연수에 따라서 누진적으로 정하여지는 것이 보통이나, 우리나라에서는 이것이 잘 실행되지 않고 있는 실정이므로 이의 강력한 시행을 뒷받침하기 위하여 근로기준법에서 "退職金制度(퇴직금제도)"를 특별히 규정한 것이다. 이 퇴직금의 법적 성질에 관하여는 학설상 장기근로의 공로에 대한 사용자의 은혜라고 보는 功勞報償說(공로보상설), 퇴직 후의 생활을 보장하는 수단이라고 보는 生活保障說(생활보장설), 勤勞關係存續期間(근로관계존속기간) 중에 적립하여 두었던 임금을 퇴직시에 사후적으로 지급하는 것이라고 보는 賃金後拂說(임금후불설) 등의 대립이 있다. 우리나라의 경우 학설·판례는 임금후불설의 입장을 취하고 있다.

전차금(前借金)

前借金(전차금)이라 함은 근로계약을 체결할 때 또는 그 후에 근로를 제공할 것을 조건으로 사용자로부터 빌려 장차의 임금으로 변제할 것을 약정하는 금전을 말한다. 전차금이 있는 경우, 근로자는 이를 갚기 위하여 자유로이 퇴직할 수 없고, 더욱이 전차금의 이자가 고율일 경우, 그 폐해는 더욱 크게 된다. 여기에서 金錢貸借關係(금전대차관계)와 勤勞關係(근로관계)를 완전히 분리함으로써 금전대차에 기인하는 신분적 구속의 폐습을 방지하려는 데 그 취지가 있다. 이에 따라 勤勞基準法(근로기준법)은 전차금과 임금의 상계를 금지하고 있을 뿐만 아니라, 전차금 이외에도 장래 근로할 것을 조건으로 하는 어떠한 전대채권과 임금과의 상계도 이를 금지하고 있다(勤基§21). 이에 위반하면 5백만원 이하의 벌금에 처하며(勤基§114 I), 민법상으로도 强行法規 違反(강행법규 위반)이 되어 이러한 상계는 무효가 된다.

해고(解雇)
영 ; discharge

解雇(해고)라 함은 사용자가 근로자와의 勤勞契約(근로계약)을 일방적으로 解約(해약)하는 것을 말한다. 民法上(민법상)의 雇傭契約(고용계약)의 해약(解止<해지>.民§658∼§663)과 법률상의 성질은 같다. 민법상으로는 기간의 약정이 없는 때에는 사용자는 1개월간의 예고만 하면 언제든지 해약을 할 수 있으나, 실제적으로는 이는 근로자에게 가혹한 것이어서 解雇制限(해고제한)의 문제가 생긴다.

해고제한(解雇制限)

解雇制限(해고제한)이라 함은 협의로는 勤勞基準法(근로기준법) 제23조에 규정된 해고제한만을 가리키나, 광의로는 사용자의 해고의 자유를 제한하는 일체의 제도를 포함한다. 협의의 해고제한에 관해서는 우선 사용자는 정당한 이유가 없는 한, 근로자를 해고하지 못한다(勤基§23①). 즉, (근로기준법 제23조 제1항)은 해고권(해고의 자유)에 대한 일반적·기본적인 제한을 가한 규정으로서 해고의 경우에는 항상 정당사유의 존재여부에 따라서 그것의 유효여부를 판단하게 된다. 다음에 사용자는 근로자가 업무상의 부상 또는 질병의 요양을 위한 休業期間 (휴업기간)과 그 후 30일간 또는 産前.産後(산전.산후)의 여자에 대해서는 해고를 하지 못한 다(勤基§23②本文). 그러나, 사용자가 一時補償金(일시보상금)을 지급하였을 경우 (勤基§84 참조) 또는 사업계속이 불가능한 때에는 예외이다(勤基§23② 但書). 그리고 사용자는 경영상의 이유에 의하여 근로자를 해고하고자 하는 경우에는 긴박한 경영상의 필요가 있어야 한다. (勤基§24참조).

해고의 예고(解雇의 豫告)

解雇(해고)의 豫告(예고)라 함은 사용자가 근로자를 해고하고자 할 때에 미리 알리는 것을 말한다. 기간의 약정이 없는 근로계약에서는 사용자는 1개월의 예고만 하면 언제든지 근로자를 해고할 수 있는 것이지만(民§660), 근로기준법에서는 「正當(정당)한 事由(사유)」 즉, 해고를 정당시할 만한 상당한 이유가 있는 경우에 한해서만 (勤基§23①) 해고 할 수 있다고 하여, 해고의 자유에 대한 중대한 제한을 가하고 있다. 그러나 이 경우에는 30일 전에 예고를 하지 아니한 때에는 30일분 이상의 통상임금(해고수당 또는 예고수당)을 지급하여야 한다. 다만, 天災(천재).事變(사변)이나 기타 부득이한 사유로 사업계속이 불가능한 경우(고용노동부장관의 승인을 요한다.)와 근로자가 고의로 사업에 막대한 지장을 초래하거나 재산상 손해를 끼친 경우(고용노동부장관의 승인을 요한다.)에는 30일의 예고나 해고수당(예고수당)이 없이도 해고할 수 있다(勤基§26). 이 경우 당해 근로자는 노동위원회에 그 구제를 신청할 수 있다(勤基§28). 또한, 日傭勤勞者(일용근로자)로서 3개월을 계속 근무하지 아니한 자, 2개월 이내의 기간을 정하여 사용된 자, 月給勤勞者(월급근로자)로서 6개월이 되지 못한 자, 계절적 업무에 6개월 이내의 기간을 정하여 사용된 자, 修習使用(수습사용) 중의 근로자들에게는 예고의 필요가 없다(勤基§35).

사용증명서(使用證明書)

使用證明書(사용증명서)라 함은 근로자가 퇴직하는 경우에 그의 청구에 따라서 사용기간. 업무의 종류.지위.임금 기타 필요한 사항에 관하여 사용자가 교부하는 證明書(증명서)를 말한다(勤基§39①). 근로자가 한 직장을 퇴직하고 다른 직장에 취직하려고 할 때에는 전 직장에 있어서의 賃金(임금) . 技能(기능) . 地位(지위) 등의 증명이 유력한 자료로 되는 경우가 많으므로 근로자가 이를 청구한 경우에는 이를 교부하여야 한다는 것을 사용자의 의무로 하고 있다. 따라서 이 증명서에는 근로자가 요구한 사항만을 기입하여야 하고(勤基§39②), 또 사용자는 근로자의 취업을 방해할 목적으로 비밀 기호 또는 명부를 작성 . 사용하거나 통신을 하여서는 아니된다(勤基§40).

근로자명부(勤勞者名簿)

勤勞者名簿(근로자명부)라 함은 사용자가 각 사업장마다 전근로자에 관계된 사항을 작성. 비치해 두는 명부를 말한다(勤基§41①). 이 명부에는 근로자의 姓名(성명). 生年月日(생년월일). 履歷(이력). 住所(주소). 종사하는 업무의 종류.고용 또는 고용갱신 年月日(연월일). 계약기간이 정한 경우에는 그 기간 기타 고용에 관한 사항, 고용 또는 고용 갱신연월일, 계약기간을 정한 경우에는 그 기간 기타 고용에 관한 사항, 解雇(해고). 退職(퇴직) 또는 死亡(사망)의 연월일과 그 사유, 기타 필요한 사항 등을 기입하여야 하며(勤基§41①, 勤基令§20), 이 명부는 3년간 보존하여야 한다(勤基§42). 그러나 예외적으로 사용기간이 30일 미만의 일용근로자에 대하여는 근로자 명부를 작성하지 아니할 수 있다(勤基令§21).

최저임금(最低賃金)
영 ; minimum wage

최저임金(최저임금)이라 함은 근로자에 대하여 임금의 最低水準(최저수준)을 보장하여 근로자의 생활안정과 노동력의 질적 향상을 기함으로써 국민경제의 건전한 발전에 이바지 하게 함을 목적으로 일정한 사업 또는 직업에 종사하는 근로자를 위해 정할 수 있는 최저의 임금을 말한다. 헌법 제32조 1항에 의거하여 1986년 12월 31일 법률 제3927호로 最低賃金法(최저임금법)이 제정. 공포되었다. 契約自由(계약자유)의 原則(원칙)하에서는 임금액수가 노사 간에서 자유로이 결정될 것이 예상된다. 그러나 이를 내버려 두면 노동조합의 힘이 강력한 경우를 제외하고는, 사실상 사용자의 일방적인 결정으로 되어 임금은 점점 저하되어가고 근로자가 최저한도의 생활를 영위할 수 없을 정도로 떨어져 버릴 가능성이 있다. 이를 배제하기 위하여 최저의 임금을 법정하고, 사용자는 그를 하회하는 임금으로는 근로자를 사용할 수 없다는 제도가 각국에서 채택되고 있다.

임금채권우선변제
(賃金債權優先辨濟)

賃金債權優先辨濟(임금채권우선변제)라 함은 근로자가 그의 임금채권을 사용자의 총재산(이에 대한 질권.저당권 또는 「동산.채권 등의 담보에 관한 법률」에 의하여 담보된 채권을 제외)으로부터 조세. 공과금 및 다른 채권에 우선하여 변제받을 수 있음을 말한다.(勤基§38①本文). 賃金債權(임금채권)이란 임금.퇴직금.재해보상금 기타 근로관계로 인한 채권이다. 근로자의 임금채권을 확보하기 위하여 채권자평등의 원칙의 예외를 인정하여 근로자를 보호하려는 데 그 목적이 있다. 그리고 최종 3월분의 임금채권은 사용자의 총재산에 대하여 질권 또는 저당권, 「동산·채권 등의 담보에 관한 법률」에 따른 담보권에 의하여 담보된 채권, 조세.공과금 및 다른 채권에 우선하여 변제되어야 한다(勤基§38②).

비상시지급(非常時支給)

非常時支給(비상시지급)이라 함은 근로자가 출산 . 질병 . 재해 기타 비상의 경우의 비용에 충당하기 위하여 청구하는 경우에는 사용자는 지급기간전이라도 기왕의 근로에 대한 임금을 지급하여야 하는 것을 말한다(勤基§45). 여기에 비상의 경우라 함은 근로자 또는 그의 수입에 의하여 생계를 유지하는 자가 다음 각호의 1에 해당하게 되는 경우를 말한다 (勤基令§25). (1) 출산하거나 질병 또는 재해를 입은 경우, (2) 혼인 또는 사망한 경우, (3) 부득이한 사유로 인하여 1주일 이상 귀향하게 되는 경우 등이다.

휴업지급(休業支給)

休業支給(휴업지급)이라 함은 사용자의 귀책 사유로 인하여 휴업하는 경우에는 사용자는 휴업기간 중 당해 근로자에 대하여 평균임금의 100分(분)의 70 이상의 수당을 지급하여야 한다는 것을 말한다(勤基§46本文). 여기서 말하는 수당을 休業手當(휴업수당)이라고 한다. 사용자의 귀책사유로 인하여 휴업하는 경우에 근로자에게 휴업수당을 지급하도록 사용자를 강제함으로써 근로자의 생활보장을 도모하려는 것이다. 다만, 평균임금의 100분의 70에 상당하는 금액이 통상임금을 초과하는 경우에는 통상임금을 휴업수당으로 지급할 수 있다(勤基§46① 但書). 그러나 부득이한 사유로 인하여 사업계속이 불가능하여 勞動委員會(노동위원회)의 승인을 받은 경우에는 위에서 정한 기준에 미달하는 휴업수당을 지급할 수 있다(勤基§46②). 그리고 사용자는 위의 기준에 미달하는 휴업수당지급에 대하여 노동위원회의 승인을 얻고자 할 때에는 근로기준법 시행규칙 별지 제4호 서식의 기준미달의 휴업수당지급 승인 신청서를 관할 지방노동위원회에 제출하여야 한다(근로기준법 시행규칙 §8). 또, 사용자의 귀책사유로 인한 휴업기간 중에 근로자가 임금의 일부를 지급 받은 경우에는 사용자는 당해 근로자에게 그 평균임금과 그 지급받은 임금의 차액을 산출하여 그 차액의 100분의 70이상에 해당하는 수당을 지급하여야 한다. 다만, 통상임금을 휴업수당으로 지급하는 경우에는 통상임금과 휴업기간 중에 지급받은 임금과의 차액을 지급하여야 한다(근로기준법 시행령 §26).

도급근로자에 대한 임금보장
(都給勤勞者에 대한 賃金保障)

都給勤勞者(도급근로자)에 대한 賃金保障(임금보장)이라 함은 도급 기타 이에 준하는 제도로 사용되는 근로자의 임금에 대해서는, 근로자가 취업한 이상 비록 그 성과가 적은 경우라 할지라도 근로시간에 따라 일정액의 임금의 보장되어야 함을 말한다(勤基§47). 都給制(도급제)는 일의 완성 그 자체를 목적으로 하는 것이므로(民§664), 일정량의 일에 대해서 부분적으로 완성되지 못한 경우에는 그 전부를 미완성으로 하여 이에 대한 임금을 지급하지 않음으로써 근로자의 생활을 궁지에 빠뜨리게 할 폐단이 생기기 쉽고, 또한 임금을 근로자가 제공한 노무의 분량에 따라서 지급하는 경우라 할지라도 일의 단위량에 대한 임금율을 부당하게 저액으로 정하여 근로자를 가혹한 중노동으로 이끌 위험성이 있는 것이기 때문에 이를 배제하기 위하여 일정한 보장급을 정하고 근로자의 최저생활을 보장하려는 취지이다.

근로시간(勤勞時間)

영 ; hours of labour
독 ; Arbeitszeit
불 ; heures du travail

勤勞時間(근로시간)이라 함은 근로자가 사용자와의 근로계약에 따라서 휴게의 시간을 제외하고 실지로 노동하는 시간을 말한다. 근로시간은 근로조건 중 가장 중요한 것의 하나이며, 근로자에게 그 노동의 再生産性(재생산성)을 유지시키고 그의 기본적 생활을 보장하기 위하여 그 제한이 필요하게 된다. 勤勞基準法(근로기준법)에서는 다음과 같이 규정하고 있다. (1) 휴게시간을 제외하고 1일 8시간, 1주 40시간을 기준으로 하고(勤基§50①,②), 당사자 간에 합의하면 1주 간에 12시간을 한도로 근로시간을 연장할 수 있다(勤基§53①). 다만, 특별한 사정이 있는 때에는 고용노동부장관의 인가와 근로자의 동의를 얻어 이 이를 연장할 수 있다. 다만, 사태가 급박하여 인가를 얻을 시간이 없을 경우에는 사후에 지체없이 승인을 얻어야 한다(勤基§53④). 고용노동부장관이 이 근로시간 연장이 부적당하다고 인정할 때에는 그후 연장시간에 상당한 휴게 또는 휴일을 줄 것을 명할 수 있다(勤基§53⑤). (2) 15세 이상 18세 미만인자의 근로시간은 1일 7시간, 1주일 35시간 이내를 한도로 하고, 다만 당사자 간의 합의에 의하여 1일 1시간, 1주일 5시간을 한도로 연장할 수 있다(勤基§69). 기존에는 1일에 7시간, 1주일에 40시간을 초과하지 못하며, 합의에 따라 1일에 1시간, 1주일에 6시간을 한도로 연장할 수 있었으나, 2018년 2월 28일 개정 근로기준법에서 이를 단축하였다. 개정 규정은 2018년 7월 1일부터 시행한다.

휴게(休憩)

休憩(휴게)라 함은 소모된 몸을 쉬고 피로한 정신을 회복하는 것을 말한다. 이것을 위해서 勤勞基準法(근로기준법)은 休憩時間(휴게시간)을 마련하고 있다. 즉, 근로시간이 계속하여 4시간인 경우 30분이상을, 8시간인 경우에는 1시간 이상을 휴게시간으로 주도록 규정하고 있다(勤基§54). 휴게시간은 모든 근로자에게 일제히 주어야 한다(일제휴게의 원칙). 또 휴게시간은 근로자가 자유로이 이용할 수 있도록 하여야 한다(휴게시간자유이용의 원칙). 다만, 이에 대하여는 예외가 인정된다(勤基§59, §63).

휴일(休日)

休日(휴일)이라 함은 일반적으로 일을 쉬는 날을 말한다. 여기에는 세가지 뜻이 있다. (1) 국가가 직무·업무의 집행을 쉬는 것으로 특정한 날, 공휴일이 이에 해당한다(관공서의 공휴일에 관한 규정). (2) 특정한 사회에서 일반적으로 업무를 쉬는 날, 각종의 법률에서 "一般(일반)의 休日(휴일)"이라 불리며, 공휴일 이외에 경우를 말하는 것으로 단오. 한식이 포함된다. 이 날에는 일정한 행위는 할 수 없고, 기간의 만료일은 다음날로 연장된다(民訴§166, §170②, §175. 刑訴§66. 어음§72, §81. 手票§60, §66). 민법이 기간의 말일에 해당하면 다음날로 연장한다는 것도 같은 뜻이다(民§161). (3) 勤勞基準法(근로기준법)상의 휴일로 사용자가 근로자의 쉬는 날로 정한 날(勤基 §55~§62).

유급휴일(有給休日)

有給休日(유급휴일)이라 함은 사용자가 근로자에 대하여 1주일에 평균 1회 이상 주어야 하는 임금이 지불되는 휴일을 말한다(勤基§55). 2017년 11월 28일 일부 개정 근로기준법에 의할 때 사용자가 이 유급휴일을 주지 않는 경우에는 2년 이하의 징역 또는 2,000만원 이하의 벌금에 처해진다(勤基 §110 I).

유급휴가(有給休暇)
영 ; vacation with pay

有給休暇(유급휴가)라 함은 일정한 근로일수를 근로한 자에게 일정한 임금을 주어 휴일을 주는 것을 말한다. 勤勞基準法(근로기준법)은 有給休日(유급휴일)(勤基§55), 年次有給休暇(연차유급휴가)(勤基§60), 生理休暇(생리휴가), 姙娠(임신) 중의 여자에 대한 産前後休暇(산전후휴가)(勤基§73, §74) 제도를 마련하고 있다. 또한 근로자가 업무상의 부상 또는 질병으로 휴업한 기간과 산전·산후의 여자의 휴가의 기간(산전후를 통하여 90일, 한 번에 둘 이상 자녀를 임신한 경우에는 120일)은 유급휴가를 산정하는데 있어서 出勤日數(출근일수)로 본다(勤基§60⑥, §74).

휴일근로(休日勤勞)

休日勤勞(휴일근로)라 함은 휴일에 근로하는 것을 말한다. 휴일근로에 대하여는 통상임금의 100분의 50 이상을 가산한 휴일근로수당이 지급된다(勤基§56). 휴일에는 有給休日(유급휴일)

과 無給休日(무급휴일)이 있으므로 無給休日勤勞(무급휴일근로)와 有給休日勤勞(유급휴일근로)와는 지급되는 임금에 차이가 있다.

월차유급휴가(月次有給休暇)

月次有給休暇(월차유급휴가)라 함은 주휴 이외에 1개월에 1일씩 쉬고서도 출근한 것으로 간주하여 通常賃金(통상임금)이 지급되는 휴가를 말한다. 이 휴가는 근로자의 自由意思(자유의사)로 1년간에 한하여 積置(적치)하여 사용하거나 분할하여 사용할 수 있었다((구)勤基§57②). 그러나 2003. 9. 15. 국제적인 입법례에 따라 월차유급휴가를 폐지하였다.

연차유급휴가(年次有給休暇)

年次有給休暇(연차유급휴가)라 함은 쉬고서도 출근한 것으로 간주되어 通常賃金(통상임금)이 지급되는 휴가를 말한다. 勤勞基準法上(근로기준법상) 8할 이상 출근한 근로자에게 15일의 유급휴가를 주어야 한다(勤基§60①). 또 사용자는 계속하여 근로한 기간이 1년 미만인 근로자에게 1개월 개근 시 1일의 유급휴가를 주어야 한다(勤基§60②). 개정 전 근로기준법에서는 사용자는 근로자의 최초 1년 간의 근로에 대하여 유급휴가를 주는 경우에는 법 제60조 제2항에 따른 휴가를 포함하여 15일로 하고, 근로자가 제2항에 따른 휴가를 이미 사용한 경우에는 그 사용한 휴가 일수를 15일에서 뺀다고 규정하고 있었다(개정 전 勤基§60③). 그러나 2017년 11월 28일 근로기준법 일부 개정시 이 규정을 삭제하였고, 개정 법률이 시행되는 2018년 5월 29일부터는 최초 1년간의 근로에 대한 유급휴가를 다음해 유급휴가에서 빼지 않도록 되었다. 이에 2년 미만 근로자의 휴가권을 보장할 수 있게 되었다. 그리고 사용자는 3년 이상 계속하여 근로한 근로자에게는 법 제60조 제1항에 따른 휴가에 최초 1년을 초과하는 계속 근로 연수 매 2년에 대하여 1일을 가산한 유급휴가를 주어야 한다. 이 경우 가산휴가를 포함한 총 휴가 일수는 25일을 한도로 한다(勤基§60④). 이 때 사용자는 법 제60조 제1항부터 제4항까지의 규정에 따른 휴가를 근로자가 청구한 시기에 주어야 하고, 그 기간에 대하여는 취업규칙 등에서 정하는 통상임금 또는 평균임금을 지급하여야 한다. 다만, 근로자가 청구한 시기에 휴가를 주는 것이 사업 운영에 막대한 지장이 있는 경우에는 그 시기를 변경할 수 있다(勤基§60⑤). 또한 법 제60조 제1항부터 제3항까지의 규정을 적용하는 경우 근로자가 업무상의 부상 또는 질병으로 휴업한 기간, 임신 중의 여성이 법 제74조제1항 또는 제2항에 따른 보호휴가로 휴업한 기간 등 은 출근한 것으로 본다(.勤基§60⑥).

연장근로(延長勤勞)

독 ; Mehrarbeitszeit

延長勤勞(연장근로)라 함은 시간외 근로의 일종을 말한다. 勤勞基準法(근로기준법)은 1일에 8시간, 1주일에 40시간을 기준으로 하고 있다(勤基§50①,②). 그러나 당사자 간의 합의에 의하여 12시간을 연장할 수 있으며(勤基§53①), 특별한 경우에는 고용노동부장관의 인가 또는 근로자의 동의를 얻어 勤基§53①의 근로시간을 연장할 수 있다(勤基§53③本文). 다만, 사태가 급박하여 고용노동부장관의 인가를 받을 시간이 없을 경우에는 사후에 지체 없이 승인을 얻어야 한다(勤基§53③但書). 기존 근로기준법에서는 연장근로의 기준이 되는 1주일에 토요일과 일요일이 포함되는지가 명확하게 규정되어 있지 않았다. 이에 월~금요일을 1주일로 보아 실질적으로 주당 법정 근로시간을 68시간으로 보는 문제가 있었다. 이러한 문제를 해결하고자 2018년 2월 28일 근로기준법 일부 개정시 「'1주'란 휴일을 포함한 7일을 말한다.」는 정의 규정을 신설하였다. 이에 주당 법정 근로시간을 휴일을 포함하여 52시간으로 단축되었다. 延長勤勞(연장근로)에 대하여는 통상임금의 100분의 50이상의 延長勤勞手當(연장근로수당)을 가산하여 지급하여야 한다(勤基§56).

통상임금(通常賃金)

通常賃金(통상임금)이라 함은 근로자에게 정기적 . 일률적으로 소정근로 또는 총근로에 대하여 지급하기로 정하여진 時間給金額(시간급금액), 日給金額(일급금액), 週給金額(주급금액), 月給金額(월급금액) 또는 都給金額(도급금액)을 말한다(勤基令§6①). 통상임금은 解雇豫告(해고예고)에 갈음하는 수당 (勤基§26①), 연장·야간 및 휴일근로시의 割增賃金(할증임금)(勤基§56), 年次有給休暇金(연차유급휴가금)(勤基§60②, ③)의 산출기초가 되는 임금단위이다. 통상임금의 산정방법은 勤勞基準法施行令(근로기준법시행령) 제6조에 따른다. 통상임금과 평균임금의 구별실익은 평균임금액이 통상임금액을 상회하기 때문에 평균임금을 지급하여야 할 경우 평균임금액을 확보하여 주려는 데 있다.

가급임금(假給賃金)

☞ 할증임금(割增賃金)

할증임금(割增賃金)

2018년 2월 28일 근로기준법 일부 개정을 통하여 연장근로에 대해서는 통상임금의 100분의 50이상을 가산하여 지급하고, 휴일근로에 대하여는 8시간 이내일 경우 통상임금의

100분의 50이상, 8시간 초과일 경우 통상임금의 100분의 100이상을 가산하여 지급하도록 하였으며, 야간근로(오후 10시부터 다음 날 오전 6시 사이의 근로)에 대하여는 통상임금의 100분의 50이상을 가산하여 지급하도록 하였다(근로기준법 제56조). 이와 같이 가산돈 임금을 할증임금이라고 하며, 가산임금 또는 가급임금이라고도 한다.

☞ 가산임금(加算賃金)

가산임금(加算賃金)

加算賃金(가산임금)이라 함은 延長勤勞(연장근로).夜間勤勞(야간근로) . 有給休日(유급휴일) 이외의 休日勤勞(휴일근로)에 대해서 원래 정하여진 기초임금에 통상임금의 5할 이상을 가산한 임금을 사용자가 지급하여야 하는데(勤基§56), 이 경우의 가산지급된 임금을 말한다. 勤勞基準法(근로기준법) 제56조는 延長勤勞(연장근로).夜間勤勞(야간근로).休日勤勞(휴일근로)에 대해서만 가산임금을 지급하여야 하는 것으로 규정하고 있지만, 이는 단지 예시규정에 지나지 않고, 기타의 長時間勤勞(장시간근로) 즉, 근로기준법 제59조, 제69조 등에 의한 연장근로에 대해서도 똑같이 제56조의 규정에 의한 가산임금이 지급되어야 한다. 有給休日(유급휴일) 또는 有給休暇(유급휴가)에 노동을 한 경우에는 휴일근로(무급휴일근로)에 대한 임금보다도 더 많아서, 유급으로서 당연히 지급되는 임금에 당해 유급휴일의 노동에 대한 소정의 통상임금을 가산한 임금을 지급하여야 한다.

야간근로(夜間勤勞)

夜間勤勞(야간근로)라 함은 오후 10시부터 오전 6시까지 사이의 근로를 말한다(勤基§56). 이러한 근로에 대해서는 가산임금이 지급된다. 사용자는 18세 이상의 여성을 오후 10시부터 오전 6시까지의 시간 및 휴일에 근로시키려면 그 근로자의 동의를 받아야 한다(勤基§70①). 한편 원칙적으로 年少者(연소자)(18세 미만자)와 임산부에 대하여는 夜間勤勞(야간근로)가 금지되고 있으나(勤基§70②本文) 다만, 18세 미만자의 동의가 있는 경우, 산후 1년이 지나지 아니한 여성의 동의가 있는 경우, 임신 중의 여성이 명시적으로 청구하는 경우의 어느 하나에 해당하는 경우로서 고용노동부장관의 인가를 받으면 예외적으로 허용된다(勤基§70② 但書). 물론 이 경우에도 소정의 가산임금이 지급되어야만 한다.

야간근로수당(夜間勤勞手當)

夜間勤勞手當(야간근로수당)이라 함은 야간근로에 대하여 특별히 지급되는 수당을 말한다. 야간근로수당은 通常賃金(통상임금)의 100분의 50 이상이다(勤基§56).

야업금지(夜業禁止)

夜業禁止(야업금지)라 함은 임산부와 18세 미만자에 대하여 야간근로를 금지하는 것을 말한다. 다만, 18세 미만자의 동의가 있는 경우, 산후 1년이 지나지 아니한 여성의 동의가 있는 경우, 임신 중의 여성이 명시적으로 청구하는 경우의 어느 하나에 해당하는 경우로서 고용노동부장관의 인가를 받으면 예외적으로 허용된다(勤基§70② 但書).

취직인허증(就職認許證)

就職認許證(취직인허증)이라 함은 취직이 금지되어 있는 15세 미만자에 대하여 고용노동부장관이 취직을 인허하는 증명서를 말한다. 사용자는 15세 미만자를 근로자로 사용하지 못한다(勤基§64①本文). 그러나 고용노동부장관의 취직인허증을 소지한 자는 예외이다(勤基§64①但書). 이 취직인허증은 본인의 신청에 의하여 義務敎育(의무교육)에 지장이 없는 한 직종을 지정하여서만 발행할 수 있다(勤基§64②). 15세 미만자가 취업인허증을 받고자 하는 경우에는 고용노동부령이 정하는 바에 의하여 취직인허증교부신청서를 학교장 및 친권자 또는 후견인의 서명을 받아 사용자가 될 자와 連名(연명)하여서 취직인허증교부신청서를 관할지방 노동관서의 장에게 제출하여야 한다. 고용노동부장관이 취직을 인허할 경우에는 노동부령에 정하는 서식의 취직인허증에 따르되, 직종을 지정하여야 하며, 본인 및 사용자가 될 자에게 이를 교부하여야 한다. 15세 미만자를 사용하는 사용자는 이 취직인허증을 사업장에 비치한 경우에는 가족관계증명서와 친권자 또는 후견인의 동의서를 비치한 것으로 본다. 15세 미만자를 사용하지 아니하게 된 사용자와 당해 15세 미만인자는 취직인허증을 고용노동부장관에게 지체없이 반환해야 한다(勤基令§38). 취직인허증이 못쓰게 되거나 이를 잃어버린 경우에는 사용자 또는 15세 미만인자는 지체없이 고용노동부령에 정하는 바에 의해서 그 사유를 증명하는 서류를 첨부하여 재교부신청을 해야 한다(勤基令§39).

연소자증명서(年少者證明書)

年少者證明書(연소자증명서)라 함은 18세 미만자의 연령을 증명하는 가족관계증명서와 친권자 또는 후견인의 동의서를 말한다. 사용자는 18세 미만자에 대하여는 그 연령을 증명하는 가족관계증명서와 친권자 또는 후견인의 동의서를 사업장에 비치하여야 한다(勤基§66). 사용자가 就職認許證(취직인허증)을 비치한 경우에는 가족관계증명서 및 친권자 또는 後見人(후견인)의 同意書(동의서)를 비치한 것으로 본다(勤基令§38①).

유해물(有害物)

有害物(유해물)이라 함은 근로자의 근로과정에서 근로자의 生命(생명).身體(신체)에 특히 유해한 관계가 있는 물질을 말한다. 산업안전보건법 시행령 제29조는 황린 성냥, 백연을 함유한 페인트(함유된 용량의 비율이 2퍼센트 이하인 것은 제외), 폴리클로리네이티드터페닐(PCT). 니트로디페닐과 그 염, 악티노라이트석면, 안소필라이트석면 및, 트레모라이트석면, 베타-나프틸아민과 그 염, 청석면 및 갈석면, 벤젠을 함유하는 고무풀(함유된 용량의 비율이 5퍼센트 이하인 것은 제외), 등의 우해물질의 제조 . 수입 . 양도 . 제공 또는 사용을 금지하고 있다(산업안전보건법 시행령§29 참조).

위약예정금지(違約豫定禁止)

違約豫定禁止(위약예정금지)라 함은 사용자에게 勤勞契約不履行(근로계약불이행)에 대한 違約金(위약금) 또는 損害賠償額(손해배상액)을 예정하는 계약의 체결을 금지하는 것을 말한다(勤基§20). 근로계약기간 도중에 근로자가 전직 또는 귀향 등을 이유로 근로계약을 이행하지 않는 경우 일정액의 위약금을 정하거나 또는 근로계약의 불이행 내지는 근로자의 불법행위에 대해서 일정액의 손해배상을 지급하여야 한다는 것을 근로자 본인이나 그의 신원보증인과 약속하는 관행이 있으나, 이러한 제도는 자칫하면 근로의 강제가 되기 쉽고, 또는 근로자의 자유의사를 부당하게 구속하여 근로자를 사용자에게 귀속시킬 가능성이 있기 때문에 勤勞基準法(근로기준법) 제20조에서는 이러한 위약금과 손해배상액의 예정을 금지하고 있다.

재해보상(災害補償)

災害補償(재해보상)이라 함은 일반적으로 근로자의 업무상의 재해를 보상하는 것을 말하는 것이다. 업무상의 재해란 업무상의 사유에 의한 근로자의 부상 . 질병 . 신체장해 또는 사망 등을 말한다. 근대산업의 발달은 위험한 기계설비의 채택.노동밀도의 강화 및 기타의 사정으로 사업장에서의 근로자의 장해가 빈발하기에 이르렀으나, 종래에는 사용자에게 고의.과실이 없는 한 사용자의 손해배상책임은 없고, 단지 건물 기타 공작물의 설치 보존에 하자가 있는 경우에 한하여 무과실이라도 책임을 지는 정도에 지나지 않았다. 이 정도로는 근로자를 보호하기 어려우므로 업무상의 재해로 인한 근로자의 손실에 대하여는 일정범위 내에서 사용자의 과실이 없어도 보상책임을 지도록 하는 입법이 바로 근로기준법 제8장(勤基§78~§92) 에서 규정하고 있는 災害補償制度(재해보상제도)이다. 災害補償(재해보상)에는 療養補償(요양보상) . 休業補償(휴업보상).障害補償(장해보상) . 遺族補償(유족보상).葬儀費(장의비) 및 一時補償(일시보상)의 6종이 있으며, 각각 그에 따른 지급요건 . 지급금액의 기준이 정해져 있다. 뿐만 아니라 재해보상을 보험의 방식으로 해결하는 제도로서 産業災害補償保險(산업재해보상보험)이 있다(産災補§1).

취업규칙(就業規則)
독 ; Arbeitsordnung, Fabrikordnung
불 ; reglement d'atelier

就業規則(취업규칙)이라 함은 사업 또는 사업장에서 근로자가 준수하여야 할 규율과 근로조건에 관한 세칙을 정한 규칙을 말한다. 흔히 사규규칙, 복무규율이라고 하며 다수의 근로자가 있는 사업 또는 사업장에서 획일·통일적으로 지휘 감독을 위한 자치법규이다. 상시 10인 이상의 근로자를 사용하는 사용자는 다음의 사항에 관한 취업규칙을 작성하여 고용노동부장관에게 신고하여야 한다. 이를 변경하는 경우에 있어서도 또한 같다(勤基§93). (1) 업무의 시작과 종료 시각, 휴게시간, 휴일, 휴가 및 교대 근로에 관한 사항, (2) 임금의 결정·계산·지급 방법, 임금의 산정기간·지급시기 및 승급(昇給)에 관한 사항, (3) 가족수당의 계산·지급 방법에 관한 사항, (4) 퇴직에 관한 사항, (5)「근로자퇴직급여 보장법」제8조에 따른 퇴직금, 상여 및 최저임금에 관한 사항, (6) 근로자의 식비, 작업 용품 등의 부담에 관한 사항, (7) 근로자를 위한 교육시설에 관한 사항, (8) 산전후휴가·육아휴직 등 근로자의 모성 보호 및 일·가정 양립 지원에 관한 사항, (9) 안전과 보건에 관한 사항, (9의2) 근로자의 성별·연령 또는 신체적 조건 등의 특성에 따른 사업장 환경의 개선에 관한 사항, (10) 업무상과 업무 외의 재해부조(災害扶助)에 관한 사항, (11) 표창과 제재에 관한 사항, (12) 그 밖에 해당 사업 또는 사업장의 근로자 전체에 적용될 사항.

취업규칙에서 근로자에 대하여 감급의 제재를 정한 경우에는 그 감액은 1회의 액이 平均賃金(평균임금)의 1일분의 2분의 1을, 총액이 1賃金支給期(1임금지급기)에 있어서의 임금총액의 10분의 1을 초과하지 못한다(勤基§95). 또, 취업규칙은 법령 또는 당해 사업장에 대하여 적용되는 단체협약에 반할 수 없으며(勤基§96), 고용노동부장관은 법령 또는 團體協約(단체협약)에 저촉되는 취업규칙의 변경을 명할 수 있다(勤基§96②). 사용자는 취업규칙의 작성 또는 변경에 관하여 고용노동부장관에게 신고하여야 하며(勤基§93) 사용자는 취업규칙의 작성 또는 변경에 관하여 당해 사업 또는 사업장에 근로자의 과반수로 조직된 노동조합이 있는 경우에는 그 노동조합, 근로자의 과반수로 조직된 노동조합이 없는 경우에는 근로자의 과반수의 의견을 들어야 하며, 취업규칙을 근로자에게 불이익하게 변경하는 경우에는 그 동의를 얻어야 한다(勤基§94①). 취업규칙을 신고할 때에는 위의 의견을 기입한 서면을 첨부하여야 한다(勤基§94②). 그리고 취업규칙에 정한 기준에 미달되는 근로조건을 정한 근로계약은 그 부분에 관하여는 무효로 하며, 이 경우에 있어서 무효로 된 부분은 취업규칙에 정한 기준에 의한다(勤基§97).

기숙사(寄宿舍)

寄宿舍(기숙사)라 함은 사업의 필요에서 상당수의 근로자가 공동으로 침식을 같이 하는 시설을 말한다. 勤勞基準法(근로기준법)은 기숙사 내에서 사생활의 자유를 보장하고 근로자의 건강과 풍기를 유지할 수 있는 여러 시설을 규제함으로써 근로자의 보호를 기하고 있다. 즉 사용자는 사업 또는 사업장의 부속기숙사에 기숙하는 근로자의 사생활의 자유를 침해하지 못한다(勤基§98). 이에 따라 사용자는 기숙사 생활의 자치에 필요한 임원선거에 간섭하지 못한다(勤基§98②). 그리고 부속기숙사에 근로자를 기숙시키는 사용자는 일정한 사항에 관하여 기숙사 규칙을 작성하여야 한다. (勤基§99①). 사용자는 이러한 규칙의 작성 또는 변경에 관하여 기숙사에 기숙하는 근로자의 과반수를 대표하는 자의 동의를 받아야 한다(勤基§99②).

기숙사규칙(寄宿舍規則)

寄宿舍規則(기숙사규칙)이라 함은 사업의 附屬寄宿舍(부속기숙사)에 기숙시키는 사용자가 다음의 사항에 관하여 작성해 놓은 규칙을 말한다(勤基§99①). (1) 기침, 취침, 외출과 외박에 관한 사항, (2) 행사에 관한 사항, (3) 식사에 관한 사항, (4) 안전과 보건에 관한 사항, (5) 건설물과 설비의 관리에 관한 사항, (6) 기타 기숙사에 기숙하는 근로자 전체에 적용될 사항. 사용자는 이 규칙의 작성.변경에 관하여 기숙사에 기숙하는 근로자의 관반수를 대표하는 자의 동의를 얻어야 한다(勤基§99②). 사용자와 기숙사에 기숙하는 근로자는 기숙사 규칙을 준수해야 한다(勤基§99③). 또 사용자는 사업의 부속기숙사에 대하여 근로자의 건강, 풍기와 생명의 유지에 필요한 조치를 강구해야 하며(勤基§100①), 이 조치의 기준은 大統領令(대통령령)으로써 정하여진다(勤基§100②,).

근로감독관(勤勞監督官)

勤勞監督官(근로감독관)이라 함은 노동관계법상의 근로조건을 확보하기 위하여 노동부 및 그 소속기관에 배치된 第一線監督官(제일선감독관)(勤基§101①)을 말한다. 근로감독관은 현장조사.서류제출의 명령.尋問(심문)).檢診(검진) 등의 권한이 있다(勤基§102②.③). 또한 근로기준법 기타 노동관계법령 위반의 범죄에 대하여서는 「사법경찰관리의 직무를 행할 자와 그 직무범위에 관한 법률」에 규정된 사법경찰관의 직무를 행한다(勤基§102⑤). 또 근로감독관은 직무상 알게된 비밀을 엄수한 의무를 부담한다(勤基§103).

노동조합 및
노동관계조정법

노동조합및노동관계조정법
(勞動組合및勞動關係調整法)

　노동조합및노동관계조정법이라 함은 헌법에 의한 근로자의 단결권, 단체교섭권 및 단체행동
권을 보장하여 근로조건의 유지 개선과 근로자의 경제적.사회적 지위의 향상을 도모하고, 노
동관계를 공정하게 조정하여 노동쟁의를 예방.해결함으로써 산업평화의 유지와 국민경제의
발전에 이바지함을 目的(목적)으로 하여 제정된 법률을 말한다(노동조합및노동관계조정법§1).
이 법률을 노동조합법과 노동쟁의조정법을 통합하여 1997년 3월 13일 법률 제5310호로 제
정.공포하였다. 이 법률은 총8장과 附則(부칙)으로 되어 있고, 총 조문은 96개조이다. 그 구
성은 제1장 總則(총칙), 제2장 勞動組合(노동조합), 제3장 團體交涉(단체교섭) 및 團體協約(단
체협약), 제4장 爭議行爲(쟁의행위), 제5장 노동쟁의조정, 제6장 부당노동행위, 제7장 보칙,
제8장 벌칙, 부칙으로 되어 있다.

노동조합(勞動組合)
영 ; trade union
독 ; Gewerkschaft, Berufsverein
불 ; syndicat ouvrier, syndicat
　　professionnel

　노동조합이라 함은 근로자가 주체가 되어 자주적으로 단결하여 근로조건의 유지.개선 기
타 근로자의 경제적.사회적 지위의 향상을 도모함을 목적으로 조직하는 단체 또는 그 연합
단체를 말한다(노동조합및노동관계조정법§2Ⅵ). 그러나 다음 각호의 1에 해당하는 경우에
는 勞動組合(노동조합)이 아니다(노동조합및노동관계조정법§2Ⅵ). (1) 사용자 또는 항상 그
의 이익을 대표하여 행동하는 자의 참가를 허용하는 경우, (2) 그 경비의 주된 부분을 사
용자로부터 원조 받는 경우, (3) 공제.수양 기타 복리사업만을 목적으로 하는 경우, (4) 근
로자가 아닌 자의 가입을 허용하는 경우, 다만 해고된 자가 노동위원회에 부당노동행위의
구제신청을 한 경우에는 중앙 노동위원회의 재심판정이 있는 때까지 근로자가 아닌 자로
해석하여서는 아니된다. (5) 주로 정치운동을 목적으로 하는 경우, 노동조합은 반드시 법
인이 될 것을 요하는 것은 아니지만, 단체로서의 계속적 통일체(이른바 권리능력 없는 사
단)일 것을 요한다. 따라서, 근로자의 일시적인 결합단체에 불과한 爭議團(쟁의단)은 노동
조합으로 인정되지 아니한다. 노동조합은 단체로서 조합규약을 가져야 한다(노동조합및노동
관계조정법§11)는 것은 당연한 것이나, 법은 주로 조합민주화라는 측면에서 이 조합규약의

내용으로서 정하여야 할 약간의 사항을 법정하고 있다. 그리고 이와 같은 조합 요건과 이 조합규약 요건을 충족시키지 못하는 노동조합, 이른바 법외조합에 대하여는 노동조합및노 동관계조정법에 정하여진 절차와 구제, 예컨대 노동위원회에 의한 노동쟁의의 조정, 부당 노동행위의 구제가 인정되지 않고 있다(노동조합및노동관계조정법§7①). 이것은 노동조합 에 대한 국가의 계몽적 입장에서의 조치로 보지만, 근로자의 권리를 부당하게 제약할 염 려가 있어서 일반적으로 타당치 않다는 견해가 유력하다. 그러나 노동조합으로서의 단결의 방식은 자유이며, 근로자는 기업별로 (기업별조합, 우리나라에서는 이것이 일반적이다), 혹 은 직종별로 (직업별노동조합, 외국에서는 이것이 일반적이다) 조합을 결성할 수 있으며, 또한 조합 (단위조합)을 단위로 하는 연합체, 혹은 조합 및 개인 근로자로 구성되는 단일 조합이라도 관계없다. 원칙적으로 조합의 組織(조직).해산 및 조합에의 가입 탈퇴는 자유 이다.

근로자(勤勞者)
영 ; labourer
독 ; Abeiter
불 ; ouvrier

노동조합및노동관계조정법에서 근로자라 함은 직업의 종류를 불문하고 임금.급료.기타 이에 준하는 수입에 의하여 생활하는 자를 말한다(노동조합및노동관계조정법§2 I). 理論(이론)에서 는 이를 勞動法上 從屬勞動關係(노동법상 종속노동관계)에 있는 자라고 한다. 사용자의 지휘 명령 아래 근로를 제공하는 자로 그 판단은 (1) 專屬性(전속성)의 유무, (2) 도구와 생산수단 의 소유관계, (3) 작업에서 장소, 시간 및 방법 등에 감독을 받는가의 여부, (4) 근로를 대체 할 수 있는가의 여부, (5) 근로와 임금의 상관관계가 있는가의 여부 등을 고려하여야 한다.

사용자(使用者)
영 ; employer
독 ; Arbeitgeber

노동조합및노동관계조정법에서 사용자라 함은 사업주 . 사업의 경영담당자 또는 그 사업 의 근로자에 관한 사항에 대하여 사업주를 위하여 행동하는 자를 말한다(노동조합및노동관 계조정법§2Ⅱ). 여기에서 사업주를 위하여 행동하는 자란 그 사업에서 인사.급여.노무관 리 등 근로자에 관한 사항에 대하여 사업주 또는 사업의 경영담당자의 명령.지휘권을 대 행하는 모든 자를 말한다.

숍협정(shop協定)

숍협정이라 함은 고용계약(근로계약)과 노동조합의 조합원 자격과의 관계의 결정방식을 말한다. 이에는「클로우즈드.숍」,「유니온 숍」,「오픈 숍」등이 있다.

유니온 · 숍(Union Shop)

유니온.숍이라 함은 근로자를 新規採用(신규채용)함에 있어 사용자가 勞動組合員(노동조합원)이건 아니건 이를 불문하고 누구든지 채용할 수 있는 것이지만, 일단 채용된 자는 일정기간 내에 조합에 가입하지 않으면 해고되며, 또 (제명 또는 탈퇴 등으로) 조합원 자격을 상실한 자도 해고된다는 工場事業場(공장사업장)을 말한다. 광의「클로우즈드.숍」중에 포함되기도 하지만, 보통 채용시의 차이를 표준으로하여 협의의「클로우즈드.숍」과 대립되었다. 1980년 12월 31일 개정 이전의 勞動組合法(노동조합법)은 일정한 조건하에「유니온 . 숍」을 인정하고 있었기 때문에 (개정前 노동조합법§39Ⅱ 但書), 헌법상의「클로우즈드.숍」과 같이 이론이 많았으나 1980년 12월 31일의 개정으로 위의 제39조 2호 단서가 삭제 되었다가 1987년 11월 28일 勞動組合法(노동조합법) 일부 개정 때에 다시 신설 되었다(현행 노동조합및노동관계조정법§81Ⅱ 참조).

Union Shop협정 체결 허용여부

부정설	근로자 개인의 자기결정권을 중시하여 조직강제를 부정하는 견해
긍정설	소극적 단결권(단결하지 아니할 자유)이 인정된다고 할지라도 적극적 단결권이 실효를 거둘 수 있도록 하기 위해서는 어느 정도의 단결강제가 허용된다는 견해
판례 (긍정설)	유니언 숍(Union Shop) 협정은 노동조합의 단결력을 강화하기 위한 강제의 한 수단으로서 근로자가 대표성을 갖춘 노동조합의 조합원이 될 것을 '고용조건'으로 하고 있는 것이므로 단체협약에 유니언 숍 협정에 따라 근로자는 노동조합의 조합원이어야만 된다는 규정이 있는 경우에는 다른 명문의 규정이 없더라도 사용자는 노동조합에서 탈퇴한 근로자를 해고할 의무가 있다 (대법원 1998. 3. 24. 선고 96누16070 판결).

클로즈우드 · 숍(Closed Shop)

클로우즈드.숍이라 함은 광의로는 「유니온.숍」까지도 포함시켜서 「오픈 . 숍」과 대립되는 개념으로, 보통은 이미 勞動組合(노동조합)에 가입되어 있는 자만이 채용되며, 제명 혹은 탈퇴 등으로 인하여 조합원 자격을 상실한 자는 해고되는 工場事業場(공장사업장)을 말한다. 사용자와 노동조합과의 사이에 협정에 의하여 성립한다. 금세기 초기부터 미국에서 특히 문제가 된 것으로서 이 제도를 채용할 경우 사용자의 人事權(인사권)을 침해하는 것이 아닌지, 비조합원의 「團結(단결)하지 않을 自由(자유)」, 「부당하게 일을 박탈당하지 않을 자유」를 침해하는 것이 아닌지가 문제가 된다. 조합측은 근로자가 사용자와 대등한 입장에 서서 교섭하려면, 전근로자가 일체로 되어야 할 필요가 있는 것이며, 이를 위하여는 어느 정도의 團結强制(단결강제)도 불가피하다는 것을 주장한다. 미국에서는 주에 따라서 「클로우즈드 . 숍」에 대한 태도에 약간의 차이가 있었으나 「와그너」법 이후 그의 適法性(적법성)이 인정되었다. 그러나 「태프트 . 하틀리」법은 이를 금지하여 현재에 이르고 있다. 우리 나라에서는 職業別勞動組合(직업별노동조합)이 거의 없고, 産業別勞動組合(산업별노동조합)도 미발달 상태에 있기 때문에 「클로우즈드.숍」의 실례는 거의 없는 실정이다. 그 적법성에 관하여는 헌법 제33조의 團結權(단결권)이 당연히 「클로우즈드.숍」을 용인하는가의 여부, 또 노동조합및노동관계조정법 제7조 2항이 「유니온.숍」뿐만 아니라 「클로우즈드.숍」까지도 포함하는가의 여부에 관하여 의론이 있다.

오픈 · 숍

오픈.숍이라 함은 광의의 「클로우즈드.숍」에 대응하는 개념으로 근로자의 채용.해고 기타의 근로조건에 관하여 노동조합에 加入(가입)한 근로자와 加入(가입)하지 아니한 근로자와의 사이에 어떠한 차이도 두지 아니하는 工場事業場(공장사업장)을 말한다. 그러나 실제로는 조합원을 불이익하게 취급하기 쉬운 것이어서 사용자는 이를 노리고 있다. 미국에서는 「클로우즈드.숍」에 반대하는 사용자들이 American Plan이라고 하여 이를 주장하고 있다.

조합원자격(組合員資格)

組合員資格(조합원자격)이라 함은 勞動組合員(노동조합원)으로서의 지위를 말한다. 노동조합은 원래 任意團體(임의단체)이므로, 조합이 그 조합자격에 대하여 어떠한 제한을 가한다 하더라도 자유라고 볼 수 있는 것이지만, 우리나라의 노동조합및노동관계조정법은 건전한 조합을 육성한다는 측면에서 「조합원은 어떠한 경우에도 人種(인종).宗敎(종교).性別(성별).政党(정당) 또는 身分(신분)에 의하여 차별대우를 받지 않는다.」(노동조합및노동관계조정법§9)고 하여, 이러한 것을 이유로 한 조합원 자격의 박탈이 있어서는 아니된다는 것을 규정하고 있다. 사용자의 이익을 대표한다고 인정되는 자의 가입은 그것만으로는 곧바로

御用組合化(어용조합화) 또는 支配.介入(지배.개입)이 있었다고는 할 수 없는 것이지만, 御用化(어용화)의 우려가 많기 때문에 조합은 管理的(관리적) 입장에 있는 자를 제외하는 것이 일반적이다.

노동조합규약(勞動組合規約)

勞動組合(노동조합)이 다음의 사항에 관해서 작성해 놓은 규약을 말한다(노동조합및노동관계조정법§11). (1) 명칭, (2) 목적과 사업, (3) 주된 사무소의 소재지, (4) 조합원에 대한 사항(연합단체인 노동조합에 있어서는 그 구성단체에 관한 사항), (5) 소속된 연합단체가 있는 경우에는 그 명칭, (6) 대의원회를 두는 경우에는 代議員會(대의원회)에 관한 사항, (7) 회의에 관한 사항, (8) 대표자와 임원에 관한 사항, (9) 조합비.기타 회계에 관한 사항, (10) 규약변경에 관한 사항, (11) 해산에 관한 사항, (12) 쟁의행위와 관련된 찬반투표 결과의 공개, 투표자 명부 및 투표용지 등의 보존·열람에 관한 사항, (13) 대표자와 임원의 규약위반에 대한 탄핵에 관한 사항, (14) 임원 및 대의원 선거 절차에 관한 사항, (15) 규율과 통제에 관한 사항.

기업별조합(企業別組合)
독 ; Company Union

企業別組合(기업별조합)이라 함은 일정한 기업에 속하는 근로자만으로 구성된 勞動組合(노동조합)을 말한다. 근로자들의 조합의식이 미약한 가운데 단시일 내 사용자와 교섭하기 위하여 등장한 조합으로 同種産業(동종산업)의 기업별 규모와 대우가 심하게 차이가 나고 勞動力(노동력)의 이동이 적은 경우 활용된다. 그 장점으로는 (1) 조합결합이 손쉽고 조합원의 참여의식이 강하며, (2) 單位企業(단위기업) 내에서 종사하는 모든 근로자의 勤勞條件(근로조건)을 합리적으로 개선할 수 있고, (3) 사용자와의 관계가 긴밀하여 勞使協調(사용협조)가 잘 이루어질 수 있다는 점 등을 들 수 있다. 그러나 단점으로는 (1) 사용자에 의한 御用化(어용화)의 위험이 큰 점, (2) 근로조건의 개선이 단위조합에 제한되어 있으므로 다른 기업과의 경쟁에서 그 상한선이 한정되고 노동이동이 심한 점, (3) 각 직종간 근로조건의 개선에 공평을 기할 수 없는 점, (4) 소규모 조합이므로 사용자단체로부터 농락당하여 중소기업에서는 노동조합을 결성 할 수 없고, 사용자의 不當勞動行爲(부당노동행위)가 극심할 우려가 있는 점, (5) 종업원만이 노동조합에 가입할 수 있으므로 「유니온.숍」협정이 체결된 경우 조합임원의 무기능.부패를 조장할 우려가 있는 점 등이 있다.

산업별조합(産業別組合)

독 ; Industrial Uion

産業別組合(산업별조합)이라 함은 同種産業(동종산업)에 종사하는 근로자들이 직종과 기업을 초월하여 결합한 勞動組合(노동조합)을 말한다. 대량의 미숙련 근로자들이 노동시장에 참가함으로써 나타난 것으로 오늘날 대규모 산업시설을 갖춘 구미 선진국에 일반적으로 채택되고 있는 유형이다. 그 장점으로는 (1) 동종산업에 종사하는 근로자의 지위를 통일적으로 개선할 수 있는 점, (2) 組合規模(조합규모)가 큼으로써 사용자단체와 균형을 이루며 정책반영이 용이한 점, (3) 동일산업 내 동종근로자의 근로조건이 동일함으로써 노동이동이 희박한 점 등을 들 수 있다. 그러나 단점으로는 (1) 상부단체가 무기능한 경우 노동운동이 침체하고 非組織爭議行爲(비조직쟁의행위)가 범람하는 점, (2) 상부단체와 하부단체와의 마찰, (3) 각 기업의 특수성을 고려할 수 없다는 점 등을 들 수 있다.

직종별조합(職種別組合)

독 ; craft union

職種別組合(직종별조합)이라 함은 동일한 직종에 종사하는 근로자들이 기업과 산업을 초월하여 횡적으로 결합한 勞動組合(노동조합)을 말한다. 역사적으로 가장 오랜 것이며, 구미 선진국의 경우 아직도 이러한 경향의 노동조합이 있다. 생산방법이 숙련근로자의 기술에 의존하는 경우 노동력의 공급을 독점하여 근로조건을 향상시킬 수 있다는 데 의의가 크다. 장점으로는 (1) 단결력이 강하며 어용화의 위험이 적다는 점, (2) 투쟁의 목표가 모든 근로자에 일치되므로 노동운동의 방향설정이 손쉬운 점, (3) 노동조합이 노동력 공급을 독점할 수 있으므로 使用者(사용자)를 구속할 수 있는 점 등이다. 반면에 단점으로는 (1) 기계의 발달로 숙련 근로자만을 요구하지 않는 경우 독점력을 상실하는 점, (2) 배타적인 성격으로 근로자 전체의 지위개선을 기할 수 없는 점 등을 들 수 있다.

단일조직(單一組織)

單一組織(단일조직)이라 함은 근로자가 개인자격으로 노동조합에 가입할 수 있는 조직을 말한다. 産業別 全國組織(산업별 전국조직) 또는 地域別 全國組織(지역별 전국조직)의 경우 근로자가 개인의 지위로서 조합에 직접 가입하고 그 조합이 독자적인 규약과 기관을 가지고 운영되는 조합이다 이 경우 각 지역내 기업별로 지부.분회 등이 있으나, 이 지부, 분회는 구성단위가 되지 못하고 전국조직의 하부기관에 지나지 않으므로 自主的(자주적)인 決定權(결정권)을 행사하지 못한다. 구미 선진국의 직업별(산업별 조합) 등은 대부분 單一組織(단일조직)의 형태이다.

연합체조직(聯合體組織)

聯合體組織(연합체조직)이라 함은 각 지역별 노동조합 또는 각 기업별 노동조합이 독립된 勞動組合(노동조합)의 자격을 가지면서 전국적인 조직의 구성원이 되는 조합을 말한다. 독자적인 또는 전국적으로 결합한 조합이다. 이 조직에서는 개개의 근로자가 구성원이 될 수 없고 오직 근로자가 구성한 독자적인 노동조합이 구성원이 된다. 다만, 이 연합체는 단순한 協議連結機關(협의연결기관)이 아니고 聯合體(연합체)의 규약에 의하여 각 구성노동조합을 통일하고 있다.

단체협약(團體協約)
독 ; Gsamtvereinbarung
불 ; coonvention collective

團體協約(단체협약)이라 함은 노동조합과 사용자 또는 그 단체와의 사이에서 근로조건 및 경제적.사회적 지위에 관하여 합의된 문서를 말한다. 이에 따라 근로자측은 조직의 힘으로 확보된 근로조건을 보장받을 수 있고, 사용자측은 그 효력기간 동안에는 서로 쟁의행위를 하지 않는다는 것을 확보할 수 있다. 또 국가적인 측면에서는 입법의 미비점을 보완하고 입법의 선도적인 기능을 한다. 이와 같은 團體協約(단체협약)을 계약으로 보고, 이른바 集合契約(집합계약)의 일양태로서의 단체협정으로 보는 입장도 있다. 이러한 노사관계를 규율하는 법규설정에 대한 근거는 勞動組合運動(노동조합운동)이 승인됨으로써 성립된 노동관습법 속에서 이를 구할 수 있다. 爭議團(쟁의단)이나 이른바 御用組合(어용조합)은 단체협약을 체결할 능력(協約能力<협약능력>)이 없다. 노동조합및노동관계조정법에 따르면 단체협약은 반드시 서면으로 작성하여야 되며, 양 당사자의 서명날인을 요한다(노동조합및노동관계조정법§31①). 그것의 유효기간은 2년을 초과할 수 없다(노동조합및노동관계조정법§32①). 단체협약에서 정한 근로조건 기타 근로자의 대우에 관한 기준(規範的 部分<규범적 부분>이라고도 한다)에 위반하는 취업규칙이나 근로계약의 부분은 무효로 하고 (노동조합및노동관계조정법§33① 규범적 효력), 근로계약에 규정되지 아니한 사항 또는 이 경우 무효로 된 부분은 단체협약에 정한 기준에 의한다(노동조합및노동관계조정법§33②).

규범적 효력(規範的 效力)
독 ; normative kraft

規範的 效力(규범적 효력)이라 함은 단체협약에 정한 勤勞條件(근로조건) 기타 근로자의 대우에 관한 기준에 위반하는 취업규칙 또는 근로계약의 부분은 무효이며, 무효로 된 부분은 團體協約(단체협약)에 정한 기준에 따르도록 하는 단체협약의 효력을 말한다(노동조합및노동관계조정법§33)

일반적 구속력 · 지역적 구속력
(一般的 拘束力 · 地域的 拘束力)

一般的 拘束力(일반적 구속력)이라 함은 단체협약에 대하여 노동조합및노동관계조정법이 특별히 인정하고 있는 효력을 말한다. 하나의 사업 또는 사업장에 常時(상시) 사용되는 동종의 근로자의 반수 이상이 하나의 團體協約(단체협약)의 적용을 받게 된 때에는 당해 사업 또는 사업장에 사용되는 다른 동종의 근로자도 당연히 그 협약의 적용을 받게 된다(노동조합및노동관계조정법§35 . 일반적 구속력). 또한 하나의 지역에 있어서 종업하는 동종의 근로자의 3분의 2이상이 하나의 단체협약의 적용을 받게 되는 경우에는 행정관청은 당사자의 양쪽이나 일방의 신청 또는 직권으로 노동위원회의 의결을 얻은 다음, 당해 지역에 있어서 종업하는 다른 동종의 근로자와 그 사용자에게도 당해 단체협약의 적용을 받을 것을 결정할 수가 있다(노동조합및노동관계조정법§36.지역적 구속력). 단체협약은 협약 당사자간의 自主的 規範(자주적 규범)이어서, 비조합원의 근로조건은 동일한 사용자 밑에서 일을 하더라도 그것의 적용을 받지 않는다는 것을 원칙으로 하지만, 하나의 사업장 또는 하나의 지역내의 근로조건의 기준을 통일한다는 목적에서 법률은 특히 다수자에게 적용되는 협약을 소수자에게도 적용시키고 있다. 이것은 원래 독일의 團體協約令(단체협약령)(1818년 12월 23일)의 일반적 구속력(allgemein Verbindlich)의 선언의 제도에서 채택된 것이라고 하나, 노동조합및노동관계조정법 제36조의 「지역적 구속력」만이 독일의 단체협약령과 동일한 형태를 취하는 것이며, 노동조합및노동관계조정법 제35조의 「일반적 구속력」은 본래의 독일의 단체협약령을 다른 형식으로 확장한 규정이다. 다만, 이들 제도에 대해서는 일반적으로 조합보호를 위한 것이냐, 아니면 비조합보호를 위한 것이냐에 대한 다툼이 있으며 특히 임시공에게도 일반적 구속력이 미치는가에 대하여는 다툼이 있다.

어용조합(御用組合)
영 ; company union, companydominated union

御用組合(어용조합)이라 함은 노동조합은 사용자에 대하여 완전한 자주성을 보유하여야 하는 것인데, 이를 가지지 못한 조합을 말한다(노동조합및노동관계조정법§2 Ⅳ). 이는 회사조합 또는 黃色組合(황색조합)이라고도 한다.

법외조합(法外組合)

法外組合(법외조합)이라 함은 노동조합및노동관계조정법에서 규정하고 있는 노동조합으로서의 資格要件(자격요건)을 구비하지 않은 근로자의 단체를 말한다. 이른바 御用團體(어용단체) . 조합규약요건을 갖추지 못한 노동조합등을 말한다(노동조합및노동관계조정법§2 Ⅳ .

§10~§13). 法內組合(법내조합)에 대응하는 개념이다. 헌법이 근로자에게 團結權(단결권).團體交涉權(단체교섭권).團體行動權(爭議權)(단체행동권<쟁의권>)을 보장하고 있는 이상(憲§33①), 이들 조합이라 할지라도 정당한 爭議行爲(쟁의행위)에 대해서는 民事上(민사상) . 刑事上(형사상)의 면책을 받게 되겠지만(노동조합및노동관계조정법 §1,§3,§4), 단체협약의 체결능력이 없음은 물론, 노동위원회에 의한 노동쟁의의 조정이나 不當勞動行爲(부당노동행위)의 구제신청 등도 할 수 없다(노동조합및노동관계조정법§7①). 또한 노동조합및노동관계 조정법에 의한 노동조합이 아니므로 노동조합이라는 명칭을 사용하지 못한다(노동조합및노동관계조정법§7③)

법내조합(法內組合)

法內組合(법내조합)이라 함은 法外組合(법외조합)에 대응하는 개념으로 노동조합및노동관계조정법 제2조 제4호의 요건을 구비하여 노동조합및노동관계조정법 제10조 1항의 申告事項(신고사항)을 기재한 申告書(신고서)에 노동조합및노동관계조정법 제11조에 따른 규약을 첨부하여 申告證(신고증)(노동조합및노동관계조정법 §12)을 받은 組合(조합)을 말한다.

사용자단체(使用者團體)

使用者團體(사용자단체)라 함은 근로자가 노동조합을 결성하고 團體交涉(단체교섭)을 하는 것에 대응하여 사용자간에 결성되는 단체를 말한다. 이것은 職業別(직업별).産業別(산업별)의 노동조합에 대응하여 결성되고, 노사의 對等交涉(대등교섭)을 확보함과 동시에, 근로관계의 통일적 처리를 실현하려는데 그 의의가 있다. 소속사용자와 상대방조합 및 그 조합원간의 근로관계를 규정하는 團體協約(단체협약)을 체결할 능력(協約能力<협약능력>)을 가지고 있다.

사용자의 부당노동행위
(使用者의 不當勞動行爲)

使用者의 不當勞動行爲(사용자의 부당노동행위)라 함은 노동조합운동에 대한 사용자의 妨害行爲(방해행위)를 말한다. 노동조합이 자주적으로 이것을 방위할 수 있을 정도로 강력하지 못한 경우에는 국가기관이 이것을 배제함으로써 건전한 노사관계를 육성하는 것이 요청된다. 이것은 원래 미국에서 勞動組合運動(노동조합운동)에 대한 사용자의 방해행위를 배제하고 組合의 御用化(조합의 어용화)를 방지함은 물론 노동조합의 조직화를 촉진하기 위하여 1935년「와그너」법이 최초로 채택한 제도이다. 우리 헌법에서도 근로자에게 團結權(단결권).團體交涉權(爭義權)(단체교섭권(쟁의권))을 보장하고 있는 이상 (憲§33①), 이러한 방해행위는 그 자체가 위법이 되는 것이지만, 조합의 조직력이 충분히 강력하지 못한 관계로 노동조합의 건전한 발달을 조성하기 위하여 노동조합및노동관계조정법에서도 不當勞動行爲制度(부당노동행위제도)의 규정을 채택하게 된 것이다. 1963년 12월 7일 개정 이전의 勞動組合法(노동조합법)에서는 그 위반에 대한 처벌만을 규정한 것을 1963년 12월 7일 이후의 개정법에서는 부당노동행위를 배제하는 原狀回復主義(원상회복주의)를 채택하고 있었다. 현행 노동조합및노동관계조정법에서는 원상회복주의와 처벌주의를 다같이 활용하는 병용주의를 택하고 있다(노동조합및노동관계조정법§81~§86).

부당노동행위로서 금지되는 행위는 사용자가, (1) 직접 개개의 근로자에 대하여 ① 근로자가 노동조합에 가입 또는 가입하려고 하였거나 조합을 조직하려고 하였거나 기타 조합의 업무를 위한 정당한 행위를 한 것, 정당한 단체행동에 참가한 것, 기타 노동위원회에 대한 不當勞動行爲의 申告(부당노동행위의 신고)를 한 것, 또는 그에 관한 기타 행정기관에 증거를 제출하고 증언을 한 것 등을 이유로 하여 그 근로자를 해고하거나 不利益 處遇(불이익 처우)를 하는 것, ② 근로자가 어느 노동조합에 가입하지 아니할 것, 또는 탈퇴할 것을 고용조건으로 하거나 (이것을 黃犬契約(황견계약)의 체결이라 한다) 또는 특정한 노동조합의 조합원이 될 것을 고용조건으로 하는 것(「클로우즈드.숍」협정에 의한 해고에 관한 규정은 1980년 12월 31일 개정으로 삭제되었다가 1987년 4월 28일 개정 신설 되었다), (2) 노동조합을 대상으로 하여, ① 정당한 이유없이 단체협약체결 기타 단체 교섭을 거부하거나 懈怠(해태)하는 것, ② 조합의 조직 운영에 지배 개입하거나 운영비의 원조를 하는 것 등이다. 이러한 행위가 있었을 경우에는 근로자 또는 勞動組合(노동조합)은 관할 노동위원회(일반적으로는 지방노동위원회, 경우에 따라서는 특별노동위원회)에 3개월 이내에 不當勞動行爲救濟(부당노동행위구제)의 신청을 할 수 있다(노동조합및노동관계조정법§82). 노동위원회는 이를 조사 심문하여 부당노동행위가 성립한다고 인정한 경우에는 복직 기타 原狀回復命令(원상회복명령), 團體交涉(단체교섭)에 응하여야 한다는 명령 또는 운영비원조의 중지명령 등을 내린다. 결정에 불복이 있는 관계당사자는 中央勞動委員會(중앙노동위원회)에 재심을 신청할 수 있으며 (노동조합및노동관계조정법§85), 이에 불복이 있는 關係當事者(관계당사자)는 다시 행정소송을 제기할 수 있도록 되어 있다(노동조합및노동관계조정법§85). 확정된 기각판결 또는 재심판결에 따르지 않은 자는 3년 이하의 징역 또는 3,000만원 이하의 벌금에 처한다(노동조합및노동관계조정법§85③, §89). 또한 「태프트. 하틀리」법과는 달리, 근로자의 不當勞動行爲(부당노동행위)(예 : 부당한 團體交涉拒否<단체교섭거부>)는 인정되지 않는다.

황견계약(黃犬契約)
영 ; Yellow-dog contract

黃犬契約(황견계약)이란 근로자가 노동조합에 가입하지 않아야 될 것, 또는 조합에서 탈퇴할 것을 雇傭條件(고용조건)으로 체결하는 勤勞契約(근로계약)을 말한다. 이 계약은 특히 미국에서 조합을 싫어하는 사용자가 前世紀末(전세기말)로부터 1920년대에 걸쳐 흔히 사용되었다. 조합활동을 억제하기 위해서는 매우 유력한 수단으로 사용된다. 이 계약은 우리 나라에서도 헌법상의 團結權(단결권)(憲§33①)을 침해하는 것이어서 당연히 무효가 되는 것으로 생각될 뿐만 아니라, 황견계약의 체결은 사용자의 不當勞動行爲(부당노동행위)가 된다(노동조합및노동관계조정법§81Ⅱ,§90).「와그너」법에 따르면 조합의 정당한 행위를 행하지 않는 契約(계약), 조합조직을 방해할 목적으로 勞使의 合資經營(노사의 합자경영)의 형식을 취하는 계약도 不當勞動行爲(부당노동행위)가 된다.

● ## 구제명령(救濟命令)

救濟命令(구제명령)이라 함은 노동위원회에서 勞動組合(노동조합). 勤勞者(근로자) 기타의 자의 신청에 의하여 사용자의 부당노동행위의 사실을 인정하고 이것을 구제하기 위하여 발하는 명령을 말한다(노동조합및노동관계조정법§84①前段). 不當勞動行爲(부당노동행위)가 성립된다는 판정과 이를 구제하기 위한 명령 또는 결정은 서면으로 하여야 하며, 이를 당해 사용자와 신청자에게 각각 교부하여야 한다(노동조합및노동관계조정법§84②). 地方勞動委員會(지방노동위원회) 또는 특별노동위원회의 명령에 대하여는 10일 이내에 중앙노동위원회에 그 再審(재심)을 신청할 수 있으며(노동조합및노동관계조정법§85①), 중앙노동위원회의 명령에 대해서는 15일 이내에 행정소송을 제기할 수 있다(노동조합및노동관계조정법§85②).

노동쟁의(勞動爭議)
영 ; labour dispute
독 ; Arbeitsststreitigkeit
불 ; coonflit du travail
●

勞動爭議(노동쟁의)라 함은 일반적으로 勞動組合(노동조합) 내지는 근로자의 단체와 사용자 내지는 그 단체와의 사이의 紛爭狀態(분쟁상태)를 말한다. 노동조합및노동관계조정법 제2조 제5호에서는「노동조합과 사용자 또는 사용자 단체(노사관계 당사자)사이에 임금.근로시간.복지.해고 기타 대우등 근로조건의 결정에 관한 주장의 불일치로 인하여 발생한 분쟁상태를 말한다. 이 경우 주장의 불일치라함은 당사자 사이에 합의를 위한 노력을 계속하여도 더 이상 자주적인 교섭에 의한 합의의 여지가 없는 경우를 말한다」고 규정하고 있다. 노동관계의 당사자라는 것은 근로자측에서는 근로자의 단체(노동조합)만 당사자가 될 수 있는 것이고, 개인으로서의 근로자는 이와 같은 자격이 없는 것으로 해석된다. 사용자측에서는 개인으로서의 당사자인 경우가 있고, 또 使用者 團體(사용자 단체)가 당사자가 되는 경우도 있다. 또한, 노동쟁의는 근로관계의 당사자 사이의 주장이 서로 일치하지 않았기 때문에 발생하는 것이므로 이 쟁의는 단체교섭을 전제로 하는 것이다. 단체교섭이 행하여

지지 않았건 쟁의는 노동조합및노동관계조정법에 있어서의 노동쟁의라고는 볼 수 없다. 紛爭狀態(분쟁상태)는 쟁의행위가 발생할 우려가 있는 상태라고 해석하는 것이 타당할 것이다. 원래 노동쟁의는 노사간의 自主的(자주적) 해결에 맡겨서, 노사관계의 안정과 産業平和(산업평화)를 도모하기 위하여 노동쟁의를 예방하고 조정하는 기구가 노사간에 자주적으로 구성되는 것이 가장 이상적이다. 다만, 노동조합및노동관계조정법이 노동쟁의를 문제로 하고 있는 목적은 국가기관 또는 행정기관의 관여로 분쟁을 가급적 신속 원만하게 해결하려고 하는 점에 있다.

쟁의권(爭議權)
영 ; right to strike
독 ; Streikrecht
불 ; droit de greve

爭議權(쟁의권)이라 함은 근로자가 사용자에 대하여 근로조건 등에 관한 자기의 주장을 관철하기 위하여 단결하여 罷業(파업) 기타의 爭議行爲(쟁의행위)를 하는 권리를 말한다. 市民法上(시민법상) 실질적으로 우위에서 있는 사용자와 근로자를 대등한 입장으로 유지시키기 위하여 인정된 것이다. 憲法(헌법) 제33조 1항에서 「團體行動權(단체행동권)을 가진다」고 한 것은 명백히 쟁의권을 보장하고 있는 것이다. 현행법상으로도 이에 의거하여 정당한 爭議行爲(쟁의행위)에 대해서는 刑事上(형사상) 및 民事上(민사상)의 면책을 인정하고 있다(노동조합및노동관계조정법§3, §4). 그러나 현실로 행하여지는 쟁위행위는 그 目的 . 樣態 . 手段(목적 . 양태 . 수단) 등의 여하에 따라서는 헌법이 보장하는 쟁의권의 행사의 범위를 일탈하는 것이 되어 법률상의 책임을 부담하지 않으면 안될 경우가 있다. 따라서 쟁의행위에 관한 法律問題(법률문제)는 쟁의행위의 合法 . 違法(합법 . 위법)의 한계를 명백히 하는 데에 있다. 근로자의 쟁의권의 보장과 관련하여 형평의 견지에서 사용자 측에서도 職場閉鎖(직장폐쇄)라고 하는 쟁의행위가 인정되며, 그것이 정당한 것인 한, 이에 의해서 근로자의 노무의 수령을 거부한다 하더라도 그것은 受領遲滯(수령지체)가 되지 않는다.

쟁의행위(爭議行爲)

쟁의행위라 함은 노동관계 당사자가 그의 주장을 관철할 것을 목적으로 행하는 행위와 이에 대항하는 행위로서 업무의 정당한 운영을 저해하는 것을 말한다. 노동조합및노동관계조정법 제2조 제6호는 파업.태업 등을 근로자가 행하는 것으로서, 직장폐쇄를 사용자가 행하는 것으로 각각 규정하고 있다. 이밖에 쟁의행위의 유형으로 「보이콧(boycott)」「피케팅(picketting)」.생산관리 등이 있으며, 또 쟁의행위의 목적에 따라 보통 파업 외에 동정 「스트라이크(sympathetic strike)」. 정치 「스트라이크(Political strike)」등이 있다. 또한 시위행진이나 조합대회가 집무시간 중에 행하여지면 쟁의행위가 될 가능성이 많다. 그러나 이와 같은 쟁의행위가 모두 당연히 과법한 것으로 인정되는 것은 아니다. 즉 쟁의행위 그 자체가 권리로서 행사된다고 하여서 그것이 어떠한 목적·양태·수단을 통해서 행하여지든지 절대적으로 과법시된다고는 볼수 없다. 예를 들면, 쟁의행위에 의한다고 할지라도 인명을 해칠 수 없음은 물론, 헌법이 보장하는 기본적 인권을 침해할 수 없다. 또한 노동기본권과 함께 재산권을 보장하고 있는 헌법 하에서 재산권을 부정하는 따위의 행위가 허용될 수 없음은 물론이다. 그러나 쟁의행위에 의한 업무의 정지 또는 폐지 등으로 인하여 기업이 경제적 손실을 받는 경우 이는 불가피한 것으로 이해된다.

근로자의 쟁의행위가 형법상 정당행위가 되기 위하여는 첫째 그 <u>주체가 단체교섭의 주체</u>로 될 수 있는 자이어야 하고, 둘째 그 목적이 근로조건의 향상을 위한 노사간의 자치적 교섭을 조성하는 데에 있어야 하며, 셋째 사용자가 근로자의 근로조건 개선에 관한 구체적인 요구에 대하여 <u>단체교섭을 거부하였을 때 개시하되</u> 특별한 사정이 없는 한 <u>조합원의 찬성결정 및 노동쟁의 발생신고 등 절차를 거쳐야</u> 하는 한편, 넷째 그 수단과 방법이 사용자의 재산권과 조화를 이루어야 함은 물론 <u>폭력의 행사에 해당되지 아니하여야 한다</u>는 여러 조건을 모두 구비하여야 한다(**대법원 1998. 1. 20. 선고 97도588 판결**).

쟁의행위의 손해배상
(爭議行爲의 損害賠償)

근로자의 단체행동권은 헌법이 보장하고(헌법 33조) 있으므로 정당한 쟁의행위에 대해서 근로자는 손해배상의무를 면하는 것이 원칙이다. 노동조합및노동관계조정법상 사용자는 정당한 쟁의행위로 인해 손해를 입는 것을 예정하여 노동조합 또는 노동자에 대한 배상을 청구할 수 없도록 하였다(동법 3조). 그러나 쟁의행위가 정당하지 못할 경우에는 민법에 의한 채무불이행 또는 불법행위로 인한 배상의 책임이 발생함은 물론이다. 이 때 책임의 주체는 그것이 전체로서의 목적이나 수단에 있어서 정당하지 않을 경우에는 조합 자체가 되며, 쟁의행위 중에 폭행 등의 개인적 불법행위가 발생한 경우에는 그 행위를 한 조합원이 된다.

파업(罷業)
영 ; strike
독 ; Sreik
불 ; grève

罷業(파업)이라 함은 勞動組合(노동조합) 기타의 勤勞者 團體(근로자 단체)의 통제하에서 그 所屬員(組合員)(소속원<조합원>)이 집단적으로 그 노무의 제공을 정지하는 것을 내용으로 하는 爭議行爲(쟁의행위)를 말한다. 파업은 각종의 쟁위행위 가운데 널리 행하여지는 전형적 쟁의행위인 동시에 가장 순수한 형태로서 그 본체를 조성하는 행위는 노동력에 대한 사용자의 지배관계에서부터 이탈하는 것이다. 즉 생산수단과 노동력과의 결합을 절단하고 노동력의 제공을 집단적으로 거부하는 것이다. 파업에 관해서는 근로자측의 債務不履行(채무불이행).業務妨害(업무방해) 등이 문제된다. 諸外國(제외국)에서도 파업이 적법한 것으로 되기까지 오랫동안의 勞動組合運動(노동조합운동)이 전개되었다. 우리 나라에서는 憲法 제33조 1항과 노동조합및노동관계조정법에 의하여 법률의 범위 내에서 그 적법성을 보장하였다. 그러나 구체적으로 어떠한 파업이 적법한 것인가는 그때그때의 目的.樣態.手段(목적.양태.수단)에 따라서 결정될 문제이다. 파업은 그 목적.양태에 따라서 여러 가지 형태로 분류된다. 예를 들면, 「政治 스트라이크(Political strike)」.「同情 스트라이크(Sypothetic strike)」와 「제너럴 스트라이크(General strike)」.「一部 스트라이크」 등이 있다.

동정 Strike(同情 스트라이크)
영 ; sympathetic Strike
독 ; Sympathiestreik

同情(동정)「스트라이크」라 함은 勞動組合(노동조합) 등의 근로자 단체가 자기의 사용자와의 사이에 다툼이 존재하지 않는데도 불구하고, 다른 사업장 또는 직업.산업에 있어서 동맹파업 중에 있는 다른 근로자 단체를 지원하여 행하는 罷業(파업)을 말한다. 이와 같은 파업의 형태는 勞動組合(노동조합)과 사용자와의 사이에 직접적이며 구체적 대립관계가 존재하지 않는다. 따라서 파업의 대상이 된 사용자가 노동조합의 요구에 응할 수가 없는 것이라고 하는 이유로 정당한 쟁의행위라고 볼 수 없으며, 각국에 있어서도 위법시되는 경향이 있다. 그러나 지원된 쟁의행위의 성공으로 자기가 속하는 기업의 근로조건의 유지 . 향상이 기대되는 이상 법률상 정당한 쟁의행위라고 하는 설도 있다.

정치 Strike(政治 스트라이크)
영 ; political strike
독 ; politischer strike
불 ; grève pilitique

政治(정치)「스트라이크」라 함은 근로자의 경제적 지위의 향상보다는 정치적 목적의 달성을 위하여 행하여지는 「스트라이크」를 말한다. 예컨대 特定內閣의 退陣(특정내각의 퇴진), 특정한 立法(입법) 또는 정책의 요구나 반대를 목적으로 하는 爭議行爲(쟁의행위)가 그것이다. 이것은 同情(동정)「스트라이크」의 경우와 마찬가지로, 勞動組合(노동조합)과 使用者(사용자)와의 사이에 직접적이며 구체적 대립관계가 존재하지 않는 경우이기 때문에 정당한 쟁의행위로서의 보호를 받지 못하는 것이나, 정치적 목적이 경제적 목적에 부수되어 있는 경우에는 법이 규정된 정당한 목적을 일탈하지 않는 것이라고 볼 수 있다. 경제 「스트라이크」는 보통 정치 「스트라이크」로 되는 진전이 되기 때문에 이들의 구분은 명확하지 않다.

제너럴스트라이크
(General Strike)

제너럴 스트라이크라 함은 總罷業(총파업) 또는 總同盟罷業(총동맹파업)을 말한다. 「제네스트」라고도 부른다. 동일지역, 동일산업 또는 전국의 주요산업의 근로자가 공동해서 동시에 행하는 「스트라이크」를 말한다. 이에는 同情(동정) 「스트라이크」의 형태를 가지면서 규모를 확대하여 가는 경제적 「제네스트」, 特定立法(특정입법) 내지 정책의 變改(변개)를 요구하는 정치적 「제네스트」 또는 현존 사회질서의 일거적 전복을 도모하는 수단으로서의 혁명적 「제네스트」 등의 3종이 있다. 따라서 어떤 종류이건 그 결과는 사회의 경제생활이나 기능을 일시적으로 마비시킴은 물론 현존질서에의 위협이 큰 것이고, 또한 이러한 형태의 동맹파업은 노사의 대립관계를 규정하는 勞動法(노동법)의 대상으로서의 성격을 가지고 있지 않기 때문에, 이러한 종류의 행동을 특히 보장하여야 할 사회적 상당성은 없다. 1893년 「벨기에」근로자의 「제네스트」를 시초로 하여, 그 후 유명한 것으로서 1926년 영국의 「제네스트」가 있다.

태업(怠業)
영 ; soldiering   독 ; Sabotage

怠業(태업)이라 함은 노동조합의 통제아래 표면적으로는 就業(취업)을 하면서도 집단적으로 작업 능률을 저하시키고 소극적 작업을 함으로써 사용자에게 손해를 주는 쟁의행위를 말한다. 태업은 대체로 파업에 관한 제한을 回避(회피)할 목적으로 행하여지는 경우가 많다. 즉, 團體協約(단체협약)으로 파업에 대하여 어떠한 제한이 가하여진 경우라든지, 파업 그 자체가 사회여론에 나쁜 영향을 주는 사태하에 놓여 있는 경우에는 罷業(파업)을 피하고 이에 대신하여 태업을 행하는 경우가 있게 될 것이다. 태업의 형태는 보통 적극적인 것과 소극적인 것으로 구별되며, 그의 위법성도 이 구분에 의하여 판단된다. 기계설비에 손해를 주는 행위 등이 적극적인 것에 속하고, 殘業拒否(잔업거부) 등이 소극적인 것에 속한다. 법률적 측면에서 본다면 소극적인 것은 합리적인 것이지만, 적극적인 것은 비합리적인 것이라고 보는 것이 보통이다. 勤勞者(근로자)가 자기의 노력을 아껴서 충분히 발휘하지 않는 것은 정당한 권리인 것이며, 이것은 정당한 파업과 마찬가지로 합법적인 것이지만, 企業者의 財産(기업자의 재산)을 손괴하는 행위는 合法性의 限界(합법성의 한계)를 일탈한 것이라고 볼 수 있기 때문이다. 이 쟁의행위는 빈번히 이용되는 쟁의행위이다.

직장폐쇄(職場閉鎖)
영 ; Lock out

職場閉鎖(직장폐쇄)라 함은 노동법이 인정하는 유일한 使用者의 爭議行爲(사용자의 쟁의행위)를 말한다. 이것은 「록. 아우트」(Lock out) 또는 工場閉鎖(공장폐쇄)라고도 한다. 이것은 노사의 주장이 대립하는 경우에 사용자가 그의 주장을 관철하기 위하여 노동자를 공장으로부터 내쫓고, 그의 노무수령을 거부하는 쟁의행위이다 (노동조합및노동관계조정법 §2 Ⅵ). 주로 怠業(태업)에 대항하는 수단으로서 행하여지며, 직장폐쇄를 한 사용자가 受領遲滯(수령지체)로 되지 않는 것은 물론이다. 직장폐쇄는 방어적인 것이어야 하며, 만약 이를 노동자의 정당한 조합활동을 저해할 목적으로 행하거나 또는 집단적.영구적 解雇의 意圖(해고의 의도)를 가지고 행하는 경우는 정당한 것으로 인정할 수 없다는 설이 유력하다. 그리고 노동조합이 쟁의행위를 개시한 이후에만 직장폐쇄를 할 수 있고 사용자가 직장폐쇄를 하고자 할 때에는 고용노동부장관 및 노동위원회에 각각 신고하여야 한다 (노동조합및노동관계조정법§46).

사용자측의 직장폐쇄조치의 위헌여부

위헌설	헌법 제33조는 주체를 근로자라고 명기하고 있어 사용자는 이에 포함되지 않으므로 직장폐쇄 등 사용자측의 단체행동권은 인정되지 않는다는 견해
합헌설	사용자가 노동3권의 향유자가 될 수 없는 것은 당연하지만 재산권을 보장한 헌법 제23조 제1항과 기업의 경제상의 자유를 규정한 헌법 제119조 제1항, 노사간의 실질적 균형 등의 시각에서 불가피한 것으로 보는 견해

보이콧(Boycott)
영 ; Boycott
독 ; Boykott
불 ; boycottage

보이콧(不買同盟<불매동맹>)이라 함은 사용자 또는 이 사용자와 去來關係(거래관계)가 있는 제3자의 商品의 購買(상품의 구매) 또는 그의 시설의 利用(이용)을 단결해서 거절하는 일종의 쟁의행위를 말한다. 이 보이콧이라는 용어는 「스코틀랜드」의 한 영토의 관리였던 「보이콧」大尉(대위) (Captain Boycott)의 惡政(악정)에 반항한 領民(영민)이 同大尉(동대위)와의 접촉을 일체 단절한 데서 유래한다. 일반적으로는 去來(거래)를 저해하는 행위를 말한다. 직접 쟁의 중의 사용자에 대해서 행하는 보이콧을 1차적 「보이콧」이라고 하며, 쟁의와 직접 관계가 없는 제3자에게까지 번지는 보이콧을 2차적 「보이콧」이라고 한다. 미국의 「태프트·하틀리」법에서는 근로자의 不當勞動行爲(부당노동행위)로서 금지되어 있지만, 영국에서는 合法(합법)이라고 判示(판시)된바 있다. 노동조합이 그 결의에 따라서 어느 사용자에 대하여 그 商品의 不買(상품의 불매)를 실행하는 것은 조합으로서의 행동의 자유의 범위 내에 속하는 것이기 때문에 적법한 것으로 본다. 그러나 2차적 「보이콧」의 경우는 그 동맹파업이 직접 사용자와의 분쟁에서 일어난 것이 사용자측에서는 대응책이 없는 쟁의행위이기 때문에 정당시 될 수 없다고 보는 것이 보통이다.

피케팅(Picketing)

피케팅이라 함은 「스트라이크」·「보이콧」 기타의 쟁의행위를 하는 경우에, 이를 「스트라이크」 파괴자나 脫落者(탈락자)로부터 防衛(방위)하기 위하여 근로자가 工場(공장)·事業場(사업장)·商店(상점)의 입구 등에서 행하는 警戒(경계)·追隨(추수) 등의 행위를 말한다. 따라서 「피케팅」은 그 자체독립에의 쟁의행위는 아니며, 다른 쟁의행위에 대한 보조수단의 역할을 한다. 또한 「피케팅」은 쟁의행위의 당사자인 사용자 이외의 제3자에 대한 적극적 행위이다. 그렇기 때문에 관계근로자가 一絲不亂(일사불란)하게 爭議行爲(쟁의행위)를 결행하고, 근로자 전체의 連帶意識(연대의식)이 강하며, 파업이 파괴될 염려가 없으면 「피케팅」은 아무 필요가 없는 것이다. 「스트라이크」가 노동력의 停止(정지)로 스스로의 요구를 관철할 것을 목적으로 하는 이상, 사용자가 고용한 대체 근로자를 근로자측에서 배제한다는 것은 그의 효과를 확보하기 위한 불가결한 수단이라고 하겠다. 현재 諸國(제국)에서는 이러한 「피케팅」이 「스트라이크」에 附隨(부수)되는 것으로서 合法視(합법시)되고 있으나, 사용자의 財産權(재산권) 보호의 견지에서 여러 가지의 제한을 붙이고 있으며, 그 한계는 일반적으로 엄격한 평화적 「피케팅」에 한정되는 경향이 강하다. 즉, 평화적 설득의 범주를 넘어서는 「피케팅」은 정당화 될 수 없다.

생산관리(生産管理)

生産管理(생산관리)라 함은 노동조합이 사용자의 지휘·명령을 배제하고 직접 企業經營(기업경영)을 담당하는 것을 말한다. 즉 근로자의 단체가 쟁의의 목적을 달성하기 위하여 使用者의 意思(사용자의 의사)에 반하여 사용자의 공장·사업장 또는 設備資材(설비자재) 등 일체를 자기의 점유(지배)하에 놓고, 사용자의 지휘·명령을 배제하여 직접 자기의 손으로 기업경영을 행하는 쟁의행위이다. 이것은 정당한 파업으로는 賃金(임금)을 받지 못할 뿐만 아니라 자칫 잘못하면 그 결속에 분열이 생기기 쉬운 것이기 때문에 임금을 받아가면서 결속을 굳게 하고 쟁의의 목적을 달성하려고 하는 것이다. 그러나 이것은 勞動의 拒否(노동의 거부)라고 하는 소극적 성질에 그 합법성의 기초를 가지고 있는 본래의 의미에 있어서의 쟁의행위를 轉用(전용)하여, 기업자의 소유권을 침해하고 경영권을 탈취하려고 하는 행위이므로 위법이 아니냐는 문제로 많은 논쟁이 있다. 외국의 경우를 보면 學說(학설).判例(판례)에서 다양한 議論(의론)이 있다. 원래 이 生産管理(생산관리)는 제2차 세계대전 후의 혼란기를 틈타서 일본에서 널리 행하여 졌으며, 그보다 앞서 제1차 세계대전 후에는 「독일」.「이탈리아」 등에서 이와 같은 것이 행하여졌다.

준법 투쟁(遵法 鬪爭)
영 ; law-abiding policy
•

遵法鬪爭이라 함은 쟁의행위로서의 怠業(태업)의 일종이다. 이에는 크게 나누어 2종류가 있다. 첫째, 업무 . 시설관리 법규 또는 勤勞基準法(근로기준법) 및 그 施行規則(시행규칙)이 요구하고 있는 조건대로 작업을 실시하고 業務能率(업무능력)을 저하시키는 것, 예컨대, 安全運轉(안전운전).點檢鬪爭(점검투쟁) 등이 그것이다. 둘째, 時間外勤勞(시간외근로).休日勤勞(휴일근로)를 거부하거나(殘業拒否<잔업거부> 또는 定時退勤<정시퇴근> 등), 또는 단체협약이나 就業規則(취업규칙)으로 인정된 휴가를 일제히 취하는 경우(一齊休暇<일제휴가> 또는 집단결근 등)이다.

정당한 쟁의행위
(正當한 爭議行爲)
•

正當한 爭議行爲(정당한 쟁의행위)라 함은 憲法(헌법)에 의하여 정당하게 보장되는 쟁의행위를 말한다. 헌법에서 근로자의 團體行動權(단체행동권), 즉 爭議權(쟁의권)을 보장하고 있으므로(憲§33①), 정당한 쟁위행위에는 당연히 민사상.형사상의 免責(면책)이 인정된다. 여기에서 「정당한」이라 함은, 쟁의행위의 목적.양태.수단에 있어서 사회통념상 정당한 범위에 속하는 것을 말하며 「法으로 保障(보장)을 받는다」는 뜻을 말한다. 예컨대, 구체적인 주장도 없이 오로지 사용자를 괴롭히기 위하여 행한 쟁의행위나, 經濟的 地位(경제적 지위)의 向上(향상)이 아니라 단순히 정치적 목적의 달성을 위한 쟁의행위라든지, 부당한 폭력행사나 파괴적인 쟁의행위(노동조합및노동관계조정법 §42①)는 정당한 쟁의행위가 아니다. 民事上의 免責(민사상의 면책)이라 함은 근로자가 파업 등을 행하여 단체적으로 사용자에 대하여 노무의 제공을 거부하여도, 사용자에 대하여 債務不履行(채무불이행) 또는 契約違反(계약위반)으로 손해배상책임을 지지 않는 것은 물론, 제3자에 대해서도 불법행위로 인한 손해배상책임을 지지 않음을 말한다(노동조합및노동관계조정법§3). 刑事上의 免責(형사상의 면책)이라함은, 원래 그와 같은 근로자의 행위는 노동조합에 대하여는 계약위반의 誘導(유도)로서 불법행위를 구성하고, 나아가서는 업무 내지 영업의 방해를 이유로 한 犯罪(범죄)를 구성하는 것이나, 정당한 쟁위행위에 대해서는 이를 묻지 않는다는 것을 말한다(노동조합및노동관계조정법 §4).

쟁의행위의 제한
(爭議行爲의 制限)

爭議行爲의 制限(쟁의행위의 제한)이라 함은 쟁의권 또는 쟁의행위에 대한 법률상의 제한을 말한다. 쟁의권은 근로자에게 그의 勤勞條件(근로조건) 등을 향상시키기 위해서 인정된 것이므로 그것 자체가 목적이 아니고 수단인 것이기 때문에 절대적인 것은 아니다. 따라서 국민전체의 利益(이익)이나 生命(생명)의 안전 등의 요청에서부터 법률상의 제한을 받는다. 쟁의행위는 조정절차를 거치지 아니하면 행할수 없다(노동조합 및노동관계조정법§45②). 기타 쟁의행위는 조합원의 직접, 비밀, 무기명 투표에 의한 과반수의 찬성으로 행하여야 되며(노동조합및노동관계조정법§41①), 당해사업장 이외의 다른 장소에서는 이를 행할 수 없으며, 폭력이나 파괴행위로는 행할 수 없다는 것(노동조합및노동관계조정법 §42①)을 규정하고 있다. 또한 헌법 제33조 제2항에 의하면 공무원인 근로자는'법률이 정하는 자에 한하여'단결권·단체교섭권 및 단체행동권을 가진다고 규정하고 있다. 이에 따라 헌법 제33조제2항의 규정에 의한 공무원의 노동기본권을 보장하기 위하여 노동조합및노동관계조정법 제5조 단서의 규정에 따라 공무원의 노동조합 설립 및 운영 등에 관한 사항을 정함을 목적으로'공무원의노동조합설립및운영등에관한법률'이 제정되어 있다. 이 법에서 공무원이라고 함은 국가공무원법 제2조 및 지방공무원법 제2조에서 규정하고 있는 공무원을 말한다. 다만, 국가공무원법 제66조제1항 단서 및 지방공무원법 제58조제1항 단서의 규정에 의한 사실상 노무에 종사하는 공무원과 교원의노동조합설립및운영등에관한법률의 적용을 받는 교원인 공무원을 제외한다(동법 제2조). 이 법에 의하면 동 법의 규율을 받는 공무원은 노동조합의 가입이 허용되어 단결권과 단체교섭권이 보장되지만, 파업·태업 그 밖에 업무의 정상적인 운영을 저해하는 일체의 행위를 하여서는 아니된다(동법 제11조).

공익사업(公益事業)
영 ; public utilities

公益事業(공익사업)이라 함은 공중의 일상생활과 밀접한 관련이 있거나 국민경제에 미치는 영향이 큰 사업을 말한다(노동조합및노동관계조정법§71①). 노동조합및노동관계조정법에서는 공익사업으로서 (1) 정기노선, 여객, 운수사업 및 항공운수사업 (2) 수도.전기.가스.석유정제 및 석유공급사업 (3) 공중위생 및 의료사업 및 혈액공급사업, (4) 은행 및 조폐사업 (5) 방송.통신사업 등을 규정하고 있다. 이러한 사업에 대하여는 조정에 대한 특칙을 두고 있다(노동조합및노동관계조정법§71~§75)).

그리고,「必須公益事業(필수공익사업)」이라 함은 위의 공익사업으로서 그 업무의 정지 또는 폐지가 공중의 日常生活(일상생활)을 현저히 위태롭게 하거나 國民經濟(국민경제)를 현저히 저해하고 그 업무의 대체가 용이하지 아니한 다음 사업을 말한다. (1) 철도사업, 도시철도사업 및 항공운수사업, (2) 수도사업, 전기사업, 가스사업, 석유정제사업 및 석유공급사업, (3) 병원사업 및 혈액공급사업, (4) 한국은행사업, (5) 통신사업.

특별조정위원회(特別調停委員會)

공익사업의 노동쟁의의 조정을 위하여 노동위원회에 두는 위원회를 말한다. 特別調停委員會(특별조정위원회)는 특별조정위원 3인으로 구성하며, 위 특별조정위원은 노동위원회의 공익을 대표하는 위원중에서 노동조합과 사용자가 순차적으로 배제하고 남은 4人 내지 6人중에서 노동위원회의 위원장이 지명한다. 다만, 관계당사자가 합의로 당해 노동위원회의 위원이 아닌자를 추천하는 경우에는 그 추천된 자를 지명한다. 특별조정위원회에 위원장을 둔다. 위원장은 공익을 대표하는 노동위원회의 위원인 特別調停委員(특별조정위원)중에서 互選(호선)하고 당해 노동위원회의 위원이 아닌 자만으로 구성된 경우에는 그 중에서 호선한다. 다만 공익을 대표하는 위원인 특별조정위원이 1人인 경우에 당해 위원이 委員長(위원장)이 된다(노동조합및노동관계조정법§72~§73).

조정(調停)
영 ; mediaton
독 ; Versöhnung
불 ; conciliation

調停이라 함은 노동위원회에 설치된 조정위원회가 조정안을 작성하여 노사양쪽에게 그 수락을 권고하는 방법을 말한다. 노동조합및노동관계조정법은 제53조에서부터 제61조의2까지에서 이에 관한 상세한 규정을 두고 있다. 勞動委員會(노동위원회)는 조정을 위하여 조정위원회를 구성하고 이를 행한다. 조정위원회가 관계당사자 사이에 介入(개입)하여 양쪽의 주장을 들어, 이것을 기초로 하여 조정안을 작성하고 그 수락을 권고한다. 중재와 달라서, 결국은 관계당사자의 任意受諾(임의수락)을 전제로 하는 점에서 勞使의 自主的 解決(노사의 자주적 해결)의 정신에 합치하고, 가장 효과적인 爭議解決(쟁의해결)의 방법이다. 조정에 붙이느냐 아니냐의 여부는 원칙적으로 당사자의 임의에 맡겨져 있으나, 예외적으로 强制調停制度(강제조정제도)가 인정되고 있다.

조정강제(調停强制)

調停强制(조정강제)라 함은 勞動爭議(노동쟁의)의 해결을 위해서 법률상 調停(조정)에 붙여지는 것이 강제되어 있는 것을 말한다. 任意調停(임의조정)에 대하여 强制調停(강제조정)이라고도 한다. 다만, 이 경우에도 조정안은 당연히 구속력을 가지는 것은 아니며, 조정에 붙이는 것이 강제되어 있는 것에 불과하므로 調停强制(조정강제)라고 하여야 할 것이다. 노동위원회는 관계당사자의 일방이 노동쟁의의 조정을 신청한 때에는 지체없이 조정을 개시하여야 하며, 관계당사자 쌍방은 이에 성실히 임하여야 한다(노동조합및노동관계조정법§53).

임의조정(任意調停)

任意調停이라 함은 職權調停(직권조정) 또는 强制調停(강제조정)에 대응하는 용어로서, 노동관계 당사자는 단체협약에 노동관계의 적정화를 위한 노사협의 기타·단체교섭의 절차와 방식을 규정하고 노동쟁의가 발생한 때에는 이를 자주적으로 해결하도록 노력하여야 한다(노동조합및노동관계조정법 제48조). 관계당사자는 임의조정절차에 의하여 분쟁을 해결하기로 한 때에는 그 조정을 개시한 날로부터 일반사업에 있어서는 10일, 공익사업에 있어서는 15일이 경과하지 않고는 쟁의행위를 할 수 없다(법 제54조). 조정위원회가 작성한 調停案(조정안)의 受諾(수락)여부는 관계당사자의 자유이다(노동조합및노동관계조정법 §60① 참조). 조정안이 관계당사자에 의하여 수락된 때에는 조정위원 전원 또는 단독조정인은 조정서를 작성하고 관계당사자와 함께 서명 또는 날인하여야 한다.. 그리고 임의조정절차에 의하여 조정 또는 중재가 이루어진 경우에 그 내용은 단체협약과 동일한 효력을 갖는다(법 제61조).

조정안(調停案)

調停案이라 함은 조정위원회가 작성하는 노동쟁의의 해결안을 말한다. 조정위원회는 조정안을 작성하여 관계당사자에게 그 受諾(수락)을 권고한다. 그러나 仲裁(중재)의 경우와는 달라서 당사자를 구속하는 힘은 없으며, 任意(임의)의 수락에 의하여 당사자를 구속하게 된다. 또한 조정안에 이유를 붙여서 공표할 수 있으며, 필요에 따라서는 新聞(신문) 또는 방송에 보도등 협조를 요청할 수도 있다(노동조합및노동관계조정법§60①).

조정위원(調停委員)

調停委員이라 함은 노동조합및노동관계조정법상의 조정위원회를 구성하는 자를 말한다. 勞動委員會(노동위원회)의 委員(위원) 중에서 勞(노) . 使(사) . 公益委員(공익위원) 각각 1인씩을 노동위원회의 위원장이 지명한다(노동조합및노동관계조정법§55③). 조정위원회의 위원장은 공익을 대표하는 조정위원이 된다(노동조합및노동관계조정법§56②).

조정위원회(調停委員會)

調停委員會(조정위원회)라 함은 조정을 담당하는 노동위원회의 특별위원회를 말한다. 본래

노동쟁의의 조정은 노동위원회의 권한이지만, 노동위원회의 위원전원이 조정을 담당하는 것이 아니라 특별히 구성된 조정위원회에서 담당한다. 조정위원회는 당해 노동위원회의 위원 또는 특별조정위원 중에서 勞.使.公益委員(노.사.공익위원) 각 1인씩의 조정위원으로 구성된다. 조정위원회의 위원장(공익위원이 된다)은 조정위원회를 소집하고, 관계당사자의 의견을 청취한 다음 조정안을 작성하여 관계당사자에게 受諾(수락)을 권고한다. 조정위원회는 관계 당사자로부터 諾否(낙부)의 통지가 있으면 임무를 끝마치는 일시적인 위원회이지만, 관계당사자에 의하여 수락된 조정안의 해석이나 그것의 履行方法(이행방법) 등에 관하여 요청이 있으면 그의 의견을 제시하여야 한다(노동조합및노동관계조정법§55~§60).

중재(仲裁)
영 ; arbitration
독 ; Schiedsgerichtsbarkeit
불 ; arbitrage

仲裁(중재)라 함은 노동쟁의의 해결조건을 정한 仲裁裁定(중재재정)을 하여 쟁의를 해결하는 조정방법을 말한다. 이 중재는 (1) 관계당사자의 양쪽이 함께 중재의 신청을 한 때, (2) 관계당사자의 일방이 團體協約(단체협약)에 의하여 중재의 신청을 한 때, (3) 필수 공익사업에 있어서 노동위원회 위원장이 특별조정위원회의 권고에 의하여 중재에 廻付(회부)한다는 결정을 한 때에 중재위원회에서 행한다(노동조합및노동관계조정법§62). 그리고 노동쟁의가 중재에 회부된 때에는 그 날로부터 15일간은 쟁의행위를 하지 못한다(노동조합및노동관계조정법 §63). 중재결정은 강제중재의 경우나 임의중재의 경우나 모두 당사자를 구속한다. 그리고 仲裁裁定(중재재정)은 단체협약과 동일한 효력을 가지는 것이며(노동조합및노동관계조정법 §70①), 따라서 노동쟁의는 최종적으로 해결되는 것이다. 仲裁裁定(중재재정) 또는 再審決定(재심결정)이 違法(위법) 또는 越權(월권)에 의한 것이라고 인정하는 경우에 한해서만 中央勞動委員會(중앙노동위원회)의 재심 또는 행정소송이 허용된다(노동조합및노동관계조정법§69①,②).

강제중재(强制仲裁)
영 ; compulsory arbitration

强制仲裁(강제중재)라 함은 분쟁의 당사자 양쪽이 함께 또는 한쪽의 단체협약에 의한 신청이 없음에도 불구하고 개시되는 중재를 말한다. 개정전 노동조합및노동관계조정법의 必須公益事業(필수공익사업)에 있어서 노동위원회 위원장이 특별조정위원회의 권고에 의하여 중재에 회부한다는 결정을 한 때에 개시되는 중재를 말한다(노동조합및노동관계조정법§62 Ⅲ). 즉, 개정전 노동조합및노동관계조정법은 업무의 정지 또는 폐지로 공중의 일상생활 또는 국민경제를 현저히 위태롭게 하는 사업을 필수공익사업으로 규정하고 동 사업에 노동쟁의 발생시 노동위원회가 중재를 통하여 분쟁을 해결하는 직권중재제도를 두고 있었으나, 노동 3권의 과도한 제약이라는 측면에서 위헌 논란과 함께 국제노동기구(ILO) 등에서 지속적으로 개선권고를 받고 있는 문제가 있어 2006. 12. 30. 직권중재제도를 폐지하였다.

임의중재(任意仲裁)
영 ; voluntary arbitration

任意仲裁(임의중재)라 함은 强制仲裁(강제중재)에 대응하는 용어로서 당사자 양쪽의 합의에 의하여 개시되는 중재를 말한다. 노동조합및노동관계조정법에서는 원칙적으로 任意仲裁(임의중재)를 인정하고 있다(노동조합및노동관계조정법§62 I . II).

중재위원회(仲裁委員會)

仲裁委員會(중재위원회)라 함은 勞動爭議(노동쟁의)의 仲裁(중재)를 담당하는 노동위원회의 특별위원회를 말한다. 노동조합및노동관계조정법에 의한 노동쟁의의 仲裁(중재)는 勞動委員會(노동위원회)의 권한이지만 노동위원회의 위원 전원이 아니고 특별위원회를 구성하여 중재를 행한다. 仲裁委員會(중재위원회)는 중재위원 3人(인)으로 구성되며 (노동조합및노동관계조정법§64②), 노동위원회의 공익위원과 공익을 대표하는 委員(위원) 중에서 관계당사자의 합의로 선정한 자에 대하여 당해 노동위원회의 위원장이 지명한다(노동조합및노동관계조정법§64③ 本文).

중재재정(仲裁裁定)

仲裁裁定(중재재정)이라 함은 仲裁者(중재자)가 내리는 판단을 말한다. 노동조합및노동관계조정법의 규정에 따라 仲裁委員會(중재위원회)가 내리는 仲裁裁定(중재재정)은 團體協約(단체협약)과 동일한 효력을 가진다. (노동조합및노동관계조정법§70①). 또한, 이것은 서면으로 작성하여야 하며, 效力發生期日(효력발생기일)을 명시하여야 한다(노동조합및노동관계조정법§68①).

긴급조정(緊急調停)

緊急調停(긴급조정)이라 함은 爭議(쟁의)가 公益事業(공익사업)에 관한 것이거나, 또는 대규모 혹은 특별한 성질의 사업에 관한 것이기 때문에 쟁의행위로 인하여 그 업무가 停止(정지)되면, 국민경제의 안전이 현저하게 저해되거나 국민의 일상생활이 크게 위태롭게 될 염려가 있는 경우에 대하여 그 위험이 현존하는 경우에 中央勞動委員會(중앙노동위원회)가 행하는 調停(조정)을 말한다. 위에서와 같은 사정이 있는 경우에는 고용노동부장관은 중앙노동위원회의 의견을 들은 다음 緊急調停(긴급조정)의 결정을 할 수 있다(노동조합및노동관계조정법§76①.②). 고용노동부장관은 긴급조정을 결정한 때에는 지체없이 그 이유를 붙여 이를 公表(공표)함과 동시에 중앙노동위원회와 관계당사자에게 각각 통고하여야 하며 (노동조합및노동관계조정법§76③), 이 통고를 받은 때에는 中央勞動委員會(중앙노동위원회)는 지체없이 調停(조정)을 개시하여야 한다(노동조합및노동관계조정법 §78). 調停(조정)이 성립될 가망이 없다고 인정된 경우에는 공익위원회의 의견을 들어 그 사건을 仲裁(중재)에 회부할 여부를 결정하여야 하고 (노동조합및노동관계조정법§79①), 이것이 결정된 때에는 지체없이 중재를 행하여야 한다(노동조합및노동관계조정법§80). 긴급조정의 결정이 공표된 후 30일간은 爭議行爲(쟁의행위)를 할 수 없다(노동조합및노동관계조정법 §77).

지배 · 개입(支配 · 介入)

부당노동행위의 일종으로 근로자가 근로조합을 조직 또는 운영하는 것을 지배하거나 이에 개입하는 행위와 노동조합의 운영비를 원조하는 행위를 말하는데(노동조합및노동관계조정법 81조), 지배와 개입은 정도의 차이다. 지배.개입행위는 해고 기타의 불이익처분 등 여러 가지이다. 지배.개입이 사용자 이외의 자, 예컨대 종업원이나 주주 등에 의하여 행하여진 경우에 어느정도까지나 사용자의 부당노동행위로 인정되느냐에 대해서는 사용자의 의사와의 관련성을 기준으로 판단하여야 한다. 또 사용자는 언론의 자유를 가지나 사용자의 언론에 이익 또는 불이익을 내용으로 하는 유도가 수반될 때에는 부당노동행위로 해석된다. 그러나 근로자가 근로시간중에 사용자와 협의 또는 교섭하는 것을 사용자가 허용함은 무방하며, 또한 근로자의 후생자금 또는 경제상의 불신 기타의 재액의 방지와 구제 등을 위한 기금의 기부와 최소한의 규모의 노동조합사무소의 제공은 예외로 한다(동법 81조). 사용자의 부당노동행위로 인하여 그 권리를 침해당한 근로자 또는 노동조합은 노동위원회에 그 구제를 신청할 수 있다. 이에 의한 구제의 신청은 부당노동행위가 있은 날(계속하는 행위는 그 종료일)부터 3월이내에 이를 행하여야 한다(동법 82조).

노동위원회법

노동위원회법(勞動委員會法)

勞動委員會法(노동위원회법)이라 함은 노동관계에 있어 판정 및 조정업무의 신속, 공정한 수행을 위하여 노동위원회를 설치하고 그 운영에 관한 사항을 규정함으로써 노동관계의 안전과 발전을 목적으로 하여 제정된 법률을 말한다(勞委§1). 이 법률은 1963년 4월 17일 법률 제1328호로 처음 제정·공포되었다. 이 법률은 총6장과 부칙으로 되어 있다. 즉, 제1장 (총칙), 제2장(조직), 제3장(회의), 제4장(권한), 제5장(보칙), 제6장(벌칙)으로 되어 있다.

노동위원회(勞動委員會)

勞動委員會(노동위원회)라 함은 노동관계에 개입하여 노동관계의 적절한 조정을 목적으로 구성되는 위원회를 말한다. 이것은 中央勞動委員會(중앙노동위원회)와 地方勞動委員會(지방노동위원회) 및 特別勞動委員會(특별노동위원회)로 구분된다. 각 노동위원회의 위원의 수는 근로자위원·사용자위원은 각 10인 이상 50인 이하, 공익위원은 10인 이상 70인 이하의 범위 안에서 각 노동위원회의 업무량을 감안하여 대통령령으로 정한다. 이 경우 근로자위원과 사용자위원은 동수로 한다(勞委§6).

勤勞者委員(근로자위원)은 노동조합에서, 使用者委員(사용자위원)은 사용자단체에서 추천한 자 중에서 위촉된다. 위촉권자는 중앙노동위원회의 위원은 대통령, 지방노동위원회의 위원은 중앙노동위원회위원장이다.(勞委§6③)

공익위원은 당해 노동위원회위원장·노동조합 및 사용자단체가 각각 추천한 자 중에서 노동조합과 사용자단체가 순차적으로 배제하고 남은 자를 위촉대상 공익위원으로 하고, 그 위촉대상 공익위원 중에서 중앙노동위원회의 공익위원은 고용노동부장관의 제청으로 대통령이, 지방노동위원회의 공익위원은 지방노동위원회위원장의 제청으로 중앙노동위원회위원장이 각각 위촉한다(勞委§6④). 다만 노동조합 또는 사용자단체가 공익위원의 추천 또는 추천된 공익위원을 순차적으로 배제하는 절차를 거부하는 경우에는 당해 노동위원회위원장이 위촉대상 공익위원을 선정할 수 있다(勞委§6⑤). 공익위원은 審判事件(심판사건)을 담당하는 審判擔當公益委員(심판담당공익위원)과 차별시정사건을 담당하는 차별시정담당공익위원, 調整事件(조정사건)을 담당하는 調整擔當公益委員(조정담당공익위원)으로 구분하여 위촉한다(勞委§6⑥).

노동위원회 위원의 推薦節次(추천절차), 공익위원의 선출방법 기타 위원의 위촉에 관하여 필요한 사항은 대통령령으로 정한다(勞委§6⑦).

노동위원회에 상임위원을 두며 상임위원은 당해 노동위원회의 공익위원 자격을 가진 자중에서 중앙노동위원회위원장의 추천과 고용노동부장관의 제청으로 대통령이 임명한다. 상임위원은 공익위원이 되며, 심판사건·차별시정사건과 조정사건을 담당할 수 있다. 각 노동위원회에 두는 상임위원의 수 및 계급 등은 대통령령으로 정한다(勞委§11).

노동위원회에 위원장 1人을 두며(勞委§9①), 중앙노동위원회위원장은 중앙노동위원회의 공익위원 자격을 가진 자중에서 고용노동부장관의 提請(제청)으로, 지방노동위원회위원장은 당해 노동위원회의 상임위원중에서 중앙노동위원회위원장의 추천과 고용노동부장관의 제청으로 대통령이 각각 임명한다. 중앙노동위원회위원장은 政務職(정무직)으로 한다. 노동위원회위원장은 공익위원이 되며, 심판사건과 조정사건을 담당할 수 있다(勞委§9②,③,④).

노동위원회의 권한으로서는 알선 . 조정 · 중재의 조정적 권한과 부당노동행위의 판정.구제, 노동조합의 규약 또는 결의에 대한 취소.변경에 관한 의결, 노동조합의 해산에 관한 의결, 團體協約(단체협약)의 지역적 구속력의 선언에 관한 의결등 이른바 판정적 권한(準司法的權能<준사법적권능>)이 있다.

중앙노동위원회(中央勞動委員會)

中央勞動委員會(중앙노동위원회)는 노동위원회의 하나이다. 이것은 노동부에 설치된다(勞委§2②). 근로자위원, 사용자위원, 공익위원으로 구성되며 (勞委§6① , 시행령§3) 대통령이 이를 위촉한다(勞委§6③). 또한 중앙노동위원회 상임위원을 두며 (勞委 §11①), 당해 常任委員(상임위원)은 당연히 공익위원이 되고 중앙노동위원회 위원장의 추천과 고용노동부장관의 제청으로 대통령이 임명한다(勞委 §11①,②).

중앙노동위원회는 (1) 지방노동위원회 및 특별노동위원회의 처분에 관한 재심사건 (2) 2 이상의 지방노동위원회의 관할 구역에 걸친 노동쟁의의 조정사건 (3) 다른법률에 의하여 그 권한에 속하는 것으로 규정된 사건을 관장한다(勞委§3①).

특히 仲裁(중재)의 경우에는 지방노동위원회 또는 특별노동위원회의 仲裁裁定(중재재정)을 再審(재심)할 수 있을 뿐만 아니라 (노동조합및노동관계조정법§69①, 勞委§26), 이 때에는 지방노동위원회나 특별노동위원회의 상급심이 된다. 이 밖에 緊急調停(긴급조정 ; 조정, 중재)은 중앙노동위원회에서만 관장한다(노동조합및노동관계조정법§76~§80). 또한 중앙노동위원회는 노동위원회의 사무관리에 관한 指示權(지시권)과 노동위원회의 운영과 기타 필요한 사항에 관한 規則制定權(규칙제정권)을 가진다(勞委§24,§25). 그리고 중앙노동위원회에는 그 사무정리를 위하여 사무처가 설치된다(勞委§14).

지방노동위원회(地方勞動委員會)

地方勞動委員會(지방노동위원회)는 勞動委員會(노동위원회)의 일종으로 근로자위원, 사용자위원, 공익위원으로 구성되며(勞委§6) 위촉된다. 또한 지방 노동위원회에 지방노동위원회 상임위원을 둔다(勞委§11①). 地方勞動委員會(지방노동위원회)는 당해 관할구역에서 발생한 사건을 관장한다(勞委§3②). 특히 仲裁(중재)와 부당노동행위의 判定(판정), 救濟(구제)에 대하여는 제1심의 절차를 담당한다.

특별노동위원회(特別勞動委員會)

特別勞動委員會(특별노동위원회)는 勞動委員會(노동위원회)의 하나이다. 이것은 특히 필요한 경우에 특정한 사항을 관장하게 하기 위하여 당해 특정사항을 관장하는 中央行政機關(중앙행정기관) 또는 그 소속기관에 설치한다(勞委§3③). 勤勞者委員(근로자위원), 使用者委員(사용자위원), 公益委員(공익위원)으로 구성되며, 다만 위원의 수는 업무량을 감안하여 대통령령으로 정한다(勞委§6②). 또 특별노동위원회는 그 설치목적이 된 특정사항에 관한 사건을 관장하며 (勞委§3③), 仲裁(중재)와 不當勞動行爲(부당노동행위)의 判定(판정), 救濟(구제)에 대해서는 初審(초심)의 절차를 담당한다(노동조합및노동관계조정법§69①,§85① 참조).

근로자위원(勤勞者委員)

勤勞者委員(근로자위원)이라 함은 勞動委員會(노동위원회)에서 근로자를 대표하는 위원을 말한다. 勞動組合(노동조합)이 추천한 자 가운데 중앙노동위원회의 위원은 대통령이, 지방노동위원회의 위원은 중앙노동위원회 위원장이 각각 위촉한다(勞委§6②). 勤勞者委員(근로자위원)과 使用者委員(사용자위원) 및 公益委員(공익위원)의 임기는 3년으로 하되 연임할 수 있으며 (勞委§7①), 補闕委員(보궐위원)의 임기는 前任者(전임자)의 殘任期間(잔임기간)이다(勞委§7②).

사용자위원(使用者委員)

使用者委員(사용자위원)이라 함은 勞動委員會(노동위원회)에서 사용자를 대표하는 위원을 말한다. 使用者團體(사용자단체)에서 추천한 자 가운데 중앙노동위원회의 위원은 대통령이, 지방노동위원회의 위원은 중앙노동위원회 위원장이 각각 위촉한다(勞委§6②). 임기는 3년이나 연임할 수 있으며, 補闕委員(보궐위원)의 임기는 前任者(전임자)의 殘任期間(잔임기간)이다 (勞委§7① ②).

공익위원(公益委員)

公益委員(공익위원)이라 함은 勞動委員會(노동위원회)에서 公益(공익)을 대표하는 위원을 말한다. 공익위원은 당해 노동위원회위원장·노동조합 및 사용자단체가 각각 추천한 자 중에서 노동조합과 사용자단체가 순차적으로 배제하고 남은 자를 위촉대상 공익위원으로 하고, 그 위촉대상 공익위원 중에서 중앙노동위원회의 공익위원은 고용노동부장관의 제청으로 대통령이, 지방노동위원회의 공익위원은 지방노동위원회위원장의 제청으로 중앙노동위원회위원장이 각각 위촉한다(勞委§6④). 그리고 공익위원은 審判事件(심판사건)을 담당하는 審判擔當公益委員(심판담당공익위원)과 차별시정사건을 담당하는 차별시정담당공익위원, 調整事件(조정사건)을 담당하는 調整擔當公益委員(조정담당공익위원)으로 구분하여 위촉한다(勞委§6⑤).

중앙노동위원회의 공익위원은 다음의 구분에 따라 다음 각목의 1에 해당하는 자로서 노동문제에 관한 지식과 경험이 있는 자중에서 위촉한다.

1. 심판담당공익위원 및 차별시정담당공익위원
  가. 노동문제와 관련된 학문을 전공한 자로서 「고등교육법」 제2조제1호부터 제6호까지의 학교에서 부교수 이상으로 재직하고 있거나 재직하였던 사람
  나. 판사·검사·군법무관·변호사 또는 공인노무사의 직에 7년 이상 재직하고 있거나 재직하였던 사람
  다. 노동관계업무에 7년 이상 종사한 자로서 2급 또는 2급상당이상의 공무원이나 고위공무원단에 속하는 공무원으로 재직하고 있거나 재직하였던 사람
  라. 기타 노동관계업무에 15년이상 종사한 사람으로서 심판담당공익위원 또는 차별시정담당공익위원으로 적합하다고 인정되는 자

2. 조정담당공익위원
  가. 「고등교육법」 제2조제1호부터 제6호까지의 학교에서 부교수 이상으로 재직하고 있거나 재직하였던 사람
  나. 판사·검사·군법무관·변호사 또는 공인노무사의 직에 7년 이상 재직하고 있거나 재직하였던 사람
  다. 노동관계업무에 7년 이상 종사한 자로서 2급 또는 2급상당이상의 공무원이나 고위공무원단에 속하는 공무원으로 재직하고 있거나 재직하였던 사람
  라. 기타 노동관계업무에 15년이상 종사한 자 또는 사회적 덕망이 있는 자로서 조정담당공익위원으로 적합하다고 인정되는 자(勞委§8①).

지방노동위원회의 공익위원은 다음의 구분에 따라 다음 각목의 1에 해당하는 자로서 노동문제에 관한 지식과 경험이 있는 자중에서 위촉한다.

3. 심판담당공익위원 및 차별시정담당공익위원
  가. 노동문제와 관련된 학문을 전공한 자로서 「고등교육법」 제2조제1호부터 제6호까지의 학교에서 조교수 이상으로 재직하고 있거나 재직하였던 사람
  나. 판사·검사·군법무관·변호사 또는 공인노무사의 직에 3년 이상 재직하고 있거나 재직하였던 사람
  다. 노동관계업무에 3년 이상 종사한 자로서 3급 또는 3급상당이상의 공무원이나 고위공무원단에 속하는 공무원으로 재직하고 있거나 재직하였던 사람

라. 노동관계업무에 10년 이상 종사한 자로서 4급 또는 4급상당이상의 공무원으로 재직하고 있거나 재직하였던 사람

마. 기타 노동관계업무에 10년이상 종사한 사람으로서 심판담당공익위원 또는 차별시정담당공익위원으로 적합하다고 인정되는 자

4. 조정담당공익위원

가. 「고등교육법」 제2조제1호부터 제6호까지의 학교에서 조교수 이상으로 재직하고 있거나 재직하였던 사람

나. 판사·검사·군법무관·변호사 또는 공인노무사의 직에 3년 이상 재직하고 있거나 재직하였던 사람

다. 노동관계업무에 3년 이상 종사한 자로서 3급 또는 3급상당이상의 공무원이나 고위공무원단에 속하는 공무원으로 재직하고 있거나 재직하였던 사람

라. 노동관계업무에 10년 이상 종사한 자로서 4급 또는 4급상당이상의 공무원으로 재직하고 있거나 재직하였던 사람

마. 기타 노동관계업무에 10년이상 종사한 자 또는 사회적 덕망이 있는 자로서 조정담당공익위원으로 적합하다고 인정되는 자(勞委§8②).

공익위원의 임기는 3년이나 連任(연임)할 수 있으며(勞委§7①), 補闕委員(보궐위원)의 임기는 前任者(전임자)의 殘任期間(잔임기간)이다(勞委§7②).

● 상임위원(常任委員)

勞動委員會(노동위원회)에 常任委員(상임위원)을 두며 상임위원은 당해 노동위원회의 공익위원 자격을 가진 자 중에서 중앙노동위원회위원장의 추천과 고용노동부장관의 제청으로 대통령이 임명한다. 상임위원은 공익위원이 되며, 심판사건과 조정사건을 담당할 수 있다. 각 노동위원회에 두는 상임위원의 수 및 직급은 대통령령으로 정한다(勞委§11).

근로자참여및협력증진에관한법률
(勤勞者參與및協力增進에관한法律)

근로자참여및협력증진에관한법률은 근로자와 사용자 쌍방이 참여와 협력을 통하여 勞使共同 (노사공동)의 利益(이익)을 增進(증진)함으로써 산업평화를 도모하고, 국민경제발전에 기여함을 목적으로 하여 제정된 법률을 말한다(근로자참여및협력증진에관한법률 §1). 이 법률은 1980년 12월 31일 법률 제3348호로서 노사협의회법으로 제정, 1981년 법률 제3422호와 1987년 법률 제3968호, 1996년 12월 30일, 1997년 3월 13일 법률 제5312호로 4차(근로자참여및협력증진 에관한법률로 법명 변경) 개정되었다. 이 법률은 총7장과 부칙으로 되어 있다. 즉 제1장(총칙), 제2장(협의회의 구성) 제3장(협의회의 운영) 제4장 (협의회의 임무), 제5장 (고충처리), 제6장 (보칙), 제7장(벌칙)과 부칙으로 되어 있다. 이 법률에서의 근로자의 의미는 勤勞基準法(근로기 준법)에서의 그것과 같으며 (근로자참여및협력증진에관한법률§3 Ⅱ, 勤基§2). 使用者(사용자) 의 의미도 근로기준법에서의 그것과 같다(근로자참여및협력증진에관한법률§3Ⅲ, 勤基§2). 이 법에서의 근로자와 사용자는 상호신의를 바탕으로 성실하게 협의에 임하여야 한다(근로자참여 및협력증진에관한법률 §2). 그리고 勞動組合(노동조합)의 團體交涉(단체교섭) 기타 모든 활동 은 이 법에 의하여 영향을 받지 아니한다(근로자참여및협력증진에관한법률§5).

노사협의회(勞使協議會)

勞使協議會(노사협의회)라 함은 근로자와 사용자가 참여와 협력을 통하여 근로자의 복지증 진과 기업의 건전한 발전을 도모함을 목적으로 구성되는 協議機構(협의기구)를 말한다(근로 자참여및협력증진에관한법률 §3Ⅰ). 노사협의회는 근로조건의 결정권이 있는 사업 또는 사 업장 단위로 설치하여야 한다 (근로자참여및협력증진에관한법률§4① 本文). 다만 상시(상시) 30명 미만의 근로자를 사용하는 사업 또는 사업장은 그러하지 아니하다(근로자참여및협력증 진에관한법률§4① 但書). 노사협의회는 근로자와 사용자를 대표하는 同數(동수)의 위원으로 구성하되, 각 3인이상 10인 이내로 한다(근로자참여및협력증진에관한법률§6①). 勤勞者委員 (근로자위원)은 근로자가 선출하되, 근로자의 과반수로 조직된 노동조합이 조직되어 있는 경 우에는 노동조합의 대표자와 그 勞動組合(노동조합)이 위촉하는 자로 한다(근로자참여및협력 증진에관한법률§6②). 使用者委員(사용자위원)은 당해 사업 또는 사업장의 대표자와 그 대표 자가 위촉하는 자로 한다(근로자참여및협력증진에관한법률§6③). 노사협의회에 議長(의장)을 두며, 의장은 위원중에서 互選(호선)한다. 이 경우 근로자위원과 사용자위원 중 각 1인을 공동의장으로 할 수 있다(근로자참여및협력증진에관한법률§7①). 위원의 임기는 3년으로 하되 連任(연임)할 수 있으며, 補闕委員(보궐위원)의 임기는 전임자의 잔임기간이다(근로자참여및협력증진에관한법률§8②). 노사협의회는 3개월마다 정기적으로 회의를 개최하여야 하며(근로자참여및협력증진에관한법률§12①), 필요에 따라 임시회의를 개최할 수 있다(근로자참여및협력증진에관한법률§12②). 또한 노사협의회는 법정사항에 관하여 협의한다(근로자참여및협력증진에관한법률§20). 노사협의회는 합의된 사항을 신속히 근로자에게 公知(공지)시켜야 하며(근로자참여및협력증진에관한법률§23), 勤勞者(근로자)와 使用者(사용자)는 노사협의회의 합의사항을 성실하게 이행하여야 한다(근로자참여및협력증진에관한법률§24).

고충처리위원(苦衷處理委員)

苦衷處理委員(고충처리위원)이란 모든 근로자의 고충을 청취하고 이를 처리하기 위하여 모든 사업 또는 사업장(다만, 常時<상시> 30인 미만의 근로자를 사용하는 사업 또는 사업장은 제외한다.)에 두는 위원을 말한다.(근로자참여및협력증진에관한법률§26, 동시행령§7) 고충처리위원은 勞使(노사)를 대표하는 3인 이내의 위원으로 구성한다. 勞使協議會(노사협의회)가 설치되어 있는 사업 또는 사업장의 경우에는 노사협의회가 그 위원 중에서 선임하고, 노사협의회가 설치되어 있지 않는 事業(사업) 또는 事業場(사업장)의 경우에는 使用者(사용자)가 위촉한다(근로자참여및협력증진에관한법률§27①). 苦衷處理委員(고충처리위원)의 임기는 3년으로 하되 연임할 수 있으며, 補闕委員(보궐위원)의 임기는 전임자의 잔임기간이다(근로자참여및협력증진에관한법률§27②,§8①,②). 勤勞者(근로자)가 고충사항이 있는 때에는 苦衷處理委員(고충처리위원)에게 口頭(구두) 또는 書面(서면)으로 신고하고, 신고된 고충사항은 苦衷處理委員 全員(고충처리위원 전원)의 協議(협의)로 지체없이 처리하여야 한다. 또 고충처리위원은 근로자로부터 고충사항을 청취한 때에는 10일 이내에 조치사항 기타 처리결과를 당해 근로자에게 통보하여야 하며(근로자참여및협력증진에관한법률§28①), 고충처리위원이 처리하기 곤란한 사항에 대하여는 노사협의회에 附議(부의)하여 협의처리한다(근로자참여및협력증진에관한법률§28②). 그리고 고충처리위원은 非常任(비상임) . 無報酬(무보수)로 한다(근로자참여및협력증진에관한법률§9①).

중앙노사정협의회
(中央勞使政協議會)

中央勞使政協議會(중앙노사정협의회)라 함은 노 . 사 . 공익 . 정부를 대표하는 4자로 구성되어 노동정책의 중요한 사항을 심의하기 위하여 설치된 노동부장관 산하의 자문기구를 말한다(개정전 근로자참여및협력증진에관한법률§28①). 개정전 근로자참여및협력증진에관한법률에 의하면 주요 노동문제를 협의하기 위하여 중앙노사정협의회를 설치·운영하도록 하고 있었으나, 대통령 자문기구인 노사정위원회와 그 기능 및 구성에서 중복되어 중앙노사정협의회 관련 규정을 2007. 1. 26. 개정에 의하여 삭제하였다.

제 3 편

노동관련법령

경제사회발전노사정위원회법

(약칭: 노사정위원회법)

[시행 2018.9.13.]
[법률 제15663호, 2018.6.12., 전부개정]

제1조(목적) 이 법은 근로자·사용자 등 경제·사회 주체 및 정부가 신뢰와 협조를 바탕으로 고용노동 정책 및 이와 관련된 경제·사회 정책 등을 협의하고, 대통령의 자문 요청에 응하기 위하여 경제사회노동위원회를 설치하며, 그 기구 및 운영 등에 필요한 사항을 규정함으로써 사회 양극화를 해소하고 사회통합을 도모하며 국민경제의 균형 있는 발전에 기여하는 것을 목적으로 한다.

제2조(참여주체의 책무) 근로자·사용자 등 경제·사회 주체 및 정부는 서로에 대한 신뢰를 바탕으로 독립하여 자율적으로 성실하게 협의에 임하여야 하며, 그 결과를 최대한 존중하여야 한다.

제3조(위원회의 설치 및 기능) ① 경제사회노동위원회(이하 "위원회"라 한다)는 대통령 소속으로 둔다.
② 위원회는 다음 각 호의 사항을 협의한다.
1. 고용노동 정책 및 이와 관련된 산업·경제·복지 및 사회 정책 등에 관한 사항
2. 노사관계 발전을 위한 제도·의식(意識) 및 관행의 개선에 관한 사항
3. 근로자·사용자 등 경제·사회 주체 간 협력 증진을 위한 사업의 지원 방안에 관한 사항
4. 그 밖에 대통령이 자문하는 사항

제4조(위원회의 구성 및 운영) ① 위원회는 위원장 및 다음 각 호의 위원으로 구성한다.
1. 상임위원 1명
2. 근로자를 대표하는 위원 5명
3. 사용자를 대표하는 위원 5명
4. 정부를 대표하는 위원 2명
5. 공익을 대표하는 위원 4명
② 위원장과 상임위원은 대통령이 위촉한다.
③ 근로자를 대표하는 위원은 다음 각 호에 해당하는 사람을 대통령이 위촉한다.
1. 전국적 규모의 총연합단체인 노동단체 대표자
2. 전국적 규모의 총연합단체인 노동단체의 추천을 받아 위원장이 제청한 사람
④ 사용자를 대표하는 위원은 다음 각 호에 해당하는 사람을 대통령이 위촉한다.
1. 전국적 규모의 사용자단체 대표자
2. 전국적 규모의 사용자단체의 추천을 받아 위원장이 제청한 사람
⑤ 정부를 대표하는 위원은 기획재정부장관과 고용노동부장관으로 한다.
⑥ 공익을 대표하는 위원은 고용노동·경제·사회 문제 등에 관하여 학식과 경험이 풍부한 사람으로서 전국적 규모의 총연합단체인 노동단체와 전국적 규모의 사용자단체의 의견을 들어 위원장이 제청하고 대통령이 위촉한다.
⑦ 대통령은 제3조제2항에 따른 사항을 협의하기 위하여 필요한 경우에는 제1항에 따른 위원 외에 산업통상자원부장관, 보건복지부장관, 중소벤처기업부장관 등 관계 행정기관의 장을 특별위원으로 위촉할 수 있다.
⑧ 그 밖에 위원회의 구성·운영 등에 필요한 사항은 대통령령으로 정한다.

제5조(위원장 등의 직무) ① 위원장은 위원회를 대표하고 위원회의 업무를 총괄한다.
② 상임위원은 위원장을 보좌하며 위원장이 부득이한 사유로 직무를 수행할 수 없을 때에는 그 직무를 대행한다.

제6조(위원의 임기) ① 위원장 및 위원의 임기는 2년으로 하며, 연임할 수 있다.
② 위원장 및 위원은 임기가 만료된 경우 후임자가 위촉될 때까지 계속 그 직무를 수행한다.

제7조(위원회의 회의) ① 위원장은 회의를 소집하고, 그 의장이 된다.
② 위원회의 회의는 다음 각 호의 어느 하나에 해당하는 경우에 소집한다.
1. 대통령이 소집을 요구할 때
2. 재적위원 3분의 1 이상이 소집을 요구할 때
3. 그 밖에 위원장이 필요하다고 인정할 때
③ 위원회의 회의는 재적위원 3분의 2 이상의 출석으로 개의(開議)하고, 출석위원 3분의 2 이상의 찬성으로 의결한다.
④ 위원회가 제3항에 따른 의결을 할 때

에는 근로자를 대표하는 위원, 사용자를 대표하는 위원 및 정부를 대표하는 위원 각 2분의 1 이상이 출석하여야 한다.

제8조(운영위원회) ① 위원회는 다음 각 호의 사항을 처리하기 위하여 운영위원회를 둔다.
1. 위원회 회의에 상정할 의안의 검토·조정
2. 위원회로부터 위임받은 사항의 처리
3. 그 밖에 위원회 활동의 지원
② 운영위원회는 운영위원장 1명을 포함한 10명 이내의 운영위원으로 구성하며, 운영위원장은 위원회의 상임위원이 겸임한다.
③ 운영위원은 다음 각 호에 해당하는 사람 중에서 위원회의 위원장이 위촉한다.
1. 전국적 규모의 총연합단체인 노동단체 대표자를 보좌하고 그 직무를 대행할 수 있는 사람
2. 전국적 규모의 사용자단체 대표자를 보좌하고 그 직무를 대행할 수 있는 사람
3. 관계 행정기관의 차관
④ 운영위원회에 관하여는 제6조, 제7조 제1항·제3항 및 제4항을 준용한다. 이 경우 "위원장"은 "운영위원장"으로, "위원"은 "운영위원"으로, "위원회"는 "운영위원회"로 본다.
⑤ 그 밖에 운영위원회의 구성·운영 등에 필요한 사항은 대통령령으로 정한다.

제9조(의제별·업종별위원회) ① 위원회는 의제별·업종별위원회를 운영위원회에 둔다. 다만, 의제별·업종별위원회 각각의 존속기간은 최대 1년으로 하되, 필요한 경우 위원회의 의결로 연장할 수 있다.
② 의제별·업종별위원회의 위원장은 위원회의 위원장이 위촉한다.
③ 그 밖에 의제별·업종별위원회의 구성·운영 등에 필요한 사항은 대통령령으로 정한다.

제10조(의제개발·조정위원회) ① 위원회는 의제개발·조정위원회를 운영위원회에 둔다.
② 의제개발·조정위원회의 위원장은 상임위원이 겸임한다.
③ 그 밖에 의제개발·조정위원회의 구성·운영 등에 필요한 사항은 대통령령으로 정한다.

제11조(특별위원회 등) ① 위원회는 긴급한 현안에 대응하기 위하여 운영위원회에 특별위원회를 둘 수 있다.
② 위원회는 사회 각 계층이 의제 개발, 정책 제안 및 필요한 경우 위원회에 의안의 상정을 요청할 수 있도록 운영위원회에 관련 위원회를 둘 수 있다.
③ 제1항의 특별위원회 및 제2항의 관련 위원회 구성·운영 등에 필요한 사항은 대통령령으로 정한다.

제12조(사무처) ① 위원회의 사무를 처리하기 위하여 위원회에 사무처를 둔다.
② 사무처에는 사무처장 1명을 두며, 위원회의 상임위원이 사무처장을 겸직한다.
③ 그 밖에 사무처의 조직 및 운영 등에 필요한 사항은 대통령령으로 정한다.

제13조(전문위원) ① 위원회의 업무에 관한 전문적인 조사·연구를 위하여 위원회에 전문위원을 둔다.
② 전문위원의 수·자격 등에 필요한 사항은 대통령령으로 정한다.

제14조(관계 기관 등의 협조) ① 위원회는 업무수행을 위하여 필요한 경우에는 다음 각 호의 사항을 요구할 수 있다.
1. 관계 당사자, 관계 공무원 및 관계 전문가의 출석 및 의견 진술
2. 관계 당사자 및 관계 기관의 설명 또는 자료 제출
② 위원회로부터 제1항에 따른 요구를 받은 관계 당사자, 관계 공무원 및 관계 기관은 특별한 사정이 없으면 요구에 따라야 한다.

제15조(여론의 수집) 위원회는 업무수행을 위하여 필요한 경우에는 공청회·세미나 개최, 설문조사 및 방송토론 등을 통하여 여론을 수집할 수 있다.

제16조(조사·연구의 의뢰) 위원회는 업무수행을 위하여 필요한 경우에는 관계 기관·단체 또는 관계 전문가 등에게 조사·연구를 의뢰할 수 있다.

제17조(관계 공무원 및 직원의 파견 등) 위원회의 위원장은 업무수행을 위하여 필요한 경우에는 관계 기관 및 단체 등의 장

과 협의하여 그 소속 공무원 또는 직원을 파견받거나 겸임하게 할 수 있다.

제18조(협의 결과의 보고) ① 위원회의 위원장은 위원회의 협의 결과 등 주요 활동 사항을 대통령에게 보고하여야 한다.
② 위원회의 위원장은 위원회의 의결사항을 관계 행정기관에 통보하고 그 이행을 촉구할 수 있다.

제19조(성실이행 의무) 근로자·사용자 등 경제·사회 주체 및 정부는 위원회의 의결사항을 정책에 반영하고 성실히 이행하도록 최대한 노력하여야 한다.

제20조(지역별 사회적 대화의 지원) ① 위원회는 지역 내 근로자·사용자 등 경제·사회 주체와 지방자치단체 사이의 사회적 대화 활성화를 위하여 필요한 지원을 할 수 있다.
② 제1항의 필요한 지원에 관한 사항은 대통령령으로 정한다.

부칙
<제15663호, 2018.6.12.>

제1조(시행일) 이 법은 공포한 날부터 시행한다. 다만, 제4조제8항, 제8조제5항, 제9조제3항, 제10조제3항, 제11조제3항 및 제20조제2항의 개정규정은 공포 후 3개월이 경과한 날부터 시행한다.

제2조(임기가 만료된 위원에 관한 특례) 이 법 시행 당시 종전의 규정에 따라 위촉된 위원 중 임기가 만료된 위원은 제6조제2항의 개정규정에도 불구하고 해촉된 것으로 본다.

제3조(위원회의 설치에 관한 경과조치) 이 법 시행 당시 종전의 규정에 따라 설치된 경제사회발전노사정위원회는 이 법에 따라 설치된 경제사회노동위원회로 본다.

제4조(위원의 임기에 관한 경과조치) ① 이 법 시행 당시 종전의 규정에 따라 위촉된 위원 중 임기가 남은 위원은 이 법의 개정규정에 따른 위원으로 본다.
② 제4조의 개정규정에 따라 새로이 위촉

되는 위원의 임기는 그 위촉일부터 시작한다. 다만, 제1항에 따른 임기가 남은 위원의 경우에는 종전 임기의 남은 기간으로 한다.

고용보험법

[시행 2019.7.16.]
[법률 제16269호, 2019.1.15., 일부개정]

제1장 총칙

제1조(목적) 이 법은 고용보험의 시행을 통하여 실업의 예방, 고용의 촉진 및 근로자의 직업능력의 개발과 향상을 꾀하고, 국가의 직업지도와 직업소개 기능을 강화하며, 근로자가 실업한 경우에 생활에 필요한 급여를 실시하여 근로자의 생활안정과 구직 활동을 촉진함으로써 경제·사회 발전에 이바지하는 것을 목적으로 한다.

제2조(정의) 이 법에서 사용하는 용어의 뜻은 다음과 같다. <개정 2008.12.31., 2010.1.27., 2010.6.4., 2011.7.21.>

1. "피보험자"란 다음 각 목에 해당하는 자를 말한다.
   가. 「고용보험 및 산업재해보상보험의 보험료징수 등에 관한 법률」(이하 "보험료징수법"이라 한다) 제5조제1항·제2항, 제6조제1항, 제8조제1항·제2항에 따라 보험에 가입되거나 가입된 것으로 보는 근로자
   나. 보험료징수법 제49조의2제1항·제2항에 따라 고용보험에 가입하거나 가입된 것으로 보는 자영업자(이하 "자영업자인 피보험자"라 한다)
2. "이직(離職)"이란 피보험자와 사업주 사이의 고용관계가 끝나게 되는 것을 말한다.
3. "실업"이란 근로의 의사와 능력이 있음에도 불구하고 취업하지 못한 상태에 있는 것을 말한다.
4. "실업의 인정"이란 직업안정기관의 장이 제43조에 따른 수급자격자가 실업한 상태에서 적극적으로 직업을 구하기 위하여 노력하고 있다고 인정하는 것을 말한다.
5. "보수"란 「소득세법」 제20조에 따른 근로소득에서 대통령령으로 정하는 금품을 뺀 금액을 말한다. 다만, 휴직이나 그 밖에 이와 비슷한 상태에 있는 기간 중에 사업주 외의 자로부터 지급받는 금품 중 고용노동부장관이 정하여 고시하는 금품은 보수로 본다.
6. "일용근로자"란 1개월 미만 동안 고용되는 자를 말한다.

제3조(보험의 관장) 고용보험(이하 "보험"이라 한다)은 고용노동부장관이 관장한다. <개정 2010.6.4.>

제4조(고용보험사업) ① 보험은 제1조의 목적을 이루기 위하여 고용보험사업(이하 "보험사업"이라 한다)으로 고용안정·직업능력개발 사업, 실업급여, 육아휴직 급여 및 출산전후휴가 급여 등을 실시한다. <개정 2012.2.1.>
② 보험사업의 보험연도는 정부의 회계연도에 따른다.

제5조(국고의 부담) ① 국가는 매년 보험사업에 드는 비용의 일부를 일반회계에서 부담하여야 한다. <개정 2015.1.20.>
② 국가는 매년 예산의 범위에서 보험사업의 관리·운영에 드는 비용을 부담할 수 있다.

제6조(보험료) ① 이 법에 따른 보험사업에 드는 비용을 충당하기 위하여 징수하는 보험료와 그 밖의 징수금에 대하여는 보험료징수법으로 정하는 바에 따른다.
② 보험료징수법 제13조제1항제1호에 따라 징수된 고용안정·직업능력개발 사업의 보험료 및 실업급여의 보험료는 각각 그 사업에 드는 비용에 충당한다. 다만, 실업급여의 보험료는 제55조의2제1항에 따른 국민연금 보험료의 지원, 제70조제1항에 따른 육아휴직 급여의 지급, 제73조의2제1항에 따른 육아기 근로시간 단축 급여의 지급 및 제75조에 따른 출산전후휴가 급여등의 지급에 드는 비용에 충당할 수 있다. <개정 2012.2.1., 2019.1.15.>
③ 제2항에도 불구하고 자영업자인 피보험자로부터 보험료징수법 제49조의2에 따라 징수된 고용안정·직업능력개발 사업의 보험료 및 실업급여의 보험료는 각각 자영업자인 피보험자를 위한 그 사업에 드는 비용에 충당한다. 다만, 실업급여의 보험료는 자영업자인 피보험자를 위한 제55조의2제1항에 따른 국민연금 보험료의 지원에 드는 비용에 충당할 수 있다.
<신설 2011.7.21., 2019.1.15.>

제7조(고용보험위원회) ① 이 법 및 보험료징수법(보험에 관한 사항만 해당한다)의 시행에 관한 주요 사항을 심의하기 위하여 고용노동부에 고용보험위원회(이하 이 조에서 "위원회"라 한다)를 둔다. <개정 2010.6.4.>
② 위원회는 다음 각 호의 사항을 심의한다.
1. 보험제도 및 보험사업의 개선에 관한 사항
2. 보험료징수법에 따른 보험료율의 결정에 관한 사항
3. 제11조의2에 따른 보험사업의 평가에 관한 사항
4. 제81조에 따른 기금운용 계획의 수립 및 기금의 운용 결과에 관한 사항
5. 그 밖에 위원장이 보험제도 및 보험사업과 관련하여 위원회의 심의가 필요하다고 인정하는 사항
③ 위원회는 위원장 1명을 포함한 20명 이내의 위원으로 구성한다.
④ 위원회의 위원장은 고용노동부차관이 되고, 위원은 다음 각 호의 사람 중에서 각각 같은 수(數)로 고용노동부장관이 임명하거나 위촉하는 사람이 된다. <개정 2010.6.4.>
1. 근로자를 대표하는 사람
2. 사용자를 대표하는 사람
3. 공익을 대표하는 사람
4. 정부를 대표하는 사람
⑤ 위원회는 심의 사항을 사전에 검토·조정하기 위하여 위원회에 전문위원회를 둘 수 있다.
⑥ 위원회 및 전문위원회의 구성·운영과 그 밖에 필요한 사항은 대통령령으로 정한다.
[전문개정 2008.12.31.]

제8조(적용 범위) 이 법은 근로자를 사용하는 모든 사업 또는 사업장(이하 "사업"이라 한다)에 적용한다. 다만, 산업별 특성 및 규모 등을 고려하여 대통령령으로 정하는 사업에 대하여는 적용하지 아니한다.

▣판례 – 보험료채무부존재확인

고용보험법 제8조, 제9조, 산업재해보상보험법 제6조, 제7조 및 고용보험 및 산업재해보상보험의 보험료징수 등에 관한 법률 제5조 제1항, 제3항, 제13조 제1항에 의하면, 근로자를 사용하는 사업 또는 사업장의 사업주는 원칙적으로 고용보험 및 산재보험의 보험가입자가 되어 고용보험료 및 산재보험료의 납부의무를 부담한다. 건물을 신축하는 건축주가 자신이 직접 공사를 하지 아니하고 공사 전부를 수급인에게 도급을 준 경우에는 근로자를 사용하여 공사를 수행한 자는 수급인이므로 원칙적으로 수급인이 공사에 관한 고용보험법 및 산업재해보상보험법상 사업주로서 각 보험료를 납부할 의무를 부담하고, 건축주가 근로자를 사용하여 공사의 전부 또는 일부를 직접 한 경우에는 그 부분에 한하여 건축주가 고용보험법 및 산업재해보상보험법상 사업주가 되어 이에 해당하는 보험료의 납부의무를 부담한다. [대법원 2016.10.13. 선고, 2016다221658, 판결]

제9조(보험관계의 성립·소멸) 이 법에 따른 보험관계의 성립 및 소멸에 대하여는 보험료징수법으로 정하는 바에 따른다.

제10조(적용 제외) ① 다음 각 호의 어느 하나에 해당하는 자에게는 이 법을 적용하지 아니한다. <개정 2008.3.21., 2012.12.11., 2013.6.4., 2019.1.15.>
1. 삭제 <2019.1.15.>
2. 소정(所定)근로시간이 대통령령으로 정하는 시간 미만인 자
3. 「국가공무원법」과 「지방공무원법」에 따른 공무원. 다만, 대통령령으로 정하는 바에 따라 별정직공무원, 「국가공무원법」 제26조의5 및 「지방공무원법」 제25조의5에 따른 임기제공무원의 경우는 본인의 의사에 따라 고용보험(제4장에 한한다)에 가입할 수 있다.
4. 「사립학교교직원 연금법」의 적용을 받는 자
5. 그 밖에 대통령령으로 정하는 자
② 65세 이후에 고용(65세 전부터 피보험자격을 유지하던 사람이 65세 이후에 계속하여 고용된 경우는 제외한다)되거나 자영업을 개시한 사람에게는 제4장 및 제5장을 적용하지 아니한다. <신설 2019.1.15.>
[제목개정 2013.6.4.]

제10조의2(외국인근로자에 대한 적용) ① 「외국인근로자의 고용 등에 관한 법률」의 적용을 받는 외국인근로자에게는 이 법을 적용한다. 다만, 제4장 및 제5장은 고용노동부령으로 정하는 바에 따른 신청이 있는 경우에만 적용한다.
② 제1항에 해당하는 외국인근로자를 제외한 외국인근로자에게는 대통령령으로 정하는 바에 따라 이 법의 전부 또는 일부를 적용한다.
[본조신설 2019.1.15.]
[시행일 : 2019.7.16.] 제10조의2

제11조(보험 관련 조사·연구) ① 고용노동부장관은 노동시장·직업 및 직업능력개발에 관한 연구와 보험 관련 업무를 지원하기 위한 조사·연구 사업 등을 할 수 있다. <개정 2010.6.4.>
② 고용노동부장관은 필요하다고 인정하면 제1항에 따른 업무의 일부를 대통령령으로 정하는 자에게 대행하게 할 수 있다. <개정 2010.6.4.>

제11조의2(보험사업의 평가) ① 고용노동부장관은 보험사업에 대하여 상시적이고 체계적인 평가를 하여야 한다. <개정 2010.6.4.>
② 고용노동부장관은 제1항에 따른 평가의 전문성을 확보하기 위하여 대통령령으로 정하는 기관에 제1항에 따른 평가를 의뢰할 수 있다. <개정 2010.6.4.>
③ 고용노동부장관은 제1항 및 제2항에 따른 평가 결과를 반영하여 보험사업을 조정하거나 제81조에 따른 기금운용 계획을 수립하여야 한다. <개정 2010.6.4.>
[본조신설 2008.12.31.]

제12조(국제교류·협력) 고용노동부장관은 보험사업에 관하여 국제기구 및 외국 정부 또는 기관과의 교류·협력 사업을 할 수 있다. <개정 2010.6.4.>

제2장 피보험자의 관리

제13조(피보험자격의 취득일) ① 피보험자는 이 법이 적용되는 사업에 고용된 날에 피보험자격을 취득한다. 다만, 다음 각 호의 경우에는 각각 그 해당되는 날에 피보험자격을 취득한 것으로 본다. <개정 2011.7.21.>
1. 제10조에 따른 적용 제외 근로자였던 자가 이 법의 적용을 받게 된 경우에는 그 적용을 받게 된 날
2. 보험료징수법 제7조에 따른 보험관계 성립일 전에 고용된 근로자의 경우에는 그 보험관계가 성립한 날
② 제1항에도 불구하고 자영업자인 피보험자는 보험료징수법 제49조의2제1항 및 같은 조 제12항에서 준용하는 같은 법 제7조제3호에 따라 보험관계가 성립한 날에 피보험자격을 취득한다. <신설 2011.7.21.>

제13조(피보험자격의 취득일) ① 피보험자는 이 법이 적용되는 사업에 고용된 날에 피보험자격을 취득한다. 다만, 다음 각 호의 경우에는 각각 그 해당되는 날에 피보험자격을 취득한 것으로 본다. <개정 2011.7.21., 2019.1.15.>
1. 제10조 및 제10조의2에 따른 적용 제외 근로자였던 자가 이 법의 적용을 받게 된 경우에는 그 적용을 받게 된 날
2. 보험료징수법 제7조에 따른 보험관계 성립일 전에 고용된 근로자의 경우에는 그 보험관계가 성립한 날
② 제1항에도 불구하고 자영업자인 피보험자는 보험료징수법 제49조의2제1항 및 같은 조 제12항에서 준용하는 같은 법 제7조제3호에 따라 보험관계가 성립한 날에 피보험자격을 취득한다. <신설 2011.7.21.>
[시행일 : 2019.7.16.] 제13조

제14조(피보험자격의 상실일) ① 피보험자는 다음 각 호의 어느 하나에 해당하는 날에 각각 그 피보험자격을 상실한다. <개정 2011.7.21.>
1. 피보험자가 제10조에 따른 적용 제외 근로자에 해당하게 된 경우에는 그 적용 제외 대상자가 된 날
2. 보험료징수법 제10조에 따라 보험관계가 소멸한 경우에는 그 보험관계가 소멸한 날
3. 피보험자가 이직한 경우에는 이직한 날의 다음 날
4. 피보험자가 사망한 경우에는 사망한 날의 다음 날
② 제1항에도 불구하고 자영업자인 피보험자는 보험료징수법 제49조의2제10항 및 같은 조 제12항에서 준용하는 같은 법 제10조제1호부터 제3호까지의 규정에 따라 보험관계가 소멸한 날에 피보험자격을 상실한다. <신설 2011.7.21.>

제14조(피보험자격의 상실일) ① 피보험자는 다음 각 호의 어느 하나에 해당하는 날에 각각 그 피보험자격을 상실한다. <개정 2011.7.21., 2019.1.15.>
1. 피보험자가 제10조 및 제10조의2에 따른 적용 제외 근로자에 해당하게 된 경우에는 그 적용 제외 대상자가 된 날
2. 보험료징수법 제10조에 따라 보험관계가 소멸한 경우에는 그 보험관계가 소

3. 피보험자가 이직한 경우에는 이직한 날의 다음 날
4. 피보험자가 사망한 경우에는 사망한 날의 다음 날
② 제1항에도 불구하고 자영업자인 피보험자는 보험료징수법 제49조의2제10항 및 같은 조 제12항에서 준용하는 같은 법 제10조제1호부터 제3호까지의 규정에 따라 보험관계가 소멸한 날에 피보험자격을 상실한다. <신설 2011.7.21.>
[시행일 : 2019.7.16.] 제14조

제15조(피보험자격에 관한 신고 등) ① 사업주는 그 사업에 고용된 근로자의 피보험자격의 취득 및 상실 등에 관한 사항을 대통령령으로 정하는 바에 따라 고용노동부장관에게 신고하여야 한다. <개정 2010.6.4.>
② 보험료징수법 제9조에 따라 원수급인(元受給人)이 사업주로 된 경우에 그 사업에 종사하는 근로자 중 원수급인이 고용하는 근로자 외의 근로자에 대하여는 그 근로자를 고용하는 다음 각 호의 하수급인(下受給人)이 제1항에 따른 신고를 하여야 한다. 이 경우 원수급인은 고용노동부령으로 정하는 바에 따라 하수급인에 관한 자료를 고용노동부장관에게 제출하여야 한다. <개정 2010.2.4., 2010.6.4., 2011.5.24., 2016.1.19.>
1. 「건설산업기본법」 제2조제7호에 따른 건설업자
2. 「주택법」 제4조에 따른 주택건설사업자
3. 「전기공사업법」 제2조제3호에 따른 공사업자
4. 「정보통신공사업법」 제2조제4호에 따른 정보통신공사업자
5. 「소방시설공사업법」 제2조제1항제2호에 따른 소방시설업자
6. 「문화재수리 등에 관한 법률」 제14조에 따른 문화재수리업자
③ 사업주가 제1항에 따른 피보험자격에 관한 사항을 신고하지 아니하면 대통령령으로 정하는 바에 따라 근로자가 신고할 수 있다.
④ 고용노동부장관은 제1항부터 제3항까지의 규정에 따라 신고된 피보험자격의 취득 및 상실 등에 관한 사항을 고용노동부령으로 정하는 바에 따라 피보험자 및 원수급인 등 관계인에게 알려야 한다. <개정 2010.6.4.>
⑤ 제1항이나 제2항에 따른 사업주, 원수급인 또는 하수급인은 같은 항의 신고를 고용노동부령으로 정하는 전자적 방법으로 할 수 있다. <개정 2010.6.4.>
⑥ 고용노동부장관은 제5항에 따라 전자적 방법으로 신고를 하려는 사업주, 원수급인 또는 하수급인에게 고용노동부령으로 정하는 바에 따라 필요한 장비 등을 지원할 수 있다. <개정 2010.6.4.>
⑦ 제1항에도 불구하고 자영업자인 피보험자는 피보험자격의 취득 및 상실에 관한 신고를 하지 아니한다. <신설 2011.7.21.>

제16조(이직의 확인) ① 사업주는 제15조제1항에 따라 피보험자격의 상실을 신고할 때 근로자가 이직으로 피보험자격을 상실한 경우에는 피보험 단위기간·이직 사유 및 이직 전에 지급한 임금(「근로기준법」에 따른 임금을 말한다. 이하 같다)·퇴직금 등의 명세를 증명하는 서류(이하 "이직확인서"라 한다)를 작성하여 고용노동부장관에게 제출하여야 한다. 다만, 제43조제1항에 따른 수급자격의 인정신청을 원하지 아니하는 피보험자격 상실자(일용근로자는 제외한다)에 대하여는 그러하지 아니하다. <개정 2010.1.27., 2010.6.4.>
② 이직으로 피보험자격을 상실한 자는 실업급여의 수급자격의 인정신청을 위하여 종전의 사업주에게 이직확인서의 교부를 청구할 수 있다. 이 경우 청구를 받은 사업주는 이직확인서를 내주어야 한다.

제17조(피보험자격의 확인) ① 피보험자 또는 피보험자였던 자는 언제든지 고용노동부장관에게 피보험자격의 취득 또는 상실에 관한 확인을 청구할 수 있다. <개정 2010.6.4.>
② 고용노동부장관은 제1항에 따른 청구에 따르거나 직권으로 피보험자격의 취득 또는 상실에 관하여 확인을 한다. <개정 2010.6.4.>
③ 고용노동부장관은 제2항에 따른 확인 결과를 대통령령으로 정하는 바에 따라 그 확인을 청구한 피보험자 및 사업주 등 관계인에게 알려야 한다. <개정 2010.6.4.>

제18조(피보험자격 이중 취득의 제한) 근로자가 보험관계가 성립되어 있는 둘 이상의 사업에 동시에 고용되어 있는 경우에는 고용노동부령으로 정하는 바에 따라 그 중 한 사업의 근로자로서의 피보험자격을 취득한다. <개정 2010.6.4.>

제3장 고용안정·직업능력개발 사업

제19조(고용안정 · 직업능력개발 사업의 실시) ① 고용노동부장관은 피보험자 및 피보험자였던 자, 그 밖에 취업할 의사를 가진 자(이하 "피보험자등"이라 한다)에 대한 실업의 예방, 취업의 촉진, 고용기회의 확대, 직업능력개발 · 향상의 기회 제공 및 지원, 그 밖에 고용안정과 사업주에 대한 인력 확보를 지원하기 위하여 고용안정 · 직업능력개발 사업을 실시한다. 〈개정 2010.6.4.〉
② 고용노동부장관은 제1항에 따른 고용안정 · 직업능력개발 사업을 실시할 때에는 근로자의 수, 고용안정 · 직업능력개발을 위하여 취한 조치 및 실적 등 대통령령으로 정하는 기준에 해당하는 기업을 우선적으로 고려하여야 한다. 〈개정 2010.6.4.〉

제20조(고용창출의 지원) 고용노동부장관은 고용환경 개선, 근무형태 변경 등으로 고용의 기회를 확대한 사업주에게 대통령령으로 정하는 바에 따라 필요한 지원을 할 수 있다. 〈개정 2010.6.4.〉

제21조(고용조정의 지원) ① 고용노동부장관은 경기의 변동, 산업구조의 변화 등에 따른 사업 규모의 축소, 사업의 폐업 또는 전환으로 고용조정이 불가피하게 된 사업주가 근로자에 대한 휴업, 휴직, 직업전환에 필요한 직업능력개발 훈련, 인력의 재배치 등을 실시하거나 그 밖에 근로자의 고용안정을 위한 조치를 하면 대통령령으로 정하는 바에 따라 그 사업주에게 필요한 지원을 할 수 있다. 이 경우 휴업이나 휴직 등 고용안정을 위한 조치로 근로자의 임금이 대통령령으로 정하는 수준으로 감소할 때에는 대통령령으로 정하는 바에 따라 그 근로자에게도 필요한 지원을 할 수 있다. 〈개정 2010.6.4., 2013.1.23.〉
② 고용노동부장관은 제1항의 고용조정으로 이직된 근로자를 고용하는 등 고용이 불안정하게 된 근로자의 고용안정을 위한 조치를 하는 사업주에게 대통령령으로 정하는 바에 따라 필요한 지원을 할 수 있다. 〈개정 2010.6.4.〉
③ 고용노동부장관은 제1항에 따른 지원을 할 때에는 「고용정책 기본법」 제32조에 따른 업종에 해당하거나 지역에 있는 사업주 또는 근로자에게 우선적으로 지원할 수 있다. 〈개정 2009.10.9., 2010.6.4., 2013.1.23.〉

제22조(지역 고용의 촉진) 고용노동부장관은 고용기회가 뚜렷이 부족하거나 산업구조의 변화 등으로 고용사정이 급속하게 악화되고 있는 지역으로 사업을 이전하거나 그러한 지역에서 사업을 신설 또는 증설하여 그 지역의 실업 예방과 재취업 촉진에 기여한 사업주, 그 밖에 그 지역의 고용기회 확대에 필요한 조치를 한 사업주에게 대통령령으로 정하는 바에 따라 필요한 지원을 할 수 있다. 〈개정 2010.6.4.〉

제23조(고령자등 고용촉진의 지원) 고용노동부장관은 고령자 등 노동시장의 통상적인 조건에서는 취업이 특히 곤란한 자(이하 "고령자등"이라 한다)의 고용을 촉진하기 위하여 고령자등을 새로 고용하거나 이들의 고용안정에 필요한 조치를 하는 사업주 또는 사업주가 실시하는 고용안정 조치에 해당된 근로자에게 대통령령으로 정하는 바에 따라 필요한 지원을 할 수 있다. 〈개정 2010.6.4.〉

▨판례 - 신규고용촉진장려금반환명령취소청구

사업주가 신규고용촉진 장려금 지급대상 근로자에 관한 감원방지기간 중에 해당 근로자를 고용조정한 경우에, 고용조정 해당 근로자에 관하여는 고용촉진 목적을 달성하지 못하게 되고 또한 고용조정으로 이직시키지 않을 경우에 장려금을 지급하도록 규정한 구 고용보험법 시행령(2007. 10. 17. 대통령령 제20330호로 전부 개정되기 전의 것)의 지급요건을 갖추지 못하게 되므로 그의 실제 근로를 고려할 필요 없이 그에 관하여 지급된 장려금을 전부 취소하여 반환하도록 하는 것이 타당한 반면, 고용조정 대상 근로자 외에 다른 장려금 지급대상 근로자들에 관하여는 비록 그들에 관한 감원방지기간에 위와 같은 고용조정이 발생되었다고 하더라도 그 사유만으로는 그들에 대한 고용촉진 효과에는 영향이 없고 또한 위와 같은 고용조정으로 인한 이른바 대체채용에 관한 제재는 고용조정 대상 해당 근로자에 관한 장려금 취소 및 반환으로 그 취지를 달성할 수 있으므로, 이와 달리 보아야 할 특별한 사정이 없으면, 다른 장려금 지급대상 근로자들에 대하여 지급된 장려금을 취소하여 반환하도록 함에는 신중을 기할 필요가 있고, 오히려 그 장려금은 취소 및 반환 대상에서 제외하는 것이 구 고용보험법(2007. 5. 11. 법률 제8429호로 전부 개정되기 전의 것)에서 수익적 행정처분에 의하여 장려금을 지급하도록 한 입법 취지나 감원방지기간에 고용조정을 한 사업주에 대한 제재 및 그로 인한 불이익을 고려한 형평성에도 맞는다고 볼 수 있는 경우가 대부분이다. [대법원 2012.9.13, 선고, 2010두9600, 판결]

제24조(건설근로자 등의 고용안정 지원) ① 고용노동부장관은 건설근로자 등 고용상태가 불안정한 근로자를 위하여 다음 각 호의 사업을 실시하는 사업주에게 대통령령으로 정하는 바에 따라 필요한 지원을 할 수 있다. <개정 2010.6.4.>
1. 고용상태의 개선을 위한 사업
2. 계속적인 고용기회의 부여 등 고용안정을 위한 사업
3. 그 밖에 대통령령으로 정하는 고용안정 사업
② 고용노동부장관은 제1항 각 호의 사업과 관련하여 사업주가 단독으로 고용안정 사업을 실시하기 어려운 경우로서 대통령령으로 정하는 경우에는 사업주 단체에 대하여도 지원을 할 수 있다. <개정 2010.6.4.>

제25조(고용안정 및 취업 촉진) ① 고용노동부장관은 피보험자등의 고용안정 및 취업을 촉진하기 위하여 다음 각 호의 사업을 직접 실시하거나 이를 실시하는 자에게 필요한 비용을 지원 또는 대부할 수 있다. <개정 2010.6.4.>
1. 고용관리 진단 등 고용개선 지원 사업
2. 피보험자등의 창업을 촉진하기 위한 지원 사업
3. 그 밖에 피보험자등의 고용안정 및 취업을 촉진하기 위한 사업으로서 대통령령으로 정하는 사업
② 제1항에 따른 사업의 실시와 비용의 지원·대부에 필요한 사항은 대통령령으로 정한다.

제26조(고용촉진 시설에 대한 지원) 고용노동부장관은 피보험자등의 고용안정·고용촉진 및 사업주의 인력 확보를 지원하기 위하여 대통령령으로 정하는 바에 따라 상담 시설, 어린이집, 그 밖에 대통령령으로 정하는 고용촉진 시설을 설치·운영하는 자에게 필요한 지원을 할 수 있다. <개정 2010.6.4., 2011.6.7.>

제26조의2(지원의 제한) 고용노동부장관은 제20조부터 제26조까지의 규정에 따른 지원을 할 때 사업주가 다른 법령에 따른 지원금 또는 장려금 등의 금전을 지급받은 경우 등 대통령령으로 정하는 경우에는 그 금액을 빼고 지원할 수 있다.
[본조신설 2011.7.21.]

제27조(사업주에 대한 직업능력개발 훈련의 지원) ① 고용노동부장관은 피보험자등의 직업능력을 개발·향상시키기 위하여 대통령령으로 정하는 직업능력개발 훈련을 실시하는 사업주에게 대통령령으로 정하는 바에 따라 그 훈련에 필요한 비용을 지원할 수 있다. <개정 2010.6.4., 2016.12.27.>
② 고용노동부장관은 사업주가 다음 각 호의 어느 하나에 해당하는 사람에게 제1항에 따라 직업능력개발 훈련을 실시하는 경우에는 대통령령으로 정하는 바에 따라 우대 지원할 수 있다. <신설 2016.12.27.>
1. 「기간제 및 단시간근로자 보호 등에 관한 법률」 제2조제1호의 기간제근로자
2. 「근로기준법」 제2조제1항제8호의 단시간근로자
3. 「파견근로자보호 등에 관한 법률」 제2조제5호의 파견근로자
4. 일용근로자
5. 「고용상 연령차별금지 및 고령자고용촉진에 관한 법률」 제2조제1호 또는 제2호의 고령자 또는 준고령자
6. 그 밖에 대통령령으로 정하는 사람

제28조(비용 지원의 기준 등) 고용노동부장관이 제27조에 따라 사업주에게 비용을 지원하는 경우 지원 금액은 보험료징수법 제16조의3에 따른 해당 연도 고용보험료 또는 같은 법 제17조에 따른 해당 연도 고용보험 개산보험료 중 고용안정·직업능력개발 사업의 보험료에 대통령령으로 정하는 비율을 곱한 금액으로 하되, 그 한도는 대통령령으로 정한다. <개정 2010.1.27., 2010.6.4.>

제29조(피보험자등에 대한 직업능력개발 지원) ① 고용노동부장관은 피보험자등이 직업능력개발 훈련을 받거나 그 밖에 직업능력 개발·향상을 위하여 노력하는 경우에는 대통령령으로 정하는 바에 따라 필요한 비용을 지원할 수 있다. <개정 2010.6.4.>
② 고용노동부장관은 필요하다고 인정하면 대통령령으로 정하는 바에 따라 피보험자등의 취업을 촉진하기 위한 직업능력개발 훈련을 실시할 수 있다. <개정 2010.6.4.>

③ 고용노동부장관은 대통령령으로 정하는 저소득 피보험자등이 직업능력개발 훈련을 받는 경우 대통령령으로 정하는 바에 따라 생계비를 대부할 수 있다. <신설 2008.12.31., 2010.6.4.>

제30조(직업능력개발 훈련 시설에 대한 지원 등) 고용노동부장관은 피보험자등의 직업능력 개발·향상을 위하여 필요하다고 인정하면 대통령령으로 정하는 바에 따라 직업능력개발 훈련 시설의 설치 및 장비 구입에 필요한 비용의 대부, 그 밖에 고용노동부장관이 정하는 직업능력개발 훈련 시설의 설치 및 장비 구입·운영에 필요한 비용을 지원할 수 있다. <개정 2010.6.4.>

제31조(직업능력개발의 촉진) ① 고용노동부장관은 피보험자등의 직업능력 개발·향상을 촉진하기 위하여 다음 각 호의 사업을 실시하거나 이를 실시하는 자에게 그 사업의 실시에 필요한 비용을 지원할 수 있다. <개정 2010.5.31., 2010.6.4.>
1. 직업능력개발 사업에 대한 기술지원 및 평가 사업
2. 자격검정 사업 및 「숙련기술장려법」에 따른 숙련기술 장려 사업
3. 그 밖에 대통령령으로 정하는 사업
② 고용노동부장관은 직업능력 개발·향상과 인력의 원활한 수급(需給)을 위하여 필요하다고 인정하면 대통령령으로 정하는 바에 따라 고용노동부장관이 정하는 직종에 대한 직업능력개발 훈련 사업을 위탁하여 실시할 수 있다. <개정 2010.6.4.>

제32조(건설근로자 등의 직업능력개발 지원) ① 고용노동부장관은 건설근로자 등 고용상태가 불안정한 근로자를 위하여 직업능력개발·향상을 위한 사업으로 대통령령으로 정하는 사업을 실시하는 사업주에게 그 사업의 실시에 필요한 비용을 지원할 수 있다. <개정 2010.6.4.>
② 고용노동부장관은 제1항의 사업과 관련하여 사업주가 단독으로 직업능력개발 사업을 실시하기 어려운 경우로서 대통령령으로 정하는 경우에는 사업주 단체에 대하여도 지원할 수 있다. <개정 2010.6.4.>

제33조(고용정보의 제공 및 고용 지원 기반의 구축 등) ① 고용노동부장관은 사업주 및 피보험자등에 대한 구인·구직·훈련 등 고용정보의 제공, 직업·훈련 상담 등 직업지도, 직업소개, 고용안정·직업능력개발에 관한 기반의 구축 및 그에 필요한 전문 인력의 배치 등의 사업을 할 수 있다. <개정 2010.6.4.>
② 고용노동부장관은 필요하다고 인정하면 제1항에 따른 업무의 일부를 「직업안정법」 제4조의4에 따른 민간직업상담원에게 수행하도록 할 수 있다. <개정 2010.6.4.>

제34조(지방자치단체 등에 대한 지원) 고용노동부장관은 지방자치단체 또는 대통령령으로 정하는 비영리법인·단체가 그 지역에서 피보험자등의 고용안정·고용촉진 및 직업능력개발을 위한 사업을 실시하는 경우에는 대통령령으로 정하는 바에 따라 필요한 지원을 할 수 있다. <개정 2010.6.4.>

제35조(부정행위에 따른 지원의 제한 등) ① 고용노동부장관은 거짓이나 그 밖의 부정한 방법으로 이 장의 규정에 따른 고용안정·직업능력개발 사업의 지원을 받은 자 또는 받으려는 자에게는 해당 지원금 중 지급되지 아니한 금액 또는 지급받으려는 지원금을 지급하지 아니하고, 1년의 범위에서 대통령령으로 정하는 바에 따라 지원금의 지급을 제한하며, 거짓이나 그 밖의 부정한 방법으로 지원받은 금액을 반환하도록 명하여야 한다. <개정 2008.12.31., 2010.6.4., 2015.1.20.>
② 고용노동부장관은 제1항에 따라 반환을 명하는 경우에는 이에 추가하여 고용노동부령으로 정하는 기준에 따라 그 거짓이나 그 밖의 부정한 방법으로 지급받은 금액의 5배 이하의 금액을 징수할 수 있다. <개정 2008.12.31., 2010.6.4.>
③ 제1항 및 제2항에도 불구하고 거짓이나 그 밖의 부정한 방법으로 직업능력개발 사업의 지원을 받은 자 또는 받으려는 자에 대한 지원의 제한, 반환 및 추가징수에 관하여는 「근로자직업능력 개발법」 제55조제1항·제2항, 제56조제1항부터 제3항까지의 규정을 준용한다. <신설 2008.12.31., 2010.5.31.>
④ 고용노동부장관은 보험료를 체납한 자에게는 고용노동부령으로 정하는 바에 따라 이 장의 규정에 따른 고용안정·직업능력개발 사업의 지원을 하지 아니할 수 있다. <개정 2008.12.31., 2010.6.4., 2011.7.21.>

[2015.1.20. 법률 제13041호에 의하여 2013.8.29. 위헌 결정된 제35조제1항을 개정함]

제36조(업무의 대행) 고용노동부장관은 필요하다고 인정하면 제19조 및 제27조부터 제31조까지의 규정에 따른 업무의 일부를 대통령령으로 정하는 자에게 대행하게 할 수 있다. <개정 2010.6.4.>

제4장 실업급여
제1절 통칙

제37조(실업급여의 종류) ①실업급여는 구직급여와 취업촉진 수당으로 구분한다.
② 취업촉진 수당의 종류는 다음 각 호와 같다.
1. 조기(早期)재취업 수당
2. 직업능력개발 수당
3. 광역 구직활동비
4. 이주비

제37조의2(실업급여수급계좌) ① 직업안정기관의 장은 제43조에 따른 수급자격자의 신청이 있는 경우에는 실업급여를 수급자격자 명의의 지정된 계좌(이하 "실업급여수급계좌"라 한다)로 입금하여야 한다. 다만, 정보통신장애나 그 밖에 대통령령으로 정하는 불가피한 사유로 실업급여를 실업급여수급계좌로 이체할 수 없을 때에는 현금 지급 등 대통령령으로 정하는 바에 따라 실업급여를 지급할 수 있다.
② 실업급여수급계좌의 해당 금융기관은 이 법에 따른 실업급여만이 실업급여수급계좌에 입금되도록 관리하여야 한다.
③ 제1항에 따른 신청 방법·절차와 제2항에 따른 실업급여수급계좌의 관리에 필요한 사항은 대통령령으로 정한다.
[본조신설 2015.1.20.]

제38조(수급권의 보호) ① 실업급여를 받을 권리는 양도 또는 압류하거나 담보로 제공할 수 없다. <개정 2015.1.20.>
② 제37조의2제1항에 따라 지정된 실업급여수급계좌의 예금 중 대통령령으로 정하는 액수 이하의 금액에 관한 채권은 압류할 수 없다. <신설 2015.1.20.>

제38조의2(공과금의 면제) 실업급여로서 지급된 금품에 대하여는 국가나 지방자치단체의 공과금(「국세기본법」 제2조제8호 또는 「지방세기본법」 제2조제1항제26호에 따른 공과금을 말한다)을 부과하지 아니한다.
[본조신설 2013.3.22.]

제39조 삭제 <2013.6.4.>

제2절 구직급여

제40조(구직급여의 수급 요건) ①구직급여는 이직한 피보험자가 다음 각 호의 요건을 모두 갖춘 경우에 지급한다. 다만, 제5호와 제6호는 최종 이직 당시 일용근로자였던 자만 해당한다.
1. 이직일 이전 18개월간(이하 "기준기간"이라 한다) 제41조에 따른 피보험 단위기간이 통산(通算)하여 180일 이상일 것
2. 근로의 의사와 능력이 있음에도 불구하고 취업(영리를 목적으로 사업을 영위하는 경우를 포함한다. 이하 이 장에서 같다)하지 못한 상태에 있을 것
3. 이직사유가 제58조에 따른 수급자격의 제한 사유에 해당하지 아니할 것
4. 재취업을 위한 노력을 적극적으로 할 것
5. 제43조에 따른 수급자격 인정신청일 이전 1개월 동안의 근로일수가 10일 미만일 것
6. 최종 이직일 이전 기준기간의 피보험 단위기간 180일 중 다른 사업에서 제58조에 따른 수급자격의 제한 사유에 해당하는 사유로 이직한 사실이 있는 경우에는 그 피보험 단위기간 중 90일 이상을 일용근로자로 근로하였을 것
②피보험자가 이직일 이전 18개월 동안에 질병·부상, 그 밖에 대통령령으로 정하는 사유로 계속하여 30일 이상 보수의 지급을 받을 수 없었던 경우에는 18개월에 그 사유로 보수를 지급 받을 수 없었던 일수를 가산한 기간을 기준기간(3년을 초과할 때에는 3년)으로 한다. <개정 2010.1.27.>

제40조(구직급여의 수급 요건) ① 구직급여는 이직한 피보험자가 다음 각 호의 요건을 모두 갖춘 경우에 지급한다. 다만, 제5호와 제6호는 최종 이직 당시 일용근로자였던 자만 해당한다. <개정 2019.1.5.>

1. 이직일 이전 18개월간(이하 "기준기간"이라 한다) 제41조에 따른 피보험 단위기간이 통산(通算)하여 180일 이상일 것
2. 근로의 의사와 능력이 ○있음에도 불구하고 취업(영리를 목적으로 사업을 영위하는 경우를 포함한다. 이하 이 장 및 제5장에서 같다)하지 못한 상태에 있을 것
3. 이직사유가 제58조에 따른 수급자격의 제한 사유에 해당하지 아니할 것
4. 재취업을 위한 노력을 적극적으로 할 것
5. 다음 각 목의 어느 하나에 해당할 것
   가. 제43조에 따른 수급자격 인정신청일 이전 1개월 동안의 근로일수가 10일 미만일 것
   나. 건설일용근로자(일용근로자로서 이직 당시에 「통계법」 제22조제1항에 따라 통계청장이 고시하는 한국표준산업분류의 대분류상 건설업에 종사한 사람을 말한다. 이하 같다)로서 수급자격 인정신청일 이전 14일간 연속하여 근로내역이 없을 것
6. 최종 이직일 이전 기준기간의 피보험 단위기간 180일 중 다른 사업에서 제58조에 따른 수급자격의 제한 사유에 해당하는 사유로 이직한 사실이 있는 경우에는 그 피보험 단위기간 중 90일 이상을 일용근로자로 근로하였을 것
② 피보험자가 이직일 이전 18개월 동안에 질병·부상, 그 밖에 대통령령으로 정하는 사유로 계속하여 30일 이상 보수의 지급을 받을 수 없었던 경우에는 18개월에 그 사유로 보수를 지급 받을 수 없었던 일수를 가산한 기간을 기준기간(3년을 초과할 때에는 3년)으로 한다. <개정 2010.1.27.>
[시행일 : 2019.7.16.] 제40조

제41조(피보험 단위기간) ① 피보험 단위기간은 피보험기간 중 보수 지급의 기초가 된 날을 합하여 계산한다. 다만, 자영업자인 피보험자의 피보험 단위기간은 제50조제3항 단서 및 제4항에 따른 피보험기간으로 한다. <개정 2010.1.27., 2011.7.21.>
② 제1항에 따라 피보험 단위기간을 계산할 때에는 최후로 피보험자격을 취득한 날 이전에 구직급여를 받은 사실이 있는 경우에는 그 구직급여와 관련된 피보험자격 상실일 이전의 피보험 단위기간은 넣지 아니한다. <개정 2008.12.31., 2010.1.27., 2011.7.21.>

제42조(실업의 신고) ① 구직급여를 지급받으려는 자는 이직 후 지체없이 직업안정기관에 출석하여 실업을 신고하여야 한다.
② 제1항에 따른 실업의 신고에는 구직신청과 제43조에 따른 수급자격의 인정신청을 포함하여야 한다.

제43조(수급자격의 인정) ① 구직급여를 지급받으려는 자는 직업안정기관의 장에게 제40조제1항제1호부터 제3호까지·제5호 및 제6호에 따른 구직급여의 수급 요건을 갖추었다는 사실(이하 "수급자격"이라 한다)을 인정하여 줄 것을 신청하여야 한다. <개정 2019.1.15.>
② 직업안정기관의 장은 제1항에 따른 수급자격의 인정신청을 받으면 그 신청인에 대한 수급자격의 인정 여부를 결정하고, 대통령령으로 정하는 바에 따라 신청인에게 그 결과를 알려야 한다.
③ 제2항에 따른 신청인이 다음 각 호의 요건을 모두 갖춘 경우에는 마지막에 이직한 사업을 기준으로 수급자격의 인정 여부를 결정한다. 다만, 마지막 이직 당시 일용근로자로서 피보험 단위기간이 1개월 미만인 자가 수급자격을 갖추지 못한 경우에는 일용근로자가 아닌 근로자로서 마지막으로 이직한 사업을 기준으로 결정한다. <개정 2008.12.31.>
1. 피보험자로서 마지막에 이직한 사업에 고용되기 전에 피보험자로서 이직한 사실이 있을 것
2. 마지막 이직 이전의 이직과 관련하여 구직급여를 받은 사실이 없을 것
④ 제2항에 따라 수급자격의 인정을 받은 자(이하 "수급자격자"라 한다)가 제48조 및 제54조제1항에 따른 기간에 새로 수급자격의 인정을 받은 경우에는 새로 인정받은 수급자격을 기준으로 구직급여를 지급한다.

제44조(실업의 인정) ① 구직급여는 수급자격자가 실업한 상태에 있는 날 중에서 직업안정기관의 장으로부터 실업의 인정을 받은 날에 대하여 지급한다.
② 실업의 인정을 받으려는 수급자격자는 제42조에 따라 실업의 신고를 한 날부터 계산하기 시작하여 1주부터 4주의 범위에서 직업안정기관의 장이 지정한 날(이하 "실업인정일"이라 한다)에 출석하여 재취업을 위한 노력을 하였음을 신고하여야 하고, 직업안정

기관의 장은 직전 실업인정일의 다음 날부터 그 실업인정일까지의 각각의 날에 대하여 실업의 인정을 한다. 다만, 다음 각 호에 해당하는 자에 대한 실업의 인정 방법은 고용노동부령으로 정하는 기준에 따른다. <개정 2010.6.4.>

1. 직업능력개발 훈련 등을 받는 수급자격자
2. 천재지변, 대량 실업의 발생 등 대통령령으로 정하는 사유가 발생한 경우의 수급자격자
3. 그 밖에 대통령령으로 정하는 수급자격자

③ 제2항에도 불구하고 수급자격자가 다음 각 호의 어느 하나에 해당하면 직업안정기관에 출석할 수 없었던 사유를 적은 증명서를 제출하여 실업의 인정을 받을 수 있다.

1. 질병이나 부상으로 직업안정기관에 출석할 수 없었던 경우로서 그 기간이 계속하여 7일 미만인 경우
2. 직업안정기관의 직업소개에 따른 구인자와의 면접 등으로 직업안정기관에 출석할 수 없었던 경우
3. 직업안정기관의 장이 지시한 직업능력개발 훈련 등을 받기 위하여 직업안정기관에 출석할 수 없었던 경우
4. 천재지변이나 그 밖의 부득이한 사유로 직업안정기관에 출석할 수 없었던 경우

④ 직업안정기관의 장은 제1항에 따른 실업을 인정할 때에는 수급자격자의 취업을 촉진하기 위하여 재취업 활동에 관한 계획의 수립 지원, 직업소개 등 대통령령으로 정하는 조치를 하여야 한다. 이 경우 수급자격자는 정당한 사유가 없으면 직업안정기관의 장의 조치에 따라야 한다.

제45조(급여의 기초가 되는 임금일액) ① 구직급여의 산정 기초가 되는 임금일액[이하 "기초일액(基礎日額)"이라 한다]은 제43조제1항에 따른 수급자격의 인정과 관련된 마지막 이직 당시 「근로기준법」 제2조제1항제6호에 따라 산정된 평균임금으로 한다. 다만, 마지막 이직일 이전 3개월 이내에 피보험자격을 취득한 사실이 2회 이상인 경우에는 마지막 이직일 이전 3개월간(일용근로자의 경우에는 마지막 이직일 이전 4개월 중 최종 1개월을 제외한 기간)에 그 근로자에게 지급된 임금 총액을 그 산정의 기준이 되는 3개월의 총 일수로 나눈 금액을 기초일액으로 한다.

② 제1항에 따라 산정된 금액이 「근로기준법」에 따른 그 근로자의 통상임금보다 적을 경우에는 그 통상임금액을 기초일액으로 한다. 다만, 마지막 사업에서 이직 당시 일용근로자였던 자의 경우에는 그러하지 아니하다.

③ 제1항과 제2항에 따라 기초일액을 산정하는 것이 곤란한 경우와 보험료를 보험료징수법 제3조에 따른 기준보수(이하 "기준보수"라 한다)를 기준으로 낸 경우에는 기준보수를 기초일액으로 한다. 다만, 보험료를 기준보수로 낸 경우에도 제1항과 제2항에 따라 산정한 기초일액이 기준보수보다 많은 경우에는 그러하지 아니하다. <개정 2010.1.27.>

④ 제1항부터 제3항까지의 규정에도 불구하고 이들 규정에 따라 산정된 기초일액이 그 수급자격자의 이직 전 1일 소정근로시간에 이직일 당시 적용되던 「최저임금법」에 따른 시간 단위에 해당하는 최저임금액을 곱한 금액(이하 "최저기초일액"이라 한다)보다 낮은 경우에는 최저기초일액을 기초일액으로 한다. 이 경우 이직 전 1일 소정근로시간은 고용노동부령으로 정하는 방법에 따라 산정한다. <개정 2015.1.20.>

⑤ 제1항부터 제3항까지의 규정에도 불구하고 이들 규정에 따라 산정된 기초일액이 보험의 취지 및 일반 근로자의 임금 수준 등을 고려하여 대통령령으로 정하는 금액을 초과하는 경우에는 대통령령으로 정하는 금액을 기초일액으로 한다.

제46조(구직급여일액) ① 구직급여일액은 다음 각 호의 구분에 따른 금액으로 한다.

1. 제45조제1항부터 제3항까지 및 제5항의 경우에는 그 수급자격자의 기초일액에 100분의 50을 곱한 금액
2. 제45조제4항의 경우에는 그 수급자격자의 기초일액에 100분의 90을 곱한 금액(이하 "최저구직급여일액"이라 한다)

② 제1항제1호에 따라 산정된 구직급여일액이 최저구직급여일액보다 낮은 경우에는 최저구직급여일액을 그 수급자격자의 구직급여일액으로 한다.

제47조(실업인정대상기간 중의 근로 등의 신고) ① 수급자격자는 실업의 인정을 받으려 하는 기간(이하 "실업인정대상기간"이라 한다) 중에 근로를 제공하거나 창업한 경우에는 그 사실을 직업안정기관의 장에게 신고하여야 한다. <개정 2011.7.21.>

② 직업안정기관의 장은 필요하다고 인정하면 수급자격의 실업인정대상기간 중의 근로 제공 또는 창업 사실에 대하여 조사할 수 있다. <개정 2011.7.21.>
[제목개정 2011.7.21.]

제47조(실업인정대상기간 중의 취업 등의 신고) ① 수급자격자는 실업의 인정을 받으려 하는 기간(이하 "실업인정대상기간"이라 한다) 중에 고용노동부령으로 정하는 기준에 해당하는 취업을 한 경우에는 그 사실을 직업안정기관의 장에게 신고하여야 한다. <개정 2011.7.21., 2019.1.15.>
② 직업안정기관의 장은 필요하다고 인정하면 수급자격자의 실업인정대상기간 중의 취업 사실에 대하여 조사할 수 있다. <개정 2011.7.21., 2019.1.15.>
[제목개정 2011.7.21., 2019.1.15.]
[시행일 : 2019.7.16.] 제47조

제48조(수급기간 및 수급일수) ① 구직급여는 이 법에 따로 규정이 있는 경우 외에는 그 구직급여의 수급자격과 관련된 이직일의 다음 날부터 계산하기 시작하여 12개월 내에 제50조제1항에 따른 소정급여일수를 한도로 하여 지급한다.
② 제1항에 따른 12개월의 기간 중 임신·출산·육아, 그 밖에 대통령령으로 정하는 사유로 취업할 수 없는 자가 그 사실을 수급기간에 직업안정기관에 신고한 경우에는 12개월의 기간에 그 취업할 수 없는 기간을 가산한 기간(4년을 넘을 때에는 4년)에 제50조제1항에 따른 소정급여일수를 한도로 하여 구직급여를 지급한다.
③ 다음 각 호의 어느 하나에 해당하는 경우에는 해당 최초 요양일에 제2항에 따른 신고를 한 것으로 본다. <신설 2008.12.31.>
1. 「산업재해보상보험법」 제40조에 따른 요양급여를 받는 경우
2. 질병 또는 부상으로 3개월 이상의 요양이 필요하여 이직하였고, 이직 기간 동안 취업활동이 곤란하였던 사실이 요양기간과 상병상태를 구체적으로 밝힌 주치의사의 소견과 요양을 위하여 이직하였다는 사업주의 의견을 통하여 확인된 경우

제49조(대기기간) 제44조에도 불구하고 제42조에 따른 실업의 신고일부터 계산하기 시작하여 7일간은 대기기간으로 보아 구직급여를 지급하지 아니한다.

제49조(대기기간) 제44조에도 불구하고 제42조에 따른 실업의 신고일부터 계산하기 시작하여 7일간은 대기기간으로 보아 구직급여를 지급하지 아니한다. 다만, 최종 이직 당시 건설일용근로자였던 사람에 대해서는 제42조에 따른 실업의 신고일부터 계산하여 구직급여를 지급한다. <개정 2019.1.15.>
[시행일 : 2019.7.16.] 제49조

제50조(소정급여일수 및 피보험기간) ① 하나의 수급자격에 따라 구직급여를 지급받을 수 있는 날(이하 "소정급여일수"라 한다)은 대기기간이 끝난 다음날부터 계산하기 시작하여 피보험기간과 연령에 따라 별표 1에서 정한 일수가 되는 날까지로 한다. <개정 2011.7.21.>
② 수급자격자가 소정급여일수 내에 제48조제2항에 따른 임신·출산·육아, 그 밖에 대통령령으로 정하는 사유로 수급기간을 연장한 경우에는 그 기간만큼 구직급여를 유예하여 지급한다.
③ 피보험기간은 그 수급자격과 관련된 이직 당시의 적용 사업에서 고용된 기간(제10조 각 호의 어느 하나에 해당하는 근로자로 고용된 기간은 제외한다. 이하 이 조에서 같다)으로 한다. 다만, 자영업자인 피보험자의 경우에는 그 수급자격과 관련된 폐업 당시의 적용 사업에의 보험가입기간 중에서 실제로 납부한 고용보험료에 해당하는 기간으로 한다. <개정 2011.7.21.>
④ 제3항에도 불구하고 피보험기간을 계산할 때에 다음 각 호의 경우에는 해당 호에 따라 각각 피보험기간을 계산한다. <개정 2011.7.21.>
1. 종전의 적용 사업에서 피보험자격을 상실한 사실이 있고 그 상실한 날부터 3년 이내에 현재 적용 사업에서 피보험자격을 취득한 경우: 종전의 적용 사업에서의 피보험기간을 합산한다. 다만, 종전의 적용 사업의 피보험자격 상실로 인하여 구직급여를 지급받은 사실이 있는 경우에는 그 종전의 적용 사업에서의 피보험기간은 제외한다.
2. 자영업자인 피보험자가 종전에 근로자로서 고용되었다가 피보험자격을 상실한 사실이 있고 그 상실한 날부터 3년 이내에 자영

업자로서 피보험자격을 다시 취득한 경우: 종전의 적용 사업에서의 피보험기간을 합산하지 아니하되, 본인이 종전의 피보험기간을 합산하여 줄 것을 원하는 때에 한정하여 합산한다. 다만, 종전의 적용 사업의 피보험자격 상실로 인하여 구직급여를 지급받은 사실이 있는 경우에는 그 종전의 적용 사업에서의 피보험기간은 제외한다.

⑤ 피보험자격 취득에 관하여 신고가 되어 있지 아니하였던 피보험자의 경우에는 하나의 피보험기간에 피보험자가 된 날이 다음 각 호의 어느 하나에 해당하는 날부터 소급하여 3년이 되는 해의 1월 1일 전이면 제3항에도 불구하고 그 해당하는 날부터 소급하여 3년이 되는 날이 속하는 보험연도의 첫 날에 그 피보험자격을 취득한 것으로 보아 피보험기간을 계산한다. 다만, 사업주가 다음 각 호의 어느 하나에 해당하는 날부터 소급하여 3년이 되는 해의 1월 1일 전부터 해당 피보험자에 대한 고용보험료를 계속 납부한 사실이 증명된 경우에는 고용보험료를 납부한 기간으로 피보험기간을 계산한다. <개정 2015.1.20.>

1. 제15조에 따른 피보험자격 취득신고를 한 날
2. 제17조에 따른 피보험자격 취득이 확인된 날

[제목개정 2011.7.21.]

제50조(소정급여일수 및 피보험기간) ① 하나의 수급자격에 따라 구직급여를 지급받을 수 있는 날(이하 "소정급여일수"라 한다)은 대기기간이 끝난 다음날부터 계산하기 시작하여 피보험기간과 연령에 따라 별표 1에서 정한 일수가 되는 날까지로 한다. <개정 2011.7.21.>

② 수급자격자가 소정급여일수 내에 제48조제2항에 따른 임신·출산·육아, 그 밖에 대통령령으로 정하는 사유로 수급기간을 연장한 경우에는 그 기간만큼 구직급여를 유예하여 지급한다.

③ 피보험기간은 그 수급자격과 관련된 이직 당시의 적용 사업에서 고용된 기간(제10조 및 제10조의2에 따른 적용 제외 근로자로 고용된 기간은 제외한다. 이하 이 조에서 같다)으로 한다. 다만, 자영업자인 피보험자의 경우에는 그 수급자격과 관련된 폐업 당시의 적용 사업에의 보험가입기간 중에서 실제로 납부한 고용보험료에 해당하는 기간으로 한다. <개정 2011.7.21., 2019.1.15.>

④ 제3항에도 불구하고 피보험기간을 계산할 때에 다음 각 호의 경우에는 해당 호에 따라 각각 피보험기간을 계산한다. <개정 2011.7.21.>

1. 종전의 적용 사업에서 피보험자격을 상실한 사실이 있고 그 상실한 날부터 3년 이내에 현재 적용 사업에서 피보험자격을 취득한 경우: 종전의 적용 사업에서의 피보험기간을 합산한다. 다만, 종전의 적용 사업의 피보험자격 상실로 인하여 구직급여를 지급받은 사실이 있는 경우에는 그 종전의 적용 사업에서의 피보험기간은 제외한다.
2. 자영업자인 피보험자가 종전에 근로자로서 고용되었다가 피보험자격을 상실한 사실이 있고 그 상실한 날부터 3년 이내에 자영업자로서 피보험자격을 다시 취득한 경우: 종전의 적용 사업에서의 피보험기간을 합산하지 아니하되, 본인이 종전의 피보험기간을 합산하여 줄 것을 원하는 때에 한정하여 합산한다. 다만, 종전의 적용 사업의 피보험자격 상실로 인하여 구직급여를 지급받은 사실이 있는 경우에는 그 종전의 적용 사업에서의 피보험기간은 제외한다.

⑤ 피보험자격 취득에 관하여 신고가 되어 있지 아니하였던 피보험자의 경우에는 하나의 피보험기간에 피보험자가 된 날이 다음 각 호의 어느 하나에 해당하는 날부터 소급하여 3년이 되는 해의 1월 1일 전이면 제3항에도 불구하고 그 해당하는 날부터 소급하여 3년이 되는 날이 속하는 보험연도의 첫 날에 그 피보험자격을 취득한 것으로 보아 피보험기간을 계산한다. 다만, 사업주가 다음 각 호의 어느 하나에 해당하는 날부터 소급하여 3년이 되는 해의 1월 1일 전부터 해당 피보험자에 대한 고용보험료를 계속 납부한 사실이 증명된 경우에는 고용보험료를 납부한 기간으로 피보험기간을 계산한다. <개정 2015.1.20.>

1. 제15조에 따른 피보험자격 취득신고를 한 날
2. 제17조에 따른 피보험자격 취득이 확인된 날

[제목개정 2011.7.21.]
[시행일 : 2019.7.16.] 제50조

제51조(훈련연장급여) ① 직업안정기관의 장은 수급자격자의 연령·경력 등을 고려할 때 재취업을 위하여 직업능력개발 훈련 등이 필요하면 그 수급자격자에게 직업능력개발 훈련 등을 받도록 지시할 수 있다.

② 직업안정기관의 장은 제1항에 따라 직업능력개발 훈련 등을 받도록 지시한 경우에는 수급자격자가 그 직업능력개발 훈련 등을 받는 기간 중 실업의 인정을 받은 날에 대하여는 소정급여일수를 초과하여 구직급여를 연장하여 지급할 수 있다. 이 경우 연장하여 지급하는 구직급여(이하 "훈련연장급여"라 한다)의 지급 기간은 대통령령으로 정하는 기간을 한도로 한다.

③ 제1항에 따른 훈련대상자·훈련 과정, 그 밖의 필요한 사항은 고용노동부령으로 정한다. <개정 2010.6.4.>

제52조(개별연장급여) ① 직업안정기관의 장은 취업이 특히 곤란하고 생활이 어려운 수급자격자로서 대통령령으로 정하는 자에게는 그가 실업의 인정을 받은 날에 대하여 소정급여일수를 초과하여 구직급여를 연장하여 지급할 수 있다.

② 제1항에 따라 연장하여 지급하는 구직급여(이하 "개별연장급여"라 한다)는 60일의 범위에서 대통령령으로 정하는 기간 동안 지급한다.

제53조(특별연장급여) ① 고용노동부장관은 실업의 급증 등 대통령령으로 정하는 사유가 발생한 경우에는 60일의 범위에서 수급자격자가 실업의 인정을 받은 날에 대하여 소정급여일수를 초과하여 구직급여를 연장하여 지급할 수 있다. 다만, 이직 후의 생활안정을 위한 일정 기준 이상의 소득이 있는 수급자격자 등 고용노동부령으로 정하는 수급자격자에 대하여는 그러하지 아니하다. <개정 2010.6.4.>

② 고용노동부장관은 제1항 본문에 따라 연장하여 지급하는 구직급여(이하 "특별연장급여"라 한다)를 지급하려면 기간을 정하여 실시하여야 한다. <개정 2010.6.4.>

제54조(연장급여의 수급기간 및 구직급여일액) ① 제51조부터 제53조까지의 규정에 따른 연장급여를 지급하는 경우에 그 수급자격자의 수급기간은 제48조에 따른 그 수급자격자의 수급기간에 연장되는 구직급여일수를 더하여 산정한 기간으로 한다.

② 제51조에 따라 훈련연장급여를 지급하는 경우에 그 일액은 해당 수급자격자의 구직급여일액의 100분의 100으로 하고, 제52조 또는 제53조에 따라 개별연장급여 또는 특별연장급여를 지급하는 경우에 그 일액은 해당 수급자격자의 구직급여일액의 100분의 70을 곱한 금액으로 한다. <개정 2008.3.21.>

③ 제2항에 따라 산정된 구직급여일액이 제46조제2항에 따른 최저구직급여일액보다 낮은 경우에는 최저구직급여일액을 그 수급자격자의 구직급여일액으로 한다.

제55조(연장급여의 상호 조정 등) ① 제51조부터 제53조까지의 규정에 따른 연장급여는 제48조에 따라 그 수급자격자가 지급받을 수 있는 구직급여의 지급이 끝난 후에 지급한다.

② 훈련연장급여를 지급받고 있는 수급자격자에게는 그 훈련연장급여의 지급이 끝난 후가 아니면 개별연장급여 및 특별연장급여를 지급하지 아니한다.

③ 개별연장급여 또는 특별연장급여를 지급받고 있는 수급자격자가 훈련연장급여를 지급받게 되면 개별연장급여나 특별연장급여를 지급하지 아니한다.

④ 특별연장급여를 지급받고 있는 수급자격자에게는 특별연장급여의 지급이 끝난 후가 아니면 개별연장급여를 지급하지 아니하고, 개별연장급여를 지급받고 있는 수급자격자에게는 개별연장급여의 지급이 끝난 후가 아니면 특별연장급여를 지급하지 아니한다.

⑤ 그 밖에 연장급여의 조정에 관하여 필요한 사항은 고용노동부령으로 정한다. <개정 2010.6.4.>

제55조의2(국민연금 보험료의 지원) ① 고용노동부장관은 「국민연금법」 제19조의2제1항에 따라 구직급여를 받는 기간을 국민연금 가입기간으로 추가 산입하려는 수급자격자에게 국민연금 보험료의 일부를 지원할 수 있다.

② 제1항에 따른 지원금액은 「국민연금법」 제19조의2제3항에 따른 연금보험료의 100분의 25의 범위로 한다.

③ 제1항에 따른 지원 절차·방법, 제2항에 따른 지원금액 등에 필요한 사항은 대통령령으로 정한다.

[본조신설 2016.5.29.]

제56조(지급일 및 지급 방법) ① 구직급여는 대통령령으로 정하는 바에 따라 실업의 인정을 받은 일수분(日數分)을 지급한다.
② 직업안정기관의 장은 각 수급자격자에 대한 구직급여를 지급할 날짜를 정하여 당사자에게 알려야 한다.

제57조(지급되지 아니한 구직급여) ① 수급자격자가 사망한 경우 그 수급자격자에게 지급되어야 할 구직급여로서 아직 지급되지 아니한 것이 있는 경우에는 그 수급자격자의 배우자(사실상의 혼인 관계에 있는 자를 포함한다)·자녀·부모·손자녀·조부모 또는 형제자매로서 수급자격자와 생계를 같이하고 있던 자의 청구에 따라 그 미지급분을 지급한다.
② 수급자격자가 사망하여 실업의 인정을 받을 수 없었던 기간에 대하여는 대통령령으로 정하는 바에 따라 제1항에 따라 지급되지 아니한 구직급여의 지급을 청구하는 자가 그 수급자격자에 대한 실업의 인정을 받아야 한다. 이 경우 수급자격자가 제47조제1항에 해당하면 지급되지 아니한 구직급여를 청구하는 자가 같은 조 제1항에 따라 직업안정기관의 장에게 신고하여야 한다.
③ 제1항에 따라 지급되지 아니한 구직급여를 지급받을 수 있는 자의 순위는 같은 항에 열거된 순서로 한다. 이 경우 같은 순위자가 2명 이상이면 그 중 1명이 한 청구를 전원(全員)을 위하여 한 것으로 보며, 그 1명에게 한 지급은 전원에 대한 지급으로 본다.

제58조(이직 사유에 따른 수급자격의 제한) 제40조에도 불구하고 피보험자가 다음 각 호의 어느 하나에 해당한다고 직업안정기관의 장이 인정하는 경우에는 수급자격이 없는 것으로 본다. <개정 2010.6.4.>
1. 중대한 귀책사유(歸責事由)로 해고된 피보험자로서 다음 각 목의 어느 하나에 해당하는 경우
  가. 「형법」 또는 직무와 관련된 법률을 위반하여 금고 이상의 형을 선고받은 경우
  나. 사업에 막대한 지장을 초래하거나 재산상 손해를 끼친 경우로서 고용노동부령으로 정하는 기준에 해당하는 경우

  다. 정당한 사유 없이 근로계약 또는 취업규칙 등을 위반하여 장기간 무단 결근한 경우
2. 자기 사정으로 이직한 피보험자로서 다음 각 목의 어느 하나에 해당하는 경우
  가. 전직 또는 자영업을 하기 위하여 이직한 경우
  나. 제1호의 중대한 귀책사유가 있는 자가 해고되지 아니하고 사업주의 권고로 이직한 경우
  다. 그 밖에 고용노동부령으로 정하는 정당한 사유에 해당하지 아니하는 사유로 이직한 경우

제59조 삭제 <2015.1.20.>

제60조(훈련 거부 등에 따른 급여의 지급 제한) ① 수급자격자가 직업안정기관의 장이 소개하는 직업에 취직하는 것을 거부하거나 직업안정기관의 장이 지시한 직업능력개발 훈련 등을 거부하면 대통령령으로 정하는 바에 따라 구직급여의 지급을 정지한다. 다만, 다음 각 호의 어느 하나에 해당하는 정당한 사유가 있는 경우에는 그러하지 아니하다. <개정 2010.6.4.>
1. 소개된 직업 또는 직업능력개발 훈련 등을 받도록 지시된 직종이 수급자격자의 능력에 맞지 아니하는 경우
2. 취직하거나 직업능력개발 훈련 등을 받기 위하여 주거의 이전이 필요하나 그 이전이 곤란한 경우
3. 소개된 직업의 임금 수준이 같은 지역의 같은 종류의 업무 또는 같은 정도의 기능에 대한 통상의 임금 수준에 비하여 100분의 20 이상 낮은 경우 등 고용노동부장관이 정하는 기준에 해당하는 경우
4. 그 밖에 정당한 사유가 있는 경우
② 수급자격자가 정당한 사유 없이 고용노동부장관이 정하는 기준에 따라 직업안정기관의 장이 실시하는 재취업 촉진을 위한 직업 지도를 거부하면 대통령령으로 정하는 바에 따라 구직급여의 지급을 정지한다. <개정 2010.6.4.>
③ 제1항 단서 및 제2항에서의 정당한 사유의 유무(有無)에 대한 인정은 고용노동부장관이 정하는 기준에 따라 직업안정기관의 장이 행한다. <개정 2010.6.4.>
④ 제1항과 제2항에 따라 구직급여의 지

급을 정지하는 기간은 1개월의 범위에서 고용노동부장관이 정하여 고시한다. <개정 2010.6.4.>

제61조(부정행위에 따른 급여의 지급 제한) ① 거짓이나 그 밖의 부정한 방법으로 실업급여를 받았거나 받으려 한 자에게는 그 급여를 받은 날 또는 받으려 한 날부터의 구직급여를 지급하지 아니한다. 다만, 그 급여와 관련된 이직 이후에 새로 수급자격을 취득한 경우 그 새로운 수급자격에 따른 구직급여에 대하여는 그러하지 아니하다.
② 제1항 본문에도 불구하고 거짓이나 그 밖의 부정한 방법이 제47조제1항에 따른 신고의무의 불이행 또는 거짓의 신고 등 대통령령으로 정하는 사유에 해당하면 그 실업인정대상기간에 한하여 구직급여를 지급하지 아니한다. 다만, 2회 이상의 위반행위를 한 경우에는 제1항 본문에 따른다.
③ 거짓이나 그 밖의 부정한 방법으로 실업급여를 지급받았거나 받으려 한 자가 제1항 또는 제2항에 따라 구직급여를 지급받을 수 없게 된 경우에도 제50조제3항 및 같은 조 제4항을 적용할 때는 그 구직급여를 지급받은 것으로 본다.
④ 거짓이나 그 밖의 부정한 방법으로 실업급여를 지급받았거나 받으려 한 자가 제1항 또는 제2항에 따라 구직급여를 지급받을 수 없게 된 경우에도 제63조제2항을 적용할 때는 그 지급받을 수 없게 된 일수분의 구직급여를 지급받은 것으로 본다.

제62조(반환명령 등) ① 직업안정기관의 장은 거짓이나 그 밖의 부정한 방법으로 구직급여를 지급받은 자에게 지급받은 전체 구직급여의 전부 또는 일부의 반환을 명할 수 있고, 이에 추가하여 고용노동부령으로 정하는 기준에 따라 그 거짓이나 그 밖의 부정한 방법으로 지급받은 구직급여액에 상당하는 액수 이하의 금액을 징수할 수 있다. <개정 2010.6.4.>
② 제1항의 경우에 거짓이나 그 밖의 부정한 방법이 사업주(사업주의 대리인·사용인, 그 밖의 종업원을 포함한다)의 거짓된 신고·보고 또는 증명으로 인한 것이면 그 사업주도 그 구직급여를 지급받은 자와 연대(連帶)하여 책임을 진다.
③ 직업안정기관의 장은 수급자격자 또는 수급자격이 있었던 자에게 잘못 지급된 구직급

여가 있으면 그 지급금액을 징수할 수 있다.

구 고용보험법(2014. 1. 21. 법률 제12323호로 개정되기 전의 것, 이하 '고용보험법'이라 한다) 제73조 제3항 및 제74조 제1항, 제62조 제1항이 정하고 있는 육아휴직 급여의 지급 제한, 반환명령 및 추가징수 요건으로서 '거짓이나 그 밖의 부정한 방법'이란 육아휴직 급여를 지급받을 수 없음에도 지급받을 자격을 가장하거나 지급받을 자격이 없다는 점 등을 감추기 위하여 행하는 일체의 부정행위로서 육아휴직 급여 지급에 관한 의사결정에 영향을 미칠 수 있는 적극적 및 소극적 행위를 뜻한다.
그런데 거짓이나 그 밖의 부정한 방법으로 육아휴직 급여를 지급받는 자는 침익적 처분인 육아휴직 급여 지급 제한, 반환명령 및 추가징수의 대상이 될 뿐 아니라, 고용보험법 제116조 제2항에 따라 형사처벌의 대상이 되는 점, 고용보험법 제74조 제1항에서 제62조 제3항을 준용하여, 수급자격자 또는 수급자격이 있었던 자에게 '잘못 지급된' 육아휴직 급여가 있으면 그 지급금액을 징수할 수 있도록 하는 별도의 반환명령에 관한 규정을 두고 있는 점 등에 비추어 볼 때, 육아휴직 급여가 부정수급에 해당하는지는 엄격하게 해석·적용하여야 한다. 따라서 '거짓이나 그 밖의 부정한 방법으로 급여를 지급받은 경우'에 해당한다고 보기 위해서는 허위, 기만, 은폐 등 사회통념상 부정이라고 인정되는 행위가 있어야 하고, 단순히 요건이 갖추어지지 아니하였음에도 급여를 수령한 경우까지 이에 해당한다고 볼 수는 없다. 그리고 육아휴직 중인 근로자가 관련 법령 및 행정관청에서 요구하는 육아휴직 급여 신청서 서식에 기재되어 있는 모든 사항을 사실대로 기재하고, 요청되는 제출서류도 모두 제대로 제출한 경우라면, 실질적인 육아휴직 급여 수급요건을 갖추지 못하였다고 하여 섣불리 은폐 등 소극적 행위에 의한 부정수급에 해당한다고 인정할 수는 없다. [대법원 2017.8.23. 선고, 2015두51651, 판결]

제63조(질병 등의 특례) ① 수급자격자가 제42조에 따라 실업의 신고를 한 이후에 질병·부상 또는 출산으로 취업이 불가능하여 실업의 인정을 받지 못한 날에 대하여는 제44조제1항에도 불구하고 그 수급자격자의 청구에 의하여 제46조의 구직급여일액에 해당하는 금액(이하 "상병급여"라 한다)을 구직급여에 갈음하여 지급할 수 있

다. 다만, 제60조제1항 및 제2항에 따라 구직급여의 지급이 정지된 기간에 대하여는 상병급여(傷病給與)를 지급하지 아니한다.
② 상병급여를 지급할 수 있는 일수는 그 수급자격자에 대한 구직급여 소정급여일수에서 그 수급자격에 의하여 구직급여가 지급된 일수를 뺀 일수를 한도로 한다. 이 경우 상병급여를 지급받은 자에 대하여 이 법의 규정(제61조 및 제62조는 제외한다)을 적용할 때에는 상병급여의 지급 일수에 상당하는 일수분의 구직급여가 지급된 것으로 본다.
③ 제1항에 따른 상병급여는 그 취업할 수 없는 사유가 없어진 이후에 최초로 구직급여를 지급하는 날(구직급여를 지급하는 날이 없는 경우에는 직업안정기관의 장이 정하는 날)에 지급한다. 다만, 필요하다고 인정하면 고용노동부장관이 따로 정하는 바에 따라 지급할 수 있다. <개정 2010.6.4.>
④ 제1항에도 불구하고 수급자격자가 「근로기준법」 제79조에 따른 휴업보상, 「산업재해보상보험법」 제52조부터 제56조까지의 규정에 따른 휴업급여, 그 밖에 이에 해당하는 급여 또는 보상으로서 대통령령으로 정하는 보상 또는 급여를 지급받을 수 있는 경우에는 상병급여를 지급하지 아니한다. <개정 2019.1.15.>
⑤ 상병급여의 지급에 관하여는 제47조, 제49조, 제57조, 제61조제1항부터 제3항까지 및 제62조를 준용한다. 이 경우 제47조 중 "실업인정대상기간"은 "실업의 인정을 받지 못한 날"로 본다.

제3절 취업촉진 수당

제64조(조기재취업 수당) ① 조기재취업 수당은 수급자격자(「외국인근로자의 고용 등에 관한 법률」 제2조에 따른 외국인근로자는 제외한다)가 안정된 직업에 재취직하거나 스스로 영리를 목적으로 하는 사업을 영위하는 경우로서 대통령령으로 정하는 기준에 해당하면 지급한다.
② 제1항에도 불구하고 수급자격자가 안정된 직업에 재취업한 날 또는 스스로 영리를 목적으로 하는 사업을 시작한 날 이전의 대통령령으로 정하는 기간에 조기재취업 수당을 지급받은 사실이 있는 경우에는 조기재취업 수당을 지급하지 아니한다.

③ 조기재취업 수당의 금액은 구직급여의 소정급여일수 중 미지급일수의 비율에 따라 대통령령으로 정하는 기준에 따라 산정한 금액으로 한다.
④ 조기재취업 수당을 지급받은 자에 대하여 이 법의 규정(제61조 및 제62조는 제외한다)을 적용할 때에는 그 조기재취업 수당의 금액을 제46조에 따른 구직급여일액으로 나눈 일수분에 해당하는 구직급여를 지급한 것으로 본다.
⑤ 수급자격자를 조기에 재취업시켜 구직급여의 지급 기간이 단축되도록 한 자에게는 대통령령으로 정하는 바에 따라 장려금을 지급할 수 있다.

▪판례 - 고용 보험 조기 재취업수당 부지급 처분취소

주식회사의 대표이사에 취임하는 것이 구 고용보험법 시행령 제84조 제1항 제1호에서 정한 '고용되는 직업에 취직한 경우'에 해당하는지 여부(원칙적 적극) [대법원 2011.12.8, 선고, 2009두19892, 판결]

제65조(직업능력개발 수당) ① 직업능력개발 수당은 수급자격자가 직업안정기관의 장이 지시한 직업능력개발 훈련 등을 받는 경우에 그 직업능력개발 훈련 등을 받는 기간에 대하여 지급한다.
② 제1항에도 불구하고 제60조제1항 및 제2항에 따라 구직급여의 지급이 정지된 기간에 대하여는 직업능력개발 수당을 지급하지 아니한다.
③ 직업능력개발 수당의 지급 요건 및 금액에 필요한 사항은 대통령령으로 정한다. 이 경우 인력의 수급 상황을 고려하여 고용노동부장관이 특히 필요하다고 인정하여 고시하는 직종에 관한 직업능력개발 훈련 등에 대하여는 직업능력개발 수당의 금액을 다르게 정할 수 있다. <개정 2010.6.4.>

제66조(광역 구직활동비) ① 광역 구직활동비는 수급자격자가 직업안정기관의 소개에 따라 광범위한 지역에 걸쳐 구직 활동을 하는 경우로서 대통령령으로 정하는 기준에 따라 직업안정기관의 장이 필요하다고 인정하면 지급할 수 있다.
② 광역 구직활동비의 금액은 제1항의 구직 활동에 통상 드는 비용으로 하되, 그 금액의 산정은 고용노동부령으로 정하는

바에 따른다. <개정 2010.6.4.>

제67조(이주비) ① 이주비는 수급자격자가 취업하거나 직업안정기관의 장이 지시한 직업능력개발 훈련 등을 받기 위하여 그 주거를 이전하는 경우로서 대통령령으로 정하는 기준에 따라 직업안정기관의 장이 필요하다고 인정하면 지급할 수 있다.
② 이주비의 금액은 수급자격자 및 그 수급자격자에 의존하여 생계를 유지하는 동거 친족의 이주에 일반적으로 드는 비용으로 하되, 그 금액의 산정은 고용노동부령으로 정하는 바에 따라 따른다. <개정 2010.6.4.>

제68조(취업촉진 수당의 지급 제한) ① 거짓이나 그 밖의 부정한 방법으로 실업급여를 받았거나 받으려 한 자에게는 그 급여를 받은 날 또는 받으려 한 날부터의 취업촉진 수당을 지급하지 아니한다. 다만, 그 급여와 관련된 이직 이후에 새로 수급자격을 취득하면 그 새로운 수급자격에 따른 취업촉진 수당은 그러하지 아니하다.
② 제1항 본문에도 불구하고 거짓이나 그 밖의 부정한 방법이 제47조제1항에 따른 신고의무의 불이행 또는 거짓의 신고 등 대통령령으로 정하는 사유에 해당하면 취업촉진 수당의 지급을 제한하지 아니한다. 다만, 2회 이상의 위반행위를 한 경우에는 제1항 본문에 따른다.
③ 거짓이나 그 밖의 부정한 방법으로 실업급여를 지급받았거나 받으려 한 자가 제1항 또는 제2항에 따라 취업촉진 수당을 지급받을 수 없게 되어 조기재취업 수당을 지급받지 못하게 된 경우에도 제64조제4항을 적용할 때는 그 지급받을 수 없게 된 조기재취업 수당을 지급받은 것으로 본다.

제69조(준용) 취업촉진 수당에 관하여는 제57조제1항·제3항 및 제62조를 준용한다. 이 경우 제57조제1항 중 "수급자격자"는 "취업촉진 수당을 지급받을 수 있는 자"로 본다.

제4절 자영업자인 피보험자에 대한 실업급여 적용의 특례
<신설 2011.7.21.>

제69조의2(자영업자인 피보험자의 실업급여의 종류) 자영업자인 피보험자의 실업급여의 종류는 제37조에 따른다. 다만, 제51조부터 제55조까지의 규정에 따른 연장급여와 제64조에 따른 조기재취업 수당은 제외한다.
[본조신설 2011.7.21.]

제69조의3(구직급여의 수급 요건) 구직급여는 폐업한 자영업자인 피보험자가 다음 각 호의 요건을 모두 갖춘 경우에 지급한다.
1. 폐업일 이전 24개월간 제41조제1항 단서에 따라 자영업자인 피보험자로서 갖춘 피보험 단위기간이 통산(通算)하여 1년 이상일 것
2. 근로의 의사와 능력이 있음에도 불구하고 취업을 하지 못한 상태에 있을 것
3. 폐업사유가 제69조의7에 따른 수급자격의 제한 사유에 해당하지 아니할 것
4. 재취업을 위한 노력을 적극적으로 할 것
[본조신설 2011.7.21.]

제69조의4(기초일액) ① 자영업자인 피보험자였던 수급자격자에 대한 기초일액은 다음 각 호의 구분에 따른 기간 동안 본인이 납부한 보험료의 산정기초가 되는 보험료징수법 제49조의2제3항에 따라 고시된 보수액을 전부 합산한 후에 그 기간의 총일수로 나눈 금액으로 한다.
1. 수급자격과 관련된 피보험기간이 3년 이상인 경우: 마지막 폐업일 이전 3년의 피보험기간
2. 수급자격과 관련된 피보험기간이 3년 미만인 경우: 수급자격과 관련된 그 피보험기간
② 제1항에도 불구하고 자영업자인 피보험자였던 수급자격자가 제50조제4항에 따라 피보험기간을 합산하게 됨에 따라 제69조의6에서 정한 소정급여일수가 추가로 늘어나는 경우에는 그 늘어난 일수분에 대한 기초일액은 제1항에 따라 산정된 기초일액으로 하되, 그 기초일액이 다음 각 호에 해당하는 경우에는 각각 해당 호에 따른 금액으로 한다.
1. 기초일액이 최저기초일액에 미치지 못하는 경우에는 최저기초일액
2. 기초일액이 제45조제5항에 따라 대통령령으로 정하는 금액을 초과하는 경우에는 그 대통령령으로 정하는 금액
[본조신설 2011.7.21.]

제69조의5(구직급여일액) 자영업자인 피보험자로서 폐업한 수급자격자에 대한 구직급여일액은 그 수급자격자의 기초일액에 100분의 50을 곱한 금액으로 한다.
[본조신설 2011.7.21.]

제69조의6(소정급여일수) 자영업자인 피보험자로서 폐업한 수급자격자에 대한 소정급여일수는 제49조에 따른 대기기간이 끝난 다음 날부터 계산하기 시작하여 피보험기간에 따라 별표 2에서 정한 일수가 되는 날까지로 한다.
[본조신설 2011.7.21.]

제69조의7(폐업사유에 따른 수급자격의 제한) 제69조의3에도 불구하고 폐업한 자영업자인 피보험자가 다음 각 호의 어느 하나에 해당한다고 직업안정기관의 장이 인정하는 경우에는 수급자격이 없는 것으로 본다.
1. 법령을 위반하여 허가 취소를 받거나 영업 정지를 받음에 따라 폐업한 경우
2. 방화(放火) 등 피보험자 본인의 중대한 귀책사유로서 고용노동부령으로 정하는 사유로 폐업한 경우
3. 매출액 등이 급격하게 감소하는 등 고용노동부령으로 정하는 사유가 아닌 경우로서 전직 또는 자영업을 다시 하기 위하여 폐업한 경우
4. 그 밖에 고용노동부령으로 정하는 정당한 사유에 해당하지 아니하는 사유로 폐업한 경우
[본조신설 2011.7.21.]

제69조의8(자영업자인 피보험자에 대한 실업급여의 지급 제한) 고용노동부장관은 보험료를 체납한 사람에게는 고용노동부령으로 정하는 바에 따라 이 장에 따른 실업급여를 지급하지 아니할 수 있다.
[본조신설 2011.7.21.]

제69조의9(준용) ① 자영업자인 피보험자의 실업급여에 관하여는 제38조, 제42조부터 제44조까지, 제47조부터 제49조까지, 제56조, 제57조, 제60조부터 제63조까지, 제65조부터 제68조까지를 준용한다. 이 경우 제42조제1항·제43조제3항 중 "이직"은 "폐업"으로 보고, 제43조제1항 중 "제40조제1항제1호부터 제3호까지·제

5호 및 제6호"는 "제69조의3"으로 보며, 제63조제1항 중 "제46조"는 "제69조의5"로 보고, 제48조제1항 중 "제50조제1항"은 "제69조의6"으로 본다. <개정 2013.6.4.>
② 자영업자인 피보험자의 취업촉진 수당(조기재취업 수당은 제외한다)에 관하여는 제57조제1항·제3항 및 제62조를 준용한다. 이 경우 제57조제1항 중 "수급자격자"는 "취업촉진 수당을 지급받을 수 있는 자"로 본다.
[본조신설 2011.7.21.]

제5장 육아휴직 급여 등
제1절 육아휴직 급여 및 육아기 근로시간 단축 급여
<개정 2011.7.21.>

제70조(육아휴직 급여) ① 고용노동부장관은 「남녀고용평등과 일·가정 양립 지원에 관한 법률」 제19조에 따른 육아휴직을 30일(「근로기준법」 제74조에 따른 출산전후휴가기간과 중복되는 기간은 제외한다) 이상 부여받은 피보험자 중 다음 각 호의 요건을 모두 갖춘 피보험자에게 육아휴직 급여를 지급한다. <개정 2007.12.21., 2010.6.4., 2011.7.21., 2012.2.1., 2014.1.21.>
1. 육아휴직을 시작한 날 이전에 제41조에 따른 피보험 단위기간이 통산하여 180일 이상일 것
2. 같은 자녀에 대하여 피보험자인 배우자가 30일 이상의 육아휴직을 부여받지 아니하거나 「남녀고용평등과 일·가정 양립지원에 관한 법률」 제19조의2에 따른 육아기 근로시간 단축(이하 "육아기 근로시간 단축"이라 한다)을 30일 이상 실시하지 아니하고 있을 것
3. 삭제 <2011.7.21.>
② 제1항에 따른 육아휴직 급여를 지급받으려는 사람은 육아휴직을 시작한 날 이후 1개월부터 육아휴직이 끝난 날 이후 12개월 이내에 신청하여야 한다. 다만, 해당 기간에 대통령령으로 정하는 사유로 육아휴직 급여를 신청할 수 없었던 사람은 그 사유가 끝난 후 30일 이내에 신청하여야 한다. <신설 2011.7.21.>
③ 제1항에 따른 육아휴직 급여액은 대통

령령으로 정한다. <개정 2011.7.21.>

④ 육아휴직 급여의 신청 및 지급에 관하여 필요한 사항은 고용노동부령으로 정한다. <개정 2010.6.4., 2011.7.21.>

제70조(육아휴직 급여) ① 고용노동부장관은 「남녀고용평등과 일·가정 양립 지원에 관한 법률」 제19조에 따른 육아휴직을 30일(「근로기준법」 제74조에 따른 출산전후휴가기간과 중복되는 기간은 제외한다) 이상 부여받은 피보험자 중 다음 각 호의 요건을 모두 갖춘 피보험자에게 육아휴직 급여를 지급한다. <개정 2007.12.21., 2010.6.4., 2011.7.21., 2012.2.1., 2014.1.21.>

1. 육아휴직을 시작한 날 이전에 제41조에 따른 피보험 단위기간이 통산하여 180일 이상일 것
2. 같은 자녀에 대하여 피보험자인 배우자가 30일 이상의 육아휴직을 부여받지 아니하거나 「남녀고용평등과 일·가정 양립지원에 관한 법률」 제19조의2에 따른 육아기 근로시간 단축(이하 "육아기 근로시간 단축"이라 한다)을 30일 이상 실시하지 아니하고 있을 것
3. 삭제 <2011.7.21.>

② 제1항에 따른 육아휴직 급여를 지급받으려는 사람은 육아휴직을 시작한 날 이후 1개월부터 육아휴직이 끝난 날 이후 12개월 이내에 신청하여야 한다. 다만, 해당 기간에 대통령령으로 정하는 사유로 육아휴직 급여를 신청할 수 없었던 사람은 그 사유가 끝난 후 30일 이내에 신청하여야 한다. <신설 2011.7.21.>

③ 피보험자가 제2항에 따라 육아휴직 급여 지급신청을 하는 경우 육아휴직 기간 중에 이직하거나 고용노동부령으로 정하는 기준에 해당하는 취업을 한 사실이 있는 경우에는 해당 신청서에 그 사실을 기재하여야 한다. <신설 2019.1.15.>

④ 제1항에 따른 육아휴직 급여액은 대통령령으로 정한다. <개정 2011.7.21., 2019.1.15.>

⑤육아휴직 급여의 신청 및 지급에 관하여 필요한 사항은 고용노동부령으로 정한다. <개정 2010.6.4., 2011.7.21., 2019.1.15.>
[시행일 : 2019.7.16.] 제70조

■판례 - 육아휴직급여제한및반환·추가징수처분취소(육아휴직 중 해외 체류 등을 원인으로 한 육아휴직 급여 제한 및 반환처분 등이 적

법한지 여부가 다투어진 사건)

구 남녀고용평등과 일·가정 양립 지원에 관한 법률(2014. 1. 14. 법률 제12244호로 개정되기 전의 것) 제19조 제1항, 구 고용보험법(2014. 1. 21. 법률 제12323호로 개정되기 전의 것, 이하 '고용보험법'이라 한다) 제70조 제1항, 제73조 제3항, 제74조 제1항의 체계·문언·취지를 종합하여 보면, 고용보험법상 육아휴직 급여를 지급받기 위해서는 원칙적으로 '육아휴직 대상 자녀를 양육하기 위한 것'임이 전제되어야 한다. 일반적으로 양육(養育)은 '아이를 보살펴서 자라게 함'을 말하는데, 부모는 자녀의 양육에 적합한 방식을 적절하게 선택할 수 있으므로 육아휴직 기간 동안에도 해당 육아휴직 중인 근로자(이하 '육아휴직자'라 한다) 및 육아휴직 대상 자녀의 사정에 따라 다양한 방식으로 양육이 이루어질 수 있다. 육아휴직자가 육아휴직 대상 자녀를 국내에 두고 해외에 체류한 경우에도 그것이 육아휴직 대상인 자녀를 양육한 때에 해당하는지는 육아휴직자의 양육의사, 체류장소, 체류기간, 체류목적·경위, 육아휴직 전후의 양육의 형태와 방법 및 정도 등 여러 사정을 종합하여 사회통념에 따라 판단하여야 한다. [대법원 2017.8.23, 선고, 2015두51651, 판결]

제71조(육아휴직의 확인) 사업주는 피보험자가 제70조에 따른 육아휴직 급여를 받으려는 경우 고용노동부령으로 정하는 바에 따라 사실의 확인 등 모든 절차에 적극 협력하여야 한다. <개정 2010.6.4.>

제72조(취업의 신고 등) ① 피보험자가 육아휴직 급여 기간 중에 이직 또는 새로 취업(취직한 경우 1주간의 소정근로시간이 15시간 미만인 경우는 제외한다. 이하 이 장에서 같다)하거나 사업주로부터 금품을 지급받은 경우에는 그 사실을 직업안정기관의 장에게 신고하여야 한다.

② 직업안정기관의 장은 필요하다고 인정하면 육아휴직 급여 기간 중의 이직, 취업 여부 등에 대하여 조사할 수 있다.

제72조 삭제 <2019.1.15.>
[시행일 : 2019.7.16.] 제72조

제73조(급여의 지급 제한 등) ① 피보험자가 육아휴직 급여 기간 중에 그 사업에서 이직하거나 새로 취업한 경우에는 그 이직 또는 취업하였을 때부터 육아휴직 급여를 지급하지 아니한다.

② 피보험자가 사업주로부터 육아휴직을 이유로 금품을 지급받은 경우 대통령령으로 정하는 바에 따라 급여를 감액하여 지급할 수 있다.

③ 거짓이나 그 밖의 부정한 방법으로 육아휴직 급여를 받았거나 받으려 한 자에게는 그 급여를 받은 날 또는 받으려 한 날부터의 육아휴직 급여를 지급하지 아니한다. 다만, 그 급여와 관련된 육아휴직 이후에 새로 육아휴직 급여 요건을 갖춘 경우 그 새로운 요건에 따른 육아휴직 급여는 그러하지 아니하다.

제73조(육아휴직 급여의 지급 제한 등) ① 피보험자가 육아휴직 기간 중에 그 사업에서 이직한 경우에는 그 이직하였을 때부터 육아휴직 급여를 지급하지 아니한다. <개정 2019.1.15.>

② 피보험자가 육아휴직 기간 중에 제70조제3항에 따른 취업을 한 경우에는 그 취업한 기간에 대해서는 육아휴직 급여를 지급하지 아니한다. <신설 2019.1.15.>

③ 피보험자가 사업주로부터 육아휴직을 이유로 금품을 지급받은 경우 대통령령으로 정하는 바에 따라 급여를 감액하여 지급할 수 있다. <개정 2019.1.15.>

④ 거짓이나 그 밖의 부정한 방법으로 육아휴직 급여를 받았거나 받으려 한 사람에게는 그 급여를 받은 날 또는 받으려 한 날부터의 육아휴직 급여를 지급하지 아니한다. 다만, 그 급여와 관련된 육아휴직 이후에 새로 육아휴직 급여 요건을 갖춘 경우 그 새로운 요건에 따른 육아휴직 급여는 그러하지 아니하다. <개정 2019.1.15.>

⑤ 제4항 본문에도 불구하고 제70조제3항을 위반하여 육아휴직 기간 중 취업한 사실을 기재하지 아니하거나 거짓으로 기재하여 육아휴직 급여를 받았거나 받으려 한 사람에 대해서는 위반횟수 등을 고려하여 고용노동부령으로 정하는 바에 따라 지급이 제한되는 육아휴직 급여의 범위를 달리 정할 수 있다. <신설 2019.1.15.>
[제목개정 2019.1.15.]
[시행일 : 2019.7.16.] 제73조

제73조의2(육아기 근로시간 단축 급여) ① 고용노동부장관은 육아기 근로시간 단축을 30일(「근로기준법」 제74조에 따른 출산전후휴가기간과 중복되는 기간은 제외한

다) 이상 실시한 피보험자 중 다음 각 호의 요건을 모두 갖춘 피보험자에게 육아기 근로시간 단축 급여를 지급한다. <개정 2012.2.1., 2014.1.21.>

1. 육아기 근로시간 단축을 시작한 날 이전에 제41조에 따른 피보험 단위기간이 통산하여 180일 이상일 것
2. 같은 자녀에 대하여 피보험자인 배우자가 30일 이상의 육아휴직을 부여받지 아니하거나 육아기 근로시간 단축을 30일 이상 실시하지 아니하고 있을 것

② 제1항에 따른 육아기 근로시간 단축 급여를 지급받으려는 사람은 육아기 근로시간 단축을 시작한 날 이후 1개월부터 끝난 날 이후 12개월 이내에 신청하여야 한다. 다만, 해당 기간에 대통령령으로 정하는 사유로 육아기 근로시간 단축 급여를 신청할 수 없었던 사람은 그 사유가 끝난 후 30일 이내에 신청하여야 한다.

③ 제1항에 따른 육아기 근로시간 단축 급여액은 대통령령으로 정한다.

④ 육아기 근로시간 단축 급여의 신청 및 지급에 필요한 사항은 고용노동부령으로 정한다.
[본조신설 2011.7.21.]

제74조(준용) ① 육아휴직 급여에 관하여는 제62조를 준용한다. 이 경우 "구직급여"는 "육아휴직 급여"로 본다. <개정 2011.7.21.>

② 육아기 근로시간 단축 급여에 관하여는 제62조, 제71조부터 제73조까지의 규정을 준용한다. 이 경우 제62조 중 "구직급여"는 "육아기 근로시간 단축 급여"로 보고, 제71조부터 제73조까지의 규정 중 "육아휴직"은 "육아기 근로시간 단축"으로 본다. <신설 2011.7.21.>

제2절 출산전후휴가 급여 등
<개정 2012.2.1.>

제75조(출산전후휴가 급여 등) 고용노동부장관은 「남녀고용평등과 일·가정 양립 지원에 관한 법률」 제18조에 따라 피보험자가 「근로기준법」 제74조에 따른 출산전후휴가 또는 유산·사산휴가를 받은 경우로서 다음 각 호의 요건을 모두 갖춘 경우에 출산전후휴가 급여 등(이하 "출산전후휴가 급여등"이라 한다)을 지급한다. <개정 2007.12.21., 2010.6.4., 2012.2.1., 2014.1.21.>

1. 휴가가 끝난 날 이전에 제41조에 따른 피보험 단위기간이 통산하여 180일 이상일 것
2. 휴가를 시작한 날[제19조제2항에 따라 근로자의 수 등이 대통령령으로 정하는 기준에 해당하는 기업이 아닌 경우는 휴가 시작 후 60일(한 번에 둘 이상의 자녀를 임신한 경우에는 75일)이 지난 날로 본다] 이후 1개월부터 휴가가 끝난 날 이후 12개월 이내에 신청할 것. 다만, 그 기간에 대통령령으로 정하는 사유로 출산전후휴가 급여등을 신청할 수 없었던 자는 그 사유가 끝난 후 30일 이내에 신청하여야 한다.
[제목개정 2012.2.1.]

제75조의2(출산전후휴가 급여등의 수급권 대위) 사업주가 출산전후휴가 급여등의 지급사유와 같은 사유로 그에 상당하는 금품을 근로자에게 미리 지급한 경우로서 그 금품이 출산전후휴가 급여등을 대체하여 지급한 것으로 인정되면 그 사업주는 지급한 금액(제76조제2항에 따른 상한액을 초과할 수 없다)에 대하여 그 근로자의 출산전후휴가 급여등을 받을 권리를 대위한다. <개정 2012.2.1.>
[본조신설 2008.12.31.]
[제목개정 2012.2.1.]

제76조(지급 기간 등) ① 제75조에 따른 출산전후휴가 급여등은 「근로기준법」 제74조에 따른 휴가 기간에 대하여 「근로기준법」의 통상임금(휴가를 시작한 날을 기준으로 산정한다)에 해당하는 금액을 지급한다. 다만, 제19조제2항에 따라 근로자의 수 등이 대통령령으로 정하는 기준에 해당하는 기업이 아닌 경우에는 휴가 기간 중 60일(한 번에 둘 이상의 자녀를 임신한 경우에는 75일)을 초과한 일수(30일을 한도로 하되, 한 번에 둘 이상의 자녀를 임신한 경우에는 45일을 한도로 한다)로 한정한다. <개정 2012.2.1., 2014.1.21.>
② 제1항에 따른 출산전후휴가 급여등의 지급 금액은 대통령령으로 정하는 바에 따라 그 상한액과 하한액을 정할 수 있다. <개정 2012.2.1.>
③ 제1항과 제2항에 따른 출산전후휴가 급여등의 신청 및 지급에 필요한 사항은 고용노동부령으로 정한다. <개정 2010.6.4.,

2012.2.1.>

제77조(준용) 출산전후휴가 급여등에 관하여는 제62조, 제71조부터 제73조까지의 규정을 준용한다. 이 경우 제62조 중 "구직급여"는 "출산전후휴가 급여등"으로, 제71조부터 제73조까지의 규정 중 "육아휴직"은 "출산전후휴가 또는 유산·사산휴가"로 각각 본다. <개정 2012.2.1.>

제6장 고용보험기금

제78조(기금의 설치 및 조성) ① 고용노동부장관은 보험사업에 필요한 재원에 충당하기 위하여 고용보험기금(이하 "기금"이라 한다)을 설치한다. <개정 2010.6.4.>
② 기금은 보험료와 이 법에 따른 징수금·적립금·기금운용 수익금과 그 밖의 수입으로 조성한다.

제79조(기금의 관리·운용) ① 기금은 고용노동부장관이 관리·운용한다. <개정 2010.6.4.>
② 기금의 관리·운용에 관한 세부 사항은 「국가재정법」의 규정에 따른다.
③ 고용노동부장관은 다음 각 호의 방법에 따라 기금을 관리·운용한다. <개정 2010.6.4.>
1. 금융기관에의 예탁
2. 재정자금에의 예탁
3. 국가·지방자치단체 또는 금융기관에서 직접 발행하거나 채무이행을 보증하는 유가증권의 매입
4. 보험사업의 수행 또는 기금 증식을 위한 부동산의 취득 및 처분
5. 그 밖에 대통령령으로 정하는 기금 증식 방법
④ 고용노동부장관은 제1항에 따라 기금을 관리·운용할 때에는 그 수익이 대통령령으로 정하는 수준 이상 되도록 하여야 한다. <개정 2010.6.4.>

제80조(기금의 용도) ① 기금은 다음 각 호의 용도에 사용하여야 한다. <개정 2008.3.21., 2012.2.1.>
1. 고용안정·직업능력개발 사업에 필요한 경비
2. 실업급여의 지급
3. 육아휴직 급여 및 출산전후휴가 급여등의 지급

4. 보험료의 반환
5. 일시 차입금의 상환금과 이자
6. 이 법과 보험료징수법에 따른 업무를 대행하거나 위탁받은 자에 대한 출연금
7. 그 밖에 이 법의 시행을 위하여 필요한 경비로서 대통령령으로 정하는 경비와 제1호 및 제2호에 따른 사업의 수행에 딸린 경비

② 제1항제6호에 따른 출연금의 지급기준, 사용 및 관리에 관하여 필요한 사항은 대통령령으로 정한다. <신설 2008.3.21.>

제80조(기금의 용도) ① 기금은 다음 각 호의 용도에 사용하여야 한다.
<개정 2008.3.21., 2012.2.1., 2019.1.15.>
1. 고용안정·직업능력개발 사업에 필요한 경비
2. 실업급여의 지급
2의2. 제55조의2에 따른 국민연금 보험료의 지원
3. 육아휴직 급여 및 출산전후휴가 급여등의 지급
4. 보험료의 반환
5. 일시 차입금의 상환금과 이자
6. 이 법과 보험료징수법에 따른 업무를 대행하거나 위탁받은 자에 대한 출연금
7. 그 밖에 이 법의 시행을 위하여 필요한 경비로서 대통령령으로 정하는 경비와 제1호 및 제2호에 따른 사업의 수행에 딸린 경비

② 제1항제6호에 따라 기금으로부터 「국민건강보험법」 제13조에 따른 국민건강보험공단에 출연하는 금액은 징수업무(고지·수납·체납 업무를 말한다)가 차지하는 비율 등을 기준으로 산정한다. <신설 2019.1.15.>
③ 제1항제6호에 따른 출연금의 지급기준, 사용 및 관리에 관하여 필요한 사항은 대통령령으로 정한다.
<신설 2008.3.21., 2019.1.15.>
[시행일 : 2019.7.16.] 제80조

제81조(기금운용 계획 등) ① 고용노동부장관은 매년 기금운용 계획을 세워 제7조에 따른 고용보험위원회 및 국무회의의 심의를 거쳐 대통령의 승인을 받아야 한다. <개정 2008.12.31., 2010.6.4.>
② 고용노동부장관은 매년 기금의 운용 결과에 대하여 제7조에 따른 고용보험위원회의 심의를 거쳐 공표하여야 한다. <개정

2008.12.31., 2010.6.4.>

제82조(기금계정의 설치) ① 고용노동부장관은 한국은행에 고용보험기금계정을 설치하여야 한다. <개정 2010.6.4.>
② 제1항의 고용보험기금계정은 고용안정·직업능력개발 사업 및 실업급여, 자영업자의 고용안정·직업능력개발 사업 및 자영업자의 실업급여로 구분하여 관리한다. <개정 2011.7.21.>

제83조(기금의 출납) 기금의 관리·운용을 하는 경우 출납에 필요한 사항은 대통령령으로 정한다.

제84조(기금의 적립) ① 고용노동부장관은 대량 실업의 발생이나 그 밖의 고용상태 불안에 대비한 준비금으로 여유자금을 적립하여야 한다. <개정 2010.6.4.>
② 제1항에 따른 여유자금의 적정규모는 다음 각 호와 같다.
1. 고용안정·직업능력개발 사업 계정의 연말 적립금: 해당 연도 지출액의 1배 이상 1.5배 미만
2. 실업급여 계정의 연말 적립금: 해당 연도 지출액의 1.5배 이상 2배 미만
[전문개정 2008.12.31.]

제85조(잉여금과 손실금의 처리) ① 기금의 결산상 잉여금이 생기면 이를 적립금으로 적립하여야 한다.
② 기금의 결산상 손실금이 생기면 적립금을 사용하여 이를 보전(補塡)할 수 있다.

제86조(차입금) 기금을 지출할 때 자금 부족이 발생하거나 발생할 것으로 예상되는 경우에는 기금의 부담으로 금융기관·다른 기금과 그 밖의 재원 등으로부터 차입을 할 수 있다.

제7장 심사 및 재심사청구

제87조(심사와 재심사) ① 제17조에 따른 피보험자격의 취득·상실에 대한 확인, 제4장의 규정에 따른 실업급여 및 제5장에 따른 육아휴직 급여와 출산전후휴가 급여등에 관한 처분[이하 "원처분(原處分)등"이라 한다]에 이의가 있는 자는 제

89조에 따른 심사관에게 심사를 청구할 수 있고, 그 결정에 이의가 있는 자는 제99조에 따른 심사위원회에 재심사를 청구할 수 있다. <개정 2012.2.1.>

② 제1항에 따른 심사의 청구는 같은 항의 확인 또는 처분이 있음을 안 날부터 90일 이내에, 재심사의 청구는 심사청구에 대한 결정이 있음을 안 날부터 90일 이내에 각각 제기하여야 한다.

③ 제1항에 따른 심사 및 재심사의 청구는 시효중단에 관하여 재판상의 청구로 본다.

제88조(대리인의 선임) 심사청구인 또는 재심사청구인은 법정대리인 외에 다음 각 호의 어느 하나에 해당하는 자를 대리인으로 선임할 수 있다.
1. 청구인의 배우자, 직계존속 · 비속 또는 형제자매
2. 청구인인 법인의 임원 또는 직원
3. 변호사나 공인노무사
4. 제99조에 따른 심사위원회의 허가를 받은 자

제89조(고용보험심사관) ① 제87조에 따른 심사를 행하게 하기 위하여 고용보험심사관(이하 "심사관"이라 한다)을 둔다.

② 심사관은 제87조제1항에 따라 심사청구를 받으면 30일 이내에 그 심사청구에 대한 결정을 하여야 한다. 다만, 부득이한 사정으로 그 기간에 결정할 수 없을 때에는 1차에 한하여 10일을 넘지 아니하는 범위에서 그 기간을 연장할 수 있다.

③ 심사관의 정원 · 자격 · 배치 및 직무에 필요한 사항은 대통령령으로 정한다.

④ 당사자는 심사관에게 심리 · 결정의 공정을 기대하기 어려운 사정이 있으면 그 심사관에 대한 기피신청을 고용노동부장관에게 할 수 있다. <개정 2010.6.4.>

⑤ 심사청구인이 사망한 경우 그 심사청구인이 실업급여의 수급권자이면 제57조에 따른 유족이, 그 외의 자인 때에는 상속인 또는 심사청구의 대상인 원처분등에 관계되는 권리 또는 이익을 승계한 자가 각각 심사청구인의 지위를 승계한다.

제90조(심사의 청구 등) ① 제87조제1항에 따른 심사를 청구하는 경우 제17조에 따른 피보험자격의 취득 · 상실 확인에 대한 심사의 청구는 「산업재해보상보험법」 제10조에 따른 근로복지공단(이하 "근로복지공단"이라 한다)을, 제4장에 따른 실업급여 및 제5장에 따른 육아휴직 급여와 출산전후휴가 급여등에 관한 처분에 대한 심사의 청구는 직업안정기관의 장을 거쳐 심사관에게 하여야 한다. <개정 2019.1.15.>

② 직업안정기관 또는 근로복지공단은 심사청구서를 받은 날부터 5일 이내에 의견서를 첨부하여 심사청구서를 심사관에게 보내야 한다. <개정 2019.1.15.>

제91조(청구의 방식) 심사의 청구는 대통령령으로 정하는 바에 따라 문서로 하여야 한다.

제92조(보정 및 각하) ① 심사의 청구가 제87조제2항에 따른 기간이 지났거나 법령으로 정한 방식을 위반하여 보정(補正)하지 못할 것인 경우에 심사관은 그 심사의 청구를 결정으로 각하(却下)하여야 한다.

② 심사의 청구가 법령으로 정한 방식을 어긴 것이라도 보정할 수 있는 것인 경우에 심사관은 상당한 기간을 정하여 심사청구인에게 심사의 청구를 보정하도록 명할 수 있다. 다만, 보정할 사항이 경미한 경우에는 심사관이 직권으로 보정할 수 있다.

③ 심사관은 심사청구인이 제2항의 기간에 그 보정을 하지 아니하면 결정으로써 그 심사청구를 각하하여야 한다.

제93조(원처분등의 집행 정지) ① 심사의 청구는 원처분등의 집행을 정지시키지 아니한다. 다만, 심사관은 원처분등의 집행에 의하여 발생하는 중대한 위해(危害)를 피하기 위하여 긴급한 필요가 있다고 인정하면 직권으로 그 집행을 정지시킬 수 있다.

② 심사관은 제1항 단서에 따라 집행을 정지시키려고 할 때에는 그 이유를 적은 문서로 그 사실을 직업안정기관의 장 또는 근로복지공단에 알려야 한다. <개정 2019.1.15.>

③ 직업안정기관의 장 또는 근로복지공단은 제2항에 따른 통지를 받으면 지체 없이 그 집행을 정지하여야 한다. <개정 2019.1.15.>

④ 심사관은 제2항에 따라 집행을 정지시킨 경우에는 지체 없이 심사청구인에게 그 사실을 문서로 알려야 한다.

제94조(심사관의 권한) ① 심사관은 심사의 청구에 대한 심리를 위하여 필요하다고 인정하

면 심사청구인의 신청 또는 직권으로 다음 각 호의 조사를 할 수 있다.

1. 심사청구인 또는 관계인을 지정 장소에 출석하게 하여 질문하거나 의견을 진술하게 하는 것
2. 심사청구인 또는 관계인에게 증거가 될 수 있는 문서와 그 밖의 물건을 제출하게 하는 것
3. 전문적인 지식이나 경험을 가진 제삼자로 하여금 감정(鑑定)하게 하는 것
4. 사건에 관계가 있는 사업장 또는 그 밖의 장소에 출입하여 사업주·종업원이나 그 밖의 관계인에게 질문하거나 문서와 그 밖의 물건을 검사하는 것

② 심사관은 제1항제4호에 따른 질문과 검사를 하는 경우에는 그 권한을 나타내는 증표를 지니고 이를 관계인에게 내보여야 한다.

제95조(실비변상) 제94조제1항제1호에 따라 지정한 장소에 출석한 자와 같은 항 제3호에 따라 감정을 한 감정인에게는 고용노동부장관이 정하는 실비를 변상한다. <개정 2010.6.4.>

제96조(결정) 심사관은 심사의 청구에 대한 심리(審理)를 마쳤을 때에는 원처분등의 전부 또는 일부를 취소하거나 심사청구의 전부 또는 일부를 기각한다.

제97조(결정의 방법) ① 제89조에 따른 결정은 대통령령으로 정하는 바에 따라 문서로 하여야 한다.
② 심사관은 결정을 하면 심사청구인 및 원처분등을 한 직업안정기관의 장 또는 근로복지공단에 각각 결정서의 정본(正本)을 보내야 한다. <개정 2019.1.15.>

제98조(결정의 효력) ① 결정은 심사청구인 및 직업안정기관의 장 또는 근로복지공단에 결정서의 정본을 보낸 날부터 효력이 발생한다. <개정 2019.1.15.>
② 결정은 원처분등을 행한 직업안정기관의 장 또는 근로복지공단을 기속(羈束)한다. <개정 2019.1.15.>

제99조(고용보험심사위원회) ① 제87조에 따른 재심사를 하게 하기 위하여 고용노동부에 고용보험심사위원회(이하 "심사위원

회"라 한다)를 둔다. <개정 2010.6.4.>
② 심사위원회는 근로자를 대표하는 자 및 사용자를 대표하는 자 각 1명 이상을 포함한 15명 이내의 위원으로 구성한다.
③ 제2항의 위원 중 2명은 상임위원으로 한다.
④ 다음 각 호의 어느 하나에 해당하는 자는 위원에 임명될 수 없다. <개정 2015.1.20.>
1. 피성년후견인·피한정후견인 또는 파산의 선고를 받고 복권되지 아니한 자
2. 금고 이상의 형을 선고받고 그 형의 집행이 종료되거나 집행을 받지 아니하기로 확정된 후 3년이 지나지 아니한 자
⑤ 위원 중 공무원이 아닌 위원이 다음 각 호의 어느 하나에 해당되는 경우에는 해촉(解囑)할 수 있다. <개정 2019.1.15.>
1. 심신장애로 인하여 직무를 수행할 수 없게 된 경우
2. 직무와 관련된 비위사실이 있는 경우
3. 직무태만, 품위손상이나 그 밖의 사유로 인하여 위원으로 적합하지 아니하다고 인정되는 경우
4. 위원 스스로 직무를 수행하는 것이 곤란하다고 의사를 밝히는 경우
⑥ 상임위원은 정당에 가입하거나 정치에 관여하여서는 아니 된다.
⑦ 심사위원회는 제87조제1항에 따라 재심사의 청구를 받으면 50일 이내에 재결(裁決)을 하여야 한다. 이 경우 재결기간의 연장에 관하여는 제89조제2항을 준용한다.
⑧ 심사위원회에 사무국을 둔다.
⑨ 심사위원회 및 사무국의 조직·운영 등에 필요한 사항은 대통령령으로 정한다.

제100조(재심사의 상대방) 재심사의 청구는 원처분등을 행한 직업안정기관의 장 또는 근로복지공단을 상대방으로 한다. <개정 2019.1.15.>

제101조(심리) ① 심사위원회는 재심사의 청구를 받으면 그 청구에 대한 심리 기일(審理期日) 및 장소를 정하여 심리 기일 3일 전까지 당사자 및 그 사건을 심사한 심사관에게 알려야 한다.
② 당사자는 심사위원회에 문서나 구두로 그 의견을 진술할 수 있다.
③ 심사위원회의 재심사청구에 대한 심리는 공개한다. 다만, 당사자의 양쪽 또는 어느 한 쪽이 신청한 경우에는 공개하지 아니할 수 있다.
④ 심사위원회는 심리조서(審理調書)를 작

성하여야 한다.
⑤ 당사자나 관계인은 제4항의 심리조서의 열람을 신청할 수 있다.
⑥ 위원회는 당사자나 관계인이 제5항에 따른 열람 신청을 하면 정당한 사유 없이 이를 거부하여서는 아니 된다.
⑦ 재심사청구의 심리에 관하여는 제94조 및 제95조를 준용한다. 이 경우 "심사관"은 "심사위원회"로, "심사의 청구"는 "재심사의 청구"로, "심사청구인"은 "재심사청구인"으로 본다.

제102조(준용 규정) 심사위원회와 재심사에 관하여는 제89조제4항·제5항, 제91조부터 제93조까지, 제96조부터 제98조까지의 규정을 준용한다. 이 경우 제89조제4항 중 "심사관"은 "심사위원회의 위원"으로, 제89조제4항·제97조·제98조 중 "결정"은 각각 "재결"로, 제91조·제93조·제96조 중 "심사의 청구"는 각각 "재심사의 청구"로, 제93조·제96조·제97조 중 "심사관"은 각각 "심사위원회"로, 제93조·제97조·제98조 중 "심사청구인"은 각각 "재심사청구인"으로 본다.

제103조(고지) 직업안정기관의 장 또는 근로복지공단이 원처분등을 하거나 심사관이 제97조제2항에 따라 결정서의 정본을 송부하는 경우에는 그 상대방 또는 심사청구인에게 원처분등 또는 결정에 관하여 심사 또는 재심사를 청구할 수 있는지의 여부, 청구하는 경우의 경유(經由) 절차 및 청구 기간을 알려야 한다. <개정 2019.1.15.>

제104조(다른 법률과의 관계) ① 재심사의 청구에 대한 재결은 「행정소송법」 제18조를 적용할 경우 행정심판에 대한 재결로 본다.
② 심사 및 재심사의 청구에 관하여 이 법에서 정하고 있지 아니한 사항은 「행정심판법」의 규정에 따른다.

제8장 보칙

제105조(불이익 처우의 금지) 사업주는 근로자가 제17조에 따른 확인의 청구를 한 것을 이유로 그 근로자에게 해고나 그 밖의 불이익한 처우를 하여서는 아니 된다.

제106조(준용) 이 법에 따른 다음 각 호의 징수금의 징수에 관하여는 보험료징수법 제27조부터 제30조까지·제32조·제39조·제41조 및 제42조를 준용한다. <개정 2011.7.21.>
1. 고용안정·직업능력개발 사업의 지원금액의 반환금 또는 추가징수금
2. 실업급여의 반환금 또는 추가징수금
3. 육아휴직 급여 등의 반환금 또는 추가징수금

제107조(소멸시효) ① 다음 각 호의 어느 하나에 해당하는 권리는 3년간 행사하지 아니하면 시효로 소멸한다. <개정 2019.1.15.>
1. 제3장에 따른 지원금을 지급받거나 반환받을 권리
2. 제4장에 따른 취업촉진 수당을 지급받거나 반환받을 권리
3. 제4장에 따른 구직급여를 반환받을 권리
4. 제5장에 따른 육아휴직 급여, 육아기 근로시간 단축 급여 및 출산전후휴가 급여등을 반환받을 권리
② 소멸시효의 중단에 관하여는 「산업재해보상보험법」 제113조를 준용한다. <개정 2015.1.20.>
[법률 제8429호(2007.5.11.) 부칙 제3조의 규정에 의하여 이 조 제1항 단서는 2009년 12월 31일까지 유효함]

제108조(보고 등) ① 고용노동부장관은 필요하다고 인정하면 피보험자 또는 수급자격자를 고용하고 있거나 고용하였던 사업주, 보험료징수법 제33조에 따른 보험사무대행기관(이하 "보험사무대행기관"이라 한다) 및 보험사무대행기관이었던 자에게 피보험자의 자격 확인, 부정수급(不正受給)의 조사 등 이 법의 시행에 필요한 보고, 관계 서류의 제출 또는 관계인의 출석을 요구할 수 있다. <개정 2010.6.4.>
② 이직한 자는 종전의 사업주 또는 그 사업주로부터 보험 사무의 위임을 받아 보험 사무를 처리하는 보험사무대행기관에 실업급여를 지급받기 위하여 필요한 증명서의 교부를 청구할 수 있다. 이 경우 청구를 받은 사업주나 보험사무대행기관은 그 청구에 따른 증명서를 내주어야 한다.
③ 고용노동부장관은 피보험자, 수급자격자

또는 지급되지 아니한 실업급여의 지급을 청구하는 자에게 피보험자의 자격 확인, 부정수급의 조사 등 이 법의 시행에 필요한 보고를 하게 하거나 관계 서류의 제출 또는 출석을 요구할 수 있다. <개정 2010.6.4.>

제109조(조사 등) ① 고용노동부장관은 피보험자의 자격 확인, 부정수급의 조사 등 이 법의 시행을 위하여 필요하다고 인정하면 소속 직원에게 피보험자 또는 수급자격자를 고용하고 있거나 고용하였던 사업주의 사업장 또는 보험사무대행기관 및 보험사무대행기관이었던 자의 사무소에 출입하여 관계인에 대하여 질문하거나 장부 등 서류를 조사하게 할 수 있다. <개정 2010.6.4.>
② 고용노동부장관이 제1항에 따라 조사를 하는 경우에는 그 사업주 등에게 미리 조사 일시·조사 내용 등 조사에 필요한 사항을 알려야 한다. 다만, 긴급하거나 미리 알릴 경우 그 목적을 달성할 수 없다고 인정되는 경우에는 그러하지 아니하다. <개정 2010.6.4.>
③ 제1항에 따라 조사를 하는 직원은 그 신분을 나타내는 증표를 지니고 이를 관계인에게 내보여야 한다.
④ 고용노동부장관은 제1항에 따른 조사 결과를 그 사업주 등에게 서면으로 알려야 한다. <개정 2010.6.4.>

제110조(자료의 요청) ① 고용노동부장관은 보험사업의 효율적인 운영을 위하여 필요하면 관계 중앙행정기관·지방자치단체, 그 밖의 공공단체 등에게 필요한 자료의 제출을 요청할 수 있다. <개정 2010.6.4.>
② 제1항에 따라 자료의 제출을 요청받은 자는 정당한 사유가 없으면 요청에 따라야 한다.

제111조(진찰명령) 직업안정기관의 장은 실업급여의 지급을 위하여 필요하다고 인정하면 제44조제3항제1호에 해당하는 자로서 같은 조 제2항에 따른 실업의 인정을 받았거나 받으려는 자 및 제63조에 따라 상병급여를 지급받았거나 지급받으려는 자에게 고용노동부장관이 지정하는 의료기관에서 진찰을 받도록 명할 수 있다. <개정 2010.6.4.>

제112조(포상금의 지급) ① 고용노동부장관은 이 법에 따른 고용안정·직업능력개발 사업의 지원·위탁 및 실업급여·육아휴직 급여 또는 출산전후휴가 급여등의 지원과 관련한 부정행위를 신고한 자에게 예산의 범위에서 포상금을 지급할 수 있다. <개정 2010.6.4., 2012.2.1.>
② 제1항에 따른 부정행위의 신고 및 포상금의 지급에 필요한 사항은 고용노동부령으로 정한다. <개정 2010.6.4.>

제113조 삭제 <2011.7.21.>

제113조의2(「국민기초생활 보장법」의 수급자에 대한 특례) ① 제8조에도 불구하고 「국민기초생활 보장법」 제15조제1항제4호에 따라 자활을 위한 근로기회를 제공하기 위한 사업은 이 법의 적용을 받는 사업으로 본다. 이 경우 해당 사업에 참가하여 유급으로 근로하는 「국민기초생활 보장법」 제2조제2호에 따른 수급자는 이 법의 적용을 받는 근로자로 보고, 같은 법 제2조제4호에 따른 보장기관(같은 법 제15조제2항에 따라 사업을 위탁하여 행하는 경우는 그 위탁기관을 말한다)은 이 법의 적용을 받는 사업주로 본다.
② 제1항 후단에 따른 수급자가 「국민기초생활 보장법」 제8조제2항에 따른 수급권자인 경우에는 해당 수급자에 대하여는 제3장의 규정만을 적용한다. <개정 2016.12.27.>
③ 제18조에도 불구하고 제2항에 따라 제3장의 규정만 적용되는 수급자는 보험관계가 성립되어 있는 다른 사업에 고용되어 있는 경우에는 그 다른 사업의 근로자로서만 피보험자격을 취득한다.
④ 제1항에 따라 수급자가 사업에 참가하고 받은 자활급여는 제41조에 따른 피보험 단위기간 산정의 기초가 되는 보수 및 제45조에 따른 임금일액의 기초가 되는 임금으로 본다.
[본조신설 2011.7.21.]

제114조(시범사업의 실시) ① 고용노동부장관은 보험사업을 효과적으로 시행하기 위하여 전면적인 시행에 어려움이 예상되거나 수행 방식 등을 미리 검증할 필요가 있는 경우 대통령령으로 정하는 보험사업은 시범사업을 할 수 있다. <개정 2010.6.4.>
② 고용노동부장관은 제1항에 따른 시범사업에 참여하는 사업주, 피보험자등 및 직업능력개발 훈련 시설 등에 재정·행정·기술이나 그 밖에 필요한 지원을 할 수 있다.

<개정 2010.6.4.>
③제1항에 따른 시범사업의 대상자·실시지역·실시방법과 제2항에 따른 지원 내용 등에 관하여 필요한 사항은 고용노동부장관이 정하여 고시한다. <개정 2010.6.4.>

제115조(권한의 위임·위탁) 이 법에 따른 고용노동부장관의 권한은 대통령령으로 정하는 바에 따라 그 일부를 직업안정기관의 장에게 위임하거나 대통령령으로 정하는 자에게 위탁할 수 있다. <개정 2010.6.4.>

제115조의2(벌칙 적용 시의 공무원 의제) ① 제36조와 제115조에 따라 업무를 대행하거나 위탁하도록 하는 경우에 그 대행하거나 위탁받은 업무에 종사하는 자는 「형법」 제129조부터 제132조까지의 규정에 따른 벌칙을 적용할 때에는 공무원으로 본다. <개정 2019.1.15.>
② 심사위원회의 위원 중 공무원이 아닌 위원은 「형법」 제127조 및 제129조부터 제132조까지의 규정을 적용할 때에는 공무원으로 본다. <신설 2019.1.15.>
[본조신설 2008.12.31.]

제9장 벌칙

제116조(벌칙) ① 제105조를 위반하여 근로자를 해고하거나 그 밖에 근로자에게 불이익한 처우를 한 사업주는 3년 이하의 징역 또는 3천만원 이하의 벌금에 처한다. <개정 2015.1.20.>
② 거짓이나 그 밖의 부정한 방법으로 실업급여·육아휴직 급여 및 출산전후휴가 급여등을 받은 자는 1년 이하의 징역 또는 1천만원 이하의 벌금에 처한다. <개정 2012.2.1., 2015.1.20.>

제117조(양벌규정) 법인의 대표자나 법인 또는 개인의 대리인, 사용인, 그 밖의 종업원이 그 법인 또는 개인의 업무에 관하여 제116조의 위반행위를 하면 그 행위자를 벌하는 외에 그 법인 또는 개인에게도 해당 조문의 벌금형을 과(科)한다. 다만, 법인 또는 개인이 그 위반행위를 방지하기 위하여 해당 업무에 관하여 상당한 주의와 감독을 게을리하지 아니한 경우에는 그러하지 아니하다.
[전문개정 2008.12.31.]

[제118조에서 이동, 종전의 117조는 제118조로 이동 <2008.12.31.>]

제118조(과태료) ① 다음 각 호의 어느 하나에 해당하는 사업주, 보험사무대행기관의 대표자 또는 대리인·사용인, 그 밖의 종업원에게는 300만원 이하의 과태료를 부과한다. <개정 2008.12.31.>
1. 제15조를 위반하여 신고를 하지 아니하거나 거짓으로 신고한 자
2. 제16조제1항을 위반하여 이직확인서를 제출하지 아니하거나 거짓으로 작성하여 제출한 자
3. 제16조제2항 후단을 위반하여 이직확인서를 내주지 아니한 자
4. 제108조제1항에 따른 요구에 불응하여 보고를 하지 아니하거나 거짓으로 보고한 자, 같은 요구에 불응하여 문서를 제출하지 아니하거나 거짓으로 적은 문서를 제출한 자 또는 출석하지 아니한 자
5. 제108조제2항에 따른 요구에 불응하여 증명서를 내주지 아니한 자
6. 제109조제1항에 따른 질문에 답변하지 아니하거나 거짓으로 진술한 자 또는 조사를 거부·방해하거나 기피한 자
② 다음 각 호의 어느 하나에 해당하는 피보험자, 수급자격자 또는 지급되지 아니한 실업급여의 지급을 청구하는 자에게는 100만원 이하의 과태료를 부과한다. <개정 2008.12.31.>
1. 제108조제3항에 따라 요구된 보고를 하지 아니하거나 거짓으로 보고한 자, 문서를 제출하지 아니하거나 거짓으로 적은 문서를 제출한 자 또는 출석하지 아니한 자
2. 제109조제1항에 따른 질문에 답변하지 아니하거나 거짓으로 진술한 자 또는 검사를 거부·방해하거나 기피한 자
③ 제87조에 따른 심사 또는 재심사의 청구를 받아 하는 심사관 및 심사위원회의 질문에 답변하지 아니하거나 거짓으로 진술한 자 또는 검사를 거부·방해하거나 기피한 자에게는 100만원 이하의 과태료를 부과한다. <개정 2008.12.31.>
④ 제1항부터 제3항까지의 규정에 따른 과태료는 대통령령으로 정하는 바에 따라 고용노동부장관이 부과·징수한다. <개정 2010.6.4.>
⑤ 삭제 <2008.12.31.>
⑥ 삭제 <2008.12.31.>

⑦ 삭제 <2008.12.31.>
[제117조에서 이동, 종전의 제118조는 제 117조로 이동 <2008.12.31.>]

부칙
<법률 제16269호, 2019.1.15.>

제1조(시행일) 이 법은 공포 후 6개월이 경과한 날부터 시행한다. 다만, 제6조제2항 단서, 같은 조 제3항 단서, 제10조, 제43조제1항, 제63조제4항, 제80조제1항제2호의2, 제90조, 제93조, 제97조제2항, 제98조, 제99조제5항, 제100조, 제103조, 제107조제1항 및 제115조의2의 개정규정은 공포한 날부터 시행한다.

제2조(외국인근로자의 고용보험 적용에 관한 적용례) 제10조의2제1항의 개정규정은 다음 각 호의 구분에 따른 날부터 적용한다.
1. 상시 30명 이상의 근로자를 사용하는 사업 또는 사업장: 2021년 1월 1일
2. 상시 10명 이상 30명 미만의 근로자를 사용하는 사업 또는 사업장: 2022년 1월 1일
3. 상시 10명 미만의 근로자를 사용하는 사업 또는 사업장: 2023년 1월 1일

제3조(건설일용근로자 구직급여 수급 요건에 관한 적용례) 제40조제1항제5호 및 제49조 단서의 개정규정은 이 법 시행 이후 제43조제1항에 따른 구직급여 수급자격 인정 신청을 하는 사람부터 적용한다.

제4조(취업 사실 미신고 등에 따른 육아휴직 급여 등의 지급 제한에 관한 적용례) 제73조제5항(제74조 및 제77조에 따라 준용되는 경우를 포함한다)의 개정규정은 이 법 시행 당시 육아휴직, 육아기 근로시간 단축, 출산전후휴가 또는 유산·사산휴가 중인 피보험자가 이 법 시행 이후 제70조제3항의 개정규정을 위반하여 취업한 사실을 기재하지 아니하거나 거짓으로 기재한 경우부터 횟수를 산정하여 적용한다.

제5조(실업급여 등 적용 제외에 관한 경과조치) 제10조의 개정규정 시행 당시 65세 이후에 고용되어 종전의 제10조제1항제1호에 따라 실업급여 등의 적용이 제외된 사람은 같은 조 제2항의 개정규정에도 불구하고 종전의 규정에 따른다.

제6조(취업한 기간에 대한 육아휴직 급여 등의 지급 제한에 관한 경과조치) 이 법 시행 전에 육아휴직, 육아기 근로시간 단축, 출산전후휴가 또는 유산·사산휴가 기간에 취업한 사실이 있는 피보험자에 대해서는 제73조제2항(제74조 및 제77조에 따라 준용되는 경우를 포함한다)의 개정규정에도 불구하고 종전의 제73조제1항을 적용한다.

제7조(피보험자격의 취득·상실에 대한 확인에 관한 심사청구 기관 변경에 따른 피청구인 등에 관한 경과조치) 제90조의 개정규정 시행 당시 제87조제1항에 따른 피보험자격의 취득·상실에 대한 확인에 관하여 심사청구, 재심사청구 및 행정소송이 계속 중인 사건의 경우 피청구인 또는 피고의 적격은 근로복지공단으로 승계된다.

고용보험법 시행령

[시행 2019.2.12.]
[대통령령 제29547호, 2019.2.12., 일부개정]

제1장 총칙

제1조(목적) 이 영은 「고용보험법」에서 위임된 사항과 그 시행에 필요한 사항을 규정하는 것을 목적으로 한다.

제1조의2(보수에서 제외되는 금품) 「고용보험법」(이하 "법"이라 한다) 제2조제5호에서 "대통령령으로 정하는 금품"이란 「소득세법」 제12조제3호에 따른 비과세 근로소득을 말한다.
[본조신설 2010.12.31.]
[종전 제1조의2는 제1조의3으로 이동 <2010.12.31.>]

제1조의3(고용보험위원회의 구성) ① 법 제7조제4항제1호 및 제2호에 따른 근로자와 사용자를 대표하는 사람은 각각 전국 규모의 노동단체와 전국 규모의 사용자단체에서 추천하는 사람 중에서 고용노동부장관이 위촉한다. <개정 2010.7.12., 2010.12.31.>
② 법 제7조제4항제3호에 따른 공익을 대표하는 사람은 고용보험과 그 밖의 고용노동 분야 전반에 관하여 학식과 경험이 풍부한 사람 중에서 고용노동부장관이 위촉한다. <개정 2010.7.12.>
③ 법 제7조제4항제4호에 따른 정부를 대표하는 사람은 고용보험 관련 중앙행정기관의 고위공무원단에 속하는 공무원 중에서 고용노동부장관이 임명한다. <개정 2010.7.12.>
[본조신설 2009.3.12.]
[제1조의2에서 이동, 종전 제1조의3은 제1조의4로 이동 <2010.12.31.>]

제1조의4(위원의 임기 등) ① 법 제7조제4항제1호부터 제3호까지의 규정에 따른 위촉위원의 임기는 2년으로 한다. 다만, 보궐위원의 임기는 전임자 임기의 남은 기간으로 한다. <개정 2015.12.31.>
② 고용노동부장관은 제1조의3제1항 및 제2항에 따라 위촉한 위원이 다음 각 호의 어느 하나에 해당하는 경우에는 해당 위원을 해촉(解囑)할 수 있다. <신설 2015.12.31.>
1. 심신장애로 인하여 직무를 수행할 수 없게 된 경우
2. 직무와 관련된 비위사실이 있는 경우
3. 직무태만, 품위손상이나 그 밖의 사유로 인하여 위원으로 적합하지 아니하다고 인정되는 경우
4. 위원 스스로 직무를 수행하는 것이 곤란하다고 의사를 밝히는 경우
[본조신설 2009.3.12.]
[제목개정 2015.12.31.]
[제1조의3에서 이동, 종전 제1조의4는 제1조의5로 이동 <2010.12.31.>]

제1조의5(위원장의 직무) ① 법 제7조에 따른 고용보험위원회(이하 "위원회"라 한다)의 위원장은 위원회를 대표하며, 위원회의 사무를 총괄한다.
② 위원장이 부득이한 사유로 직무를 수행할 수 없을 때에는 위원장이 미리 지명하는 위원이 그 직무를 대행한다.
[본조신설 2009.3.12.]
[제1조의4에서 이동, 종전 제1조의5는 제1조의6으로 이동 <2010.12.31.>]

제1조의6(회의) ① 위원장은 위원회의 회의를 소집하고, 그 의장이 된다.
② 위원회의 회의는 재적위원 과반수의 출석으로 개의(開議)하고 출석위원 과반수의 찬성으로 의결한다.
[본조신설 2009.3.12.]
[제1조의5에서 이동, 종전 제1조의6은 제1조의7로 이동 <2010.12.31.>]

제1조의7(전문위원회) ① 법 제7조제5항에 따라 위원회에 고용보험운영전문위원회와 고용보험평가전문위원회(이하 "전문위원회"라 한다)를 둔다.
② 전문위원회는 각각 위원장 1명을 포함한 15명 이내의 위원으로 구성한다.
③ 위원회의 위원장은 위원회의 위원 중에서 전문위원회의 위원장을 임명하거나 위촉하고, 다음 각 호의 어느 하나에 해당하는 사람 중에서 전문위원회의 위원을 임명하거나 위촉한다.
1. 고용보험 등 사회보험에 관한 학식과 경험이 있고, 전국 규모의 노동단체나 전국 규모의 사용자단체에서 추천하는 사람
2. 고용보험 등 사회보험에 관한 학식과

경험이 풍부한 사람

3. 고용보험 관련 중앙행정기관의 3급 또는 4급 공무원

④ 전문위원회의 위원장은 법 제7조제5항에 따라 전문위원회가 심의 사항에 대하여 검토·조정한 결과를 위원회에 보고하여야 한다.

⑤ 전문위원회에 관하여는 제1조의4부터 제1조의6까지의 규정을 준용한다. 이 경우 "법 제7조제4항제1호부터 제3호까지의 규정"은 "제1조의7제3항제1호 및 제2호"로, "고용노동부장관"은 "위원회의 위원장"으로, "제1조의3제1항 및 제2항"은 "제1조의7제3항제1호 및 제2호"로 본다. <개정 2010.12.31., 2015.12.31.>
[본조신설 2009.3.12.]
[제1조의6에서 이동, 종전 제1조의7은 제1조의8로 이동 <2010.12.31.>]

제1조의8(조사·연구위원) ① 고용보험에 관한 전문적인 사항을 조사·연구하기 위하여 위원회에 5명 이내의 조사·연구위원을 둘 수 있다.
② 조사·연구위원은 고용보험에 관한 학식과 경험이 풍부한 사람 중에서 위원회의 위원장이 위촉한다.
[본조신설 2009.3.12.]
[제1조의7에서 이동, 종전 제1조의8은 제1조의9로 이동 <2010.12.31.>]

제1조의9(협조의 요청) 위원회나 전문위원회(이하 "위원회등"이라 한다)는 안건의 심의를 위하여 필요하다고 인정하는 경우에는 관계 행정기관 또는 단체에 자료 제출을 요청하거나 관계 공무원이나 전문가 등 관계인을 출석시켜 의견을 들을 수 있다.
[본조신설 2009.3.12.]
[제1조의8에서 이동, 종전 제1조의9는 제1조의10으로 이동 <2010.12.31.>]

제1조의10(간사) 위원회등에는 각각 간사 1명을 두되, 간사는 고용노동부 소속 공무원 중에서 위원회의 위원장이 임명한다. <개정 2010.7.12.>
[본조신설 2009.3.12.]
[제1조의9에서 이동, 종전 제1조의10은 제1조의11로 이동 <2010.12.31.>]

제1조의11(위원의 수당) 위원회등의 회의에 출석하거나 회의 안건에 대한 검토의견을 제출한 위원에게는 예산의 범위에서 수당과 여비를 지급할 수 있다. 다만, 그 소관 업무와 직접 관련되는 공무원인 위원에게는 수당과 여비를 지급하지 아니한다.
[본조신설 2009.3.12.]
[제1조의10에서 이동, 종전 제1조의11은 제1조의12로 이동 <2010.12.31.>]

제1조의12(운영세칙) 이 영에서 규정한 사항 외에 위원회등의 운영에 필요한 사항은 위원회의 의결을 거쳐 위원회의 위원장이 정한다.
[본조신설 2009.3.12.]
[제1조의11에서 이동 <2010.12.31.>]

제2조(적용 범위) ① 법 제8조 단서에서 "대통령령으로 정하는 사업"이란 다음 각 호의 어느 하나에 해당하는 사업을 말한다. <개정 2008.9.18., 2009.3.12., 2015.6.30.>

1. 농업·임업 및 어업 중 법인이 아닌 자가 상시 4명 이하의 근로자를 사용하는 사업

2. 다음 각 목의 어느 하나에 해당하는 공사. 다만, 법 제15조제2항 각 호에 해당하는 자가 시공하는 공사는 제외한다.
   가. 「고용보험 및 산업재해보상보험의 보험료징수 등에 관한 법률 시행령」 제2조제1항제2호에 따른 총공사금액(이하 이 조에서 "총공사금액"이라 한다)이 2천만원 미만인 공사
   나. 연면적이 100제곱미터 이하인 건축물의 건축 또는 연면적이 200제곱미터 이하인 건축물의 대수선에 관한 공사

3. 가구 내 고용활동 및 달리 분류되지 아니한 자가소비 생산활동

② 제1항 각 호의 어느 하나에 해당하는 사업의 범위에 관하여는 법 또는 이 영에 특별한 규정이 있는 경우 외에는 「통계법」 제22조에 따라 통계청장이 고시하는 산업에 관한 표준분류(이하 "한국표준산업분류표"라 한다)에 따른다.

③ 총공사금액이 2천만원 미만인 건설공사가 설계 변경(사실상의 설계 변경이 있는 경우를 포함한다)으로 인하여 2천만원 이상의 건설공사에 해당하게 되거나 「고용보험 및 산업재해보상보험의 보험료징수 등에 관한 법률」(이하 "보험료징수법"이라 한다) 제8조제

1항 및 제2항에 따라 일괄적용을 받게 되는 경우에는 그 때부터 법의 규정의 전부를 적용한다.

제3조(적용 제외 근로자) ① 법 제10조제2호에서 "소정근로시간이 대통령령으로 정하는 시간 미만인 자"란 1개월간 소정근로시간이 60시간 미만인 자(1주간의 소정근로시간이 15시간 미만인 자를 포함한다)를 말한다. 다만, 3개월 이상 계속하여 근로를 제공하는 자와 법 제2조제6호에 따른 일용근로자(이하 "일용근로자"라 한다)는 제외한다. <개정 2018.7.3.>
② 법 제10조제5호에서 "그 밖에 대통령령으로 정하는 자"란 다음 각 호에 해당하는 자를 말한다. <개정 2010.7.12., 2011.11.1.>
1. 외국인 근로자. 다만, 다음 각 목의 어느 하나에 해당하는 자는 제외한다.
   가. 「출입국관리법 시행령」 제12조에 따른 외국인의 체류자격 중 주재(D-7), 기업투자(D-8) 및 무역경영(D-9)의 체류자격을 가진 자(법에 따른 고용보험에 상응하는 보험료와 급여에 관하여 그 외국인의 본국법이 대한민국 국민에게 적용되지 아니하는 경우는 제외한다)
   나. 「출입국관리법 시행령」 제23조제1항에 따른 취업활동을 할 수 있는 체류자격을 가진 자(고용노동부령으로 정하는 바에 따라 보험 가입을 신청한 자만 해당한다)
   다. 「출입국관리법 시행령」 제23조제2항제1호·제2호 및 제3호에 해당하는 자
   라. 「출입국관리법 시행령」 제12조에 따른 외국인의 체류자격 중 재외동포(F-4)의 체류자격을 가진 자(고용노동부령으로 정하는 바에 따라 보험 가입을 신청한 자만 해당한다)
   마. 「출입국관리법 시행령」 제12조에 따른 외국인의 체류자격 중 영주(F-5)의 체류자격을 가진 자
2. 「별정우체국법」에 따른 별정우체국 직원

제3조의2(별정직·임기제 공무원의 보험 가입) ① 별정직 또는 임기제 공무원(이하 "가입대상 공무원"이라 한다)을 임용하는 행정기관(이하 "소속기관"이라 한다)의 장은 가입대상 공무원이 해당 소속기관에 최초로 임용된 경우 지체 없이 법 제10조제3호 단

서에 따른 본인의 의사를 확인하여야 한다. <개정 2011.9.15., 2013.11.20.>
② 소속기관의 장은 제1항에 따라 보험가입 의사가 있는 것으로 확인된 가입대상 공무원에 대하여 임용된 날부터 3개월 이내에 고용노동부장관에게 고용보험 가입을 신청하여야 한다. 다만, 해당 가입대상 공무원이 원하는 경우에는 같은 기간에 직접 가입을 신청할 수 있으며, 이 경우 고용노동부장관은 가입 신청 사실을 소속기관의 장에게 알려야 한다. <개정 2011.9.15., 2016.10.18.>
③ 제1항 또는 제2항에 따라 가입을 신청한 경우에 해당 가입대상 공무원은 가입을 신청한 날의 다음 날에 피보험자격을 취득한 것으로 본다. 이 경우 피보험자격을 취득한 공무원이 공무원 신분의 변동에 따라 계속하여 다른 별정직 또는 임기제 공무원으로 임용된 때에는 별도의 가입신청을 하지 않은 경우에도 고용보험의 피보험자격을 유지한다. <개정 2013.11.20.>
④ 고용보험에 가입한 공무원이 고용보험에서 탈퇴하려는 경우에는 고용노동부장관에게 탈퇴신청을 하여야 한다. 이 경우 탈퇴를 신청한 날의 다음 날에 피보험자격을 상실한 것으로 본다. <개정 2016.10.18.>
⑤ 제4항에 따라 고용보험에서 탈퇴한 이후에 가입대상 공무원으로 계속 재직하는 동안에는 고용보험에 다시 가입할 수 없으며, 고용보험에서 탈퇴한 이후에는 수급자격을 인정하지 아니한다. 다만, 탈퇴한 공무원이 가입대상 공무원의 직에서 이직(가입대상 공무원 외의 공무원으로 임용된 경우를 포함한다)한 이후에 법과 이 영에 따라 다시 피보험자격을 취득한 경우에는 법 제40조제1항제1호에 따른 피보험 단위기간을 산정하는 경우에 그 이전 가입대상 공무원 재직 시의 피보험기간 중 법 제41조제1항에 따른 보수지급의 기초가 된 날을 합산하고, 법 제50조에 따라 피보험기간을 산정하는 경우에 탈퇴하기 전의 피보험기간도 같은 조에서 규정하고 있는 피보험기간에 포함하여 산정한다. <개정 2011.9.15.>
⑥ 고용보험에 가입한 공무원에 대한 보험료율은 보험료징수법 시행령 제12조제1항제3호에 따른 실업급여의 보험료율로 하되, 소속기관과 고용보험에 가입한 공무원이 각각 2분의 1씩 부담한다.
⑦ 제1항부터 제4항까지의 규정에 따른 보

험가입 및 보험가입 탈퇴의 신청절차는 고용노동부령으로 정한다. <개정 2010.7.12.>
[본조신설 2008.9.18.]
[제목개정 2013.11.20.]

제4조(대리인) ① 사업주는 대리인을 선임하여 사업주가 법과 이 영에 따라 행할 사항을 대리인에게 하게 할 수 있다.
② 사업주는 대리인을 선임하거나 해임하였을 때에는 고용노동부령으로 정하는 바에 따라 고용노동부장관에게 신고하여야 한다. <개정 2010.7.12.>

제5조(고용보험 통계의 관리 등) ① 고용노동부장관은 법 제11조에 따른 조사·연구와 고용보험의 운영을 통하여 생성된 고용보험 관련 통계(이하 이 조에서 "고용보험 통계"라 한다)를 체계적으로 관리·운영하여야 한다. <개정 2010.7.12.>
② 고용노동부장관은 고용보험 통계를 체계적으로 관리·운영하기 위하여 고용보험 통계 전문요원을 둘 수 있다. <개정 2010.7.12.>
③ 고용보험 통계 전문요원의 자격, 복무 및 보수 등에 관하여 필요한 사항은 고용노동부장관이 정한다. <개정 2010.7.12.>

제6조(업무의 대행) ① 고용노동부장관은 법 제11조제2항에 따라 노동시장에 관한 연구와 고용보험(이하 "보험"이라 한다) 관련 업무를 지원하기 위한 조사·연구 사업을 다음 각 호의 기관 또는 단체가 대행하도록 할 수 있다. <개정 2009.12.30., 2010.7.12., 2013.1.25.>
1. 「정부출연연구기관 등의 설립·운영 및 육성에 관한 법률」제8조에 따라 설립된 보험 관련 정부출연연구기관
2. 「고용정책 기본법」제18조에 따라 설립된 한국고용정보원
3. 「고등교육법」제2조에 따른 학교(부설 연구기관을 포함한다)
4. 그 밖에 노동시장·직업 및 직업능력개발과 보험 관련 업무에 관한 조사·연구를 수행할 수 있는 민간연구기관
② 고용노동부장관은 제1항에 따라 업무를 대행하도록 하는 경우에는 그에 필요한 조사·연구, 관리·운영 등에 드는 경비를 고용보험기금(이하 "기금"이라 한다)에서 지원할 수 있다. <개정 2010.7.12.>

제6조의2(보험사업 평가기관) ① 법 제11조의2제2항에서 "대통령령으로 정하는 기관"이란 다음 각 호의 기관 중에서 고용노동부장관이 지정하는 기관(이하 이 조에서 "평가기관"이라 한다)을 말한다. <개정 2010.7.12., 2010.12.31.>
1. 「정부출연연구기관 등의 설립·운영 및 육성에 관한 법률」에 따른 정부출연연구기관
2. 「공공기관의 운영에 관한 법률」제4조부터 제6조까지의 규정에 따라 지정·고시된 공공기관
3. 「고등교육법」제2조제1호부터 제6호까지의 규정에 해당하는 학교(부설 연구기관을 포함한다)
4. 민간연구기관
② 고용노동부장관은 평가기관에 대하여 예산의 범위에서 업무 수행에 필요한 비용을 지원할 수 있다. <개정 2010.7.12.>
③ 평가기관은 제6조제1항, 제57조제1항 및 제145조제2항부터 제6항까지의 규정에 따른 대행기관 또는 위탁기관에 평가를 위하여 필요한 자료의 제출을 요청할 수 있다.
④ 평가기관의 구체적인 업무, 지정기간 등에 관하여 필요한 사항은 고용노동부장관이 정하여 고시한다. <개정 2010.7.12.>
[본조신설 2009.3.12.]

제2장 피보험자의 관리

제7조(피보험자격의 취득 또는 상실 신고 등)
① 사업주나 하수급인(下受給人)은 법 제15조에 따라 고용노동부장관에게 그 사업에 고용된 근로자의 피보험자격 취득 및 상실에 관한 사항을 신고하거나 법 제16조에 따라 고용노동부장관에게 피보험 단위기간, 이직 사유 및 이직 전에 지급한 임금·퇴직금 등의 명세를 증명하는 서류(이하 "이직확인서"라 한다)를 제출하려는 경우에는 그 사유가 발생한 날이 속하는 달의 다음 달 15일까지(근로자가 그 기일 이전에 신고하거나 제출할 것을 요구하는 경우에는 지체 없이) 신고하거나 제출하여야 한다. 이 경우 사업주나 하수급인이 해당하는 달에 고용한 일용근로자의 근로일수, 임금 등이 적힌 근로내용 확인신고서를 그 사유가 발생한 날의 다음 달 15일까지 고용노동부장관에게 제출한 경우에는 피보험자격의 취득 및 상실을 신고하거나 이직확인서를 제출한

것으로 본다. <개정 2010.7.12.>

② 보험료징수법 제11조제3항에 따라 사업의 개시 또는 종료 신고를 한 사업주는 제1항에 따른 신고기간 내에 고용노동부장관에게 피보험자격의 취득 또는 상실 신고를 하여야 한다. <개정 2010.7.12.>

③ 법 제16조제1항에 따라 이직확인서를 받은 고용노동부장관은 피보험 단위기간, 이직 사유 및 임금지급명세 등을 확인하여야 한다. <개정 2010.7.12.>

④ 고용노동부장관은 제3항에 따라 이직확인서에 적힌 내용을 확인하여 이직자가 이직일 이전 18개월간 법 제40조제2항에 따른 사유로 계속하여 30일 이상 임금을 받지 못한 사실이 있는 경우에는 그 이직자에게 의사의 진단서나 그 밖에 그 사유를 증명할 수 있는 서류를 제출하도록 요구할 수 있다. <개정 2010.7.12.>

제8조(근로자의 피보험자격에 관한 신고) 법 제15조제3항에 따라 근로자가 피보험자격의 취득 및 상실 등에 관한 사항을 신고할 때에는 근로계약서 등 고용관계를 증명할 수 있는 서류를 제출하여야 한다.

제9조(피보험자의 전근 신고) 사업주는 피보험자를 자신의 하나의 사업에서 다른 사업으로 전보시켰을 때에는 전보일부터 14일 이내에 고용노동부장관에게 신고하여야 한다. <개정 2010.7.12.>

제10조(피보험자 이름 등의 변경 신고) ① 사업주는 피보험자의 이름이나 주민등록번호가 변경되거나 정정되었을 때에는 변경일이나 정정일부터 14일 이내에 고용노동부장관에게 신고하여야 한다. <개정 2010.7.12., 2012.1.13.>

② 법 제113조의2제1항 후단에 따른 보장기관 또는 위탁기관은 같은 항 후단에 따른 수급자가 「국민기초생활 보장법」 제8조제2항에 따른 생계급여 수급권자인 수급자(이하 이 조에서 "수급권자인 수급자"라 한다)에서 그 밖의 수급자로 변경되거나 그 밖의 수급자에서 수급권자인 수급자로 변경된 경우에는 그 변경일부터 14일 이내에 고용노동부장관에게 신고하여야 한다. <신설 2012.1.13., 2017.6.27.>

제11조(확인의 청구와 통지) ① 피보험자 또는 피보험자이었던 자는 법 제17조제1항에 따라 피보험자격의 취득 또는 상실에 관하여 확인하려면 고용노동부장관에게 이를 청구하여야 한다. <개정 2010.7.12.>

② 고용노동부장관은 법 제17조제3항에 따라 피보험자격의 취득 또는 상실에 관하여 확인한 결과를 해당 청구인과 그 청구인을 고용하거나 고용하였던 사업주 또는 하수급인에게 알려야 한다. <개정 2010.7.12.>

제3장 고용안정·직업능력개발사업

제12조(우선지원 대상기업의 범위) ① 법 제19조제2항에서 "대통령령으로 정하는 기준에 해당하는 기업"이란 산업별로 상시 사용하는 근로자수가 별표 1의 기준에 해당하는 기업(이하 "우선지원 대상기업"이라 한다)을 말한다. <개정 2009.3.12., 2012.10.29.>

1. 삭제 <2012.10.29.>
2. 삭제 <2012.10.29.>
3. 삭제 <2012.10.29.>
4. 삭제 <2012.10.29.>
5. 삭제 <2012.10.29.>

② 제1항에 해당하지 아니하는 기업으로서 「중소기업기본법」 제2조제1항 및 제3항의 기준에 해당하는 기업은 제1항에도 불구하고 우선지원 대상기업으로 본다. <개정 2012.10.29.>

③ 제1항에 따른 우선지원 대상기업이 그 규모의 확대 등으로 우선지원 대상기업에 해당하지 아니하게 된 경우 그 사유가 발생한 연도의 다음 연도부터 5년간 우선지원 대상기업으로 본다. <신설 2010.12.31., 2013.1.25.>

④ 제1항부터 제3항까지의 규정에도 불구하고 「독점규제 및 공정거래에 관한 법률」 제14조제1항에 따라 지정된 상호출자제한기업집단에 속하는 회사는 그 지정된 날이 속하는 보험연도의 다음 보험연도부터 우선지원 대상기업으로 보지 아니한다. <개정 2010.12.31., 2016.12.30.>

⑤ 제1항에 따라 우선지원 대상기업에 해당하는지를 판단하는 경우 그 기준이 되는 사항은 다음 각 호와 같다. <개정 2009.3.12., 2010.12.31., 2012.1.13., 2012.10.29., 2016.8.11.>

1. 상시 사용하는 근로자 수는 그 사업주가 하는 모든 사업에서 전년도 매월 말일 현재의 근로자 수(건설업에서는 일용근로자

의 수는 제외한다)의 합계를 전년도의 조업 개월 수로 나누어 산정한 수로 하되, 「공동주택관리법」에 따른 공동주택을 관리하는 사업의 경우에는 각 사업별로 상시 사용하는 근로자의 수를 산정한다. 이 경우 상시 사용하는 근로자 수를 산정할 때 1개월 동안 소정근로시간이 60시간 이상인 단시간근로자는 0.5명으로 하여 산정하고, 60시간 미만인 단시간근로자는 상시 사용하는 근로자 수 산정에서 제외한다.

2. 하나의 사업주가 둘 이상의 산업의 사업을 경영하는 경우에는 상시 사용하는 근로자의 수가 많은 산업을 기준으로 하며, 상시 사용하는 근로자의 수가 같은 경우에는 임금총액, 매출액 순으로 그 기준을 적용한다.

⑥ 제5항에도 불구하고 보험연도 중에 보험관계가 성립된 사업주에 대하여는 보험관계성립일 현재를 기준으로 우선지원 대상기업에 해당하는지를 판단하여야 한다. <개정 2010.12.31.>

제13조 삭제 <2011.9.15.>
제14조 삭제 <2010.12.31.>
제15조 삭제 <2010.12.31.>
제16조 삭제 <2010.12.31.>

제17조(고용창출에 대한 지원) ① 고용노동부장관은 법 제20조에 따라 다음 각 호의 어느 하나에 해당하는 사업주에게 임금의 일부를 지원할 수 있다. 다만, 제1호의 경우에는 근로시간이 감소된 근로자에 대한 임금의 일부와 필요한 시설의 설치비의 일부도 지원할 수 있으며, 제2호의 경우에는 시설의 설치비의 일부도 지원할 수 있다. <개정 2011.9.15., 2013.12.24., 2015.8.19., 2015.12.4., 2016.12.30., 2017.12.26.>

1. 근로시간 단축, 교대근로 개편, 정기적인 교육훈련 또는 안식휴가 부여 등(이하 "일자리 함께하기"라 한다)을 통하여 실업자를 고용함으로써 근로자 수가 증가한 경우.
2. 고용노동부장관이 정하는 시설을 설치·운영하여 고용환경을 개선하고 실업자를 고용하여 근로자 수가 증가한 경우.
3. 직무의 분할, 근무체계 개편 또는 시간제 직무 개발 등을 통하여 실업자를 근로계약기간을 정하지 않고 시간제로 근무하는 형태로 하여 새로 고용하는 경우

4. 위원회에서 심의·의결한 성장유망업종, 인력수급 불일치 업종, 국내복귀기업 또는 지역특화산업 등 고용지원이 필요한 업종에 해당하는 기업이 실업자를 고용하는 경우
5. 위원회에서 심의·의결한 업종에 해당하는 우선지원 대상기업이 고용노동부장관이 정하는 전문적인 자격을 갖춘 자(이하 "전문인력"이라 한다)를 고용하는 경우
6. 제28조에 따른 임금피크제, 제28조의2에 따른 임금을 감액하는 제도, 제28조의3에 따른 근로시간 단축 제도의 도입 또는 그 밖의 임금체계 개편 등을 통하여 15세 이상 34세 이하의 청년 실업자를 고용하는 경우
7. 고용노동부장관이 「고용상 연령차별 금지 및 고령자고용촉진에 관한 법률」 제2조제1호 또는 제2호에 따른 고령자 또는 준고령자가 근무하기에 적합한 것으로 인정하는 직무에 고령자 또는 준고령자를 새로 고용하는 경우

② 제1항에 따라 지원을 하는 경우에 지원 요건, 지원대상 사업주의 범위, 지원 수준, 지원 기간, 지원금의 신청·지급 방법 및 그 밖에 지원에 필요한 사항은 고용노동부장관이 정한다.
[본조신설 2010.12.31.]
[대통령령 제26496호(2015.8.19.) 부칙 제2조의 규정에 의하여 이 조제1항제6호는 2018년 12월 31일까지 유효함. 다만, 2018년 12월 31일까지 제17조제1항제6호의 개정규정에 따라 임금피크제 도입 또는 그 밖의 임금체계 개편 등을 통하여 청년 실업자를 고용하는 사업주에 대한 지원에 관하여는 유효기간이 종료된 후에도 제17조제1항제6호의 개정규정을 적용한다.]

제18조(고용조정의 지원 내용 등) ① 법 제21조제1항 및 제2항에 따라 근로자의 고용안정을 위한 조치를 하는 사업주에게는 지원금이나 장려금을 지급한다.
② 법 제21조제3항에 따라 우선적으로 지원을 할 수 있는 사업주는 다음 각 호의 어느 하나에 해당하는 사업주로 한다. <개정 2009.12.30.>
1. 「고용정책 기본법 시행령」 제29조제1항 제1호에 따라 고용조정 지원 등이 필요한 업종으로 지정된 업종(이하 이 조에서 "지정업종"이라 한다)에 속하는 사업을 하는 사업주

2. 제1호에 따른 사업주로부터 지정업종에 속하는 사업의 도급을 받아 제조·수리 등을 하는 사업주로서 매출액의 2분의 1 이상이 그 지정업종과 관련된 사업의 사업주

3. 「고용정책 기본법 시행령」 제29조제1항제2호 또는 제3호에 따라 고용조정 지원 등이 필요한 지역으로 지정된 지역(이하 "지정지역"이라 한다)에 위치하는 사업의 사업주

③ 고용노동부장관은 제2항 각 호의 어느 하나에 해당하는 사업주가 고용유지조치 또는 전직 지원을 하는 경우에는 제19조부터 제22조까지의 규정에도 불구하고 「고용정책 기본법」에 따른 고용정책심의회(이하 "고용정책심의회"라 한다)의 심의를 거쳐 지원의 요건과 지원의 수준을 달리 정할 수 있다. <개정 2008.9.18., 2009.12.30., 2010.7.12.>

제19조(고용유지지원금의 지급 대상) ① 고용노동부장관은 법 제21조제1항에 따라 고용조정이 불가피하게 된 사업주가 그 사업에서 고용한 피보험자(일용근로자, 「근로기준법」 제26조에 따라 해고가 예고된 자와 경영상 이유에 따른 사업주의 권고에 따라 퇴직이 예정된 자는 제외한다. 이하 이 장에서 같다)에게 다음 각 호의 어느 하나에 해당하는 조치(이하 "고용유지조치"라 한다)를 취하여 그 고용유지조치 기간과 이후 1개월 동안 고용조정으로 피보험자를 이직시키지 아니한 경우에 지원금(이하 "고용유지지원금"이라 한다)을 지급한다. <개정 2008.4.30., 2009.3.12., 2009.5.28., 2010.7.12., 2010.12.31., 2013.4.22., 2013.12.24.,2017.12.26.>

1. 근로시간 조정, 교대제[근로자를 조(組)별로 나누어 교대로 근무하게 하는 것을 말한다] 개편 또는 휴업 등을 통하여 역(曆)에 따른 1개월 단위의 전체 피보험자 총근로시간의 100분의 20을 초과하여 근로시간을 단축하고, 그 단축된 근로시간에 대한 임금을 보전하기 위하여 금품을 지급하는 경우. 이 경우 전체 피보험자 총근로시간 등 근로시간의 산정방법에 관하여 필요한 사항은 고용노동부령으로 정한다.
2. 삭제 <2017.12.26.>
3. 1개월 이상 휴직을 부여하는 경우
4. 삭제 <2013.12.24.>
5. 삭제 <2010.2.8.>

② 제1항에도 불구하고 사업주가 제1항에 따른 고용유지조치 기간 동안 근로자를 새로 고용하거나 3년 이상 연속하여 같은 달에 고용유지조치를 실시하는 경우에는 관할 직업안정기관의 장이 불가피하다고 인정하는 경우를 제외하고는 해당 달에 대한 고용유지지원금을 지급하지 아니한다. <개정 2013.4.22., 2013.12.24.>

③ 삭제 <2013.4.22.>

제20조(고용유지조치를 위한 계획의 수립 및 신고) ① 제19조에 따른 고용유지지원금을 받으려는 사업주는 고용노동부령으로 정하는 바에 따라 다음 각 호의 요건을 갖춘 고용유지조치계획을 역에 따른 1개월 단위로 수립하여 고용유지조치 실시 예정일 전날까지 고용노동부장관에게 신고하여야 하며, 신고한 계획 중 고용유지조치 실시예정일, 고용유지조치 대상자, 고용유지조치기간에 지급할 금품 등 고용노동부령으로 정하는 사항을 변경하는 경우에는 변경예정일 전날까지 그 내용을 고용노동부장관에게 신고하여야 한다. <개정 2009.3.12., 2009.5.28., 2010.2.8., 2010.7.12., 2010.12.31., 2013.4.22., 2013.12.24.>

1. 고용유지조치계획의 수립 또는 변경 시 그 사업의 근로자대표와 협의를 거칠 것. 다만, 변경하려는 고용유지조치계획의 내용이 경영 악화 이전의 고용상태로 회복하기 위하여 고용유지조치기간을 단축하거나 고용유지대상자 수를 축소하는 등 근로자에게 불리하지 아니한 경우는 제외한다.
2. 직전 달(고용유지조치가 시작된 날이 속하는 달은 제외한다)에 대한 고용유지조치계획의 실시 내용 및 관련 증거 서류를 갖출 것

② 제1항에도 불구하고 노사협의 절차의 지연 등 고용노동부령으로 정하는 부득이한 사유가 있는 경우에는 고용유지조치 실시일 또는 변경일부터 3일(「재난 및 안전관리기본법」 제60조에 따라 특별재난지역으로 선포된 지역에 소재하는 사업의 사업주가 그 특별재난으로 인하여 고용유지조치를 실시한 경우에는 20일) 이내에 신고할 수 있다. <개정 2013.4.22.>

③ 삭제 <2013.12.24.>

④ 삭제 <2010.2.8.>

⑤ 삭제 <2013.4.22.>

[제목개정 2013.4.22.]

제20조의2(고용유지조치계획 위반에 대한 지원제한) 고용노동부장관은 제20조제1항에 따라 신고하거나 변경신고한 고용유지조치계획과 다르게 고용유지조치를 이행한 사업주에게는 고용노동부령으로 정하는 바에 따라 해당 사실이 발생한 날이 속한 달에 대한 고용유지지원금의 전부 또는 일부를 지급하지 아니할 수 있다.
[본조신설 2013.4.22.]

제21조(고용유지지원금의 금액 등) ① 고용유지지원금은 다음 각 호에 해당하는 금액으로 한다. 다만, 고용노동부장관이 실업의 급증 등 고용사정이 악화되어 고용안정을 위하여 필요하다고 인정할 때에는 사업주가 피보험자의 임금을 보전하기 위하여 지급한 금품의 4분의 3[우선지원 대상기업에 해당하지 아니하는 기업(이하 "대규모기업"이라 한다)의 경우에는 3분의 2]에 해당하는 금액(1년의 범위에서 고용노동부장관이 정하여 고시하는 기간에 한정한다)으로 한다. <개정 2014.12.31., 2017.12.26.>
1. 근로시간 조정, 교대제 개편, 휴업 또는 휴직 등으로 단축된 근로시간이 역에 따른 1개월의 기간 동안 100분의 50 미만인 경우: 단축된 근로시간 또는 휴직기간에 대하여 사업주가 피보험자의 임금을 보전하기 위하여 지급한 금품의 3분의 2(대규모기업의 경우에는 2분의 1)에 해당하는 금액
2. 근로시간 조정, 교대제 개편, 휴업 또는 휴직 등으로 단축된 근로시간이 역에 따른 1개월의 기간 동안 100분의 50 이상인 경우: 단축된 근로시간 또는 휴직기간에 대하여 사업주가 피보험자의 임금을 보전하기 위하여 지급한 금품의 3분의 2에 해당하는 금액
② 제1항에 따른 고용유지지원금은 그 조치를 실시한 일수(둘 이상의 고용유지조치를 동시에 실시한 날은 1일로 본다)의 합계가 그 보험연도의 기간 중에 180일에 이를 때까지만 각각의 고용유지조치에 대하여 고용유지지원금을 지급한다. <개정 2013.12.24., 2017.12.26.>
③ 삭제 <2013.12.24.>
④ 삭제 <2013.12.24.>
⑤ 제1항에 따라 지급되는 고용유지지원금은 고용유지조치별 대상 근로자 1명당 고용노동부장관이 정하여 고시하는 금액을 초과할

수 없다. <개정 2010.7.12., 2012.1.13.>
[제목개정 2013.4.22.]

제21조의2(휴업 등에 따른 임금감소 수준) 법 제21조제1항 후단에서 "대통령령으로 정하는 수준"이란 평균임금의 100분의 50 미만(지급되는 임금이 없는 경우를 포함한다)을 말한다.
[본조신설 2013.4.22.]

제21조의3(휴업 등에 따른 피보험자 지원요건 등) ① 고용노동부장관은 제21조제1항 후단에 따라 사업주가 고용노동부령으로 정하는 고용조정이 불가피하게 된 사유가 있음에도 고용조정을 하는 대신에 실시한 휴업 또는 휴직(이하 "휴업등"이라 한다)이 다음 각 호의 어느 하나에 해당하는 경우 해당 피보험자에게 지원금을 지급할 수 있다.
1. 다음 각 목의 구분에 따른 피보험자 수에 대하여 30일 이상 휴업을 실시하고, 그 기간 동안 『근로기준법』제46조제2항에 따라 노동위원회의 승인을 받아 휴업수당을 지급하지 아니하거나 평균임금의 100분의 50 미만에 해당하는 액수의 휴업수당을 지급하는 경우
   가. 전체 피보험자 수가 19명 이하인 경우: 전체 피보험자 수의 100분의 50 이상
   나. 전체 피보험자 수가 20명 이상 99명 이하인 경우: 피보험자 10명 이상
   다. 전체 피보험자 수가 100명 이상 999명 이하인 경우: 전체 피보험자 수의 100분의 10 이상
   라. 전체 피보험자 수가 1000명 이상인 경우: 피보험자 100명 이상
2. 휴직기간이 시작되기 전 1년 이내에 제19조제1항제1호 또는 제2호에 따른 고용유지조치를 3개월 이상 실시한 후 다음 각 목의 구분에 따른 피보험자 수에 대하여 90일 이상 휴직을 실시하고, 그 기간 동안 근로자대표(근로자의 과반수로 조직된 노동조합이 있는 경우에는 그 노동조합, 근로자의 과반수로 조직된 노동조합이 없는 경우에는 근로자의 과반수를 대표하는 자를 말한다)와의 합의에 따라 휴직수당 등 금품을 지급하지 아니하는 경우
   가. 전체 피보험자 수가 99명 이하인 경우: 피보험자 10명 이상
   나. 전체 피보험자 수가 100명 이상 999

명 이하인 경우: 전체 피보험자 수의 100분의 10 이상

다. 전체 피보험자 수가 1000명 이상인 경우: 피보험자 100명 이상

② 제1항에 따른 지원금은 해당 피보험자의 평균임금의 100분의 50 범위에서 사업주가 해당 피보험자에게 지급한 임금 또는 수당 등을 고려하여 고용노동부장관이 정하는 금액으로 한다. 이 경우 지원금은 휴업등 대상 피보험자 1명당 고용노동부장관이 정하여 고시하는 금액을 초과할 수 없다.

③ 제2항에 따른 지원금은 해당 휴업등의 기간 동안 180일 한도로 지급한다.

④ 제1항에 따라 고용노동부장관이 피보험자에게 지원금을 지급하는 경우 사업주는 지원금을 받는 피보험자의 직업능력 개발·향상 등을 위하여 필요한 조치에 관한 내용이 포함된 고용유지조치계획을 수립하여 고용노동부장관에게 제출하여야 한다.

⑤ 제1항부터 제4항까지에서 규정한 사항 외에 휴업등에 따른 피보험자에 대한 지원금의 신청 방법·절차, 지급 방법 등에 관하여 필요한 사항은 고용노동부장관이 정하여 고시한다.

[본조신설 2013.4.22.]

제21조의4(직업능력 개발·향상 조치 등에 대한 지원)
① 고용노동부장관은 제21조의3제4항에 따른 고용유지조치계획에 따라 사업주가 피보험자에 대하여 직업능력 개발·향상 등을 위한 조치를 하는 데 필요한 지원을 할 수 있다.

② 제1항에 따른 지원의 신청절차, 지원방법 등에 관하여 필요한 사항은 고용노동부장관이 정한다.

[본조신설 2013.4.22.]

제22조(이직예정자 등 재취업 지원)
고용노동부장관은 법 제21조제1항에 따라 고용조정이 불가피하게 된 사업주가 단독이나 공동으로 다음 각 호의 어느 하나에 해당하는 자에게 신속한 재취업을 지원하기 위하여 필요한 시설을 직접 갖추거나 그 시설을 갖춘 외부기관에 위탁하여 재취업에 필요한 서비스를 제공하는 경우에는 고용노동부장관이 정하는 바에 따라 그 비용의 일부를 지원할 수 있다.

1. 해당 사업의 피보험자로서 고용조정, 정년(停年) 또는 근로계약기간이 끝남에 따른 이직예정자

2. 해당 사업의 피보험자이었던 자로서 고용조정, 정년 또는 근로계약기간이 끝나 이직한 자

[전문개정 2010.12.31.]

제23조 삭제 <2008.9.18.>

제24조(지역고용촉진 지원금)
① 고용노동부장관은 법 제22조에 따라 지정지역으로 사업을 이전하거나 지정지역에서 사업을 신설 또는 증설하는 경우로서 다음 각 호의 요건을 모두 갖추어 사업을 이전, 신설 또는 증설하는 사업주에게 지역고용촉진 지원금을 지급한다. <개정 2009.12.30., 2010.7.12., 2010.12.31.>

1. 「고용정책 기본법 시행령」 제29조제2항에 따라 고시된 고용조정의 지원 등의 기간(이하 이 조에서 "지정기간"이라 한다)에 사업의 이전, 신설 또는 증설과 그에 따른 근로자의 고용에 관한 지역고용계획을 세워 고용노동부장관에게 신고할 것

2. 제1호에 따라 고용노동부장관에게 신고한 지역고용계획에 따라 시행할 것

3. 지역고용계획이 제출된 날부터 1년 6개월 이내에 이전, 신설 또는 증설된 사업의 조업이 시작될 것

4. 이전, 신설 또는 증설된 사업의 조업이 시작된 날(이하 이 조에서 "조업시작일"이라 한다) 현재 그 지정지역이나 다른 지정지역에 3개월 이상 거주한 구직자를 그 이전, 신설 또는 증설된 사업에 피보험자로 고용할 것

5. 「고용정책 기본법」 제10조에 따른 고용정책심의회에서 그 필요성이 인정된 사업일 것

6. 지역고용계획의 실시 상황과 고용된 피보험자에 대한 임금지급 상황이 적힌 서류를 갖추고 시행할 것

② 지역고용촉진 지원금을 받으려는 사업주는 제1항제3호에 따른 조업을 시작하면 고용노동부장관에게 신고하여야 한다. <개정 2010.7.12.>

③ 지역고용촉진 지원금은 제1항제4호에 따라 고용된 피보험자에게 지급된 임금의 2분의 1(대규모기업의 경우에는 3분의 1로 한다)에 해당하는 금액으로 하되, 제21조제5항에 따라 고용노동부장관이 고시한 금액

을 초과할 수 없다. <개정 2010.12.31., 2012.1.13.>

④ 지역고용촉진 지원금은 조업시작일부터 1년간 지급한다. <개정 2010.12.31.>

⑤ 지역고용촉진 지원금은 하나의 지정기간에 제1항제4호에 따라 고용된 피보험자수가 200명을 초과하는 경우에는 그 초과하는 인원 중 100분의 30에 대하여만 지급한다.

⑥ 지역고용촉진 지원금은 다음 각 호의 어느 하나에 해당하는 경우에는 지급하지 아니한다. <신설 2010.12.31., 2013.12.24., 2016.12.30.>

1. 제1항제4호에 따라 고용된 피보험자의 고용기간이 6개월 미만인 경우

2. 사업주가 조업시작일 전 3개월부터 조업시작일 후 1년까지 고용조정으로 근로자를 이직시킨 경우

3. 제1항제4호에 따라 구직자를 피보험자로 고용한 사업주가 해당 피보험자의 최종 이직 당시 사업주와 같은 경우. 다만, 사업주가 「근로기준법」 제25조제1항에 따라 해당 근로자를 우선적으로 고용한 경우는 제외한다.

4. 제1항제4호에 따라 구직자를 피보험자로 고용한 사업주가 해당 근로자의 최종 이직 당시 사업주와 합병하거나 그 사업을 넘겨받은 사업주인 경우 등 해당 근로자의 최종 이직 당시 사업과 관련되는 사업주인 경우

4의2. 사업주가 임금 등을 체불하여 「근로기준법」 제43조의2에 따라 명단이 공개 중인 경우

5. 그 밖에 사업주가 「최저임금법」에 따른 최저임금액 미만으로 임금을 지급하는 등 고용노동부령으로 정하는 경우

⑦ 삭제 <2013.12.24.>

⑧ 지역고용촉진 지원금의 신청 및 지급에 필요한 사항은 고용노동부령으로 정한다. <개정 2010.7.12., 2010.12.31.>

제25조(고령자 고용연장 지원금) ① 고용노동부장관은 법 제23조에 따라 다음 각 호의 어느 하나에 해당하는 요건을 갖춘 사업의 사업주에게 고령자 고용연장 지원금을 지급한다. 다만, 상시 사용하는 근로자 수가 300명 이상인 사업의 사업주는 그러하지 아니하다. <개정 2008.12.31., 2010.7.12., 2010.12.31., 2013.1.25., 2013.12.24.>

1. 삭제 <2010.12.31.>

2. 정년을 폐지하거나, 기존에 정한 정년을 60세 이상으로 1년 이상 연장할 것. 다만, 정년 폐지 또는 정년 연장 전 3년 이내에 해당 사업장의 정년을 폐지하고 정년을 새로 설정하거나, 기존에 정한 정년을 단축한 경우에는 고령자 고용연장 지원금을 지급하지 아니한다.

3. 정년을 55세 이상으로 정한 사업장의 사업주에게 고용되어 18개월 이상을 계속 근무한 후 정년에 이른 자를 퇴직시키지 아니하거나 정년퇴직 후 3개월 이내에 고용(이하 이 조 및 제28조에서 "재고용"이라 한다)하고 재고용 전 3개월, 재고용 후 6개월 동안 근로자를 고용조정으로 이직시키지 아니할 것. 다만, 1년 미만의 기간을 정하여 재고용하거나 재고용 전 3년 이내에 그 사업장의 정년을 단축한 경우에는 고령자 고용연장 지원금을 지급하지 아니한다.

② 삭제 <2010.12.31.>

③ 삭제 <2010.12.31.>

④ 제1항제2호의 요건을 갖춘 사업주에게 지급하는 고령자 고용연장 지원금은 고용노동부장관이 매년 임금상승률, 노동시장 여건 등을 고려하여 고시하는 금액에 그 사업주에게 고용되어 18개월 이상을 계속 근무하여 종전의 정년에 이른 후 정년 폐지 또는 연장에 따라 계속 근무하는 근로자 수(제28조에 따라 임금피크제 지원금을 지급받는 자는 제외한다)를 곱하여 산정하며, 다음 각 호의 구분에 따른 기간 동안 지원한다. <개정 2010.7.12., 2010.12.31., 2012.1.13., 2013.1.25., 2013.12.24.>

1. 정년 폐지의 경우: 정년이 폐지된 근로자의 종전 정년일부터 1년이 경과한 날의 다음날(종전 정년이 58세 미만인 경우는 58세가 되는 날)부터 1년

2. 정년이 연장된 경우: 정년이 연장된 근로자의 종전 정년일의 다음 날부터 다음 각 목의 구분에 따른 기간

   가. 정년연장기간이 1년 이상 3년 미만인 경우: 1년

   나. 정년연장기간이 3년 이상인 경우: 2년

⑤ 제1항제3호의 요건을 갖춘 사업주에게 지급하는 고령자 고용연장 지원금은 고용노동부장관이 매년 임금상승률, 노동시장 여건 등을 고려하여 고시하는 금액에 정년 후 재고용한 근로자 수(제28조에 따라 임금피크제 지원금을 지급받는 자는 제외한다)를 곱하여 산정한 금액으로 하며,

다음 각 호의 구분에 따른 기간 동안 지급한다. <개정 2010.7.12., 2010.12.31., 2012.1.13., 2012.10.29., 2013.12.24.>
1. 재고용기간이 1년 이상 3년 미만인 경우: 6개월
2. 재고용기간이 3년 이상인 경우: 1년
⑥ 고령자 고용연장 지원금의 신청 및 지급에 필요한 사항은 고용노동부령으로 정한다. <개정 2010.7.12., 2010.12.31.>
[제목개정 2010.12.31.]
[대통령령 제25022호(2013.12.24.) 부칙 제2조제1항의 규정에 의하여 이 조는 2016년 12월 31일까지 유효함. 다만, 2016년 12월 31일까지 고령자 고용연장 지원금 지급요건에 해당하게 된 사업주에 대한 지원금의 지급에 관하여는 유효기간이 지난 후에도 제25조의 개정규정을 적용한다.]

제25조의2(60세 이상 고령자 고용지원금)
① 고용노동부장관은 법 제23조에 따라 다음 각 호의 요건을 모두 갖춘 사업의 사업주에게 60세 이상 고령자 고용지원금을 지급한다. <개정 2014.12.31.>
1. 정년을 정하지 아니한 사업장일 것
2. 매 분기 그 사업의 월평균 근로자 수에 대한 매월 말일 현재 계속하여 1년 이상 고용된 만 60세 이상 월평균 근로자 수의 비율이 업종별로 고용노동부장관이 정하여 고시하는 비율 이상일 것
3. 사업주가 60세 이상 고령자 고용지원금 신청일 당시 대통령령 제22603호 고용보험법 시행령 일부개정령 부칙 제18조에 따른 고령자 고용촉진 장려금을 1회 이상 지급받고 그 지급한도 기간 내에 있는 자가 아닐 것
② 제1항에도 불구하고 사업주가 다음 각 호의 어느 하나에 해당하는 경우에는 같은 항에 따른 60세 이상 고령자 고용지원금(이하 "60세 이상 고령자 고용지원금"이라 한다)을 지급하지 아니한다. <개정 2016.12.30.>
1. 60세 이상 고령자 고용지원금을 신청하기 전 3개월부터 신청한 후 6개월까지 55세 이상 근로자를 고용조정으로 이직시킨 경우
2. 임금 등을 체불하여 「근로기준법」 제43조의2에 따라 명단이 공개 중인 경우
③ 60세 이상 고령자 고용지원금은 고용노동부장관이 노동시장 여건을 고려하여 고시한 금액에 제1항제2호에 따라 고용노동부장관이 고시한 비율을 초과하여 고용된 만 60세 이상 근로자 수를 곱하여 산정한 금액으로 한다. 다만, 사업주가 분기별로 지급받을 수 있는 지원금의 총액은 본문에 따라 고용노동부장관이 고시한 금액에 그 사업의 근로자 수의 100분의 20(대규모 기업은 100분의 10)에 해당하는 수를 곱하여 산출된 금액을 초과할 수 없다.
④ 60세 이상 고령자 고용지원금의 지급을 위하여 근로자 수를 산정하는 경우에 다음 각 호의 어느 하나에 해당하는 사람은 제외한다. <개정 2017.12.26.>
1. 일용근로자
2. 법 제10조제2호부터 제5호까지의 규정에 해당하는 사람
3. 만 60세 이상 근로자로서 「고용정책 기본법」 제29조에 따른 고용유지를 위한 지원금의 지급 대상이 되는 사람
⑤ 60세 이상 고령자 고용지원금의 신청 및 지급에 필요한 사항은 고용노동부령으로 정한다.
[본조신설 2012.1.13.]
[대통령령 제23513호(2012.1.13.) 부칙 제2조제2항의 규정에 의하여 이 조의 개정규정은 2020년 12월 31일까지 유효함]

제26조(고용촉진장려금)
① 고용노동부장관은 법 제23조에 따라 장애인, 여성가장 등 노동시장의 통상적인 조건에서는 취업이 특히 곤란한 사람의 취업촉진을 위하여 직업안정기관이나 그 밖에 고용노동부령으로 정하는 기관(이하 이 조에서 "직업안정기관등"이라 한다)에 구직등록을 한 사람으로서 다음 각 호의 어느 하나에 해당하는 실업자를 피보험자로 고용한 사업주에게 고용촉진장려금을 지급한다. <개정 2012.1.13., 2013.1.25., 2016.12.30.>
1. 고용노동부장관이 고시하는 바에 따라 노동시장의 통상적인 조건에서는 취업이 특히 곤란한 사람을 대상으로 하는 취업지원프로그램을 이수한 사람
2. 「장애인 고용촉진 및 직업재활법」 제2조제2호에 따른 중증장애인으로서 1개월 이상 실업상태에 있는 사람
3. 가족 부양의 책임이 있는 여성 실업자 중 고용노동부령으로 정하는 사람으로서 「국

민기초생활 보장법 시행령」 제11조제2항 전단에 따른 취업대상자 또는 「한부모가족지원법」 제5조 및 제5조의2에 따른 보호대상자에 해당하고 1개월 이상 실업상태에 있는 사람

4. 도서지역[제주특별자치도 본도(本島) 및 방파제 또는 교량 등으로 육지와 연결된 도서는 제외한다]에 거주하여 제1호의 취업지원프로그램 참여가 어려운 사람으로서 1개월 이상 실업 상태에 있는 사람

② 제1항에 따른 고용촉진장려금(이하 "고용촉진장려금"이라 한다)은 사업주가 피보험자를 6개월 이상 고용한 경우에 다음 각 호의 구분에 따라 지급한다. <개정 2016.12.30., 2018.7.3.>

1. 고용기간이 6개월 이상 12개월 미만인 경우: 6개월분

2. 고용기간이 12개월 이상인 경우: 12개월분. 다만, 고용노동부장관이 정하여 고시하는 피보험자에 대한 고용기간이 18개월 이상인 경우에는 다음 각 목의 구분에 따른다.

   가. 고용기간이 18개월 이상 24개월 미만인 경우: 18개월분

   나. 고용기간이 24개월 이상인 경우: 24개월분

③ 고용촉진장려금은 다음 각 호의 어느 하나에 해당하는 경우에는 지급하지 아니한다. <개정 2012.1.13., 2013.1.25., 2016.12.30., 2018.12.31.>

1. 근로계약기간이 단기간인 경우 등 고용노동부령으로 정하는 경우에 해당하는 사람을 고용하는 경우

2. 삭제 <2013.1.25.>

3. 우선지원 대상기업이 아닌 기업이 만 29세 이하인 실업자로서 고용노동부장관이 정하는 사람을 고용하는 경우

4. 사업주가 고용촉진장려금 지급대상자를 고용하기 전 3개월부터 고용 후 1년까지(고용촉진장려금 지급대상자의 고용기간이 1년 미만인 경우에는 그 고용관계 종료 시까지를 말한다) 고용조정으로 근로자(고용촉진장려금 지급대상 근로자보다 나중에 고용된 근로자는 제외한다)를 이직시키는 경우

5. 고용촉진장려금 지급대상자를 고용한 사업주가 해당 근로자의 이직(해당 사업주가 해당 근로자를 고용하기 전 1년 이내에 이직한 경우에 한정한다. 이하 제6호에서 같다) 당시의 사업주와 같은 경우. 다만, 다음 각 목의 어느 하나에 해당하는 경우에는 그러하지 아니하다.

   가. 사업주가 「근로기준법」 제25조제1항에 따라 해당 근로자를 우선적으로 고용한 경우

   나. 사업주가 일용근로자로 고용하였던 근로자를 기간의 정함이 없는 근로계약을 체결하여 다시 고용한 경우

6. 고용촉진장려금 지급대상자를 고용한 사업주가 해당 근로자의 이직 당시의 사업주와 합병하거나 그 사업을 넘겨받은 사업주인 경우 등 해당 근로자의 이직 당시의 사업과 관련되는 사업주인 경우로서 고용노동부령으로 정하는 경우

7. 사업주가 임금 등을 체불하여 「근로기준법」 제43조의2에 따라 명단이 공개 중인 경우

8. 「장애인고용촉진 및 직업재활법」 제28조에 따른 장애인 고용 의무를 이행하지 않은 사업주가 그 장애인 고용 의무가 이행되기 전까지 같은 법 제2조제1호에 따른 장애인(같은 조 제2호에 따른 중증장애인은 제외한다)을 새로 고용한 경우

④ 고용촉진장려금은 매년 고용노동부장관이 임금상승률, 노동시장 여건 등을 고려하여 고시하는 금액에 고용된 피보험자 수를 곱하여 지급하되, 지급대상이 된 기간 동안 사업주가 부담하는 임금의 100분의 80을 초과할 수 없다. <개정 2016.12.30.>

⑤ 고용촉진장려금의 지급대상이 되는 피보험자의 수는 해당 사업의 직전 보험연도 말일 기준 피보험자 수의 100분의 30(소수점 이하는 버린다)에서 해당 고용촉진장려금 지급대상자의 고용일 직전 3년간 고용촉진장려금의 지급대상이 되었던 피보험자 수를 제외한 인원을 한도로 한다. <개정 2016.12.30.>

⑥ 제5항에도 불구하고 다음 각 호의 어느 하나에 해당하는 경우 고용촉진장려금의 지급대상이 되는 피보험자의 수는 다음 각 호의 구분에 따른 피보험자 수에서 해당 고용촉진장려금 지급대상자 고용일의 직전 3년간 고용촉진장려금의 지급대상이 되었던 피보험자 수를 제외한 인원을 한도로 한다. <개정 2012.1.13., 2016.12.30.>

1. 제1항에 따라 새로 고용한 피보험자 수가 30명 이상인 경우: 30명

2. 해당 사업의 직전 보험연도 말일 기준 피보험자수가 1명 이상 10명 미만인 경우: 3명

3. 해당 사업의 직전 보험연도 말일 기준 피
보험자가 없는 경우: 근로자가 새로 고용
된 해의 보험관계성립일 현재를 기준으
로 한 피보험자수의 100분의 30(피보험
자수가 1명 이상 10명 미만인 경우는 3
명으로, 피보험자수의 100분의 30이 30
명을 초과하는 경우는 30명으로 한다)
⑦ 고용촉진장려금의 신청 및 지급에 필요
한 사항은 고용노동부령으로 정한다. <개
정 2012.1.13., 2016.12.30.>
[전문개정 2010.12.31.]
[제목개정 2016.12.30.]

제27조 삭제 <2008.9.18.>

제28조(임금피크제 지원금) ① 고용노동부장
관은 법 제23조에 따라 다음 각 호의 어느
하나에 해당하는 경우(이하 이 조에서 "임
금피크제"라 한다)에는 근로자에게 임금피
크제 지원금을 지급한다. 다만, 제2호에 해
당하는 경우에는 사업주에게도 임금피크제
지원금을 지급한다. <개정 2010.12.31.,
2013.1.25., 2013.12.24., 2014.12.31.>
1. 사업주가 근로자대표의 동의를 받아 정
년을 60세 이상으로 연장하거나 정년을
56세 이상 60세 미만으로 연장하면서 55
세 이후부터 일정나이, 근속시점 또는 임
금액을 기준으로 임금을 줄이는 제도를
시행하는 경우
2. 사업주가 제1호에 따른 제도를 시행하거
나 제4호에 따라 재고용하면서 주당 소
정근로시간을 15시간 이상 30시간 이하
로 단축하는 경우
3. 삭제 <2013.12.24.>
4. 정년을 55세 이상으로 정한 사업주가 정
년에 이른 사람을 재고용(재고용기간이 1
년 미만인 경우는 제외한다)하면서 정년
퇴직 이후부터 임금을 줄이는 경우
② 제1항에 따른 임금피크제 지원금은 해당
사업주에 고용되어 18개월 이상을 계속 근
무한 자로서 피크임금(임금피크제의 적용으
로 임금이 최초로 감액된 날이 속하는 연도
의 직전 연도 임금을 말한다. 이하 이 조에
서 같다)과 해당 연도의 임금을 비교하여 다
음 각 호의 구분에 따른 비율 이상 낮아진
자(해당 연도 임금이 고용노동부장관이 고시
하는 금액 이상인 경우는 제외한다)에게 지
급한다. <개정 2010.7.12., 2010.12.31.,
2012.1.13., 2013.1.25., 2013.12.24.,

2015.12.4.>
1. 제1항제1호의 경우: 정년 연장기간에 따
라 다음 각 목의 구분에 따른 비율. 다만,
상시 사용하는 근로자 수가 300명 미만
인 사업은 100분의 10으로 한다.
가. 임금피크제 적용일부터 1년까지: 100
분의 10
나. 임금피크제 적용일부터 1년 초과 2
년까지: 100분의 15
다. 임금피크제 적용일부터 2년 초과 이
후: 100분의 20
2. 제1항제2호의 경우: 100분의 30
3. 제1항제4호의 경우: 100분의 20. 다
만, 상시 사용하는 근로자 수가 300명
미만인 사업은 100분의 10으로 한다.
③ 제1항에 따른 임금피크제 지원금은 해당
근로자의 피크임금과 해당 연도 임금의 차
액, 임금인상률과 제1항제2호에 따른 소정
근로시간 단축으로 인한 사업주의 노무비용
증가액 등을 고려하여 고용노동부장관이 고
시하는 금액으로 한다. <개정 2010.7.12.,
2010.12.31., 2014.12.31.>
④ 제1항에 따른 임금피크제 지원금은 임금
피크제가 적용되는 날부터 5년 동안 지급한
다. 다만, 고용기간이 5년보다 짧은 경우에는
그 고용기간 동안 지급하고, 제1항제1호에 따
른 임금피크제 시행 이후 제1항제4호에 따라
재고용한 경우에도 최대 지급 기간은 통산하
여 5년으로 한다. <개정 2013.12.24.>
⑤ 제1항에 따른 임금피크제 지원금의 금액산
정, 신청 및 지급 등에 필요한 사항은 고용노
동부령으로 정한다. <개정 2010.12.31.>
[제목개정 2010.12.31.]
[대통령령 제25022호(2013.12.24.) 부칙 제
2조제2항의 규정에 의하여 이 조는 다음 구
분에 따라 유효함. 다만, 제1호 및 제2호에
따른 날까지 임금피크제 지원금 지급요건에
해당하게 된 근로자에 대한 지원금의 지급에
관하여는 유효기간이 지난 후에도 제28조의
개정규정을 적용한다. 1. 상시 300명 이상의
근로자를 사용하는 사업 또는 사업장, 「공공
기관의 운영에 관한 법률」 제4조에 따른 공
공기관, 「지방공기업법」 제49조에 따른 지방
공사 및 같은 법 제76조에 따른 지방공단:
2015년 12월 31일. 2. 상시 300명 미만의
근로자를 사용하는 사업 또는 사업장, 국가
및 지방자치단체: 2016년 12월 31일]

제28조의2(정년을 60세 이상으로 정한 사업 또는 사업장에서의 임금 감액에 따른 지원금) ① 고용노동부장관은 법 제23조에 따라 정년을 60세 이상으로 정한 사업 또는 사업장에서 55세 이후부터 임금을 감액하는 제도를 시행하는 경우 임금이 감소한 해당 근로자에게 임금을 감액하는 제도가 적용되는 날부터 2018년 12월 31일까지 지원금을 지급한다. 다만, 해당 근로자의 고용기간이 2018년 12월 31일 전에 종료되는 경우는 그 고용기간 동안 지급한다.
② 제1항에 따른 지원금은 해당 사업주에 고용되어 18개월 이상을 계속 근무한 자로서 피크임금(제1항에 따른 제도의 시행으로 임금이 최초로 감액된 날이 속하는 연도의 직전 연도 임금을 말한다. 이하 이 조에서 같다)과 해당 연도의 임금을 비교하여 100분의 10 이상 낮아진 근로자(해당 연도 임금이 고용노동부장관이 고시하는 금액 이상인 경우는 제외한다)에게 지급한다.
③ 제1항에 따른 지원금은 해당 근로자의 피크임금과 해당 연도 임금의 차액 및 임금인상률 등을 고려하여 고용노동부령으로 정하는 기준에 따라 고용노동부장관이 정하여 고시하는 금액으로 한다.
④ 제1항에 따른 지원금의 신청 및 지급 등에 필요한 사항은 고용노동부령으로 정한다.
[본조신설 2015.12.4.]

제28조의3(근로시간 단축 지원금) ① 고용노동부장관은 법 제23조에 따라 사업주가 18개월 이상을 계속 근무한 50세 이상의 근로자에 대하여 주당 소정근로시간을 고용노동부장관이 고시하는 시간 기준에 따라 단축하여 근로시간 단축으로 임금이 최초로 감액된 날이 속하는 연도의 직전 연도 임금과 비교하여 해당 연도의 임금이 낮아진 경우 해당 근로자와 사업주에게 근로시간을 단축하는 날부터 해당 근로자의 고용기간에 한정하여 최대 2년 동안 근로시간 단축 지원금을 지급한다.
② 제1항에 따른 근로시간 단축 지원금은 해당 근로자의 근로시간 단축 직전 연도 임금과 해당 연도 임금의 차액, 사업주의 간접노무비용 등을 고려하여 고용노동부령으로 정하는 기준에 따라 고용노동부장관이 정하여 고시하는 금액으로 한다.
③ 제1항에 따른 근로시간 단축 지원금의 신청 및 지급 등에 필요한 사항은 고용노동부령으로 정한다.

[본조신설 2015.12.4.]

제29조(출산육아기 고용안정장려금) ① 고용노동부장관은 법 제23조에 따라 다음 각 호의 어느 하나에 해당하는 사업주에게 출산육아기 고용안정장려금을 지급한다. 다만, 임금 등을 체불하여 「근로기준법」 제43조의2에 따라 명단이 공개 중인 사업주에 대해서는 지급하지 아니한다. <개정 2012.1.13., 2012.7.10., 2013.1.25., 2013.12.24., 2014.6.17., 2014.9.30., 2015.6.30., 2016.12.30., 2018.7.3., 2018.12.31.>
1. 삭제 <2018.12.31.>
2. 피보험자인 근로자에게 「남녀고용평등과 일·가정 양립 지원에 관한 법률」 제19조에 따른 육아휴직 또는 같은 법 제19조의2에 따른 육아기 근로시간 단축(이하 "육아휴직등" 이라 한다)을 30일[「근로기준법」 제74조제1항에 따른 출산전후휴가(이하 "출산전후휴가"라 한다)의 기간과 중복되는 기간은 제외한다] 이상 허용한 사업주
3. 피보험자인 근로자에게 출산전후휴가, 「근로기준법」 제74조제3항에 따른 유산·사산 휴가(이하 "유산·사산 휴가"라 한다) 또는 육아휴직등을 30일 이상 부여하거나 허용하고 대체인력을 고용한 경우로서 다음 각 목의 요건을 모두 갖춘 사업주
   가. 출산전후휴가, 유산·사산 휴가 또는 육아휴직등의 시작일 전 60일이 되는 날(출산전후휴가에 연이어 유산·사산 휴가 또는 육아휴직등을 시작하는 경우에는 출산전후휴가 시작일 전 60일이 되는 날) 이후 새로 대체인력을 고용하여 30일 이상 계속 고용할 것
   나. 출산전후휴가, 유산·사산 휴가 또는 육아휴직등이 끝난 후 출산전후휴가, 유산·사산 휴가 또는 육아휴직등을 사용한 근로자를 30일 이상 계속 고용할 것. 다만, 사업주가 출산전후휴가, 유산·사산 휴가 또는 육아휴직등을 사용한 근로자의 자기 사정으로 인하여 해당 근로자를 30일 이상 계속 고용하지 못한 경우에는 그러하지 아니하다.
   다. 새로 대체인력을 고용하기 전 3개월부터 고용 후 1년까지(해당 대체

인력의 고용기간이 1년 미만인 경우에는 그 고용관계 종료 시까지를 말한다) 고용조정으로 다른 근로자(새로 고용한 대체인력보다 나중에 고용된 근로자는 제외한다)를 이직시키지 아니할 것
② 삭제 <2018.12.31.>
③ 제1항제2호에 따른 출산육아기 고용안정장려금은 육아휴직등의 허용에 따른 사업주의 노무비용부담을 고려하여 고용노동부장관이 매년 사업규모별로 고시하는 금액에 근로자가 사용한 육아휴직등의 개월(「부패방지 및 국민권익위원회의 설치와 운영에 관한 법률」 제2조제1호 가목에서 다목까지의 규정에 따른 기관 및 「공공기관의 운영에 관한 법률」 제4조부터 제6조까지의 규정에 따라 지정·고시된 공공기관의 근로자가 육아휴직을 한 경우 그 기간은 제외한다. 이하 이 조에서 같다) 수를 곱하여 산정한 금액으로 한다. 이 경우 출산육아기 고용안정장려금 중 1개월분에 해당하는 금액은 육아휴직등을 시작한 날부터 1개월 이후에 지급하고, 나머지 금액은 육아휴직등이 끝난 후 6개월 이상 그 근로자를 피보험자로 계속 고용하는 경우에 지급한다. <개정 2012.1.13., 2013.1.25., 2015.6.30., 2016.12.30.>
④ 제1항제3호에 따른 출산육아기 고용안정장려금(이하 "대체인력지원금"이라 한다. 이하 이 조에서 같다)은 대체 인력채용에 따른 사업주의 노무비용부담을 고려하여 고용노동부장관이 사업 규모별로 고시하는 금액에 출산전후휴가, 유산·사산 휴가 또는 육아휴직등을 사용한 기간(출산전후휴가, 유산·사산 휴가 또는 육아휴직등을 사용하기 전 2개월간의 업무 인수인계기간을 포함한다) 중 대체인력을 사용한 개월 수를 곱하여 산정한 금액으로 하되, 이 영 또는 다른 법령에 따라 국가 또는 지방자치단체가 해당 대체인력 채용에 대하여 사업주에게 지급하는 지원금 또는 장려금 등이 있는 경우에는 그 지원금 또는 장려금 등의 금액을 뺀 금액으로 한다. 이 경우 대체인력지원금의 금액은 사업주가 해당 대체인력에게 지급한 임금액을 초과할 수 없다. <개정 2012.7.10., 2013.1.25., 2013.12.24., 2015.6.30., 2016.12.30., 2018.12.31.>
⑤ 제1항에 따른 출산육아기 고용안정장려금의 신청 및 지급 등에 필요한 사항은 고용노동부령으로 정한다. <개정 2013.1.25., 2016.12.30.>
[전문개정 2010.12.31.]
[제목개정 2016.12.30.]

제30조 삭제 <2010.12.31.>
제31조 삭제 <2010.12.31.>
제32조 삭제 <2013.12.24.>
제32조의2 삭제 <2010.2.8.>

제33조(고용관리 진단 등 지원) ① 고용노동부장관은 법 제25조제1항제1호에 따라 피보험자 및 피보험자였던 자, 그 밖에 취업할 의사를 가진 자(이하 "피보험자등"이라 한다)의 고용안정과 취업의 촉진 등을 위하여 임금체계 개편과 직무재설계 등에 관하여 전문기관의 진단을 받는 사업주나 노사단체에 대하여 그 진단에 드는 비용의 전부 또는 일부를 예산의 범위에서 지원할 수 있다. <개정 2010.7.12., 2017.12.26.>
② 제1항에 따른 지원 대상자의 선정, 지원 수준, 그 밖에 지원에 필요한 사항은 고용노동부장관이 정한다. <개정 2010.7.12.>

제34조 삭제 <2010.12.31.>

제35조(고용안정과 취업의 촉진) 법 제25조제1항제3호에서 "대통령령으로 정하는 사업"이란 다음 각 호의 사업을 말한다. <개정 2009.3.12., 2009.5.28., 2010.2.8., 2010.12.31., 2014.12.31., 2015.12.4., 2016.7.19., 2017.6.27.>
1. 피보험자등의 고용안정과 취업의 촉진에 관한 교육사업·홍보사업
2. 피보험자등의 고용안정 및 취업 촉진을 위한 직업소개, 직업진로지도, 채용지원, 장기근속지원 및 전직지원서비스사업 등 취업지원사업
3. 고령자·여성·장애인인 피보험자등의 고용환경개선사업
4. 건설근로자의 고용안정 등에 대한 지원사업
5. 다음 각 목의 어느 하나에 해당하는 사람의 고용안정 등에 대한 지원사업
   가. 「기간제 및 단시간근로자 보호 등에 관한 법률」 제2조제1호의 기간제근로자(이하 "기간제근로자"라 한다)
   나. 「파견근로자보호 등에 관한 법률」 제2조제5호의 파견근로자

다. 「산업안전보건법」 제15조에 따른 안전관리자

라. 「산업안전보건법」 제16조에 따른 보건관리자

마. 「근로기준법」 제2조제1항제8호의 단시간근로자

바. 계약의 형식에 관계없이 「근로기준법」 제2조제1항제1호에 따른 근로자와 유사하게 노무를 제공함에도 「근로기준법」 등이 적용되지 아니하는 사람으로서 주로 하나의 사업 또는 사업장에 그 운영에 필요한 노무를 상시적으로 제공하고 그 대가를 받아 생활하며, 노무를 제공할 때 타인을 사용하지 아니하는 사람

6. 「근로기준법」 제2조제1항제8호의 단시간근로자로의 전환을 지원하는 사업

7. 피보험자등의 근무형태 변경 등 고용환경개선을 통한 일·가정 양립 지원사업

제35조의2(교육사업·홍보사업의 지원) ① 고용노동부장관은 법 제25조에 따라 제35조제1호에 따른 교육사업 또는 홍보사업을 실시하려는 사람에게 그에 필요한 비용의 일부를 예산의 범위에서 지원할 수 있다.
② 고용노동부장관은 제1항에 따라 지원을 하려면 대상 사업의 종류·내용, 지원의 내용과 수준 및 신청 방법 등을 미리 공고하여야 한다.
[본조신설 2017.6.27.]

제36조(취업지원사업의 지원) ① 고용노동부장관은 법 제25조와 이 영 제35조제2호에 따라 다음 각 호의 자가 실시하는 취업지원사업에 드는 비용을 예산의 범위에서 지원할 수 있다. <개정 2010.7.12.>
1. 「직업안정법」 제18조에 따라 무료직업소개사업을 하는 자와 같은 법 제19조에 따라 유료직업소개사업을 하는 자
2. 「직업안정법」 제23조에 따라 직업정보제공사업을 하는 자
3. 그 밖에 고용노동부장관이 취업지원사업을 할 능력이 있다고 인정하는 자
② 고용노동부장관은 제1항에 따라 지원을 하려면 대상 사업의 종류·내용, 대상 피보험자등의 범위, 지원의 내용과 수준 및 신청 방법 등을 미리 공고하여야 한다. <개정 2009.3.12., 2010.7.12.>

제37조(고령자 등의 고용환경 개선 지원) ①

고용노동부장관은 법 제25조와 이 영 제35조제3호에 따라 고령자, 여성 또는 장애인인 피보험자등의 고용안정 및 취업의 촉진을 위하여 관련 시설 및 장비를 설치하거나 개선하려는 사업주에게 그에 필요한 비용의 일부를 예산의 범위에서 지원하거나 대부할 수 있다. <개정 2010.7.12.>
② 제1항에 따른 지원이나 대부의 대상자 선정과 요건, 그 밖에 지원이나 대부에 필요한 사항은 고용노동부장관이 정한다. <개정 2010.7.12.>

제37조의2(고용안정 지원사업 등에 대한 지원) ① 고용노동부장관은 법 제25조에 따라 제35조제2호 및 제5호부터 제7호까지의 규정에 따른 사업을 하려는 사업주에게 그에 필요한 비용의 일부를 예산의 범위에서 지원할 수 있다. <개정 2015.12.4., 2017.6.27.>
② 제1항에 따른 지원의 대상자 선정과 요건, 그 밖에 지원에 필요한 사항은 고용노동부장관이 정한다.
[본조신설 2014.12.31.]
[제목개정 2017.6.27.]

제38조(고용촉진 시설의 지원) ① 법 제26조에서 "그 밖에 대통령령으로 정하는 고용촉진 시설"이란 다음 각 호의 시설을 말한다. <개정 2009.12.30., 2010.7.12.>
1. 「고용정책 기본법」 제11조제4항에 따라 지방자치단체가 설치·운영하는 취업취약계층에 대한 고용서비스 제공에 필요한 시설
2. 「고등교육법」 제2조제1호·제2호 및 제4호에 따른 학교 중 고용노동부장관이 지정한 학교가 운영하는 취업지원 시설
3. 「초·중등교육법 시행령」 제80조제1항제1호에 따른 전문계고등학교 중 고용노동부장관이 지정한 학교
4. 「고령자고용촉진법」 제11조에 따른 고령자인재은행
5. 그 밖에 피보험자등의 고용안정, 고용촉진 및 사업주의 인력 확보를 위한 시설로서 고용노동부령으로 정하는 고용촉진 시설
② 고용노동부장관은 법 제26조에 따라 고용촉진 시설을 설치·운영하는 자에게 해당 시설의 설치·운영에 필요한 비용의 일부를 지원할 수 있다. <개정 2009.12.30.,

2010.7.12.>

③ 제1항에 따른 고용촉진 시설의 지원에 필요한 사항은 고용노동부장관이 정한다. <개정 2010.7.12.>

④ 고용노동부장관은 법 제26조에 따라 사업주가 단독이나 공동으로 설치·운영하는 어린이집의 운영비용 중 일부를 고용노동부령으로 정하는 바에 따라 지원할 수 있다. 이 경우 우선지원 대상기업의 사업주(우선지원 대상기업의 수가 100분의 50 이상인 사업주단체를 포함하되, 매월 말일을 기준으로 해당 사업주단체가 설치·운영하는 직장어린이집에서 보육하는 영유아 중 우선지원 대상기업 소속 피보험자의 자녀 수가 전체 보육 영유아 수의 100분의 50 이상인 경우에만 해당한다. 이하 이 조에서 같다)에 대해서는 지원의 수준을 높게 정할 수 있다. <개정 2010.7.12., 2011.12.8., 2013.12.24., 2015.12.4., 2017.12.26.>

⑤ 고용노동부장관은 법 제26조에 따라 어린이집을 단독이나 공동으로 설치하려는 사업주나 사업주단체에 대하여 고용노동부장관이 정하는 바에 따라 그 설치비용을 융자하거나 일부 지원할 수 있다. 이 경우 우선지원 대상기업의 사업주와 장애아동 또는 영아를 위한 어린이집을 설치하려는 사업주나 사업주단체에 대하여는 융자나 지원의 수준을 높게 정할 수 있다. <개정 2010.2.8., 2010.7.12., 2011.12.8., 2013.12.24.>

제39조(일괄적용사업의 특례) 보험료징수법 제8조에 따라 일괄적용되는 사업의 경우에는 개별 사업을 하나의 사업으로 보아 제17조, 제19조, 제24조부터 제26조까지 및 제29조를 적용한다. <개정 2008.9.18., 2010.12.31., 2011.9.15.>

제40조(지원금 등의 상호조정) ① 제19조에 따른 고용유지 지원금의 지급요건에 해당하는 사업주가 그 고용유지조치기간에 제17조에 따른 비용 지원, 제25조제1항제3호에 따른 고령자 고용연장 지원금 또는 제26조에 따른 고용촉진장려금의 지급요건에 해당하는 조치를 한 경우에는 제19조에 따른 고용유지 지원금을 지급하고, 그 밖의 지원금 또는 장려금은 지급하지 아니한다. <개정 2008.9.18., 2010.2.8., 2010.12.31., 2011.9.15., 2016.12.30.>

② 사업주가 동일한 근로자로 인하여 다음 각 호에 따른 지원금 또는 장려금 중 둘 이상의 지원금 또는 장려금 지급 요건에 동시에 해당하게 된 경우에는 해당 사업주의 신청에 의하여 하나의 지원금 또는 장려금만 지급한다. 다만, 제17조제1항제4호에 따라 고용지원이 필요한 업종에 해당하는 기업의 사업주가 고용노동부장관이 정하는 연령의 청년(이하 이 조에서 "청년"이라 한다) 실업자를 추가로 고용하는 경우 지원되는 지원금과 제35조제2호에 따라 중소기업에 취업한 청년의 장기 근속을 지원하기 위하여 지원되는 지원금의 지급 요건에 동시에 해당하게 된 경우에는 중복하여 지급할 수 있다. <개정 2015.12.4., 2016.12.30., 2017.12.12., 2018.10.2., 2018.12.31.>

1. 제17조제1항제3호부터 제7호까지의 규정에 따른 지원금
2. 제24조에 따른 지역고용촉진 지원금
3. 제25조에 따른 고령자 고용연장 지원금
4. 제25조의2에 따른 60세 이상 고령자 고용지원금
5. 제26조에 따른 고용촉진장려금
6. 제28조의3에 따른 사업주에 대한 근로시간 단축 지원금
7. 제29조제1항제3호에 따른 출산육아기 고용안정장려금
8. 제35조제1호부터 제7호까지의 규정에 따른 사업주에 대한 지원금
9. 제38조제4항에 따른 직장어린이집 운영비용 지원금

③ 제17조제1항제1호 및 제2호에 따른 비용 지원의 지급 요건에 동시에 해당하는 사업주가 있으면 그 사업주의 신청에 따라 하나의 지원금을 지급한다. <개정 2008.9.18., 2010.12.31., 2011.9.15.>

④ 제3항에 해당하는 각 지원금 중 어느 하나의 지원금을 받고 있는 사업주가 해당 지원금을 받는 기간에 제2항에 따른 각 지원금 또는 장려금 중 어느 하나의 지원금 또는 장려금의 지급 요건에 해당하는 경우에는 그 사업주의 신청에 의하여 제2항에 따른 각 지원금 또는 장려금 중 해당하는 지원금 또는 장려금의 금액에 고용노동부장관이 정하여 고시하는 비율을 곱하여 산정한 금액을 지급한다. <개정 2010.7.12., 2010.12.31., 2016.12.30.>

⑤ 대통령령 제22603호 고용보험법 시행령

일부개정령 부칙 제18조에 따른 고령자 고용촉진 장려금을 지급받을 수 있는 사업주가 제25조의2에 따른 60세 이상 고령자 고용지원금의 지급 요건을 충족하는 경우에는 해당 사업주의 신청에 따라 하나의 지원금만을 지급한다. <신설 2012.1.13.>

⑥ 근로자가 제28조, 제28조의2 또는 제28조의3에 따른 지원금 중 둘 이상의 지원금 지급 요건에 동시에 해당하는 경우에는 해당 근로자의 선택에 따라 하나의 지원금을 지급한다. <개정 2015.12.4.>

[제목개정 2010.12.31.]

[대통령령 제23513호(2012.1.13.) 부칙 제2조제1항의 규정에 의하여 이 조 제5항의 개정규정은 2017년 12월 31일까지 유효함]

제40조의2(지원의 제한) 법 제26조의2에서 "대통령령으로 정하는 경우"란 사업주가 근로자를 새로 고용하거나 고용유지조치를 하여 다음 각 호의 어느 하나에 해당하게 된 경우를 말한다.

1. 「북한이탈주민의 보호 및 정착지원에 관한 법률」에 따라 지원금 등 금전적 지원을 받는 경우
2. 「산업재해보상보험법」에 따라 지원금 등 금전적 지원을 받는 경우
3. 「장애인고용촉진 및 직업재활법」에 따라 지원금 등 금전적 지원을 받는 경우
4. 그 밖에 국가 또는 지방자치단체로부터 금전적 지원을 받는 경우

[본조신설 2011.9.15.]

제41조(사업주에 대한 직업능력개발 훈련비용의 지원) ① 법 제27조에서 "대통령령으로 정하는 직업능력개발 훈련"이란 「근로자직업능력 개발법」 제24조에 따라 훈련과정의 인정을 받은 훈련과정으로서 다음 각 호의 어느 하나에 해당하는 훈련을 말한다. <개정 2010.7.12., 2010.12.31., 2012.1.13., 2016.12.30.>

1. 피보험자[법 제2조제1호나목에 따른 피보험자(이하 "자영업자인 피보험자"라 한다)는 제외한다]를 대상으로 실시하는 직업능력개발 훈련
2. 피보험자가 아닌 자로서 해당 사업주에게 고용된 자를 대상으로 실시하는 직업능력개발 훈련
3. 해당 사업이나 그 사업과 관련되는 사업에서 고용하려는 자를 대상으로 실시하는 직업능력개발 훈련
4. 직업안정기관에 구직등록한 자를 대상으로 실시하는 직업능력개발 훈련
5. 해당 사업에 고용된 피보험자(자영업자인 피보험자는 제외한다)에게 다음 각 목의 어느 하나의 요건을 갖춘 유급휴가[「근로기준법」 제60조의 연차 유급휴가가 아닌 경우로서 휴가기간 중 「근로기준법 시행령」 제6조에 따른 통상임금(이하 "통상임금"이라 한다)에 해당하는 금액 이상의 임금을 지급한 경우를 말한다]를 주어 실시하는 직업능력개발 훈련

   가. 우선지원 대상기업의 사업주나 상시 사용하는 근로자 수가 150명 미만인 사업주가 해당 근로자를 대상으로 계속하여 5일 이상의 유급휴가를 주어 20시간 이상의 훈련을 실시할 것
   나. 가목에 해당하는 사업주가 해당 근로자를 대상으로 계속하여 30일 이상의 유급휴가를 주어 120시간 이상의 훈련을 실시하면서 대체인력을 고용할 것
   다. 가목에 해당하지 아니하는 사업주가 1년 이상 재직하고 있는 근로자를 대상으로 계속하여 60일 이상의 유급휴가를 주어 180시간 이상의 훈련을 실시할 것
   라. 사업주가 기능·기술을 장려하기 위하여 근로자 중 생산직 또는 관련 직에 종사하는 근로자로서 고용노동부장관이 고시하는 자를 대상으로 유급휴가를 주어 20시간 이상의 훈련을 실시할 것

② 제1항에 따른 직업능력개발 훈련의 지원금은 그 훈련비(고용노동부장관이 고시하는 기준에 해당하는 비용으로 한정한다)에 사업규모 등을 고려하여 고용노동부장관이 고시하는 비율을 곱하여 산정한 금액으로 하되, 제1항제3호 및 제4호의 경우에는 고용노동부장관이 정하여 고시하는 훈련수당을 합산한 금액으로 하고, 제1항제5호의 경우에는 유급휴가기간 중에 지급한 임금 및 대체인력에게 지급한 임금(제1항제5호나목에 한정한다)의 일부에 해당하는 금액(지원수준은 고용노동부장관이 정하여 고시한다)을 합산한 금액으로 한다. <개정 2010.7.12., 2010.12.31., 2017.6.27.>

③ 법 제27조제2항제6호에서 "대통령령으로 정하는 사람"이란 다음 각 호의 어느 하나에 해당하는 사람을 말한다. <개정 2017.6.27.>

1. 생산직 또는 생산 관련 직에 종사하는

근로자로서 고용노동부장관이 기능·기술을 장려하기 위하여 필요하다고 인정하여 고시하는 사람

2. 법 제20조에 따른 고용창출을 위하여 사업주가 근로자를 조(組)별로 나누어 교대로 근로하게 하는 교대제를 새로 실시하거나 조를 늘려 교대제를 실시(4조 이하로 실시하는 경우로 한정한다)한 이후 교대제의 적용을 새로 받게 되는 근로자로서 고용노동부장관이 정하여 고시하는 사람

3. 고용노동부장관이 정한 직업능력개발 훈련 및 평가를 받는 것을 조건으로 고용한 근로자

④ 고용노동부장관은 법 제27조제2항 각 호에 해당하는 근로자를 대상으로 직업능력개발 훈련을 실시하는 사업주에 대하여 훈련에 필요한 비용을 우대하여 지원하려는 경우에는 훈련비, 훈련기간 중 훈련대상자 및 대체인력에게 지급한 임금, 그 밖에 훈련에 필요한 비용을 고려한 지원수준을 정하여 고시하여야 한다. <신설 2017.6.27.>

⑤ 직업능력개발 훈련의 훈련비와 훈련수당의 지원범위, 지원상한액 및 지원신청절차와 그 밖에 지원에 필요한 사항은 고용노동부령으로 정한다. <개정 2010.7.12., 2017.6.27.>

제42조(비용 지원의 한도) ① 법 제28조에 따라 사업주가 지원받을 수 있는 직업능력개발 훈련비용의 연간 총액은 그 사업주가 보험료징수법 제13조제1항제1호 및 제16조의3에 따라 부담하는 해당 연도 고용보험료 중 고용안정·직업능력개발사업의 보험료 또는 그 사업주가 보험료징수법 제13조제1항제1호 및 제17조제1항에 따라 해당 연도에 납부하여야 할 고용보험 개산보험료 중 고용안정·직업능력개발사업의 보험료의 100분의 100(우선지원 대상기업의 경우에는 100분의 240)에 해당하는 금액으로 한다. 다만, 제18조제2항 각 호의 어느 하나에 해당하는 사업주에게 지원할 수 있는 비용의 총 한도는 그 사업주가 부담하는 해당 연도 고용보험료 중 고용안정·직업능력개발사업의 보험료 또는 그 사업주가 해당 연도에 납부하여야 할 고용보험 개산보험료 중 고용안정·직업능력개발사업의 보험료의 100분의 130(우선지원 대상기업의 경우에는 100분의 300)으로 할 수 있다. <개정 2010.12.31., 2016.7.19.>

② 사업주가 자신의 사업 외의 다른 사업에 고용된 근로자를 대상으로 「근로자직업능력개발법」 제24조에 따라 훈련과정을 인정받아 훈련을 실시하는 경우에는 제1항에 따른 지원금 외에 그 사업주가 부담하는 해당 연도 고용보험료 중 고용안정·직업능력개발사업의 보험료 또는 그 사업주가 해당 연도에 납부하여야 할 고용보험 개산보험료 중 고용안정·직업능력개발사업의 보험료의 100분의 80까지 추가로 지원할 수 있다. <개정 2010.12.31., 2016.7.19.>

③ 제1항과 제2항에도 불구하고 지원금액이 기업의 규모·업종 등을 고려하여 고용노동부장관이 정하는 비용지원한도 최소금액에 미달하는 경우에는 고용노동부장관이 정하는 비용지원한도 최소금액을 지원금액으로 한다. <개정 2010.7.12.>

④ 다음 각 호의 어느 하나에 해당하는 지원금은 제1항부터 제3항까지의 규정에 따라 해당 사업주가 지원받을 수 있는 직업능력개발 훈련비용지원의 한도액에 포함되지 아니한다. <개정 2013.12.24., 2016.7.19., 2018.7.3.>

1. 제41조제1항제1호에 따른 직업능력개발 훈련으로서 「근로자직업능력 개발법 시행령」 제3조제1항제1호에 따른 양성훈련으로 실시하는 직업능력개발 훈련의 지원금

2. 제41조제1항제3호 및 제4호에 따른 직업능력개발훈련의 지원금

3. 제41조제1항제5호가목 및 나목에 따른 직업능력개발 훈련의 지원금 중 다음 각 목의 어느 하나에 해당하는 지원금

  가. 제41조제2항에 따라 지원되는 유급휴가기간 중에 지급한 임금 및 대체인력에게 지급한 임금의 일부에 해당하는 금액

  나. 직업능력개발 훈련의 분야 및 기간 등을 고려하여 고용노동부장관이 고시하는 직업능력개발 훈련의 훈련비

⑤ 제2항부터 제4항까지의 규정에도 불구하고, 법 제35조제3항에 따라 직업능력개발 사업의 지원이 제한되는 사업주에 대해서는 「근로자직업능력 개발법」 제55조제2항에 따른 지원 또는 융자 제한 기간의 종료일이 속한 보험연도부터 3년간 제2항부터 제4항까지의 규정을 적용하지 아니한다. <신설 2015.6.30.>

제43조(근로자의 직업능력 개발을 위한 지원) ① 고용노동부장관은 법 제29조제1항에 따라 다음 각 호의 어느 하나에 해당하는 피

보험자등이 「근로자직업능력 개발법」 제2조 제1호에 따른 직업능력개발훈련(이하 "직업능력개발훈련"이라 한다)을 수강한 경우에는 고용노동부령으로 정하는 바에 따라 필요한 비용의 전부나 일부를 지원할 수 있다. <개정 2009.3.12., 2010.7.12., 2010.12.31., 2011.9.15., 2012.1.13., 2013.12.24., 2015.6.30., 2017.6.27.>

1. 우선지원 대상기업에 고용된 피보험자등
2. 법 제27조제2항 각 호의 어느 하나에 해당하는 피보험자등
3. 자영업자인 피보험자등
4. 직업안정기관의 장에게 취업훈련을 신청한 날부터 180일 이내에 이직 예정인 피보험자등
5. 경영상의 이유로 90일 이상 무급 휴직 중인 피보험자등
6. 대규모기업에 고용된 45세 이상인 피보험자등
7. 법 제27조에 따라 사업주가 실시하는 직업능력개발훈련을 수강하지 못한 기간이 3년 이상인 피보험자등
8. 「남녀고용평등과 일·가정 양립 지원에 관한 법률」 제19조에 따른 육아휴직 중인 피보험자등

② 제1항에 따른 직업능력개발훈련에 드는 비용은 해당 훈련을 받는 피보험자등이나 훈련을 실시하는 기관에 지급할 수 있다. 다만, 훈련을 받는 피보험자등이 고용노동부장관이 정하는 바에 따라 「여신전문금융업법」 제2조제3호에 따른 신용카드를 사용하여 훈련비용을 결제하고 신용카드를 발급한 신용카드업자가 그 훈련비용을 훈련을 실시하는 기관에 지급한 경우에 고용노동부장관은 그 훈련을 받는 피보험자등을 대신하여 훈련비용을 해당 신용카드업자에게 지급할 수 있다. <신설 2013.12.24., 2017.6.27.>

③ 제1항에 따라 훈련비용을 지원받을 수 있는 훈련과정의 범위와 지원절차 등에 관하여 필요한 사항은 고용노동부령으로 정한다. <개정 2008.4.30., 2010.7.12.>
[제목개정 2013.12.24.]

제44조 삭제 <2011.9.15.>

제45조(능력개발비용의 대부) ① 고용노동부장관은 법 제29조제1항에 따라 피보험자(자영업자인 피보험자는 해당 연도 대부사업 공고일 현재 보험가입 후 합산하여 180일이 지난 자로 한정한다)가 자기 비용으로 다음 각 호의 어느 하나에 해당하는 학교나 시설에 입학하거나 재학하는 경우에는 해당 학자금의 전부나 일부를 예산의 범위에서 대부할 수 있다. <개정 2008.6.5., 2009.3.12., 2010.7.12., 2010.8.25., 2012.1.13.>

1. 「근로자직업능력 개발법」에 따른 기능대학
2. 「평생교육법」 제33조제3항에 따른 전문대학 또는 대학졸업자와 동등한 학력·학위가 인정되는 원격대학형태의 평생교육시설
3. 「고등교육법」 제2조에 따른 학교

② 고용노동부장관은 피보험자가 직업능력개발훈련을 수강하는 경우 그 수강료의 전부나 일부를 예산의 범위에서 대부할 수 있다. 다만, 다음 각 호의 어느 하나에 해당하는 과정을 수강하는 경우는 제외한다. <개정 2010.7.12.>

1. 세미나, 심포지엄 등 정보 교류 활동 또는 시사·일반상식 등 교양과정
2. 취미활동, 오락과 스포츠 등을 목적으로 하는 과정
3. 그 밖에 고용노동부장관이 직업능력개발훈련과정으로 적합하지 아니하다고 인정하는 과정

③ 제2항에 따른 직업능력개발훈련 중 외국어 과정에 대하여 수강료를 대부받을 수 있는 자의 범위는 고용노동부장관이 정한다. <개정 2010.7.12.>

④ 제1항부터 제3항까지의 규정에 따른 대부금의 이율, 대부기간 등 대부조건은 고용노동부장관이 기획재정부장관과 협의하여 정한다. <개정 2008.2.29., 2010.7.12.>

⑤ 제1항부터 제3항까지의 규정에 따른 대부 대상자의 선정, 대부절차, 대부횟수, 그 밖에 대부에 필요한 사항은 고용노동부령으로 정한다. <개정 2010.7.12.>

제46조(능력개발비용의 지원) ① 고용노동부장관은 법 제29조제1항에 따라 제45조제1항 각 호의 어느 하나에 해당하는 학교나 시설에 입학하거나 재학하는 우선지원 대상기업의 피보험자(자영업자인 피보험자는 제외한다) 중 성적이 우수한 자에게 예산의 범위에서 학자금의 전부나 일부를 지원할 수 있다. <개정 2010.7.12., 2012.1.13.>

② 제1항에 따른 지원 대상자의 선발, 지원 금액과 지원 방법 등에 관하여 필요한 사항은 고용노동부장관이 정한다. <개정 2010.7.12.>

제47조(취업훈련의 지원) ① 고용노동부장관은 법 제29조제2항에 따라 창업 또는 취업을 위하여 직업능력개발훈련의 수강이 필요하다고 인정되는 실업자에게 취업훈련을 실시할 수 있다. <개정 2010.7.12., 2011.9.15., 2013.12.24.>
1. 삭제 <2013.12.24.>
2. 삭제 <2013.12.24.>
3. 삭제 <2013.12.24.>
4. 삭제 <2013.12.24.>
② 제1항에 따른 취업훈련에 드는 비용은 해당 훈련을 받는 자나 훈련을 실시하는 기관에 지급할 수 있다. 다만, 훈련을 받는 자가 고용노동부장관이 정하는 바에 따라 「여신전문금융업법」 제2조에 따른 신용카드를 사용하여 훈련비용을 결제하고 신용카드를 발급한 신용카드업자가 그 훈련비용을 훈련을 실시하는 기관에 지급한 경우에 고용노동부장관은 그 훈련을 받는 자를 대신하여 훈련비용을 해당 신용카드업자에게 지급할 수 있다. <개정 2008.12.3., 2010.7.12.>
③ 고용노동부장관은 제1항에 따른 취업훈련을 수강하는 실업자가 법 제43조제1항에 따른 구직급여의 수급자격이 없는 경우에는 훈련수당을 지급할 수 있다. <개정 2010.7.12., 2011.9.15., 2013.12.24.>
④ 고용노동부장관은 제1항에 따른 취업훈련을 수강하는 피보험자이었던 실업자에게 해당 훈련비의 전부나 일부를 대부할 수 있다. <개정 2010.7.12., 2011.9.15., 2013.12.24.>
⑤ 제4항에 따른 대부 대상자의 선정, 대부절차, 대부횟수, 그 밖에 대부에 관하여 필요한 사항은 고용노동부령으로 정한다. <개정 2010.7.12.>
⑥ 제1항에 따른 취업훈련의 실시기관이나 그 밖에 취업훈련의 실시에 필요한 사항은 고용노동부령으로 정한다. <개정 2010.7.12., 2011.9.15.>
[제목개정 2011.9.15.]

제47조의2(직업능력개발훈련 중 생계비 대부)
① 법 제29조제3항에서 "대통령령으로 정하는 저소득 피보험자등"이란 다음 각 호의 어느 하나에 해당하는 사람을 말한다. <개정 2010.7.12., 2013.12.24., 2017.6.27.>
1. 법 제27조제2항 각 호의 어느 하나에 해당하는 피보험자등으로서 소득수준과 종전의 대부실적 등을 고려하여 고용노동부장관이 정하여 고시하는 선정기준에 해당하는 사람
2. 법 제29조제3항에 따른 생계비의 대부 신청 시 실업상태에 있는 피보험자등이었던 사람(법 제4장에 따른 실업급여를 수급하고 있는 사람은 제외한다)으로서 배우자의 소득수준, 직계비속 또는 직계존속과의 관계, 종전의 대부실적 등을 고려하여 고용노동부장관이 정하여 고시하는 선정기준에 해당하는 사람
3. 법 제2조제1호나목에 따른 피보험자등으로서 소득수준과 종전의 대부실적 등을 고려하여 고용노동부장관이 정하여 고시하는 선정기준에 해당하는 사람
② 법 제29조제3항에 따른 생계비는 예산의 범위에서 대부할 수 있다.
③ 고용노동부장관은 직업능력개발훈련에 따른 생계비의 대부를 신청하는 사람에 대하여 제1항에 따른 대부 대상자 해당 여부의 확인절차를 거친 후에 대부 여부를 결정하여야 한다. <개정 2010.7.12.>
④ 제3항에 따른 대부의 신청·결정 절차에 관한 사항, 대부결정의 취소에 관한 사항, 대부금액 및 상환방법, 그 밖에 대부제도의 운영에 필요한 사항은 고용노동부장관이 정하여 고시한다. <개정 2010.7.12.>
[본조신설 2009.3.12.]

제48조(직업능력개발훈련시설 등에 대한 비용 대부) ① 고용노동부장관은 법 제30조에 따라 직업능력 개발훈련을 실시하고 있거나 실시하려는 사업주, 사업주단체, 근로자단체, 「근로자직업능력 개발법」 제32조에 따라 고용노동부장관의 허가를 받아 설립한 직업능력개발훈련법인과 「근로자직업능력개발법」 제2조제3호 나목에 따른 지정직업훈련시설을 설치·운영하는 자에게 직업능력개발훈련시설의 설치와 장비 구입에 필요한 비용을 예산의 범위에서 대부할 수 있다. <개정 2010.7.12.>
② 제1항에 따른 대부금의 이율, 대부기간 등 대부 조건은 고용노동부장관이 기획재정부장관과 협의하여 정한다. 이 경우 우선지원 대상기업의 사업주나 해당 기업의 사업주단체와 제52조제1항제6호에 따른 직업능력개발사업을 실시하거나 실시하려는 사업주나 사업주단체에는 대부금의 이율을 달리 정할 수 있다. <개정 2008.2.29., 2010.7.12.>
③ 제1항에 따른 비용의 대부한도, 대부 절

차 등에 관하여 필요한 사항은 고용노동부령으로 정한다. <개정 2010.7.12.>

제49조(직업능력개발훈련시설 등의 지원) ① 고용노동부장관은 법 제30조에 따라 사업주, 사업주단체나 그 연합체가 제53조제2항에 따른 우선선정직종 등 고용노동부장관이 고시하는 직종의 훈련을 실시하기 위하여 단독이나 공동으로 직업능력개발훈련시설을 설치하거나 장비를 구입하는 경우 또는 「근로자직업능력 개발법」 제2조제3호가목에 따라 공공직업훈련시설을 설치한 공공단체가 노후 시설을 개·보수하거나 장비를 구입하는 경우 해당 시설 설치와 장비 구입에 필요한 비용의 일부를 예산의 범위에서 지원할 수 있다. 이 경우 우선지원 대상기업에 속하는 사업주나 해당 기업의 사업주단체와 제52조제1항제6호에 따른 직업능력개발사업을 실시하는 사업주나 사업주단체를 우대할 수 있다. <개정 2010.7.12.>
② 제1항에 따른 비용의 지원한도와 절차 등에 관하여 필요한 사항은 고용노동부령으로 정한다. <개정 2010.7.12.>

제50조 삭제 <2008.4.30.>

제51조(자격검정 사업의 지원) ① 고용노동부장관은 법 제31조제1항제2호에 따라 다음 각 호의 어느 하나에 해당하는 사업을 실시하는 자에게 그 사업의 실시에 필요한 비용의 전부 또는 일부를 지원할 수 있다. <개정 2008.9.18., 2010.7.12.>
1. 사업주가 근로자의 기술향상을 위하여 실시하는 자격검정 사업
2. 「국가기술자격법」에 따른 국가기술자격검정기관이 피보험자의 자격취득 편의를 위하여 실시하는 사업
② 제1항제1호에 따른 자격검정 사업은 다음 각 호의 모든 요건을 갖추어야 한다. <개정 2010.7.12.>
1. 사업주가 단독이나 공동으로 해당 사업 및 해당 사업과 관련된 사업의 근로자를 대상으로 실시하는 자격검정일 것
2. 자격 종목이 해당 사업에 필요한 지식 및 기능과 직접 관련될 것
3. 해당 자격을 취득한 근로자에게는 승진·승급·보수 등에서 우대할 수 있는 규정을 제정하여 시행하고 있을 것
4. 해당 자격을 취득하려고 하는 근로자에

게 검정 사업과 관련하여 검정수수료 등 모든 비용을 받지 아니할 것
5. 자격검정이 영리를 목적으로 하는 것이 아닐 것
6. 그 밖에 고용노동부령으로 정하는 요건을 갖출 것
③ 제1항에 따른 비용의 지원신청과 지원방법 등에 관하여 필요한 사항은 고용노동부령으로 정한다. <개정 2010.7.12.>

제52조(직업능력개발의 촉진) ① 법 제31조제1항제3호에서 "대통령령으로 정하는 사업"이란 다음 각 호의 사업을 말한다. <개정 2009.3.12., 2010.2.8., 2010.7.12., 2010.8.25., 2012.1.13.>
1. 직업능력개발사업에 관한 조사·연구사업
2. 직업능력개발사업을 위한 교육·홍보사업
3. 직업능력개발을 위한 훈련 매체의 개발·편찬과 보급사업
4. 사업주단체, 근로자단체나 그 연합체가 협력하여 실시하는 직업능력개발사업
5. 인적자원개발 우수기업 인증제 지원사업
6. 사업주, 사업주단체 또는 「고등교육법」 제2조에 따른 학교 등이 직업능력개발훈련을 실시하는 둘 이상의 사업주와 협약을 체결하여 그 근로자를 위하여 수행하는 직업능력개발사업
7. 「근로자직업능력 개발법」 제36조와 제37조에 따른 직업능력개발훈련교사 및 같은 법 시행령 제19조제1항제6호에 따른 인력개발담당자의 양성 및 능력개발을 위하여 실시하는 교육훈련사업
8. 「근로자직업능력 개발법」 제12조에 따라 실시하는 직업능력개발훈련
9. 「근로자직업능력 개발법」 제40조에 따라 기능대학에 두는 교육·훈련과정에 따라 실시하는 교육·훈련
10. 우선지원 대상기업의 사업주나 근로자의 핵심직무능력 향상을 위하여 실시하는 직업능력개발훈련(고용노동부장관이 정하는 우수훈련과정으로 한정한다)
11. 우선지원 대상기업 근로자가 직무 지식을 습득할 기회를 확대하거나 그 기업 내의 직무 지식을 원활하게 축적·공유할 수 있도록 하는 등의 학습조직화를 촉진하기 위하여 실시하는 직업능력개발사업
12. 우선지원 대상기업의 사업주나 인력개발담당자의 인적자원 개발역량을 높이기

위하여 실시하는 직업능력개발사업

13. 우선지원 대상기업에 대한 체계적인 현장 훈련 지원 사업
14. 삭제 <2010.12.31.>
15. 그 밖에 직업능력개발의 촉진을 위한 사업

② 고용노동부장관은 제1항제6호에 따른 직업능력개발사업이 수행되는 경우 협약을 체결한 사업주들이 제42조제1항부터 제3항까지의 규정에 따라 각각 받을 수 있는 연간 직업능력개발 훈련비용 지원 한도액 중 고용노동부장관이 정하여 고시하는 비율의 금액(이하 이 항에서 "개별금액"이라 한다)의 합계액을 해당 직업능력개발사업의 수행 주체에게 직접 지원한다. 이 경우 개별금액은 협약을 체결한 사업주들이 제42조제1항부터 제3항까지의 규정에 따른 비용지원의 한도에서 각각 지원받은 것으로 본다. <신설 2012.1.13.>
③ 제1항에 따른 비용의 지원신청과 지원방법 등에 관하여 필요한 사항은 고용노동부장관이 정한다. <개정 2010.7.12., 2012.1.13.>

제53조(직업능력개발훈련사업의 위탁 실시)
① 고용노동부장관은 법 제31조제2항에 따라 직업능력개발훈련사업을 위탁하여 실시하려는 때에는 매년 위탁하려는 직업능력개발훈련사업의 계획을 세워야 한다. <개정 2010.7.12.>
② 제1항에 따른 직업능력개발훈련사업은 「근로자직업능력 개발법」 제15조에 따른 국가기간·전략산업직종에 대한 직업능력개발훈련(이하 "국가기간·전략산업직종훈련"이라 한다)으로 본다. <개정 2010.12.31.>
③ 국가기간·전략산업직종훈련은 「근로자직업능력 개발법 시행령」 제12조 각 호에 따른 시설이나 기관에 위탁하여 실시한다. <개정 2010.12.31.>
④ 국가기간·전략산업직종훈련의 훈련대상, 훈련절차, 훈련비와 훈련수당의 지원 등 국가기간·전략산업직종훈련의 실시 등에 필요한 사항은 고용노동부령으로 정한다. <개정 2010.7.12., 2010.12.31.>

제54조(건설근로자의 직업능력개발 지원)
① 고용노동부장관은 법 제32조에 따라 건설업의 사업주나 사업주단체가, 일정한 사업장에 고용되지 아니한 건설근로자로서 고용노동부장관이 정하여 고시하는 자의 직업능

력의 개발·향상을 위하여 직업능력개발훈련을 실시하는 경우에는 해당 비용의 일부를 지원하고, 건설근로자에게 훈련기간 중 훈련수당을 지급한 경우에는 그에 관하여 필요한 비용을 지원할 수 있다. <개정 2010.7.12.>
② 제1항에 따른 직업능력개발 훈련비용의 지원에 관하여는 제41조제2항을 준용한다.

제55조(지방자치단체 등에 대한 지원)
① 법 제34조에서 "대통령령으로 정하는 비영리법인·단체"란 법률에 따라 설립되거나 국가나 지방자치단체의 허가·인가를 받아 설립된 비영리법인과 「비영리민간단체 지원법」에 따라 등록한 비영리단체를 말한다.
② 고용노동부장관은 법 제34조에 따라 지방자치단체나 제1항에 따른 비영리법인·단체가 지역 내 피보험자등의 고용안정·고용촉진과 직업능력개발을 위한 사업을 실시하는 경우에는 예산의 범위에서 그 비용의 전부나 일부를 지원할 수 있다. <개정 2010.7.12.>
③ 고용노동부장관은 제2항에 따라 비용을 지원하려면 대상 사업의 종류·내용, 지원의 요건·내용·수준 및 신청 방법 등을 미리 공고하여야 한다. <개정 2010.7.12.>

제56조(부정행위에 따른 지원금 등의 지급 제한)
① 고용노동부장관은 법 제35조제1항에 따라 거짓이나 그 밖의 부정한 방법으로 제17조, 제19조, 제22조, 제24조, 제25조, 제25조의2, 제26조, 제28조, 제28조의2, 제28조의3, 제29조, 제33조, 제35조부터 제37조까지, 제37조의2, 제38조 및 제55조에 따른 지원금 또는 장려금을 받거나 받으려는 자에게는 해당 지원금 또는 장려금 중 지급되지 않은 금액 또는 지급받으려는 지원금 또는 장려금을 지급하지 아니하며, 거짓이나 그 밖의 부정한 방법으로 이미 지급받은 지원금 또는 장려금에 대해서는 반환을 명하여야 한다. <개정 2010.12.31., 2011.9.15., 2013.12.24., 2014.12.31., 2016.7.19., 2016.12.30.>
② 법 제35조제1항에 따라 거짓이나 그 밖의 부정한 방법으로 제1항에 따른 각 지원금 또는 장려금 중 어느 하나의 지원금 또는 장려금을 받거나 받으려 한 자에 대하여 고용노동부장관은 제1항에 따른 반환명령 또는 지

급 제한을 한 날부터 1년의 범위에서 새로 지원하게 되는 제1항에 따른 각 지원금 또는 장려금 중 어느 하나에 해당하는 지원금 또는 장려금에 대해서는 별표 2에 따른 기간 동안 지급을 제한한다. 다만, 그 부정한 방법의 정도, 동기 및 결과 등을 고려하여 그 지급제한 기간의 3분의1까지 감경할 수 있다. <개정 2010.2.8., 2010.7.12., 2010.12.31., 2012.10.29., 2016.12.30.>

③ 제1항에 따른 반환(법 제35조제2항에 따른 추가징수를 포함한다. 이하 이 조에서 같다)명령을 받은 자는 그 통지를 받은 날부터 30일 이내에 통지받은 금액을 납부하여야 한다. 이 경우 납부방식은 일시 납부를 원칙으로 하되, 납부금액이 1천만원을 초과하는 경우에는 고용노동부장관이 정하는 바에 따라 나누어 낼 수 있다. <개정 2010.2.8., 2010.7.12., 2010.12.31.>

④ 제1항 및 제3항이나 「근로자직업능력 개발법」 제56조(고용보험기금으로 지원 또는 융자된 금액에 대한 반환명령에 한정한다)에 따라 반환 명령을 받은 자가 정해진 기간까지 납부 의무를 이행하지 아니한 경우에는 그 기간의 종료일부터 그 의무를 이행하는 날까지 법에 따른 지원금 또는 장려금 또는 「근로자직업능력 개발법」에 따른 직업능력개발훈련 비용을 지급하지 아니한다. <개정 2010.2.8., 2010.8.25., 2010.12.31., 2016.12.30.>

제57조(업무의 대행) ① 법 제36조에서 "대통령령으로 정하는 자"란 다음 각 호의 자를 말한다. <개정 2010.8.25.>
1. 「한국산업인력공단법」에 따른 한국산업인력공단(이하 "한국산업인력공단"이라 한다)
2. 「근로자직업능력 개발법」에 따른 기능대학
3. 「근로자직업능력 개발법」 제23조에 따른 직업능력개발단체
② 고용노동부장관은 법 제36조에 따라 업무를 대행하게 하는 경우에는 업무 수행에 드는 경비를 기금에서 지원한다. <개정 2010.7.12.>

제4장 실업급여

제58조(실업급여 지급에 관한 결정·통지) 직업안정기관의 장은 실업급여의 지급 여부를 결정한 경우에는 그 청구인에게 서면으로 알려야 한다. 다만, 실업급여를 지급하기로 결정한 경우에는 제62조에 따른 고용보험 수급자격증에 그 사실을 적어 내줌으로써 통지를 갈음할 수 있으며, 청구인의 동의가 있는 경우에는 정보통신망을 이용하여 통지할 수 있다. <개정 2016.12.30.>

제58조의2(실업급여수급계좌) ① 법 제37조의2제1항 단서에서 "대통령령으로 정하는 불가피한 사유"란 다음 각 호의 모두에 해당하는 것을 말한다.
1. 수급자격자가 제65조제8호에 해당하는 자로서 그 수급자격자가 금융기관을 이용할 수 없는 지역에 거주하는 자일 것
2. 제1호의 사유로 실업급여의 신청일부터 14일 이내에 수급자격자에게 금융기관을 통하여 실업급여를 지급하는 것이 불가능할 것
② 직업안정기관의 장은 법 제37조의2제1항 단서에 따라 정보통신장애나 제1항의 사유로 인하여 실업급여를 법 제37조의2제1항 본문에 따른 수급자격자 명의의 지정된 계좌(이하 "실업급여수급계좌"라 한다)로 이체할 수 없을 때에는 해당 실업급여 금액을 수급자격자에게 직접 현금으로 지급할 수 있다.
③ 직업안정기관의 장은 제61조에 따라 수급자격 인정신청을 한 사람에게 신청인이 원하는 경우에는 해당 실업급여를 실업급여수급계좌로 받을 수 있다는 사실을 안내하여야 한다.
[본조신설 2015.4.20.]

제58조의3(압류금지 실업급여 액수) 법 제38조제2항에서 "대통령령으로 정하는 액수"란 법 제37조의2제1항에 따라 실업급여수급계좌에 입금된 금액 전액을 말한다. <개정 2017.12.26.>
[본조신설 2015.4.20.]

제59조(급여원부의 작성) ① 직업안정기관의 장은 실업급여를 지급한 경우에는 그 급여를 받은 수급자격자별로 급여원부(給與原簿)를 작성하여야 한다.
② 직업안정기관의 장은 보험과 관계있는 자가 청구하는 경우에는 급여원부를 열람시키고, 필요하다고 인정하면 증명서를 내주어야 한다.

제60조(기준기간의 연장 사유) 법 제40조제2항에서 "그 밖에 대통령령으로 정하는 사유"란 다음 각 호의 사유를 말한다. 다만, 법 제2조제5호 단서에 따라 고용노동부장관이 정하는 금품을 지급받는 경우는 제외한다. <개정 2010.7.12.>
1. 사업장의 휴업
2. 임신·출산·육아에 따른 휴직
3. 휴직이나 그 밖에 이와 유사한 상태로서 고용노동부장관이 정하여 고시하는 사유

제61조(구직신청과 수급자격 인정신청) ① 법 제42조에 따라 실업을 신고하려는 자는 전산망을 통하여 「직업안정법」 제9조에 따른 구직신청을 하여야 한다. <개정 2011.9.15.>
② 제1항에 따라 구직신청을 한 사람은 수급자격 인정신청서를 자신의 거주지를 관할하는 직업안정기관의 장에게 제출하되, 다음 각 호의 어느 하나에 해당하는 경우에는 해당 직업안정기관의 장에게 제출할 수 있다. <신설 2011.9.15., 2012.1.13.>
1. 취업을 희망하는 지역 관할 직업안정기관의 장에게 제출하려는 경우
2. 이직 전 사업장 관할 직업안정기관의 장에게 제출하려는 경우
3. 거주지 관할 직업안정기관보다 교통이 편리하다고 인정되는 인근 지역 관할 직업안정기관의 장에게 제출하려는 경우
③ 제1항에 따라 실업을 신고하려는 자가 법 제16조제2항에 따라 사업주로부터 이직확인서를 발급받은 경우에는 이를 소재지 관할 직업안정기관의 장에게 제출하여야 한다. 다만, 이직한 자를 고용하고 있던 사업주가 있는 곳이 분명하지 아니하거나 그 밖의 부득이한 사유로 이직확인서를 발급하기가 어려운 경우에는 그러하지 아니하다. <개정 2011.9.15.>
④ 제2항에 따라 수급자격 인정신청서를 받은 직업안정기관(이하 "신청지 관할 직업안정기관"이라 한다)의 장은 법 제44조제2항에 따라 직업안정기관에 출석하여 실업의 인정을 받아야 할 날(이하 "실업인정일"이라 한다)을 지정하여 해당 신고인에게 알려야 한다. <개정 2011.9.15.>

제62조(수급자격의 인정) ① 직업안정기관의 장은 제61조에 따라 수급자격 인정신청서를 받은 경우에 그 신청인이 법 제43조제1항에 따른 구직급여의 수급자격이 인정되면 최초의 실업인정일에 고용보험 수급자격증(이하 "수급자격증"이라 한다)을 내주어야 한다.
② 직업안정기관의 장은 수급자격 인정신청서를 제출한 자가 법 제43조제1항에 따른 구직급여의 수급자격이 인정되지 아니하는 경우에는 그 신청인에게 해당 사실을 알려야 한다.
③ 수급자격자가 제1항에 따라 발급받은 수급자격증이 헐어 못쓰게 되거나 잃어버린 경우에는 신청지 관할 직업안정기관의 장에게 재발급을 신청하여야 한다. <개정 2011.9.15.>
④ 수급자격자가 이름, 주민등록번호, 주소나 거소를 변경하거나 정정한 경우에는 신청지 관할 직업안정기관의 장에게 신고하여야 한다. 이 경우 직업안정기관의 장은 수급자격증의 관련 사항을 수정하여 반환하여야 한다. <개정 2011.9.15.>
⑤ 제1항에 따라 수급자격증을 발급받은 자는 수급자격 인정의 근거가 된 수급자격 인정명세서를 발급하여 줄 것을 해당 수급자격을 인정한 직업안정기관의 장에게 청구할 수 있다.

제63조(실업의 인정) ① 수급자격자가 법 제44조제2항에 따라 실업의 인정을 받으려면 실업인정일에 신청지 관할 직업안정기관에 출석하여 실업인정신청서에 직전 실업인정일의 다음 날부터 해당 실업인정일까지의 재취업활동 내용을 적은 후 수급자격증을 첨부하여 제출하여야 한다. <개정 2011.9.15.>
② 직업안정기관의 장은 제1항에 따라 실업을 인정한 경우에는 그 사실을 수급자격증에 적어 반환하여야 한다.
③ 제1항에 따른 재취업활동 인정기준은 고용노동부령으로 정한다. <개정 2010.7.12.>

제64조(실업인정의 특례사유) 법 제44조제2항제2호에서 "대통령령으로 정하는 사유"란 다음 각 호의 어느 하나에 해당하는 경우를 말한다.
1. 천재지변이 발생한 경우
2. 월간 구직급여 수급자격의 인정을 신청한 자의 수를 매월 말일의 피보험자수로 나누어 얻은 비율(이하 "수급자격신청률"이라 한다)이 연속하여 2개월간 100분

의 1을 초과하는 경우
3. 법 제53조에 따른 특별연장급여의 지급이 결정된 경우

제65조(실업인정의 특례자) 법 제44조제2항제3호에서 "그 밖에 대통령령으로 정하는 수급자격자"란 다음 각 호의 어느 하나에 해당하는 자를 말한다. <개정 2010.7.12., 2010.12.31., 2011.9.15., 2013.1.25., 2013.12.24., 2016.12.30.>
1. 취업 또는 구인자와의 면접이나 그 밖의 부득이한 사유로 실업인정일에 직업안정기관에 출석할 수 없는 자로서 실업인정일의 전일까지 신청지 관할 직업안정기관에 출석하여 실업인정일의 변경을 신청한 자
2. 취업 또는 구인자와의 면접이나 그 밖의 부득이한 사유로 실업인정일 또는 그 전일까지 출석할 수 없었던 자로서 해당 사유가 없어진 날부터 14일 이내에 신청지 관할 직업안정기관에 출석하여 실업인정일의 변경을 신청한 자
3. 7일 이상 계속적으로 취업하여 실업인정일 또는 그 전일까지 출석할 수 없었던 자로서 취업일을 증명할 수 있는 서류를 첨부하여 취업한 날부터 2개월 이내에 우편, 팩스 또는 정보통신망 등을 이용하여 실업의 인정을 신청한 자. 다만, 실업의 인정을 신청한 날 현재 법 제15조에 따른 피보험자격의 취득신고가 되어 있는 경우에는 취업일을 증명할 수 있는 서류의 첨부를 생략할 수 있다.
4. 수급자격자의 착오로 실업인정일에 직업안정기관에 출석할 수 없었던 자로서 해당 실업인정일부터 14일 이내에 출석하여 실업인정일의 변경을 신청한 자(해당 수급자격자의 법 제48조에 따른 수급기간 내에 한 번만 인정한다)
5. 다음 각 목의 어느 하나에 해당하는 사유로 직업안정기관의 장이 실업인정일을 변경하는 것이 적당하다고 인정한 자
   가. 법 제48조에 따른 수급기간이 종료된 경우
   나. 「관공서의 공휴일에 관한 규정」에 따른 관공서의 공휴일인 경우
   다. 그 밖에 부득이한 사정이 있는 경우
6. 법 제87조제1항에 따른 심사·재심사 또는 소송에 의하거나 직업안정기관의 장의 직권에 따라 실업급여에 관한 처분이 취소·변경된 자

7. 해당 실업인정일부터 30일 이내에 취업하기로 확정된 자
8. 도서지역(제주특별자치도 본도 및 방파제 또는 교량 등으로 육지와 연결된 도서는 제외한다)에 거주하는 자로서 실업인정의 특례를 신청한 자
9. 정보통신망을 통하여 직접 재취업활동 및 소득발생 여부를 신고할 수 있다고 직업안정기관의 장이 인정하는 사람

제66조(증명서에 따른 실업의 인정) ① 수급자격자가 법 제44조제3항 제1호·제2호 또는 제4호에 따라 실업의 인정을 받으려면 그 사유가 없어진 후 14일 이내에 신청지 관할 직업안정기관에 출석하여 실업인정신청서에 수급자격증과 출석할 수 없었던 사유를 적은 증명서를 첨부하여 제출하여야 한다. <개정 2011.9.15.>
② 제1항의 증명서에 적을 사항과 발급자 등에 관하여 필요한 사항은 고용노동부령으로 정한다. <개정 2010.7.12.>
③ 수급자격자가 법 제44조제3항제3호에 따라 실업의 인정을 받으려면 직접 또는 대리인을 통하여 실업인정신청서에 수급자격증과 직업훈련 등의 실시기관이 내준 증명서를 첨부하여 관할 직업안정기관의 장에게 제출하여야 한다.

제67조(수급자격자의 취업촉진을 위한 조치) 법 제44조제4항 전단에서 "재취업활동에 관한 계획의 수립 지원, 직업소개 등 대통령령으로 정하는 조치"란 수급자격자의 취업을 촉진하기 위하여 필요한 다음 각 호의 조치를 말한다.
1. 재취업활동에 관한 계획의 수립 지원
2. 실업급여 등 보험에 관한 안내와 교육
3. 직업적성검사, 직업정보제공 등 재취업을 위하여 미리 준비할 사항에 대한 심층 상담과 지도
4. 구인·훈련 등 고용정보의 탐색과 활용 요령, 이력서 작성과 면접 요령 등 재취업활동 방법의 지도
5. 일자리 정보제공, 직업소개, 동행면접, 채용 관련 행사의 참석 기회의 제공
6. 훈련의 필요 여부 상담, 적합한 훈련과정의 안내, 훈련 지시 등 재취업을 촉진하기 위하여 필요한 조치

제68조(급여기초 임금일액의 상한액) ① 법 제45조제5항에 따라 구직급여의 산정 기초

가 되는 임금일액이 13만2천원을 초과하는 경우에는 13만2천원을 해당 임금일액으로 한다. <개정 2014.12.31., 2017.3.27., 2017.12.26., 2018.12.31.>
② 고용노동부장관은 제1항에 따른 금액이 적용된 후 물가상승률과 경기변동, 임금상승률 등을 고려하여 조정이 필요하다고 판단되면 해당 금액의 변경을 고려하여야 한다. <개정 2010.7.12.>

제69조(근로의 제공 등) ① 수급자격자는 법 제47조제1항에 따라 근로한 사실이 있는 경우에는 그 근로를 제공한 날 이후 최초의 실업인정일에 제출하는 실업인정신청서에 그 사실을 적어야 한다.
② 제1항에 따른 근로의 제공이 취업에 해당하는지의 판단 기준은 고용노동부령으로 정한다. <개정 2010.7.12.>

제70조(수급기간의 연기 사유) 법 제48조제2항에서 "그 밖에 대통령령으로 정하는 사유"란 다음 각 호의 사유를 말한다. <개정 2010.7.12., 2011.9.15.>
1. 본인의 질병이나 부상(법 제63조에 따라 상병급여를 받은 경우의 질병이나 부상은 제외한다)
2. 배우자의 질병이나 부상
3. 본인과 배우자의 직계존속 및 직계비속의 질병이나 부상
4. 배우자의 국외발령 등에 따른 동거 목적의 거소 이전
5. 「병역법」에 따른 의무복무
6. 범죄혐의로 인한 구속이나 형의 집행(법 제58조제1호가목에 따라 수급자격이 없는 자는 제외한다)
7. 제1호부터 제6호까지의 규정에 준하는 경우로서 고용노동부령으로 정하는 사유
[제목개정 2012.1.13.]

제71조(수급기간의 연기 신청) ① 법 제48조제2항에 따라 취업할 수 없는 사실을 신고하려는 자는 직접 또는 대리인을 통하여 수급기간 내에 수급기간 연기신청서에 수급자격증(수급자격증을 발급 받은 경우로 한정한다)을 첨부하여 신청지 관할 직업안정기관의 장에게 제출하여야 한다. 다만, 천재지변, 「병역법」에 따른 병역의무 이행, 그 밖의 부득이한 사유가 있는 경우에는 그 사유가 없어진 날부터 30일 이내에 제출하여야

한다. <개정 2011.9.15., 2012.1.13.>
② 제1항에도 불구하고 「산업재해보상보험법」 제40조에 따라 요양급여를 받는 경우에는 해당 최초 요양일에 법 제48조제2항에 따른 신고를 한 것으로 본다. <개정 2008.6.25.>
③ 직업안정기관의 장은 제1항에 따른 신고가 수급기간의 연기사유에 해당한다고 인정하면 수급기간 연기통지서를 신고자에게 내주고, 수급자격증에 필요한 사항을 적은 후 반환하여야 한다. <개정 2012.1.13.>
④ 제3항에 따라 수급기간 연기 통지를 받은 자가 그 수급기간 연기 사유가 없어지거나 수급기간 연기신청서에 적은 내용 중 고용노동부령으로 정하는 사항의 변경이 있는 경우에는 지체 없이 해당 사실을 신청지 관할 직업안정기관의 장에게 신고하고 수급기간 연기통지서와 수급자격증을 제출하여야 한다. <개정 2010.7.12., 2011.9.15., 2012.1.13.>
⑤ 직업안정기관의 장은 제4항에 따른 신고를 받은 경우에는 수급기간 연기통지서와 수급자격증에 해당 사항을 적어 반환하여야 한다. <개정 2012.1.13.>
[제목개정 2012.1.13.]

제72조(훈련연장급여 지급) 법 제51조제2항 후단에서 "대통령령으로 정하는 기간"이란 2년을 말한다.

제73조(개별연장급여의 지급 등) ① 법 제52조제1항에서 "대통령령으로 정하는 자"란 다음 각 호의 요건을 모두 갖춘 수급자격자를 말한다. <개정 2010.2.8., 2010.7.12.>
1. 법 제42조제1항에 따른 실업신고일부터 구직급여의 지급이 끝날 때까지 직업안정기관의 장의 직업소개(직업안정기관의 장이 실시하는 심층상담이나 집단상담에 참여한 경우를 포함한다)에 3회 이상 응하였으나 취업되지 아니한 자로서 다음 각 목의 어느 하나에 해당하는 부양가족이 있는 자
 가. 18세 미만이나 65세 이상인 자
 나. 「장애인고용촉진 및 직업재활법」에 따른 장애인
 다. 1개월 이상의 요양이 요구되는 환자
 라. 소득이 없는 배우자
 마. 학업 중인 사람으로서 고용노동부장관이 정하여 고시하는 사람
2. 삭제 <2010.2.8.>
3. 급여기초 임금일액과 본인과 배우자의

재산합계액이 각각 고용노동부장관이 정하여 고시한 기준 이하인 자

② 법 제52조제2항에 따라 개별연장급여 지급일수는 최대한 60일로 하되, 일정 기간 동안 실업급여를 반복하여 수급한 정도를 고려하여 고용노동부장관이 정하는 기준에 따라 그 지급기간을 60일 미만으로 정할 수 있다. <개정 2010.12.31.>

③ 수급자격자가 법 제52조에 따른 개별연장급여를 지급받으려는 경우에는 구직급여일수 종료일까지 개별연장급여 신청서에 수급자격증을 첨부하여 신청지 관할 직업안정기관의 장에게 제출하여야 한다. <개정 2011.9.15.>

④ 제1항에 따른 개별연장급여의 지급에 필요한 사항은 고용노동부령으로 정한다. <개정 2010.7.12.>

제74조(특별연장급여 지급) 법 제53조제1항 본문에서 "대통령령으로 정하는 사유"란 다음 각 호의 어느 하나에 해당하는 경우를 말한다. 다만, 제1호부터 제3호까지의 경우는 그와 같은 상황이 계속될 것으로 예상되는 경우로 한정한다. <개정 2009.3.12.>

1. 매월의 구직급여 지급을 받은 자의 수(법 제51조부터 제53조까지의 규정에 따라 훈련연장급여, 개별연장급여 또는 특별연장급여를 지급받는 자의 수는 제외한다)를 해당 월의 말일의 피보험자수로 나누어 얻은 비율이 연속하여 3개월 동안 각각 100분의 3을 초과하는 경우

2. 매월의 수급자격신청률이 연속하여 3개월 동안 100분의 1을 초과하는 경우

3. 매월의 실업률이 연속하여 3개월 동안 100분의 6을 초과하는 경우

4. 실업의 급증 등에 따른 고용사정의 급격한 악화로 고용정책심의회에서 법 제53조에 따른 특별연장급여의 지급이 필요하다고 의결한 경우

제74조의2(국민연금 보험료의 지원 절차 등) ① 「국민연금법」 제24조에 따른 국민연금공단(이하 "국민연금공단"이라 한다)은 같은 법 제19조의2제1항에 따라 구직급여를 받는 기간을 국민연금 가입기간으로 추가 산입한 경우에는 법 제55조의2제1항 및 「국민연금법」 제19조의2제3항 후단에 따라 고용보험기금에서 지원하는 금액(「국민연금법」 제19조의2제3항 전단에 따른 연금보험료에 같은 법 시행령 제25조의5제2항에 따른 고용보험기금의 부담비율을 곱한 금액을 말한다)을 산정하여 이를 고용노동부장관에게 통보하여야 한다.

② 고용노동부장관은 제1항에 따른 통보를 받으면 해당 금액을 국민연금공단에 교부하여야 한다.

③ 고용노동부장관은 제2항에 따라 교부한 금액이 적절하게 사용되었는지를 확인하기 위하여 국민연금공단에 필요한 자료의 제공을 요청할 수 있다. 이 경우 국민연금공단은 특별한 사유가 없으면 이에 따라야 한다. [본조신설 2016.7.19.]

제75조(구직급여의 지급절차) ① 수급자격자는 신청지 관할 직업안정기관에 출석하는 최초의 실업인정일에 구직급여를 받기를 원하는 금융기관과 계좌(법 제37조의2제1항 본문에 따라 구직급여를 실업급여수급계좌로 받으려는 경우에는 실업급여수급계좌를 말한다. 이하 이 조에서 같다)를 지정하여 신고하여야 한다. 신고한 금융기관 또는 계좌를 변경하려는 경우에도 또한 같다. <개정 2011.9.15., 2015.4.20.>

② 구직급여는 수급자격자가 지정한 금융기관의 계좌에 입금하는 방법으로 지급한다.

제76조(지급되지 아니한 구직급여의 청구) ① 법 제57조제1항에 따라 지급되지 아니한 구직급여의 지급을 청구하려는 자(이하 "미지급급여 청구자"라 한다)는 미지급 실업급여 청구서를 사망한 수급자격자의 신청지 관할 직업안정기관의 장에게 제출하여야 한다. <개정 2011.9.15.>

② 법 제57조제2항에 따라 미지급급여 청구자가 사망한 수급자격자의 실업의 인정을 받으려면 사망한 수급자격자의 신청지 관할 직업안정기관에 출석하여 미지급 실업급여 청구서를 제출하고 해당 수급자격자에 대한 실업의 인정을 받아야 한다. <개정 2011.9.15.>

③ 미지급급여 청구자가 미지급 실업급여 청구서를 제출할 때에는 사망한 수급자격자가 구직급여를 받으려 하였을 경우에 하였어야 할 신고나 서류 제출을 하여야 한다.

제77조(준용) 미지급급여 청구자에 대한 구직급여의 지급절차에 관하여는 제75조를 준용한다. 이 경우 "신청지 관할 직업안정기관"은 "사망한 수급자격자의 신청지 관할 직업안정기관"으로 보고, "수급자격자"는 "미지급

급여 청구자"로 본다. <개정 2011.9.15.>

제78조 삭제 <2015.6.30.>

제79조(구직급여의 지급정지 절차) ① 직업
안정기관의 장은 다음 각 호의 어느 하나
에 해당하는 자에게는 구직급여의 지급이
정지될 수 있음을 고용노동부령으로 정하
는 바에 따라 사전에 알려야 한다. <개정
2010.7.12.>
1. 법 제60조제1항에 따라 직업안정기관
   의 장이 소개하는 직업에 취직하는 것
   을 거부하는 수급자격자
2. 법 제60조제1항에 따라 직업안정기관
   의 장이 지시한 직업능력개발훈련 등을
   거부하는 수급자격자
3. 법 제60조제2항에 따라 직업안정기관
   의 장이 실시하는 재취업 촉진을 위한
   직업 지도를 거부하는 수급자격자
② 직업안정기관의 장은 제1항에 따른 고
지에도 불구하고 법 제60조제1항 및 제2
항에 따른 취직, 직업능력개발훈련 등을 두
번 이상 거부하는 경우에는 구직급여의 지
급을 정지하여야 한다.
③ 직업안정기관의 장은 제2항에 따라 구
직급여의 지급을 정지할 때에는 다음번 실
업인정일의 전일까지 지급정지의 사유·기
간 등을 수급자격자에게 알려야 하며, 그
지급정지기간에 대하여는 실업을 인정하지
아니한다.

**제80조(구직급여의 지급 제한이 완화되는 부
정행위)** 법 제61조제2항 본문에서 "대통
령령으로 정하는 사유"란 수급자격자에 대
한 다음 각 호의 어느 하나에 해당하는 사
유를 말한다.
1. 실업을 인정받으려는 기간(이하 이 조에
   서 "실업인정 대상기간"이라 한다) 중에
   근로를 제공한 사실을 실업인정을 신청
   할 때 신고하지 아니하거나 사실과 다르
   게 신고한 경우
2. 실업인정을 신청할 때 실업인정 대상기
   간 중의 재취업 활동 내용을 사실과 다
   르게 신고한 경우

제81조(구직급여의 반환 등) ① 직업안정기
관의 장은 법 제61조나 법 제62조에 따라
구직급여의 지급 제한이나 구직급여의 반
환 및 구직급여액에 상당하는 금액의 징수

를 결정하였을 때에는 지체 없이 이를 해
당 수급자격자(법 제62조제2항에 따른 사
업주를 포함한다)에게 알려야 한다.
② 제1항에 따라 구직급여의 반환이나 구
직급여액에 상당하는 금액의 납부를 명령
받은 자는 그 통지를 받은 날부터 30일
이내에 내야 한다. 다만, 낼 금액이 고용
노동부장관이 정하는 금액 이상인 경우에
는 본인이 신청하면 분할 납부하게 할 수
있다. <개정 2010.7.12.>
③ 제2항 단서에 따른 분할 납부의 절차,
납부기한 등은 고용노동부장관이 정한다. <개
정 2010.7.12.>

제82조(상병급여의 지급 청구와 지급 제외)
① 수급자격자는 법 제63조제1항에 따라 상
병급여(傷病給與)의 지급을 청구하려는 경우
직접 또는 대리인을 통하여 그 취업할 수 없
는 사유가 없어진 날부터 14일(법 제48조에
따른 수급기간이 그 취업할 수 없는 기간 내
에 끝난 경우에는 수급기간 종료 후 30일)
이내에 신청지 관할 직업안정기관의 장에게
상병급여 청구서에 수급자격증과 질병 또는
부상이나 출산에 관한 증명서를 첨부하여 제
출하여야 한다. 다만, 천재지변이나 그 밖의
부득이한 사유가 있는 경우에는 그 사유가
없어진 날부터 7일 이내에 제출하여야 한다.
<개정 2011.9.15.>
② 법 제63조제4항에서 "대통령령으로 정
하는 보상 또는 급여"란 다음 각 호의 보
상과 급여를 말한다.
1. 「국가배상법」 제3조제2항제2호에 따른
   휴업배상
2. 「의사상자 등 예우 및 지원에 관한 법
   률」 제8조에 따른 보상금

제83조(준용) 상병급여에 관하여는 제69조,
제75조부터 제81조까지의 규정을 준용한
다. 이 경우 제69조 중 "실업인정신청서"는
"상병급여 청구서"로, 제75조부터 제81조까
지 중 "구직급여"는 "상병급여"로 본다.

제84조(조기재취업 수당의 지급기준) ① 법
제64조제1항에서 "대통령령으로 정하는 기
준"이란 수급자격자가 법 제49조의 대기기
간이 지난 후 재취업한 날의 전날을 기준
으로 법 제50조에 따른 소정급여일수를 2
분의 1 이상 남기고 재취업한 경우로서 다
음 각 호의 어느 하나에 해당하는 경우를

말한다. <개정 2010.2.8., 2010.7.12., 2013.12.24.>

1. 12개월 이상 계속하여 고용된 경우. 다만, 수급자격자가 최후에 이직한 사업의 사업주나 그와 관련된 사업주로서 고용노동부령으로 정하는 사업주에게 재고용되거나 법 제42조에 따른 실업의 신고일 이전에 채용을 약속한 사업주에게 고용된 경우는 제외한다.
2. 12개월 이상 계속하여 사업을 영위한 경우. 이 경우 수급자격자가 법 제44조제2항에 따라 해당 수급기간에 해당 사업을 영위하기 위한 준비활동을 재취업활동으로 신고하여 실업으로 인정받았을 때로 한정한다.
② 법 제64조제2항에서 "대통령령으로 정하는 기간"이란 2년을 말한다.

제85조(조기재취업 수당의 금액) ① 법 제64조제3항에 따른 조기재취업 수당의 금액은 구직급여일액에 미지급일수의 2분의 1을 곱한 금액으로 한다.
② 삭제 <2013.12.24.>
[전문개정 2010.2.8.]

제86조(조기재취업 수당의 청구 등) ① 수급자격자가 법 제64조에 따른 조기재취업 수당을 지급받으려면 조기재취업 수당청구서에 고용노동부령으로 정하는 서류를 첨부하여 신청지 관할 직업안정기관의 장에게 제출하여야 한다. <개정 2010.7.12., 2011.9.15., 2012.1.13.>
② 제1항에 따른 조기재취업 수당청구서는 법 제64조제1항에 따라 안정된 직업에 재취직하거나 스스로 영리를 목적으로 사업을 시작한 날부터 12개월 이후에 제출하여야 한다. <개정 2010.2.8., 2013.12.24.>
③ 조기재취업 수당의 지급절차에 관하여는 제75조를 준용한다.

제87조(재취업촉진 활동 장려금) ① 고용노동부장관은 법 제64조제5항에 따라 직업안정기관의 직원이 제67조에 따른 조치를 하여 해당 수급자가 소정급여일수를 남기고 안정된 직업에 재취업한 경우에는 해당 실적을 평가하여 예산의 범위에서 재취업촉진 활동 장려금을 지급할 수 있다. <개정 2010.7.12.>
② 제1항에 따른 재취업촉진 활동 장려금을

지급하기 위한 실적평가, 지급대상자 선정, 지급방법과 금액 등에 관하여 필요한 사항은 고용노동부장관이 정한다. <개정 2010.7.12.>

제88조(직업능력개발 수당) ① 법 제65조제3항에 따른 직업능력개발 수당은 수급자격자가 직업안정기관의 장이 지시한 직업훈련 등을 받은 날로서 구직급여의 지급대상이 되는 날에 대하여 지급한다.
② 제1항에 따른 직업능력개발 수당의 금액은 교통비, 식대 등 직업훈련 등의 수강에 필요한 비용을 고려하여 고용노동부장관이 결정하여 고시하는 금액으로 한다. <개정 2010.7.12.>
③ 직업능력개발 수당은 해당 수급자격자에 대한 구직급여의 지급일에 지급한다. 이 경우 직업능력개발 수당의 지급절차에 관하여는 제75조를 준용한다.
④ 직업능력개발 수당의 청구절차는 고용노동부령으로 정한다. <개정 2010.7.12.>

제89조(광역 구직활동비) ① 법 제66조제1항에 따른 광역 구직활동비는 수급자격자가 다음 각 호의 요건을 모두 갖춘 경우에 지급한다. <개정 2010.7.12.>
1. 구직활동에 드는 비용이 구직활동을 위하여 방문하는 사업장의 사업주로부터 지급되지 아니하거나 지급되더라도 그 금액이 광역 구직활동비의 금액에 미달할 것
2. 수급자격자의 거주지로부터 구직활동을 위하여 방문하는 사업장까지의 거리가 고용노동부령으로 정하는 거리 이상일 것. 이 경우 거리는 거주지로부터 사업장까지의 통상적인 거리에 따라 계산하되, 수로(水路)의 거리는 실제 거리의 2배로 본다.
② 광역 구직활동비의 청구절차는 고용노동부령으로 정한다. 이 경우 광역 구직활동비의 지급절차에 관하여는 제75조를 준용한다. <개정 2010.7.12.>

제90조(이주비) ① 법 제67조제1항에 따른 이주비는 수급자격자가 다음 각 호의 요건을 모두 갖춘 경우에 지급한다. <개정 2010.7.12., 2011.9.15.>
1. 취업하거나 직업훈련 등을 받게 된 경우로서 고용노동부장관이 정하는 기준에 따라 신청지 관할 직업안정기관의 장이 주거의 변경이 필요하다고 인정할 것
2. 해당 수급자격자를 고용하는 사업주로

부터 주거의 이전에 드는 비용이 지급
되지 아니하거나 지급되더라도 그 금액
이 이주비에 미달할 것
3. 취업을 위한 이주인 경우 1년 이상의
근로계약기간을 정하여 취업할 것
② 이주비의 청구절차는 고용노동부령으로 정
한다. 이 경우 이주비의 지급절차에 관하여는
제75조를 준용한다. <개정 2010.7.12.>

**제91조(취업촉진 수당의 지급 제한이 완화
되는 부정행위)** 법 제68조제2항에서 "대
통령령으로 정하는 사유"란 제80조 각 호
의 어느 하나에 해당하는 경우를 말한다.

제92조(준용) 법 제64조부터 법 제67조까지
의 규정에 따른 취업촉진 수당에 관하여
는 제76조제1항·제3항 및 제81조를 준용
한다. 이 경우 "구직급여"는 "취업촉진 수
당"으로, "수급자격자"는 "취업촉진 수당
을 지급받을 수 있는 자"로, "구직급여액"
은 "취업촉진 수당액"으로 본다.

제93조(사무의 위탁) 직업안정기관의 장은 수
급자격자의 신청에 따라 필요하다고 인정
하면 그 자에게 행하는 실업급여에 관한 사
무를 다른 직업안정기관의 장에게 위탁할
수 있다.

제93조의2(준용) 자영업자인 피보험자의 실업
급여에 관하여는 제58조, 제59조, 제61조(제
3항은 제외한다), 제62조부터 제67조까지, 제
69조부터 제71조까지, 제75조부터 제77조까
지, 제79조부터 제83조까지, 제88조부터 제
92조까지의 규정을 각각 준용한다.
[본조신설 2012.1.13.]

제5장 육아휴직 급여 등

제94조(육아휴직 급여 신청기간의 연장 사유)
법 제70조제2항 단서에서 "대통령령으로 정
하는 사유"란 다음 각 호의 어느 하나에 해
당하는 사유를 말한다. <개정 2012.1.13.>
1. 천재지변
2. 본인이나 배우자의 질병·부상
3. 본인이나 배우자의 직계존속 및 직계비
속의 질병·부상
4. 「병역법」에 따른 의무복무
5. 범죄혐의로 인한 구속이나 형의 집행

제95조(육아휴직 급여) ① 법 제70조제1항
에 따른 육아휴직 급여는 다음 각 호의 구
분에 따라 산정한 금액을 월별 지급액으로
한다. <개정 2017.8.29., 2018.12.31.>
1. 육아휴직 시작일부터 3개월까지: 육아휴
직 시작일을 기준으로 한 월 통상임금
의 100분의 80에 해당하는 금액. 다만,
해당 금액이 150만원을 넘는 경우에는
150만원으로 하고, 해당 금액이 70만원
보다 적은 경우에는 70만원으로 한다.
2. 육아휴직 4개월째부터 육아휴직 종료
일까지: 육아휴직 시작일을 기준으로
한 월 통상임금의 100분의 50에 해당
하는 금액. 다만, 해당 금액이 120만원
을 넘는 경우에는 120만원으로 하고,
해당 금액이 70만원보다 적은 경우에
는 70만원으로 한다.
② 「남녀고용평등과 일·가정 양립 지원에
관한 법률」 제19조의4제3호에 따라 육아
휴직을 분할하여 사용하는 경우에는 각각
의 육아휴직 사용기간을 합산한 기간을 제
1항에 따른 육아휴직 급여의 지급대상 기
간으로 본다. <개정 2017.8.29.>
③ 육아휴직 급여의 지급대상 기간이 1
개월을 채우지 못하는 경우에는 제1항
각 호에 따른 월별 지급액을 해당 월에
휴직한 일수에 따라 일할계산(日割計算)
한 금액(이하 "일할계산액"이라 한다)을
지급액으로 한다. <개정 2017.8.29.>
④ 제1항 및 제3항에 따른 육아휴직 급여의
100분의 75에 해당하는 금액(다음 각 호의
어느 하나에 해당하는 경우에는 각 호의 구
분에 따른 금액을 말한다)은 매월 지급하고,
그 나머지 금액은 육아휴직 종료 후 해당 사
업장에 복직하여 6개월 이상 계속 근무한
경우(근로계약 기간의 만료로 6개월 이상
계속 근무할 수 없는 기간제근로자에 대해서
는 근로계약 기간의 만료로 육아휴직이 종료
되거나 사업장 복직 후 근로계약 기간 만료
일까지 계속 근무한 경우를 말한다)에 합산
하여 일시불로 지급한다. <개정 2015.6.30.,
2017.6.27., 2017.8.29.>
1. 제1항에 따라 육아휴직 급여를 지급하는
경우로서 육아휴직 급여의 100분의 75
에 해당하는 금액이 제1항 각 호에 따른
최소 지급액보다 적은 경우: 제1항 각 호
에 따른 최소 지급액
2. 제3항에 따라 육아휴직 급여를 지급하는

경우로서 육아휴직 급여의 100분의 75에 해당하는 금액이 제1항 각 호에 따른 최소 지급액의 일할계산액보다 적은 경우: 제1항 각 호에 따른 최소 지급액의 일할계산액

[전문개정 2010.12.31.]

제95조의2(육아휴직 급여의 특례) 제95조에도 불구하고 같은 자녀에 대하여 부모가 순차적으로 육아휴직을 하는 경우 두 번째 육아휴직을 한 피보험자의 최초 3개월의 육아휴직 급여는 월 통상임금에 해당하는 금액으로 한다. 이 경우 그 월별 상한액은 250만원으로 한다. <개정 2015. 12.4., 2016.12.30., 2018.7.3., 2018. 12.31.>
1. 삭제 <2018.7.3.>
2. 삭제 <2018.7.3.>
[본조신설 2014.9.30.]

제96조(육아휴직 급여기간 중 취업의 신고 등) 피보험자는 법 제72조제1항에 따라 이직 또는 취업 사실을 신고하는 경우에는 이직이나 취업한 날 이후 최초로 제출하는 육아휴직 급여 신청서에 그 사실을 적어야 한다.

제97조(준용) 법 제70조제1항에 따라 지급된 육아휴직 급여의 지급 제한 또는 반환명령 등에 관하여는 제81조를 준용한다. 이 경우 "구직급여"는 "육아휴직 급여"로 본다.

제98조(육아휴직 급여의 감액) 고용노동부장관은 법 제73조제2항에 따라 피보험자가 「남녀고용평등과 일·가정 양립 지원에 관한 법률」 제19조에 따른 육아휴직 기간 중 사업주로부터 육아휴직을 이유로 금품을 지급받은 경우로서 매월 단위로 육아휴직 기간 중 지급받은 금품과 제95조제1항 및 제3항에 따른 육아휴직 급여의 100분의 75에 해당하는 금액(그 금액이 제95조제1항 각 호에 따른 최소 지급액보다 적은 경우에는 제95조제4항 각 호 중 해당하는 경우의 금액을 말한다)을 합한 금액이 육아휴직 시작일을 기준으로 한 월 통상임금을 초과한 경우에는 그 초과하는 금액을 제95조제1항 및 제3항에 따른 육아휴직 급여의 100분의 75에 해당하는 금액(그 금액이 제95조제1항 각 호에 따른 최소 지급액보다 적은 경우에는 제95조제4항 각 호 중 해당하는 경우

의 금액을 말한다)에서 빼고 지급한다. <개정 2008.4.30., 2010.7.12., 2010.12.31., 2015.6.30., 2018.10.2.>

제99조(육아휴직 급여의 사무의 위탁) 직업안정기관의 장은 피보험자의 신청에 따라 필요하다고 인정하면 그 자에게 행하는 육아휴직 급여에 관한 사무를 다른 직업안정기관의 장에게 위탁하여 처리할 수 있다.

제100조(출산전후휴가 급여등 신청기간의 연장 사유) 법 제75조제2호 단서에 따른 출산전후휴가 급여 또는 유산·사산 휴가 급여(이하 "출산전후휴가 급여등"이라 한다) 신청기간의 연장 사유에 관하여는 제94조를 준용한다. <개정 2012.7.10., 2016.12.30.>
[제목개정 2012.7.10.]

제101조(출산전후휴가 급여등의 상·하한액) 법 제76조제2항에 따라 피보험자에게 지급하는 출산전후휴가 급여등의 상한액과 하한액은 다음 각 호와 같다. <개정 2008.4.30., 2012.7.10., 2014.6.17., 2016.12.30.>
1. 상한액: 다음 각 목의 사항을 고려하여 매년 고용노동부장관이 고시하는 금액
   가. 출산전후휴가급여 수급자들의 평균적인 통상임금 수준
   나. 물가상승률
   다. 「최저임금법」에 따른 최저임금
   라. 그 밖에 고용노동부장관이 필요하다고 인정하는 사항
2. 하한액 : 출산전후휴가 또는 유산·사산휴가기간 시작일 당시 적용되던 「최저임금법」에 따른 시간 단위에 해당하는 최저임금액(이하 "시간급 최저임금액"이라 한다)보다 그 근로자의 시간급 통상임금이 낮은 경우에는 시간급 최저임금액을 시간급 통상임금으로 하여 산정된 출산전후휴가 급여등의 지원기간 중 통상임금에 상당하는 금액
[제목개정 2012.7.10.]

제102조(준용) 출산전후휴가기간 또는 유산·사산휴가기간 중의 취업의 신고 등에 관하여는 제96조를 준용한다. 이 경우 "육아휴직 급여"는 "출산전후휴가 급여등"으로 본다. <개정 2012.7.10.>

제103조(준용) 법 제75조에 따라 지급된 출산전후휴가 급여등의 지급 제한, 반환명령

등에 관하여는 제81조를 준용한다. 이 경우 "구직급여"는 "출산전후휴가 급여등"으로 본다. <개정 2012.7.10.>

제104조(출산전후휴가 급여등의 감액) 고용노동부장관은 법 제77조에 따라 피보험자가 「근로기준법」 제74조에 따른 보호휴가 기간 중 사업주로부터 통상임금에 해당하는 금품을 지급받은 경우로서 사업주로부터 받은 금품과 법 제75조에 따른 출산전후휴가 급여등을 합한 금액이 보호휴가 시작일을 기준으로 한 통상임금을 초과한 경우 그 초과하는 금액을 출산전후휴가 급여등에서 빼고 지급한다. 다만, 보호휴가기간 중에 통상임금이 인상된 피보험자에게 사업주가 인상된 통상임금과 출산전후휴가 급여등의 차액을 지급하였을 때에는 그러하지 아니하다. <개정 2010.7.12., 2012.7.10.>
[제목개정 2012.7.10.]

제104조의2(육아기 근로시간 단축 급여) ① 법 제73조의2제2항 단서에 따른 육아기 근로시간 단축 급여 신청기간의 연장 사유에 관하여는 제94조를 준용한다. 이 경우 "육아휴직급여"는 "육아기 근로시간 단축 급여"로 본다.
② 법 제73조의2제3항에 따른 육아기 근로시간 단축 급여액은 다음의 계산식에 따라 산정한다. 다만, 육아기 근로시간 단축 급여의 지급대상 기간이 1개월을 채우지 못하는 경우에는 다음의 계산식에 따라 산출된 금액을 그 달의 일수로 나누어 산출한 금액에 그 달에 육아기 근로시간 단축을 사용한 일수를 곱하여 산정한다. <개정 2014.9.30., 2017.12.26.>

육아기 근로시간 단축 개시일을 기준으로 「근로기준법」에 따라 산정한 월 통상임금의 100분의 80에 해당하는 금액(150만원을 상한액으로 하고, 50만원을 하한액으로 한다)	×	단축 전 소정근로시간 - 단축 후 소정근로시간 / 단축 전 소정근로시간

[본조신설 2011.9.15.]
[종전 제104조의2는 제104조의5로 이동 <2011.9.15.>]

제104조의3(준용) ① 법 제73조의2제1항에 따른 육아기 근로시간 단축 급여의 지급 제한, 반환명령 등에 관하여는 제81조를 준용한다. 이 경우 "구직급여"는 "육아기 근로시간 단축 급여"로 본다.
② 육아기 근로시간 단축기간 중의 취업

의 신고 등에 관하여는 제96조를 준용한다. 이 경우 "육아휴직 급여"는 "육아기 근로시간 단축 급여"로 본다.
[본조신설 2011.9.15.]

제104조의4(육아기 근로시간 단축 급여의 감액) 고용노동부장관은 법 제74조제2항에 따라 피보험자가 「남녀고용평등과 일·가정 양립 지원에 관한 법률」 제19조의2에 따른 육아기 근로시간 단축기간 중 매월 단위로 사업주로부터 지급받은 금품(임금과 육아기 근로시간 단축을 이유로 지급받은 금품)과 법 제73조의2에 따른 육아기 근로시간 단축 급여를 합한 금액이 다음 각 호의 구분에 따른 통상임금을 초과한 경우에는 그 초과하는 금액을 육아기 근로시간 단축 급여에서 빼고 지급한다. <개정 2018.10.2.>
1. 육아기 근로시간 단축기간 중 통상임금 인상이 없는 경우: 육아기 근로시간 단축 시작일의 직전 월을 기준으로 한 월 통상임금
2. 육아기 근로시간 단축기간 중 통상임금이 인상된 경우: 다음 각 목의 구분에 따른 통상임금
   가. 통상임금이 인상된 날의 전날 까지: 육아기 근로시간 단축 시작일의 직전 월을 기준으로 한 월 통상임금
   나. 통상임금이 인상된 날 이후: 통상임금이 인상된 날을 기준으로 한 월 통상임금
[본조신설 2011.9.15.]

제6장 고용보험기금

제104조의5(기금 관리·운용 전문위원) ① 고용노동부장관은 법 제79조에 따라 기금을 체계적·안정적으로 관리·운용하기 위하여 자산운용 전문위원을 둘 수 있다. <개정 2010.7.12.>
② 자산운용 전문위원의 자격, 복무 및 보수 등에 관한 사항은 고용노동부장관이 정한다. <개정 2010.7.12.>
[본조신설 2009.3.12.]
[제104조의2에서 이동 <2011.9.15.>]

제105조(기금의 운용사업 등) ① 법 제79조제3항제5호에서 "그 밖에 대통령령으로 정하는 기금 증식 방법"이란 「자본시장과 금

융투자업에 관한 법률」 제4조에 따른 증권의 매입을 말한다. <개정 2008.7.29.>

② 법 제79조제4항에서 "대통령령으로 정하는 수준"이란 1년 만기 정기예금 이자율(「은행법」에 따라 설립된 은행 중 전국을 영업구역으로 하는 은행이 적용하는 이자율로 한다)이나 예상물가상승률 등을 고려하여 고용노동부장관이 정하는 수익률을 말한다. <개정 2010.7.12., 2010.11.15.>

제106조(기금의 계산) 기금은 「국가회계법」 제11조에서 정하는 바에 따라 계산한다. <개정 2011.9.15.>

제107조(기금의 용도 등) ① 법 제80조제1항제7호에서 "대통령령으로 정하는 경비"란 다음 각 호의 경비를 말한다.
1. 보험사업의 관리·운영에 드는 경비
2. 기금의 관리·운용에 드는 경비
3. 보험료징수법 제33조에 따른 보험사무 대행기관에 대한 교부금
4. 법과 보험료징수법에 따른 사업이나 업무의 위탁수수료 지급금
② 법 제80조제1항제6호에 따른 출연금은 월 단위로 출연금을 받을 자가 다음 달에 쓸 출연금의 금액을 신청한 경우에 고용노동부장관이 그 신청금액을 검토하여 타당성이 인정되는 금액을 지급한다. <개정 2010.7.12.>
③ 법 제80조제1항제6호에 따른 출연금을 받은 자(이하 이 조에서 "피출연자"라 한다)는 그 출연금을 별도의 계정을 설치하여 관리하여야 하며, 그 계정에서 발생한 이자수입은 고용노동부장관에게 반납하여야 한다. 다만, 고용노동부장관의 승인을 받은 경우에는 피출연자가 대행하거나 위탁받아 하는 사업(이하 이 조에서 "출연금의 목적사업"이라 한다)에 사용할 수 있다. <개정 2010.7.12.>
④ 보험연도 내에 출연금의 목적사업에 사용되지 않고 남은 출연금은 다른 법령에서 달리 정한 바가 없으면 고용노동부장관에게 반납하여야 한다. 다만, 고용노동부장관의 승인을 받은 경우에는 다음 연도에 이월하여 출연금의 목적사업에 사용할 수 있다. <개정 2010.7.12.>
⑤ 피출연자가 출연금을 출연금의 목적사업이 아닌 용도로 사용한 경우에 고용노동부장관은 그에 해당하는 금액을 반환하도

록 요구할 수 있다. <개정 2010.7.12.>
⑥ 피출연자는 매 분기의 다음 달 10일까지 그 분기의 출연금 집행실적을 고용노동부장관에게 보고하여야 한다. <개정 2010.7.12.>
[전문개정 2008.9.18.]

제108조(기금 지급의 위탁) 고용노동부장관은 기금의 지원금·장려금의 지급, 대부금의 교부, 훈련비용과 훈련수당의 지급, 실업급여의 지급에 관한 업무를 다음 각 호의 어느 하나에 해당하는 기관이나 체신관서에 위탁하여 할 수 있다. <개정 2010.7.12., 2010.11.15., 2012.1.6., 2016.10.25.>
1. 「은행법」 제8조에 따른 인가를 받은 은행
2. 「농업협동조합법」에 따른 농협은행
3. 「수산업협동조합법」에 따른 수협은행
4. 「상호저축은행법」에 따른 상호저축은행
5. 「새마을금고법」에 따른 새마을금고
6. 「신용협동조합법」에 따른 신용협동조합
[전문개정 2008.4.30.]

제109조(기금운용 계획) 법 제81조제1항에 따른 기금운용 계획에는 다음 각 호의 사항이 포함되어야 한다.
1. 기금의 수입과 지출에 관한 사항
2. 해당 연도의 사업계획·지출원인행위계획과 자금계획에 관한 사항
3. 전년도 이월자금의 처리에 관한 사항
4. 적립금에 관한 사항
5. 그 밖에 기금운용에 필요한 사항

제110조(기금운용 결과의 공시) 고용노동부장관은 법 제81조제2항에 따라 매년 기금의 운용 결과를 서울특별시에 본사를 두고 있는 1개 이상의 경제 분야 특수 일간신문이나 종합 일간신문에 공시하여야 한다. <개정 2010.7.12.>

제111조(기금의 회계기관) ① 고용노동부장관은 기금의 수입과 지출에 관한 사무를 수행하게 하기 위하여 소속 공무원 중에서 기금수입징수관, 기금재무관, 기금지출관 및 기금출납공무원을 임명한다. <개정 2010.7.12.>
② 기금수입징수관과 기금재무관은 기금의 관리·운용에 따르는 계약, 수입·지출의 원인이 되는 행위 및 기금수입금의 징수·결정에 관한 업무를 담당하며, 기금지출관 및 기금출납공무원은 기금의 관리·운용에 따

르는 수입과 지출업무를 담당한다.

③ 고용노동부장관은 기금수입징수관, 기금재무관, 기금지출관 및 기금출납공무원을 임명하였을 때에는 감사원장과 한국은행총재에게 알려야 한다. <개정 2010.7.12.>

제112조(거래은행의 지정) 기금지출관은 해당 소재지에 있는 한국은행(본점, 지점, 출장소, 국고대리점을 포함한다. 이하 같다)을, 해당 소재지에 한국은행이 없는 경우에는 가까운 거리에 있는 한국은행을 그가 발행하는 수표의 지급인으로 지정하여야 한다.

제113조(기금수입금의 수납절차) ① 기금수입징수관이 기금의 수입금을 징수하려면 납부 의무자에게 한국은행의 기금계정에 내도록 알려야 한다. 다만, 사업주가 정하여진 기한까지 스스로 낼 경우에는 그러하지 아니하다.

② 한국은행은 기금의 수입금을 수납하였을 때에는 납입자에게 영수증을 내주고, 수납통지서를 지체 없이 기금수입징수관에게 보내야 한다.

③ 한국은행은 제2항에 따라 수납한 기금의 수입금을 국고금 취급절차에 따라 한국은행 본점에 설치되어 있는 기금계정에 집중시켜야 한다.

제114조(기금의 지출절차) ① 기금재무관이 지출원인행위를 하였을 때에는 그 지출원인행위에 관한 서류를 기금지출관에게 보내야 한다.

② 기금지출관이 지출원인행위에 따라 기금을 지출할 때에는 한국은행으로 하여금 채권자나 법령에서 정하는 바에 따라 국고금의 지급사무를 위탁받아 처리하는 자의 금융기관 예금계좌로 이체하는 방법으로 지급하게 하여야 한다.

③ 기금재무관이 지출원인행위를 한 후 부득이한 사유로 해당 회계연도 내에 지출하지 못한 금액은 다음 연도에 이월하여 지출할 수 있다.

제115조(현금 취급의 금지) 기금지출관과 기금출납공무원은 현금을 보관하거나 출납할 수 없다. 다만, 「국고금관리법」 제22조제4항과 같은 법 제24조에 따른 경우에는 그러하지 아니하다.

제116조(기금의 지출원인행위 한도액 등의 배정) ① 고용노동부장관은 제109조제2호에 따른 분기별 지출원인행위계획의 범위에서 각 기금재무관에게 분기별 지출원인행위 한도액을 배정하여야 한다. <개정 2010.7.12.>

② 고용노동부장관은 제109조제2호에 따른 월별 자금계획의 범위에서 각 기금지출관에게 「국고금관리법 시행령」 제49조제2항에 따라 작성한 월별세부자금계획서에 따라 자금을 배정하여야 한다. <개정 2010.7.12., 2011.9.15.>

제117조(기금의 운용상황 보고) ① 기금수입징수관은 기금징수액보고서를, 기금재무관은 기금지출원인행위액 보고서를, 기금지출관은 기금지출액보고서를 매월 말일을 기준으로 작성하여 다음 달 20일까지 고용노동부장관에게 제출하여야 한다. <개정 2010.7.12.>

② 제1항의 보고 외에 기금의 운용관리에 필요한 보고에 관한 사항은 고용노동부장관이 정한다. <개정 2010.7.12.>

제118조(기금의 결산보고) 고용노동부장관은 매 회계연도의 기금 결산에 관한 다음 각 호의 서류를 작성하여 위원회의 심의를 거쳐 다음 회계연도 2월 말까지 기획재정부장관에게 제출하여야 한다. <개정 2008.2.29., 2010.7.12., 2011.9.15.>

1. 기금결산의 개황과 분석에 관한 서류
2. 재정상태표, 재정운영표, 순자산변동표 등 재무제표
3. 기금의 운용 계획과 실적의 대비표
4. 수입과 지출계산서
5. 그 밖에 결산의 내용을 명백히 하기 위하여 필요한 서류

제119조(적립금 등의 출납) 법 제84조에 따른 기금의 적립금과 여유금의 출납에 필요한 사항은 고용노동부령으로 정한다. <개정 2010.7.12.>

제120조(「국가재정법」 및 「국고금관리법」의 준용) 기금의 운용·관리에 관하여 법과 이 영에 규정되지 아니한 사항에 관하여는 「국가재정법」 및 「국고금관리법」에 따른다.

제7장 심사 및 재심사의 청구

제121조(심사관의 자격) 법 제89조에 따른 고용보험심사관(이하 "심사관"이라 한다)은 고용노동부 소속 공무원으로서 다음 각 호의 어느 하나에 해당하는 자 중에서 임명한다. <개정 2010.7.12.>
1. 고용노동부에서 일반직 5급 이상 공무원이나 고위공무원단에 속하는 일반직공무원으로서 보험에 관한 심사 또는 재심사의 청구에 관련된 업무에 1년 이상 종사한 자
2. 고용노동부에서 일반직 5급 이상 공무원이나 고위공무원단에 속하는 일반직공무원으로서 보험 업무에 2년 이상 종사한 자
3. 그 밖에 제1호나 제2호의 자에 해당하는 자격이 있다고 고용노동부장관이 인정하는 자

제122조(심사관의 배치·직무) ① 심사관은 고용노동부에 둔다. <개정 2010.7.12.>
② 심사관은 고용노동부장관이 지정하는 심사업무와 심사청구에 대한 사례 연구를 담당한다. <개정 2010.7.12.>

제123조(기피 신청의 방식) ① 법 제89조제4항에 따른 심사관에 대한 기피 신청은 그 사유를 구체적으로 밝힌 서면으로 하여야 한다.
② 고용노동부장관은 제1항에 따라 기피 신청을 받으면 15일 이내에 그에 대한 결정을 하여 신청인에게 알려야 한다. <개정 2010.7.12.>

제124조(청구인의 지위승계 신고) 법 제89조제5항에 따라 심사청구인의 지위를 승계한 자는 승계사실을 증명할 수 있는 서류를 첨부하여 서면으로 심사관에게 신고하여야 한다.

제125조(심사청구의 방식) ① 법 제91조에 따른 심사청구 문서에는 다음 각 호의 사항을 적어야 한다.
1. 청구인의 이름과 주소
2. 피청구인인 처분청의 명칭
3. 심사청구 대상인 처분의 내용
4. 처분이 있었던 것을 안 날
5. 피청구인인 처분청에 따른 심사청구에 관한 통지의 유무와 통지의 내용
6. 심사청구의 취지와 이유
7. 심사청구 연월일
② 심사의 청구가 선정 대표자나 대리인에 의하여 제기되는 것일 때에는 제1항의 사항 외에 그 선정 대표자나 대리인의 이름과 주소를 적어야 하며, 선정 대표자나 대리인 자격은 서면으로 소명하여야 한다. <개정 2010.12.31.>
③ 제1항의 서면에는 청구인이나 대리인이 기명날인하여야 한다.

제126조(심사청구의 보정) ① 법 제92조제2항 본문에 따른 심사청구 보정명령은 다음 각 호의 사항을 적은 문서로 하여야 한다.
1. 보정할 사항
2. 보정이 요구되는 이유
3. 보정 기간
4. 그 밖에 필요한 사항
② 심사관은 법 제92조제2항 단서에 따라 직권으로 심사청구를 보정한 경우에는 그 사실을 당사자에게 알려야 한다.

제127조(원처분의 집행정지 통지) 법 제93조제2항에 따른 집행정지 통지 문서에는 다음 각 호의 사항을 적어야 한다.
1. 심사청구 사건명
2. 집행정지 대상 처분과 집행정지 내용
3. 청구인의 이름과 주소
4. 피청구인인 처분청의 명칭
5. 집행정지 이유

제128조(심리를 위한 조사) ① 법 제94조제1항에 따른 심사청구에 대한 심리를 위한 조사의 신청은 다음 각 호의 사항을 적은 문서로 하여야 한다.
1. 심사청구 사건명
2. 신청의 취지와 이유
3. 출석이 요구되는 관계인의 이름과 주소(법 제94조제1항제1호의 경우에만 적는다)
4. 제출이 요구되는 문서, 그 밖의 물건의 소유자나 보관자의 이름과 주소(법 제94조제1항제2호의 경우에만 적는다)
5. 감정이 요구되는 사항과 그 이유(법 제94조제1항제3호의 경우에만 적는다)
6. 출입할 사업장이나 그 밖의 장소, 질문할 사업주·종업원이나 그 밖의 관계인, 검사할 문서나 그 밖의 물건(법 제94조제1항제4호의 경우에만 적는다)
② 심사관은 법 제94조제1항에 따라 증거조사를 한 경우에는 증거조사 조서를 작성하여야 한다. 이 경우 법 제94조제1항제1

호에 따라 심사청구인이나 관계인으로부터 진술을 받을 때에는 진술조서를 작성하여 첨부하여야 한다.

③ 제2항의 증거조사 조서에는 다음 각 호의 사항을 적고, 심사관이 기명날인하여야 한다.

1. 사건표시
2. 조사 일시와 장소
3. 조사대상과 조사방법
4. 조사 결과

제129조(결정서) 법 제96조에 따른 심사청구에 대한 결정은 다음 각 호의 사항을 적고 심사관이 서명 또는 날인한 결정서에 의하여야 한다. <개정 2011.9.15.>

1. 사건번호와 사건명
2. 청구인의 이름과 주소
3. 피청구인인 처분청의 명칭
4. 주문
5. 청구 취지
6. 이유
7. 결정 연월일

제130조(심사위원회 위원의 위촉·임명) ① 법 제99조제1항에 따른 고용보험심사위원회(이하 "심사위원회"라 한다)의 위원 중 근로자를 대표하는 위원은 총연합단체인 노동조합에서, 사용자를 대표하는 위원은 전국적 규모의 사용자단체에서 추천한 자 중에서 고용노동부장관의 제청으로 각각 대통령이 위촉한다. <개정 2010.7.12.>

② 심사위원회의 위원 중 근로자를 대표하는 위원, 사용자를 대표하는 위원과 당연직 위원 외의 위원은 다음 각 호의 어느 하나에 해당하는 자 중에서 고용노동부장관의 제청으로 대통령이 위촉한다. 다만, 상임위원은 제3호나 제4호에 해당하는 자 중에서 고용노동부장관의 제청으로 대통령이 임명한다. <개정 2010.7.12.>

1. 판사·검사 또는 변호사의 자격이 있는 자
2. 「고등교육법」에 따른 대학에서 부교수 이상으로 재직하고 있거나 재직하였던 자
3. 3급 이상의 공무원이나 고위공무원단에 속하는 일반직공무원으로 재직하고 있거나 재직하였던 자
4. 노동관계 업무에 15년 이상 종사한 자로서 고용노동부장관이 자격이 있다고 인정하는 자
5. 사회보험 또는 고용문제에 관한 학식과 경험이 있는 자 중에서 고용노동부장관이 자격이 있다고 인정하는 자

③ 고용노동부장관은 보험 업무를 담당하는 고용노동부의 3급 공무원이나 고위공무원단에 속하는 일반직공무원 1명을 심사위원회의 당연직 위원으로 지명한다. <개정 2010.7.12.>

제131조(위원의 임기) ① 심사위원회 위원의 임기는 3년으로 하되, 연임할 수 있다.

② 위원이 궐위된 경우 보궐위원의 임기는 전임자 임기의 남은 기간으로 한다. 다만, 상임위원(위원장을 포함한다)이 궐위된 경우 보궐위원의 임기는 새로 시작한다.

③ 위원은 제1항에 따른 임기가 만료된 경우에도 후임자가 위촉될 때까지 그 직무를 수행할 수 있다.

[전문개정 2008.9.18.]

제132조(위원의 처우) 심사위원회 회의에 출석한 상임위원과 당연직 위원 외의 위원에게는 예산의 범위에서 그 직무수행을 위하여 필요한 수당과 여비를 지급할 수 있다. 이 경우 여비는 공무원여비규정을 표준으로 삼아 지급한다.

제133조(위원장과 부위원장) ① 심사위원회에는 위원장과 부위원장 각 1명을 둔다.

② 심사위원회 위원장은 상임위원 중에서 고용노동부장관의 제청으로 대통령이 임명하고, 부위원장은 위원 중에서 호선한다. <개정 2010.7.12.>

제134조(직무) ① 위원장은 심사위원회를 대표하며, 심사위원회의 사무를 총괄한다.

② 부위원장은 위원장을 보좌하며, 위원장이 부득이한 사유로 직무를 수행할 수 없을 때에는 그 직무를 대행한다.

제135조(회의) ① 심사위원회 회의는 위원장 또는 부위원장, 당연직 위원과 위원장이 회의를 할 때마다 지정하는 노·사 대표 각 1명의 위원을 포함하여 9명 이내로 구성·운영한다.

② 심사위원회의 위원장은 회의를 소집하려면 회의 개최 5일 전까지 회의 일시, 장소와 안건을 각 위원에게 서면으로 알려야 한다. 다만, 긴급을 요하는 경우에는 그러하지 아니하다.

③ 심사위원회의 회의는 제1항에 따라 구성된 구성원 과반수의 출석으로 개의하고, 출석위원 과반수의 찬성으로 의결한다.

제136조(전문위원의 배치) ① 고용노동부장관은 법 제99조제8항에 따라 심사위원회의 재심사 업무에 필요한 전문적인 조사·연구를 위하여 전문위원을 둘 수 있다. <개정 2008.4.30., 2010.7.12.>
② 전문위원의 자격·복무와 보수 등에 관하여 필요한 사항은 고용노동부령으로 정한다. <개정 2008.4.30., 2010.7.12.>
[제목개정 2008.4.30.]

제137조(통지) 법 제101조제1항에 따른 심리기일(審理期日)과 장소는 문서로 알리되, 직접 전달하거나 등기우편으로 보내야 한다.

제138조(심리비공개의 신청) 법 제101조제3항 단서에 따른 심리의 비공개 신청은 그 취지와 이유를 적은 문서로 하여야 한다.

제139조(심리조서) ① 법 제101조제4항에 따른 심리조서에는 다음 각 호의 사항을 적어야 한다.
1. 사건번호와 사건명
2. 심리일시와 장소
3. 출석한 위원 이름
4. 출석한 당사자나 대리인 이름
5. 심리 내용
6. 그 밖에 필요한 사항
② 제1항의 심리조서에는 작성 연월일을 적고, 위원장이 서명하거나 날인하여야 한다.
③ 법 제101조제5항에 따른 열람신청은 문서로 하여야 한다.

제140조(재심사청구의 방식) ① 법 제87조에 따른 재심사청구는 다음 각 호의 사항을 적은 문서로 하여야 한다.
1. 청구인의 이름과 주소
2. 제125조제1항제2호부터 제4호까지의 규정에 따른 사항
3. 결정을 한 심사관 이름
4. 결정이 있었던 것을 안 날
5. 결정을 한 심사관에 의한 재심사 청구에 관한 고지의 유무와 고지의 내용
6. 재심사청구 취지와 이유
7. 재심사청구 연월일
② 재심사청구가 선정 대표자나 대리인에 의하여 제기되는 것일 때에는 제1항의 사항 외에 그 선정 대표자나 대리인의 이름과 주소를 적어야 하며, 선정 대표자나 대리인 자격은 서면으로 소명하여야 한다. <개정 2010.12.31.>
③ 제1항의 서면에는 청구인이나 대리인이 기명날인하여야 한다.

제141조(재결서) 재심사청구에 대한 재결서에는 다음 각 호의 사항을 적고, 심사위원회 위원장과 재결에 참여한 위원이 서명 또는 날인하여야 한다. <개정 2011.9.15.>
1. 사건번호와 사건명
2. 청구인의 이름과 주소
3. 원처분청 명칭
4. 심사청구에 대한 결정을 한 심사관의 이름
5. 주문
6. 청구 취지
7. 이유
8. 재결 연월일

제142조(준용) 심사위원회와 재심사에 관하여는 제123조, 제124조, 제126조부터 제128조까지의 규정을 준용한다. 이 경우 제123조 중 "심사관"은 "심사위원회 위원"으로, "고용노동부장관"은 "심사위원회 위원장"으로, 제124조와 제128조 중 "심사청구인"은 "재심사청구인"으로, 제124조·제126조·제128조 중 "심사관"은 "심사위원회 위원장"으로, 제126조부터 제128조까지 중 "심사청구"는 "재심사청구"로 본다. <개정 2010.7.12.>

제8장 보칙

제143조(진찰비용) 직업안정기관의 장은 법 제111조에 따라 진찰을 받을 것을 명하는 경우에는 그 진찰에 드는 실비를 지급할 수 있다.

제144조 삭제 <2012.1.13.>

제144조의2(시범사업의 실시 대상) 법 제114조에 따라 고용노동부장관은 고용안정·직업능력개발사업을 시범사업으로 실시할 수 있다. <개정 2017.8.29.>
[본조신설 2010.12.31.]

제145조(권한의 위임 등) ① 법 제115조에

따라 고용노동부장관은 다음 각 호의 사항에 관한 권한을 직업안정기관의 장에게 위임한다. <개정 2010.2.8., 2010.7.12., 2011.9.15., 2011.12.8., 2011.12.30., 2012.7.10., 2013.12.24., 2014.12.31., 2016.10.18., 2018.7.3.>

1. 삭제 <2016.10.18.>
2. 삭제 <2016.10.18.>
3. 삭제 <2019. 2. 12.>
4. 법 제20조에 따른 고용창출의 지원(제4항에 따라 위탁하는 것은 제외한다)
5. 법 제21조에 따른 고용조정의 지원
6. 법 제22조에 따른 지역 고용의 촉진
7. 법 제23조에 따른 고령자등 고용촉진의 지원
8. 법 제24조에 따른 건설근로자 등의 고용안정 지원
9. 법 제31조제2항에 따른 직업능력개발 훈련 사업의 실시
10. 법 제33조에 따른 고용정보의 제공과 고용 지원 기반의 구축 등(고용안정·직업능력개발에 관한 기반의 구축, 전문인력의 배치사업과 제6항에 따라 위탁된 사업은 제외한다)
11. 법 제35조에 따른 부정행위에 따른 지원의 제한 등
12. 법 제70조와 법 제73조에 따른 육아휴직 급여의 지급과 지급 제한
13. 법 제75조와 법 제77조에 따른 출산전후휴가 급여등의 지급과 지급 제한
14. 법 제108조에 따른 보고, 관계 서류의 제출 및 출석의 요구(위임된 사무처리를 위하여 필요한 경우로 한정한다)
15. 법 제109조에 따른 사무소 출입, 관계인에 대한 질문과 서류의 조사(위임된 사무 처리를 위하여 필요한 경우로 한정한다)와 이와 관련된 조사 전 통지와 조사 결과 통지
16. 법 제110조에 따른 자료 제출의 요청(위임된 사무처리를 위하여 필요한 경우로 한정한다)
17. 법 제112조에 따른 포상금의 지급
18. 법 제118조에 따른 과태료의 부과·징수
19. 제4조에 따른 대리인 선임·해임의 신고 수리(대리인이 법 제15조 및 제16조에 관한 사항을 대리하는 경우는 제외한다)
20. 제35조에 따른 고용안정과 취업촉진 사업
20의2. 삭제 <2014.12.31.>

21. 제36조에 따른 취업지원사업에 대한 지원
22. 제38조제2항에 따른 고용촉진 시설(제38조제1항제2호 및 같은 항 제3호의 고용촉진시설로 한정한다)에 대한 비용 지원
23. 삭제 <2015.6.30.>
24. 제43조에 따른 근로자의 직무능력 향상을 위한 지원
25. 삭제 <2011.9.15.>
26. 제47조에 따른 취업훈련의 지원

② 법 제115조에 따라 고용노동부장관은 다음 각 호의 사항에 관한 권한을 「산업재해보상보험법」에 따른 근로복지공단(이하 "근로복지공단"이라 한다)에 위탁한다. <개정 2009.3.12., 2009.5.28., 2010.7.12., 2010.12.31., 2011.12.8., 2015.6.30., 2016.10.18., 2016.12.30., 2019.2.12.>

1. 법 제15조에 따른 피보험자격에 관한 신고의 수리 등
2. 법 제16조제1항에 따른 이직확인서의 수리
2의2. 법 제17조에 따른 피보험자격의 확인
3. 법 제108조에 따른 보고, 관계 서류의 제출 및 출석의 요구(위탁된 사무처리를 위하여 필요한 경우로 한정한다)
4. 법 제109조에 따른 사무소 출입, 관계인에 대한 질문과 서류의 조사(위탁된 사무 처리를 위하여 필요한 경우로 한정한다)
4의2. 삭제 <2010.2.8.>
5. 법 제110조에 따른 자료 제출의 요청(위탁된 사무 처리를 위하여 필요한 경우로 한정한다)
5의2.
[제5호의2는 제11호로 이동 <2016.10.18.>]
6. 제3조의2제2항에 따른 가입대상 공무원에 대한 보험 가입 신청의 수리 및 가입 신청 사실의 통보
7. 제3조의2제4항에 따른 고용보험 가입 공무원의 탈퇴신청의 수리
8. 제4조에 따른 대리인 선임·해임의 신고 수리(대리인이 법 제15조 및 제16조에 관한 사항을 대리하는 경우에 한정한다)
8의2. 제35조제7호에 따른 일·가정 양립 지원사업을 위한 대부금의 관리·운용에 관한 사항
9. 제38조제4항에 따른 어린이집 운영비

용의 지원
10. 제38조제5항에 따른 어린이집 설치비
용의 융자·지원 및 융자금·지원금
의 관리·운용에 관한 사항
11. 제45조에 따른 능력개발비용의 대부
에 관한 사항
12. 제47조의2에 따른 직업능력개발훈련
중 생계비 대부와 대부금의 관리·운
용에 관한 사항
③ 법 제115조에 따라 고용노동부장관은 다음
각 호의 사항에 관한 권한을 한국산업인력공단
에 위탁한다. <개정 2009.3.12., 2010.7.12.,
2011.12.30., 2012.1.13.>
1. 법 제27조에 따른 사업주에 대한 직업
능력개발 훈련의 지원
2. 법 제31조제1항제2호에 따른 숙련기술
장려 사업 중 민간 기능경기대회 비용
의 지원
3. 법 제108조에 따른 보고, 관계 서류의
제출 및 출석의 요구(위탁된 사무 처리
를 위하여 필요한 경우로 한정한다)
4. 법 제109조에 따른 사무소 출입, 관계
인에 대한 질문 및 서류의 조사(위탁된
사무 처리를 위하여 필요한 경우로 한
정한다)
5. 법 제110조에 따른 자료 제출의 요청
(위탁된 사무 처리를 위하여 필요한 경
우로 한정한다)
6. 삭제 <2010.12.31.>
7. 제46조에 따른 능력개발비용의 지원에
관한 사항
8. 제48조에 따른 직업능력개발훈련시설 등
에 대한 비용 대부와 대부금의 관리·운
용에 관한 사항
9. 제49조에 따른 직업능력개발훈련시설 등
에 대한 비용 지원과 지원금의 관리·운
용에 관한 사항(지원결정에 관한 사항은
제외한다)
10. 삭제 <2008.4.30.>
11. 제51조제1항제1호에 따른 자격검정
사업에 대한 비용 지원에 관한 사항
11의2. 제52조제1항제3호에 따른 훈련
매체의 개발·편찬과 보급사업
12. 제52조제1항제5호에 따른 인적자원
개발 우수기업 인증제 지원 사업
13. 제52조제1항제6호에 따른 사업주, 사
업주단체 등이 중소기업과 공동으로 중
소기업 근로자 등을 위하여 실시하는 직
업능력개발사업

14. 제52조제1항제10호의 우선지원 대상
기업의 사업주나 근로자의 핵심 직무능
력 향상을 위하여 실시하는 직업능력개
발훈련
15. 제52조제1항제11호의 우선지원 대상
기업의 학습조직화를 촉진하기 위하여
실시하는 직업능력개발사업
16. 제52조제1항제12호의 우선지원 대상
기업의 사업주나 인력개발 담당자의 인
적자원 개발역량을 높이기 위하여 실시
하는 직업능력개발사업
17. 제52조제1항제13호에 따른 우선지원
대상기업에 대한 체계적인 현장 훈련 지
원 사업
18. 삭제 <2010.12.31.>
④ 법 제115조에 따라 고용노동부장관은
제17조에 따른 고용창출사업에 대한 지
원, 제37조에 따른 고령자 등의 고용환경
개선 지원, 제38조제2항에 따른 고용촉진
시설(제38조제1항제5호의 고용촉진 시설
로 한정한다)에 대한 비용 지원, 제52조
제1항제4호에 따른 사업주단체, 근로자단
체 또는 그 연합체가 협력하여 실시하는
직업능력개발사업의 지원과 제55조에 따
른 지방자치단체 등에 대한 지원 권한의
일부를 「한국산업안전보건공단법」에 따른
한국산업안전보건공단, 근로복지공단, 한
국산업인력공단, 「장애인고용촉진 및 직업
재활법」에 따른 한국장애인고용공단(이하
"한국장애인고용공단"이라 한다), 「정부출
연연구기관 등의 설립·운영 및 육성에
관한 법률」 제8조에 따라 설립된 한국노
동연구원(이하 "한국노동연구원"이라 한
다), 그 밖에 고용노동부장관이 정하여 고
시하는 관계 전문기관이나 비영리법인에
위탁할 수 있으며, 이에 따른 위탁대상기
관의 선정기준 등은 고용노동부령으로 정
한다. <개정 2009.1.14., 2009.12.31.,
2010.7.12., 2010.12.31.>
⑤ 법 제115조에 따라 고용노동부장관은 제
33조에 따른 고용관리 진단 등 지원의 업무
를 한국산업인력공단, 한국장애인고용공단, 한
국노동연구원 또는 관계 전문기관 등 고용
노동부장관이 지정·고시하는 기관에 위탁
한다. <개정 2008.9.18., 2009.12.31.,
2010.2.8., 2010.7.12.>
⑥ 법 제115조에 따라 고용노동부장관은 법
제15조제6항에 따른 장비 등의 지원, 법 제
33조에 따른 고용정보의 제공과 고용 지원

기반의 구축 등에 관한 권한 중 다음 각 호의 사항에 관한 권한을 「고용정책 기본법」 제18조에 따라 설립된 한국고용정보원에 위탁한다. <개정 2009.12.30., 2010.7.12.>

1. 고용정보의 수집·분석과 직업안정기관에의 제공
2. 직업·훈련 상담 등 직업 지도에 관한 기법의 연구·개발과 보급
3. 고용정보의 제공, 직업지도, 직업소개의 평가와 지원
4. 고용안정·직업능력개발에 관한 기반의 구축 중 고용보험사업에 관련된 전산망의 운용

⑦ 법 제115조에 따라 고용노동부장관은 제35조제4호에 따른 건설근로자의 고용안정 등에 대한 지원사업의 업무를 「건설근로자의 고용개선 등에 관한 법률」 제9조에 따른 건설근로자공제회에 위탁한다. <신설 2010.2.8., 2010.7.12.>

⑧ 근로복지공단의 이사장, 한국산업인력공단의 이사장과 한국장애인고용공단의 이사장은 제2항부터 제5항까지의 규정에 따라 위탁받은 업무를 수행하기 위하여 그 상임이사 중에서 기금수입 담당이사와 기금지출원인행위 담당이사를 임명하고, 그 직원 중에서 기금지출직원과 기금출납 직원을 임명하며, 그 임명 사실을 고용노동부장관에게 보고하여야 한다. 이 경우 각 직책의 자가 수행하는 직무는 다음 각 호와 같다. <개정 2009.12.31., 2010.2.8., 2010.7.12.>

1. 기금수입 담당이사 : 기금수입징수관의 직무
2. 기금지출원인행위 담당이사 : 기금재무관의 직무
3. 기금지출직원 : 기금지출관의 직무
4. 기금출납직원 : 기금출납공무원의 직무

⑨ 고용노동부장관은 제8항에 따른 기금수입 담당이사, 기금지출원인 담당이사, 기금지출직원 및 기금출납직원의 임명 사실을 감사원장과 한국은행총재에게 알려야 한다. <개정 2010.2.8., 2010.7.12.>

제145조의2(고유식별정보의 처리) ① 고용노동부장관(제145조에 따라 고용노동부장관의 권한·업무를 위임·위탁받은 자를 포함한다)은 다음 각 호의 사무를 수행하기 위하여 불가피한 경우 「개인정보 보호법 시행령」 제19조에 따른 주민등록번호 또는 외국인등록번호가 포함된 자료를 처리할

수 있다. <개정 2012.7.10., 2016.7.19., 2017.3.27.>

1. 법 제10조 및 이 영 제3조제2항제1호 단서에 따른 외국인의 고용보험 가입에 관한 사무
1의2. 법 제10조제3호 단서 및 이 영 제3조의2에 따른 별정직·임기제 공무원의 고용보험 가입 또는 탈퇴에 관한 사무
2. 법 제15조에 따른 피보험자격의 취득·상실 등의 신고에 관한 사무
3. 법 제16조에 따른 피보험자의 이직확인에 관한 사무
4. 법 제17조에 따른 피보험자격의 확인에 관한 사무
5. 법 제20조에 따른 고용기회 확대 사업주에 대한 지원에 관한 사무
6. 법 제21조에 따른 고용안정을 위한 조치를 한 사업주에 대한 지원에 관한 사무
7. 법 제22조에 따른 지역 고용촉진 사업주에 대한 지원에 관한 사무
8. 법 제23조에 따른 고령자등 고용촉진의 지원에 관한 사무
9. 법 제25조에 따른 고용안정 및 취업촉진 사업을 실시하는 자에 대한 지원 및 대부에 관한 사무
10. 법 제26조에 따른 고용촉진시설의 지원에 관한 사무
11. 법 제27조에 따른 사업주에 대한 직업능력개발 훈련비용의 지원에 관한 사무
12. 법 제29조에 따른 피보험자등에 대한 직업능력개발 지원 등에 관한 사무
13. 법 제30조에 따른 직업능력개발 훈련시설의 설치, 장비구입 비용 등의 대부·지원에 관한 사무
14. 법 제31조에 따른 직업능력개발의 촉진 사업을 실시하는 자에 대한 지원에 관한 사무
15. 법 제35조에 따른 부정행위를 이유로 한 지원금의 반환명령 또는 추가징수에 관한 사무
15의2. 법 제55조의2에 따른 국민연금 보험료의 지원에 관한 사무
16. 법 제70조에 따른 육아휴직 급여의 지급에 관한 사무
17. 법 제73조의2에 따른 육아기 근로시간 단축 급여의 지급에 관한 사무
18. 법 제75조에 따른 출산전후휴가 급여 등의 지급에 관한 사무
19. 법 제75조의2에 따른 출산전후휴가

급여등의 대위 신청에 관한 사무
20. 법 제108조에 따른 보고 등의 요구에 관한 사무
21. 법 제109조에 따른 조사 등에 관한 사무
22. 법 제110조에 따른 자료 제출의 요청에 관한 사무
23. 법 제112조에 따른 부정행위의 신고 및 신고포상금의 지급에 관한 사무
24. 제4조에 따른 대리인 선임 또는 해임 신고에 관한 사무
25. 제10조에 따른 피보험자 이름 등의 변경 신고에 관한 사무
② 직업안정기관의 장은 다음 각 호의 사무를 수행하기 위하여 불가피한 경우 「개인정보 보호법 시행령」 제19조제1호 또는 제4호에 따른 주민등록번호 또는 외국인등록번호가 포함된 자료를 처리할 수 있다.
1. 법 제62조·제74조·제77조에 따른 부정행위를 이유로 한 구직급여 등의 반환명령 및 추가징수에 관한 사무
2. 법 제42조에 따른 실업의 신고에 관한 사무
3. 법 제43조에 따른 수급자격의 인정에 관한 사무
4. 법 제44조에 따른 실업의 인정 등에 관한 사무
5. 법 제48조 및 이 영 제71조에 따른 수급기간의 연기 등에 관한 사무
6. 법 제52조에 따른 개별연장급여의 지급에 관한 사무
7. 법 제57조에 따른 미지급 구직급여의 지급에 관한 사무
8. 법 제63조에 따른 상병급여의 지급에 관한 사무
9. 법 제64조에 따른 조기재취업 수당의 지급에 관한 사무
10. 법 제66조에 따른 광역 구직활동비의 지급에 관한 사무
11. 법 제67조에 따른 이주비의 지급에 관한 사무
③ 심사관은 법 제87조제1항에 따른 심사 청구에 관한 사무를 수행하기 위하여 불가피한 경우 「개인정보 보호법 시행령」 제19조제1호 또는 제4호에 따른 주민등록번호 또는 외국인등록번호가 포함된 자료를 처리할 수 있다.
④ 심사위원회는 다음 각 호의 사무를 수행하기 위하여 불가피한 경우 「개인정보 보

호법 시행령」 제19조제1호 또는 제4호에 따른 주민등록번호 또는 외국인등록번호가 포함된 자료를 처리할 수 있다.
1. 법 제87조제1항에 따른 재심사 청구에 관한 사무
2. 법 제101조제5항·제6항에 따른 심리조서 열람에 관한 사무
[전문개정 2012.1.13.]

제145조의3(규제의 재검토) 고용노동부장관은 제12조에 따른 우선지원 대상기업의 범위에 대하여 2017년 1월 1일을 기준으로 3년마다(매 3년이 되는 해의 1월 1일 전까지를 말한다) 그 타당성을 검토하여 개선 등의 조치를 하여야 한다. <개정 2016.12.30.>
[본조신설 2014.12.9.]

제146조(과태료의 부과기준) 법 제118조제1항부터 제3항까지의 규정에 따른 과태료의 부과기준은 별표 3과 같다.
[전문개정 2013.8.6.]

부칙
<대통령령 제29547호, 2019.2.12.>

제1조(시행일) 이 영은 공포한 날부터 시행한다.

제2조(피보험자격의 확인 청구에 관한 경과조치) 이 영 시행 당시 종전의 규정에 따라 직업안정기관의 장에게 피보험자격의 확인을 청구한 자는 근로복지공단에 피보험자격의 확인을 청구한 것으로 본다.

고용정책 기본법

[시행 2018.9.21.]
[법률 제15522호, 2018.3.20., 타법개정]

제1장 총칙

제1조(목적) 이 법은 국가가 고용에 관한 정책을 수립·시행하여 국민 개개인이 평생에 걸쳐 직업능력을 개발하고 더 많은 취업기회를 가질 수 있도록 하는 한편, 근로자의 고용안정, 기업의 일자리 창출과 원활한 인력 확보를 지원하고 노동시장의 효율성과 인력수급의 균형을 도모함으로써 국민의 삶의 질 향상과 지속가능한 경제성장 및 고용을 통한 사회통합에 이바지함을 목적으로 한다.

제2조(정의) 이 법에서 "근로자"란 사업주에게 고용된 사람과 취업할 의사를 가진 사람을 말한다.

제3조(기본원칙) 국가는 이 법에 따라 고용정책을 수립·시행하는 경우에 다음 각 호의 사항이 실현되도록 하여야 한다.
1. 근로자의 직업선택의 자유와 근로의 권리가 확보되도록 할 것
2. 사업주의 자율적인 고용관리를 존중할 것
3. 구직자(求職者)의 자발적인 취업노력을 촉진할 것
4. 고용정책은 효율적이고 성과지향적으로 수립·시행할 것
5. 고용정책은 노동시장의 여건과 경제정책 및 사회정책을 고려하여 균형 있게 수립·시행할 것
6. 고용정책은 국가·지방자치단체 간, 공공부문·민간부문 간 및 근로자·사업주·정부 간의 협력을 바탕으로 수립·시행할 것

제4조(다른 법률과의 관계) 고용정책에 관한 다른 법률을 제정하거나 개정하는 경우에는 이 법의 목적과 기본원칙에 맞도록 하여야 한다.

제5조(근로자 및 사업주 등의 책임과 의무)
① 근로자는 자신의 적성과 능력에 맞는 직업을 선택하여 직업생활을 하는 기간 동안 끊임없이 직업에 필요한 능력(이하 "직업능력"이라 한다)을 개발하고, 직업을 통하여 자기발전을 도모하도록 노력하여야 한다.
② 사업주는 사업에 필요한 인력을 스스로 양성하고, 자기가 고용하는 근로자의 직업능력을 개발하기 위하여 노력하며, 근로자가 그 능력을 최대한 발휘하면서 일할 수 있도록 고용관리의 개선, 근로자의 고용안정 촉진 및 고용평등의 증진 등을 위하여 노력하여야 한다.
③ 노동조합과 사업주단체는 근로자의 직업능력개발을 위한 노력과 사업주의 근로자 직업능력개발, 고용관리 개선, 근로자의 고용안정 촉진 및 고용평등의 증진 등을 위한 노력에 적극 협조하여야 한다.
④ 근로자와 사업주, 노동조합과 사업주단체는 제6조에 따른 국가와 지방자치단체의 시책이 원활하게 시행될 수 있도록 적극 협조하여야 한다.
⑤ 「고용보험법」에 따른 실업급여 수급자, 「국민기초생활 보장법」에 따른 근로능력이 있는 수급자, 그 밖에 정부에서 지원하는 취업지원 사업에 참여하는 사람 등은 스스로 취업하기 위하여 적극적으로 노력하여야 하며, 국가와 지방자치단체가 하는 직업소개, 직업지도, 직업능력개발훈련 등에 성실히 따르고 적극 참여하여야 한다.

제6조(국가와 지방자치단체의 시책) ① 국가는 다음 각 호의 사항에 관하여 필요한 시책을 수립·시행하여야 한다.
1. 국민 각자의 능력과 적성에 맞는 직업의 선택과 인력수급의 불일치 해소를 위한 고용·직업 및 노동시장 정보의 수집·제공에 관한 사항과 인력수급 동향·전망에 관한 조사·공표에 관한 사항
2. 근로자의 전 생애에 걸친 직업능력개발과 산업에 필요한 기술·기능 인력을 양성하기 위한 직업능력개발훈련 및 기술자격 검정에 관한 사항
3. 근로자의 실업 예방, 고용안정 및 고용평등 증진에 관한 사항
4. 산업·직업·지역 간 근로자 이동의 지원에 관한 사항
5. 실업자의 실업기간 중 소득지원과 취업촉진을 위한 직업소개·직업지도·직업훈련, 보다 나은 일자리로 재취업하기 위한 불완전 취업자의 경력개발 및 비경제활동 인

구의 노동시장 참여 촉진에 관한 사항

6. 학력·경력의 부족, 고령화, 육체적·정신적 장애, 실업의 장기화, 국외로부터의 이주 등으로 인하여 노동시장의 통상적인 조건에서 취업이 특히 곤란한 자와 「국민기초생활 보장법」에 따른 수급권자 등(이하 "취업취약계층"이라 한다)의 고용촉진에 관한 사항

7. 사업주의 일자리 창출, 인력의 확보, 고용유지 등의 지원 및 인력부족의 예방에 관한 사항

8. 지역 고용창출 및 지역 노동시장의 활성화를 위한 지역별 고용촉진에 관한 사항

9. 제1호부터 제8호까지의 사항에 관한 시책 추진을 위한 각종 지원금, 장려금, 수당 등 지원에 관한 제도의 효율적인 운영에 관한 사항

10. 제1호부터 제8호까지의 사항에 관한 시책을 효과적으로 시행하기 위하여 하는 구직자 또는 구인자(求人者)에 대한 고용정보의 제공, 직업소개·직업지도 또는 직업능력개발 등 고용을 지원하는 업무(이하 "고용서비스"라 한다)의 확충 및 민간 고용서비스시장의 육성에 관한 사항

11. 그 밖에 노동시장의 효율성 및 건전성을 높이는 데 필요한 사항

② 국가는 제1항에 따른 시책을 수립·시행하는 경우에 기업경영기반의 개선, 경제·사회의 균형 있는 발전, 국토의 균형 있는 개발 등의 시책을 종합적으로 고려하여야 하며, 고용기회를 늘리고 지역 간 불균형을 시정하며 중소기업을 우대할 수 있도록 하여야 하고, 차별적 고용관행 등 근로자가 능력을 발휘하는 데에 장애가 되는 고용관행을 개선하도록 노력하여야 한다.

③ 지방자치단체는 제1항에 따라 수립된 국가 시책과 지역 노동시장의 특성을 고려하여 지역주민의 고용촉진과 지역주민에게 적합한 직업의 소개, 직업훈련의 실시 등에 관한 시책을 수립·시행하도록 노력하여야 한다.

④ 국가는 제3항에 따른 시책을 수립·시행하는 지방자치단체에 필요한 지원을 할 수 있다.

제7조(취업기회의 균등한 보장) ① 사업주는 근로자를 모집·채용할 때에 합리적인 이유 없이 성별, 신앙, 연령, 신체조건, 사회적 신분, 출신지역, 학력, 출신학교, 혼인·임신 또는 병력(病歷) 등(이하 "성별등"이라 한다)을 이유로 차별을 하여서는 아니 되며, 균등한 취업기회를 보장하여야 한다. <개정 2014.1.21.>

② 고용서비스를 제공하는 자는 그 업무를 수행할 때에 합리적인 이유 없이 성별등을 이유로 구직자를 차별하여서는 아니 된다.

③ 직업능력개발훈련을 실시하는 자는 훈련대상자의 모집, 훈련의 실시 및 취업지원 등을 하는 경우에 합리적인 이유 없이 성별등을 이유로 훈련생을 차별하여서는 아니 된다.

제2장 고용정책의 수립 및 추진체계

제8조(고용정책 기본계획의 수립·시행) ① 고용노동부장관은 관계 중앙행정기관의 장과 협의하여 5년마다 국가의 고용정책에 관한 기본계획(이하 "기본계획"이라 한다)을 수립하여야 한다. <개정 2010.6.4.>

② 고용노동부장관은 제1항에 따라 기본계획을 수립할 때에는 제10조제1항에 따른 고용정책심의회의 심의를 거쳐야 하며, 수립된 기본계획은 국무회의에 보고하고 공표하여야 한다. <개정 2010.6.4.>

③ 기본계획에는 다음 각 호의 사항이 포함되어야 한다.

1. 고용에 관한 중장기 정책목표 및 방향

2. 인력의 수요와 공급에 영향을 미치는 경제, 산업, 교육, 복지 또는 인구정책 등의 동향(動向)에 관한 사항

3. 고용 동향과 인력의 수급 전망에 관한 사항

4. 제6조제1항 각 호의 사항에 관한 시책의 기본 방향에 관한 사항

5. 그 밖의 고용 관련 주요 시책에 관한 사항

④ 관계 중앙행정기관의 장은 고용과 관련된 계획을 수립할 때에는 기본계획과 조화되도록 하여야 한다.

⑤ 고용노동부장관은 기본계획을 세우기 위하여 필요하면 관계 중앙행정기관의 장 및 지방자치단체의 장에게 필요한 자료의 제출을 요청할 수 있다. <개정 2010.6.4.>

제9조(지역고용정책기본계획의 수립·시행) ① 특별시장·광역시장·특별자치시장·도지사 및 특별자치도지사(이하 "시·도지사"라 한다)는 제10조제1항에 따른 지역고용심의회의 심의를 거쳐 지역 주민의 고용촉진과 고용안정 등에 관한 지역고용정책기본계획(이하 "지역고용계획"이라 한다)을 수립·시행하여야 한다. <개정 2011.7.25.>
② 시·도지사는 지역고용계획을 수립할 때에는 기본계획과 조화되도록 하여야 한다.
③ 시·도지사는 지역고용계획을 세우기 위하여 필요하면 관계 중앙행정기관의 장 및 관할 지역의 직업안정기관의 장에게 협조를 요청할 수 있다.
④ 국가는 시·도지사가 지역고용계획을 수립·시행하는 데에 필요한 지원을 할 수 있다.

제9조의2(지역 일자리 창출대책의 수립 등)
① 시·도지사 및 시장·군수·구청장(자치구의 구청장을 말한다. 이하 같다)은 관할 지역 주민들에게 자신의 임기 중에 추진할 일자리 창출대책을 수립·공표할 수 있다.
② 시·도지사 및 시장·군수·구청장은 제1항에 따라 일자리 창출대책을 추진하기 위하여 관계 중앙행정기관의 장 및 관할 지역의 직업안정기관의 장에게 협조를 요청할 수 있다. 이 경우 협조를 요청받은 관계 중앙행정기관의 장 및 관할 지역의 직업안정기관의 장은 정당한 사유가 없으면 그 요청에 따라야 한다.
③ 고용노동부장관은 제1항에 따른 일자리 창출대책의 추진성과를 확인하여 공표할 수 있고, 이를 위하여 관계 중앙행정기관의 장 및 지방자치단체의 장에게 필요한 자료의 제출 등 협조를 요청할 수 있다.
④ 국가는 시·도지사 및 시장·군수·구청장이 제1항에 따라 일자리 창출대책을 추진하는 데에 필요한 지원을 할 수 있다.
⑤ 고용노동부장관은 일자리 창출대책의 효과를 높이기 위하여 관련 의견을 해당 지방자치단체의 장에게 제시할 수 있다.
⑥ 지역 일자리 창출대책의 운영에 관한 사항은 고용노동부령으로 정한다.
[본조신설 2011.7.25.]

제10조(고용정책심의회) ① 고용에 관한 주요 사항을 심의하기 위하여 고용노동부에 고용정책심의회(이하 "정책심의회"라 한다)를 두고, 특별시·광역시·특별자치시·

도 및 특별자치도에 지역고용심의회를 둔다. 이 경우 「노사관계 발전 지원에 관한 법률」 제3조제1항에 따른 지역 노사민정 간 협력 활성화를 위한 협의체가 특별시·광역시·특별자치시·도 및 특별자치도에 구성되어 있는 경우에는 이를 지역고용심의회로 볼 수 있다. <개정 2010.6.4., 2011.7.25.>
② 정책심의회는 다음 각 호의 사항을 심의한다. <개정 2010.6.8., 2011.7.25., 2014.1.14., 2014.1.21.>
1. 제6조제1항에 따른 시책 및 제8조제1항에 따른 기본계획의 수립에 관한 사항
2. 인력의 공급구조와 산업구조의 변화 등에 따른 고용 및 실업대책에 관한 사항
3. 제13조에 따른 고용영향평가 대상의 선정, 평가방법 등에 관한 사항
4. 제13조의2에 따른 재정지원 일자리사업의 효율화에 관한 사항
5. 「사회적기업 육성법」에 따른 다음 각 목의 사항
   가. 「사회적기업 육성법」 제5조에 따른 사회적기업육성기본계획
   나. 「사회적기업 육성법」 제7조에 따른 사회적기업 인증의 심사기준에 관한 사항
   다. 그 밖에 사회적기업의 지원을 위하여 필요한 사항으로서 대통령령으로 정하는 사항
6. 「남녀고용평등과 일·가정 양립 지원에 관한 법률」 제17조의8 각 호의 사항
7. 「장애인고용촉진 및 직업재활법」에 따른 다음 각 목의 사항
   가. 「장애인고용촉진 및 직업재활법」 제7조제1항에 따른 장애인의 고용촉진 및 직업재활을 위한 기본계획의 수립에 관한 사항
   나. 그 밖에 장애인의 고용촉진 및 직업재활에 관하여 위원장이 회의에 부치는 사항
8. 「근로복지기본법」 제8조 각 호의 사항
9. 관계 중앙행정기관의 장이 고용과 관련하여 심의를 요청하는 사항
10. 그 밖에 다른 법령에서 정책심의회의 심의를 거치도록 한 사항 및 대통령령으로 정하는 사항
③ 정책심의회는 위원장 1명을 포함한 30명 이내의 위원으로 구성하고, 위원장은 고용노동부장관이 되며, 위원은 다음 각 호의 어느 하나에 해당하는 사람 중에서 고용노

동부장관이 위촉하는 사람과 대통령령으로 정하는 관계 중앙행정기관의 차관 또는 차관급 공무원이 된다. <개정 2010.6.4.>
1. 근로자와 사업주를 대표하는 사람
2. 고용문제에 관하여 학식과 경험이 풍부한 사람
3. 「지방자치법」 제165조에 따른 전국 시·도지사 협의체에서 추천하는 사람
④ 정책심의회를 효율적으로 운영하고 정책심의회의 심의 사항을 전문적으로 심의하도록 하기 위하여 정책심의회에 분야별로 전문위원회를 둘 수 있다.
⑤ 전문위원회는 대통령령으로 정하는 바에 따라 정책심의회가 위임한 사항에 관하여 심의한다. 이 경우 전문위원회의 심의는 정책심의회의 심의로 본다.
⑥ 정책심의회, 지역고용심의회 및 전문위원회의 구성·운영과 그 밖에 필요한 사항은 대통령령으로 정한다.

제11조(직업안정기관의 설치 등) ① 국가는 제6조제1항에 따른 시책을 추진하는 경우에 지역 근로자와 사업주가 편리하게 고용서비스를 받을 수 있도록 지역별로 직업안정기관을 설치·운영하여야 한다.
② 국가는 지방자치단체의 장이 해당 지역의 구직자와 구인기업에 대하여 고용서비스를 제공하는 업무를 담당하는 조직을 운영하는 경우에 그 조직의 운영에 필요한 지원을 할 수 있다.
③ 직업안정기관의 장과 지방자치단체의 장은 고용서비스 제공 업무를 수행하는 경우에 서로 협력하여야 한다.
④ 국가 또는 지방자치단체는 대통령령으로 정하는 바에 따라 취업취약계층에 대한 고용서비스 제공에 필요한 시설을 설치·운영할 수 있다.

제12조(민간에 의한 고용서비스 제공 지원 등) ① 국가는 민간 고용서비스산업의 발전에 필요한 다음 각 호의 시책을 수립·시행할 수 있다.
1. 고용서비스 전문가의 양성
2. 공공부문과 민간의 고용 관련 정보망의 연계
3. 국가와 지방자치단체에서 하는 고용서비스 제공사업 중 민간의 전문성을 활용할 수 있는 사업의 발굴과 그 사업의 위탁

4. 우수한 고용서비스를 제공하는 민간기관에 대한 인증
② 직업안정기관과 민간기관은 고용서비스 제공에 관한 사업을 공동으로 추진하거나 연계하여 추진하는 등 서로 협력하여 사업을 추진할 수 있다.
③ 고용노동부장관 또는 직업안정기관의 장은 고용서비스를 제공하는 행정기관, 지방자치단체, 그 밖의 민간 고용서비스 제공기관 등에 시설·장비 등 필요한 지원을 할 수 있다. <개정 2010.6.4.>

제13조(고용영향평가) ① 중앙행정기관의 장과 지방자치단체의 장은 소관정책이 일자리 증감 및 고용의 질 등에 미치는 영향을 분석·평가(이하 "고용영향평가"라 한다)하고, 그 결과를 정책의 수립·시행에 반영하도록 노력하여야 한다. <개정 2014.1.21.>
② 고용노동부장관은 고용에 미치는 영향이 큰 정책으로서 다음 각 호의 어느 하나에 해당하는 경우 고용영향평가를 하고, 그 결과를 소관 중앙행정기관의 장 또는 지방자치단체의 장에게 통보할 수 있다. <개정 2010.6.4., 2014.1.21.>
1. 관계 중앙행정기관의 장 또는 지방자치단체의 장이 고용영향평가를 요청하는 정책
2. 관계 중앙행정기관 또는 지방자치단체가 시행할 계획 또는 시행 중이거나 시행이 완료된 정책으로서 정책심의회에서 고용영향평가를 하기로 심의한 정책
3. 고용노동부장관이 직권으로 고용영향평가가 필요하다고 인정하는 정책
4. 대규모의 예산이 투입되는 정책으로서 대통령령으로 정하는 정책
③ 고용노동부장관은 고용영향평가를 위하여 필요하다고 인정할 때에는 관계 행정기관, 교육·연구기관 등에 필요한 자료를 요청할 수 있다. 이 경우 자료 요청을 받은 관계 행정기관의 장, 교육·연구기관의 장 등은 특별한 사정이 없으면 이에 따라야 한다. <신설 2014.1.21.>
④ 고용노동부장관은 제2항에 따른 고용영향평가 결과를 공개하여야 한다. <신설 2014.1.21.>
⑤ 고용노동부장관은 고용영향평가의 결과 고용안정 촉진 및 일자리 창출을 위하여 필요하다고 인정하는 경우 관계 중앙행정기관의 장 및 지방자치단체의 장에게 정책에 관하여 제언을 하거나 개선을 권고

할 수 있다. <신설 2014.1.21.>

⑥ 제5항에 따라 정책에 관하여 제언 또는 개선 권고를 받은 관계 중앙행정기관의 장 또는 지방자치단체의 장은 특별한 사정이 있는 경우를 제외하고는 개선 대책을 수립·시행하고 그 결과를 고용노동부장관에게 통보하여야 한다. <신설 2014.1.21.>

⑦ 제2항, 제5항 및 제6항에 따른 고용영향평가의 요청 절차, 대상의 선정 및 방법, 정책에 관한 제언 또는 개선 권고 및 개선 대책의 수립·시행 등에 관하여 필요한 사항은 대통령령으로 정한다. <개정 2014.1.21.>

⑧ 고용노동부장관은 대통령령으로 정하는 바에 따라 다음 각 호의 기관 중 어느 하나에 제2항에 따른 고용영향평가 업무를 대행하도록 할 수 있다. 이 경우 고용노동부장관은 대행에 필요한 비용을 지급하여야 한다. <개정 2010.6.4., 2014.1.21.>

1. 국가나 지방자치단체가 출연한 연구기관(국가나 지방자치단체의 출연기관이 재출연한 연구기관을 포함한다)
2. 민간연구기관
[제목개정 2014.1.21.]

제13조의2(재정지원 일자리사업의 효율화)

① 고용노동부장관은 재정지원 일자리사업(중앙행정기관 및 지방자치단체 또는 이들로부터 위탁받은 각종 기관 및 단체가 취업을 지원하기 위하여 재정을 활용하여 시행하는 사업을 말한다. 이하 같다)의 효율화를 위하여 다음 각 호의 사항을 추진하여야 한다.

1. 재정지원 일자리사업의 범위, 분류 및 평가기준의 마련
2. 재정지원 일자리사업 간 중복 조정기준의 마련 및 이에 따른 조정
3. 재정지원 일자리사업에 취업취약계층의 우선적 참여를 위한 취업취약계층의 정의 및 사업별 고용비율·고용방법 등 제시
4. 재정지원 일자리사업의 추진체계 개선
5. 재정지원 일자리사업 간 연계성 강화
6. 재정지원 일자리사업 평가에 따른 제도개선 및 예산반영 의견 제시
7. 재정지원 일자리사업을 통합 관리하는 정보전산망 운영
8. 그 밖에 재정지원 일자리사업의 효율화를 위하여 정책심의회에서 정하는 사항

② 재정지원 일자리사업을 수행하는 중앙행정기관의 장 및 지방자치단체의 장 또는 위탁 기관·단체는 재정지원 일자리사업의 효율화를 위하여 고용노동부장관의 요청이 있는 경우 다음 각 호의 사항을 이행하여야 한다.

1. 매년 자신이 수행하는 재정지원 일자리사업의 현황 통보
2. 고용노동부장관이 제시한 사업개선과 예산반영 의견에 대한 결과의 보고
3. 소관 재정지원 일자리사업의 통합 정보전산망 관리 및 기존 정보전산망과의 연계
4. 정보전산망 등을 이용한 재정지원 일자리사업의 중복참여 여부 확인
5. 그 밖에 재정지원 일자리사업의 효율화를 위하여 정책심의회에서 정하는 사항
[본조신설 2011.7.25.]

제13조의3(재정지원 일자리사업 통합정보전산망의 구축·운영 등)

① 고용노동부장관은 재정지원 일자리사업 참여자의 선발, 취업의 지원, 각종 급여·수당의 지급 및 환수 등 재정지원 일자리사업의 수행 및 관리에 필요한 각종 자료 또는 정보의 효율적 처리와 기록·관리 업무의 전자화를 위하여 정보시스템(이하 "통합정보전산망"이라 한다)을 구축·운영할 수 있다.

② 고용노동부장관은 제1항에 따른 업무를 수행하기 위하여 법원·행정안전부·보건복지부·국세청 등 국가기관과 지방자치단체의 장 및 관련 기관·단체의 장에게 다음 각 호의 자료 제공 및 관계 전산망의 이용을 요청할 수 있다. 이 경우 자료의 제공 등을 요청받은 기관의 장은 정당한 사유가 없으면 그 요청에 따라야 한다. <개정 2017.7.26., 2018.3.20.>

1. 사업자등록부
2. 국민건강보험·국민연금·고용보험·산업재해보상보험·보훈급여·공무원연금·공무원재해보상급여·군인연금·사립학교교직원연금·별정우체국연금의 가입 여부, 가입종별, 소득정보, 부과액 및 수급액
3. 건물, 토지, 자동차, 건설기계, 선박의 공시가격 또는 과세표준액
4. 주민등록 등본·초본
5. 가족관계등록부(가족관계증명서, 혼인관계증명서, 기본증명서)
6. 장애등급
7. 북한이탈주민확인증명서

8. 사회보장급여 수급이력
9. 국가기술자격 취득 정보
10. 출입국 정보
11. 범죄사실에 관한 정보
③ 고용노동부장관은 제2항에 따른 자료 및 관계 전산망의 이용을 위하여 「사회보장기본법」 제37조제2항에 따른 사회보장정보시스템을 연계하여 사용할 수 있다.
④ 재정지원 일자리사업을 수행하는 중앙행정기관, 지방자치단체 및 위탁받은 기관·단체의 장(이하 "수행기관"이라 한다)은 제1항의 재정지원 일자리사업 수행 및 관리를 위하여 통합정보전산망을 통하여 제2항의 개인정보를 활용하고자 하는 경우 고용노동부장관에게 통합정보전산망 사용을 요청할 수 있다.
⑤ 제2항부터 제4항까지에 따른 관계 전산망, 통합정보전산망 또는 자료의 이용 및 제공에 대하여는 수수료·사용료 등을 면제한다.
[본조신설 2015.3.27.]

제13조의3(재정지원 일자리사업 통합정보전산망의 구축·운영 등) ① 고용노동부장관은 재정지원 일자리사업 참여자의 선발, 취업의 지원, 각종 급여·수당의 지급 및 환수 등 재정지원 일자리사업의 수행 및 관리에 필요한 각종 자료 또는 정보의 효율적 처리와 기록·관리 업무의 전자화를 위하여 정보시스템(이하 "통합정보전산망"이라 한다)을 구축·운영할 수 있다.
② 고용노동부장관은 제1항에 따른 업무를 수행하기 위하여 법원·행정안전부·보건복지부·국세청 등 국가기관과 지방자치단체의 장 및 관련 기관·단체의 장에게 다음 각 호의 자료 제공 및 관계 전산망의 이용을 요청할 수 있다. 이 경우 자료의 제공 등을 요청받은 기관의 장은 정당한 사유가 없으면 그 요청에 따라야 한다. <개정 2017.7.26., 2017.12.19., 2018.3.20.>
1. 사업자등록부
2. 국민건강보험·국민연금·고용보험·산업재해보상보험·보훈급여·공무원연금·공무원재해보상급여·군인연금·사립학교교직원연금·별정우체국연금의 가입 여부, 가입종별, 소득정보, 부과액 및 수급액
3. 건물, 토지, 자동차, 건설기계, 선박의

공시가격 또는 과세표준액
4. 주민등록 등본·초본
5. 가족관계등록부(가족관계증명서, 혼인관계증명서, 기본증명서)
6. 장애 정도
7. 북한이탈주민확인증명서
8. 사회보장급여 수급이력
9. 국가기술자격 취득 정보
10. 출입국 정보
11. 범죄사실에 관한 정보
③ 고용노동부장관은 제2항에 따른 자료 및 관계 전산망의 이용을 위하여 「사회보장기본법」 제37조제2항에 따른 사회보장정보시스템을 연계하여 사용할 수 있다.
④ 재정지원 일자리사업을 수행하는 중앙행정기관, 지방자치단체 및 위탁받은 기관·단체의 장(이하 "수행기관"이라 한다)은 제1항의 재정지원 일자리사업 수행 및 관리를 위하여 통합정보전산망을 통하여 제2항의 개인정보를 활용하고자 하는 경우 고용노동부장관에게 통합정보전산망 사용을 요청할 수 있다.
⑤ 제2항부터 제4항까지에 따른 관계 전산망, 통합정보전산망 또는 자료의 이용 및 제공에 대하여는 수수료·사용료 등을 면제한다.
[본조신설 2015.3.27.]
[시행일 : 2019.7.1.] 제13조의3

제13조의4(개인정보의 보호) ① 고용노동부장관은 제13조의3제4항에 따른 수행기관의 통합정보전산망 사용 요청에 대하여 같은 조 제2항 각 호의 정보 중 업무에 필요한 최소한의 정보만 제공하여야 한다.
② 수행기관은 제13조의3제4항에 따라 고용노동부장관에게 통합정보전산망 사용을 요청하는 경우 보안교육 등 일자리사업 참여자의 개인정보에 대한 보호대책을 마련하여야 한다.
③ 수행기관은 제13조의3제2항부터 제4항까지에 따른 자료 및 관계 전산망을 이용하고자 하는 경우에는 사전에 정보주체의 동의를 받아야 한다.
④ 수행기관은 제13조의3제2항부터 제4항까지에 따른 자료 및 관계 전산망을 이용함에 있어 다음 각 호의 개인정보를 제외한 정보는 참여자의 선발 및 취업의 지원 목적을 달성한 경우 지체 없이 파기하여야 한다.

1. 재정지원 일자리사업 신청자 및 참여자의 특성
2. 재정지원 일자리사업 참여자의 사업 참여 이력
3. 재정지원 일자리사업 참여자의 사업종료 이후 취업 이력

⑤ 제13조의3제2항 각 호의 개인정보는 수행기관에서 재정지원 일자리사업을 담당하는 자 중 해당 기관의 장으로부터 개인정보 취급승인을 받은 자만 취급할 수 있다.
⑥ 재정지원 일자리사업 업무에 종사하거나 종사하였던 자는 재정지원 일자리사업 업무 수행과 관련하여 알게 된 개인·법인 또는 단체의 정보를 누설하거나 다른 용도로 사용하여서는 아니 된다.
⑦ 제1항부터 제5항까지에서 정한 개인정보 보호대책, 정보주체에 대한 사전 동의 방법, 목적을 달성한 정보의 파기 시기 및 방법, 개인정보 취급승인의 절차, 보안교육 등에 관한 세부적인 사항은 고용노동부장관이 정한다.
[본조신설 2015.3.27.]

제14조(국제협력) 고용노동부장관은 국제 노동시장의 동향 조사 및 대책 마련, 고용정책 개발 등에 관하여 국제기구, 외국정부 또는 외국기관과 협력사업을 할 수 있다. <개정 2010.6.4.>

제3장 고용정보 등의 수집·제공

제15조(고용·직업 정보의 수집 및 제공) ① 고용노동부장관은 구직과 구인이 신속하고 적절하게 연결될 수 있도록 구직·구인 정보, 산업별·지역별 고용동향, 노동시장 정보, 직업의 현황과 전망에 관한 정보, 직업능력개발훈련 정보, 재정지원에 의한 일자리에 대한 정보 및 그 밖의 고용·직업에 관한 정보(이하 "고용·직업 정보"라 한다)를 수집·관리하여야 한다. <개정 2010.6.4.>
② 고용노동부장관은 구직자·구인자, 직업훈련기관, 교육기관 및 그 밖에 고용·직업 정보를 필요로 하는 자가 신속하고 편리하게 이용할 수 있도록 책자를 발간·배포하는 등 필요한 조치를 하여야 한다. <개정 2010.6.4.>
③ 고용노동부장관은 제1항과 제2항에 따른 업무를 효율적으로 수행하기 위하여 고용안정정보망과 고용보험전산망 등 고용 관련 정

보통신망을 구축·운영하여야 한다. <개정 2010.6.4.>
④ 고용노동부장관은 고용·직업 정보의 수집·관리를 위하여 노동시장의 직업구조를 반영한 고용직업분류표를 작성·고시하여야 한다. 이 경우 미리 관계 행정기관의 장과 협의할 수 있다. <신설 2011.7.25.>
⑤ 고용노동부장관은 수집한 고용·직업 정보를 지방자치단체 등에 제공하여 취업알선 등에 활용하게 할 수 있으며, 지방자치단체 등이 수집한 고용·직업 정보를 제공받아 취업알선 등에 활용할 수 있다. <신설 2011.7.25.>
⑥ 고용노동부장관은 제3항에 따른 고용 관련 정보통신망의 효율적인 운영을 위하여 필요하면 중앙행정기관, 지방자치단체, 그 밖에 고용촉진 및 취업지원과 관련되는 기관·단체에 필요한 자료의 제공을 요청할 수 있다. 이 경우 자료 제공을 요청받은 자는 정당한 사유가 없으면 그 요청에 따라야 한다. <신설 2011.7.25.>
⑦ 고용노동부장관은 효율적인 고용정책 수행을 위하여 필요하면 관련 기관 또는 단체에 정보시스템의 연계를 요청할 수 있다. 이 경우 연계를 요청받은 자는 정당한 사유가 없으면 그 요청에 따라야 한다. <신설 2011.7.25.>

제15조의2(고용형태 현황 공시) ① 대통령령으로 정하는 수 이상의 근로자를 사용하는 사업주는 매년 근로자의 고용형태 현황을 공시하여야 한다.
② 제1항에 따른 고용형태, 공시절차 및 그 밖에 필요한 사항은 고용노동부령으로 정한다.
[본조신설 2012.12.18.]

제16조(인력의 수급 동향 등에 관한 자료의 작성) ① 고용노동부장관은 인력의 수급에 영향을 미치는 경제·산업의 동향과 그 전망 등이 포함된 인력의 수급 동향과 전망에 관하여 조사하고 자료를 매년 작성하여 공표하여야 한다. <개정 2010.6.4.>
② 고용노동부장관은 제1항에 따른 인력의 수급 동향과 전망에 관한 자료를 작성하기 위하여 필요하다고 인정하면 다음 각 호의 기관에 필요한 자료의 제공을 요청할 수 있다. <개정 2010.6.4.>
1. 관계 행정기관

2. 교육·연구기관
3. 사업주 또는 사업주단체
4. 노동조합
5. 그 밖의 관계 기관
③ 제2항에 따라 자료 제공을 요청받은 자는 특별한 사유가 없으면 그 요청에 따라야 한다.

제17조(고용 관련 통계의 작성·보급 등)
① 고용노동부장관은 고용정책의 효율적 수립·시행을 위하여 산업별·직업별·지역별 고용구조 및 인력수요 등에 관한 통계를 작성·공표하여 국민들이 이용할 수 있도록 하여야 한다. <개정 2010.6.4.>
② 고용노동부장관은 제1항에 따라 작성된 통계를 국민들이 편리하게 이용할 수 있도록 데이터베이스를 구축하는 등 필요한 조치를 하여야 한다. <개정 2010.6.4.>

제18조(한국고용정보원의 설립)
① 고용정보의 수집·제공과 직업에 관한 조사·연구 등 제40조에 따라 위탁받은 업무와 그 밖에 고용지원에 관한 업무를 효율적으로 수행하기 위하여 한국고용정보원을 설립한다.
② 한국고용정보원은 법인으로 한다.
③ 한국고용정보원은 고용노동부장관의 승인을 받아 분사무소를 둘 수 있다. <개정 2010.6.4.>
④ 한국고용정보원의 사업은 다음 각 호와 같다. <개정 2010.6.4., 2014.1.21.>
1. 고용 동향, 직업의 현황 및 전망에 관한 정보의 수집·관리
2. 인력 수급의 동향 및 전망에 관한 정보의 제공
3. 고용안정정보망, 고용보험전산망 등 고용 관련 정보통신망 운영
4. 직업지도, 직업심리검사 및 직업상담에 관한 기법(技法)의 연구·개발 및 보급
5. 고용서비스의 평가 및 지원
6. 제1호부터 제5호까지의 사업에 관한 국제협력과 그 밖의 부대사업
7. 그 밖에 고용노동부장관, 다른 중앙행정기관의 장 또는 지방자치단체로부터 위탁받은 사업
⑤ 정부는 예산의 범위에서 한국고용정보원의 설립·운영에 필요한 경비와 제4항 제1호부터 제6호까지의 사업에 필요한 경비를 출연할 수 있다. <개정 2014.1.21.>

⑥ 한국고용정보원에 관하여 이 법과 「공공기관의 운영에 관한 법률」에 규정된 것 외에는 「민법」 중 재단법인에 관한 규정을 준용한다.
⑦ 한국고용정보원은 업무수행에 필요한 자료의 제공을 국가기관, 지방자치단체, 교육·연구기관, 그 밖의 공공기관에 요청할 수 있다.
⑧ 한국고용정보원의 임직원은 「형법」 제129조부터 제132조까지의 규정을 적용할 때에는 공무원으로 본다.
⑨ 한국고용정보원의 임직원이나 임직원으로 재직하였던 사람은 그 직무상 알게 된 비밀을 누설하거나 다른 용도로 사용하여서는 아니 된다.

제18조의2(한국잡월드의 설립 등)
① 다음 각 호의 사업을 수행하기 위하여 한국고용정보원 산하에 한국잡월드를 설립한다.
1. 직업 관련 자료·정보의 전시 및 제공
2. 직업체험프로그램 개설·운영
3. 청소년 등에 대한 직업교육프로그램 개설·운영
4. 교사 등에 대한 직업지도 교육프로그램 개설·운영
5. 직업상담 및 직업심리검사 서비스 제공
6. 직업 관련 자료·정보의 전시기법 및 체험프로그램 연구·개발
7. 제1호부터 제6호까지의 사업에 관한 국제협력과 그 밖의 부대사업
8. 그 밖에 고용노동부장관, 다른 중앙행정기관의 장 또는 지방자치단체의 장으로부터 위탁받은 사업
② 한국잡월드는 법인으로 한다.
③ 정부는 한국잡월드의 설립·운영에 필요한 경비와 제1항제1호부터 제7호까지의 사업에 필요한 경비를 예산의 범위에서 출연할 수 있다. <개정 2014.1.21.>
④ 한국잡월드는 제1항 각 호의 사업수행에 필요한 경비를 조달하기 위하여 입장료·체험관람료 징수 및 광고 등 대통령령으로 정하는 바에 따라 수익사업을 할 수 있다.
⑤ 개인 또는 법인·단체는 한국잡월드의 사업을 지원하기 위하여 한국잡월드에 금전이나 현물, 그 밖의 재산을 출연 또는 기부할 수 있다.
⑥ 한국잡월드의 수입은 다음 각 호의 것으로 한다.
1. 국가나 국가 외의 자로부터 받은 출연

금 및 기부금

2. 그 밖에 한국잡월드의 수입금

⑦ 정부는 한국잡월드의 설립 및 운영을 위하여 필요한 경우에는 「국유재산법」, 「물품관리법」에도 불구하고 국유재산 및 국유물품을 한국잡월드에 무상으로 대부 또는 사용하게 할 수 있다.

[본조신설 2011.7.25.]

제4장 직업능력개발

제19조(직업능력개발에 관한 시책) ① 국가는 직업능력개발을 촉진·지원하기 위하여 필요한 다음 각 호의 시책을 수립·시행하여야 한다.

1. 직업능력개발에 관한 표준 설정
2. 직업능력개발훈련 시설·장비의 확충
3. 직업능력개발훈련의 내용 및 훈련 방법의 연구·개발
4. 직업능력개발훈련 교사의 양성·확보 및 자질향상 등
5. 그 밖에 근로자의 직업능력개발을 지원하기 위하여 필요한 사항

② 국가는 다음 각 호의 훈련이 연계되도록 함으로써 산업에 필요한 직업능력을 갖춘 근로자가 양성될 수 있도록 하여야 한다.

1. 교육·연구기관에서 하는 교육·연구
2. 공공직업훈련시설이 하는 직업능력개발훈련
3. 사업주나 그 밖에 개인 또는 단체가 하는 직업능력개발훈련

③ 제1항에 따른 직업능력개발에 필요한 사항은 따로 법률로 정한다.

제20조(직업능력개발의 지원) ① 사업주는 그가 고용하는 근로자에 대하여 필요한 직업능력개발훈련을 실시하고 근로자는 스스로 직업능력을 개발하도록 노력하여야 한다.

② 국가는 근로자와 사업주에게 직업능력개발에 관한 정보를 제공하고 지도·상담하며 필요한 비용을 지원할 수 있다.

③ 국가는 국민 모두가 전 생애에 걸쳐 직업능력을 개발하고, 경력을 관리할 수 있도록 필요한 지원을 할 수 있다.

제21조(기술·기능 인력의 양성) 국가는 산업발전의 추이(推移)와 노동시장의 인력수급 상황을 조사하여 지속적인 국가경제의 발전에 필요한 기술·기능 인력을 양성하기 위하여 필요한 시책을 수립·시행하여야 한다.

제22조(직업능력평가제도의 확립) ① 국가는 직업능력평가를 위한 기준을 설정하여 근로자의 지식·기술 및 기능에 대한 검정제도(檢定制度)를 확립하고, 이를 확산하도록 노력하여야 한다.

② 제1항에 따른 검정제도에 관하여 필요한 사항은 따로 법률로 정한다.

제5장 근로자의 고용촉진 및 사업주의 인력확보 지원

제23조(구직자와 구인자에 대한 지원) ① 직업안정기관의 장은 구직자가 그 적성·능력·경험 등에 맞게 취업할 수 있도록 구직자 개개인의 적성·능력 등을 고려하여 그 구직자에게 적합하도록 체계적인 고용서비스를 제공하여야 한다.

② 직업안정기관의 장은 구인자가 적합한 근로자를 신속히 채용할 수 있도록 구직자 정보의 제공, 상담·조언, 그 밖에 구인에 필요한 지원을 하여야 한다.

제24조(학생 등에 대한 직업지도) 국가는 「초·중등교육법」과 「고등교육법」에 따른 각급 학교의 학생 등에 대하여 장래 직업선택에 관하여 지도·조언하고, 각자의 적성과 능력에 맞는 직업을 가질 수 있도록 직업에 관한 정보를 제공하며, 직업적성검사 등 직업지도를 받을 수 있게 하는 등 필요한 지원을 하여야 한다.

제25조(청년·여성·고령자 등의 고용촉진의 지원) ① 국가는 청년·여성·고령자 등의 고용을 촉진하기 위하여 이들의 취업에 적합한 직종의 개발, 직업능력개발훈련과정의 개설, 고용기회 확대를 위한 제도의 마련, 관련 법령의 정비, 그 밖에 필요한 대책을 수립·시행하여야 한다.

② 제1항에 따른 청년·여성·고령자 등의 고용촉진에 필요한 사항은 따로 법률로 정한다.

제26조(취업취약계층의 고용촉진 지원) ①

국가는 취업취약계층의 고용을 촉진하기 위하여 다음 각 호의 내용이 포함된 취업지원 프로그램에 따라 직업능력을 개발하게 하는 등 필요한 지원을 하여야 한다.
1. 취업취약계층의 능력·적성 등에 대한 진단
2. 취업의욕의 고취 및 직업능력의 증진
3. 집중적인 직업소개 등 지원
② 제1항에 따른 취업취약계층의 고용촉진에 필요한 사항은 따로 법률로 정한다.

제27조(일용근로자 등의 고용안정 지원) 국
가는 일용근로자와 파견근로자 등의 고용안정을 위하여 그 근로형태의 특성에 맞는 고용정보의 제공, 직업상담, 직업능력개발 기회의 확대, 그 밖에 필요한 조치를 하여야 한다.

제28조(사회서비스일자리 창출 및 사회적기
업 육성) ① 국가는 사회적으로 필요함에도 불구하고 수익성 등으로 인하여 시장에서 충분히 제공되지 못하는 교육, 보건, 사회복지, 환경, 문화 등 사회서비스 부문에서 법인·단체가 일자리를 창출하는 경우에는 이에 필요한 지원을 할 수 있다.
② 국가는 취업취약계층 등에 사회서비스 또는 일자리를 제공하여 지역주민의 삶의 질을 높이는 등의 사회적 목적을 추구하면서 재화 및 서비스의 생산·판매 등 영업활동을 하는 법인·단체를 사회적기업으로 육성하도록 노력하여야 한다.
③ 제2항에 따른 사회적기업의 육성에 필요한 사항은 따로 법률로 정한다.
[제목개정 2011.7.25.]

제29조(기업의 고용창출 등 지원) ① 국가
는 근로자의 고용기회를 확대하고 기업의 경쟁력을 높이기 위하여 기업의 고용창출, 고용유지 및 인력의 재배치 등 지원에 필요한 대책을 수립·시행하여야 한다.
② 직업안정기관의 장은 근로자의 모집·채용 또는 배치, 직업능력개발, 승진, 임금체계, 그 밖에 기업의 고용관리에 관하여 사업주, 근로자대표 또는 노동조합 등으로부터 지원 요청을 받으면 고용정보 등을 활용하여 상담·지도 등 필요한 지원을 하여야 한다.

제30조(중소기업 인력확보지원계획의 수립·

시행) ① 고용노동부장관은 중소기업의 인
력확보를 지원하기 위하여 작업환경의 개선, 복리후생시설의 확충, 그 밖에 고용관리의 개선 등을 지원하기 위한 계획(이하 "중소기업 인력확보지원계획"이라 한다)을 수립·시행할 수 있다. <개정 2010.6.4.>
② 고용노동부장관은 중소기업 인력확보지원계획을 수립하려면 미리 관계 중앙행정기관의 장과 협의하여야 한다. <개정 2010.6.4.>
③ 중소기업 인력확보지원계획의 수립·시행에 필요한 사항은 대통령령으로 정한다.

제31조(외국인근로자의 도입) ① 국가는 노
동시장에서의 원활한 인력수급을 위하여 외국인근로자를 도입할 수 있다. 이 경우 국가는 국민의 고용이 침해되지 아니하도록 노력하여야 한다.
② 제1항에 따른 외국인근로자의 도입 등에 필요한 사항은 따로 법률로 정한다.

제6장 고용조정지원 및
고용안정대책

제32조(업종별·지역별 고용조정의 지원 등)
① 고용노동부장관은 국내외 경제사정의 변화 등으로 고용사정이 급격히 악화되거나 악화될 우려가 있는 업종 또는 지역에 대하여 다음 각 호의 사항을 지원할 수 있다. <개정 2014.1.21.>
1. 사업주의 고용조정
2. 근로자의 실업 예방
3. 실업자의 재취업 촉진
4. 그 밖에 고용안정과 실업자의 생활안정을 위하여 필요한 지원
② 제1항에 따른 지원 조치에 필요한 사항은 대통령령으로 정한다.

제32조의2(고용재난지역의 선포 및 지원 등)
① 고용노동부장관은 대규모로 기업이 도산하거나 구조조정 등으로 지역의 고용안정에 중대한 문제가 발생하여 특별한 조치가 필요하다고 인정되는 지역에 대하여 고용재난지역으로 선포할 것을 대통령에게 건의할 수 있다.
② 제1항에 따라 고용재난지역의 선포를 건의받은 대통령은 국무회의의 심의를 거쳐 해당 지역을 고용재난지역으로 선포할 수 있다.

③ 고용노동부장관은 제1항에 따라 고용재난지역으로 선포할 것을 대통령에게 건의하기 전에 관계 중앙행정기관의 장과 합동으로 고용·재난조사단을 구성하여 실업 등 피해상황을 조사할 수 있다.

④ 제2항에 따라 고용재난지역으로 선포하는 경우 정부는 행정상·재정상·금융상의 특별지원이 포함된 종합대책을 수립·시행할 수 있다.

⑤ 제3항에 따른 고용재난조사단의 구성·운영 및 조사에 필요한 사항과 제4항에 따른 지원의 내용은 대통령령으로 정한다.
[본조신설 2014.1.21.]

제33조(대량 고용변동의 신고 등) ① 사업주는 생산설비의 자동화, 신설 또는 증설이나 사업규모의 축소, 조정 등으로 인한 고용량(雇傭量)의 변동이 대통령령으로 정하는 기준에 해당하는 경우에는 그 고용량의 변동에 관한 사항을 직업안정기관의 장에게 신고하여야 한다. 다만, 「근로기준법」 제24조제4항에 따른 신고를 한 경우에는 그러하지 아니하다.

② 직업안정기관의 장은 제1항에 따라 신고를 받으면 구인·구직정보를 확보하여 직업소개를 확대하고, 직업훈련기관으로 하여금 직업훈련을 실시하게 하는 등 실업자의 재취업 촉진 또는 해당 사업의 인력확보에 필요한 조치를 하여야 한다.

제34조(실업대책사업) ① 고용노동부장관은 산업별·지역별 실업 상황을 조사하여 다수의 실업자가 발생하거나 발생할 우려가 있는 경우나 실업자의 취업촉진 등 고용안정이 필요하다고 인정되는 경우에는 관계 중앙행정기관의 장과 협의하여 다음 각 호의 사항이 포함된 실업대책사업(이하 "실업대책사업"이라 한다)을 실시할 수 있다. <개정 2010.6.4.>

1. 실업자의 취업촉진을 위한 훈련의 실시와 훈련에 대한 지원
2. 실업자에 대한 생계비, 생업자금, 「국민건강보험법」에 따른 보험료 등 사회보험료, 의료비(가족의 의료비를 포함한다), 학자금(자녀의 학자금을 포함한다), 주택전세자금 및 창업점포임대 등의 지원
3. 실업의 예방, 실업자의 재취업 촉진, 그 밖에 고용안정을 위한 사업을 하는 자에 대한 지원

4. 고용촉진과 관련된 사업을 하는 자에 대한 대부(貸付)
5. 실업자에 대한 공공근로사업
6. 그 밖에 실업의 해소에 필요한 사업

② 고용노동부장관은 대통령령으로 정하는 바에 따라 실업대책사업의 일부를 「산업재해보상보험법」에 따른 근로복지공단(이하 "공단"이라 한다)에 위탁할 수 있다. <개정 2010.6.4.>

③ 제1항과 제2항을 적용할 때에 대통령령으로 정하는 무급휴직자(無給休職者)는 실업자로 본다.

④ 실업대책사업의 실시에 필요한 사항은 대통령령으로 정한다.

제35조(실업대책사업의 자금 조성 등) ① 공단은 제34조제2항에 따라 실업대책사업을 위탁받아 하는 경우에는 다음 각 호의 방법으로 해당 사업에 드는 자금을 조성한다.

1. 정부나 정부 외의 자의 출연(出捐) 또는 보조
2. 제36조에 따른 자금의 차입(借入)
3. 그 밖의 수입금

② 공단은 제1항에 따라 조성된 자금을 「근로복지기본법」 제87조에 따른 근로복지진흥기금의 재원으로 하여 관리·운용하여야 한다. <개정 2010.6.8.>

제36조(자금의 차입) 공단은 제34조제2항에 따라 위탁받은 실업대책사업을 실시하기 위하여 필요하다고 인정하면 고용노동부장관의 승인을 받아 자금을 차입(국제기구, 외국정부 또는 외국인으로부터의 차입을 포함한다)할 수 있다. <개정 2010.6.4.>

제37조(관계 기관의 협력) ① 고용노동부장관은 실업자의 고용안정이나 인력의 수급조절을 위하여 필요하다고 인정하면 관계 중앙행정기관의 장이나 지방자치단체의 장에게 그 소관 공사(工事)의 개시·정지 또는 근로자의 고용 등에 관하여 협력을 요청할 수 있다. <개정 2010.6.4.>

② 중앙행정기관 또는 지방자치단체의 장은 제1항에 따른 협력을 요청받은 경우 특별한 사유가 없으면 그 요청에 따라야 한다.

제7장 보칙

제38조(보고 및 검사) ① 고용노동부장관은 고용정보의 수집·제공, 고용관리 및 고용조정의 지원 등과 관련하여 필요하다고 인정하면 대통령령으로 정하는 바에 따라 사업주와 이 법에 따른 지원을 받았거나 받으려는 자에게 고용관리의 현황, 지원금의 사용 명세, 지원의 적합 여부 등 필요한 사항을 보고하게 할 수 있다. <개정 2010.6.4.>
② 고용노동부장관은 고용관리 및 고용조정의 지원과 관련하여 법 위반 사실의 확인 등이 필요하다고 인정하면 관계 공무원에게 사업주의 사무소 또는 사업장에 출입하여 관계자에게 질문하게 하거나 서류를 검사하게 할 수 있다. <개정 2010.6.4.>
③ 고용노동부장관은 제2항에 따라 검사하려면 해당 사업주에게 검사일시와 검사내용 등 검사에 필요한 사항을 미리 알려야 한다. 다만, 긴급히 처리할 필요가 있거나 미리 알릴 경우 그 목적을 달성할 수 없다고 인정하는 경우에는 그러하지 아니하다. <개정 2010.6.4.>
④ 제2항에 따라 검사를 하는 관계 공무원은 그 신분을 표시하는 증명서를 지니고 이를 관계자에게 보여주어야 한다.
⑤ 고용노동부장관은 제2항부터 제4항까지의 규정에 따라 검사를 한 경우에는 해당 사업주에게 그 결과를 서면으로 알려야 한다. <개정 2010.6.4.>

제39조(권한의 위임) 이 법에 따른 고용노동부장관의 권한은 대통령령으로 정하는 바에 따라 그 일부를 시·도지사나 직업안정기관의 장에게 위임할 수 있다. <개정 2010.6.4.>

제40조(위탁) ① 고용노동부장관은 제15조부터 제17조까지의 규정에 따른 고용정보 등의 수집·제공 등에 관한 업무의 일부를 제18조에 따른 한국고용정보원에 위탁할 수 있다. <개정 2010.6.4.>
② 국가나 지방자치단체는 제11조제4항에 따른 시설의 설치·운영에 관한 업무를 대통령령으로 정하는 비영리 법인·단체에 위탁할 수 있다.

제41조(벌칙) 제13조의4제6항 및 제18조제9항을 위반하여 직무상 알게 된 비밀을 누설하거나 다른 용도로 사용한 자는 10년 이하의 징역 또는 1억원 이하의 벌금에 처한다. <개정 2015.3.27.>

제42조(과태료) ① 다음 각 호의 어느 하나에 해당하는 자에게는 300만원 이하의 과태료를 부과한다.
1. 제33조제1항을 위반하여 신고를 하지 아니하거나 거짓으로 신고한 자
2. 제38조제1항에 따른 보고를 하지 아니하거나 거짓으로 보고한 자
3. 제38조제2항에 따른 질문에 대하여 답변을 거부·방해 또는 기피하거나 거짓으로 답변한 자 또는 같은 항에 따른 검사를 거부·방해 또는 기피한 자
② 제1항에 따른 과태료는 대통령령으로 정하는 바에 따라 고용노동부장관이 부과·징수한다. <개정 2010.6.4.>

부칙
<법률 제15522호, 2018.3.20.>
(공무원 재해보상법)

제1조(시행일) 이 법은 공포 후 6개월이 경과한 날부터 시행한다. <단서 생략>

제2조부터 제28조까지 생략

제29조(다른 법률의 개정) ① 및 ② 생략
③ 고용정책기본법 일부를 다음과 같이 개정한다. 제13조의3제2항제2호 중 "공무원연금"을 "공무원연금·공무원재해보상급여"로 한다.
④부터 ⑰까지 생략

제30조 생략

고용정책 기본법 시행령

[시행 2017.7.26.]
[대통령령 제28211호, 2017.7.26., 타법개정]

제1조(목적) 이 영은 「고용정책 기본법」에서 위임된 사항과 그 시행에 필요한 사항을 규정함을 목적으로 한다.

제2조(고용정책심의회 심의사항) ① 「고용정책 기본법」(이하 "법"이라 한다) 제10조제2항제5호다목에서 "대통령령으로 정하는 사항"이란 다음 각 호의 사항을 말한다. <개정 2012.8.22.>
1. 「사회적기업 육성법」 제5조에 따른 사회적기업육성기본계획에 따른 연도별 시행계획에 관한 사항
2. 「사회적기업 육성법」 제10조제2항에 따른 지원업무 위탁에 관한 사항
② 법 제10조제2항제10호에서 "대통령령으로 정하는 사항"이란 다음 각 호의 사항을 말한다. <개정 2010.7.12., 2012.8.22.>
1. 고용정책 추진실적의 평가에 관한 사항
2. 이 영에서 고용정책심의회의 심의를 거치도록 한 사항
3. 그 밖에 고용노동부장관이 필요하다고 인정하여 심의에 부치는 사항

제3조(고용정책심의회의 구성) ① 법 제10조제3항에서 "대통령령으로 정하는 관계 중앙행정기관의 차관 또는 차관급 공무원"이란 다음 각 호의 사람을 말한다. <개정 2010.3.15., 2013.3.23., 2014.11.19., 2017.7.26.>
1. 기획재정부 제1차관, 교육부차관, 과학기술정보통신부 제1차관, 행정안전부차관, 산업통상자원부차관, 보건복지부, 여성가족부, 국토교통부 제1차관 및 중소벤처기업부차관
2. 제1호에 따른 사람 외에 고용정책심의회(이하 "정책심의회"라 한다)의 위원장이 안건 심의를 위하여 필요하다고 인정하여 위촉한 관계 중앙행정기관의 차관 또는 차관급 공무원
② 제1항제2호에 따른 위촉위원은 정책심의회의 위원장이 지정하는 심의 사항에 대해서만 위원의 자격을 가진다.

제4조(임기) 법 제10조제3항에 따른 위촉위원의 임기는 2년으로 한다. 다만, 보궐위원의 임기는 전임자 임기의 남은 기간으로 한다.

제5조(위원장의 직무) ① 정책심의회의 위원장은 정책심의회를 대표하며, 정책심의회의 사무를 총괄한다.
② 위원장이 부득이한 사유로 직무를 수행할 수 없을 때에는 위원장이 지명하는 위원이 그 직무를 대행한다.

제6조(회의) ① 정책심의회의 위원장은 정책심의회의 회의를 소집하고, 그 의장이 된다.
② 회의는 재적위원 과반수의 출석으로 개의(開議)하고 출석위원 과반수의 찬성으로 의결한다.

제7조(전문위원회) ① 법 제10조제4항에 따라 정책심의회에 다음 각 호의 전문위원회를 둔다.
1. 사회적기업육성전문위원회
2. 적극적고용개선전문위원회
3. 장애인고용촉진전문위원회
4. 근로복지전문위원회
5. 건설근로자고용개선전문위원회
② 제1항 각 호에 따른 전문위원회(이하 "전문위원회"라 한다)는 위원장 1명을 포함한 20명 이내의 위원으로 구성한다.
③ 전문위원회의 위원은 다음 각 호의 어느 하나에 해당하는 사람 중에서 정책심의회의 위원장이 임명하거나 위촉하고, 전문위원회의 위원장은 전문위원회의 위원 중에서 정책심의회의 위원장이 지명한다.
1. 전문위원회의 심의 사항과 관련된 지식과 경험이 있는 근로자 대표 및 사업주 대표
2. 전문위원회의 심의 사항에 대한 지식과 경험이 풍부한 사람
3. 관계 중앙행정기관의 3급 공무원 또는 고위공무원단에 속하는 공무원
④ 전문위원회의 위원장은 안건 심의를 위하여 필요한 경우에는 제3항에 따른 위원 외에 정책심의회의 위원장이 정하는 관련 전문가, 관계 중앙행정기관의 3급 공무원 또는 고위공무원단에 속하는 공무원을 특별위원으로 위촉할 수 있다.
⑤ 정책심의회는 법 제10조제5항에 따라 같은 조 제2항의 심의 사항 중 일부를 다음 각 호와 같이 전문위원회에 위임한다. <개정 2010.7.12., 2012.8.22.>

1. 법 제10조제2항제5호의 사항: 사회적 기업육성전문위원회
2. 법 제10조제2항제6호의 사항: 적극적 고용개선전문위원회
3. 법 제10조제2항제7호의 사항: 장애인 고용촉진전문위원회
4. 법 제10조제2항제8호의 사항: 근로자 복지전문위원회
5. 「건설근로자의 고용개선 등에 관한 법률」 제3조제3항에 따라 건설근로자 고용개선 기본계획의 수립·변경과 관련하여 고용노동부장관이 심의를 요청하는 사항: 건설근로자고용개선전문위원회
⑥ 전문위원회의 위원장은 전문위원회가 심의한 사항을 정책심의회에 보고하여야 한다.
⑦ 전문위원회에 관하여는 제4조부터 제6조까지의 규정을 준용한다.

제8조(조사·연구위원) ① 정책심의회에 고용정책에 관한 사항을 조사·연구할 9명 이내의 조사·연구위원을 둘 수 있다.
② 조사·연구위원은 고용정책에 관한 학식과 경험이 풍부한 사람 중에서 고용노동부장관이 위촉한다. <개정 2010.7.12.>

제9조(협조의 요청) 정책심의회 또는 전문위원회(이하 "심의회등"이라 한다)는 안건의 심의를 위하여 필요하다고 인정하는 경우에는 관계 행정기관 또는 단체에 자료 제출을 요청하거나 관계 공무원이나 전문가 등 관계인을 출석시켜 의견을 들을 수 있다.

제10조(위원의 수당) 심의회등의 회의에 출석하거나 회의 안건에 대한 검토의견을 제출한 위원 및 조사·연구위원에게는 예산의 범위에서 수당과 여비를 지급할 수 있다. 다만, 공무원인 위원이 그 소관 업무와 직접 관련되어 회의에 출석하거나 회의 안건에 대한 검토의견을 제출한 경우에는 수당과 여비를 지급하지 아니한다.

제11조(간사) ① 심의회등에는 각각 간사 1명을 둔다.
② 제1항에 따른 간사는 고용노동부 소속 공무원 중에서 고용노동부장관이 임명한다. <개정 2010.7.12.>

제12조(운영세칙) 이 영에서 규정한 사항 외에 심의회등의 운영에 필요한 사항은 해당 심의회등의 의결을 거쳐 심의회등의 위원장이 정한다.

제13조(지역고용심의회의 구성) ① 법 제10조제1항에 따른 지역고용심의회(이하 "지역고용심의회"라 한다)는 위원장 1명을 포함한 20명 이내의 위원으로 구성한다.
② 위원장은 특별시장·광역시장·도지사 또는 특별자치도지사(이하 "시·도지사"라 한다)가 되고, 위원은 다음 각 호의 사람이 된다. 다만, 제2호의 직업안정기관의 장이 지청장인 경우에는 고용노동부장관이 업무 관할 등을 고려하여 지명하는 지방고용노동청장을 위원으로 할 수 있다. <개정 2010.7.12., 2016.1.22.>
1. 다음 각 목의 사람 중에서 시·도지사가 임명하거나 위촉하는 사람
   가. 근로자 대표 및 사업주 대표
   나. 고용문제에 관한 지식과 경험이 풍부한 사람 및 관계 공무원
2. 특별시·광역시 또는 도의 청사 소재지를 관할하는 직업안정기관(제주특별자치도의 경우에는 「제주특별자치도 설치 및 국제자유도시 조성을 위한 특별법」 제395조제1항에 따라 제주특별자치도지사 소속으로 설치되는 직업안정기관을 말한다. 이하 같다)의 장

제14조(지역고용심의회의 기능) 지역고용심의회는 다음 각 호의 사항을 심의한다.
1. 법 제9조제1항에 따른 지역고용정책기본계획의 수립·시행에 관한 사항
2. 특별시·광역시·도 또는 특별자치도(이하 "시·도"라 한다)의 고용촉진, 직업능력개발 및 실업대책에 관한 중요사항
3. 그 밖에 고용문제와 관련하여 시·도지사 또는 직업안정기관의 장이 심의에 부치는 사항

제15조(지역고용심의회의 전문위원회) ① 지역고용심의회의 심의 사항을 보다 전문적으로 연구·심의하기 위하여 지역고용심의회에 위원장 1명을 포함한 10명 이내의 위원으로 구성하는 전문위원회를 둘 수 있다.
② 제1항의 전문위원회의 위원은 다음 각 호의 어느 하나에 해당하는 사람 중에서 시·도지사가 임명하거나 위촉하고, 위원장은 제1항의 전문위원회의 위원 중에서 시·도지사가 지명한다.
1. 고용정책에 관한 지식과 경험이 있는

근로자 대표 및 사업주 대표
2. 고용정책에 관한 지식과 경험이 풍부한 사람
3. 고용정책을 담당하는 관계 행정기관의 공무원
③ 제1항의 전문위원회는 지역고용심의회가 전문위원회에 요구한 사항을 연구하거나 심의하고 전문위원회의 위원장은 그 결과를 지역고용심의회에 보고하여야 한다.

제16조(지역고용심의회의 실무위원회) ① 지역고용심의회의 회의에 부칠 안건을 검토·조정하고 그 밖에 지역고용심의회의 운영을 지원하기 위하여 지역고용심의회에 위원장 2명을 포함한 10명 이내의 위원으로 구성하는 실무위원회를 둔다.
② 실무위원회의 위원은 고용정책 관련 행정기관의 관계 공무원과 고용정책 관련 기관의 장 중에서 시·도지사가 임명하거나 위촉한다.
③ 실무위원회의 위원장은 다음 각 호의 사람이 공동으로 수행한다.
1. 직업안정기관의 장 또는 직업안정기관에 속하는 고용정책 관련 부서장
2. 지역고용심의회 위원장이 속하는 시·도의 고용정책 관련 부서장
④ 실무위원회에 지역의 인력 수급 상황 등을 조사·연구할 5명 이내의 조사·연구위원을 둘 수 있다. 이 경우 조사·연구위원은 고용정책에 관한 학식과 경험이 풍부한 사람 중에서 시·도지사가 위촉한다.

제17조(지역고용심의회의 시·군·구 고용심의회) ① 지역고용심의회의 심의 사항 중 하나 또는 둘 이상의 시·군·구(자치구를 말한다. 이하 같다)에 관련된 사항을 심의하기 위하여 필요하다고 인정하는 경우에는 지역고용심의회의 의결을 거쳐 지역고용심의회에 시·군·구 고용심의회를 둘 수 있다.
② 시·군·구 고용심의회의 위원장은 제1항의 심의가 필요한 그 지역의 시장·군수·구청장(자치구의 구청장을 말한다. 이하 같다)이 된다. 다만, 둘 이상의 시·군·구에 관련된 사항을 심의하기 위하여 시·군·구 고용심의회를 두는 경우에는 지역고용심의회의 위원장이 관련 지역의 시장·군수·구청장 중에서 단독 또는 공동 위원장을 지명한다.
③ 시·군·구 고용심의회의 위원은 제13

조제2항제1호 각 목의 사람 중에서 시·군·구 고용심의회 위원장의 추천을 받아 시·도지사가 임명하거나 위촉한다.
④ 시·군·구 고용심의회의 위원장은 시·군·구 고용심의회가 심의한 내용과 심의 결과를 지역고용심의회에 보고하여야 한다.

제18조(지역고용심의회의 운영세칙) ① 이 영에서 규정한 사항 외에 지역고용심의회, 지역고용심의회의 전문위원회 및 실무위원회의 구성·운영에 필요한 사항은 지역고용심의회의 의결을 거쳐 지역고용심의회의 위원장이 정한다.
② 시·군·구 고용심의회의 위원장은 이 영과 제1항에 따라 지역고용심의회의 위원장이 정한 운영세칙에 따라 시·군·구 고용심의회의 구성·운영에 필요한 사항을 따로 정할 수 있다.

제19조(준용) 지역고용심의회 및 지역고용심의회의 전문위원회, 실무위원회, 시·군·구 고용심의회에 관하여는 제4조부터 제6조까지의 규정, 제9조 및 제10조를 준용한다.

제20조(지역고용심의회 등의 운영 지원) 국가나 지방자치단체는 지역고용심의회 및 지역고용심의회의 전문위원회, 실무위원회, 시·군·구 고용심의회의 원활한 운영을 위하여 위원의 수당 등 운영에 필요한 경비를 예산의 범위에서 지원할 수 있다.

제21조(고용서비스 제공 시설의 설치·운영) 국가나 지방자치단체가 법 제11조제4항에 따라 취업취약계층에 대한 법 제6조제1항제10호에 따른 고용서비스(이하 "고용서비스"라 한다) 제공에 필요한 시설을 설치·운영할 때에는 취업취약계층에 대하여 특화된 고용서비스 제공에 필요한 전문인력 등을 갖추어야 하며, 취업취약계층이 접근하기 쉬운 곳에 고용서비스 제공에 필요한 시설을 설치·운영하여야 한다.

제22조(고용영향평가 대상 정책 등) ① 법 제13조제2항에 따른 고용영향평가(이하 "고용영향평가"라 한다)의 대상을 선정할 때에는 해당 정책이 노동시장에 미치는 영향 및 그 정도, 평가의 가능성과 정책 분석·평가의 시급성 등을 종합적으로 고려하여야 한다.

② 관계 중앙행정기관의 장 또는 지방자치단체의 장이 법 제13조제2항제1호에 따라 고용영향평가를 요청하려면 정책명, 정책의 개요 및 기대효과, 고용영향평가의 필요성 등이 포함된 고용영향평가 요청서를 고용노동부장관에게 제출하여야 한다.
③ 법 제13조제2항제4호에서 "대통령령으로 정하는 정책"이란 다음 각 호의 정책을 말한다.
1. 「국가재정법」 제38조에 따른 예비타당성조사 대상 사업으로서 고용노동부장관이 기획재정부장관과 협의를 거쳐 고용영향평가를 하기로 결정한 사업
2. 국회가 그 의결로 고용영향평가의 실시를 요구한 정책
[전문개정 2014.7.21.]

제22조의2(고용영향평가의 결과 등) ① 고용영향평가의 결과에는 다음 각 호의 사항이 포함되어야 한다.
1. 해당 정책의 시행에 따른 고용과의 연계성 및 고용창출의 경로
2. 해당 정책으로 인하여 예상되거나 발생한 일자리의 증감
3. 해당 정책으로 인하여 발생하거나 발생이 예상되는 관련 노동시장에서의 고용의 질 변화
4. 일자리의 증감이나 고용의 질에 긍정적 영향을 높이기 위한 정책 제언 및 개선권고
② 고용노동부장관은 제1항에 따른 고용영향평가의 결과를 정책심의회에 보고하고, 소관 중앙행정기관의 장 또는 지방자치단체의 장에게 통보하여야 한다.
[본조신설 2014.7.21.]

제22조의3(정책제언 및 개선권고) ① 법 제13조제5항에 따라 소관 정책에 관하여 제언 또는 개선 권고를 받은 관계 중앙행정기관의 장 또는 지방자치단체의 장은 제언 또는 개선 권고를 받은 날부터 30일 이내에 제언 또는 개선 권고에 대한 개선대책을 수립하여 이를 고용노동부장관에게 제출하여야 한다.
② 제1항에 따라 개선대책을 수립한 관계 중앙행정기관의 장 또는 지방자치단체의 장은 개선대책의 시행이 종료된 후 지체 없이 그 결과를 고용노동부장관에게 통보하여야 한다.
[본조신설 2014.7.21.]

제23조(고용영향평가의 대행) 고용노동부장관은 법 제13조제8항 각 호의 기관 중 어느 하나를 고용영향평가 대행기관으로 지정하여 고시한다. <개정 2010.7.12., 2014.7.21.>
[제목개정 2014.7.21.]

제24조(전문기관에 대한 자문 등) ① 고용노동부장관은 법 제15조에 따른 고용·직업 정보의 수집 및 제공, 법 제16조에 따른 인력의 수급 동향 등에 관한 자료의 작성, 그 밖에 필요한 사항에 대하여 전문기관에 자문하거나 조사·연구를 의뢰할 수 있다. <개정 2010.7.12.>
② 고용노동부장관은 제1항에 따라 자문하거나 조사·연구를 의뢰한 경우에는 그 자문에 대한 답변과 조사·연구에 드는 비용의 전부 또는 일부를 예산의 범위에서 그 전문기관에 지급할 수 있다. <개정 2010.7.12.>

제25조(재정지원에 의한 일자리에 대한 정보통신망의 구축·운영) ① 고용노동부장관은 법 제15조제3항에 따라 같은 조 제1항의 재정지원에 의한 일자리에 대한 정보통신망(이하 "재정지원일자리정보통신망"이라 한다)을 구축·운영하기 위하여 매년 정부의 사업 중 재정지원일자리정보통신망을 통하여 관리하여야 할 재정지원에 의한 일자리 관련 사업을 관계 중앙행정기관의 장과 협의를 거쳐 결정하고, 이를 관계 중앙행정기관의 장에게 통보하여야 한다. <개정 2010.7.12.>
② 제1항에 따라 재정지원일자리정보통신망을 통한 관리대상으로 결정된 일자리 관련 사업을 수행하는 중앙행정기관의 장은 재정지원일자리정보통신망의 운영에 필요한 정보를 입력하여야 한다.
③ 고용노동부장관은 재정지원일자리정보통신망을 구축·운영하기 위하여 필요한 경우에는 관계 중앙행정기관의 공무원 등으로 협의체를 구성하여 운영할 수 있다. <개정 2010.7.12.>

제26조(자료의 제공 요청) 고용노동부장관은 법 제15조제3항에 따라 고용 관련 정보통신망을 구축·운영하기 위하여 필요하다고 인정하면 관계 행정기관의 장에게 필요한 자료의 제공을 요청할 수 있다. <개정 2010.7.12.>

제26조의2(고용형태 현황 공시 의무 사업주) ① 법 제15조의2제1항에서 "대통령령으로 정하는 수 이상의 근로자를 사용하는 사업주"란 상시 300명 이상의 근로자를 사용하는 사업주를 말한다.
② 제1항의 상시 사용하는 근로자 수는 「고용보험 및 산업재해보상보험의 보험료징수 등에 관한 법률 시행령」 제2조제1항제3호에 따른 상시근로자수의 산정방법에 따라 산정한다. <개정 2015.2.26.>
[본조신설 2013.6.11.]

제27조(인력의 수급 동향 등에 관한 자료의 작성) ① 고용노동부장관은 법 제16조에 따른 인력의 수급 동향 등에 관한 자료를 작성할 때에는 관계 중앙행정기관의 장이 작성하는 인력의 수급 동향 등과 관련된 자료를 고려하여야 한다. <개정 2010.7.12.>
② 중앙행정기관의 장은 인력의 수급 동향 등에 관한 자료를 작성할 때에는 제1항에 따라 고용노동부장관이 작성하는 인력의 수급 동향 등에 관한 자료를 고려하여야 한다. <개정 2010.7.12.>
③ 고용노동부장관은 제1항과 제2항에 따라 작성되는 인력의 수급 동향 등에 관한 자료 간의 정합성(整合性)을 높이기 위하여 관계 중앙행정기관의 공무원으로 구성하는 협의체를 설치·운영할 수 있다. <개정 2010.7.12.>
④ 고용노동부장관은 제3항에 따른 협의체의 설치·운영에 관한 규정을 따로 정할 수 있다. <개정 2010.7.12.>

제27조의2(한국잡월드의 수익사업) ① 법 제18조의2제4항에 따라 한국잡월드가 할 수 있는 수익사업은 다음 각 호와 같다.
1. 한국잡월드 입장권 및 체험관람권의 판매
2. 한국잡월드 시설의 임대
3. 기념품의 제작·판매
4. 직업진로설계 프로그램 운영
5. 한국잡월드 시설물을 이용한 광고
6. 그 밖에 고용노동부장관이 한국잡월드의 사업 수행을 위한 경비 조달을 위하여 필요하다고 인정하는 사업
② 한국잡월드는 법 제18조의2제4항에 따라 수익사업을 하려는 경우 전년도 12월 31일까지 해당 연도 수익사업 계획서를 고용노동부장관에게 제출하여 승인을 받아야 한다. 승인받은 수익사업 계획을 변경하려는 경우에도 미리 승인을 받아야 한다.
③ 한국잡월드는 수익사업의 실적서 및 결산서를 다음 연도 3월 31일까지 고용노동부장관에게 제출하여야 한다.
[본조신설 2012.8.22.]

제28조(중소기업 인력확보지원계획) ① 법 제30조에 따른 중소기업 인력확보지원계획에는 다음 각 호의 사항이 포함되어야 한다. <개정 2010.7.12.>
1. 중소기업의 고용 동향에 관한 사항
2. 중소기업의 작업환경, 복리후생시설, 그 밖에 고용관리의 현황 및 개선 등에 관한 사항
3. 중소기업 지원의 대상·내용 및 절차에 관한 사항
4. 중소기업 지원 관련 법령에 따른 자금 지원 및 비용 부담에 관한 사항
5. 제2호부터 제4호까지의 사항에 관련된 것으로서 고용노동부장관이 특히 필요하다고 인정하는 사항
② 고용노동부장관은 제1항에 따라 수립된 중소기업 인력확보지원계획을 원활히 시행하기 위하여 필요하다고 인정하는 경우에는 관계 행정기관의 장에게 지원을 요청할 수 있다. <개정 2010.7.12.>
③ 제2항에 따라 지원을 요청받은 행정기관의 장은 그 요청에 대한 처리계획과 결과를 고용노동부장관에게 통보(전자문서에 의한 통보를 포함한다)하여야 한다. <개정 2010.7.12.>

제29조(지원대상 업종 및 지역 등) ① 법 제32조에 따라 고용조정 지원 등이 필요한 업종 또는 지역은 다음 각 호의 업종 또는 지역 중에서 고용노동부장관이 정하여 고시한 기준에 따라 지정·고시하는 업종 또는 지역으로 한다. <개정 2010.7.12., 2012.8.22.>
1. 사업의 전환이나 사업의 축소·정지·폐업으로 인하여 고용량이 현저히 감소하거나 감소할 우려가 있는 업종
2. 제1호의 업종이 특정 지역에 밀집되어 그 지역의 고용사정이 현저히 악화되거나 악화될 우려가 있는 지역으로서 그 지역 근로자의 실업 예방 및 재취업 촉진 등의 조치가 필요하다고 인정되는 지역
3. 많은 구직자가 다른 지역으로 이동하거나 구직자의 수에 비하여 고용기회가 현저히 부족한 지역으로서 그 지역의 고용

개발을 위한 조치가 필요하다고 인정되는 지역

② 고용노동부장관이 제1항에 따라 업종이나 지역을 지정·고시하는 경우에는 그 업종 또는 지역에 대한 고용조정 지원 등을 하는 기간을 함께 고시하여야 한다. <개정 2010.7.12.>

③ 고용노동부장관이 제1항에 따라 업종이나 지역을 지정·고시할 때에는 미리 관계 중앙행정기관의 장과 협의한 후 정책심의회의 심의를 거쳐야 한다. <개정 2010.7.12.>

제30조(고용조정 지원 등) ① 고용노동부장관은 제29조에 따라 지정된 업종 또는 지역의 「고용보험법」에 따른 피보험자 및 피보험자였던 사람, 그 밖에 취업할 의사를 가진 사람과 「고용보험법」을 적용받는 사업주에 대하여 「고용보험법」에 따른 고용안정·직업능력개발 사업을 함으로써 필요한 지원을 할 수 있다. <개정 2010.7.12., 2014.7.21.>

② 국가와 지방자치단체는 제29조에 따라 지정된 업종 또는 지역의 사업주 중 「고용보험법」을 적용받지 아니하는 사업주에 대하여 필요하다고 인정하는 경우에는 예산의 범위에서 지원을 할 수 있다. 이 경우 그 지원의 내용·기준·절차와 그 밖에 필요한 사항은 정책심의회의 심의를 거쳐 고용노동부장관이 정한다. <개정 2010.7.12.>

③ 고용노동부장관은 법 제32조에 따른 고용조정의 지원 등이 「산업발전법」 제33조에 따라 「중소기업진흥에 관한 법률」에 따른 중소기업창업 및 진흥기금을 사용하는 사업에 해당하는 경우에는 산업통상자원부장관에게 그 기금으로부터의 지원을 요청할 수 있다. <개정 2010.7.12., 2013.3.23.>

제30조의2(고용재난조사단 구성 및 운영 등) ① 법 제32조의2제3항에 따른 고용재난조사단(이하 "고용재난조사단"이라 한다)은 단장 1명을 포함하여 15명 이하의 단원으로 구성한다.

② 단장은 고용노동부 소속의 고위공무원단에 속하는 공무원으로 하고, 단원은 고용노동부 및 관계 중앙행정기관의 소속 공무원과 고용·노동 등의 분야에 관한 전문지식과 경험이 풍부한 민간 전문가로서 고용노동부장관이 지명하는 사람으로 한다.

③ 고용재난조사단은 실업 등 피해의 규모 및 실태, 필요한 지원의 내용 등에 관하여 조사한 후 고용노동부장관 및 관계 중앙행정기관의 장에게 그 결과를 보고하여야 한다.

④ 고용재난조사단은 실업 등 피해상황 조사에 필요한 경우 도산·실업 등이 발생한 사업의 사업주, 관계 중앙행정기관의 장 및 지방자치단체의 장 등에게 관련 자료의 제출을 요청할 수 있다. 이 경우 자료의 제출을 요청받은 사업주 등은 특별한 사유가 없으면 그 요청에 따라야 한다.

⑤ 제1항부터 제4항까지에서 규정한 사항 외에 고용재난조사단의 구성 및 운영에 필요한 사항은 고용노동부장관이 관계 중앙행정기관의 장과 협의하여 정한다.
[본조신설 2014.7.21.]

제30조의3(고용재난지역에 대한 지원) 법 제32조의2제4항에 따른 고용재난 극복에 필요한 행정상·재정상·금융상의 특별지원 내용은 다음 각 호와 같다. <개정 2015.5.26.>
1. 「국가재정법」 제51조에 따른 예비비의 사용 및 「지방재정법」 제58조에 따른 특별지원
2. 「중소기업진흥에 관한 법률」에 따른 중소기업창업 및 진흥기금에서의 융자 요청 및 「신용보증기금법」에 따른 신용보증기금의 우선적 신용보증과 보증조건 우대의 요청
3. 「소상공인 보호 및 지원에 관한 법률」 제14조에 따른 소상공인을 대상으로 한 조세 관련 법령에 따른 조세감면
4. 「고용보험 및 산업재해보상보험의 보험료 징수 등에 관한 법률」 제28조에 따른 고용보험·산업재해보상보험 보험료 또는 징수금 체납처분의 유예 및 같은 법 제39조에 따른 납부기한의 연장
5. 중앙행정기관 및 지방자치단체가 실시하는 일자리사업에 대한 특별지원
6. 그 밖에 고용재난지역의 고용안정 및 일자리 창출 등을 위하여 필요한 지원
[본조신설 2014.7.21.]

제31조(대량 고용변동의 신고기준 등) 법 제33조제1항 본문에서 "대통령령으로 정하는 기준"이란 1개월 이내에 이직하는 근로자의 수가 다음 각 호의 구분에 따른 기준에 해당하는 경우를 말한다. 다만, 이직하는 근로자가 고용노동부령으로 정하는 기준에 해당하는 경우는 제외한다. <개정 2010.7.12.>

1. 상시 근로자 300명 미만을 사용하는 사업 또는 사업장: 30명 이상
2. 상시 근로자 300명 이상을 사용하는 사업 또는 사업장: 상시 근로자 총수의 100분의 10 이상

제32조(실업대책사업) ① 고용노동부장관은 법 제34조에 따른 실업대책사업의 실시를 위한 실업대책을 수립할 때에는 그 실업대책의 시행 주체, 종류, 규모 및 시기를 정하여야 한다. <개정 2010.7.12.>
② 법 제34조에 따른 실업대책사업에는 다음 각 호의 어느 하나에 해당하는 사업이 포함되어야 한다.
1. 많은 인력을 사용하는 사업
2. 많은 실업자가 발생하거나 발생할 우려가 있는 지역에서 시행되는 사업
3. 고용 상황의 변화에 따라 쉽게 규모를 변경하거나 그만둘 수 있는 사업

제33조(공공근로사업 참여자에 대한 급여의 지급) 고용노동부장관은 법 제34조제1항제5호에 따른 공공근로사업을 실시할 때에 다음 각 호의 요건을 모두 갖춘 경우에는 그 사업에 참여하는 사람에게 급여의 일부를 통화 외의 것으로 지급할 수 있다. <개정 2010.7.12.>
1. 긴급하게 소비 진작과 지역경제의 활성화 등을 고려할 필요가 있다고 인정되는 경우일 것
2. 급여의 일부를 통화 외의 것으로 지급하는 것에 대하여 그 사업에 참여하는 사람의 동의를 받았을 것

제34조(그 밖의 실업대책사업) 고용노동부장관은 법 제34조제1항제6호에 따라 실업의 해소와 실업자의 생활안정을 위하여 다음 각 호의 실업대책사업을 실시할 수 있다. <개정 2010.7.12.>
1. 공익사업을 하여 실업자를 고용하는 취로(就勞)사업 등 고용촉진사업을 하는 비영리법인 및 단체 등에 대한 지원
2. 그 밖에 실업대책사업의 일환으로 실업자 및 그 가족에게 생계 지원이나 의료 지원 등 생활안정 지원사업을 하는 비영리법인 및 단체 등에 대한 지원

제35조(실업대책사업의 위탁 등) ① 고용노동부장관은 법 제34조제2항에 따라 다음 각 호의 사업을 「산업재해보상보험법」에 따른 근로복지공단(이하 "공단"이라 한다)에 위탁할 수 있다. <개정 2010.7.12.>
1. 법 제34조제1항제2호에 따른 실업자 지원사업
2. 법 제34조제1항제4호에 따른 고용촉진과 관련된 사업을 하는 자에 대한 대부(貸付)사업
3. 제34조 각 호에 따른 실업대책사업
② 고용노동부장관은 제1항에 따라 실업대책사업을 공단에 위탁하는 경우에는 일반회계에서 위탁 수수료를 지급할 수 있다. <개정 2010.7.12.>

제36조(실업자로 보는 무급휴직자의 범위) 법 제34조제3항에서 "대통령령으로 정하는 무급휴직자(無給休職者)"란 6개월 이상 기간을 정하여 무급으로 휴직하는 사람을 말한다.

제37조(공공사업 등에의 재취업 촉진) ① 고용노동부장관은 법 제34조에 따른 실업대책사업을 위하여 필요하다고 인정하는 경우에는 다음 각 호의 자에게 직업안정기관에 구직 등록을 한 실직자를 고용하도록 요청할 수 있다. <개정 2010.7.12.>
1. 국가·지방자치단체가 실시하는 사업의 수행자
2. 국가·지방자치단체가 출연하거나 출자한 기관이 실시하는 사업의 수행자
3. 국가·지방자치단체의 보조를 받아 실시하는 사업의 시행 주체
② 고용노동부장관은 취로사업을 하는 지방자치단체에 대하여 직업안정기관에 구직 등록을 한 장기 구직자에게 취로 기회를 주도록 요청할 수 있다. <개정 2010.7.12.>

제38조(직업능력 개발훈련의 조정) 고용노동부장관은 실업자의 신속하고 효과적인 직업능력 개발훈련을 위하여 필요하다고 인정하는 경우에는 공공직업훈련 시설에 그 훈련시기의 조정, 훈련기간의 단축, 훈련직종의 조정, 위탁훈련의 범위 조정 등을 요청할 수 있다. <개정 2010.7.12.>

제39조(출연금의 지급) ① 법 제35조제1항제1호에 따라 정부가 공단에 출연금을 지급할 때에는 고용노동부장관이 이를 예산에 계상(計上)하여 지급하여야 한다. <개정 2010.7.12.>

② 고용노동부장관은 제1항에 따른 출연금 예산이 확정되면 그 내용을 공단에 통지(전자문서에 의한 통지를 포함한다)하여야 한다. <개정 2010.7.12.>

③ 공단은 출연금을 받으려면 지급신청서에 분기별 사업계획서와 분기별 예산집행계획서를 첨부하여 고용노동부장관에게 제출(전자문서에 의한 제출을 포함한다)하여야 한다. <개정 2010.7.12.>

④ 고용노동부장관은 제3항에 따른 지급신청서를 받은 경우 그 분기별 사업계획 및 분기별 예산집행계획이 타당하다고 인정될 때에는 그 계획에 따라 출연금을 지급하여야 한다. <개정 2010.7.12.>

제40조(자금의 차입) 공단은 법 제36조에 따라 자금의 차입을 승인받으려면 다음 각 호의 사항이 포함된 승인신청서를 고용노동부장관에게 제출(전자문서에 의한 제출을 포함한다)하여야 한다. <개정 2010.7.12.>
1. 차입 사유 및 차입 금액(물자 도입인 경우에는 물자의 종류·수량 및 가격)
2. 차입처
3. 차입조건
4. 차입금의 상환방법 및 상환기한
5. 그 밖에 자금의 차입 및 상환에 필요한 사항

제41조(보고 및 검사) ① 고용노동부장관은 법 제38조제1항에 따른 보고를 요구할 때에는 7일 이상의 기간을 주어야 한다. 다만, 긴급한 경우에는 그러하지 아니하다. <개정 2010.7.12.>

② 제1항에 따른 보고의 요구는 문서(전자문서를 포함한다)로 하여야 한다.

제42조(권한의 위임) 고용노동부장관은 법 제39조에 따라 다음 각 호의 사항에 관한 권한을 직업안정기관의 장에게 위임한다. <개정 2010.7.12.>
1. 법 제38조에 따른 보고 및 검사
2. 법 제42조에 따른 과태료의 부과 및 징수
3. 제37조에 따른 공공사업 등에의 재취업 촉진

제43조(업무의 위탁) 법 제40조제2항에서 "대통령령으로 정하는 비영리 법인·단체"란 다음 각 호에 해당하는 법인·단체를 말한다. <개정 2010.7.12.>

1. 법 제18조에 따른 한국고용정보원
2. 공단
3. 「장애인고용촉진 및 직업재활법」에 따른 한국장애인고용촉진공단
4. 「민법」 제32조에 따라 고용노동부장관의 허가를 받아 설립된 사단법인 한국경영자총협회
5. 「영유아보육법」 제24조제2항 각 호에 해당하는 비영리 법인·단체
6. 그 밖에 근로자에 대한 고용서비스를 제공하는 비영리 법인 또는 단체 중 고용노동부장관이 지정·고시하는 법인 또는 단체

제43조의2(고유식별정보의 처리) ① 고용노동부장관(법 제40조에 따라 고용노동부장관의 업무를 위탁받은 자를 포함한다)은 다음 각 호의 사무를 수행하기 위하여 불가피한 경우 「개인정보 보호법 시행령」 제19조제1호 또는 제4호에 따른 주민등록번호 또는 외국인등록번호가 포함된 자료를 처리할 수 있다.
1. 법 제13조의2제1항제7호에 따른 재정지원 일자리사업을 통합 관리하는 정보전산망 운영에 관한 사무
2. 법 제15조에 따른 고용·직업 정보의 수집 및 제공에 관한 사무
3. 법 제23조에 따른 구직자와 구인자에 대한 고용서비스 제공 및 지원 등에 관한 사무
4. 법 제26조에 따른 취업취약계층의 고용촉진 지원에 관한 사무
5. 법 제29조에 따른 기업의 고용창출 등 지원에 관한 사무
6. 법 제33조에 따른 대량 고용변동의 신고 및 이에 대한 조치에 관한 사무

② 중앙행정기관의 장 및 지방자치단체의 장(중앙행정기관의 장 및 지방자치단체의 장의 업무를 위탁받은 기관 및 단체를 포함한다)은 법 제13조의2제2항에 따른 재정지원 일자리사업의 통합 정보전산망 관리 등에 관한 사무를 수행하기 위하여 불가피한 경우 「개인정보 보호법 시행령」 제19조제1호 또는 제4호에 따른 주민등록번호 또는 외국인등록번호가 포함된 자료를 처리할 수 있다.
[전문개정 2015.1.12.]

제43조의3(규제의 재검토) 고용노동부장관

은 제26조의2에 따른 고용형태 현황 공시 의무 사업주에 대하여 2014년 1월 1일을 기준으로 3년마다(매 3년이 되는 해의 1월 1일 전까지를 말한다) 그 타당성을 검토하여 개선 등의 조치를 하여야 한다. [본조신설 2013.12.30.]

제44조(과태료의 부과기준) 법 제42조제1항에 따른 과태료의 부과기준은 별표와 같다.

부칙
<제28211호, 2017.7.26.>
(행정안전부와 그 소속기관 직제)

제1조(시행일) 이 영은 공포한 날부터 시행한다. 다만, 부칙 제8조에 따라 개정되는 대통령령 중 이 영 시행 전에 공포되었으나 시행일이 도래하지 아니한 대통령령을 개정한 부분은 각각 해당 대통령령의 시행일부터 시행한다.

제2조부터 제7조까지 생략

제8조(다른 법령의 개정) ①부터 <260>까지 생략
<261> 고용정책 기본법 시행령 일부를 다음과 같이 개정한다.
제3조제1항제1호 중 "미래창조과학부 제1차관, 행정자치부차관, 산업통상자원부 제1차관"을 "과학기술정보통신부 제1차관, 행정안전부차관, 산업통상자원부차관"으로, "중소기업청장"을 "중소벤처기업부차관"으로 한다.
<262>부터 <388>까지 생략

공무원의 노동조합 설립 및 운영 등에 관한 법률

(약칭: 공무원노조법)

[시행 2014.11.19.]
[법률 제12844호, 2014.11.19., 타법개정]

제1조(목적) 이 법은 「대한민국헌법」 제33조 제2항에 따른 공무원의 노동기본권을 보장하기 위하여 「노동조합 및 노동관계조정법」 제5조 단서에 따라 공무원의 노동조합 설립 및 운영 등에 관한 사항을 정함을 목적으로 한다.
[전문개정 2010.3.17.]

제2조(정의) 이 법에서 "공무원"이란 「국가공무원법」 제2조 및 「지방공무원법」 제2조에서 규정하고 있는 공무원을 말한다. 다만, 「국가공무원법」 제66조제1항 단서 및 「지방공무원법」 제58조제1항 단서에 따른 사실상 노무에 종사하는 공무원과 「교원의 노동조합 설립 및 운영 등에 관한 법률」의 적용을 받는 교원인 공무원은 제외한다.
[전문개정 2010.3.17.]

제3조(노동조합 활동의 보장 및 한계) ① 이 법에 따른 공무원의 노동조합(이하 "노동조합"이라 한다)의 조직, 가입 및 노동조합과 관련된 정당한 활동에 대하여는 「국가공무원법」 제66조제1항 본문 및 「지방공무원법」 제58조제1항 본문을 적용하지 아니한다.
② 공무원은 노동조합 활동을 할 때 다른 법령에서 규정하는 공무원의 의무에 반하는 행위를 하여서는 아니 된다.
[전문개정 2010.3.17.]

제4조(정치활동의 금지) 노동조합과 그 조합원은 정치활동을 하여서는 아니 된다.
[전문개정 2010.3.17.]

제5조(노동조합의 설립) ① 공무원이 노동조합을 설립하려는 경우에는 국회·법원·헌법재판소·선거관리위원회·행정부·특별시·광역시·특별자치시·도·특별자치도·시·군·구(자치구를 말한다) 및 특별시·광역

시·특별자치시·도·특별자치도의 교육청을 최소 단위로 한다. <개정 2014.5.20.>
② 노동조합을 설립하려는 사람은 고용노동부장관에게 설립신고서를 제출하여야 한다. <개정 2010.6.4.>
[전문개정 2010.3.17.]

제6조(가입 범위) ① 노동조합에 가입할 수 있는 공무원의 범위는 다음 각 호와 같다. <개정 2011.5.23., 2012.12.11.>
1. 6급 이하의 일반직공무원 및 이에 상당하는 일반직공무원
2. 특정직공무원 중 6급 이하의 일반직공무원에 상당하는 외무행정·외교정보관리직 공무원
3. 삭제 <2012.12.11.>
4. 6급 이하의 일반직공무원에 상당하는 별정직공무원
5. 삭제 <2011.5.23.>
② 제1항에도 불구하고 다음 각 호의 어느 하나에 해당하는 공무원은 노동조합에 가입할 수 없다.
1. 다른 공무원에 대하여 지휘·감독권을 행사하거나 다른 공무원의 업무를 총괄하는 업무에 종사하는 공무원
2. 인사·보수에 관한 업무를 수행하는 공무원 등 노동조합과의 관계에서 행정기관의 입장에서 업무를 수행하는 공무원
3. 교정·수사 또는 그 밖에 이와 유사한 업무에 종사하는 공무원
4. 업무의 주된 내용이 노동관계의 조정·감독 등 노동조합의 조합원 지위를 가지고 수행하기에 적절하지 아니하다고 인정되는 업무에 종사하는 공무원
③ 공무원이 면직·파면 또는 해임되어 「노동조합 및 노동관계조정법」 제82조제1항에 따라 노동위원회에 부당노동행위의 구제신청을 한 경우에는 「노동위원회법」 제2조에 따른 중앙노동위원회(이하 "중앙노동위원회"라 한다)의 재심판정이 있을 때까지는 노동조합원의 지위를 상실하는 것으로 보아서는 아니 된다.
④ 제2항에 따른 공무원의 범위는 대통령령으로 정한다.
[전문개정 2010.3.17.]

제7조(노동조합 전임자의 지위) ① 공무원은 임용권자의 동의를 받아 노동조합의 업무에만 종사할 수 있다.

② 제1항에 따른 동의를 받아 노동조합의 업무에만 종사하는 사람[이하 "전임자"(專任者)라 한다]에 대하여는 그 기간 중 「국가공무원법」 제71조 또는 「지방공무원법」 제63조에 따라 휴직명령을 하여야 한다.
③ 국가와 지방자치단체는 전임자에게 그 전임기간 중 보수를 지급하여서는 아니 된다.
④ 국가와 지방자치단체는 공무원이 전임자임을 이유로 승급이나 그 밖에 신분과 관련하여 불리한 처우를 하여서는 아니 된다.
[전문개정 2010.3.17.]

제8조(교섭 및 체결 권한 등) ① 노동조합의 대표자는 그 노동조합에 관한 사항 또는 조합원의 보수·복지, 그 밖의 근무조건에 관하여 국회사무총장·법원행정처장·헌법재판소사무처장·중앙선거관리위원회사무총장·인사혁신처장(행정부를 대표한다)·특별시장·광역시장·특별자치시장·도지사·특별자치도지사·시장·군수·구청장(자치구의 구청장을 말한다) 또는 특별시·광역시·특별자치시·도·특별자치도의 교육감 중 어느 하나에 해당하는 사람(이하 "정부교섭대표"라 한다)과 각각 교섭하고 단체협약을 체결할 권한을 가진다. 다만, 법령 등에 따라 국가나 지방자치단체가 그 권한으로 행하는 정책결정에 관한 사항, 임용권의 행사 등 그 기관의 관리·운영에 관한 사항으로서 근무조건과 직접 관련되지 아니하는 사항은 교섭의 대상이 될 수 없다. <개정 2013.3.23., 2014.5.20., 2014.11.19.>
② 정부교섭대표는 법령 등에 따라 스스로 관리하거나 결정할 수 있는 권한을 가진 사항에 대하여 노동조합이 교섭을 요구할 때에는 정당한 사유가 없으면 이에 응하여야 한다.
③ 정부교섭대표는 효율적인 교섭을 위하여 필요한 경우 다른 정부교섭대표와 공동으로 교섭하거나, 다른 정부교섭대표에게 교섭 및 단체협약 체결 권한을 위임할 수 있다.
④ 정부교섭대표는 효율적인 교섭을 위하여 필요한 경우 정부교섭대표가 아닌 관계 기관의 장으로 하여금 교섭에 참여하게 할 수 있고, 다른 기관의 장이 관리하거나 결정할 권한을 가진 사항에 대하여는 해당 기관의 장에게 교섭 및 단체협약 체결 권한을 위임할 수 있다.
⑤ 제2항부터 제4항까지의 규정에 따라 정부교섭대표 또는 다른 기관의 장이 단체교섭을 하는 경우 소속 공무원으로 하여금 교섭 및 단체협약 체결을 하게 할 수 있다.
[전문개정 2010.3.17.]

제9조(교섭의 절차) ① 노동조합은 제8조에 따른 단체교섭을 위하여 노동조합의 대표자와 조합원으로 교섭위원을 구성하여야 한다.
② 노동조합의 대표자는 제8조에 따라 정부교섭대표와 교섭하려는 경우에는 교섭하려는 사항에 대하여 권한을 가진 정부교섭대표에게 서면으로 교섭을 요구하여야 한다.
③ 정부교섭대표는 제2항에 따라 노동조합으로부터 교섭을 요구받았을 때에는 교섭을 요구받은 사실을 공고하여 관련된 노동조합이 교섭에 참여할 수 있도록 하여야 한다.
④ 정부교섭대표는 제2항과 제3항에 따라 교섭을 요구하는 노동조합이 둘 이상인 경우에는 해당 노동조합에 교섭창구를 단일화하도록 요청할 수 있다. 이 경우 교섭창구가 단일화될 때까지 교섭을 거부할 수 있다.
⑤ 정부교섭대표는 제1항부터 제4항까지의 규정에 따라 관련된 노동조합과 단체협약을 체결한 경우 그 유효기간 중에는 그 단체협약의 체결에 참여하지 아니한 노동조합이 교섭을 요구하더라도 이를 거부할 수 있다.
⑥ 제1항부터 제5항까지의 규정에 따른 단체교섭의 절차 등에 관하여 필요한 사항은 대통령령으로 정한다.
[전문개정 2010.3.17.]

제10조(단체협약의 효력) ① 제9조에 따라 체결된 단체협약의 내용 중 법령·조례 또는 예산에 의하여 규정되는 내용과 법령 또는 조례에 의하여 위임을 받아 규정되는 내용은 단체협약으로서의 효력을 가지지 아니한다.
② 정부교섭대표는 제1항에 따라 단체협약으로서의 효력을 가지지 아니하는 내용에 대하여는 그 내용이 이행될 수 있도록 성실하게 노력하여야 한다.
[전문개정 2010.3.17.]

제11조(쟁의행위의 금지) 노동조합과 그 조합원은 파업, 태업 또는 그 밖에 업무의 정상적인 운영을 방해하는 일체의 행위를 하여서는 아니 된다.
[전문개정 2010.3.17.]

제12조(조정신청 등) ① 제8조에 따른 단체교섭이 결렬(決裂)된 경우에는 당사자 어

느 한쪽 또는 양쪽은 중앙노동위원회에
조정(調停)을 신청할 수 있다.
② 중앙노동위원회는 제1항에 따라 당사자
어느 한쪽 또는 양쪽이 조정을 신청하면
지체 없이 조정을 시작하여야 한다. 이 경
우 당사자 양쪽은 조정에 성실하게 임하
여야 한다.
③ 중앙노동위원회는 조정안을 작성하여 관
계 당사자에게 제시하고 수락을 권고하는
동시에 그 조정안에 이유를 붙여 공표할 수
있다. 이 경우 필요하면 신문 또는 방송에
보도 등 협조를 요청할 수 있다.
④ 조정은 제1항에 따른 조정신청을 받은
날부터 30일 이내에 마쳐야 한다. 다만,
당사자들이 합의한 경우에는 30일 이내의
범위에서 조정기간을 연장할 수 있다.
[전문개정 2010.3.17.]

제13조(중재의 개시 등) 중앙노동위원회는 다
음 각 호의 어느 하나에 해당하는 경우에는
지체 없이 중재(仲裁)를 한다.
1. 제8조에 따른 단체교섭이 결렬되어 관계
   당사자 양쪽이 함께 중재를 신청한 경우
2. 제12조에 따른 조정이 이루어지지 아
   니하여 제14조에 따른 공무원 노동관
   계 조정위원회 전원회의에서 중재 회부
   를 결정한 경우
[전문개정 2010.3.17.]

제14조(공무원 노동관계 조정위원회의 구성)
① 제8조에 따른 단체교섭이 결렬된 경우
이를 조정·중재하기 위하여 중앙노동위원
회에 공무원 노동관계 조정위원회(이하 "위
원회"라 한다)를 둔다.
② 위원회는 공무원 노동관계의 조정·중
재를 전담하는 7명 이내의 공익위원으로
구성한다.
③ 제2항에 따른 공익위원은 「노동위원회
법」 제6조 및 같은 법 제8조에도 불구하
고 공무원 문제 또는 노동 문제에 관한 지
식과 경험을 갖춘 사람 또는 사회적 덕망
이 있는 사람 중에서 중앙노동위원회 위원
장의 추천과 고용노동부장관의 제청으로
대통령이 위촉한다. <개정 2010.6.4.>
④ 제3항에 따라 공익위원을 위촉하는 경
우에는 「노동위원회법」 제6조제2항에도
불구하고 그 공익위원에 해당하는 정원이
따로 있는 것으로 본다.
[전문개정 2010.3.17.]

제15조(회의의 운영) ① 위원회에는 전원회
의와 소위원회를 둔다.
② 전원회의는 제14조제2항에 따른 공익
위원 전원으로 구성하며, 다음 각 호의 사
항을 담당한다.
1. 전국에 걸친 노동쟁의의 조정사건
2. 중재 회부의 결정
3. 중재재정(仲裁裁定)
③ 소위원회는 위원회의 위원장이 중앙노동
위원회 위원장과 협의하여 지명하는 3명으
로 구성하며, 전원회의에서 담당하지 아니
하는 조정사건을 담당한다.
[전문개정 2010.3.17.]

제16조(중재재정의 확정 등) ① 관계 당사자
는 중앙노동위원회의 중재재정이 위법하거
나 월권(越權)에 의한 것이라고 인정하는
경우에는 「행정소송법」 제20조에도 불구
하고 중재재정서를 송달받은 날부터 15일
이내에 중앙노동위원회 위원장을 피고로
하여 행정소송을 제기할 수 있다.
② 제1항의 기간 이내에 행정소송을 제기
하지 아니하면 그 중재재정은 확정된다.
③ 제2항에 따라 중재재정이 확정되면 관
계 당사자는 이에 따라야 한다.
④ 중앙노동위원회의 중재재정은 제1항에
따른 행정소송의 제기에 의하여 그 효력
이 정지되지 아니한다.
⑤ 제2항에 따라 확정된 중재재정의 내용
은 제10조에 따른 단체협약과 같은 효력
을 가진다.
⑥ 중앙노동위원회는 필요한 경우 확정된
중재재정의 내용을 국회, 지방의회, 지방자
치단체의 장 등에게 통보할 수 있다.
[전문개정 2010.3.17.]

제17조(다른 법률과의 관계) ① 이 법의 규
정은 공무원이 「공무원직장협의회의 설립·
운영에 관한 법률」에 따라 직장협의회를 설
립·운영하는 것을 방해하지 아니한다.
② 공무원에게 적용할 노동조합 및 노동관계
조정에 관하여 이 법에서 정하지 아니한 사
항에 대하여는 제3항에서 정하는 경우를 제
외하고는 「노동조합 및 노동관계조정법」에서
정하는 바에 따른다. 이 경우 「노동조합 및
노동관계조정법」 제3조 중 "단체교섭 또는
쟁의행위"는 "단체교섭"으로, 제4조 본문 중
"단체교섭·쟁의행위"는 "단체교섭"으로, 제
10조제1항 각 호 외의 부분 중 "연합단체인

노동조합과 2 이상의 특별시·광역시·특별자치시·도·특별자치도에 걸치는 단위노동조합은 고용노동부장관에게, 2 이상의 시·군·구(자치구를 말한다)에 걸치는 단위노동조합은 특별시장·광역시장·도지사에게, 그 외의 노동조합은 특별자치시장·특별자치도지사·시장·군수·구청장(자치구의 구청장을 말한다. 이하 제12조제1항에서 같다)에게"는 "고용노동부장관에게"로, 제12조제1항 중 "고용노동부장관, 특별시장·광역시장·특별자치시장·도지사·특별자치도지사   또는 시장·군수·구청장(이하 "행정관청"이라 한다)"은 "고용노동부장관"으로, 제30조제1항 및 제2항 중 "사용자"는 "정부교섭대표"로, 제58조, 제60조제2항부터 제4항까지 및 제61조제3항 중 "조정위원회 또는 단독조정인"은 "공무원 노동관계 조정위원회"로, 제59조 중 "조정위원회의 위원장 또는 단독조정인"은 "공무원 노동관계 조정위원회 위원장"으로, 제60조제3항 중 "제1항의 규정에 의한 조정안"은 "조정안"으로, 제61조제1항 중 "조정위원 전원 또는 단독조정인"은 "공무원 노동관계 조정위원회 위원 전원"으로, 제66조제1항, 제67조 및 제68조제2항 중 "중재위원회"는 "공무원 노동관계 조정위원회"로, 제94조 중 "제88조 내지 제93조"는 "제93조"로 보고, 같은 법 중 "근로자"는 "공무원"으로, "사용자"(같은 법 제30조의 "사용자"는 제외한다)는 "기관의 장, 공무원에 관한 사항에 대하여 기관의 장을 위하여 행동하는 사람"으로, "행정관청"은 "고용노동부장관"으로 본다. <개정 2010.6.4., 2014.5.20.>
③「노동조합 및 노동관계조정법」제2조제4호라목 단서, 제24조, 제24조의2, 제29조, 제29조의2부터 제29조의5까지, 제36조부터 제39조까지, 제41조, 제42조, 제42조의2부터 제42조의6까지, 제43조부터 제46조까지, 제51조부터 제57조까지, 제60조제1항·제5항, 제62조부터 제65조까지, 제66조제2항, 제69조부터 제73조까지, 제76조부터 제80조까지, 제81조제2호 단서, 제88조부터 제92조까지 및 제96조제1항제3호는 이 법에 따른 노동조합에 대하여는 적용하지 아니한다.
[전문개정 2010.3.17.]

제18조(벌칙) 제11조를 위반하여 파업, 태업 또는 그 밖에 업무의 정상적인 운영을 방해하는 행위를 한 자는 5년 이하의 징역 또는 5천만원 이하의 벌금에 처한다.
[전문개정 2010.3.17.]

부칙
<제12844호, 2014.11.19.>
(정부조직법)

제1조(시행일) 이 법은 공포한 날부터 시행한다. 다만, 부칙 제6조에 따라 개정되는 법률 중 이 법 시행 전에 공포되었으나 시행일이 도래하지 아니한 법률을 개정한 부분은 각각 해당 법률의 시행일부터 시행한다.

제2조부터 제5조까지 생략

제6조(다른 법률의 개정) ①부터 <204>까지 생략
<205> 공무원의 노동조합 설립 및 운영 등에 관한 법률 일부를 다음과 같이 개정한다.
제8조제1항 본문 중 "안전행정부장관"을 "인사혁신처장"으로 한다.
<206>부터 <258>까지 생략

제7조 생략

공인노무사법

[시행 2018.10.16.]
[법률 제15847호, 2018.10.16., 일부개정]

제1조(목적) 이 법은 공인노무사 제도를 확립하여 노동 관계 업무의 원활한 운영을 꾀하고 사업 또는 사업장의 자율적인 노무관리를 도모함으로써 근로자의 복지 증진과 기업의 건전한 발전에 이바지함을 목적으로 한다.
[전문개정 2007.8.3.]

제2조(직무의 범위) ① 공인노무사는 다음 각 호의 직무를 수행한다.
1. 노동 관계 법령에 따라 관계 기관에 대하여 행하는 신고·신청·보고·진술·청구(이의신청·심사청구 및 심판청구를 포함한다) 및 권리 구제 등의 대행 또는 대리
2. 노동 관계 법령에 따른 모든 서류의 작성과 확인
3. 노동 관계 법령과 노무관리에 관한 상담·지도
4. 「근로기준법」을 적용받는 사업이나 사업장에 대한 노무관리진단
5. 「노동조합 및 노동관계조정법」 제52조에서 정한 사적(私的) 조정이나 중재
② 제1항제4호에서 "노무관리진단"이란 사업 또는 사업장의 노사(勞使) 당사자 한쪽 또는 양쪽의 의뢰를 받아 그 사업 또는 사업장의 인사·노무관리·노사관계 등에 관한 사항을 분석·진단하고 그 결과에 대하여 합리적인 개선 방안을 제시하는 일련의 행위를 말한다.
③ 제1항제1호부터 제3호까지에 규정된 노동 관계 법령의 범위와 같은 항 제4호의 노무관리진단의 시행에 필요한 사항은 대통령령으로 정한다.
[전문개정 2007.8.3.]

제3조(자격) 제3조의2에 따른 공인노무사 자격시험에 합격한 자는 공인노무사 자격을 가진다.
[전문개정 2007.8.3.]

제3조의2(공인노무사 자격시험) ① 공인노무사 자격시험은 고용노동부장관이 실시하되, 제1차시험·제2차시험 및 제3차시험으로 구분하여 실시한다. <개정 2010.6.4.>
② 공인노무사 자격시험의 최종 합격 발표일을 기준으로 제4조의 결격사유에 해당하는 사람은 공인노무사 자격시험에 응시할 수 없다. <신설 2010.5.25.>
③ 고용노동부장관은 제2항에 따라 공인노무사 자격시험에 응시할 수 없음에도 불구하고 공인노무사 자격시험에 응시하여 최종 합격한 사람에 대하여는 합격결정을 취소하여야 한다. <신설 2010.5.25., 2010.6.4.>
④ 제1항에 따른 공인노무사 자격시험의 응시자격, 시험과목, 시험방법, 자격증 교부, 그 밖에 시험에 필요한 사항은 대통령령으로 정한다. <개정 2010.5.25.>
⑤ 공인노무사 자격시험에 응시하려는 사람은 실비의 범위에서 대통령령으로 정하는 수수료를 내야 한다. 이 경우 수수료의 납부방법, 반환 등에 관하여 필요한 사항은 대통령령으로 정한다. <신설 2016.1.27.>
[전문개정 2007.8.3.]

제3조의3(시험의 일부면제) ① 다음 각 호의 어느 하나에 해당하는 자는 공인노무사 자격시험의 제1차시험과목 전부와 제2차시험 과목 중 그 과목 수의 2분의 1을 넘지 아니하는 범위에서 대통령령으로 정하는 일부 과목을 면제한다.
1. 노동행정에 종사한 경력이 통틀어 10년 이상이고, 그중 5급 이상 공무원이나 고위공무원단에 속하는 일반직공무원으로 재직한 경력이 5년 이상인 자
2. 노동행정에 종사한 경력이 통틀어 15년 이상이고, 그중 6급 이상 공무원이나 고위공무원단에 속하는 일반직공무원으로 재직한 경력이 8년 이상인 자
② 대통령령으로 정하는 노동 관계 업무에 10년 이상 종사한 자는 제1차시험과목 중 대통령령으로 정하는 일부 과목을 면제한다.
③ 제1항 각 호에 따른 노동행정에 종사한 공무원의 범위는 대통령령으로 정한다.
④ 제1차시험에 합격한 자는 다음 회의 시험에서만 제1차시험을 면제하고 제2차시험에 합격한 자는 다음 회의 시험에서만 제1차시험과 제2차시험을 면제한다.
[전문개정 2007.8.3.]

제3조의4(공인노무사자격심의위원회) ① 공

인노무사 자격 취득과 관련한 다음 각 호의 사항을 심의하기 위하여 고용노동부에 공인노무사자격심의위원회를 둘 수 있다. <개정 2010.6.4.>
1. 공인노무사 자격시험 과목의 조정 등 시험에 관한 사항
2. 시험의 일부면제 대상자의 요건에 관한 사항
3. 그 밖에 공인노무사 자격 취득과 관련한 사항
4. 시험선발인원의 결정
② 공인노무사자격심의위원회의 구성과 운영 등에 필요한 사항은 대통령령으로 정한다.
[전문개정 2007.8.3.]

제3조의5(시험부정행위자에 대한 조치) 고용노동부장관은 공인노무사 자격시험에 있어서 부정한 행위를 한 응시자에 대하여는 그 시험을 정지 또는 무효로 하거나 합격결정을 취소하고, 그 시험을 정지하거나 무효로 한 날 또는 합격결정을 취소한 날부터 5년간 시험응시자격을 정지한다. <개정 2010.6.4.>
[본조신설 2007.8.3.]

제4조(결격사유) 다음 각 호의 어느 하나에 해당하는 자는 공인노무사가 될 수 없다. <개정 2016.1.27.>
1. 미성년자
2. 피성년후견인 또는 피한정후견인
3. 파산선고를 받은 자로서 복권(復權)되지 아니한 자
4. 공무원으로서 징계처분에 따라 파면된 자로서 3년이 지나지 아니한 자
5. 금고(禁錮) 이상의 실형을 선고받고 그 집행이 끝나거나 집행을 받지 아니하기로 확정된 후 3년이 지나지 아니한 자
6. 형의 집행유예를 선고받고 그 기간이 끝난 날부터 2년이 지나지 아니한 자
7. 금고 이상의 형의 선고유예기간 중에 있는 자
[전문개정 2007.8.3.]

제5조(등록) ① 공인노무사 자격이 있는 사람이 제2조에 따른 직무를 시작하려는 경우에는 대통령령으로 정하는 바에 따라 고용노동부장관에게 등록하여야 한다. <개정 2010.6.4.>
② 고용노동부장관은 제1항에 따라 등록을 신청한 사람이 다음 각 호의 어느 하나에 해당하면 등록을 거부하여야 한다. <개정 2010.6.4.>
1. 제4조의 결격사유에 해당하는 사람
2. 제5조의2제1항에 따른 연수교육을 받지 아니한 사람
3. 제19조제1항제1호에 따라 등록이 취소된 날부터 3년이 지나지 아니한 사람
4. 제20조에 따라 등록이 취소된 날부터 3년이 지나지 아니한 사람
③ 고용노동부장관은 제2항에 따라 등록을 거부한 때에는 지체 없이 그 사유를 분명하게 밝혀 신청인에게 알려야 한다. <개정 2010.6.4.>
[전문개정 2010.5.25.]

제5조의2(공인노무사의 교육) ① 공인노무사 자격이 있는 사람(제3조의3제1항 각 호 및 제2항에 해당하는 사람은 제외한다)이 직무를 개시하려면 제5조에 따른 등록을 하기 전에 1년의 범위에서 대통령령으로 정하는 기간 동안 연수교육을 받아야 한다.
② 제5조제1항에 따라 등록을 한 공인노무사(이하 "개업노무사"라 한다)는 개업노무사의 전문성과 윤리의식을 높이기 위한 내용으로 구성되어 있는 보수(補修)교육(이하 "보수교육"이라 한다)을 매년 8시간의 범위에서 대통령령으로 정하는 시간(이 경우 공인노무사로서 필요한 직업윤리의식에 관한 교육이 1시간 이상 포함되어야 한다) 동안 받아야 한다. 다만, 다음 각 호의 어느 하나에 해당하는 경우에는 그러하지 아니하다. <개정 2016.1.27.>
1. 질병 등으로 정상적인 공인노무사 업무를 수행할 수 없는 경우
2. 휴업 등으로 보수교육을 받을 수 없는 정당한 사유가 있는 경우
3. 고령으로 보수교육을 받기에 적당하지 아니한 경우로서 제24조에 따른 공인노무사회가 정하는 경우
③ 고용노동부장관은 대통령령으로 정하는 시설·인력 및 교육실적 등의 기준에 적합한 기관 및 단체를 보수교육을 실시하는 기관(이하 "지정교육기관"이라 한다)으로 지정할 수 있다. <개정 2010.6.4.>
④ 고용노동부장관은 지정교육기관이 다음 각 호의 어느 하나에 해당하는 경우에는 그 지정을 취소할 수 있다. 다만, 제1호의 경우에는 그 지정을 취소하여야 한다. <개정

2010.6.4.>
1. 거짓이나 부정한 방법으로 지정을 받은 경우
2. 보수교육을 이수하지 아니한 자를 이수한 것으로 처리한 경우
3. 제3항에 따른 기준에 미치지 못하는 경우
⑤ 제1항 및 제2항에 따른 교육의 내용은 대통령령으로 정하며, 교육의 방법·절차 및 그 밖에 필요한 사항은 고용노동부령으로 정한다. <개정 2010.6.4.>
[본조신설 2010.5.25.]

제6조(사무소의 설치 제한) 개업노무사는 1개의 사무소만을 설치·운영할 수 있다.
[전문개정 2010.5.25.]

제7조(합동사무소) ① 개업노무사는 직무를 효율적으로 수행하고 공신력(公信力)을 높이기 위하여 개업노무사 2명 이상으로 구성되는 합동사무소를 설치할 수 있다.
② 삭제 <2016.1.27.>
③ 합동사무소에 관하여 이 법에 규정이 없는 사항은 「민법」 중 조합에 관한 규정을 준용한다.
[전문개정 2007.8.3.]

제7조의2(노무법인) 개업노무사는 그 직무를 조직적·전문적으로 수행하기 위하여 법인을 설립할 수 있다.
[전문개정 2007.8.3.]

제7조의3(노무법인의 사원 등) ① 노무법인의 사원은 2명 이상의 개업노무사로 구성한다.
② 제20조에 따라 직무정지처분을 받고 그 기간 중에 있는 자는 노무법인의 사원이 될 수 없다. <개정 2010.5.25.>
③ 노무법인은 사원이 아닌 공인노무사(이하 "소속공인노무사"라 한다)를 고용할 수 있다. <신설 2010.5.25.>
[전문개정 2007.8.3.]
[제목개정 2010.5.25.]

제7조의4(노무법인의 설립 절차 등) ① 노무법인을 설립하려면 사원이 될 공인노무사가 정관(定款)을 작성하여 대통령령으로 정하는 바에 따라 고용노동부장관의 인가를 받아야 한다. 정관을 변경할 때에도 또

한 같다. <개정 2010.6.4.>
② 정관에는 다음 각 호의 사항을 적어야 한다. <개정 2010.5.25.>
1. 목적
2. 명칭
3. 주사무소와 분사무소의 소재지
4. 사원의 성명과 주소
5. 사원의 출자에 관한 사항
6. 존립 시기나 해산 사유를 정한 경우에는 그 시기 또는 사유
7. 그 밖에 대통령령으로 정하는 사항
③ 노무법인은 대통령령으로 정하는 바에 따라 등기하여야 한다.
④ 노무법인은 그 주사무소에서 설립등기를 함으로써 성립한다.
[전문개정 2007.8.3.]

제7조의5(노무법인의 해산) ① 노무법인은 다음 각 호의 어느 하나에 해당하는 사유로 해산한다.
1. 정관에서 정하는 해산 사유의 발생
2. 사원총회의 결의
3. 합병
4. 파산
5. 설립인가의 취소
② 노무법인이 해산하면 청산인은 지체 없이 그 사유를 고용노동부장관에게 신고하여야 한다. <개정 2010.6.4.>
[전문개정 2007.8.3.]

제7조의6(노무법인 인가 취소 등) 고용노동부장관은 노무법인이 다음 각 호의 어느 하나에 해당하면 그 설립인가를 취소하거나 1년 이내의 기간을 정하여 업무의 정지를 명할 수 있다. 다만, 제1호부터 제3호까지의 규정에 해당하는 경우에는 그 인가를 취소하여야 한다. <개정 2010.6.4.>
1. 제7조의3제1항에 따른 사원의 수(數)에 미치지 못한 날부터 3개월 이내에 사원을 보충하지 아니한 경우
2. 업무정지명령을 위반하여 업무를 수행한 경우
3. 거짓이나 그 밖의 부정한 방법으로 제7조의4의 인가를 받은 경우
4. 제7조의7제3항을 위반하여 사무소를 설치·운영한 경우
5. 제7조의10제2항에 따라 준용하는 제11조제4항을 위반하여 직무보조원을 고용한 경우

6. 노무법인의 사원 또는 소속공인노무사가 제13조를 위반한 경우
7. 노무법인이 개업노무사 또는 개업노무사이었던 자(개업노무사 또는 개업노무사이었던 자의 직무보조원 또는 직무보조원이었던 자를 포함한다)로 하여금 정당한 사유 없이 직무상 알게 된 사실을 누설하게 하여 이득을 취한 경우
8. 제18조제1항에 따른 보고·자료제출 등의 명령에 따르지 아니하거나 검사 또는 질문을 거부·방해 또는 기피하는 경우
[전문개정 2010.5.25.]

제7조의7(노무법인의 사무소) ① 노무법인은 주사무소 외에 분사무소를 둘 수 있다. 이 경우 분사무소에는 노무법인의 분사무소임을 표시하여야 한다.
② 노무법인의 사원과 소속공인노무사는 그 노무법인 외에 따로 사무소를 둘 수 없다.
③ 노무법인의 주사무소와 분사무소에는 각각 1명 이상의 공인노무사인 사원이 상근하여야 한다.
[본조신설 2010.5.25.]
[종전 제7조의7은 제7조의10으로 이동 <2010.5.25.>]

제7조의8(노무법인의 업무집행방법) ① 노무법인은 법인 명의로 업무를 수행하여야 하며, 수임한 업무마다 그 업무를 담당할 공인노무사(이하 "담당공인노무사"라 한다)를 지정하여야 한다. 다만, 소속공인노무사를 담당공인노무사로 지정할 경우에는 그 노무법인의 사원과 공동으로 지정하여야 한다.
② 노무법인이 업무를 수행할 때 담당공인노무사를 지정하지 아니한 경우에는 노무법인의 사원 모두를 담당공인노무사로 지정한 것으로 본다.
③ 담당공인노무사는 지정된 업무를 수행할 때에는 그 노무법인을 대표한다.
④ 노무법인이 그 업무에 관하여 작성하는 서면에는 법인 명의를 표시하고 담당공인노무사가 기명날인하거나 서명하여야 한다.
[본조신설 2010.5.25.]

제7조의9(경업의 금지) ① 노무법인의 사원 또는 소속공인노무사는 자기 또는 제3자를 위하여 그 노무법인의 업무범위에 속하는 업무를 수행하거나 다른 노무법인의 사원 또는 소속공인노무사가 되어서는 아니 된다.
② 노무법인의 사원 또는 소속공인노무사이었던 사람은 그 노무법인에 소속한 기간 중에 그 노무법인의 담당공인노무사로서 수행하고 있었거나 수행을 승낙한 업무에 관하여는 퇴직 후 공인노무사의 업무를 수행할 수 없다. 다만, 그 노무법인의 동의가 있는 경우에는 그러하지 아니하다.
[본조신설 2010.5.25.]

제7조의10(준용규정) ① 노무법인에 관하여 이 법에 규정되지 아니한 사항은 「상법」 중 합명회사에 관한 규정을 준용한다.
② 노무법인에 관하여는 그 성질에 어긋나지 아니하면 제11조, 제12조, 제12조의3, 제12조의4, 제13조, 제14조, 제17조, 제20조의3 및 제26조의2를 준용한다. <개정 2010.5.25.>
[전문개정 2007.8.3.]
[제7조의7에서 이동 <2010.5.25.>]

제8조(사무소 명칭 등) ① 삭제 <1999.2.8.>
② 삭제 <1999.2.8.>
③ 이 법에 따른 공인노무사가 아닌 자는 공인노무사·공인노무사사무소·공인노무사합동사무소·노무법인 또는 이와 비슷한 명칭을 사용하여서는 아니 된다. <개정 2007.8.3.>
④ 이 법에 따른 공인노무사합동사무소 또는 노무법인이 아닌 자는 공인노무사합동사무소·노무법인 또는 이와 비슷한 명칭을 사용하여서는 아니 된다. <개정 2007.8.3.>
[제목개정 2007.8.3.]

제9조(폐업) 개업노무사가 폐업하려면 고용노동부장관에게 신고하여야 한다. <개정 2010.6.4.>
[전문개정 2007.8.3.]

제10조 삭제 <1999.2.5.>

제11조(직무보조원) ① 개업노무사는 그의 직무를 도와줄 보조원을 둘 수 있다.
② 직무보조원의 직무상 행위는 그를 고용한 개업노무사의 행위로 본다.
③ 제4조 각 호의 어느 하나에 해당하는 자는 직무보조원이 될 수 없다. 다만, 같은 조 제3호에 따른 파산선고를 받은 자로서 복권되지 아니한 자는 그러하지 아니하다. <개정 2007.12.21.>

④ 개업노무사는 제3항에 해당하는 자를 직무보조원으로 둘 수 없다. <신설 2007.12.21.>
[전문개정 2007.8.3.]

제12조(품위유지와 성실의무 등) ① 개업노무사는 항상 품위를 유지하고 신의와 성실로써 공정하게 직무를 수행하여야 하며, 그 직무를 공정하게 수행할 수 없는 경우에는 제2조에서 정한 직무를 행하여서는 아니 된다.
② 개업노무사는 제2조제1항에 따라 그가 작성하거나 확인한 서류에 기명하거나 날인하여야 한다.
③ 삭제 <2010.5.25.>
[전문개정 2007.8.3.]

제12조의2 삭제 <1999.2.8.>

제12조의3(관계 장부 등의 열람 신청) 개업노무사가 제2조의 직무를 수행하는 데에 필요하면 관계 기관이나 관계인에게 관계 장부 및 서류의 열람을 신청할 수 있다. 이 경우 그 신청이 제2조제1항제1호 또는 제2호에 따른 직무의 수행을 위한 것이면 열람을 신청받은 관계기관은 정당한 사유 없이 거부하여서는 아니 된다.
[전문개정 2007.8.3.]

제12조의4(손해배상책임의 보장) 개업노무사는 그 직무를 수행하면서 고의나 과실로 인하여 의뢰인에게 손해를 입힌 경우 그 손해에 대한 배상책임을 보장하기 위하여 대통령령으로 정하는 바에 따라 보증보험에 가입하여야 한다.
[전문개정 2007.8.3.]

제13조(금지 행위) 개업노무사와 그 직무보조원은 다음 각 호의 행위를 하여서는 아니 된다.
1. 거짓이나 그 밖의 부정한 방법으로 의뢰인에게 노동 관계 법령에 따른 보험금 등 재산상의 이익을 얻게 하거나 보험료 납부, 그 밖에 금전상의 의무를 이행하지 아니하게 하는 행위
2. 의뢰인으로 하여금 노동 관계 법령에 따른 신고·보고, 그 밖의 의무를 이행하지 아니하게 하는 행위
3. 법령에 위반되는 행위에 관한 지도·상담, 그 밖에 이와 비슷한 행위

4. 사건의 알선을 업(業)으로 하는 자를 이용하거나 그 밖의 부당한 방법으로 사건 의뢰를 유치하는 행위
[전문개정 2007.8.3.]

제14조(비밀 엄수) 개업노무사 또는 개업노무사이었던 자(개업노무사 또는 개업노무사이었던 자의 직무보조원 또는 직무보조원이었던 자를 포함한다)는 정당한 사유 없이 직무상 알게 된 사실을 타인에게 누설하여서는 아니 된다.
[전문개정 2007.8.3.]

제15조 삭제 <1999.2.8.>

제16조 삭제 <1999.2.8.>

제17조(장부의 비치 등) ① 개업노무사는 그 사무소에 직무에 관한 장부를 작성하여 갖추어 두어야 하며, 그 장부를 3년간 보존하여야 한다. 이 경우 그 장부는 「전자문서 및 전자거래 기본법」 제2조제1호에 따른 전자문서로 작성·관리 및 보존할 수 있다. <개정 2010.5.25., 2018.10.16.>
② 제1항에 따라 갖추어 두어야 할 장부의 종류·양식, 그 밖에 필요한 사항은 고용노동부령으로 정한다. <개정 2010.6.4.>
[전문개정 2007.8.3.]

제18조(감독상의 명령 등) ① 고용노동부장관은 개업노무사 또는 노무법인이 이 법 또는 이 법에 따른 명령을 위반하였는지를 확인하기 위하여 필요하면 그 업무에 관한 사항을 보고하게 하거나 자료의 제출, 그 밖에 필요한 명령을 할 수 있으며, 소속 공무원으로 하여금 그 사무소에 출입하여 장부·서류 등을 검사하거나 질문하게 할 수 있다. <개정 2010.5.25., 2010.6.4.>
② 고용노동부장관은 제1항에 따라 출입·검사 등을 하는 경우에는 개업노무사 또는 노무법인에게 이를 행하기 7일 전까지 일시, 내용 등 필요한 사항을 알려야 한다. 다만, 긴급하거나 미리 알릴 경우 그 목적을 달성할 수 없다고 인정되는 경우에는 그러하지 아니하다. <신설 2010.5.25., 2010.6.4.>
③ 제1항에 따라 출입·검사 등을 하는 공무원은 그 권한을 표시하는 증표를 지니고 이를 관계인에게 내보여야 한다. <개정 2010.5.25.>

④ 노동부장관은 제24조에 따른 공인노무사회로 하여금 제1항에 따른 업무 검사를 하게 할 수 있다. 이 경우 공인노무사회는 그 결과를 노동부장관에게 보고하여야 한다. <개정 2010.5.25.>
[전문개정 2007.8.3.]

제19조(등록의 취소 등) ① 고용노동부장관은 개업노무사가 다음 각 호의 어느 하나에 해당하는 경우에는 등록을 취소하여야 한다. <개정 2010.6.4.>
1. 제4조에 따른 결격사유에 해당하게 된 경우
2. 제9조에 따라 폐업신고를 한 경우
3. 삭제 <2010.5.25.>
4. 사망한 경우
② 고용노동부장관은 제1항에 따라 등록을 취소한 때에는 지체 없이 그 사유를 분명하게 밝혀 등록이 취소된 사람에게 알려야 한다. <신설 2010.5.25., 2010.6.4.>
③ 제1항에 따라 등록이 취소된 자는 등록증을 반납하여야 한다. <개정 2010.5.25.>
[전문개정 2007.8.3.]

제20조(징계) ① 고용노동부장관은 개업노무사가 다음 각 호의 어느 하나에 해당하는 경우에는 공인노무사징계위원회의 징계의결에 따라 징계처분을 한다. <개정 2010.5.25., 2010.6.4.>
1. 제6조를 위반하여 2개 이상의 사무소를 설치·운영한 경우
2. 제7조의3제2항을 위반하여 노무법인의 사원이 된 경우
3. 제7조의9에 따른 경업의 금지를 위반한 경우
4. 제11조제4항을 위반하여 직무보조원을 둔 경우
5. 제12조에 따른 품위유지와 성실의무 등을 위반한 경우
6. 제13조 각 호에 해당하는 금지 행위를 한 경우
7. 제14조에 따른 비밀 엄수 의무를 위반한 경우
8. 제18조제1항에 따른 보고·자료제출 등의 명령에 따르지 아니하거나 검사 또는 질문을 거부·방해 또는 기피하는 경우
9. 제20조의3에 따른 자격대여행위 등의 금지 의무를 위반한 경우
10. 노무법인·합동사무소를 설립·운영하기

위하여 다른 사람의 자격증을 빌린 경우
11. 제2조에 따른 업무를 수행하면서 고의·중대한 과실로 의뢰인이 부정하게 노동 관계 법령에 따른 보험금 등 재산상의 이익을 얻게 하거나 보험료 납부, 그 밖에 금전상의 의무를 이행하지 아니하게 한 경우
12. 제3항제2호에 따른 직무정지처분을 위반하여 직무를 수행한 경우
② 개업노무사가 제1항 각 호의 위반행위를 하고 폐업신고를 한 때에도 공인노무사징계위원회의 의결에 따라 제3항에 따른 징계처분을 한다. <개정 2010.5.25.>
③ 개업노무사 및 제2항에 따라 폐업신고를 한 공인노무사(이하 "개업노무사등"이라 한다. 이 조에서 같다)에 대한 징계의 종류는 다음 각 호와 같다. <개정 2010.5.25.>
1. 등록취소
2. 3년 이하의 직무정지
3. 1천만원 이하의 과태료
4. 견책(譴責)
④ 제24조에 따른 공인노무사회는 개업노무사등이 제1항 각 호의 어느 하나에 해당하는 징계사유가 있다고 인정하면 고용노동부장관에게 그 개업노무사등의 징계의결을 요청하여야 한다. <개정 2010.5.25., 2010.6.4.>
⑤ 제1항 또는 제2항에 따른 징계의결은 고용노동부장관의 요구에 따라 하며, 제1항 각 호의 어느 하나에 해당하는 사유가 발생한 날부터 3년이 지나면 징계의결을 요구할 수 없다. <개정 2010.5.25., 2010.6.4.>
⑥ 고용노동부장관은 개업노무사등이 제3항제3호에 따른 과태료를 납부기한까지 내지 아니하면 국세 체납처분의 예에 따라 징수할 수 있다. <개정 2010.5.25., 2010.6.4.>
⑦ 징계의결의 통보, 그 밖에 필요한 사항은 대통령령으로 정한다. <개정 2010.5.25.>
[전문개정 2007.8.3.]

제20조의2(공인노무사징계위원회) ① 공인노무사에 대한 징계를 심의·의결하기 위하여 고용노동부에 공인노무사징계위원회를 둔다. <개정 2010.6.4.>
② 공인노무사징계위원회의 구성과 운영 및 그 밖에 필요한 사항은 대통령령으로 정한다.
[본조신설 2010.5.25.]
[종전 제20조의2는 제20조의3으로 이동 <2010.5.25.>]

제20조의3(자격대여행위 등의 금지) 공인노무사는 다른 사람에게 자기의 성명이나 사무소의 명칭을 사용하여 공인노무사의 직무를 수행하게 하거나 그 자격증이나 등록증을 대여(貸與)하여서는 아니 된다.
[전문개정 2007.8.3.]
[제20조의2에서 이동 <2010.5.25.>]

제21조 삭제 <1997.12.24.>

제22조(청문) 고용노동부장관은 다음 각 호의 어느 하나에 해당하는 처분 등을 하려는 경우에는 청문을 하여야 한다. <개정 2010.5.25., 2010.6.4.>
1. 제7조의6에 따른 설립인가 취소 등
2. 제20조제1항 및 제2항에 따른 공인노무사징계위원회의 의결
[전문개정 2007.8.3.]

제23조 삭제 <1999.2.8.>

제24조(공인노무사회의 설립 등) ① 공인노무사의 자질 향상과 품위 유지, 공인노무사제도의 개선 및 업무의 효율적인 수행을 위하여 한국공인노무사회(이하 "공인노무사회"라 한다)를 둔다.
② 제1항에 따라 공인노무사회를 설립하려면 그 회칙을 정하여 고용노동부장관의 승인을 받아야 한다. 승인을 받은 사항을 변경하려는 경우에도 또한 같다. <개정 2010.6.4.>
③ 제2항의 회칙에 적어야 할 주요 사항은 대통령령으로 정한다.
④ 공인노무사회는 법인으로 한다.
⑤ 공인노무사회에 관하여 이 법에 규정되지 아니한 사항은 「민법」 중 사단법인에 관한 규정을 준용한다.
[전문개정 2007.8.3.]

제24조의2(공인노무사회에의 가입 및 공익활동) ① 개업노무사는 공인노무사회에 가입하여야 한다.
② 공인노무사회는 취약계층의 지원 등 공익활동에 적극 참여하여야 한다.
[본조신설 2007.8.3.]

제25조(지도·감독 등) ① 고용노동부장관은 공인노무사회에 대하여 감독상 필요한 경우에는 그 업무에 관한 사항을 보고하게 하거나 자료의 제출, 그 밖에 필요한 명령을 할 수 있으며 소속 공무원으로 하여금 그 사무소에 출입하여 장부·서류 등을 검사하거나 질문하게 할 수 있다. <개정 2010.6.4.>
② 제1항에 따른 공무원에 관하여는 제18조제3항을 준용한다. <개정 2010.5.25.>
[전문개정 2007.8.3.]

제26조(업무 위탁) ① 고용노동부장관은 다음 각 호의 업무를 공인노무사회에 위탁할 수 있다. <개정 2010.5.25., 2010.6.4.>
1. 공인노무사 연수교육
2. 근로자와 사용자를 대상으로 한 노무관리의 합리화에 관한 지도와 교육 업무
2의2. 공인노무사의 등록 및 폐업에 관한 업무
3. 그 밖에 고용노동부장관이 이 법의 시행에 필요하다고 인정하여 지정하는 업무
② 고용노동부장관은 제3조의2제1항에 따른 공인노무사 자격시험의 관리에 관한 업무를 「한국산업인력공단법」에 따른 한국산업인력공단에 위탁할 수 있다. <개정 2010.6.4.>
③ 고용노동부장관이 제1항과 제2항에 따라 공인노무사회나 한국산업인력공단에 업무를 위탁한 경우에는 예산의 범위에서 필요한 경비를 보조할 수 있다. <개정 2010.6.4.>
[전문개정 2007.8.3.]

제26조의2(취약계층의 지원 등) ① 국가나 공공기관은 사회취약계층을 위하여 공인노무사로 하여금 노동관계 법령과 관련한 사건에 대하여 지원하게 할 수 있다.
② 제1항에 따라 국가나 공공기관이 공인노무사로 하여금 사회취약계층을 지원하게 하려는 경우 그 방법 및 절차, 취약계층의 범위, 공인노무사의 보수 등에 관한 사항에 대하여는 다른 법률로 정하는 바에 따른다.
③ 고용노동부장관은 공인노무사가 제1항에 따라 사회취약계층을 지원한 경우에는 고용노동부령으로 정하는 바에 따라 일정시간의 보수교육을 받은 것으로 인정할 수 있다. <신설 2010.5.25., 2010.6.4.>
[전문개정 2007.8.3.]

제27조(업무의 제한) 공인노무사가 아닌 자는 제2조제1항제1호·제2호 또는 제4호의 직무를 업으로서 행하여서는 아니 된다. 다만, 다른 법령으로 정하여져 있는 경우에는 그러하지 아니하다.
[전문개정 2007.8.3.]

제27조의2(규제의 재검토) 고용노동부장관은 제3조의3의 시험의 일부면제 기준 및 제12조의4의 손해배상책임 보증보험가입제도에 대하여 2010년 12월 31일부터 매 5년마다 그 타당성을 검토하여 폐지, 완화 또는 유지 등의 조치를 하여야 한다. <개정 2010.6.4.>
[본조신설 2010.5.25.]

제28조(벌칙) ① 다음 각 호의 어느 하나에 해당하는 자는 3년 이하의 징역 또는 3천만원 이하의 벌금에 처한다. <개정 2010.5.25., 2014.5.20.>
1. 제14조에 따른 비밀 엄수 의무를 위반한 자
2. 제27조에 따른 업무 제한 사항을 위반한 자
② 다음 각 호의 어느 하나에 해당하는 자는 1년 이하의 징역 또는 1천만원 이하의 벌금에 처한다. <개정 2010.5.25., 2014.5.20.>
1. 공인노무사로서 제5조제1항에 따른 등록을 하지 아니하고 공인노무사 업무를 수행한 자
2. 제13조제1호, 제2호 또는 제4호에 해당하는 금지 행위를 한 자
3. 제20조의3에 따른 자격대여행위 등의 금지 의무를 위반한 자와 그 상대방
4. 제8조제3항·제4항에 따른 유사명칭 사용 금지 의무를 위반한 자
③ 삭제 <2010.5.25.>
[전문개정 2007.8.3.]

제29조(양벌규정) 노무법인의 사원인 개업노무사, 소속공인노무사 또는 개업노무사의 직무보조원이 그 노무법인 또는 개업노무사의 업무에 관하여 제28조의 위반행위를 하면 그 행위자를 벌하는 외에 그 노무법인 또는 개업노무사에게도 해당 조문의 벌금형을 과(科)한다. 다만, 노무법인 또는 개업노무사가 그 위반행위를 방지하기 위하여 해당 업무에 관하여 상당한 주의와 감독을 게을리하지 아니한 경우에는 그러하지 아니하다. <개정 2010.5.25.>
[전문개정 2008.12.26.]

제30조(과태료) ① 다음 각 호의 어느 하나에 해당하는 자에게는 200만원 이하의 과태료를 부과한다. <개정 2010.5.25.>
1. 제5조의2제2항에 따른 보수교육을 받지 아니한 자

2. 제9조에 따른 폐업신고 의무를 위반한 자
2의2. 제12조의4(제7조의10제2항에서 준용하는 경우를 포함한다)에 따른 보증보험에 가입하지 아니한 자
3. 제17조제1항(제7조의10제2항에서 준용하는 경우를 포함한다)에 따른 직무에 관한 장부의 작성·관리·보존의무를 위반한 자
4. 삭제 <2010.5.25.>
② 제1항에 따른 과태료는 대통령령으로 정하는 바에 따라 고용노동부장관이 부과·징수한다. <개정 2010.6.4.>
③ 삭제 <2010.5.25.>
④ 삭제 <2010.5.25.>
⑤ 삭제 <2010.5.25.>
[전문개정 2007.8.3.]

제31조(권한의 위임) 이 법에 따른 고용노동부장관의 권한은 대통령령으로 정하는 바에 따라 그 일부를 지방고용노동관서의 장에게 위임할 수 있다. <개정 2010.6.4.>
[전문개정 2007.8.3.]

부칙
<법률 제15847호, 2018.10.16.>

이 법은 공포한 날부터 시행한다.

공인노무사법 시행령

[시행 2018.9.21.]
[대통령령 제29181호, 2018.9.18., 타법개정]

제1조(목적) 이 영은 「공인노무사법」에서 위임된 사항과 그 시행에 필요한 사항을 규정함을 목적으로 한다. <개정 2007.12.28.>

제2조(노동 관계 법령의 범위) 공인노무사의 직무와 관련되는 「공인노무사법」(이하 "법"이라 한다) 제2조제3항에 따른 노동 관계 법령의 범위는 별표 1과 같다.
[전문개정 2010.11.19.]

제2조의2 삭제 <2001.4.9.>
제3조 삭제 <2001.4.9.>

제4조(시험방법) ① 법 제3조의2에 따른 공인노무사 자격시험(이하 "시험"이라 한다)의 제1차시험은 선택형으로 실시하는 것을 원칙으로 하되, 기입형을 포함할 수 있다.
② 제2차시험은 논문형으로 실시하는 것을 원칙으로 하되, 주관식 단답형을 포함할 수 있다.
③ 제3차시험은 면접시험으로 하며, 다음 각 호의 사항을 평정(評定)한다.
1. 국가관·사명감 등 정신자세
2. 전문지식과 응용능력
3. 예의·품행 및 성실성
4. 의사 발표의 정확성과 논리성
[전문개정 2010.11.19.]

제5조(수험절차) 제1차시험에 합격한 사람이 아니면 제2차시험에 응시할 수 없고, 제2차시험에 합격한 사람이 아니면 제3차시험에 응시할 수 없다.
[전문개정 2010.11.19.]

제6조(시험과목 등) ① 제1차시험 및 제2차시험의 과목 및 과목별 배점은 별표 2와 같다.
② 제1항에 따른 제1차시험의 과목 중 영어과목은 그 시험공고일부터 역산(逆算)하여 2년이 되는 날이 속하는 해의 1월 1일 이후에 실시된 영어능력검정시험 중 별표 3에서 정한 영어능력검정시험(이하 이 조에서 "영어시험"이라 한다)에서 취득한 성

적으로 대체한다.
③ 시험에 응시하려는 사람은 응시원서와 함께 영어시험 성적표를 제출하여야 한다.
[전문개정 2010.11.19.]

제7조(시험의 일부면제) ① 법 제3조의3제1항 각 호 외의 부분에서 "대통령령으로 정하는 일부 과목"이란 제6조제1항에 따른 제2차시험의 과목 중 노동법을 말한다.
② 법 제3조의3제2항에 따라 다음 각 호의 어느 하나에 해당하는 경력의 통산경력이 10년 이상인 사람에 대해서는 제6조제1항에 따른 제1차시험의 과목 중 노동법(1) 및 노동법(2)를 면제한다. <개정 2013.3.23.>
1. 제7조의2에 따른 공무원으로 근무한 경력
2. 지방자치단체에서 별표 1의 노동 관계 법령의 시행에 관한 사무에 직접 종사한 공무원 또는 해양수산부(1996년 8월 7일 이전의 해운항만청, 2008년 2월 28일 이전의 해양수산부 및 2013년 3월 22일 이전의 국토해양부를 포함한다) 소속 선원근로감독관으로 근무한 경력
3. 조합원 100명 이상인 「노동조합 및 노동관계조정법」 제10조제1항 및 제2항에 따른 단위노동조합, 산업별 연합단체 또는 총연합단체인 노동조합에서 같은 법 제24조제2항에 따른 전임자로 근무한 경력
4. 상시근로자 300명 이상인 사업 또는 사업장에서 노무관리업무 전담자로 근무한 경력
5. 고용노동부장관이 인정하는 사용자단체에서 회원업체의 노무관리 지도업무 전담자로 근무한 경력
③ 제1항 및 제2항에 따라 시험의 일부를 면제받으려는 사람은 고용노동부령으로 정하는 바에 따라 시험면제 신청을 하여야 한다.
[전문개정 2010.11.19.]

제7조의2(공무원의 범위) 법 제3조의3제3항에 따른 노동행정에 종사한 공무원의 범위는 고용노동부(1981년 4월 7일 이전의 노동청 및 1963년 8월 31일 이전의 보건사회부 노동국을 포함한다)와 그 소속 기관, 중앙노동위원회 또는 지방노동위원회에서 근무한 공무원으로 한다.
[전문개정 2010.11.19.]

제8조(시험위원회) ① 시험을 실시할 때마다 다음 각 호의 사항을 심의하기 위하여 공인 노무사 시험위원회(이하 "위원회"라 한다)를 구성한다.
1. 시험문제의 출제 및 채점
2. 시험 합격자의 결정
3. 그 밖에 시험에 관하여 위원회의 위원 장이 회의에 부치는 사항
② 위원회는 「한국산업인력공단법」에 따른 한국산업인력공단(이하 "한국산업인력공단" 이라 한다) 이사장과 고용노동부장관이 위촉 하는 시험위원으로 구성한다.
③ 위원회의 위원장은 한국산업인력공단 이 사장이 된다.
④ 시험위원은 공인노무사의 직무와 관련된 학식과 경험이 풍부한 사람 중에서 제1차 ·제2차 및 제3차시험의 시험위원으로 구 분하여 위촉하며, 제1차시험 및 제2차시험 의 시험위원은 과목당 3명 이상으로, 제3 차시험의 시험위원은 3명 이상으로 한다.
⑤ 제1항부터 제4항까지에서 규정한 사항 외에 위원회의 운영에 필요한 사항은 위 원장이 위원회의 의결을 거쳐 정한다.
[전문개정 2010.11.19.]

제9조(시험수당의 지급) 제8조제2항에 따라 위촉된 시험위원과 시험 관리 및 감독 업 무에 종사하는 사람에게는 예산의 범위에 서 수당을 지급할 수 있다.
[전문개정 2010.11.19.]

제10조(시험의 실시 및 공고) ① 시험은 매 년 한 차례 이상 실시한다.
② 고용노동부장관은 시험의 응시자격·시 험과목·일시·장소·응시절차, 그 밖에 시 험에 필요한 사항을 응시희망자가 알 수 있도록 시험시행일 90일 전까지 일간신문 에 공고하여야 한다. <개정 2012.5.1.>
③ 고용노동부장관은 공인노무사의 수급(需 給) 상황 등을 고려하여 법 제3조의4에 따 른 공인노무사자격심의위원회(이하 "심의 위원회"라 한다)의 심의를 거쳐 제2차시험 의 최소합격인원을 정하여 공고할 수 있다.
[전문개정 2010.11.19.]

제11조(응시원서 및 수수료) ① 시험에 응시 하려는 사람은 고용노동부령으로 정하는 바 에 따라 응시원서를 제출하여야 한다.
② 제1항에 따라 응시원서를 제출할 때에는 7

만원 이하의 범위에서 고용노동부령으로 정하 는 바에 따라 한국산업인력공단 이사장이 고 용노동부장관의 승인을 받아 결정한 수수료를 현금 또는 정보통신망을 이용한 전자화폐·전 자결제 등의 방법으로 한국산업인력공단에 내 야 한다. <개정 2011.3.22., 2016.4.26.>
③ 한국산업인력공단 이사장은 제2항에 따 라 수수료를 낸 사람이 다음 각 호의 어느 하나에 해당하는 경우에는 수수료의 전부 또는 일부를 다음 각 호의 구분에 따라 반 환하여야 한다. <개정 2016.4.26.>
1. 수수료를 과오납(過誤納)한 경우: 과오 납한 금액의 전부
2. 공단의 귀책사유로 시험에 응시하지 못 한 경우: 납부한 수수료 전부
3. 시험 시행일의 20일 전까지 접수를 취 소하는 경우: 납부한 수수료 전부
4. 시험 시행일의 10일 전까지 접수를 취 소하는 경우: 납부한 수수료의 100분 의 50
④ 제3항에 따른 수수료의 반환절차 및 반환방법 등은 제10조제2항에 따른 시험 시행공고에서 정하는 바에 따른다. <신설 2016.4.26.>
[전문개정 2010.11.19.]

제12조(합격자 결정 및 공고) ① 제1차시험 합격자의 결정은 영어과목을 제외한 나머 지 과목에서 각 과목 40점 이상, 전 과목 평균 60점 이상을 득점한 사람으로 하며, 제2차시험 합격자의 결정은 각 과목 만점 의 40퍼센트 이상, 전 과목 총점의 60퍼 센트 이상 득점한 사람으로 한다. 다만, 제 2차시험에서 각 과목 만점의 40퍼센트 이 상, 전 과목 총점의 60퍼센트 이상을 득점 한 사람이 제10조제3항에 따른 최소합격 인원에 이르지 못한 경우에는 최소합격인 원에 미달한 인원수의 범위에서 각 과목 만점의 40퍼센트 이상 득점한 사람 중에 서 전 과목 총득점이 높은 사람부터 차례 로 추가하여 합격자를 결정한다.
② 법 제3조의3제1항에 따라 제2차시험과목 중 일부를 면제받는 사람에 대하여 제1항 단서에 따라 합격 여부를 결정하는 경우에 는 각 과목 만점의 40퍼센트 이상을 득점한 사람의 과목별 득점 합계에 1.5를 곱하여 산출한 점수를 전 과목 총득점으로 본다.
③ 제1항 단서와 제2항에 따라 합격자를 결정하는 경우에 제2차시험의 최소합격인

원을 초과하여 동점자가 있을 때에는 해당 동점자 모두를 합격자로 결정한다. 이 경우 동점자의 점수는 소수점 이하 셋째 자리에서 반올림하여 둘째 자리까지 계산한다.

④ 제3차시험에서는 제4조제3항 각 호의 면접시험 평정요소마다 "상"(3점), "중"(2점), "하"(1점)로 구분하고, 총 12점 만점으로 채점하여 각 시험위원이 채점한 평점의 평균이 "중"(8점) 이상인 사람을 합격자로 한다. 다만, 위원의 과반수가 어느 하나의 같은 평정요소를 "하"로 평정하였을 때에는 불합격으로 한다.

⑤ 고용노동부장관은 최종 시험합격자가 결정되었을 때에는 모든 응시자가 알 수 있는 방법으로 이를 공고하고, 합격자에게는 합격 사실을 통지하여야 한다.

⑥ 시험성적의 세부산출방법이나 그 밖에 합격 결정에 필요한 사항은 고용노동부령으로 정한다. <신설 2011.3.22.>
[전문개정 2010.11.19.]

제13조 삭제 <2007.12.28.>

제14조(자격증의 발급) ① 법 제3조에 따른 공인노무사의 자격이 있는 사람으로서 공인노무사 자격증(이하 "자격증"이라 한다)을 발급받으려는 사람은 고용노동부령으로 정하는 바에 따라 자격증 발급신청서를 고용노동부장관에게 제출하여야 한다.

② 고용노동부장관은 제1항에 따른 자격증 발급신청서를 제출받으면 5일 이내에 고용노동부령으로 정하는 자격증을 신청인에게 발급하여야 한다.

③ 제2항에 따라 발급받은 자격증을 잃어버리거나 자격증이 헐어 못 쓰게 되어 다시 발급받으려는 사람은 고용노동부령으로 정하는 바에 따라 자격증 재발급신청서를 고용노동부장관에게 제출하여야 한다.

④ 고용노동부장관은 제2항 또는 제3항에 따라 자격증을 발급하거나 재발급한 때에는 고용노동부령으로 정하는 자격증 발급대장에 해당 사실을 기록하여야 한다.
[전문개정 2016.4.26.]

제14조의2(공인노무사자격심의위원회의 구성) ① 심의위원회는 위원장 1명을 포함한 11명 이내의 위원으로 구성한다.

② 심의위원회의 위원장은 고용노동부의 공인노무사 사무를 담당하는 고위공무원단에 속하는 일반직공무원 중 직무등급이 가장 높은 등급의 직위에 보직된 공무원이 되고, 위원은 다음 각 호의 사람이 된다.

1. 고용노동부의 3급 공무원 또는 고위공무원단에 속하는 일반직공무원 중 고용노동부장관이 지명하는 사람

2. 다음 각 목의 어느 하나에 해당하는 사람 중에서 고용노동부장관이 위촉하는 사람
   가. 「고등교육법」 제2조에 따른 학교에서 노동경제·노동법학, 그 밖에 이와 관련된 분야의 부교수 이상의 직으로 재직하고 있거나 재직하였던 사람
   나. 「노동조합 및 노동관계조정법」 제10조제2항에 따른 총연합단체인 노동조합에서 추천한 사람
   다. 전국적인 규모를 가지는 사용자단체에서 추천한 사람
   라. 「비영리민간단체 지원법」 제2조에 따른 비영리민간단체에서 추천한 사람
   마. 노동 관계 법령에 관한 학식과 경험이 풍부한 사람으로서 법 제24조에 따른 한국공인노무사회(이하 "공인노무사회"라 한다)에서 추천한 사람
   바. 그 밖에 노동 관계 법령에 관한 학식과 경험이 풍부한 사람

③ 고용노동부장관이 위촉하는 위원의 임기는 3년으로 한다.

④ 고용노동부장관은 제2항제2호에 따른 위원이 다음 각 호의 어느 하나에 해당하는 경우에는 해당 위원을 해촉(解囑)할 수 있다. <신설 2016.4.26.>

1. 심신장애로 인하여 직무를 수행할 수 없게 된 경우

2. 직무와 관련된 비위사실이 있는 경우

3. 직무태만, 품위손상이나 그 밖의 사유로 인하여 위원으로 적합하지 아니하다고 인정되는 경우

4. 위원 스스로 직무를 수행하는 것이 곤란하다고 의사를 밝히는 경우

⑤ 심의위원회에 심의위원회의 사무를 처리할 간사 1명을 두되, 간사는 심의위원회 위원장이 고용노동부 소속 공무원 중에서 지명한다. <개정 2016.4.26.>
[전문개정 2010.11.19.]

제14조의3(심의위원회의 회의) ① 심의위원회의 회의는 재적위원 과반수의 출석과 출석위원 과반수의 찬성으로 의결한다.

② 이 영에서 규정한 사항 외에 심의위원

회의 운영 등에 필요한 사항은 심의위원
회의 의결을 거쳐 위원장이 정한다.
[전문개정 2010.11.19.]

제14조의4(위원의 수당 등) 심의위원회에 출석한 위원에게는 예산의 범위에서 수당과 여비를 지급할 수 있다. 다만, 공무원인 위원이 그 소관 업무와 직접 관련되어 심의위원회에 출석하는 경우에는 그러하지 아니하다.
[전문개정 2010.11.19.]

제15조(직무개시 등록절차) ① 법 제5조제1항에 따라 직무개시의 등록을 하려는 사람은 고용노동부령으로 정하는 바에 따라 직무개시 등록신청서를 고용노동부장관에게 제출하여야 한다.
② 고용노동부장관은 제1항에 따른 등록신청을 받으면 공인노무사 직무개시 등록부에 다음 각 호의 사항을 기록하고 신청인에게 등록증을 발급하여야 한다.
1. 공인노무사의 주소·성명 및 주민등록번호
2. 사무소의 명칭 및 소재지
3. 등록번호
4. 그 밖에 고용노동부령으로 정하는 사항
③ 공인노무사는 제2항에 따른 등록사항이 변경되거나 휴업을 하였을 때에는 지체 없이 이를 고용노동부장관에게 알려야 한다.
④ 공인노무사는 제2항에 따라 발급받은 등록증을 잃어버리거나 그 등록증이 헐어 못 쓰게 된 경우 또는 제3항에 따라 등록사항의 변경을 알린 경우에는 고용노동부령으로 정하는 바에 따라 등록증을 다시 발급받아야 한다.
[전문개정 2010.11.19.]

제16조(연수교육) ① 법 제5조의2제1항에 따른 공인노무사의 연수교육은 6개월 이상 1년 이내로 한다. 다만, 2017년 1월 1일부터 2018년 12월 31일까지는 연수교육 기간을 3개월 이상 6개월 이내로 한다. <개정 2016.6.30.>
② 제1항에 따른 연수교육은 제18조에 따른 지정교육기관 기준에 해당하는 기관 중 고용노동부령으로 정하는 단체나 기관 또는 대학(이하 "연수교육기관"이라 한다)이 실시한다.
③ 연수교육은 고용노동부령으로 정하는 바

에 따라 직무교육과 실무수습으로 구성한다.
[전문개정 2010.11.19.]

제17조(보수교육) ① 법 제5조의2제2항에 따른 보수(補修)교육은 공인노무사 직무에 관한 교육(이하 "전문교육"이라 한다)과 직업윤리의식에 관한 교육(이하 "윤리교육"이라 한다)으로 구성한다. <개정 2016.4.26.>
② 법 제5조의2제2항 각 호 외의 부분 본문에서 "대통령령으로 정하는 시간"이란 8시간을 말한다. <개정 2016.4.26.>
[본조신설 2010.11.19.]

제18조(지정교육기관 기준 등) ① 고용노동부장관은 법 제5조의2제3항에 따라 비영리법인이나 「공공기관의 운영에 관한 법률」 제4조제1항에 따른 공공기관 또는 「고등교육법」 제2조제1호에 따른 대학으로서 다음 각 호의 요건을 모두 갖춘 자 중에서 지정교육기관을 지정한다. <개정 2016.6.30.>
1. 30명 이상을 수용할 수 있는 강의실을 갖추고 있을 것
2. 고용노동 분야에 전문지식과 경험이 있는 2명 이상의 사람이 근무하고 있어 교육역량이 있다고 인정될 것
② 지정교육기관의 지정 신청, 지정절차, 그 밖에 필요한 사항은 고용노동부장관이 정한다.
[본조신설 2010.11.19.]

제19조 삭제 <2016.4.26.>

제19조의2(노무법인의 설립인가 신청) ① 법 제7조의4제1항 전단에 따른 노무법인의 설립인가를 받으려는 자는 고용노동부령으로 정하는 바에 따라 노무법인의 설립인가신청서에 다음 각 호의 서류를 첨부하여 고용노동부장관에게 제출하여야 한다.
1. 정관
2. 업무계획서 및 예산서
3. 그 밖에 고용노동부장관이 정하는 서류
② 고용노동부장관은 법 제7조의4제1항 전단에 따른 노무법인의 설립인가를 하였을 때에는 노무법인 인가대장에 다음 각 호의 사항을 기록하고 신청인에게 노무법인 설립인가증을 발급하여야 한다.
1. 인가 번호 및 인가 연월일
2. 노무법인의 명칭
3. 주사무소 및 분사무소의 소재지

4. 사원의 성명 및 주소
5. 그 밖에 고용노동부장관이 필요하다고 인정하는 사항

③ 고용노동부장관은 제2항에 따라 신청인에게 노무법인 설립인가증을 발급한 경우에는 그 사실을 공인노무사회에 알려주어야 한다.

[전문개정 2010.11.19.]

제19조의3(노무법인의 정관 변경인가 신청)

① 법 제7조의4제1항 후단에 따라 노무법인의 정관 변경인가를 받으려는 자는 고용노동부령으로 정하는 바에 따라 정관 변경인가 신청서에 다음 각 호의 서류를 첨부하여 고용노동부장관에게 제출하여야 한다.
1. 정관 변경 이유서
2. 정관 변경안
3. 정관 변경에 관한 노무법인 사원총회 회의록 사본

② 고용노동부장관은 제1항에 따른 노무법인의 정관 변경을 인가하였을 때에는 노무법인 인가대장에 그 뜻을 기록하고, 신청인에게 노무법인 정관 변경인가증을 발급하여야 한다.

③ 노무법인 정관 변경인가에 관하여는 제19조의2제3항을 준용한다.

[전문개정 2010.11.19.]

제19조의4(정관의 기재사항)

법 제7조의4제2항제7호에서 "대통령령으로 정하는 사항"이란 다음 각 호의 사항을 말한다.
1. 노무법인을 대표하는 사원에 관한 사항
2. 노무법인의 업무를 집행하는 사원의 권리·의무의 제한에 관한 사항
3. 사원총회에 관한 사항

[전문개정 2010.11.19.]

제19조의5(노무법인의 설립등기)

① 법 제7조의4제3항에 따른 노무법인의 설립등기는 제19조의2제2항에 따른 설립인가증을 받은 날부터 14일 이내에 해당 노무법인의 주사무소 소재지에서 하여야 한다.

② 제1항에 따른 등기에는 다음 각 호의 사항이 포함되어야 한다.
1. 목적
2. 명칭
3. 사원의 성명 및 주소
4. 주사무소와 분사무소의 소재지
5. 사원의 출자 종류, 재산출자의 경우에 는 그 가격과 이행한 부분
6. 존립기간, 그 밖에 해산 사유를 정한 경우에는 그 기간 또는 사유
7. 노무법인을 대표하는 사원을 정한 경우에는 그 성명

③ 노무법인의 등기는 사원 전원이 공동으로 신청하여야 하며, 그 신청서에는 다음 각 호의 서류를 첨부하여야 한다.
1. 정관
2. 노무법인 설립인가증
3. 재산출자에 관하여 이행한 부분을 증명하는 서면

④ 고용노동부장관은 제1항에 따른 설립등기 내용에 대해서는 「전자정부법」 제36조제1항에 따른 행정정보의 공동이용을 통하여 법인 등기사항증명서를 확인하여야 한다.

[전문개정 2010.11.19.]

제19조의6(분사무소 설치 등의 등기)

① 노무법인의 분사무소의 설치등기, 주사무소·분사무소의 이전등기 및 제19조의5제2항 각 호의 어느 하나에 해당하는 사항에 대한 변경등기에 관하여는 「상법」 제181조부터 제183조까지의 규정을 준용하되, 고용노동부장관의 인가를 받아야 할 사항이 있을 때에는 해당 인가증을 받은 날부터 등기기간을 기산(起算)한다.

② 제1항에 따라 고용노동부장관의 인가를 받아야 할 사항이 있어서 해당 인가증을 받은 날부터 등기기간을 기산하는 경우에는 등기신청서에 해당 인가증을 첨부하여야 한다.

③ 고용노동부장관은 제1항에 따른 등기 내용에 대해서는 「전자정부법」 제36조제1항에 따른 행정정보의 공동이용을 통하여 법인 등기사항증명서를 확인하여야 한다.

[전문개정 2010.11.19.]

제19조의7(준용규정)

노무법인의 등기에 관하여는 법 및 이 영에서 규정한 사항 외에 「상업등기법」 제3조, 제4조, 제5조제2항·제3항, 제6조부터 제15조까지, 제17조부터 제29조까지, 제56조, 제58조부터 제73조까지, 제114조부터 제128조까지 및 제131조를 준용한다.

[전문개정 2010.11.19.]

제19조의8 삭제 <2010.11.19.>
제19조의9 삭제 <1999.4.9.>

제20조 삭제 <2007.12.28.>

제20조의2(보증보험 가입) ① 법 제12조의
4에 따라 노무법인은 노무법인의 설립인
가를 받은 후 15일 이내에 보험금액 1억
원 이상의 보증보험에, 개업노무사는 사무
소 또는 합동사무소 설치신고를 마친 후
15일 이내에 개업노무사 1명당 보험금액
2천만원 이상의 보증보험에 각각 가입하
고 해당 증명서류를 갖추어 공인노무사회
에 제출하여야 한다.
② 노무법인 및 개업노무사가 보증보험에
가입한 후 그 보증기간이 만료될 때에는
그 보증기간 만료일까지 다시 보증보험에
가입하고 그 증명서류를 갖추어 공인노무
사회에 제출하여야 한다.
[전문개정 2010.11.19.]

제20조의3(보증보험금의 지급 등) ① 의뢰인
이 손해배상금으로 보증보험금을 지급받으
려는 경우에는 고용노동부령으로 정하는
신청서에 해당 의뢰인과 노무법인 또는 개
업노무사 간의 손해배상합의서, 화해조서,
법원의 확정판결서 사본, 그 밖에 이에 준
하는 효력이 있는 서류를 첨부하여 공인노
무사회에 제출하여야 한다. 이 경우 공인
노무사회는 고용노동부령으로 정하는 보증
보험금 지급 사유 발생확인서를 지체 없이
발급하여야 한다.
② 노무법인 및 개업노무사는 보증보험금
으로 손해배상을 하였을 때에는 15일 이
내에 보증보험에 다시 가입하여야 한다.
[전문개정 2010.11.19.]

제20조의4 삭제 <2010.11.19.>

제20조의5(징계위원회의 구성) ① 법 제20
조의2제2항에 따른 공인노무사징계위원회
(이하 "징계위원회" 라 한다)는 위원장 1
명을 포함한 7명의 위원으로 구성한다.
② 징계위원회의 위원장(이하 "징계위원장"
이라 한다)은 고용노동부의 고위공무원단에
속하는 일반직공무원 중에서 고용노동부장
관이 지명하는 사람으로 하고, 그 외의 위
원은 다음 각 호의 사람으로 한다.
1. 법제처 및 중앙노동위원회의 3급 공무
원 또는 고위공무원단에 속하는 일반직
공무원 중에서 해당 기관의 장이 지명
하는 사람 각 1명

2. 고용노동부의 3급 공무원 또는 고위공무
원단에 속하는 일반직공무원 중에서 고용
노동부장관이 지명하는 사람 2명
3. 변호사의 자격이 있는 사람 중에서 법
무부장관이 지명하는 사람 1명
4. 공인노무사회의 장이 추천하는 공인노무
사 중에서 고용노동부장관이 지명하는 사
람 1명
[전문개정 2010.11.19.]

제20조의6(징계위원장) ① 징계위원장은 징
계위원회를 대표하고 징계위원회의 사무를
총괄하며, 징계위원회의 회의를 소집하고
그 의장이 된다.
② 징계위원장이 부득이한 사유로 직무를
수행할 수 없을 때에는 징계위원장이 미
리 지명한 위원이 그 직무를 대행한다.
[전문개정 2010.11.19.]

제20조의7(징계의결의 요구) ① 고용노동부
장관은 공인노무사에게 법 제20조제1항 각
호의 어느 하나에 해당하는 사유가 있다고
인정하는 경우에는 그 증명서류를 갖추어
징계위원회에 징계의결을 요구한다.
② 징계위원회는 제1항에 따른 요구를 받
으면 지체 없이 그 내용을 징계혐의자에
게 통지하여야 한다.
[전문개정 2010.11.19.]

제20조의8(징계의결기한) 징계위원회는 징계
의결의 요구를 받은 날부터 30일 이내에
징계에 관한 의결을 하여야 한다. 다만, 부
득이한 사유로 그 기간에 의결할 수 없는
경우에는 30일의 범위에서 그 기간을 연장
할 수 있다.
[전문개정 2010.11.19.]

제20조의9(징계위원회의 의결) 징계위원회
의 회의는 재적위원 과반수의 출석과 출석
위원 과반수의 찬성으로 의결한다.
[전문개정 2010.11.19.]

제20조의10(제척 및 기피) ① 징계위원회의
위원 중 징계혐의자의 친족이거나 그 징
계 사유와 관계가 있는 사람은 그 징계사
건의 심의·의결에 관여하지 못한다.
② 징계혐의자는 징계위원회의 위원 중 불
공정한 의결을 할 우려가 있다고 의심할
만한 상당한 사유가 있는 위원이 있을 때

에는 그 사유를 서면으로 밝히고 기피를 신청할 수 있다.

③ 제2항에 따른 기피 신청이 있을 때에는 징계위원회의 의결로 해당 위원의 기피 여부를 결정한다. 이 경우 기피 신청의 대상이 된 위원은 그 의결에 참여하지 못한다.
[전문개정 2010.11.19.]

제20조의11(징계의결의 통보 등) 징계위원회는 징계혐의자에 대하여 징계의결을 하였을 때에는 지체 없이 그 사유를 명시하여 고용노동부장관에게 통보하여야 한다.
[전문개정 2010.11.19.]

제21조(회칙) 법 제24조제3항에 따른 공인노무사회의 회칙에는 다음 각 호의 사항이 포함되어야 한다.
1. 목적
2. 명칭과 사무소의 소재지
3. 회장·부회장·이사 및 감사 등 임원에 관한 사항
4. 총회의 구성·운영에 관한 사항
5. 회원 중에서 선출된 대의원으로 구성되는 대의원총회의 구성·운영에 관한 사항
6. 고용노동부장관에 대한 제4호에 따른 총회 및 제5호에 따른 대의원총회의 결과 보고에 관한 사항
7. 회원의 입회, 탈퇴 및 징계에 관한 사항
8. 공인노무사의 교육에 관한 사항
9. 회원의 품위 유지와 복지 증진에 관한 사항
10. 사업계획, 회비 부담과 예산 및 회계에 관한 사항
11. 공인노무사회 및 지회(支會)의 설치·운영에 관한 사항
12. 회칙의 변경에 관한 사항
[전문개정 2010.11.19.]

제22조(사업계획 및 예산) 공인노무사회는 사업연도마다 사업계획 및 예산안을 작성하여 총회의 의결을 거쳐 확정하여야 한다.
[본조신설 2007.12.28.]

제23조 삭제 <1999.4.9.>
제24조 삭제 <1999.4.9.>
제25조 삭제 <1999.4.9.>

제26조(업무 위탁) ① 고용노동부장관은 법 제

26조제1항에 따라 다음 각 호의 업무를 공인노무사회에 위탁한다. <개정 2016.4.26.>
1. 법 제5조에 따른 등록
2. 법 제9조에 따른 폐업신고의 수리
3. 법 제19조에 따른 등록의 취소
4. 제14조에 따른 자격증 발급·재발급 신청서의 접수, 자격증 교부 및 자격증 발급대장에의 기록
② 고용노동부장관은 법 제26조제2항에 따라 다음 각 호의 시험 관리업무를 한국산업인력공단에 위탁한다.
1. 제7조제3항에 따른 시험의 일부면제 신청의 수리
2. 제8조제2항에 따른 시험위원의 위촉
3. 제9조에 따른 시험수당의 지급
4. 제10조에 따른 시험의 실시 및 공고
5. 제12조에 따른 합격자의 결정·공고 및 통지
[전문개정 2010.11.19.]

제27조(과태료의 부과) ① 법 제30조제2항에 따른 과태료의 부과기준은 별표 4와 같다.
② 고용노동부장관은 위반행위의 횟수와 위반 정도 등을 고려하여 별표 4에 따른 과태료 금액의 2분의 1의 범위에서 그 금액을 줄일 수 있다.
[전문개정 2010.11.19.]

제28조(권한의 위임) 고용노동부장관은 법 제31조에 따라 다음 각 호의 권한을 지방고용노동관서의 장에게 위임한다. <개정 2011.3.22.>
1. 법 제7조의4제1항 전단에 따른 노무법인의 설립·변경 인가
2. 법 제7조의5에 따른 노무법인의 해산신고의 수리
3. 법 제7조의6에 따른 노무법인의 설립인가 취소 및 업무정지 명령
4. 법 제18조에 따른 보고·자료제출의 명령, 출입·검사
5. 법 제30조에 따른 과태료의 부과·징수
[전문개정 2010.11.19.]

제29조(민감정보 및 고유식별정보의 처리) 고용노동부장관(제26조에 따라 고용노동부장관의 업무를 위탁받은 자를 포함한다)은 다음 각 호의 사무를 수행하기 위하여 불가피한 경우 「개인정보 보호법 시행령」 제

18조제2호에 따른 범죄경력자료에 해당하는 정보와 같은 영 제19조제1호 또는 제4호에 따른 주민등록번호 또는 외국인등록번호가 포함된 자료를 처리할 수 있다.

1. 법 제3조의2에 따른 공인노무사 자격 시험에 관한 사무
2. 법 제3조의3에 따른 시험의 일부면제에 관한 사무
3. 법 제5조 또는 제19조에 따른 등록 또는 등록 취소에 관한 사무

[본조신설 2012.1.6.]

제30조 삭제 <2016.4.26.>

부칙
<대통령령 제29181호, 2018.9.18.>
(공무원연금법 시행령)

제1조(시행일) 이 영은 2018년 9월 21일부터 시행한다.

제2조부터 제23조까지 생략

제24조(다른 법령의 개정) ①부터 ④까지 생략
⑤ 공인노무사법 시행령 일부를 다음과 같이 개정한다.
별표 1 제32호 중 "제7장"을 "제8장"으로 하고, 같은 표 제33호를 제34호로 하며, 같은 표에 제33호를 다음과 같이 신설하고, 같은 표 제34호(종전의 제33호) 중 "제32호"를 "제33호"로 한다.
33. 「공무원 재해보상법」(같은 법 제2장 급여와 제5장 심사의 청구에 관한 규정만 해당한다)
⑥부터 ㉓까지 생략

제25조 생략

교원의 노동조합 설립 및 운영 등에 관한 법률

(약칭: 교원노조법)

[시행 2016.8.4.]
[법률 제13936호, 2016.2.3., 타법개정]

제1조(목적) 이 법은 「국가공무원법」 제66조 제1항 및 「사립학교법」 제55조에도 불구하고 「노동조합 및 노동관계조정법」 제5조 단서에 따라 교원의 노동조합 설립에 관한 사항을 정하고 교원에 적용할 「노동조합 및 노동관계조정법」에 대한 특례를 규정함을 목적으로 한다.
[전문개정 2010.3.17.]

제2조(정의) 이 법에서 "교원"이란 「초·중등교육법」 제19조제1항에서 규정하고 있는 교원을 말한다. 다만, 해고된 사람으로서 「노동조합 및 노동관계조정법」 제82조제1항에 따라 노동위원회에 부당노동행위의 구제신청을 한 사람은 「노동위원회법」 제2조에 따른 중앙노동위원회(이하 "중앙노동위원회"라 한다)의 재심판정이 있을 때까지 교원으로 본다.
[전문개정 2010.3.17.]

제3조(정치활동의 금지) 교원의 노동조합(이하 "노동조합"이라 한다)은 일체의 정치활동을 하여서는 아니 된다.
[전문개정 2010.3.17.]

제4조(노동조합의 설립) ① 교원은 특별시·광역시·도·특별자치도(이하 "시·도"라 한다) 단위 또는 전국 단위로만 노동조합을 설립할 수 있다.
② 노동조합을 설립하려는 사람은 고용노동부장관에게 설립신고서를 제출하여야 한다. <개정 2010.6.4.>
[전문개정 2010.3.17.]

제5조(노동조합 전임자의 지위) ① 교원은 임용권자의 허가가 있는 경우에는 노동조합의 업무에만 종사할 수 있다.
② 제1항에 따라 허가를 받아 노동조합의 업무에만 종사하는 사람[이하 "전임자"(專

任者)라 한다]은 그 기간 중 「교육공무원법」 제44조 및 「사립학교법」 제59조에 따른 휴직명령을 받은 것으로 본다.
③ 전임자는 그 전임기간 중 봉급을 받지 못한다.
④ 전임자는 그 전임기간 중 전임자임을 이유로 승급 또는 그 밖의 신분상의 불이익을 받지 아니한다.
[전문개정 2010.3.17.]

제6조(교섭 및 체결 권한 등) ① 노동조합의 대표자는 그 노동조합 또는 조합원의 임금, 근무 조건, 후생복지 등 경제적·사회적 지위 향상에 관하여 교육부장관, 시·도 교육감 또는 사립학교 설립·경영자와 교섭하고 단체협약을 체결할 권한을 가진다. 이 경우 사립학교는 사립학교 설립·경영자가 전국 또는 시·도 단위로 연합하여 교섭에 응하여야 한다. <개정 2013.3.23.>
② 제1항의 경우에 노동조합의 교섭위원은 해당 노동조합의 대표자와 그 조합원으로 구성하여야 한다.
③ 조직 대상을 같이하는 둘 이상의 노동조합이 설립되어 있는 경우에 노동조합은 교섭창구를 단일화하여 단체교섭을 요구하여야 한다.
④ 제1항에 따른 단체교섭을 하거나 단체협약을 체결하는 경우에 관계 당사자는 국민여론과 학부모의 의견을 수렴하여 성실하게 교섭하고 단체협약을 체결하여야 하며, 그 권한을 남용하여서는 아니 된다.
⑤ 제1항에 따른 단체교섭의 절차 등에 관하여 필요한 사항은 대통령령으로 정한다.
[전문개정 2010.3.17.]

제7조(단체협약의 효력) ① 제6조제1항에 따라 체결된 단체협약의 내용 중 법령·조례 및 예산에 의하여 규정되는 내용과 법령 또는 조례에 의하여 위임을 받아 규정되는 내용은 단체협약으로서의 효력을 가지지 아니한다.
② 교육부장관, 시·도 교육감 및 사립학교 설립·경영자는 제1항에 따라 단체협약으로서의 효력을 가지지 아니하는 내용에 대하여는 그 내용이 이행될 수 있도록 성실하게 노력하여야 한다. <개정 2013.3.23.>
[전문개정 2010.3.17.]

제8조(쟁의행위의 금지) 노동조합과 그 조합원은 파업, 태업 또는 그 밖에 업무의 정상적인 운영을 방해하는 일체의 쟁의행위(爭議行爲)를 하여서는 아니 된다.
[전문개정 2010.3.17.]

제9조(노동쟁의의 조정신청 등) ① 제6조에 따른 단체교섭이 결렬된 경우에는 당사자 어느 한쪽 또는 양쪽은 중앙노동위원회에 조정(調停)을 신청할 수 있다.
② 제1항에 따라 당사자 어느 한쪽 또는 양쪽이 조정을 신청하면 중앙노동위원회는 지체 없이 조정을 시작하여야 하며 당사자 양쪽은 조정에 성실하게 임하여야 한다.
③ 조정은 제1항에 따른 신청을 받은 날부터 30일 이내에 마쳐야 한다.
[전문개정 2010.3.17.]

제10조(중재의 개시) 중앙노동위원회는 다음 각 호의 어느 하나에 해당하는 경우에는 중재(仲裁)를 한다. <개정 2010.6.4.>
1. 제6조에 따른 단체교섭이 결렬되어 관계 당사자 양쪽이 함께 중재를 신청한 경우
2. 중앙노동위원회가 제시한 조정안을 당사자의 어느 한쪽이라도 거부한 경우
3. 중앙노동위원회 위원장이 직권으로 또는 고용노동부장관의 요청에 따라 중재에 회부한다는 결정을 한 경우
[전문개정 2010.3.17.]

제11조(교원 노동관계 조정위원회의 구성)
① 교원의 노동쟁의를 조정·중재하기 위하여 중앙노동위원회에 교원 노동관계 조정위원회(이하 "위원회"라 한다)를 둔다.
② 위원회는 중앙노동위원회 위원장이 지명하는 조정담당 공익위원 3명으로 구성한다. 다만, 관계 당사자가 합의하여 중앙노동위원회의 조정담당 공익위원이 아닌 사람을 추천하는 경우에는 그 사람을 지명하여야 한다.
③ 위원회의 위원장은 위원회의 위원 중에서 호선(互選)한다.
[전문개정 2010.3.17.]

제12조(중재재정의 확정 등) ① 관계 당사자는 중앙노동위원회의 중재재정(仲裁裁定)이 위법하거나 월권(越權)에 의한 것이라고 인정하는 경우에는 「행정소송법」 제20조에도 불구하고 중재재정서를 송달받은 날부터 15일 이내에 중앙노동위원회 위원장을 피고로 하여 행정소송을 제기할 수 있다.
② 제1항의 기간 이내에 행정소송을 제기하지 아니하면 그 중재재정은 확정된다.
③ 제2항에 따라 중재재정이 확정되면 관계 당사자는 이에 따라야 한다.
④ 중앙노동위원회의 중재재정은 제1항에 따른 행정소송의 제기에 의하여 효력이 정지되지 아니한다.
⑤ 제2항에 따라 확정된 중재재정의 내용은 단체협약과 같은 효력을 가진다.
[전문개정 2010.3.17.]

제13조(교원소청심사청구와의 관계) 「노동조합 및 노동관계조정법」 제81조제1호 및 제5호에 따른 행위로 교원이 해고나 그 밖의 불이익을 받은 것을 이유로 해당 교원 또는 노동조합이 같은 법 제82조제1항에 따라 노동위원회에 구제를 신청한 경우에는 「교원의 지위 향상 및 교육활동 보호를 위한 특별법」 제9조에도 불구하고 교원소청심사위원회에 소청심사를 청구할 수 없다. <개정 2016.2.3.>
[전문개정 2010.3.17.]

제14조(다른 법률과의 관계) ① 교원에 적용할 노동조합 및 노동관계조정에 관하여 이 법에서 정하지 아니한 사항에 대하여는 제2항에서 정하는 경우를 제외하고는 「노동조합 및 노동관계조정법」에서 정하는 바에 따른다. 이 경우 「노동조합 및 노동관계조정법」 제3조 중 "단체교섭 또는 쟁의행위로"는 "단체교섭으로"로, 같은 법 제4조 본문 중 "단체교섭·쟁의행위"는 "단체교섭"으로, 같은 법 제10조제1항 각 호 외의 부분 중 "연합단체인 노동조합과 2 이상의 특별시·광역시·도·특별자치도에 걸치는 단위노동조합은 고용노동부장관에게, 2 이상의 시·군·구(자치구를 말한다)에 걸치는 단위노동조합은 특별시장·광역시장·도지사에게, 그 외의 노동조합은 특별자치도지사·시장·군수·구청장(자치구의 구청장을 말한다. 이하 제12조제1항에서 같다)에게"는 "고용노동부장관에게"로, 같은 법 제12조제1항 중 "고용노동부장관, 특별시장·광역시장·도지사·특별자치도지사 또는 시장·군수·구청장(이하 "행정관청"이라 한다)"은 "고용노동부장관"으로, 같은 법 제58조, 제60조제1항부터 제4항까지 및 제61조제3항 중 "조정위원회 또는 단독조정인"은 "교원 노동관계 조정위원회"로, 같은 법 제59조

중 "조정위원회의 위원장 또는 단독조정인"은 "교원 노동관계 조정위원회 위원장"으로, 같은 법 제61조제1항 중 "조정위원 전원 또는 단독조정인"은 "교원 노동관계 조정위원회 위원 전원"으로, 같은 법 제66조제1항, 제67조 및 제68조제2항 중 "중재위원회"는 "교원 노동관계 조정위원회"로, 같은 법 제81조제3호 중 "노동조합의 대표자 또는 노동조합으로부터 위임을 받은 자"는 "노동조합의 대표자"로, 같은 법 제90조 중 "제44조제2항, 제69조제4항, 제77조 또는 제81조"는 "제81조"로, 같은 법 제94조 중 "제88조 내지 제93조"는 "제89조제2호, 제90조, 제92조, 제93조"로 고, 같은 법 중 "근로자"는 "교원"으로, "사용자"는 "교육부장관, 시·도 교육감, 사립학교의 설립·경영자 또는 교원에 관한 사항에 대하여 교육부장관, 시·도 교육감, 사립학교의 설립·경영자를 위하여 행동하는 사람"으로, "행정관청"은 "고용노동부장관"으로 본다. <개정 2010.6.4., 2013.3.23.>
② 「노동조합 및 노동관계조정법」 제2조제4호라목 단서, 제24조, 제24조의2, 제29조제2항부터 제4항까지, 제29조의2부터 제29조의5까지, 제36조부터 제39조까지, 제41조, 제42조, 제42조의2부터 제42조의6까지, 제43조부터 제46조까지, 제51조부터 제57조까지, 제60조제5항, 제62조부터 제65조까지, 제66조제2항, 제69조부터 제73조까지, 제76조부터 제80조까지, 제81조제2호 단서, 제88조, 제89조제1호, 제91조 및 제96조제1항제3호는 이 법에 따른 노동조합에 대하여는 적용하지 아니한다.
[전문개정 2010.3.17.]

제15조(벌칙) ① 제8조를 위반하여 쟁의행위를 한 자는 5년 이하의 징역 또는 5천만원 이하의 벌금에 처한다.
② 제12조제3항을 위반하여 중재재정을 따르지 아니한 자는 2년 이하의 징역 또는 2천만원 이하의 벌금에 처한다.
[전문개정 2010.3.17.]

부칙
<제13936호, 2016.2.3.>
(교원의 지위 향상 및 교육활동 보호를 위한 특별법)

제1조(시행일) 이 법은 공포 후 6개월이 경과한 날부터 시행한다.

제2조 생략

제3조(다른 법률의 개정) ① 교원의 노동조합 설립 및 운영 등에 관한 법률 일부를 다음과 같이 개정한다.
제13조 중 "「교원지위향상을 위한 특별법」"을 "「교원의 지위 향상 및 교육활동 보호를 위한 특별법」"으로 한다.
②부터 ⑧까지 생략

제4조 생략

근로감독관규정

[시행 2010.10.27.]
[대통령령 제22465호, 2010.10.27.,
전부개정]

제1조(목적) 이 영은 「근로기준법」 제101조에 따라 근로감독관의 자격, 임면(任免), 직무 배치 등에 관한 사항을 규정함을 목적으로 한다.

제2조(당연직 근로감독관) ① 다음 각 호의 어느 하나에 해당하는 일반직공무원은 그 직위에 임용된 날부터 근로감독관에 임명된 것으로 본다.

1. 고용노동부의 3급부터 7급까지의 공무원 중 다음 각 목의 어느 하나에 해당하는 업무를 수행하는 과(課) 또는 담당관 소속 공무원
   가. 「고용노동부와 그 소속기관 직제」(이하 "직제"라 한다) 제10조제3항제29호부터 제31류까지의 규정에 따른 고용평등에 관한 업무
   나. 직제 제10조제3항제32호부터 제34호까지의 규정에 따른 여성근로자 보호에 관한 업무
   다. 직제 제11조제3항제6호부터 제10호까지 및 제40호부터 제42호까지의 규정에 따른 노동조합에 관한 업무
   라. 직제 제11조제3항제11호 및 제12호에 따른 노사분규에 관한 업무
   마. 직제 제11조제3항제13호, 제15호부터 제18호까지, 제22호 및 제23호에 따른 근로기준에 관한 업무
   바. 직제 제11조제3항제14호, 제19호부터 제21호까지 및 제24호에 따른 임금에 관한 업무
   사. 직제 제11조제3항제32호부터 제36호까지의 규정에 따른 산업보건에 관한 업무
   아. 직제 제11조제3항제37호부터 제39호까지의 규정에 따른 산업안전에 관한 업무
2. 지방고용노동청의 4급부터 7급까지의 공무원 중 근로개선지도 및 산업안전보건에 관한 업무를 담당하는 과 소속 공무원

3. 지방고용노동청 지청 및 출장소의 장과 그에 소속된 4급부터 7급까지의 공무원 중 근로개선지도 및 산업안전보건에 관한 업무를 담당하는 과 소속 공무원

② 제1항의 경우 일반직 6급 또는 7급 공무원 중 고용노동부와 그 소속기관에서 근무한 경력이 1년 미만인 사람은 근무경력이 1년이 되는 날부터 근로감독관에 임명된 것으로 본다.

③ 제1항에 따른 근로감독관이 근로감독 업무와 관련하여 징계처분을 받거나, 직무 범위와 관계없이 「국가공무원법」 제61조·제65조 및 제66조를 위반하여 징계처분을 받은 경우에는 그 처분을 받은 날부터 다음 각 호의 구분에 따른 기간 동안 근로감독관의 직무를 수행할 수 없다.

1. 강등·정직 처분을 받은 경우: 1년 6개월
2. 감봉 처분을 받은 경우: 1년
3. 견책 처분을 받은 경우: 6개월

제3조(임명직 근로감독관) ① 고용노동부장관 또는 지방고용노동청장은 그 소속 공무원 중 제2조제1항 및 제2항에 해당하는 공무원만으로 근로감독관을 충원하기 곤란하다고 인정되는 경우에는 제2조제1항 각 호에 따른 일반직 6급 또는 7급 공무원으로서 고용노동부와 그 소속기관에서 근무한 경력이 1년 미만인 사람 중 다음 각 호의 어느 하나에 해당하는 사람을 근로감독관으로 임명할 수 있다.

1. 고용노동부장관이 정하는 교육을 이수한 사람
2. 제5조제1항에 따라 사법경찰리의 직무를 수행할 사람으로 지명받아 근로감독관의 업무를 보조한 경력이 6개월 이상인 사람

② 고용노동부장관 또는 지방고용노동청장은 고용노동부 또는 지방고용노동청·지청 및 출장소(이하 "지방고용노동관서"라 한다)에 노동 관계 법령 위반사건을 조사하기 위한 한시적인 전담반을 구성할 필요가 있는 경우 제2조제1항 및 제2항에 따라 근로감독관이 될 수 있는 공무원 외에 3급부터 7급까지의 공무원 또는 고위공무원단에 속하는 일반직공무원 중 근로감독관 경력이 있는 사람을 근로감독관으로 임명할 수 있다.

제4조(근로감독관 임명의 해제) ① 제2조제1항 및 제2항에 따라 근로감독관으로 임명된 것으로 보거나 제3조제1항에 따라 근로감독관으로 임명된 사람이 제2조제1항 각 호에 따른 과 또는 담당관 소속으로 근무하지 아니하게 되었을 때에는 근로감독관의 임명이 해제된 것으로 본다.

② 제3조제2항에 따라 근로감독관으로 임명된 사람은 해당 전담반이 해체되었을 때에는 근로감독관의 임명이 해제된 것으로 본다.

③ 고용노동부장관과 지방고용노동청장은 제3조제1항 및 제2항에 따른 근로감독관이 근로감독 업무와 관련하여 징계처분을 받거나, 직무 범위와 관계없이 「국가공무원법」 제61조·제65조 및 제66조를 위반하여 징계처분을 받은 경우에는 해당 근로감독관의 임명을 지체 없이 해제하여야 한다. 이 경우 해당 처분을 받은 날부터 근로감독관의 직무 수행 제한 기간에 관하여는 제2조제3항을 준용한다.

④ 고용노동부장관과 지방고용노동청장은 제3조제1항 및 제2항에 따른 근로감독관이 근로감독 업무와 관련하여 최근 2년 이내에 두 번 이상의 경고처분을 받았을 때에는 해당 근로감독관의 임명을 지체 없이 해제하여야 하고, 해당 근로감독관은 임명이 해제된 날부터 6개월 동안 근로감독관의 직무를 수행할 수 없다.

제5조(사법경찰리 지명의 추천 등) ① 지방고용노동관서의 장은 8급 또는 9급 공무원 중 근무성적이 우수한 사람을 근로개선지도 및 산업안전보건에 관한 업무를 담당하는 부서에 배치하고, 「사법경찰관리의 직무를 수행할 자와 그 직무범위에 관한 법률」 제6조의2제2항에 따라 그 근무지를 관할하는 지방검찰청 검사장에게 해당 공무원을 추천하여 사법경찰리의 직무를 수행할 사람으로 지명받은 후 근로감독관의 수사업무를 보조하게 할 수 있다.

② 지방고용노동관서의 장은 제1항에 따라 지명을 받은 사람이 다음 각 호의 어느 하나에 해당하는 경우에는 지체 없이 지명서를 회수하여 그 근무지를 관할하는 지방검찰청 검사장에게 반납하여야 한다.

1. 지명 당시의 담당 부서에서 근무하지 아니하게 된 경우
2. 근로감독 업무와 관련하여 징계처분을 받거나 최근 2년 이내에 두 번 이상의 경고처분을 받은 경우

제6조(활동비 지급) 근로감독관과 근로감독관을 보조하여 사법경찰리의 직무를 수행하는 사람에게는 예산의 범위에서 활동비를 지급한다.

제7조(증표) ① 고용노동부장관과 지방고용노동관서의 장은 근로감독관의 신분을 표시하는 증표를 발급한다.

② 제1항에 따른 증표의 발급에 필요한 사항은 고용노동부령으로 정한다.

부칙
<제22465호, 2010.10.27.>

이 영은 공포한 날부터 시행한다.

근로기준법

[시행 2019.1.15.]
[법률 제16270호, 2019.1.15., 일부개정]

제1장 총칙

제1조(목적) 이 법은 헌법에 따라 근로조건의 기준을 정함으로써 근로자의 기본적 생활을 보장, 향상시키며 균형 있는 국민경제의 발전을 꾀하는 것을 목적으로 한다.

제2조(정의) ① 이 법에서 사용하는 용어의 뜻은 다음과 같다. <개정 2018.3.20.>
1. "근로자"란 직업의 종류와 관계없이 임금을 목적으로 사업이나 사업장에 근로를 제공하는 자를 말한다.
2. "사용자"란 사업주 또는 사업 경영 담당자, 그 밖에 근로자에 관한 사항에 대하여 사업주를 위하여 행위하는 자를 말한다.
3. "근로"란 정신노동과 육체노동을 말한다.
4. "근로계약"이란 근로자가 사용자에게 근로를 제공하고 사용자는 이에 대하여 임금을 지급하는 것을 목적으로 체결된 계약을 말한다.
5. "임금"이란 사용자가 근로의 대가로 근로자에게 임금, 봉급, 그 밖에 어떠한 명칭으로든지 지급하는 일체의 금품을 말한다.
6. "평균임금"이란 이를 산정하여야 할 사유가 발생한 날 이전 3개월 동안에 그 근로자에게 지급된 임금의 총액을 그 기간의 총일수로 나눈 금액을 말한다. 근로자가 취업한 후 3개월 미만인 경우도 이에 준한다.
7. "1주"란 휴일을 포함한 7일을 말한다.
8. "소정(所定)근로시간"이란 제50조, 제69조 본문 또는 「산업안전보건법」 제46조에 따른 근로시간의 범위에서 근로자와 사용자 사이에 정한 근로시간을 말한다.
9. "단시간근로자"란 1주 동안의 소정근로시간이 그 사업장에서 같은 종류의 업무에 종사하는 통상 근로자의 1주 동안의 소정근로시간에 비하여 짧은 근로

자를 말한다.
② 제1항제6호에 따라 산출된 금액이 그 근로자의 통상임금보다 적으면 그 통상임금액을 평균임금으로 한다.
[시행일] 제2조제1항의 개정규정은 다음 각 호의 구분에 따른 날부터 시행한다.
1. 상시 300명 이상의 근로자를 사용하는 사업 또는 사업장,「공공기관의 운영에 관한 법률」제4조에 따른 공공기관,「지방공기업법」제49조 및 같은 법 제76조에 따른 지방공사 및 지방공단, 국가·지방자치단체 또는 정부투자기관이 자본금의 2분의 1 이상을 출자하거나 기본재산의 2분의 1 이상을 출연한 기관·단체와 그 기관·단체가 자본금의 2분의 1 이상을 출자하거나 기본재산의 2분의 1 이상을 출연한 기관·단체, 국가 및 지방자치단체의 기관: 2018년 7월 1일(제59조의 개정규정에 따라 근로시간 및 휴게시간의 특례를 적용받지 아니하게 되는 업종의 경우 2019년 7월 1일)
2. 상시 50명 이상 300명 미만의 근로자를 사용하는 사업 또는 사업장: 2020년 1월 1일
3. 상시 5명 이상 50명 미만의 근로자를 사용하는 사업 또는 사업장: 2021년 7월 1일

제2조(정의) ① 이 법에서 사용하는 용어의 뜻은 다음과 같다. <개정 2018.3.20., 2019.1.15.>
1. "근로자"란 직업의 종류와 관계없이 임금을 목적으로 사업이나 사업장에 근로를 제공하는 자를 말한다.
2. "사용자"란 사업주 또는 사업 경영 담당자, 그 밖에 근로자에 관한 사항에 대하여 사업주를 위하여 행위하는 자를 말한다.
3. "근로"란 정신노동과 육체노동을 말한다.
4. "근로계약"이란 근로자가 사용자에게 근로를 제공하고 사용자는 이에 대하여 임금을 지급하는 것을 목적으로 체결된 계약을 말한다.
5. "임금"이란 사용자가 근로의 대가로 근로자에게 임금, 봉급, 그 밖에 어떠한 명칭으로든지 지급하는 일체의 금품을 말한다.
6. "평균임금"이란 이를 산정하여야 할 사유가 발생한 날 이전 3개월 동안에 그

근로자에게 지급된 임금의 총액을 그 기간의 총일수로 나눈 금액을 말한다. 근로자가 취업한 후 3개월 미만인 경우도 이에 준한다.

7. "1주"란 휴일을 포함한 7일을 말한다.

8. "소정(所定)근로시간"이란 제50조, 제69조 본문 또는 「산업안전보건법」 제139조제1항에 따른 근로시간의 범위에서 근로자와 사용자 사이에 정한 근로시간을 말한다.

9. "단시간근로자"란 1주 동안의 소정근로시간이 그 사업장에서 같은 종류의 업무에 종사하는 통상 근로자의 1주 동안의 소정근로시간에 비하여 짧은 근로자를 말한다.

② 제1항제6호에 따라 산출된 금액이 그 근로자의 통상임금보다 적으면 그 통상임금액을 평균임금으로 한다.

[시행일] 제2조제1항의 개정규정은 다음 각 호의 구분에 따른 날부터 시행한다.

1. 상시 300명 이상의 근로자를 사용하는 사업 또는 사업장, 「공공기관의 운영에 관한 법률」 제4조에 따른 공공기관, 「지방공기업법」 제49조 및 같은 법 제76조에 따른 지방공사 및 지방공단, 국가·지방자치단체 또는 정부투자기관이 자본금의 2분의 1 이상을 출자하거나 기본재산의 2분의 1 이상을 출연한 기관·단체와 그 기관·단체가 자본금의 2분의 1 이상을 출자하거나 기본재산의 2분의 1 이상을 출연한 기관·단체, 국가 및 지방자치단체의 기관: 2018년 7월 1일 (제59조의 개정규정에 따라 근로시간 및 휴게시간의 특례를 적용받지 아니하게 되는 업종의 경우 2019년 7월 1일)

2. 상시 50명 이상 300명 미만의 근로자를 사용하는 사업 또는 사업장: 2020년 1월 1일

3. 상시 5명 이상 50명 미만의 근로자를 사용하는 사업 또는 사업장: 2021년 7월 1일

[시행일 : 2020.1.16.] 제2조

▣판례 - 회사나 법인의 이사 또는 감사 등 임원이 근로기준법상의 근로자에 해당하는 경우

회사나 법인의 이사 또는 감사 등 임원이라도 그 지위 또는 명칭이 형식적·명목적인 것이고 실제로는 매일 출근하여 업무집행권을 갖는 대표이사나 사용자의 지휘·감독 아래 일정한 근로를 제공하면서 그 대가로 보수를 받는 관계에 있다거나 또는 회사로부터 위임받은 사무를 처리하는 외에 대표이사 등의 지휘·감독 아래 일정한 노무를 담당하고 그 대가로 일정한 보수를 지급받아 왔다면 그러한 임원은 근로기준법상의 근로자에 해당한다. [대법원 2017.9.7, 선고, 2017두46899, 판결]

제3조(근로조건의 기준) 이 법에서 정하는 근로조건은 최저기준이므로 근로 관계 당사자는 이 기준을 이유로 근로조건을 낮출 수 없다.

제4조(근로조건의 결정) 근로조건은 근로자와 사용자가 동등한 지위에서 자유의사에 따라 결정하여야 한다.

▣판례 - 징계무효확인

기업 내부에 존재하는 특정 관행이 근로계약의 내용을 이루고 있다고 인정하기 위한 요건 / 단체협약에서 사용자가 인사처분을 할 때 노동조합에 의견제시 기회만을 주도록 정한 경우, 그 절차를 거치지 않은 인사처분의 효력 [대법원 2014.11.27, 선고, 2011다41420, 판결]

제5조(근로조건의 준수) 근로자와 사용자는 각자가 단체협약, 취업규칙과 근로계약을 지키고 성실하게 이행할 의무가 있다.

▣판례 - 임금

甲 주식회사 등의 보수규정에 '기본급은 근속 1년 이상인 자에 대하여 연 1회 1호봉씩 승호한다'고 규정하면서 '무계결근 3일 이상일 때' 등의 사유에 해당하는 경우에는 '1회 승호를 보류한다'고 규정한 사안에서, 제반 사정에 비추어 '1회 승호를 보류한다'는 의미는 1호봉이 오르지 못한 상태가 지속되는 것으로 보는 것이 문언의 통상적인 의미에 부합하는데도, 1년에 한하여 승호가 보류되고 차회 정기승호일에는 보류된 승호가 환원된다고 본 원심판단에 법리오해의 잘못이 있다고 한 사례 [대법원 2016.6.9, 선고, 2015다78536, 판결]

제6조(균등한 처우) 사용자는 근로자에 대하여 남녀의 성(性)을 이유로 차별적 대우를 하지 못하고, 국적·신앙 또는 사회적 신분을 이유로 근로조건에 대한 차별적 처우를 하지 못한다.

▣판례 - 근로기준법에서 금지하는 차별적 처우에 해당하기 위해서는 차별을 받았다고 주장하는 사람과 그가 비교대상자로 지목하는 사람이 본질적으로 동일한 비교집단에 속해 있

어야 하는지 여부(적극)

근로기준법에서 말하는 차별적 처우란 본질적으로 같은 것을 다르게, 다른 것을 같게 취급하는 것을 말하며, 본질적으로 같지 않은 것을 다르게 취급하는 경우에는 차별 자체가 존재한다고 할 수 없다. 따라서 근로기준법에서 금지하는 차별적 처우에 해당하기 위해서는 우선 그 전제로서 차별을 받았다고 주장하는 사람과 그가 비교대상자로 지목하는 사람이 본질적으로 동일한 비교집단에 속해 있어야 한다. [대법원 2015.10.29, 선고, 2013다1051, 판결]

제7조(강제 근로의 금지) 사용자는 폭행, 협박, 감금, 그 밖에 정신상 또는 신체상의 자유를 부당하게 구속하는 수단으로써 근로자의 자유의사에 어긋나는 근로를 강요하지 못한다.

제8조(폭행의 금지) 사용자는 사고의 발생이나 그 밖의 어떠한 이유로도 근로자에게 폭행을 하지 못한다.

제9조(중간착취의 배제) 누구든지 법률에 따르지 아니하고는 영리로 다른 사람의 취업에 개입하거나 중간인으로서 이익을 취득하지 못한다.

버스회사 노동조합 지부장인 피고인이 운전기사 신규 채용 내지 정년 도과 후 촉탁직 근로계약의 체결과 관련하여 취업을 원하거나, 정년 후 계속 근로를 원하는 운전기사들로부터 청탁의 대가로 돈을 받아 이익을 취득하였고, 원심이 위 행위에 대해 근로기준법 위반죄의 성립을 인정한 뒤, 피고인에 대하여 형의 집행을 유예함과 동시에 집행유예기간 동안 보호관찰을 받을 것을 명하면서 "보호관찰기간 중 노조지부장 선거에 후보로 출마하거나 피고인을 지지하는 다른 조합원의 출마를 후원하거나 하는 등의 방법으로 선거에 개입하지 말 것"이라는 내용의 특별준수사항을 부과한 사안에서, 범행에 이르게 된 동기와 내용, 피고인의 지위, 업무 환경, 생활상태, 기타 개별적 · 구체적 특성들을 종합할 때, 원심이 피고인의 재범을 방지하고 개선 · 자립에 도움이 된다고 판단하여 위와 같은 특별준수사항을 부과한 것은 정당하다고 한 사례. [대법원 2010.9.30, 선고, 2010도6403, 판결]

제10조(공민권 행사의 보장) 사용자는 근로자가 근로시간 중에 선거권, 그 밖의 공민권(公民權) 행사 또는 공(公)의 직무를 집행하기 위하여 필요한 시간을 청구하면 거부하지 못한다. 다만, 그 권리 행사나 공(公)의 직무를 수행하는 데에 지장이 없으면 청구한 시간을 변경할 수 있다.

제11조(적용 범위) ① 이 법은 상시 5명 이상의 근로자를 사용하는 모든 사업 또는 사업장에 적용한다. 다만, 동거하는 친족만을 사용하는 사업 또는 사업장과 가사(家事) 사용인에 대하여는 적용하지 아니한다.
② 상시 4명 이하의 근로자를 사용하는 사업 또는 사업장에 대하여는 대통령령으로 정하는 바에 따라 이 법의 일부 규정을 적용할 수 있다.
③ 이 법을 적용하는 경우에 상시 사용하는 근로자 수를 산정하는 방법은 대통령령으로 정한다. <신설 2008.3.21.>

근로자퇴직급여 보장법에 따른 퇴직금 지급의무의 존부를 판단하기 위하여 '상시 근로자'의 수를 산정할 때 근로기준법 시행령 제7조의2 규정이 적용되는지 여부(소극) [대법원 2013.12.26, 선고, 2012도10902, 판결]

제12조(적용 범위) 이 법과 이 법에 따른 대통령령은 국가, 특별시 · 광역시 · 도, 시 · 군 · 구, 읍 · 면 · 동, 그 밖에 이에 준하는 것에 대하여도 적용된다.

제13조(보고, 출석의 의무) 사용자 또는 근로자는 이 법의 시행에 관하여 고용노동부장관 · 「노동위원회법」에 따른 노동위원회(이하 "노동위원회"라 한다) 또는 근로감독관의 요구가 있으면 지체 없이 필요한 사항에 대하여 보고하거나 출석하여야 한다. <개정 2010.6.4.>

제14조(법령 요지 등의 게시) ① 사용자는 이 법과 이 법에 따른 대통령령의 요지(要旨)와 취업규칙을 근로자가 자유롭게 열람할 수 있는 장소에 항상 게시하거나 갖추어 두어 근로자에게 널리 알려야 한다.
② 사용자는 제1항에 따른 대통령령 중 기숙사에 관한 규정과 제99조제1항에 따른 기숙사규칙을 기숙사에 게시하거나 갖

추어 두어 기숙(寄宿)하는 근로자에게 널리 알려야 한다.

제2장 근로계약

제15조(이 법을 위반한 근로계약) ① 이 법에서 정하는 기준에 미치지 못하는 근로조건을 정한 근로계약은 그 부분에 한하여 무효로 한다.
② 제1항에 따라 무효로 된 부분은 이 법에서 정한 기준에 따른다.

■판례 - 근로기준법위반

근로시간 산정이 어려운 경우가 아님에도 포괄임금제 방식으로 임금 지급계약이 체결되고, 포괄임금에 포함된 법정수당이 근로기준법에 따라 산정한 법정수당에 미달하는 경우, 미달되는 부분의 임금 지급계약의 효력(=무효) 및 사용자가 미달되는 법정수당을 지급할 의무가 있는지 여부(적극) [대법원 2014.6.26, 선고, 2011도12114, 판결]

제16조(계약기간) 근로계약은 기간을 정하지 아니한 것과 일정한 사업의 완료에 필요한 기간을 정한 것 외에는 그 기간은 1년을 초과하지 못한다.
[법률 제8372호(2007.4.11.) 부칙 제3조의 규정에 의하여 이 조는 2007년 6월 30일까지 유효함]

제17조(근로조건의 명시) ① 사용자는 근로계약을 체결할 때에 근로자에게 다음 각 호의 사항을 명시하여야 한다. 근로계약 체결 후 다음 각 호의 사항을 변경하는 경우에도 또한 같다. <개정 2010.5.25.>
1. 임금
2. 소정근로시간
3. 제55조에 따른 휴일
4. 제60조에 따른 연차 유급휴가
5. 그 밖에 대통령령으로 정하는 근로조건
② 사용자는 제1항제1호와 관련한 임금의 구성항목·계산방법·지급방법 및 제2호부터 제4호까지의 사항이 명시된 서면을 근로자에게 교부하여야 한다. 다만, 본문에 따른 사항이 단체협약 또는 취업규칙의 변경 등 대통령령으로 정하는 사유로 인하여 변경되는 경우에는 근로자의 요구가 있으면 그 근로자에게 교부하여야 한다. <신설 2010.5.25.>

■판례 - 파견근로자보호등에관한법률위반·근로기준법위반

근로기준법 제17조의 입법 취지 및 위 규정에서 근로자의 요구에 따라 사용자가 교부하여야 하는 서면의 의미 [대법원 2016.1.28, 선고, 2015도11659, 판결]

제18조(단시간근로자의 근로조건) ① 단시간근로자의 근로조건은 그 사업장의 같은 종류의 업무에 종사하는 통상 근로자의 근로시간을 기준으로 산정한 비율에 따라 결정되어야 한다.
② 제1항에 따라 근로조건을 결정할 때에 기준이 되는 사항이나 그 밖에 필요한 사항은 대통령령으로 정한다.
③ 4주 동안(4주 미만으로 근로하는 경우에는 그 기간)을 평균하여 1주 동안의 소정근로시간이 15시간 미만인 근로자에 대하여는 제55조와 제60조를 적용하지 아니한다. <개정 2008.3.21.>

제19조(근로조건의 위반) ① 제17조에 따라 명시된 근로조건이 사실과 다를 경우에 근로자는 근로조건 위반을 이유로 손해의 배상을 청구할 수 있으며 즉시 근로계약을 해제할 수 있다.
② 제1항에 따라 근로자가 손해배상을 청구할 경우에는 노동위원회에 신청할 수 있으며, 근로계약이 해제되었을 경우에는 사용자는 취업을 목적으로 거주를 변경하는 근로자에게 귀향 여비를 지급하여야 한다.

제20조(위약 예정의 금지) 사용자는 근로계약 불이행에 대한 위약금 또는 손해배상액을 예정하는 계약을 체결하지 못한다.

제21조(전차금 상계의 금지) 사용자는 전차금(前借金)이나 그 밖에 근로할 것을 조건으로 하는 전대(前貸)채권과 임금을 상계하지 못한다.

제22조(강제 저금의 금지) ① 사용자는 근로계약에 덧붙여 강제 저축 또는 저축금의 관리를 규정하는 계약을 체결하지 못한다.
② 사용자가 근로자의 위탁으로 저축을 관리하는 경우에는 다음 각 호의 사항을 지켜야 한다.
1. 저축의 종류·기간 및 금융기관을 근로자가 결정하고, 근로자 본인의 이름으

로 저축할 것

2. 근로자가 저축증서 등 관련 자료의 열람 또는 반환을 요구할 때에는 즉시 이에 따를 것

제23조(해고 등의 제한) ① 사용자는 근로자에게 정당한 이유 없이 해고, 휴직, 정직, 전직, 감봉, 그 밖의 징벌(懲罰)(이하 "부당해고등"이라 한다)을 하지 못한다.
② 사용자는 근로자가 업무상 부상 또는 질병의 요양을 위하여 휴업한 기간과 그 후 30일 동안 또는 산전(産前)·산후(産後)의 여성이 이 법에 따라 휴업한 기간과 그 후 30일 동안은 해고하지 못한다. 다만, 사용자가 제84조에 따라 일시보상을 하였을 경우 또는 사업을 계속할 수 없게 된 경우에는 그러하지 아니하다.

▣판례 - 기간을 정하여 근로계약을 체결한 근로자에게 근로계약이 갱신될 수 있으리라는 정당한 기대권이 인정되는 경우, 근로자가 근로계약기간이 만료된 후 갱신 거절의 유효 여부를 다툴 법률상 이익을 가지는지 여부(적극)

기간을 정하여 근로계약을 체결한 근로자의 경우 기간이 만료됨으로써 근로자로서의 신분관계는 종료되고 근로계약을 갱신하지 못하면 갱신 거절의 의사표시가 없어도 당연 퇴직되는 것이 원칙이다. 그러나 근로계약, 취업규칙, 단체협약 등에서 기간만료에도 일정한 요건이 충족되면 당해 근로계약이 갱신된다는 취지의 규정을 두고 있거나, 그러한 규정이 없더라도 근로계약의 내용과 근로계약이 이루어지게 된 동기 및 경위, 계약 갱신의 기준 등 갱신에 관한 요건이나 절차의 설정 여부 및 실태, 근로자가 수행하는 업무의 내용 등 당해 근로관계를 둘러싼 여러 사정을 종합할 때 근로계약 당사자 사이에 일정한 요건이 충족되면 근로계약이 갱신된다는 신뢰관계가 형성되어 있어 근로자에게 근로계약이 갱신될 수 있으리라는 정당한 기대권이 인정되는 경우에는, 사용자가 이를 위반하여 부당하게 근로계약의 갱신을 거절하는 것은 부당해고와 마찬가지로 아무런 효력이 없으므로, 근로자로서는 근로계약기간이 만료된 후에도 갱신 거절의 유효 여부를 다툴 법률상 이익을 가진다. [대법원 2017.10.12, 선고, 2015두59907, 판결]

제24조(경영상 이유에 의한 해고의 제한) ① 사용자가 경영상 이유에 의하여 근로자를 해고하려면 긴박한 경영상의 필요가 있어야 한다. 이 경우 경영 악화를 방지하기 위한 사업의 양도·인수·합병은 긴박한 경영상의 필요가 있는 것으로 본다.
② 제1항의 경우에 사용자는 해고를 피하기 위한 노력을 다하여야 하며, 합리적이고 공정한 해고의 기준을 정하고 이에 따라 그 대상자를 선정하여야 한다. 이 경우 남녀의 성을 이유로 차별하여서는 아니 된다.
③ 사용자는 제2항에 따른 해고를 피하기 위한 방법과 해고의 기준 등에 관하여 그 사업 또는 사업장에 근로자의 과반수로 조직된 노동조합이 있는 경우에는 그 노동조합(근로자의 과반수로 조직된 노동조합이 없는 경우에는 근로자의 과반수를 대표하는 자를 말한다. 이하 "근로자대표"라 한다)에 해고를 하려는 날의 50일 전까지 통보하고 성실하게 협의하여야 한다.
④ 사용자는 제1항에 따라 대통령령으로 정하는 일정한 규모 이상의 인원을 해고하려면 대통령령으로 정하는 바에 따라 고용노동부장관에게 신고하여야 한다. <개정 2010.6.4.>
⑤ 사용자가 제1항부터 제3항까지의 규정에 따른 요건을 갖추어 근로자를 해고한 경우에는 제23조제1항에 따른 정당한 이유가 있는 해고를 한 것으로 본다.

▣판례 - 부당해고구제재심판정취소

정리해고의 요건 중 '긴박한 경영상의 필요' 란 반드시 기업의 도산을 회피하기 위한 경우에 한정되지 아니하고, 장래에 올 수도 있는 위기에 미리 대처하기 위하여 인원삭감이 필요한 경우도 포함되지만, 그러한 인원삭감은 객관적으로 보아 합리성이 있다고 인정되어야 한다.
또한 '긴박한 경영상의 필요' 가 있는지를 판단할 때에는 법인의 어느 사업부문이 다른 사업부문과 인적·물적·장소적으로 분리·독립되어 있고 재무 및 회계가 분리되어 있으며 경영여건도 서로 달리하는 예외적인 경우가 아니라면 법인의 일부 사업부문 내지 사업소의 수지만을 기준으로 할 것이 아니라 법인 전체의 경영사정을 종합적으로 검토하여 결정하여야 한다. [대법원 2015.5.28, 선고, 2012두25873, 판결]

제25조(우선 재고용 등) ① 제24조에 따라 근로자를 해고한 사용자는 근로자를 해고한 날부터 3년 이내에 해고된 근로자가 해고 당시 담당하였던 업무와 같은 업무를 할 근

로자를 채용하려고 할 경우 제24조에 따라 해고된 근로자가 원하면 그 근로자를 우선적으로 고용하여야 한다.

② 정부는 제24조에 따라 해고된 근로자에 대하여 생계안정, 재취업, 직업훈련 등 필요한 조치를 우선적으로 취하여야 한다.

제26조(해고의 예고) 사용자는 근로자를 해고(경영상 이유에 의한 해고를 포함한다)하려면 적어도 30일 전에 예고를 하여야 하고, 30일 전에 예고를 하지 아니하였을 때에는 30일분 이상의 통상임금을 지급하여야 한다. 다만, 다음 각 호의 어느 하나에 해당하는 경우에는 그러하지 아니하다. <개정 2010.6.4., 2019.1.15.>

1. 근로자가 계속 근로한 기간이 3개월 미만인 경우
2. 천재·사변, 그 밖의 부득이한 사유로 사업을 계속하는 것이 불가능한 경우
3. 근로자가 고의로 사업에 막대한 지장을 초래하거나 재산상 손해를 끼친 경우로서 고용노동부령으로 정하는 사유에 해당하는 경우

▣**판례 - 퇴직금**

사용자가 해고예고를 하는 경우 해고 시점을 특정하여 하거나 언제 해고되는지를 근로자가 알 수 있는 방법으로 하여야 하는지 여부(적극) [대법원 2015.5.28. 선고, 2011다53638, 판결]

제27조(해고사유 등의 서면통지) ① 사용자는 근로자를 해고하려면 해고사유와 해고시기를 서면으로 통지하여야 한다.

② 근로자에 대한 해고는 제1항에 따라 서면으로 통지하여야 효력이 있다.

③ 사용자가 제26조에 따른 해고의 예고를 해고사유와 해고시기를 명시하여 서면으로 한 경우에는 제1항에 따른 통지를 한 것으로 본다. <신설 2014.3.24.>

▣**판례 - 부당해고구제재심판정취소**

근로기준법 제27조는 사용자가 근로자를 해고하려면 해고사유와 해고시기를 서면으로 통지하여야 효력이 있다고 규정하고 있는데, 이는 해고사유 등의 서면통지를 통하여 사용자에게 근로자를 해고하는 데 신중을 기하게 함과 아울러, 해고의 존부 및 시기와 사유를 명확하게 하여 사후에 이를 둘러싼 분쟁이 적정하고 용이하게 해결될 수 있도록 하고, 근로자에게도 해고에 적절히 대응할 수 있게 하기 위한 취지

이므로, 사용자가 해고사유 등을 서면으로 통지할 때에는 근로자의 처지에서 해고사유가 무엇인지를 구체적으로 알 수 있어야 한다.

한편 근로자의 직업적 능력, 자질, 인품, 성실성 등 업무적격성을 관찰·판단하고 평가하려는 시용제도의 취지·목적에 비추어 볼 때, 사용자가 시용기간 만료 시 본 근로계약 체결을 거부하는 것은 일반적인 해고보다 넓게 인정될 수 있으나, 그 경우에도 객관적으로 합리적인 이유가 존재하여 사회통념상 상당성이 있어야 한다. 위와 같은 근로기준법 규정의 내용과 취지, 시용기간 만료 시 본 근로계약 체결 거부의 정당성 요건 등을 종합하면, 시용근로관계에서 사용자가 본 근로계약 체결을 거부하는 경우에는 근로자에게 거부사유를 파악하여 대처할 수 있도록 구체적·실질적인 거부사유를 서면으로 통지하여야 한다. [대법원 2015.11.27. 선고, 2015두48136, 판결]

제28조(부당해고등의 구제신청) ① 사용자가 근로자에게 부당해고등을 하면 근로자는 노동위원회에 구제를 신청할 수 있다.

② 제1항에 따른 구제신청은 부당해고등이 있었던 날부터 3개월 이내에 하여야 한다.

▣**판례 - 부당해고 구제명령 재심판정 취소**

근로자가 부당해고 구제신청을 하여 해고의 효력을 다투던 중 근로계약의 만료 등으로 근로관계가 종료한 경우, 구제이익이 존재하는지 여부(소극) [대법원 2012.6.28. 선고, 2012두4036, 판결]

제29조(조사 등) ① 노동위원회는 제28조에 따른 구제신청을 받으면 지체 없이 필요한 조사를 하여야 하며 관계 당사자를 심문하여야 한다.

② 노동위원회는 제1항에 따라 심문을 할 때에는 관계 당사자의 신청이나 직권으로 증인을 출석하게 하여 필요한 사항을 질문할 수 있다.

③ 노동위원회는 제1항에 따라 심문을 할 때에는 관계 당사자에게 증거 제출과 증인에 대한 반대심문을 할 수 있는 충분한 기회를 주어야 한다.

④ 제1항에 따른 노동위원회의 조사와 심문에 관한 세부절차는 「노동위원회법」에 따른 중앙노동위원회(이하 "중앙노동위원회"라 한다)가 정하는 바에 따른다.

제30조(구제명령 등) ① 노동위원회는 제29조에 따른 심문을 끝내고 부당해고등이 성

립한다고 판정하면 사용자에게 구제명령을 하여야 하며, 부당해고등이 성립하지 아니한다고 판정하면 구제신청을 기각하는 결정을 하여야 한다.

② 제1항에 따른 판정, 구제명령 및 기각결정은 사용자와 근로자에게 각각 서면으로 통지하여야 한다.

③ 노동위원회는 제1항에 따른 구제명령(해고에 대한 구제명령만을 말한다)을 할 때에 근로자가 원직복직(原職復職)을 원하지 아니하면 원직복직을 명하는 대신 근로자가 해고기간 동안 근로를 제공하였더라면 받을 수 있었던 임금 상당액 이상의 금품을 근로자에게 지급하도록 명할 수 있다.

제31조(구제명령 등의 확정) ① 「노동위원회법」에 따른 지방노동위원회의 구제명령이나 기각결정에 불복하는 사용자나 근로자는 구제명령서나 기각결정서를 통지받은 날부터 10일 이내에 중앙노동위원회에 재심을 신청할 수 있다.

② 제1항에 따른 중앙노동위원회의 재심판정에 대하여 사용자나 근로자는 재심판정서를 송달받은 날부터 15일 이내에 「행정소송법」의 규정에 따라 소(訴)를 제기할 수 있다.

③ 제1항과 제2항에 따른 기간 이내에 재심을 신청하지 아니하거나 행정소송을 제기하지 아니하면 그 구제명령, 기각결정 또는 재심판정은 확정된다.

제32조(구제명령 등의 효력) 노동위원회의 구제명령, 기각결정 또는 재심판정은 제31조에 따른 중앙노동위원회에 대한 재심 신청이나 행정소송 제기에 의하여 그 효력이 정지되지 아니한다.

제33조(이행강제금) ① 노동위원회는 구제명령(구제명령을 내용으로 하는 재심판정을 포함한다. 이하 이 조에서 같다)을 받은 후 이행기한까지 구제명령을 이행하지 아니한 사용자에게 2천만원 이하의 이행강제금을 부과한다.

② 노동위원회는 제1항에 따른 이행강제금을 부과하기 30일 전까지 이행강제금을 부과·징수한다는 뜻을 사용자에게 미리 문서로써 알려 주어야 한다.

③ 제1항에 따른 이행강제금을 부과할 때에는 이행강제금의 액수, 부과 사유, 납부기한, 수납기관, 이의제기방법 및 이의제기

기관 등을 명시한 문서로써 하여야 한다.

④ 제1항에 따라 이행강제금을 부과하는 위반행위의 종류와 위반 정도에 따른 금액, 부과·징수된 이행강제금의 반환절차, 그 밖에 필요한 사항은 대통령령으로 정한다.

⑤ 노동위원회는 최초의 구제명령을 한 날을 기준으로 매년 2회의 범위에서 구제명령이 이행될 때까지 반복하여 제1항에 따른 이행강제금을 부과·징수할 수 있다. 이 경우 이행강제금은 2년을 초과하여 부과·징수하지 못한다.

⑥ 노동위원회는 구제명령을 받은 자가 구제명령을 이행하면 새로운 이행강제금을 부과하지 아니하되, 구제명령을 이행하기 전에 이미 부과된 이행강제금은 징수하여야 한다.

⑦ 노동위원회는 이행강제금 납부의무자가 납부기한까지 이행강제금을 내지 아니하면 기간을 정하여 독촉을 하고 지정된 기간에 제1항에 따른 이행강제금을 내지 아니하면 국세 체납처분의 예에 따라 징수할 수 있다.

⑧ 근로자는 구제명령을 받은 사용자가 이행기한까지 구제명령을 이행하지 아니하면 이행기한이 지난 때부터 15일 이내에 그 사실을 노동위원회에 알려줄 수 있다.

■판례 - 이행강제금부과처분취소

이행강제금은 행정법상의 부작위의무 또는 비대체적 작위의무를 이행하지 않은 경우에 '일정한 기한까지 의무를 이행하지 않을 때에는 일정한 금전적 부담을 과할 뜻'을 미리 '계고'함으로써 의무자에게 심리적 압박을 주어 장래를 향하여 의무의 이행을 확보하려는 간접적인 행정상 강제집행 수단이고, 노동위원회가 근로기준법 제33조에 따라 이행강제금을 부과하는 경우 그 30일 전까지 하여야 하는 이행강제금 부과 예고는 이러한 '계고'에 해당한다.

따라서 사용자가 이행하여야 할 행정상 의무의 내용을 초과하는 것을 '불이행 내용'으로 기재한 이행강제금 부과 예고서에 의하여 이행강제금 부과 예고를 한 다음 이를 이행하지 않았다는 이유로 이행강제금을 부과하였다면, 초과한 정도가 근소하다는 등의 특별한 사정이 없는 한 이행강제금 부과 예고는 이행강제금 제도의 취지에 반하는 것으로서 위법하고, 이에 터잡은 이행강제금 부과처분 역시 위법하다. [대법원 2015.6.24, 선고, 2011두2170, 판결]

제34조(퇴직급여 제도) 사용자가 퇴직하는 근로자에게 지급하는 퇴직급여 제도에 관하여는 「근로자퇴직급여 보장법」이 정하는 대로 따른다.

▣판례 - 부당이득금반환

임용행위가 당연무효이거나 취소된 공무원(이하 이를 통칭하여 '임용결격공무원 등'이라 한다)의 공무원 임용 시부터 퇴직 시까지의 사실상의 근로(이하 '이 사건 근로'라 한다)는 법률상 원인 없이 제공된 것으로서, 국가 및 지방자치단체는 이 사건 근로를 제공받아 이득을 얻은 반면 임용결격공무원 등은 이 사건 근로를 제공하는 손해를 입었다 할 것이므로, 손해의 범위 내에서 국가 및 지방자치단체는 위 이득을 민법 제741조에 의한 부당이득으로 반환할 의무가 있다. 즉, 국가 또는 지방자치단체는 공무원연금법이 적용될 수 있었던 임용결격공무원 등의 이 사건 근로 제공과 관련하여 매월 지급한 월 급여 외에 공무원연금법상 퇴직급여의 지급을 면하는 이익을 얻는데, 퇴직급여 가운데 임용결격공무원 등이 스스로 적립한 기여금 관련 금액은 임용기간 중의 이 사건 근로의 대가에 해당하고, 기여금을 제외한 나머지 금액 중 순수한 근로에 대한 대가로서 지급되는 부분(공무원의 지위에 대한 공로보상적, 사회보장적 차원에서 지급되는 부분을 제외하는 취지이다) 상당액이 퇴직에 따라 이 사건 근로의 대가로 지급되는 금액이라 할 수 있다. 한편 근로자퇴직급여 보장법 제8조에서 정한 퇴직금 제도는 퇴직하는 근로자의 근로조건에 대한 최하한의 기준으로서 본질적으로 근로제공의 대가인 후불적 임금의 성질을 지니고 있음에 비추어 보면, 퇴직에 따라 지급받을 수 있는 이 사건 근로의 대가라고 평가될 수 있는 금액은 적어도 근로자퇴직급여 보장법상 퇴직금 상당액으로 볼 수 있으므로, 임용결격공무원 등은 이 사건 근로를 제공함으로써 그 상당의 손해를 입는다고 할 수 있다. 그리고 앞에서 본 것과 같이 부당이득은 손해액과 이득액 중 적은 범위 내에서 반환의무를 지므로, 위와 같이 임용결격공무원 등이 입은 손해, 즉 임용기간 중 이 사건 근로의 대가로서의 손해액에 해당하는 공무원연금법상 기여금 관련 금액 및 퇴직에 따라 지급받을 수 있는 이 사건 근로의 대가로서의 손해액에 해당하는 근로자퇴직급여 보장법상 퇴직금 상당액의 합계가 국가 또는 지방자치단체의 이득액에 해당하는 공무원연금법상 퇴직급여 상당액을 넘는 경우에, 국가 또는 지방자치단체가 반환하여야 할 부당이득액은 공무원연금법상 퇴직급여 상당액으로 제한된다. [대법원 2017.5.11, 선고, 2012다200486, 판결]

제35조(예고해고의 적용 예외) 삭제
<2019.1.15.> [2019.1.15. 법률 제16270호에 의하여 2015.12.23. 헌법재판소에서 위헌 결정된 이 조를 삭제함.]

제36조(금품 청산) 사용자는 근로자가 사망 또는 퇴직한 경우에는 그 지급 사유가 발생한 때부터 14일 이내에 임금, 보상금, 그 밖에 일체의 금품을 지급하여야 한다. 다만, 특별한 사정이 있을 경우에는 당사자 사이의 합의에 의하여 기일을 연장할 수 있다.

▣판례 - 근로기준법위반·근로자퇴직급여보장법위반(포괄임금약정에 관한 사건)

기본임금을 미리 산정하지 아니한 채 제 수당을 합한 금액을 월급여액이나 일당임금으로 정하거나 매월 일정액을 제 수당으로 지급하는 내용의 포괄임금제에 관한 약정이 성립하였는지는 근로시간, 근로형태와 업무의 성질, 임금 산정의 단위, 단체협약과 취업규칙의 내용, 동종 사업장의 실태 등 여러 사정을 전체적·종합적으로 고려하여 구체적으로 판단하여야 한다.
이때 단체협약이나 취업규칙에 포괄임금이라는 취지를 명시하지 않았음에도 묵시적 합의에 의한 포괄임금약정이 성립하였다고 인정하기 위해서는, 근로형태의 특수성으로 인하여 실제 근로시간을 정확하게 산정하는 것이 곤란하거나 일정한 연장·야간·휴일근로가 예상되는 경우 등 실질적인 필요성이 인정될 뿐 아니라, 근로시간, 정하여진 임금의 형태나 수준 등 제반 사정에 비추어 사용자와 근로자 사이에 정액의 월급여액이나 일당임금 외에 추가로 어떠한 수당도 지급하지 않기로 하거나 특정한 수당을 지급하지 않기로 하는 합의가 있었다고 객관적으로 인정되는 경우이어야 한다. [대법원 2016.10.13, 선고, 2016도1060, 판결]

제37조(미지급 임금에 대한 지연이자) ① 사용자는 제36조에 따라 지급하여야 하는 임금 및 「근로자퇴직급여 보장법」 제2조제5호에 따른 급여(일시금만 해당된다)의 전부 또는 일부를 그 지급 사유가 발생한 날부터 14일 이내에 지급하지 아니한 경우 그 다음 날부터 지급하는 날까지의 지연 일수에 대하여 연 100분의 40 이내의 범위에서 「은행법」에 따른 은행이 적용하는 연체금리 등 경제 여건을 고려하여 대통령령으로 정하는 이율에 따른 지연이자를 지급하여야 한다. <개정 2010.5.17.>
② 제1항은 사용자가 천재·사변, 그 밖에 대통령령으로 정하는 사유에 따라 임금 지급을 지연하는 경우 그 사유가 존속하는 기간에 대하여는 적용하지 아니한다.

甲이 乙 주식회사를 상대로 부당해고를 이유로 복직 시까지의 임금 및 미지급 임금에 대하여 근로기준법 제36조 본문에 따른 연 20%의 지연손해금의 지급을 구한 사안에서, 근로기준법 제36조에서 정한 '그 지급 사유가 발생한 때'라 함은 사망 또는 퇴직의 효력이 발생한 때를 의미하므로 해고가 무효로 되어 甲이 복직한 이상 이에 해당한다고 보기 어렵고, 부당해고 기간 중의 미지급 임금은 상행위로 생긴 것이므로 그 변형으로 인정되는 지연손해금채무, 즉 채무불이행으로 인한 손해배상채무도 상사채무라 할 것이어서 상법이 정한 연 6%의 범위 내에서만 이유 있다고 본 원심판단을 수긍한 사례 [대법원 2014.8.26, 선고, 2014다28305, 판결]

제38조(임금채권의 우선변제) ① 임금, 재해보상금, 그 밖에 근로 관계로 인한 채권은 사용자의 총재산에 대하여 질권(質權)·저당권 또는 「동산·채권 등의 담보에 관한 법률」에 따른 담보권에 따라 담보된 채권 외에는 조세·공과금 및 다른 채권에 우선하여 변제되어야 한다. 다만, 질권·저당권 또는 「동산·채권 등의 담보에 관한 법률」에 따른 담보권에 우선하는 조세·공과금에 대하여는 그러하지 아니하다. <개정 2010.6.10.>
② 제1항에도 불구하고 다음 각 호의 어느 하나에 해당하는 채권은 사용자의 총재산에 대하여 질권·저당권 또는 「동산·채권 등의 담보에 관한 법률」에 따른 담보권에 따라 담보된 채권, 조세·공과금 및 다른 채권에 우선하여 변제되어야 한다. <개정 2010.6.10.>
1. 최종 3개월분의 임금
2. 재해보상금

근로기준법 제38조 제2항에 따른 최종 3개월분의 임금, 재해보상금과 구 근로자퇴직급여 보장법(2011. 7. 25. 법률 제10967호로 전부 개정되기 전의 것) 제11조 제2항에 따른 최종 3년간의 퇴직금에 해당하는 채권은 사용자의 총재산에 대하여 질권·저당권 또는 동산·채권 등의 담보에 관한 법률에 따른 담보권에 따라 담보된 채권, 조세·공과금 및 다른 채권에 우선하여 변제되어야 한다. 이는 근로자의 최저생활을 보장하고자 하는 공익적 요청에서 일반 담보물권의 효력을 일부 제한하고 임금채권의 우선변제권을 규정한 것으로서 규정의 취지는 최종 3개월분의 임금 등에 관한 채권은 다른 채권과 동시에 사용자

의 동일재산에서 경합하여 변제받는 경우에 성립의 선후나 질권이나 저당권의 설정 여부에 관계없이 우선적으로 변제받을 수 있는 권리가 있을 뿐이므로, 근로기준법 등에 따라 우선변제청구권을 갖는 임금채권자라고 하더라도 강제집행절차나 임의경매절차에서 배당요구의 종기까지 적법하게 배당요구를 하여야만 우선배당을 받을 수 있는 것이 원칙이다. 여기서 최종 3개월분의 임금은 배당요구 이전에 이미 근로관계가 종료된 근로자의 경우에는 근로관계 종료일부터 소급하여 3개월 사이에 지급사유가 발생한 임금 중 미지급분, 배당요구 당시에도 근로관계가 종료되지 않은 근로자의 경우에는 배당요구 시점부터 소급하여 3개월 사이에 지급사유가 발생한 임금 중 미지급분을 말한다. 그리고 최종 3년간의 퇴직금도 이와 같이 보아야 하므로, 배당요구 종기일 이전에 퇴직금 지급사유가 발생하여야 한다. [대법원 2015.8.19, 선고, 2015다204762, 판결]

제39조(사용증명서) ① 사용자는 근로자가 퇴직한 후라도 사용 기간, 업무 종류, 지위와 임금, 그 밖에 필요한 사항에 관한 증명서를 청구하면 사실대로 적은 증명서를 즉시 내주어야 한다.
② 제1항의 증명서에는 근로자가 요구한 사항만을 적어야 한다.

제40조(취업 방해의 금지) 누구든지 근로자의 취업을 방해할 목적으로 비밀 기호 또는 명부를 작성·사용하거나 통신을 하여서는 아니 된다.

제41조(근로자의 명부) ① 사용자는 각 사업장별로 근로자 명부를 작성하고 근로자의 성명, 생년월일, 이력, 그 밖에 대통령령으로 정하는 사항을 적어야 한다.
② 제1항에 따라 근로자 명부에 적을 사항이 변경된 경우에는 지체 없이 정정하여야 한다.

제42조(계약 서류의 보존) 사용자는 근로자 명부와 대통령령으로 정하는 근로계약에 관한 중요한 서류를 3년간 보존하여야 한다.

제3장 임금

제43조(임금 지급) ① 임금은 통화(通貨)로 직접 근로자에게 그 전액을 지급하여야 한다. 다만, 법령 또는 단체협약에 특별한 규정이 있는 경우에는 임금의 일부를 공제하

거나 통화 이외의 것으로 지급할 수 있다. ② 임금은 매월 1회 이상 일정한 날짜를 정하여 지급하여야 한다. 다만, 임시로 지급하는 임금, 수당, 그 밖에 이에 준하는 것 또는 대통령령으로 정하는 임금에 대하여는 그러하지 아니하다.

근로기준법 제43조의 입법 취지 등에 비추어 보면, 연차휴가미사용수당이 매월 일정한 날짜에 정기적으로 지급되는 임금은 아니어서 근로기준법 제43조 제2항이 곧바로 적용될 수는 없더라도, 사용자가 그 전액을 지급기일에 지급하지 아니하였다면 이로써 근로기준법 제109조 제1항, 제43조 제1항 위반죄는 성립한다. [대법원 2017.7.11. 선고, 2013도7896, 판결]

제43조의2(체불사업주 명단 공개) ① 고용노동부장관은 제36조, 제43조, 제56조에 따른 임금, 보상금, 수당, 그 밖에 일체의 금품(이하 "임금등"이라 한다)을 지급하지 아니한 사업주(법인인 경우에는 그 대표자를 포함한다. 이하 "체불사업주"라 한다)가 명단 공개 기준일 이전 3년 이내 임금등을 체불하여 2회 이상 유죄가 확정된 자로서 명단 공개 기준일 이전 1년 이내 임금등의 체불총액이 3천만원 이상인 경우에는 그 인적사항 등을 공개할 수 있다. 다만, 체불사업주의 사망·폐업으로 명단 공개의 실효성이 없는 경우 등 대통령령으로 정하는 사유가 있는 경우에는 그러하지 아니하다.
② 고용노동부장관은 제1항에 따라 명단 공개를 할 경우에 체불사업주에게 3개월 이상의 기간을 정하여 소명 기회를 주어야 한다.
③ 제1항에 따른 체불사업주의 인적사항 등에 대한 공개 여부를 심의하기 위하여 고용노동부에 임금체불정보심의위원회(이하 이 조에서 "위원회"라 한다)를 둔다. 이 경우 위원회의 구성·운영 등 필요한 사항은 고용노동부령으로 정한다.
④ 제1항에 따른 명단 공개의 구체적인 내용, 기간 및 방법 등 명단 공개에 필요한 사항은 대통령령으로 정한다.
[본조신설 2012.2.1.]

제43조의3(임금등 체불자료의 제공) ① 고용노동부장관은 「신용정보의 이용 및 보호에 관한 법률」 제25조제2항제1호에 따른 종합신용정보집중기관이 임금등 체불자료 제공일 이전 3년 이내 임금등을 체불하여 2회 이상 유죄가 확정된 자로서 임금등 체불자료 제공일 이전 1년 이내 임금등의 체불총액이 2천만원 이상인 체불사업주의 인적사항과 체불액 등에 관한 자료(이하 "임금등 체불자료"라 한다)를 요구할 때에는 임금등의 체불을 예방하기 위하여 필요하다고 인정하는 경우에 그 자료를 제공할 수 있다. 다만, 체불사업주의 사망·폐업으로 임금등 체불자료 제공의 실효성이 없는 경우 등 대통령령으로 정하는 사유가 있는 경우에는 그러하지 아니하다.
② 제1항에 따라 임금등 체불자료를 받은 자는 이를 체불사업주의 신용도·신용거래능력 판단과 관련한 업무 외의 목적으로 이용하거나 누설하여서는 아니 된다.
③ 제1항에 따른 임금등 체불자료의 제공 절차 및 방법 등 임금등 체불자료의 제공에 필요한 사항은 대통령령으로 정한다.
[본조신설 2012.2.1.]

제44조(도급 사업에 대한 임금 지급) ① 사업이 여러 차례의 도급에 따라 행하여지는 경우에 하수급인(下受給人)이 직상(直上) 수급인의 귀책사유로 근로자에게 임금을 지급하지 못한 경우에는 그 직상 수급인은 그 하수급인과 연대하여 책임을 진다. 다만, 직상 수급인의 귀책사유가 그 상위 수급인의 귀책사유에 의하여 발생한 경우에는 그 상위 수급인도 연대하여 책임을 진다. <개정 2012.2.1.>
② 제1항의 귀책사유 범위는 대통령령으로 정한다. <개정 2012.2.1.>

제44조의2(건설업에서의 임금 지급 연대책임) ① 건설업에서 사업이 2차례 이상 「건설산업기본법」 제2조제11호에 따른 도급(이하 "공사도급"이라 한다)이 이루어진 경우에 같은 법 제2조제7호에 따른 건설업자가 아닌 하수급인이 그가 사용한 근로자에게 임금(해당 건설공사에서 발생한 임금으로 한정한다)을 지급하지 못한 경우에는 그 직상 수급인은 하수급인과 연대하여 하수급인이 사용한 근로자의 임금을 지급할 책임을 진다. <개정 2011.5.24.>

② 제1항의 직상 수급인이 「건설산업기본법」 제2조제7호에 따른 건설업자가 아닌 때에는 그 상위 수급인 중에서 최하위의 같은 호에 따른 건설업자를 직상 수급인으로 본다. <개정 2011.5.24.>
[본조신설 2007.7.27.]

제44조의3(건설업의 공사도급에 있어서의 임금에 관한 특례) ① 공사도급이 이루어진 경우로서 다음 각 호의 어느 하나에 해당하는 때에는 직상 수급인은 하수급인에게 지급하여야 하는 하도급 대금 채무의 부담 범위에서 그 하수급인이 사용한 근로자가 청구하면 하수급인이 지급하여야 하는 임금(해당 건설공사에서 발생한 임금으로 한정한다)에 해당하는 금액을 근로자에게 직접 지급하여야 한다.
1. 직상 수급인이 하수급인을 대신하여 하수급인이 사용한 근로자에게 지급하여야 하는 임금을 직접 지급할 수 있다는 뜻과 그 지급방법 및 절차에 관하여 직상 수급인과 하수급인이 합의한 경우
2. 「민사집행법」 제56조제3호에 따른 확정된 지급명령, 하수급인의 근로자에게 하수급인에 대하여 임금채권이 있음을 증명하는 같은 법 제56조제4호에 따른 집행증서, 「소액사건심판법」 제5조의7에 따라 확정된 이행권고결정, 그 밖에 이에 준하는 집행권원이 있는 경우
3. 하수급인이 그가 사용한 근로자에 대하여 지급하여야 할 임금채무가 있음을 직상 수급인에게 알려주고, 직상 수급인이 파산 등의 사유로 하수급인이 임금을 지급할 수 없는 명백한 사유가 있다고 인정하는 경우
② 「건설산업기본법」 제2조제10호에 따른 발주자의 수급인(이하 "원수급인"이라 한다)으로부터 공사도급이 2차례 이상 이루어진 경우로서 하수급인(도급받은 하수급인으로부터 재하도급 받은 하수급인을 포함한다. 이하 이 항에서 같다)이 사용한 근로자에게 그 하수급인에 대한 제1항제2호에 따른 집행권원이 있는 경우에는 근로자는 하수급인이 지급하여야 하는 임금(해당 건설공사에서 발생한 임금으로 한정한다)에 해당하는 금액을 원수급인에게 직접 지급할 것을 요구할 수 있다. 원수급인은 근로자가 자신에 대하여 「민법」 제404조에 따른 채권자대위권을 행사할 수 있는 금액의 범위에서 이에

따라야 한다. <개정 2011.5.24.>
③ 직상 수급인 또는 원수급인이 제1항 및 제2항에 따라 하수급인이 사용한 근로자에게 임금에 해당하는 금액을 지급한 경우에는 하수급인에 대한 하도급 대금 채무는 그 범위에서 소멸한 것으로 본다.
[본조신설 2007.7.27.]

제45조(비상시 지급) 사용자는 근로자가 출산, 질병, 재해, 그 밖에 대통령령으로 정하는 비상(非常)한 경우의 비용에 충당하기 위하여 임금 지급을 청구하면 지급기일 전이라도 이미 제공한 근로에 대한 임금을 지급하여야 한다.

제46조(휴업수당) ① 사용자의 귀책사유로 휴업하는 경우에 사용자는 휴업기간 동안 그 근로자에게 평균임금의 100분의 70 이상의 수당을 지급하여야 한다. 다만, 평균임금의 100분의 70에 해당하는 금액이 통상임금을 초과하는 경우에는 통상임금을 휴업수당으로 지급할 수 있다.
② 제1항에도 불구하고 부득이한 사유로 사업을 계속하는 것이 불가능하여 노동위원회의 승인을 받은 경우에는 제1항의 기준에 못 미치는 휴업수당을 지급할 수 있다.

근로자에게 임금, 봉급, 그 밖에 어떠한 명칭으로든지 지급하는 일체의 금품을 말한다."라고 규정하고 있는데, 근로기준법 제46조 제1항에서 정한 "사용자의 귀책사유로 휴업하는 경우"에 지급하는 휴업수당은 비록 현실적 근로를 제공하지 않았다는 점에서는 근로 제공과의 밀접도가 약하기는 하지만, 근로자가 근로 제공의 의사가 있는데도 자신의 의사와 무관하게 근로를 제공하지 못하게 된 데 대한 대상(代償)으로 지급하는 것이라는 점에서 임금의 일종으로 보아야 하므로 휴업수당청구권은 채무자회생법에서 정한 공익채권에 해당한다. [대법원 2013.10.11, 선고, 2012다12870, 판결]

제47조(도급 근로자) 사용자는 도급이나 그 밖에 이에 준하는 제도로 사용하는 근로자에게 근로시간에 따라 일정액의 임금을 보장하여야 한다.

제48조(임금대장) 사용자는 각 사업장별로 임금대장을 작성하고 임금과 가족수당 계산의 기초가 되는 사항, 임금액, 그 밖에 대통령령으로 정하는 사항을 임금을 지급할 때마다 적어야 한다.

제49조(임금의 시효) 이 법에 따른 임금채권은 3년간 행사하지 아니하면 시효로 소멸한다.

제4장 근로시간과 휴식

제50조(근로시간) ① 1주 간의 근로시간은 휴게시간을 제외하고 40시간을 초과할 수 없다.
② 1일의 근로시간은 휴게시간을 제외하고 8시간을 초과할 수 없다.
③ 제1항 및 제2항에 따른 근로시간을 산정함에 있어 작업을 위하여 근로자가 사용자의 지휘·감독 아래에 있는 대기시간 등은 근로시간으로 본다. 〈신설 2012.2.1.〉

▣판례 - 임금

근로자가 근로기준법 제50조의 기준근로시간을 초과하는 약정 근로시간에 대한 임금으로 월급을 지급받거나 기본시급과 함께 매월 고정수당을 지급받은 경우, 그 월급 또는 고정수당을 시간급 통상임금으로 산정하는 방법 [대법원 2012.3.29, 선고, 2010다91046, 판결]

제51조(탄력적 근로시간제) ① 사용자는 취업규칙(취업규칙에 준하는 것을 포함한다)에서 정하는 바에 따라 2주 이내의 일정한 단위기간을 평균하여 1주 간의 근로시간이 제50조제1항의 근로시간을 초과하지 아니하는 범위에서 특정한 주에 제50조제1항의 근로시간을, 특정한 날에 제50조제2항의 근로시간을 초과하여 근로하게 할 수 있다. 다만, 특정한 주의 근로시간은 48시간을 초과할 수 없다.
② 사용자는 근로자대표와의 서면 합의에 따라 다음 각 호의 사항을 정하면 3개월 이내의 단위기간을 평균하여 1주 간의 근로시간이 제50조제1항의 근로시간을 초과하지 아니하는 범위에서 특정한 주에 제50조제1항의 근로시간을, 특정한 날에 제50조제2항의 근로시간을 초과하여 근로하게 할 수 있다. 다만, 특정한 주의 근로시간은 52시간을, 특정한 날의 근로시간은 12시간을 초과할 수 없다.
1. 대상 근로자의 범위
2. 단위기간(3개월 이내의 일정한 기간으로 정하여야 한다)
3. 단위기간의 근로일과 그 근로일별 근로시간
4. 그 밖에 대통령령으로 정하는 사항
③ 제1항과 제2항은 15세 이상 18세 미만의 근로자와 임신 중인 여성 근로자에 대하여는 적용하지 아니한다.
④ 사용자는 제1항 및 제2항에 따라 근로자를 근로시킬 경우에는 기존의 임금 수준이 낮아지지 아니하도록 임금보전방안(賃金補塡方案)을 강구하여야 한다.

제52조(선택적 근로시간제) 사용자는 취업규칙(취업규칙에 준하는 것을 포함한다)에 따라 업무의 시작 및 종료 시각을 근로자의 결정에 맡기기로 한 근로자에 대하여 근로자대표와의 서면 합의에 따라 다음 각 호의 사항을 정하면 1개월 이내의 정산기간을 평균하여 1주간의 근로시간이 제50조제1항의 근로시간을 초과하지 아니하는 범위에서 1주 간에 제50조제1항의 근로시간을, 1일에 제50조제2항의 근로시간을 초과하여 근로하게 할 수 있다.
1. 대상 근로자의 범위(15세 이상 18세 미만의 근로자는 제외한다)
2. 정산기간(1개월 이내의 일정한 기간으로 정하여야 한다)
3. 정산기간의 총 근로시간

4. 반드시 근로하여야 할 시간대를 정하는 경우에는 그 시작 및 종료 시각
5. 근로자가 그의 결정에 따라 근로할 수 있는 시간대를 정하는 경우에는 그 시작 및 종료 시각
6. 그 밖에 대통령령으로 정하는 사항

제53조(연장 근로의 제한) ① 당사자 간에 합의하면 1주 간에 12시간을 한도로 제50조의 근로시간을 연장할 수 있다.
② 당사자 간에 합의하면 1주 간에 12시간을 한도로 제51조의 근로시간을 연장할 수 있고, 제52조제2호의 정산기간을 평균하여 1주 간에 12시간을 초과하지 아니하는 범위에서 제52조의 근로시간을 연장할 수 있다.
③ 상시 30명 미만의 근로자를 사용하는 사용자는 다음 각 호에 대하여 근로자대표와 서면으로 합의한 경우 제1항 또는 제2항에 따라 연장된 근로시간에 더하여 1주 간에 8시간을 초과하지 아니하는 범위에서 근로시간을 연장할 수 있다. <신설 2018.3.20.>
1. 제1항 또는 제2항에 따라 연장된 근로시간을 초과할 필요가 있는 사유 및 그 기간
2. 대상 근로자의 범위
④ 사용자는 특별한 사정이 있으면 고용노동부장관의 인가와 근로자의 동의를 받아 제1항과 제2항의 근로시간을 연장할 수 있다. 다만, 사태가 급박하여 고용노동부장관의 인가를 받을 시간이 없는 경우에는 사후에 지체 없이 승인을 받아야 한다. <개정 2010.6.4., 2018.3.20.>
⑤ 고용노동부장관은 제4항에 따른 근로시간의 연장이 부적당하다고 인정하면 그 후 연장시간에 상당하는 휴게시간이나 휴일을 줄 것을 명할 수 있다. <개정 2010.6.4., 2018.3.20.>
⑥ 제3항은 15세 이상 18세 미만의 근로자에 대하여는 적용하지 아니한다. <신설 2018.3.20.>
[법률 제15513호(2018.3.20.) 부칙 제2조의 규정에 의하여 이 조 제3항 및 제6항은 2022년 12월 31일까지 유효함.]
[시행일:2021.7.1.] 제53조제3항, 제53조제6항

제54조(휴게) ① 사용자는 근로시간이 4시간인 경우에는 30분 이상, 8시간인 경우에는 1시간 이상의 휴게시간을 근로시간 도중에 주어야 한다.
② 휴게시간은 근로자가 자유롭게 이용할 수 있다.

제55조(휴일) ① 사용자는 근로자에게 1주에 평균 1회 이상의 유급휴일을 보장하여야 한다. <개정 2018.3.20.>
② 사용자는 근로자에게 대통령령으로 정하는 휴일을 유급으로 보장하여야 한다. 다만, 근로자대표와 서면으로 합의한 경우 특정한 근로일로 대체할 수 있다. <신설 2018.3.20.>
[시행일] 제55조제2항의 개정규정은 다음 각 호의 구분에 따른 날부터 시행한다.
1. 상시 300명 이상의 근로자를 사용하는 사업 또는 사업장,「공공기관의 운영에 관한 법률」제4조에 따른 공공기관,「지방공기업법」제49조 및 같은 법 제76조에 따른 지방공사 및 지방공단, 국가·지방자치단체 또는 정부투자기관이 자본금의 2분의 1 이상을 출자하거나 기본재산의 2분의 1 이상을 출연한 기관·단체와 그 기관·단체가 자본금의 2분의 1 이상을 출자하거나 기본재산의 2분의 1 이상을 출연한 기관·단체, 국가 및 지방자치단체의 기관: 2020년 1월 1일
2. 상시 30명 이상 300명 미만의 근로자를 사용하는 사업 또는 사업장: 2021년 1월 1일
3. 상시 5인 이상 30명 미만의 근로자를 사용하는 사업 또는 사업장: 2022년 1월 1일

제56조(연장·야간 및 휴일 근로) ① 사용자는 연장근로(제53조·제59조 및 제69조 단서에 따라 연장된 시간의 근로를 말한다)에 대하여는 통상임금의 100분의 50 이상을 가산하여 근로자에게 지급하여야 한다. <개정 2018.3.20.>
② 제1항에도 불구하고 사용자는 휴일근로에 대하여는 다음 각 호의 기준에 따른 금액 이상을 가산하여 근로자에게 지급하여야 한다. <신설 2018.3.20.>
1. 8시간 이내의 휴일근로: 통상임금의 100분의 50
2. 8시간을 초과한 휴일근로: 통상임금의 100분의 100
③ 사용자는 야간근로(오후 10시부터 다음 날 오전 6시 사이의 근로를 말한다)에 대하여는 통상임금의 100분의 50 이상을 가산하여 근로자에게 지급하여야 한다. <신설 2018.3.20.>

■판례 - 임금

통상임금의 의의 및 임금의 고정성을 판단하는 기준 [대법원 2016.1.14, 선고, 2012다96885, 판결]

제57조(보상 휴가제) 사용자는 근로자대표와의 서면 합의에 따라 제56조에 따른 연장근로·야간근로 및 휴일근로에 대하여 임금을 지급하는 것을 갈음하여 휴가를 줄 수 있다.

제58조(근로시간 계산의 특례) ① 근로자가 출장이나 그 밖의 사유로 근로시간의 전부 또는 일부를 사업장 밖에서 근로하여 근로시간을 산정하기 어려운 경우에는 소정근로시간을 근로한 것으로 본다. 다만, 그 업무를 수행하기 위하여 통상적으로 소정근로시간을 초과하여 근로할 필요가 있는 경우에는 그 업무의 수행에 통상 필요한 시간을 근로한 것으로 본다.
② 제1항 단서에도 불구하고 그 업무에 관하여 근로자대표와의 서면 합의를 한 경우에는 그 합의에서 정하는 시간을 그 업무의 수행에 통상 필요한 시간으로 본다.
③ 업무의 성질에 비추어 업무 수행 방법을 근로자의 재량에 위임할 필요가 있는 업무로서 대통령령으로 정하는 업무는 사용자가 근로자대표와 서면 합의로 정한 시간을 근로한 것으로 본다. 이 경우 그 서면 합의에는 다음 각 호의 사항을 명시하여야 한다.
1. 대상 업무
2. 사용자가 업무의 수행 수단 및 시간 배분 등에 관하여 근로자에게 구체적인 지시를 하지 아니한다는 내용
3. 근로시간의 산정은 그 서면 합의로 정하는 바에 따른다는 내용
④ 제1항과 제3항의 시행에 필요한 사항은 대통령령으로 정한다.

제59조(근로시간 및 휴게시간의 특례) ①「통계법」제22조제1항에 따라 통계청장이 고시하는 산업에 관한 표준의 중분류 또는 소분류 중 다음 각 호의 어느 하나에 해당하는 사업에 대하여 사용자가 근로자대표와 서면으로 합의한 경우에는 제53조제1항에 따른 주(週) 12시간을 초과하여 연장근로를 하게 하거나 제54조에 따른 휴게시간을 변경할 수 있다.
1. 육상운송 및 파이프라인 운송업. 다만,「여객자동차 운수사업법」제3조제1항제1호에 따른 노선(路線) 여객자동차운송사업은 제외한다.
2. 수상운송업
3. 항공운송업
4. 기타 운송관련 서비스업
5. 보건업
② 제1항의 경우 사용자는 근로일 종료 후 다음 근로일 개시 전까지 근로자에게 연속하여 11시간 이상의 휴식 시간을 주어야 한다.
[전문개정 2018.3.20.]
[시행일:2018.7.1.] 제59조
[시행일: 2018.9.1.] 제59조제2항

제60조(연차 유급휴가) ① 사용자는 1년간 80퍼센트 이상 출근한 근로자에게 15일의 유급휴가를 주어야 한다. <개정 2012.2.1.>
② 사용자는 계속하여 근로한 기간이 1년 미만인 근로자 또는 1년간 80퍼센트 미만 출근한 근로자에게 1개월 개근 시 1일의 유급휴가를 주어야 한다. <개정 2012.2.1.>
③ 삭제 <2017.11.28.>
④ 사용자는 3년 이상 계속하여 근로한 근로자에게는 제1항에 따른 휴가에 최초 1년을 초과하는 계속 근로 연수 매 2년에 대하여 1일을 가산한 유급휴가를 주어야 한다. 이 경우 가산휴가를 포함한 총 휴가 일수는 25일을 한도로 한다.
⑤ 사용자는 제1항부터 제4항까지의 규정에 따른 휴가를 근로자가 청구한 시기에 주어야 하고, 그 기간에 대하여는 취업규칙 등에서 정하는 통상임금 또는 평균임금을 지급하여야 한다. 다만, 근로자가 청구한 시기에 휴가를 주는 것이 사업 운영에 막대한 지장이 있는 경우에는 그 시기를 변경할 수 있다.
⑥ 제1항 및 제2항을 적용하는 경우 다음 각 호의 어느 하나에 해당하는 기간은 출근한 것으로 본다. <개정 2012.2.1., 2017.11.28.>
1. 근로자가 업무상의 부상 또는 질병으로 휴업한 기간
2. 임신 중의 여성이 제74조제1항부터 제3항까지의 규정에 따른 휴가로 휴업한 기간
3. 「남녀고용평등과 일·가정 양립 지원에 관한 법률」제19조제1항에 따른 육아휴직으로 휴업한 기간
⑦ 제1항부터 제4항까지의 규정에 따른 휴가는 1년간 행사하지 아니하면 소멸된다. 다만, 사용자의 귀책사유로 사용하지 못한 경우에는 그러하지 아니하다.

근로기준법 제60조 제1항이 규정한 유급 연차휴가는 1년간 80% 이상 출근한 근로자에게 부여된다. 이 경우 근로자가 1년간 80% 이상 출근하였는지는, 1년간의 총 역일(曆日)에서 법령·단체협약·취업규칙 등에 의하여 근로의무가 없는 것으로 정해진 날을 뺀 일수(이하 '소정근로일수'라고 한다) 중 근로자가 현실적으로 근로를 제공한 출근일수의 비율, 즉 출근율을 기준으로 판단하여야 한다.

한편 근로기준법 제60조 제6항 제1호는 위와 같이 출근율을 계산할 때 근로자가 업무상의 부상 또는 질병(이하 '업무상 재해'라고 한다)으로 휴업한 기간은 출근한 것으로 간주하도록 규정하고 있다. 이는 근로자가 업무상 재해 때문에 근로를 제공할 수 없었음에도 업무상 재해가 없었을 경우보다 적은 연차휴가를 부여받는 불이익을 방지하려는 데에 취지가 있다. 그러므로 근로자가 업무상 재해로 휴업한 기간은 장단(長短)을 불문하고 소정근로일수와 출근일수에 모두 포함시켜 출근율을 계산하여야 한다. 설령 그 기간이 1년 전체에 걸치거나 소정근로일수 전부를 차지한다고 하더라도, 이와 달리 볼 아무런 근거나 이유가 없다. [대법원 2017.5.17. 선고, 2014다232296, 232302, 판결]

제61조(연차 유급휴가의 사용 촉진) 사용자가 제60조제1항 및 제4항에 따른 유급휴가의 사용을 촉진하기 위하여 다음 각 호의 조치를 하였음에도 불구하고 근로자가 휴가를 사용하지 아니하여 제60조제7항 본문에 따라 소멸된 경우에는 사용자는 그 사용하지 아니한 휴가에 대하여 보상할 의무가 없고, 제60조제7항 단서에 따른 사용자의 귀책사유에 해당하지 아니하는 것으로 본다. <개정 2012.2.1., 2017.11.28.>

1. 제60조제7항 본문에 따른 기간이 끝나기 6개월 전을 기준으로 10일 이내에 사용자가 근로자별로 사용하지 아니한 휴가 일수를 알려주고, 근로자가 그 사용 시기를 정하여 사용자에게 통보하도록 서면으로 촉구할 것
2. 제1호에 따른 촉구에도 불구하고 근로자가 촉구를 받은 때부터 10일 이내에 사용하지 아니한 휴가의 전부 또는 일부의 사용 시기를 정하여 사용자에게 통보하지 아니하면 제60조제7항 본문에 따른 기간이 끝나기 2개월 전까지 사용자가 사용하지 아니한 휴가의 사용 시기를 정하여 근로자에게 서면으로 통보할 것

제62조(유급휴가의 대체) 사용자는 근로자대표와의 서면 합의에 따라 제60조에 따른 연차 유급휴가일을 갈음하여 특정한 근로일에 근로자를 휴무시킬 수 있다.

제63조(적용의 제외) 이 장과 제5장에서 정한 근로시간, 휴게와 휴일에 관한 규정은 다음 각 호의 어느 하나에 해당하는 근로자에 대하여는 적용하지 아니한다. <개정 2010.6.4.>

1. 토지의 경작·개간, 식물의 재식(栽植)·재배·채취 사업, 그 밖의 농림 사업
2. 동물의 사육, 수산 동식물의 채포(採捕)·양식 사업, 그 밖의 축산, 양잠, 수산 사업
3. 감시(監視) 또는 단속적(斷續的)으로 근로에 종사하는 자로서 사용자가 고용노동부장관의 승인을 받은 자
4. 대통령령으로 정하는 업무에 종사하는 근로자

제5장 여성과 소년

제64조(최저 연령과 취직인허증) ① 15세 미만인 자(「초·중등교육법」에 따른 중학교에 재학 중인 18세 미만인 자를 포함한다)는 근로자로 사용하지 못한다. 다만, 대통령령으로 정하는 기준에 따라 고용노동부장관이 발급한 취직인허증(就職認許證)을 지닌 자는 근로자로 사용할 수 있다. <개정 2010.6.4.>
② 제1항의 취직인허증은 본인의 신청에 따라 의무교육에 지장이 없는 경우에는 직종(職種)을 지정하여서만 발행할 수 있다.
③ 고용노동부장관은 거짓이나 그 밖의 부정한 방법으로 제1항 단서의 취직인허증을 발급받은 자에게는 그 인허를 취소하여야 한다. <개정 2010.6.4.>

제65조(사용 금지) ① 사용자는 임신 중이거나 산후 1년이 지나지 아니한 여성(이하 "임산부"라 한다)과 18세 미만자를 도덕상 또는 보건상 유해·위험한 사업에 사용하지 못한다.
② 사용자는 임산부가 아닌 18세 이상의 여성을 제1항에 따른 보건상 유해·위험한 사업 중 임신 또는 출산에 관한 기능에 유해·위험한 사업에 사용하지 못한다.

③ 제1항 및 제2항에 따른 금지 직종은 대통령령으로 정한다.

제66조(연소자 증명서) 사용자는 18세 미만인 자에 대하여는 그 연령을 증명하는 가족관계기록사항에 관한 증명서와 친권자 또는 후견인의 동의서를 사업장에 갖추어 두어야 한다. <개정 2007.5.17.>

제67조(근로계약) ① 친권자나 후견인은 미성년자의 근로계약을 대리할 수 없다.
② 친권자, 후견인 또는 고용노동부장관은 근로계약이 미성년자에게 불리하다고 인정하는 경우에는 이를 해지할 수 있다. <개정 2010.6.4.>
③ 사용자는 18세 미만인 자와 근로계약을 체결하는 경우에는 제17조에 따른 근로조건을 서면으로 명시하여 교부하여야 한다. <신설 2007.7.27.>

제68조(임금의 청구) 미성년자는 독자적으로 임금을 청구할 수 있다.

제69조(근로시간) 15세 이상 18세 미만인 자의 근로시간은 1일에 7시간, 1주에 35시간을 초과하지 못한다. 다만, 당사자 사이의 합의에 따라 1일에 1시간, 1주에 5시간을 한도로 연장할 수 있다. <개정 2018.3.20.>

제70조(야간근로와 휴일근로의 제한) ① 사용자는 18세 이상의 여성을 오후 10시부터 오전 6시까지의 시간 및 휴일에 근로시키려면 그 근로자의 동의를 받아야 한다.
② 사용자는 임산부와 18세 미만자를 오후 10시부터 오전 6시까지의 시간 및 휴일에 근로시키지 못한다. 다만, 다음 각 호의 어느 하나에 해당하는 경우로서 고용노동부장관의 인가를 받으면 그러하지 아니하다. <개정 2010.6.4.>
1. 18세 미만자의 동의가 있는 경우
2. 산후 1년이 지나지 아니한 여성의 동의가 있는 경우
3. 임신 중의 여성이 명시적으로 청구하는 경우
③ 사용자는 제2항의 경우 고용노동부장관의 인가를 받기 전에 근로자의 건강 및 모성 보호를 위하여 그 시행 여부와 방법 등에 관하여 그 사업 또는 사업장의 근로자대표와 성실하게 협의하여야 한다. <개정

2010.6.4.>

제71조(시간외근로) 사용자는 산후 1년이 지나지 아니한 여성에 대하여는 단체협약이 있는 경우라도 1일에 2시간, 1주에 6시간, 1년에 150시간을 초과하는 시간외근로를 시키지 못한다. <개정 2018.3.20.>

제72조(갱내근로의 금지) 사용자는 여성과 18세 미만인 자를 갱내(坑內)에서 근로시키지 못한다. 다만, 보건·의료, 보도·취재 등 대통령령으로 정하는 업무를 수행하기 위하여 일시적으로 필요한 경우에는 그러하지 아니하다.

제73조(생리휴가) 사용자는 여성 근로자가 청구하면 월 1일의 생리휴가를 주어야 한다.

제74조(임산부의 보호) ① 사용자는 임신 중의 여성에게 출산 전과 출산 후를 통하여 90일(한 번에 둘 이상 자녀를 임신한 경우에는 120일)의 출산전후휴가를 주어야 한다. 이 경우 휴가 기간의 배정은 출산 후에 45일(한 번에 둘 이상 자녀를 임신한 경우에는 60일) 이상이 되어야 한다. <개정 2012.2.1., 2014.1.21.>
② 사용자는 임신 중인 여성 근로자가 유산의 경험 등 대통령령으로 정하는 사유로 제1항의 휴가를 청구하는 경우 출산 전 어느 때 라도 휴가를 나누어 사용할 수 있도록 하여야 한다. 이 경우 출산 후의 휴가 기간은 연속하여 45일(한 번에 둘 이상 자녀를 임신한 경우에는 60일) 이상이 되어야 한다. <신설 2012.2.1., 2014.1.21.>
③ 사용자는 임신 중인 여성이 유산 또는 사산한 경우로서 그 근로자가 청구하면 대통령령으로 정하는 바에 따라 유산·사산 휴가를 주어야 한다. 다만, 인공 임신중절 수술(「모자보건법」 제14조제1항에 따른 경우는 제외한다)에 따른 유산의 경우는 그러하지 아니하다. <개정 2012.2.1.>
④ 제1항부터 제3항까지의 규정에 따른 휴가 중 최초 60일(한 번에 둘 이상 자녀를 임신한 경우에는 75일)은 유급으로 한다. 다만, 「남녀고용평등과 일·가정 양립 지원에 관한 법률」 제18조에 따라 출산전후휴가급여 등이 지급된 경우에는 그 금액의 한도에서 지급의 책임을 면한다. <개정 2007.12.21., 2012.2.1., 2014.1.21.>

⑤ 사용자는 임신 중의 여성 근로자에게 시간외근로를 하게 하여서는 아니 되며, 그 근로자의 요구가 있는 경우에는 쉬운 종류의 근로로 전환하여야 한다. <개정 2012.2.1.>
⑥ 사업주는 제1항에 따른 출산전후휴가 종료 후에는 휴가 전과 동일한 업무 또는 동등한 수준의 임금을 지급하는 직무에 복귀시켜야 한다. <신설 2008.3.28., 2012.2.1.>
⑦ 사용자는 임신 후 12주 이내 또는 36주 이후에 있는 여성 근로자가 1일 2시간의 근로시간 단축을 신청하는 경우 이를 허용하여야 한다. 다만, 1일 근로시간이 8시간 미만인 근로자에 대하여는 1일 근로시간이 6시간이 되도록 근로시간 단축을 허용할 수 있다. <신설 2014.3.24.>
⑧ 사용자는 제7항에 따른 근로시간 단축을 이유로 해당 근로자의 임금을 삭감하여서는 아니 된다. <신설 2014.3.24.>
⑨ 제7항에 따른 근로시간 단축의 신청방법 및 절차 등에 필요한 사항은 대통령령으로 정한다. <신설 2014.3.24.>
[시행일] 제74조제7항, 제74조제8항, 제74조제9항의 개정규정은 다음 각 호의 구분에 따른 날
1. 상시 300명 이상의 근로자를 사용하는 사업 또는 사업장: 공포 후 6개월이 경과한 날
2. 상시 300명 미만의 근로자를 사용하는 사업 또는 사업장: 공포 후 2년이 경과한 날

제74조의2(태아검진 시간의 허용 등) ① 사용자는 임신한 여성근로자가 「모자보건법」 제10조에 따른 임산부 정기건강진단을 받는 데 필요한 시간을 청구하는 경우 이를 허용하여 주어야 한다.
② 사용자는 제1항에 따른 건강진단 시간을 이유로 그 근로자의 임금을 삭감하여서는 아니 된다.
[본조신설 2008.3.21.]

제75조(육아 시간) 생후 1년 미만의 유아(乳兒)를 가진 여성 근로자가 청구하면 1일 2회 각각 30분 이상의 유급 수유 시간을 주어야 한다.

제6장 안전과 보건

제76조(안전과 보건) 근로자의 안전과 보건에 관하여는 「산업안전보건법」에서 정하는 바에 따른다.

제6장의2 직장 내 괴롭힘의 금지
<신설 2019.1.15.>
[시행일 : 2019.7.16.]

제76조의2(직장 내 괴롭힘의 금지) 사용자 또는 근로자는 직장에서의 지위 또는 관계 등의 우위를 이용하여 업무상 적정범위를 넘어 다른 근로자에게 신체적·정신적 고통을 주거나 근무환경을 악화시키는 행위(이하 "직장 내 괴롭힘"이라 한다)를 하여서는 아니 된다.
[본조신설 2019.1.15.]
[시행일 : 2019.7.16.] 제76조의2

제76조의3(직장 내 괴롭힘 발생 시 조치)
① 누구든지 직장 내 괴롭힘 발생 사실을 알게 된 경우 그 사실을 사용자에게 신고할 수 있다.
② 사용자는 제1항에 따른 신고를 접수하거나 직장 내 괴롭힘 발생 사실을 인지한 경우에는 지체 없이 그 사실 확인을 위한 조사를 실시하여야 한다.
③ 사용자는 제2항에 따른 조사 기간 동안 직장 내 괴롭힘과 관련하여 피해를 입은 근로자 또는 피해를 입었다고 주장하는 근로자(이하 "피해근로자등"이라 한다)를 보호하기 위하여 필요한 경우 해당 피해근로자등에 대하여 근무장소의 변경, 유급휴가 명령 등 적절한 조치를 하여야 한다. 이 경우 사용자는 피해근로자등의 의사에 반하는 조치를 하여서는 아니 된다.
④ 사용자는 제2항에 따른 조사 결과 직장 내 괴롭힘 발생 사실이 확인된 때에는 피해근로자가 요청하면 근무장소의 변경, 배치전환, 유급휴가 명령 등 적절한 조치를 하여야 한다.
⑤ 사용자는 제2항에 따른 조사 결과 직장 내 괴롭힘 발생 사실이 확인된 때에는 지체 없이 행위자에 대하여 징계, 근무장소의 변경 등 필요한 조치를 하여야 한다. 이 경우 사용자는 징계 등의 조치를 하기 전에 그 조치에 대하여 피해근로자의 의견을 들어야 한다.
⑥ 사용자는 직장 내 괴롭힘 발생 사실을 신

고한 근로자 및 피해근로자등에게 해고나 그 밖의 불리한 처우를 하여서는 아니 된다.
[본조신설 2019.1.15.]
[시행일 : 2019.7.16.] 제76조의3

제7장 기능 습득

제77조(기능 습득자의 보호) 사용자는 양성공, 수습, 그 밖의 명칭을 불문하고 기능의 습득을 목적으로 하는 근로자를 혹사하거나 가사, 그 밖의 기능 습득에 관계없는 업무에 종사시키지 못한다.

제8장 재해보상

제78조(요양보상) ① 근로자가 업무상 부상 또는 질병에 걸리면 사용자는 그 비용으로 필요한 요양을 행하거나 필요한 요양비를 부담하여야 한다.
② 제1항에 따른 업무상 질병과 요양의 범위 및 요양보상의 시기는 대통령령으로 정한다. <개정 2008.3.21.>

■판례 - 요양 중인 근로자의 상병을 호전시키기 위한 치료가 아니라 단지 고정된 증상의 악화를 방지하기 위한 치료가 근로기준법 제78조 제1항에서 정한 요양보상의 대상인지 여부(소극)

근로기준법에서 요양 중인 근로자가 업무상 부상 또는 질병에 걸려 그 증상이 고정된 상태에 이른 경우에는 장해보상을 하도록 규정하고 있는 점, 근로기준법에 따른 사용자의 재해보상책임은 근로자의 생활보장을 위한 무과실책임으로 민사상 불법행위로 인한 손해배상책임과는 그 요건 및 책임 범위에 있어 차이가 있는 점, 산업재해보상보험법상 보험급여는 근로기준법에 따른 사용자의 재해보상과 그 사유 및 종류와 급여액의 산정 기준이 같거나 유사하고 사용자의 재해보상에 대한 책임보험의 성질을 갖는데, 산업재해보상보험법상 고정된 증상의 악화를 방지하기 위한 치료만이 필요한 경우는 치료종결 사유에 해당하여 요양급여의 대상이 되지 않는 점 등을 종합적으로 고려하면, 요양 중인 근로자의 상병을 호전시키기 위한 치료가 아니라 단지 고정된 증상의 악화를 방지하기 위한 치료는 근로기준법 제78조 제1항이 정한 요양보상의 대상에 해당하지 않는다고 보아야 한다. [대법원 2013.12.12, 선고, 2013다210299, 판결]

제79조(휴업보상) ① 사용자는 제78조에 따라 요양 중에 있는 근로자에게 그 근로자의 요양 중 평균임금의 100분의 60의 휴업보상을 하여야 한다. <개정 2008.3.21.>
② 제1항에 따른 휴업보상을 받을 기간에 그 보상을 받을 자가 임금의 일부를 지급받은 경우에는 사용자는 평균임금에서 그 지급받은 금액을 뺀 금액의 100분의 60의 휴업보상을 하여야 한다. <신설 2008.3.21.>
③ 휴업보상의 시기는 대통령령으로 정한다. <신설 2008.3.21.>

제80조(장해보상) ① 근로자가 업무상 부상 또는 질병에 걸리고, 완치된 후 신체에 장해가 있으면 사용자는 그 장해 정도에 따라 평균임금에 별표에서 정한 일수를 곱한 금액의 장해보상을 하여야 한다. <개정 2008.3.21.>
② 이미 신체에 장해가 있는 자가 부상 또는 질병으로 인하여 같은 부위에 장해가 더 심해진 경우에 그 장해에 대한 장해보상 금액은 장해 정도가 더 심해진 장해등급에 해당하는 장해보상의 일수에서 기존의 장해등급에 해당하는 장해보상의 일수를 뺀 일수에 보상청구사유 발생 당시의 평균임금을 곱하여 산정한 금액으로 한다. <신설 2008.3.21.>
③ 장해보상을 하여야 하는 신체장해 등급의 결정 기준과 장해보상의 시기는 대통령령으로 정한다. <신설 2008.3.21.>

■판례 - 근로기준법 제80조 제1항에서 정한 '업무상 부상 또는 질병의 완치'의 의미

근로기준법 제80조 제1항에서 정한 '업무상 부상 또는 질병의 완치'란 장해보상의 전제가 되는 점에 비추어, 부상 또는 질병 이전 상태로 완전히 회복된 경우뿐만 아니라 치료의 효과를 더 이상 기대할 수 없고 그 증상이 고정된 상태에 이르게 된 경우도 포함하는 것으로 풀이함이 타당하다. [대법원 2013.12.12, 선고, 2013다210299, 판결]

제81조(휴업보상과 장해보상의 예외) 근로자가 중대한 과실로 업무상 부상 또는 질병에 걸리고 또한 사용자가 그 과실에 대하여 노동위원회의 인정을 받으면 휴업보상이나 장해보상을 하지 아니하여도 된다.

제82조(유족보상) ① 근로자가 업무상 사망한 경우에는 사용자는 근로자가 사망한 후 지체 없이 그 유족에게 평균임금 1,000일분의 유족보상을 하여야 한다. <개정 2008.3.21.> ② 제1항에서의 유족의 범위, 유족보상의 순위 및 보상을 받기로 확정된 자가 사망한 경우의 유족보상의 순위는 대통령령으로 정한다. <신설 2008.3.21.>

제83조(장의비) 근로자가 업무상 사망한 경우에는 사용자는 근로자가 사망한 후 지체 없이 평균임금 90일분의 장의비를 지급하여야 한다. <개정 2008.3.21.>

제84조(일시보상) 제78조에 따라 보상을 받는 근로자가 요양을 시작한 지 2년이 지나도 부상 또는 질병이 완치되지 아니하는 경우에는 사용자는 그 근로자에게 평균임금 1,340일분의 일시보상을 하여 그 후의 이 법에 따른 모든 보상책임을 면할 수 있다.

제85조(분할보상) 사용자는 지급 능력이 있는 것을 증명하고 보상을 받는 자의 동의를 받으면 제80조, 제82조 또는 제84조에 따른 보상금을 1년에 걸쳐 분할보상을 할 수 있다.

제86조(보상 청구권) 보상을 받을 권리는 퇴직으로 인하여 변경되지 아니하고, 양도나 압류하지 못한다.

제87조(다른 손해배상과의 관계) 보상을 받게 될 자가 동일한 사유에 대하여 「민법」이나 그 밖의 법령에 따라 이 법의 재해보상에 상당한 금품을 받으면 그 가액(價額)의 한도에서 사용자는 보상의 책임을 면한다.

▪판례 - 채무부존재 확인

산업재해보상보험법(이하 '산재보험법'이라 한다) 제80조 제1항, 근로기준법 제87조 및 산재보험법의 취지 등을 고려하여 보면, 사용자가 산업재해보상보험에 가입하여 당해 사고에 대하여 마땅히 보험급여가 지급되어야 하는 경우라면 사용자는 근로기준법에 의한 재해보상책임을 면하고, 비록 산재보험법에 의한 보험급여가 지급되어야 하는데도 수급권자가 근로복지공단이 행한 보험급여에 대한 결정에 불복하지 아니하는 등의 이유로 결과적으로 보험급여가 지급되지 아니하게 되었다 하더라도 달

리 볼 것은 아니다. [대법원 2013.8.22, 선고, 2013다25118, 판결]

제88조(고용노동부장관의 심사와 중재) ① 업무상의 부상, 질병 또는 사망의 인정, 요양의 방법, 보상금액의 결정, 그 밖에 보상의 실시에 관하여 이의가 있는 자는 고용노동부장관에게 심사나 사건의 중재를 청구할 수 있다. <개정 2010.6.4.> ② 제1항의 청구가 있으면 고용노동부장관은 1개월 이내에 심사나 중재를 하여야 한다. <개정 2010.6.4.> ③ 고용노동부장관은 필요에 따라 직권으로 심사나 사건의 중재를 할 수 있다. <개정 2010.6.4.> ④ 고용노동부장관은 심사나 중재를 위하여 필요하다고 인정하면 의사에게 진단이나 검안을 시킬 수 있다. <개정 2010.6.4.> ⑤ 제1항에 따른 심사나 중재의 청구와 제2항에 따른 심사나 중재의 시작은 시효의 중단에 관하여는 재판상의 청구로 본다. [제목개정 2010.6.4.]

제89조(노동위원회의 심사와 중재) ① 고용노동부장관이 제88조제2항의 기간에 심사 또는 중재를 하지 아니하거나 심사와 중재의 결과에 불복하는 자는 노동위원회에 심사나 중재를 청구할 수 있다. <개정 2010.6.4.> ② 제1항의 청구가 있으면 노동위원회는 1개월 이내에 심사나 중재를 하여야 한다.

제90조(도급 사업에 대한 예외) ① 사업이 여러 차례의 도급에 따라 행하여지는 경우의 재해보상에 대하여는 원수급인(元受給人)을 사용자로 본다. ② 제1항의 경우에 원수급인이 서면상 계약으로 하수급인에게 보상을 담당하게 하는 경우에는 그 수급인도 사용자로 본다. 다만, 2명 이상의 하수급인에게 똑같은 사업에 대하여 중복하여 보상을 담당하게 하지 못한다. ③ 제2항의 경우에 원수급인이 보상의 청구를 받으면 보상을 담당한 하수급인에게 우선 최고(催告)할 것을 청구할 수 있다. 다만, 그 하수급인이 파산의 선고를 받거나 행방이 알려지지 아니하는 경우에는 그러하지 아니하다.

제91조(서류의 보존) 사용자는 재해보상에 관한 중요한 서류를 재해보상이 끝나지 아니하거나 제92조에 따라 재해보상 청구권이 시효로 소멸되기 전에 폐기하여서는 아니 된다. <개정 2008.3.21.>

제92조(시효) 이 법의 규정에 따른 재해보상 청구권은 3년간 행사하지 아니하면 시효로 소멸한다.

제9장 취업규칙

제93조(취업규칙의 작성·신고) 상시 10명 이상의 근로자를 사용하는 사용자는 다음 각 호의 사항에 관한 취업규칙을 작성하여 고용노동부장관에게 신고하여야 한다. 이를 변경하는 경우에도 또한 같다. <개정 2008.3.28., 2010.6.4., 2012.2.1.>
1. 업무의 시작과 종료 시각, 휴게시간, 휴일, 휴가 및 교대 근로에 관한 사항
2. 임금의 결정·계산·지급 방법, 임금의 산정기간·지급시기 및 승급(昇給)에 관한 사항
3. 가족수당의 계산·지급 방법에 관한 사항
4. 퇴직에 관한 사항
5. 「근로자퇴직급여 보장법」 제4조에 따라 설정된 퇴직급여, 상여 및 최저임금에 관한 사항
6. 근로자의 식비, 작업 용품 등의 부담에 관한 사항
7. 근로자를 위한 교육시설에 관한 사항
8. 출산전후휴가·육아휴직 등 근로자의 모성 보호 및 일·가정 양립 지원에 관한 사항
9. 안전과 보건에 관한 사항
9의2. 근로자의 성별·연령 또는 신체적 조건 등의 특성에 따른 사업장 환경의 개선에 관한 사항
10. 업무상과 업무 외의 재해부조(災害扶助)에 관한 사항
11. 표창과 제재에 관한 사항
12. 그 밖에 해당 사업 또는 사업장의 근로자 전체에 적용될 사항

제93조(취업규칙의 작성·신고) 상시 10명 이상의 근로자를 사용하는 사용자는 다음 각 호의 사항에 관한 취업규칙을 작성하여 고용노동부장관에게 신고하여야 한다. 이를 변경

하는 경우에도 또한 같다. <개정 2008.3.28., 2010.6.4., 2012.2.1., 2019.1.15.>
1. 업무의 시작과 종료 시각, 휴게시간, 휴일, 휴가 및 교대 근로에 관한 사항
2. 임금의 결정·계산·지급 방법, 임금의 산정기간·지급시기 및 승급(昇給)에 관한 사항
3. 가족수당의 계산·지급 방법에 관한 사항
4. 퇴직에 관한 사항
5. 「근로자퇴직급여 보장법」 제4조에 따라 설정된 퇴직급여, 상여 및 최저임금에 관한 사항
6. 근로자의 식비, 작업 용품 등의 부담에 관한 사항
7. 근로자를 위한 교육시설에 관한 사항
8. 출산전후휴가·육아휴직 등 근로자의 모성 보호 및 일·가정 양립 지원에 관한 사항
9. 안전과 보건에 관한 사항
9의2. 근로자의 성별·연령 또는 신체적 조건 등의 특성에 따른 사업장 환경의 개선에 관한 사항
10. 업무상과 업무 외의 재해부조(災害扶助)에 관한 사항
11. 직장 내 괴롭힘의 예방 및 발생 시 조치 등에 관한 사항
12. 표창과 제재에 관한 사항
13. 그 밖에 해당 사업 또는 사업장의 근로자 전체에 적용될 사항
[시행일 : 2019.7.16.] 제93조

■판례 - 퇴직금

甲 은행의 PB(Private Banker)로 근무하다가 약 3.76km 떨어진 乙 증권회사의 PB로 이직하기 위하여 사직원을 제출한 丙이 甲 은행을 상대로 취업규칙인 보수퇴직규정에서 정한 준정년 특별퇴직금의 지급을 구한 사안에서, 丙을 준정년 특별퇴직 대상자로 볼 수 없다고 한 사례 [대법원 2016.9.28, 선고, 2013다 204119, 판결]

제94조(규칙의 작성, 변경 절차) ① 사용자는 취업규칙의 작성 또는 변경에 관하여 해당 사업 또는 사업장에 근로자의 과반수로 조직된 노동조합이 있는 경우에는 그 노동조합, 근로자의 과반수로 조직된 노동조합이 없는 경우에는 근로자의 과반수의 의견을 들어야 한다. 다만, 취업규칙을 근로자에게 불리하게 변경하는 경우에는 그 동의를 받아야 한다.

② 사용자는 제93조에 따라 취업규칙을 신고할 때에는 제1항의 의견을 적은 서면을 첨부하여야 한다.

▣판례 - 보직변경발령무효확인등(일방적 취업규칙 작성·변경 사건)

사용자가 일방적으로 새로운 취업규칙의 작성·변경을 통하여 근로자가 가지고 있는 기득의 권리나 이익을 박탈하여 불이익한 근로조건을 부과하는 것은 원칙적으로 허용되지 아니하지만, 해당 취업규칙의 작성 또는 변경이 필요성 및 내용의 양면에서 보아 그에 의하여 근로자가 입게 될 불이익의 정도를 고려하더라도 여전히 당해 조항의 법적 규범성을 시인할 수 있을 정도로 사회통념상 합리성이 있다고 인정되는 경우에는 종전 근로조건 또는 취업규칙의 적용을 받고 있던 근로자의 집단적 의사결정 방법에 의한 동의가 없다는 이유만으로 그의 적용을 부정할 수는 없다. 그리고 취업규칙의 작성 또는 변경에 사회통념상 합리성이 있다고 인정되려면 실질적으로는 근로자에게 불리하지 아니하는 등 근로자를 보호하려는 근로기준법의 입법 취지에 어긋나지 않아야 하므로, 여기에서 말하는 사회통념상 합리성의 유무는 취업규칙의 변경 전후를 비교하여 취업규칙의 변경 내용 자체로 인하여 근로자가 입게 되는 불이익의 정도, 사용자 측의 변경 필요성의 내용과 정도, 변경 후의 취업규칙 내용의 상당성, 대상(代償)조치 등을 포함한 다른 근로조건의 개선상황, 취업규칙 변경에 따라 발생할 경쟁력 강화 등 사용자 측의 이익 증대 또는 손실 감소를 장기적으로 근로자들도 함께 향유할 수 있는지에 관한 해당 기업의 경영행태, 노동조합 등과의 교섭 경위 및 노동조합이나 다른 근로자의 대응, 동종 사항에 관한 국내의 일반적인 상황 등을 종합적으로 고려하여 판단하여야 한다. 다만 취업규칙을 근로자에게 불리하게 변경하는 경우에 동의를 받도록 한 근로기준법 제94조 제1항 단서의 입법 취지를 고려할 때, 변경 전후의 문언을 기준으로 하여 취업규칙이 근로자에게 불이익하게 변경되었음이 명백하다면, 취업규칙의 내용 이외의 사정이나 상황을 근거로 하여 그 변경에 사회통념상 합리성이 있다고 보는 것은, 이를 제한적으로 엄격하게 해석·적용하여야 한다. [대법원 2015.8.13, 선고, 2012다43522, 판결]

제95조(제재 규정의 제한) 취업규칙에서 근로자에 대하여 감급(減給)의 제재를 정할 경우에 그 감액은 1회의 금액이 평균임금의 1일분의 2분의 1을, 총액이 1임금지급기의 임금 총액의 10분의 1을 초과하지 못한다.

제96조(단체협약의 준수) ① 취업규칙은 법령이나 해당 사업 또는 사업장에 대하여 적용되는 단체협약과 어긋나서는 아니 된다.
② 고용노동부장관은 법령이나 단체협약에 어긋나는 취업규칙의 변경을 명할 수 있다. <개정 2010.6.4.>

▣판례 - 부당해고구제재심판정취소

징계사유 발생 시와 징계절차 요구 시 사이에 취업규칙이 개정된 경우 징계절차에서 적용할 취업규칙 / 기존의 사실 또는 법률관계를 적용 대상으로 하면서 근로자에 대한 징계시효를 연장하는 등으로 불리한 법률효과를 규정한 개정 취업규칙의 효력 및 개정 취업규칙의 적용이 제한되는 경우 [대법원 2014.6.12, 선고, 2013두25382, 판결]

제97조(위반의 효력) 취업규칙에서 정한 기준에 미달하는 근로조건을 정한 근로계약은 그 부분에 관하여는 무효로 한다. 이 경우 무효로 된 부분은 취업규칙에 정한 기준에 따른다.

제10장 기숙사

제98조(기숙사 생활의 보장) ① 사용자는 사업 또는 사업장의 부속 기숙사에 기숙하는 근로자의 사생활의 자유를 침해하지 못한다.
② 사용자는 기숙사 생활의 자치에 필요한 임원 선거에 간섭하지 못한다.

제99조(규칙의 작성과 변경) ① 부속 기숙사에 근로자를 기숙시키는 사용자는 다음 각 호의 사항에 관하여 기숙사규칙을 작성하여야 한다.
1. 기상(起床), 취침, 외출과 외박에 관한 사항
2. 행사에 관한 사항
3. 식사에 관한 사항
4. 안전과 보건에 관한 사항
5. 건설물과 설비의 관리에 관한 사항
6. 그 밖에 기숙사에 기숙하는 근로자 전체에 적용될 사항
② 사용자는 제1항에 따른 규칙의 작성 또는 변경에 관하여 기숙사에 기숙하는 근로자의 과반수를 대표하는 자의 동의를 받아야 한다.
③ 사용자와 기숙사에 기숙하는 근로자는

기숙사규칙을 지켜야 한다.

제100조(설비와 안전 위생) ① 사용자는 부속 기숙사에 대하여 근로자의 건강, 풍기(風紀)와 생명의 유지에 필요한 조치를 강구하여야 한다.
② 제1항에 따라 강구하여야 할 조치의 기준은 대통령령으로 정한다.

제100조(부속 기숙사의 설치·운영 기준) 사용자는 부속 기숙사를 설치·운영할 때 다음 각 호의 사항에 관하여 대통령령으로 정하는 기준을 충족하도록 하여야 한다.
1. 기숙사의 구조와 설비
2. 기숙사의 설치 장소
3. 기숙사의 주거 환경 조성
4. 기숙사의 면적
5. 그 밖에 근로자의 안전하고 쾌적한 주거를 위하여 필요한 사항
[전문개정 2019.1.15.]
[시행일 : 2019.7.16.] 제100조

제100조의2(부속 기숙사의 유지관리 의무) 사용자는 제100조에 따라 설치한 부속 기숙사에 대하여 근로자의 건강 유지, 사생활 보호 등을 위한 조치를 하여야 한다.
[본조신설 2019.1.15.]
[시행일 : 2019.7.16.] 제100조의2

제11장 근로감독관 등

제101조(감독 기관) ① 근로조건의 기준을 확보하기 위하여 고용노동부와 그 소속 기관에 근로감독관을 둔다. <개정 2010.6.4.>
② 근로감독관의 자격, 임면(任免), 직무 배치에 관한 사항은 대통령령으로 정한다.

제102조(근로감독관의 권한) ① 근로감독관은 사업장, 기숙사, 그 밖의 부속 건물을 현장조사하고 장부와 서류의 제출을 요구할 수 있으며 사용자와 근로자에 대하여 심문(尋問)할 수 있다. <개정 2017.11.28.>
② 의사인 근로감독관이나 근로감독관의 위촉을 받은 의사는 취업을 금지하여야 할 질병에 걸릴 의심이 있는 근로자에 대하여 검진할 수 있다.
③ 제1항 및 제2항의 경우에 근로감독관이나 그 위촉을 받은 의사는 그 신분증명서와 고용노동부장관의 현장조사 또는 검진지령서(檢診指令書)를 제시하여야 한다. <개정 2010.6.4., 2017.11.28.>
④ 제3항의 현장조사 또는 검진지령서에는 그 일시, 장소 및 범위를 분명하게 적어야 한다. <개정 2017.11.28.>
⑤ 근로감독관은 이 법이나 그 밖의 노동 관계 법령 위반의 죄에 관하여 「사법경찰관리의 직무를 행할 자와 그 직무범위에 관한 법률」에서 정하는 바에 따라 사법경찰관의 직무를 수행한다.

제103조(근로감독관의 의무) 근로감독관은 직무상 알게 된 비밀을 엄수하여야 한다. 근로감독관을 그만 둔 경우에도 또한 같다.

제104조(감독 기관에 대한 신고) ① 사업 또는 사업장에서 이 법 또는 이 법에 따른 대통령령을 위반한 사실이 있으면 근로자는 그 사실을 고용노동부장관이나 근로감독관에게 통보할 수 있다. <개정 2010.6.4.>
② 사용자는 제1항의 통보를 이유로 근로자에게 해고나 그 밖에 불리한 처우를 하지 못한다.

■**판례 – 사용자의 근로자에 대한 불리한 처우가 근로기준법 제104조 제2항, 제110조에 위반된다는 이유로 처벌하기 위한 요건 및 불리한 처우가 근로자의 감독기관에 대한 근로기준법 위반사실 통보를 이유로 한 것인지 판단하는 기준**

근로기준법 제104조 제1항, 제2항, 제110조에 비추어 보면, 사용자의 근로자에 대한 불리한 처우가 근로기준법 제104조 제2항에 위반된다는 이유로 처벌하기 위하여는 그 불리한 처우가 근로자의 감독기관에 대한 근로기준법 위반사실 통보를 이유로 한 것이어야 하고, 불리한 처우를 하게 된 다른 실질적인 이유가 있는 경우에는 근로기준법 제104조 제2항 위반으로 처벌할 수 없다고 보아야 한다. 사용자의 불리한 처우가 감독기관에 대한 근로기준법 위반사실의 통보를 이유로 한 것인지는 불리한 처우를 하게 된 경위와 그 시기, 사용자가 내세우는 불리한 처우의 사유가 명목에 불과한지, 불리한 처우가 주로 근로자의 통보에 대한 보복적 조치로 이루어진 것인지 등을 종합적으로 고려하여 판단하여야 할 것이다. [대법원 2012.10.25. 선고, 2012도8694, 판결]

제105조(사법경찰권 행사자의 제한) 이 법이

나 그 밖의 노동 관계 법령에 따른 현장조사, 서류의 제출, 심문 등의 수사는 검사와 근로감독관이 전담하여 수행한다. 다만, 근로감독관의 직무에 관한 범죄의 수사는 그러하지 아니하다. <개정 2017.11.28.>

제106조(권한의 위임) 이 법에 따른 고용노동부장관의 권한은 대통령령으로 정하는 바에 따라 그 일부를 지방고용노동관서의 장에게 위임할 수 있다. <개정 2010.6.4.>

제12장 벌칙

제107조(벌칙) 제7조, 제8조, 제9조, 제23조제2항 또는 제40조를 위반한 자는 5년 이하의 징역 또는 5천만원 이하의 벌금에 처한다. <개정 2017.11.28.>

제108조(벌칙) 근로감독관이 이 법을 위반한 사실을 고의로 묵과하면 3년 이하의 징역 또는 5년 이하의 자격정지에 처한다.

제109조(벌칙) ① 제36조, 제43조, 제44조, 제44조의2, 제46조, 제56조, 제65조 또는 제72조를 위반한 자는 3년 이하의 징역 또는 3천만원 이하의 벌금에 처한다. <개정 2007.7.27., 2017.11.28.>
② 제36조, 제43조, 제44조, 제44조의2, 제46조 또는 제56조를 위반한 자에 대하여는 피해자의 명시적인 의사와 다르게 공소를 제기할 수 없다. <개정 2007.7.27.>

제109조(벌칙) ① 제36조, 제43조, 제44조, 제44조의2, 제46조, 제56조, 제65조, 제72조 또는 제76조의3제6항을 위반한 자는 3년 이하의 징역 또는 3천만원 이하의 벌금에 처한다. <개정 2007.7.27., 2017.11.28., 2019.1.15.>
② 제36조, 제43조, 제44조, 제44조의2, 제46조 또는 제56조를 위반한 자에 대하여는 피해자의 명시적인 의사와 다르게 공소를 제기할 수 없다. <개정 2007.7.27.>
[시행일 : 2019.7.16.] 제109조

제110조(벌칙) 다음 각 호의 어느 하나에 해당하는 자는 2년 이하의 징역 또는 2천만원 이하의 벌금에 처한다. <개정 2009.5.21., 2012.2.1., 2017.11.28., 2018.3.20.>

1. 제10조, 제22조제1항, 제26조, 제50조, 제53조제1항·제2항·제3항 본문, 제54조, 제55조, 제59조제2항, 제60조제1항·제2항·제4항 및 제5항, 제64조제1항, 제69조, 제70조제1항·제2항, 제71조, 제74조제1항부터 제5항까지, 제75조, 제78조부터 제80조까지, 제82조, 제83조 및 제104조제2항을 위반한 자
2. 제53조제4항에 따른 명령을 위반한 자
[시행일 : 2018.9.1.] 제110조제1호

제111조(벌칙) 제31조제3항에 따라 확정되거나 행정소송을 제기하여 확정된 구제명령 또는 구제명령을 내용으로 하는 재심판정을 이행하지 아니한 자는 1년 이하의 징역 또는 1천만원 이하의 벌금에 처한다.

제112조(고발) ① 제111조의 죄는 노동위원회의 고발이 있어야 공소를 제기할 수 있다.
② 검사는 제1항에 따른 죄에 해당하는 위반행위가 있음을 노동위원회에 통보하여 고발을 요청할 수 있다.

제113조(벌칙) 제45조를 위반한 자는 1천만원 이하의 벌금에 처한다.

제114조(벌칙) 다음 각 호의 어느 하나에 해당하는 자는 500만원 이하의 벌금에 처한다. <개정 2007.7.27., 2008.3.28., 2009.5.21., 2012.2.1.>

1. 제6조, 제16조, 제17조, 제20조, 제21조, 제22조제2항, 제47조, 제53조제3항 단서, 제67조제1항·제3항, 제70조제3항, 제73조, 제74조제6항, 제77조, 제94조, 제95조, 제100조 및 제103조를 위반한 자
2. 제96조제2항에 따른 명령을 위반한 자

제115조(양벌규정) 사업주의 대리인, 사용인, 그 밖의 종업원이 해당 사업의 근로자에 관한 사항에 대하여 제107조, 제109조부터 제111조까지, 제113조 또는 제114조의 위반행위를 하면 그 행위자를 벌하는 외에 그 사업주에게도 해당 조문의 벌금형을 과(科)한다. 다만, 사업주가 그 위반행위를 방지하기 위하여 해당 업무에 관하여 상당한 주의와 감독을 게을리하지 아니한 경우에는 그러하지 아니하다.
[전문개정 2009.5.21.]

제116조(과태료) ① 다음 각 호의 어느 하나에 해당하는 자에게는 500만원 이하의 과태료를 부과한다. <개정 2009.5.21., 2010.6.4., 2014.3.24., 2017.11.28.>

1. 제13조에 따른 고용노동부장관, 노동위원회 또는 근로감독관의 요구가 있는 경우에 보고 또는 출석을 하지 아니하거나 거짓된 보고를 한 자
2. 제14조, 제39조, 제41조, 제42조, 제48조, 제66조, 제74조제7항, 제91조, 제93조, 제98조제2항 및 제99조를 위반한 자
3. 제102조에 따른 근로감독관 또는 그 위촉을 받은 의사의 현장조사나 검진을 거절, 방해 또는 기피하고 그 심문에 대하여 진술을 하지 아니하거나 거짓된 진술을 하며 장부·서류를 제출하지 아니하거나 거짓 장부·서류를 제출한 자

② 제1항에 따른 과태료는 대통령령으로 정하는 바에 따라 고용노동부장관이 부과·징수한다. <개정 2010.6.4.>

③ 삭제 <2009.5.21.>

④ 삭제 <2009.5.21.>

⑤ 삭제 <2009.5.21.>

부칙
<법률 제16270호, 2019.1.15.>

제1조(시행일) 이 법은 공포 후 6개월이 경과한 날부터 시행한다. 다만, 제26조 및 제35조의 개정규정은 공포한 날부터 시행한다.

제2조(예고해고의 적용 예외에 관한 적용례) 제26조제1호의 개정규정은 같은 개정규정 시행 후 근로계약을 체결한 근로자부터 적용한다.

제3조(직장 내 괴롭힘 발생 시 조치에 관한 적용례) 제76조의3의 개정규정은 이 법 시행 후 발생한 직장 내 괴롭힘의 경우부터 적용한다.

근로기준법 시행령

[시행 2018.7.1.]
[대통령령 제29010호, 2018.6.29., 일부개정]

제1조(목적) 이 영은 「근로기준법」에서 위임한 사항과 그 시행에 필요한 사항을 규정하는 것을 목적으로 한다.

제2조(평균임금의 계산에서 제외되는 기간과 임금) ① 「근로기준법」(이하 "법"이라 한다) 제2조제1항제6호에 따른 평균임금 산정기간 중에 다음 각 호의 어느 하나에 해당하는 기간이 있는 경우에는 그 기간과 그 기간 중에 지급된 임금은 평균임금 산정기준이 되는 기간과 임금의 총액에서 각각 뺀다. <개정 2008.6.5., 2011.3.2., 2012.7.10., 2016.11.29.>
1. 법 제35조제5호에 따른 수습 사용 중인 기간
2. 법 제46조에 따른 사용자의 귀책사유로 휴업한 기간
3. 법 제74조에 따른 출산전후휴가 기간
4. 법 제78조에 따라 업무상 부상 또는 질병으로 요양하기 위하여 휴업한 기간
5. 「남녀고용평등과 일·가정 양립 지원에 관한 법률」 제19조에 따른 육아휴직 기간
6. 「노동조합 및 노동관계조정법」 제2조제6호에 따른 쟁의행위기간
7. 「병역법」, 「예비군법」 또는 「민방위기본법」에 따른 의무를 이행하기 위하여 휴직하거나 근로하지 못한 기간. 다만, 그 기간 중 임금을 지급받은 경우에는 그러하지 아니하다.
8. 업무 외 부상이나 질병, 그 밖의 사유로 사용자의 승인을 받아 휴업한 기간
② 법 제2조제1항제6호에 따른 임금의 총액을 계산할 때에는 임시로 지급된 임금 및 수당과 통화 외의 것으로 지급된 임금을 포함하지 아니한다. 다만, 고용노동부장관이 정하는 것은 그러하지 아니하다. <개정 2010.7.12.>

제3조(일용근로자의 평균임금) 일용근로자의 평균임금은 고용노동부장관이 사업이나 직업에 따라 정하는 금액으로 한다. <개정 2010.7.12.>

제4조(특별한 경우의 평균임금) 법 제2조제1항제6호, 이 영 제2조 및 제3조에 따라 평균임금을 산정할 수 없는 경우에는 고용노동부장관이 정하는 바에 따른다. <개정 2010.7.12.>

제5조(평균임금의 조정) ① 법 제79조, 법 제80조 및 법 제82조부터 제84조까지의 규정에 따른 보상금 등을 산정할 때 적용할 평균임금은 그 근로자가 소속한 사업 또는 사업장에서 같은 직종의 근로자에게 지급된 통상임금의 1명당 1개월 평균액(이하 "평균액"이라 한다)이 그 부상 또는 질병이 발생한 달에 지급된 평균액보다 100분의 5 이상 변동된 경우에는 그 변동비율에 따라 인상되거나 인하된 금액으로 하되, 그 변동 사유가 발생한 달의 다음 달부터 적용한다. 다만, 제2회 이후의 평균임금을 조정하는 때에는 직전 회의 변동사유가 발생한 달의 평균액을 산정기준으로 한다.
② 제1항에 따라 평균임금을 조정하는 경우 그 근로자가 소속한 사업 또는 사업장이 폐지된 때에는 그 근로자가 업무상 부상 또는 질병이 발생한 당시에 그 사업 또는 사업장과 같은 종류, 같은 규모의 사업 또는 사업장을 기준으로 한다.
③ 제1항이나 제2항에 따라 평균임금을 조정하는 경우 그 근로자의 직종과 같은 직종의 근로자가 없는 때에는 그 직종과 유사한 직종의 근로자를 기준으로 한다.
④ 법 제78조에 따른 업무상 부상을 당하거나 질병에 걸린 근로자에게 지급할 「근로자퇴직급여 보장법」 제8조에 따른 퇴직금을 산정할 때 적용할 평균임금은 제1항부터 제3항까지의 규정에 따라 조정된 평균임금으로 한다.

제6조(통상임금) ① 법과 이 영에서 "통상임금"이란 근로자에게 정기적이고 일률적으로 소정(所定)근로 또는 총 근로에 대하여 지급하기로 정한 시간급 금액, 일급 금액, 주급 금액, 월급 금액 또는 도급 금액을 말한다.
② 제1항에 따른 통상임금을 시간급 금액으로 산정할 경우에는 다음 각 호의 방법에 따라 산정된 금액으로 한다. <개정 2018.6.29.>
1. 시간급 금액으로 정한 임금은 그 금액
2. 일급 금액으로 정한 임금은 그 금액을 1일의 소정근로시간 수로 나눈 금액

3. 주급 금액으로 정한 임금은 그 금액을 1주의 통상임금 산정 기준시간 수(1주의 소정근로시간과 소정근로시간 외에 유급으로 처리되는 시간을 합산한 시간)로 나눈 금액

4. 월급 금액으로 정한 임금은 그 금액을 월의 통상임금 산정 기준시간 수(1주의 통상임금 산정 기준시간 수에 1년 동안의 평균 주의 수를 곱한 시간을 12로 나눈 시간)로 나눈 금액

5. 일·주·월 외의 일정한 기간으로 정한 임금은 제2호부터 제4호까지의 규정에 준하여 산정된 금액

6. 도급 금액으로 정한 임금은 그 임금 산정 기간에서 도급제에 따라 계산된 임금의 총액을 해당 임금 산정 기간(임금 마감일이 있는 경우에는 임금 마감 기간을 말한다)의 총 근로 시간 수로 나눈 금액

7. 근로자가 받는 임금이 제1호부터 제6호까지의 규정에서 정한 둘 이상의 임금으로 되어 있는 경우에는 제1호부터 제6호까지의 규정에 따라 각각 산정된 금액을 합산한 금액

③ 제1항에 따른 통상임금을 일급 금액으로 산정할 때에는 제2항에 따른 시간급 금액에 1일의 소정근로시간 수를 곱하여 계산한다.

[시행일] 제6조제2항제3호 및 제4호의 개정규정: 다음 각 목의 구분에 따른 날

가. 상시 300명 이상의 근로자를 사용하는 사업 또는 사업장,「공공기관의 운영에 관한 법률」제4조에 따른 공공기관,「지방공기업법」제49조 및 같은 법 제76조에 따른 지방공사 및 지방공단, 국가·지방자치단체 또는 정부투자기관이 자본금의 2분의 1 이상을 출자하거나 기본재산의 2분의 1 이상을 출연한 기관·단체와 그 기관·단체가 자본금의 2분의 1 이상을 출자하거나 기본재산의 2분의 1 이상을 출연한 기관·단체, 국가 및 지방자치단체의 기관: 2018년 7월 1일(법률 제15513호 근로기준법 일부개정법률 제59조의 개정규정에 따라 근로시간 및 휴게시간의 특례를 적용받지 아니하게 되는 업종의 경우는 2019년 7월 1일)

나. 상시 50명 이상 300명 미만의 근로자를 사용하는 사업 또는 사업장: 2020

년 1월 1일

다. 상시 5명 이상 50명 미만의 근로자를 사용하는 사업 또는 사업장: 2021년 7월 1일

제7조(적용범위) 법 제11조제2항에 따라 상시 4명 이하의 근로자를 사용하는 사업 또는 사업장에 적용하는 법 규정은 별표 1과 같다.

제7조의2(상시 사용하는 근로자 수의 산정방법) ① 법 제11조제3항에 따른 "상시 사용하는 근로자 수"는 해당 사업 또는 사업장에서 법 적용 사유(휴업수당 지급, 근로시간 적용 등 법 또는 이 영의 적용 여부를 판단하여야 하는 사유를 말한다. 이하 이 조에서 같다) 발생일 전 1개월(사업이 성립한 날부터 1개월 미만인 경우에는 그 사업이 성립한 날 이후의 기간을 말한다. 이하 "산정기간"이라 한다) 동안 사용한 근로자의 연인원을 같은 기간 중의 가동 일수로 나누어 산정한다.

② 제1항에도 불구하고 다음 각 호의 구분에 따라 그 사업 또는 사업장에 대하여 5명(법 제93조의 적용 여부를 판단하는 경우에는 10명을 말한다. 이하 이 조에서 "법 적용 기준"이라 한다) 이상의 근로자를 사용하는 사업 또는 사업장(이하 이 조에서 "법 적용 사업 또는 사업장"이라 한다)으로 보거나 법 적용 사업 또는 사업장으로 보지 않는다.

1. 법 적용 사업 또는 사업장으로 보는 경우: 제1항에 따라 해당 사업 또는 사업장의 근로자 수를 산정한 결과 법 적용 사업 또는 사업장에 해당하지 않는 경우에도 산정기간에 속하는 일(日)별로 근로자 수를 파악하였을 때 법 적용 기준에 미달한 일수(日數)가 2분의 1 미만인 경우

2. 법 적용 사업 또는 사업장으로 보지 않는 경우: 제1항에 따라 해당 사업 또는 사업장의 근로자 수를 산정한 결과 법 적용 사업 또는 사업장에 해당하는 경우에도 산정기간에 속하는 일별로 근로자 수를 파악하였을 때 법 적용 기준에 미달한 일수가 2분의 1 이상인 경우

③ 법 제60조부터 제62조까지의 규정(제60조제2항에 따른 연차유급휴가에 관한 부분은 제외한다)의 적용 여부를 판단하는 경우에 해당 사업 또는 사업장에 대하여 제1항 및 제2항에 따라 월 단위로 근로자 수를 산정한 결과 법 적용 사유 발생일 전 1년 동

안 계속하여 5명 이상의 근로자를 사용하는 사업 또는 사업장은 법 적용 사업 또는 사업장으로 본다.

④ 제1항의 연인원에는「파견근로자보호 등에 관한 법률」제2조제5호에 따른 파견근로자를 제외한 다음 각 호의 근로자 모두를 포함한다. <개정 2018.6.29.>

1. 해당 사업 또는 사업장에서 사용하는 통상 근로자,「기간제 및 단시간근로자 보호 등에 관한 법률」제2조제1호에 따른 기간제근로자, 단시간근로자 등 고용형태를 불문하고 하나의 사업 또는 사업장에서 근로하는 모든 근로자
2. 해당 사업 또는 사업장에 동거하는 친족과 함께 제1호에 해당하는 근로자가 1명이라도 있으면 동거하는 친족인 근로자
[본조신설 2008.6.25.]

제8조(명시하여야 할 근로조건) 법 제17조제1항제5호에서 "대통령령으로 정하는 근로조건"이란 다음 각 호의 사항을 말한다. <개정 2018.6.29.>

1. 취업의 장소와 종사하여야 할 업무에 관한 사항
2. 법 제93조제1호부터 제12호까지의 규정에서 정한 사항
3. 사업장의 부속 기숙사에 근로자를 기숙하게 하는 경우에는 기숙사 규칙에서 정한 사항

제8조의2(근로자의 요구에 따른 서면 교부) 법 제17조제2항 단서에서 "단체협약 또는 취업규칙의 변경 등 대통령령으로 정하는 사유로 인하여 변경되는 경우"란 다음 각 호의 경우를 말한다.

1. 법 제51조제2항, 제52조, 제57조, 제58조제2항·제3항, 제59조 또는 제62조에 따라 근로자대표와의 서면 합의에 의하여 변경되는 경우
2. 법 제93조에 따른 취업규칙에 의하여 변경되는 경우
3.「노동조합 및 노동관계조정법」제31조제1항에 따른 단체협약에 의하여 변경되는 경우
4. 법령에 의하여 변경되는 경우
[본조신설 2011.9.22.]

제9조(단시간근로자의 근로조건 기준 등) ① 법 제18조제2항에 따른 단시간근로자의 근로조건을 결정할 때에 기준이 되는 사항이나 그 밖에 필요한 사항은 별표 2와 같다.

② 삭제 <2008.6.25.>
③ 삭제 <2008.6.25.>

제10조(경영상의 이유에 의한 해고 계획의 신고) ① 법 제24조제4항에 따라 사용자는 1개월 동안에 다음 각 호의 어느 하나에 해당하는 인원을 해고하려면 최초로 해고하려는 날의 30일 전까지 고용노동부장관에게 신고하여야 한다. <개정 2010.7.12.>

1. 상시 근로자수가 99명 이하인 사업 또는 사업장 : 10명 이상
2. 상시 근로자수가 100명 이상 999명 이하인 사업 또는 사업장 : 상시 근로자수의 10퍼센트 이상
3. 상시 근로자수가 1,000명 이상 사업 또는 사업장 : 100명 이상

② 제1항에 따른 신고를 할 때에는 다음 각 호의 사항을 포함하여야 한다.

1. 해고 사유
2. 해고 예정 인원
3. 근로자대표와 협의한 내용
4. 해고 일정

제11조(구제명령의 이행기한) 「노동위원회법」에 따른 노동위원회(이하 "노동위원회"라 한다)는 법 제30조제1항에 따라 사용자에게 구제명령(이하 "구제명령"이라 한다)을 하는 때에는 이행기한을 정하여야 한다. 이 경우 이행기한은 구제명령을 한 날부터 30일 이내로 한다.

제12조(이행강제금의 납부기한 및 의견제출 등) ① 노동위원회는 법 제33조제1항에 따라 이행강제금을 부과하는 때에는 이행강제금의 부과통지를 받은 날부터 15일 이내의 납부기한을 정하여야 한다.

② 노동위원회는 천재·사변, 그 밖의 부득이한 사유가 발생하여 제1항에 따른 납부기한 내에 이행강제금을 납부하기 어려운 경우에는 그 사유가 없어진 날부터 15일 이내의 기간을 납부기한으로 할 수 있다.

③ 법 제33조제2항에 따라 이행강제금을 부과·징수한다는 뜻을 사용자에게 미리 문서로써 알려줄 때에는 10일 이상의 기간을 정하여 구술 또는 서면(전자문서를 포함한다)으로 의견을 진술할 수 있는 기회를 주어야 한다. 이 경우 지정된 기일까지 의견진술이

없는 때에는 의견이 없는 것으로 본다.
④이행강제금의 징수절차는 고용노동부령
으로 정한다. <개정 2010.7.12.>

제13조(이행강제금의 부과기준) 법 제33조제
4항에 따른 위반행위의 종류와 위반정도
에 따른 이행강제금의 부과기준은 별표 3
과 같다.

제14조(이행강제금의 부과유예) 노동위원회
는 다음 각 호의 어느 하나에 해당하는
사유가 있는 경우에는 직권 또는 사용자
의 신청에 따라 그 사유가 없어진 뒤에
이행강제금을 부과할 수 있다.
1. 구제명령을 이행하기 위하여 사용자가 객
   관적으로 노력하였으나 근로자의 소재불명
   등으로 구제명령을 이행하기 어려운 것이
   명백한 경우
2. 천재·사변, 그 밖의 부득이한 사유로
   구제명령을 이행하기 어려운 경우

제15조(이행강제금의 반환) ① 노동위원회는
중앙노동위원회의 재심판정이나 법원의 확
정판결에 따라 노동위원회의 구제명령이 취
소되면 직권 또는 사용자의 신청에 따라 이
행강제금의 부과·징수를 즉시 중지하고 이
미 징수한 이행강제금을 반환하여야 한다.
② 노동위원회가 제1항에 따라 이행강제금을
반환하는 때에는 이행강제금을 납부한 날부
터 반환하는 날까지의 기간에 대하여 고용노
동부령으로 정하는 이율을 곱한 금액을 가산
하여 반환하여야 한다. <개정 2010.7.12.>
③ 제1항에 따른 이행강제금의 구체적 반
환절차는 고용노동부령으로 정한다. <개
정 2010.7.12.>

제16조(수습근로자의 정의) 법 제35조제5호
에서 "수습 사용 중인 근로자"란 수습 사
용한 날부터 3개월 이내인 자를 말한다.

**제17조(미지급 임금에 대한 지연이자의 이
율)** 법 제37조제1항에서 "대통령령으로 정
하는 이율"이란 연 100분의 20을 말한다.

제18조(지연이자의 적용제외 사유) 법 제37
조제2항에서 "그 밖에 대통령령으로 정하
는 사유"란 다음 각 호의 어느 하나에 해
당하는 경우를 말한다. <개정 2014.9.24.>
1. 「임금채권보장법」 제7조제1항 각 호의

어느 하나에 해당하는 경우
2. 「채무자 회생 및 파산에 관한 법률」, 「
   국가재정법」, 「지방자치법」 등 법령상
   의 제약에 따라 임금 및 퇴직금을 지급
   할 자금을 확보하기 어려운 경우
3. 지급이 지연되고 있는 임금 및 퇴직금
   의 전부 또는 일부의 존부(存否)를 법
   원이나 노동위원회에서 다투는 것이 적
   절하다고 인정되는 경우
4. 그 밖에 제1호부터 제3호까지의 규정
   에 준하는 사유가 있는 경우

제19조(사용증명서의 청구) 법 제39조제1항
에 따라 사용증명서를 청구할 수 있는 자
는 계속하여 30일 이상 근무한 근로자로
하되, 청구할 수 있는 기한은 퇴직 후 3년
이내로 한다.

제20조(근로자 명부의 기재사항) 법 제41조
제1항에 따른 근로자 명부에는 고용노동
부령으로 정하는 바에 따라 다음 각 호의
사항을 적어야 한다. <개정 2010.7.12.>
1. 성명
2. 성(性)별
3. 생년월일
4. 주소
5. 이력(履歷)
6. 종사하는 업무의 종류
7. 고용 또는 고용갱신 연월일, 계약기간
   을 정한 경우에는 그 기간, 그 밖의 고
   용에 관한 사항
8. 해고, 퇴직 또는 사망한 경우에는 그
   연월일과 사유
9. 그 밖에 필요한 사항

제21조(근로자 명부 작성의 예외) 사용기간
이 30일 미만인 일용근로자에 대하여는
근로자 명부를 작성하지 아니할 수 있다.

제22조(보존 대상 서류 등) ① 법 제42조에
서 "대통령령으로 정하는 근로계약에 관
한 중요한 서류"란 다음 각 호의 서류를
말한다.
1. 근로계약서
2. 임금대장
3. 임금의 결정·지급방법과 임금계산의
   기초에 관한 서류
4. 고용·해고·퇴직에 관한 서류
5. 승급·감급에 관한 서류

6. 휴가에 관한 서류
7. 삭제 <2014.12.9.>
8. 법 제51조제2항, 법 제52조, 법 제58조제2항·제3항 및 법 제59조에 따른 서면 합의 서류
9. 법 제66조에 따른 연소자의 증명에 관한 서류

② 법 제42조에 따른 근로계약에 관한 중요한 서류의 보존기간은 다음 각 호에 해당하는 날부터 기산한다.
1. 근로자 명부는 근로자가 해고되거나 퇴직 또는 사망한 날
2. 근로계약서는 근로관계가 끝난 날
3. 임금대장은 마지막으로 써 넣은 날
4. 고용, 해고 또는 퇴직에 관한 서류는 근로자가 해고되거나 퇴직한 날
5. 삭제 <2018.6.29.>
6. 제1항제8호의 서면 합의 서류는 서면 합의한 날
7. 연소자의 증명에 관한 서류는 18세가 되는 날(18세가 되기 전에 해고되거나 퇴직 또는 사망한 경우에는 그 해고되거나 퇴직 또는 사망한 날)
8. 그 밖의 서류는 완결한 날

제23조(매월 1회 이상 지급하여야 할 임금의 예외) 법 제43조제2항 단서에서 "임시로 지급하는 임금, 수당, 그 밖에 이에 준하는 것 또는 대통령령으로 정하는 임금"이란 다음 각 호의 것을 말한다.
1. 1개월을 초과하는 기간의 출근 성적에 따라 지급하는 정근수당
2. 1개월을 초과하는 일정 기간을 계속하여 근무한 경우에 지급되는 근속수당
3. 1개월을 초과하는 기간에 걸친 사유에 따라 산정되는 장려금, 능률수당 또는 상여금
4. 그 밖에 부정기적으로 지급되는 모든 수당

제23조의2(체불사업주 명단 공개 제외 대상) 법 제43조의2제1항 단서에서 "체불사업주의 사망·폐업으로 명단 공개의 실효성이 없는 경우 등 대통령령으로 정하는 사유"란 다음 각 호의 어느 하나에 해당하는 경우를 말한다.
1. 법 제36조·제43조·제56조에 따른 임금, 보상금, 수당, 그 밖의 일체의 금품(이하 "임금등"이라 한다)을 지급하지 않

은 사업주(이하 "체불사업주"라 한다)가 사망하거나 「민법」 제27조에 따라 실종선고를 받은 경우(체불사업주가 자연인인 경우만 해당한다)
2. 체불사업주가 법 제43조의2제2항에 따른 소명 기간 종료 전까지 체불 임금등을 전액 지급한 경우
3. 체불사업주가 「채무자 회생 및 파산에 관한 법률」에 따른 회생절차개시 결정을 받거나 파산선고를 받은 경우
4. 체불사업주가 「임금채권보장법 시행령」 제5조에 따른 도산등사실인정을 받은 경우
5. 체불사업주가 체불 임금등의 일부를 지급하고, 남은 체불 임금등에 대한 구체적인 청산 계획 및 자금 조달 방안을 충분히 소명하여 법 제43조의2제3항에 따른 임금체불정보심의위원회(이하 이 조에서 "위원회"라 한다)가 명단 공개 대상에서 제외할 필요가 있다고 인정하는 경우
6. 제1호부터 제5호까지의 규정에 준하는 경우로서 위원회가 체불사업주의 인적사항 등을 공개할 실효성이 없다고 인정하는 경우
[본조신설 2012.6.21.]

제23조의3(명단공개 내용·기간 등) ① 고용노동부장관은 법 제43조의2제1항에 따라 다음 각 호의 내용을 공개한다.
1. 체불사업주의 성명·나이·상호·주소(체불사업주가 법인인 경우에는 그 대표자의 성명·나이·주소 및 법인의 명칭·주소를 말한다)
2. 명단 공개 기준일 이전 3년간의 임금등 체불액
② 제1항에 따른 공개는 관보에 싣거나 인터넷 홈페이지, 관할 지방고용노동관서 게시판 또는 그 밖에 열람이 가능한 공공장소에 3년간 게시하는 방법으로 한다.
[본조신설 2012.6.21.]

제23조의4(임금등 체불자료의 제공 제외 대상) 법 제43조의3제1항 단서에서 "체불사업주의 사망·폐업으로 임금등 체불자료 제공의 실효성이 없는 경우 등 대통령령으로 정하는 사유"란 다음 각 호의 어느 하나에 해당하는 경우를 말한다.
1. 체불사업주가 사망하거나 「민법」 제27조에 따라 실종선고를 받은 경우(체불사업주가 자연인인 경우만 해당한다)

2. 체불사업주가 법 제43조의3제1항에 따른 임금등 체불자료(이하 "임금등 체불자료"라 한다) 제공일 전까지 체불 임금등을 전액 지급한 경우
3. 체불사업주가 「채무자 회생 및 파산에 관한 법률」에 따른 회생절차개시 결정을 받거나 파산선고를 받은 경우
4. 체불사업주가 「임금채권보장법 시행령」 제5조에 따른 도산등사실인정을 받은 경우
5. 체불자료 제공일 전까지 체불사업주가 체불 임금등의 일부를 지급하고 남은 체불 임금등에 대한 구체적인 청산 계획 및 자금 조달 방안을 충분히 소명하여 고용노동부장관이 체불 임금등 청산을 위하여 성실히 노력하고 있다고 인정하는 경우
[본조신설 2012.6.21.]

제23조의5(임금등 체불자료의 제공절차 등)
① 법 제43조의3제1항에 따라 임금등 체불자료를 요구하는 자(이하 "요구자"라 한다)는 다음 각 호의 사항을 적은 문서를 고용노동부장관에게 제출하여야 한다.
1. 요구자의 성명·상호·주소(요구자가 법인인 경우에는 그 대표자의 성명 및 법인의 명칭·주소를 말한다)
2. 요구하는 임금등 체불자료의 내용과 이용 목적
② 고용노동부장관은 제1항에 따른 임금등 체불자료를 서면 또는 전자적 파일 형태로 작성하여 제공할 수 있다.
③ 고용노동부장관은 제2항에 따라 임금등 체불자료를 제공한 후 제23조의4 각 호의 사유가 발생한 경우에는 그 사실을 안 날부터 15일 이내에 요구자에게 그 내용을 통지하여야 한다.
[본조신설 2012.6.21.]

제24조(수급인의 귀책사유) 법 제44조제2항에 따른 귀책사유 범위는 다음 각 호와 같다. <개정 2012.6.21.>
1. 정당한 사유 없이 도급계약에서 정한 도급 금액 지급일에 도급 금액을 지급하지 아니한 경우
2. 정당한 사유 없이 도급계약에서 정한 원자재 공급을 늦게 하거나 공급을 하지 아니한 경우
3. 정당한 사유 없이 도급계약의 조건을 이행하지 아니하여 하수급인이 도급사업을 정상적으로 수행하지 못한 경우

[제목개정 2012.6.21.]

제25조(지급기일 전의 임금 지급) 법 제45조에서 "그 밖에 대통령령으로 정한 비상(非常)한 경우"란 근로자나 그의 수입으로 생계를 유지하는 자가 다음 각 호의 어느 하나에 해당하게 되는 경우를 말한다. <개정 2018.6.29.>
1. 출산하거나 질병에 걸리거나 재해를 당한 경우
2. 혼인 또는 사망한 경우
3. 부득이한 사유로 1주 이상 귀향하게 되는 경우

제26조(휴업수당의 산출) 사용자의 귀책사유로 휴업한 기간 중에 근로자가 임금의 일부를 지급받은 경우에는 사용자는 법 제46조제1항 본문에 따라 그 근로자에게 평균임금에서 그 지급받은 임금을 뺀 금액을 계산하여 그 금액의 100분의 70 이상에 해당하는 수당을 지급하여야 한다. 다만, 법 제46조제1항 단서에 따라 통상임금을 휴업수당으로 지급하는 경우에는 통상임금에서 휴업한 기간 중에 지급받은 임금을 뺀 금액을 지급하여야 한다.

제27조(임금대장의 기재사항) ① 사용자는 법 제48조에 따른 임금대장에 다음 각 호의 사항을 근로자 개인별로 적어야 한다.
1. 성명
2. 주민등록번호
3. 고용 연월일
4. 종사하는 업무
5. 임금 및 가족수당의 계산기초가 되는 사항
6. 근로일수
7. 근로시간수
8. 연장근로, 야간근로 또는 휴일근로를 시킨 경우에는 그 시간수
9. 기본급, 수당, 그 밖의 임금의 내역별 금액(통화 외의 것으로 지급된 임금이 있는 경우에는 그 품명 및 수량과 평가총액)
10. 법 제43조제1항 단서에 따라 임금의 일부를 공제한 경우에는 그 금액
② 사용기간이 30일 미만인 일용근로자에 대하여는 제1항제2호 및 제5호의 사항을 적지 아니할 수 있다.
③ 다음 각 호의 어느 하나에 해당하는 근로자에 대하여는 제1항제7호 및 제8호의

사항을 적지 아니할 수 있다.
1. 법 제11조제2항에 따른 상시 4명 이하의 근로자를 사용하는 사업 또는 사업장의 근로자
2. 법 제63조 각 호의 어느 하나에 해당하는 근로자

제28조(탄력적 근로시간제에 관한 합의사항 등) ① 법 제51조제2항 제4호에서 "그 밖에 대통령령으로 정하는 사항"이란 서면 합의의 유효기간을 말한다.
② 고용노동부장관은 법 제51조제4항에 따른 임금보전방안을 강구하게 하기 위하여 필요한 경우에는 사용자에게 그 보전방안의 내용을 제출하도록 명하거나 직접 확인할 수 있다. <개정 2010.7.12.>

제29조(선택적 근로시간제에 관한 합의사항) 법 제52조제6호에서 "그 밖에 대통령령으로 정하는 사항"이란 표준근로시간(유급휴가 등의 계산 기준으로 사용자와 근로자대표가 합의하여 정한 1일의 근로시간)을 말한다.

제30조(휴일) ① 법 제55조제1항에 따른 유급휴일은 1주 동안의 소정근로일을 개근한 자에게 주어야 한다. <개정 2018.6.29.>
② 법 제55조제2항 본문에서 "대통령령으로 정하는 휴일"이란「관공서의 공휴일에 관한 규정」제2조 각 호(제1호는 제외한다)에 따른 공휴일 및 같은 영 제3조에 따른 대체공휴일을 말한다. <신설 2018.6.29.>
[제목개정 2018.6.29.]
[시행일] 제30조제2항의 개정규정: 다음 각 목의 구분에 따른 날
가. 상시 300명 이상의 근로자를 사용하는 사업 또는 사업장,「공공기관의 운영에 관한 법률」제4조에 따른 공공기관,「지방공기업법」제49조 및 같은 법 제76조에 따른 지방공사 및 지방공단, 국가·지방자치단체 또는 정부투자기관이 자본금의 2분의 1 이상을 출자하거나 기본재산의 2분의 1 이상을 출연한 기관·단체와 그 기관·단체가 자본금의 2분의 1 이상을 출자하거나 기본재산의 2분의 1 이상을 출연한 기관·단체, 국가 및 지방자치단체의 기관: 2020년 1월 1일
나. 상시 30명 이상 300명 미만의 근로자를 사용하는 사업 또는 사업장: 2021

년 1월 1일
다. 상시 5인 이상 30명 미만의 근로자를 사용하는 사업 또는 사업장: 2022년 1월 1일

제31조(재량근로의 대상업무) 법 제58조제3항 전단에서 "대통령령으로 정하는 업무"란 다음 각 호의 어느 하나에 해당하는 업무를 말한다. <개정 2010.7.12.>
1. 신상품 또는 신기술의 연구개발이나 인문사회과학 또는 자연과학분야의 연구 업무
2. 정보처리시스템의 설계 또는 분석 업무
3. 신문, 방송 또는 출판 사업에서의 기사의 취재, 편성 또는 편집 업무
4. 의복·실내장식·공업제품·광고 등의 디자인 또는 고안 업무
5. 방송 프로그램·영화 등의 제작 사업에서의 프로듀서나 감독 업무
6. 그 밖에 고용노동부장관이 정하는 업무

제32조 삭제 <2018.6.29.>

제33조(휴가수당의 지급일) 법 제60조제5항에 따라 지급하여야 하는 임금은 유급휴가를 주기 전이나 준 직후의 임금지급일에 지급하여야 한다.

제34조(근로시간 등의 적용제외 근로자) 법 제63조제4호에서 "대통령령으로 정한 업무"란 사업의 종류에 관계없이 관리·감독 업무 또는 기밀을 취급하는 업무를 말한다.

제35조(취직인허증의 발급 등) ① 법 제64조에 따라 취직인허증을 받을 수 있는 자는 13세 이상 15세 미만인 자로 한다. 다만, 예술공연 참가를 위한 경우에는 13세 미만인 자도 취직인허증을 받을 수 있다.
② 제1항에 따른 취직인허증을 받으려는 자는 고용노동부령으로 정하는 바에 따라 고용노동부장관에게 신청하여야 한다. <개정 2010.7.12.>
③ 제2항에 따른 신청은 학교장(의무교육 대상자와 재학 중인 자로 한정한다) 및 친권자 또는 후견인의 서명을 받아 사용자가 될 자와 연명(連名)으로 하여야 한다.

제36조(취직인허증의 교부 및 비치) ① 고

용노동부장관은 제35조제2항에 따른 신청에 대하여 취직을 인허할 경우에는 고용노동부령으로 정하는 취직인허증에 직종을 지정하여 신청한 근로자와 사용자가 될 자에게 내주어야 한다. <개정 2010.7.12., 2014.12.9.>

② 15세 미만인 자를 사용하는 사용자가 취직인허증을 갖추어 둔 경우에는 법 제66조에 따른 가족관계기록사항에 관한 증명서와 친권자나 후견인의 동의서를 갖추어 둔 것으로 본다. <신설 2014.12.9.>
[제목개정 2014.12.9.]

제37조(취직인허의 금지직종) 고용노동부장관은 제40조에 따른 직종에 대하여는 취직인허증을 발급할 수 없다. <개정 2010.7.12.>

제38조 삭제 <2014.12.9.>

제39조(취직인허증의 재교부) 사용자 또는 15세 미만인 자는 취직인허증이 못쓰게 되거나 이를 잃어버린 경우에는 고용노동부령으로 정하는 바에 따라 지체 없이 재교부 신청을 하여야 한다. <개정 2010.7.12.>

제40조(임산부 등의 사용 금지 직종) 법 제65조에 따라 임산부, 임산부가 아닌 18세 이상인 여성 및 18세 미만인 자의 사용이 금지되는 직종의 범위는 별표 4와 같다.

제41조(근로시간의 계산) 법 제69조 및 「산업안전보건법」 제46조에 따른 근로시간은 휴게시간을 제외한 근로시간을 말한다.

제42조(갱내근로 허용업무) 법 제72조에 따라 여성과 18세 미만인 자를 일시적으로 갱내에서 근로시킬 수 있는 업무는 다음 각 호와 같다.
1. 보건, 의료 또는 복지 업무
2. 신문·출판·방송프로그램 제작 등을 위한 보도·취재업무
3. 학술연구를 위한 조사 업무
4. 관리·감독 업무
5. 제1호부터 제4호까지의 규정의 업무와 관련된 분야에서 하는 실습 업무

제43조(유산·사산휴가의 청구 등) ① 법 제74조제2항 전단에서 "대통령령으로 정하는 사유"란 다음 각 호의 어느 하나에 해당하는 경우를 말한다. <신설 2012.6.21.>
1. 임신한 근로자에게 유산·사산의 경험이 있는 경우
2. 임신한 근로자가 출산전후휴가를 청구할 당시 연령이 만 40세 이상인 경우
3. 임신한 근로자가 유산·사산의 위험이 있다는 의료기관의 진단서를 제출한 경우

② 법 제74조제3항에 따라 유산 또는 사산한 근로자가 유산·사산휴가를 청구하는 경우에는 휴가 청구 사유, 유산·사산 발생일 및 임신기간 등을 적은 유산·사산휴가 신청서에 의료기관의 진단서를 첨부하여 사업주에게 제출하여야 한다. <개정 2012.6.21.>

③ 사업주는 제2항에 따라 유산·사산휴가를 청구한 근로자에게 다음 각 호의 기준에 따라 유산·사산휴가를 주어야 한다. <개정 2012.6.21.>
1. 유산 또는 사산한 근로자의 임신기간(이하 "임신기간"이라 한다)이 11주 이내인 경우: 유산 또는 사산한 날부터 5일까지
2. 임신기간이 12주 이상 15주 이내인 경우: 유산 또는 사산한 날부터 10일까지
3. 임신기간이 16주 이상 21주 이내인 경우 : 유산 또는 사산한 날부터 30일까지
4. 임신기간이 22주 이상 27주 이내인 경우 : 유산 또는 사산한 날부터 60일까지
5. 임신기간이 28주 이상인 경우 : 유산 또는 사산한 날부터 90일까지

제43조의2(임신기간 근로시간 단축의 신청) 법 제74조제7항에 따라 근로시간 단축을 신청하려는 여성 근로자는 근로시간 단축 개시 예정일의 3일 전까지 임신기간, 근로시간 단축 개시 예정일 및 종료 예정일, 근무 개시 시각 및 종료 시각 등을 적은 문서(전자문서를 포함한다)에 의사의 진단서(같은 임신에 대하여 근로시간 단축을 다시 신청하는 경우는 제외한다)를 첨부하여 사용자에게 제출하여야 한다.
[본조신설 2014.9.24.]

제44조(업무상 질병의 범위 등) ① 법 제78조제2항에 따른 업무상 질병과 요양의 범위는 별표 5와 같다.

② 사용자는 근로자가 취업 중에 업무상 질병에 걸리거나 부상 또는 사망한 경우

에는 지체 없이 의사의 진단을 받도록 하여야 한다.

제45조 삭제 <2008.6.25.>

제46조(요양 및 휴업보상 시기) 요양보상 및 휴업보상은 매월 1회 이상 하여야 한다.

제47조(장해등급 결정) ① 법 제80조제3항에 따라 장해보상을 하여야 하는 신체장해등급의 결정 기준은 별표 6과 같다. <개정 2008.6.25.>
② 별표 6에 따른 신체장해가 둘 이상 있는 경우에는 정도가 심한 신체장해에 해당하는 등급에 따른다. 다만, 다음 각 호의 경우에는 해당 호에서 정하여 조정한 등급에 따른다. 이 경우 그 조정된 등급이 제1급을 초과하는 때에는 제1급으로 한다.
1. 제5급 이상에 해당하는 신체장해가 둘 이상 있는 경우 : 정도가 심한 신체장해에 해당하는 등급에 3개 등급 인상
2. 제8급 이상에 해당하는 신체장해가 둘 이상 있는 경우 : 정도가 심한 신체장해에 해당하는 등급에 2개 등급 인상
3. 제13급 이상에 해당하는 신체장해가 둘 이상 있는 경우 : 정도가 심한 신체장해에 해당하는 등급에 1개 등급 인상
③ 별표 6에 해당하지 아니하는 신체장해가 있는 경우에는 그 장해 정도에 따라 별표 6에 따른 신체장해에 준하여 장해보상을 하여야 한다.
④ 삭제 <2008.6.25.>

제48조(유족의 범위 등) ① 법 제82조제2항에 따른 유족의 범위는 다음 각 호와 같다. 이 경우 유족보상의 순위는 다음 각 호의 순서에 따르되, 같은 호에 해당하는 경우에는 그 적힌 순서에 따른다. <개정 2008.6.25.>
1. 근로자가 사망할 때 그가 부양하고 있던 배우자(사실혼 관계에 있던 자를 포함한다), 자녀, 부모, 손(孫) 및 조부모
2. 근로자가 사망할 때 그가 부양하고 있지 아니한 배우자, 자녀, 부모, 손 및 조부모
3. 근로자가 사망할 때 그가 부양하고 있던 형제자매
4. 근로자가 사망할 때 그가 부양하고 있지 아니한 형제자매
② 유족의 순위를 정하는 경우에 부모는

양부모를 선순위로 친부모를 후순위로 하고, 조부모는 양부모의 부모를 선순위로 친부모의 부모를 후순위로 하되, 부모의 양부모를 선순위로 부모의 친부모를 후순위로 한다.
③ 제1항 및 제2항에도 불구하고 근로자가 유언이나 사용자에 대한 예고에 따라 제1항의 유족 중의 특정한 자를 지정한 경우에는 그에 따른다.

제49조(같은 순위자) 같은 순위의 유족보상 수급권자가 2명 이상 있는 경우에는 그 인원수에 따라 똑같이 나누어 유족보상을 한다.

제50조(보상을 받기로 확정된 자의 사망) 유족보상을 받기로 확정된 유족이 사망한 때에는 같은 순위자가 있는 경우에는 같은 순위자에게, 같은 순위자가 없는 경우에는 그 다음 순위자에게 유족보상을 한다.

제51조(보상시기) ① 장해보상은 근로자의 부상 또는 질병이 완치된 후 지체 없이 하여야 한다.
② 유족보상 및 장의비의 지급은 근로자가 사망한 후 지체 없이 하여야 한다.

제52조(재해보상 시의 평균임금 산정 사유 발생일) 재해보상을 하는 경우에는 사망 또는 부상의 원인이 되는 사고가 발생한 날 또는 진단에 따라 질병이 발생되었다고 확정된 날을 평균임금의 산정 사유가 발생한 날로 한다.

제53조 삭제 <2008.6.25.>

제54조(기숙사규칙안의 게시 등) 사용자는 법 제99조제2항에 따라 근로자의 과반수를 대표하는 자의 동의를 받으려는 경우 기숙사에 기숙하는 근로자의 과반수가 18세 미만인 때에는 기숙사규칙안을 7일 이상 기숙사의 보기 쉬운 장소에 게시하거나 갖추어 두어 알린 후에 동의를 받아야 한다.

제55조(기숙사에서의 남녀의 거주 구분) 사용자는 남성과 여성을 기숙사의 같은 방에 거주하게 하여서는 아니 된다.

제56조(기숙사의 설치 장소) 사용자는 기숙사를 설치하는 경우에는 소음이나 진동이

심한 장소 등을 피하여야 한다.

제57조(침실) 취업시간을 달리하는 2개 조 이상의 근로자들을 같은 침실에 기숙하게 하여서는 아니 된다.

제58조(기숙사의 설치 기준) 기숙사 침실의 넓이는 1인당 2.5제곱미터 이상으로 하며, 1실의 거주인원은 15명 이하로 하여야 한다.

제59조(권한의 위임) 법 제106조에 따라 고용노동부장관은 다음 각 호의 사항에 관한 권한을 지방고용노동관서의 장에게 위임한다. <개정 2010.7.12.>
1. 법 제13조에 따른 보고 또는 출석의 요구
2. 법 제24조제4항에 따른 해고계획 신고 의 수리
3. 법 제53조제3항에 따른 근로시간 연장 의 인가 또는 승인
4. 법 제53조제4항에 따른 휴게 또는 휴일의 명령
5. 법 제63조제3호에 따른 감시 또는 단속적으로 근로에 종사하는 자에 대한 승인
6. 법 제64조에 따른 취직인허증의 발급 또는 취직인허의 취소
7. 법 제67조제2항에 따른 미성년자에게 불리한 근로계약의 해지
8. 법 제70조제2항 단서에 따른 임산부와 18세 미만인 자의 야간근로 또는 휴일근로의 인가
9. 법 제88조에 따른 재해의 인정 등의 이의에 대한 심사·중재 및 이를 위한 진단이나 검안에 관한 사항
10. 법 제93조에 따른 취업규칙 신고의 수리
11. 법 제96조제2항에 따른 취업규칙의 변경명령
12. 법 제102조제3항에 따른 임검 또는 검진지령서의 발급
13. 법 제104조제1항에 따른 위법사실 통보의 수리
14. 법 제116조에 따른 과태료의 부과 및 징수
15. 법률 제6974호 근로기준법중개정법률 부칙 제2조에 따른 특례 신고의 수리
16. 제28조제2항에 따른 임금보전방안의 제출명령 및 확인
17. 제35조제2항에 따른 취직인허 신청의 접수
18. 제38조제2항에 따른 취직인허증 반환의 접수

제59조의2(민감정보 및 고유식별정보의 처리) 고용노동부장관(제59조에 따라 고용노동부장관의 권한을 위임받은 자를 포함한다) 또는 노동위원회는 다음 각 호의 사무를 수행하기 위하여 불가피한 경우 「개인정보 보호법」 제23조에 따른 건강에 관한 정보(제7호의 사무만 해당한다)와 같은 법 시행령 제19조제1호 또는 제4호에 따른 주민등록번호 또는 외국인등록번호가 포함된 자료를 처리할 수 있다. <개정 2012.6.21.>
1. 법 제19조제2항에 따른 손해배상 청구에 관한 사무
2. 법 제28조제1항에 따른 부당해고등의 구제에 관한 사무
3. 법 제30조제3항에 따른 금품지급명령에 관한 사무
4. 법 제33조에 따른 부당해고 구제명령의 이행 확인 및 이행강제금 부과 등에 관한 사무
4의2. 법 제43조의2에 따른 체불사업주의 명단 공개 및 법 제43조의3에 따른 임금등 체불자료의 제공에 관한 사무
5. 법 제64조에 따른 취직인허증에 관한 사무
6. 법 제81조에 따른 중대과실 인정에 관한 사무
7. 법 제88조제1항 및 제89조제1항에 따른 심사와 중재에 관한 사무
8. 법 제104조에 따른 법 위반 사실의 통보에 관한 사무
9. 법 제112조에 따른 확정된 구제명령 등을 이행하지 아니한 자에 대한 고발에 관한 사무
[본조신설 2012.1.6.]

제59조의3(규제의 재검토) 고용노동부장관은 제25조에 따른 지급기일 전의 임금 지급에 대하여 2017년 1월 1일을 기준으로 3년마다(매 3년이 되는 해의 1월 1일 전까지를 말한다) 그 타당성을 검토하여 개선 등의 조치를 하여야 한다. <개정 2016.12.30.>
[본조신설 2014.12.9.]

제60조(과태료의 부과기준) 법 제116조제1항에 따른 과태료의 부과기준은 별표 7과 같다. <개정 2010.7.12., 2011.3.30.>

[전문개정 2008.6.25.]
[제목개정 2011.3.30.]

부칙
<대통령령 제29010호, 2018.6.29.>

이 영은 2018년 7월 1일부터 시행한다. 다만, 다음 각 호의 사항은 다음 각 호의 구분에 따른 날부터 시행한다.

1. 제6조제2항제3호 및 제4호의 개정규정: 다음 각 목의 구분에 따른 날
   가. 상시 300명 이상의 근로자를 사용하는 사업 또는 사업장, 「공공기관의 운영에 관한 법률」제4조에 따른 공공기관, 「지방공기업법」제49조 및 같은 법 제76조에 따른 지방공사 및 지방공단, 국가·지방자치단체 또는 정부투자기관이 자본금의 2분의 1 이상을 출자하거나 기본재산의 2분의 1 이상을 출연한 기관·단체와 그 기관·단체가 자본금의 2분의 1 이상을 출자하거나 기본재산의 2분의 1 이상을 출연한 기관·단체, 국가 및 지방자치단체의 기관: 2018년 7월 1일(법률 제15513호 근로기준법 일부개정법률 제59조의 개정규정에 따라 근로시간 및 휴게시간의 특례를 적용받지 아니하게 되는 업종의 경우는 2019년 7월 1일)
   나. 상시 50명 이상 300명 미만의 근로자를 사용하는 사업 또는 사업장: 2020년 1월 1일
   다. 상시 5명 이상 50명 미만의 근로자를 사용하는 사업 또는 사업장: 2021년 7월 1일
2. 제7조의2제4항제1호, 제8조 및 제22조제2항제5호의 개정규정: 공포한 날
3. 제30조제2항의 개정규정: 다음 각 목의 구분에 따른 날
   가. 상시 300명 이상의 근로자를 사용하는 사업 또는 사업장, 「공공기관의 운영에 관한 법률」제4조에 따른 공공기관, 「지방공기업법」제49조 및 같은 법 제76조에 따른 지방공사 및 지방공단, 국가·지방자치단체 또는 정부투자기관이 자본금의 2분의 1 이상을 출자하거나 기본재산의 2분의 1 이상을 출연한 기관·단체와 그 기관·단체가 자본금의 2분의 1 이상을 출자하거나 기본재산의 2분의 1 이상을 출연한 기관·단체, 국가 및 지방자치단체의 기관: 2020년 1월 1일
   나. 상시 30명 이상 300명 미만의 근로자를 사용하는 사업 또는 사업장: 2021년 1월 1일
   다. 상시 5인 이상 30명 미만의 근로자를 사용하는 사업 또는 사업장: 2022년 1월 1일

근로기준법 시행규칙

[시행 2018.7.1.]
[고용노동부령 제223호, 2018.6.29.,
일부개정]

제1조(목적) 이 규칙은 「근로기준법」과 같은 법 시행령에서 위임한 사항과 그 시행에 필요한 사항을 규정하는 것을 목적으로 한다.

제2조(손해배상 청구의 신청) 근로자는 「근로기준법」(이하 "법"이라 한다) 제19조제2항에 따라 사용자의 근로조건 위반을 이유로 손해배상을 청구하려면 별지 제1호서식의 근로조건 위반 손해배상 청구 신청서에 다음 각 호의 서류를 첨부하여 「노동위원회법」에 따른 지방노동위원회(이하 "관할 지방노동위원회"라 한다)에 제출하여야 한다.
1. 근로계약서 사본
2. 사용자가 근로조건을 위반하였다는 사실을 증명하는 자료

제3조(경영상 이유에 의한 해고계획의 신고) 사용자는 「근로기준법 시행령」(이하 "영"이라 한다) 제10조에 따라 해고계획을 신고하려면 별지 제2호서식의 경영상 이유에 의한 해고계획 신고서에 법 제24조제3항에 따라 근로자대표에게 통보한 내용을 적은 해고 관련 서류를 첨부하여 관할 지방고용노동관서의 장에게 제출하여야 한다. <개정 2010.7.12.>

제4조(해고 예고의 예외가 되는 근로자의 귀책사유) 법 제26조 단서에서 "고용노동부령으로 정하는 사유"란 별표와 같다. <개정 2010.7.12.>

제5조(부당해고등의 구제신청) 근로자는 법 제28조제1항에 따라 부당해고등의 구제를 신청하려면 별지 제3호서식의 부당해고등의 구제 신청서를 관할 지방노동위원회에 제출하여야 한다.

제6조(이행강제금의 징수절차) 영 제12조제4항에 따른 이행강제금의 징수절차에 관하여는 「국고금관리법 시행규칙」을 준용한

다. 이 경우 납입고지서에는 이의 제기 방법 및 기간 등을 함께 적어야 한다.

제7조(이행강제금의 반환) ① 영 제15조제2항에서 "고용노동부령으로 정하는 이율"이란 「국세기본법 시행규칙」 제13조의2에 따른 국세환급가산금의 이율을 말한다. <개정 2010.7.12.>
② 영 제15조제3항에 따른 이행강제금의 반환절차에 관하여는 「국고금관리법 시행규칙」을 준용한다.

제7조의2(임금체불정보심의위원회 구성 및 운영) ① 법 제43조의2제3항에 따른 임금체불정보심의위원회(이하 이 조에서 "위원회"라 한다)는 위원장 1명을 포함한 11명의 위원으로 구성한다.
② 위원장은 고용노동부차관이 되고, 위원은 다음 각 호의 사람이 된다.
1. 고용노동부의 고위공무원단에 속하는 일반직공무원 중 고용노동부장관이 지정하는 직위에 있는 사람 3명
2. 변호사 또는 공인노무사 자격이 있는 사람 중에서 고용노동부장관이 위촉하는 사람 2명
3. 「고등교육법」 제2조에 따른 대학에서 부교수 이상의 직으로 재직하였거나 재직하고 있는 사람 중에서 고용노동부장관이 위촉하는 사람 2명
4. 제1호부터 제3호까지에 준하는 경험 또는 사회적 덕망이 있다고 인정되는 사람으로서 고용노동부장관이 위촉하는 사람 3명
③ 제2항제2호부터 제4호까지에 따른 위원의 임기는 3년으로 한다.
④ 위원회의 회의는 위원장을 포함한 재적위원 과반수의 출석으로 개의하고, 출석위원 과반수의 찬성으로 의결한다.
⑤ 제1항부터 제4항까지에서 규정한 사항 외에 위원회의 구성 및 운영에 필요한 사항은 고용노동부장관이 정한다.
[본조신설 2012.6.22.]

제8조(기준 미달의 휴업수당 지급 승인 신청) 사용자는 법 제46조제2항에 따라 기준에 못 미치는 휴업수당을 지급하기 위하여 승인을 받으려면 별지 제4호서식의 기준 미달의 휴업수당 지급 승인 신청서를 관할 지방노동위원회에 제출하여야 한다.

제9조(특별한 사정이 있는 경우의 근로시간 연장 신청 등) ① 사용자는 법 제53조제4항에 따라 근로시간을 연장하려는 경우와 연장한 경우에는 별지 제5호서식의 근로시간 연장 인가 또는 승인 신청서에 근로자의 동의서 사본을 첨부하여 관할 지방고용노동관서의 장에게 제출하여야 한다. <개정 2010.7.12., 2018.6.29.>
② 제1항에 따른 근로시간 연장의 인가 또는 승인은 해당 사업 또는 사업장에서 자연재해와「재난 및 안전관리 기본법」에 따른 재난 또는 이에 준하는 사고가 발생하여 이를 수습하기 위한 연장근로를 피할 수 없는 경우로 한정한다. <개정 2018.6.29.>
③ 관할 지방고용노동관서의 장은 제1항에 따른 근로시간 연장 인가 또는 승인 신청을 받은 날부터 3일 이내에 신청을 반려하거나 별지 제6호서식의 근로시간 연장 인가 또는 승인서를 신청인에게 내주어야 한다. 다만, 부득이한 사유로 본문의 처리기간을 준수하지 못하는 경우에는 신청인에게 그 사유와 예상되는 처리기간을 알려주고 처리기간을 연장할 수 있다. <개정 2016.12.29.>

제10조(근로시간 등의 적용제외 승인 신청 등) ① 사용자는 법 제63조제3호에 따라 감시(監視) 또는 단속적(斷續的)으로 근로에 종사하는 자에 대한 근로시간 등의 적용 제외 승인을 받으려면 별지 제7호서식의 감시적 또는 단속적 근로종사자에 대한 적용 제외 승인 신청서를 관할 지방고용노동관서의 장에게 제출하여야 한다. <개정 2010.7.12.>
② 제1항에 따른 승인 대상이 되는 감시적 근로에 종사하는 자는 감시업무를 주 업무로 하며 상태적(狀態的)으로 정신적·육체적 피로가 적은 업무에 종사하는 자로 한다.
③ 제1항에 따른 승인 대상이 되는 단속적으로 근로에 종사하는 자는 근로가 간헐적·단속적으로 이루어져 휴게시간이나 대기시간이 많은 업무에 종사하는 자로 한다.
④ 관할 지방고용노동관서의 장은 제1항에 따른 신청에 대하여 승인을 할 경우에는 별지 제8호서식의 감시적 또는 단속적 근로종사자에 대한 적용 제외 승인서를 내주어야 한다. <개정 2010.7.12.>

제11조(취직인허 신청 등) ① 15세 미만인 자가 법 제64조와 영 제35조에 따라 취직인허증을 받으려면 별지 제9호서식의 15세 미만인 자의 취직인허증 교부 신청서를 관할 지방고용노동관서의 장에게 제출하여야 한다. <개정 2010.7.12.>
② 사용자 또는 15세 미만인 자는 영 제39조에 따라 취직인허증을 재교부받으려면 별지 제9호서식의 15세 미만인 자의 취직인허증 재교부 신청서에 취직인허증이 못쓰게 되거나 이를 잃어버리게 된 사유서를 첨부하여 관할 지방고용노동관서의 장에게 제출하여야 한다. <개정 2010.7.12.>
③ 관할 지방고용노동관서의 장은 제1항과 제2항에 따른 신청으로 취직을 인허할 경우에는 별지 제10호서식의 15세 미만인 자의 취직인허증을 내주어야 한다. <개정 2010.7.12.>

제12조(야간 또는 휴일근로의 인가) ① 사용자는 법 제70조제2항 단서에 따라 임산부나 18세 미만인 자에게 야간근로나 휴일근로를 시키려면 별지 제11호서식의 야간 또는 휴일근로 인가 신청서에 그 근로자의 동의서 또는 청구서와 법 제70조제3항에 따른 근로자대표와 협의한 결과를 기록한 사본을 첨부하여 관할 지방고용노동관서의 장에게 제출하여야 한다. <개정 2010.7.12.>
② 관할 지방고용노동관서의 장은 제1항에 따른 신청으로 인가를 할 경우에는 별지 제12호서식의 야간 또는 휴일근로 인가서를 내주어야 한다. <개정 2010.7.12.>

제13조(업무상 부상 등에 관한 중대과실 인정 신청) 사용자는 법 제81조에 따라 근로자에게 중대한 과실이 있음을 인정받으려면 별지 제13호서식의 업무상 부상 등에 관한 중대과실 인정 신청서에 근로자의 중대한 과실을 증명하는 자료를 첨부하여 관할 지방노동위원회에 제출하여야 한다.

제14조(재해인정 등의 이의에 관한 심사 등의 청구) 근로자는 법 제88조제1항이나 법 제89조제1항에 따라 재해의 인정 등에 이의가 있어 심사나 중재를 청구하려면 별지 제14호서식의 재해인정 등의 이의에 관한 심사 또는 중재 신청서에 다음 각 호의 서류를 첨부하여 관할 지방고용노동관서의 장이나 관할 지방노동위원회에 제

출하여야 한다. <개정 2010.7.12.>
1. 부상 또는 질병 등에 대한 의사의 진단서
2. 이의가 이유 있다는 것을 증명하는 자료(필요한 경우에만 첨부한다)

제15조(취업규칙의 신고 등) 사용자는 법 제93조에 따라 취업규칙을 신고하거나 변경신고하려면 별지 제15호서식의 취업규칙 신고 또는 변경신고서에 다음 각 호의 서류를 첨부하여 관할 지방고용노동관서의 장에게 제출하여야 한다. <개정 2010.7.12., 2018.6.29.>
1. 취업규칙(변경신고하는 경우에는 변경 전과 변경 후의 내용을 비교한 서류를 포함한다)
2. 근로자의 과반수를 대표하는 노동조합 또는 근로자 과반수의 의견을 들었음을 증명하는 자료
3. 근로자의 과반수를 대표하는 노동조합 또는 근로자 과반수의 동의를 받았음을 증명하는 자료(근로자에게 불리하게 변경하는 경우에만 첨부한다)

제16조(서식) ①법 및 영의 시행에 필요한 그 밖의 서식은 다음 각 호와 같다. <개정 2018.6.29.>
1. 법 제41조제1항에 따른 근로자 명부 : 별지 제16호서식
2. 법 제48조에 따른 임금대장 : 별지 제17호서식
3. 법 제53조제5항에 따른 휴게 또는 휴일 부여 명령서 : 별지 제18호서식
4. 법 제67조제2항에 따른 근로계약 해지서 : 별지 제19호서식
5. 법 제96조제2항에 따른 취업규칙 변경 명령서 : 별지 제20호서식
6. 법 제102조제3항에 따른 임검 또는 검진지령서 : 별지 제21호서식
②사용자는 제1항제1호의 근로자명부와 같은 항 제2호의 임금대장을 통합하여 사용하거나 그 서식을 변경하여 사용할 수 있다.

제16조의2(규제의 재검토) 고용노동부장관은 제2조에 따른 손해배상 청구의 신청에 대하여 2017년 1월 1일을 기준으로 매 3년마다(매 3년이 되는 해의 1월 1일 전까지를 말한다) 그 타당성을 검토하여 개선 등의 조치를 하여야 한다. <개정 2016.10.20.>
[본조신설 2014.12.31.]

제17조(과태료의 징수절차) 영 제60조제4항에 따른 과태료의 징수절차에 관하여는 「국고금관리법 시행규칙」을 준용한다. 이 경우 납입고지서에는 이의 제기 방법 및 기간 등을 함께 적어야 한다.

부칙
<고용노동부령 제223호, 2018.6.29.>

이 규칙은 2018년 7월 1일부터 시행한다. 다만, 제9조제2항, 제15조제1호 및 별지 제15호서식의 개정규정은 공포한 날부터 시행한다.

근로복지기본법

[시행 2018.4.17.]
[법률 제15587호, 2018.4.17., 일부개정]

제1장 총칙

제1조(목적) 이 법은 근로복지정책의 수립 및 복지사업의 수행에 필요한 사항을 규정함으로써 근로자의 삶의 질을 향상시키고 국민경제의 균형 있는 발전에 이바지함을 목적으로 한다.

제2조(정의) 이 법에서 사용하는 용어의 뜻은 다음과 같다.
1. "근로자"란 직업의 종류와 관계없이 임금을 목적으로 사업이나 사업장에 근로를 제공하는 자를 말한다.
2. "사용자"란 사업주 또는 사업 경영 담당자, 그 밖에 근로자에 관한 사항에 대하여 사업주를 위하여 행위하는 자를 말한다.
3. "주택사업자"란 근로자에게 분양 또는 임대하는 것을 목적으로 주택을 건설하거나 구입하는 자를 말한다.
4. "우리사주조합"이란 주식회사의 소속 근로자가 그 주식회사의 주식을 취득·관리하기 위하여 이 법에서 정하는 요건을 갖추어 설립한 단체를 말한다.
5. "우리사주"란 주식회사의 소속 근로자 등이 그 주식회사에 설립된 우리사주조합을 통하여 취득하는 그 주식회사의 주식을 말한다.

제3조(근로복지정책의 기본원칙) ① 근로복지(임금·근로시간 등 기본적인 근로조건은 제외한다. 이하 같다)정책은 근로자의 경제·사회활동의 참여기회 확대, 근로의욕의 증진 및 삶의 질 향상을 목적으로 하여야 한다.
② 근로복지정책을 수립·시행할 때에는 근로자가 성별, 나이, 신체적 조건, 고용형태, 신앙 또는 사회적 신분 등에 따른 차별을 받지 아니하도록 배려하고 지원하여야 한다.
③ 이 법에 따른 근로자의 복지향상을 위한 지원을 할 때에는 중소·영세기업 근로자, 기간제근로자(「기간제 및 단시간근로자 보호 등에 관한 법률」 제2조제1호에 따른 기간제근로자를 말한다), 단시간근로자(「근로기준법」 제2조제1항제8호에 따른 단시간근로자를 말한다), 파견근로자(「파견근로자 보호 등에 관한 법률」 제2조제5호에 따른 파견근로자를 말한다. 이하 같다), 하수급인(「고용보험 및 산업재해보상보험의 보험료징수 등에 관한 법률」 제2조제5호에 따른 하수급인을 말한다)이 고용하는 근로자, 저소득근로자 및 장기근속근로자가 우대될 수 있도록 하여야 한다.

제4조(국가 또는 지방자치단체의 책무) 국가 또는 지방자치단체는 근로복지정책을 수립·시행하는 경우 제3조의 근로복지정책의 기본원칙에 따라 예산·기금·세제·금융상의 지원을 하여 근로자의 복지증진이 이루어질 수 있도록 노력하여야 한다.

제5조(사업주 및 노동조합의 책무) ① 사업주(근로자를 사용하여 사업을 행하는 자를 말한다. 이하 같다)는 해당 사업장 근로자의 복지증진을 위하여 노력하고 근로복지정책에 협력하여야 한다.
② 노동조합 및 근로자는 근로의욕 증진을 통하여 생산성 향상에 노력하고 근로복지정책에 협력하여야 한다.

제6조(목적 외 사용금지) 누구든지 국가 또는 지방자치단체가 근로자의 주거안정, 생활안정 및 재산형성 등 근로복지를 위하여 이 법에 따라 보조 또는 융자한 자금을 그 목적사업에만 사용하여야 한다.

제7조(재원의 조성 등) ① 국가 또는 지방자치단체는 이 법에 따른 근로복지사업에 필요한 재원(財源)의 조성에 적극 노력하여야 한다.
② 제1항에 따라 조성한 재원은 근로자 복지증진을 위하여 필요한 경우 제87조에 따른 근로복지진흥기금에 출연하거나 융자할 수 있다.

제8조(근로복지증진에 관한 중요사항 심의) 이 법에 따른 근로복지에 관한 다음 각 호의 사항은 「고용정책 기본법」 제10조에 따른 고용정책심의회(이하 "고용정책심의회"라 한다)의 심의를 거쳐야 한다.
1. 제9조제1항에 따른 근로복지증진에 관

한 기본계획

2. 근로복지사업에 드는 재원 조성에 관한 사항
3. 그 밖에 고용정책심의회 위원장이 근로복지정책에 관하여 회의에 부치는 사항

제9조(기본계획의 수립) ① 고용노동부장관은 관계 중앙행정기관의 장과 협의하여 근로복지증진에 관한 기본계획(이하 "기본계획"이라 한다)을 5년마다 수립하여야 한다.

② 기본계획에는 다음 각 호의 사항이 포함되어야 한다. <개정 2016.1.27.>
1. 근로자의 주거안정에 관한 사항
2. 근로자의 생활안정에 관한 사항
3. 근로자의 재산형성에 관한 사항
4. 우리사주제도에 관한 사항
5. 사내근로복지기금제도에 관한 사항
6. 선택적 복지제도 지원에 관한 사항
7. 근로자지원프로그램 운영에 관한 사항
8. 근로자를 위한 복지시설의 설치 및 운영에 관한 사항
9. 근로복지사업에 드는 재원 조성에 관한 사항
10. 직전 기본계획에 대한 평가
11. 그 밖에 근로복지증진을 위하여 고용노동부장관이 필요하다고 인정하는 사항

③ 고용노동부장관은 기본계획을 수립한 때에는 지체 없이 국회 소관 상임위원회에 보고하고 이를 공표하여야 한다. <개정 2016.1.27.>

제10조(자료 제공 및 전산망 이용) ① 고용노동부장관은 제19조에 따른 생활안정자금 지원 및 제22조에 따른 신용보증 지원 등 이 법에 따른 근로복지사업을 수행하기 위하여 법원·행정안전부·보건복지부·국토교통부·국세청 등 국가기관과 지방자치단체의 장 및 관련 기관·단체에 다음 각 호의 자료의 제공 및 관계 전산망의 이용을 요청할 수 있다. 이 경우 자료의 제공 등을 요청받은 국가기관과 지방자치단체의 장, 관련 기관·단체는 정당한 사유가 없으면 이에 따라야 한다. <개정 2014.1.28., 2014.11.19., 2017.7.26.>
1. 소득금액증명(종합소득세 신고자용, 연말정산한 사업소득자용, 근로소득자용)
2. 주민등록표 등본·초본
3. 가족관계등록부(가족관계증명서, 혼인관계증명서, 기본증명서)
4. 지방세 세목별 과세증명원
5. 자동차 및 건설기계 등록 원부
6. 건물 및 토지 등기부 등본
7. 법인 등기사항증명서

② 제1항에 따라 고용노동부장관에게 제공되는 자료 및 전산망 이용에 대하여는 수수료 또는 사용료 등을 면제한다.

③ 고용노동부장관은 제1항에 따른 자료의 제공 및 관계 전산망의 이용을 요청할 경우 사전에 당사자의 동의를 받아야 한다. <신설 2014.1.28.>

제11조(근로복지사업 추진 협의) 지방자치단체, 국가의 보조를 받는 비영리법인이 근로복지사업을 추진하는 경우에는 고용노동부장관과 협의하여야 한다.

제12조(융자업무취급기관) ① 국가 또는 지방자치단체는 다음 각 호의 금융회사 등(이하 "융자업무취급기관"이라 한다)으로 하여금 이 법에 따른 융자업무를 취급하게 할 수 있다.
1. 「은행법」 제8조제1항에 따라 설립한 은행
2. 그 밖에 대통령령으로 정하는 금융회사 등

② 고용노동부장관 및 지방자치단체의 장은 근로자를 우대하는 융자업무취급기관에 대하여 이 법에 따른 융자업무의 취급 등을 우선하게 할 수 있다.

제13조(세제 지원) 국가 또는 지방자치단체는 이 법에 따른 주거안정·생활안정·재산형성, 근로복지시설 및 근로복지진흥기금의 설치·운영, 우리사주제도 및 사내근로복지기금제도의 활성화 등 근로자의 복지증진을 위하여 조세에 관한 법률에서 정하는 바에 따라 세제상의 지원을 할 수 있다.

제14조(근로복지종합정보시스템 운영) ① 고용노동부장관은 근로복지정책을 효과적으로 수행하기 위하여 근로복지종합정보시스템을 구축하여 운영할 수 있다.

② 고용노동부장관은 제1항의 근로복지종합정보시스템을 통하여 근로자지원프로그램 및 선택적 복지제도의 운영을 지원할 수 있다.

제2장 공공근로복지
제1절 근로자의 주거안정

제15조(근로자주택공급제도의 운영) ① 국가 또는 지방자치단체는 근로자의 주택취득 또는 임차 등을 지원하기 위하여 주택사업자가 근로자에게 주택을 우선하여 분양 또는 임대(이하 "공급"이라 한다)하도록 하는 제도를 운영할 수 있다.
② 국토교통부장관은 「주거기본법」 제5조에 따른 주거종합계획에 제1항에 따라 근로자에게 공급하는 주택(이하 "근로자주택"이라 한다)의 공급계획을 포함하여야 한다. <개정 2013.3.23., 2015.6.22.>
③ 근로자주택의 종류, 규모, 공급대상 근로자, 공급방법과 그 밖에 필요한 사항은 국토교통부장관이 고용노동부장관과 협의하여 정한다. <개정 2013.3.23.>

제16조(근로자주택자금의 융자) ① 국가는 다음 각 호의 어느 하나에 해당하는 경우에는 주택사업자 또는 근로자가 그 필요한 자금(이하 "근로자주택자금"이라 한다)을 융자받을 수 있도록 「주택도시기금법」에 따른 주택도시기금으로 지원할 수 있다. <개정 2015.1.6.>
1. 주택사업자가 근로자주택을 건설하거나 구입하는 경우
2. 근로자가 주택사업자로부터 근로자주택을 취득하는 경우
② 근로자주택자금의 융자대상 및 절차와 그 밖에 지원에 필요한 사항은 국토교통부장관이 고용노동부장관과 협의하여 정한다. <개정 2013.3.23.>

제17조(주택구입자금등의 융자) ① 국가는 근로자의 주거안정을 위하여 근로자가 주택을 구입 또는 신축하거나 임차하는 경우 그에 필요한 자금(이하 "주택구입자금등"이라 한다)을 융자받을 수 있도록 「주택도시기금법」에 따른 주택도시기금으로 지원할 수 있다. <개정 2015.1.6.>
② 국가 또는 지방자치단체는 융자업무취급기관으로 하여금 주택구입자금등을 일반대출 이자율보다 낮은 이자율로 근로자에게 융자하게 하고 그 이자 차액을 보전(補塡)할 수 있다.
③ 주택구입자금등의 융자대상 및 절차와 그 밖에 지원에 필요한 사항은 국토교통

부장관이 고용노동부장관과 협의하여 정한다. <개정 2013.3.23.>

제18조(근로자의 이주 등에 대한 지원) 국가는 취업 또는 근무지 변경 등으로 이주하거나 가족과 떨어져 생활하는 근로자의 주거안정을 위하여 필요한 지원을 할 수 있다.

제2절 근로자의 생활안정 및 재산형성

제19조(생활안정자금의 지원) ① 국가는 근로자의 생활안정을 지원하기 위하여 근로자 및 그 가족의 의료비·혼례비·장례비 등의 융자 등 필요한 지원을 하여야 한다.
② 국가는 경제상황 및 근로자의 생활안정자금이 필요한 시기 등을 고려하여 임금을 받지 못한 근로자 등의 생활안정을 위한 생계비의 융자 등 필요한 지원을 할 수 있다.
③ 제1항 및 제2항에 따른 의료비·혼례비·장례비·생계비 등의 지원대상 및 절차 등에 관하여 필요한 사항은 고용노동부령으로 정한다.

제20조(학자금의 지원 등) ① 국가는 근로자 및 그 자녀의 교육기회를 확대하기 위하여 장학금의 지급 또는 학자금의 융자 등 필요한 지원을 할 수 있다.
② 제1항에 따른 장학금의 지급과 학자금의 융자대상 및 절차 등에 관하여 필요한 사항은 고용노동부령으로 정한다.

제21조(근로자우대저축) 국가는 근로자의 재산형성을 지원하기 위하여 근로자를 우대하는 저축에 관한 제도를 운영하여야 한다.

제3절 근로자 신용보증 지원

제22조(신용보증 지원 및 대상) ① 「산업재해보상보험법」에 따른 근로복지공단(이하 "공단"이라 한다)은 담보능력이 미약한 근로자(구직신청한 실업자 및 「산업재해보상보험법」에 따른 재해근로자를 포함한다. 이하 이 장에서 같다)가 금융회사 등에서 생활안정자금 및 학자금 등의 융자를 받음으로써

부담하는 금전채무에 대하여 해당 금융회사 등과의 계약에 따라 그 금전채무를 보증할 수 있다. 이 경우 보증대상 융자사업 및 보증대상 근로자는 고용노동부령으로 정한다.

② 제1항에 따른 공단과 금융회사 등과의 계약에는 다음 각 호의 사항을 포함하여야 한다.

1. 제1항에 따른 채무를 보증한다는 내용
2. 신용보증 대상 융자사업 및 근로자
3. 근로자 1명당 신용보증 지원 한도
4. 보증채무의 이행청구 사유·시기 및 방법
5. 대위변제(代位辨濟) 심사·범위 및 결손금에 대한 금융회사 등과의 분담비율
6. 금융회사 등이 공단에 신용보증 지원사업 운영과 관련하여 통지하여야 할 사항
7. 그 밖에 근로자 신용보증 지원을 위하여 필요한 사항

③ 공단이 제1항의 계약을 체결하거나 변경하려는 경우에는 고용노동부장관의 승인을 받아야 한다.

제23조(보증관계) ① 공단이 제22조에 따라 근로자에 대하여 신용보증을 하기로 결정하였을 때에는 그 뜻을 해당 근로자와 그 근로자가 융자를 받으려는 금융회사 등에 통지하여야 한다.

② 신용보증관계는 제1항에 따른 통지를 받은 금융회사 등이 융자금을 해당 근로자에게 지급한 때에 성립한다.

제24조(보증료) 공단은 제22조에 따라 신용을 보증받은 근로자로부터 보증금액에 대하여 연율 100분의 1의 범위에서 대통령령으로 정하는 바에 따라 보증료를 받을 수 있다.

제25조(통지의무) 제23조에 따라 통지받은 금융회사 등은 다음 각 호의 어느 하나에 해당하는 경우에는 지체 없이 그 사실을 공단에 통지하여야 한다.

1. 주된 채무관계가 성립한 경우
2. 주된 채무의 전부 또는 일부가 소멸한 경우
3. 근로자가 채무를 이행하지 아니한 경우
4. 근로자가 기한의 이익을 상실한 경우
5. 그 밖에 보증채무에 영향을 미칠 우려가 있는 사유가 발생한 경우

제26조(보증채무의 이행 등) ① 제22조제1

항에 따라 융자사업을 대행하는 금융회사 등은 같은 조의 계약 내용에 정하여진 보증채무의 이행청구 사유가 발생한 경우에는 공단에 보증채무 이행을 청구할 수 있다.

② 공단은 제1항에 따라 금융회사 등의 보증채무의 이행청구가 있는 경우에는 제22조제2항의 계약 내용에 따라 대위변제금을 지급하여야 한다.

③ 공단은 제2항에 따라 보증채무를 이행하였을 때에는 구상권을 직접 행사하거나 금융회사 등에 그 구상권의 행사를 위탁할 수 있다.

④ 제3항에 따른 구상권의 행사를 위탁받은 금융회사 등은 그 구상권 행사에 관하여 공단을 갈음하여 모든 재판상 또는 재판 외의 행위를 할 수 있다.

제27조(지연이자) 공단이 보증채무를 이행하였을 때에는 해당 근로자로부터 그 지급한 대위변제금에 대하여 연이율 100분의 20을 초과하지 아니하는 범위에서 대통령령으로 정하는 바에 따라 이행일부터 근로자가 변제하는 날까지의 지연이자(遲延利子)를 징수할 수 있다. 이 경우 지연이자는 대위변제금을 초과할 수 없다.

제4절 근로복지시설 등에 대한 지원

제28조(근로복지시설 설치 등의 지원) ① 국가 또는 지방자치단체는 근로자를 위한 복지시설(이하 "근로복지시설"이라 한다)의 설치·운영을 위하여 노력하여야 한다.

② 고용노동부장관은 사업의 종류 및 사업장 근로자의 수 등을 고려하여 근로복지시설의 설치기준을 정하고 사업주에게 이의 설치를 권장할 수 있다.

③ 국가 또는 지방자치단체는 사업주(사업주단체를 포함한다. 이하 이 조에서 같다)·노동조합(지부·분회 등을 포함한다. 이하 같다)·공단 또는 비영리법인이 근로복지시설을 설치·운영하는 경우에는 필요한 지원을 할 수 있다. <개정 2018.4.17.>

④ 국가 또는 지방자치단체는 근로복지시설을 설치·운영하는 지방자치단체·사업주·노동조합·공단 또는 비영리법인에 그 비용의 일부를 예산의 범위에서 지원할 수 있다. <개정 2018.4.17.>

제29조(근로복지시설의 운영위탁) ① 국가 또는 지방자치단체는 제28조제1항에 따라 설치한 근로복지시설을 효율적으로 운영하기 위하여 필요한 경우에는 공단 또는 비영리단체에 운영을 위탁할 수 있다.
② 국가 또는 지방자치단체는 제1항에 따라 근로복지시설의 운영을 위탁한 경우에는 예산의 범위에서 운영에 필요한 경비의 일부를 보조할 수 있다.

제30조(이용료 등) 근로복지시설을 설치·운영하는 자는 근로자의 소득수준, 가족관계 등을 고려하여 근로복지시설의 이용자를 제한하거나 이용료를 차등하여 받을 수 있다.

제31조(민간복지시설 이용비용의 지원) ① 국가는 제3조제3항에 따른 근로자가 제28조제1항에 따라 국가 또는 지방자치단체가 설치한 근로복지시설을 이용하기가 곤란하여 민간이 운영하는 복지시설을 이용하는 경우 비용의 일부를 지원할 수 있다.
② 제1항에 따른 지원대상 및 절차 등 필요한 사항은 고용노동부령으로 정한다.

제3장 기업근로복지
제1절 우리사주제도

제32조(우리사주제도의 목적) 우리사주제도는 근로자로 하여금 우리사주조합을 통하여 해당 우리사주조합이 설립된 주식회사(이하 "우리사주제도 실시회사"라 한다)의 주식을 취득·보유하게 함으로써 근로자의 경제·사회적 지위향상과 노사협력 증진을 도모함을 목적으로 한다.

제33조(우리사주조합의 설립) ① 우리사주조합을 설립하려는 주식회사의 소속 근로자는 제34조에 따른 우리사주조합원의 자격을 가진 근로자 2명 이상의 동의를 받아 우리사주조합설립준비위원회를 구성하여 대통령령으로 정하는 바에 따라 우리사주조합을 설립할 수 있다. 이 경우 우리사주조합설립준비위원회는 우리사주조합의 설립에 대한 회사의 지원에 관한 사항 등 고용노동부령으로 정하는 사항을 미리 해당 회사와 협의하여야 한다. <개정 2015.7.20.>
② 우리사주조합의 설립 및 운영에 관하여

이 법에서 규정한 사항을 제외하고는 「민법」 중 사단법인에 관한 규정을 준용한다.

제34조(우리사주조합원의 자격 등) ① 우리사주제도 실시회사의 우리사주조합에 조합원으로 가입할 수 있는 근로자는 다음 각 호와 같다.
1. 우리사주제도 실시회사의 소속 근로자
2. 우리사주제도 실시회사가 대통령령으로 정하는 바에 따라 해당 발행주식 총수의 100분의 50 이상의 소유를 통하여 지배하고 있는 주식회사(이하 "지배관계회사"라 한다)의 소속 근로자 또는 우리사주제도 실시회사로부터 도급받아 직전 연도 연간 총매출액의 100분의 50 이상을 거래하는 주식회사(이하 "수급관계회사"라 한다)의 소속 근로자로서 다음 각 목의 요건을 모두 갖춘 근로자
   가. 지배관계회사 또는 수급관계회사의 경우에는 각각 소속 근로자 전원의 과반수로부터 동의를 받을 것
   나. 해당 우리사주제도 실시회사의 우리사주조합으로부터 동의를 받을 것
   다. 해당 지배관계회사 또는 해당 수급관계회사 자체에 우리사주조합이 설립되어 있는 경우 자체 우리사주조합이 해산될 것. 다만, 제47조제1항제4호 단서에 해당하는 경우는 제외한다.
② 근로자가 다음 각 호의 어느 하나에 해당하는 경우에는 우리사주제도 실시회사의 우리사주조합원이 될 수 없으며, 우리사주조합원이 다음 각 호의 어느 하나에 해당하게 되는 경우에는 우리사주제도 실시회사의 우리사주조합원의 자격을 상실한다. 다만, 제1호에 해당하는 근로자는 제37조에 따라 배정받은 해당 우리사주제도 실시회사의 주식과 제39조에 따라 부여된 우리사주매수선택권에 한정하여 우리사주조합원의 자격을 유지할 수 있다.
1. 해당 우리사주제도 실시회사, 지배관계회사 및 수급관계회사의 주주총회에서 임원으로 선임된 사람
2. 해당 우리사주제도 실시회사, 지배관계회사, 수급관계회사의 소속 근로자로서 주주. 다만, 대통령령으로 정하는 소액주주인 경우는 제외한다.
3. 지배관계회사 또는 수급관계회사의 근로자가 해당 우리사주제도 실시회사의 우리사주조합에 가입한 후 소속 회사에 우리

사주조합을 설립하게 되는 경우의 그 지배관계회사 또는 수급관계회사의 근로자

4. 그 밖에 근로기간 및 근로관계의 특수성 등에 비추어 우리사주조합원의 자격을 인정하기 곤란한 근로자로서 대통령령으로 정하는 사람

③ 우리사주조합원은 자유로이 우리사주조합에서 탈퇴할 수 있다. 다만, 우리사주조합은 탈퇴한 우리사주조합원에 대하여 2년을 초과하지 아니하는 범위에서 제35조제2항제1호에 따른 규약에서 정하는 기간 동안 재가입을 제한할 수 있다.

④ 근로자의 소속 회사가 다음 각 호의 어느 하나에 해당하게 되어 우리사주제도 실시회사의 우리사주조합원의 자격에 변동이 생기면 제37조에 따라 배정받은 우리사주제도 실시회사의 주식과 제39조에 따라 부여된 우리사주매수선택권에 한정하여 변경 전 우리사주제도 실시회사의 우리사주조합의 우리사주조합원 자격을 유지한다.

1. 지배관계회사로의 편입 또는 지배관계회사에서 제외되는 경우
2. 수급관계회사로의 편입 또는 수급관계회사에서 제외되는 경우

제35조(우리사주조합의 운영 등) ① 우리사주조합은 전체 우리사주조합원의 의사를 반영하여 민주적으로 운영되어야 한다.

② 다음 각 호의 사항은 우리사주조합원총회의 의결을 거쳐야 한다.

1. 규약의 제정과 변경에 관한 사항
2. 제36조에 따른 우리사주조합기금의 조성에 관한 사항
3. 예산 및 결산에 관한 사항
4. 우리사주조합의 대표자 등 임원 선출
5. 그 밖에 우리사주조합의 운영에 관하여 중요한 사항

③ 우리사주조합은 규약으로 우리사주조합원총회를 갈음할 대의원회를 둘 수 있다. 다만, 제2항제1호에 관한 사항은 반드시 우리사주조합원총회의 의결을 거쳐야 한다.

④ 우리사주조합의 대표자는 대통령령으로 정하는 바에 따라 우리사주조합원총회 또는 대의원회를 개최하여야 한다.

⑤ 우리사주조합의 대표자 등 임원과 대의원은 우리사주조합원의 직접·비밀·무기명 투표로 선출한다.

⑥ 우리사주제도 실시회사와 우리사주조합은 우리사주조합에 대한 지원내용, 지원조건 등

을 협의하기 위하여 대통령령으로 정하는 바에 따라 우리사주제도 실시회사와 우리사주조합을 각각 대표하는 같은 수의 위원으로 우리사주운영위원회를 둘 수 있다.

⑦ 우리사주조합의 대표자는 우리사주조합원이 열람할 수 있도록 다음 각 호의 장부와 서류를 작성하여 그 주된 사무소에 갖추어 두고, 이를 10년간 보존하여야 한다. 이 경우 그 장부와 서류를 「전자문서 및 전자거래 기본법」 제2조제1호에 따른 전자문서(이하 "전자문서"라 한다)로 작성·보관할 수 있다. <개정 2012.6.1.>

1. 우리사주조합원 명부
2. 규약
3. 우리사주조합의 임원 및 대의원의 성명과 주소록
4. 회계에 관한 장부 및 서류
5. 우리사주조합 및 우리사주조합원의 우리사주 취득·관리에 관한 장부 및 서류

⑧ 삭제 <2015.7.20.>
⑨ 삭제 <2015.7.20.>
⑩ 우리사주조합원총회 및 우리사주조합의 구체적인 운영방법과 그 밖에 필요한 사항은 대통령령으로 정한다.

제36조(우리사주조합기금의 조성 및 사용)
① 우리사주조합은 우리사주 취득 등을 위하여 다음 각 호의 재원으로 우리사주조합기금을 조성할 수 있다. <개정 2015.7.20., 2016.12.27.>

1. 우리사주제도 실시회사, 지배관계회사, 수급관계회사 또는 그 주주 등이 출연한 금전과 물품. 이 경우 우리사주제도 실시회사, 지배관계회사 및 수급관계회사는 매년 직전 사업연도의 법인세 차감 전 순이익의 일부를 우리사주조합기금에 출연할 수 있다.
2. 우리사주조합원이 출연한 금전
3. 제42조제1항에 따른 차입금
4. 제37조에 따른 조합계정의 우리사주에서 발생한 배당금
5. 그 밖에 우리사주조합기금에서 발생하는 이자 등 수입금

② 우리사주조합은 제1항에 따라 조성한 우리사주조합기금을 대통령령으로 정하는 금융회사 등에 보관 또는 예치하는 방법으로 관리하여야 한다.

③ 제1항에 따라 조성된 우리사주조합기금은 대통령령으로 정하는 바에 따라 다음 각

호의 용도로 사용하여야 한다. 이 경우 제4호의 용도로는 제45조제4항 각 호 외의 부분 전단에 따른 출연금만을 사용하여야 한다. <개정 2015.7.20., 2016.12.27.>
1. 우리사주의 취득
2. 제42조제1항에 따른 차입금 상환 및 그 이자의 지급
3. 제43조의2에 따른 손실보전거래
4. 제37조에 따른 우리사주조합원의 계정의 우리사주 환매수
④ 우리사주조합은 제1항제1호 및 제3호에 따라 회사 또는 회사의 주주가 제공한 재원으로 취득하게 된 우리사주를 해당 회사 소속 근로자인 우리사주조합원에게 배정되도록 운영하여야 한다.
⑤ 제3항제2호에 따라 우리사주조합기금을 차입금 상환 및 그 이자의 지급에 사용하려는 경우에는 다음 각 호의 방법에 따라야 한다.
1. 제1항제1호에 따른 금전과 물품 및 제4호에 따른 배당금은 제42조제2항의 약정에 따라 상환하기로 되어 있는 차입금의 상환에만 사용하여야 한다.
2. 제1항제2호에 따른 우리사주조합원이 출연한 금전은 제42조제2항의 약정에 따라 상환하기로 되어 있는 차입금의 상환에 사용할 수 없다.

제37조(우리사주 취득에 따른 계정 관리)
우리사주조합은 우리사주제도 실시회사의 주식의 직접 매입 또는 신주의 배정 등을 통하여 우리사주제도 실시회사의 주식을 취득하는 경우 그 취득한 우리사주를 우리사주조합원의 계정(이하 "조합원계정"이라 한다)과 우리사주조합의 계정(이하 "조합계정"이라 한다)으로 구분하여 배정하고, 대통령령으로 정하는 재원별 계정 처리방법에 따라 관리하여야 한다.

제38조(우리사주조합원에 대한 우선배정의 범위)
① 「자본시장과 금융투자업에 관한 법률」 제9조제15항제3호에 따른 주권상장법인으로서 대통령령으로 정하는 주권상장법인 또는 주권을 대통령령으로 정하는 증권시장에 상장하려는 법인이 같은 법에 따라 주권을 모집 또는 매출하는 경우에 우리사주조합원은 같은 법 제165조의7제1항에 따라 모집 또는 매출하는 주식 총수의 100분의 20의 범위에서 우선적으로 배정받을 권

리가 있다. <개정 2013.5.28.>
② 제1항의 법인 외의 법인이 「자본시장과 금융투자업에 관한 법률」에 따라 모집 또는 매출하거나 유상증자를 하는 경우 그 모집 등을 하는 주식 총수의 100분의 20의 범위에서 「상법」 제418조에도 불구하고 우리사주조합원에게 해당 주식을 우선적으로 배정할 수 있다.

제39조(우리사주매수선택권의 부여의 범위 등)
① 우리사주제도 실시회사는 발행주식총수의 100분의 20의 범위에서 정관으로 정하

는 바에 따라 주주총회의 결의로 우리사주조합원에게 그 결의된 기간(이하 "제공기간"이라 한다) 이내에 미리 정한 가격(이하 "행사가격"이라 한다)으로 신주를 인수하거나 해당 우리사주제도 실시회사가 보유하고 있는 자기주식을 매수할 수 있는 권리(이하 "우리사주매수선택권"이라 한다)를 부여할 수 있다. 다만, 발행주식총수의 100분의 10의 범위에서 우리사주매수선택권을 부여하는 경우에는 정관으로 정하는 바에 따라 이사회 결의로 우리사주매수선택권을 부여할 수 있다.

② 우리사주매수선택권을 부여하려는 우리사주제도 실시회사는 정관에 다음 각 호의 사항을 정하여야 한다.

1. 우리사주조합원에게 우리사주매수선택권을 부여할 수 있다는 내용
2. 우리사주매수선택권의 행사에 따라 발행하거나 양도할 주식의 종류와 수
3. 이미 부여한 우리사주매수선택권을 이사회의 결의를 통하여 취소할 수 있다는 내용 및 취소 사유
4. 우리사주매수선택권 부여를 위한 이사회 및 주주총회의 결의 요건

③ 우리사주매수선택권을 부여하려는 우리사주제도 실시회사가 제1항에 따른 주주총회의 결의 또는 이사회의 결의를 하는 경우에는 다음 각 호의 사항을 포함하여야 한다.

1. 우리사주매수선택권의 부여방법
2. 우리사주매수선택권의 행사가격과 그 조정에 관한 사항
3. 우리사주매수선택권의 제공기간 및 행사기간
4. 우리사주매수선택권의 행사에 따라 발행하거나 양도할 주식의 종류와 수

④ 제공기간은 제3항에 따른 주주총회 또는 이사회가 정하는 우리사주매수선택권 부여일부터 6개월 이상 2년 이하의 기간으로 한다.

⑤ 우리사주매수선택권을 부여한 우리사주제도 실시회사는 제공기간 중 또는 제공기간 종료 후 별도로 행사기간을 정하여 우리사주매수선택권을 행사하게 할 수 있다. 이 경우 행사기간을 제공기간 종료 후로 정한 경우에는 제4항에도 불구하고 제공기간을 연장한 것으로 본다.

⑥ 우리사주매수선택권을 부여하려는 우리사주제도 실시회사는 3년의 범위에서 대통령령으로 정하는 근속기간 미만인 우리사주조합원에게는 우리사주매수선택권을 부여하지 아니할 수 있다.

⑦ 우리사주매수선택권은 타인에게 양도할 수 없다. 다만, 우리사주매수선택권을 부여받은 사람이 사망한 경우에는 상속인이 이를 부여받은 것으로 본다.

⑧ 우리사주매수선택권을 부여한 우리사주제도 실시회사는 「상법」 제341조에도 불구하고 우리사주조합원이 우리사주매수선택권을 행사하는 경우 그에 따라 교부할 목적으로 자기의 주식을 취득할 수 있다. 다만, 그 취득금액은 같은 법 제462조제1항에 규정된 이익배당이 가능한 한도 이내여야 하며, 이를 초과하여 자기의 주식을 취득하는 경우에는 대통령령으로 정하는 기간 내에 자기의 주식을 처분하여야 한다.

⑨ 우리사주매수선택권의 행사로 인하여 신주를 발행하는 경우에는 「상법」 제350조제2항, 제350조제3항 후단, 제351조, 제516조의8제1항·제3항·제4항 및 제516조의9 전단을 준용한다.

⑩ 우리사주매수선택권의 부여절차, 행사가격, 행사기간 등 우리사주매수선택권 제도의 운영에 필요한 사항은 대통령령으로 정한다.

제40조(우리사주매수선택권 부여의 취소) 우리사주매수선택권을 부여한 우리사주제도 실시회사는 다음 각 호의 어느 하나에 해당하는 경우에는 우리사주매수선택권의 부여를 취소할 수 있다. 다만, 제2호 및 제3호의 경우에는 해당 우리사주제도 실시회사의 정관으로 정하는 바에 따라 이사회의 의결에 따라야 한다.

1. 해당 우리사주제도 실시회사가 파산·해산 등으로 우리사주매수선택권의 행사에 응할 수 없는 경우
2. 우리사주매수선택권을 부여받은 우리사주조합원이 고의 또는 과실로 해당 우리사주제도 실시회사에 중대한 손해를 끼친 경우
3. 우리사주매수선택권을 부여하는 계약서에서 정한 취소 사유가 발생한 경우

제41조(우리사주의 우선배정 및 우리사주매수선택권 부여의 제한) 우리사주제도 실시회사는 제38조 및 제39조에 따라 우리사주를 우선배정하거나 우리사주매수선택

권을 부여할 때에는 다음의 제1호가 제2호의 100분의 20을 넘지 아니하도록 하여야 한다.

1. 우리사주조합이 관리하고 있는 우리사주제도 실시회사의 주식, 신규로 발행하는 우선배정 주식 및 우리사주매수선택권을 행사할 때에 취득할 우리사주제도 실시회사의 주식을 합산한 주식 수

2. 우리사주제도 실시회사가 신규로 발행하는 주식 및 우리사주 매수선택권을 행사할 때에 취득할 우리사주제도 실시회사의 주식과 이미 발행한 주식을 합산한 주식 총수

제42조(우리사주조합의 차입을 통한 우리사주의 취득) ① 우리사주조합은 우리사주제도 실시회사, 지배관계회사, 수급관계회사, 그 회사의 주주 및 대통령령으로 정하는 금융회사 등으로부터 우리사주 취득자금을 차입하여 우리사주를 취득할 수 있다.
② 우리사주제도 실시회사, 지배관계회사, 수급관계회사 및 그 회사의 주주는 제1항의 차입금의 상환을 위하여 우리사주조합에 금전과 물품을 출연할 것을 해당 우리사주조합과 약정할 수 있다.
③ 우리사주조합은 제1항에 따른 차입금으로 취득한 우리사주를 해당 차입금을 융자하거나 융자보증한 우리사주제도 실시회사 및 금융회사 등에 담보로 제공할 수 있다. 이 경우 차입금 상환액에 해당하는 우리사주에 대하여는 상환 즉시 담보권을 해지할 것을 조건으로 하여야 한다.
④ 우리사주제도 실시회사가 우리사주조합이 제1항에 따른 차입금으로 취득한 우리사주를 제3항에 따라 담보로 받는 경우에는 그 담보로 받는 주식만큼 우리사주제도 실시회사에 대하여 「상법」 제341조의3을 적용하지 아니한다.
⑤ 우리사주조합의 차입 규모, 차입 기간, 상환방법 및 차입금으로 취득한 주식의 배정방법 등 우리사주조합의 차입에 관한 구체적인 사항은 대통령령으로 정한다.

제42조의2(우리사주 취득 강요금지 등) ① 우리사주제도 실시회사(지배관계회사 또는 수급관계회사를 포함한다)의 사용자는 제38조에 따라 우리사주조합원에게 주식을 우선배정하는 경우 다음 각 호의 어느 하나에 해당하는 행위를 하여서는 아니 된다.

1. 우리사주조합원의 의사에 반하여 우리사주의 취득을 지시하는 행위
2. 우리사주조합원의 의사에 반하여 우리사주조합원을 소속, 계급 등 일정한 기준으로 분류하여 우리사주를 할당하는 행위
3. 우리사주를 취득하지 아니한다는 이유로 우리사주조합원에 대하여 해고나 그 밖의 불리한 처우를 하는 행위
4. 그 밖에 우리사주조합원의 의사에 반하여 우리사주를 취득·보유하게 함으로써 제32조에 따른 우리사주제도의 목적에 어긋나는 행위로서 대통령령으로 정하는 행위
② 사용자는 제1항의 위반 사실을 신고하거나 그에 관한 증언을 하거나 증거를 제출하였다는 이유로 우리사주조합원에 대하여 해고나 그 밖의 불리한 처우를 하여서는 아니 된다.
[본조신설 2014.1.28.]

제43조(우리사주의 예탁 등) ① 우리사주조합은 우리사주를 취득하는 경우 대통령령으로 정하는 수탁기관에 예탁하여야 한다.
② 우리사주조합은 제1항에 따라 예탁한 우리사주를 다음 각 호의 구분에 따른 기간의 범위에서 대통령령으로 정하는 기간 동안 계속 예탁하여야 한다.

1. 우리사주제도 실시회사 또는 그 주주 등이 출연한 금전과 물품 등으로 취득한 우리사주: 8년
2. 우리사주조합원이 출연한 금전으로 취득한 우리사주: 1년. 다만, 우리사주조합원의 출연에 협력하여 우리사주제도 실시회사가 대통령령으로 정하는 금액 이상으로 출연하는 경우 우리사주조합원이 출연한 금전으로 취득한 우리사주에 대하여는 5년으로 한다.
3. 제36조제1항제3호부터 제5호까지의 금전으로 취득한 우리사주: 금전의 출연주체 및 차입대상자를 기준으로 우리사주를 나누어 제1호 및 제2호의 구분에 준하는 기간으로 한다.
③ 우리사주조합 또는 우리사주조합원은 제1항에 따라 예탁된 우리사주를 다음 각 호의 어느 하나에 해당하는 경우 이외에는 양도하거나 담보로 제공할 수 없다. <개정 2015.7.20.>

1. 제43조의3에 따른 우리사주 대여
2. 대통령령으로 정한 우리사주조합원의 금융·경제생활에 필요한 경우

④ 제3항제2호에 따라 우리사주를 담보로 제공받은 권리자는 제2항에 정한 예탁기간 중에는 권리를 행사할 수 없다. <개정 2015.7.20.>

⑤ 제43조의3에 따라 대여된 우리사주는 그 대여기간 동안 이 법에 따라 예탁된 것으로 본다. <신설 2015.7.20.>

⑥ 조합원 계정에 배정된 주식에 대한 대여이익은 해당 계정의 조합원에게 지급되어야 하며, 조합 계정에 배정된 주식에 대한 대여이익은 조합에 귀속한다. <신설 2015.7.20.>

⑦ 제1항에 따른 수탁기관은 우리사주조합에 대한 업무 지원 등 우리사주제도의 활성화에 필요한 업무로서 대통령령으로 정하는 업무를 수행할 수 있다. <신설 2016.12.27.>

제43조의2(예탁 우리사주의 손실보전거래)

① 우리사주조합은 대통령령으로 정하는 금융회사와 제43조에 따라 예탁된 우리사주의 손실보전 목적에 한정하여 대통령령으로 정하는 거래(이하 "손실보전거래"라 한다)를 할 수 있다.

② 우리사주조합이 손실보전거래를 하는 경우에는 우리사주제도 실시회사에서 이에 소요되는 비용을 지원할 수 있다.

③ 우리사주조합과 금융회사 간의 손실보전거래는 다음 각 호의 요건을 모두 갖춘 경우에 할 수 있다.
1. 손실보전거래의 대상인 우리사주의 매도 또는 그 취득자금의 대출을 조건으로 하지 아니할 것
2. 최소 손실보전비율이 손실보전거래 대상 우리사주 취득가액의 100분의 50 이상에서 대통령령으로 정한 비율 이상일 것
3. 우리사주조합원의 의사에 반하여 손실보전거래를 하지 아니할 것
4. 기타 우리사주조합 및 우리사주조합원 보호를 위하여 대통령령으로 정하는 요건

④ 조합원의 계정에 배정된 주식에 대한 손실보전거래의 보전금액은 해당 계정의 조합원에게 지급하고, 조합의 계정에 배정된 주식에 대한 손실보전거래의 보전금액은 조합에 귀속한다.
[본조신설 2015.7.20.]

제43조의3(예탁 우리사주 대여)

우리사주조합 또는 우리사주조합원은 다음 각 호의 요건을 모두 갖춘 경우에 예탁된 우리사주를 제43조제1항에 따른 수탁기관을 통

하여 제3자에게 대여할 수 있다.
1. 대여하는 우리사주(이하 "대여우리사주"라 한다)에서 발생하는 다음 각 목의 권리를 보장할 것
   가. 의결권
   나. 신주인수권 및 무상증자 주식
   다. 배당금(주식배당 포함) 수령권
   라. 그 밖에 「상법」 등 다른 법률에서 주주의 권리로 인정되는 것으로서 이 법에서 제한하거나 금지하지 아니한 권리
2. 대통령령으로 정하는 대차거래 중개·주선업무를 영위하는 금융회사가 대여우리사주의 상환을 보장하고, 차입자로부터 담보를 받을 것
3. 그 밖에 대통령령으로 정하는 우리사주 대여방법, 대여한도 및 대여기간 등에 관한 사항을 준수할 것
[본조신설 2015.7.20.]

제44조(우리사주의 인출 등)

① 우리사주조합원은 제43조제2항에도 불구하고 우리사주조합이 해산하거나 우리사주조합원이 사망한 경우 등 대통령령으로 정하는 사유가 발생한 경우에는 같은 항의 예탁기간 중임에도 불구하고 우리사주조합을 통하여 우리사주를 인출할 수 있다.

② 우리사주조합원이 우리사주를 인출하는 경우 우리사주조합은 규약에 따라 우리사주조합, 우리사주조합원 순서로 우선하여 매입하도록 할 수 있다.

제45조(비상장법인의 우리사주의 처분)

① 국가는 「자본시장과 금융투자업에 관한 법률」 제8조의2제4항제1호에 따른 증권시장에 주권이 상장되지 아니한 법인(이하 "비상장법인"이라 한다)인 우리사주제도 실시회사의 우리사주조합원이 우리사주를 불가피하게 처분하려는 경우 환금(換金)을 보장하기 위하여 주식의 거래 등에 관하여 필요한 조치를 하도록 노력하여야 한다. <개정 2013.5.28.>

② 비상장법인인 우리사주제도 실시회사는 우리사주의 환금을 보장하기 위하여 필요한 경우 「상법」 제341조에도 불구하고 우리사주조합원 또는 퇴직하는 우리사주조합원의 우리사주를 자기의 계산으로 취득할 수 있다. 이 경우 취득한 주식은 다음 각 호의 방법으로 처분하여야 한다. <개정 2016.12.27.>
1. 우리사주조합에의 출연

2. 「상법」 제342조에 따른 처분
3. 「상법」 제343조에 따른 소각(消却)
③ 비상장법인인 우리사주제도 실시회사는 제2항에 따른 우리사주의 취득에 필요한 자금을 마련하기 위하여 매년 준비금을 적립할 수 있다. <개정 2016.12.27.>
④ 비상장법인인 우리사주제도 실시회사는 우리사주조합이 해당 우리사주제도 실시회사를 대신하여 조합원계정의 우리사주를 매입할 수 있도록 우리사주조합기금에 출연할 수 있다. 이 경우 해당 우리사주제도 실시회사는 우리사주조합과 다음 각 호의 사항이 포함된 약정을 체결할 수 있다. <신설 2016.12.27.>
1. 매입 대상이 되는 조합원계정의 우리사주의 범위
2. 매입 가격의 결정 방법

제45조의2(비상장법인의 우리사주 환매수)
① 비상장법인으로서 대통령령으로 정하는 규모 이상의 우리사주제도 실시회사(이하 이 조에서 "의무적 환매수 대상 회사"라 한다)의 우리사주조합원은 우리사주가 다음 각 호의 요건을 모두 갖춘 경우에는 의무적 환매수 대상 회사에 해당 우리사주의 환매수를 요청할 수 있다. 다만, 우리사주조합원은 정년퇴직, 그 밖에 대통령령으로 정하는 사유가 발생하는 경우에는 제2호에 따른 예탁기간에 관계없이 환매수를 요청할 수 있다.
1. 우리사주조합이 우리사주조합원의 출연금으로 대통령령으로 정하는 방법에 따라 취득한 우리사주일 것
2. 제43조제2항제2호에 따른 예탁기간 외에 추가로 7년의 범위에서 대통령령으로 정하는 기간 동안 예탁되었을 것
② 의무적 환매수 대상 회사는 우리사주조합원의 제1항에 따른 환매수 요청권이 적절하게 행사될 수 있도록 우리사주조합이 우리사주를 취득하기 전에 우리사주조합과 다음 각 호의 사항이 포함된 약정을 미리 체결하여야 한다.
1. 환매수 준비금 적립 여부 및 적립 방법
2. 환매수 가격의 결정 방법
3. 환매수 절차
4. 분할 환매수 방법
5. 그 밖에 대통령령으로 정하는 사항
③ 우리사주조합원은 제1항에 따른 환매수 요청권을 같은 항 제2호에 따른 예탁기간이 지난 날 또는 같은 항 각 호 외의

부분 단서에 따른 사유가 발생한 날부터 6개월 이내에 행사하여야 한다.
④ 의무적 환매수 대상 회사는 제1항에 따른 환매수 요청을 받은 날부터 30일 이내에 「상법」 제341조에도 불구하고 해당 우리사주를 자기의 계산으로 취득하여야 한다. 다만, 의무적 환매수 대상 회사의 경영 악화 등으로 환매수를 하기 곤란한 사정이 있거나 우리사주에 대한 환금성이 확보되는 등 대통령령으로 정하는 사유가 있는 경우에는 대통령령으로 정하는 바에 따라 환매수 요청에 응하지 아니하거나 환매수 요청을 받은 날부터 3년의 범위에서 분할하여 환매수할 수 있다.
⑤ 의무적 환매수 대상 회사는 제4항에 따라 취득한 우리사주를 제45조제2항 각 호의 어느 하나의 방법으로 처분하여야 한다.
⑥ 우리사주조합은 제4항에도 불구하고 의무적 환매수 대상 회사를 대신하여 제45조제4항 각 호 외의 부분 전단에 따른 우리사주조합기금에의 출연금으로 해당 우리사주를 매입할 수 있다.
⑦ 의무적 환매수 대상 회사가 제45조제4항 각 호 외의 부분 전단에 따라 우리사주조합기금에 출연한 경우에는 해당 출연금의 한도에서 제4항에 따른 해당 우리사주의 취득의무를 이행한 것으로 본다.
[본조신설 2016.12.27.]

제46조(우리사주 보유에 따른 주주총회의 의결권 행사)
① 우리사주조합의 대표자는 우리사주조합원의 의사표시에 대하여 주주총회 의안에 대한 의결권을 행사하여야 한다. 의결권 행사의 구체적인 방법은 대통령령으로 정한다.
② 제1항에도 불구하고 우리사주조합의 대표자는 우리사주조합원이 의결권 행사의 위임을 요청한 경우에는 해당 우리사주조합원의 주식보유분에 대한 의결권의 행사를 그 우리사주조합원에게 위임하여야 한다.

제47조(우리사주조합의 해산)
① 우리사주조합은 다음 각 호의 어느 하나에 해당하는 사유가 발생한 경우에 해산한다. 이 경우 우리사주조합의 청산인은 대통령령으로 정하는 바에 따라 해산 사유를 명시하여 고용노동부장관에게 보고하여야 한다.
1. 해당 우리사주제도 실시회사의 파산
2. 사업의 폐지를 위한 해당 우리사주제도

실시회사의 해산

3. 사업의 합병·분할·분할합병 등을 위한 해당 우리사주제도 실시회사의 해산

4. 지배관계회사 또는 수급관계회사의 근로자가 해당 우리사주제도 실시회사의 우리사주조합에 가입하는 경우. 다만, 지배관계회사 또는 수급관계회사 자체에 설립된 우리사주조합이 우리사주를 예탁하고 있거나, 우리사주조합원이 우리사주매수선택권을 부여받은 경우에는 대통령령으로 정하는 기간 동안은 해산하지 아니한다.

5. 우리사주조합의 임원이 없고 최근 3 회계연도의 기간 동안 계속하여 우리사주 및 우리사주 취득 재원의 조성 등으로 자산을 보유하지 아니하였으며 우리사주조합의 해산에 대하여 고용노동부령으로 정하는 바에 따라 우리사주조합의 조합원에게 의견조회를 한 결과 존속의 의사표명이 없는 경우

② 제1항에 따라 우리사주조합이 해산하는 경우 우리사주조합의 재산은 규약으로 정하는 바에 따라 우리사주조합원에게 귀속한다. 다만, 우리사주조합이 채무가 있는 경우에는 그 채무를 청산하고 남은 재산만 우리사주조합원에게 귀속한다.

제48조(우리사주제도 활성화 지원) 국가는 우리사주제도의 활성화를 위하여 우리사주조합원의 우리사주 보유, 우리사주제도 실시회사 등의 우리사주조합에 대한 지원, 비상장법인의 우리사주에 대한 환금성 보장 등에 필요한 지원을 할 수 있다.

제49조(근로자의 회사인수 지원) 국가는 회사의 도산 등으로 인하여 해당 회사의 근로자가 우리사주조합을 통하여 해당 회사를 인수할 경우 그 주식취득에 필요한 자금 등을 지원할 수 있다.

제49조의2(우리사주조합을 통한 회사인수에 관한 특례) ① 우리사주조합이 대통령령으로 정하는 방법으로 해당 우리사주제도 실시회사를 인수한 경우 우리사주조합원은 제34조제2항제2호에도 불구하고 그 인수로 인하여 취득한 우리사주의 금액과 관계없이 우리사주조합원의 자격을 유지할 수 있다.

② 우리사주조합이 제1항에 따른 회사인수를 위하여 우리사주 취득자금을 차입하는 경우에는 제42조제5항에 따른 차입 규모

및 차입 기간의 제한에 관한 사항을 적용하지 아니한다. 다만, 다음 각 호의 금액의 합계액은 우리사주제도 실시회사의 자기자본(직전 사업연도말 대차대조표의 자산총액에서 부채총액을 뺀 금액을 말한다)의 100분의 25를 초과하여서는 아니 된다.

1. 우리사주제도 실시회사 또는 지배관계회사로부터의 차입금

2. 우리사주조합 차입금의 상환을 위하여 우리사주제도 실시회사 또는 지배관계회사가 우리사주조합에 출연하기로 약정한 금전·물품의 가액

3. 우리사주조합의 차입금에 대한 우리사주제도 실시회사 또는 지배관계회사의 보증 한도액

[본조신설 2016.12.27.]

제2절 사내근로복지기금제도

제50조(사내근로복지기금제도의 목적) 사내근로복지기금제도는 사업주로 하여금 사업이익의 일부를 재원으로 사내근로복지기금을 설치하여 효율적으로 관리·운영하게 함으로써 근로자의 생활안정과 복지증진에 이바지하게 함을 목적으로 한다.

제51조(근로자의 권익보호와 근로조건의 유지) 사용자는 이 법에 따른 사내근로복지기금의 설립 및 출연을 이유로 근로관계 당사자 간에 정하여진 근로조건을 저하시킬 수 없다.

제52조(법인격 및 설립) ① 사내근로복지기금은 법인으로 한다.

② 사내근로복지기금법인(이하 "기금법인"이라 한다)을 설립하려는 경우에는 해당 사업 또는 사업장(이하 "사업"이라 한다)의 사업주가 기금법인설립준비위원회(이하 "준비위원회"라 한다)를 구성하여 설립에 관한 사무와 설립 당시의 이사 및 감사의 선임에 관한 사무를 담당하게 하여야 한다.

③ 준비위원회의 구성방법에 관하여는 제55조를 준용한다.

④ 준비위원회는 대통령령으로 정하는 바에 따라 기금법인의 정관을 작성하여 고용노동부장관의 설립인가를 받아야 한다.

⑤ 준비위원회가 제4항에 따른 설립인가를 받으려는 경우 기금법인 설립인가신청서에

대통령령으로 정하는 서류를 첨부하여 고용노동부장관에게 제출하여야 한다. <신설 2014.1.28.>

⑥ 고용노동부장관은 제5항에 따른 신청을 받은 때에는 다음 각 호의 어느 하나에 해당하는 경우를 제외하고는 설립인가를 하여야 한다. <신설 2014.1.28.>

1. 제4항에 따른 정관의 기재사항을 빠뜨린 경우
2. 제4항에 따른 정관의 내용이 제50조, 제51조 및 제62조에 위반되는 경우
3. 제5항에 따라 제출하여야 하는 서류를 제출하지 아니하거나 거짓으로 제출한 경우

⑦ 준비위원회는 제4항에 따라 설립인가를 받았을 때에는 설립인가증을 받은 날부터 3주 이내에 기금법인의 주된 사무소의 소재지에서 기금법인의 설립등기를 하여야 하며, 기금법인은 설립등기를 함으로써 성립한다. <개정 2014.1.28.>

⑧ 기금법인의 설립등기와 그 밖의 다른 등기에 관하여 구체적으로 필요한 사항은 대통령령으로 정한다. <개정 2014.1.28.>

⑨ 준비위원회는 제7항에 따라 법인이 성립됨과 동시에 제55조에 따라 최초로 구성된 사내근로복지기금협의회(이하 "복지기금협의회"라 한다)로 본다. <개정 2014.1.28.>

⑩ 준비위원회는 기금법인의 설립등기를 한 후 지체 없이 기금법인의 이사에게 사무를 인계하여야 한다. <개정 2014.1.28.>

제53조(정관변경) 기금법인의 정관을 변경하려는 때에는 대통령령으로 정하는 바에 따라 고용노동부장관의 인가를 받아야 한다.

제54조(기금법인의 기관) 기금법인에는 복지기금협의회, 이사 및 감사를 둔다.

제55조(복지기금협의회의 구성) ① 복지기금협의회는 근로자와 사용자를 대표하는 같은 수의 위원으로 구성하며, 각 2명 이상 10명 이하로 한다.

② 근로자를 대표하는 위원은 대통령령으로 정하는 바에 따라 근로자가 선출하는 사람이 된다.

③ 사용자를 대표하는 위원은 해당 사업의 대표자와 그 대표자가 위촉하는 사람이 된다.

④ 제2항과 제3항에도 불구하고 「근로자참여 및 협력증진에 관한 법률」에 따른 노사협의회가 구성되어 있는 사업의 경우

에는 그 노사협의회의 위원이 복지기금협의회의 위원이 될 수 있다.

제56조(복지기금협의회의 기능) ① 복지기금협의회는 다음 사항을 협의·결정한다.

1. 사내근로복지기금 조성을 위한 출연금액의 결정
2. 이사 및 감사의 선임과 해임
3. 사업계획서 및 감사보고서의 승인
4. 정관의 변경
5. 회사 내의 다른 근로복지제도와의 통합운영 여부 결정
6. 기금법인의 합병 및 분할·분할합병

② 복지기금협의회의 운영에 관한 사항은 대통령령으로 정한다.

제57조(회의록의 작성 및 보관) 기금법인은 다음 각 호의 사항을 기록한 복지기금협의회의 회의록을 작성하여 출석위원 전원의 서명 또는 날인을 받아야 하며, 작성일부터 10년간 이를 보관하여야 한다. 이 경우 그 회의록을 전자문서로 작성·보관할 수 있다.

1. 개최 일시 및 장소
2. 출석위원
3. 협의내용 및 결정사항
4. 그 밖의 토의사항

제58조(이사 및 감사) ① 기금법인에 근로자와 사용자를 대표하는 같은 수의 각 3명 이내의 이사와 각 1명의 감사를 둔다.

② 이사는 정관으로 정하는 바에 따라 기금법인을 대표하며, 다음 각 호의 사항에 대한 사무를 집행한다.

1. 기금법인의 관리·운영에 대한 사항
2. 예산의 편성 및 결산에 대한 사항
3. 사업보고서의 작성에 대한 사항
4. 정관으로 정하는 사항
5. 그 밖에 이사가 집행하도록 복지기금협의회가 협의·결정하는 사항

③ 기금법인의 사무집행은 이사의 과반수로써 결정한다.

④ 감사는 기금법인의 사무 및 회계에 관한 감사를 한다.

제59조 삭제 <2015.7.20.>

제60조(이사 등의 신분) ① 복지기금협의회의 위원, 이사 및 감사는 비상근(非常勤)

·무보수로 한다.

② 사용자는 복지기금협의회의 위원, 이사 및 감사에 대하여 기금법인에 관한 직무수행을 이유로 불이익한 처우를 하여서는 아니 된다.

③ 복지기금협의회의 위원, 이사 및 감사의 기금법인 업무수행에 필요한 시간에 대하여는 근로한 것으로 본다.

제61조(사내근로복지기금의 조성) ① 사업주는 직전 사업연도의 법인세 또는 소득세 차감 전 순이익의 100분의 5를 기준으로 복지기금협의회가 협의·결정하는 금액을 대통령령으로 정하는 바에 따라 사내근로복지기금의 재원으로 출연할 수 있다.

② 사업주 또는 사업주 외의 자는 제1항에 따른 출연 외에 유가증권, 현금, 그 밖에 대통령령으로 정하는 재산을 출연할 수 있다.

■판례 - 사내근로복지기금출연청구

甲 공사의 근로자들이 결성한 乙 노동조합이 甲 공사와 단체협약을 체결하면서 '甲 공사는 구 사내근로복지기금법에 따라 매년 세전이익의 5%를 사내복지기금으로 적치한다'고 약정하였는데, 甲 공사가 복지기금협의회의 결정에 따라 세전이익의 2%에 해당하는 금액을 출연한 사안에서, 제반 사정에 비추어 甲 공사와 乙 노동조합은 甲 공사가 복지기금협의회의 출연비율 협의·결정을 거쳐 복지기금을 출연하는 것으로 합의하였다고 봄이 타당하므로, 복지기금협의회의 출연비율 결정이 없는 상태에서 乙 노동조합이 甲 공사에 약정에 따른 출연의무를 이행할 것을 바로 청구할 수는 없다고 한 사례 [대법원 2015.2.12, 선고, 2013다212905, 판결]

제62조(기금법인의 사업) ① 기금법인은 그 수익금으로 대통령령으로 정하는 바에 따라 다음 각 호의 사업을 시행할 수 있다.

1. 주택구입자금등의 보조, 우리사주 구입의 지원 등 근로자 재산형성을 위한 지원
2. 장학금·재난구호금의 지급, 그 밖에 근로자의 생활원조
3. 모성보호 및 일과 가정생활의 양립을 위하여 필요한 비용 지원
4. 기금법인 운영을 위한 경비지급
5. 근로복지시설로서 고용노동부령으로 정하는 시설에 대한 출자·출연 또는 같은 시설의 구입·설치 및 운영
6. 해당 사업으로부터 직접 도급받는 업체의 소속 근로자 및 해당 사업에의 파견

근로자의 복리후생 증진

7. 사용자가 임금 및 그 밖의 법령에 따라 근로자에게 지급할 의무가 있는 것 외에 대통령령으로 정하는 사업

② 기금법인은 제61조제1항 및 제2항에 따라 출연받은 재산 및 복지기금협의회에서 출연재산으로 편입할 것을 의결한 재산(이하 "기본재산"이라 한다) 중에서 대통령령으로 정하는 바에 따라 산정되는 금액을 제1항 각 호의 사업(이하 "사내근로복지기금사업"이라 한다)에 사용할 수 있다. 이 경우 기금법인의 사업이 다음 각 호의 어느 하나에 해당하는 때에는 대통령령으로 정하는 범위에서 정관으로 정하는 바에 따라 그 산정되는 금액을 높일 수 있다. <개정 2012.2.1., 2014.1.28.>

1. 제82조제3항에 따라 선택적 복지제도를 활용하여 운영하는 경우
2. 사내근로복지기금사업에 사용하는 금액 중 고용노동부령으로 정하는 바에 따라 산정되는 금액 이상을 해당 사업으로부터 직접 도급받는 업체의 소속 근로자 및 해당 사업에의 파견근로자의 복리후생 증진에 사용하는 경우
3. 「중소기업기본법」 제2조제1항 및 제3항에 따른 기업에 설립된 기금법인이 사내근로복지기금사업을 시행하는 경우

③ 기금법인은 근로자의 생활안정 및 재산형성 지원을 위하여 필요하다고 인정되어 대통령령으로 정하는 경우에는 근로자에게 필요한 자금을 기본재산 중에서 대부할 수 있다.

제63조(사내근로복지기금의 운용) 사내근로복지기금은 다음 각 호의 방법으로 운용한다.

1. 금융회사 등에의 예입 및 금전신탁
2. 투자신탁 등의 수익증권 매입
3. 국가, 지방자치단체 또는 금융회사 등이 직접 발행하거나 채무이행을 보증하는 유가증권의 매입
4. 사내근로복지기금이 그 회사 주식을 출연받아 보유하게 된 경우에 대통령령으로 정하는 한도 내에서 그 보유주식 수에 따라 그 회사 주식의 유상증자에 참여
5. 그 밖에 사내근로복지기금의 운용을 위하여 대통령령으로 정하는 사업

제64조(사내근로복지기금의 회계) ① 사내근

로복지기금의 회계연도는 사업주의 회계연도에 따른다. 다만, 정관으로 달리 정한 경우에는 그러하지 아니하다.

② 기금법인은 자금차입을 할 수 없다.

③ 매 회계연도의 결산 결과 사내근로복지기금의 손실금이 발생한 경우에는 다음 회계연도로 이월하며, 잉여금이 발생한 경우에는 이월손실금을 보전한 후 사내근로복지기금에 전입한다.

④ 사내근로복지기금의 회계 관리에 필요한 사항은 대통령령으로 정한다.

제65조(기금법인의 관리·운영 서류의 작성 및 보관) 기금법인은 다음 각 호의 서류를 대통령령으로 정하는 바에 따라 작성하여야 하며, 작성일부터 5년간 이를 보관하여야 한다. 이 경우 그 서류를 전자문서로 작성·보관할 수 있다.

1. 사업보고서
2. 대차대조표
3. 손익계산서
4. 감사보고서

제66조(기금법인의 관리·운영사항 공개) 기금법인은 제65조 각 호의 서류 및 복지기금협의회의 회의록을 대통령령으로 정하는 바에 따라 공개하여야 하며, 항상 근로자가 열람할 수 있게 하여야 한다. 이 경우 전자문서로 작성·보관하는 서류에 대해서는 정보통신망을 이용하는 등 전자적 방법으로 공개하고 열람하게 할 수 있다.

제67조(기금법인의 부동산 소유) 기금법인은 업무수행상 필요한 경우를 제외하고는 부동산을 소유할 수 없다.

제68조(다른 복지와의 관계) ① 사용자는 기금법인의 설치를 이유로 기금법인 설치 당시에 운영하고 있는 근로복지제도 또는 근로복지시설의 운영을 중단하거나, 이를 감축하여서는 아니 된다.

② 사용자는 기금법인 설치 당시에 기금법인의 사업을 시행하고 있을 때에는 다른 법률에 따라 설치·운영할 의무가 있는 것을 제외하고는 복지기금협의회의 협의·결정에 의하여 기금법인에 통합하여 운영할 수 있다.

제69조(시정명령) 고용노동부장관은 사용자 또는 기금법인이 제60조제2항, 제64조 및

제66조를 위반한 경우에는 상당한 기간을 정하여 시정을 명할 수 있다.

제70조(기금법인의 해산 사유) 기금법인은 다음 각 호의 사유로 해산한다.

1. 해당 회사 사업의 폐지
2. 제72조에 따른 기금법인의 합병
3. 제75조에 따른 기금법인의 분할·분할합병

제71조(해산한 기금법인의 재산처리) ① 사업의 폐지로 인하여 해산한 기금법인의 재산은 대통령령으로 정하는 바에 따라 사업주가 해당 사업을 경영할 때에 근로자에게 미지급한 임금, 퇴직금, 그 밖에 근로자에게 지급할 의무가 있는 금품을 지급하는 데에 우선 사용하여야 하며, 잔여재산이 있는 경우에는 그 100분의 50을 초과하지 아니하는 범위에서 정관에서 정하는 바에 따라 소속 근로자의 생활안정자금으로 지원할 수 있다.

② 제1항에 따른 사용 후 잔여재산이 있는 경우에는 그 잔여재산은 정관에서 지정한 자에게 귀속한다. 다만, 정관에서 지정한 자가 없는 경우에는 대통령령으로 정하는 바에 따라 제87조에 따른 근로복지진흥기금에 귀속한다.

제72조(기금법인의 합병) ① 기금법인은 사업의 합병·양수 등에 따라 합병할 수 있다.

② 기금법인이 합병을 하는 경우에는 다음 각 호의 사항이 포함된 합병계약서를 작성하여 복지기금협의회의 의결을 거쳐야 한다.

1. 합병 전 각 기금법인의 재산과 합병 후 기금법인의 재산의 변동
2. 합병 대상인 각 기금법인의 근로자에 대한 합병 후 지원수준
3. 합병의 추진 일정
4. 그 밖에 합병에 관한 중요 사항

③ 제2항제2호에 따른 지원수준은 합병 전 각 기금법인의 근로자별 평균 기금잔액, 합병 후 사업주의 출연예정액 등을 고려하여 합병 후 3년을 초과하지 아니하는 범위에서 합병 전 각 기금법인의 근로자별로 달리 정할 수 있다.

제73조(합병에 의한 기금법인의 설립 및 등기) ① 기금법인의 합병으로 인하여 기금

법인을 설립하는 경우에는 사업의 합병으로 인하여 설립되는 사업의 사업주가 준비위원회를 구성하여 제52조에 따른 기금법인의 설립절차를 거쳐야 한다.

② 기금법인의 합병으로 인하여 존속하는 기금법인은 변경등기를, 소멸하는 기금법인은 해산등기를 하여야 한다.

제74조(합병의 효력발생·효과) ① 기금법인의 합병은 합병으로 인하여 설립되는 기금법인의 설립등기 또는 존속하는 기금법인의 변경등기를 함으로써 그 효력이 생긴다.

② 합병으로 인하여 설립되거나 존속하는 기금법인은 합병으로 인하여 소멸되는 기금법인의 권리·의무를 승계한다.

제75조(기금법인의 분할·분할합병) ① 기금법인은 사업의 분할·분할합병 등에 따라 분할 또는 분할합병(이하 "분할등"이라 한다)을 할 수 있다.

② 기금법인이 분할을 하는 경우에는 다음 각 호의 사항이 포함된 분할계획서를 작성하여 복지기금협의회의 의결을 거쳐야 한다.

1. 기금법인 재산의 배분
2. 분할의 추진 일정
3. 그 밖에 분할에 관한 중요 사항

③ 기금법인이 분할합병을 하는 경우에는 다음 각 호의 사항이 포함된 분할합병계약서를 작성하여 복지기금협의회의 의결을 거쳐야 한다.

1. 기금법인 재산의 배분 및 합병에 따른 기금법인 재산의 변동
2. 분할합병 대상인 각 기금법인의 근로자에 대한 합병 후 지원수준
3. 분할합병의 추진 일정
4. 그 밖에 분할합병에 관한 중요 사항

④ 제2항제1호 및 제3항제1호에 따른 재산배분을 할 때에는 원칙적으로 근로자 수를 기준으로 배분하되, 분할 전 사업별 사내근로복지기금 조성의 기여도 등을 고려하여 배분할 수 있다.

⑤ 제3항제2호의 지원수준의 결정에 관하여는 제72조제3항을 준용한다. 이 경우 "합병"은 "분할합병"으로 본다.

제76조(분할등에 의한 기금법인의 설립 및 등기) ① 기금법인의 분할등으로 인하여 기금법인을 설립하는 경우에는 사업의 분할·분할합병 등으로 인하여 설립되는 사업의 사업주가 준비위원회를 구성하여 제52조에 따른 기금법인의 설립절차를 거쳐야 한다.

② 기금법인의 분할등으로 인하여 존속하는 기금법인은 변경등기를, 소멸하는 기금법인은 해산등기를 하여야 한다.

제77조(분할등의 효력발생·효과) ① 기금법인의 분할등은 분할등으로 인하여 설립되는 기금법인의 설립등기 또는 존속하는 기금법인의 변경등기를 함으로써 그 효력이 생긴다.

② 분할등으로 인하여 설립되거나 존속하는 기금법인은 분할계획서 또는 분할합병계약서에서 정하는 바에 따라 분할되는 기금법인의 권리·의무를 승계한다.

제78조(비밀유지 등) 복지기금협의회의 위원, 이사 및 감사는 그 직무수행과 관련하여 알게 된 비밀을 누설하여서는 아니 되며, 사내근로복지기금사업과 관련하여 겸직 또는 자기거래를 할 수 없다.

제79조 삭제 <2015.7.20.>

제80조(「민법」의 준용) 기금법인에 관하여 이 법에 규정한 것을 제외하고는 「민법」 중 재단법인에 관한 규정을 준용한다.

제80조의2(규제의 재검토) ① 고용노동부장관은 다음 각 호의 사항에 대하여 2016년 1월 1일을 기준으로 2년마다(매 2년이 되는 해의 1월 1일 전까지를 말한다) 그 타당성을 검토하여 개선 등의 조치를 하여야 한다.

1. 제53조에 따른 정관변경의 인가
2. 제56조제1항에 따른 복지기금협의회의 협의·결정 사항
3. 제58조에 따른 이사 및 감사
4. 제75조에 따른 기금법인의 분할·분할합병
5. 제76조에 따른 분할등에 의한 기금법인의 설립 및 등기

[본조신설 2015.7.20.]

제3절 선택적 복지제도 및 근로자지원프로그램 등

제81조(선택적 복지제도 실시) ① 사업주는

근로자가 여러 가지 복지항목 중에서 자신의 선호와 필요에 따라 자율적으로 선택하여 복지혜택을 받는 제도(이하 "선택적 복지제도"라 한다)를 설정하여 실시할 수 있다.

② 사업주는 선택적 복지제도를 실시할 때에는 해당 사업 내의 모든 근로자가 공평하게 복지혜택을 받을 수 있도록 하여야 한다. 다만, 근로자의 직급, 근속연수, 부양가족 등을 고려하여 합리적인 기준에 따라 수혜 수준을 달리할 수 있다.

제82조(선택적 복지제도의 설계·운영 등) ① 사업주는 선택적 복지제도를 설계하는 경우 근로자의 사망·장해·질병 등에 관한 기본적 생활보장항목과 건전한 여가·문화·체육활동 등을 지원할 수 있는 개인별 추가선택항목을 균형 있게 반영할 수 있도록 노력하여야 한다.

② 사업주는 근로자가 선택적 복지제도의 복지항목을 선택하고 사용하는 데 불편이 없도록 전산관리서비스를 직접 제공하거나 제3자에게 위탁하여 제공될 수 있도록 노력하여야 한다.

③ 선택적 복지제도는 사내근로복지기금사업을 하는 데 활용할 수 있다.

④ 제1항과 제2항에 따른 선택적 복지제도의 설계 및 운영에 필요한 구체적인 사항은 고용노동부령으로 정한다.

제83조(근로자지원프로그램) ① 사업주는 근로자의 업무수행 또는 일상생활에서 발생하는 스트레스, 개인의 고충 등 업무저해요인의 해결을 지원하여 근로자를 보호하고, 생산성 향상을 위한 전문가 상담 등 일련의 서비스를 제공하는 근로자지원프로그램을 시행하도록 노력하여야 한다.

② 사업주와 근로자지원프로그램 참여자는 제1항에 따른 조치를 시행하는 과정에서 대통령령이 정하는 경우를 제외하고는 근로자의 비밀이 침해받지 않도록 익명성을 보장하여야 한다.

제84조(성과 배분) 사업주는 해당 사업의 근로자와 협의하여 정한 해당 연도 이익 등의 경영목표가 초과 달성된 경우 그 초과된 성과를 근로자에게 지급하거나 근로자의 복지증진을 위하여 사용하도록 노력하여야 한다.

제85조(발명·제안 등에 대한 보상) 사업주는 해당 사업의 근로자가 직무와 관련하여 발명 또는 제안하거나 새로운 지식·정보·기술을 개발하여 회사의 생산성·매출액 등의 증가에 이바지한 경우 이에 따라 적절한 보상을 하도록 노력하여야 한다. 이 경우 구체적인 보상기준은 「근로자참여 및 협력 증진에 관한 법률」에 따른 노사협의회 등을 통하여 정한다.

제86조(국가 또는 지방자치단체의 지원) 국가 또는 지방자치단체는 선택적 복지제도, 근로자지원프로그램, 성과 배분, 발명·제안 등에 대한 보상을 활성화하기 위하여 필요한 지원을 할 수 있다.

제4절 공동근로복지기금 제도
<신설 2015.7.20.>

제86조의2(공동근로복지기금의 조성) ① 둘 이상의 사업주는 제62조제1항에 따른 사업을 시행하기 위하여 공동으로 이익금의 일부를 출연하여 공동근로복지기금(이하 "공동기금"이라 한다)을 조성할 수 있다.

② 공동기금 사업주 또는 사업주 이외의 자는 제1항에 따른 출연 외에 유가증권, 현금, 그 밖에 대통령령으로 정하는 재산을 출연할 수 있다.
[본조신설 2015.7.20.]

제86조의3(공동근로복지기금법인 설립준비위원회 구성) 공동근로복지기금법인(이하 "공동기금법인"이라 한다)을 설립하려는 사업주는 공동으로 각 사업주 또는 사업주가 위촉하는 사람으로 설립준비위원회를 구성하여 설립에 관한 사무와 설립 당시의 이사 및 감사의 선임에 관한 사무를 담당하게 할 수 있다.
[본조신설 2015.7.20.]

제86조의4(공동근로복지기금협의회의 구성) ① 공동기금법인은 기금의 운영에 관한 주요사항을 협의·결정하기 위하여 공동근로복지기금협의회(이하 "공동기금협의회"라 한다)를 둔다.

② 공동기금협의회는 각 기업별 근로자와 사용자를 대표하는 각 1인의 위원으로 구성한다. 이 경우 근로자를 대표하는 위원은

제55조제2항을 준용하여 선출하고, 사용자를 대표하는 위원은 해당 사업의 대표자 또는 그 대표자가 위촉하는 사람이 된다.
[본조신설 2015.7.20.]

제86조의5(공동기금제도의 촉진) 공동기금법인이 제62조제1항에 따른 사업을 시행하는 경우에는 근로복지진흥기금에서 대통령령으로 정하는 바에 따라 필요한 비용을 지원할 수 있다.
[본조신설 2015.7.20.]

제86조의6(공동기금법인의 분쟁조정) 공동기금법인에서 공동기금 운영방식, 사용용도, 출연금 규모 등에 있어서 분쟁이 발생하는 경우에는 정관으로 정하는 바에 따라 처리한다.
[본조신설 2015.7.20.]

제86조의7(공동기금법인의 해산사유) 공동기금법인은 다음 각 호의 사유로 해산한다.
1. 공동기금법인 참여 회사 중 과반수 회사의 사업의 폐지
2. 제86조의9에 따른 공동기금법인의 합병
3. 제86조의10에 따른 공동기금법인의 분할·분할합병
[본조신설 2015.7.20.]

제86조의8(해산한 공동기금법인의 재산처리) 제86조의7에 따라 공동기금법인이 해산하는 경우에는 제86조의2에 따라 공동기금법인에 출연한 비율에 따라 참여회사에 배분하여야 하며, 잔여재산이 있는 경우에는 정관으로 정하는 바에 따라 처리한다.
[본조신설 2015.7.20.]

제86조의9(공동기금법인의 합병) ① 공동기금법인은 참여회사 과반수 회사의 사업의 합병·양수 등에 따라 합병할 수 있다.
② 공동기금법인의 합병 절차 등에 관하여는 제72조제2항 및 제3항을 준용한다.
[본조신설 2015.7.20.]

제86조의10(공동기금법인의 분할·분할합병) ① 공동기금법인은 참여회사 과반수 회사의 사업의 분할·분할합병 등에 따라 분할 또는 분할합병을 할 수 있다.
② 공동기금법인의 분할·분할합병 절차 등에 관하여는 제75조제2항부터 제5항까지를 준용한다.
[본조신설 2015.7.20.]

제86조의11(준용) 공동기금제도에 관하여는 제50조부터 제54조까지, 제56조부터 제58조까지, 제60조, 제62조부터 제69조까지, 제73조, 제74조, 제76조부터 제78조까지, 제80조, 제93조를 준용한다. 이 경우 제50조부터 제52조까지, 제56조, 제63조, 제64조 중 "사내근로복지기금"은 "공동기금"으로 보고, 제52조부터 제54조까지, 제56조부터 제58조까지, 제60조, 제62조, 제64조부터 제69조까지, 제73조, 제74조, 제76조, 제77조, 제80조, 제93조 중 "기금법인"은 "공동기금법인"으로 보며, 제54조, 제56조부터 제58조까지, 제60조, 제62조, 제66조, 제68조, 제78조 중 "복지기금협의회"는 "공동기금협의회"로 보고, 제62조, 제78조 중 "사내근로복지기금사업"은 "공동기금사업"으로 본다.
[본조신설 2015.7.20.]

제4장 근로복지진흥기금

제87조(근로복지진흥기금의 설치) 고용노동부장관은 근로복지사업에 필요한 재원을 확보하기 위하여 근로복지진흥기금을 설치한다.

제88조(근로복지진흥기금의 조성) ① 근로복지진흥기금은 다음 각 호의 재원으로 조성한다.
1. 국가 또는 지방자치단체의 출연금
2. 국가 또는 지방자치단체 외의 자가 출연하는 현금·물품 그 밖의 재산
3. 다른 기금(제36조에 따른 우리사주조합기금 및 제52조에 따른 사내근로복지기금은 제외한다)으로부터의 전입금
4. 제2항에 따른 차입금
5. 제24조, 제26조 및 제27조에 따른 보증료, 구상금, 지연이자
6. 「복권 및 복권기금법」 제23조제1항에 따라 배분된 복권수익금
7. 제71조에 따라 기금법인 해산 시 정관으로 근로복지진흥기금에 귀속하도록 정한 재산
8. 사업주 및 사업주단체의 기부금
9. 「고용정책 기본법」 제35조에 따라 조성

된 자금
10. 근로복지진흥기금의 운용으로 생기는 수익금
11. 그 밖의 수입금
② 근로복지진흥기금의 운용에 필요한 경우에는 근로복지진흥기금의 부담으로 금융회사 또는 다른 기금 등으로부터 차입할 수 있다.

제89조(근로복지진흥기금의 회계연도) 근로복지진흥기금의 회계연도는 국가의 회계연도에 따른다.

제90조(근로복지진흥기금의 관리·운용) ① 근로복지진흥기금은 공단이 관리·운용한다.
② 공단은 근로복지진흥기금을 운용할 때 공단의 다른 회계와 구분하여 회계처리하여야 한다.
③ 근로복지진흥기금의 관리·운용 등에 필요한 사항은 대통령령으로 정한다.

제91조(근로복지진흥기금의 용도) 근로복지진흥기금은 다음 각 호의 용도에 사용한다. <개정 2015.7.20.>
1. 근로자에 대한 주택구입자금등에 대한 융자
2. 근로자의 생활안정을 위한 자금의 융자
3. 근로자 또는 그 자녀에 대한 장학금의 지급 및 학자금의 융자
4. 제14조에 따른 근로복지종합정보시스템 운영
5. 제22조에 따른 신용보증 지원에 필요한 사업비
6. 우리사주제도 관련 지원
7. 사내근로복지기금제도 및 공동기금제도 관련 지원
8. 근로복지시설 설치·운영자금 지원
9. 근로자 정서함양을 위한 문화·체육활동 지원
10. 선택적 복지제도 관련 지원
11. 근로자지원프로그램 관련 지원
12. 근로자 건강증진을 위한 의료사업에 필요한 사업비
13. 근로복지사업 연구·개발에 필요한 경비
14. 「고용정책 기본법」 제34조에 따른 실업대책사업의 실시·운영에 필요한 사업비
15. 근로복지진흥기금의 운용을 위한 수익사업에의 투자
16. 근로복지진흥기금의 조성·관리·운용에 필요한 경비
17. 그 밖에 근로자의 복지증진을 위하여 대통령령으로 정하는 사업에 필요한 지원

제92조(회계처리의 구분 등) ① 제88조제1항제5호 및 제9호에 따른 자금은 근로복지진흥기금 중 다른 사업목적으로 조성·운영되는 자금과 각각 구분하여 회계처리하여야 한다.
② 제88조제1항제5호 및 제9호에 따른 자금은 각각 제91조제5호 및 제14호에 따른 사업비에 사용하여야 한다.
③ 제1항과 제2항에도 불구하고 제91조제5호에 따른 사업비를 위하여 공단은 고용노동부장관의 승인을 받아 근로복지진흥기금 내에서 구분하여 회계처리하는 자금 간에 상호 전용(轉用)하여 사용할 수 있다.

제5장 보칙

제93조(지도·감독 등) ① 고용노동부장관은 근로자의 복지증진을 위하여 필요한 경우 다음 각 호의 사항을 보고하게 하거나 소속 공무원으로 하여금 그 장부·서류 또는 그 밖의 물건을 검사하게 할 수 있으며, 필요하다고 인정하는 경우에는 대통령령으로 정하는 바에 따라 그 운영 등에 시정을 명할 수 있다.
1. 공단의 근로복지진흥기금 관리 및 운영 실태에 관한 사항
2. 제29조제1항에 따라 근로복지시설을 수탁·운영하는 비영리단체의 업무·회계·재산에 관한 사항
3. 제52조에 따른 기금법인의 업무·회계·재산에 관한 사항
② 국가 또는 지방자치단체는 사업주, 융자업무취급기관, 우리사주조합, 제43조에 따른 수탁기관 및 보조 또는 융자받은 자에 대하여 감독상 필요한 경우에는 이 법에 따른 업무에 관하여 대통령령으로 정하는 바에 따라 보고 또는 자료 제출을 하게 하거나 그 밖에 필요한 명령을 할 수 있으며, 소속 공무원으로 하여금 관계인에게 질문하거나 관련 장부·서류 등을 조사 또는 검사하게 할 수 있다.
③ 제1항 및 제2항에 따라 조사를 하는 공무원은 그 권한을 표시하는 증표를 지니고 이를 관계인에게 보여주어야 한다.

④ 제1항 및 제2항에 따라 조사를 하는 경우에는 조사대상자에게 7일 전에 조사 일시, 조사 내용 등 필요한 사항을 알려야 한다. 다만, 긴급하거나 미리 알릴 경우 그 목적을 달성할 수 없다고 인정되는 경우에는 그러하지 아니하다.
⑤ 고용노동부장관 등은 제1항 및 제2항에 따른 조사 결과를 조사대상자에게 서면으로 알려야 한다.

제94조(위임 및 위탁) ① 이 법에 따른 고용노동부장관의 권한은 그 일부를 대통령령으로 정하는 바에 따라 지방노동관서의 장에게 위임할 수 있다.
② 이 법에 따른 고용노동부장관의 업무는 그 일부를 대통령령으로 정하는 바에 따라 근로복지와 관련된 기관 또는 단체에 위탁할 수 있다.

제95조(반환명령) ① 국가 또는 지방자치단체는 제6조를 위반한 자에게 대통령령으로 정하는 바에 따라 보조 또는 융자받은 금액의 전부 또는 일부의 반환을 명할 수 있다.
② 국가 또는 지방자치단체는 거짓이나 그 밖의 부정한 방법으로 이 법에 따라 보조 또는 융자를 받은 자에게 대통령령으로 정하는 바에 따라 보조 또는 융자받은 금액의 전부 또는 일부의 반환을 명할 수 있다.
③ 제1항 및 제2항에 따라 반환명령을 받은 자는 상환기간 전이라도 반환명령을 받은 금액을 상환하여야 한다.

제95조의2(특수형태근로종사자에 대한 특례) 「산업재해보상보험법」 제125조에 따라 산재보험의 적용을 받는 특수형태근로종사자는 제2조제1호에도 불구하고 제19조부터 제27조까지 및 제31조를 적용할 때에는 그 사업의 근로자로 본다. 다만, 「고용보험 및 산업재해보상보험의 보험료징수 등에 관한 법률」로 정하는 바에 따라 공단에 적용 제외를 신청한 경우에는 그러하지 아니한다.
[본조신설 2015.7.20.]

제6장 벌칙

제96조(벌칙) 다음 각 호의 어느 하나에 해당하는 자는 1년 이하의 징역 또는 3천만원 이하의 벌금에 처한다.

1. 제42조의2제1항 각 호에 해당하는 행위를 한 자
2. 제42조의2제2항을 위반하여 같은 조 제1항의 위반 사실을 신고 또는 증언하거나 증거를 제출하였다는 이유로 우리사주조합원에 대하여 해고 또는 그 밖의 불리한 처우를 한 자
[본조신설 2014.1.28.]
[종전 제96조는 제97조로 이동 <2014.1.28.>]

제97조(벌칙) 다음 각 호의 어느 하나에 해당하는 자는 1년 이하의 징역 또는 1천만원 이하의 벌금에 처한다. <개정 2014.5.20., 2015.7.20.>

1. 제62조(제86조의11에서 준용하는 경우를 포함한다) 및 제63조(제86조의11에서 준용하는 경우를 포함한다)를 위반하여 기금법인을 운영한 이사
2. 제67조(제86조의11에서 준용하는 경우를 포함한다)에 따른 기금법인의 부동산 소유 금지를 위반한 기금법인의 이사 및 해당 사업의 사용자
3. 제68조제1항(제86조의11에서 준용하는 경우를 포함한다)을 위반하여 근로복지제도 또는 근로복지시설의 운영을 중단하거나, 이를 감축한 사용자
4. 제71조 및 제86조의8에 따른 해산한 기금법인의 재산처리 방법을 위반한 청산인
5. 제78조(제86조의11에서 준용하는 경우를 포함한다)를 위반하여 직무수행과 관련하여 알게 된 비밀을 누설하거나, 기금법인의 사업과 관련하여 겸직 또는 자기거래를 한 복지기금협의회의 위원, 이사 및 감사
[제96조에서 이동, 종전 제97조는 제98조로 이동 <2014.1.28.>]

제98조(양벌규정) 법인의 대표자나 법인 또는 개인의 대리인, 사용인, 그 밖의 종업원이 그 법인 또는 개인의 업무에 관하여 제96조 또는 제97조의 위반행위를 하면 그 행위자를 벌하는 외에 그 법인 또는 개인에게도 해당 조문의 벌금형을 과(科)한다. 다만, 법인 또는 개인이 그 위반행위를 방지하기 위하여 해당 업무에 관하여 상당한 주의와 감독을 게을리하지 아니한 경우에는 그러하지 아니하다. <개정 2014.1.28.>

[제97조에서 이동, 종전 제98조는 제99조로 이동 <2014.1.28.>]

제99조(과태료) ① 제69조(제86조의11에서 준용하는 경우를 포함한다)에 따른 시정명령을 위반한 사용자 또는 기금법인에는 500만원 이하의 과태료를 부과한다. <개정 2015.7.20.>
② 제6조를 위반하여 근로복지를 위하여 이 법에 따라 보조 또는 융자받은 자금을 목적 외 용도에 사용한 자에게는 300만원 이하의 과태료를 부과한다.
③ 다음 각 호의 어느 하나에 해당하는 자에게는 200만원 이하의 과태료를 부과한다. <개정 2015.7.20.>
1. 제57조(제86조의11에서 준용하는 경우를 포함한다) 또는 제65조(제86조의11에서 준용하는 경우를 포함한다)를 위반하여 해당 서류를 작성·보관하지 아니한 기금법인
2. 제93조제1항제3호(제86조의11에서 준용하는 경우를 포함한다)에 따른 요구에 따르지 아니하여 보고를 하지 아니하거나 거짓의 보고를 한 자, 필요한 명령에 따르지 아니한 자 또는 공무원의 검사를 거부·방해하거나 기피한 자
④ 다음 각 호의 어느 하나에 해당하는 자에게는 100만원 이하의 과태료를 부과한다. <개정 2015.7.20.>
1. 제35조제3항 단서, 제4항, 제5항 및 제7항을 위반한 우리사주조합의 대표자
2. 제37조를 위반하여 해당 계정 처리방법에 따라 구분·관리하지 아니한 우리사주조합의 대표자
3. 제43조제1항을 위반하여 우리사주를 예탁한 우리사주조합의 대표자
4. 제43조제3항을 위반하여 예탁된 우리사주를 양도하거나 담보로 제공한 우리사주조합의 대표자 또는 우리사주조합원
5. 제46조에 따른 우리사주조합의 의결권 행사방법을 위반한 우리사주조합의 대표자
6. 제47조에 따른 우리사주조합의 해산절차를 위반한 청산인
7. 제93조제1항제1호 및 제2호에 따른 요구에 따르지 아니하여 보고를 하지 아니하거나 거짓의 보고를 한 자, 필요한 명령에 따르지 아니한 자 또는 공무원의 검사를 거부·방해하거나 기피한 자
8. 제93조제2항에 따른 요구에 따르지 아니하여 보고를 하지 아니하거나 거짓의 보고를 한 자, 자료를 제출하지 아니하거나 거짓으로 기재한 자료를 제출한 자, 그 밖에 감독상 필요한 명령에 따르지 아니한 자 또는 같은 항에 따른 검사를 거부·방해하거나 기피한 자
⑤ 제1항부터 제4항까지의 규정에 따른 과태료는 대통령령으로 정하는 바에 따라 고용노동부장관이 부과·징수한다.
[제98조에서 이동 <2014.1.28.>]

부칙
<법률 제15587호, 2018.4.17.>

이 법은 공포한 날부터 시행한다.

근로자참여 및 협력증진에 관한 법률

(약칭: 근로자참여법)

[시행 2016.1.27.]
[법률 제13903호, 2016.1.27., 일부개정]

제1장 총칙
<개정 2007.12.27.>

제1조(목적) 이 법은 근로자와 사용자 쌍방이 참여와 협력을 통하여 노사 공동의 이익을 증진함으로써 산업 평화를 도모하고 국민경제 발전에 이바지함을 목적으로 한다.
[전문개정 2007.12.27.]

제2조(신의성실의 의무) 근로자와 사용자는 서로 신의를 바탕으로 성실하게 협의에 임하여야 한다.
[전문개정 2007.12.27.]

제3조(정의) 이 법에서 사용하는 용어의 뜻은 다음과 같다.
1. "노사협의회"란 근로자와 사용자가 참여와 협력을 통하여 근로자의 복지증진과 기업의 건전한 발전을 도모하기 위하여 구성하는 협의기구를 말한다.
2. "근로자"란 「근로기준법」 제2조에 따른 근로자를 말한다.
3. "사용자"란 「근로기준법」 제2조에 따른 사용자를 말한다.
[전문개정 2007.12.27.]

제4조(노사협의회의 설치) ① 노사협의회(이하 "협의회"라 한다)는 근로조건에 대한 결정권이 있는 사업이나 사업장 단위로 설치하여야 한다. 다만, 상시(常時) 30명 미만의 근로자를 사용하는 사업이나 사업장은 그러하지 아니하다.
② 하나의 사업에 지역을 달리하는 사업장이 있을 경우에는 그 사업장에도 설치할 수 있다.
[전문개정 2007.12.27.]

제5조(노동조합과의 관계) 노동조합의 단체교섭이나 그 밖의 모든 활동은 이 법에 의하여 영향을 받지 아니한다.
[전문개정 2007.12.27.]

제2장 협의회의 구성
<개정 2007.12.27.>

제6조(협의회의 구성) ① 협의회는 근로자와 사용자를 대표하는 같은 수의 위원으로 구성하되, 각 3명 이상 10명 이하로 한다.
② 근로자를 대표하는 위원(이하 "근로자위원"이라 한다)은 근로자가 선출하되, 근로자의 과반수로 조직된 노동조합이 있는 경우에는 노동조합의 대표자와 그 노동조합이 위촉하는 자로 한다.
③ 사용자를 대표하는 위원(이하 "사용자위원"이라 한다)은 해당 사업이나 사업장의 대표자와 그 대표자가 위촉하는 자로 한다.
④ 근로자위원이나 사용자위원의 선출과 위촉에 필요한 사항은 대통령령으로 정한다.
[전문개정 2007.12.27.]

제7조(의장과 간사) ① 협의회에 의장을 두며, 의장은 위원 중에서 호선(互選)한다. 이 경우 근로자위원과 사용자위원 중 각 1명을 공동의장으로 할 수 있다.
② 의장은 협의회를 대표하며 회의 업무를 총괄한다.
③ 노사 쌍방은 회의 결과의 기록 등 사무를 담당하는 간사 1명을 각각 둔다.
[전문개정 2007.12.27.]

제8조(위원의 임기) ① 위원의 임기는 3년으로 하되, 연임할 수 있다.
② 보궐위원의 임기는 전임자 임기의 남은 기간으로 한다.
③ 위원은 임기가 끝난 경우라도 후임자가 선출될 때까지 계속 그 직무를 담당한다.
[전문개정 2007.12.27.]

제9조(위원의 신분) ① 위원은 비상임·무보수로 한다.
② 사용자는 협의회 위원으로서의 직무 수행과 관련하여 근로자위원에게 불이익을 주는 처분을 하여서는 아니 된다.
③ 위원의 협의회 출석 시간과 이와 직접 관련된 시간으로서 제18조에 따른 협의회규정으로 정한 시간은 근로한 시간으로 본다.
[전문개정 2007.12.27.]

제10조(사용자의 의무) ① 사용자는 근로자위원의 선출에 개입하거나 방해하여서는 아니 된다.
② 사용자는 근로자위원의 업무를 위하여 장소의 사용 등 기본적인 편의를 제공하여야 한다.
[전문개정 2007.12.27.]

제11조(시정명령) 고용노동부장관은 사용자가 제9조제2항을 위반하여 근로자위원에게 불이익을 주는 처분을 하거나 제10조제1항을 위반하여 근로자위원의 선출에 개입하거나 방해하는 경우에는 그 시정(是正)을 명할 수 있다. <개정 2010.6.4.>
[전문개정 2007.12.27.]

제3장 협의회의 운영
<개정 2007.12.27.>

제12조(회의) ① 협의회는 3개월마다 정기적으로 회의를 개최하여야 한다.
② 협의회는 필요에 따라 임시회의를 개최할 수 있다.
[전문개정 2007.12.27.]

제13조(회의 소집) ① 의장은 협의회의 회의를 소집하며 그 의장이 된다.
② 의장은 노사 일방의 대표자가 회의의 목적을 문서로 밝혀 회의의 소집을 요구하면 그 요구에 따라야 한다.
③ 의장은 회의 개최 7일 전에 회의 일시, 장소, 의제 등을 각 위원에게 통보하여야 한다.
[전문개정 2007.12.27.]

제13조의2[제14조로 이동 <2007.12.27.>]

제14조(자료의 사전 제공) 근로자위원은 제13조제3항에 따라 통보된 의제 중 제20조제1항의 협의 사항 및 제21조의 의결 사항과 관련된 자료를 협의회 회의 개최 전에 사용자에게 요구할 수 있으며 사용자는 이에 성실히 따라야 한다. 다만, 그 요구 자료가 기업의 경영·영업상의 비밀이나 개인정보에 해당하는 경우에는 그러하지 아니하다.
[전문개정 2007.12.27.]
[제13조의2에서 이동, 종전 제14조는 제15조로 이동 <2007.12.27.>]

제15조(정족수) 회의는 근로자위원과 사용자위원 각 과반수의 출석으로 개최하고 출석위원 3분의 2 이상의 찬성으로 의결한다.
[전문개정 2007.12.27.]
[제14조에서 이동, 종전 제15조는 제16조로 이동 <2007.12.27.>]

제16조(회의의 공개) 협의회의 회의는 공개한다. 다만, 협의회의 의결로 공개하지 아니할 수 있다.
[전문개정 2007.12.27.]
[제15조에서 이동, 종전 제16조는 제17조로 이동 <2007.12.27.>]

제17조(비밀 유지) 협의회의 위원은 협의회에서 알게 된 비밀을 누설하여서는 아니 된다.
[전문개정 2007.12.27.]
[제16조에서 이동, 종전 제17조는 제18조로 이동 <2007.12.27.>]

제18조(협의회규정) ① 협의회는 그 조직과 운영에 관한 규정(이하 "협의회규정"이라 한다)을 제정하고 협의회를 설치한 날부터 15일 이내에 고용노동부장관에게 제출하여야 한다. 이를 변경한 경우에도 또한 같다. <개정 2010.6.4.>
② 협의회규정의 규정 사항과 그 제정·변경 절차 등에 관하여 필요한 사항은 대통령령으로 정한다.
[전문개정 2007.12.27.]
[제17조에서 이동, 종전 제18조는 제19조로 이동 <2007.12.27.>]

제19조(회의록 비치) ① 협의회는 다음 각 호의 사항을 기록한 회의록을 작성하여 갖추어 두어야 한다.
1. 개최 일시 및 장소
2. 출석 위원
3. 협의 내용 및 의결된 사항
4. 그 밖의 토의사항
② 제1항에 따른 회의록은 작성한 날부터 3년간 보존하여야 한다.
[전문개정 2007.12.27.]
[제18조에서 이동, 종전 제19조는 제20조로 이동 <2007.12.21.>]

제4장 협의회의 임무
<개정 2007.12.27.>

제20조(협의 사항) ① 협의회가 협의하여야 할 사항은 다음 각 호와 같다.
1. 생산성 향상과 성과 배분
2. 근로자의 채용·배치 및 교육훈련
3. 근로자의 고충처리
4. 안전, 보건, 그 밖의 작업환경 개선과 근로자의 건강증진
5. 인사·노무관리의 제도 개선
6. 경영상 또는 기술상의 사정으로 인한 인력의 배치전환·재훈련·해고 등 고용조정의 일반원칙
7. 작업과 휴게 시간의 운용
8. 임금의 지불방법·체계·구조 등의 제도 개선
9. 신기계·기술의 도입 또는 작업 공정의 개선
10. 작업 수칙의 제정 또는 개정
11. 종업원지주제(從業員持株制)와 그 밖에 근로자의 재산형성에 관한 지원
12. 직무 발명 등과 관련하여 해당 근로자에 대한 보상에 관한 사항
13. 근로자의 복지증진
14. 사업장 내 근로자 감시 설비의 설치
15. 여성근로자의 모성보호 및 일과 가정생활의 양립을 지원하기 위한 사항
16. 그 밖의 노사협조에 관한 사항
② 협의회는 제1항 각 호의 사항에 대하여 제15조의 정족수에 따라 의결할 수 있다.
[전문개정 2007.12.27.]
[제19조에서 이동, 종전 제20조는 제21조로 이동 <2007.12.27.>]

제21조(의결 사항) 사용자는 다음 각 호의 어느 하나에 해당하는 사항에 대하여는 협의회의 의결을 거쳐야 한다.
1. 근로자의 교육훈련 및 능력개발 기본계획의 수립
2. 복지시설의 설치와 관리
3. 사내근로복지기금의 설치
4. 고충처리위원회에서 의결되지 아니한 사항
5. 각종 노사공동위원회의 설치
[전문개정 2007.12.27.]
[제20조에서 이동, 종전 제21조는 제22조로 이동 <2007.12.27.>]

제22조(보고 사항 등) ① 사용자는 정기회의에 다음 각 호의 어느 하나에 해당하는 사항에 관하여 성실하게 보고하거나 설명하여야 한다.
1. 경영계획 전반 및 실적에 관한 사항
2. 분기별 생산계획과 실적에 관한 사항
3. 인력계획에 관한 사항
4. 기업의 경제적·재정적 상황
② 근로자위원은 근로자의 요구사항을 보고하거나 설명할 수 있다.
③ 근로자위원은 사용자가 제1항에 따른 보고와 설명을 이행하지 아니하는 경우에는 제1항 각 호에 관한 자료를 제출하도록 요구할 수 있으며 사용자는 그 요구에 성실히 따라야 한다.
[전문개정 2007.12.27.]
[제21조에서 이동, 종전 제22조는 제23조로 이동 <2007.12.27.>]

제23조(의결 사항의 공지) 협의회는 의결된 사항을 신속히 근로자에게 널리 알려야 한다.
[전문개정 2007.12.27.]
[제22조에서 이동, 종전 제23조는 제24조로 이동 <2007.12.27.>]

제24조(의결 사항의 이행) 근로자와 사용자는 협의회에서 의결된 사항을 성실하게 이행하여야 한다.
[전문개정 2007.12.27.]
[제23조에서 이동, 종전 제24조는 제25조로 이동 <2007.12.27.>]

제25조(임의 중재) ① 협의회는 다음 각 호의 어느 하나에 해당하는 경우에는 근로자위원과 사용자위원의 합의로 협의회에 중재기구(仲裁機構)를 두어 해결하거나 노동위원회나 그 밖의 제삼자에 의한 중재를 받을 수 있다.
1. 제21조에 따른 의결 사항에 관하여 협의회가 의결하지 못한 경우
2. 협의회에서 의결된 사항의 해석이나 이행 방법 등에 관하여 의견이 일치하지 아니하는 경우
② 제1항에 따른 중재 결정이 있으면 협의회의 의결을 거친 것으로 보며 근로자와 사용자는 그 결정에 따라야 한다.
[전문개정 2007.12.27.]
[제24조에서 이동, 종전 제25조는 제26조로 이동 <2007.12.27.>]

제5장 고충처리
<개정 2007.12.27.>

제26조(고충처리위원) 모든 사업 또는 사업장에는 근로자의 고충을 청취하고 이를 처리하기 위하여 고충처리위원을 두어야 한다. 다만, 상시 30명 미만의 근로자를 사용하는 사업이나 사업장은 그러하지 아니하다.
[전문개정 2007.12.27.]
[제25조에서 이동, 종전 제26조는 제27조로 이동 <2007.12.27.>]

제27조(고충처리위원의 구성 및 임기) ① 고충처리위원은 노사를 대표하는 3명 이내의 위원으로 구성하되, 협의회가 설치되어 있는 사업이나 사업장의 경우에는 협의회가 그 위원 중에서 선임하고, 협의회가 설치되어 있지 아니한 사업이나 사업장의 경우에는 사용자가 위촉한다.
② 위원의 임기에 관하여는 협의회 위원의 임기에 관한 제8조를 준용한다.
[전문개정 2007.12.27.]
[제26조에서 이동, 종전 제27조는 제28조로 이동 <2007.12.27.>]

제28조(고충의 처리) ① 고충처리위원은 근로자로부터 고충사항을 청취한 경우에는 10일 이내에 조치 사항과 그 밖의 처리결과를 해당 근로자에게 통보하여야 한다.
② 고충처리위원이 처리하기 곤란한 사항은 협의회의 회의에 부쳐 협의 처리한다.
[전문개정 2007.12.27.]
[제27조에서 이동 <2007.12.27.>]

제6장 보칙
<개정 2007.12.21.>

제29조(권한의 위임) 이 법에 따른 고용노동부장관의 권한은 대통령령으로 정하는 바에 따라 그 일부를 지방고용노동관서의 장에게 위임할 수 있다. <개정 2010.6.4.>
[전문개정 2007.12.27.]

제7장 벌칙
<개정 2007.12.21.>

제30조(벌칙) 다음 각 호의 어느 하나에 해당하는 자는 1천만원 이하의 벌금에 처한다.
1. 제4조제1항에 따른 협의회의 설치를 정당한 사유 없이 거부하거나 방해한 자
2. 제24조를 위반하여 협의회에서 의결된 사항을 정당한 사유 없이 이행하지 아니한 자
3. 제25조제2항을 위반하여 중재 결정의 내용을 정당한 사유 없이 이행하지 아니한 자
[전문개정 2007.12.27.]

제31조(벌칙) 사용자가 정당한 사유 없이 제11조에 따른 시정명령을 이행하지 아니하거나 제22조제3항에 따른 자료제출 의무를 이행하지 아니하면 500만원 이하의 벌금에 처한다.
[전문개정 2007.12.27.]

제32조(벌칙) 사용자가 제12조제1항을 위반하여 협의회를 정기적으로 개최하지 아니하거나 제26조에 따른 고충처리위원을 두지 아니한 경우에는 200만원 이하의 벌금에 처한다.
[전문개정 2007.12.27.]

제33조(과태료) ① 사용자가 제18조를 위반하여 협의회규정을 제출하지 아니한 때에는 200만원 이하의 과태료를 부과한다.
② 제1항에 따른 과태료는 대통령령으로 정하는 바에 따라 고용노동부장관이 부과 · 징수한다. <개정 2010.6.4.>
③ 삭제 <2016.1.27.>
④ 삭제 <2016.1.27.>
⑤ 삭제 <2016.1.27.>
[전문개정 2007.12.27.]

부칙
<제13903호, 2016.1.27.>

이 법은 공포한 날부터 시행한다.

근로자퇴직급여 보장법

(약칭: 퇴직급여법)

[시행 2018.7.1.]
[법률 제15664호, 2018.6.12., 일부개정]

제1장 총칙

제1조(목적) 이 법은 근로자 퇴직급여제도의 설정 및 운영에 필요한 사항을 정함으로써 근로자의 안정적인 노후생활 보장에 이바지함을 목적으로 한다.

■판례 - 퇴직연금반환등청구

근로자퇴직급여 보장법 제7조 제1항이 근로기준법 제2조 제1항 제1호에 따른 근로자에게만 적용되는지 여부(적극) 및 주식회사의 대표이사에게 적용되는지 여부(소극) [대법원 2016.12.1, 선고, 2015다244333, 판결]

제2조(정의) 이 법에서 사용하는 용어의 뜻은 다음과 같다.
1. "근로자"란「근로기준법」제2조제1항제1호에 따른 근로자를 말한다.
2. "사용자"란「근로기준법」제2조제1항제2호에 따른 사용자를 말한다.
3. "임금"이란「근로기준법」제2조제1항제5호에 따른 임금을 말한다.
4. "평균임금"이란「근로기준법」제2조제1항제6호에 따른 평균임금을 말한다.
5. "급여"란 퇴직급여제도나 제25조에 따른 개인형퇴직연금제도에 의하여 근로자에게 지급되는 연금 또는 일시금을 말한다.
6. "퇴직급여제도"란 확정급여형퇴직연금제도, 확정기여형퇴직연금제도 및 제8조에 따른 퇴직금제도를 말한다.
7. "퇴직연금제도"란 확정급여형퇴직연금제도, 확정기여형퇴직연금제도 및 개인형퇴직연금제도를 말한다.
8. "확정급여형퇴직연금제도"란 근로자가 받을 급여의 수준이 사전에 결정되어 있는 퇴직연금제도를 말한다.
9. "확정기여형퇴직연금제도"란 급여의 지급을 위하여 사용자가 부담하여야 할 부담금의 수준이 사전에 결정되어 있는 퇴직연금제도를 말한다.
10. "개인형퇴직연금제도"란 가입자의 선택에 따라 가입자가 납입한 일시금이나 사용자 또는 가입자가 납입한 부담금을 적립·운용하기 위하여 설정한 퇴직연금제도로서 급여의 수준이나 부담금의 수준이 확정되지 아니한 퇴직연금제도를 말한다.
11. "가입자"란 퇴직연금제도에 가입한 사람을 말한다.
12. "적립금"이란 가입자의 퇴직 등 지급사유가 발생할 때에 급여를 지급하기 위하여 사용자 또는 가입자가 납입한 부담금으로 적립된 자금을 말한다.
13. "퇴직연금사업자"란 퇴직연금제도의 운용관리업무 및 자산관리업무를 수행하기 위하여 제26조에 따라 등록한 자를 말한다.

제3조(적용범위) 이 법은 근로자를 사용하는 모든 사업 또는 사업장(이하 "사업"이라 한다)에 적용한다. 다만, 동거하는 친족만을 사용하는 사업 및 가구 내 고용활동에는 적용하지 아니한다.

제2장 퇴직급여제도의 설정

제4조(퇴직급여제도의 설정) ① 사용자는 퇴직하는 근로자에게 급여를 지급하기 위하여 퇴직급여제도 중 하나 이상의 제도를 설정하여야 한다. 다만, 계속근로기간이 1년 미만인 근로자, 4주간을 평균하여 1주간의 소정근로시간이 15시간 미만인 근로자에 대하여는 그러하지 아니하다.
② 제1항에 따라 퇴직급여제도를 설정하는 경우에 하나의 사업에서 급여 및 부담금 산정방법의 적용 등에 관하여 차등을 두어서는 아니 된다.
③ 사용자가 퇴직급여제도를 설정하거나 설정된 퇴직급여제도를 다른 종류의 퇴직급여제도로 변경하려는 경우에는 근로자의 과반수가 가입한 노동조합이 있는 경우에는 그 노동조합, 근로자의 과반수가 가입한 노동조합이 없는 경우에는 근로자 과반수(이하 "근로자대표"라 한다)의 동의를 받아야 한다.
④ 사용자가 제3항에 따라 설정되거나 변경된 퇴직급여제도의 내용을 변경하려는 경우에는 근로자대표의 의견을 들어야 한다. 다만, 근로자에게 불리하게 변경하려는 경우에는 근로자대표의 동의를 받아야 한다.

제5조(새로 성립된 사업의 퇴직급여제도) 법률 제10967호 근로자퇴직급여 보장법 전부개정법률 시행일 이후 새로 성립(합병·분할된 경우는 제외한다)된 사업의 사용자는 근로자대표의 의견을 들어 사업의 성립 후 1년 이내에 확정급여형퇴직연금제도나 확정기여형퇴직연금제도를 설정하여야 한다.

제6조(가입자에 대한 둘 이상의 퇴직연금제도 설정) ① 사용자가 가입자에 대하여 확정급여형퇴직연금제도 및 확정기여형퇴직연금제도를 함께 설정하는 경우 제15조 및 제20조제1항에도 불구하고 확정급여형퇴직연금제도의 급여 및 확정기여형퇴직연금제도의 부담금 수준은 다음 각 호에 따른다.
1. 확정급여형퇴직연금제도의 급여: 제15조에 따른 급여수준에 확정급여형퇴직연금규약으로 정하는 설정 비율을 곱한 금액
2. 확정기여형퇴직연금제도의 부담금: 제20조제1항의 부담금의 부담 수준에 확정기여형퇴직연금규약으로 정하는 설정 비율을 곱한 금액
② 사용자는 제1항제1호 및 제2호에 따른 각각의 설정 비율의 합이 1 이상이 되도록 퇴직연금규약을 정하여 퇴직연금제도를 설정하여야 한다.

제7조(수급권의 보호) ① 퇴직연금제도의 급여를 받을 권리는 양도하거나 담보로 제공할 수 없다.
② 제1항에도 불구하고 가입자는 주택구입 등 대통령령으로 정하는 사유와 요건을 갖춘 경우에는 대통령령으로 정하는 한도에서 퇴직연금제도의 급여를 받을 권리를 담보로 제공할 수 있다. 이 경우 제26조에 따라 등록한 퇴직연금사업자는 제공된 급여를 담보로 한 대출이 이루어지도록 협조하여야 한다.

제8조(퇴직금제도의 설정 등) ① 퇴직금제도를 설정하려는 사용자는 계속근로기간 1년에 대하여 30일분 이상의 평균임금을 퇴직금으로 퇴직 근로자에게 지급할 수 있는 제도를 설정하여야 한다.
② 제1항에도 불구하고 사용자는 주택구입 등 대통령령으로 정하는 사유로 근로자가 요구하는 경우에는 근로자가 퇴직하기 전에 해당 근로자의 계속근로기간에 대한 퇴직금을 미리 정산하여 지급할 수 있다. 이 경우 미리 정산하여 지급한 후의 퇴직금 산정을 위한 계속근로기간은 정산시점부터 새로 계산한다.

■**판례 - 부당이득금반환**

임용행위가 당연무효이거나 취소된 공무원(이하 이를 통칭하여 '임용결격공무원 등'이라 한다)의 공무원 임용 시부터 퇴직 시까지의 사실상의 근로(이하 '이 사건 근로'라 한다)는 법률상 원인 없이 제공된 것으로서, 국가 및 지방자치단체는 이 사건 근로를 제공받아 이득을 얻은 반면 임용결격공무원 등은 이 사건 근로를 제공하는 손해를 입었다 할 것이므로, 손해의 범위 내에서 국가 및 지방자치단체는 위 이득을 민법 제741조에 의한 부당이득으로 반환할 의무가 있다. 즉, 국가 또는 지방자치단체는 공무원연금법이 적용될 수 있었던 임용결격공무원 등의 이 사건 근로 제공과 관련하여 매월 지급한 월 급여 외에 공무원연금법상 퇴직급여의 지급을 면하는 이익을 얻는데, 퇴직급여 가운데 임용결격공무원 등이 스스로 적립한 기여금 관련 금액은 임용기간 중의 이 사건 근로의 대가에 해당하고, 기여금을 제외한 나머지 금액 중 순수한 근로에 대한 대가로서 지급되는 부분(공무원의 지위에 대한 공로보상적, 사회보장적 차원에서 지급되는 부분을 제외하는 취지이다) 상당액이 퇴직에 따라 이 사건 근로의 대가로 지급되는 금액이라 할 수 있다. 한편 근로자퇴직급여 보장법 제8조에서 정한 퇴직금 제도는 퇴직하는 근로자의 근로조건에 대한 최하한의 기준으로서 본질적으로 근로제공의 대가인 후불적 임금의 성질을 지니고 있음에 비추어 보면, 퇴직에 따라 지급받을 수 있는 이 사건 근로의 대가라고 평가될 수 있는 금액은 적어도 근로자퇴직급여 보장법상 퇴직금 상당액으로 볼 수 있으므로, 임용결격공무원 등은 이 사건 근로를 제공함으로써 그 상당의 손해를 입는다고 할 수 있다. 그리고 앞에서 본 것과 같이 부당이득은 손해액과 이득액 중 적은 범위 내에서 반환의무를 지므로, 위와 같이 임용결격공무원 등이 입은 손해, 즉 임용기간 중 이 사건 근로의 대가로서의 손해액에 해당하는 공무원연금법상 기여금 관련 금액 및 퇴직에 따라 지급받을 수 있는 이 사건 근로의 대가로서의 손해액에 해당하는 근로자퇴직급여 보장법상 퇴직금 상당액의 합계가 국가 또는 지방자치단체의 이득액에 해당하는 공무원연금법상 퇴직급여 상당액을 넘는 경우에, 국가 또는 지방자치단체가 반환하여야 할 부당이득액은 공무원연금법상 퇴직급여 상당액으로 제한된다. [대법원 2017.5.11. 선고, 2012다200486, 판결]

제9조(퇴직금의 지급) 사용자는 근로자가 퇴직한 경우에는 그 지급사유가 발생한 날부터 14일 이내에 퇴직금을 지급하여야 한

다. 다만, 특별한 사정이 있는 경우에는 당사자 간의 합의에 따라 지급기일을 연장할 수 있다.

제10조(퇴직금의 시효) 이 법에 따른 퇴직금을 받을 권리는 3년간 행사하지 아니하면 시효로 인하여 소멸한다.

제11조(퇴직급여제도의 미설정에 따른 처리) 제4조제1항 본문 및 제5조에도 불구하고 사용자가 퇴직급여제도나 제25조제1항에 따른 개인형퇴직연금제도를 설정하지 아니한 경우에는 제8조제1항에 따른 퇴직금제도를 설정한 것으로 본다.

제12조(퇴직급여등의 우선변제) ① 사용자에게 지급의무가 있는 퇴직금, 제15조에 따른 확정급여형퇴직연금제도의 급여, 제20조제3항에 따른 확정기여형퇴직연금제도의 부담금 중 미납입 부담금 및 미납입 부담금에 대한 지연이자, 제25조제2항제4호에 따른 개인형퇴직연금제도의 부담금 중 미납입 부담금 및 미납입 부담금에 대한 지연이자(이하 "퇴직급여등"이라한다)는 사용자의 총재산에 대하여 질권 또는 저당권에 의하여 담보된 채권을 제외하고는 조세·공과금 및 다른 채권에 우선하여 변제되어야 한다. 다만, 질권 또는 저당권에 우선하는 조세·공과금에 대하여는 그러하지 아니하다.
② 제1항에도 불구하고 최종 3년간의 퇴직급여등은 사용자의 총재산에 대하여 질권 또는 저당권에 의하여 담보된 채권, 조세·공과금 및 다른 채권에 우선하여 변제되어야 한다.
③ 퇴직급여등 중 퇴직금, 제15조에 따른 확정급여형퇴직연금제도의 급여는 계속근로기간 1년에 대하여 30일분의 평균임금으로 계산한 금액으로 한다.
④ 퇴직급여등 중 제20조제1항에 따른 확정기여형퇴직연금제도의 부담금 및 제25조제2항제2호에 따른 개인형퇴직연금제도의 부담금은 가입자의 연간 임금총액의 12분의 1에 해당하는 금액으로 계산한 금액으로 한다.

■**판례 - 배당이의**

근로기준법 제38조 제2항에 따른 최종 3개월분의 임금, 재해보상금과 구 근로자퇴직급여 보장법(2011. 7. 25. 법률 제10967호로 전부 개정되기 전의 것) 제11조 제2항에 따른 최종 3년간

의 퇴직금에 해당하는 채권은 사용자의 총재산에 대하여 질권·저당권 또는 동산·채권 등의 담보에 관한 법률에 따른 담보권에 따라 담보된 채권, 조세·공과금 및 다른 채권에 우선하여 변제되어야 한다. 이는 근로자의 최저생활을 보장하고자 하는 공익적 요청에서 일반 담보물권의 효력을 일부 제한하고 임금채권의 우선변제권을 규정한 것으로서 규정의 취지는 최종 3개월분의 임금 등에 관한 채권은 다른 채권과 동시에 사용자의 동일재산에서 경합하여 변제받는 경우에 성립의 선후나 질권이나 저당권의 설정 여부에 관계없이 우선적으로 변제받을 수 있는 권리가 있을 뿐이므로, 근로기준법 등에 따라 우선변제청구권을 갖는 임금채권자라고 하더라도 강제집행절차나 임의경매절차에서 배당요구의 종기까지 적법하게 배당요구를 하여야만 우선배당을 받을 수 있는 것이 원칙이다. 여기서 최종 3개월분의 임금은 배당요구 이전에 이미 근로관계가 종료된 근로자의 경우에는 근로관계 종료일부터 소급하여 3개월 사이에 지급사유가 발생한 임금 중 미지급분, 배당요구 당시에도 근로관계가 종료되지 않은 근로자의 경우에는 배당요구 시점부터 소급하여 3개월 사이에 지급사유가 발생한 임금 중 미지급분을 말한다. 그리고 최종 3년간의 퇴직금도 이와 같이 보아야 하므로, 배당요구 종기일 이전에 퇴직금 지급사유가 발생하여야 한다. [대법원 2015.8.19, 선고, 2015다204762, 판결]

제3장 확정급여형퇴직연금제도

제13조(확정급여형퇴직연금제도의 설정) 확정급여형퇴직연금제도를 설정하려는 사용자는 제4조제3항 또는 제5조에 따라 근로자대표의 동의를 얻거나 의견을 들어 다음 각 호의 사항을 포함한 확정급여형퇴직연금규약을 작성하여 고용노동부장관에게 신고하여야 한다.
1. 퇴직연금사업자 선정에 관한 사항
2. 가입자에 관한 사항
3. 가입기간에 관한 사항
4. 급여수준에 관한 사항
5. 급여 지급능력 확보에 관한 사항
6. 급여의 종류 및 수급요건 등에 관한 사항
7. 제28조에 따른 운용관리업무 및 제29조에 따른 자산관리업무의 수행을 내용으로 하는 계약의 체결 및 해지와 해지에 따른 계약의 이전(移轉)에 관한 사항
8. 운용현황의 통지에 관한 사항
9. 가입자의 퇴직 등 급여 지급사유 발생과 급여의 지급절차에 관한 사항
10. 퇴직연금제도의 폐지·중단 사유 및

절차 등에 관한 사항

11. 그 밖에 확정급여형퇴직연금제도의 운영을 위하여 대통령령으로 정하는 사항

제14조(가입기간) ① 제13조제3호에 따른 가입기간은 퇴직연금제도의 설정 이후 해당 사업에서 근로를 제공하는 기간으로 한다.
② 해당 퇴직연금제도의 설정 전에 해당 사업에서 제공한 근로기간에 대하여도 가입기간으로 할 수 있다. 이 경우 제8조제2항에 따라 퇴직금을 미리 정산한 기간은 제외한다.

제15조(급여수준) 제13조제4호의 급여 수준은 가입자의 퇴직일을 기준으로 산정한 일시금이 계속근로기간 1년에 대하여 30일분의 평균임금에 상당하는 금액 이상이 되도록 하여야 한다.

제16조(급여 지급능력 확보 등) ① 확정급여형퇴직연금제도를 설정한 사용자는 급여 지급능력을 확보하기 위하여 매 사업연도 말 다음 각 호에 해당하는 금액 중 더 큰 금액(이하 "기준책임준비금"이라 한다)에 100분의 60 이상으로 대통령령으로 정하는 비율을 곱하여 산출한 금액(이하 "최소적립금"이라 한다) 이상을 적립금으로 적립하여야 한다. 다만, 제14조제2항에 따라 해당 퇴직연금제도 설정 이전에 해당 사업에서 근로한 기간을 가입기간에 포함시키는 경우 대통령령으로 정하는 비율에 따른다.
1. 매 사업연도 말일 현재를 기준으로 산정한 가입자의 예상 퇴직시점까지의 가입기간에 대한 급여에 드는 비용 예상액의 현재가치에서 장래 근무기간분에 대하여 발생하는 부담금 수입 예상액의 현재가치를 뺀 금액으로서 고용노동부령으로 정하는 방법에 따라 산정한 금액
2. 가입자와 가입자였던 사람의 해당 사업연도 말일까지의 가입기간에 대한 급여에 드는 비용 예상액을 고용노동부령으로 정하는 방법에 따라 산정한 금액
② 확정급여형퇴직연금제도의 운용관리업무를 수행하는 퇴직연금사업자는 매 사업연도 종료 후 6개월 이내에 고용노동부령으로 정하는 바에 따라 산정된 적립금이 최소적립금을 상회하고 있는지 여부를 확인하여 그 결과를 대통령령으로 정하는 바에 따라 사용자에게 알려야 한다. 다만,

최소적립금보다 적은 경우에는 그 확인 결과를 근로자대표에게도 알려야 한다.
③ 사용자는 제2항에 따른 확인 결과 적립금이 대통령령으로 정하는 수준에 미치지 못하는 경우에는 대통령령으로 정하는 바에 따라 적립금 부족을 해소하여야 한다.
④ 제2항에 따른 확인 결과 매 사업연도 말 적립금이 기준책임준비금을 초과한 경우 사용자는 그 초과분을 향후 납입할 부담금에서 상계(相計)할 수 있으며, 매 사업연도 말 적립금이 기준책임준비금의 100분의 150을 초과하고 사용자가 반환을 요구하는 경우 퇴직연금사업자는 그 초과분을 사용자에게 반환할 수 있다.

제17조(급여 종류 및 수급요건 등) ① 확정급여형퇴직연금제도의 급여 종류는 연금 또는 일시금으로 하되, 수급요건은 다음 각 호와 같다.
1. 연금은 55세 이상으로서 가입기간이 10년 이상인 가입자에게 지급할 것. 이 경우 연금의 지급기간은 5년 이상이어야 한다.
2. 일시금은 연금수급 요건을 갖추지 못하거나 일시금 수급을 원하는 가입자에게 지급할 것
② 사용자는 가입자의 퇴직 등 제1항에 따른 급여를 지급할 사유가 발생한 날부터 14일 이내에 퇴직연금사업자로 하여금 적립금의 범위에서 지급의무가 있는 급여 전액(사업의 도산 등 대통령령으로 정하는 경우에는 제16조제1항제2호에 따른 금액에 대한 적립금의 비율에 해당하는 금액)을 지급하도록 하여야 한다. 다만, 퇴직연금제도 적립금으로 투자된 운용자산 매각이 단기간에 이루어지지 아니하는 등 특별한 사정이 있는 경우에는 사용자, 가입자 및 퇴직연금사업자 간의 합의에 따라 지급기일을 연장할 수 있다.
③ 사용자는 제2항에 따라 퇴직연금사업자가 지급한 급여수준이 제15조에 따른 급여수준에 미치지 못할 때에는 급여를 지급할 사유가 발생한 날부터 14일 이내에 그 부족한 금액을 해당 근로자에게 지급하여야 한다. 이 경우 특별한 사정이 있는 경우에는 당사자 간의 합의에 따라 지급기일을 연장할 수 있다.
④ 제2항 및 제3항에 따른 급여의 지급은 가입자가 지정한 개인형퇴직연금제도의 계

정으로 이전하는 방법으로 한다. 다만, 가입자가 55세 이후에 퇴직하여 급여를 받는 경우 등 대통령령으로 정하는 사유가 있는 경우에는 그러하지 아니하다.

⑤ 가입자가 제4항에 따라 개인형퇴직연금제도의 계정을 지정하지 아니하는 경우에는 해당 퇴직연금사업자가 운영하는 계정으로 이전한다. 이 경우 가입자가 해당 퇴직연금사업자에게 개인형퇴직연금제도를 설정한 것으로 본다.

제18조(운용현황의 통지) 퇴직연금사업자는 매년 1회 이상 적립금액 및 운용수익률 등을 고용노동부령으로 정하는 바에 따라 가입자에게 알려야 한다.

제4장 확정기여형퇴직연금제도

제19조(확정기여형퇴직연금제도의 설정) ① 확정기여형퇴직연금제도를 설정하려는 사용자는 제4조제3항 또는 제5조에 따라 근로자대표의 동의를 얻거나 의견을 들어 다음 각 호의 사항을 포함한 확정기여형퇴직연금규약을 작성하여 고용노동부장관에게 신고하여야 한다.
1. 부담금의 부담에 관한 사항
2. 부담금의 납입에 관한 사항
3. 적립금의 운용에 관한 사항
4. 적립금의 운용방법 및 정보의 제공 등에 관한 사항
5. 적립금의 중도인출에 관한 사항
6. 제13조제1호부터 제3호까지 및 제6호부터 제10호까지의 사항
7. 그 밖에 확정기여형퇴직연금제도의 운영에 필요한 사항으로서 대통령령으로 정하는 사항

② 제1항에 따라 확정기여형퇴직연금제도를 설정하는 경우 가입기간에 관하여는 제14조를, 급여의 종류, 수급요건과 급여 지급의 절차·방법에 관하여는 제17조제1항, 제4항 및 제5항을, 운용현황의 통지에 관하여는 제18조를 준용한다. 이 경우 제14조제1항 중 "제13조제3호"는 "제19조제6호"로, 제17조제1항 중 "확정급여형퇴직연금제도"는 "확정기여형퇴직연금제도"로 본다.

제20조(부담금의 부담수준 및 납입 등) ① 확정기여형퇴직연금제도를 설정한 사용자는 가입자의 연간 임금총액의 12분의 1 이상에 해당하는 부담금을 현금으로 가입자의 확정기여형퇴직연금제도 계정에 납입하여야 한다.

② 가입자는 제1항에 따라 사용자가 부담하는 부담금 외에 스스로 부담하는 추가 부담금을 가입자의 확정기여형퇴직연금 계정에 납입할 수 있다.

③ 사용자는 매년 1회 이상 정기적으로 제1항에 따른 부담금을 가입자의 확정기여형퇴직연금제도 계정에 납입하여야 한다. 이 경우 사용자가 정하여진 기일(확정기여형퇴직연금규약에서 납입 기일을 연장할 수 있도록 한 경우에는 그 연장된 기일)까지 부담금을 납입하지 아니한 경우 그 다음 날부터 부담금을 납입한 날까지 지연 일수에 대하여 연 100분의 40 이내의 범위에서 「은행법」에 따른 은행이 적용하는 연체금리, 경제적 여건 등을 고려하여 대통령령으로 정하는 이율에 따른 지연이자를 납입하여야 한다.

④ 제3항은 사용자가 천재지변, 그 밖에 대통령령으로 정하는 사유에 따라 부담금 납입을 지연하는 경우 그 사유가 존속하는 기간에 대하여는 적용하지 아니한다.

⑤ 사용자는 확정기여형퇴직연금제도 가입자의 퇴직 등 대통령령으로 정하는 사유가 발생한 때에 그 가입자에 대한 부담금을 미납한 경우에는 그 사유가 발생한 날부터 14일 이내에 제1항에 따른 부담금 및 제3항 후단에 따른 지연이자를 해당 가입자의 확정기여형퇴직연금제도 계정에 납입하여야 한다. 다만, 특별한 사정이 있는 경우에는 당사자 간의 합의에 따라 납입 기일을 연장할 수 있다.

⑥ 가입자는 퇴직할 때에 받을 급여를 갈음하여 그 운용 중인 자산을 가입자가 설정한 개인형퇴직연금제도의 계정으로 이전해 줄 것을 해당 퇴직연금사업자에게 요청할 수 있다.

⑦ 제6항에 따른 가입자의 요청이 있는 경우 퇴직연금사업자는 그 운용 중인 자산을 가입자의 개인형퇴직연금제도 계정으로 이전하여야 한다. 이 경우 확정기여형퇴직연금제도 운영에 따른 가입자에 대한 급여는 지급된 것으로 본다.

제21조(적립금 운용방법 및 정보제공) ① 확정기여형퇴직연금제도의 가입자는 적립금의 운용방법을 스스로 선정할 수 있고, 반기마다 1회 이상 적립금의 운용방법을 변경할

수 있다.

② 퇴직연금사업자는 반기마다 1회 이상 위험과 수익구조가 서로 다른 세 가지 이상의 적립금 운용방법을 제시하여야 한다.

③ 퇴직연금사업자는 운용방법별 이익 및 손실의 가능성에 관한 정보 등 가입자가 적립금의 운용방법을 선정하는 데 필요한 정보를 제공하여야 한다.

제22조(적립금의 중도인출) 확정기여형퇴직연금제도에 가입한 근로자는 주택구입 등 대통령령으로 정하는 사유가 발생하면 적립금을 중도인출할 수 있다.

제23조(둘 이상의 사용자가 참여하는 확정기여형퇴직연금제도 설정) 퇴직연금사업자가 둘 이상의 사용자를 대상으로 하나의 확정기여형퇴직연금제도 설정을 제안하려는 경우에는 다음 각 호의 사항에 대하여 고용노동부장관의 승인을 받아야 한다.

1. 다음 각 목의 사항이 포함된 확정기여형퇴직연금제도의 표준규약
   가. 제19조제1항 각 호의 사항
   나. 그 밖에 대통령령으로 정하는 사항
2. 대통령령으로 정하는 사항이 포함된 운용관리업무 및 자산관리업무에 관한 표준계약서

제5장 개인형퇴직연금제도

제24조(개인형퇴직연금제도의 설정 및 운영 등) ① 퇴직연금사업자는 개인형퇴직연금제도를 운영할 수 있다.

② 다음 각 호의 어느 하나에 해당하는 사람은 개인형퇴직연금제도를 설정할 수 있다.

1. 퇴직급여제도의 일시금을 수령한 사람
2. 확정급여형퇴직연금제도 또는 확정기여형퇴직연금제도의 가입자로서 자기의 부담으로 개인형퇴직연금제도를 추가로 설정하려는 사람
3. 자영업자 등 안정적인 노후소득 확보가 필요한 사람으로서 대통령령으로 정하는 사람

③ 제2항에 따라 개인형퇴직연금제도를 설정한 사람은 자기의 부담으로 개인형퇴직연금제도의 부담금을 납입한다. 다만, 대통령령으로 정하는 한도를 초과하여 부담금을 납입할 수 없다.

④ 개인형퇴직연금제도 적립금의 운용방법 및 운용에 관한 정보제공에 관하여는 제21조를 준용한다. 이 경우 "확정기여형퇴직연금제도"는 "개인형퇴직연금제도"로 본다.

⑤ 개인형퇴직연금제도의 급여의 종류별 수급요건 및 중도인출에 관하여는 대통령령으로 정한다.

제25조(10명 미만을 사용하는 사업에 대한 특례) ① 상시 10명 미만의 근로자를 사용하는 사업의 경우 제4조제1항 및 제5조에도 불구하고 사용자가 개별 근로자의 동의를 받거나 근로자의 요구에 따라 개인형퇴직연금제도를 설정하는 경우에는 해당 근로자에 대하여 퇴직급여제도를 설정한 것으로 본다.

② 제1항에 따라 개인형퇴직연금제도를 설정하는 경우에는 다음 각 호의 사항은 준수되어야 한다.

1. 사용자가 퇴직연금사업자를 선정하는 경우에 개별 근로자의 동의를 받을 것. 다만, 근로자가 요구하는 경우에는 스스로 퇴직연금사업자를 선정할 수 있다.
2. 사용자는 가입자별로 연간 임금총액의 12분의 1 이상에 해당하는 부담금을 현금으로 가입자의 개인형퇴직연금제도 계정에 납입할 것
3. 사용자가 부담하는 부담금 외에 가입자의 부담으로 추가 부담금을 납입할 수 있을 것
4. 사용자는 매년 1회 이상 정기적으로 제2호에 따른 부담금을 가입자의 개인형퇴직연금제도 계정에 납입할 것. 이 경우 납입이 지연된 부담금에 대한 지연이자의 납입에 관하여는 제20조제3항 후단 및 제4항을 준용한다.
5. 그 밖에 근로자의 급여 수급권의 안정적인 보호를 위하여 대통령령으로 정하는 사항

③ 사용자는 개인형퇴직연금제도 가입자의 퇴직 등 대통령령으로 정하는 사유가 발생한 때에 해당 가입자에 대한 제2항제2호에 따른 부담금을 납입하지 아니한 경우에는 그 사유가 발생한 날부터 14일 이내에 그 부담금과 같은 항 제4호 후단에 따른 지연이자를 해당 가입자의 개인형퇴직연금제도의 계정에 납입하여야 한다. 다만, 특별한 사정이 있는 경우에는 당사자 간의 합의에 따라 납입 기일을 연장할 수 있다.

제6장 퇴직연금사업자 및 업무의 수행

제26조(퇴직연금사업자의 등록) 다음 각 호의 어느 하나에 해당하는 자로서 퇴직연금사업자가 되려는 자는 재무건전성 및 인적·물적 요건 등 대통령령으로 정하는 요건을 갖추어 고용노동부장관에게 등록하여야 한다.
1. 「자본시장과 금융투자업에 관한 법률」에 따른 투자매매업자, 투자중개업자 또는 집합투자업자
2. 「보험업법」 제2조제6호에 따른 보험회사
3. 「은행법」 제2조제1항제2호에 따른 은행
4. 「신용협동조합법」 제2조제2호에 따른 신용협동조합중앙회
5. 「새마을금고법」 제2조제3항에 따른 새마을금고중앙회
6. 「산업재해보상보험법」 제10조에 따른 근로복지공단(근로복지공단의 퇴직연금사업 대상은 상시 30명 이하의 근로자를 사용하는 사업에 한한다)
7. 그 밖에 제1호부터 제6호까지에 준하는 자로서 대통령령으로 정하는 자

제27조(퇴직연금사업자에 대한 등록취소 및 이전명령) ① 고용노동부장관은 퇴직연금사업자가 다음 각 호의 어느 하나에 해당되는 경우에는 고용노동부령으로 정하는 바에 따라 시정을 명하거나 등록을 취소할 수 있다. 다만, 제1호 및 제2호에 해당하는 경우에는 등록을 취소하여야 한다.
1. 해산한 경우
2. 거짓이나 그 밖의 부정한 방법으로 제26조에 따른 등록을 한 경우
3. 제26조에 따른 등록요건을 갖추지 못하게 된 경우
4. 제36조에 따른 고용노동부장관 또는 금융위원회의 명령에 따르지 아니한 경우
② 제1항에 따라 등록이 취소된 퇴직연금사업자는 등록이 취소된 날부터 3년간 퇴직연금사업자 등록을 할 수 없다.
③ 퇴직연금제도 관련 업무를 중단하려는 퇴직연금사업자는 고용노동부장관에게 등록의 말소를 신청하여야 한다. 이 경우 등록이 말소된 퇴직연금사업자는 말소된 날부터 2년간 퇴직연금사업자 등록을 할 수 없다.
④ 제1항 또는 제3항에 따라 등록취소 처분을 받거나 등록말소를 신청한 퇴직연금사업자는 설정된 퇴직연금제도의 이전에 필요한 조치 등 대통령령으로 정하는 가입자 보호 조치를 하여야 한다.
⑤ 고용노동부장관은 제1항 또는 제3항에 따라 등록을 취소하거나 말소하는 경우에 근로자의 퇴직급여등 수급권 보호를 위하여 필요하다고 인정하면 등록이 취소되거나 말소되는 퇴직연금사업자에게 그 업무의 전부 또는 일부를 다른 퇴직연금사업자에게 이전할 것을 명할 수 있다. 이 경우 고용노동부장관은 그 업무의 전부 또는 일부를 이전받는 퇴직연금사업자의 동의를 받아야 한다.

제28조(운용관리업무에 관한 계약의 체결) ① 퇴직연금제도를 설정하려는 사용자 또는 가입자는 퇴직연금사업자와 다음 각 호의 업무(이하 "운용관리업무"라 한다)를 하는 것을 내용으로 하는 계약을 체결하여야 한다. 다만, 제2호의 업무는 확정급여형퇴직연금제도를 설정할 때에만 해당한다.
1. 사용자 또는 가입자에 대한 적립금 운용방법 및 운용방법별 정보의 제공
2. 연금제도 설계 및 연금 계리(計理)
3. 적립금 운용현황의 기록·보관·통지
4. 사용자 또는 가입자가 선정한 운용방법을 제29조제1항에 따른 자산관리업무를 수행하는 퇴직연금사업자에게 전달하는 업무
5. 그 밖에 운용관리업무의 적절한 수행을 위하여 대통령령으로 정하는 업무
② 제1항에 따라 운용관리업무를 수행하는 퇴직연금사업자는 대통령령으로 정하는 일부 업무를 인적·물적 요건 등 대통령령으로 정하는 요건을 갖춘 자에게 처리하게 할 수 있다.

제29조(자산관리업무에 관한 계약의 체결) ① 퇴직연금제도를 설정한 사용자 또는 가입자는 다음 각 호의 업무(이하 "자산관리업무"라 한다)의 수행을 내용으로 하는 계약을 퇴직연금사업자와 체결하여야 한다.
1. 계좌의 설정 및 관리
2. 부담금의 수령
3. 적립금의 보관 및 관리
4. 운용관리업무를 수행하는 퇴직연금사업자가 전달하는 적립금 운용지시의 이행
5. 급여의 지급
6. 그 밖에 자산관리업무의 적절한 수행을

위하여 대통령령으로 정하는 업무

② 사용자 또는 가입자가 제1항에 따른 계약을 체결하려는 경우에는 근로자 또는 가입자를 피보험자 또는 수익자로 하여 대통령령으로 정하는 보험계약 또는 신탁계약의 방법으로 하여야 한다.

제30조(운용관리업무의 수행) ① 퇴직연금
사업자는 선량한 관리자로서의 주의의무를 다하여야 한다.

② 퇴직연금사업자는 적립금의 운용방법을 제시하는 경우에 다음 각 호의 요건을 갖춘 운용방법을 제시하여야 한다.

1. 운용방법에 관한 정보의 취득과 이해가 쉬울 것
2. 운용방법 간의 변경이 쉬울 것
3. 적립금 운용결과의 평가 방법과 절차가 투명할 것
4. 확정기여형퇴직연금제도와 개인형퇴직연금제도의 경우에는 대통령령으로 정하는 원리금보장 운용방법이 하나 이상 포함될 것
5. 적립금의 중장기 안정적 운용을 위하여 분산투자 등 대통령령으로 정하는 운용방법 및 기준 등에 따를 것

제31조(모집업무의 위탁) ① 퇴직연금사업
자는 다음 각 호의 요건을 모두 갖춘 자 (이하 " 퇴직연금제도 모집인")에게 퇴직연금제도를 설정하거나 가입할 자를 모집하는 업무(이하 "모집업무")로서 대통령령으로 정하는 업무를 위탁할 수 있다.

1. 제2항에 따라 고용노동부장관에게 등록된 자가 아닐 것
2. 퇴직연금제도에 대한 전문 지식이 있는 자로서 대통령령으로 정하는 요건을 갖출 것
3. 제6항에 따라 등록이 취소된 경우 그 등록이 취소된 날로부터 3년이 경과하였을 것

② 퇴직연금사업자는 제1항에 따라 퇴직연금제도 모집업무를 위탁한 경우에는 위탁받은 자를 고용노동부장관에게 등록하여야 한다. 이 경우 고용노동부장관은 그 등록업무를 대통령령으로 정하는 바에 따라 고용노동부장관이 정하는 기관에 위탁할 수 있다.

③ 제1항에 따라 퇴직연금제도 모집업무를 위탁받은 자는 제2항에 따른 등록을 하지

아니하고는 퇴직연금제도 모집업무를 수행하여서는 아니 된다.

④ 퇴직연금사업자는 제2항에 따라 등록한 퇴직연금제도 모집인 이외의 자에게 모집업무를 위탁하여서는 아니 된다.

⑤ 제2항에 따른 등록 신청, 방법, 절차 및 그 밖에 등록을 위하여 필요한 사항은 고용노동부장관이 정한다.

⑥ 고용노동부장관은 다음 각 호의 어느 하나에 해당하는 경우 제2항의 퇴직연금제도 모집인에 대한 등록을 취소하거나 6개월 이내에서 모집업무를 정지할 수 있다.

1. 제1항 각 호의 요건을 갖추지 못한 경우
2. 제7항 각 호의 위탁받은 자의 준수사항을 위반한 경우

⑦ 제1항에 따라 업무를 위탁한 경우 위탁받은 자는 다음 각 호의 사항을 지켜야 한다.

1. 위탁한 업무를 다른 자에게 다시 위탁하지 아니할 것
2. 허위 정보에 의한 모집행위 금지 등 퇴직연금제도의 적절한 운영을 위하여 필요한 사항으로서 대통령령으로 정하는 사항

⑧ 퇴직연금사업자는 제1항에 따라 모집업무를 위탁받은 자가 제7항 각 호에 따른 준수사항을 지키지 아니한 경우에는 모집업무의 위탁을 취소하여야 한다.

⑨ 퇴직연금사업자는 퇴직연금제도 모집인이 퇴직연금제도 모집업무를 수행함에 있어서 법령을 준수하고 건전한 거래질서를 해하는 일이 없도록 성실히 관리하여야 하며, 이를 위한 퇴직연금제도 모집업무수행기준을 정하여야 한다.

⑩ 「민법」 제756조는 퇴직연금제도 모집인이 모집업무를 수행함에 있어서 사용자 또는 가입자에게 손해를 끼친 경우에 준용한다.

▣판례 – 근로기준법 위반(인정된죄명:근로자퇴직급여보장법 위반)

원심이 공소사실을 유죄로 인정하면서 채택한 증거에 제1심 증인 甲의 증언이 포함되어 있었는데, 甲이 원심판결 선고 후 위 증언에 관하여 위증죄로 유죄 확정판결을 받은 사안에서, 甲의 증언은 원심판결 이유 중에서 증거로 채택되어 범죄사실을 인정하는 데 인용되었고, 범죄사실과 직접·간접으로 관련된 내용이므로, 위 증언이 확정판결에 의하여 허위로 증명된 이상 원심판결에는 형사소송법 제420조 제2호의 재심사유가 있는 경우로서, 형사소송법 제383조 제

3호에서 정한 '재심청구의 사유가 있는 때'에 해당하는 상고이유가 있다는 이유로 직권으로 심판하여 원심판결을 파기한 사례. [대법원 2012.4.13, 선고, 2011도8529, 판결]

제7장 책무 및 감독

제32조(사용자의 책무) ① 사용자는 법령 및 퇴직연금규약을 준수하고 가입자 등을 위하여 대통령령으로 정하는 사항에 관하여 성실하게 이 법에 따른 의무를 이행하여야 한다.

② 퇴직연금제도(개인형퇴직연금제도는 제외한다)를 설정한 사용자는 매년 1회 이상 가입자에게 해당 사업의 퇴직연금제도 운영 상황 등 대통령령으로 정하는 사항에 관한 교육을 하여야 한다. 이 경우 사용자는 퇴직연금사업자에게 그 교육의 실시를 위탁할 수 있다.

③ 퇴직연금제도를 설정한 사용자는 다음 각 호의 어느 하나에 해당하는 행위를 하여서는 아니 된다.

1. 자기 또는 제3자의 이익을 도모할 목적으로 운용관리업무 및 자산관리업무의 수행계약을 체결하는 행위
2. 그 밖에 퇴직연금제도의 적절한 운영을 방해하는 행위로서 대통령령으로 정하는 행위

④ 확정급여형퇴직연금제도 또는 퇴직금제도를 설정한 사용자는 다음 각 호의 어느 하나에 해당하는 사유가 있는 경우 근로자에게 퇴직급여가 감소할 수 있음을 미리 알리고 근로자대표와의 협의를 통하여 확정기여형퇴직연금제도로의 전환, 퇴직급여 산정기준의 개선 등 근로자의 퇴직급여 감소를 예방하기 위하여 필요한 조치를 하여야 한다. <신설 2018.6.12.>

1. 사용자가 단체협약 및 취업규칙 등을 통하여 일정한 연령, 근속시점 또는 임금액을 기준으로 근로자의 임금을 조정하고 근로자의 정년을 연장하거나 보장하는 제도를 시행하려는 경우
2. 사용자가 근로자와 합의하여 소정근로시간을 1일 1시간 이상 또는 1주 5시간 이상 단축함으로써 단축된 소정근로시간에 따라 근로자가 3개월 이상 계속 근로하기로 한 경우
3. 법률 제15513호 근로기준법 일부개정법률 시행에 따라 근로시간이 단축되어 근로자의 임금이 감소하는 경우
4. 그 밖에 임금이 감소되는 경우로서 고용노동부령으로 정하는 경우

제33조(퇴직연금사업자의 책무) ① 퇴직연금사업자는 이 법을 준수하고 가입자를 위하여 성실하게 그 업무를 하여야 한다.

② 퇴직연금사업자는 제28조제1항 및 제29조제1항에 따른 계약의 내용을 지켜야 한다.

③ 퇴직연금사업자는 정당한 사유 없이 다음 각 호의 어느 하나에 해당하는 행위를 하여서는 아니 된다.

1. 제28조제1항에 따른 운용관리업무의 수행계약 체결을 거부하는 행위
2. 제29조제1항에 따른 자산관리업무의 수행계약 체결을 거부하는 행위
3. 특정 퇴직연금사업자와 계약을 체결할 것을 강요하는 행위
4. 그 밖에 사용자 또는 가입자의 이익을 침해할 우려가 있는 행위로서 대통령령으로 정하는 행위

④ 운용관리업무를 수행하는 퇴직연금사업자는 다음 각 호의 어느 하나에 해당하는 행위를 하여서는 아니 된다.

1. 계약체결 시 가입자 또는 사용자의 손실의 전부 또는 일부를 부담하거나 부담할 것을 약속하는 행위
2. 가입자 또는 사용자에게 경제적 가치가 있는 과도한 부가적 서비스를 제공하거나 가입자 또는 사용자가 부담하여야 할 경비를 퇴직연금사업자가 부담하는 등 대통령령으로 정하는 특별한 이익을 제공하거나 제공할 것을 약속하는 행위
3. 가입자의 성명·주소 등 개인정보를 퇴직연금제도의 운용과 관련된 업무수행에 필요한 범위를 벗어나서 사용하는 행위
4. 자기 또는 제3자의 이익을 도모할 목적으로 특정 운용 방법을 가입자 또는 사용자에게 제시하는 행위

⑤ 제24조제1항에 따라 개인형퇴직연금제도를 운영하는 퇴직연금사업자는 해당 사업의 퇴직연금제도 운영 상황 등 대통령령으로 정하는 사항에 대하여 매년 1회 이상 가입자에게 교육을 하여야 한다.

⑥ 퇴직연금사업자는 고용노동부령으로 정하는 바에 따라 퇴직연금제도의 취급실적을 사용자(개인형퇴직연금제도의 취급실적은 제외

한다), 고용노동부장관 및 금융감독원장에게 제출하여야 한다.

⑦ 퇴직연금사업자는 제28조제1항 및 제29조제1항에 따른 계약 체결과 관련된 약관 또는 표준계약서(이하 "약관등"이라 한다)를 제정하거나 변경하려는 경우에는 미리 금융감독원장에게 보고하여야 한다. 다만, 근로자 또는 사용자의 권익이나 의무에 불리한 영향을 주지 아니하는 경우로서 금융위원회가 정하는 경우에는 약관등의 제정 또는 변경 후 10일 이내에 금융감독원장에게 보고할 수 있다.

⑧ 퇴직연금사업자는 매년 말 적립금 운용 수익률 및 수수료 등을 금융위원회가 정하는 바에 따라 공시하여야 한다.

제34조(정부의 책무 등) ① 정부는 퇴직연금제도가 활성화될 수 있도록 지원방안을 마련하여야 한다.

② 정부는 퇴직연금제도의 건전한 정착 및 발전을 위하여 노사단체, 퇴직연금업무의 수행과 관련된 기관·단체와 공동으로 연구사업 지원 등 필요한 조치를 할 수 있다.

③ 정부는 퇴직연금제도의 급여 지급 보장을 위한 장치 마련 등 근로자의 급여 수급권 보호를 위한 방안을 강구하도록 노력하여야 한다.

제35조(사용자에 대한 감독) ① 고용노동부장관은 사용자가 퇴직연금제도의 설정 또는 그 운영 등에 관하여 이 법 또는 퇴직연금규약에 위반되는 행위를 한 경우에는 기간을 정하여 그 위반의 시정을 명할 수 있다.

② 고용노동부장관은 사용자가 제1항에 따른 기간 이내에 시정명령에 따르지 아니하는 경우에는 퇴직연금제도 운영의 중단을 명할 수 있다.

제36조(퇴직연금사업자에 대한 감독) ① 고용노동부장관은 퇴직연금사업자가 이 법을 위반하는 행위를 한 경우에는 기간을 정하여 그 위반의 시정을 명할 수 있다.

② 고용노동부장관은 퇴직연금사업자가 제1항에 따른 시정명령에 따르지 아니하는 경우에는 이 법에 따라 수행하는 업무를 다른 퇴직연금사업자에게 이전할 것을 명할 수 있다.

③ 금융위원회는 퇴직연금제도의 안정적 운영과 근로자의 수급권 보호를 위하여 대통

령령으로 정하는 업무에 관하여 퇴직연금사업자를 감독하고, 퇴직연금사업자가 제33조를 위반하는 경우 다음 각 호의 조치를 할 수 있다.

1. 퇴직연금사업자에 대한 주의, 그 임원에 대한 주의 또는 그 직원에 대한 주의·견책·감봉·정직·면직의 요구
2. 해당 위반행위에 대한 시정명령
3. 임원의 해임권고 또는 직무정지요구
4. 6개월 이내의 영업의 일부정지

④ 금융감독원장은 퇴직연금사업자의 업무 및 재산상황 등을 검사할 수 있고, 제33조제7항에 따라 퇴직연금사업자가 보고한 약관등이 이 법에 위배될 경우에는 변경·보완을 명할 수 있다.

제37조(금융거래정보의 제공 요청 등) ① 고용노동부장관은 사용자가 제16조에 따른 급여 지급능력을 확보하였는지 등 퇴직연금제도 운영을 감독하기 위하여 필요한 경우 「금융실명거래 및 비밀보장에 관한 법률」 제4조 및 「신용정보의 이용 및 보호에 관한 법률」 제33조에도 불구하고 자산관리업무 및 운용관리업무 계약을 체결한 사업에 관한 다음 각 호의 금융거래에 관한 정보 또는 자료(이하 "금융거래정보"라 한다)의 제공을 퇴직연금사업자에게 요청할 수 있다.

1. 가입자 현황
2. 급여 지급 현황
3. 부담금 납입 현황
4. 적립금 운용현황에 관한 정보

② 고용노동부장관이 제1항에 따라 금융거래정보를 요청할 때에는 다음 각 호의 사항을 적은 문서로 요청하여야 한다.

1. 요청대상 거래기간
2. 요청의 법적 근거
3. 사용목적
4. 요청하는 금융거래정보의 내용

③ 제1항에 따른 금융거래정보의 요청은 퇴직연금제도 운영의 건전성 감독을 위하여 필요한 최소한도에 그쳐야 한다.

④ 제2항에 따라 퇴직연금사업자가 고용노동부장관에게 금융거래정보를 제공하는 경우에는 그 퇴직연금사업자는 금융거래정보를 제공한 날부터 10일 이내에 제공한 금융거래정보의 주요 내용, 사용목적, 제공받은 자 및 제공일자 등을 해당 사용자 또는 가입자에게 서면으로 알려야 한다. 이 경우 통지에 드는 비용에 관하여는 「금융실

명거래 및 비밀보장에 관한 법률」 제4조의 2제4항을 준용한다.

⑤ 고용노동부장관은 제1항에 따라 퇴직연금사업자에게 금융거래정보를 요구하는 경우에는 그 사실을 기록하여야 하며, 금융거래정보를 요구한 날부터 5년간 그 기록을 보관하여야 한다.

⑥ 제1항에 따라 금융거래정보를 제공받아 알게 된 자는 그 알게 된 금융거래정보를 타인에게 제공 또는 누설하거나 그 목적 외의 용도로 이용하여서는 아니 된다.

제8장 보칙

제38조(퇴직연금제도의 폐지·중단 시의 처리) ① 퇴직연금제도가 폐지되거나 운영이 중단된 경우에는 폐지된 이후 또는 중단된 기간에 대하여는 제8조제1항에 따른 퇴직금제도를 적용한다.

② 사용자는 퇴직연금제도가 폐지된 경우 지체 없이 적립금으로 급여를 지급하는 데에 필요한 조치로서 미납 부담금의 납입 등 대통령령으로 정하는 조치를 하여야 한다.

③ 사용자와 퇴직연금사업자는 제35조제2항에 따른 사유 등으로 퇴직연금제도가 중단된 경우에 적립금 운용에 필요한 업무 등 대통령령으로 정하는 기본적인 업무를 유지하여야 한다.

④ 사용자와 퇴직연금사업자는 퇴직연금제도가 폐지되어 가입자에게 급여를 지급하는 경우에 가입자가 지정한 개인형퇴직연금제도의 계정으로 이전하는 방법으로 지급하여야 한다. 다만, 가입자가 개인형퇴직연금제도의 계정을 지정하지 아니한 경우에는 제17조제5항을 준용한다.

⑤ 가입자가 제4항에 따라 급여를 받은 경우에는 제8조제2항에 따라 중간정산되어 받은 것으로 본다. 이 경우 중간정산 대상 기간의 산정 등에 필요한 사항은 대통령령으로 정한다.

제39조(업무의 협조) 고용노동부장관은 이 법의 시행을 위하여 필요한 경우에 금융위원회 등 관련 기관에 자료의 제출을 요청할 수 있다. 이 경우 자료의 제출을 요청받은 기관은 정당한 사유가 없으면 이를 거부하여서는 아니 된다.

제40조(보고 및 조사) ① 고용노동부장관은 이 법 시행에 필요한 범위에서 사용자 및 퇴직연금사업자에게 퇴직연금제도의 실시 상황 등에 관한 보고, 관계 서류의 제출 또는 관계인의 출석을 요구할 수 있다.

② 고용노동부장관은 이 법의 시행을 위하여 필요하다고 인정하는 경우에는 소속 직원으로 하여금 퇴직연금제도를 실시하는 사업장 및 해당 퇴직연금사업자의 사업장에 출입하여 사용자 및 퇴직연금사업자 등 관계인에 대하여 질문하거나 장부 등 서류를 조사하게 할 수 있다.

③ 제2항에 따라 사업장 및 해당 퇴직연금사업자의 사업장에 출입하여 관계인에 대하여 질문하거나 장부 등 서류를 조사하려는 직원은 그 권한을 나타내는 증표를 지니고 이를 관계인에게 내보여야 한다.

제41조(청문) 고용노동부장관은 제27조제1항에 따른 등록취소 또는 제36조제2항에 따른 이전명령을 하려는 경우에는 청문을 하여야 한다.

제42조(권한의 위임·위탁) ① 이 법에 따른 고용노동부장관의 권한은 대통령령으로 정하는 바에 따라 그 일부를 금융위원회 또는 금융감독원장에게 위탁하거나 지방고용노동관서의 장에게 위임할 수 있다.

② 이 법에 따른 금융위원회의 권한은 대통령령으로 정하는 바에 따라 그 일부를 금융감독원장에게 위탁할 수 있다.

제9장 벌칙

제43조(벌칙) 제37조제6항을 위반한 자는 5년 이하의 징역 또는 3천만원 이하의 벌금에 처한다.

제44조(벌칙) 다음 각 호의 어느 하나에 해당하는 자는 3년 이하의 징역 또는 2천만원 이하의 벌금에 처한다. 다만, 제1호 및 제2호의 경우 피해자의 명시적인 의사에 반하여 공소를 제기할 수 없다.

1. 제9조를 위반하여 퇴직금을 지급하지 아니한 자
2. 근로자가 퇴직할 때에 제17조제2항·제3항, 제20조제5항 또는 제25조제3항을 위반하여 급여를 지급하지 아니하

거나 부담금 또는 지연이자를 납입하지 아니한 자

3. 제27조제4항을 위반하여 가입자 보호 조치를 하지 아니한 퇴직연금사업자

4. 제33조제3항 및 제4항을 위반한 퇴직연금사업자

제45조(벌칙) 다음 각 호의 어느 하나에 해당하는 자는 2년 이하의 징역 또는 1천만원 이하의 벌금에 처한다.

1. 제4조제2항을 위반하여 하나의 사업 안에 퇴직급여제도를 차등하여 설정한 자

2. 제31조제3항을 위반하여 고용노동부장관에 등록하지 아니하고 퇴직연금제도 모집업무를 수행한 자

3. 제31조제4항을 위반하여 퇴직연금제도 모집인 이외의 자에게 모집업무를 위탁한 퇴직연금사업자

4. 제32조제3항제1호에 따른 책무를 위반한 사용자

제46조(벌칙) 다음 각 호의 어느 하나에 해당하는 자는 500만원 이하의 벌금에 처한다. <개정 2018.6.12.>

1. 제4조제3항·제4항 또는 제25조제1항 및 제2항제1호를 위반하여 근로자대표 또는 개별 근로자의 동의를 받지 아니하거나 의견을 듣지 아니한 사용자

2. 제31조제7항을 위반한 자

3. 제32조제4항을 위반하여 근로자에게 퇴직급여가 감소할 수 있음을 알리지 아니하거나 퇴직급여의 감소 예방을 위하여 필요한 조치를 하지 아니한 사용자

제47조(양벌규정) 법인의 대표자나 법인 또는 개인의 대리인, 사용인, 그 밖의 종업원이 그 법인 또는 개인의 업무에 관하여 제44조부터 제46조까지의 어느 하나에 해당하는 위반행위를 하면 그 행위자를 벌하는 외에 그 법인 또는 개인에게도 해당 조문의 벌금형을 과(科)한다. 다만, 법인 또는 개인이 그 위반행위를 방지하기 위하여 해당 업무에 관하여 상당한 주의와 감독을 게을리하지 아니한 경우에는 그러하지 아니하다.

제48조(과태료) ① 다음 각 호의 어느 하나에 해당하는 자에게는 1천만원 이하의 과태료를 부과한다.

1. 제32조제2항에 따라 매년 1회 이상 교육을 하지 아니한 사용자

2. 제33조제5항에 따라 매년 1회 이상 교육을 하지 아니한 퇴직연금사업자

② 다음 각 호의 어느 하나에 해당하는 자에게는 500만원 이하의 과태료를 부과한다.

1. 제13조에 따른 확정급여형퇴직연금규약 또는 제19조에 따른 확정기여형퇴직연금규약을 신고하지 아니한 사용자

2. 제32조제3항제2호에 따른 책무를 위반한 사용자

3. 제33조제2항 및 제6항에 따른 책무를 위반한 퇴직연금사업자

③ 제1항 및 제2항에 따른 과태료는 대통령령으로 정하는 바에 따라 고용노동부장관이 부과·징수한다.

부칙
<법률 제15664호, 2018.6.12.>

이 법은 2018년 7월 1일부터 시행한다.

기간제 및 단시간근로자 보호 등에 관한 법률

(약칭: 기간제법)

[시행 2018.10.16.]
[법률 제15848호, 2018.10.16., 일부개정]

제1장 총칙

제1조(목적) 이 법은 기간제근로자 및 단시간근로자에 대한 불합리한 차별을 시정하고 기간제근로자 및 단시간근로자의 근로조건 보호를 강화함으로써 노동시장의 건전한 발전에 이바지함을 목적으로 한다.

제2조(정의) 이 법에서 사용하는 용어의 정의는 다음과 같다. <개정 2007.4.11., 2013.3.22.>

1. "기간제근로자"라 함은 기간의 정함이 있는 근로계약(이하 "기간제 근로계약"이라 한다)을 체결한 근로자를 말한다.
2. "단시간근로자"라 함은 「근로기준법」 제2조의 단시간근로자를 말한다.
3. "차별적 처우"라 함은 다음 각 목의 사항에 있어서 합리적인 이유 없이 불리하게 처우하는 것을 말한다.
   가. 「근로기준법」 제2조제1항제5호에 따른 임금
   나. 정기상여금, 명절상여금 등 정기적으로 지급되는 상여금
   다. 경영성과에 따른 성과금
   라. 그 밖에 근로조건 및 복리후생 등에 관한 사항

▣판례 - 기간제 및 단시간근로자 보호 등에 관한 법률 제2조 제3호에서 정한 '불리한 처우' 와 '합리적인 이유가 없는 경우' 의 의미 및 합리적 이유가 있는지 판단하는 방법

기간제 및 단시간근로자 보호 등에 관한 법률 제2조 제3호는 임금이나 그 밖의 근로조건 등에서 합리적인 이유 없이 기간제근로자를 불리하게 처우하는 것을 차별적 처우로 규정하고 있다. 여기서 불리한 처우란 사용자가 임금이나 그 밖의 근로조건 등에서 기간제근로자와 비교대상 근로자를 다르게 처우함으로써 기간제근로자에게 발생하는 불이익 전반을 의미하며, 합리적인 이유가 없는 경우란 기간제근로자를 달리 처우할 필요성이 인정되지 아니하거나, 달리 처우할 필요성이 인정되더라도 방법·정도 등이 적정하지 아니한 것을 뜻한다. 또한 합리적인 이유가 있는지는, 개별 사안에서 문제가 된 불리한 처우의 내용 및 사용자가 불리한 처우의 사유로 삼은 사정을 기준으로, 급부의 실제 목적, 고용형태의 속성과 관련성, 업무의 내용 및 범위·권한·책임, 노동의 강도·양과 질, 임금이나 그 밖의 근로조건 등의 결정요소 등을 종합적으로 고려하여 판단하여야 한다. [대법원 2016.12.1, 선고, 2014두43288, 판결]

제3조(적용범위) ① 이 법은 상시 5인 이상의 근로자를 사용하는 모든 사업 또는 사업장에 적용한다. 다만, 동거의 친족만을 사용하는 사업 또는 사업장과 가사사용인에 대하여는 적용하지 아니한다.
② 상시 4인 이하의 근로자를 사용하는 사업 또는 사업장에 대하여는 대통령령이 정하는 바에 따라 이 법의 일부 규정을 적용할 수 있다.
③ 국가 및 지방자치단체의 기관에 대하여는 상시 사용하는 근로자의 수에 관계없이 이 법을 적용한다.

▣판례 - 해고무효확인

국가나 지방자치단체가 공공서비스를 위하여 일자리를 제공하는 경우, 기간제 및 단시간근로자 보호 등에 관한 법률 제5조 제1항 단서 제5호, 기간제 및 단시간근로자 보호 등에 관한 법률 시행령 제3조 제2항 제1호에 해당하는지 판단하는 기준 [대법원 2016.8.18, 선고, 2014다211053, 판결]

제2장 기간제근로자

제4조(기간제근로자의 사용) ① 사용자는 2년을 초과하지 아니하는 범위 안에서(기간제 근로계약의 반복갱신 등의 경우에는 그 계속근로한 총기간이 2년을 초과하지 아니하는 범위 안에서) 기간제근로자를 사용할 수 있다. 다만, 다음 각 호의 어느 하나에 해당하는 경우에는 2년을 초과하여 기간제근로자로 사용할 수 있다.

1. 사업의 완료 또는 특정한 업무의 완성에 필요한 기간을 정한 경우
2. 휴직·파견 등으로 결원이 발생하여 당해 근로자가 복귀할 때까지 그 업무를

대신할 필요가 있는 경우

3. 근로자가 학업, 직업훈련 등을 이수함에 따라 그 이수에 필요한 기간을 정한 경우

4. 「고령자고용촉진법」 제2조제1호의 고령자와 근로계약을 체결하는 경우

5. 전문적 지식ㆍ기술의 활용이 필요한 경우와 정부의 복지정책ㆍ실업대책 등에 따라 일자리를 제공하는 경우로서 대통령령이 정하는 경우

6. 그 밖에 제1호 내지 제5호에 준하는 합리적인 사유가 있는 경우로서 대통령령이 정하는 경우

② 사용자가 제1항 단서의 사유가 없거나 소멸되었음에도 불구하고 2년을 초과하여 기간제근로자로 사용하는 경우에는 그 기간제근로자는 기간의 정함이 없는 근로계약을 체결한 근로자로 본다.

■판례 - 부당해고구제재심판정취소

기간제 및 단시간근로자 보호 등에 관한 법률(이하 '기간제법'이라 한다) 제4조가 사용자는 2년의 기간 내에서 기간제 근로자를 사용할 수 있음이 원칙이고, 기간제 근로자의 총 사용기간이 2년을 초과할 경우 기간제 근로자는 기간의 정함이 없는 근로자로 본다고 규정하고 있더라도, 입법 취지가 기본적으로 기간제 근로계약의 남용을 방지함으로써 근로자의 지위를 보장하려는 데에 있음을 고려하면, 위 규정에 의하여 기간제 근로자의 갱신에 대한 정당한 기대권 형성이 제한되는 것은 아니다. 따라서 기간제 근로계약이 기간제법의 시행 후에 체결되었다고 하더라도, 그에 기한 근로관계가 반드시 2년 내에 종료된다거나 총 사용기간이 2년을 넘게 되는 갱신기대권이 인정될 수 없다고 볼 것은 아니다. 기간제 근로자에게 정당한 갱신기대권이 인정될 수 있는 경우에는 최초 계약의 근로관계 개시일부터 2년이 지난 시점에 당연히 근로관계가 종료될 것이라고 가정하여 그 시점이 경과되었다는 이유만으로 갱신 거절의 효력을 다투는 소의 이익을 부정할 것은 아니다. [대법원 2017.10.12, 선고, 2015두59907, 판결]

제5조(기간의 정함이 없는 근로자로의 전환)

사용자는 기간의 정함이 없는 근로계약을 체결하고자 하는 경우에는 당해 사업 또는 사업장의 동종 또는 유사한 업무에 종사하는 기간제근로자를 우선적으로 고용하도록 노력하여야 한다.

■판례 - 부당해고구제재심판정취소(정규직 전환에 대한 기대권 사건)

기간제 및 단시간근로자 보호 등에 관한 법률 제5조, 제8조 제1항, 제9조 제1항의 내용과 입법 취지에 기간제근로자의 기대권에 관한 법리를 더하여 살펴보면, 근로계약, 취업규칙, 단체협약 등에서 기간제근로자의 계약기간이 만료될 무렵 인사평가 등을 거쳐 일정한 요건이 충족되면 기간의 정함이 없는 근로자로 전환된다는 취지의 규정을 두고 있거나, 그러한 규정이 없더라도 근로계약의 내용과 근로계약이 이루어지게 된 동기와 경위, 기간의 정함이 없는 근로자로의 전환에 관한 기준 등 그에 관한 요건이나 절차의 설정 여부 및 그 실태, 근로자가 수행하는 업무의 내용 등 근로관계를 둘러싼 여러 사정을 종합하여 볼 때, 근로계약 당사자 사이에 일정한 요건이 충족되면 기간의 정함이 없는 근로자로 전환된다는 신뢰관계가 형성되어 있어 근로자에게 기간의 정함이 없는 근로자로 전환될 수 있으리라는 정당한 기대권이 인정되는 경우에는 사용자가 이를 위반하여 합리적 이유 없이 기간의 정함이 없는 근로자로의 전환을 거절하며 근로계약의 종료를 통보하더라도 부당해고와 마찬가지로 효력이 없고, 그 이후의 근로관계는 기간의 정함이 없는 근로자로 전환된 것과 동일하다. [대법원 2016.11.10, 선고, 2014두45765, 판결]

제3장 단시간근로자

제6조(단시간근로자의 초과근로 제한)
① 사용자는 단시간근로자에 대하여 「근로기준법」 제2조의 소정근로시간을 초과하여 근로하게 하는 경우에는 당해 근로자의 동의를 얻어야 한다. 이 경우 1주간에 12시간을 초과하여 근로하게 할 수 없다. <개정 2007.4.11.>

② 단시간근로자는 사용자가 제1항의 규정에 따른 동의를 얻지 아니하고 초과근로를 하게 하는 경우에는 이를 거부할 수 있다.

③ 사용자는 제1항에 따른 초과근로에 대하여 통상임금의 100분의 50 이상을 가산하여 지급하여야 한다. <신설 2014.3.18.>

제7조(통상근로자로의 전환 등)
① 사용자는 통상근로자를 채용하고자 하는 경우에는 당해 사업 또는 사업장의 동종 또는 유사한 업무에 종사하는 단시간근로자를 우선적으로 고용하도록 노력하여야 한다.

② 사용자는 가사, 학업 그 밖의 이유로

근로자가 단시간근로를 신청하는 때에는 당해 근로자를 단시간근로자로 전환하도록 노력하여야 한다.

제4장 차별적 처우의 금지 및 시정

제8조(차별적 처우의 금지) ① 사용자는 기간제근로자임을 이유로 당해 사업 또는 사업장에서 동종 또는 유사한 업무에 종사하는 기간의 정함이 없는 근로계약을 체결한 근로자에 비하여 차별적 처우를 하여서는 아니 된다.
② 사용자는 단시간근로자임을 이유로 당해 사업 또는 사업장의 동종 또는 유사한 업무에 종사하는 통상근로자에 비하여 차별적 처우를 하여서는 아니 된다.

■판례 - 차별시정재심판정취소(기간제 근로자의 차별시정 사건)

기간제 및 단시간근로자 보호 등에 관한 법률 제8조 제1항은 기간제근로자에 대한 차별적 처우가 있었는지를 판단하기 위한 비교대상 근로자를, '해당 사업 또는 사업장에서 동종 또는 유사한 업무에 종사하는 기간의 정함이 없는 근로계약을 체결한 근로자'로 규정하고 있다. 비교대상 근로자로 선정된 근로자의 업무가 기간제근로자의 업무와 동종 또는 유사한 업무에 해당하는지는, 취업규칙이나 근로계약 등에 정한 업무 내용이 아니라 근로자가 실제 수행하여 온 업무를 기준으로 판단하되, 이들이 수행하는 업무가 서로 완전히 일치하지 아니하고 업무의 범위나 책임·권한 등에서 다소 차이가 있더라도 주된 업무의 내용에 본질적인 차이가 없다면, 특별한 사정이 없는 한 이들은 동종 또는 유사한 업무에 종사한다고 보아야 한다. [대법원 2016.12.1, 선고, 2014두43288, 판결]

제9조(차별적 처우의 시정신청) ① 기간제근로자 또는 단시간근로자는 차별적 처우를 받은 경우 「노동위원회법」 제1조의 규정에 따른 노동위원회(이하 "노동위원회"라 한다)에 그 시정을 신청할 수 있다. 다만, 차별적 처우가 있은 날(계속되는 차별적 처우는 그 종료일)부터 6개월이 경과한 때에는 그러하지 아니하다. <개정 2012.2.1.>
② 기간제근로자 또는 단시간근로자가 제1항의 규정에 따른 시정신청을 하는 때에는 차별적 처우의 내용을 구체적으로 명시하여야 한다.
③ 제1항 및 제2항의 규정에 따른 시정신청의 절차·방법 등에 관하여 필요한 사항은 「노동위원회법」 제2조제1항의 규정에 따른 중앙노동위원회(이하 "중앙노동위원회"라 한다)가 따로 정한다.
④ 제8조 및 제1항 내지 제3항과 관련한 분쟁에 있어서 입증책임은 사용자가 부담한다.

제10조(조사·심문 등) ① 노동위원회는 제9조의 규정에 따른 시정신청을 받은 때에는 지체 없이 필요한 조사와 관계당사자에 대한 심문을 하여야 한다.
② 노동위원회는 제1항의 규정에 따른 심문을 하는 때에는 관계당사자의 신청 또는 직권으로 증인을 출석하게 하여 필요한 사항을 질문할 수 있다.
③ 노동위원회는 제1항 및 제2항의 규정에 따른 심문을 함에 있어서는 관계당사자에게 증거의 제출과 증인에 대한 반대심문을 할 수 있는 충분한 기회를 주어야 한다.
④ 제1항 내지 제3항의 규정에 따른 조사·심문의 방법 및 절차 등에 관하여 필요한 사항은 중앙노동위원회가 따로 정한다.
⑤ 노동위원회는 차별시정사무에 관한 전문적인 조사·연구업무를 수행하기 위하여 전문위원을 둘 수 있다. 이 경우 전문위원의 수·자격 및 보수 등에 관하여 필요한 사항은 대통령령으로 정한다.

제11조(조정·중재) ① 노동위원회는 제10조의 규정에 따른 심문의 과정에서 관계당사자 쌍방 또는 일방의 신청 또는 직권에 의하여 조정(調停)절차를 개시할 수 있고, 관계당사자가 미리 노동위원회의 중재(仲裁)결정에 따르기로 합의하여 중재를 신청한 경우에는 중재를 할 수 있다.
② 제1항의 규정에 따라 조정 또는 중재를 신청하는 경우에는 제9조의 규정에 따른 차별적 처우의 시정신청을 한 날부터 14일 이내에 하여야 한다. 다만, 노동위원회의 승낙이 있는 경우에는 14일 후에도 신청할 수 있다.
③ 노동위원회는 조정 또는 중재를 함에 있어서 관계당사자의 의견을 충분히 들어야 한다.
④ 노동위원회는 특별한 사유가 없는 한 조정절차를 개시하거나 중재신청을 받은 때부터 60일 이내에 조정안을 제시하거나 중

재결정을 하여야 한다.

⑤ 노동위원회는 관계당사자 쌍방이 조정안을 수락한 경우에는 조정조서를 작성하고 중재결정을 한 경우에는 중재결정서를 작성하여야 한다.

⑥ 조정조서에는 관계당사자와 조정에 관여한 위원전원이 서명·날인하여야 하고, 중재결정서에는 관여한 위원전원이 서명·날인하여야 한다.

⑦ 제5항 및 제6항의 규정에 따른 조정 또는 중재결정은 「민사소송법」의 규정에 따른 재판상 화해와 동일한 효력을 갖는다.

⑧ 제1항 내지 제7항의 규정에 따른 조정·중재의 방법, 조정조서·중재결정서의 작성 등에 관한 사항은 중앙노동위원회가 따로 정한다.

제12조(시정명령 등) ① 노동위원회는 제10조의 규정에 따른 조사·심문을 종료하고 차별적 처우에 해당된다고 판정한 때에는 사용자에게 시정명령을 발하여야 하고, 차별적 처우에 해당하지 아니한다고 판정한 때에는 그 시정신청을 기각하는 결정을 하여야 한다.

② 제1항의 규정에 따른 판정·시정명령 또는 기각결정은 서면으로 하되 그 이유를 구체적으로 명시하여 관계당사자에게 각각 교부하여야 한다. 이 경우 시정명령을 발하는 때에는 시정명령의 내용 및 이행기한 등을 구체적으로 기재하여야 한다.

제13조(조정·중재 또는 시정명령의 내용) ① 제11조의 규정에 따른 조정·중재 또는 제12조의 규정에 따른 시정명령의 내용에는 차별적 행위의 중지, 임금 등 근로조건의 개선(취업규칙, 단체협약 등의 제도개선 명령을 포함한다) 또는 적절한 배상 등이 포함될 수 있다. <개정 2014.3.18.>

② 제1항에 따른 배상액은 차별적 처우로 인하여 기간제근로자 또는 단시간근로자에게 발생한 손해액을 기준으로 정한다. 다만, 노동위원회는 사용자의 차별적 처우에 명백한 고의가 인정되거나 차별적 처우가 반복되는 경우에는 손해액을 기준으로 3배를 넘지 아니하는 범위에서 배상을 명령할 수 있다. <신설 2014.3.18.>

제14조(시정명령 등의 확정) ① 지방노동위원회의 시정명령 또는 기각결정에 대하여 불복이 있는 관계당사자는 시정명령서 또는 기각결정서의 송달을 받은 날부터 10일 이내에 중앙노동위원회에 재심을 신청할 수 있다.

② 제1항의 규정에 따른 중앙노동위원회의 재심결정에 대하여 불복이 있는 관계당사자는 재심결정서의 송달을 받은 날부터 15일 이내에 행정소송을 제기할 수 있다.

③ 제1항에 규정된 기간 이내에 재심을 신청하지 아니하거나 제2항에 규정된 기간 이내에 행정소송을 제기하지 아니한 때에는 그 시정명령·기각결정 또는 재심결정은 확정된다.

제15조(시정명령 이행상황의 제출요구 등) ① 고용노동부장관은 확정된 시정명령에 대하여 사용자에게 이행상황을 제출할 것을 요구할 수 있다. <개정 2010.6.4.>

② 시정신청을 한 근로자는 사용자가 확정된 시정명령을 이행하지 아니하는 경우 이를 고용노동부장관에게 신고할 수 있다. <개정 2010.6.4.>

제15조의2(고용노동부장관의 차별적 처우 시정요구 등) ① 고용노동부장관은 사용자가 제8조를 위반하여 차별적 처우를 한 경우에는 그 시정을 요구할 수 있다.

② 고용노동부장관은 사용자가 제1항에 따른 시정요구에 응하지 아니할 경우에는 차별적 처우의 내용을 구체적으로 명시하여 노동위원회에 통보하여야 한다. 이 경우 고용노동부장관은 해당 사용자 및 근로자에게 그 사실을 통지하여야 한다.

③ 노동위원회는 제2항에 따라 고용노동부장관의 통보를 받은 경우에는 지체 없이 차별적 처우가 있는지 여부를 심리하여야 한다. 이 경우 노동위원회는 해당 사용자 및 근로자에게 의견을 진술할 수 있는 기회를 부여하여야 한다.

④ 제3항에 따른 노동위원회의 심리 및 그 밖의 시정절차 등에 관하여는 제9조제4항 및 제11조부터 제15조까지의 규정을 준용한다. 이 경우 "시정신청을 한 날"은 "통지를 받은 날"로, "기각결정"은 "차별적 처우가 없다는 결정"으로, "관계 당사자"는 "해당 사용자 또는 근로자"로, "시정신청을 한 근로자"는 "해당 근로자"로 본다.

⑤ 제3항 및 제4항에 따른 노동위원회의 심리 등에 관한 사항은 중앙노동위원회

가 정한다.
[본조신설 2012.2.1.]

제15조의3(확정된 시정명령의 효력 확대) ①
고용노동부장관은 제14조(제15조의2제
4항에 따라 준용되는 경우를 포함한다)
에 따라 확정된 시정명령을 이행할 의무
가 있는 사용자의 사업 또는 사업장에서
해당 시정명령의 효력이 미치는 근로자
이외의 기간제근로자 또는 단시간근로자
에 대하여 차별적 처우가 있는지를 조사
하여 차별적 처우가 있는 경우에는 그
시정을 요구할 수 있다.
② 사용자가 제1항에 따른 시정요구에 응
하지 아니하는 경우에는 제15조의2제2항
부터 제5항까지의 규정을 준용한다.
[본조신설 2014.3.18.]

제5장 보칙

제16조(불리한 처우의 금지) 사용자는 기간
제근로자 또는 단시간근로자가 다음 각
호의 어느 하나에 해당하는 행위를 한 것
을 이유로 해고 그 밖의 불리한 처우를
하지 못한다.
1. 제6조제2항의 규정에 따른 사용자의
   부당한 초과근로 요구의 거부
2. 제9조의 규정에 따른 차별적 처우의
   시정신청, 제10조의 규정에 따른 노동
   위원회에의 참석 및 진술, 제14조의 규
   정에 따른 재심신청 또는 행정소송의
   제기
3. 제15조제2항의 규정에 따른 시정명령
   불이행의 신고
4. 제18조의 규정에 따른 통고

제17조(근로조건의 서면명시) 사용자는 기
간제근로자 또는 단시간근로자와 근로계
약을 체결하는 때에는 다음 각 호의 모든
사항을 서면으로 명시하여야 한다. 다만,
제6호는 단시간근로자에 한한다.
1. 근로계약기간에 관한 사항
2. 근로시간·휴게에 관한 사항
3. 임금의 구성항목·계산방법 및 지불방
   법에 관한 사항
4. 휴일·휴가에 관한 사항
5. 취업의 장소와 종사하여야 할 업무에
   관한 사항

6. 근로일 및 근로일별 근로시간

제18조(감독기관에 대한 통고) 사업 또는 사
업장에서 이 법 또는 이 법에 의한 명령을
위반한 사실이 있는 경우에는 근로자는 그
사실을 고용노동부장관 또는 근로감독관에
게 통고할 수 있다. <개정 2010.6.4.>

제19조(권한의 위임) 이 법의 규정에 따른
고용노동부장관의 권한은 그 일부를 대통령
령이 정하는 바에 따라 지방고용노동관서의
장에게 위임할 수 있다. <개정 2010.6.4.>

제20조(취업촉진을 위한 국가 등의 노력) 국
가 및 지방자치단체는 고용정보의 제공,
직업지도, 취업알선, 직업능력개발 등 기
간제근로자 및 단시간근로자의 취업촉진
을 위하여 필요한 조치를 우선적으로 취
하도록 노력하여야 한다.

제6장 벌칙

제21조(벌칙) 제16조의 규정을 위반하여 근로
자에게 불리한 처우를 한 자는 2년 이하의
징역 또는 1천만원 이하의 벌금에 처한다.

제22조(벌칙) 제6조제1항의 규정을 위반하여
단시간근로자에게 초과근로를 하게 한 자는
1천만원 이하의 벌금에 처한다.

제23조(양벌규정) 사업주의 대리인·사용인
그 밖의 종업원이 사업주의 업무에 관하
여 제21조 및 제22조의 규정에 해당하
는 위반행위를 한 때에는 행위자를 벌하
는 외에 그 사업주에 대하여도 해당조의
벌금형을 과한다.

제24조(과태료) ① 제14조(제15조의2제4항
및 제15조의3제2항에 따라 준용되는 경
우를 포함한다)에 따라 확정된 시정명령
을 정당한 이유 없이 이행하지 아니한 자
는 1억원 이하의 과태료에 처한다. <개정
2012.2.1., 2014.3.18.>
② 다음 각 호의 어느 하나에 해당하는 자
는 500만원 이하의 과태료에 처한다. <개
정 2010.6.4., 2012.2.1., 2014.3.18.>
1. 제15조제1항(제15조의2제4항 및 제15
   조의3제2항에 따라 준용되는 경우를 포

함한다)을 위반하여 정당한 이유 없이 고용노동부장관의 이행상황 제출요구에 불응한 자

2. 제17조의 규정을 위반하여 근로조건을 서면으로 명시하지 아니한 자

③제1항 및 제2항의 규정에 따른 과태료는 대통령령이 정하는 바에 따라 고용노동부장관이 부과·징수한다. <개정 2010.6.4.>

④ 삭제 <2018.10.16.>

⑤ 삭제 <2018.10.16.>

⑥ 삭제 <2018.10.16.>

부칙
<법률 제15848호, 2018.10.16.>

이 법은 공포한 날부터 시행한다.

기간제 및 단시간근로자 보호 등에 관한 법률 시행령

(약칭: 기간제법 시행령)

[시행 2014.9.19.]
[대통령령 제25614호, 2014.9.18., 일부개정]

제1조(목적) 이 영은 「기간제 및 단시간근로자 보호 등에 관한 법률」에서 위임된 사항과 그 시행에 필요한 사항을 규정하는 것을 목적으로 한다.

제2조(적용 범위) 「기간제 및 단시간근로자 보호 등에 관한 법률」(이하 "법"이라 한다) 제3조제2항에 따라 상시 4명 이하의 근로자를 사용하는 사업 또는 사업장에 적용하는 법 규정은 별표 1과 같다.

제3조(기간제근로자 사용기간 제한의 예외)
① 법 제4조제1항제5호에서 "전문적 지식·기술의 활용이 필요한 경우로서 대통령령이 정하는 경우"란 다음 각 호의 어느 하나에 해당하는 경우를 말한다.
1. 박사 학위(외국에서 수여받은 박사 학위를 포함한다)를 소지하고 해당 분야에 종사하는 경우
2. 「국가기술자격법」 제9조제1항제1호에 따른 기술사 등급의 국가기술자격을 소지하고 해당 분야에 종사하는 경우
3. 별표 2에서 정한 전문자격을 소지하고 해당 분야에 종사하는 경우
② 법 제4조제1항제5호에서 "정부의 복지정책·실업대책 등에 의하여 일자리를 제공하는 경우로서 대통령령이 정하는 경우"란 다음 각 호의 어느 하나에 해당하는 경우를 말한다. <개정 2009.12.30.>
1. 「고용정책 기본법」, 「고용보험법」 등 다른 법령에 따라 국민의 직업능력 개발, 취업 촉진 및 사회적으로 필요한 서비스 제공 등을 위하여 일자리를 제공하는 경우
2. 「제대군인 지원에 관한 법률」 제3조에 따라 제대군인의 고용증진 및 생활안정을 위하여 일자리를 제공하는 경우
3. 「국가보훈기본법」 제19조제2항에 따라 국가보훈대상자에 대한 복지증진 및 생활안정을 위하여 보훈도우미 등 복지지원 인력을 운영하는 경우
③ 법 제4조제1항제6호에서 "대통령령이 정하는 경우"란 다음 각 호의 어느 하나에 해당하는 경우를 말한다. <개정 2010.2.4., 2010.7.12.>
1. 다른 법령에서 기간제근로자의 사용 기간을 법 제4조제1항과 달리 정하거나 별도의 기간을 정하여 근로계약을 체결할 수 있도록 한 경우
2. 국방부장관이 인정하는 군사적 전문적 지식·기술을 가지고 관련 직업에 종사하거나 「고등교육법」 제2조제1호에 따른 대학에서 안보 및 군사학 과목을 강의하는 경우
3. 특수한 경력을 갖추고 국가안전보장, 국방·외교 또는 통일과 관련된 업무에 종사하는 경우
4. 「고등교육법」 제2조에 따른 학교(같은 법 제30조에 따른 대학원대학을 포함한다)에서 다음 각 목의 업무에 종사하는 경우
   가. 「고등교육법」 제14조에 따른 조교의 업무
   나. 「고등교육법 시행령」 제7조에 따른 겸임교원, 명예교수, 시간강사, 초빙교원 등의 업무
5. 「통계법」 제22조에 따라 고시한 한국표준직업분류의 대분류 1과 대분류 2 직업에 종사하는 자의 「소득세법」 제20조제1항에 따른 근로소득(최근 2년간의 연평균근로소득을 말한다)이 고용노동부장관이 최근 조사한 고용형태별근로실태조사의 한국표준직업분류 대분류 2 직업에 종사하는 자의 근로소득 상위 100분의 25에 해당하는 경우
6. 「근로기준법」 제18조제3항에 따른 1주 동안의 소정근로시간이 뚜렷하게 짧은 단시간근로자를 사용하는 경우
7. 「국민체육진흥법」 제2조제4호에 따른 선수와 같은 조 제6호에 따른 체육지도자 업무에 종사하는 경우
8. 다음 각 목의 연구기관에서 연구업무에 직접 종사하는 경우 또는 실험·조사 등을 수행하는 등 연구업무에 직접 관여하여 지원하는 업무에 종사하는 경우
   가. 국공립연구기관
   나. 「정부출연연구기관 등의 설립·운영 및 육성에 관한 법률」 또는 「과학기

술분야 정부출연연구기관 등의 설립·운영 및 육성에 관한 법률」에 따라 설립된 정부출연연구기관

다. 「특정연구기관 육성법」에 따른 특정연구기관

라. 「지방자치단체출연 연구원의 설립 및 운영에 관한 법률」에 따라 설립된 연구기관

마. 「공공기관의 운영에 관한 법률」에 따른 공공기관의 부설 연구기관

바. 기업 또는 대학의 부설 연구기관

사. 「민법」 또는 다른 법률에 따라 설립된 법인인 연구기관

제4조(전문위원의 수 및 자격 등) ① 법 제10조제5항에 따라 「노동위원회법」제2조제1항에 따른 노동위원회(이하 "노동위원회"라 한다)에 두는 전문위원의 수는 10명 이내로 한다.

② 제1항에 따른 전문위원은 법학·경영학·경제학 등 노동문제와 관련된 학문분야의 박사학위 소지자, 변호사·공인회계사·공인노무사 등 관련 자격증 소지자 중에서 「노동위원회법」제2조제1항에 따른 중앙노동위원회(이하 "중앙노동위원회"라 한다)의 위원장이 임명한다.

③ 제1항에 따른 전문위원의 보수에 관한 사항은 「공무원보수규정」별표 34 일반임기제공무원의 연봉등급 기준표를 준용하여 중앙노동위원회가 따로 정한다. <개정 2013.11.20.>

제5조(권한의 위임) 고용노동부장관은 법 제19조에 따라 다음 각 호의 사항에 관한 권한을 지방고용노동관서의 장에게 위임한다. <개정 2010.7.12., 2012.6.12., 2014.9.18.>

1. 법 제15조제1항(법 제15조의2제4항 및 제15조의3제2항에 따라 준용되는 경우를 포함한다)에 따른 확정된 시정명령에 대한 이행상황의 제출 요구

2. 법 제15조제2항(법 제15조의2제4항 및 제15조의3제2항에 따라 준용되는 경우를 포함한다)에 따른 확정된 시정명령 불이행에 대한 신고의 접수

2의2. 법 제15조의2제1항 및 제15조의3제1항에 따른 차별적 처우에 대한 시정요구 및 법 제15조의2제2항(법 제15조의3제2항에 따라 준용되는 경우를 포함한다)에 따른 차별적 처우의 통보·통지

3. 법 제24조에 따른 과태료의 부과·징수

제5조의2(고유식별정보의 처리) 노동위원회는 다음 각 호의 사무를 수행하기 위하여 불가피한 경우 「개인정보 보호법 시행령」제19조제1호 또는 제4호에 따른 주민등록번호 또는 외국인등록번호가 포함된 자료를 처리할 수 있다.

1. 법 제9조제1항에 따른 기간제 및 단시간근로자에 대한 차별적 처우의 시정신청에 관한 사무

2. 법 제11조에 따른 기간제 및 단시간근로자에 대한 차별적 처우의 시정신청에 대한 조정 및 중재에 관한 사무

3. 법 제14조에 따른 기간제 및 단시간근로자에 대한 차별적 처우의 시정명령 또는 기각결정에 대한 재심에 관한 사무

[본조신설 2012.1.6.]

제6조(과태료의 부과기준) 법 제24조제1항 및 제2항에 따른 과태료의 부과기준은 별표 3과 같다.

[전문개정 2011.3.30.]

부칙
<제25614호, 2014.9.18.>

이 영은 2014년 9월 19일부터 시행한다.

남녀고용평등과 일·가정 양립 지원에 관한 법률

(약칭: 남녀고용평등법)

[시행 2018.5.29.]
[법률 제15109호, 2017.11.28., 일부개정]

제1장 총칙
<개정 2007.12.21.>

제1조(목적) 이 법은 「대한민국헌법」의 평등이념에 따라 고용에서 남녀의 평등한 기회와 대우를 보장하고 모성 보호와 여성 고용을 촉진하여 남녀고용평등을 실현함과 아울러 근로자의 일과 가정의 양립을 지원함으로써 모든 국민의 삶의 질 향상에 이바지하는 것을 목적으로 한다.
[전문개정 2007.12.21.]

제2조(정의) 이 법에서 사용하는 용어의 뜻은 다음과 같다. <개정 2017.11.28.>

1. "차별"이란 사업주가 근로자에게 성별, 혼인, 가족 안에서의 지위, 임신 또는 출산 등의 사유로 합리적인 이유 없이 채용 또는 근로의 조건을 다르게 하거나 그 밖의 불리한 조치를 하는 경우[사업주가 채용조건이나 근로조건은 동일하게 적용하더라도 그 조건을 충족할 수 있는 남성 또는 여성이 다른 한 성(性)에 비하여 현저히 적고 그에 따라 특정 성에게 불리한 결과를 초래하며 그 조건이 정당한 것임을 증명할 수 없는 경우를 포함한다]를 말한다. 다만, 다음 각 목의 어느 하나에 해당하는 경우는 제외한다.
   가. 직무의 성격에 비추어 특정 성이 불가피하게 요구되는 경우
   나. 여성 근로자의 임신·출산·수유 등 모성보호를 위한 조치를 하는 경우
   다. 그 밖에 이 법 또는 다른 법률에 따라 적극적 고용개선조치를 하는 경우
2. "직장 내 성희롱"이란 사업주·상급자 또는 근로자가 직장 내의 지위를 이용하거나 업무와 관련하여 다른 근로자에게 성적 언동 등으로 성적 굴욕감 또는 혐오감을 느끼게 하거나 성적 언동 또는 그 밖의 요구 등에 따르지 아니하였

다는 이유로 근로조건 및 고용에서 불이익을 주는 것을 말한다.
3. "적극적 고용개선조치"란 현존하는 남녀 간의 고용차별을 없애거나 고용평등을 촉진하기 위하여 잠정적으로 특정 성을 우대하는 조치를 말한다.
4. "근로자"란 사업주에게 고용된 자와 취업할 의사를 가진 자를 말한다.
[전문개정 2007.12.21.]

제3조(적용 범위) ① 이 법은 근로자를 사용하는 모든 사업 또는 사업장(이하 "사업"이라 한다)에 적용한다. 다만, 대통령령으로 정하는 사업에 대하여는 이 법의 전부 또는 일부를 적용하지 아니할 수 있다.
② 남녀고용평등의 실현과 일·가정의 양립에 관하여 다른 법률에 특별한 규정이 있는 경우 외에는 이 법에 따른다.
[전문개정 2007.12.21.]

제4조(국가와 지방자치단체의 책무) ① 국가와 지방자치단체는 이 법의 목적을 실현하기 위하여 국민의 관심과 이해를 증진시키고 여성의 직업능력 개발 및 고용 촉진을 지원하여야 하며, 남녀고용평등의 실현에 방해가 되는 모든 요인을 없애기 위하여 필요한 노력을 하여야 한다.
② 국가와 지방자치단체는 일·가정의 양립을 위한 근로자와 사업주의 노력을 지원하여야 하며 일·가정의 양립 지원에 필요한 재원을 조성하고 여건을 마련하기 위하여 노력하여야 한다.
[전문개정 2007.12.21.]

제5조(근로자 및 사업주의 책무) ① 근로자는 상호 이해를 바탕으로 남녀가 동등하게 존중받는 직장문화를 조성하기 위하여 노력하여야 한다.
② 사업주는 해당 사업장의 남녀고용평등의 실현에 방해가 되는 관행과 제도를 개선하여 남녀근로자가 동등한 여건에서 자신의 능력을 발휘할 수 있는 근로환경을 조성하기 위하여 노력하여야 한다.
③ 사업주는 일·가정의 양립을 방해하는 사업장 내의 관행과 제도를 개선하고 일·가정의 양립을 지원할 수 있는 근무환경을 조성하기 위하여 노력하여야 한다.
[전문개정 2007.12.21.]

제6조(정책의 수립 등) ① 고용노동부장관은 남녀고용평등과 일·가정의 양립을 실현하기 위하여 다음 각 호의 정책을 수립·시행하여야 한다. <개정 2010.6.4.>
1. 남녀고용평등 의식 확산을 위한 홍보
2. 남녀고용평등 우수기업(제17조의4에 따른 적극적 고용개선조치 우수기업을 포함한다)의 선정 및 행정적·재정적 지원
3. 남녀고용평등 강조 기간의 설정·추진
4. 남녀차별 개선과 여성취업 확대를 위한 조사·연구
5. 모성보호와 일·가정 양립을 위한 제도 개선 및 행정적·재정적 지원
6. 그 밖에 남녀고용평등의 실현과 일·가정의 양립을 지원하기 위하여 필요한 사항
② 고용노동부장관은 제1항에 따른 정책의 수립·시행을 위하여 관계자의 의견을 반영하도록 노력하여야 하며 필요하다고 인정되는 경우 관계 행정기관 및 지방자치단체, 그 밖의 공공단체의 장에게 협조를 요청할 수 있다. <개정 2010.6.4.>
[전문개정 2007.12.21.]

제6조의2(기본계획 수립) ① 고용노동부장관은 남녀고용평등 실현과 일·가정의 양립에 관한 기본계획(이하 "기본계획"이라 한다)을 5년마다 수립하여야 한다. <개정 2010.6.4., 2016.1.28.>
② 기본계획에는 다음 각 호의 사항이 포함되어야 한다. <개정 2010.6.4., 2016.1.28.>
1. 여성취업의 촉진에 관한 사항
2. 남녀의 평등한 기회보장 및 대우에 관한 사항
3. 동일 가치 노동에 대한 동일 임금 지급의 정착에 관한 사항
4. 여성의 직업능력 개발에 관한 사항
5. 여성 근로자의 모성 보호에 관한 사항
6. 일·가정의 양립 지원에 관한 사항
7. 여성 근로자를 위한 복지시설의 설치 및 운영에 관한 사항
8. 직전 기본계획에 대한 평가
9. 그 밖에 남녀고용평등의 실현과 일·가정의 양립 지원을 위하여 고용노동부장관이 필요하다고 인정하는 사항
③ 고용노동부장관은 필요하다고 인정하면 관계 행정기관 또는 공공기관의 장에게 기본계획 수립에 필요한 자료의 제출을 요청할 수 있다. <신설 2016.1.28.>

④ 고용노동부장관이 기본계획을 수립한 때에는 지체 없이 소관 상임위원회에 보고하여야 한다. <신설 2016.1.28.>
[본조신설 2007.12.21.]

제6조의3(실태조사 실시) ① 고용노동부장관은 사업 또는 사업장의 남녀차별개선, 모성보호, 일·가정의 양립 실태를 파악하기 위하여 정기적으로 조사를 실시하여야 한다. <개정 2010.6.4.>
② 제1항에 따른 실태조사의 대상, 시기, 내용 등 필요한 사항은 고용노동부령으로 정한다. <개정 2010.6.4.>
[본조신설 2007.12.21.]

제2장 고용에 있어서 남녀의 평등한 기회보장 및 대우 등

제1절 남녀의 평등한 기회보장 및 대우

제7조(모집과 채용) ① 사업주는 근로자를 모집하거나 채용할 때 남녀를 차별하여서는 아니 된다.
② 사업주는 여성 근로자를 모집·채용할 때 그 직무의 수행에 필요하지 아니한 용모·키·체중 등의 신체적 조건, 미혼 조건, 그 밖에 고용노동부령으로 정하는 조건을 제시하거나 요구하여서는 아니 된다. <개정 2010.6.4.>
[전문개정 2007.12.21.]

제8조(임금) ① 사업주는 동일한 사업 내의 동일 가치 노동에 대하여는 동일한 임금을 지급하여야 한다.
② 동일 가치 노동의 기준은 직무 수행에서 요구되는 기술, 노력, 책임 및 작업 조건 등으로 하고, 사업주가 그 기준을 정할 때에는 제25조에 따른 노사협의회의 근로자를 대표하는 위원의 의견을 들어야 한다.
③ 사업주가 임금차별을 목적으로 설립한 별개의 사업은 동일한 사업으로 본다.
[전문개정 2007.12.21.]

제9조(임금 외의 금품 등) 사업주는 임금 외에 근로자의 생활을 보조하기 위한 금품의 지급 또는 자금의 융자 등 복리후생에서 남녀를 차별하여서는 아니 된다.

[전문개정 2007.12.21.]

제10조(교육·배치 및 승진) 사업주는 근로자의 교육·배치 및 승진에서 남녀를 차별하여서는 아니 된다.
[전문개정 2007.12.21.]

제11조(정년·퇴직 및 해고) ① 사업주는 근로자의 정년·퇴직 및 해고에서 남녀를 차별하여서는 아니 된다.
② 사업주는 여성 근로자의 혼인, 임신 또는 출산을 퇴직 사유로 예정하는 근로계약을 체결하여서는 아니 된다.
[전문개정 2007.12.21.]

제2절 직장 내 성희롱의 금지 및 예방
<개정 2007.12.21.>

제12조(직장 내 성희롱의 금지) 사업주, 상급자 또는 근로자는 직장 내 성희롱을 하여서는 아니 된다.
[전문개정 2007.12.21.]

제13조(직장 내 성희롱 예방 교육 등) ① 사업주는 직장 내 성희롱을 예방하고 근로자가 안전한 근로환경에서 일할 수 있는 여건을 조성하기 위하여 직장 내 성희롱의 예방을 위한 교육(이하 "성희롱 예방 교육"이라 한다)을 매년 실시하여야 한다. <개정 2017.11.28.>
② 사업주 및 근로자는 제1항에 따른 성희롱 예방 교육을 받아야 한다. <신설 2014.1.14.>
③ 사업주는 성희롱 예방 교육의 내용을 근로자가 자유롭게 열람할 수 있는 장소에 항상 게시하거나 갖추어 두어 근로자에게 널리 알려야 한다. <신설 2017.11.28.>
④ 사업주는 고용노동부령으로 정하는 기준에 따라 직장 내 성희롱 예방 및 금지를 위한 조치를 하여야 한다. <신설 2017.11.28.>
⑤ 제1항 및 제2항에 따른 성희롱 예방 교육의 내용·방법 및 횟수 등에 관하여 필요한 사항은 대통령령으로 정한다. <개정 2014.1.14., 2017.11.28.>
[전문개정 2007.12.21.]
[제목개정 2017.11.28.]

제13조의2(성희롱 예방 교육의 위탁) ① 사업주는 성희롱 예방 교육을 고용노동부장관이 지정하는 기관(이하 "성희롱 예방 교육

기관"이라 한다)에 위탁하여 실시할 수 있다. <개정 2010.6.4.>
② 사업주가 성희롱 예방 교육기관에 위탁하여 성희롱 예방 교육을 하려는 경우에는 제13조제5항에 따라 대통령령으로 정하는 내용을 성희롱 예방 교육기관에 미리 알려 그 사항이 포함되도록 하여야 한다. <신설 2017.11.28.>
③ 성희롱 예방 교육기관은 고용노동부령으로 정하는 기관 중에서 지정하되, 고용노동부령으로 정하는 강사를 1명 이상 두어야 한다. <개정 2010.6.4., 2017.11.28.>
④ 성희롱 예방 교육기관은 고용노동부령으로 정하는 바에 따라 교육을 실시하고 교육이수증이나 이수자 명단 등 교육 실시 관련 자료를 보관하며 사업주나 피교육자에게 그 자료를 내주어야 한다. <개정 2010.6.4., 2017.11.28.>
⑤ 고용노동부장관은 성희롱 예방 교육기관이 다음 각 호의 어느 하나에 해당하면 그 지정을 취소할 수 있다. <개정 2010.6.4., 2017.11.28.>
1. 거짓이나 그 밖의 부정한 방법으로 지정을 받은 경우
2. 정당한 사유 없이 제3항에 따른 강사를 3개월 이상 계속하여 두지 아니한 경우
3. 2년 동안 직장 내 성희롱 예방 교육 실적이 없는 경우
⑥ 고용노동부장관은 제5항에 따라 성희롱 예방 교육기관의 지정을 취소하려면 청문을 하여야 한다. <신설 2014.5.20., 2017.11.28.>
[전문개정 2007.12.21.]

제14조(직장 내 성희롱 발생 시 조치) ① 누구든지 직장 내 성희롱 발생 사실을 알게 된 경우 그 사실을 해당 사업주에게 신고할 수 있다.
② 사업주는 제1항에 따른 신고를 받거나 직장 내 성희롱 발생 사실을 알게 된 경우에는 지체 없이 그 사실 확인을 위한 조사를 하여야 한다. 이 경우 사업주는 직장 내 성희롱과 관련하여 피해를 입은 근로자 또는 피해를 입었다고 주장하는 근로자(이하 "피해근로자등"이라 한다)가 조사 과정에서 성적 수치심 등을 느끼지 아니하도록 하여야 한다.
③ 사업주는 제2항에 따른 조사 기간 동안 피해근로자등을 보호하기 위하여 필요한 경우 해당 피해근로자등에 대하여

근무장소의 변경, 유급휴가 명령 등 적절한 조치를 하여야 한다. 이 경우 사업주는 피해근로자등의 의사에 반하는 조치를 하여서는 아니 된다.

④ 사업주는 제2항에 따른 조사 결과 직장 내 성희롱 발생 사실이 확인된 때에는 피해근로자가 요청하면 근무장소의 변경, 배치전환, 유급휴가 명령 등 적절한 조치를 하여야 한다.

⑤ 사업주는 제2항에 따른 조사 결과 직장 내 성희롱 발생 사실이 확인된 때에는 지체 없이 직장 내 성희롱 행위를 한 사람에 대하여 징계, 근무장소의 변경 등 필요한 조치를 하여야 한다. 이 경우 사업주는 징계 등의 조치를 하기 전에 그 조치에 대하여 직장 내 성희롱 피해를 입은 근로자의 의견을 들어야 한다.

⑥ 사업주는 성희롱 발생 사실을 신고한 근로자 및 피해근로자등에게 다음 각 호의 어느 하나에 해당하는 불리한 처우를 하여서는 아니 된다.

1. 파면, 해임, 해고, 그 밖에 신분상실에 해당하는 불이익 조치
2. 징계, 정직, 감봉, 강등, 승진 제한 등 부당한 인사조치
3. 직무 미부여, 직무 재배치, 그 밖에 본인의 의사에 반하는 인사조치
4. 성과평가 또는 동료평가 등에서 차별이나 그에 따른 임금 또는 상여금 등의 차별 지급
5. 직업능력 개발 및 향상을 위한 교육훈련 기회의 제한
6. 집단 따돌림, 폭행 또는 폭언 등 정신적·신체적 손상을 가져오는 행위를 하거나 그 행위의 발생을 방치하는 행위
7. 그 밖에 신고를 한 근로자 및 피해근로자등의 의사에 반하는 불리한 처우

⑦ 제2항에 따라 직장 내 성희롱 발생 사실을 조사한 사람, 조사 내용을 보고 받은 사람 또는 그 밖에 조사 과정에 참여한 사람은 해당 조사 과정에서 알게 된 비밀을 피해근로자등의 의사에 반하여 다른 사람에게 누설하여서는 아니 된다. 다만, 조사와 관련된 내용을 사업주에게 보고하거나 관계 기관의 요청에 따라 필요한 정보를 제공하는 경우는 제외한다.
[전문개정 2017.11.28.]

제14조의2(고객 등에 의한 성희롱 방지) ①

사업주는 고객 등 업무와 밀접한 관련이 있는 자가 업무수행 과정에서 성적인 언동 등을 통하여 근로자에게 성적 굴욕감 또는 혐오감 등을 느끼게 하여 해당 근로자가 그로 인한 고충 해소를 요청할 경우 근무 장소 변경, 배치전환, 유급휴가의 명령 등 적절한 조치를 하여야 한다. <개정 2017.11.28.>

② 사업주는 근로자가 제1항에 따른 피해를 주장하거나 고객 등으로부터의 성적 요구 등에 불응한 것을 이유로 해고나 그 밖의 불이익한 조치를 하여서는 아니 된다.
[본조신설 2007.12.21.]

제3절 여성의 직업능력 개발 및 고용 촉진
<개정 2007.12.21.>

제15조(직업 지도) 「직업안정법」 제2조의2제1호에 따른 직업안정기관은 여성이 적성, 능력, 경력 및 기능의 정도에 따라 직업을 선택하고, 직업에 적응하는 것을 쉽게 하기 위하여 고용정보와 직업에 관한 조사·연구 자료를 제공하는 등 직업 지도에 필요한 조치를 하여야 한다. <개정 2009.10.9.>
[전문개정 2007.12.21.]

제16조(직업능력 개발) 국가, 지방자치단체 및 사업주는 여성의 직업능력 개발 및 향상을 위하여 모든 직업능력 개발 훈련에서 남녀에게 평등한 기회를 보장하여야 한다.
[전문개정 2007.12.21.]

제17조(여성 고용 촉진) ① 고용노동부장관은 여성의 고용 촉진을 위한 시설을 설치·운영하는 비영리법인과 단체에 대하여 필요한 비용의 전부 또는 일부를 지원할 수 있다. <개정 2010.6.4.>

② 고용노동부장관은 여성의 고용 촉진을 위한 사업을 실시하는 사업주 또는 여성휴게실과 수유시설을 설치하는 등 사업장 내의 고용환경을 개선하고자 하는 사업주에게 필요한 비용의 전부 또는 일부를 지원할 수 있다. <개정 2010.6.4.>
[전문개정 2007.12.21.]

제17조의2(경력단절여성의 능력개발과 고용

촉진지원) ① 고용노동부장관은 임신·출산·육아 등의 이유로 직장을 그만두었으나 재취업할 의사가 있는 경력단절여성(이하 "경력단절여성"이라 한다)을 위하여 취업유망 직종을 선정하고, 특화된 훈련과 고용촉진프로그램을 개발하여야 한다. <개정 2010.6.4.>
② 고용노동부장관은 「직업안정법」 제2조의2제1호에 따른 직업안정기관을 통하여 경력단절여성에게 직업정보, 직업훈련정보 등을 제공하고 전문화된 직업지도, 직업상담 등의 서비스를 제공하여야 한다. <개정 2009.10.9., 2010.6.4.>
[본조신설 2007.12.21.]
[종전 제17조의2는 제17조의3으로 이동 <2007.12.21.>]

제4절 적극적 고용개선조치
<개정 2007.12.21.>

제17조의3(적극적 고용개선조치 시행계획의 수립·제출 등) ① 고용노동부장관은 다음 각 호의 어느 하나에 해당하는 사업주로서 고용하고 있는 직종별 여성 근로자의 비율이 산업별·규모별로 고용노동부령으로 정하는 고용 기준에 미달하는 사업주에 대하여는 차별적 고용관행 및 제도 개선을 위한 적극적 고용개선조치 시행계획(이하 "시행계획"이라 한다)을 수립하여 제출할 것을 요구할 수 있다. 이 경우 해당 사업주는 시행계획을 제출하여야 한다. <개정 2010.6.4.>
1. 대통령령으로 정하는 공공기관·단체의 장
2. 대통령령으로 정하는 규모 이상의 근로자를 고용하는 사업의 사업주
② 제1항 각 호의 어느 하나에 해당하는 사업주는 직종별·직급별 남녀 근로자 현황을 고용노동부장관에게 제출하여야 한다. <개정 2010.6.4.>
③ 제1항 각 호의 어느 하나에 해당하지 아니하는 사업주로서 적극적 고용개선조치를 하려는 사업주는 직종별 남녀 근로자 현황과 시행계획을 작성하여 고용노동부장관에게 제출할 수 있다. <개정 2010.6.4.>
④ 고용노동부장관은 제1항과 제3항에 따라 제출된 시행계획을 심사하여 그 내용이 명확하지 아니하거나 차별적 고용관행을 개선하려는 노력이 부족하여 시행계획으로

서 적절하지 아니하다고 인정되면 해당 사업주에게 시행계획의 보완을 요구할 수 있다. <개정 2010.6.4.>
⑤ 제1항과 제2항에 따른 시행계획과 남녀 근로자 현황의 기재 사항, 제출 시기, 제출 절차 등에 관하여 필요한 사항은 고용노동부령으로 정한다. <개정 2010.6.4.>
[전문개정 2007.12.21.]
[제17조의2에서 이동, 종전 제17조의3은 제17조의4로 이동 <2007.12.21.>]

제17조의4(이행실적의 평가 및 지원 등) ① 제17조의3제1항 및 제3항에 따라 시행계획을 제출한 자는 그 이행실적을 고용노동부장관에게 제출하여야 한다. <개정 2010.6.4.>
② 고용노동부장관은 제1항에 따라 제출된 이행실적을 평가하고, 그 결과를 사업주에게 통보하여야 한다. <개정 2010.6.4.>
③ 고용노동부장관은 제2항에 따른 평가 결과 이행실적이 우수한 기업(이하 "적극적 고용개선조치 우수기업"이라 한다)에 표창을 할 수 있다. <개정 2010.6.4.>
④ 국가와 지방자치단체는 적극적 고용개선조치 우수기업에 행정적·재정적 지원을 할 수 있다.
⑤ 고용노동부장관은 제2항에 따른 평가 결과 이행실적이 부진한 사업주에게 시행계획의 이행을 촉구할 수 있다. <개정 2010.6.4.>
⑥ 고용노동부장관은 제2항에 따른 평가 업무를 대통령령으로 정하는 기관이나 단체에 위탁할 수 있다. <개정 2010.6.4.>
⑦ 제1항에 따른 이행실적의 기재 사항, 제출 시기 및 제출 절차와 제2항에 따른 평가 결과의 통보 절차 등에 관하여 필요한 사항은 고용노동부령으로 정한다. <개정 2010.6.4.>
[전문개정 2007.12.21.]
[제17조의3에서 이동, 종전 제17조의4는 제17조의5로 이동 <2007.12.21.>]

제17조의5(적극적 고용개선조치 미이행 사업주 명단 공표) ① 고용노동부장관은 명단 공개 기준일 이전에 3회 연속하여 제17조의3제1항의 기준에 미달한 사업주로서 제17조의4제5항의 이행촉구를 받고 이에 따르지 아니한 경우 그 명단을 공표할 수 있다. 다만, 사업주의 사망·기업의 소멸 등 대통령령으로 정하는 사유가 있는 경우에는

그러하지 아니하다.
② 제1항에 따른 공표의 구체적인 기준·내용 및 방법 등 공표에 필요한 사항은 대통령령으로 정한다.
[본조신설 2014.1.14.]
[종전 제17조의5는 제17조의6으로 이동 <2014.1.14.>]

제17조의6(시행계획 등의 게시) 제17조의3제1항에 따라 시행계획을 제출한 사업주는 시행계획 및 제17조의4제1항에 따른 이행실적을 근로자가 열람할 수 있도록 게시하는 등 필요한 조치를 하여야 한다.
[전문개정 2007.12.21.]
[제17조의5에서 이동, 종전 제17조의6은 제17조의7로 이동 <2014.1.14.>]

제17조의7(적극적 고용개선조치에 관한 협조) 고용노동부장관은 적극적 고용개선조치의 효율적 시행을 위하여 필요하다고 인정하면 관계 행정기관의 장에게 차별의 시정 또는 예방을 위하여 필요한 조치를 하여 줄 것을 요청할 수 있다. 이 경우 관계 행정기관의 장은 특별한 사유가 없으면 요청에 따라야 한다. <개정 2010.6.4.>
[전문개정 2007.12.21.]
[제17조의6에서 이동, 종전 제17조의7은 제17조의8로 이동 <2014.1.14.>]

제17조의8(적극적 고용개선조치에 관한 중요 사항 심의) 적극적 고용개선조치에 관한 다음 각 호의 사항은 「고용정책 기본법」 제10조에 따른 고용정책심의회의 심의를 거쳐야 한다. <개정 2014.1.14.>
1. 제17조의3제1항에 따른 여성 근로자 고용기준에 관한 사항
2. 제17조의3제4항에 따른 시행계획의 심사에 관한 사항
3. 제17조의4제2항에 따른 적극적 고용개선조치 이행실적의 평가에 관한 사항
4. 제17조의4제3항 및 제4항에 따른 적극적 고용개선조치 우수기업의 표창 및 지원에 관한 사항
5. 제17조의5제1항에 따른 공표 여부에 관한 사항
6. 그 밖에 적극적 고용개선조치에 관하여 고용정책심의회의 위원장이 회의에 부치는 사항
[전문개정 2009.10.9.]

[제17조의7에서 이동, 종전 제17조의8은 제17조의9로 이동 <2014.1.14.>]

제17조의9(적극적 고용개선조치의 조사·연구 등) ① 고용노동부장관은 적극적 고용개선조치에 관한 업무를 효율적으로 수행하기 위하여 조사·연구·교육·홍보 등의 사업을 할 수 있다. <개정 2010.6.4.>
② 고용노동부장관은 필요하다고 인정하면 제1항에 따른 업무의 일부를 대통령령으로 정하는 자에게 위탁할 수 있다. <개정 2010.6.4.>
[전문개정 2007.12.21.]
[제17조의8에서 이동 <2014.1.14.>]

제3장 모성 보호
<개정 2007.12.21.>

제18조(출산전후휴가에 대한 지원) ① 국가는 「근로기준법」 제74조에 따른 출산전후휴가 또는 유산·사산 휴가를 사용한 근로자 중 일정한 요건에 해당하는 자에게 그 휴가기간에 대하여 통상임금에 상당하는 금액(이하 "출산전후휴가급여등"이라 한다)을 지급할 수 있다. <개정 2012.2.1.>
② 제1항에 따라 지급된 출산전후휴가급여등은 그 금액의 한도에서 「근로기준법」 제74조제4항에 따라 사업주가 지급한 것으로 본다. <개정 2012.2.1.>
③ 출산전후휴가급여등을 지급하기 위하여 필요한 비용은 국가재정이나 「사회보장기본법」에 따른 사회보험에서 분담할 수 있다. <개정 2012.2.1.>
④ 여성 근로자가 출산전후휴가급여등을 받으려는 경우 사업주는 관계 서류의 작성·확인 등 모든 절차에 적극 협력하여야 한다. <개정 2012.2.1.>
⑤ 출산전후휴가급여등의 지급요건, 지급기간 및 절차 등에 관하여 필요한 사항은 따로 법률로 정한다. <개정 2012.2.1.>
[전문개정 2007.12.21.]
[제목개정 2012.2.1.]

제18조의2(배우자 출산휴가) ① 사업주는 근로자가 배우자의 출산을 이유로 휴가를 청구하는 경우에 5일의 범위에서 3일 이상의 휴가를 주어야 한다. 이 경우 사용한 휴가기간 중 최초 3일은 유급으로 한다.

<개정 2012.2.1.>
② 제1항에 따른 휴가는 근로자의 배우자가 출산한 날부터 30일이 지나면 청구할 수 없다.
[본조신설 2007.12.21.]
[시행일: 2013.2.2.] 제18조의2의 개정규정중 상시 300명 미만의 근로자를 사용하는 사업 또는 사업장

제18조의3(난임치료휴가) ① 사업주는 근로자가 인공수정 또는 체외수정 등 난임치료를 받기 위하여 휴가(이하 "난임치료휴가"라 한다)를 청구하는 경우에 연간 3일 이내의 휴가를 주어야 하며, 이 경우 최초 1일은 유급으로 한다. 다만, 근로자가 청구한 시기에 휴가를 주는 것이 정상적인 사업 운영에 중대한 지장을 초래하는 경우에는 근로자와 협의하여 그 시기를 변경할 수 있다.
② 사업주는 난임치료휴가를 이유로 해고, 징계 등 불리한 처우를 하여서는 아니 된다.
③ 난임치료휴가의 신청방법 및 절차 등은 대통령령으로 정한다.
[본조신설 2017.11.28.]

제3장의2 일·가정의 양립 지원
<신설 2007.12.21.>

제19조(육아휴직) ① 사업주는 근로자가 만 8세 이하 또는 초등학교 2학년 이하의 자녀(입양한 자녀를 포함한다)를 양육하기 위하여 휴직(이하 "육아휴직"이라 한다)을 신청하는 경우에 이를 허용하여야 한다. 다만, 대통령령으로 정하는 경우에는 그러하지 아니하다. <개정 2010.2.4., 2014.1.14.>
② 육아휴직의 기간은 1년 이내로 한다.
③ 사업주는 육아휴직을 이유로 해고나 그 밖의 불리한 처우를 하여서는 아니 되며, 육아휴직 기간에는 그 근로자를 해고하지 못한다. 다만, 사업을 계속할 수 없는 경우에는 그러하지 아니하다.
④ 사업주는 육아휴직을 마친 후에는 휴직 전과 같은 업무 또는 같은 수준의 임금을 지급하는 직무에 복귀시켜야 한다. 또한 제2항의 육아휴직 기간은 근속기간에 포함한다.
⑤ 기간제근로자 또는 파견근로자의 육아휴직 기간은 「기간제 및 단시간근로자 보호 등에 관한 법률」 제4조에 따른 사용기간 또는 「파견근로자보호 등에 관한 법률」 제6조에 따른 근로자파견기간에 산입하지 아니한다. <신설 2012.2.1.>
⑥ 육아휴직의 신청방법 및 절차 등에 관하여 필요한 사항은 대통령령으로 정한다. <개정 2012.2.1.>
[전문개정 2007.12.21.]

제19조의2(육아기 근로시간 단축) ① 사업주는 제19조제1항에 따라 육아휴직을 신청할 수 있는 근로자가 육아휴직 대신 근로시간의 단축(이하 "육아기 근로시간 단축"이라 한다)을 신청하는 경우에 이를 허용하여야 한다. 다만, 대체인력 채용이 불가능한 경우, 정상적인 사업 운영에 중대한 지장을 초래하는 경우 등 대통령령으로 정하는 경우에는 그러하지 아니하다. <개정 2012.2.1.>
② 제1항 단서에 따라 사업주가 육아기 근로시간 단축을 허용하지 아니하는 경우에는 해당 근로자에게 그 사유를 서면으로 통보하고 육아휴직을 사용하게 하거나 그 밖의 조치를 통하여 지원할 수 있는지를 해당 근로자와 협의하여야 한다. <개정 2012.2.1.>
③ 사업주가 제1항에 따라 해당 근로자에게 육아기 근로시간 단축을 허용하는 경우 단축 후 근로시간은 주당 15시간 이상이어야 하고 30시간을 넘어서는 아니 된다.
④ 육아기 근로시간 단축의 기간은 1년 이내로 한다.
⑤ 사업주는 육아기 근로시간 단축을 이유로 해당 근로자에게 해고나 그 밖의 불리한 처우를 하여서는 아니 된다.
⑥ 사업주는 근로자의 육아기 근로시간 단축기간이 끝난 후에 그 근로자를 육아기 근로시간 단축 전과 같은 업무 또는 같은 수준의 임금을 지급하는 직무에 복귀시켜야 한다.
⑦ 육아기 근로시간 단축의 신청방법 및 절차 등에 관하여 필요한 사항은 대통령령으로 정한다.
[본조신설 2007.12.21.]

제19조의3(육아기 근로시간 단축 중 근로조건 등) ① 사업주는 제19조의2에 따라 육아기 근로시간 단축을 하고 있는 근로자에 대하여 근로시간에 비례하여 적용하는 경우 외에는 육아기 근로시간 단축을 이유로 그 근로조건을 불리하게 하여서는 아니 된다.

② 제19조의2에 따라 육아기 근로시간 단축을 한 근로자의 근로조건(육아기 근로시간 단축 후 근로시간을 포함한다)은 사업주와 그 근로자 간에 서면으로 정한다.

③ 사업주는 제19조의2에 따라 육아기 근로시간 단축을 하고 있는 근로자에게 단축된 근로시간 외에 연장근로를 요구할 수 없다. 다만, 그 근로자가 명시적으로 청구하는 경우에는 사업주는 주 12시간 이내에서 연장근로를 시킬 수 있다.

④ 육아기 근로시간 단축을 한 근로자에 대하여 「근로기준법」 제2조제6호에 따른 평균임금을 산정하는 경우에는 그 근로자의 육아기 근로시간 단축 기간을 평균임금 산정기간에서 제외한다.
[본조신설 2007.12.21.]

제19조의4(육아휴직과 육아기 근로시간 단축의 사용형태) 근로자는 제19조와 제19조의2에 따라 육아휴직이나 육아기 근로시간 단축을 하려는 경우에는 다음 각 호의 방법 중 하나를 선택하여 사용할 수 있다. 이 경우 어느 방법을 사용하든지 그 총 기간은 1년을 넘을 수 없다.
1. 육아휴직의 1회 사용
2. 육아기 근로시간 단축의 1회 사용
3. 육아휴직의 분할 사용(1회만 할 수 있다)
4. 육아기 근로시간 단축의 분할 사용(1회만 할 수 있다)
5. 육아휴직의 1회 사용과 육아기 근로시간 단축의 1회 사용
[본조신설 2007.12.21.]

제19조의5(육아지원을 위한 그 밖의 조치) ① 사업주는 만 8세 이하 또는 초등학교 2학년 이하의 자녀(입양한 자녀를 포함한다)를 양육하는 근로자의 육아를 지원하기 위하여 다음 각 호의 어느 하나에 해당하는 조치를 하도록 노력하여야 한다. <개정 2015.1.20.>
1. 업무를 시작하고 마치는 시간 조정
2. 연장근로의 제한
3. 근로시간의 단축, 탄력적 운영 등 근로시간 조정
4. 그 밖에 소속 근로자의 육아를 지원하기 위하여 필요한 조치
② 고용노동부장관은 사업주가 제1항에 따른 조치를 할 경우 고용 효과 등을 고려하여 필요한 지원을 할 수 있다. <개정 2010.6.4.>

[본조신설 2007.12.21.]

제19조의6(직장복귀를 위한 사업주의 지원) 사업주는 이 법에 따라 육아휴직 중인 근로자에 대한 직업능력 개발 및 향상을 위하여 노력하여야 하고 출산전후휴가, 육아휴직 또는 육아기 근로시간 단축을 마치고 복귀하는 근로자가 쉽게 직장생활에 적응할 수 있도록 지원하여야 한다. <개정 2012.2.1.>
[본조신설 2007.12.21.]

제20조(일·가정의 양립을 위한 지원) ① 국가는 사업주가 근로자에게 육아휴직이나 육아기 근로시간 단축을 허용한 경우 그 근로자의 생계비용과 사업주의 고용유지비용의 일부를 지원할 수 있다.
② 국가는 소속 근로자의 일·가정의 양립을 지원하기 위한 조치를 도입하는 사업주에게 세제 및 재정을 통한 지원을 할 수 있다.
[전문개정 2007.12.21.]

제21조(직장어린이집 설치 및 지원 등) ① 사업주는 근로자의 취업을 지원하기 위하여 수유·탁아 등 육아에 필요한 어린이집(이하 "직장어린이집"이라 한다)을 설치하여야 한다. <개정 2011.6.7.>
② 직장어린이집을 설치하여야 할 사업주의 범위 등 직장어린이집의 설치 및 운영에 관한 사항은 「영유아보육법」에 따른다. <개정 2011.6.7.>
③ 고용노동부장관은 근로자의 고용을 촉진하기 위하여 직장어린이집의 설치·운영에 필요한 지원 및 지도를 하여야 한다. <개정 2010.6.4., 2011.6.7.>
[전문개정 2007.12.21.]
[제목개정 2011.6.7.]

제21조의2(그 밖의 보육 관련 지원) 고용노동부장관은 제21조에 따라 직장어린이집을 설치하여야 하는 사업주 외의 사업주가 직장어린이집을 설치하려는 경우에는 직장어린이집의 설치·운영에 필요한 정보 제공, 상담 및 비용의 일부 지원 등 필요한 지원을 할 수 있다. <개정 2010.6.4., 2011.6.7.>
[본조신설 2007.12.21.]

제22조(공공복지시설의 설치) ① 국가 또는 지방자치단체는 여성 근로자를 위한 교육·육아·주택 등 공공복지시설을 설치할 수 있다.
② 제1항에 따른 공공복지시설의 기준과 운영에 필요한 사항은 고용노동부장관이 정한다. <개정 2010.6.4.>
[전문개정 2007.12.21.]

제22조의2(근로자의 가족 돌봄 등을 위한 지원) ① 사업주는 근로자가 부모, 배우자, 자녀 또는 배우자의 부모(이하 "가족"이라 한다)의 질병, 사고, 노령으로 인하여 그 가족을 돌보기 위한 휴직(이하 "가족돌봄휴직"이라 한다)을 신청하는 경우 이를 허용하여야 한다. 다만, 대체인력 채용이 불가능한 경우, 정상적인 사업 운영에 중대한 지장을 초래하는 경우 등 대통령령으로 정하는 경우에는 그러하지 아니하다. <개정 2012.2.1.>
② 제1항 단서에 따라 사업주가 가족돌봄휴직을 허용하지 아니하는 경우에는 해당 근로자에게 그 사유를 서면으로 통보하고, 다음 각 호의 어느 하나에 해당하는 조치를 하도록 노력하여야 한다. <신설 2012.2.1.>
1. 업무를 시작하고 마치는 시간 조정
2. 연장근로의 제한
3. 근로시간의 단축, 탄력적 운영 등 근로시간의 조정
4. 그 밖에 사업장 사정에 맞는 지원조치
③ 가족돌봄휴직 기간은 연간 최장 90일로 하며, 이를 나누어 사용할 수 있다. 이 경우 나누어 사용하는 1회의 기간은 30일 이상이 되어야 한다. <신설 2012.2.1.>
④ 사업주는 가족돌봄휴직을 이유로 해당 근로자를 해고하거나 근로조건을 악화시키는 등 불리한 처우를 하여서는 아니 된다. <신설 2012.2.1.>
⑤ 가족돌봄휴직 기간은 근속기간에 포함한다. 다만, 「근로기준법」 제2조제1항제6호에 따른 평균임금 산정기간에서는 제외한다. <신설 2012.2.1.>
⑥ 사업주는 소속 근로자가 건전하게 직장과 가정을 유지하는 데에 도움이 될 수 있도록 필요한 심리상담 서비스를 제공하도록 노력하여야 한다. <개정 2012.2.1.>
⑦ 고용노동부장관은 사업주가 제1항에 따른 조치를 하는 경우에는 고용 효과 등을 고려하여 필요한 지원을 할 수 있다. <개

정 2010.6.4., 2012.2.1.>
⑧ 가족돌봄휴직의 신청방법 및 절차 등에 관하여 필요한 사항은 대통령령으로 정한다. <신설 2012.2.1.>
[본조신설 2007.12.21.]
[시행일: 2013.2.2.] 제22조의2의 개정규정중 상시 300명 미만의 근로자를 사용하는 사업 또는 사업장

제22조의3(일·가정 양립 지원 기반 조성) ① 고용노동부장관은 일·가정 양립프로그램의 도입·확산, 모성보호 조치의 원활한 운영 등을 지원하기 위하여 조사·연구 및 홍보 등의 사업을 하고, 전문적인 상담 서비스와 관련 정보 등을 사업주와 근로자에게 제공하여야 한다. <개정 2010.6.4.>
② 고용노동부장관은 제1항에 따른 업무와 제21조와 제21조의2에 따른 직장보육시설 설치·운영의 지원에 관한 업무를 대통령령으로 정하는 바에 따라 공공기관 또는 민간에 위탁하여 수행할 수 있다. <개정 2010.6.4.>
③ 고용노동부장관은 제2항에 따라 업무를 위탁받은 기관에 업무수행에 사용되는 경비를 지원할 수 있다. <개정 2010.6.4.>
[본조신설 2007.12.21.]

제4장 분쟁의 예방과 해결
<개정 2007.12.21.>

제23조(상담지원) ① 고용노동부장관은 차별, 직장 내 성희롱, 모성보호 및 일·가정 양립 등에 관한 상담을 실시하는 민간단체에 필요한 비용의 일부를 예산의 범위에서 지원할 수 있다. <개정 2010.6.4.>
② 제1항에 따른 단체의 선정요건, 비용의 지원기준과 지원절차 및 지원의 중단 등에 필요한 사항은 고용노동부령으로 정한다. <개정 2010.6.4.>
[전문개정 2007.12.21.]

제24조(명예고용평등감독관) ① 고용노동부장관은 사업장의 남녀고용평등 이행을 촉진하기 위하여 그 사업장 소속 근로자 중 노사가 추천하는 자를 명예고용평등감독관(이하 "명예감독관"이라 한다)으로 위촉할 수 있다. <개정 2010.6.4.>
② 명예감독관은 다음 각 호의 업무를 수행한다. <개정 2010.6.4.>

1. 해당 사업장의 차별 및 직장 내 성희롱 발생 시 피해 근로자에 대한 상담·조언
2. 해당 사업장의 고용평등 이행상태 자율점검 및 지도 시 참여
3. 법령위반 사실이 있는 사항에 대하여 사업주에 대한 개선 건의 및 감독기관에 대한 신고
4. 남녀고용평등 제도에 대한 홍보·계몽
5. 그 밖에 남녀고용평등의 실현을 위하여 고용노동부장관이 정하는 업무

③ 사업주는 명예감독관으로서 정당한 임무 수행을 한 것을 이유로 해당 근로자에게 인사상 불이익 등의 불리한 조치를 하여서는 아니 된다.

④ 명예감독관의 위촉과 해촉 등에 필요한 사항은 고용노동부령으로 정한다. <개정 2010.6.4.>
[전문개정 2007.12.21.]

제25조(분쟁의 자율적 해결) 사업주는 제7조부터 제13조까지, 제13조의2, 제14조, 제14조의2, 제18조제4항, 제18조의2, 제19조, 제19조의2부터 제19조의6까지, 제21조 및 제22조의2에 따른 사항에 관하여 근로자가 고충을 신고하였을 때에는 「근로자참여 및 협력증진에 관한 법률」에 따라 해당 사업장에 설치된 노사협의회에 고충의 처리를 위임하는 등 자율적인 해결을 위하여 노력하여야 한다.
[전문개정 2007.12.21.]

제26조 삭제 <2005.12.30.>
제27조 삭제 <2005.12.30.>
제28조 삭제 <2005.12.30.>
제29조 삭제 <2005.12.30.>

제30조(입증책임) 이 법과 관련한 분쟁해결에서 입증책임은 사업주가 부담한다.
[전문개정 2007.12.21.]

제5장 보칙
<개정 2007.12.21.>

제31조(보고 및 검사 등) ① 고용노동부장관은 이 법 시행을 위하여 필요한 경우에는 사업주에게 보고와 관계 서류의 제출을 명령하거나 관계 공무원이 사업장에 출입하여 관계인에게 질문하거나 관계 서류를 검

사하도록 할 수 있다. <개정 2010.6.4.>
② 제1항의 경우에 관계 공무원은 그 권한을 표시하는 증표를 지니고 이를 관계인에게 내보여야 한다.
[전문개정 2007.12.21.]

제31조의2(자료 제공의 요청) ① 고용노동부장관은 다음 각 호의 업무를 수행하기 위하여 보건복지부장관 또는 「국민건강보험법」에 따른 국민건강보험공단에 같은 법 제50조에 따른 임신·출산 진료비의 신청과 관련된 자료의 제공을 요청할 수 있다. 이 경우 해당 자료의 제공을 요청받은 기관의 장은 정당한 사유가 없으면 그 요청에 따라야 한다.
1. 제3장에 따른 모성 보호에 관한 업무
2. 제3장의2에 따른 일·가정의 양립 지원에 관한 업무
3. 제3장에 따른 모성 보호, 제3장의2에 따른 일·가정의 양립 지원에 관한 안내
4. 제31조에 따른 보고 및 검사 등
② 고용노동부장관은 제1항에 따라 제공받은 자료를 「고용정책 기본법」 제15조제3항에 따른 고용보험전산망을 통하여 처리할 수 있다.
[본조신설 2016.1.28.]

제32조(고용평등 이행실태 등의 공표) 고용노동부장관은 이 법 시행의 실효성을 확보하기 위하여 필요하다고 인정하면 고용평등 이행실태나 그 밖의 조사결과 등을 공표할 수 있다. 다만, 다른 법률에 따라 공표가 제한되어 있는 경우에는 그러하지 아니하다. <개정 2010.6.4.>
[전문개정 2007.12.21.]

제33조(관계 서류의 보존) 사업주는 이 법의 규정에 따른 사항에 관하여 대통령령으로 정하는 서류를 3년간 보존하여야 한다. 이 경우 대통령령으로 정하는 서류는 「전자문서 및 전자거래 기본법」 제2조제1호에 따른 전자문서로 작성·보존할 수 있다. <개정 2010.2.4., 2012.6.1.>
[전문개정 2007.12.21.]

제34조(파견근로에 대한 적용) 「파견근로자보호 등에 관한 법률」에 따라 파견근로가 이루어지는 사업에 제13조제1항을 적용할 때에는 「파견근로자보호 등에 관한 법률」 제

2조제4호에 따른 사용사업주를 이 법에 따른 사업주로 본다.
[전문개정 2007.12.21.]

제35조(경비보조) ① 국가, 지방자치단체 및 공공단체는 여성의 취업촉진과 복지증진에 관련되는 사업에 대하여 예산의 범위에서 그 경비의 전부 또는 일부를 보조할 수 있다.
② 국가, 지방자치단체 및 공공단체는 제1항에 따라 보조를 받은 자가 다음 각 호의 어느 하나에 해당하면 보조금 지급결정의 전부 또는 일부를 취소하고, 지급된 보조금의 전부 또는 일부를 반환하도록 명령할 수 있다.
1. 사업의 목적 외에 보조금을 사용한 경우
2. 보조금의 지급결정의 내용(그에 조건을 붙인 경우에는 그 조건을 포함한다)을 위반한 경우
3. 거짓이나 그 밖의 부정한 방법으로 보조금을 받은 경우
[전문개정 2007.12.21.]

제36조(권한의 위임 및 위탁) 고용노동부장관은 대통령령으로 정하는 바에 따라 이 법에 따른 권한의 일부를 지방고용노동행정기관의 장 또는 지방자치단체의 장에게 위임하거나 공공단체에 위탁할 수 있다. <개정 2010.6.4.>
[전문개정 2007.12.21.]

제36조의2(규제의 재검토) 고용노동부장관은 제31조의2에 따른 임신·출산 진료비의 신청과 관련된 자료 제공의 요청에 대하여 2016년 1월 1일을 기준으로 5년마다(매 5년이 되는 해의 1월 1일 전까지를 말한다) 그 타당성을 검토하여 개선 등의 조치를 하여야 한다.
[본조신설 2016.1.28.]

제6장 벌칙
<개정 2007.12.21.>

제37조(벌칙) ① 사업주가 제11조를 위반하여 근로자의 정년·퇴직 및 해고에서 남녀를 차별하거나 여성 근로자의 혼인, 임신 또는 출산을 퇴직사유로 예정하는 근로계약을 체결하는 경우에는 5년 이하의 징역 또는 3천만원 이하의 벌금에 처한다.
② 사업주가 다음 각 호의 어느 하나에 해당하는 위반행위를 한 경우에는 3년 이하의 징역 또는 3천만원 이하의 벌금에 처한다. <개정 2012.2.1., 2017.11.28.>
1. 제8조제1항을 위반하여 동일한 사업 내의 동일 가치의 노동에 대하여 동일한 임금을 지급하지 아니한 경우
2. 제14조제6항을 위반하여 직장 내 성희롱 발생 사실을 신고한 근로자 및 피해근로자등에게 불리한 처우를 한 경우
3. 제19조제3항을 위반하여 육아휴직을 이유로 해고하거나 그 밖의 불리한 처우를 하거나, 같은 항 단서의 사유가 없는데도 육아휴직 기간동안 해당 근로자를 해고한 경우
4. 제19조의2제5항을 위반하여 육아기 근로시간 단축을 이유로 해당 근로자에 대하여 해고나 그 밖의 불리한 처우를 한 경우
5. 제19조의3제1항을 위반하여 육아기 근로시간 단축을 하고 있는 근로자에 대하여 근로시간에 비례하여 적용하는 경우 외에 육아기 근로시간 단축을 이유로 그 근로조건을 불리하게 한 경우
6. 제22조의2제4항을 위반하여 가족돌봄휴직을 이유로 해당 근로자를 해고하거나 근로조건을 악화시키는 등 불리한 처우를 한 경우
③ 사업주가 제19조의3제3항을 위반하여 해당 근로자가 명시적으로 청구하지 아니하였는데도 육아기 근로시간 단축을 하고 있는 근로자에게 단축된 근로시간 외에 연장근로를 요구한 경우에는 1천만원 이하의 벌금에 처한다.
④ 사업주가 다음 각 호의 어느 하나에 해당하는 위반행위를 한 경우에는 500만원 이하의 벌금에 처한다.
1. 제7조를 위반하여 근로자의 모집 및 채용에서 남녀를 차별하거나, 여성 근로자를 모집·채용할 때 그 직무의 수행에 필요하지 아니한 용모·키·체중 등의 신체적 조건, 미혼 조건 등을 제시하거나 요구한 경우
2. 제9조를 위반하여 임금 외에 근로자의 생활을 보조하기 위한 금품의 지급 또는 자금의 융자 등 복리후생에서 남녀를 차별한 경우
3. 제10조를 위반하여 근로자의 교육·배치 및 승진에서 남녀를 차별한 경우

4. 제19조제1항·제4항을 위반하여 근로자의 육아휴직 신청을 받고 육아휴직을 허용하지 아니하거나, 육아휴직을 마친 후 휴직 전과 같은 업무 또는 같은 수준의 임금을 지급하는 직무에 복귀시키지 아니한 경우

5. 제19조의2제6항을 위반하여 육아기 근로시간 단축기간이 끝난 후에 육아기 근로시간 단축 전과 같은 업무 또는 같은 수준의 임금을 지급하는 직무에 복귀시키지 아니한 경우

6. 제24조제3항을 위반하여 명예감독관으로서 정당한 임무 수행을 한 것을 이유로 해당 근로자에게 인사상 불이익 등의 불리한 조치를 한 경우

[전문개정 2007.12.21.]

[시행일: 2013.2.2.] 제37조제2항제6호의 개정규정중 상시 300명 미만의 근로자를 사용하는 사업 또는 사업장

제38조(양벌규정) 법인의 대표자나 법인 또는 개인의 대리인, 사용인, 그 밖의 종업원이 그 법인 또는 개인의 업무에 관하여 제37조의 위반행위를 하면 그 행위자를 벌하는 외에 그 법인 또는 개인에게도 해당 조문의 벌금형을 과(科)한다. 다만, 법인 또는 개인이 그 위반행위를 방지하기 위하여 해당 업무에 관하여 상당한 주의와 감독을 게을리하지 아니한 경우에는 그러하지 아니하다.

[전문개정 2010.2.4.]

제39조(과태료) ① 사업주가 제12조를 위반하여 직장 내 성희롱을 한 경우에는 1천만원 이하의 과태료를 부과한다.

② 사업주가 다음 각 호의 어느 하나에 해당하는 위반행위를 한 경우에는 500만원 이하의 과태료를 부과한다. <개정 2012.2.1., 2017.11.28.>

1. 삭제 <2017.11.28.>

1의2. 제13조제1항을 위반하여 성희롱 예방 교육을 하지 아니한 경우

1의3. 제13조제3항을 위반하여 성희롱 예방 교육의 내용을 근로자가 자유롭게 열람할 수 있는 장소에 항상 게시하거나 갖추어 두지 아니한 경우

1의4. 제14조제2항 전단을 위반하여 직장 내 성희롱 발생 사실 확인을 위한 조사를 하지 아니한 경우

1의5. 제14조제4항을 위반하여 근무장소의 변경 등 적절한 조치를 하지 아니한 경우

1의6. 제14조제5항 전단을 위반하여 징계, 근무장소의 변경 등 필요한 조치를 하지 아니한 경우

1의7. 제14조제7항을 위반하여 직장 내 성희롱 발생 사실 조사 과정에서 알게 된 비밀을 다른 사람에게 누설한 경우

2. 제14조의2제2항을 위반하여 근로자가 고객 등에 의한 성희롱 피해를 주장하거나 고객 등으로부터의 성적 요구 등에 불응한 것을 이유로 해고나 그 밖의 불이익한 조치를 한 경우

3. 제18조의2제1항을 위반하여 근로자가 배우자의 출산을 이유로 휴가를 청구하였는데도 5일의 범위에서 3일 이상의 휴가를 주지 아니하거나 근로자가 사용한 휴가 중 3일을 유급으로 하지 아니한 경우

3의2. 제18조의3제1항을 위반하여 난임치료휴가를 주지 아니한 경우

4. 제19조의2제2항을 위반하여 육아기 근로시간 단축을 허용하지 아니하였으면서도 해당 근로자에게 그 사유를 서면으로 통보하지 아니하거나, 육아휴직의 사용 또는 그 밖의 조치를 통한 지원 여부에 관하여 해당 근로자와 협의하지 아니한 경우

5. 제19조의3제2항을 위반하여 육아기 근로시간 단축을 한 근로자의 근로조건을 서면으로 정하지 아니한 경우

6. 제19조의2제1항을 위반하여 육아기 근로시간 단축 신청을 받고 육아기 근로시간 단축을 허용하지 아니한 경우

7. 제22조의2제1항을 위반하여 가족돌봄휴직의 신청을 받고 가족돌봄휴직을 허용하지 아니한 경우

③ 다음 각 호의 어느 하나에 해당하는 자에게는 300만원 이하의 과태료를 부과한다. <개정 2017.11.28.>

1. 삭제 <2017.11.28.>

1의2. 제14조의2제1항을 위반하여 근무장소 변경, 배치전환, 유급휴가의 명령 등 적절한 조치를 하지 아니한 경우

2. 제17조의3제1항을 위반하여 시행계획을 제출하지 아니한 자

3. 제17조의3제2항을 위반하여 남녀 근로자 현황을 제출하지 아니하거나 거짓으

로 제출한 자
4. 제17조의4제1항을 위반하여 이행실적을 제출하지 아니하거나 거짓으로 제출한 자(제17조의3제3항에 따라 시행계획을 제출한 자가 이행실적을 제출하지 아니하는 경우는 제외한다)
5. 제18조제4항을 위반하여 관계 서류의 작성·확인 등 모든 절차에 적극 협력하지 아니한 자
6. 제31조제1항에 따른 보고 또는 관계 서류의 제출을 거부하거나 거짓으로 보고 또는 제출한 자
7. 제31조제1항에 따른 검사를 거부, 방해 또는 기피한 자
8. 제33조를 위반하여 관계 서류를 3년간 보존하지 아니한 자
④ 제1항부터 제3항까지의 규정에 따른 과태료는 대통령령으로 정하는 바에 따라 고용노동부장관이 부과·징수한다. <개정 2010.6.4.>
⑤ 삭제 <2016.1.28.>
⑥ 삭제 <2016.1.28.>
⑦ 삭제 <2016.1.28.>
[전문개정 2007.12.21.]
[시행일: 2013.2.2.] 제39조제2항제3호 및 제7호의 개정규정중 상시 300명 미만의 근로자를 사용하는 사업 또는 사업장

부칙
<제15109호, 2017.11.28.>

이 법은 공포 후 6개월이 경과한 날부터 시행한다.

노동위원회법

[시행 2016.1.27.]
[법률 제13904호, 2016.1.27., 일부개정]

제1장 총칙

<개정 2015.1.20.>

제1조(목적) 이 법은 노동관계에 관한 판정 및 조정(調整) 업무를 신속·공정하게 수행하기 위하여 노동위원회를 설치하고 그 운영에 관한 사항을 규정함으로써 노동관계의 안정과 발전에 이바지함을 목적으로 한다.
[전문개정 2015.1.20.]

제2조(노동위원회의 구분·소속 등) ① 노동위원회는 중앙노동위원회, 지방노동위원회 및 특별노동위원회로 구분한다.
② 중앙노동위원회와 지방노동위원회는 고용노동부장관 소속으로 두며, 지방노동위원회의 명칭·위치 및 관할구역은 대통령령으로 정한다.
③ 특별노동위원회는 관계 법률에서 정하는 사항을 관장하기 위하여 필요한 경우에 해당 사항을 관장하는 중앙행정기관의 장 소속으로 둔다.
[전문개정 2015.1.20.]

제2조의2(노동위원회의 소관 사무) 노동위원회의 소관 사무는 다음 각 호와 같다.
1. 「노동조합 및 노동관계조정법」, 「근로기준법」, 「근로자참여 및 협력증진에 관한 법률」, 「교원의 노동조합 설립 및 운영 등에 관한 법률」, 「공무원의 노동조합 설립 및 운영 등에 관한 법률」, 「기간제 및 단시간근로자 보호 등에 관한 법률」 및 「파견근로자보호 등에 관한 법률」에 따른 판정·결정·의결·승인·인정 또는 차별적 처우 시정 등에 관한 업무
2. 「노동조합 및 노동관계조정법」, 「교원의 노동조합 설립 및 운영 등에 관한 법률」 및 「공무원의 노동조합 설립 및 운영 등에 관한 법률」에 따른 노동쟁의 조정(調停)·중재 또는 관계 당사자의 자주적인 노동쟁의 해결 지원에 관한 업무
3. 제1호 및 제2호의 업무수행과 관련된 조사·연구·교육 및 홍보 등에 관한 업무
4. 그 밖에 다른 법률에서 노동위원회의 소관으로 규정된 업무
[전문개정 2015.1.20.]

제3조(노동위원회의 관장) ① 중앙노동위원회는 다음 각 호의 사건을 관장한다.
1. 지방노동위원회 및 특별노동위원회의 처분에 대한 재심사건
2. 둘 이상의 지방노동위원회의 관할구역에 걸친 노동쟁의의 조정(調整)사건
3. 다른 법률에서 그 권한에 속하는 것으로 규정된 사건
② 지방노동위원회는 해당 관할구역에서 발생하는 사건을 관장하되, 둘 이상의 관할구역에 걸친 사건(제1항제2호의 조정사건은 제외한다)은 주된 사업장의 소재지를 관할하는 지방노동위원회에서 관장한다.
③ 특별노동위원회는 관계 법률에서 정하는 바에 따라 그 설치목적으로 규정된 특정사항에 관한 사건을 관장한다.
④ 중앙노동위원회 위원장은 제1항제2호에도 불구하고 효율적인 노동쟁의 조정을 위하여 필요하다고 인정하는 경우에는 지방노동위원회를 지정하여 해당 사건을 처리하게 할 수 있다.
⑤ 중앙노동위원회 위원장은 제2항에 따른 주된 사업장을 정하기 어렵거나 주된 사업장의 소재지를 관할하는 지방노동위원회에서 처리하기 곤란한 사정이 있는 경우에는 직권으로 또는 관계 당사자나 지방노동위원회 위원장의 신청에 따라 지방노동위원회를 지정하여 해당 사건을 처리하게 할 수 있다.
[전문개정 2015.1.20.]

제3조의2(사건의 이송) ① 노동위원회는 접수된 사건이 다른 노동위원회의 관할인 경우에는 지체 없이 해당 사건을 관할 노동위원회로 이송하여야 한다. 제23조에 따른 조사를 시작한 후 다른 노동위원회의 관할인 것으로 확인된 경우에도 또한 같다.
② 제1항에 따라 이송된 사건은 관할 노동위원회에 처음부터 접수된 것으로 본다.
③ 노동위원회는 제1항에 따라 사건을 이송한 경우에는 그 사실을 지체 없이 관계 당사자에게 통지하여야 한다.
[본조신설 2015.1.20.]

제4조(노동위원회의 지위 등) ① 노동위원회는 그 권한에 속하는 업무를 독립적으로 수행한다.

② 중앙노동위원회 위원장은 중앙노동위원회 및 지방노동위원회의 예산·인사·교육훈련, 그 밖의 행정사무를 총괄하며, 소속 공무원을 지휘·감독한다.

③ 중앙노동위원회 위원장은 제2항에 따른 행정사무의 지휘·감독권 일부를 대통령령으로 정하는 바에 따라 지방노동위원회 위원장에게 위임할 수 있다.

[전문개정 2015.1.20.]

제5조(특별노동위원회의 조직 등) ① 특별노동위원회에 대해서는 제6조제3항부터 제7항까지, 제9조제2항 및 제4항을 적용하지 아니한다.

② 다음 각 호의 어느 하나에 해당하는 사항에 대해서는 해당 특별노동위원회의 설치 근거가 되는 법률에서 다르게 정할 수 있다.

1. 제6조제2항에 따른 근로자위원, 사용자위원 및 공익위원의 수
2. 제11조에 따른 상임위원

③ 특별노동위원회에 대하여 제15조제3항부터 제5항까지의 규정을 적용하는 경우에 제6조제6항에 따른 심판담당 공익위원, 차별시정담당 공익위원 및 조정담당 공익위원은 특별노동위원회의 공익위원으로 본다.

[전문개정 2015.1.20.]

제2장 조직
<개정 2015.1.20.>

제6조(노동위원회의 구성 등) ① 노동위원회는 근로자를 대표하는 위원(이하 "근로자위원"이라 한다)과 사용자를 대표하는 위원(이하 "사용자위원"이라 한다) 및 공익을 대표하는 위원(이하 "공익위원"이라 한다)으로 구성한다.

② 노동위원회 위원의 수는 다음 각 호의 구분에 따른 범위에서 노동위원회의 업무량을 고려하여 대통령령으로 정한다. 이 경우 근로자위원과 사용자위원은 같은 수로 한다.

1. 근로자위원 및 사용자위원: 각 10명 이상 50명 이하
2. 공익위원: 10명 이상 70명 이하

③ 근로자위원은 노동조합이 추천한 사람 중에서, 사용자위원은 사용자단체가 추천한 사람 중에서 다음 각 호의 구분에 따라 위촉한다.

1. 중앙노동위원회: 고용노동부장관의 제청으로 대통령이 위촉

2. 지방노동위원회: 지방노동위원회 위원장의 제청으로 중앙노동위원회 위원장이 위촉

④ 공익위원은 해당 노동위원회 위원장, 노동조합 및 사용자단체가 각각 추천한 사람 중에서 노동조합과 사용자단체가 순차적으로 배제하고 남은 사람을 위촉대상 공익위원으로 하고, 그 위촉대상 공익위원 중에서 다음 각 호의 구분에 따라 위촉한다.

1. 중앙노동위원회 공익위원: 고용노동부장관의 제청으로 대통령이 위촉
2. 지방노동위원회 공익위원: 지방노동위원회 위원장의 제청으로 중앙노동위원회 위원장이 위촉

⑤ 제4항에도 불구하고 노동조합 또는 사용자단체가 공익위원을 추천하는 절차나 추천된 공익위원을 순차적으로 배제하는 절차를 거부하는 경우에는 해당 노동위원회 위원장이 위촉대상 공익위원을 선정할 수 있다.

⑥ 공익위원은 다음 각 호와 같이 구분하여 위촉한다.

1. 심판사건을 담당하는 심판담당 공익위원
2. 차별적 처우 시정사건을 담당하는 차별시정담당 공익위원
3. 조정사건을 담당하는 조정담당 공익위원

⑦ 노동위원회 위원의 추천절차, 공익위원의 순차배제의 방법, 그 밖에 위원의 위촉에 필요한 사항은 대통령령으로 정한다.

[전문개정 2015.1.20.]

제6조의2(사회취약계층에 대한 권리구제 대리) ① 노동위원회는 제2조의2제1호 중 판정·결정·승인·인정 및 차별적 처우 시정 등에 관한 사건에서 사회취약계층을 위하여 변호사나 공인노무사로 하여금 권리구제업무를 대리하게 할 수 있다.

② 제1항에 따라 변호사나 공인노무사로 하여금 사회취약계층을 위한 권리구제업무를 대리하게 하려는 경우의 요건, 대상, 변호사·공인노무사의 보수 등에 관하여 필요한 사항은 고용노동부령으로 정한다.

[전문개정 2015.1.20.]

제7조(위원의 임기 등) ① 노동위원회 위원의 임기는 3년으로 하되, 연임할 수 있다.

② 노동위원회 위원이 궐위(闕位)된 경우 보궐위원의 임기는 전임자 임기의 남은 기간으로 한다. 다만, 노동위원회 위원장 또는 상임위원이 궐위되어 후임자를 임명

한 경우 후임자의 임기는 새로 시작된다.
③ 임기가 끝난 노동위원회 위원은 후임자가
위촉될 때까지 계속 그 직무를 집행한다.
④ 노동위원회 위원의 처우에 관하여는 대
통령령으로 정한다.
[전문개정 2015.1.20.]

제8조(공익위원의 자격기준 등) ① 중앙노동
위원회의 공익위원은 다음 각 호의 구분에
따라 노동문제에 관한 지식과 경험이 있는
사람을 위촉하되, 여성의 위촉이 늘어날 수
있도록 노력하여야 한다.
1. 심판담당 공익위원 및 차별시정담당 공
   익위원
   가. 노동문제와 관련된 학문을 전공한 사람
      으로서 「고등교육법」 제2조제1호부터
      제6호까지의 학교에서 부교수 이상으로
      재직하고 있거나 재직하였던 사람
   나. 판사·검사·군법무관·변호사 또는 공
      인노무사로 7년 이상 재직하고 있거나
      재직하였던 사람
   다. 노동관계 업무에 7년 이상 종사한
      사람으로서 2급 또는 2급 상당 이
      상의 공무원이나 고위공무원단에
      속하는 공무원으로 재직하고 있거
      나 재직하였던 사람
   라. 그 밖에 노동관계 업무에 15년 이상
      종사한 사람으로서 심판담당 공익위
      원 또는 차별시정담당 공익위원으로
      적합하다고 인정되는 사람
2. 조정담당 공익위원
   가. 「고등교육법」 제2조제1호부터 제6호
      까지의 학교에서 부교수 이상으로 재
      직하고 있거나 재직하였던 사람
   나. 판사·검사·군법무관·변호사 또는 공
      인노무사로 7년 이상 재직하고 있거나
      재직하였던 사람
   다. 노동관계 업무에 7년 이상 종사한
      사람으로서 2급 또는 2급 상당 이
      상의 공무원이나 고위공무원단에 속
      하는 공무원으로 재직하고 있거나
      재직하였던 사람
   라. 그 밖에 노동관계 업무에 15년 이상
      종사한 사람 또는 사회적 덕망이 있
      는 사람으로서 조정담당 공익위원으
      로 적합하다고 인정되는 사람
② 지방노동위원회의 공익위원은 다음 각
호의 구분에 따라 노동문제에 관한 지식과
경험이 있는 사람을 위촉하되, 여성의 위

촉이 늘어날 수 있도록 노력하여야 한다.
1. 심판담당 공익위원 및 차별시정담당 공
   익위원
   가. 노동문제와 관련된 학문을 전공한 사람
      으로서 「고등교육법」 제2조제1호부터
      제6호까지의 학교에서 조교수 이상으로
      재직하고 있거나 재직하였던 사람
   나. 판사·검사·군법무관·변호사 또는 공
      인노무사로 3년 이상 재직하고 있거나
      재직하였던 사람
   다. 노동관계 업무에 3년 이상 종사한
      사람으로서 3급 또는 3급 상당 이상
      의 공무원이나 고위공무원단에 속하
      는 공무원으로 재직하고 있거나 재직
      하였던 사람
   라. 노동관계 업무에 10년 이상 종사한
      사람으로서 4급 또는 4급 상당 이상
      의 공무원으로 재직하고 있거나 재
      직하였던 사람
   마. 그 밖에 노동관계 업무에 10년 이상
      종사한 사람으로서 심판담당 공익위
      원 또는 차별시정담당 공익위원으로
      적합하다고 인정되는 사람
2. 조정담당 공익위원
   가. 「고등교육법」 제2조제1호부터 제6호
      까지의 학교에서 조교수 이상으로 재
      직하고 있거나 재직하였던 사람
   나. 판사·검사·군법무관·변호사 또는 공
      인노무사로 3년 이상 재직하고 있거나
      재직하였던 사람
   다. 노동관계 업무에 3년 이상 종사한 사
      람으로서 3급 또는 3급 상당 이상의
      공무원이나 고위공무원단에 속하는 공
      무원으로 재직하고 있거나 재직하였던
      사람
   라. 노동관계 업무에 10년 이상 종사한
      사람으로서 4급 또는 4급 상당 이상
      의 공무원으로 재직하고 있거나 재직
      하였던 사람
   마. 그 밖에 노동관계 업무에 10년 이상
      종사한 사람 또는 사회적 덕망이 있
      는 사람으로서 조정담당 공익위원으
      로 적합하다고 인정되는 사람
[전문개정 2015.1.20.]

제9조(위원장) ① 노동위원회에 위원장 1명
을 둔다.
② 중앙노동위원회 위원장은 제8조제1항에
따라 중앙노동위원회의 공익위원이 될 수

있는 자격을 갖춘 사람 중에서 고용노동부
장관의 제청으로 대통령이 임명하고, 지방
노동위원회 위원장은 제8조제2항에 따라
지방노동위원회의 공익위원이 될 수 있는
자격을 갖춘 사람 중에서 중앙노동위원회
위원장의 추천과 고용노동부장관의 제청으
로 대통령이 임명한다.
③ 중앙노동위원회 위원장은 정무직으로 한다.
④ 노동위원회 위원장(이하 "위원장"이라 한
다)은 해당 노동위원회의 공익위원이 되며,
심판사건, 차별적 처우 시정사건, 조정사건
을 담당할 수 있다.
[전문개정 2015.1.20.]

제10조(위원장의 직무) ① 위원장은 해당 노
동위원회를 대표하며, 노동위원회의 사무
를 총괄한다.
② 위원장이 부득이한 사유로 직무를 수행할
수 없을 때에는 대통령령으로 정하는 공익위
원이 그 직무를 대행한다.
[전문개정 2015.1.20.]

제11조(상임위원) ① 노동위원회에 상임위원
을 두며, 상임위원은 해당 노동위원회의 공
익위원이 될 수 있는 자격을 갖춘 사람 중
에서 중앙노동위원회 위원장의 추천과 고용
노동부장관의 제청으로 대통령이 임명한다.
② 상임위원은 해당 노동위원회의 공익
위원이 되며, 심판사건, 차별적 처우 시
정사건, 조정사건을 담당할 수 있다.
③ 노동위원회에 두는 상임위원의 수와 직
급 등은 대통령령으로 정한다.
[전문개정 2015.1.20.]

제11조의2(위원의 행위규범) ① 노동위원회
의 위원은 법과 양심에 따라 공정하고 성실
하게 업무를 수행하여야 한다.
② 중앙노동위원회는 노동위원회 위원이 제
1항에 따라 업무를 수행하기 위하여 준수
하여야 할 행위규범과 그 운영에 관한 사
항을 제15조에 따른 전원회의의 의결을 거
쳐 정할 수 있다.
③ 제2항에 따른 노동위원회 위원의 행위규범
에는 다음 각 호의 사항이 포함되어야 한다.
1. 업무수행과 관련하여 향응·금품 등을 받
는 행위의 금지에 관한 사항
2. 관계 당사자 중 어느 한쪽에 편파적이
거나 사건 처리를 방해하는 등 공정성
과 중립성을 훼손하는 행위의 금지·제

한에 관한 사항
3. 직무수행과 관련하여 알게 된 사항을 자
기나 다른 사람의 이익을 위하여 이용하
거나 다른 사람에게 제공하는 행위의 금
지에 관한 사항
4. 제15조에 따른 부문별 위원회의 출석
등 노동위원회 위원으로서의 성실한 업
무수행에 관한 사항
5. 그 밖에 품위 유지 등을 위하여 필요한
사항
[전문개정 2015.1.20.]

제12조(결격사유) 「국가공무원법」 제33조
각 호의 어느 하나에 해당하는 사람은 노
동위원회 위원이 될 수 없다.
[전문개정 2015.1.20.]

제13조(위원의 신분보장) ① 노동위원회 위
원은 다음 각 호의 어느 하나에 해당하는
경우를 제외하고는 그 의사에 반하여 면
직되거나 위촉이 해제되지 아니한다.
1. 「국가공무원법」 제33조 각 호의 어느
하나에 해당하는 경우
2. 장기간의 심신쇠약으로 직무를 수행할
수 없는 경우
3. 직무와 관련된 비위사실이 있거나 노동위
원회 위원직을 유지하기에 적합하지 아니
하다고 인정되는 비위사실이 있는 경우
4. 제11조의2에 따른 행위규범을 위반하여
노동위원회 위원으로서 직무를 수행하기
곤란한 경우
5. 공익위원으로 위촉된 후 제8조에 따른
공익위원의 자격기준에 미달하게 된 것
으로 밝혀진 경우
② 노동위원회 위원은 제1항제1호에 해
당하는 경우에 당연히 면직되거나 위촉
이 해제된다.
[전문개정 2015.1.20.]

제14조(사무처와 사무국) ① 중앙노동위원
회에는 사무처를 두고, 지방노동위원회에
는 사무국을 둔다.
② 사무처와 사무국의 조직·운영 등에 필요
한 사항은 대통령령으로 정한다.
③ 고용노동부장관은 노동위원회 사무처 또
는 사무국 소속 직원을 고용노동부와 노동
위원회 간에 전보할 경우 중앙노동위원회
위원장의 의견을 들어야 한다.
[전문개정 2015.1.20.]

제14조의2(중앙노동위원회 사무처장) ① 중앙노동위원회에는 사무처장 1명을 둔다.
② 사무처장은 중앙노동위원회 상임위원 중 1명이 겸직한다.
③ 사무처장은 중앙노동위원회 위원장의 명을 받아 사무처의 사무를 처리하며 소속 직원을 지휘·감독한다.
[전문개정 2015.1.20.]

제14조의3(조사관) ① 노동위원회 사무처 및 사무국에 조사관을 둔다.
② 중앙노동위원회 위원장은 노동위원회 사무처 또는 사무국 소속 공무원 중에서 조사관을 임명한다.
③ 조사관은 위원장, 제15조에 따른 부문별 위원회의 위원장 또는 제16조의2에 따른 주심위원의 지휘를 받아 노동위원회의 소관 사무에 필요한 조사를 하고, 제15조에 따른 부문별 위원회에 출석하여 의견을 진술할 수 있다.
④ 조사관의 임명·자격 등에 관하여 필요한 사항은 대통령령으로 정한다.
[전문개정 2015.1.20.]

제3장 회의
<개정 2015.1.20.>

제15조(회의의 구성 등) ① 노동위원회에는 전원회의와 위원회의 권한에 속하는 업무를 부문별로 처리하기 위한 위원회로서 다음 각 호의 부문별 위원회를 둔다. 다만, 다른 법률에 특별한 규정이 있는 경우에는 그러하지 아니하다.
1. 심판위원회
2. 차별시정위원회
3. 조정(調停)위원회
4. 특별조정위원회
5. 중재위원회
6. 「교원의 노동조합 설립 및 운영 등에 관한 법률」 제11조제1항에 따른 교원 노동관계 조정위원회
7. 「공무원의 노동조합 설립 및 운영 등에 관한 법률」 제14조제1항에 따른 공무원 노동관계 조정위원회
② 전원회의는 해당 노동위원회 소속 위원 전원으로 구성하며, 다음 각 호의 사항을 처리한다.
1. 노동위원회의 운영 등 일반적인 사항의 결정
2. 제22조제2항에 따른 근로조건의 개선에 관한 권고
3. 제24조 및 제25조에 따른 지시 및 규칙의 제정(중앙노동위원회만 해당한다)
③ 제1항제1호에 따른 심판위원회는 심판담당 공익위원 중 위원장이 지명하는 3명으로 구성하며, 「노동조합 및 노동관계조정법」, 「근로기준법」, 「근로자참여 및 협력증진에 관한 법률」, 그 밖의 법률에 따른 노동위원회의 판정·의결·승인 및 인정 등과 관련된 사항을 처리한다.
④ 제1항제2호에 따른 차별시정위원회는 차별시정담당 공익위원 중 위원장이 지명하는 3명으로 구성하며, 「기간제 및 단시간근로자 보호 등에 관한 법률」 또는 「파견근로자 보호 등에 관한 법률」에 따른 차별적 처우의 시정과 관련된 사항을 처리한다.
⑤ 제1항제3호부터 제5호까지의 규정에 따른 조정위원회·특별조정위원회 및 중재위원회는 「노동조합 및 노동관계조정법」에서 정하는 바에 따라 구성하며, 같은 법에 따른 조정·중재, 그 밖에 이와 관련된 사항을 각각 처리한다. 이 경우 공익위원은 조정담당 공익위원 중에서 지명한다.
⑥ 위원장은 제3항 및 제4항에 따라 부문별 위원회를 구성할 때 위원장 또는 상임위원의 업무가 과도하여 정상적인 업무수행이 곤란하게 되는 등 제25조에 따라 중앙노동위원회가 제정하는 규칙으로 정하는 부득이한 사유가 있는 경우 외에는 위원장 또는 상임위원 1명이 포함되도록 위원을 지명하여야 한다.
⑦ 위원장은 제3항부터 제5항까지의 규정에도 불구하고 부문별 위원회를 구성할 때 특정 부문별 위원회에 사건이 집중되거나 다른 분야의 전문지식이 필요하다고 인정하는 경우에는 심판담당 공익위원, 차별시정담당 공익위원 또는 조정담당 공익위원을 담당 분야와 관계없이 다른 부문별 위원회의 위원으로 지명할 수 있다.
⑧ 제1항제6호에 따른 교원 노동관계 조정위원회는 「교원의 노동조합 설립 및 운영 등에 관한 법률」에서 정하는 바에 따라 설치·구성하며, 같은 법에 따른 조정·중재, 그 밖에 이와 관련된 사항을 처리한다.
⑨ 제1항제7호에 따른 공무원 노동관계 조정위원회는 「공무원의 노동조합 설립 및 운

영 등에 관한 법률」에서 정하는 바에 따라 설치·구성하며, 같은 법에 따른 조정·중재, 그 밖에 이와 관련된 사항을 처리한다.
[전문개정 2015.1.20.]

제15조의2(단독심판 등) 위원장은 다음 각 호의 어느 하나에 해당하는 경우에 심판 담당 공익위원 또는 차별시정담당 공익위원 중 1명을 지명하여 사건을 처리하게 할 수 있다.
1. 신청기간을 넘기는 등 신청 요건을 명백하게 갖추지 못한 경우
2. 관계 당사자 양쪽이 모두 단독심판을 신청하거나 단독심판으로 처리하는 것에 동의한 경우
[전문개정 2015.1.20.]

제15조의3(「행정심판법」 등의 준용) 사건 처리와 관련하여 선정대표자, 당사자의 지위 승계, 대리인의 선임에 관하여는 「행정심판법」 제15조, 제16조 및 제18조를 준용하고, 대리의 흠과 추인, 대리의 범위에 관하여는 「민사소송법」 제60조 및 제90조를 준용한다.
[본조신설 2015.1.20.]

제16조(회의의 소집) ① 부문별 위원회 위원장은 다른 법률에 특별한 규정이 있는 경우를 제외하고는 부문별 위원회의 위원 중에서 호선(互選)한다.
② 위원장 또는 부문별 위원회 위원장은 전원회의 또는 부문별 위원회를 각각 소집하고 회의를 주재한다. 다만, 위원장은 필요하다고 인정하는 경우에 부문별 위원회를 소집할 수 있다.
③ 위원장 또는 부문별 위원회 위원장은 전원회의 또는 부문별 위원회를 구성하는 위원의 과반수가 회의 소집을 요구하는 경우에 이에 따라야 한다.
④ 위원장 또는 부문별 위원회 위원장은 업무수행과 관련된 조사 등 노동위원회의 원활한 운영을 위하여 필요한 경우 노동위원회가 설치된 위치 외의 장소에서 부문별 위원회를 소집하게 하거나 제15조의2에 따른 단독심판을 하게 할 수 있다.
[전문개정 2015.1.20.]

제16조의2(주심위원) 부문별 위원회 위원장은 부문별 위원회의 원활한 운영을 위하

여 필요하다고 인정하는 경우에 주심위원을 지명하여 사건의 처리를 주관하게 할 수 있다.
[전문개정 2015.1.20.]

제16조의3(화해의 권고 등) ① 노동위원회는 「노동조합 및 노동관계조정법」 제29조의4 및 제84조, 「근로기준법」 제30조에 따른 판정·명령 또는 결정이 있기 전까지 관계 당사자의 신청을 받아 또는 직권으로 화해를 권고하거나 화해안을 제시할 수 있다.
② 노동위원회는 화해안을 작성할 때 관계 당사자의 의견을 충분히 들어야 한다.
③ 노동위원회는 관계 당사자가 화해안을 수락하였을 때에는 화해조서를 작성하여야 한다.
④ 화해조서에는 다음 각 호의 사람이 모두 서명하거나 날인하여야 한다.
1. 관계 당사자
2. 화해에 관여한 부문별 위원회(제15조의2에 따른 단독심판을 포함한다)의 위원 전원
⑤ 제3항 및 제4항에 따라 작성된 화해조서는 「민사소송법」에 따른 재판상 화해의 효력을 갖는다.
⑥ 제1항부터 제4항까지의 규정에 따른 화해의 방법, 화해조서의 작성 등에 필요한 사항은 제25조에 따라 중앙노동위원회가 제정하는 규칙으로 정한다.
[전문개정 2015.1.20.]

제17조(의결) ① 노동위원회의 전원회의는 재적위원 과반수의 출석으로 개의하고, 출석위원 과반수의 찬성으로 의결한다.
② 부문별 위원회의 회의는 구성위원 전원의 출석으로 개의하고, 출석위원 과반수의 찬성으로 의결한다.
③ 제2항에도 불구하고 제15조제1항제7호의 공무원 노동관계 조정위원회의 회의(「공무원의 노동조합 설립 및 운영 등에 관한 법률」 제15조에 따른 전원회의를 말한다)는 재적위원 과반수의 출석으로 개의하고, 출석위원 과반수의 찬성으로 의결한다.
④ 전원회의 또는 부문별 위원회의 회의에 참여한 위원은 그 의결 사항에 대하여 서명하거나 날인하여야 한다.
[전문개정 2015.1.20.]

제17조의2(의결 결과의 송달 등) ① 노동위

원회는 부문별 위원회의 의결 결과를 지체 없이 당사자에게 서면으로 송달하여야 한다.
② 노동위원회는 처분 결과를 당사자에게 서면으로 송달하여야 하며, 처분의 효력은 판정서·명령서·결정서 또는 재심판정서를 송달받은 날부터 발생한다.
③ 제1항 및 제2항에 따른 송달의 방법과 절차에 필요한 사항은 대통령령으로 정한다.
[전문개정 2015.1.20.]

제17조의3(공시송달) ① 노동위원회는 서류의 송달을 받아야 할 자가 다음 각 호의 어느 하나에 해당하는 경우에는 공시송달을 할 수 있다.
1. 주소가 분명하지 아니한 경우
2. 주소가 국외에 있거나 통상적인 방법으로 확인할 수 없어 서류의 송달이 곤란한 경우
3. 등기우편 등으로 송달하였으나 송달을 받아야 할 자가 없는 것으로 확인되어 반송되는 경우
② 제1항에 따른 공시송달은 노동위원회의 게시판이나 인터넷 홈페이지에 게시하는 방법으로 한다.
③ 공시송달은 제2항에 따라 게시한 날부터 14일이 지난 때에 효력이 발생한다.
④ 제1항에 따른 공시송달의 요건과 제2항에 따른 공시송달의 방법 및 절차에 필요한 사항은 대통령령으로 정한다.
[본조신설 2015.1.20.]

제18조(보고 및 의견 청취) ① 위원장 또는 부문별 위원회의 위원장은 소관 회의에 부쳐진 사항에 관하여 구성위원 또는 조사관으로 하여금 회의에 보고하게 할 수 있다.
② 제15조제1항제1호 및 제2호의 심판위원회 및 차별시정위원회는 의결하기 전에 해당 노동위원회의 근로자위원 및 사용자위원 각 1명 이상의 의견을 들어야 한다. 다만, 근로자위원 또는 사용자위원이 출석요구를 받고 정당한 이유 없이 출석하지 아니하는 경우에는 그러하지 아니하다.
[전문개정 2015.1.20.]

제19조(회의의 공개) 노동위원회의 회의는 공개한다. 다만, 해당 회의에서 공개하지 아니하기로 의결하면 공개하지 아니할 수 있다.
[전문개정 2015.1.20.]

제20조(회의의 질서유지) 위원장 또는 부문별 위원회의 위원장은 소관 회의의 공정한 진행을 방해하거나 질서를 문란하게 하는 사람에 대하여 퇴장명령, 그 밖에 질서유지에 필요한 조치를 할 수 있다.
[전문개정 2015.1.20.]

제21조(위원의 제척·기피·회피 등) ① 위원은 다음 각 호의 어느 하나에 해당하는 경우에 해당 사건에 관한 직무집행에서 제척(除斥)된다. <개정 2016.1.27.>
1. 위원 또는 위원의 배우자이거나 배우자였던 사람이 해당 사건의 당사자가 되거나 해당 사건의 당사자와 공동권리자 또는 공동의무자의 관계에 있는 경우
2. 위원이 해당 사건의 당사자와 친족이거나 친족이었던 경우
3. 위원이 해당 사건에 관하여 진술이나 감정을 한 경우
4. 위원이 당사자의 대리인으로서 업무에 관여하거나 관여하였던 경우
4의2. 위원이 속한 법인, 단체 또는 법률사무소가 해당 사건에 관하여 당사자의 대리인으로서 관여하거나 관여하였던 경우
5. 위원 또는 위원이 속한 법인, 단체 또는 법률사무소가 해당 사건의 원인이 된 처분 또는 부작위에 관여한 경우
② 위원장은 제1항에 따른 사유가 있는 경우에 관계 당사자의 신청을 받아 또는 직권으로 제척의 결정을 하여야 한다.
③ 당사자는 공정한 심의·의결 또는 조정 등을 기대하기 어려운 위원이 있는 경우에 그 사유를 적어 위원장에게 기피신청을 할 수 있다.
④ 위원장은 제3항에 따른 기피신청이 이유 있다고 인정되는 경우에 기피의 결정을 하여야 한다.
⑤ 위원장은 사건이 접수되는 즉시 제2항에 따른 제척신청과 제3항에 따른 기피신청을 할 수 있음을 사건 당사자에게 알려야 한다.
⑥ 위원에게 제1항 또는 제3항에 따른 사유가 있는 경우에는 스스로 그 사건에 관한 직무집행에서 회피할 수 있다. 이 경우 해당 위원은 위원장에게 그 사유를 소명하여야 한다.
[전문개정 2015.1.20.]

제4장 권한

<개정 2015.1.20.>

제22조(협조 요청 등) ① 노동위원회는 그 사무집행을 위하여 필요하다고 인정하는 경우에 관계 행정기관에 협조를 요청할 수 있으며, 협조를 요청받은 관계 행정기관은 특별한 사유가 없으면 이에 따라야 한다.
② 노동위원회는 관계 행정기관으로 하여금 근로조건의 개선에 필요한 조치를 하도록 권고할 수 있다.
[전문개정 2015.1.20.]

제23조(위원회의 조사권 등) ① 노동위원회는 제2조의2에 따른 소관 사무(제3호의 업무는 제외한다)와 관련하여 사실관계를 확인하는 등 그 사무집행을 위하여 필요하다고 인정할 때에는 근로자, 노동조합, 사용자, 사용자단체, 그 밖의 관계인에 대하여 출석·보고·진술 또는 필요한 서류의 제출을 요구하거나 위원장 또는 부문별 위원회의 위원장이 지명한 위원 또는 조사관으로 하여금 사업 또는 사업장의 업무상황, 서류, 그 밖의 물건을 조사하게 할 수 있다. <개정 2016.1.27.>
② 제1항에 따라 조사하는 위원 또는 조사관은 그 권한을 표시하는 증표를 관계인에게 보여 주어야 한다.
③ 노동위원회는 제1항에 따라 관계 당사자 외에 필요하다고 인정되어 출석한 사람에게 대통령령으로 정하는 바에 따라 비용을 변상한다.
④ 노동위원회는 심판사건과 차별적 처우 시정사건의 신청인이 제출한 신청서 부본을 다른 당사자에게 송달하고 이에 대한 답변서를 제출하도록 하여야 한다.
⑤ 노동위원회는 제4항에 따라 다른 당사자가 제출한 답변서의 부본을 지체 없이 신청인에게 송달하여야 한다.
[전문개정 2015.1.20.]

제24조(중앙노동위원회의 지시권 등) 중앙노동위원회는 지방노동위원회 또는 특별노동위원회에 대하여 노동위원회의 사무 처리에 관한 기본방침 및 법령의 해석에 관하여 필요한 지시를 할 수 있다.
[전문개정 2015.1.20.]

제25조(중앙노동위원회의 규칙제정권) 중앙노동위원회는 중앙노동위원회, 지방노동위원회 또는 특별노동위원회의 운영, 부문별 위원회가 처리하는 사건의 지정방법 및 조사관이 처리하는 사건의 지정방법, 그 밖에 위원회 운영에 필요한 사항에 관한 규칙을 제정할 수 있다.
[전문개정 2015.1.20.]

제26조(중앙노동위원회의 재심권) ① 중앙노동위원회는 당사자의 신청이 있는 경우 지방노동위원회 또는 특별노동위원회의 처분을 재심하여 이를 인정·취소 또는 변경할 수 있다.
② 제1항에 따른 신청은 관계 법령에 특별한 규정이 있는 경우를 제외하고는 지방노동위원회 또는 특별노동위원회가 한 처분을 송달받은 날부터 10일 이내에 하여야 한다.
③ 제2항의 기간은 불변기간으로 한다.
[전문개정 2015.1.20.]

제27조(중앙노동위원회의 처분에 대한 소송) ① 중앙노동위원회의 처분에 대한 소송은 중앙노동위원회 위원장을 피고(被告)로 하여 처분의 송달을 받은 날부터 15일 이내에 제기하여야 한다.
② 이 법에 따른 소송의 제기로 처분의 효력은 정지하지 아니한다.
③ 제1항의 기간은 불변기간으로 한다.
[전문개정 2015.1.20.]

제5장 보칙

<개정 2015.1.20.>

제28조(비밀엄수 의무 등) ① 노동위원회의 위원이나 직원 또는 그 위원이었거나 직원이었던 사람은 직무에 관하여 알게 된 비밀을 누설하면 아니 된다.
② 노동위원회의 사건 처리에 관여한 위원이나 직원 또는 그 위원이었거나 직원이었던 변호사·공인노무사 등은 영리를 목적으로 그 사건에 관한 직무를 하면 아니 된다.
[전문개정 2015.1.20.]

제29조(벌칙 적용에서 공무원 의제) 노동위원회의 위원 중 공무원이 아닌 위원은 「형법」이나 그 밖의 법률에 따른 벌칙을 적용할 때에는 공무원으로 본다.
[전문개정 2015.1.20.]

제6장 벌칙
<개정 2015.1.20.>

제30조(벌칙) 제28조를 위반한 사람은 1년 이하의 징역 또는 1천만원 이하의 벌금에 처한다.
[전문개정 2015.1.20.]

제31조(벌칙) 제23조제1항에 따른 노동위원회의 조사권 등과 관련하여 다음 각 호에 해당하는 자는 500만원 이하의 벌금에 처한다.
1. 노동위원회의 보고 또는 서류제출 요구에 응하지 아니하거나 거짓으로 보고하거나 거짓의 서류를 제출한 자
2. 관계 위원 또는 조사관의 조사를 거부·방해 또는 기피한 자
[전문개정 2015.1.20.]

제32조(양벌규정) 법인 또는 단체의 대표자, 법인·단체 또는 개인의 대리인·사용인, 그 밖의 종업원이 그 법인·단체 또는 개인의 업무에 관하여 제31조의 위반행위를 하면 그 행위자를 벌하는 외에 그 법인·단체 또는 개인에게도 같은 조의 벌금형을 과(科)한다.
[전문개정 2015.1.20.]

제33조(과태료) ① 제20조에 따른 퇴장명령에 따르지 아니한 사람에게는 100만원 이하의 과태료를 부과한다.
② 제1항에 따른 과태료는 대통령령이 정하는 바에 따라 노동위원회가 부과·징수한다.
[전문개정 2015.1.20.]

부칙
<제13904호, 2016.1.27.>

제1조(시행일) 이 법은 공포한 날부터 시행한다.

제2조(위원의 제척·기피 등에 관한 적용례) 제21조의 개정규정은 이 법 시행 후 최초로 위원회에 부의되는 사건부터 적용한다.

노동조합 및 노동관계조정법

(약칭: 노동조합법)

[시행 2018.10.16.]
[법률 제15849호, 2018.10.16., 일부개정]

제1장 총칙

제1조(목적) 이 법은 헌법에 의한 근로자의 단결권·단체교섭권 및 단체행동권을 보장하여 근로조건의 유지·개선과 근로자의 경제적·사회적 지위의 향상을 도모하고, 노동관계를 공정하게 조정하여 노동쟁의를 예방·해결함으로써 산업평화의 유지와 국민경제의 발전에 이바지함을 목적으로 한다.

제2조(정의) 이 법에서 사용하는 용어의 정의는 다음과 같다.
1. "근로자"라 함은 직업의 종류를 불문하고 임금·급료 기타 이에 준하는 수입에 의하여 생활하는 자를 말한다.
2. "사용자"라 함은 사업주, 사업의 경영담당자 또는 그 사업의 근로자에 관한 사항에 대하여 사업주를 위하여 행동하는 자를 말한다.
3. "사용자단체"라 함은 노동관계에 관하여 그 구성원인 사용자에 대하여 조정 또는 규제할 수 있는 권한을 가진 사용자의 단체를 말한다.
4. "노동조합"이라 함은 근로자가 주체가 되어 자주적으로 단결하여 근로조건의 유지·개선 기타 근로자의 경제적·사회적 지위의 향상을 도모함을 목적으로 조직하는 단체 또는 그 연합단체를 말한다. 다만, 다음 각목의 1에 해당하는 경우에는 노동조합으로 보지 아니한다.
   가. 사용자 또는 항상 그의 이익을 대표하여 행동하는 자의 참가를 허용하는 경우
   나. 경비의 주된 부분을 사용자로부터 원조받는 경우
   다. 공제·수양 기타 복리사업만을 목적으로 하는 경우
   라. 근로자가 아닌 자의 가입을 허용하는 경우. 다만, 해고된 자가 노동위원회에 부당노동행위의 구제신청을 한 경우에

는 중앙노동위원회의 재심판정이 있을 때까지는 근로자가 아닌 자로 해석하여서는 아니된다.
   마. 주로 정치운동을 목적으로 하는 경우
5. "노동쟁의"라 함은 노동조합과 사용자 또는 사용자단체(이하 "노동관계 당사자"라 한다)간에 임금·근로시간·복지·해고 기타 대우등 근로조건의 결정에 관한 주장의 불일치로 인하여 발생한 분쟁상태를 말한다. 이 경우 주장의 불일치라 함은 당사자간에 합의를 위한 노력을 계속하여도 더이상 자주적 교섭에 의한 합의의 여지가 없는 경우를 말한다.
6. "쟁의행위"라 함은 파업·태업·직장폐쇄 기타 노동관계 당사자가 그 주장을 관철할 목적으로 행하는 행위와 이에 대항하는 행위로서 업무의 정상적인 운영을 저해하는 행위를 말한다.

■판례 - 노동조합이 주도한 쟁의행위에 참가한 일부 소수의 근로자가 폭력행위 등의 위법행위를 한 경우, 전체로서의 쟁의행위가 당연히 위법하게 되는지 여부(소극)

노동조합이 주도한 쟁의행위 자체의 정당성과 이를 구성하거나 여기에 부수되는 개개 행위의 정당성은 구별하여야 하므로, 일부 소수의 근로자가 폭력행위 등의 위법행위를 하였더라도, 전체로서의 쟁의행위마저 당연히 위법하게 되는 것은 아니다. [대법원 2017.7.11. 선고, 2013도7896, 판결]

제3조(손해배상 청구의 제한) 사용자는 이 법에 의한 단체교섭 또는 쟁의행위로 인하여 손해를 입은 경우에 노동조합 또는 근로자에 대하여 그 배상을 청구할 수 없다.

■판례 - 임금

甲 주식회사가 노동조합과 체결한 단체협약에서 '지급기준일 현재 재직 중인 근로자에 한하여 하기휴가비를 지급하되, 지급기준일 현재 휴직 중인 근로자에게는 하기휴가비를 지급하지 않는다' 라고 정하고 있는데, 근로자 乙이 하기휴가비 지급기준일에 파업에 참가한 사안에서, 乙은 파업으로 말미암아 甲 회사와 근로관계가 일시 정지되었을 뿐 근로관계 자체가 종료되었다고 할 수는 없으므로 단체협약에서 하기휴가비의 지급 대상으로 정한 '지급기준일 현재 재직 중인 근로자'에 해당하고, 乙이 하기휴가비의 지급기준일에 파업에 참가하였다고 하여 단체협약상 하기휴가비의 지급 대상에서 제외되는 '지급기준일 현재 휴직 중인 근로자'에 해당한다

고 볼 수 없다고 한 사례. [대법원 2014.2.13,
선고, 2011다86287, 판결]

제4조(정당행위) 형법 제20조의 규정은 노
동조합이 단체교섭·쟁의행위 기타의 행
위로서 제1조의 목적을 달성하기 위하여
한 정당한 행위에 대하여 적용된다. 다만,
어떠한 경우에도 폭력이나 파괴행위는 정
당한 행위로 해석되어서는 아니된다.

■**판례 - 업무방해**

노동조합이 실질적으로 기업의 구조조정 실시
자체를 반대하기 위하여 쟁의행위에 나아간 경
우, 쟁의행위 목적의 정당성이 인정되는지 여
부(원칙적 소극) / 쟁의행위에서 추구되는 목
적 중 일부가 정당하지 못한 경우, 쟁의행위
전체의 정당성을 판단하는 기준 [대법원 2014.11.13,
선고, 2011도393, 판결]

제2장 노동조합
제1절 통칙

제5조(노동조합의 조직·가입) 근로자는 자
유로이 노동조합을 조직하거나 이에 가입
할 수 있다. 다만, 공무원과 교원에 대하
여는 따로 법률로 정한다.

■**판례 - 노동조합및노동관계조정법위반**

노동조합 및 노동관계조정법(이하 '노동조합
법'이라 한다)이 노동조합의 자유 설립을 원
칙으로 하면서도 설립에 관하여 신고주의를 택
한 취지는 노동조합의 조직체계에 대한 행정관
청의 효율적인 정비·관리를 통하여 노동조합
이 자주성과 민주성을 갖춘 조직으로 존속할
수 있도록 보호·육성하려는 데에 있으며, 신고
증을 교부받은 노동조합에 한하여 노동기본권
의 향유 주체로 인정하려는 것은 아니다. [대법
원 2016.12.27, 선고, 2011두921, 판결]

제6조(법인격의 취득) ① 노동조합은 그 규
약이 정하는 바에 의하여 법인으로 할 수
있다.
② 노동조합은 당해 노동조합을 법인으로
하고자 할 경우에는 대통령령이 정하는 바
에 의하여 등기를 하여야 한다.
③ 법인인 노동조합에 대하여는 이 법에 규
정된 것을 제외하고는 민법중 사단법인에
관한 규정을 적용한다.

제7조(노동조합의 보호요건) ① 이 법에 의
하여 설립된 노동조합이 아니면 노동위원
회에 노동쟁의의 조정 및 부당노동행위의
구제를 신청할 수 없다.
② 제1항의 규정은 제81조제1호·제2호
및 제5호의 규정에 의한 근로자의 보호를
부인하는 취지로 해석되어서는 아니된다.
③ 이 법에 의하여 설립된 노동조합이 아니
면 노동조합이라는 명칭을 사용할 수 없다.

제8조(조세의 면제) 노동조합에 대하여는 그
사업체를 제외하고는 세법이 정하는 바에
따라 조세를 부과하지 아니한다.

제9조(차별대우의 금지) 노동조합의 조합원
은 어떠한 경우에도 인종, 종교, 성별, 연
령, 신체적 조건, 고용형태, 정당 또는 신분
에 의하여 차별대우를 받지 아니한다. <개
정 2008.3.28.>
[제목개정 2008.3.28.]

제2절 노동조합의 설립

제10조(설립의 신고) ① 노동조합을 설립하고
자 하는 자는 다음 각호의 사항을 기재한
신고서에 제11조의 규정에 의한 규약을 첨
부하여 연합단체인 노동조합과 2 이상의 특
별시·광역시·특별자치시·도·특별자치도
에 걸치는 단위노동조합은 고용노동부장관
에게, 2 이상의 시·군·구(자치구를 말한
다)에 걸치는 단위노동조합은 특별시장·광
역시장·도지사에게, 그 외의 노동조합은 특
별자치시장·특별자치도지사·시장·군수·
구청장(자치구의 구청장을 말한다. 이하 제
12조제1항에서 같다)에게 제출하여야 한다.
<개정 1998.2.20., 2006.12.30., 2010.6.4.,
2014.5.20.>
1. 명칭
2. 주된 사무소의 소재지
3. 조합원수
4. 임원의 성명과 주소
5. 소속된 연합단체가 있는 경우에는 그
명칭
6. 연합단체인 노동조합에 있어서는 그 구
성노동단체의 명칭, 조합원수, 주된 사
무소의 소재지 및 임원의 성명·주소
② 제1항의 규정에 의한 연합단체인 노동조
합은 동종산업의 단위노동조합을 구성원으

로 하는 산업별 연합단체와 산업별 연합단체 또는 전국규모의 산업별 단위노동조합을 구성원으로 하는 총연합단체를 말한다.

제11조(규약) 노동조합은 그 조직의 자주적·민주적 운영을 보장하기 위하여 당해 노동조합의 규약에 다음 각 호의 사항을 기재하여야 한다. <개정 2006.12.30.>
1. 명칭
2. 목적과 사업
3. 주된 사무소의 소재지
4. 조합원에 관한 사항(연합단체인 노동조합에 있어서는 그 구성단체에 관한 사항)
5. 소속된 연합단체가 있는 경우에는 그 명칭
6. 대의원회를 두는 경우에는 대의원회에 관한 사항
7. 회의에 관한 사항
8. 대표자와 임원에 관한 사항
9. 조합비 기타 회계에 관한 사항
10. 규약변경에 관한 사항
11. 해산에 관한 사항
12. 쟁의행위와 관련된 찬반투표 결과의 공개, 투표자 명부 및 투표용지 등의 보존·열람에 관한 사항
13. 대표자와 임원의 규약위반에 대한 탄핵에 관한 사항
14. 임원 및 대의원의 선거절차에 관한 사항
15. 규율과 통제에 관한 사항

제12조(신고증의 교부) ① 고용노동부장관, 특별시장·광역시장·특별자치시장·도지사·특별자치도지사 또는 시장·군수·구청장(이하 "행정관청"이라 한다)은 제10조제1항의 규정에 의한 설립신고서를 접수한 때에는 제2항 전단 및 제3항의 경우를 제외하고는 3일 이내에 신고증을 교부하여야 한다. <개정 1998.2.20., 2006.12.30., 2010.6.4., 2014.5.20.>
② 행정관청은 설립신고서 또는 규약이 기재사항의 누락등으로 보완이 필요한 경우에는 대통령령이 정하는 바에 따라 20일 이내의 기간을 정하여 보완을 요구하여야 한다. 이 경우 보완된 설립신고서 또는 규약을 접수한 때에는 3일 이내에 신고증을 교부하여야 한다. <개정 1998.2.20.>
③ 행정관청은 설립하고자 하는 노동조합이 다음 각호의 1에 해당하는 경우에는 설립신고서를 반려하여야 한다. <개정 1998.2.20.>
1. 제2조제4호 각목의 1에 해당하는 경우

2. 제2항의 규정에 의하여 보완을 요구하였음에도 불구하고 그 기간내에 보완을 하지 아니하는 경우
④ 노동조합이 신고증을 교부받은 경우에는 설립신고서가 접수된 때에 설립된 것으로 본다.

제13조(변경사항의 신고등) ① 노동조합은 제10조제1항의 규정에 의하여 설립신고된 사항중 다음 각호의 1에 해당하는 사항에 변경이 있는 때에는 그 날부터 30일 이내에 행정관청에게 변경신고를 하여야 한다. <개정 1998.2.20., 2001.3.28.>
1. 명칭
2. 주된 사무소의 소재지
3. 대표자의 성명
4. 소속된 연합단체의 명칭
② 노동조합은 매년 1월 31일까지 다음 각호의 사항을 행정관청에게 통보하여야 한다. 다만, 제1항의 규정에 의하여 전년도에 변경신고된 사항은 그러하지 아니하다. <개정 1998.2.20., 2001.3.28.>
1. 전년도에 규약의 변경이 있는 경우에는 변경된 규약내용
2. 전년도에 임원의 변경이 있는 경우에는 변경된 임원의 성명
3. 전년도 12월 31일 현재의 조합원수(연합단체인 노동조합에 있어서는 구성단체별 조합원수)

제3절 노동조합의 관리

제14조(서류비치등) ① 노동조합은 조합설립일부터 30일 이내에 다음 각호의 서류를 작성하여 그 주된 사무소에 비치하여야 한다.
1. 조합원 명부(연합단체인 노동조합에 있어서는 그 구성단체의 명칭)
2. 규약
3. 임원의 성명·주소록
4. 회의록
5. 재정에 관한 장부와 서류
② 제1항제4호 및 제5호의 서류는 3연간 보존하여야 한다.

제15조(총회의 개최) ① 노동조합은 매년 1회 이상 총회를 개최하여야 한다.
② 노동조합의 대표자는 총회의 의장이 된다.

제16조(총회의 의결사항) ① 다음 각호의 사항은 총회의 의결을 거쳐야 한다.
1. 규약의 제정과 변경에 관한 사항
2. 임원의 선거와 해임에 관한 사항
3. 단체협약에 관한 사항
4. 예산·결산에 관한 사항
5. 기금의 설치·관리 또는 처분에 관한 사항
6. 연합단체의 설립·가입 또는 탈퇴에 관한 사항
7. 합병·분할 또는 해산에 관한 사항
8. 조직형태의 변경에 관한 사항
9. 기타 중요한 사항
② 총회는 재적조합원 과반수의 출석과 출석조합원 과반수의 찬성으로 의결한다. 다만, 규약의 제정·변경, 임원의 해임, 합병·분할·해산 및 조직형태의 변경에 관한 사항은 재적조합원 과반수의 출석과 출석조합원 3분의 2 이상의 찬성이 있어야 한다.
③ 임원의 선거에 있어서 출석조합원 과반수의 찬성을 얻은 자가 없는 경우에는 제2항 본문의 규정에 불구하고 규약이 정하는 바에 따라 결선투표를 실시하여 다수의 찬성을 얻은 자를 임원으로 선출할 수 있다.
④ 규약의 제정·변경과 임원의 선거·해임에 관한 사항은 조합원의 직접·비밀·무기명투표에 의하여야 한다.

■판례 - 부당노동행위재심판정취소

노동조합 및 노동관계조정법(이하 '노동조합법'이라 한다) 제16조 제1항 제8호, 제2항은 노동조합이 설립되어 존속하고 있는 도중에, 총회에서 재적조합원 과반수의 출석과 출석조합원 3분의 2 이상의 찬성으로 조직형태의 변경을 의결하는 것을 허용하고 있다. 이 규정은 노동조합의 해산·청산과 신설 절차를 밟지 않고 조직형태를 변경할 수 있도록 함으로써 노동조합을 둘러싼 종전의 재산상 권리·의무나 단체협약의 효력 등의 법률관계가 새로운 조직형태의 노동조합에 그대로 유지·승계될 수 있도록 한 것으로서, 근로자로 하여금 노동조합의 설립이나 조직형태 선택의 자유를 실질적으로 뒷받침하려 한 것이다. 단위노동조합이 총회의 의결을 거쳐 산업별 노동조합의 하부조직으로 편입되는 것은 노동조합법이 예정하고 있는 조직형태 변경의 한 유형이다. 이처럼 조직형태가 변경된 경우 산업별 노동조합은 특별한 사정이 없는 한 단위노동조합의 권리·의무나 법률관계를 승계하므로 조직형태 변경 전의 단위노동조합이 수행하던 소송절차를 수계할 수 있다. [대법원 2016.12.29, 선고, 2015두1151, 판결]

제17조(대의원회) ① 노동조합은 규약으로 총회에 갈음할 대의원회를 둘 수 있다.
② 대의원은 조합원의 직접·비밀·무기명투표에 의하여 선출되어야 한다.
③ 대의원의 임기는 규약으로 정하되 3년을 초과할 수 없다.
④ 대의원회를 둔 때에는 총회에 관한 규정은 대의원회에 이를 준용한다.

제18조(임시총회등의 소집) ① 노동조합의 대표자는 필요하다고 인정할 때에는 임시총회 또는 임시대의원회를 소집할 수 있다.
② 노동조합의 대표자는 조합원 또는 대의원의 3분의 1 이상(연합단체인 노동조합에 있어서는 그 구성단체의 3분의 1 이상)이 회의에 부의할 사항을 제시하고 회의의 소집을 요구한 때에는 지체없이 임시총회 또는 임시대의원회를 소집하여야 한다.
③ 행정관청은 노동조합의 대표자가 제2항의 규정에 의한 회의의 소집을 고의로 기피하거나 이를 해태하여 조합원 또는 대의원의 3분의 1 이상이 소집권자의 지명을 요구한 때에는 15일 이내에 노동위원회의 의결을 요청하고 노동위원회의 의결이 있는 때에는 지체없이 회의의 소집권자를 지명하여야 한다. <개정 1998.2.20.>
④ 행정관청은 노동조합에 총회 또는 대의원회의 소집권자가 없는 경우에 조합원 또는 대의원의 3분의 1 이상이 회의에 부의할 사항을 제시하고 소집권자의 지명을 요구한 때에는 15일 이내에 회의의 소집권자를 지명하여야 한다. <개정 1998.2.20.>

제19조(소집의 절차) 총회 또는 대의원회는 회의개최일 7일전까지 그 회의에 부의할 사항을 공고하고 규약에 정한 방법에 의하여 소집하여야 한다. 다만, 노동조합이 동일한 사업장내의 근로자로 구성된 경우에는 그 규약으로 공고기간을 단축할 수 있다.

제20조(표결권의 특례) 노동조합이 특정 조합원에 관한 사항을 의결할 경우에는 그 조합원은 표결권이 없다.

제21조(규약 및 결의처분의 시정) ① 행정관청은 노동조합의 규약이 노동관계법령에 위반한 경우에는 노동위원회의 의결을 얻어 그 시정을 명할 수 있다. <개정 1998.2.20.>

② 행정관청은 노동조합의 결의 또는 처분이 노동관계법령 또는 규약에 위반된다고 인정할 경우에는 노동위원회의 의결을 얻어 그 시정을 명할 수 있다. 다만, 규약위반시의 시정명령은 이해관계인의 신청이 있는 경우에 한한다. <개정 1998.2.20.>
③ 제1항 또는 제2항의 규정에 의하여 시정명령을 받은 노동조합은 30일 이내에 이를 이행하여야 한다. 다만, 정당한 사유가 있는 경우에는 그 기간을 연장할 수 있다.

제22조(조합원의 권리와 의무) 노동조합의 조합원은 균등하게 그 노동조합의 모든 문제에 참여할 권리와 의무를 가진다. 다만, 노동조합은 그 규약으로 조합비를 납부하지 아니하는 조합원의 권리를 제한할 수 있다.

제23조(임원의 선거등) ① 노동조합의 임원은 그 조합원중에서 선출되어야 한다.
② 임원의 임기는 규약으로 정하되 3년을 초과할 수 없다.

제24조(노동조합의 전임자) ① 근로자는 단체협약으로 정하거나 사용자의 동의가 있는 경우에는 근로계약 소정의 근로를 제공하지 아니하고 노동조합의 업무에만 종사할 수 있다.
② 제1항의 규정에 의하여 노동조합의 업무에만 종사하는 자(이하 "전임자"라 한다)는 그 전임기간동안 사용자로부터 어떠한 급여도 지급받아서는 아니된다.
③ 사용자는 전임자의 정당한 노동조합 활동을 제한하여서는 아니 된다. <신설 2010.1.1.>
④ 제2항에도 불구하고 단체협약으로 정하거나 사용자가 동의하는 경우에는 사업 또는 사업장별로 조합원 수 등을 고려하여 제24조의2에 따라 결정된 근로시간 면제 한도(이하 "근로시간 면제 한도"라 한다)를 초과하지 아니하는 범위에서 근로자는 임금의 손실 없이 사용자와의 협의·교섭, 고충처리, 산업안전 활동 등 이 법 또는 다른 법률에서 정하는 업무와 건전한 노사관계 발전을 위한 노동조합의 유지·관리업무를 할 수 있다. <신설 2010.1.1.>
⑤ 노동조합은 제2항과 제4항을 위반하는 급여 지급을 요구하고 이를 관철할 목적으로 쟁의행위를 하여서는 아니 된다. <신설 2010.1.1.>

■판례 – 단체협약시정명령취소
노동조합 및 노동관계조정법(이하 '노동조합법'이라 한다) 제2조 제4호, 제24조 제2항, 제4항, 제81조 제4호의 입법 취지와 내용을 종합하면, 노동조합법 제81조 제4호 단서에서 정한 행위를 벗어나서 주기적이나 고정적으로 이루어지는 사용자의 노동조합 운영비에 대한 원조 행위는 노동조합의 전임자에게 급여를 지원하는 행위와 마찬가지로 노동조합의 자주성을 잃게 할 위험성을 지닌 것으로서 노동조합법 제81조 제4호 본문에서 금지하는 부당노동행위라고 해석되고, 비록 운영비 원조가 노동조합의 적극적인 요구 내지 투쟁으로 얻어진 결과라 하더라도 이러한 사정만으로 달리 볼 것은 아니다. [대법원 2016.1.28, 선고, 2012두12457, 판결]

제24조의2(근로시간면제심의위원회) ① 근로시간 면제 한도를 정하기 위하여 근로시간면제심의위원회(이하 이 조에서 "위원회"라 한다)를 고용노동부에 둔다. <개정 2010.6.4.>
② 근로시간 면제 한도는 위원회가 심의·의결한 바에 따라 고용노동부장관이 고시하되, 3년마다 그 적정성 여부를 재심의하여 결정할 수 있다. <개정 2010.6.4.>
③ 위원회는 노동계와 경영계가 추천하는 위원 각 5명, 정부가 추천하는 공익위원 5명으로 구성된다.
④ 위원장은 공익위원 중에서 위원회가 선출한다.
⑤ 위원회는 재적위원 과반수의 출석과 출석위원 과반수의 찬성으로 의결한다.
⑥ 위원의 자격, 위촉과 위원회의 운영 등에 필요한 사항은 대통령령으로 정한다.
[본조신설 2010.1.1.]

제25조(회계감사) ① 노동조합의 대표자는 그 회계감사원으로 하여금 6월에 1회 이상 당해 노동조합의 모든 재원 및 용도, 주요한 기부자의 성명, 현재의 경리 상황등에 대한 회계감사를 실시하게 하고 그 내용과 감사결과를 전체 조합원에게 공개하여야 한다.
② 노동조합의 회계감사원은 필요하다고 인정할 경우에는 당해 노동조합의 회계감사를 실시하고 그 결과를 공개할 수 있다.

제26조(운영상황의 공개) 노동조합의 대표자는 회계연도마다 결산결과와 운영상황을 공표하여야 하며 조합원의 요구가 있을 때에는 이를 열람하게 하여야 한다.

제27조(자료의 제출) 노동조합은 행정관청이 요구하는 경우에는 결산결과와 운영상황을 보고하여야 한다. <개정 1998.2.20.>

제4절 노동조합의 해산

제28조(해산사유) ① 노동조합은 다음 각호의 1에 해당하는 경우에는 해산한다. <개정 1998.2.20.>
1. 규약에서 정한 해산사유가 발생한 경우
2. 합병 또는 분할로 소멸한 경우
3. 총회 또는 대의원회의 해산결의가 있는 경우
4. 노동조합의 임원이 없고 노동조합으로서의 활동을 1년 이상 하지 아니한 것으로 인정되는 경우로서 행정관청이 노동위원회의 의결을 얻은 경우
② 제1항제1호 내지 제3호의 사유로 노동조합이 해산한 때에는 그 대표자는 해산한 날부터 15일 이내에 행정관청에게 이를 신고하여야 한다. <개정 1998.2.20.>

제3장 단체교섭 및 단체협약

제29조(교섭 및 체결권한) ① 노동조합의 대표자는 그 노동조합 또는 조합원을 위하여 사용자나 사용자단체와 교섭하고 단체협약을 체결할 권한을 가진다.
② 제29조의2에 따라 결정된 교섭대표노동조합(이하 "교섭대표노동조합"이라 한다)의 대표자는 교섭을 요구한 모든 노동조합 또는 조합원을 위하여 사용자와 교섭하고 단체협약을 체결할 권한을 가진다. <신설 2010.1.1.>
③ 노동조합과 사용자 또는 사용자단체로부터 교섭 또는 단체협약의 체결에 관한 권한을 위임받은 자는 그 노동조합과 사용자 또는 사용자단체를 위하여 위임받은 범위안에서 그 권한을 행사할 수 있다. <개정 2010.1.1.>
④ 노동조합과 사용자 또는 사용자단체는 제3항에 따라 교섭 또는 단체협약의 체결에 관한 권한을 위임한 때에는 그 사실을 상대방에게 통보하여야 한다. <개정 2010.1.1.>

■**판례 - 근로자의 개별적인 동의나 수권 없이 노동조합이 사용자와 체결한 단체협약만으로**

이미 구체적으로 지급청구권이 발생한 임금이나 퇴직금에 대한 포기나 지급유예와 같은 처분행위를 할 수 있는지 여부(소극)

이미 구체적으로 지급청구권이 발생한 임금이나 퇴직금은 근로자의 사적 재산영역으로 옮겨져 근로자의 처분에 맡겨진 것이기 때문에, 근로자로부터 개별적인 동의나 수권을 받지 않은 이상, 노동조합이 사용자와 체결한 단체협약만으로 이에 대한 포기나 지급유예와 같은 처분행위를 할 수는 없다. [대법원 2017.2.15, 선고, 2016다32193, 판결]

제29조의2(교섭창구 단일화 절차) ① 하나의 사업 또는 사업장에서 조직형태에 관계없이 근로자가 설립하거나 가입한 노동조합이 2개 이상인 경우 노동조합은 교섭대표노동조합(2개 이상의 노동조합 조합원을 구성원으로 하는 교섭대표기구를 포함한다. 이하 같다)을 정하여 교섭을 요구하여야 한다. 다만, 제2항에 따라 교섭대표노동조합을 자율적으로 결정하는 기한 내에 사용자가 이 조에서 정하는 교섭창구 단일화 절차를 거치지 아니하기로 동의한 경우에는 그러하지 아니하다.
② 교섭대표노동조합 결정 절차(이하 "교섭창구 단일화 절차"라 한다)에 참여한 모든 노동조합은 대통령령으로 정하는 기한 내에 자율적으로 교섭대표노동조합을 정한다.
③ 제2항에 따른 기한내에 교섭대표노동조합을 정하지 못하고 제1항 단서에 따른 사용자의 동의를 얻지 못한 경우에는 교섭창구 단일화 절차에 참여한 노동조합의 전체 조합원 과반수로 조직된 노동조합(2개 이상의 노동조합이 위임 또는 연합 등의 방법으로 교섭창구 단일화 절차에 참여한 노동조합 전체 조합원의 과반수가 되는 경우를 포함한다)이 교섭대표노동조합이 된다.
④ 제2항과 제3항에 따라 교섭대표노동조합을 결정하지 못한 경우에는 교섭창구 단일화 절차에 참여한 모든 노동조합은 공동으로 교섭대표단(이하 이 조에서 "공동교섭대표단"이라 한다)을 구성하여 사용자와 교섭하여야 한다. 이 때 공동교섭대표단에 참여할 수 있는 노동조합은 그 조합원 수가 교섭창구 단일화 절차에 참여한 노동조합의 전체 조합원 100분의 10 이상인 노동조합으로 한다.
⑤ 제4항에 따른 공동교섭대표단의 구성에 합의하지 못할 경우에 노동위원회는 해당

노동조합의 신청에 따라 조합원 비율을 고려하여 이를 결정할 수 있다.

⑥ 제1항부터 제4항까지의 규정에 따른 교섭대표노동조합을 결정함에 있어 교섭요구 사실, 조합원 수 등에 대한 이의가 있는 때에는 노동위원회는 대통령령으로 정하는 바에 따라 노동조합의 신청을 받아 그 이의에 대한 결정을 할 수 있다.

⑦ 제5항 및 제6항에 따른 노동위원회의 결정에 대한 불복절차 및 효력은 제69조와 제70조제2항을 준용한다.

⑧ 노동조합의 교섭요구·참여 방법, 교섭대표노동조합 결정을 위한 조합원 수 산정 기준 등 교섭창구 단일화 절차와 교섭비용 증가 방지 등에 관하여 필요한 사항은 대통령령으로 정한다.
[본조신설 2010.1.1.]

제29조의3(교섭단위 결정)

① 제29조의2에 따라 교섭대표노동조합을 결정하여야 하는 단위(이하 "교섭단위"라 한다)는 하나의 사업 또는 사업장으로 한다.

② 제1항에도 불구하고 하나의 사업 또는 사업장에서 현격한 근로조건의 차이, 고용형태, 교섭 관행 등을 고려하여 교섭단위를 분리할 필요가 있다고 인정되는 경우에 노동위원회는 노동관계 당사자의 양쪽 또는 어느 한 쪽의 신청을 받아 교섭단위를 분리하는 결정을 할 수 있다.

③ 제2항에 따른 노동위원회의 결정에 대한 불복절차 및 효력은 제69조와 제70조제2항을 준용한다.

④ 교섭단위 분리 신청 및 노동위원회의 결정 기준·절차 등에 관하여 필요한 사항은 대통령령으로 정한다.
[본조신설 2010.1.1.]

제29조의4(공정대표의무 등)

① 교섭대표노동조합과 사용자는 교섭창구 단일화 절차에 참여한 노동조합 또는 그 조합원 간에 합리적 이유 없이 차별을 하여서는 아니 된다.

② 노동조합은 교섭대표노동조합과 사용자가 제1항을 위반하여 차별한 경우에는 그 행위가 있은 날(단체협약의 내용의 일부 또는 전부가 제1항에 위반되는 경우에는 단체협약 체결일을 말한다)부터 3개월 이내에 대통령령으로 정하는 방법과 절차에 따라 노동위원회에 그 시정을 요청할 수 있다.

③ 노동위원회는 제2항에 따른 신청에 대하여 합리적 이유 없이 차별하였다고 인정한 때에는 그 시정에 필요한 명령을 하여야 한다.

④ 제3항에 따른 노동위원회의 명령 또는 결정에 대한 불복절차 등에 관하여는 제85조 및 제86조를 준용한다.
[본조신설 2010.1.1.]

제29조의5(그 밖의 교섭창구 단일화 관련 사항)

교섭대표노동조합이 있는 경우에 제2조제5호, 제29조제3항·제4항, 제30조, 제37조제2항, 제38조제3항, 제42조의6제1항, 제44조제2항, 제46조제1항, 제55조제3항, 제72조제3항 및 제81조제3호 중 "노동조합"은 "교섭대표노동조합"으로 본다.
[본조신설 2010.1.1.]

제30조(교섭등의 원칙)

① 노동조합과 사용자 또는 사용자단체는 신의에 따라 성실히 교섭하고 단체협약을 체결하여야 하며 그 권한을 남용하여서는 아니된다.

② 노동조합과 사용자 또는 사용자단체는 정당한 이유없이 교섭 또는 단체협약의 체결을 거부하거나 해태하여서는 아니된다.

제31조(단체협약의 작성)

① 단체협약은 서면으로 작성하여 당사자 쌍방이 서명 또는 날인하여야 한다. <개정 2006.12.30.>

② 단체협약의 당사자는 단체협약의 체결일부터 15일 이내에 이를 행정관청에게 신고하여야 한다. <개정 1998.2.20.>

③ 행정관청은 단체협약중 위법한 내용이 있는 경우에는 노동위원회의 의결을 얻어 그 시정을 명할 수 있다. <개정 1998.2.20.>

■판례 - 부당해고구제재심판정취소

기업별 단위노동조합과 사용자가 체결한 단체협약에서 징계위원회를 노사 각 3명의 위원으로 구성하기로 정하면서 근로자 측 징계위원의 자격에 관하여 아무런 규정을 두지 않은 경우, 근로자 측 징계위원은 사용자 회사에 소속된 근로자에 한정된다. 나아가 기업별 단위노동조합이 단체협약을 체결한 후 산업별 단위노동조합의 지부 또는 분회로 조직이 변경되고 그에 따라 산업별 단위노동조합이 단체협약상의 권리·의무를 승계한다고 하더라도, 노동조합의 조직이 변경된 후 새로운 단체협약이 체결되지 아니하였다면 근로자의 징계절차에는 기업별 단위노동조합일 때 체결된 단체협약이 그대로 적용되어야 하므로 징계절차에서도 근로자 측

징계위원은 사용자 회사에 소속된 근로자에 한 정되어야 한다. [대법원 2015.5.28, 선고, 2013 두3351, 판결]

제32조(단체협약의 유효기간) ① 단체협약에는 2년을 초과하는 유효기간을 정할 수 없다.

② 단체협약에 그 유효기간을 정하지 아니한 경우 또는 제1항의 기간을 초과하는 유효기간을 정한 경우에 그 유효기간은 2년으로 한다.

③ 단체협약의 유효기간이 만료되는 때를 전후하여 당사자 쌍방이 새로운 단체협약을 체결하고자 단체교섭을 계속하였음에도 불구하고 새로운 단체협약이 체결되지 아니한 경우에는 별도의 약정이 있는 경우를 제외하고는 종전의 단체협약은 그 효력만료일부터 3월까지 계속 효력을 갖는다. 다만, 단체협약에 그 유효기간이 경과한 후에도 새로운 단체협약이 체결되지 아니한 때에는 새로운 단체협약이 체결될 때까지 종전 단체협약의 효력을 존속시킨다는 취지의 별도의 약정이 있는 경우에는 그에 따르되, 당사자 일방은 해지하고자 하는 날의 6월전까지 상대방에게 통고함으로써 종전의 단체협약을 해지할 수 있다. <개정 1998.2.20.>

■판례 – 단체협약이 실효되더라도 임금 등 개별적인 노동조건에 관한 부분은 근로계약 내용이 되어 여전히 사용자와 근로자를 규율하는지 여부(적극) 및 그것을 변경하는 새로운 단체협약이 체결된 경우도 마찬가지인지 여부(소극)

단체협약이 실효되더라도 임금 등 개별적인 노동조건에 관한 부분은 단체협약의 적용을 받고 있던 근로자의 근로계약 내용이 되어 여전히 사용자와 근로자를 규율한다. 그러나 그것을 변경하는 새로운 단체협약이 체결되면 종전의 단체협약은 더 이상 개별적인 근로계약의 내용으로 남아 있지 않게 된다. [대법원 2017.6.19, 선고, 2014다63087, 판결]

제33조(기준의 효력) ① 단체협약에 정한 근로조건 기타 근로자의 대우에 관한 기준에 위반하는 취업규칙 또는 근로계약의 부분은 무효로 한다.

② 근로계약에 규정되지 아니한 사항 또는 제1항의 규정에 의하여 무효로 된 부분은 단체협약에 정한 기준에 의한다.

제34조(단체협약의 해석) ① 단체협약의 해석 또는 이행방법에 관하여 관계 당사자간에 의견의 불일치가 있는 때에는 당사자 쌍방 또는 단체협약에 정하는 바에 의하여 어느 일방이 노동위원회에 그 해석 또는 이행방법에 관한 견해의 제시를 요청할 수 있다.

② 노동위원회는 제1항의 규정에 의한 요청을 받은 때에는 그 날부터 30일 이내에 명확한 견해를 제시하여야 한다.

③ 제2항의 규정에 의하여 노동위원회가 제시한 해석 또는 이행방법에 관한 견해는 중재재정과 동일한 효력을 가진다.

제35조(일반적 구속력) 하나의 사업 또는 사업장에 상시 사용되는 동종의 근로자 반수 이상이 하나의 단체협약의 적용을 받게 된 때에는 당해 사업 또는 사업장에 사용되는 다른 동종의 근로자에 대하여도 당해 단체협약이 적용된다.

■판례 – 가처분이의

기업별 단위노동조합이 독자적으로 단체교섭권을 행사하여 체결한 단체협약이 존재하고 그 단체협약이 노동조합 및 노동관계조정법 제35조에서 정한 일반적 구속력을 가진다는 사정이 존재한다 하더라도, 교섭창구 단일화에 관한 개정규정이 시행되고 있지 아니하고 달리 단체교섭권 등을 제한하는 규정을 두지 아니한 현행 노동조합 및 노동관계조정법에서 동일한 사업 또는 사업장에 근로자가 설립하거나 가입한 산업별·직종별·지역별 단위노동조합이 가지는 고유한 단체교섭권이나 단체협약 체결권이 제한된다고 할 수는 없다. [대법원 2011.5.6, 자, 2010마1193, 결정]

제36조(지역적 구속력) ① 하나의 지역에 있어서 종업하는 동종의 근로자 3분의 2 이상이 하나의 단체협약의 적용을 받게 된 때에는 행정관청은 당해 단체협약의 당사자의 쌍방 또는 일방의 신청에 의하거나 그 직권으로 노동위원회의 의결을 얻어 당해 지역에서 종업하는 다른 동종의 근로자와 그 사용자에 대하여도 당해 단체협약을 적용한다는 결정을 할 수 있다. <개정 1998.2.20.>

② 행정관청이 제1항의 규정에 의한 결정을 한 때에는 지체없이 이를 공고하여야 한다. <개정 1998.2.20.>

제4장 쟁의행위

제37조(쟁의행위의 기본원칙) ① 쟁의행위
는 그 목적·방법 및 절차에 있어서 법령
기타 사회질서에 위반되어서는 아니된다.
② 조합원은 노동조합에 의하여 주도되지
아니한 쟁의행위를 하여서는 아니된다.

제38조(노동조합의 지도와 책임) ① 쟁의행
위는 그 쟁의행위와 관계없는 자 또는 근로
를 제공하고자 하는 자의 출입·조업 기타
정상적인 업무를 방해하는 방법으로 행하여
져서는 아니되며 쟁의행위의 참가를 호소하
거나 설득하는 행위로서 폭행·협박을 사용
하여서는 아니된다.
② 작업시설의 손상이나 원료·제품의 변질
또는 부패를 방지하기 위한 작업은 쟁의행위
기간중에도 정상적으로 수행되어야 한다.
③ 노동조합은 쟁의행위가 적법하게 수행될
수 있도록 지도·관리·통제할 책임이 있다.

제39조(근로자의 구속제한) 근로자는 쟁의행
위 기간중에는 현행범외에는 이 법 위반을
이유로 구속되지 아니한다.

제40조 삭제 <2006.12.30.>

제41조(쟁의행위의 제한과 금지) ① 노동조
합의 쟁의행위는 그 조합원의 직접·비밀·무
기명투표에 의한 조합원 과반수의 찬성으로
결정하지 아니하면 이를 행할 수 없다. 제29
조의2에 따라 교섭대표노동조합이 결정된 경
우에는 그 절차에 참여한 노동조합의 전체 조
합원(해당 사업 또는 사업장 소속 조합원으로
한정한다)의 직접·비밀·무기명투표에 의한
과반수의 찬성으로 결정하지 아니하면 쟁의행
위를 할 수 없다. <개정 2010.1.1.>
② 「방위사업법」에 의하여 지정된 주요방위산
업체에 종사하는 근로자중 전력, 용수 및 주로
방산물자를 생산하는 업무에 종사하는 자는
쟁의행위를 할 수 없으며 주로 방산물자를 생
산하는 업무에 종사하는 자의 범위는 대통
령으로 정한다. <개정 2006.1.2.>

▣판례 - 임금(직장폐쇄 유지의 정당성 상실 여
부)

근로자의 쟁의행위 등 구체적인 사정에 비추어
직장폐쇄의 개시 자체는 정당하더라도 어느 시
점 이후에 근로자가 쟁의행위를 중단하고 진정

으로 업무에 복귀할 의사를 표시하였음에도 사
용자가 직장폐쇄를 계속 유지함으로써 근로자
의 쟁의행위에 대한 방어적인 목적에서 벗어나
공격적 직장폐쇄로 성격이 변질되었다고 볼 수
있는 경우에는 그 이후의 직장폐쇄는 정당성을
상실하게 되므로, 사용자는 그 기간 동안의 임
금에 대해서는 지불의무를 면할 수 없다. 그리
고 노동조합이 쟁의행위를 하기 위해서는 투표
를 거쳐 조합원 과반수의 찬성을 얻어야 하고
(노동조합 및 노동관계조정법 제41조 제1항)
사용자의 직장폐쇄는 노동조합의 쟁의행위에
대한 방어수단으로 인정되는 것이므로, 근로자
가 업무에 복귀하겠다는 의사 역시 일부 근로
자들이 개별적·부분적으로 밝히는 것만으로는
부족하다. 복귀 의사는 반드시 조합원들의 찬반
투표를 거쳐 결정되어야 하는 것은 아니지만 사
용자가 경영의 예측가능성과 안정을 이룰 수 있
는 정도로 집단적·객관적으로 표시되어야 한다.
[대법원 2017.4.7, 선고, 2013다101425, 판결]

제42조(폭력행위등의 금지) ① 쟁의행위는
폭력이나 파괴행위 또는 생산 기타 주요업
무에 관련되는 시설과 이에 준하는 시설로
서 대통령령이 정하는 시설을 점거하는 형
태로 이를 행할 수 없다.
② 사업장의 안전보호시설에 대하여 정상적
인 유지·운영을 정지·폐지 또는 방해하는
행위는 쟁의행위로서 이를 행할 수 없다.
③ 행정관청은 쟁의행위가 제2항의 행위에
해당한다고 인정하는 경우에는 노동위원회
의 의결을 얻어 그 행위를 중지할 것을 통
보하여야 한다. 다만, 사태가 급박하여 노동
위원회의 의결을 얻을 시간적 여유가 없을
때에는 그 의결을 얻지 아니하고 즉시 그
행위를 중지할 것을 통보할 수 있다. <개정
1998.2.20., 2006.12.30.>
④ 제3항 단서의 경우에 행정관청은
지체없이 노동위원회의 사후승인을 얻어
야 하며 그 승인을 얻지 못한 때에는 그
통보는 그때부터 효력을 상실한다. <개
정 1998.2.20., 2006.12.30.>

제42조의2(필수유지업무에 대한 쟁의행위의
제한) ① 이 법에서 "필수유지업무"라 함
은 제71조제2항의 규정에 따른 필수공익
사업의 업무 중 그 업무가 정지되거나 폐
지되는 경우 공중의 생명·건강 또는 신
체의 안전이나 공중의 일상생활을 현저히
위태롭게 하는 업무로서 대통령령이 정하
는 업무를 말한다.
② 필수유지업무의 정당한 유지·운영을

정지·폐지 또는 방해하는 행위는 쟁의행위로서 이를 행할 수 없다.
[본조신설 2006.12.30.]

제42조의3(필수유지업무협정) 노동관계 당사자는 쟁의행위기간 동안 필수유지업무의 정당한 유지·운영을 위하여 필수유지업무의 필요 최소한의 유지·운영 수준, 대상직무 및 필요인원 등을 정한 협정(이하"필수유지업무협정"이라 한다)을 서면으로 체결하여야 한다. 이 경우 필수유지업무협정에는 노동관계 당사자 쌍방이 서명 또는 날인하여야 한다.
[본조신설 2006.12.30.]

제42조의4(필수유지업무 유지·운영 수준 등의 결정) ① 노동관계 당사자 쌍방 또는 일방은 필수유지업무협정이 체결되지 아니하는 때에는 노동위원회에 필수유지업무의 필요 최소한의 유지·운영 수준, 대상직무 및 필요인원 등의 결정을 신청하여야 한다.
② 제1항의 규정에 따른 신청을 받은 노동위원회는 사업 또는 사업장별 필수유지업무의 특성 및 내용 등을 고려하여 필수유지업무의 필요 최소한의 유지·운영 수준, 대상직무 및 필요인원 등을 결정할 수 있다.
③ 제2항의 규정에 따른 노동위원회의 결정은 제72조의 규정에 따른 특별조정위원회가 담당한다.
④ 제2항의 규정에 따른 노동위원회의 결정에 대한 해석 또는 이행방법에 관하여 관계 당사자간에 의견이 일치하지 아니하는 경우에는 특별조정위원회의 해석에 따른다. 이 경우 특별조정위원회의 해석은 제2항의 규정에 따른 노동위원회의 결정과 동일한 효력이 있다.
⑤ 제2항의 규정에 따른 노동위원회의 결정에 대한 불복절차 및 효력에 관하여는 제69조와 제70조제2항의 규정을 준용한다.
[본조신설 2006.12.30.]

제42조의5(노동위원회의 결정에 따른 쟁의행위) 제42조의4제2항의 규정에 따라 노동위원회의 결정이 있는 경우 그 결정에 따라 쟁의행위를 한 때에는 필수유지업무를 정당하게 유지·운영하면서 쟁의행위를 한 것으로 본다.
[본조신설 2006.12.30.]

제42조의6(필수유지업무 근무 근로자의 지명) ① 노동조합은 필수유지업무협정이 체결되거나 제42조의4제2항의 규정에 따른 노동위원회의 결정이 있는 경우 사용자에게 필수유지업무에 근무하는 조합원 중 쟁의행위기간 동안 근무하여야 할 조합원을 통보하여야 하며, 사용자는 이에 따라 근로자를 지명하고 이를 노동조합과 그 근로자에게 통보하여야 한다. 다만, 노동조합이 쟁의행위 개시 전까지 이를 통보하지 아니한 경우에는 사용자가 필수유지업무에 근무하여야 할 근로자를 지명하고 이를 노동조합과 그 근로자에게 통보하여야 한다. <개정 2010.1.1.>
② 제1항에 따른 통보·지명시 노동조합과 사용자는 필수유지업무에 종사하는 근로자가 소속된 노동조합이 2개 이상인 경우에는 각 노동조합의 해당 필수유지업무에 종사하는 조합원 비율을 고려하여야 한다. <신설 2010.1.1.>
[본조신설 2006.12.30.]

제43조(사용자의 채용제한) ① 사용자는 쟁의행위 기간중 그 쟁의행위로 중단된 업무의 수행을 위하여 당해 사업과 관계없는 자를 채용 또는 대체할 수 없다.
② 사용자는 쟁의행위기간중 그 쟁의행위로 중단된 업무를 도급 또는 하도급 줄 수 없다.
③ 제1항 및 제2항의 규정은 필수공익사업의 사용자가 쟁의행위 기간 중에 한하여 당해 사업과 관계없는 자를 채용 또는 대체하거나 그 업무를 도급 또는 하도급 주는 경우에는 적용하지 아니한다. <신설 2006.12.30.>
④ 제3항의 경우 사용자는 당해 사업 또는 사업장 파업참가자의 100분의 50을 초과하지 않는 범위 안에서 채용 또는 대체하거나 도급 또는 하도급 줄 수 있다. 이 경우 파업참가자 수의 산정 방법 등은 대통령령으로 정한다. <신설 2006.12.30.>

제44조(쟁의행위 기간중의 임금지급 요구의 금지) ① 사용자는 쟁의행위에 참가하여 근로를 제공하지 아니한 근로자에 대하여는 그 기간중의 임금을 지급할 의무가 없다.
② 노동조합은 쟁의행위 기간에 대한 임금의 지급을 요구하여 이를 관철할 목적으로 쟁의행위를 하여서는 아니된다.

제45조(조정의 전치) ① 노동관계 당사자는

노동쟁의가 발생한 때에는 어느 일방이 이를 상대방에게 서면으로 통보하여야 한다.

② 쟁의행위는 제5장제2절 내지 제4절의 규정에 의한 조정절차(제61조의2의 규정에 따른 조정종료 결정 후의 조정절차를 제외한다)를 거치지 아니하면 이를 행할 수 없다. 다만, 제54조의 규정에 의한 기간내에 조정이 종료되지 아니하거나 제63조의 규정에 의한 기간내에 중재재정이 이루어지지 아니한 경우에는 그러하지 아니하다. <개정 2006.12.30.>

제46조(직장폐쇄의 요건) ① 사용자는 노동조합이 쟁의행위를 개시한 이후에만 직장폐쇄를 할 수 있다.

② 사용자는 제1항의 규정에 의한 직장폐쇄를 할 경우에는 미리 행정관청 및 노동위원회에 각각 신고하여야 한다. <개정 1998.2.20.>

■**판례 - 노동조합 및 노동관계조정법 제46조에서 규정하는 사용자의 직장폐쇄가 정당한 쟁의행위로 인정되기 위한 요건 및 정당한 쟁의행위로 인정되는 경우, 사용자가 직장폐쇄 기간 동안 대상 근로자에 대한 임금지불의무를 면하는지 여부(적극)**

노동조합 및 노동관계조정법 제46조에서 규정하는 사용자의 직장폐쇄가 사용자와 근로자의 교섭태도와 교섭과정, 근로자의 쟁의행위의 목적과 방법 및 그로 인하여 사용자가 받는 타격의 정도 등 구체적인 사정에 비추어 근로자의 쟁의행위에 대한 방어수단으로서 상당성이 있으면 사용자의 정당한 쟁의행위로 인정될 수 있고, 그 경우 사용자는 직장폐쇄 기간 동안 대상 근로자에 대한 임금지불의무를 면한다. [대법원 2017.4.7, 선고, 2013다101425, 판결]

제5장 노동쟁의의 조정
제1절 통칙

제47조(자주적 조정의 노력) 이 장의 규정은 노동관계 당사자가 직접 노사협의 또는 단체교섭에 의하여 근로조건 기타 노동관계에 관한 사항을 정하거나 노동관계에 관한 주장의 불일치를 조정하고 이에 필요한 노력을 하는 것을 방해하지 아니한다.

제48조(당사자의 책무) 노동관계 당사자는 단체협약에 노동관계의 적정화를 위한 노사협의 기타 단체교섭의 절차와 방식을 규정하고 노동쟁의가 발생한 때에는 이를 자주적으로 해결하도록 노력하여야 한다.

제49조(국가등의 책무) 국가 및 지방자치단체는 노동관계 당사자간에 노동관계에 관한 주장이 일치하지 아니할 경우에 노동관계 당사자가 이를 자주적으로 조정할 수 있도록 조력함으로써 쟁의행위를 가능한 한 예방하고 노동쟁의의 신속·공정한 해결에 노력하여야 한다.

제50조(신속한 처리) 이 법에 의하여 노동관계의 조정을 할 경우에는 노동관계 당사자와 노동위원회 기타 관계기관은 사건을 신속히 처리하도록 노력하여야 한다.

제51조(공익사업등의 우선적 취급) 국가·지방자치단체·국공영기업체·방위산업체 및 공익사업에 있어서의 노동쟁의의 조정은 우선적으로 취급하고 신속히 처리하여야 한다.

제52조(사적 조정·중재) ① 제2절 및 제3절의 규정은 노동관계 당사자가 쌍방의 합의 또는 단체협약이 정하는 바에 따라 각각 다른 조정 또는 중재방법(이하 이 조에서 "사적조정등"이라 한다)에 의하여 노동쟁의를 해결하는 것을 방해하지 아니한다. <개정 2006.12.30.>

② 노동관계 당사자는 제1항의 규정에 의하여 노동쟁의를 해결하기로 한 때에는 이를 노동위원회에 신고하여야 한다.

③ 제1항의 규정에 의하여 노동쟁의를 해결하기로 한 때에는 다음 각호의 규정이 적용된다.

1. 조정에 의하여 해결하기로 한 때에는 제45조제2항 및 제54조의 규정. 이 경우 조정기간은 조정을 개시한 날부터 기산한다.

2. 중재에 의하여 해결하기로 한 때에는 제63조의 규정. 이 경우 쟁의행위의 금지기간은 중재를 개시한 날부터 기산한다.

④ 제1항의 규정에 의하여 조정 또는 중재가 이루어진 경우에 그 내용은 단체협약과 동일한 효력을 가진다.

⑤ 사적조정등을 수행하는 자는 「노동위원회법」 제8조제2항제2호 각 목의 자격을 가진 자로 한다. 이 경우 사적조정 등을

수행하는 자는 노동관계 당사자로부터 수수료, 수당 및 여비 등을 받을 수 있다. <신설 2006.12.30.>

제2절 조정

제53조(조정의 개시) ① 노동위원회는 관계 당사자의 일방이 노동쟁의의 조정을 신청한 때에는 지체없이 조정을 개시하여야 하며 관계 당사자 쌍방은 이에 성실히 임하여야 한다.
② 노동위원회는 제1항의 규정에 따른 조정신청 전이라도 원활한 조정을 위하여 교섭을 주선하는 등 관계 당사자의 자주적인 분쟁 해결을 지원할 수 있다. <신설 2006.12.30.>

제54조(조정기간) ① 조정은 제53조의 규정에 의한 조정의 신청이 있은 날부터 일반사업에 있어서는 10일, 공익사업에 있어서는 15일 이내에 종료하여야 한다.
② 제1항의 규정에 의한 조정기간은 관계 당사자간의 합의로 일반사업에 있어서는 10일, 공익사업에 있어서는 15일 이내에서 연장할 수 있다.

제55조(조정위원회의 구성) ① 노동쟁의의 조정을 위하여 노동위원회에 조정위원회를 둔다.
② 제1항의 규정에 의한 조정위원회는 조정위원 3인으로 구성한다.
③ 제2항의 규정에 의한 조정위원은 당해 노동위원회의 위원중에서 사용자를 대표하는 자, 근로자를 대표하는 자 및 공익을 대표하는 자 각 1인을 그 노동위원회의 위원장이 지명하되, 근로자를 대표하는 조정위원은 사용자가, 사용자를 대표하는 조정위원은 노동조합이 각각 추천하는 노동위원회의 위원중에서 지명하여야 한다. 다만, 조정위원회의 회의 3일전까지 관계 당사자가 추천하는 위원의 명단제출이 없을 때에는 당해 위원을 위원장이 따로 지명할 수 있다.
④ 노동위원회의 위원장은 근로자를 대표하는 위원 또는 사용자를 대표하는 위원의 불참 등으로 인하여 제3항의 규정에 따른 조정위원회의 구성이 어려운 경우 노동위원회의 공익을 대표하는 위원 중에서 3인을 조정위원으로 지명할 수 있다. 다만, 관계 당사자 쌍방의 합의로 선정한 노동위원회의 위원이 있는 경우에는 그 위원을 조정위원으로 지명한다. <신설 2006.12.30.>

제56조(조정위원회의 위원장) ① 조정위원회에 위원장을 둔다.
② 위원장은 공익을 대표하는 조정위원이 된다. 다만, 제55조제4항의 규정에 따른 조정위원회의 위원장은 조정위원 중에서 호선한다. <개정 2006.12.30.>

제57조(단독조정) ① 노동위원회는 관계 당사자 쌍방의 신청이 있거나 관계 당사자 쌍방의 동의를 얻은 경우에는 조정위원회에 갈음하여 단독조정인에게 조정을 행하게 할 수 있다.
② 제1항의 규정에 의한 단독조정인은 당해 노동위원회의 위원중에서 관계 당사자의 쌍방의 합의로 선정된 자를 그 노동위원회의 위원장이 지명한다.

제58조(주장의 확인등) 조정위원회 또는 단독조정인은 기일을 정하여 관계 당사자 쌍방을 출석하게 하여 주장의 요점을 확인하여야 한다.

제59조(출석금지) 조정위원회의 위원장 또는 단독조정인은 관계 당사자와 참고인외의 자의 출석을 금할 수 있다.

제60조(조정안의 작성) ① 조정위원회 또는 단독조정인은 조정안을 작성하여 이를 관계 당사자에게 제시하고 그 수락을 권고하는 동시에 그 조정안에 이유를 붙여 공표할 수 있으며, 필요한 때에는 신문 또는 방송에 보도등 협조를 요청할 수 있다.
② 조정위원회 또는 단독조정인은 관계 당사자가 수락을 거부하여 더 이상 조정이 이루어질 여지가 없다고 판단되는 경우에는 조정의 종료를 결정하고 이를 관계 당사자 쌍방에 통보하여야 한다.
③ 제1항의 규정에 의한 조정안이 관계 당사자의 쌍방에 의하여 수락된 후 그 해석 또는 이행방법에 관하여 관계 당사자간에 의견의 불일치가 있는 때에는 관계 당사자는 당해 조정위원회 또는 단독조정인에게 그 해석 또는 이행방법에 관한 명확한 견해의 제시를 요청하여야 한다.
④ 조정위원회 또는 단독조정인은 제3항의 규정에 의한 요청을 받은 때에는 그 요청을 받은 날부터 7일 이내에 명확한 견해를 제시하여야 한다.
⑤ 제3항 및 제4항의 해석 또는 이행방법

에 관한 견해가 제시될 때까지는 관계 당사자는 당해 조정안의 해석 또는 이행에 관하여 쟁의행위를 할 수 없다.

제61조(조정의 효력) ① 제60조제1항의 규정에 의한 조정안이 관계 당사자에 의하여 수락된 때에는 조정위원 전원 또는 단독조정인은 조정서를 작성하고 관계 당사자와 함께 서명 또는 날인하여야 한다. <개정 2006.12.30.>
② 조정서의 내용은 단체협약과 동일한 효력을 가진다.
③ 제60조제4항의 규정에 의하여 조정위원회 또는 단독조정인이 제시한 해석 또는 이행방법에 관한 견해는 중재재정과 동일한 효력을 가진다.

제61조의2(조정종료 결정 후의 조정) ① 노동위원회는 제60조제2항의 규정에 따른 조정의 종료가 결정된 후에도 노동쟁의의 해결을 위하여 조정을 할 수 있다.
② 제1항의 규정에 따른 조정에 관하여는 제55조 내지 제61조의 규정을 준용한다.
[본조신설 2006.12.30.]

제3절 중재

제62조(중재의 개시) 노동위원회는 다음 각호의 어느 하나에 해당하는 때에는 중재를 행한다. <개정 2006.12.30.>
1. 관계 당사자의 쌍방이 함께 중재를 신청한 때
2. 관계 당사자의 일방이 단체협약에 의하여 중재를 신청한 때
3. 삭제 <2006.12.30.>

제63조(중재시의 쟁의행위의 금지) 노동쟁의가 중재에 회부된 때에는 그 날부터 15일간은 쟁의행위를 할 수 없다.

■**판례 - 손해배상(기)**
중앙노동위원회 위원장의 적법한 중재회부 결정으로 15일간 쟁의행위가 금지됨에도 전국철도노동조합이 이를 위반하여 파업을 한 사안에서, 위 노동조합이 파업을 함으로써 한국철도공사의 여객운수 및 화물수송 업무에 지장을 초래하였으므로 그로 인하여 한국철도공사가 입은 손해를 배상할 의무가 있고, 노동조

합 및 노동관계조정법이 2006. 12. 30. 법률 제8158호로 개정되면서 필수공익사업에 관한 중앙노동위원회 위원장의 직권 중재회부 제도가 폐지되었다고 하더라도 위 법률 개정 전에 발생한 파업으로 인한 손해배상책임이 소멸하지 않는다고 본 원심판단을 수긍한 사례. [대법원 2011.3.24, 선고, 2009다29366, 판결]

제64조(중재위원회의 구성) ① 노동쟁의의 중재 또는 재심을 위하여 노동위원회에 중재위원회를 둔다.
② 제1항의 규정에 의한 중재위원회는 중재위원 3인으로 구성한다.
③ 제2항의 중재위원은 당해 노동위원회의 공익을 대표하는 위원중에서 관계 당사자의 합의로 선정한 자에 대하여 그 노동위원회의 위원장이 지명한다. 다만, 관계 당사자간에 합의가 성립되지 아니한 경우에는 노동위원회의 공익을 대표하는 위원중에서 지명한다.

제65조(중재위원회의 위원장) ① 중재위원회에 위원장을 둔다.
② 위원장은 중재위원중에서 호선한다.

제66조(주장의 확인등) ① 중재위원회는 기일을 정하여 관계 당사자 쌍방 또는 일방을 중재위원회에 출석하게 하여 주장의 요점을 확인하여야 한다.
② 관계 당사자가 지명한 노동위원회의 사용자를 대표하는 위원 또는 근로자를 대표하는 위원은 중재위원회의 동의를 얻어 그 회의에 출석하여 의견을 진술할 수 있다.

제67조(출석금지) 중재위원회의 위원장은 관계 당사자와 참고인외의 자의 회의출석을 금할 수 있다.

제68조(중재재정) ① 중재재정은 서면으로 작성하여 이를 행하며 그 서면에는 효력발생 기일을 명시하여야 한다.
② 제1항의 규정에 의한 중재재정의 해석 또는 이행방법에 관하여 관계 당사자간에 의견의 불일치가 있는 때에는 당해 중재위원회의 해석에 따르며 그 해석은 중재재정과 동일한 효력을 가진다.

■**판례 - 노동쟁의중재재정재심결정취소**
임금인상에 관한 노동위원회의 중재재정을 취소할 법률상 이익의 유무 [대법원 2015.2.26, 선고, 2012두22003, 판결]

제69조(중재재정등의 확정) ① 관계 당사자는 지방노동위원회 또는 특별노동위원회의 중재재정이 위법이거나 월권에 의한 것이라고 인정하는 경우에는 그 중재재정서의 송달을 받은 날부터 10일 이내에 중앙노동위원회에 그 재심을 신청할 수 있다.

② 관계 당사자는 중앙노동위원회의 중재재정이나 제1항의 규정에 의한 재심결정이 위법이거나 월권에 의한 것이라고 인정하는 경우에는 행정소송법 제20조의 규정에 불구하고 그 중재재정서 또는 재심결정서의 송달을 받은 날부터 15일 이내에 행정소송을 제기할 수 있다.

③ 제1항 및 제2항에 규정된 기간내에 재심을 신청하지 아니하거나 행정소송을 제기하지 아니한 때에는 그 중재재정 또는 재심결정은 확정된다.

④ 제3항의 규정에 의하여 중재재정이나 재심결정이 확정된 때에는 관계 당사자는 이에 따라야 한다.

제70조(중재재정 등의 효력) ① 제68조제1항의 규정에 따른 중재재정의 내용은 단체협약과 동일한 효력을 가진다.

② 노동위원회의 중재재정 또는 재심결정은 제69조제1항 및 제2항의 규정에 따른 중앙노동위원회에의 재심신청 또는 행정소송의 제기에 의하여 그 효력이 정지되지 아니한다.

[전문개정 2006.12.30.]

제4절 공익사업등의 조정에 관한 특칙

제71조(공익사업의 범위등) ① 이 법에서 "공익사업"이라 함은 공중의 일상생활과 밀접한 관련이 있거나 국민경제에 미치는 영향이 큰 사업으로서 다음 각호의 사업을 말한다. <개정 2006.12.30.>
1. 정기노선 여객운수사업 및 항공운수사업
2. 수도사업, 전기사업, 가스사업, 석유정제사업 및 석유공급사업
3. 공중위생사업, 의료사업 및 혈액공급사업
4. 은행 및 조폐사업
5. 방송 및 통신사업

② 이 법에서 "필수공익사업"이라 함은 제1항의 공익사업으로서 그 업무의 정지 또는 폐지가 공중의 일상생활을 현저히 위태롭게 하거나 국민경제를 현저히 저해하고 그 업무의 대체가 용이하지 아니한 다음 각호의 사업을 말한다. <개정 2006.12.30.>
1. 철도사업, 도시철도사업 및 항공운수사업
2. 수도사업, 전기사업, 가스사업, 석유정제사업 및 석유공급사업
3. 병원사업 및 혈액공급사업
4. 한국은행사업
5. 통신사업

■판례 - 손해배상(기)

중앙노동위원회 위원장의 적법한 중재회부 결정으로 15일간 쟁의행위가 금지됨에도 전국철도노동조합이 이를 위반하여 파업을 한 사안에서, 위 노동조합이 파업을 함으로써 한국철도공사의 여객운수 및 화물수송 업무에 지장을 초래하였으므로 그로 인하여 한국철도공사가 입은 손해를 배상할 의무가 있고, 노동조합 및 노동관계조정법이 2006. 12. 30. 법률 제8158호로 개정되면서 필수공익사업에 관한 중앙노동위원회 위원장의 직권 중재회부 제도가 폐지되었다고 하더라도 위 법률 개정 전에 발생한 파업으로 인한 손해배상책임이 소멸하지 않는다고 본 원심판단을 수긍한 사례. [대법원 2011.3.24. 선고, 2009다29366, 판결]

제72조(특별조정위원회의 구성) ① 공익사업의 노동쟁의의 조정을 위하여 노동위원회에 특별조정위원회를 둔다.

② 제1항의 규정에 의한 특별조정위원회는 특별조정위원 3인으로 구성한다.

③ 제2항의 규정에 의한 특별조정위원은 그 노동위원회의 공익을 대표하는 위원중에서 노동조합과 사용자가 순차적으로 배제하고 남은 4인 내지 6인중에서 노동위원회의 위원장이 지명한다. 다만, 관계 당사자가 합의로 당해 노동위원회의 위원이 아닌 자를 추천하는 경우에는 그 추천된 자를 지명한다. <개정 2006.12.30.>

제73조(특별조정위원회의 위원장) ① 특별조정위원회에 위원장을 둔다.

② 위원장은 공익을 대표하는 노동위원회의 위원인 특별조정위원중에서 호선하고, 당해 노동위원회의 위원이 아닌 자만으로 구성된 경우에는 그중에서 호선한다. 다만, 공익을 대표하는 위원인 특별조정위원이 1인인 경우에는 당해 위원이 위원장이 된다.

제74조 삭제 <2006.12.30.>

제75조 삭제 <2006.12.30.>

제5절 긴급조정

제76조(긴급조정의 결정) ① 고용노동부장관은 쟁의행위가 공익사업에 관한 것이거나 그 규모가 크거나 그 성질이 특별한 것으로서 현저히 국민경제를 해하거나 국민의 일상생활을 위태롭게 할 위험이 현존하는 때에는 긴급조정의 결정을 할 수 있다. <개정 2010.6.4.>
② 고용노동부장관은 긴급조정의 결정을 하고자 할 때에는 미리 중앙노동위원회 위원장의 의견을 들어야 한다. <개정 2010.6.4.>
③ 고용노동부장관은 제1항 및 제2항의 규정에 의하여 긴급조정을 결정한 때에는 지체없이 그 이유를 붙여 이를 공표함과 동시에 중앙노동위원회와 관계 당사자에게 각각 통고하여야 한다. <개정 2010.6.4.>

제77조(긴급조정시의 쟁의행위 중지) 관계 당사자는 제76조제3항의 규정에 의한 긴급조정의 결정이 공표된 때에는 즉시 쟁의행위를 중지하여야 하며, 공표일부터 30일이 경과하지 아니하면 쟁의행위를 재개할 수 없다.

제78조(중앙노동위원회의 조정) 중앙노동위원회는 제76조제3항의 규정에 의한 통고를 받은 때에는 지체없이 조정을 개시하여야 한다.

제79조(중앙노동위원회의 중재회부 결정권) ① 중앙노동위원회의 위원장은 제78조의 규정에 의한 조정이 성립될 가망이 없다고 인정한 경우에는 공익위원의 의견을 들어 그 사건을 중재에 회부할 것인가의 여부를 결정하여야 한다.
② 제1항의 규정에 의한 결정은 제76조제3항의 규정에 의한 통고를 받은 날부터 15일 이내에 하여야 한다.

제80조(중앙노동위원회의 중재) 중앙노동위원회는 당해 관계 당사자의 일방 또는 쌍방으로부터 중재신청이 있거나 제79조의 규정에 의한 중재회부의 결정을 한 때에는 지체없이 중재를 행하여야 한다.

제6장 부당노동행위

제81조(부당노동행위) 사용자는 다음 각 호의 어느 하나에 해당하는 행위(이하 "부당노동행위"라 한다)를 할 수 없다. <개정 2006.12.30., 2010.1.1.>
1. 근로자가 노동조합에 가입 또는 가입하려고 하였거나 노동조합을 조직하려고 하였거나 기타 노동조합의 업무를 위한 정당한 행위를 한 것을 이유로 그 근로자를 해고하거나 그 근로자에게 불이익을 주는 행위
2. 근로자가 어느 노동조합에 가입하지 아니할 것 또는 탈퇴할 것을 고용조건으로 하거나 특정한 노동조합의 조합원이 될 것을 고용조건으로 하는 행위. 다만, 노동조합이 당해 사업장에 종사하는 근로자의 3분의 2 이상을 대표하고 있을 때에는 근로자가 그 노동조합의 조합원이 될 것을 고용조건으로 하는 단체협약의 체결은 예외로 하며, 이 경우 사용자는 근로자가 그 노동조합에서 제명된 것 또는 그 노동조합을 탈퇴하여 새로 노동조합을 조직하거나 다른 노동조합에 가입한 것을 이유로 근로자에게 신분상 불이익한 행위를 할 수 없다.
3. 노동조합의 대표자 또는 노동조합으로부터 위임을 받은 자와의 단체협약체결 기타의 단체교섭을 정당한 이유없이 거부하거나 해태하는 행위
4. 근로자가 노동조합을 조직 또는 운영하는 것을 지배하거나 이에 개입하는 행위와 노동조합의 전임자에게 급여를 지원하거나 노동조합의 운영비를 원조하는 행위. 다만, 근로자가 근로시간중에 제24조제4항에 따른 활동을 하는 것을 사용자가 허용함은 무방하며, 또한 근로자의 후생자금 또는 경제상의 불행 기타 재액의 방지와 구제등을 위한 기금의 기부와 최소한의 규모의 노동조합 사무소의 제공은 예외로 한다.
5. 근로자가 정당한 단체행위에 참가한 것을 이유로 하거나 또는 노동위원회에 대하여 사용자가 이 조의 규정에 위반한 것을 신고하거나 그에 관한 증언을 하거나 기타 행정관청에 증거를 제출한 것을 이유로 그 근로자를 해고하거나 그 근로자에게 불이익을 주는 행위
[헌법불합치, 2012헌바90, 2018.5.31.

노동조합 및 노동관계조정법(2010.1.1. 법률 제9930호로 개정된 것) 제81조 제4호 중 '노동조합의 운영비를 원조하는 행위'에 관한 부분은 헌법에 합치되지 아니한다. 위 법률조항은 2019.12.31.을 시한으로 개정될 때까지 계속 적용된다.]

■ **판례 - 징계처분무효확인**

사용자가 징계사유로 삼은 근로자의 행위가 선전방송이나 유인물의 배포인 경우 선전방송이나 유인물의 배포가 사용자의 허가를 받도록 되어 있다고 하더라도 노동조합의 정당한 업무를 위한 선전방송이나 유인물의 배포 행위까지 금지할 수는 없는 것이므로 행위가 정당한지는 사용자의 허가 여부만을 가지고 판단하여서는 아니되고, 선전방송이나 유인물의 내용, 매수, 배포의 시기, 대상, 방법, 이로 인한 기업이나 업무에의 영향 등을 기준으로 노동조합의 정당한 업무를 위한 행위로 볼 수 있는지를 살펴본 다음 판단하여야 한다.
한편 노동조합활동으로 이루어진 선전방송이나 배포된 문서에 기재되어 있는 문언에 의하여 타인의 인격·신용·명예 등이 훼손 또는 실추되거나 그렇게 될 염려가 있고, 또 선전방송이나 문서에 기재되어 있는 사실관계의 일부가 허위이거나 표현에 다소 과장되거나 왜곡된 점이 있다고 하더라도, 선전방송이나 문서를 배포한 목적이 타인의 권리나 이익을 침해하려는 것이 아니라 노동조합원들의 단결이나 근로조건의 유지 개선과 근로자의 복지증진 기타 경제적, 사회적 지위의 향상을 도모하기 위한 것이고, 또 선전방송이나 문서의 내용이 전체적으로 보아 진실한 것이라면, 그와 같은 행위는 노동조합의 정당한 활동범위에 속하는 것으로 보아야 한다.
그리고 이러한 법리는 사용자가 징계사유로 삼은 근로자의 행위가 선전방송이나 유인물의 배포인 경우 행위의 정당성 여부를 판단함에 있어서도 마찬가지로 적용된다. [대법원 2017.8.18. 선고, 2017다227325, 판결]

제82조(구제신청) ① 사용자의 부당노동행위로 인하여 그 권리를 침해당한 근로자 또는 노동조합은 노동위원회에 그 구제를 신청할 수 있다.
② 제1항의 규정에 의한 구제의 신청은 부당노동행위가 있은 날(계속하는 행위는 그 종료일)부터 3월 이내에 이를 행하여야 한다.

제83조(조사등) ① 노동위원회는 제82조의 규정에 의한 구제신청을 받은 때에는 지체없이 필요한 조사와 관계 당사자의 심문을

하여야 한다.
② 노동위원회는 제1항의 규정에 의한 심문을 할 때에는 관계 당사자의 신청에 의하거나 그 직권으로 증인을 출석하게 하여 필요한 사항을 질문할 수 있다.
③ 노동위원회는 제1항의 규정에 의한 심문을 함에 있어서는 관계 당사자에 대하여 증거의 제출과 증인에 대한 반대심문을 할 수 있는 충분한 기회를 주어야 한다.
④ 제1항의 규정에 의한 노동위원회의 조사와 심문에 관한 절차는 중앙노동위원회가 따로 정하는 바에 의한다.

제84조(구제명령) ① 노동위원회는 제83조의 규정에 의한 심문을 종료하고 부당노동행위가 성립한다고 판정한 때에는 사용자에게 구제명령을 발하여야 하며, 부당노동행위가 성립되지 아니한다고 판정한 때에는 그 구제신청을 기각하는 결정을 하여야 한다.
② 제1항의 규정에 의한 판정·명령 및 결정은 서면으로 하되, 이를 당해 사용자와 신청인에게 각각 교부하여야 한다.
③ 관계 당사자는 제1항의 규정에 의한 명령이 있을 때에는 이에 따라야 한다.

제85조(구제명령의 확정) ① 지방노동위원회 또는 특별노동위원회의 구제명령 또는 기각결정에 불복이 있는 관계 당사자는 그 명령서 또는 결정서의 송달을 받은 날부터 10일 이내에 중앙노동위원회에 그 재심을 신청할 수 있다.
② 제1항의 규정에 의한 중앙노동위원회의 재심판정에 대하여 관계 당사자는 그 재심판정서의 송달을 받은 날부터 15일 이내에 행정소송법이 정하는 바에 의하여 소를 제기할 수 있다.
③ 제1항 및 제2항에 규정된 기간내에 재심을 신청하지 아니하거나 행정소송을 제기하지 아니한 때에는 그 구제명령·기각결정 또는 재심판정은 확정된다.
④ 제3항의 규정에 의하여 기각결정 또는 재심판정이 확정된 때에는 관계 당사자는 이에 따라야 한다.
⑤ 사용자가 제2항의 규정에 의하여 행정소송을 제기한 경우에 관할법원은 중앙노동위원회의 신청에 의하여 결정으로써, 판결이 확정될 때까지 중앙노동위원회의 구제명령의 전부 또는 일부를 이행하도록

명할 수 있으며, 당사자의 신청에 의하여
또는 직권으로 그 결정을 취소할 수 있다.

■판례 - 임금

甲 주식회사의 근로자 乙 등이 부당해고기간
중 지급받지 못한 임금의 지급을 구한 사안에
서, 乙 등이 해고된 후 부당노동행위 구제신청
을 하여 '甲 회사는 乙 등을 원직에 복직시키
고 해고기간 중 정상적으로 근무하였더라면 받
을 수 있었던 임금 상당액을 지급하라' 는 내
용의 구제명령을 받았고, 甲 회사가 구제명령
에 불복하여 중앙노동위원회에 재심신청을 하
였다가 기각당하자 재심판정의 취소를 구하는
행정소송을 제기하였는데, 乙 등이 행정소송에
서 중앙노동위원회위원장을 위하여 보조참가하
여 甲 회사의 주장을 적극 다투면서 자신의 권
리를 주장한 것은 재판상 권리를 행사한 것으
로 볼 수 있으므로, 乙 등의 부당해고기간 동
안 임금지급청구권의 소멸시효는 행정소송과 관
련한 '재판상 청구' 로써 중단되었다고 본 원심
판단을 정당하다고 한 사례. [대법원 2012.2.9,
선고, 2011다20034, 판결]

제86조(구제명령등의 효력) 노동위원회의 구
제명령·기각결정 또는 재심판정은 제85조
의 규정에 의한 중앙노동위원회에의 재심
신청이나 행정소송의 제기에 의하여 그 효
력이 정지되지 아니한다.

제7장 보칙

제87조(권한의 위임) 이 법에 의한 고용노동
부장관의 권한은 대통령령이 정하는 바에
따라 그 일부를 지방고용노동관서의 장에
게 위임할 수 있다. <개정 2010.6.4.>

제8장 벌칙

제88조(벌칙) 제41조제2항의 규정에 위반한
자는 5년 이하의 징역 또는 5천만원 이하
의 벌금에 처한다.

제89조(벌칙) 다음 각 호의 어느 하나에 해당
하는 자는 3년 이하의 징역 또는 3천만원
이하의 벌금에 처한다. <개정 2006.12.30.,
2010.1.1.>
  1. 제37조제2항, 제38조제1항, 제42조제
    1항 또는 제42조의2제2항의 규정에 위

반한 자
  2. 제85조제3항(제29조의4제4항에서 준
    용하는 경우를 포함한다)에 따라 확정
    되거나 행정소송을 제기하여 확정된 구
    제명령에 위반한 자

제90조(벌칙) 제44조제2항, 제69조제4항, 제
77조 또는 제81조의 규정에 위반한 자는
2년 이하의 징역 또는 2천만원 이하의 벌
금에 처한다.

제91조(벌칙) 제38조제2항, 제41조제1항, 제
42조제2항, 제43조제1항·제2항·제4항, 제
45조제2항 본문, 제46조제1항 또는 제63조
의 규정을 위반한 자는 1년 이하의 징역 또
는 1천만원 이하의 벌금에 처한다.
[전문개정 2006.12.30.]

제92조(벌칙) 다음 각호의 1에 해당하는 자
는 1천만원 이하의 벌금에 처한다. <개정
2001.3.28., 2010.1.1.>
  1. 제24조제5항을 위반한 자
  2. 제31조제1항의 규정에 의하여 체결된
    단체협약의 내용중 다음 각목의 1에
    해당하는 사항을 위반한 자
    가. 임금·복리후생비, 퇴직금에 관한 사항
    나. 근로 및 휴게시간, 휴일, 휴가에 관
      한 사항
    다. 징계 및 해고의 사유와 중요한 절차
      에 관한 사항
    라. 안전보건 및 재해부조에 관한 사항
    마. 시설·편의제공 및 근무시간중 회의
      참석에 관한 사항
    바. 쟁의행위에 관한 사항
  3. 제61조제1항의 규정에 의한 조정서의 내
    용 또는 제68조제1항의 규정에 의한 중
    재재정서의 내용을 준수하지 아니한 자

제93조(벌칙) 다음 각호의 1에 해당하는 자
는 500만원 이하의 벌금에 처한다.
  1. 제7조제3항의 규정에 위반한 자
  2. 제21조제1항·제2항 또는 제31조제3
    항의 규정에 의한 명령에 위반한 자

제94조(양벌규정) 법인 또는 단체의 대표자,
법인·단체 또는 개인의 대리인·사용인
기타의 종업원이 그 법인·단체 또는 개
인의 업무에 관하여 제88조 내지 제93조
의 위반행위를 한 때에는 행위자를 벌하

는 외에 그 법인·단체 또는 개인에 대하여도 각 해당 조의 벌금형을 과한다.

제95조(과태료) 제85조제5항의 규정에 의한 법원의 명령에 위반한 자는 500만원 이하의 금액(당해 명령이 작위를 명하는 것일 때에는 그 명령의 불이행 일수 1일에 50만원 이하의 비율로 산정한 금액)의 과태료에 처한다.

제96조(과태료) ①다음 각호의 1에 해당하는 자는 500만원 이하의 과태료에 처한다.
1. 제14조의 규정에 의한 서류를 비치 또는 보존하지 아니한 자
2. 제27조의 규정에 의한 보고를 하지 아니하거나 허위의 보고를 한 자
3. 제46조제2항의 규정에 의한 신고를 하지 아니한 자

②제13조, 제28조제2항 또는 제31조제2항의 규정에 의한 신고 또는 통보를 하지 아니한 자는 300만원 이하의 과태료에 처한다.
③제1항 및 제2항의 규정에 의한 과태료는 대통령령이 정하는 바에 의하여 행정관청이 부과·징수한다. <개정 1998.2.20.>
④ 삭제 <2018.10.16.>
⑤ 삭제 <2018.10.16.>
⑥ 삭제 <2018.10.16.>

부칙
<법률 제15849호, 2018.10.16.>

이 법은 공포한 날부터 시행한다.

노동조합 및 노동관계조정법 시행령

(약칭: 노동조합법 시행령)

[시행 2015.1.1.]
[대통령령 제25836호, 2014.12.9., 타법개정]

제1조(목적) 이 영은 「노동조합 및 노동관계조정법」에서 위임된 사항과 그 시행에 관하여 필요한 사항을 규정함을 목적으로 한다. <개정 2007.11.30.>

제2조(법인등기) 「노동조합 및 노동관계조정법」(이하 "법"이라 한다) 제6조제2항의 규정에 의하여 노동조합을 법인으로 하고자 할 때에는 그 주된 사무소의 소재지를 관할하는 등기소에 등기하여야 한다. <개정 2007.11.30.>

제3조(등기사항) 제2조의 규정에 의한 등기사항은 다음 각호와 같다.
1. 명칭
2. 주된 사무소의 소재지
3. 목적 및 사업
4. 대표자의 성명 및 주소
5. 해산사유를 정한 때에는 그 사유

제4조(등기신청) ① 제2조의 규정에 의한 등기는 그 노동조합의 대표자의 신청에 의하여 행한다.
② 제1항의 규정에 의하여 등기신청을 하고자 할 때에는 등기신청서에 당해 노동조합의 규약과 법 제12조의 규정에 의한 신고증의 사본(이 영 제10조제3항의 규정에 의하여 변경신고증을 교부받은 경우에는 그 사본)을 첨부하여야 한다.

제5조(이전등기) ① 법인인 노동조합이 그 주된 사무소를 다른 등기소의 관할 구역으로 이전한 경우에 당해 노동조합의 대표자는 그 이전한 날부터 3주이내에 구소재지에서는 이전등기를 하여야 하며, 신소재지에서는 제3조 각호의 사항을 등기하여야 한다.
② 동일한 등기소의 관할구역안에서 주된 사무소를 이전한 경우에는 그 이전한 날부터 3주이내에 이전등기를 하여야 한다.

제6조(변경등기) 노동조합의 대표자는 제3조 각호의 사항에 변경이 있는 경우에는 그 변경이 있는 날부터 3주이내에 변경등기를 하여야 한다.

제7조(산하조직의 신고) 근로조건의 결정권이 있는 독립된 사업 또는 사업장에 조직된 노동단체는 지부·분회 등 명칭여하에 불구하고 법 제10조제1항의 규정에 의한 노동조합의 설립신고를 할 수 있다.

제8조(노동조합의 소속연합단체와의 관계 등)
① 단위노동조합이 산업별 연합단체인 노동조합에 가입하거나, 산업별 연합단체 또는 전국규모의 산업별 노동조합이 총연합단체인 노동조합에 가입한 경우에는 당해 노동조합은 소속 산업별 연합단체인 노동조합 또는 총연합단체인 노동조합의 규약이 정하는 의무를 성실하게 이행하여야 한다.
② 총연합단체인 노동조합 또는 산업별 연합단체인 노동조합은 당해 노동조합에 가입한 노동조합의 활동에 대하여 협조·지원 또는 지도할 수 있다.
③ 삭제 <2007.11.30.>

제9조(설립신고서의 보완요구 등) ① 고용노동부장관, 특별시장·광역시장·도지사·특별자치도지사, 시장·군수 또는 자치구의 구청장(이하 "행정관청"이라 한다)은 법 제12조제2항에 따라 노동조합의 설립신고가 다음 각 호의 어느 하나에 해당하는 경우에는 보완을 요구하여야 한다. <개정 1998.4.27., 2007.11.30., 2010.7.12.>
1. 설립신고서에 규약이 첨부되어 있지 아니하거나 설립신고서 또는 규약의 기재사항 중 누락 또는 허위사실이 있는 경우
2. 임원의 선거 또는 규약의 제정절차가 법 제16조제2항부터 제4항까지 또는 법 제23조제1항에 위반되는 경우
② 노동조합이 설립신고증을 교부받은 후 법 제12조제3항제1호에 해당하는 설립신고서의 반려사유가 발생한 경우에는 행정관청은 30일의 기간을 정하여 시정을 요구하고 그 기간 내에 이를 이행하지 아니하는 경우에는 당해 노동조합에 대하여 이 법에 의한 노동조합으로 보지 아니함을 통보하여야 한다. <개정 1998.4.27.>

③ 행정관청은 노동조합에 설립신고증을 교부하거나 제2항의 규정에 의한 통보를 한 때에는 지체없이 그 사실을 관할 노동위원회와 당해 사업 또는 사업장의 사용자나 사용자단체에 통보하여야 한다. <개정 1998.4.27.>

제10조(변경사항의 신고 등) ① 노동조합은 법 제13조제1항의 규정에 의하여 변경신고를 하는 경우에는 그 변경신고서에 신고증을 첨부하여야 한다.

② 노동조합은 법 제13조제1항제2호의 규정에 의하여 주된 사무소의 소재지변경을 신고하는 경우로서 그 주된 사무소의 소재지를 다른 행정관청의 관할구역으로 이전하는 경우에는 새로운 소재지를 관할하는 행정관청에게 변경신고를 하여야 한다. <개정 1998.4.27.>

③ 행정관청은 제1항의 규정에 의하여 변경신고서를 받은 때에는 3일이내에 변경신고증을 교부하여야 한다. <개정 1998.4.27.>

④ 노동조합은 행정관청에 대하여 법 제13조제2항제3호의 조합원수를 통보함에 있어서 2이상의 사업 또는 사업장의 근로자로 구성된 단위노동조합의 경우에는 사업 또는 사업장별로 구분하여 통보하여야 한다. <개정 1998.4.27.>

제11조(명령 등의 통보) ① 행정관청은 다음 각호의 1에 해당하는 경우에는 그 사실을 당해 노동조합의 대표자에게 서면으로 통보하여야 한다. <개정 1998.4.27.>

1. 법 제18조제3항 및 제4항의 규정에 의하여 소집권자를 지명하는 경우
2. 법 제21조제1항 및 제2항의 규정에 의하여 노동조합의 규약 또는 결의·처분에 대하여 시정명령을 하는 경우
3. 법 제31조제3항의 규정에 의하여 위법한 단체협약에 대하여 시정명령을 하는 경우
4. 법 제36조제1항의 규정에 의하여 지역적 구속력을 결정하는 경우

② 행정관청은 제1항제3호 및 제4호의 경우에는 당해 사업 또는 사업장의 사용자나 사용자단체에도 이를 통보하여야 한다. <개정 1998.4.27.>

제11조의2(근로시간 면제 한도) 법 제24조의2제1항에 따른 근로시간면제심의위원회(이하 "위원회"라 한다)는 같은 조 제2항에 따른 근로시간 면제 한도를 정할 때 법 제24조제4항에 따라 사업 또는 사업장의 전체 조합원 수와 해당 업무의 범위 등을 고려하여 시간과 이를 사용할 수 있는 인원으로 정할 수 있다.
[본조신설 2010.2.12.]

제11조의3(위원회 위원의 위촉) ① 위원회의 위원은 고용노동부장관이 위촉한다. <개정 2010.7.12.>

② 위원회의 위원 중 법 제24조의2제3항에 따라 노동계가 추천하여 위촉되는 위원은 전국적 규모의 노동 단체가 추천하는 사람 중에서 위촉하고, 경영계가 추천하여 위촉되는 위원은 전국적 규모의 경영자 단체가 추천하는 사람 중에서 위촉한다.
[본조신설 2010.2.12.]

제11조의4(위원회 위원의 자격기준) ① 제11조의3제2항에 따른 단체에서 위원회의 위원으로 추천받을 수 있는 사람의 자격기준은 다음 각 호와 같다.

1. 해당 단체의 전직·현직 임원
2. 노동문제 관련 전문가

② 위원회의 위원 중 법 제24조의2제3항에 따라 공익위원으로 추천받을 수 있는 사람의 자격기준은 다음 각 호와 같다.

1. 노동 관련 학문을 전공한 자로서 「고등교육법」 제2조제1호·제2호·제5호에 따른 학교나 공인된 연구기관에서 같은 법 제14조제2항에 따른 교원 또는 연구원으로 5년 이상 근무한 경력이 있는 사람
2. 3급 또는 3급 상당 이상의 공무원으로 있었던 자로서 노동문제에 관하여 학식과 경험이 풍부한 사람
3. 그 밖에 제1호 및 제2호에 해당하는 학식과 경험이 있다고 인정되는 사람
[본조신설 2010.2.12.]

제11조의5(위원회 위원의 임기) ① 위원회 위원의 임기는 2년으로 한다.

② 위원회의 위원이 궐위된 경우에 보궐위원의 임기는 전임자(前任者) 임기의 남은 기간으로 한다.

③ 위원회의 위원은 임기가 끝났더라도 후임자가 위촉될 때까지 계속하여 그 직무를 수행한다.
[본조신설 2010.2.12.]

제11조의6(위원회의 운영) ① 위원회는 고용노동부장관으로부터 근로시간 면제 한도를 정하기 위한 심의 요청을 받은 때에는 그 심의 요청을 받은 날부터 60일 이내에 심의·의결하여야 한다. <개정 2010.7.12.>
② 위원회의 사무를 처리하기 위하여 위원회에 고용노동부의 위원회 관련 업무 소관부서의 4급 이상 공무원 중에서 간사 1명을 둔다. <개정 2010.7.12.>
③ 위원회의 위원에 대해서는 예산의 범위에서 그 직무 수행을 위하여 필요한 수당과 여비를 지급할 수 있다.
④ 위원회의 위원장은 필요한 경우에 고용노동부 및 관계 행정기관 공무원 중 위원회 관련 업무를 수행하는 공무원으로 하여금 위원회의 회의에 출석하여 발언하게 할 수 있다. <개정 2010.7.12.>
⑤ 위원회에 근로시간 면제 제도에 관한 전문적인 조사·연구업무를 수행하기 위하여 전문위원을 둘 수 있다.
⑥ 이 영에서 규정한 사항 외에 위원회의 운영에 필요한 사항은 위원회의 의견을 들어 고용노동부장관이 정한다. <개정 2010.7.12.>
[본조신설 2010.2.12.]

제12조(자료제출의 요구) 행정관청은 법 제27조의 규정에 의하여 노동조합으로부터 결산결과 또는 운영상황의 보고를 받고자 하는 경우에는 그 사유와 기타 필요한 사항을 기재한 서면으로 10일이전에 요구하여야 한다. <개정 1998.4.27.>

제13조(노동위원회의 해산의결 등) ① 법 제28조제1항제4호에서 "노동조합으로서의 활동을 1년이상 하지 아니한 것으로 인정되는 경우"라 함은 계속하여 1년이상 조합원으로부터 조합비를 징수한 사실이 없거나 총회 또는 대의원회를 개최한 사실이 없는 경우를 말한다.
② 법 제28조제1항제4호의 규정에 의한 노동조합의 해산사유가 있는 경우에는 행정관청이 관할노동위원회의 의결을 얻은 때에 해산된 것으로 본다. <개정 1998.4.27.>
③ 노동위원회는 제2항의 규정에 의한 의결을 함에 있어서 법 제28조제1항제4호의 규정에 의한 해산사유 발생일 이후의 당해 노동조합의 활동을 고려하여서는 아니된다.
④ 행정관청은 법 제28조제1항제4호의 규정에 의한 노동위원회의 의결이 있거나 동

조 제2항의 규정에 의한 해산신고를 받은 때에는 지체없이 그 사실을 관할노동위원회(법 제28조제2항의 규정에 의한 해산신고를 받은 경우에 한한다)와 당해 사업 또는 사업장의 사용자나 사용자단체에 통보하여야 한다. <개정 1998.4.27.>

제14조(교섭권한 등의 위임통보) ① 노동조합과 사용자 또는 사용자단체(이하 "노동관계당사자"라 한다)는 법 제29조제3항에 따라 교섭 또는 단체협약의 체결에 관한 권한을 위임하는 경우에는 교섭사항과 권한범위를 정하여 위임하여야 한다. <개정 2010.2.12.>
② 노동관계당사자는 법 제29조제4항에 따라 상대방에게 위임사실을 통보하는 경우에 다음 각호의 사항을 포함하여 통보하여야 한다. <개정 2010.2.12.>
1. 위임을 받은 자의 성명(위임을 받은 자가 단체인 경우에는 그 명칭 및 대표자의 성명)
2. 교섭사항과 권한범위 등 위임의 내용

제14조의2(노동조합의 교섭 요구 시기 및 방법) ① 노동조합은 해당 사업 또는 사업장에 단체협약이 있는 경우에는 법 제29조제1항 또는 제29조의2제1항에 따라 그 유효기간 만료일 이전 3개월이 되는 날부터 사용자에게 교섭을 요구할 수 있다. 다만, 단체협약이 2개 이상 있는 경우에는 먼저 도래하는 단체협약의 유효기간 만료일 이전 3개월이 되는 날부터 사용자에게 교섭을 요구할 수 있다.
② 노동조합은 제1항에 따라 사용자에게 교섭을 요구하는 때에는 노동조합의 명칭, 그 교섭을 요구한 날 현재의 조합원 수 등 고용노동부령으로 정하는 사항을 적은 서면으로 하여야 한다. <개정 2010.7.12.>
[본조신설 2010.2.12.]

제14조의3(노동조합 교섭요구 사실의 공고)
① 사용자는 노동조합으로부터 제14조의2에 따라 교섭 요구를 받은 때에는 그 요구를 받은 날부터 7일간 그 교섭을 요구한 노동조합의 명칭 등 고용노동부령으로 정하는 사항을 해당 사업 또는 사업장의 게시판 등에 공고하여 다른 노동조합과 근로자가 알 수 있도록 하여야 한다. <개정 2010.7.12.>
② 노동조합은 사용자가 제1항에 따른 교

섭요구 사실의 공고를 하지 아니하거나 다르게 공고하는 경우에는 고용노동부령으로 정하는 바에 따라 노동위원회에 시정을 요청할 수 있다. <개정 2010.7.12.>
③ 노동위원회는 제2항에 따라 시정 요청을 받은 때에는 그 요청을 받은 날부터 10일 이내에 그에 대한 결정을 하여야 한다.
[본조신설 2010.2.12.]

제14조의4(다른 노동조합의 교섭 요구 시기 및 방법) 제14조의2에 따라 사용자에게 교섭을 요구한 노동조합이 있는 경우에 사용자와 교섭하려는 다른 노동조합은 제14조의3제1항에 따른 공고기간 내에 제14조의2제2항에 따른 사항을 적은 서면으로 사용자에게 교섭을 요구하여야 한다.
[본조신설 2010.2.12.]

제14조의5(교섭 요구 노동조합의 확정) ① 사용자는 제14조의3제1항에 따른 공고기간이 끝난 다음 날에 제14조의2 및 제14조의4에 따라 교섭을 요구한 노동조합을 확정하여 통지하고, 그 교섭을 요구한 노동조합의 명칭, 그 교섭을 요구한 날 현재의 조합원 수 등 고용노동부령으로 정하는 사항을 5일간 공고하여야 한다. <개정 2010.7.12.>
② 제14조의2 및 제14조의4에 따라 교섭을 요구한 노동조합은 제1항에 따른 노동조합의 공고 내용이 자신이 제출한 내용과 다르게 공고되거나 공고되지 아니한 것으로 판단되는 경우에는 제1항에 따른 공고기간 중에 사용자에게 이의를 신청할 수 있다.
③ 사용자는 제2항에 따른 이의 신청의 내용이 타당하다고 인정되는 경우 신청한 내용대로 제1항에 따른 공고기간이 끝난 날부터 5일간 공고하고 그 이의를 제기한 노동조합에 통지하여야 한다.
④ 사용자가 제2항에 따른 이의 신청에 대하여 다음 각 호의 구분에 따른 조치를 한 경우에는 해당 노동조합은 해당 호에서 정한 날부터 5일 이내에 고용노동부령으로 정하는 바에 따라 노동위원회에 시정을 요청할 수 있다. <개정 2010.7.12.>
1. 사용자가 제3항에 따른 공고를 하지 아니한 경우: 제1항에 따른 공고기간이 끝난 다음날
2. 사용자가 해당 노동조합이 신청한 내용과 다르게 제3항에 따른 공고를 한 경우: 제3항에 따른 공고기간이 끝난 날
⑤ 노동위원회는 제4항에 따른 시정 요청을 받은 때에는 그 요청을 받은 날부터 10일 이내에 그에 대한 결정을 하여야 한다.
[본조신설 2010.2.12.]

제14조의6(자율적 교섭대표노동조합의 결정 등) ① 제14조의5에 따라 교섭을 요구한 노동조합으로 확정 또는 결정된 노동조합은 법 제29조의2제2항에 따라 자율적으로 교섭대표노동조합을 정하려는 경우에는 제14조의5에 따라 확정 또는 결정된 날부터 14일이 되는 날을 기한으로 하여 그 교섭대표노동조합의 대표자, 교섭위원 등을 연명으로 서명 또는 날인하여 사용자에게 통지하여야 한다.
② 사용자에게 제1항에 따른 교섭대표노동조합의 통지가 있은 이후에는 그 교섭대표노동조합의 결정 절차에 참여한 노동조합 중 일부 노동조합이 그 이후의 절차에 참여하지 않더라도 법 제29조제2항에 따른 교섭대표노동조합의 지위는 유지된다.
[본조신설 2010.2.12.]

제14조의7(과반수 노동조합의 교섭대표노동조합 확정 등) ① 법 제29조의2제2항 및 이 영 제14조의6에 따른 교섭대표노동조합이 결정되지 못한 경우에는, 법 제29조의2제2항에 따른 교섭창구 단일화 절차(이하 "교섭창구 단일화 절차"라 한다)에 참여한 모든 노동조합의 전체 조합원 과반수로 조직된 노동조합(2개 이상의 노동조합이 위임 또는 연합 등의 방법으로 교섭창구 단일화 절차에 참여하는 노동조합 전체 조합원의 과반수가 되는 경우를 포함한다. 이하 "과반수 노동조합"이라 한다)은 제14조의6제1항에 따른 기한이 만료된 날부터 5일 이내에 사용자에게 노동조합의 명칭, 대표자 및 과반수 노동조합이라는 사실 등을 통지하여야 한다.
② 사용자가 제1항에 따라 과반수 노동조합임을 통지받은 때에는 그 통지를 받은 날부터 5일간 그 내용을 공고하여 다른 노동조합과 근로자가 알 수 있도록 하여야 한다.
③ 제2항에 따라 공고된 과반수 노동조합에 대하여 그 과반수 여부에 대한 이의를 제기하려는 노동조합은 제2항에 따른 공고기간 내에 고용노동부령으로 정하는 바에 따라 노동위원회에 이의 신청을 하여야

하며, 이의 신청이 없는 경우에는 그 과반수 노동조합이 교섭대표노동조합으로 확정된다. <개정 2010.7.12.>

④ 노동위원회는 제3항에 따른 이의 신청을 받은 때에는 교섭창구 단일화 절차에 참여한 모든 노동조합과 사용자에게 통지하고, 조합원 명부(조합원의 서명 또는 날인이 있는 것으로 한정한다) 등 고용노동부령으로 정하는 서류를 제출하게 하거나 출석하게 하는 등의 방법으로 조합원 수에 대하여 조사·확인하여야 한다. <개정 2010.7.12.>

⑤ 제4항에 따라 조합원 수를 확인하는 경우의 기준일은 제14조의5제1항에 따라 교섭을 요구한 노동조합의 명칭 등을 공고한 날로 한다.

⑥ 노동위원회는 제4항에 따라 조합원 수를 확인하는 경우 2개 이상의 노동조합에 가입한 조합원에 대해서는 그 조합원 1명별로 다음 각 호의 구분에 따른 방법으로 조합원 수를 산정한다.

1. 조합비를 납부하는 노동조합이 1개인 경우: 조합비를 납부하는 노동조합의 조합원 수에 숫자 1을 더할 것

2. 조합비를 납부하는 노동조합이 2개 이상인 경우: 숫자 1을 조합비를 납부하는 노동조합의 수로 나눈 후에 그 산출된 숫자를 그 조합비를 납부하는 노동조합의 조합원 수에 각각 더할 것

3. 조합비를 납부하는 노동조합이 하나도 없는 경우: 숫자 1을 조합원이 가입한 노동조합의 수로 나눈 후에 그 산출된 숫자를 그 가입한 노동조합의 조합원 수에 각각 더할 것

⑦ 노동위원회는 노동조합 또는 사용자가 제4항에 따른 서류 제출 요구 등 필요한 조사에 따르지 아니한 경우에 고용노동부령으로 정하는 기준에 따라 조합원 수를 계산하여 확인한다. <개정 2010.7.12.>

⑧ 노동위원회는 제4항부터 제7항까지의 규정에 따라 조사·확인한 결과 과반수 노동조합이 있다고 인정하는 경우에는 그 이의 신청을 받은 날부터 10일 이내에 그 과반수 노동조합을 교섭대표노동조합으로 결정하여 교섭창구 단일화 절차에 참여한 모든 노동조합과 사용자에게 통지하여야 한다. 다만, 그 기간 이내에 조합원 수를 확인하기 어려운 경우에는 한 차례에 한정하여 10일의 범위에서 그 기간을 연장할 수 있다.

[본조신설 2010.2.12.]

제14조의8(자율적 공동교섭대표단 구성 및 통지)

① 법 제29조의2제2항 및 제3항에 따라 교섭대표노동조합이 결정되지 못한 경우에, 같은 조 제4항에 따라 공동교섭대표단에 참여할 수 있는 노동조합은 사용자와 교섭하기 위하여 다음 각 호의 구분에 따른 기간 이내에 공동교섭대표단의 대표자, 교섭위원 등 공동교섭대표단을 구성하여 연명으로 서명 또는 날인하여 사용자에게 통지하여야 한다.

1. 과반수 노동조합이 없어서 제14조의7제1항에 따른 통지 및 같은 조 제2항에 따른 공고가 없는 경우: 제14조의6제1항에 따른 기한이 만료된 날부터 10일간

2. 제14조의7제8항에 따라 과반수 노동조합이 없다고 노동위원회가 결정하는 경우: 제14조의7제8항에 따른 노동위원회 결정의 통지가 있은 날부터 5일간

② 사용자에게 제1항에 따른 공동교섭대표단의 통지가 있은 이후에는 그 공동교섭대표단 결정 절차에 참여한 노동조합 중 일부 노동조합이 그 이후의 절차에 참여하지 않더라도 법 제29조제2항에 따른 교섭대표노동조합의 지위는 유지된다.

[본조신설 2010.2.12.]

제14조의9(노동위원회 결정에 의한 공동교섭대표단의 구성)

① 법 제29조의2제4항 및 이 영 제14조의8제1항에 따른 공동교섭대표단의 구성에 합의하지 못한 경우에 공동교섭대표단 구성에 참여할 수 있는 노동조합의 일부 또는 전부는 노동위원회에 법 제29조의2제5항에 따라 공동교섭대표단 구성에 관한 결정 신청을 하여야 한다.

② 노동위원회는 제1항에 따른 공동교섭대표단 구성에 관한 결정 신청을 받은 때에는 그 신청을 받은 날부터 10일 이내에 총 10명 이내에서 각 노동조합의 조합원 수에 따른 비율을 고려하여 노동조합별 공동교섭대표단에 참여하는 인원 수를 결정하여 그 노동조합과 사용자에게 통지하여야 한다. 다만, 그 기간 이내에 결정하기 어려운 경우에는 한 차례에 한정하여 10일의 범위에서 그 기간을 연장할 수 있다.

③ 제2항에 따른 공동교섭대표단 결정은 공동교섭대표단에 참여할 수 있는 모든 노동조합이 제출한 조합원 수에 따른 비율을 기준으로 하며, 조합원 수 및 비율에 대하여 그 노동조합 중 일부 또는 전부가 이의를

제기하는 경우에는 제14조의7제4항부터 제7항까지의 규정을 준용한다.

④ 공동교섭대표단 구성에 참여하는 노동조합은 사용자와 교섭하기 위하여 제2항에 따라 노동위원회가 결정한 인원 수에 해당하는 교섭위원을 각각 선정하여 사용자에게 통지하여야 한다.

⑤ 제4항에 따라 공동교섭대표단을 구성할 때에 그 공동교섭대표단의 대표자는 공동교섭대표단에 참여하는 노동조합이 합의하여 정한다. 다만, 합의가 되지 않을 경우에는 조합원 수가 가장 많은 노동조합의 대표자로 한다.

[본조신설 2010.2.12.]

제14조의10(교섭대표노동조합의 지위 유지기간 등)
① 법 제29조의2제2항부터 제5항까지의 규정에 따라 결정된 교섭대표노동조합은 그 결정된 때부터 다음 각 호의 구분에 따른 날까지 그 교섭대표노동조합의 지위를 유지하되, 새로운 교섭대표노동조합이 결정된 경우에는 그 결정된 때까지 교섭대표노동조합의 지위를 유지한다.

1. 교섭대표노동조합으로 결정된 후 사용자와 체결한 첫 번째 단체협약의 유효기간이 2년인 경우: 그 단체협약의 유효기간이 만료되는 날
2. 교섭대표노동조합으로 결정된 후 사용자와 체결한 첫 번째 단체협약의 유효기간이 2년 미만인 경우: 그 단체협약의 효력이 발생한 날을 기준으로 2년이 되는 날

② 제1항에 따른 교섭대표노동조합의 지위 유지기간이 만료되었음에도 불구하고 새로운 교섭대표노동조합이 결정되지 못할 경우 기존 교섭대표노동조합은 새로운 교섭대표노동조합이 결정될 때까지 기존 단체협약의 이행과 관련해서는 교섭대표노동조합의 지위를 유지한다.

③ 법 제29조의2에 따라 결정된 교섭대표노동조합이 그 결정된 날부터 1년 동안 단체협약을 체결하지 못한 경우에는 어느 노동조합이든지 사용자에게 교섭을 요구할 수 있다. 이 경우 제14조의2제2항 및 제14조의3부터 제14조의9까지의 규정을 적용한다.

[본조신설 2010.2.12.]

제14조의11(교섭단위 분리의 결정)
① 노동조합 또는 사용자는 법 제29조의3제2항에 따라 교섭단위를 분리하여 교섭하려는 경우에는 다음 각 호에 해당하는 기간에 노동위원회에 교섭단위 분리의 결정을 신청할 수 있다.

1. 제14조의3에 따라 사용자가 교섭요구 사실을 공고하기 전
2. 제14조의3에 따라 사용자가 교섭요구 사실을 공고한 경우에는 법 제29조의2에 따른 교섭대표노동조합이 결정된 날 이후

② 노동위원회는 제1항에 따라 교섭단위 분리의 결정 신청을 받은 때에는 해당 사업 또는 사업장의 모든 노동조합과 사용자에게 그 내용을 통지하여야 하며, 그 노동조합과 사용자는 노동위원회가 지정하는 기간까지 의견을 제출할 수 있다.

③ 노동위원회는 제1항에 따른 신청을 받은 날부터 30일 이내에 교섭단위 분리에 관한 결정을 하고 해당 사업 또는 사업장의 모든 노동조합과 사용자에게 통지하여야 한다.

④ 노동위원회로부터 제3항에 따라 교섭단위 분리의 결정을 통지받은 경우에, 사용자와 교섭하려는 노동조합은 자신이 속한 교섭단위에 단체협약이 있는 때에는 그 단체협약의 유효기간 만료일 이전 3개월이 되는 날부터 제14조의2제2항에 따라 필요한 사항을 적은 서면으로 교섭을 요구할 수 있다.

⑤ 제1항에 따른 교섭단위 분리의 결정 신청에 대한 노동위원회의 결정이 있기 전에 제14조의2에 따른 교섭 요구가 있는 때에는 법 제29조의3제2항에 따른 교섭단위 분리에 관한 결정이 있을 때까지 제14조의3에 따른 교섭요구 사실의 공고 등 교섭창구 단일화 절차의 진행은 정지된다.

⑥ 제1항부터 제5항까지에서 규정한 사항 외에 교섭단위 분리의 결정 신청 및 그 신청에 대한 결정 등에 관하여 필요한 사항은 고용노동부령으로 정한다. <개정 2010.7.12.>

[본조신설 2010.2.12.]

제14조의12(공정대표의무 위반에 대한 시정)
① 노동조합은 법 제29조의2에 따라 결정된 교섭대표노동조합과 사용자가 법 제29조의4제1항을 위반하여 차별한 경우에는 고용노동부령으로 정하는 바에 따라 노동위원회에 공정대표의무 위반에 대한 시정을 신청할 수 있다. <개정 2010.7.12.>

② 노동위원회는 제1항에 따른 공정대표

의무 위반의 시정 신청을 받은 때에는 지체 없이 필요한 조사와 관계 당사자에 대한 심문을 하여야 한다.

③ 노동위원회는 제2항에 따른 심문을 할 때에는 관계 당사자의 신청이나 직권으로 증인을 출석하게 하여 필요한 사항을 질문할 수 있다.

④ 노동위원회는 제2항에 따른 심문을 할 때에는 관계 당사자에게 증거의 제출과 증인에 대한 반대심문을 할 수 있는 충분한 기회를 주어야 한다.

⑤ 노동위원회는 제1항에 따른 공정대표의무 위반의 시정 신청에 대한 명령이나 결정을 서면으로 하여야 하며, 그 서면을 교섭대표노동조합, 사용자 및 그 시정을 신청한 노동조합에 각각 통지하여야 한다.

⑥ 노동위원회의 제1항에 따른 공정대표의무 위반의 시정 신청에 대한 조사와 심문에 관한 세부절차는 중앙노동위원회가 따로 정한다.

[본조신설 2010.2.12.]

제15조(단체협약의 신고) 법 제31조제2항의 규정에 의한 단체협약의 신고는 당사자 쌍방이 연명으로 하여야 한다.

제16조(단체협약의 해석요청) 법 제34조제1항의 규정에 의한 단체협약의 해석 또는 이행방법에 관한 견해제시의 요청은 당해 단체협약의 내용과 당사자의 의견 등을 기재한 서면으로 하여야 한다.

제17조(쟁의행위의 신고) 노동조합은 쟁의행위를 하고자 할 경우에는 고용노동부령이 정하는 바에 따라 행정관청과 관할노동위원회에 쟁의행위의 일시·장소·참가인원 및 그 방법을 미리 서면으로 신고하여야 한다. <개정 1998.4.27., 2010.7.12.>

제18조(폭력행위 등의 신고) ① 사용자는 쟁의행위가 법 제38조제1항·제2항, 제42조제1항 또는 제2항에 위반되는 경우에는 즉시 그 상황을 행정관청과 관할 노동위원회에 신고하여야 한다. <개정 1998.4.27., 2007.11.30.>

② 제1항의 규정에 의한 신고는 서면·구두 또는 전화 기타의 적당한 방법으로 하여야 한다.

제19조 삭제 <2007.11.30.>

제20조(방산물자 생산업무 종사자의 범위) 법 제41조제2항에서 "주로 방산물자를 생산하는 업무에 종사하는 자"라 함은 방산물자의 완성에 필요한 제조·가공·조립·정비·재생·개량·성능검사·열처리·도장·가스취급 등의 업무에 종사하는 자를 말한다.

제21조(점거가 금지되는 시설) 법 제42조제1항에서 "이에 준하는 시설로서 대통령령이 정하는 시설"이라 함은 다음 각호의 1에 해당하는 시설을 말한다. <개정 1999.8.6., 2007.11.30., 2010.7.12., 2014.12.9.>

1. 전기·전산 또는 통신시설
2. 철도(도시철도를 포함한다)의 차량 또는 선로
3. 건조·수리 또는 정박중인 선박. 다만, 「선원법」에 의한 선원이 당해 선박에 승선하는 경우를 제외한다.
4. 항공기·항행안전시설 또는 항공기의 이·착륙이나 여객·화물의 운송을 위한 시설
5. 화약·폭약 등 폭발위험이 있는 물질 또는 「화학물질관리법」 제2조제2호에 따른 유독물질을 보관·저장하는 장소
6. 기타 점거될 경우 생산 기타 주요업무의 정지 또는 폐지를 가져오거나 공익상 중대한 위해를 초래할 우려가 있는 시설로서 고용노동부장관이 관계중앙행정기관의 장과 협의하여 정하는 시설

제22조(중지통보) 행정관청은 법 제42조제3항에 따라 쟁의행위를 중지할 것을 통보하는 경우에는 서면으로 하여야 한다. 다만, 사태가 급박하다고 인정하는 경우에는 구두로 할 수 있다. <개정 1998.4.27., 2007.11.30.>

[제목개정 2007.11.30.]

제22조의2(필수유지업무의 범위) 법 제42조의2제1항에 따른 필수공익사업별 필수유지업무는 별표 1과 같다.

[본조신설 2007.11.30.]

제22조의3(필수유지업무 유지·운영 수준 등의 결정 신청 등) ① 노동관계 당사자가 법 제42조의4제1항에 따른 필수유지업무 유지·운영 수준, 대상직무 및 필요인원 등의 결정(이하 "필수유지업무 수준 등 결정"이라 한다)을 신청하면 관할 노동위원회는

지체 없이 그 신청에 대한 결정을 위한 특별조정위원회를 구성하여야 한다.

② 노동위원회는 법 제42조의4제2항에 따라 필수유지업무 수준 등 결정을 하면 지체 없이 이를 서면으로 노동관계 당사자에게 통보하여야 한다.

③ 노동관계 당사자의 쌍방 또는 일방은 제2항에 따른 결정에 대한 해석이나 이행 방법에 관하여 노동관계 당사자 간 의견이 일치하지 아니하면 노동관계 당사자의 의견을 첨부하여 서면으로 관할 노동위원회에 해석을 요청할 수 있다.

④ 제3항에 따른 해석 요청에 대하여 법 제42조의4제4항에 따라 해당 특별조정위원회가 해석을 하면 노동위원회는 지체 없이 이를 서면으로 노동관계 당사자에게 통보하여야 한다.

⑤ 제1항에 따른 필수유지업무 수준 등 결정의 신청 절차는 고용노동부령으로 정한다. <개정 2010.7.12.>
[본조신설 2007.11.30.]

제22조의4(파업참가자 수의 산정방법) ① 법 제43조제4항 후단에 따른 파업참가자 수는 근로의무가 있는 근로시간 중 파업 참가를 이유로 근로의 일부 또는 전부를 제공하지 아니한 자의 수를 1일 단위로 산정한다.

② 사용자는 제1항에 따른 파업참가자 수 산정을 위하여 필요한 경우 노동조합에 협조를 요청할 수 있다.
[본조신설 2007.11.30.]

제23조(사적 조정·중재의 신고) ① 노동관계당사자는 법 제52조의 규정에 의한 사적 조정·중재에 의하여 노동쟁의를 해결하기로 한 경우에는 고용노동부령이 정하는 바에 따라 관할노동위원회에 신고하여야 한다. <개정 2010.7.12.>

② 제1항의 신고는 법 제5장제2절 내지 제4절의 규정에 의한 조정 또는 중재가 진행중인 경우에도 할 수 있다.

③ 노동관계당사자는 법 제52조의 규정에 의한 사적 조정·중재에 의하여 노동쟁의가 해결되지 아니한 경우에는 법 제5장제2절 또는 제3절의 규정에 의하여 노동쟁의를 조정 또는 중재하여 줄 것을 고용노동부령이 정하는 바에 따라 관할 노동위원회에 신청할 수 있다. 이 경우 관할 노동위원회는 지체없이 법 제5장제2절 또는 제3절의 규정

에 의한 조정 또는 중재를 개시하여야 한다. <개정 2010.7.12.>

제24조(노동쟁의의 조정 등의 신청) ① 노동관계당사자는 법 제53조제1항 또는 제62조에 따른 조정 또는 중재를 신청할 경우에는 고용노동부령으로 정하는 바에 따라 관할 노동위원회에 신청하여야 한다. <개정 2007.11.30., 2010.7.12.>

② 제1항의 규정에 의한 신청을 받은 노동위원회는 그 신청내용이 법 제5장제2절 또는 제3절의 규정에 의한 조정 또는 중재의 대상이 아니라고 인정할 경우에는 그 사유와 다른 해결방법을 알려주어야 한다.

제25조(조정의 통보) 노동위원회는 법 제53조, 법 제62조, 법 제78조 및 법 제80조의 규정에 의한 조정과 중재를 하게 된 경우에는 지체없이 이를 서면으로 관계당사자에게 각각 통보하여야 한다.

제26조(조정위원회의 구성) 노동위원회는 법 제53조의 규정에 의하여 노동쟁의의 조정을 하게 된 경우에는 지체없이 당해 사건의 조정을 위한 조정위원회 또는 특별조정위원회를 구성하여야 한다.

제27조(조정안의 해석요청) 노동관계당사자는 법 제60조제3항의 규정에 의한 조정안의 해석 또는 그 이행방법에 관하여 견해의 제시를 요청하는 경우에는 당해 조정안의 내용과 당사자의 의견 등을 기재한 서면으로 하여야 한다.

제28조(중재위원회의 구성) 노동위원회는 법 제62조의 규정에 의하여 노동쟁의의 중재를 하게 된 경우에는 지체없이 당해 사건의 중재를 위한 중재위원회를 구성하여야 한다.

제29조(중재재정서의 송달) ① 노동위원회는 법 제68조제1항의 규정에 의하여 중재를 한 때에는 지체없이 그 중재재정서를 관계당사자에게 각각 송달하여야 한다.

② 중앙노동위원회는 법 제69조제1항의 규정에 의하여 지방노동위원회 또는 특별노동위원회가 행한 중재재정을 재심한 때에는 지체없이 그 재심결정서를 관계당사자와 관계노동위원회에 각각 송달하여야 한다.

제30조(중재재정의 해석요청) ① 노동관계 당사자는 법 제68조제1항의 규정에 의한 중재재정의 해석 또는 이행방법에 관하여 당사자간에 의견의 불일치가 있는 경우에는 당해 중재위원회에 그 해석 또는 이행방법에 관한 명확한 견해의 제시를 요청할 수 있다.
② 제1항의 규정에 의한 견해제시의 요청은 당해 중재재정의 내용과 당사자의 의견 등을 기재한 서면으로 하여야 한다.

제31조(수당 등의 지급) 법 제72조제3항 단서의 규정에 의하여 특별조정위원으로 지명된 자에 대하여는 그 직무의 집행을 위하여 예산의 범위안에서 노동위원회의 위원에 준하는 수당과 여비를 지급할 수 있다.

제32조(긴급조정의 공표) 법 제76조제3항의 규정에 의한 긴급조정 결정의 공표는 신문·라디오 기타 공중이 신속히 알 수 있는 방법으로 하여야 한다.

제33조(권한의 위임 등) ① 법 제87조에 따라 고용노동부장관은 다음 각 호의 사항에 관한 권한을 노동조합의 주된 사무소의 소재지를 관할하는 지방고용노동관서의 장에게 위임한다. 다만, 연합단체인 노동조합과 전국규모의 산업별 단위노동조합에 대한 권한은 이를 제외한다. <개정 2007.11.30., 2010.7.12.>
1. 법 제10조제1항의 규정에 의한 노동조합 설립신고서의 수리
2. 법 제12조의 규정에 의한 신고증의 교부·보완요구 및 반려
3. 법 제13조제1항의 규정에 의한 변경신고의 수리
4. 법 제13조제2항의 규정에 의한 통보의 접수
5. 법 제18조제3항 및 제4항의 규정에 의한 노동위원회의 의결요청 및 임시총회 등의 소집권자 지명
6. 법 제21조의 규정에 의한 규약 또는 결의·처분의 시정명령
7. 법 제27조의 규정에 의한 자료제출 요구
8. 법 제28조제1항제4호의 규정에 의한 노동위원회의 의결요청 및 동조제2항의 규정에 의한 해산신고의 수리
9. 법 제31조제2항의 규정에 의한 단체협약신고의 수리 및 동조제3항의 규정에

의한 단체협약의 시정명령
10. 법 제36조의 규정에 의한 노동위원회의 의결요청 및 단체협약의 지역적 확장적용 결정 및 공고
11. 삭제 <2007.11.30.>
12. 법 제42조제3항 및 제4항에 따른 노동위원회의 의결요청 및 쟁의행위의 중지통보
13. 법 제46조제2항의 규정에 의한 직장폐쇄 신고의 수리
14. 법 제96조의 규정에 의한 과태료의 부과
15. 제9조제2항 및 제3항에 따른 시정 요구 및 통보
16. 제10조제2항 및 제3항의 규정에 의한 변경신고서의 수리 및 변경신고증의 교부(제10조제2항의 경우에는 노동조합의 주된 사무소의 신소재지를 관할하는 지방고용노동관서의 장)
17. 제17조의 규정에 의한 쟁의행위 신고의 수리
18. 제18조의 규정에 의한 폭력행위등 신고의 수리
② 고용노동부장관은 제1항의 규정에 불구하고 노동조합의 주된 사무소의 소재지를 관할하는 지방고용노동관서에서 처리하기 곤란하거나 업무의 효율적인 운영을 위하여 필요하다고 인정하는 경우에는 지방고용노동관서를 지정하여 당해 사건을 처리하게 할 수 있다. <개정 2010.7.12.>

제33조의2(고유식별정보의 처리) 행정관청 또는 노동위원회는 다음 각 호의 사무를 수행하기 위하여 불가피한 경우 「개인정보 보호법 시행령」 제19조제1호 또는 제4호에 따른 주민등록번호 또는 외국인등록번호가 포함된 자료를 처리할 수 있다.
1. 법 제10조제1항에 따른 노동조합 설립의 신고에 관한 사무
2. 법 제13조에 따른 설립신고 사항의 변경신고, 노동조합 정기 현황통보 등에 관한 사무
3. 법 제82조제1항에 따른 부당노동행위의 구제에 관한 사무
4. 제9조제2항에 따른 시정요구 및 통보에 관한 사무
[본조신설 2012.1.6.]

제34조(과태료의 부과기준) 법 제96조제1항

및 제2항에 따른 과태료의 부과기준은 별표 2와 같다.
[전문개정 2011.3.30.]

부칙
<제25836호, 2014.12.9.>
(화학물질관리법 시행령)

제1조(시행일) 이 영은 2015년 1월 1일부터 시행한다.

제2조부터 제4조까지 생략

제5조(다른 법령의 개정) ①부터 ③까지 생략
④ 노동조합 및 노동관계조정법 시행령 일부를 다음과 같이 개정한다.
제21조제5호 중 "「유해화학물질 관리법」에 의한 유독물"을 "「화학물질관리법」 제2조제2호에 따른 유독물질"로 한다.
⑤부터 ⑲까지 생략

제6조 생략

산업안전보건법

[시행 2018.10.18.]
[법률 제15588호, 2018.4.17., 일부개정]

제1장 총칙
<개정 2009.2.6.>

제1조(목적) 이 법은 산업안전·보건에 관한 기준을 확립하고 그 책임의 소재를 명확하게 하여 산업재해를 예방하고 쾌적한 작업환경을 조성함으로써 근로자의 안전과 보건을 유지·증진함을 목적으로 한다.
[전문개정 2009.2.6.]

제2조(정의) 이 법에서 사용하는 용어의 뜻은 다음과 같다. <개정 2010.6.4.>

1. "산업재해"란 근로자가 업무에 관계되는 건설물·설비·원재료·가스·증기·분진 등에 의하거나 작업 또는 그 밖의 업무로 인하여 사망 또는 부상하거나 질병에 걸리는 것을 말한다.
2. "근로자"란「근로기준법」제2조제1항제1호에 따른 근로자를 말한다.
3. "사업주"란 근로자를 사용하여 사업을 하는 자를 말한다.
4. "근로자대표"란 근로자의 과반수로 조직된 노동조합이 있는 경우에는 그 노동조합을, 근로자의 과반수로 조직된 노동조합이 없는 경우에는 근로자의 과반수를 대표하는 자를 말한다.
5. "작업환경측정"이란 작업환경 실태를 파악하기 위하여 해당 근로자 또는 작업장에 대하여 사업주가 측정계획을 수립한 후 시료(試料)를 채취하고 분석·평가하는 것을 말한다.
6. "안전·보건진단"이란 산업재해를 예방하기 위하여 잠재적 위험성을 발견하고 그 개선대책을 수립할 목적으로 고용노동부장관이 지정하는 자가 하는 조사·평가를 말한다.
7. "중대재해"란 산업재해 중 사망 등 재해 정도가 심한 것으로서 고용노동부령으로 정하는 재해를 말한다.
[전문개정 2009.2.6.]

제3조(적용 범위) ① 이 법은 모든 사업 또는 사업장(이하 "사업"이라 한다)에 적용한다. 다만, 유해·위험의 정도, 사업의 종류·규모 및 사업의 소재지 등을 고려하여 대통령령으로 정하는 사업에는 이 법의 전부 또는 일부를 적용하지 아니할 수 있다.
② 이 법과 이 법에 따른 명령은 국가·지방자치단체 및「공공기관의 운영에 관한 법률」제5조에 따른 공기업에 적용한다.
[전문개정 2009.2.6.]

제4조(정부의 책무) ① 정부는 제1조의 목적을 달성하기 위하여 다음 각 호의 사항을 성실히 이행할 책무를 진다. <개정 2013.6.12.>

1. 산업안전·보건정책의 수립·집행·조정 및 통제
2. 사업장에 대한 재해 예방 지원 및 지도
3. 유해하거나 위험한 기계·기구·설비 및 방호장치(防護裝置)·보호구(保護具) 등의 안전성 평가 및 개선
4. 유해하거나 위험한 기계·기구·설비 및 물질 등에 대한 안전·보건상의 조치기준 작성 및 지도·감독
5. 사업의 자율적인 안전·보건 경영체제 확립을 위한 지원
6. 안전·보건의식을 북돋우기 위한 홍보·교육 및 무재해운동 등 안전문화 추진
7. 안전·보건을 위한 기술의 연구·개발 및 시설의 설치·운영
8. 산업재해에 관한 조사 및 통계의 유지·관리
9. 안전·보건 관련 단체 등에 대한 지원 및 지도·감독
10. 그 밖에 근로자의 안전 및 건강의 보호·증진

② 정부는 제1항 각 호의 사항을 효율적으로 수행하기 위한 시책을 마련하여야 하며, 이를 위하여 필요하다고 인정할 때에는「한국산업안전보건공단법」에 따른 한국산업안전보건공단(이하 "공단"이라 한다), 그 밖의 관련 단체 및 연구기관에 행정적·재정적 지원을 할 수 있다.
[전문개정 2009.2.6.]

제5조(사업주 등의 의무) ① 사업주는 다음 각 호의 사항을 이행함으로써 근로자의 안전과 건강을 유지·증진시키는 한편, 국가의 산업재해 예방시책에 따라야 한다. <개정 2013.6.12.>

1. 이 법과 이 법에 따른 명령으로 정하는 산업재해 예방을 위한 기준을 지킬 것
2. 근로자의 신체적 피로와 정신적 스트레스 등을 줄일 수 있는 쾌적한 작업환경을 조성하고 근로조건을 개선할 것
3. 해당 사업장의 안전·보건에 관한 정보를 근로자에게 제공할 것

② 다음 각 호의 어느 하나에 해당하는 자는 설계·제조·수입 또는 건설을 할 때 이 법과 이 법에 따른 명령으로 정하는 기준을 지켜야 하고, 그 물건을 사용함으로 인하여 발생하는 산업재해를 방지하기 위하여 필요한 조치를 하여야 한다. <개정 2013.6.12.>
1. 기계·기구와 그 밖의 설비를 설계·제조 또는 수입하는 자
2. 원재료 등을 제조·수입하는 자
3. 건설물을 설계·건설하는 자
[전문개정 2009.2.6.]
[제목개정 2013.6.12.]

■판례 - 손해배상(산)

근로자파견에서의 근로 및 지휘·명령 관계의 성격과 내용 등을 종합하면, 파견사업주가 고용한 근로자를 자신의 작업장에 파견받아 지휘·명령하며 자신을 위한 계속적 근로에 종사하게 하는 사용사업주는 파견근로와 관련하여 그 자신도 직접 파견근로자를 위한 보호의무 또는 안전배려의무를 부담함을 용인하고, 파견사업주는 이를 전제로 사용사업주와 근로자파견계약을 체결하며, 파견근로자 역시 사용사업주가 위와 같은 보호의무 또는 안전배려의무를 부담함을 전제로 사용사업주에게 근로를 제공한다고 봄이 타당하다. 그러므로 근로자파견관계에서 사용사업주와 파견근로자 사이에는 특별한 사정이 없는 한 파견근로와 관련하여 사용사업주가 파견근로자에 대한 보호의무 또는 안전배려의무를 부담한다는 점에 관한 묵시적인 의사의 합치가 있다고 할 것이고, 따라서 사용사업주의 보호의무 또는 안전배려의무 위반으로 손해를 입은 파견근로자는 사용사업주와 직접 고용 또는 근로계약을 체결하지 아니한 경우에도 위와 같은 묵시적 약정에 근거하여 사용사업주에 대하여 보호의무 또는 안전배려의무 위반을 원인으로 하는 손해배상을 청구할 수 있다. 그리고 이러한 약정상 의무 위반에 따른 채무불이행책임을 원인으로 하는 손해배상청구권에 대하여는 불법행위책임에 관한 민법 제766조 제1항의 소멸시효 규정이 적용될 수는 없다. [대법원 2013.11.28, 선고, 2011다60247, 판결]

제6조(근로자의 의무) 근로자는 이 법과 이 법에 따른 명령으로 정하는 기준 등 산업

재해 예방에 필요한 사항을 지켜야 하며, 사업주 또는 근로감독관, 공단 등 관계자가 실시하는 산업재해 방지에 관한 조치에 따라야 한다. <개정 2013.6.12.>
[전문개정 2009.2.6.]

제7조 삭제 <2009.10.9.>

제8조(산업재해 예방계획의 수립·공표) ① 고용노동부장관은 산업재해 예방에 관한 중·장기 기본계획을 수립하여야 한다. <개정 2010.6.4.>
② 고용노동부장관은 제1항에 따라 수립한 산업재해 예방계획을 「산업재해보상보험법」 제8조제1항에 따른 산업재해보상보험및 예방심의위원회의 심의를 거쳐 공표하여야 한다. 이를 변경하려는 경우에도 또한 같다. <개정 2009.10.9., 2010.6.4.>
[전문개정 2009.2.6.]

제9조(협조의 요청 등) ① 고용노동부장관은 제8조에 따라 수립된 산업재해 예방계획을 효율적으로 시행하기 위하여 필요하다고 인정할 때에는 관계 행정기관의 장 또는 「공공기관의 운영에 관한 법률」 제4조에 따른 공공기관의 장에게 필요한 협조를 요청할 수 있다. <개정 2010.6.4.>
② 행정기관(고용노동부는 제외한다. 이하 이 조에서 같다)의 장은 사업장의 안전 및 보건에 관하여 규제를 하려면 미리 고용노동부장관과 협의하여야 한다. <개정 2010.6.4.>
③ 고용노동부장관이 제2항에 따른 협의과정에서 해당 규제에 대한 변경을 요구하면 행정기관의 장은 이에 응하여야 하며, 고용노동부장관은 필요한 경우 국무총리에게 협의·조정 사항을 보고하여 확정할 수 있다. <개정 2010.6.4.>
④ 고용노동부장관은 산업재해 예방을 위하여 필요하다고 인정할 때에는 사업주, 사업주단체, 그 밖의 관계인에게 필요한 사항을 권고하거나 협조를 요청할 수 있다. <개정 2010.6.4.>
[전문개정 2009.2.6.]

제9조의2(사업장의 산업재해 발생건수 등 공표) ① 고용노동부장관은 산업재해를 예방하기 위하여 대통령령으로 정하는 사업장의 산업재해 발생건수, 재해율 또는 그 순위 등(이하 "산업재해 발생건수등"이라 한

다)을 공표하여야 한다. <개정 2010.6.4., 2017.4.18.>

② 고용노동부장관은 대통령령으로 정하는 사업장의 도급인이 사용하는 근로자와 수급인[하수급인(下受給人)을 포함한다. 이하 같다]이 사용하는 근로자가 같은 장소에서 작업을 하는 경우에 도급인의 산업재해 발생건수등에 수급인의 산업재해 발생건수등을 포함하여 제1항에 따라 공표하여야 한다. <신설 2017.4.18.>

③ 고용노동부장관은 제2항에 따라 산업재해 발생건수등을 공표하기 위하여 도급인에게 수급인에 관한 자료의 제출을 요청할 수 있다. 이 경우 요청을 받은 자는 특별한 사유가 없으면 이에 따라야 한다. <신설 2017.4.18.>

④ 제1항 및 제2항에 따른 공표의 절차 및 방법 등에 관하여 필요한 사항은 고용노동부령으로 정한다. <개정 2010.6.4., 2017.4.18.>

[전문개정 2009.2.6.]

제10조(산업재해 발생 은폐 금지 및 보고 등)

① 사업주는 산업재해가 발생하였을 때에는 그 발생 사실을 은폐하여서는 아니 되며, 고용노동부령으로 정하는 바에 따라 재해발생원인 등을 기록·보존하여야 한다. <개정 2010.6.4., 2017.4.18.>

② 사업주는 제1항에 따라 기록한 산업재해 중 고용노동부령으로 정하는 산업재해에 대하여는 그 발생 개요·원인 및 보고 시기, 재발방지 계획 등을 고용노동부령으로 정하는 바에 따라 고용노동부장관에게 보고하여야 한다. <개정 2010.5.20., 2010.6.4., 2013.6.12.>

[전문개정 2009.2.6.]
[제목개정 2017.4.18.]

제10조의2 삭제 <2009.2.6.>

제11조(법령 요지의 게시 등)

① 사업주는 이 법과 이 법에 따른 명령의 요지를 상시 각 작업장 내에 근로자가 쉽게 볼 수 있는 장소에 게시하거나 갖추어 두어 근로자로 하여금 알게 하여야 한다. <개정 2013.6.12.>

② 근로자대표는 다음 각 호의 사항에 관한 내용 또는 결과를 통지할 것을 사업주에게 요청할 수 있고, 사업주는 이에 성실히 응하

여야 한다. <개정 2010.6.4., 2011.7.25.>

1. 제19조제2항에 따라 산업안전보건위원회(제29조의2에 따라 노사협의체를 설치·운영하는 경우에는 노사협의체를 말한다)가 의결한 사항
2. 제20조제1항 각 호에 규정된 사항
3. 제29조제2항 각 호에 규정된 사항
4. 제41조에 규정된 사항
5. 제42조제1항에 따른 작업환경측정에 관한 사항
6. 그 밖에 고용노동부령으로 정하는 안전과 보건에 관한 사항

[전문개정 2009.2.6.]

제12조(안전·보건표지의 부착 등)

사업주는 사업장의 유해하거나 위험한 시설 및 장소에 대한 경고, 비상시 조치에 대한 안내, 그 밖에 안전의식의 고취를 위하여 고용노동부령으로 정하는 바에 따라 안전·보건표지를 설치하거나 부착하여야 한다. 이 경우 「외국인근로자의 고용 등에 관한 법률」 제2조에 따른 외국인근로자를 채용한 사업주는 고용노동부장관이 정하는 바에 따라 외국어로 된 안전·보건표지와 작업안전수칙을 부착하도록 노력하여야 한다. <개정 2010.6.4.>

[전문개정 2009.2.6.]

제2장 안전·보건 관리체제
<개정 2009.2.6.>

제13조(안전보건관리책임자)

① 사업주는 사업장에 안전보건관리책임자(이하 "관리책임자"라 한다)를 두어 다음 각 호의 업무를 총괄관리하도록 하여야 한다. <개정 2010.6.4., 2013.6.12.>

1. 산업재해 예방계획의 수립에 관한 사항
2. 제20조에 따른 안전보건관리규정의 작성 및 변경에 관한 사항
3. 제31조에 따른 근로자의 안전·보건교육에 관한 사항
4. 제42조에 따른 작업환경측정 등 작업환경의 점검 및 개선에 관한 사항
5. 제43조에 따른 근로자의 건강진단 등 건강관리에 관한 사항
6. 산업재해의 원인 조사 및 재발 방지대책 수립에 관한 사항
7. 산업재해에 관한 통계의 기록 및 유지에 관한 사항

8. 안전·보건과 관련된 안전장치 및 보호구 구입 시의 적격품 여부 확인에 관한 사항

9. 그 밖에 근로자의 유해·위험 예방조치에 관한 사항으로서 고용노동부령으로 정하는 사항

② 관리책임자는 제15조에 따른 안전관리자와 제16조에 따른 보건관리자를 지휘·감독한다.

③ 관리책임자를 두어야 할 사업의 종류·규모, 관리책임자의 자격, 그 밖에 필요한 사항은 대통령령으로 정한다. <개정 2013.6.12.>

[전문개정 2009.2.6.]

제14조(관리감독자) ① 사업주는 사업장의 관리감독자(경영조직에서 생산과 관련되는 업무와 그 소속 직원을 직접 지휘·감독하는 부서의 장 또는 그 직위를 담당하는 자를 말한다. 이하 같다)로 하여금 직무와 관련된 안전·보건에 관한 업무로서 안전·보건점검 등 대통령령으로 정하는 업무를 수행하도록 하여야 한다. 다만, 위험 방지가 특히 필요한 작업으로서 대통령령으로 정하는 작업에 대하여는 소속 직원에 대한 특별교육 등 대통령령으로 정하는 안전·보건에 관한 업무를 추가로 수행하도록 하여야 한다.

② 제1항에 따른 관리감독자가 있는 경우에는 「건설기술 진흥법」 제64조제1항제2호에 따른 안전관리책임자 및 같은 항 제3호에 따른 안전관리담당자를 각각 둔 것으로 본다. <개정 2013.5.22.>

[전문개정 2009.2.6.]

제15조(안전관리자 등) ① 사업주는 사업장에 안전관리자를 두어 제13조제1항 각 호의 사항 중 안전에 관한 기술적인 사항에 관하여 사업주 또는 관리책임자를 보좌하고 관리감독자에게 조언·지도하는 업무를 수행하게 하여야 한다. <개정 2013.6.12.>

② 안전관리자를 두어야 할 사업의 종류·규모, 안전관리자의 수·자격·업무·권한·선임방법, 그 밖에 필요한 사항은 대통령령으로 정한다. <개정 2013.6.12.>

③ 고용노동부장관은 산업재해 예방을 위하여 필요하다고 인정할 때에는 안전관리자를 정수(定數) 이상으로 늘리거나 다시 임명할 것을 명할 수 있다. <개정 2010.6.4.>

④ 대통령령으로 정하는 종류 및 규모에 해당하는 사업의 사업주는 고용노동부장관이 지정하는 안전관리 업무를 전문적으로 수행하는 기관(이하 "안전관리전문기관"이라 한다)에 안전관리자의 업무를 위탁할 수 있다. <개정 2010.6.4., 2013.6.12.>

⑤ 고용노동부장관은 안전관리전문기관에 대하여 평가하고 그 결과를 공개할 수 있다. 이 경우 평가의 기준·방법 및 결과의 공개에 필요한 사항은 고용노동부령으로 정한다. <신설 2017.4.18.>

⑥ 안전관리전문기관의 지정 요건 및 절차에 관한 사항은 대통령령으로 정하고, 안전관리전문기관의 업무수행기준, 안전관리전문기관이 위탁업무를 수행할 수 있는 지역, 그 밖에 필요한 사항은 고용노동부령으로 정한다. <개정 2010.6.4., 2013.6.12., 2017.4.18.>

[전문개정 2009.2.6.]

제15조의2(지정의 취소 등) ① 고용노동부장관은 안전관리전문기관이 다음 각 호의 어느 하나에 해당할 때에는 그 지정을 취소하거나 6개월 이내의 기간을 정하여 그 업무의 정지를 명할 수 있다. 다만, 제1호 또는 제2호에 해당할 때에는 그 지정을 취소하여야 한다. <개정 2010.6.4., 2011.7.25., 2013.6.12.>

1. 거짓이나 그 밖의 부정한 방법으로 지정을 받은 경우

2. 업무정지 기간 중에 업무를 수행한 경우

3. 지정 요건을 충족하지 못한 경우

4. 지정받은 사항을 위반하여 업무를 수행한 경우

5. 그 밖에 대통령령으로 정하는 사유에 해당하는 경우

② 제1항에 따라 지정이 취소된 자는 지정이 취소된 날부터 2년 이내에는 안전관리전문기관으로 지정받을 수 없다. <개정 2013.6.12.>

[전문개정 2009.2.6.]

제15조의3(과징금) ① 고용노동부장관은 제15조의2에 따라 업무의 정지를 명하여야 하는 경우에 그 업무정지가 이용자에게 심한 불편을 주거나 공익을 해칠 우려가 있다고 인정하면 업무정지처분을 갈음하여 1억원 이하의 과징금을 부과할 수 있다. <개정 2010.6.4., 2011.7.25.>

② 제1항에 따른 과징금 부과처분을 받은 자가 과징금을 기한까지 내지 아니하면 국세 체납처분의 예에 따라 징수한다.

③ 제1항에 따른 과징금의 부과기준과 그 밖에 필요한 사항은 대통령령으로 정한다. [전문개정 2009.2.6.]

제16조(보건관리자 등) ① 사업주는 사업장에 보건관리자를 두어 제13조제1항 각 호의 사항 중 보건에 관한 기술적인 사항에 관하여 사업주 또는 관리책임자를 보좌하고 관리감독자에게 조언·지도하는 업무를 수행하게 하여야 한다. <개정 2013.6.12.>
② 보건관리자를 두어야 할 사업의 종류·규모, 보건관리자의 수·자격·업무·권한·선임방법, 그 밖에 필요한 사항은 대통령령으로 정한다. <개정 2013.6.12.>
③ 보건관리자에 관하여는 제15조제3항부터 제6항까지, 제15조의2 및 제15조의3을 준용한다. 이 경우 "안전관리자"는 "보건관리자"로, "안전관리"는 "보건관리"로, "안전관리전문기관"은 "보건관리전문기관"으로 본다. <개정 2013.6.12., 2017.4.18.>
[전문개정 2009.2.6.]

제16조의2(안전관리자 등의 지도·조언) 제15조에 따른 안전관리자 또는 제16조에 따른 보건관리자가 제13조제1항 각 호의 사항 중 안전 또는 보건에 관한 기술적인 사항에 관하여 사업주 또는 관리책임자에게 건의하거나 관리감독자에게 지도·조언하는 경우에 사업주·관리책임자 및 관리감독자는 이에 상응하는 적절한 조치를 하여야 한다.
[전문개정 2009.2.6.]

제16조의3(안전보건관리담당자) ① 사업주(제15조에 따른 안전관리자·제16조에 따른 보건관리자를 두어야 하는 사업주는 제외한다)는 사업장에 안전보건관리담당자를 두어 안전·보건에 관하여 사업주를 보좌하고 관리감독자에게 조언·지도하는 업무를 수행하게 하여야 한다.
② 안전보건관리담당자를 두어야 할 사업의 종류·규모, 안전보건관리담당자의 수·자격·업무·권한·선임방법, 그 밖에 필요한 사항은 대통령령으로 정한다.
③ 안전보건관리담당자의 증원·개임 및 업무위탁 등에 관하여는 제15조제3항·제4항·제6항, 제15조의2 및 제15조의3을 준용한다. 이 경우 "안전관리자"는 "안전보건관리담당자"로, "안전관리"는 "안전보건관리"로, "안전관리전문기관"은 "안전관리전문기관 또는 보건관리전문기관"으로 본다. <개정 2017.4.18.>
[본조신설 2016.1.27.]
[시행일] 제16조의3의 개정규정은 다음 각 호의 구분에 따른 날
1. 상시근로자 30명 이상 50명 미만을 사용하는 사업장: 2018년 9월 1일
2. 상시근로자 20명 이상 30명 미만을 사용하는 사업장: 2019년 9월 1일

제17조(산업보건의) ① 사업주는 근로자의 건강관리나 그 밖의 보건관리자의 업무를 지도하기 위하여 사업장에 산업보건의를 두어야 한다. 다만, 의사를 보건관리자로 둔 경우에는 그러하지 아니하다.
② 산업보건의를 두어야 할 사업의 종류·규모, 산업보건의의 자격·직무·권한·선임방법, 그 밖에 필요한 사항은 대통령령으로 정한다.
[전문개정 2009.2.6.]

제18조(안전보건총괄책임자) ① 같은 장소에서 행하여지는 사업으로서 다음 각 호의 어느 하나에 해당하는 사업 중 대통령령으로 정하는 사업의 사업주는 그 사업의 관리책임자를 안전보건총괄책임자로 지정하여 자신이 사용하는 근로자와 수급인이 사용하는 근로자가 같은 장소에서 작업을 할 때에 생기는 산업재해를 예방하기 위한 업무를 총괄관리하도록 하여야 한다. 이 경우 관리책임자를 두지 아니하여도 되는 사업에서는 그 사업장에서 사업을 총괄관리하는 자를 안전보건총괄책임자로 지정하여야 한다. <개정 2011.7.25., 2013.6.12., 2017.4.18.>
1. 사업의 일부를 분리하여 도급을 주어 하는 사업
2. 사업이 전문분야의 공사로 이루어져 시행되는 경우 각 전문분야에 대한 공사의 전부를 도급을 주어 하는 사업
② 제1항에 따라 안전보건총괄책임자를 지정한 경우에는 「건설기술 진흥법」 제64조제1항제1호에 따른 안전총괄책임자를 둔 것으로 본다. <개정 2013.5.22.>
③ 안전보건총괄책임자의 직무·권한, 그 밖에 필요한 사항은 대통령령으로 정한다.
[전문개정 2009.2.6.]

제18조의2(안전보건조정자) ① 「건설산업기본법」 제2조제10호의 발주자로서 다음 각

호의 공사, 다음 각 호의 공사와 그 밖의 건설공사, 다음 각 호의 어느 하나에 해당하는 공사와 그 밖의 건설공사를 함께 발주하는 자는 그 각 공사가 같은 장소에서 행하여지는 경우 그에 따른 작업의 혼재로 인하여 발생할 수 있는 산업재해를 예방하기 위하여 건설공사현장에 안전보건조정자를 두어야 한다.

1. 「전기공사업법」 제11조에 따라 분리발주하여야 하는 전기공사
2. 「정보통신공사업법」 제25조에 따라 분리하여 도급하여야 하는 정보통신공사

② 안전보건조정자를 두어야 하는 건설공사의 규모와 안전보건조정자의 자격·업무, 선임방법, 그 밖에 필요한 사항은 대통령령으로 정한다.

[본조신설 2017.4.18.]

제19조(산업안전보건위원회) ① 사업주는 산업안전·보건에 관한 중요 사항을 심의·의결하기 위하여 근로자와 사용자가 같은 수로 구성되는 산업안전보건위원회를 설치·운영하여야 한다.

② 사업주는 다음 각 호의 사항에 대하여는 산업안전보건위원회의 심의·의결을 거쳐야 한다.

1. 제13조제1항제1호부터 제5호까지 및 제7호에 관한 사항
2. 제13조제1항제6호의 규정 중 중대재해에 관한 사항
3. 유해하거나 위험한 기계·기구와 그 밖의 설비를 도입한 경우 안전·보건조치에 관한 사항

③ 산업안전보건위원회의 회의는 대통령령으로 정하는 바에 따라 개최하고 그 결과를 회의록으로 작성하여 보존하여야 한다.

④ 산업안전보건위원회는 해당 사업장 근로자의 안전과 보건을 유지·증진시키기 위하여 필요한 사항을 정할 수 있다.

⑤ 사업주와 근로자는 제2항과 제4항에 따라 산업안전보건위원회가 심의·의결 또는 결정한 사항을 성실하게 이행하여야 한다.

⑥ 제2항과 제4항에 따른 산업안전보건위원회의 심의·의결 또는 결정은 이 법과 이 법에 따른 명령, 단체협약, 취업규칙 및 제20조에 따른 안전보건관리규정에 반하여서는 아니 된다.

⑦ 사업주는 산업안전보건위원회의 위원으로서 정당한 활동을 한 것을 이유로 그 위원에게 불이익을 주어서는 아니 된다.

⑧ 산업안전보건위원회를 설치하여야 할 사업의 종류 및 규모, 산업안전보건위원회의 구성과 운영, 의결되지 아니한 경우의 처리방법 등에 관하여 필요한 사항은 대통령령으로 정한다.

[전문개정 2009.2.6.]

제3장 안전보건관리규정
<개정 2009.2.6.>

제20조(안전보건관리규정의 작성 등) ① 사업주는 사업장의 안전·보건을 유지하기 위하여 다음 각 호의 사항이 포함된 안전보건관리규정을 작성하여 각 사업장에 게시하거나 갖춰 두고, 이를 근로자에게 알려야 한다.

1. 안전·보건 관리조직과 그 직무에 관한 사항
2. 안전·보건교육에 관한 사항
3. 작업장 안전관리에 관한 사항
4. 작업장 보건관리에 관한 사항
5. 사고 조사 및 대책 수립에 관한 사항
6. 그 밖에 안전·보건에 관한 사항

② 제1항의 안전보건관리규정은 해당 사업장에 적용되는 단체협약 및 취업규칙에 반할 수 없다. 이 경우 안전보건관리규정 중 단체협약 또는 취업규칙에 반하는 부분에 관하여는 그 단체협약 또는 취업규칙으로 정한 기준에 따른다.

③ 안전보건관리규정을 작성하여야 할 사업의 종류·규모와 안전보건관리규정에 포함되어야 할 세부적인 내용 등에 관하여 필요한 사항은 고용노동부령으로 정한다. <개정 2010.6.4.>

[전문개정 2009.2.6.]

제21조(안전보건관리규정의 작성·변경 절차) 사업주는 제20조에 따라 안전보건관리규정을 작성하거나 변경할 때에는 제19조에 따른 산업안전보건위원회의 심의·의결을 거쳐야 한다. 다만, 산업안전보건위원회가 설치되어 있지 아니한 사업장의 경우에는 근로자대표의 동의를 받아야 한다.

[전문개정 2009.2.6.]

제22조(안전보건관리규정의 준수 등) ① 사업주와 근로자는 안전보건관리규정을 지켜야 한다.

② 안전보건관리규정에 관하여는 이 법에서 규정한 것을 제외하고는 그 성질에 반하지 아니하는 범위에서 「근로기준법」의 취업규칙에 관한 규정을 준용한다.
[전문개정 2009.2.6.]

제4장 유해·위험 예방조치
<개정 2009.2.6.>

제23조(안전조치) ① 사업주는 사업을 할 때 다음 각 호의 위험을 예방하기 위하여 필요한 조치를 하여야 한다.
1. 기계·기구, 그 밖의 설비에 의한 위험
2. 폭발성, 발화성 및 인화성 물질 등에 의한 위험
3. 전기, 열, 그 밖의 에너지에 의한 위험
② 사업주는 굴착, 채석, 하역, 벌목, 운송, 조작, 운반, 해체, 중량물 취급, 그 밖의 작업을 할 때 불량한 작업방법 등으로 인하여 발생하는 위험을 방지하기 위하여 필요한 조치를 하여야 한다.
③ 사업주는 작업 중 근로자가 추락할 위험이 있는 장소, 토사·구축물 등이 붕괴할 우려가 있는 장소, 물체가 떨어지거나 날아올 위험이 있는 장소, 그 밖에 작업 시 천재지변으로 인한 위험이 발생할 우려가 있는 장소에는 그 위험을 방지하기 위하여 필요한 조치를 하여야 한다.
④ 제1항부터 제3항까지의 규정에 따라 사업주가 하여야 할 안전상의 조치 사항은 고용노동부령으로 정한다. <개정 2010.6.4.>
[전문개정 2009.2.6.]

■판례 - 산업안전보건법위반

사업주에 대한 산업안전보건법 제66조의2, 제23조 제3항 위반죄의 성립 요건 / '산업안전보건기준에 관한 규칙'에서 정한 안전조치 외에 다른 가능한 안전조치가 취해지지 않은 상태에서 위험성 있는 작업이 이루어졌다는 사실만으로 위 죄가 성립하는지 여부(소극) [대법원 2014.8.28, 선고, 2013도3242, 판결]

제24조(보건조치) ① 사업주는 사업을 할 때 다음 각 호의 건강장해를 예방하기 위하여 필요한 조치를 하여야 한다.
1. 원재료·가스·증기·분진·흄(fume)·미스트(mist)·산소결핍·병원체 등에 의한 건강장해
2. 방사선·유해광선·고온·저온·초음파·소음·진동·이상기압 등에 의한 건강장해
3. 사업장에서 배출되는 기체·액체 또는 찌꺼기 등에 의한 건강장해
4. 계측감시(計測監視), 컴퓨터 단말기 조작, 정밀공작 등의 작업에 의한 건강장해
5. 단순반복작업 또는 인체에 과도한 부담을 주는 작업에 의한 건강장해
6. 환기·채광·조명·보온·방습·청결 등의 적정기준을 유지하지 아니하여 발생하는 건강장해
② 제1항에 따라 사업주가 하여야 할 보건상의 조치 사항은 고용노동부령으로 정한다. <개정 2010.6.4.>
[전문개정 2009.2.6.]

제25조(근로자의 준수 사항) 근로자는 제23조, 제24조 및 제38조의3에 따라 사업주가 한 조치로서 고용노동부령으로 정하는 조치 사항을 지켜야 한다. <개정 2010.6.4., 2013.6.12.>
[전문개정 2009.2.6.]

제26조(작업중지 등) ① 사업주는 산업재해가 발생할 급박한 위험이 있을 때 또는 중대재해가 발생하였을 때에는 즉시 작업을 중지시키고 근로자를 작업장소로부터 대피시키는 등 필요한 안전·보건상의 조치를 한 후 작업을 다시 시작하여야 한다.
② 근로자는 산업재해가 발생할 급박한 위험으로 인하여 작업을 중지하고 대피하였을 때에는 지체 없이 그 사실을 바로 위 상급자에게 보고하고, 바로 위 상급자는 이에 대한 적절한 조치를 하여야 한다.
③ 사업주는 산업재해가 발생할 급박한 위험이 있다고 믿을 만한 합리적인 근거가 있을 때에는 제2항에 따라 작업을 중지하고 대피한 근로자에 대하여 이를 이유로 해고나 그 밖의 불리한 처우를 하여서는 아니 된다.
④ 고용노동부장관은 중대재해가 발생하였을 때에는 그 원인 규명 또는 예방대책 수립을 위하여 중대재해 발생원인을 조사하고, 근로감독관과 관계 전문가로 하여금 고용노동부령으로 정하는 바에 따라 안전·보건진단이나 그 밖에 필요한 조치를 하도록 할 수 있다. <개정 2010.6.4.>
⑤ 누구든지 중대재해 발생현장을 훼손하여 제4항의 원인조사를 방해하여서는

아니 된다.
[전문개정 2009.2.6.]

제26조의2(고객의 폭언등으로 인한 건강장해 예방조치)
① 사업주는 주로 고객을 직접 대면하거나 「정보통신망 이용촉진 및 정보보호 등에 관한 법률」에 따른 정보통신망을 통하여 상대하면서 상품을 판매하거나 서비스를 제공하는 업무에 종사하는 근로자(이하 "고객응대근로자"라 한다)에 대하여 고객의 폭언, 폭행, 그 밖에 적정 범위를 벗어난 신체적·정신적 고통을 유발하는 행위(이하 "폭언등"이라 한다)로 인한 건강장해를 예방하기 위하여 고용노동부령으로 정하는 바에 따라 필요한 조치를 하여야 한다.
② 사업주는 고객의 폭언등으로 인하여 고객응대근로자에게 건강장해가 발생하거나 발생할 현저한 우려가 있는 경우에는 업무의 일시적 중단 또는 전환 등 대통령령으로 정하는 필요한 조치를 하여야 한다.
③ 고객응대근로자는 사업주에게 제2항에 따른 조치를 요구할 수 있고 사업주는 고객응대근로자의 요구를 이유로 해고, 그 밖에 불리한 처우를 하여서는 아니 된다.
[본조신설 2018.4.17.]

제27조(기술상의 지침 및 작업환경의 표준)
① 고용노동부장관은 다음 각 호의 조치에 관한 기술상의 지침 또는 작업환경의 표준을 정하여 사업주에게 지도·권고할 수 있다. <개정 2010.6.4., 2011.7.25., 2013.6.12.>
1. 제23조, 제24조 및 제26조에 따라 사업주가 하여야 할 조치
2. 제5조제2항 각 호의 어느 하나에 해당하는 자가 제5조제2항에 따라 산업재해를 방지하기 위하여 하여야 할 조치
② 고용노동부장관은 제1항에 따른 지침과 표준을 정할 때 필요하다고 인정하면 해당 분야별로 기준제정위원회를 구성·운영할 수 있다. <개정 2010.6.4.>
③ 기준제정위원회의 구성·운영과 그 밖에 필요한 사항은 고용노동부장관이 정한다. <개정 2010.6.4.>
[전문개정 2009.2.6.]

제28조(유해작업 도급 금지)
① 안전·보건상 유해하거나 위험한 작업 중 대통령령으로 정하는 작업은 고용노동부장관의 인가를 받지 아니하면 그 작업만을 분리하여 도급(하도급을 포함한다)을 줄 수 없다. <개정 2010.6.4.>
② 제1항에 따라 유해하거나 위험한 작업을 도급 줄 때 지켜야 할 안전·보건조치의 기준은 고용노동부령으로 정한다. <개정 2010.6.4.>
③ 고용노동부장관은 제1항에 따른 인가를 할 경우 제49조에 준하는 안전·보건평가를 하여야 한다. <개정 2010.6.4.>
④ 고용노동부장관은 제1항에 따라 인가를 받은 자가 제2항에 따른 기준에 미달하게 된 경우에는 인가를 취소하여야 한다. <개정 2010.6.4.>
[전문개정 2009.2.6.]

제29조(도급사업 시의 안전·보건조치)
① 같은 장소에서 행하여지는 사업으로서 다음 각 호의 어느 하나에 해당하는 사업 중 대통령령으로 정하는 사업의 사업주는 그가 사용하는 근로자와 그의 수급인이 사용하는 근로자가 같은 장소에서 작업을 할 때에 생기는 산업재해를 예방하기 위한 조치를 하여야 한다. <개정 2010.6.4., 2011.7.25.>
1. 사업의 일부를 분리하여 도급을 주어 하는 사업
2. 사업이 전문분야의 공사로 이루어져 시행되는 경우 각 전문분야에 대한 공사의 전부를 도급을 주어 하는 사업
② 제1항 각 호 외의 부분에 따른 산업재해를 예방하기 위한 조치는 다음 각 호의 조치로 한다. <신설 2011.7.25.>
1. 안전·보건에 관한 협의체의 구성 및 운영
2. 작업장의 순회점검 등 안전·보건관리
3. 수급인이 근로자에게 하는 안전·보건교육에 대한 지도와 지원
4. 제42조제1항에 따른 작업환경측정
5. 다음 각 목의 어느 하나의 경우에 대비한 경보의 운영과 수급인 및 수급인의 근로자에 대한 경보운영 사항의 통보
   가. 작업 장소에서 발파작업을 하는 경우
   나. 작업 장소에서 화재가 발생하거나 토석 붕괴 사고가 발생하는 경우
③ 제1항에 따른 사업주는 그의 수급인이 사용하는 근로자가 토사 등의 붕괴, 화재, 폭발, 추락 또는 낙하 위험이 있는 장소 등 고용노동부령으로 정하는 산업재

해 발생위험이 있는 장소에서 작업을 할 때에는 안전·보건시설의 설치 등 고용노동부령으로 정하는 산업재해 예방을 위한 조치를 하여야 한다. <개정 2010.6.4., 2011.7.25., 2013.6.12.>

④ 제1항에 따른 사업주는 고용노동부령으로 정하는 바에 따라 그가 사용하는 근로자, 그의 수급인 및 그의 수급인이 사용하는 근로자와 함께 정기적으로 또는 수시로 작업장에 대한 안전·보건점검을 하여야 한다. <개정 2010.6.4., 2011.7.25.>

⑤ 다음 각 호의 어느 하나에 해당하는 작업을 도급하는 자는 그 작업을 수행하는 수급인 근로자의 산업재해를 예방하기 위하여 고용노동부령으로 정하는 바에 따라 해당 작업 시작 전에 수급인에게 안전·보건에 관한 정보를 제공하는 등 필요한 조치를 하여야 한다. 이 경우 도급하는 자가 해당 정보를 미리 제공하지 아니한 경우에는 그 수급인이 정보 제공을 직접 요청할 수 있다. <개정 2017.4.18.>

1. 화학물질 또는 화학물질을 함유한 제제(製劑)를 제조·사용·운반 또는 저장하는 설비로서 대통령령으로 정하는 설비를 개조·분해·해체 또는 철거하는 작업

2. 제1호에 따른 설비의 내부에서 이루어지는 작업

3. 질식 또는 붕괴의 위험이 있는 작업으로서 대통령령으로 정하는 작업

⑥ 제1항에 따른 사업주 또는 제5항에 따라 도급하는 자는 수급인 또는 수급인의 근로자가 해당 작업과 관련하여 이 법 또는 이 법에 따른 명령을 위반한 경우에 그 위반행위를 시정하도록 필요한 조치를 하여야 한다. <개정 2011.7.25., 2013.6.12.>

⑦ 수급인과 수급인의 근로자는 정당한 사유가 없으면 제1항부터 제6항까지의 규정에 따른 조치에 따라야 한다. <개정 2011.7.25., 2013.6.12.>

⑧ 사업을 타인에게 도급하는 자는 안전하고 위생적인 작업 수행을 위하여 다음 각 호의 사항을 준수하여야 한다. <개정 2011.7.25., 2013.6.12.>

1. 설계도서 등에 따라 산정된 공사기간을 단축하지 아니할 것

2. 공사비를 줄이기 위하여 위험성이 있는 공법을 사용하거나 정당한 사유 없이 공법을 변경하지 아니할 것

⑨ 사업을 타인에게 도급하는 자는 근로자의 건강을 보호하기 위하여 수급인이 고용노동부령으로 정하는 위생시설에 관한 기준을 준수할 수 있도록 수급인에게 위생시설을 설치할 수 있는 장소를 제공하거나 자신의 위생시설을 수급인의 근로자가 이용할 수 있도록 하는 등 적절한 협조를 하여야 한다. <신설 2011.7.25., 2013.6.12.>

⑩ 제2항제1호부터 제3호까지의 규정에 따른 협의체의 구성·운영, 작업장의 안전·보건관리, 안전·보건교육에 대한 지도 및 지원에 필요한 사항은 고용노동부령으로 정한다. <개정 2010.6.4., 2011.7.25., 2013.6.12.>
[전문개정 2009.2.6.]

■판례 – 구 산업안전보건법 제29조 제3항에서 말하는 '제1항에 따른 사업주'의 의미

구 산업안전보건법(2013. 6. 12. 법률 제11882호로 개정되기 전의 것, 이하 같다) 제29조 제3항은 "제1항에 따른 사업주는 그의 수급인이 사용하는 근로자가 고용노동부령으로 정하는 산업재해 발생위험이 있는 장소에서 작업을 할 때에는 고용노동부령으로 정하는 산업재해 예방을 위한 조치를 하여야 한다."라고 규정하고 있는데, 여기서 말하는 '제1항에 따른 사업주'란 구 산업안전보건법 제29조 제1항에 규정된 '같은 장소에서 행하여지는 사업으로서 사업의 일부를 분리하여 도급을 주어 하는 사업 중 대통령령으로 정하는 사업의 사업주'를 의미한다. [대법원 2016.3.24. 선고, 2015도8621, 판결]

제29조의2(안전·보건에 관한 협의체의 구성·운영에 관한 특례) ① 제29조제1항에 따른 사업으로서 대통령령으로 정하는 종류 및 규모에 해당하는 사업의 사업주는 근로자와 사용자가 같은 수로 구성되는 안전·보건에 관한 노사협의체(이하 "노사협의체"라 한다)를 대통령령으로 정하는 바에 따라 구성·운영할 수 있다.

② 사업주가 제1항에 따라 노사협의체를 구성·운영하는 경우에는 제19조제1항에 따른 산업안전보건위원회 및 제29조제2항제1호에 따른 안전·보건에 관한 협의체를 각각 설치·운영하는 것으로 본다. <개정 2011.7.25.>

③ 제1항에 따라 노사협의체를 구성·운영하는 사업주는 제19조제2항 각 호의 사항에 대하여 노사협의체의 심의·의결을 거쳐야 한다. 이 경우 노사협의체에서 의결되지 아니한 사항의 처리방법은 대통령령

으로 정한다.

④ 노사협의체의 회의는 대통령령으로 정하는 바에 따라 개최하고 그 결과를 회의록으로 작성하여 보존하여야 한다.

⑤ 노사협의체는 그 사업장 근로자의 안전과 보건을 유지·증진시키기 위하여 필요한 사항을 정할 수 있다.

⑥ 노사협의체는 산업재해 예방 및 산업재해가 발생한 경우의 대피방법 등 고용노동부령으로 정하는 사항에 대하여 협의하여야 한다. <개정 2010.6.4.>

⑦ 제1항에 따라 노사협의체를 구성·운영하는 사업주 및 근로자는 제3항 및 제5항에 따라 노사협의체가 심의·의결하거나 결정한 사항을 성실하게 이행하여야 한다.

⑧ 노사협의체에 관하여는 제19조제6항 및 제7항을 준용한다.
[전문개정 2009.2.6.]

제29조의3(설계변경의 요청) ① 건설공사의 수급인(해당 공사를 최초로 도급받은 자를 말한다. 이하 이 조에서 같다)은 건설공사 중에 가설구조물의 붕괴 등 재해발생 위험이 높다고 판단되는 경우에는 전문가의 의견을 들어 건설공사를 발주한 도급인(설계를 포함하여 도급하는 경우는 제외한다. 이하 이 조에서 같다)에게 설계변경을 요청할 수 있다. 이 경우 재해발생 위험이 높다고 판단되는 경우 및 수급인이 의견을 들어야 하는 전문가에 관하여 구체적인 사항은 대통령령으로 정한다.

② 제48조제4항에 따라 고용노동부장관으로부터 공사중지 또는 계획변경 명령을 받은 수급인은 설계변경이 필요한 경우에 건설공사를 발주한 도급인에게 설계변경을 요청할 수 있다.

③ 제1항 및 제2항에 따라 설계변경 요청을 받은 도급인은 고용노동부령으로 정하는 특별한 사유가 없으면 이를 반영하여 설계를 변경하여야 한다.

④ 제1항 및 제2항에 따른 설계변경 요청 내용, 절차, 그 밖에 필요한 사항은 고용노동부령으로 정한다. 이 경우 미리 국토교통부장관과 협의하여야 한다.
[본조신설 2013.6.12.]

제29조의4(공사기간 연장 요청 등) ① 건설공사를 타인에게 도급하는 자는 다음 각 호의 어느 하나에 해당하는 사유로 공사가 지연되어 그의 수급인이 산업재해 예방을 위하여 공사기간 연장을 요청하는 경우 특별한 사유가 없으면 공사기간 연장 조치를 하여야 한다.

1. 태풍·홍수 등 악천후, 전쟁 또는 사변, 지진, 화재, 전염병, 폭동, 그 밖에 계약 당사자의 통제범위를 초월하는 사태의 발생 등 불가항력의 사유에 의한 경우
2. 도급하는 자의 책임으로 착공이 지연되거나 시공이 중단된 경우

② 제1항에 따른 공사기간 연장 요청 요건, 절차 및 그 밖에 필요한 사항은 고용노동부령으로 정한다.
[본조신설 2016.1.27.]

제30조(산업안전보건관리비의 계상 등) ① 건설업, 선박건조·수리업, 그 밖에 대통령령으로 정하는 사업을 타인에게 도급하는 자와 이를 자체사업으로 하는 자는 도급계약을 체결하거나 자체사업계획을 수립하는 경우 고용노동부장관이 정하여 고시하는 바에 따라 산업재해 예방을 위한 산업안전보건관리비를 도급금액 또는 사업비에 계상(計上)하여야 한다. <개정 2010.6.4.>

② 고용노동부장관은 제1항에 따른 산업안전보건관리비의 효율적인 집행을 위하여 다음 각 호의 사항에 관한 기준을 정할 수 있다. <개정 2010.6.4.>

1. 공사의 진척 정도에 따른 사용기준
2. 사업의 규모별·종류별 사용방법 및 구체적인 내용
3. 그 밖에 산업안전보건관리비 사용에 필요한 사항

③ 제1항에 따른 수급인 또는 자체사업을 하는 자는 그 산업안전보건관리비를 다른 목적으로 사용하여서는 아니 된다. 이 경우 제2항에 따른 기준이 정하여져 있는 산업안전보건관리비는 그 기준에 따라 사용하고 고용노동부령으로 정하는 바에 따라 그 사용명세서를 작성하여 보존하여야 한다. <개정 2010.6.4.>

④ 삭제 <2013.6.12.>

⑤ 삭제 <2013.6.12.>

⑥ 삭제 <2013.6.12.>
[전문개정 2009.2.6.]

■판례 - 손해배상(기)·공사대금

산업안전보건관리비를 산업재해 예방을 위하여만 사용하도록 한 산업안전보건법 제30조 제3

항의 입법 취지 / 도급인이 수급인에게 사용하지 않았거나 다른 목적으로 사용한 산업안전보건관리비 상당액의 반환을 요구할 수 있는지 여부(적극) [대법원 2015.10.29. 선고, 2015다214691,214707, 판결]

제30조의2(재해예방 전문지도기관) ① 제30조제1항에 따른 도급을 받은 수급인 또는 자체사업을 하는 자 중 고용노동부령으로 정하는 자가 산업안전보건관리비를 사용하려는 경우에는 미리 그 사용방법, 재해예방 조치 등에 관하여 고용노동부장관이 지정하는 전문기관(이하 "재해예방 전문지도기관"이라 한다)의 지도를 받아야 한다.
② 재해예방 전문지도기관의 지정 요건, 지정 절차, 지도업무의 내용, 그 밖에 필요한 사항은 대통령령으로 정한다.
③ 재해예방 전문지도기관에 관하여는 제15조의2 및 제15조의3을 준용한다. 이 경우 "안전관리전문기관"은 "재해예방 전문지도기관"으로 본다.
④ 고용노동부장관은 재해예방 전문지도기관에 대하여 평가하고 그 결과를 공개할 수 있다. 이 경우 평가의 기준, 방법 및 결과의 공개에 필요한 사항은 고용노동부령으로 정한다.
[본조신설 2013.6.12.]

제31조(안전·보건교육) ① 사업주는 해당 사업장의 근로자에 대하여 고용노동부령으로 정하는 바에 따라 정기적으로 안전·보건에 관한 교육을 하여야 한다. <개정 2010.6.4.>
② 사업주는 근로자를 채용(건설 일용근로자를 채용하는 경우는 제외한다)할 때와 작업내용을 변경할 때에는 그 근로자에 대하여 고용노동부령으로 정하는 바에 따라 해당 업무와 관계되는 안전·보건에 관한 교육을 하여야 한다. <개정 2010.6.4., 2011.7.25.>
③ 사업주는 유해하거나 위험한 작업에 근로자를 사용할 때에는 고용노동부령으로 정하는 바에 따라 그 업무와 관계되는 안전·보건에 관한 특별교육을 하여야 한다. <개정 2010.6.4.>
④ 제1항부터 제3항까지의 규정에도 불구하고 해당 업무에 경험이 있는 근로자에 대하여 교육을 실시하는 등 고용노동부령으로 정하는 경우에는 안전·보건에 관한 교육의 전부 또는 일부를 면제할 수 있다. <신설 2013.6.12.>
⑤ 사업주는 제1항부터 제3항까지의 규정에 따른 안전·보건에 관한 교육을 그에 필요한 인력·시설·장비 등의 요건을 갖추어 고용노동부장관에게 등록한 안전보건교육위탁기관(이하 "안전보건교육위탁기관"이라 한다)에 위탁할 수 있다. <개정 2013.6.12., 2016.1.27.>
⑥ 제5항에 따른 안전보건교육위탁기관의 등록 요건 및 절차 등에 필요한 사항은 대통령령으로 정한다. <신설 2016.1.27.>
[전문개정 2009.2.6.]

제31조의2(건설업 기초안전·보건교육) ① 건설업의 사업주는 건설 일용근로자를 채용할 때에는 그 근로자에 대하여 대통령령으로 정하는 인력·시설·장비 등의 요건을 갖추어 고용노동부장관에게 등록한 기관이 실시하는 기초안전·보건교육(이하 이 조에서 "건설업기초교육"이라 한다)을 이수하도록 하여야 한다. 다만, 건설 일용근로자가 그 사업주에게 채용되기 전에 건설업기초교육을 이수한 경우에는 그러하지 아니하다.
② 제1항에 따른 등록의 절차에 필요한 사항은 대통령령으로 정한다.
③ 건설업기초교육의 시간·내용 및 방법에 필요한 사항은 고용노동부령으로 정한다.
[본조신설 2011.7.25.]

제32조(관리책임자 등에 대한 교육) ① 사업주(제2호는 해당 기관의 사업주를 말한다)는 다음 각 호의 사람에 대하여 고용노동부장관이 실시하는 안전·보건에 관한 직무교육(이하 "직무교육"이라 한다)을 이수하도록 하여야 한다. <개정 2010.6.4., 2016.1.27.>
1. 관리책임자, 제15조에 따른 안전관리자, 제16조에 따른 보건관리자 및 제16조의3에 따른 안전보건관리담당자
2. 안전관리전문기관·보건관리전문기관·재해예방 전문지도기관·석면조사기관의 종사자
② 제1항에도 불구하고 다른 법령에 따라 교육을 받는 등 고용노동부령으로 정하는 경우에는 직무교육의 전부 또는 일부를 면제할 수 있다. <개정 2010.6.4.>
③ 제1항에 따른 직무교육을 위탁받고자 하는 기관은 대통령령으로 정하는 자격·인력·시설·장비 등의 요건을 갖추어 고용노동부장관에게 등록하여야 한다. <신설 2011.7.25.>
④ 직무교육의 시간·내용 및 방법에 관하여 필요한 사항은 고용노동부령으로 정한

다. <개정 2010.6.4., 2011.7.25.>
⑤ 제3항에 따른 등록의 절차에 필요한 사항은 대통령령으로 정한다. <신설 2011.7.25.>
[전문개정 2009.2.6.]

제32조의2(등록기관의 평가) ① 고용노동부장관은 제31조제5항, 제31조의2제1항 또는 제32조제3항에 따라 등록한 기관에 대하여 평가하고 그 결과를 공개할 수 있다. <개정 2016.1.27.>
② 제1항에 따른 평가의 기준·방법 및 결과의 공개에 필요한 사항은 고용노동부령으로 정한다.
[본조신설 2011.7.25.]

제32조의3(준용) 제31조제5항, 제31조의2제1항 또는 제32조제3항에 따라 고용노동부장관에게 등록한 기관에 관하여는 제15조의2를 준용한다. 이 경우 "안전관리전문기관"은 "제31조제5항, 제31조의2제1항 또는 제32조제3항에 따라 고용노동부장관에게 등록한 기관"으로, "지정"은 "등록"으로 본다. <개정 2013.6.12., 2016.1.27.>
[본조신설 2011.7.25.]

제33조(유해하거나 위험한 기계·기구 등의 방호조치 등) ① 누구든지 유해하거나 위험한 작업을 필요로 하거나 동력(動力)으로 작동하는 기계·기구로서 대통령령으로 정하는 것은 고용노동부령으로 정하는 유해·위험 방지를 위한 방호조치를 하지 아니하고는 양도, 대여, 설치 또는 사용에 제공하거나, 양도·대여의 목적으로 진열하여서는 아니 된다. <개정 2010.6.4., 2013.6.12.>
② 누구든지 동력으로 작동하는 기계·기구로서 작동부분의 돌기부분, 동력전달부분이나 속도조절부분 또는 회전기계의 물림점을 가진 것은 고용노동부령으로 정하는 방호조치를 하지 아니하고는 양도, 대여, 설치 또는 사용에 제공하거나 양도·대여의 목적으로 진열하여서는 아니 된다. <신설 2013.6.12.>
③ 기계·기구·설비 및 건축물 등으로서 대통령령으로 정하는 것을 타인에게 대여하거나 대여받는 자는 고용노동부령으로 정하는 유해·위험 방지를 위하여 필요한 조치를 하여야 한다. <개정 2010.6.4., 2013.6.12.>
[전문개정 2009.2.6.]

제34조(안전인증) ① 고용노동부장관은 유해하거나 위험한 기계·기구·설비 및 방호장치·보호구(이하 "유해·위험한 기계·기구·설비등"이라 한다)의 안전성을 평가하기 위하여 그 안전에 관한 성능과 제조자의 기술 능력 및 생산 체계 등에 관한 안전인증기준(이하 "안전인증기준"이라 한다)을 정하여 고시할 수 있다. 이 경우 안전인증기준은 유해·위험한 기계·기구·설비등의 종류별, 규격 및 형식별로 정할 수 있다. <개정 2010.6.4., 2013.6.12.>
② 유해·위험한 기계·기구·설비등으로서 근로자의 안전·보건에 필요하다고 인정되어 대통령령으로 정하는 것(이하 "안전인증대상 기계·기구등"이라 한다)을 제조(고용노동부령으로 정하는 기계·기구 등을 설치·이전하거나 주요 구조 부분을 변경하는 경우를 포함한다. 이하 이 조 및 제34조의2부터 제34조의4까지의 규정에서 같다)하거나 수입하는 자는 안전인증대상 기계·기구등이 안전인증기준에 맞는지에 대하여 고용노동부장관이 실시하는 안전인증을 받아야 한다. <개정 2013.6.12.>
③ 다음 각 호의 어느 하나에 해당하면 고용노동부령으로 정하는 바에 따라 제2항에 따른 안전인증의 전부 또는 일부를 면제할 수 있다. <개정 2010.6.4.>
1. 연구·개발을 목적으로 제조·수입하거나 수출을 목적으로 제조하는 경우
2. 고용노동부장관이 정하여 고시하는 외국의 안전인증기관에서 인증을 받은 경우
3. 다른 법령에서 안전성에 관한 검사나 인증을 받은 경우
④ 안전인증대상 기계·기구등이 아닌 유해·위험한 기계·기구·설비등의 안전에 관한 성능 등을 평가받으려면 그 제조자 또는 수입자가 고용노동부장관에게 안전인증을 신청할 수 있다. 이 경우 고용노동부장관이 정하여 고시한 안전인증기준에 따라 안전인증을 할 수 있다. <개정 2010.6.4., 2013.6.12.>
⑤ 고용노동부장관은 제2항 및 제4항에 따른 안전인증(이하 "안전인증"이라 한다)을 받은 자가 안전인증기준을 지키고 있는지를 3년 이하의 범위에서 고용노동부령으로 정하는 주기마다 확인하여야 한다. 다만, 제3항에 따라 안전인증의 일부를 면제받은 경우에는 고용노동부령으로 정하는 바에 따라 확인의 전부 또는 일부를 생략할 수 있다. <개정 2010.6.4., 2011.7.25., 2013.6.12.>

⑥ 제2항에 따라 안전인증을 받은 자는 안전인증을 받은 제품에 대하여 고용노동부령으로 정하는 바에 따라 제품명·모델·제조수량·판매수량 및 판매처 현황 등의 사항을 기록·보존하여야 한다. <신설 2011.7.25.>
⑦ 고용노동부장관은 근로자의 안전·보건에 필요하다고 인정하는 경우 안전인증대상 기계·기구등을 제조·수입 또는 판매하는 자에게 고용노동부령으로 정하는 바에 따라 해당 안전인증대상 기계·기구등의 제조·수입·판매에 관한 자료를 공단에 제출하게 할 수 있다. <신설 2011.7.25., 2013.6.12.>
⑧ 안전인증의 신청·방법 및 절차, 제5항에 따른 확인의 방법 및 절차에 관하여 필요한 사항은 고용노동부령으로 정한다. <개정 2010.6.4., 2011.7.25.>
[전문개정 2009.2.6.]

제34조의2(안전인증의 표시 등) ① 안전인증을 받은 자는 안전인증을 받은 유해·위험한 기계·기구·설비등이나 이를 담은 용기 또는 포장에 고용노동부령으로 정하는 바에 따라 안전인증의 표시(이하 "안전인증표시"라 한다)를 하여야 한다. <개정 2010.6.4., 2013.6.12.>
② 안전인증을 받은 유해·위험한 기계·기구·설비등이 아닌 것은 안전인증표시 또는 이와 유사한 표시를 하거나 안전인증에 관한 광고를 할 수 없다. <개정 2013.6.12.>
③ 안전인증을 받은 유해·위험한 기계·기구·설비등을 제조·수입·양도·대여하는 자는 안전인증표시를 임의로 변경하거나 제거하여서는 아니 된다. <개정 2013.6.12.>
④ 고용노동부장관은 다음 각 호의 어느 하나에 해당하면 안전인증표시나 이와 유사한 표시를 제거할 것을 명하여야 한다. <개정 2010.6.4.>
1. 제2항을 위반하여 안전인증표시나 이와 유사한 표시를 한 경우
2. 제34조의3제1항에 따라 안전인증이 취소되거나 안전인증표시의 사용 금지 명령을 받은 경우
[전문개정 2009.2.6.]

제34조의3(안전인증의 취소 등) ① 고용노동부장관은 안전인증을 받은 자가 다음 각 호의 어느 하나에 해당하면 안전인증을 취소하거나 6개월 이내의 기간을 정하여 안전인증표시의 사용을 금지하거나 안전인증

기준에 맞게 개선하도록 명할 수 있다. 다만, 제1호의 경우에는 안전인증을 취소하여야 한다. <개정 2010.6.4., 2013.6.12.>
1. 거짓이나 그 밖의 부정한 방법으로 안전인증을 받은 경우
2. 안전인증을 받은 유해·위험한 기계·기구·설비등의 안전에 관한 성능 등이 안전인증기준에 맞지 아니하게 된 경우
3. 정당한 사유 없이 제34조제5항에 따른 확인을 거부, 기피 또는 방해하는 경우
② 고용노동부장관은 제1항에 따라 안전인증을 취소한 경우에는 고용노동부령으로 정하는 바에 따라 그 사실을 공고하여야 한다. <개정 2010.6.4.>
③ 제1항에 따라 안전인증이 취소된 자는 안전인증이 취소된 날부터 1년 이내에는 같은 규격과 형식의 유해·위험한 기계·기구·설비등에 대하여 안전인증을 신청할 수 없다. <개정 2013.6.12.>
[전문개정 2009.2.6.]

제34조의4(안전인증대상 기계·기구등의 제조·수입·사용 등의 금지 등) ① 다음 각 호의 어느 하나에 해당하는 안전인증대상 기계·기구등은 제조·수입·양도·대여·사용하거나 양도·대여의 목적으로 진열할 수 없다. <개정 2010.6.4., 2011.7.25., 2013.6.12.>
1. 안전인증을 받지 아니한 경우(제34조제3항에 따라 안전인증이 전부 면제되는 경우는 제외한다)
2. 제34조제1항에 따라 고용노동부장관이 정하여 고시하는 안전인증기준에 맞지 아니하게 된 경우
3. 제34조의3제1항에 따라 안전인증이 취소되거나 안전인증표시의 사용 금지 명령을 받은 경우
② 고용노동부장관은 제1항을 위반하여 안전인증대상 기계·기구등을 제조·수입·양도·대여하는 자에게 고용노동부령으로 정하는 바에 따라 그 안전인증대상 기계·기구등을 수거하거나 파기할 것을 명할 수 있다. <개정 2010.6.4., 2013.6.12.>
[전문개정 2009.2.6.]
[제목개정 2013.6.12.]

제34조의5(안전인증기관의 지정) ① 고용노동부장관은 안전인증 업무 및 제34조제5항에 따른 확인 업무를 위탁받아 수행할 기관(이하 "안전인증기관"이라 한다)을 지

정할 수 있다.

② 고용노동부장관은 안전인증 업무의 효율적인 수행을 위하여 안전인증기관의 업무수행 실태를 조사·평가하거나 업무처리를 지도·감독할 수 있다.

③ 안전인증기관의 인력·시설·장비 등의 지정 요건 및 지정 절차에 필요한 사항은 대통령령으로 정한다.

④ 안전인증기관에 관하여는 제15조의2 및 제15조의3을 준용한다. 이 경우 "안전관리전문기관"은 "안전인증기관"으로 본다. <개정 2013.6.12., 2017.4.18.>
[본조신설 2011.7.25.]

제34조의6 삭제 <2007.7.27.>

제35조(자율안전확인의 신고) ① 안전인증대상 기계·기구등이 아닌 유해·위험한 기계·기구·설비등으로서 대통령령으로 정하는 것(이하 "자율안전확인대상 기계·기구등"이라 한다)을 제조하거나 수입하는 자는 자율안전확인대상 기계·기구등의 안전에 관한 성능이 고용노동부장관이 정하여 고시하는 안전기준(이하 "자율안전기준"이라 한다)에 맞는지 확인(이하 "자율안전확인"이라 한다)하여 고용노동부장관에게 신고(신고한 사항을 변경하는 경우를 포함한다)하여야 한다. 다만, 다음 각 호의 어느 하나에 해당하는 경우에는 신고를 면제할 수 있다. <개정 2010.6.4., 2013.6.12.>
1. 연구·개발을 목적으로 제조·수입하거나 수출을 목적으로 제조하는 경우
2. 제34조제4항에 따른 안전인증을 받은 경우(제34조의3제1항에 따라 안전인증이 취소되거나 안전인증표시의 사용 금지 명령을 받은 경우는 제외한다)
3. 고용노동부령으로 정하는 다른 법령에서 안전성에 관한 검사나 인증을 받은 경우

② 제1항에 따라 신고를 한 자는 자율안전확인대상 기계·기구등이 자율안전기준에 맞는 것임을 증명하는 서류를 보존하여야 한다.

③ 제1항에 따른 신고의 방법 등에 관하여 필요한 사항은 고용노동부령으로 정한다. <개정 2010.6.4.>
[전문개정 2009.2.6.]

제35조의2(자율안전확인의 표시 등) ① 제35조제1항에 따라 신고를 한 자는 자율안전확인대상 기계·기구등이나 이를 담은 용기 또는 포장에 고용노동부령으로 정하는 바에 따라 자율안전확인의 표시(이하 "자율안전확인표시"라 한다)를 하여야 한다. <개정 2010.6.4.>

② 제35조제1항에 따라 신고된 자율안전확인대상 기계·기구등이 아닌 것은 자율안전확인표시 또는 이와 유사한 표시를 하거나 자율안전확인에 관한 광고를 할 수 없다.

③ 제35조제1항에 따라 신고된 자율안전확인대상 기계·기구등을 제조·수입·양도·대여하는 자는 자율안전확인표시를 임의로 변경하거나 제거하여서는 아니 된다.

④ 고용노동부장관은 다음 각 호의 어느 하나에 해당하면 자율안전확인표시나 이와 유사한 표시를 제거할 것을 명하여야 한다. <개정 2010.6.4., 2011.7.25.>
1. 제2항을 위반하여 자율안전확인표시나 이와 유사한 표시를 한 경우
2. 거짓이나 그 밖의 부정한 방법으로 제35조제1항에 따른 신고를 한 경우
3. 제35조의3제1항에 따라 자율안전확인표시의 사용 금지 명령을 받은 경우
[전문개정 2009.2.6.]

제35조의3(자율안전확인표시의 사용 금지 등)
① 고용노동부장관은 제35조제1항에 따라 신고된 자율안전확인대상 기계·기구등의 안전에 관한 성능이 자율안전기준에 맞지 아니하게 된 경우에는 제35조제1항에 따라 신고한 자에게 6개월 이내의 기간을 정하여 자율안전확인표시의 사용을 금지하거나 자율안전기준에 맞게 개선하도록 명할 수 있다. <개정 2010.6.4., 2011.7.25.>

② 고용노동부장관은 제1항에 따라 자율안전확인표시의 사용을 금지한 때에는 그 사실을 공고하여야 한다. <신설 2011.7.25.>

③ 제2항에 따른 공고의 내용, 방법 및 절차, 그 밖에 공고에 필요한 사항은 고용노동부령으로 정한다. <신설 2011.7.25.>
[전문개정 2009.2.6.]

제35조의4(자율안전확인대상 기계·기구등의 제조·수입·사용 등의 금지 등) ① 다음 각 호의 어느 하나에 해당하는 자율안전확인대상 기계·기구등은 제조·수입·양도·대여·사용하거나 양도·대여의 목적으로 진열할 수 없다. <개정 2010.6.4., 2011.7.25.>
1. 제35조제1항에 따른 신고를 하지 아니한 경우(제35조제1항 단서에 따라 신

고가 면제되는 경우는 제외한다)
2. 거짓이나 그 밖의 부정한 방법으로 제35조제1항에 따른 신고를 한 경우
3. 제35조제1항에 따라 고용노동부장관이 정하여 고시하는 자율안전기준에 맞지 아니한 경우
4. 제35조의3제1항에 따라 자율안전확인 표시의 사용 금지 명령을 받은 경우
② 고용노동부장관은 제1항을 위반하여 자율안전확인대상 기계·기구등을 제조·수입·양도·대여하는 자에게 고용노동부령으로 정하는 바에 따라 그 자율안전확인대상 기계·기구등을 수거하거나 파기할 것을 명할 수 있다. <개정 2010.6.4.>
[전문개정 2009.2.6.]

제36조(안전검사) ① 유해하거나 위험한 기계·기구·설비로서 대통령령으로 정하는 것(이하 "유해·위험기계등" 이라 한다)을 사용하는 사업주(근로자를 사용하지 아니하고 사업을 하는 자를 포함한다. 이하 이 조에서 같다)는 유해·위험기계등의 안전에 관한 성능이 고용노동부장관이 정하여 고시하는 검사기준에 맞는지에 대하여 고용노동부장관이 실시하는 검사(이하 "안전검사"라 한다)를 받아야 한다. 이 경우 유해·위험기계등을 사용하는 사업주와 소유자가 다른 경우에는 유해·위험기계등의 소유자가 안전검사를 받아야 한다. <개정 2010.6.4., 2011.7.25.>
② 제1항에도 불구하고 유해·위험기계등이 고용노동부령으로 정하는 다른 법령에 따라 안전성에 관한 검사나 인증을 받은 경우에는 안전검사를 면제할 수 있다. <신설 2011.7.25.>
③ 안전검사에 합격한 유해·위험기계등을 사용하는 사업주는 그 유해·위험기계등이 안전검사에 합격한 것임을 나타내는 표시를 하여야 한다. <개정 2011.7.25.>
④ 다음 각 호의 어느 하나에 해당하는 유해·위험기계등은 사용하여서는 아니 된다. <개정 2011.7.25.>
1. 안전검사를 받지 아니한 유해·위험기계등(제2항에 따라 안전검사가 면제되는 경우는 제외한다)
2. 안전검사에 불합격한 유해·위험기계등
⑤ 고용노동부장관은 안전검사 업무를 위탁받아 수행할 기관(이하 "안전검사기관"이라 한다)을 지정할 수 있다. <신설 2011.7.25.>
⑥ 안전검사기관은 제4항 각 호에 해당하는 유해·위험기계등을 발견한 때에는 이를 관할 지방고용노동관서의 장에게 지체 없이 보고하여야 한다. <신설 2011.7.25.>
⑦ 고용노동부장관은 안전검사 업무의 효율적인 수행을 위하여 안전검사기관의 업무수행 실태를 조사·평가하거나 업무처리를 지도·감독할 수 있다. <신설 2011.7.25.>
⑧ 안전검사기관의 인력·시설·장비 등의 지정 요건 및 지정 절차에 필요한 사항은 대통령령으로 정한다. <신설 2011.7.25.>
⑨ 안전검사의 신청, 검사 주기 및 검사합격 표시 방법에 관하여 필요한 사항은 고용노동부령으로 정한다. 이 경우 검사 주기는 유해·위험기계등의 종류, 사용연한(使用年限) 및 위험성을 고려하여 정한다. <개정 2010.6.4., 2011.7.25.>
⑩ 안전검사기관에 관하여는 제15조의2 및 제15조의3을 준용한다. 이 경우 "안전관리전문기관"은 "안전검사기관"으로 본다. <신설 2011.7.25., 2013.6.12., 2017.4.18.>
[전문개정 2009.2.6.]

제36조의2(자율검사프로그램에 따른 안전검사) ① 제36조제1항에도 불구하고 안전검사를 받아야 하는 자가 근로자대표와 협의(근로자를 사용하지 아니하는 경우는 제외한다)하여 제36조제1항 본문에 따른 검사기준, 같은 조 제9항에 따른 검사 주기 및 검사합격 표시 방법 등을 충족하는 검사프로그램(이하 "자율검사프로그램"이라 한다)을 정하고 고용노동부장관의 인정을 받아 그에 따라 유해·위험기계등의 안전에 관한 성능검사를 하면 안전검사를 받은 것으로 본다. 이 경우 자율검사프로그램의 유효기간은 2년으로 한다. <개정 2010.6.4., 2011.7.25.>
② 제36조제1항에 따라 안전검사를 받아야 하는 자는 자율검사프로그램에 따라 검사를 하려면 다음 각 호의 어느 하나에 해당하는 사람에게 검사를 받고 그 결과를 기록·보존하여야 한다. <개정 2010.6.4., 2011.7.25., 2013.6.12.>
1. 고용노동부령으로 정하는 자격 및 경험을 가진 사람
2. 고용노동부령으로 정하는 바에 따라 검사원 양성교육을 이수하고 해당 분야의 실무경험이 있는 사람
③ 제36조제1항에 따라 안전검사를 받아야 하는 자는 제2항에 따른 검사를 고용노동부장관이 지정하는 검사기관(이하 "지

정검사기관"이라 한다)에 위탁할 수 있다. <개정 2010.6.4., 2011.7.25.>

④ 고용노동부장관은 자율검사프로그램의 인정을 받은 자가 다음 각 호의 어느 하나에 해당하면 자율검사프로그램의 인정을 취소하거나 인정받은 자율검사프로그램의 내용에 따라 검사를 하도록 하는 등 개선을 명할 수 있다. 다만, 제1호의 경우에는 인정을 취소하여야 한다. <개정 2010.6.4.>

1. 거짓이나 그 밖의 부정한 방법으로 자율검사프로그램을 인정받은 경우
2. 자율검사프로그램을 인정받고도 검사를 하지 아니한 경우
3. 인정받은 자율검사프로그램의 내용에 따라 검사를 하지 아니한 경우
4. 제2항에 따른 자격을 가진 자 또는 지정검사기관이 검사를 하지 아니한 경우

⑤ 제4항에 따라 자율검사프로그램의 인정이 취소된 유해·위험기계등은 사용하여서는 아니 된다.

⑥ 고용노동부장관은 지정검사기관에 대하여 평가하고 그 결과를 공개할 수 있다. 이 경우 평가의 기준·방법 및 결과의 공개에 필요한 사항은 고용노동부령으로 정한다. <신설 2017.4.18.>

⑦ 자율검사프로그램에 포함되어야 할 내용, 자율검사프로그램의 인정 요건, 인정 방법 및 인정 절차, 지정검사기관의 지정 요건 및 지정 절차에 관하여 필요한 사항은 고용노동부령으로 정한다. <개정 2010.6.4., 2017.4.18.>

⑧ 지정검사기관에 관하여는 제15조의2를 준용한다. 이 경우 "안전관리전문기관"은 "지정검사기관"으로 본다. <개정 2011.7.25., 2013.6.12., 2017.4.18.>

[전문개정 2009.2.6.]

제36조의3(안전인증대상 기계·기구등 제조사업 등의 지원)
① 고용노동부장관은 안전인증대상 기계·기구등, 자율안전확인대상 기계·기구등 또는 산업재해가 많이 발생하는 기계·기구 및 설비로서 그 안전성의 향상을 위한 지원이 필요하다고 인정하는 것을 제조하는 자와 작업환경 개선시설을 설계·시공하는 자에게는 제조물의 품질·안전성 및 설계·시공 능력 등의 향상을 위하여 예산의 범위에서 필요한 지원을 할 수 있다. <개정 2010.6.4., 2011.7.25., 2013.6.12.>

② 제1항에 따른 지원을 받으려는 자는 고용노동부령으로 정하는 요건을 갖추어 고용노동부장관에게 등록하여야 한다. <개정 2010.6.4.>

③ 고용노동부장관은 제2항에 따라 등록한 자가 다음 각 호의 어느 하나에 해당할 때에는 그 등록을 취소하거나 제1항에 따른 지원을 제한할 수 있다. 다만, 제1호의 경우에는 등록을 취소하여야 한다. <개정 2011.7.25.>

1. 거짓이나 그 밖의 부정한 방법으로 등록한 경우
2. 제2항에 따른 등록 요건에 적합하지 아니하게 된 경우
3. 제34조의3제1항제1호에 따라 안전인증이 취소된 경우

④ 고용노동부장관은 제1항에 따라 지원받은 자가 다음 각 호의 어느 하나에 해당하는 경우에 해당 금액 또는 지원에 상응하는 금액을 환수하여야 한다. 이 경우 제1호의 경우에는 지급받은 금액에 상당하는 액수 이하의 금액을 추가로 환수할 수 있다. <신설 2011.7.25.>

1. 거짓이나 그 밖의 부정한 방법으로 지원받은 경우
2. 제3항제1호에 해당하여 등록이 취소된 경우
3. 제1항에 따른 지원 목적과 다른 용도로 지원금을 사용한 경우

⑤ 고용노동부장관은 제3항에 따라 등록이 취소된 자에 대하여 등록이 취소된 날부터 2년 이내의 기간을 정하여 제2항에 따른 등록을 제한할 수 있다. <신설 2011.7.25.>

⑥ 제1항부터 제5항까지의 규정에 따른 지원내용, 등록, 등록 취소 및 환수의 절차, 등록 제한 요건, 그 밖에 필요한 사항은 고용노동부령으로 정한다. <개정 2010.6.4., 2011.7.25.>

[전문개정 2009.2.6.]
[제목개정 2013.6.12.]

제36조의4(유해·위험기계등의 안전 관련 정보의 종합관리)
① 고용노동부장관은 사업장의 유해·위험기계등의 보유현황 및 안전검사 이력 등 안전에 관한 정보를 종합관리하고, 종합관리한 정보를 안전검사기관 등에 제공할 수 있다.

② 고용노동부장관은 제1항에 따른 정보의 종합관리를 위하여 안전검사기관에 사업장의 유해·위험기계등의 보유현황 및

안전검사 이력 등의 필요한 자료를 제출하도록 요청할 수 있다. 이 경우 요청을 받은 안전검사기관은 특별한 사유가 없으면 요청에 따라야 한다.

③ 고용노동부장관은 제1항에 따른 정보의 종합관리를 위하여 유해·위험기계등의 보유현황 및 안전검사 이력 등 안전에 관한 종합정보망을 구축·운영하여야 한다.

[본조신설 2011.7.25.]

제37조(제조 등의 금지) ① 누구든지 다음 각 호의 어느 하나에 해당하는 물질로서 대통령령으로 정하는 물질(이하 이 조에서 "제조등금지물질"이라 한다)을 제조·수입·양도·제공 또는 사용하여서는 아니 된다. <개정 2013.6.12.>

1. 직업성 암을 유발하는 것으로 확인되어 근로자의 건강에 특히 해롭다고 인정되는 물질
2. 제39조에 따라 유해성·위험성이 평가된 유해인자나 제40조에 따라 유해성·위험성이 조사된 화학물질 가운데 근로자에게 중대한 건강장해를 일으킬 우려가 있는 물질

② 제1항에도 불구하고 시험·연구를 위한 경우로서 고용노동부령으로 정하는 기준에 맞는 경우에는 고용노동부장관의 승인을 받아 제조등금지물질을 제조·수입 또는 사용할 수 있다. <개정 2010.6.4., 2013.6.12.>

③ 고용노동부장관은 제2항에 따라 승인을 받은 자가 같은 항에 따른 기준에 적합하지 아니하게 된 경우에는 승인을 취소하여야 한다. <개정 2010.6.4.>

[전문개정 2009.2.6.]

제38조(제조 등의 허가) ① 제37조제1항 각 호의 어느 하나의 기준에 해당하는 물질로서 대통령령으로 정하는 물질(이하 "허가대상물질"이라 한다)을 제조하거나 사용하려는 자는 고용노동부령으로 정하는 바에 따라 미리 고용노동부장관의 허가를 받아야 한다. 허가받은 사항을 변경할 때에도 또한 같다. <개정 2010.6.4., 2013.6.12.>

② 허가대상물질의 제조·사용설비, 작업방법, 그 밖의 허가기준은 고용노동부령으로 정한다. <개정 2010.6.4., 2013.6.12.>

③ 제1항에 따라 허가를 받은 자(이하 "허가대상물질 제조·사용자"라 한다)는 그 제조·사용설비를 제2항의 기준에 적합하도록

유지하여야 하며, 그 기준에 적합한 작업방법으로 허가대상물질을 제조·사용하여야 한다. <개정 2013.6.12.>

④ 고용노동부장관은 허가대상물질 제조·사용자의 제조·사용설비 또는 작업방법이 제2항의 기준에 적합하지 아니하다고 인정할 때에는 그 기준에 적합하도록 제조·사용설비를 수리·개조 또는 이전하도록 하거나 그 기준에 적합한 작업방법으로 그 물질을 제조·사용하도록 명할 수 있다. <개정 2010.6.4., 2013.6.12.>

⑤ 고용노동부장관은 허가대상물질 제조·사용자가 다음 각 호의 어느 하나에 해당하면 그 허가를 취소하거나 6개월 이내의 기간을 정하여 영업을 정지하게 할 수 있다. 다만, 제1호에 해당할 때에는 그 허가를 취소하여야 한다. <개정 2010.6.4., 2013.6.12.>

1. 거짓이나 그 밖의 부정한 방법으로 허가를 받은 경우
2. 제2항에 따른 허가기준에 맞지 아니하게 된 경우
3. 제3항을 위반한 경우
4. 제4항에 따른 명령을 위반한 경우
5. 자체검사 결과 이상을 발견하고도 즉시 보수 및 필요한 조치를 하지 아니한 경우

⑥ 제1항에 따른 허가의 신청절차나 그 밖에 필요한 사항은 대통령령으로 정한다.

[전문개정 2009.2.6.]

제38조의2(석면조사) ① 건축물이나 설비를 철거하거나 해체하려는 경우에 해당 건축물이나 설비의 소유주 또는 임차인 등(이하 "건축물이나 설비의 소유주등"이라 한다)은 다음 각 호의 사항을 고용노동부령으로 정하는 바에 따라 조사(이하 "일반석면조사"라 한다)한 후 그 결과를 기록·보존하여야 한다.

1. 해당 건축물이나 설비에 석면이 함유되어 있는지 여부
2. 해당 건축물이나 설비 중 석면이 함유된 자재의 종류, 위치 및 면적

② 제1항에 따른 건축물이나 설비 중 대통령령으로 정하는 규모 이상의 건축물이나 설비의 소유주등은 고용노동부장관이 지정하는 기관(이하 "석면조사기관"이라 한다)으로 하여금 제1항 각 호의 사항과 해당 건축물이나 설비에 함유된 석면의 종류 및 함유량을 조사(이하 "기관석면조사"라 한

다)하도록 한 후 그 결과를 기록·보존하여야 한다. 다만, 석면함유 여부가 명백한 경우 등 대통령령으로 정하는 사유에 해당하여 고용노동부령으로 정하는 절차에 따라 확인을 받은 경우에는 기관석면조사를 생략할 수 있다.

③ 「석면안전관리법」 등 다른 법률에 따라 건축물이나 설비에 대한 석면조사를 실시한 경우에는 고용노동부령으로 정하는 바에 따라 일반석면조사 또는 기관석면조사를 실시한 것으로 본다.

④ 고용노동부장관은 건축물이나 설비의 소유주등이 일반석면조사 또는 기관석면조사를 하지 아니하고 건축물이나 설비를 철거하거나 해체하는 경우에는 다음 각 호의 조치를 명할 수 있다.

1. 해당 건축물이나 설비의 소유주등에 대한 일반석면조사 또는 기관석면조사의 이행명령
2. 해당 건축물이나 설비를 철거하거나 해체하는 자에 대하여 제1호에 따른 이행명령의 결과를 보고받을 때까지의 작업중지 명령

⑤ 고용노동부장관은 기관석면조사의 정확성 및 신뢰성을 확보하기 위하여 석면조사기관의 석면조사 능력을 평가하고, 평가 결과에 따라 석면조사기관을 지도·교육할 수 있다. 이 경우 평가 및 지도·교육의 방법, 절차 등은 고용노동부장관이 정하여 고시한다.

⑥ 고용노동부장관은 석면조사의 수준을 향상시키기 위하여 필요한 경우 고용노동부령으로 정하는 바에 따라 석면조사기관을 평가하고 그 결과를 공표(제5항에 따른 평가의 결과를 포함한다)할 수 있다. <신설 2017.4.18.>

⑦ 석면조사기관의 지정 요건 및 절차는 대통령령으로 정하고, 기관석면조사 방법과 그 밖에 필요한 사항은 고용노동부령으로 정한다. <개정 2017.4.18.>

⑧ 석면조사기관에 관하여는 제15조의2를 준용한다. 이 경우 "안전관리전문기관"은 "석면조사기관"으로 본다. <개정 2013.6.12., 2017.4.18.>

[전문개정 2011.7.25.]

제38조의3(석면 해체·제거 작업기준의 준수) 석면이 함유된 건축물이나 설비를 철거하거나 해체하는 자는 고용노동부령으로 정

하는 석면해체·제거의 작업기준을 준수하여야 한다. <개정 2010.6.4., 2011.7.25.>

[본조신설 2009.2.6.]

제38조의4(석면해체·제거업자를 통한 석면의 해체·제거) ① 기관석면조사 대상으로서 대통령령으로 정하는 함유량과 면적 이상의 석면이 함유되어 있는 경우 건축물이나 설비의 소유주등은 고용노동부장관에게 등록한 자(이하 "석면해체·제거업자"라 한다)로 하여금 그 석면을 해체·제거하도록 하여야 한다. 다만, 건축물이나 설비의 소유주등이 인력·장비 등에서 석면해체·제거업자와 동등한 능력을 갖추고 있는 경우 등 대통령령으로 정하는 사유에 해당할 경우에는 스스로 석면을 해체·제거할 수 있다. <개정 2010.6.4., 2011.7.25.>

② 제1항에 따른 석면해체·제거는 해당 건축물이나 설비에 대하여 기관석면조사를 실시한 기관이 하여서는 아니 된다. <개정 2011.7.25.>

③ 석면해체·제거업자(제1항 단서의 경우에는 건축물이나 설비의 소유주등을 말한다. 이하 제38조의5에서 같다)는 제1항에 따른 석면해체·제거작업을 하기 전에 고용노동부장관에게 신고하고, 제1항에 따른 석면해체·제거작업에 관한 서류를 보존하여야 한다. <개정 2010.6.4., 2011.7.25.>

④ 고용노동부장관은 석면해체·제거업자의 신뢰성을 유지하기 위하여 석면해체·제거작업의 안전성을 평가한 후 그 결과를 공표할 수 있다. <개정 2010.6.4.>

⑤ 제1항에 따른 등록 요건 및 절차는 대통령령으로 정하고, 제3항에 따른 신고 절차, 제4항에 따른 평가 기준·방법 및 공표 방법 등은 고용노동부령으로 정한다. <개정 2010.6.4.>

⑥ 석면해체·제거업자에 관하여는 제15조의2를 준용한다.

[본조신설 2009.2.6.]

제38조의5(석면농도기준의 준수) ① 석면해체·제거업자는 제38조의4제1항에 따른 석면해체·제거작업이 완료된 후 해당 작업장의 공기 중 석면농도가 고용노동부령으로 정하는 기준(이하 "석면농도기준"이라 한다) 이하가 되도록 하고, 그 증명자료를 고용노동부장관에게 제출하여야 한다. <개정 2010.6.4., 2011.7.25.>

② 제1항에 따른 공기 중 석면농도를 측정할 수 있는 자의 자격 및 측정 방법에 관한 사항은 고용노동부령으로 정한다. <개정 2010.6.4.>

③ 석면해체·제거작업 완료 후 작업장의 공기 중 석면농도가 석면농도기준을 초과한 경우 건축물이나 설비의 소유주등은 해당 건축물이나 설비를 철거하거나 해체하여서는 아니 된다. <개정 2011.7.25.>

[본조신설 2009.2.6.]

제39조(유해인자의 관리 등) ① 고용노동부장관은 근로자의 건강장해를 유발하는 화학물질 및 물리적 인자 등(이하 "유해인자"라 한다)을 고용노동부령으로 정하는 분류기준에 따라 분류하고 관리하여야 한다. <개정 2010.6.4.>

② 고용노동부장관은 유해인자의 노출기준을 정하여 관보 등에 고시한다. <개정 2010.6.4.>

③ 고용노동부장관은 유해인자가 근로자의 건강에 미치는 유해성·위험성을 평가하고 그 결과를 관보 등에 공표할 수 있다. <개정 2010.6.4.>

④ 제3항에 따라 유해성·위험성을 평가할 대상 물질의 선정기준 및 평가방법 등에 관하여 필요한 사항은 고용노동부령으로 정한다. <개정 2010.6.4.>

[전문개정 2009.2.6.]

제39조의2(유해인자 허용기준의 준수) ① 사업주는 발암성 물질 등 근로자에게 중대한 건강장해를 유발할 우려가 있는 유해인자로서 대통령령으로 정하는 유해인자는 작업장 내의 그 노출 농도를 고용노동부령으로 정하는 허용기준 이하로 유지하여야 한다. 다만, 다음 각 호의 어느 하나에 해당하는 경우에는 그러하지 아니하다. <개정 2010.6.4.>

1. 시설 및 설비의 설치나 개선이 현존하는 기술로 가능하지 아니한 경우
2. 천재지변 등으로 시설과 설비에 중대한 결함이 발생한 경우
3. 고용노동부령으로 정하는 임시 작업과 단시간 작업의 경우
4. 그 밖에 대통령령으로 정하는 경우

② 제1항 단서에도 불구하고 사업주는 유해인자의 노출 농도를 제1항에 따른 허용기준 이하로 유지하도록 노력하여야 한다.

[전문개정 2009.2.6.]

제40조(화학물질의 유해성·위험성 조사) ① 대통령령으로 정하는 화학물질 외의 화학물질(이하 "신규화학물질"이라 한다)을 제조하거나 수입하려는 자(이하 "신규화학물질제조자등"이라 한다)는 신규화학물질에 의한 근로자의 건강장해를 예방하기 위하여 고용노동부령으로 정하는 바에 따라 그 신규화학물질의 유해성·위험성을 조사하고 그 조사보고서를 고용노동부장관에게 제출하여야 한다. 다만, 다음 각 호의 어느 하나에 해당하는 경우에는 그러하지 아니하다. <개정 2010.6.4., 2013.6.12.>

1. 일반 소비자의 생활용으로 제공하기 위하여 신규화학물질을 수입하는 경우로서 고용노동부령으로 정하는 경우
2. 신규화학물질의 수입량이 소량이거나 그 밖에 위해(危害)의 정도가 적다고 인정되는 경우로서 고용노동부령으로 정하는 경우

② 신규화학물질제조자등은 제1항에 따른 유해성·위험성 조사의 결과에 따라 해당 신규화학물질에 의한 근로자의 건강장해를 방지하기 위하여 즉시 필요한 조치를 하여야 한다. <개정 2013.6.12.>

③ 고용노동부장관은 신규화학물질의 유해성·위험성 조사보고서가 제출되면 고용노동부령으로 정하는 바에 따라 그 신규화학물질의 명칭, 유해성·위험성, 조치 사항 등을 공표하고 관계 부처에 통보하여야 한다.

④ 고용노동부장관은 제1항에 따라 제출된 신규화학물질의 유해성·위험성 조사보고서를 검토한 결과 근로자의 건강장해 방지를 위하여 필요하다고 인정할 때에는 신규화학물질제조자등에게 시설·설비를 설치·정비하고 보호구를 갖춰 두는 등의 조치를 하도록 명할 수 있다. <개정 2013.6.12.>

⑤ 신규화학물질제조자등이 신규화학물질을 양도하거나 제공하는 경우에는 제4항에 따른 근로자의 건강장해 방지를 위하여 조치하여야 할 사항을 기록한 서류를 함께 제공하여야 한다. <개정 2013.6.12.>

⑥ 고용노동부장관은 근로자의 건강장해를 예방하기 위하여 필요하다고 인정할 때에는 고용노동부령으로 정하는 바에 따라 암 또는 그 밖에 중대한 건강장해를 일으킬 우려가 있는 화학물질을 제조·수입하는 자 또는 사용하는 사업주에게 해당 화학물질의 유해성·위험성을 조사하고 그 결과를 제출하도록 하거나 제39조제3항에 따

른 유해성·위험성 평가에 필요한 자료의 제출을 명할 수 있다. <신설 2013.6.12.>
⑦ 제6항에 따라 화학물질의 유해성·위험성 조사 명령을 받은 자는 유해성·위험성 조사 결과 해당 화학물질로 인한 근로자의 건강장해가 우려되는 경우 근로자의 건강장해를 방지하기 위하여 시설·설비의 설치 또는 개선 등 필요한 조치를 하여야 한다. <신설 2013.6.12.>
⑧ 고용노동부장관은 제6항에 따라 제출된 조사결과 및 자료를 검토하여 근로자의 건강장해를 방지하기 위하여 필요하다고 인정하는 경우에는 해당 화학물질을 제39조제1항에 따라 분류하고 관리하거나 해당 화학물질을 제조·수입하는 자 또는 사용하는 사업주에게 근로자의 건강장해 방지를 위한 시설·설비의 설치 또는 개선 등 필요한 조치를 하도록 명할 수 있다. <신설 2013.6.12.>
[전문개정 2009.2.6.]
[제목개정 2013.6.12.]

제41조(물질안전보건자료의 작성·비치 등) ① 화학물질 및 화학물질을 함유한 제제(대통령령으로 정하는 제제는 제외한다) 중 제39조제1항에 따라 고용노동부령으로 정하는 분류기준에 해당하는 화학물질 및 화학물질을 함유한 제제(이하 "대상화학물질"이라 한다)를 양도하거나 제공하는 자는 이를 양도받거나 제공받는 자에게 다음 각 호의 사항을 모두 기재한 자료(이하 "물질안전보건자료"라 한다)를 고용노동부령으로 정하는 방법에 따라 작성하여 제공하여야 한다. 이 경우 고용노동부장관은 고용노동부령으로 물질안전보건자료의 기재 사항이나 작성 방법을 정할 때 「화학물질관리법」과 관련된 사항에 대하여는 환경부장관과 협의하여야 한다. <개정 2010.6.4., 2011.7.25., 2013.6.4., 2013.6.12.>
1. 대상화학물질의 명칭
1의2. 구성성분의 명칭 및 함유량
2. 안전·보건상의 취급주의 사항
3. 건강 유해성 및 물리적 위험성
4. 그 밖에 고용노동부령으로 정하는 사항
② 제1항에도 불구하고 대상화학물질을 양도하거나 제공하는 자는 물질안전보건자료를 작성할 때 다음 각 호의 어느 하나에 해당하는 사항을 구체적으로 식별할 수 있는 정보는 고용노동부령으로 정하는 바에 따라 적지 아니할 수 있다. 다만, 근로자에게 중대한 건

강장해를 초래할 우려가 있는 대상화학물질로서 고용노동부장관이 정하는 것은 그러하지 아니하다. <개정 2010.6.4., 2011.7.25.>
1. 영업비밀로서 보호할 가치가 있다고 인정되는 화학물질
2. 제1호의 화학물질을 함유한 제제
③ 대상화학물질을 취급하려는 사업주는 제1항에 따라 제공받은 물질안전보건자료를 고용노동부령으로 정하는 방법에 따라 대상화학물질을 취급하는 작업장 내에 취급근로자가 쉽게 볼 수 있는 장소에 게시하거나 갖추어 두어야 한다. <개정 2011.7.25.>
④ 대상화학물질을 양도하거나 제공하는 자는 고용노동부령으로 정하는 방법에 따라 이를 담은 용기 및 포장에 경고표시를 하여야 한다. 다만, 용기 및 포장에 담는 방법 외의 방법으로 대상화학물질을 양도하거나 제공하는 경우에는 고용노동부장관이 정하여 고시한 바에 따라 경고표시 기재 항목을 적은 자료를 제공하여야 한다. <개정 2011.7.25.>
⑤ 사업주는 작업장에서 사용하는 대상화학물질을 담은 용기에 고용노동부령으로 정하는 방법에 따라 경고표시를 하여야 한다. 다만, 용기에 이미 경고표시가 되어 있는 등 고용노동부령으로 정하는 경우에는 그러하지 아니하다. <신설 2011.7.25.>
⑥ 대상화학물질을 양도하거나 제공하는 자는 제1항에 따른 물질안전보건자료의 기재 내용을 변경할 필요가 생긴 때에는 이를 물질안전보건자료에 반영하여 대상화학물질을 양도받거나 제공받은 자에게 신속하게 제공하여야 한다. 이 경우 제공 방법·내용, 그 밖에 필요한 사항은 고용노동부장관이 정하여 고시한다. <신설 2011.7.25.>
⑦ 사업주는 대상화학물질을 취급하는 근로자의 안전·보건을 위하여 근로자를 교육하는 등 적절한 조치를 하여야 한다. 이 경우 교육의 시기, 내용 및 방법 등은 고용노동부령으로 정한다. <신설 2011.7.25.>
⑧ 고용노동부장관은 대상화학물질을 취급하는 근로자의 안전·보건을 유지하기 위하여 필요하다고 인정하는 경우에 고용노동부령으로 정하는 바에 따라 대상화학물질을 양도·제공하는 자 또는 대상화학물질을 취급하는 사업주에게 물질안전보건자료의 제출을 명하거나 제1항 각 호의 사항의 변경을 명할 수 있다.

<개정 2010.6.4., 2011.7.25.>

⑨ 사업주는 대상화학물질을 취급하는 작업공정별로 관리 요령을 게시하여야 한다. <개정 2011.7.25.>

⑩ 고용노동부장관은 근로자의 안전·보건 유지를 위하여 필요하면 물질안전보건자료와 관련된 자료를 근로자 및 사업주에게 제공할 수 있다. <개정 2010.6.4., 2011.7.25.>

⑪ 근로자를 진료하는 의사, 제16조에 따른 보건관리자(같은 조 제3항에 따른 보건관리전문기관을 포함한다), 제17조에 따른 산업보건의 또는 근로자대표 등은 근로자의 안전·보건을 유지하기 위하여 근로자에게 중대한 건강장해가 발생하는 등 고용노동부령으로 정하는 경우에 대상화학물질을 양도·제공하는 자 또는 대상화학물질을 취급하는 사업주에게 제2항에 따라 물질안전보건자료에 적지 아니한 정보를 제공할 것을 요구할 수 있다. 이 경우 정보 제공을 요구받은 자는 고용노동부장관이 정하여 고시하는 바에 따라 정보를 제공하여야 한다. <개정 2010.6.4., 2011.7.25., 2013.6.12.>
[전문개정 2009.2.6.]

제41조의2(위험성평가) ① 사업주는 건설물, 기계·기구, 설비, 원재료, 가스, 증기, 분진 등에 의하거나 작업행동, 그 밖에 업무에 기인하는 유해·위험요인을 찾아내어 위험성을 결정하고, 그 결과에 따라 이 법과 이 법에 따른 명령에 의한 조치를 하여야 하며, 근로자의 위험 또는 건강장해를 방지하기 위하여 필요한 경우에는 추가적인 조치를 하여야 한다.

② 사업주는 제1항에 따른 위험성평가를 실시한 경우에는 고용노동부령으로 정하는 바에 따라 실시내용 및 결과를 기록·보존하여야 한다.

③ 제1항에 따라 유해·위험요인을 찾아내어 위험성을 결정하고 조치하는 방법, 절차, 시기, 그 밖에 필요한 사항은 고용노동부장관이 정하여 고시한다.
[본조신설 2013.6.12.]

제5장 근로자의 보건관리
<개정 2009.2.6.>

제42조(작업환경측정 등) ① 사업주는 유해인자로부터 근로자의 건강을 보호하고 쾌적한 작업환경을 조성하기 위하여 인체에 해로운 작업을 하는 작업장으로서 고용노동부령으로 정하는 작업장에 대하여 고용노동부령으로 정하는 자격을 가진 자로 하여금 작업환경측정을 하도록 한 후 그 결과를 기록·보존하고 고용노동부령으로 정하는 바에 따라 고용노동부장관에게 보고하여야 한다. 이 경우 근로자대표가 요구하면 작업환경측정 시 근로자대표를 입회시켜야 한다. <개정 2010.6.4.>

② 제1항에 따른 작업환경측정의 방법·횟수, 그 밖에 필요한 사항은 고용노동부령으로 정한다. <개정 2010.6.4.>

③ 사업주는 제1항에 따른 작업환경측정의 결과를 해당 작업장 근로자에게 알려야 하며 그 결과에 따라 근로자의 건강을 보호하기 위하여 해당 시설·설비의 설치·개선 또는 건강진단의 실시 등 적절한 조치를 하여야 한다. <개정 2013.6.12.>

④ 사업주는 제1항에 따른 작업환경측정 및 작업환경측정에 따른 시료의 분석을 고용노동부장관이 지정하는 측정기관(이하 "지정측정기관"이라 한다)에 위탁할 수 있다. <개정 2010.6.4.>

⑤ 제4항에 따라 사업주로부터 작업환경측정을 위탁받은 지정측정기관이 작업환경측정을 한 후 그 결과를 고용노동부령으로 정하는 바에 따라 고용노동부장관에게 전산자료로 제출한 경우에는 제1항에 따른 작업환경측정 결과보고를 한 것으로 본다. <개정 2010.6.4., 2013.6.12.>

⑥ 사업주는 제19조에 따른 산업안전보건위원회 또는 근로자대표가 요구하면 작업환경측정 결과에 대한 설명회를 직접 개최하거나 작업환경측정을 한 기관으로 하여금 개최하도록 하여야 한다.

⑦ 지정측정기관의 유형, 업무 범위, 지정요건 및 절차, 그 밖에 필요한 사항은 대통령령으로 정한다.

⑧ 고용노동부장관은 작업환경측정의 정확성과 신뢰성을 확보하기 위하여 지정측정기관의 작업환경측정·분석 능력을 평가하고, 평가 결과에 따라 지도·교육을 하여야 한다. 이 경우 평가 및 지도·교육의 방법·절차 등은 고용노동부장관이 정하여 고시한다. <개정 2010.6.4.>

⑨ 고용노동부장관은 작업환경측정의 수준을 향상시키기 위하여 필요한 경우 지정측정기관을 평가(제8항에 따른 평가를 포

함한다)한 후 그 결과를 공표할 수 있다. 이 경우 평가기준 등은 고용노동부령으로 정한다. <개정 2010.6.4.>
⑩ 지정측정기관에 관하여는 제15조의2 및 제15조의3을 준용한다. <개정 2017.4.18.>
[전문개정 2009.2.6.]

제42조의2(작업환경측정 신뢰성평가) ① 고용노동부장관은 제42조제1항에 따른 작업환경측정 결과의 정확성과 정밀성을 평가하기 위하여 필요하다고 인정하는 경우에는 신뢰성평가를 할 수 있다. <개정 2010.6.4.>
② 사업주와 근로자는 신뢰성평가를 받을 때에는 적극적으로 협조하여야 한다.
③ 신뢰성평가의 방법·대상 및 절차 등에 관하여 필요한 사항은 고용노동부령으로 정한다. <개정 2010.6.4.>
[전문개정 2009.2.6.]

제43조(건강진단) ① 사업주는 근로자의 건강을 보호·유지하기 위하여 고용노동부장관이 지정하는 기관 또는 「국민건강보험법」에 따른 건강검진을 하는 기관(이하 "건강진단기관"이라 한다)에서 근로자에 대한 건강진단을 하여야 한다. 이 경우 근로자대표가 요구할 때에는 건강진단 시 근로자대표를 입회시켜야 한다. <개정 2010.6.4.>
② 고용노동부장관은 근로자의 건강을 보호하기 위하여 필요하다고 인정할 때에는 사업주에게 특정 근로자에 대한 임시건강진단의 실시나 그 밖에 필요한 조치를 명할 수 있다. <개정 2010.6.4.>
③ 근로자는 제1항 및 제2항에 따라 사업주가 실시하는 건강진단을 받아야 한다. 다만, 사업주가 지정한 건강진단기관에서 진단 받기를 희망하지 아니하는 경우에는 다른 건강진단기관으로부터 이에 상응하는 건강진단을 받아 그 결과를 증명하는 서류를 사업주에게 제출할 수 있다.
④ 건강진단기관은 제1항 및 제2항에 따라 건강진단을 실시한 때에는 고용노동부령으로 정하는 바에 따라 그 결과를 근로자 및 사업주에게 통보하고 고용노동부장관에게 보고하여야 한다. <개정 2010.6.4.>
⑤ 사업주는 제1항·제2항 또는 다른 법령에 따른 건강진단 결과 근로자의 건강을 유지하기 위하여 필요하다고 인정할 때에는 작업장소 변경, 작업 전환, 근로시간 단축, 야간근로(오후 10시부터 오전 6시까지 사

이의 근로를 말한다)의 제한, 작업환경측정 또는 시설·설비의 설치·개선 등 적절한 조치를 하여야 한다. <개정 2013.6.12.>
⑥ 사업주는 제19조에 따른 산업안전보건위원회 또는 근로자대표가 요구할 때에는 직접 또는 건강진단을 한 건강진단기관으로 하여금 건강진단 결과에 대한 설명을 하도록 하여야 한다. 다만, 본인의 동의 없이는 개별 근로자의 건강진단 결과를 공개하여서는 아니 된다.
⑦ 사업주는 제1항 및 제2항에 따른 건강진단 결과를 근로자의 건강 보호·유지 외의 목적으로 사용하여서는 아니 된다.
⑧ 제1항에 따른 건강진단의 종류·시기·주기·항목·비용 및 건강진단기관의 지정·관리, 제2항에 따른 임시건강진단, 제5항에 따른 적절한 조치, 그 밖에 건강진단에 필요한 사항은 고용노동부령으로 정한다. <개정 2010.6.4.>
⑨ 고용노동부장관은 건강진단의 정확성과 신뢰성을 확보하기 위하여 건강진단기관의 건강진단·분석 능력을 평가하고, 평가 결과에 따른 지도·교육을 하여야 한다. 이 경우 평가 및 지도·교육의 방법·절차 등은 고용노동부장관이 정하여 고시한다. <개정 2010.6.4.>
⑩ 고용노동부장관은 건강진단의 수준향상을 위하여 건강진단기관 중 제1항에 따라 고용노동부장관이 지정하는 기관을 평가(제9항에 따른 평가를 포함한다)한 후 그 결과를 공표할 수 있다. 이 경우 평가 기준, 평가 방법 및 공표 방법 등에 관하여 필요한 사항은 고용노동부령으로 정한다. <개정 2010.6.4.>
⑪ 건강진단기관 중 제1항에 따라 고용노동부장관이 지정하는 기관에 관하여는 제15조의2 및 제15조의3을 준용한다. 이 경우 "안전관리전문기관"은 "건강진단기관"으로 본다. <개정 2010.6.4., 2013.6.12., 2017.4.18.>
[전문개정 2009.2.6.]

제43조의2(역학조사) ① 고용노동부장관은 직업성 질환의 진단 및 예방, 발생 원인의 규명을 위하여 필요하다고 인정할 때에는 근로자의 질병과 작업장의 유해요인의 상관관계에 관한 직업성 질환 역학조사[이하 "역학조사(疫學調査)"라 한다]를 할 수 있다. <개정 2010.6.4.>
② 역학조사를 실시하는 경우 사업주 및 근

로자는 적극 협조하여야 하며, 정당한 사유 없이 이를 거부·방해하거나 기피하여서는 아니 된다. <개정 2011.7.25.>

③ 고용노동부장관은 역학조사를 위하여 필요하면 제43조에 따른 근로자의 건강진단 결과, 「국민건강보험법」에 따른 요양급여기록 및 건강검진 결과, 「고용보험법」에 따른 고용정보, 「암관리법」에 따른 질병정보 및 사망원인 정보 등을 관련 기관에 요청할 수 있다. 이 경우 자료의 제출을 요청받은 기관은 특별한 사유가 없으면 요청에 응하여야 한다. <개정 2010.6.4.>

④ 역학조사의 방법·대상·절차, 그 밖에 필요한 사항은 고용노동부령으로 정한다. <개정 2010.6.4.>

[전문개정 2009.2.6.]

제44조(건강관리수첩) ① 고용노동부장관은 건강장해가 발생할 우려가 있는 업무에 종사하는 사람의 직업성질환 조기발견 및 지속적인 건강관리를 위하여 일정 요건에 해당하는 사람에게 건강관리수첩을 발급하여야 한다. 이 경우 건강장해가 발생할 우려가 있는 업무 및 일정 요건에 관하여 구체적인 사항은 고용노동부령으로 정한다. <개정 2013.6.12.>

② 건강관리수첩을 발급받은 사람이 「산업재해보상보험법」 제41조에 따른 요양급여를 신청하는 경우에는 건강관리수첩을 제출함으로써 해당 재해에 관한 의사의 초진소견서의 제출을 갈음할 수 있다. <신설 2013.6.12.>

③ 제1항에 따른 건강관리수첩을 받은 자는 그 건강관리수첩을 타인에게 양도하거나 대여하여서는 아니 된다. <개정 2013.6.12.>

④ 건강관리수첩의 내용·서식·용도, 그 밖에 건강관리수첩 발급에 필요한 사항은 고용노동부령으로 정한다. <개정 2010.6.4., 2013.6.12.>

[전문개정 2009.2.6.]

제45조(질병자의 근로 금지·제한) ① 사업주는 감염병, 정신병 또는 근로로 인하여 병세가 크게 악화될 우려가 있는 질병으로서 고용노동부령으로 정하는 질병에 걸린 자에게는 의사의 진단에 따라 근로를 금지하거나 제한하여야 한다. <개정 2009.12.29., 2010.6.4.>

② 사업주는 제1항에 따라 근로가 금지되거나 제한된 근로자가 건강을 회복하였을 때에는 지체 없이 취업하게 하여야 한다.

[전문개정 2009.2.6.]

제46조(근로시간 연장의 제한) 사업주는 유해하거나 위험한 작업으로서 대통령령으로 정하는 작업에 종사하는 근로자에게는 1일 6시간, 1주 34시간을 초과하여 근로하게 하여서는 아니 된다.

[전문개정 2009.2.6.]

제47조(자격 등에 의한 취업 제한) ① 사업주는 유해하거나 위험한 작업으로서 고용노동부령으로 정하는 작업의 경우 그 작업에 필요한 자격·면허·경험 또는 기능을 가진 근로자가 아닌 자에게 그 작업을 하게 하여서는 아니 된다. <개정 2010.6.4.>

② 고용노동부장관은 제1항에 따른 자격·면허 취득자의 양성 또는 근로자의 기능 습득을 위하여 교육기관을 지정할 수 있다. <개정 2010.6.4.>

③ 제1항에 따른 자격·면허·경험·기능, 제2항에 따른 교육기관의 지정 요건 및 지정 절차, 그 밖에 필요한 사항은 고용노동부령으로 정한다. <개정 2010.6.4.>

④ 제2항에 따른 교육기관에 관하여는 제15조의2를 준용한다.

[전문개정 2009.2.6.]

제6장 감독과 명령
<개정 2009.2.6.>

제48조(유해·위험 방지 계획서의 제출 등) ① 대통령령으로 정하는 업종 및 규모에 해당하는 사업의 사업주는 해당 제품생산 공정과 직접적으로 관련된 건설물·기계·기구 및 설비 등 일체를 설치·이전하거나 그 주요 구조부분을 변경할 때에는 이 법 또는 이 법에 따른 명령에서 정하는 유해·위험 방지 사항에 관한 계획서(이하 "유해·위험방지계획서"라 한다)를 작성하여 고용노동부령으로 정하는 바에 따라 고용노동부장관에게 제출하여야 한다. <개정 2010.6.4.>

② 기계·기구 및 설비 등으로서 다음 각 호의 어느 하나에 해당하는 것으로서 고용노동부령으로 정하는 것을 설치·이전하거나 그 주요 구조부분을 변경하려는 사업주에 대하

여는 제1항을 준용한다. <개정 2010.6.4.>
1. 유해하거나 위험한 작업을 필요로 하는 것
2. 유해하거나 위험한 장소에서 사용하는 것
3. 건강장해를 방지하기 위하여 사용하는 것
③ 건설업 중 고용노동부령으로 정하는 공사를 착공하려는 사업주는 고용노동부령으로 정하는 자격을 갖춘 자의 의견을 들은 후 유해·위험방지계획서를 작성하여 고용노동부령으로 정하는 바에 따라 고용노동부장관에게 제출하여야 한다. 다만, 산업재해발생률 등을 고려하여 고용노동부령으로 정하는 기준에 적합한 건설업체의 경우는 고용노동부령으로 정하는 자격을 갖춘 자의 의견을 생략하고 유해·위험방지계획서를 작성한 후 이를 스스로 심사하여야 하며, 그 심사결과서를 작성하여 고용노동부장관에게 제출하고 해당 사업장에 갖추어 두어야 한다. <개정 2010.6.4., 2011.7.25.>
④ 고용노동부장관은 제1항부터 제3항까지의 규정에 따른 유해·위험방지계획서를 심사한 후 근로자의 안전과 보건을 위하여 필요하다고 인정할 때에는 작업 또는 공사를 중지하거나 계획을 변경할 것을 명할 수 있다. <개정 2010.6.4., 2013.6.12.>
⑤ 제1항부터 제3항까지의 규정에 따라 유해·위험방지계획서를 제출한 사업주는 고용노동부령으로 정하는 바에 따라 고용노동부장관의 확인을 받아야 한다. <개정 2010.6.4.>
[전문개정 2009.2.6.]

제49조(안전·보건진단 등) ① 고용노동부장관은 고용노동부령으로 정하는 사업장에 대하여 고용노동부장관이 지정하는 기관(이하 "안전·보건진단기관"이라 한다)이 실시하는 안전·보건진단을 받을 것을 명할 수 있다. <개정 2010.6.4.>
② 사업주는 제1항에 따른 안전·보건진단업무에 적극 협조하여야 하며, 정당한 사유 없이 이를 거부하거나 방해 또는 기피하여서는 아니 된다. 이 경우 근로자대표가 요구할 때에는 안전·보건진단에 근로자대표를 입회시켜야 한다.
③ 고용노동부장관은 안전·보건진단기관에 대하여 평가하고 그 결과를 공개할 수 있다. 이 경우 평가의 기준·방법 및 결과의 공개에 필요한 사항은 고용노동부령으로 정한다. <신설 2017.4.18.>
④ 제1항에 따른 안전·보건진단의 내용, 안전·보건진단기관의 지정 요건 및 절차, 그 밖에 필요한 사항은 대통령령으로 정

한다. <개정 2017.4.18.>
⑤ 안전·보건진단기관에 관하여는 제15조의2를 준용한다. <개정 2017.4.18.>
[전문개정 2009.2.6.]

제49조의2(공정안전보고서의 제출 등) ① 대통령령으로 정하는 유해·위험설비를 보유한 사업장의 사업주는 그 설비로부터의 위험물질 누출, 화재, 폭발 등으로 인하여 사업장 내의 근로자에게 즉시 피해를 주거나 사업장 인근지역에 피해를 줄 수 있는 사고로서 대통령령으로 정하는 사고(이하 이 조에서 "중대산업사고"라 한다)를 예방하기 위하여 대통령령으로 정하는 바에 따라 공정안전보고서를 작성하여 고용노동부장관에게 제출하여 심사를 받아야 한다. 이 경우 공정안전보고서의 내용이 중대산업사고를 예방하기 위하여 적합하다고 통보받기 전에는 관련 설비를 가동하여서는 아니 된다. <개정 2010.6.4., 2011.7.25.>
② 사업주는 제1항에 따라 공정안전보고서를 작성할 때에는 제19조에 따른 산업안전보건위원회의 심의를 거쳐야 한다. 다만, 산업안전보건위원회가 설치되어 있지 아니한 사업장의 경우에는 근로자대표의 의견을 들어야 한다.
③ 고용노동부장관은 제1항에 따라 제출받은 공정안전보고서를 고용노동부령으로 정하는 바에 따라 심사하여야 하며, 근로자의 안전 및 보건의 유지·증진을 위하여 필요하다고 인정하는 경우에는 그 공정안전보고서의 변경을 명할 수 있다. <개정 2011.7.25.>
④ 고용노동부장관은 제1항에 따라 제출받은 공정안전보고서를 심사한 결과 그 내용이 중대산업사고를 예방하기 위하여 적합하다고 인정하는 경우 사업주에게 그 결과를 서면으로 통보하여야 한다. <신설 2011.7.25.>
⑤ 사업주는 제4항에 따라 공정안전보고서의 심사 결과를 통보받으면 그 공정안전보고서를 사업장에 갖추어 두어야 한다. <신설 2011.7.25.>
⑥ 제5항에 따른 사업주는 고용노동부령으로 정하는 바에 따라 공정안전보고서 내용의 실제 이행 여부에 대한 고용노동부장관의 확인을 받아야 한다. <개정 2010.6.4., 2011.7.25.>
⑦ 사업주와 근로자는 공정안전보고서의 내용을 지켜야 한다. <개정 2011.7.25.>

⑧ 사업주는 제5항에 따라 사업장에 갖춰 둔 공정안전보고서의 내용을 변경하여야 할 사유가 발생한 경우에는 지체 없이 이를 보완하여야 한다. <개정 2011.7.25.>

⑨ 고용노동부장관은 고용노동부령으로 정하는 바에 따라 공정안전보고서의 이행 상태를 정기적으로 평가할 수 있다. <개정 2010.6.4., 2011.7.25.>

⑩ 고용노동부장관은 제9항에 따라 공정안전보고서의 이행 상태를 평가한 결과 제8항에 따른 보완 상태가 불량한 사업장의 사업주에게는 공정안전보고서를 다시 제출하도록 명할 수 있다. <개정 2010.6.4., 2011.7.25.>

[전문개정 2009.2.6.]

제50조(안전보건개선계획) ① 고용노동부장관은 다음 각 호의 어느 하나에 해당하는 사업장으로서 산업재해 예방을 위하여 종합적인 개선조치를 할 필요가 있다고 인정할 때에는 고용노동부령으로 정하는 바에 따라 사업주에게 그 사업장, 시설, 그 밖의 사항에 관한 안전보건개선계획의 수립·시행을 명할 수 있다. <개정 2013.6.12.>

1. 산업재해율이 같은 업종의 규모별 평균 산업재해율보다 높은 사업장
2. 사업주가 안전보건조치의무를 이행하지 아니하여 중대재해가 발생한 사업장
3. 제39조제2항에 따른 유해인자의 노출기준을 초과한 사업장

② 고용노동부장관은 제1항에 따른 명령을 하는 경우 필요하다고 인정할 때에는 해당 사업주에게 고용노동부령으로 정하는 바에 따라 제49조제1항의 안전·보건진단을 받아 안전보건개선계획을 수립·제출할 것을 명할 수 있다. <개정 2010.6.4.>

③ 사업주는 제1항에 따른 안전보건개선계획을 수립할 때에는 제19조에 따른 산업안전보건위원회의 심의를 거쳐야 한다. 다만, 산업안전보건위원회가 설치되어 있지 아니한 사업장의 경우에는 근로자대표의 의견을 들어야 한다.

④ 사업주와 근로자는 안전보건개선계획을 준수하여야 한다.

[전문개정 2009.2.6.]

제51조(감독상의 조치) ①「근로기준법」제101조에 따른 근로감독관은 이 법 또는 이 법에 따른 명령을 시행하기 위하여 필요한 경우로서 고용노동부령으로 정하는 경우에는 다음 각 호의 장소에 출입하여 관계자에게 질문을 하고, 장부, 서류, 그 밖의 물건의 검사 및 안전·보건 점검을 하며, 검사에 필요한 한도에서 무상으로 제품·원재료 또는 기구를 수거할 수 있다. 이 경우 근로감독관은 해당 사업주 등에게 그 결과를 서면으로 알려야 한다. <개정 2010.6.4., 2011.7.25., 2013.6.12., 2017.4.18.>

1. 사업장
2. 제15조제4항, 제16조제3항, 제30조의2제1항, 제31조제5항, 제31조의2제1항, 제32조제3항, 제34조의5제1항, 제36조제5항, 제36조의2제3항, 제38조의2제2항, 제42조제4항, 제43조제1항 및 제49조제1항에 따른 기관의 사무소
3. 석면해체·제거업자의 사무소
4. 제52조의4에 따라 등록한 지도사(指導士)의 사무소

② 고용노동부장관은 이 법 또는 이 법에 따른 명령의 시행을 위하여 필요하다고 인정하는 경우에는 사업주·근로자 또는 제52조의4에 따라 등록한 지도사에게 보고 또는 출석을 명할 수 있다. <개정 2010.6.4.>

③ 고용노동부장관은 제65조에 따라 공단에 위탁된 권한을 행사하기 위하여 필요하다고 인정할 때에는 공단 소속 직원으로 하여금 사업장에 출입하여 산업재해 예방에 필요한 검사 및 지도 등을 하게 하거나, 역학조사를 위하여 필요한 경우 관계자에게 질문하거나 필요한 서류의 제출을 요구하게 할 수 있다. <개정 2010.6.4.>

④ 제3항에 따라 공단 소속 직원이 검사 또는 지도업무 등을 하였을 때에는 그 결과를 고용노동부장관에게 보고하여야 한다. <개정 2010.6.4.>

⑤ 제1항과 제3항에 따라 사업장 또는 지도사의 사무소를 출입할 경우 출입자는 그 신분을 나타내는 증표를 지니고 이를 관계인에게 내보여야 한다.

⑥ 고용노동부장관은 제1항 및 제4항에 따른 검사 등의 결과 필요하다고 인정할 때에는 사업주에게 건설물 또는 그 부속건설물·기계·기구·설비·원재료의 대체·사용중지·제거 또는 시설의 개선, 그 밖에 안전·보건상 필요한 조치를 하도록 명할 수 있다. 이 경우 고용노동부장관의 명령을 받은 사업주는 그 명령받은 사항을 고용노

동부령으로 정하는 바에 따라 근로자가 쉽게 볼 수 있는 장소에 게시하여야 한다. <개정 2010.6.4.>

⑦ 고용노동부장관은 산업재해가 발생할 급박한 위험이 있을 때 또는 제6항에 따른 명령이 지켜지지 아니하거나 위험 상태가 해제 또는 개선되지 아니하였다고 판단될 때에는 해당 기계·설비와 관련된 작업의 전부 또는 일부를 중지할 것을 명할 수 있다. <개정 2010.6.4.>

⑧ 고용노동부장관은 제1항과 제4항의 경우에 산업재해 예방을 위하여 필요하다고 인정할 때에는 근로자에게 제20조에 따른 안전보건관리규정의 준수 등 적절한 조치를 할 것을 명할 수 있다. <개정 2010.6.4.>
[전문개정 2009.2.6.]

제51조의2(영업정지의 요청 등) ① 고용노동부장관은 사업주가 다음 각 호의 어느 하나에 해당하는 산업재해를 발생시킨 경우에는 관계 행정기관의 장에게 관계 법령에 따라 해당 사업의 영업정지나 그 밖의 제재를 가할 것을 요청하거나 「공공기관의 운영에 관한 법률」 제4조에 따른 공공기관의 장에게 그 기관이 시행하는 사업의 발주 시 필요한 제한을 해당 사업자에게 가할 것을 요청할 수 있다. <개정 2010.6.4.>

1. 제23조·제24조 또는 제29조를 위반하여 많은 근로자가 사망하거나 사업장 인근지역에 중대한 피해를 주는 등 대통령령으로 정하는 사고가 발생한 경우
2. 제51조제6항 또는 제7항에 따른 명령을 위반함에 따라 근로자가 업무로 인하여 사망한 경우

② 제1항에 따라 요청을 받은 관계 행정기관의 장 또는 공공기관의 장은 정당한 사유가 없으면 이에 따라야 하며, 그 조치 결과를 고용노동부장관에게 통보하여야 한다. <개정 2010.6.4.>

③ 제1항에 따른 영업정지 등의 요청 절차나 그 밖에 필요한 사항은 고용노동부령으로 정한다. <개정 2010.6.4.>
[전문개정 2009.2.6.]

제52조(감독기관에 대한 신고) ① 사업장에서 이 법 또는 이 법에 따른 명령을 위반한 사실이 있으면 근로자는 그 사실을 고용노동부장관 또는 근로감독관에게 신고할

수 있다. <개정 2010.6.4.>

② 사업주는 제1항의 신고를 이유로 해당 근로자에 대하여 해고나 그 밖의 불리한 처우를 하지 못한다.
[전문개정 2009.2.6.]

제6장의2 산업안전지도사 및 산업보건지도사
<개정 2013.6.12.>

제52조의2(지도사의 직무) ① 산업안전지도사는 다음 각 호의 직무를 수행한다. <개정 2013.6.12.>

1. 공정상의 안전에 관한 평가·지도
2. 유해·위험의 방지대책에 관한 평가·지도
3. 제1호 및 제2호의 사항과 관련된 계획서 및 보고서의 작성
4. 그 밖에 산업안전에 관한 사항으로서 대통령령으로 정하는 사항

② 산업보건지도사는 다음 각 호의 직무를 수행한다. <개정 2013.6.12.>

1. 작업환경의 평가 및 개선 지도
2. 작업환경 개선과 관련된 계획서 및 보고서의 작성
3. 근로자 건강진단에 따른 사후관리 지도
4. 직업성 질병 진단(「의료법」에 따른 의사인 산업보건지도사만 해당한다) 및 예방 지도
5. 산업보건에 관한 조사·연구
6. 그 밖에 산업보건에 관한 사항으로서 대통령령으로 정하는 사항

③ 산업안전지도사 및 산업보건지도사(이하 "지도사"라 한다)의 업무 영역별 종류 및 업무 범위 등에 관하여 필요한 사항은 대통령령으로 정한다. <개정 2013.6.12.>
[전문개정 2009.2.6.]

제52조의3(지도사의 자격 및 시험) ① 고용노동부장관이 시행하는 지도사시험에 합격한 사람은 지도사의 자격을 가진다. <개정 2013.6.12.>

② 대통령령으로 정하는 자격의 보유자에 대하여는 제1항에 따른 지도사시험의 일부를 면제할 수 있다. <개정 2010.6.4., 2013.6.12.>

③ 고용노동부장관은 제1항에 따른 지도사

시험 실시를 대통령령으로 정하는 전문기관으로 하여금 대행하게 할 수 있다. 이 경우 그에 소요되는 비용을 예산의 범위에서 보조할 수 있다. <개정 2010.6.4., 2013.6.12.>

④ 제3항에 따라 지도사시험 실시를 대행하는 전문기관의 임직원은 「형법」 제129조부터 제132조까지의 규정을 적용할 때에는 공무원으로 본다.

⑤ 지도사시험의 과목, 다른 자격 보유자에 대한 시험 면제의 범위, 그 밖에 필요한 사항은 대통령령으로 정한다.

[전문개정 2009.2.6.]

제52조의4(지도사의 등록) ① 지도사가 그 직무를 시작할 때에는 고용노동부령으로 정하는 바에 따라 고용노동부장관에게 등록하여야 한다. <개정 2010.6.4., 2013.6.12.>

② 제1항에 따라 등록한 지도사는 그 직무를 조직적·전문적으로 하기 위하여 법인을 설립할 수 있다.

③ 다음 각 호의 어느 하나에 해당하는 자는 제1항에 따른 등록을 할 수 없다. <개정 2013.6.12., 2016.1.27.>

1. 피성년후견인 또는 피한정후견인
2. 파산선고를 받은 자로서 복권되지 아니한 자
3. 금고 이상의 실형을 선고받고 그 집행이 끝나거나(집행이 끝난 것으로 보는 경우를 포함한다) 집행이 면제된 날부터 2년이 지나지 아니한 자
4. 금고 이상의 형의 집행유예를 선고받고 그 유예기간 중에 있는 자
5. 이 법을 위반하여 벌금형을 선고받고 1년이 지나지 아니한 자
6. 제52조의15에 따라 등록이 취소된 후 2년이 지나지 아니한 자

④ 제1항에 따라 등록을 한 지도사는 고용노동부령으로 정하는 바에 따라 5년마다 등록을 갱신하여야 한다. <개정 2013.6.12.>

⑤ 제4항에 따른 갱신등록은 고용노동부령으로 정하는 지도실적이 있는 지도사만이 할 수 있다. 이 경우 지도실적이 고용노동부령으로 정하는 기준에 못 미치는 지도사는 고용노동부령으로 정하는 보수교육을 받아야 한다. <신설 2013.6.12.>

⑥ 제2항에 따른 법인에 관하여는 「상법」 중 합명회사에 관한 규정을 적용한다. <개정 2013.6.12.>

[전문개정 2009.2.6.]

제52조의5(지도사에 대한 지도 등) 고용노동부장관은 공단으로 하여금 다음 각 호의 업무를 하게 할 수 있다. <개정 2010.6.4.>

1. 지도사에 대한 지도·연락 및 정보의 공동이용체제의 구축·유지
2. 지도사의 업무 수행과 관련된 사업주의 불만·고충의 처리 및 피해에 관한 분쟁의 조정
3. 그 밖에 지도사 업무의 발전을 위하여 필요한 사항으로서 고용노동부령으로 정하는 사항

[전문개정 2009.2.6.]

제52조의6(비밀 유지) 지도사는 그 직무상 알게 된 비밀을 누설하거나 도용하여서는 아니 된다.

[전문개정 2009.2.6.]

제52조의7(손해배상의 책임) ① 지도사는 업무 수행과 관련하여 고의 또는 과실로 의뢰인에게 손해를 입힌 경우에는 그 손해를 배상할 책임이 있다.

② 제52조의4제1항에 따라 등록한 지도사는 제1항에 따른 손해배상책임을 보장하기 위하여 대통령령으로 정하는 바에 따라 보증보험에 가입하거나 그 밖에 필요한 조치를 하여야 한다.

[전문개정 2009.2.6.]

제52조의8(유사명칭의 사용 금지) 제52조의4제1항에 따라 등록한 지도사가 아닌 자는 산업안전지도사, 산업보건지도사 또는 이와 유사한 명칭을 사용하여서는 아니 된다. <개정 2013.6.12.>

[전문개정 2009.2.6.]

제52조의9(부정행위자에 대한 제재) 고용노동부장관은 지도사시험에서 부정한 행위를 한 응시자에 대하여는 그 시험을 무효로 하고, 그 처분이 있은 날부터 5년간 시험응시자격을 정지한다.

[본조신설 2011.7.25.]

제52조의10(지도사의 교육) 지도사 자격이 있는 사람(제52조의3제2항에 해당하는 사람 중 대통령령으로 정하는 사람은 제외한다)이 직무를 개시하려면 제52조의4에 따른

등록을 하기 전 1년의 범위에서 고용노동부령으로 정하는 연수교육을 받아야 한다.
[본조신설 2013.6.12.]

제52조의11(품위유지와 성실의무 등) ① 지도사는 항상 품위를 유지하고 신의와 성실로써 공정하게 직무를 수행하여야 한다.
② 지도사는 제52조의2제1항 또는 제2항에 따라 작성하거나 확인한 서류에 기명하거나 날인하여야 한다.
[본조신설 2013.6.12.]

제52조의12(금지 행위) 지도사는 다음 각 호의 행위를 하여서는 아니 된다.
1. 거짓이나 그 밖의 부정한 방법으로 의뢰인에게 법령에 따른 의무를 이행하지 아니하게 하는 행위
2. 의뢰인으로 하여금 법령에 따른 신고·보고, 그 밖의 의무를 이행하지 아니하게 하는 행위
3. 법령에 위반되는 행위에 관한 지도·상담
[본조신설 2013.6.12.]

제52조의13(관계 장부 등의 열람 신청) 지도사가 제52조의2의 직무를 수행하는 데에 필요하면 사업주에게 관계 장부 및 서류의 열람을 신청할 수 있다. 이 경우 그 신청이 제52조의2제1항 또는 제2항에 따른 직무의 수행을 위한 것이면 열람을 신청받은 사업주는 정당한 사유 없이 이를 거부하여서는 아니 된다.
[본조신설 2013.6.12.]

제52조의14(자격대여행위 등의 금지) 지도사는 다른 사람에게 자기의 성명이나 사무소의 명칭을 사용하여 지도사의 직무를 수행하게 하거나 그 자격증이나 등록증을 대여(貸與)하여서는 아니 된다.
[본조신설 2013.6.12.]

제52조의15(등록의 취소 등) 고용노동부장관은 지도사가 다음 각 호의 어느 하나에 해당하는 경우에는 그 등록을 취소하거나 2년 이내의 기간을 정하여 그 업무의 정지를 명할 수 있다. 다만, 제1호부터 제3호까지의 규정에 해당할 때에는 그 등록을 취소하여야 한다.
1. 거짓이나 그 밖의 부정한 방법으로 등록 또는 갱신등록을 한 경우

2. 업무정지 기간 중에 업무를 수행한 경우
3. 제52조의4제3항제1호부터 제5호까지의 규정 중 어느 하나에 해당하게 된 경우
4. 제52조의6, 제52조의12 또는 제52조의14를 위반한 경우
5. 그 밖에 제1호부터 제4호까지의 규정에 준하는 합리적인 사유가 있는 경우로서 대통령령으로 정하는 경우
[본조신설 2013.6.12.]

제7장 삭제
<2001.12.31.>

제53조 삭제 <2001.12.31.>
제54조 삭제 <2001.12.31.>
제55조 삭제 <2001.12.31.>
제56조 삭제 <2001.12.31.>
제57조 삭제 <2001.12.31.>
제58조 삭제 <2001.12.31.>
제59조 삭제 <2001.12.31.>
제60조 삭제 <2001.12.31.>

제8장 보칙
<개정 2009.2.6.>

제61조(산업재해 예방시설) 고용노동부장관은 다음의 산업재해 예방시설을 설치·운영할 수 있다. <개정 2010.6.4., 2013.6.12.>
1. 산업안전·보건에 관한 지도시설·연구시설 및 교육시설
2. 작업환경의 측정 및 안전·보건진단을 위한 시설
3. 근로자의 건강을 유지·증진하기 위한 시설
4. 그 밖에 고용노동부령으로 정하는 산업재해 예방을 위한 시설
[전문개정 2009.2.6.]

제61조의2(명예산업안전감독관) ① 고용노동부장관은 산업재해 예방활동에 대한 참여와 지원을 촉진하기 위하여 근로자, 근로자단체, 사업주단체 및 산업재해 예방 관련 전문단체에 소속된 자 중에서 명예산업안전감독관을 위촉할 수 있다. <개정 2010.6.4.>
② 사업주는 명예산업안전감독관으로서 정당한 활동을 한 것을 이유로 그 명예산업

안전감독관에 대하여 불리한 처우를 하여서는 아니 된다.

③ 제1항에 따른 명예산업안전감독관의 위촉 방법, 업무 범위, 그 밖에 필요한 사항은 대통령령으로 정한다.
[전문개정 2009.2.6.]

제61조의3(재해 예방의 재원) 다음 각 호의 용도에 사용하기 위한 재원(財源)은 「산업재해보상보험법」 제95조제1항에 따른 산업재해보상보험및예방기금에서 지원한다. <개정 2010.6.4.>
1. 재해 예방 관련 시설과 그 운영에 필요한 비용
2. 재해 예방 관련 사업, 비영리법인에 위탁하는 업무 및 기금 운용·관리에 필요한 비용
3. 그 밖에 재해 예방에 필요한 사업으로서 고용노동부장관이 인정하는 사업의 사업비
[전문개정 2009.2.6.]

제62조(산업재해 예방활동의 촉진) ① 정부는 사업주, 사업주단체, 근로자단체, 산업재해 예방 관련 전문단체, 연구기관 등이 하는 산업재해 예방사업 중 대통령령으로 정하는 사업에 드는 경비의 전부 또는 일부를 예산의 범위에서 보조하거나 그 밖에 필요한 지원(이하 "보조·지원"이라 한다)을 할 수 있다. 이 경우 고용노동부장관은 보조·지원이 산업재해 예방사업의 목적에 맞게 효율적으로 사용되도록 관리·감독을 하여야 한다. <개정 2010.6.4.>

② 고용노동부장관은 보조·지원을 받은 자가 다음 각 호의 어느 하나에 해당하는 경우 보조·지원의 전부 또는 일부를 취소하여야 한다. 다만, 제1호 및 제2호의 경우에는 보조·지원의 전부를 취소하여야 한다. <신설 2011.7.25.>
1. 거짓이나 그 밖의 부정한 방법으로 보조·지원을 받은 경우
2. 보조·지원 대상자가 폐업하거나 파산한 경우
3. 보조·지원 대상을 임의매각·훼손·분실하는 등 지원 목적에 적합하게 유지·관리·사용하지 아니한 경우
4. 제1항에 따른 산업재해 예방사업의 목적에 맞게 사용되지 아니한 경우
5. 보조·지원 대상 기간이 끝나기 전에 보조·지원 대상 시설 및 장비를 국외로 이전 설치한 경우
6. 보조·지원을 받은 사업주가 제23조제1항부터 제3항까지 또는 제24조제1항에 따른 안전·보건 조치 의무를 위반하여 산업재해를 발생시킨 경우로서 고용노동부령으로 정하는 경우

③ 고용노동부장관은 제2항에 따라 보조·지원의 전부 또는 일부를 취소한 경우에는 해당 금액 또는 지원에 상응하는 금액을 환수하되, 제2항제1호의 경우에는 지급받은 금액에 상당하는 액수 이하의 금액을 추가로 환수할 수 있다. 다만, 제2항제2호 중 보조·지원 대상자가 파산한 경우에 해당하여 취소한 경우는 그러하지 아니하다. <개정 2011.7.25.>

④ 제2항에 따라 보조·지원의 전부 또는 일부가 취소된 자에 대하여는 고용노동부령으로 정하는 바에 따라 취소된 날부터 3년 이내의 기간을 정하여 보조·지원을 하지 아니할 수 있다. <개정 2011.7.25.>

⑤ 보조·지원의 대상·방법·절차, 관리 및 감독, 제2항 및 제3항에 따른 취소 및 환수 방법, 그 밖에 필요한 사항은 고용노동부장관이 정하여 고시한다. <개정 2010.6.4., 2011.7.25.>
[전문개정 2009.2.6.]

제63조(비밀 유지) 제34조에 따른 안전인증을 하는 자, 제35조에 따른 신고 수리에 관한 업무를 하는 자, 제36조에 따른 안전검사를 하는 자, 제36조의2에 따른 자율검사프로그램의 인정업무를 하는 자, 제40조제1항·제6항에 따라 제출된 유해성·위험성 조사보고서 또는 조사결과를 검토하는 자, 제41조제8항에 따라 제출된 물질안전보건자료를 검토하는 자, 제41조제11항에 따라 물질안전보건자료에 적지 아니한 정보를 제공받은 자, 제43조에 따른 건강진단을 하는 자, 제43조의2에 따른 역학조사를 하는 자, 제48조에 따라 제출된 유해·위험방지계획서를 검토하는 자, 제49조에 따른 안전·보건진단을 하는 자 및 제49조의2에 따른 공정안전보고서를 검토하는 자는 업무상 알게 된 비밀을 누설하여서는 아니 된다. 다만, 근로자의 건강장해를 예방하기 위하여 고용노동부장관이 필요하다고 인정하는 경우에는 그러하지 아니하다. <개정 2010.6.4., 2011.7.25., 2013.6.12.>
[전문개정 2009.2.6.]

제63조의2(청문 및 처분기준) ① 고용노동부장관은 다음 각 호의 어느 하나에 해당하는 처분을 하려면 청문을 하여야 한다. <개정 2010.6.4., 2011.7.25., 2013.6.12., 2016.1.27., 2017.4.18.>

1. 제15조의2제1항(제16조제3항, 제16조의3제3항, 제30조의2제3항, 제34조의5제4항, 제36조제10항, 제36조의2제8항, 제38조의2제8항, 제42조제10항, 제43조제11항, 제47조제4항 및 제49조제5항에 따라 준용되는 경우를 포함한다)에 따른 지정의 취소
2. 제28조제4항에 따른 인가의 취소
3. 제34조의3제1항에 따른 안전인증의 취소
4. 제36조의2제4항에 따른 자율검사프로그램 인정의 취소
5. 제37조제3항에 따른 승인의 취소
6. 제38조제5항에 따른 허가의 취소
7. 제32조의3, 제36조의3제3항, 제38조의4제6항, 제52조의15에 따른 등록의 취소
8. 제62조제2항에 따른 보조·지원의 취소

② 제15조의2제1항(제16조제3항, 제16조의3제3항, 제30조의2제3항, 제32조의3, 제34조의5제4항, 제36조제10항, 제36조의2제8항, 제38조의2제8항, 제38조의4제6항, 제42조제10항, 제43조제11항, 제47조제4항 및 제49조제5항에 따라 준용되는 경우를 포함한다), 제28조제4항, 제34조의3제1항, 제35조의3제1항, 제36조의2제4항, 제36조의3제3항, 제37조제3항, 제38조제5항 및 제52조의15에 따른 취소, 정지, 사용 금지 또는 개선명령의 기준은 고용노동부령으로 정한다. <개정 2010.6.4., 2011.7.25., 2013.6.12., 2016.1.27., 2017.4.18.>
[전문개정 2009.2.6.]

제64조(서류의 보존) ① 사업주는 다음 각 호의 서류를 3년(제3호의 경우 2년)간 보존하여야 한다. 다만, 고용노동부령으로 정하는 바에 따라 보존기간을 연장할 수 있다. <개정 2013.6.12., 2016.1.27.>

1. 제10조제1항에 따른 산업재해 발생기록
2. 제13조·제15조·제16조·제16조의3 및 제17조에 따른 관리책임자·안전관리자·보건관리자·안전보건관리담당자 및 산업보건의의 선임에 관한 서류
3. 제19조제3항 및 제29조의2제4항에 따른 회의록
4. 제23조 및 제24조에 따른 안전·보건상의 조치 사항으로서 고용노동부령으

로 정하는 사항을 적은 서류
5. 제40조제1항·제6항에 따른 화학물질의 유해성·위험성 조사에 관한 서류
6. 제42조에 따른 작업환경측정에 관한 서류
7. 제43조에 따른 건강진단에 관한 서류

② 안전인증 또는 안전검사의 업무를 위탁받은 안전인증기관 또는 안전검사기관은 안전인증·안전검사에 관한 사항으로서 고용노동부령으로 정하는 서류를 3년간 보존하여야 하며, 안전인증을 받은 자는 제34조제6항에 따라 안전인증을 받은 제품에 대하여 기록한 서류를 3년간 보존하여야 하고, 자율안전확인대상 기계·기구등을 제조하거나 수입하는 자는 제35조제2항에 따른 자율안전기준에 맞는 것임을 증명하는 서류를 2년간 보존하여야 하며, 제36조제1항에 따라 안전검사를 받아야 하는 자는 제36조의2제2항에 따른 자율검사프로그램에 따라 실시한 검사 결과에 대한 서류를 2년간 보존하여야 한다. <신설 2011.7.25., 2013.6.12.>

③ 일반석면조사를 한 건축물이나 설비의 소유주등은 그 결과에 관한 서류를 그 건축물이나 설비에 대한 해체·제거작업이 종료될 때까지 보존하여야 하고, 기관석면조사를 한 건축물이나 설비의 소유주등과 석면조사기관은 그 결과에 관한 서류를 3년간 보존하여야 한다. <신설 2011.7.25.>

④ 지정측정기관은 작업환경측정에 관한 사항으로서 고용노동부령으로 정하는 사항을 기재한 서류를 3년간 보존하여야 한다. <개정 2010.6.4., 2011.7.25.>

⑤ 지도사는 그 업무에 관한 사항으로서 고용노동부령으로 정하는 사항을 기재한 서류를 5년간 보존하여야 한다. <개정 2010.6.4., 2011.7.25.>

⑥ 석면해체·제거업자는 제38조의4제3항에 따른 석면해체·제거업무에 관하여 고용노동부령으로 정하는 서류를 30년간 보존하여야 한다. <개정 2010.6.4., 2011.7.25.>

⑦ 제1항부터 제6항까지의 경우 전산입력자료가 있을 때에는 그 서류를 대신하여 전산입력자료를 보존할 수 있다. <개정 2011.7.25.>
[전문개정 2009.2.6.]

제65조(권한 등의 위임·위탁) ① 이 법에 따른 고용노동부장관의 권한은 대통령령으로 정하는 바에 따라 그 일부를 지방고용노동관서의 장에게 위임할 수 있다. <개정 2010.6.4.>

② 고용노동부장관은 이 법에 따른 업무 중

다음 각 호의 업무를 대통령령으로 정하는 바에 따라 공단·비영리법인 또는 관계 전문기관에 위탁할 수 있다. <개정 2010.6.4., 2011.7.25., 2013.6.12., 2017.4.18.>

1. 제4조제1항제2호, 제5호부터 제8호까지 및 제10호의 사항에 관한 업무
1의2. 제15조제5항(제16조제3항에 따라 준용되는 경우를 포함한다)에 따른 기관에 대한 평가 업무
2. 제27조제2항에 따른 기준제정위원회의 구성·운영
3. 제28조제3항에 따른 안전·보건평가
3의2. 제31조의2제1항에 따른 건설업기초교육을 실시하는 기관의 등록 업무
4. 제32조제1항에 따른 안전·보건에 관한 직무교육
4의2. 제32조의2제1항에 따른 평가에 관한 업무
5. 제34조제2항 및 제4항에 따른 안전인증
6. 제34조제5항에 따른 안전인증의 확인
7. 제35조제1항에 따른 신고에 관한 업무
8. 제36조제1항에 따른 안전검사
9. 제36조의2제1항에 따른 자율검사프로그램의 인정
9의2. 제36조의2제2항제2호에 따른 검사원의 양성교육 및 같은 조 제6항에 따른 지정검사기관에 대한 평가 업무
10. 제36조의3제1항에 따른 지원과 같은 조 제2항에 따른 등록
10의2. 제36조의4제1항에 따른 유해·위험기계등의 안전에 관한 정보의 종합관리
11. 제38조의2제5항에 따른 기관석면조사 능력의 평가 및 지도·교육에 관한 업무
11의2. 제38조의2제6항에 따른 석면조사기관에 대한 평가 업무
11의3. 제38조의4제4항에 따른 석면해체·제거작업의 안전성평가에 관한 업무
11의4. 제39조제3항에 따른 유해성·위험성 평가에 관한 업무
12. 제41조제10항에 따른 물질안전·보건자료와 관련된 자료의 제공
13. 제42조제8항에 따른 작업환경측정·분석 능력의 평가 및 지도·교육에 관한 업무
13의2. 제42조제9항에 따른 지정측정기관의 평가에 관한 업무
13의3. 제42조의2제1항에 따른 작업환경측정 결과의 신뢰성평가에 관한 업무
14. 제43조제9항에 따른 건강진단능력의 평가 및 지도·교육에 관한 업무
14의2. 제43조제10항에 따른 지정건강진단기관의 평가에 관한 업무
15. 제43조의2제1항에 따른 역학조사
16. 제44조제1항에 따른 건강관리수첩의 발급
17. 제48조에 따른 유해·위험방지계획서의 접수, 심사 및 확인
17의2. 제49조제3항에 따른 안전·보건진단기관에 대한 평가 업무
18. 제49조의2제1항 및 제3항에 따른 공정안전보고서의 접수·심사 및 같은 조 제6항에 따른 확인
18의2. 제52조의4제5항에 따른 지도사 보수교육
18의3. 제52조의10에 따른 지도사 연수교육
18의4. 제61조제3호에 따른 시설의 설치·운영 업무
19. 제62조제1항부터 제3항까지의 규정에 따른 보조·지원 및 보조·지원의 취소·환수에 관한 업무
③ 제2항에 따라 업무를 위탁받은 비영리법인 또는 관계 전문기관의 임직원은 형법 제129조부터 제132조까지의 규정을 적용할 때에는 공무원으로 본다.
[전문개정 2009.2.6.]
[제목개정 2011.7.25.]

제66조(수수료 등) ① 다음 각 호의 어느 하나에 해당하는 자는 고용노동부령으로 정하는 바에 따라 수수료를 내야 한다. <개정 2010.6.4., 2016.1.27.>

1. 제28조제3항에 따른 안전·보건평가를 받으려는 자
2. 제32조제1항 각 호의 사람에게 직무교육을 이수하게 하려는 사업주
3. 제34조제2항 및 제4항에 따른 안전인증을 받으려는 자
4. 제34조제5항에 따른 확인을 받으려는 자
5. 제36조제1항에 따른 안전검사를 받으려는 자
6. 제36조의2제1항에 따른 자율검사프로그램의 인정을 받으려는 자
7. 제38조제1항에 따른 허가를 받으려는 자
8. 제47조에 따른 자격·면허의 취득을 위한 교육을 받으려는 자
9. 제48조제1항부터 제3항까지의 규정에 따른 유해·위험방지계획서를 심사받으려는 자

10. 제49조의2에 따른 공정안전보고서를 심사받으려는 자
11. 제52조의3에 따른 지도사시험에 응시하려는 자
12. 제52조의4에 따른 등록을 하려는 자
13. 그 밖에 산업안전·보건과 관련된 자로서 대통령령으로 정하는 자
② 공단은 고용노동부장관의 승인을 받아 공단의 업무 수행으로 인한 수익자로 하여금 그 업무 수행에 필요한 비용의 전부 또는 일부를 부담하게 할 수 있다. <개정 2010.6.4.>
[전문개정 2009.2.6.]

제9장 벌칙
<개정 2009.2.6.>

제66조의2(벌칙) 제23조제1항부터 제3항까지 또는 제24조제1항을 위반하여 근로자를 사망에 이르게 한 자는 7년 이하의 징역 또는 1억원 이하의 벌금에 처한다.
[전문개정 2009.2.6.]

제67조(벌칙) 다음 각 호의 어느 하나에 해당하는 자는 5년 이하의 징역 또는 5천만원 이하의 벌금에 처한다. <개정 2013.6.12.>
1. 제23조제1항부터 제3항까지, 제24조제1항, 제26조제1항, 제28조제1항, 제37조제1항, 제38조제1항, 제38조의4제1항 또는 제52조제2항을 위반한 자
2. 제38조제5항, 제48조제4항 또는 제51조제7항에 따른 명령을 위반한 자
[전문개정 2009.2.6.]

제67조의2(벌칙) 다음 각 호의 어느 하나에 해당하는 자는 3년 이하의 징역 또는 3천만원 이하의 벌금에 처한다. <개정 2011.7.25., 2013.6.12., 2018.4.17.>
1. 제33조제3항, 제34조제2항, 제34조의4제1항, 제38조제3항, 제38조의3, 제46조, 제47조제1항 또는 제49조의2제1항 후단을 위반한 자
2. 제34조의4제2항, 제38조제4항, 제38조의2제4항, 제43조제2항, 제49조의2제3항·제10항 또는 제51조제6항에 따른 명령을 위반한 자
[전문개정 2009.2.6.]

제68조(벌칙) 다음 각 호의 어느 하나에 해당하는 자는 1년 이하의 징역 또는 1천만원 이하의 벌금에 처한다. <개정 2011.7.25., 2013.6.12., 2017.4.18., 2018.4.17.>
1. 제10조제1항을 위반하여 산업재해 발생 사실을 은폐한 자 또는 그 발생 사실을 은폐하도록 교사(敎唆)하거나 공모(共謀)한 자
2. 제26조제5항을 위반하여 중대재해 발생현장을 훼손한 자
2의2. 제26조의2제3항을 위반하여 해고, 그 밖에 불리한 처우를 한 자
3. 제29조제3항, 같은 조 제5항 전단, 제33조제1항·제2항, 제34조의2제2항·제3항, 제35조의4제1항, 제52조의6 또는 제63조를 위반한 자
4. 제34조의2제4항 또는 제35조의4제2항에 따른 명령을 위반한 자
[전문개정 2009.2.6.]

제69조(벌칙) 다음 각 호의 어느 하나에 해당하는 자는 1천만원 이하의 벌금에 처한다. <개정 2011.7.25., 2013.6.12.>
1. 제29조제8항, 제35조제1항, 제35조의2제2항·제3항, 제40조제2항·제7항, 제43조제5항 또는 제45조제1항·제2항을 위반한 자
2. 제35조의2제4항 또는 제40조제4항·제8항에 따른 명령을 위반한 자
3. 제42조제3항에 따른 작업환경측정 결과에 따라 근로자의 건강을 보호하기 위하여 해당 시설·설비의 설치·개선 또는 건강진단의 실시 등의 조치를 하지 아니한 자
[전문개정 2009.2.6.]

제70조(벌칙) 제29조제1항 또는 제4항을 위반한 자는 500만원 이하의 벌금에 처한다. <개정 2011.7.25.>
[전문개정 2009.2.6.]

제71조(양벌규정) 법인의 대표자나 법인 또는 개인의 대리인, 사용인, 그 밖의 종업원이 그 법인 또는 개인의 업무에 관하여 제66조의2, 제67조, 제67조의2 또는 제68조부터 제70조까지의 어느 하나에 해당하는 위반행위를 하면 그 행위자를 벌하는 외에 그 법인 또는 개인에게도 해당 조문의 벌금형을 과(科)한다. 다만, 법인

또는 개인이 그 위반행위를 방지하기 위하여 해당 업무에 관하여 상당한 주의와 감독을 게을리하지 아니한 경우에는 그러하지 아니하다.
[전문개정 2009.2.6.]

제72조(과태료) ① 다음 각 호의 어느 하나에 해당하는 자에게는 5천만원 이하의 과태료를 부과한다. <개정 2011.7.25.>
1. 제38조의2제2항에 따라 기관석면조사를 하지 아니하고 건축물 또는 설비를 철거하거나 해체한 자
2. 제38조의5제3항을 위반하여 건축물 또는 설비를 철거하거나 해체한 자
② 제10조제2항에 따른 보고를 하지 아니하거나 거짓으로 보고한 자 중 중대재해 발생 보고를 하지 아니하거나 거짓으로 보고한 자에게는 3천만원 이하의 과태료를 부과한다. <신설 2017.4.18.>
③ 다음 각 호의 어느 하나에 해당하는 자에게는 1천500만원 이하의 과태료를 부과한다. <개정 2011.7.25., 2017.4.18.>
1. 제10조제2항에 따른 보고를 하지 아니하거나 거짓으로 보고한 자(중대재해 발생 보고를 하지 아니하거나 거짓으로 보고한 자는 제외한다)
2. 제43조의2제2항을 위반하여 역학조사를 거부·방해하거나 기피한 자
3. 제49조제2항 전단을 위반하여 안전·보건진단을 거부하거나 방해 하거나 기피한 자 또는 같은 항 후단을 위반하여 근로자대표가 요구하였음에도 불구하고 안전·보건진단에 근로자대표를 입회시키지 아니한 자
④ 다음 각 호의 어느 하나에 해당하는 자에게는 1천만원 이하의 과태료를 부과한다. <개정 2011.7.25., 2013.6.12., 2016.1.27., 2017.4.18., 2018.4.17.>
1. 제9조의2제3항에 따라 수급인에 관한 자료를 제출하지 아니하거나 거짓으로 제출한 자
1의2. 제26조의2제2항에 따른 조치를 하지 아니한 자
2. 제29조제3항, 제29조의4제1항, 제30조제1항·제3항, 제34조의2제1항, 제36조제1항·제4항, 제36조의2제5항, 제39조의2제1항, 제48조제1항부터 제3항까지(자격을 갖춘 자의 의견을 듣지 아니하고 작성·제출한 자는 제외한다) 또

는 제49조의2제1항 전단, 같은 조 제5항·제7항을 위반한 자
3. 제41조제8항, 제49조제1항 또는 제50조제1항·제2항에 따른 명령을 위반한 자
4. 제42조제1항에 따른 작업환경측정을 하지 아니한 자
5. 제43조제1항에 따른 근로자 건강진단을 하지 아니한 자
6. 제51조제1항에 따른 근로감독관의 검사·점검 또는 수거를 거부·방해 또는 기피한 자
⑤ 다음 각 호의 어느 하나에 해당하는 자에게는 500만원 이하의 과태료를 부과한다. <개정 2010.6.4., 2011.7.25., 2013.6.12., 2016.1.27., 2017.4.18.>
1. 제11조제1항, 제20조제1항 또는 제41조제3항을 위반하여 이 법 및 이 법에 따른 명령의 요지, 안전보건관리규정 및 물질안전보건자료를 갖춰 두거나 게시하지 아니한 자
2. 제41조제1항 또는 제11항을 위반하여 물질안전보건자료를 작성하여 제공하지 아니하거나 물질안전보건자료에 기재하지 아니한 정보를 제공하지 아니한 자
3. 제12조 전단, 제13조제1항, 제14조제1항, 제15조제1항, 제16조제1항, 제16조의3제1항, 제17조제1항, 제18조제1항, 제18조의2제1항, 제19조제1항(제29조의2에 따라 노사협의체를 설치·운영한 경우를 포함한다)·제5항, 제21조, 제29조제6항·제7항·제9항, 제29조의2제7항, 제31조제1항부터 제3항까지, 제31조의2제1항, 제32조제1항(제1호의 경우만 해당한다), 제35조의2제1항, 제36조제3항, 제38조의4제2항, 제38조의5제1항, 제42조제6항, 제43조제6항, 제44조제3항, 제49조의2제2항, 제50조제3항·제4항 또는 제52조의4제1항을 위반한 자
4. 제15조제3항(제16조제3항 및 제16조의3제3항에 따라 준용되는 경우를 포함한다) 또는 제51조제8항에 따른 명령을 위반한 자
5. 제42조제1항에 따른 작업환경측정 또는 제43조제1항에 따른 건강진단을 할 때 근로자대표가 요구하였는데도 근로자대표를 입회시키지 아니한 자
5의2. 제42조제1항에 따른 작업환경측정 시 고용노동부령으로 정한 작업환경측정의 방법을 준수하지 아니한 사업주(제42조제4

항에 따라 지정측정기관에 위탁한 경우는 제외한다)

5의3. 제42조제3항에 따른 작업환경측정의 결과를 해당 작업장 근로자에게 알리지 아니한 자

6. 제51조제2항에 따른 고용노동부장관의 요구를 받고도 보고 또는 출석을 하지 아니하거나 거짓으로 보고한 자

7. 제51조제6항 후단을 위반하여 고용노동부장관으로부터 명령받은 사항을 게시하지 아니한 자

⑥ 다음 각 호의 어느 하나에 해당하는 자에게는 300만원 이하의 과태료를 부과한다. <개정 2010.6.4., 2011.7.25., 2013.6.12., 2016.1.27., 2017.4.18.>

1. 제11조제2항을 위반하여 근로자대표에게 알리지 아니한 자

2. 제25조, 제40조제5항, 제43조제3항·제7항 또는 제52조의8을 위반한 자

3. 제30조의2제1항을 위반하여 지도를 받지 아니한 자

4. 제32조제1항(제2호의 경우만 해당한다)을 위반하여 소속 근로자로 하여금 직무교육을 이수하도록 하지 아니한 자

4의2. 제34조제7항에 따른 자료 제출 명령에 따르지 아니한 자

4의3. 제38조의2제1항에 따라 일반석면조사를 하지 아니하고 건축물이나 설비를 철거하거나 해체한 자

5. 제38조의4제3항을 위반하여 고용노동부장관에게 신고하지 아니한 자

6. 제38조의5제1항에 따른 증명자료를 제출하지 아니한 자

7. 제40조제1항에 따른 유해성·위험성 조사보고서를 제출하지 아니하거나 같은 조 제6항에 따른 유해성·위험성 조사 결과 및 유해성·위험성 평가에 필요한 자료를 제출하지 아니한 자

8. 제41조제4항부터 제6항까지의 규정을 위반하여 경고표시를 하지 아니하거나 물질안전보건자료의 변경 내용을 반영하여 제공하지 아니한 자 또는 같은 조 제7항을 위반하여 교육을 하지 아니한 자

9. 제42조제1항 또는 제43조제4항에 따른 통보 또는 보고를 하지 아니하거나 거짓으로 통보 또는 보고한 자

10. 제48조제3항을 위반하여 유자격자의 의견을 듣지 아니하고 유해·위험방지계획서를 작성·제출한 자

11. 제48조제5항 또는 제49조의2제6항을 위반하여 고용노동부장관의 확인을 받지 아니한 자

12. 제51조제1항에 따른 질문에 대하여 답변을 거부, 방해 또는 기피하거나 거짓으로 답변한 자

12의2. 제51조제3항에 따른 검사·지도 등을 거부·방해 또는 기피한 자

13. 제64조제1항부터 제6항까지의 규정을 위반하여 서류를 보존하지 아니한 자

⑦ 제1항부터 제6항까지의 규정에 따른 과태료는 대통령령으로 정하는 바에 따라 고용노동부장관이 부과·징수한다. <개정 2010.6.4., 2017.4.18.>

[전문개정 2009.2.6.]

부칙
<법률 제15588호, 2018.4.17.>

이 법은 공포 후 6개월이 경과한 날부터 시행한다.

산업안전보건법 시행령

[시행 2018.12.13.]
[대통령령 제29360호, 2018.12.11.,타법개정]

제1조(목적) 이 영은 「산업안전보건법」에서 위임된 사항과 그 시행에 필요한 사항을 규정함을 목적으로 한다.
[전문개정 2009.7.30.]

제2조(정의) 이 영에서 사용하는 용어의 뜻은 이 영에 특별한 규정이 없으면 「산업안전보건법」(이하 "법"이라 한다)에서 정하는 바에 따른다.
[전문개정 2009.7.30.]

제2조의2(적용범위 등) ① 법 제3조제1항 단서에 따라 법의 일부를 적용하지 아니하는 사업 또는 사업장(이하 "사업"이라 한다)의 범위 및 해당 사업에 적용되지 아니하는 법 규정의 범위는 별표 1과 같다. <개정 2013.8.6.>
② 이 영에서 사업의 분류는 「통계법」에 따라 통계청장이 고시한 한국표준산업분류에 따른다.
[전문개정 2009.7.30.]

제3조(사업장의 재해 예방을 위한 시책 마련) 고용노동부장관은 법 제4조제1항제2호에 따른 사업장에 대한 재해 예방을 위하여 재해 예방기법의 연구 및 보급, 안전·보건 기술의 지원 및 교육에 관한 시책을 마련하여야 한다. <개정 2010.7.12., 2014.3.12.>
[전문개정 2009.7.30.]
[제목개정 2014.3.12.]

제3조의2(안전·보건 경영체제 등의 추진) ① 고용노동부장관은 법 제4조제1항제5호에 따른 사업의 안전·보건 경영체제 확립을 위하여 사업의 자율적인 안전·보건 경영체제 운영 등의 기법을 연구·보급하여야 한다. <개정 2010.7.12., 2012.1.26.>
② 고용노동부장관은 사업의 자율적인 안전·보건 경영체제 확립을 위하여 사업의 안전관리 및 보건관리 수준을 향상시키기 위한 시책을 마련하여야 한다. <개정 2010.7.12., 2013.8.6.>

③ 제2항에 따른 시책에 관하여 필요한 사항은 고용노동부장관이 정한다. <개정 2010.7.12., 2013.8.6.>
[전문개정 2009.7.30.]

제3조의3(안전·보건의식을 북돋우기 위한 시책 마련) ① 고용노동부장관은 법 제4조제1항제6호에 따라 안전·보건의식을 북돋우기 위하여 다음 각 호와 관련된 시책을 마련하여야 한다. <개정 2010.7.12.>
1. 산업안전·보건 강조기간의 설정 및 그 시행
2. 안전·보건 교육의 진흥 및 홍보의 활성화
3. 안전·보건과 관련된 국민의 건전하고 자주적인 활동의 촉진 등
② 제1항에 따른 안전·보건의식을 북돋우기 위한 시책에 관하여 필요한 사항은 고용노동부장관이 정한다. <개정 2010.7.12.>
[전문개정 2009.7.30.]

제3조의4(무재해운동의 추진) ① 고용노동부장관은 법 제4조제1항제6호에 따른 무재해운동을 효율적으로 추진하기 위하여 다음 각 호와 관련된 시책을 마련하여야 한다. <개정 2010.7.12.>
1. 사업장 무재해운동의 확산과 그 추진기법의 보급
2. 무재해 목표를 달성한 사업장에 대한 지원 등 무재해운동의 활성화
② 무재해운동의 추진방법 등 제1항의 시책을 추진하기 위하여 필요한 사항은 고용노동부장관이 정한다. <개정 2010.7.12.>
[전문개정 2009.7.30.]

제3조의5(조사 및 통계의 유지·관리) 고용노동부장관은 산업재해를 예방하기 위하여 법 제4조제1항제8호에 따라 산업재해에 관하여 조사하고 이에 관한 통계를 유지·관리하여야 한다. <개정 2010.7.12.>
[전문개정 2009.7.30.]

제3조의6(건강증진사업 등의 추진) ① 고용노동부장관은 법 제4조제1항제10호에 따른 근로자 건강의 보호·증진에 관한 사항을 효율적으로 추진하기 위하여 다음 각 호와 관련된 시책을 마련하여야 한다. <개정 2010.7.12.>
1. 근로자의 건강 증진을 위한 사업의 보

급・확산

2. 깨끗한 작업환경의 조성

② 제1항에 따른 시책을 추진하기 위하여 필요한 사항은 고용노동부장관이 정한다. <개정 2010.7.12.>

[전문개정 2009.7.30.]

제3조의7(사업주 등의 협조) 사업주와 근로자, 그 밖의 관련 단체는 제3조 및 제3조의2부터 제3조의6까지의 규정에 따른 국가의 시책에 적극적으로 참여하는 등 협조하여야 한다.

[전문개정 2009.7.30.]

제4조 삭제 <2010.2.24.>
제5조 삭제 <2010.2.24.>
제6조 삭제 <2010.2.24.>
제7조 삭제 <2010.2.24.>
제8조 삭제 <2010.2.24.>
제8조의2 삭제 <2010.2.24.>
제8조의3 삭제 <2010.2.24.>

제8조의4(공표대상 사업장) ① 법 제9조의2 제1항에서 "대통령령으로 정하는 사업장"이란 다음 각 호의 어느 하나에 해당하는 사업장을 말한다. <개정 2016.10.27., 2017.10.17.>

1. 중대재해가 발생한 사업장으로서 해당 중대재해 발생연도의 연간 산업재해율이 규모별 같은 업종의 평균 재해율 이상인 사업장

2. 산업재해로 인한 사망자(이하 "사망재해자"로 한다)가 연간 2명 이상 발생한 사업장

2의2. 사망만인율(사망재해자 수를 연간 상시근로자 1만명당 발생하는 사망재해자 수로 환산한 것을 말한다)이 규모별 같은 업종의 평균 사망만인율 이상인 사업장

2의3. 법 제10조제1항을 위반하여 산업재해 발생 사실을 은폐한 사업장

3. 법 제10조제2항에 따른 산업재해의 발생에 관한 보고를 최근 3년 이내 2회 이상 하지 않은 사업장

4. 법 제49조의2제1항에 따른 중대산업사고가 발생한 사업장

② 고용노동부장관은 법 제29조제1항에 따른 도급인인 사업주가 같은 조 제3항에 따른 산업재해 예방을 위한 조치의무를 위반하여 수급인의 근로자가 산업재해를 입은 경우로서 수급인의 사업장이 제1항 각 호(제2호의

3 또는 제3호의 사업장은 제외한다)의 어느 하나에 해당하는 경우에는 수급인 사업장의 산업재해 발생건수 등을 공표하면서 해당 재해가 발생한 도급인 사업장에 대한 산업재해 발생건수 등을 함께 공표하여야 한다. <신설 2016.10.27., 2017.10.17.>

③ 법 제9조의2제2항에서 "대통령령으로 정하는 사업장"이란 도급인이 사용하는 상시근로자 수가 500명 이상인 다음 각 호의 어느 하나에 해당하는 사업장으로서 도급인 사업장의 사고사망만인율(질병으로 인한 사망재해자를 제외하고 산출한 사망만인율을 말한다) 보다 도급인이 사용하는 근로자와 같은 장소에서 작업을 하는 수급인[하수급인(下受給人)을 포함한다. 이하 같다]의 근로자를 포함하여 산출한 통합 사고사망만인율이 높은 사업장을 말한다. <신설 2017.10.17.>

1. 제조업
2. 철도운송업
3. 도시철도운송업

[전문개정 2009.7.30.]

제9조(안전보건관리책임자의 선임 등) ① 법 제13조제3항에 따라 안전보건관리책임자(이하 "관리책임자"라 한다)를 두어야 할 사업의 종류 및 규모는 별표 1의2와 같다. <개정 2010.7.12., 2013.8.6.>

② 관리책임자는 해당 사업에서 그 사업을 실질적으로 총괄관리하는 사람이어야 한다. <개정 2013.8.6.>

③ 사업주는 관리책임자에게 법 제13조제1항에 따른 업무를 수행하는 데 필요한 권한을 주어야 한다. <신설 2014.3.12.>

④ 사업주는 관리책임자를 선임하였을 때에는 그 선임 사실 및 법 제13조제1항 각 호에 따른 업무의 수행내용을 증명할 수 있는 서류를 갖춰 둬야 한다. <개정 2013.8.6., 2014.3.12.>

[전문개정 2009.7.30.]

제10조(관리감독자의 업무 내용) ① 법 제14조제1항 본문에서 "안전・보건점검 등 대통령령으로 정하는 업무"란 다음 각 호의 업무를 말한다. <개정 2010.7.12., 2010.11.18., 2014.3.12., 2016.10.27.>

1. 사업장 내 관리감독자가 지휘・감독하는 작업(이하 이 조에서 "해당 작업"이라 한다)과 관련된 기계・기구 또는 설비의 안전・보건 점검 및 이상 유무의 확인

2. 관리감독자에게 소속된 근로자의 작업
   복·보호구 및 방호장치의 점검과 그
   착용·사용에 관한 교육·지도
3. 해당 작업에서 발생한 산업재해에 관한
   보고 및 이에 대한 응급조치
4. 해당 작업의 작업장 정리·정돈 및 통
   로확보에 대한 확인·감독
5. 해당 사업장의 다음 각 목의 어느 하나
   에 해당하는 사람의 지도·조언에 대한
   협조
   가. 산업보건의
   나. 안전관리자[법 제15조제4항에 따라
       안전관리자의 업무를 같은 항에 따
       른 안전관리전문기관(이하 "안전관리
       전문기관"이라 한다)에 위탁한 사업
       장의 경우에는 그 전문기관의 해당
       사업장 담당자]
   다. 보건관리자[법 제16조제3항에 따라
       보건관리자의 업무를 같은 항에 따라
       준용되는 법 제15조제4항에 따른 보
       건관리전문기관(이하 "보건관리전문기
       관"이라 한다)에 위탁한 사업장의 경
       우에는 그 전문기관의 해당 사업장
       담당자]
   라. 안전보건관리담당자(법 제16조의3제3
       항에 따라 안전보건관리담당자의 업무
       를 안전관리전문기관 또는 보건관리전
       문기관에 위탁한 사업장의 경우에는
       그 전문기관의 해당 사업장 담당자)
6. 법 제41조의2에 따른 위험성평가를 위한
   업무에 기인하는 유해·위험요인의 파악
   및 그 결과에 따른 개선조치의 시행
7. 그 밖에 해당 작업의 안전·보건에 관한
   사항으로서 고용노동부령으로 정하는 사항
② 사업주는 관리감독자에게 제1항에 따른
업무 수행에 필요한 권한을 부여하고 시
설·장비·예산, 그 밖의 업무수행에 필요
한 지원을 하여야 한다.
③ 법 제14조제1항 단서에서 "대통령령으
로 정하는 작업"이란 별표 2와 같다.
④ 법 제14조제1항 단서에서 "소속 직원
에 대한 특별교육 등 대통령령으로 정하
는 안전·보건에 관한 업무"란 다음 각
호의 업무를 말한다. <개정 2010.7.12.,
2010.11.18.>
1. 법 제31조제3항에 따라 유해하거나 위
   험한 작업에 근로자를 사용할 때 실시
   하는 특별교육 중 안전에 관한 교육
2. 법 제36조의2제1항에 따른 유해·위험

기계등의 안전에 관한 성능검사(관리감
독자가 법 제36조의2제2항 각 호의 사
람인 경우로 한정한다)
3. 그 밖에 해당 작업의 성격상 유해 또는
   위험을 방지하기 위한 업무로서 고용노
   동부령으로 정하는 업무
[전문개정 2009.7.30.]
[시행일] 제10조의 개정규정은 다음 각
호의 구분에 따른 날
1. 상시근로자 30명 이상 50명 미만을 사
   용하는 사업장: 2018년 9월 1일
2. 상시근로자 20명 이상 30명 미만을 사
   용하는 사업장: 2019년 9월 1일

제11조 삭제 <2006.9.22.>

제12조(안전관리자의 선임 등) ① 법 제15
조제2항에 따라 안전관리자를 두어야 할 사
업의 종류·규모, 안전관리자의 수 및 선임
방법은 별표 3과 같다.
② 제1항에 따른 사업 중 상시 근로자 300명
이상을 사용하는 사업장[건설업의 경우에는
공사금액이 120억원(「건설산업기본법 시행
령」 별표 1의 토목공사업에 속하는 공사는
150억원) 이상이거나 상시 근로자 300명 이
상을 사용하는 사업장]에는 해당 사업장에서
법 제15조제1항 및 이 영 제13조제1항 각
호에 규정된 업무만을 전담하는 안전관리자
를 두어야 한다. <개정 2014.3.12.>
③ 제1항 및 제2항을 적용할 경우 법 제
18조제1항에 따른 사업에 관하여 해당 사
업과 같은 장소에서 이루어지는 도급사업
의 공사금액 또는 수급인이 사용하는 상시
근로자는 각각 해당 사업의 공사금액 또는
상시 근로자로 본다. 다만, 별표 3의 기준
에 해당하는 도급사업의 공사금액 또는 수
급인의 상시 근로자의 경우에는 그러하지
아니하다. <개정 2017.10.17.>
④ 제1항에도 불구하고 같은 사업주가 경
영하는 둘 이상의 사업장이 다음 각 호의
어느 하나에 해당하는 경우에는 그 둘 이
상의 사업장에 1명의 안전관리자를 공동
으로 둘 수 있다. 이 경우 해당 사업장의
상시 근로자 수의 합계는 300명 이내이
어야 한다. <개정 2010.11.18.>
1. 같은 시·군·구(자치구를 말한다) 지
   역에 소재하는 경우
2. 사업장 간의 경계를 기준으로 15킬로
   미터 이내에 소재하는 경우

⑤ 제1항부터 제3항까지의 규정에도 불구하고 같은 장소에서 이루어지는 도급사업에서 도급인인 사업주가 고용노동부령으로 정하는 바에 따라 그 사업의 수급인인 사업주의 근로자에 대한 안전관리를 전담하는 안전관리자를 선임한 경우에는 해당 사업의 수급인인 사업주는 안전관리자를 선임하지 않을 수 있다. <개정 2010.7.12.>
⑥ 사업주는 안전관리자를 선임하거나 법 제15조제4항에 따라 안전관리자의 업무를 안전관리전문기관에 위탁한 경우에는 고용노동부령으로 정하는 바에 따라 선임하거나 위탁한 날부터 14일 이내에 고용노동부장관에게 증명할 수 있는 서류를 제출하여야 한다. 법 제15조제3항에 따라 안전관리자를 다시 임명한 경우에도 또한 같다. <개정 2010.7.12., 2014.3.12.>
[전문개정 2009.7.30.]

제13조(안전관리자의 업무 등) ① 법 제15조제2항에 따라 안전관리자가 수행하여야 할 업무는 다음 각 호와 같다. <개정 2010.7.12., 2012.1.26., 2014.3.12.>
1. 법 제19조제1항에 따른 산업안전보건위원회 또는 법 제29조의2제1항에 따른 안전·보건에 관한 노사협의체에서 심의·의결한 업무와 법 제20조제1항에 따른 해당 사업장의 안전보건관리규정(이하 "안전보건관리규정"이라 한다) 및 취업규칙에서 정한 업무
2. 법 제34조제2항에 따른 안전인증대상 기계·기구등(이하 "안전인증 대상 기계·기구등"이라 한다)과 법 제35조제1항 각 호 외의 부분 본문에 따른 자율안전확인대상 기계·기구등(이하 "자율안전확인대상 기계·기구등"이라 한다) 구입 시 적격품의 선정에 관한 보좌 및 조언·지도
2의2. 법 제41조의2에 따른 위험성평가에 관한 보좌 및 조언·지도
3. 해당 사업장 안전교육계획의 수립 및 안전교육 실시에 관한 보좌 및 조언·지도
4. 사업장 순회점검·지도 및 조치의 건의
5. 산업재해 발생의 원인 조사·분석 및 재발방지를 위한 기술적 보좌 및 조언·지도
6. 산업재해에 관한 통계의 유지·관리·분석을 위한 보좌 및 조언·지도
7. 법 또는 법에 따른 명령으로 정한 안전에 관한 사항의 이행에 관한 보좌 및 조언·지도
8. 업무수행 내용의 기록·유지
9. 그 밖에 안전에 관한 사항으로서 고용노동부장관이 정하는 사항
② 사업주가 안전관리자를 배치할 때에는 연장근로·야간근로 또는 휴일근로 등 해당 사업장의 작업 형태를 고려하여야 한다.
③ 사업주는 안전관리 업무의 원활한 수행을 위하여 외부전문가의 평가·지도를 받을 수 있다. <신설 2012.1.26.>
④ 안전관리자는 제1항 각 호에 따른 업무를 수행할 때에는 보건관리자와 협력하여야 한다. <신설 2012.1.26., 2014.3.12.>
⑤ 안전관리자에 관하여는 제10조제2항을 준용한다. <개정 2012.1.26.>
[전문개정 2009.7.30.]
[제목개정 2014.3.12.]

제14조(안전관리자의 자격) 법 제15조제2항에 따른 안전관리자의 자격은 별표 4와 같다.
[전문개정 2009.7.30.]

제15조(안전관리 업무의 위탁 등) ① 법 제15조제4항에 따라 안전관리자의 업무를 안전관리전문기관에 위탁할 수 있는 사업의 종류 및 규모는 건설업을 제외한 사업으로서 상시 근로자 300명 미만을 사용하는 사업으로 한다. <개정 2014.3.12.>
② 사업주가 제1항에 따라 안전관리자의 업무를 안전관리전문기관에 위탁한 경우에는 그 전문기관을 제12조제1항에 따른 안전관리자로 본다. <개정 2014.3.12.>
[전문개정 2009.7.30.]

제15조의2(안전관리전문기관의 지정 요건) 법 제15조제4항에 따라 안전관리전문기관으로 지정받을 수 있는 자는 다음 각 호의 어느 하나에 해당하는 자로서 고용노동부령으로 정하는 인력·시설 및 장비를 갖춘 자로 한다. <개정 2014.3.12.>
1. 법 제52조의4에 따라 등록한 산업안전지도사(건설안전 분야의 산업안전지도사는 제외한다)
2. 안전관리 업무를 하려는 법인
[전문개정 2012.1.26.]
[제목개정 2014.3.12.]

제15조의3(안전관리전문기관의 지정신청 등)
① 법 제15조제4항에 따라 안전관리전문기관으로 지정받으려는 자는 고용노동부령으로 정하는 바에 따라 안전관리전문기관 지정신청서를 고용노동부장관에게 제출하여야 한다. <개정 2010.7.12., 2014.3.12.>
② 안전관리전문기관이 지정받은 사항을 변경하려면 고용노동부령으로 정하는 바에 따라 안전관리전문기관 변경신청서를 고용노동부장관에게 제출하여야 한다. <개정 2010.7.12., 2014.3.12.>
[전문개정 2009.7.30.]
[제목개정 2014.3.12.]

제15조의4 삭제 <1997.5.16.>

제15조의5(안전관리전문기관의 지정 취소 등의 사유) 법 제15조의2제1항제5호에서 "대통령령으로 정하는 사유에 해당하는 경우"란 다음 각 호의 어느 하나에 해당하는 경우를 말한다. <개정 2012.1.26., 2014.3.12.>
1. 안전관리 업무를 수행하지 아니하고 위탁 수수료를 받거나 안전관리 업무 관련 서류를 거짓으로 작성한 경우
2. 정당한 사유 없이 안전관리 업무의 수탁을 거부한 경우
3. 위탁받은 안전관리 업무에 차질이 생기게 하거나 업무를 게을리한 경우
4. 그 밖에 법 또는 법에 따른 명령을 위반한 경우
[전문개정 2009.7.30.]
[제목개정 2014.3.12.]

제15조의6(과징금의 산정기준) 법 제15조의3제3항에 따른 업무정지기간별 과징금의 부과기준은 별표 4의2와 같다.
[전문개정 2012.1.26.]

제15조의7(과징금의 부과 및 납부) ① 고용노동부장관은 법 제15조의3제1항에 따라 과징금을 부과하려는 경우에는 위반행위의 종류와 해당 과징금의 금액 등을 구체적으로 밝혀 과징금을 낼 것을 서면으로 알려야 한다. <개정 2010.7.12.>
② 제1항에 따라 통지를 받은 자는 통지받은 날부터 30일 이내에 고용노동부장관이 정하는 수납기관에 과징금을 내야 한다. 다만, 천재지변이나 그 밖의 부득이한 사유로 그 기간 내 과징금을 낼 수 없는

경우에는 그 사유가 없어진 날부터 15일 이내에 내야 한다. <개정 2010.7.12.>
③ 제2항에 따라 과징금을 받은 수납기관은 납부자에게 영수증을 발급하여야 한다.
④ 과징금의 수납기관은 제2항에 따라 과징금을 받은 경우에는 지체 없이 그 사실을 고용노동부장관에게 통보하여야 한다. <개정 2010.7.12.>
⑤ 과징금은 분할하여 낼 수 없다.
[전문개정 2009.7.30.]

제16조(보건관리자의 선임 등) ① 법 제16조제2항에 따라 보건관리자를 두어야 할 사업의 종류·규모와 보건관리자의 수 및 선임방법은 별표 5와 같다.
② 제1항에 따른 사업의 사업장에는 해당 사업장에서 법 제16조제1항 및 이 영 제17조제1항 각 호에 규정된 업무만을 전담하는 보건관리자를 두어야 한다. 다만, 상시 근로자 300명 미만을 사용하는 사업장에서는 보건관리자가 보건관리 업무에 지장이 없는 범위에서 다른 업무를 겸할 수 있다. <개정 2014.3.12.>
③ 보건관리자의 선임 등에 관하여는 제12조제3항부터 제6항까지를 준용한다. 이 경우 "안전관리자"는 "보건관리자"로, "안전관리"는 "보건관리"로, "안전관리전문기관"은 "보건관리전문기관"으로 본다. <개정 2016.2.17.>
[전문개정 2009.7.30.]

제17조(보건관리자의 업무 등) ① 법 제16조제2항에 따라 보건관리자가 수행하여야 할 업무는 다음 각 호와 같다. <개정 2012.1.26., 2014.3.12.>
1. 법 제19조제1항에 따른 산업안전보건위원회에서 심의·의결한 업무와 안전보건관리규정 및 취업규칙에서 정한 업무
2. 안전인증대상 기계·기구등과 자율안전확인대상 기계·기구등 중 보건과 관련된 보호구(保護具) 구입 시 적격품 선정에 관한 보좌 및 조언·지도
3. 법 제41조에 따라 작성된 물질안전보건자료의 게시 또는 비치에 관한 보좌 및 조언·지도
4. 법 제41조의2에 따른 위험성평가에 관한 보좌 및 조언·지도
5. 제22조제1항에 따른 산업보건의의 직무(보건관리자가 별표 6 제1호에 해당하는 사람인 경우로 한정한다)

6. 해당 사업장 보건교육계획의 수립 및 보건교육 실시에 관한 보좌 및 조언·지도
7. 해당 사업장의 근로자를 보호하기 위한 다음 각 목의 조치에 해당하는 의료행위(보건관리자가 별표 6 제1호 또는 제2호에 해당하는 경우로 한정한다)
   가. 외상 등 흔히 볼 수 있는 환자의 치료
   나. 응급처치가 필요한 사람에 대한 처치
   다. 부상·질병의 악화를 방지하기 위한 처치
   라. 건강진단 결과 발견된 질병자의 요양 지도 및 관리
   마. 가목부터 라목까지의 의료행위에 따르는 의약품의 투여
8. 작업장 내에서 사용되는 전체 환기장치 및 국소 배기장치 등에 관한 설비의 점검과 작업방법의 공학적 개선에 관한 보좌 및 조언·지도
9. 사업장 순회점검·지도 및 조치의 건의
10. 산업재해 발생의 원인 조사·분석 및 재발 방지를 위한 기술적 보좌 및 조언·지도
11. 산업재해에 관한 통계의 유지·관리·분석을 위한 보좌 및 조언·지도
12. 법 또는 법에 따른 명령으로 정한 보건에 관한 사항의 이행에 관한 보좌 및 조언·지도
13. 업무수행 내용의 기록·유지
14. 그 밖에 작업관리 및 작업환경관리에 관한 사항
② 보건관리자는 제1항 각 호에 따른 업무를 수행할 때에는 안전관리자와 협력하여야 한다. <신설 2012.1.26., 2014.3.12.>
③ 보건관리자에 관하여는 제10조제2항과 제13조제2항·제3항을 준용한다. 이 경우 보건관리자에게 지원하여야 할 시설 및 장비는 고용노동부령으로 정한다. <개정 2010.7.12., 2012.1.26.>
[전문개정 2009.7.30.]
[제목개정 2014.3.12.]

제18조(보건관리자의 자격) 법 제16조제2항에 따른 보건관리자의 자격은 별표 6과 같다.
[전문개정 2009.7.30.]

제19조(보건관리 업무의 위탁 등) ① 법 제16조제3항에 따라 보건관리자의 업무를 위탁할 수 있는 보건관리전문기관은 지역별 보건관리전문기관과 업종별·유해인자별 보건관리전문기관으로 구분한다. <개정 2014.3.12.>
② 보건관리자의 업무를 보건관리전문기관에 위탁할 수 있는 사업은 다음 각 호와 같다. <개정 2016.2.17.>
1. 건설업을 제외한 사업으로서 상시 근로자 300명 미만을 사용하는 사업
2. 외딴곳으로서 고용노동부장관이 정하는 지역에 소재하는 사업
③ 제1항에 따른 업종별·유해인자별 보건관리전문기관에 보건관리 업무를 위탁할 수 있는 사업의 종류는 고용노동부령으로 정한다. <개정 2010.7.12., 2014.3.12.>
④ 보건관리 업무의 위탁에 관하여는 제15조제2항을 준용한다.
[전문개정 2009.7.30.]

제19조의2(보건관리전문기관의 지정 요건) 법 제16조제3항에 따른 보건관리전문기관으로 지정받을 수 있는 자는 다음 각 호의 어느 하나에 해당하는 자로서 고용노동부령으로 정하는 인력·시설 및 장비를 갖춘 자로 한다. <개정 2010.7.12., 2012.1.26., 2014.3.12.>
1. 법 제52조의4에 따라 등록한 산업보건지도사
2. 국가 또는 지방자치단체의 소속 기관
3. 「의료법」에 따른 종합병원 또는 병원
4. 「고등교육법」 제2조제1호부터 제6호까지의 규정에 따른 대학 또는 그 부속기관
5. 보건관리 업무를 하려는 법인
[전문개정 2009.7.30.]
[제목개정 2014.3.12.]

제19조의3(준용) 보건관리전문기관에 관하여는 제15조의3 및 제15조의5부터 제15조의7까지의 규정을 준용한다. <개정 2014.3.12.>
[전문개정 2009.7.30.]

제19조의4(안전보건관리담당자의 선임 등) ① 다음 각 호의 어느 하나에 해당하는 사업의 사업주는 법 제16조의3제1항에 따라 상시근로자 20명 이상 50명 미만인 사업장에 안전보건관리담당자를 1명 이상 선임하여야 한다. <개정 2017.10.17.>
1. 제조업
2. 임업

3. 하수, 폐수 및 분뇨 처리업
4. 폐기물 수집, 운반, 처리 및 원료 재생업
5. 환경 정화 및 복원업
② 제1항에 따른 안전보건관리담당자는 해당 사업장 소속 근로자로서 다음 각 호의 어느 하나에 해당하는 요건을 갖추어야 한다.
1. 제14조에 따른 안전관리자의 자격을 갖출 것
2. 제18조에 따른 보건관리자의 자격을 갖출 것
3. 고용노동부장관이 인정하는 안전·보건 교육을 이수하였을 것
③ 안전보건관리담당자는 안전보건관리 업무에 지장이 없는 범위에서 다른 업무를 겸할 수 있다.
④ 사업주는 제1항에 따라 안전보건관리담당자를 선임한 경우에는 그 선임 사실 및 제19조의5제1항 각 호에 따른 업무를 수행하였음을 증명할 수 있는 서류를 갖추어 두어야 한다.
⑤ 제2항제3호에 따른 안전·보건교육의 시간·내용 및 방법 등에 관하여 필요한 사항은 고용노동부장관이 정하여 고시한다.
[본조신설 2016.10.27.]
[시행일] 제19조의4의 개정규정은 다음 각 호의 구분에 따른 날
1. 상시근로자 30명 이상 50명 미만을 사용하는 사업장: 2018년 9월 1일
2. 상시근로자 20명 이상 30명 미만을 사용하는 사업장: 2019년 9월 1일

제19조의5(안전보건관리담당자의 업무) 법 제16조의3제1항에 따른 안전보건관리담당자의 업무는 다음 각 호와 같다.
1. 법 제31조에 따른 안전·보건교육 실시에 관한 보좌 및 조언·지도
2. 법 제41조의2에 따른 위험성평가에 관한 보좌 및 조언·지도
3. 법 제42조에 따른 작업환경측정 및 개선에 관한 보좌 및 조언·지도
4. 법 제43조에 따른 건강진단에 관한 보좌 및 조언·지도
5. 산업재해 발생의 원인 조사, 산업재해 통계의 기록 및 유지를 위한 보좌 및 조언·지도
6. 산업안전·보건과 관련된 안전장치 및 보호구 구입 시 적격품 선정에 관한 보좌 및 조언·지도
[본조신설 2016.10.27.]

[시행일] 제19조의5의 개정규정은 다음 각 호의 구분에 따른 날
1. 상시근로자 30명 이상 50명 미만을 사용하는 사업장: 2018년 9월 1일
2. 상시근로자 20명 이상 30명 미만을 사용하는 사업장: 2019년 9월 1일

제19조의6(안전보건관리담당자 업무의 위탁 등) ① 제19조의4제1항에 따라 안전보건관리담당자를 선임하여야 하는 사업주는 법 제16조의3제3항에 따라 준용되는 법 제15조제4항에 따라 안전보건관리담당자의 업무를 안전관리전문기관 또는 보건관리전문기관에 위탁할 수 있다.
② 사업주가 제1항에 따라 안전보건관리담당자의 업무를 안전관리전문기관 또는 보건관리전문기관에 위탁한 경우에는 그 전문기관을 제19조의4제1항에 따른 안전보건관리담당자로 본다.
[본조신설 2016.10.27.]
[시행일] 제19조의6의 개정규정은 다음 각 호의 구분에 따른 날
1. 상시근로자 30명 이상 50명 미만을 사용하는 사업장: 2018년 9월 1일
2. 상시근로자 20명 이상 30명 미만을 사용하는 사업장: 2019년 9월 1일

제20조(산업보건의의 선임 등) ① 법 제17조제2항에 따라 산업보건의를 두어야 할 사업의 종류 및 규모는 상시 근로자 50명 이상을 사용하는 사업으로서 의사가 아닌 보건관리자를 두는 사업장으로 한다. 다만, 제19조에 따라 보건관리전문기관에 보건관리자의 업무를 위탁한 경우에는 산업보건의를 두지 않을 수 있다. <개정 2014.3.12.>
② 제1항에 따른 산업보건의는 외부에서 위촉할 수 있으며 이 경우 위촉된 산업보건의는 제22조에 따른 산업보건의의 직무를 수행하여야 한다.
③ 사업주는 산업보건의를 선임하였을 때에는 고용노동부령으로 정하는 바에 따라 선임한 날부터 14일 이내에 고용노동부장관에게 그 사실을 증명할 수 있는 서류를 제출하여야 한다. <개정 2010.7.12.>
④ 제2항에 따라 위촉된 산업보건의가 담당할 사업장 수 및 근로자 수, 그 밖에 선임에 필요한 사항은 고용노동부장관이 정한다. <개정 2010.7.12.>
[전문개정 2009.7.30.]

제21조(산업보건의의 자격) 법 제17조제2항에 따른 산업보건의의 자격은 「의료법」에 따른 의사로서 직업환경의학과 전문의, 예방의학 전문의 또는 산업보건에 관한 학식과 경험이 있는 사람으로 한다. <개정 2012.1.26.>
[전문개정 2009.7.30.]

제22조(산업보건의의 직무 등) ① 법 제17조제2항에 따른 산업보건의의 직무 내용은 다음 각 호와 같다. <개정 2010.7.12.>

1. 법 제43조에 따른 건강진단 결과의 검토 및 그 결과에 따른 작업 배치, 작업 전환 또는 근로시간의 단축 등 근로자의 건강보호 조치
2. 근로자의 건강장해의 원인 조사와 재발 방지를 위한 의학적 조치
3. 그 밖에 근로자의 건강 유지 및 증진을 위하여 필요한 의학적 조치에 관하여 고용노동부장관이 정하는 사항

② 사업주는 산업보건의에게 제1항에 따른 직무를 수행하는 데 필요한 권한을 주어야 한다.
[전문개정 2009.7.30.]

제23조(안전보건총괄책임자 지정 대상사업) 법 제18조제1항 각 호 외의 부분 전단에서 "대통령령으로 정하는 사업"이란 수급인에게 고용된 근로자를 포함한 상시 근로자가 100명(선박 및 보트 건조업, 1차 금속 제조업 및 토사석 광업의 경우에는 50명) 이상인 사업 및 수급인의 공사금액을 포함한 해당 공사의 총공사금액이 20억원 이상인 건설업을 말한다. <개정 2012.1.26., 2014.3.12., 2017.10.17.>

1. 삭제 <2014.3.12.>
2. 삭제 <2014.3.12.>
3. 삭제 <2014.3.12.>
4. 삭제 <2014.3.12.>
5. 삭제 <2014.3.12.>
6. 삭제 <2014.3.12.>
7. 삭제 <2014.3.12.>
[전문개정 2009.7.30.]

제24조(안전보건총괄책임자의 직무 등) ① 법 제18조제3항에 따른 안전보건총괄책임자의 직무는 다음 각 호와 같다. <개정 2012.1.26., 2014.3.12.>

1. 법 제26조에 따른 작업의 중지 및 재개

2. 법 제29조제2항에 따른 도급사업 시의 안전·보건 조치
3. 법 제30조에 따른 수급인의 산업안전보건관리비의 집행 감독 및 그 사용에 관한 수급인 간의 협의·조정
4. 안전인증대상 기계·기구등과 자율안전확인대상 기계·기구등의 사용 여부 확인
5. 법 제41조의2에 따른 위험성평가의 실시에 관한 사항

② 안전보건총괄책임자에 관하여는 제9조제3항 및 제4항을 준용한다. 이 경우 "관리책임자"는 "안전보건총괄책임자"로, "법 제13조제1항 각 호"는 "제1항"으로 본다. <개정 2014.3.12.>
[전문개정 2009.7.30.]

제24조의2(안전보건조정자의 선임 등) ① 「건설산업기본법」 제2조제10호에 따른 발주자(이하 "발주자"라 한다)는 총 공사금액이 50억원 이상인 건설공사가 법 제18조의2제1항에 해당하는 경우에는 건설공사현장에 안전보건조정자를 두어야 한다.

② 제1항에 따라 안전보건조정자를 두어야 하는 발주자는 제1호나 제2호에 해당하는 사람 중에서 안전보건조정자를 지정하거나 제3호부터 제7호까지의 규정에 따른 자격을 가진 사람 중에서 안전보건조정자를 선임하여야 한다.

1. 「건설기술 진흥법」 제2조제6호에 따른 발주청이 발주하는 건설공사인 경우 발주청이 같은 법 제49조제1항에 따라 선임한 공사감독자
2. 다음 각 목의 어느 하나에 해당하는 사람으로서 해당 건설공사 중 주된 공사의 책임감리자
   가. 「건축법」 제25조에 따라 지정된 공사감리자
   나. 「건설기술 진흥법」 제2조제5호에 따른 감리 업무를 수행하는 자
   다. 「주택법」 제43조에 따라 지정된 감리자
   라. 「전력기술관리법」 제12조에 따라 배치된 감리원
   마. 「정보통신공사업법」 제8조제2항에 따라 해당 건설공사에 대하여 감리업무를 수행하는 자
3. 「건설산업기본법」 제8조에 따른 종합공사에 해당하는 건설현장에서 관리책임자로서 3년 이상 재직한 사람
4. 법 제52조의2제1항에 따른 산업안전지도사

5. 「국가기술자격법」에 따른 건설안전기술사
6. 「국가기술자격법」에 따른 건설안전기사를 취득한 후 건설안전 분야에서 5년 이상의 실무경력이 있는 사람
7. 「국가기술자격법」에 따른 건설안전산업기사를 취득한 후 건설안전 분야에서 7년 이상의 실무경력이 있는 사람
③ 제1항에 따라 안전보건조정자를 두어야 하는 발주자는 법 제18조의2제1항에 따라 분리 발주되는 공사의 착공일 전날까지 제2항에 따라 안전보건조정자를 지정하거나 선임하여 각각의 공사 도급인에게 그 사실을 알려야 한다.
[본조신설 2017.10.17.]

제24조의3(안전보건조정자의 업무) ① 법 제18조의2제1항에 따른 안전보건조정자의 업무는 다음 각 호와 같다.
1. 법 제18조의2제1항에 따라 같은 장소에서 행하여지는 각각의 공사 간에 혼재된 작업의 파악
2. 제1호에 따른 혼재된 작업으로 인한 산업재해 발생의 위험성 파악
3. 제1호에 따른 혼재된 작업으로 인한 산업재해를 예방하기 위한 작업의 시기·내용 및 안전보건 조치 등의 조정
4. 각각의 공사 도급인의 관리책임자 간 작업 내용에 관한 정보 공유 여부의 확인
② 안전보건조정자는 제1항의 업무를 수행하기 위하여 필요한 경우 해당 공사의 도급인과 수급인에게 자료의 제출을 요구할 수 있다.
[본조신설 2017.10.17.]

제25조(산업안전보건위원회의 설치 대상) 법 제19조제8항에 따라 산업안전보건위원회를 설치·운영하여야 할 사업은 별표 6의2와 같다. <개정 2010.7.12., 2013.8.6.>
1. 삭제 <2013.8.6.>
2. 삭제 <2013.8.6.>
[전문개정 2009.7.30.]

제25조의2(산업안전보건위원회의 구성) ① 산업안전보건위원회의 근로자위원은 다음 각 호의 사람으로 구성한다.
1. 근로자대표(근로자의 과반수로 조직된 노동조합이 있는 경우에는 그 노동조합의 대표자를 말하고, 근로자의 과반수로 조직된 노동조합이 없는 경우에는 근로자의

과반수를 대표하는 사람을 말하되, 해당 사업장에 단위 노동조합의 산하 노동단체가 그 사업장 근로자의 과반수로 조직되어 있는 경우에는 지부·분회 등 명칭 여하에 관계없이 해당 노동단체의 대표자를 말한다. 이하 같다)
2. 법 제61조의2에 따른 명예산업안전감독관(이하 "명예감독관"이라 한다)이 위촉되어 있는 사업장의 경우 근로자대표가 지명하는 1명 이상의 명예감독관
3. 근로자대표가 지명하는 9명 이내의 해당 사업장의 근로자(명예감독관이 근로자위원으로 지명되어 있는 경우에는 그 수를 제외한 수의 근로자를 말한다)
② 사용자위원은 다음 각 호의 사람으로 구성한다. 다만, 상시 근로자 50명 이상 100명 미만을 사용하는 사업장에서는 제5호에 해당하는 사람을 제외하고 구성할 수 있다. <개정 2013.8.6., 2014.3.12.>
1. 해당 사업의 대표자(같은 사업으로서 다른 지역에 사업장이 있는 경우에는 그 사업장의 최고책임자를 말한다. 이하 같다)
2. 안전관리자(제12조제1항에 따라 안전관리자를 두어야 하는 사업장으로 한정하되, 안전관리자의 업무를 안전관리전문기관에 위탁한 사업장의 경우에는 그 전문기관의 해당 사업장 담당자를 말한다) 1명
3. 보건관리자(제16조제1항에 따라 보건관리자를 두어야 하는 사업장으로 한정하되, 보건관리자의 업무를 보건관리전문기관에 위탁한 경우에는 그 전문기관의 해당 사업장 담당자를 말한다) 1명
4. 산업보건의(해당 사업장에 선임되어 있는 경우로 한정한다)
5. 해당 사업의 대표자가 지명하는 9명 이내의 해당 사업장 부서의 장
③ 제1항과 제2항에도 불구하고 건설업의 사업주가 사업의 일부를 도급으로 하는 경우로서 법 제29조제2항제1호에 따른 안전·보건에 관한 협의체를 구성한 경우에는 해당 협의체에 다음 각 호의 사람을 포함한 산업안전보건위원회를 구성할 수 있다. <개정 2012.1.26.>
1. 사용자위원인 안전관리자
2. 근로자위원으로서 도급 또는 하도급 사업을 포함한 전체 사업의 근로자대표, 명예감독관 및 근로자대표가 지명하는 해당 사업장의 근로자
[전문개정 2009.7.30.]

제25조의3(위원장) 산업안전보건위원회의 위원장은 위원 중에서 호선(互選)한다. 이 경우 근로자위원과 사용자위원 중 각 1명을 공동위원장으로 선출할 수 있다.
[전문개정 2009.7.30.]

제25조의4(회의 등) ① 산업안전보건위원회의 회의는 정기회의와 임시회의로 구분하되, 정기회의는 분기마다 위원장이 소집하며, 임시회의는 위원장이 필요하다고 인정할 때에 소집한다. <개정 2012.1.26.>
② 회의는 근로자위원 및 사용자위원 각 과반수의 출석으로 시작하고 출석위원 과반수의 찬성으로 의결한다.
③ 근로자대표, 명예감독관, 해당 사업의 대표자, 안전관리자 또는 보건관리자는 회의에 출석하지 못할 경우에는 해당 사업에 종사하는 사람 중에서 1명을 지정하여 위원으로서의 직무를 대리하게 할 수 있다.
④ 산업안전보건위원회는 다음 각 호의 사항을 기록한 회의록을 작성하여 갖춰 두어야 한다.
1. 개최 일시 및 장소
2. 출석위원
3. 심의 내용 및 의결·결정 사항
4. 그 밖의 토의사항
[전문개정 2009.7.30.]

제25조의5(의결되지 아니한 사항 등의 처리) ① 산업안전보건위원회는 다음 각 호의 어느 하나에 해당하는 경우에는 근로자위원과 사용자위원의 합의에 따라 산업안전보건위원회에 중재기구를 두어 해결하거나 제3자에 의한 중재를 받아야 한다.
1. 법 제19조제2항에 규정된 사항에 관하여 산업안전보건위원회에서 의결하지 못한 경우
2. 산업안전보건위원회에서 의결된 사항의 해석 또는 이행방법 등에 관하여 의견이 일치하지 않는 경우
② 제1항에 따른 중재 결정이 있는 경우에는 산업안전보건위원회의 의결을 거친 것으로 보며 사업주와 근로자는 그 결정에 따라야 한다.
[전문개정 2009.7.30.]

제25조의6(회의 결과 등의 주지) 산업안전보건위원회의 위원장은 산업안전보건위원회에서 심의·의결된 내용 등 회의 결과와 중재 결정된 내용 등을 사내방송이나 사내보, 게시 또는 자체 정례조회, 그 밖의 적절한 방법으로 근로자에게 신속히 알려야 한다.
[전문개정 2009.7.30.]

제25조의7(고객의 폭언등으로 인한 건강장해 발생 등에 대한 조치) 법 제26조의2제2항에서 "업무의 일시적 중단 또는 전환 등 대통령령으로 정하는 필요한 조치"란 다음 각 호의 조치 중 필요한 조치를 말한다.
1. 업무의 일시적 중단 또는 전환
2. 「근로기준법」 제54조제1항에 따른 휴게시간의 연장
3. 법 제26조의2제1항에 따른 폭언등으로 인한 건강장해 관련 치료 및 상담 지원
4. 관할 수사기관 또는 법원에 증거물·증거서류를 제출하는 등 법 제26조의2제1항에 따른 고객응대근로자 등이 같은 항에 따른 폭언등으로 인하여 고소, 고발 또는 손해배상 청구 등을 하는 데 필요한 지원
[본조신설 2018.10.16.]

제26조(도급 금지 및 도급사업의 안전·보건 조치) ① 법 제28조제1항에서 "대통령령으로 정하는 작업"이란 같은 사업장 내에서 공정의 일부분을 도급하는 경우로서 다음 각 호의 어느 하나에 해당하는 작업을 말한다. <개정 2010.2.24., 2010.7.12.>
1. 도금작업
2. 수은, 납, 카드뮴 등 중금속을 제련, 주입, 가공 및 가열하는 작업
3. 법 제38조제1항에 따라 허가를 받아야 하는 물질을 제조하거나 사용하는 작업
4. 그 밖에 유해하거나 위험한 작업으로서 「산업재해보상보험법」 제8조제1항에 따른 산업재해보상보험및예방심의위원회(이하 "산업재해보상보험및예방심의위원회"라 한다)의 심의를 거쳐 고용노동부장관이 정하는 작업
② 법 제29조제1항 각 호 외의 부분에서 "대통령령으로 정하는 사업"이란 사무직에 종사하는 근로자만 사용하는 사업을 제외한 사업을 말한다. <개정 2013.8.6.>
③ 법 제29조제5항제1호에서 "대통령령으로 정하는 설비"란 폭발성·발화성·인화성 또는 독성 등의 유해·위험성이 있는 화학물질로서 고용노동부령으로 정하는 화학물질이나

그 화학물질을 함유한 제제를 제조·사용·운반 또는 저장하는 반응기·증류탑·배관 또는 저장탱크 등으로서 고용노동부령으로 정하는 설비를 말한다. <신설 2014.3.12., 2017.10.17.>

④ 법 제29조제5항제3호에서 "대통령령으로 정하는 작업"이란 다음 각 호의 작업을 말한다. <개정 2017.10.17.>

1. 산소결핍, 유해가스 등으로 인한 질식의 위험이 있는 장소로서 고용노동부령으로 정하는 장소에서 이루어지는 작업
2. 토사·구축물·인공구조물 등의 붕괴 우려가 있는 장소에서 이루어지는 작업

[전문개정 2009.7.30.]

제26조의2(노사협의체의 설치 대상) 법 제29조의2제1항에서 "대통령령으로 정하는 종류 및 규모에 해당하는 사업"이란 공사금액이 120억원(「건설산업기본법 시행령」 별표 1에 따른 토목공사업은 150억원) 이상인 건설업을 말한다.

[전문개정 2009.7.30.]

[제26조의3에서 이동 <2014.3.12.>]

제26조의3(노사협의체의 구성) ① 법 제29조의2제1항에 따른 안전·보건에 관한 노사협의체(이하 "노사협의체"라 한다)의 근로자위원은 다음 각 호의 사람으로 구성한다.

1. 도급 또는 하도급 사업을 포함한 전체 사업의 근로자대표
2. 근로자대표가 지명하는 명예감독관 1명. 다만, 명예감독관이 위촉되어 있지 아니한 경우에는 근로자대표가 지명하는 해당 사업장 근로자 1명
3. 공사금액이 20억원 이상인 도급 또는 하도급 사업의 근로자대표

② 사용자위원은 다음 각 호의 사람으로 구성한다. <개정 2016.2.17.>

1. 해당 사업의 대표자
2. 안전관리자 1명
2의2. 보건관리자 1명(별표 5 제40호에 따른 보건관리자 선임대상 건설업으로 한정한다)
3. 공사금액이 20억원 이상인 도급 또는 하도급 사업의 사업주

③ 노사협의체의 근로자위원과 사용자위원은 합의를 통해 노사협의체에 공사금액이 20억원 미만인 도급 또는 하도급 사업의 사업주 및 근로자대표를 위원으로 위촉할

수 있다.

[전문개정 2009.7.30.]

[제26조의4에서 이동, 종전 제26조의3은 제26조의2로 이동 <2014.3.12.>]

제26조의4(노사협의체의 운영 등) ① 노사협의체의 회의는 정기회의와 임시회의로 구분하되, 정기회의는 2개월마다 노사협의체의 위원장(이하 이 조에서 "위원장"이라 한다)이 소집하며, 임시회의는 위원장이 필요하다고 인정할 때에 소집한다.

② 위원장의 선출, 노사협의체의 회의, 노사협의체에서 의결되지 않은 사항에 대한 처리방법 및 회의 결과 등의 주지에 관하여는 각각 제25조의3, 제25조의4제2항부터 제4항까지, 제25조의5 및 제25조의6을 준용한다.

[전문개정 2009.7.30.]

[제26조의5에서 이동, 종전 제26조의4는 제26조의3으로 이동 <2014.3.12.>]

제26조의5(설계변경 요청 대상 및 전문가의 범위) ① 법 제29조의3제1항 후단에 따른 재해발생 위험이 높다고 판단되는 경우는 다음 각 호의 어느 하나에 해당하는 구조물을 설치(설치되어 있는 경우를 포함한다)·운용할 때 해당 구조물의 붕괴·낙하 등 재해발생의 위험이 높은 경우로 한다.

1. 높이 31미터 이상인 비계(飛階)
2. 작업발판 일체형 거푸집 또는 높이 6미터 이상인 거푸집 동바리
3. 터널의 지보공(支保工) 또는 높이 2미터 이상인 흙막이 지보공
4. 동력을 이용하여 움직이는 가설구조물

② 법 제29조의3제1항 후단에 따른 수급인이 의견을 들어야 하는 전문가는 「한국산업안전보건공단법」에 따른 한국산업안전보건공단(이하 "공단"이라 한다) 또는 다음 각 호의 어느 하나에 해당하는 사람으로서 해당 수급인에게 고용되지 아니한 사람으로 한다.

1. 「국가기술자격법」에 따른 건축구조기술사(토목공사 및 제1항제3호의 구조물은 제외한다)
2. 「국가기술자격법」에 따른 토목구조기술사(토목공사로 한정한다)
3. 「국가기술자격법」에 따른 토질및기초기술사(제1항제3호의 구조물로 한정한다)
4. 「국가기술자격법」에 따른 건설기계기술사(제1항제4호의 구조물로 한정한다)

[본조신설 2014.3.12.]
[종전 제26조의5는 제26조의4로 이동 <2014.3.12.>]

제26조의6(산업안전보건관리비의 계상 대상)
법 제30조제1항에서 "대통령령으로 정하는 사업"이란 유해하거나 위험한 사업으로서 산업재해보상보험및예방심의위원회의 심의를 거쳐 고용노동부장관이 정하는 사업을 말한다. <개정 2010.2.24., 2010.7.12.>
[전문개정 2009.7.30.]

제26조의7(재해예방 전문지도기관의 지정 요건) 법 제30조의2제1항에 따른 전문기관(이하 "재해예방 전문지도기관"이라 한다)으로 지정받을 수 있는 자는 다음 각 호의 어느 하나에 해당하는 자로서 고용노동부령으로 정하는 인력·시설 및 장비를 갖춘 자로 한다. <개정 2014.3.12.>
1. 법 제52조의4에 따라 등록한 산업안전지도사(전기안전 또는 건설안전 분야의 산업안전지도사만 해당한다)
2. 재해예방 업무를 하려는 법인
[전문개정 2012.1.26.]

제26조의8(재해예방 전문지도기관의 지도 기준) 재해예방 전문지도기관은 사업의 종류와 규모 또는 공사금액 등 고용노동부령으로 정하는 기준에 따라 재해예방에 대한 지도업무를 수행하여야 한다. <개정 2010.7.12.>
[전문개정 2009.7.30.]

제26조의9(준용) 재해예방 전문지도기관에 관하여는 제15조의3 및 제15조의5부터 제15조의7까지의 규정을 준용한다.
[전문개정 2009.7.30.]

제26조의10(안전보건교육위탁기관의 등록 및 취소) ① 법 제31조제5항에 따라 안전보건교육위탁기관으로 등록하려는 자는 법인 또는 산업안전·보건 관련 학과가 있는 「고등교육법」 제2조에 따른 학교로서 별표 6의3에 따른 인력·시설 및 장비 기준을 갖추어야 한다.
② 법 제31조제5항에 따라 안전보건교육위탁기관으로 등록하거나 등록한 사항을 변경하려는 경우에는 고용노동부령으로 정하는 바에 따라 등록신청서 또는 변경등록신청서를 고용노동부장관에게 제출하여야 한다.

③ 법 제31조제5항에 따라 등록한 안전보건교육위탁기관에 관하여 법 제32조의3에 따라 준용되는 법 제15조의2제1항제5호에서 "대통령령으로 정하는 사유에 해당하는 경우"란 다음 각 호의 어느 하나에 해당하는 경우를 말한다.
1. 정당한 사유 없이 교육 실시를 거부한 경우
2. 교육 관련 서류를 거짓으로 작성한 경우
3. 교육을 실시하지 아니하고 수수료를 받은 경우
4. 법 제31조제1항부터 제3항까지의 규정에 따른 교육의 내용 및 방법을 위반한 경우
[전문개정 2016.10.27.]

제26조의11(건설업 기초안전·보건교육을 하려는 기관의 등록요건) 법 제31조의2제1항에서 "대통령령으로 정하는 인력·시설·장비 등의 요건" 이란 다음 각 호의 어느 하나에 해당하는 기관으로서 별표 6의4에 따른 인력·시설 및 장비를 갖춘 것을 말한다. <개정 2013.8.6.>
1. 건설업 기초안전·보건교육을 하려는 법인
2. 산업안전·보건 관련 학과가 있는 「고등교육법」 제2조에 따른 학교
[본조신설 2012.1.26.]

제26조의12(건설업 기초안전·보건교육을 하려는 기관의 등록신청 등) ① 법 제31조의2제1항에 따른 등록을 하려는 기관은 고용노동부령으로 정하는 바에 따라 등록신청서를 고용노동부장관에게 제출하여야 한다.
② 제1항에 따라 등록한 기관이 등록한 사항을 변경하려면 고용노동부령으로 정하는 바에 따라 변경신청서를 고용노동부장관에게 제출하여야 한다.
[본조신설 2012.1.26.]

제26조의13(건설업 기초안전·보건교육 기관의 등록 취소 사유) 법 제31조의2제1항에 따라 등록한 기관에 관하여 법 제32조의3에 따라 준용되는 법 제15조의2제1항제5호에서 "대통령령으로 정하는 사유에 해당하는 경우"란 다음 각 호의 어느 하나에 해당하는 경우를 말한다.
1. 정당한 사유 없이 교육의 실시를 거부한 경우

2. 교육에 관한 서류를 거짓으로 작성한
   경우
3. 교육을 실시하지 아니하고 수수료를 받
   은 경우
4. 법 제31조의2제3항에 따른 교육의 시
   간·내용 및 방법 등을 위반한 경우
[본조신설 2012.1.26.]

제26조의14(직무교육 수탁 기관의 등록요건)
법 제32조제3항에 따라 직무교육을 위탁받을
수 있는 기관은 다음 각 호의 어느 하나에 해
당하는 기관으로 한다. <개정 2013.8.6.>
1. 공단
2. 다음 각 목의 어느 하나에 해당하는 기
   관으로서 별표 6의5에 따른 인력·시
   설 및 장비를 갖춘 기관
   가. 산업안전·보건 관련 학과가 있는 「고
       등교육법」 제2조에 따른 학교
   나. 비영리법인
[본조신설 2012.1.26.]

제26조의15(준용) 법 제32조제3항에 따라
고용노동부장관에게 등록한 기관에 관하여
는 제26조의12 및 제26조의13을 준용한다.
이 경우 "법 제31조의2제1항"은 "법 제32
조제3항"으로, "법 제31조의2제3항"은 "법
제32조제4항"으로 본다.
[본조신설 2012.1.26.]

제27조(방호조치를 하여야 할 유해하거나 위
험한 기계·기구 등) ① 법 제33조제1항
에 따라 유해·위험 방지를 위한 방호조치
를 하지 아니하고는 양도, 대여, 설치 또는
사용에 제공하거나, 양도·대여를 목적으
로 진열해서는 아니 되는 기계·기구는 별
표 7과 같다. <개정 2014.3.12.>
② 법 제33조제3항에 따라 고용노동부령
으로 정하는 유해·위험 방지를 위하여
필요한 조치를 하여야 할 기계·기구·설
비 및 건축물 등은 별표 8과 같다. <개정
2010.7.12., 2014.3.12.>
[전문개정 2009.7.30.]

제28조(안전인증대상 기계·기구등) ① 법 제
34조제2항에서 " 대통령령으로 정하는 것"
이란 다음 각 호와 같다. <개정 2010.7.12.,
2012.1.26., 2014.3.12.>
1. 다음 각 목에 해당하는 기계·기구 및
   설비

가. 프레스
나. 전단기(剪斷機) 및 절곡기(折曲機)
다. 크레인
라. 리프트
마. 압력용기
바. 롤러기
사. 사출성형기(射出成形機)
아. 고소(高所) 작업대
자. 곤돌라
차. 기계톱(이동식만 해당한다)
2. 다음 각 목에 해당하는 방호장치
   가. 프레스 및 전단기 방호장치
   나. 양중기용(揚重機用) 과부하방지장치
   다. 보일러 압력방출용 안전밸브
   라. 압력용기 압력방출용 안전밸브
   마. 압력용기 압력방출용 파열판
   바. 절연용 방호구 및 활선작업용(活線
       作業用) 기구
   사. 방폭구조(防爆構造) 전기기계·기구
       및 부품
   아. 추락·낙하 및 붕괴 등의 위험 방지
       및 보호에 필요한 가설기자재로서 고
       용노동부장관이 정하여 고시하는 것
3. 다음 각 목에 해당하는 보호구
   가. 추락 및 감전 위험방지용 안전모
   나. 안전화
   다. 안전장갑
   라. 방진마스크
   마. 방독마스크
   바. 송기마스크
   사. 전동식 호흡보호구
   아. 보호복
   자. 안전대
   차. 차광(遮光) 및 비산물(飛散物) 위험
       방지용 보안경
   카. 용접용 보안면
   타. 방음용 귀마개 또는 귀덮개
② 제1항에 따른 안전인증대상 기계·기구등의
세부적인 종류, 규격 및 형식은 고용노동부장
관이 정하여 고시한다. <개정 2010.7.12.,
2014.3.12.>
[전문개정 2009.7.30.]
[제목개정 2014.3.12.]

제28조의2(안전인증기관의 지정 요건) 법 제
34조의5제1항에 따라 안전인증기관으로 지
정받을 수 있는 기관은 다음 각 호의 어느
하나에 해당하는 기관으로 한다.
1. 공단

2. 다음 각 목의 어느 하나에 해당하는 기
관으로서 고용노동부령으로 정하는 인력
·시설 및 장비를 갖춘 기관
가. 산업안전·보건 또는 산업재해 예방
을 목적으로 설립된 비영리법인
나. 기계·기구 및 설비 등의 인증·검
사, 생산기술의 연구개발·교육·평
가 등의 업무를 목적으로 설립된 「공
공기관의 운영에 관한 법률」에 따른
공공기관
[본조신설 2012.1.26.]
[종전 제28조의2는 제28조의5로 이동
<2012.1.26.>]

제28조의3(안전인증기관의 지정신청 등) ①
제28조의2에 따라 안전인증기관으로 지정
받으려는 자는 고용노동부령으로 정하는 바
에 따라 안전인증기관 지정신청서를 고용노
동부장관에게 제출하여야 한다.
② 안전인증기관이 지정받은 사항을 변경
하려면 고용노동부령으로 정하는 바에 따
라 안전인증기관 변경신청서를 고용노동부
장관에게 제출하여야 한다.
[본조신설 2012.1.26.]
[종전 제28조의3은 제28조의6으로 이동
<2012.1.26.>]

**제28조의4(안전인증기관의 지정취소 등의 사
유)** 법 제34조의5제4항에 따라 준용되는 법
제15조의2제1항제5호에서 "대통령령으로 정
하는 사유에 해당하는 경우"란 다음 각 호의
어느 하나에 해당하는 경우를 말한다.
1. 법 제34조제8항에 따른 안전인증·확
인의 방법 및 절차를 위반한 경우
2. 법 제34조의5에 따른 고용노동부장관의
지도·감독을 거부·방해·기피한 경우
3. 정당한 사유 없이 안전인증 업무를 거
부한 경우
4. 안전인증 업무를 게을리 하거나 차질을
일으킨 경우
[본조신설 2012.1.26.]
[종전 제28조의4는 제28조의9로 이동
<2012.1.26.>]

제28조의5(자율안전확인대상 기계·기구등) ①
법 제35조제1항 각 호 외의 부분 본문에서
"대통령령으로 정하는 것"이란 다음 각 호의
어느 하나에 해당하는 것을 말한다.
1. 다음 각 목의 어느 하나에 해당하는 기

계·기구 및 설비
가. 연삭기 또는 연마기(휴대형은 제외한다)
나. 산업용 로봇
다. 혼합기
라. 파쇄기 또는 분쇄기
마. 식품가공용기계(파쇄·절단·혼합·
제면기만 해당한다)
바. 컨베이어
사. 자동차정비용 리프트
아. 공작기계(선반, 드릴기, 평삭·형삭
기, 밀링만 해당한다)
자. 고정형 목재가공용기계(둥근톱, 대패,
루타기, 띠톱, 모떼기 기계만 해당한
다)
차. 인쇄기
카. 기압조절실(chamber)
2. 다음 각 목의 어느 하나에 해당하는 방
호장치
가. 아세틸렌 용접장치용 또는 가스집합
용접장치용 안전기
나. 교류 아크용접기용 자동전격방지기
다. 롤러기 급정지장치
라. 연삭기(硏削機) 덮개
마. 목재 가공용 둥근톱 반발 예방장치
와 날 접촉 예방장치
바. 동력식 수동대패용 칼날 접촉 방지
장치
사. 산업용 로봇 안전매트
아. 추락·낙하 및 붕괴 등의 위험 방지
및 보호에 필요한 가설기자재(제28조
제1항제2호아목의 가설기자재는 제외
한다)로서 고용노동부장관이 정하여 고
시하는 것
3. 다음 각 목의 어느 하나에 해당하는 보
호구
가. 안전모(제28조제1항제3호가목의 안
전모는 제외한다)
나. 보안경(제28조제1항제3호차목의 보
안경은 제외한다)
다. 보안면(제28조제1항제3호카목의 보
안면은 제외한다)
라. 잠수기(잠수헬멧 및 잠수마스크를 포
함한다)
② 제1항에 따른 자율안전확인대상 기계·
기구등의 세부적인 종류, 규격 및 형식은
고용노동부장관이 정하여 고시한다.
[전문개정 2012.1.26.]
[제28조의2에서 이동 <2012.1.26.>]

제28조의6(안전검사 대상 유해·위험기계등) ① 법 제36조제1항 전단에서 "대통령령으로 정하는 것"이란 다음 각 호와 같다. <개정 2012.1.26., 2016.2.17., 2016.10.27.>
1. 프레스
2. 전단기
3. 크레인(정격 하중이 2톤 미만인 것은 제외한다)
4. 리프트
5. 압력용기
6. 곤돌라
7. 국소 배기장치(이동식은 제외한다)
8. 원심기(산업용만 해당한다)
9. 화학설비 및 그 부속설비
10. 건조설비 및 그 부속설비
11. 롤러기(밀폐형 구조는 제외한다)
12. 사출성형기[형 체결력(型 締結力) 294 킬로뉴턴(KN) 미만은 제외한다]
13. 고소작업대「자동차관리법」제3조제3호 또는 제4호에 따른 화물자동차 또는 특수자동차에 탑재한 고소작업대(高所作業臺)로 한정한다]
14. 컨베이어
15. 산업용 로봇
② 법 제36조제1항에 따라 안전검사를 받아야 하는 유해·위험기계등의 세부적인 종류, 규격 및 형식은 고용노동부장관이 정하여 고시한다. <개정 2010.7.12.>
[전문개정 2009.7.30.]
[제28조의3에서 이동 <2012.1.26.>]

제28조의7(안전검사기관의 지정 요건 및 지정 절차 등) 법 제36조제5항에 따른 안전검사기관의 지정 요건 및 지정 절차에 관하여는 제28조의2 및 제28조의3을 준용한다. 이 경우 "안전인증기관"은 "안전검사기관"으로 본다.
[본조신설 2012.1.26.]

제28조의8(안전검사기관의 지정취소 등의 사유) 법 제36조제10항에 따라 준용되는 법 제15조의2에 따른 안전검사기관의 지정취소 등의 사유에 관하여는 제28조의4를 준용한다. 이 경우 "안전인증기관"은 "안전검사기관"으로, "안전인증 업무"는 "안전검사 업무"로 본다.
[본조신설 2012.1.26.]

제28조의9(지정검사기관의 지정 취소 등의 사유) 법 제36조의2제8항에 따라 준용하는 법 제15조의2제1항제5호에서 "대통령령으로 정하는 사유"란 다음 각 호의 어느 하나를 말한다. <개정 2012.1.26., 2014.3.12., 2017.10.17.>
1. 검사업무를 하지 않고 위탁 수수료를 받은 경우
2. 검사 관련 서류를 거짓으로 작성한 경우
3. 정당한 사유 없이 검사업무의 수탁을 거부한 경우
4. 검사 항목을 생략하거나 검사방법을 준수하지 않은 경우
5. 검사 결과의 판정기준을 준수하지 않거나 검사 결과에 따른 안전조치 의견을 제시하지 않은 경우
[전문개정 2009.7.30.]
[제28조의4에서 이동 <2012.1.26.>]

제29조(제조 등이 금지되는 유해물질) 법 제37조제1항에 따라 제조·수입·양도·제공 또는 사용이 금지되는 유해물질은 다음 각 호와 같다. <개정 2010.2.24., 2010.7.12., 2014.12.9., 2016.2.17.>
1. 황린(黃燐) 성냥
2. 백연을 함유한 페인트(함유된 용량의 비율이 2퍼센트 이하인 것은 제외한다)
3. 폴리클로리네이티드터페닐(PCT)
4. 4-니트로디페닐과 그 염
5. 악티노라이트석면, 안소필라이트석면 및 트레모라이트석면
6. 베타-나프틸아민과 그 염
7. 백석면, 청석면 및 갈석면
8. 벤젠을 함유하는 고무풀(함유된 용량의 비율이 5퍼센트 이하인 것은 제외한다)
9. 제3호부터 제7호까지의 어느 하나에 해당하는 물질을 함유한 제제(함유된 중량의 비율이 1퍼센트 이하인 것은 제외한다)
10. 「화학물질관리법」제2조제5호에 따른 금지물질
11. 그 밖에 보건상 해로운 물질로서 산업재해보상보험및예방심의위원회의 심의를 거쳐 고용노동부장관이 정하는 유해물질
[전문개정 2009.7.30.]

제30조(허가 대상 유해물질) 법 제38조제1항에 따라 제조 또는 사용허가를 받아야 하는 유해물질은 다음 각 호와 같다. <개정 2010.2.24., 2010.7.12., 2012.1.26., 2016.2.17.>

1. 디클로로벤지딘과 그 염
2. 알파-나프틸아민과 그 염
3. 크롬산 아연
4. 오로토-톨리딘과 그 염
5. 디아니시딘과 그 염
6. 베릴륨
7. 비소 및 그 무기화합물
8. 크롬광(열을 가하여 소성 처리하는 경우만 해당한다)
9. 휘발성 콜타르피치
10. 황화니켈
11. 염화비닐
12. 벤조트리클로리드
13. 삭제 <2016.2.17.>
14. 제1호부터 제11호까지의 어느 하나에 해당하는 물질을 함유한 제제(함유된 중량의 비율이 1퍼센트 이하인 것은 제외한다)
15. 제12호의 물질을 함유한 제제(함유된 중량의 비율이 0.5퍼센트 이하인 것은 제외한다)
16. 그 밖에 보건상 해로운 물질로서 고용노동부장관이 산업재해보상보험및예방심의위원회의 심의를 거쳐 정하는 유해물질
[전문개정 2009.7.30.]

제30조의2(유해물질의 제조 등 허가신청) 법 제38조제1항에 따라 제30조 각 호의 어느 하나에 해당하는 유해물질의 제조·사용허가를 받으려는 자는 고용노동부령으로 정하는 바에 따라 유해물질의 제조·사용허가신청서를 고용노동부장관에게 제출하여야 한다. <개정 2010.7.12.>
[전문개정 2009.7.30.]

제30조의3(기관석면조사 대상) ① 법 제38조의2제2항 본문에서 "대통령령으로 정하는 규모 이상의 건축물이나 설비"란 다음 각 호의 어느 하나에 해당하는 건축물이나 설비를 말한다. <개정 2010.7.12., 2012.1.26.>
1. 건축물(제2호에 따른 주택은 제외한다. 이하 이 호에서 같다)의 연면적 합계가 50제곱미터 이상이면서, 그 건축물의 철거·해체하려는 부분의 면적 합계가 50제곱미터 이상인 경우
2. 주택(「건축법 시행령」 제2조제12호에 따른 부속건축물을 포함한다. 이하 이 조에서 같다)의 연면적 합계가 200제곱미터 이상이면서, 그 주택의 철거·

해체하려는 부분의 면적 합계가 200제곱미터 이상인 경우
3. 설비의 철거·해체하려는 부분에 다음 각 목의 어느 하나에 해당하는 자재(물질을 포함한다. 이하 같다)를 사용한 면적의 합이 15제곱미터 이상 또는 그 부피의 합이 1세제곱미터 이상인 경우
   가. 단열재
   나. 보온재
   다. 분무재
   라. 내화피복재
   마. 개스킷(Gasket)
   바. 패킹(Packing)재
   사. 실링(Sealing)재
   아. 그 밖에 가목부터 사목까지의 자재와 유사한 용도로 사용되는 자재로서 고용노동부장관이 정하여 고시한 자재
4. 파이프 길이의 합이 80미터 이상이면서, 그 파이프의 철거·해체하려는 부분의 보온재로 사용된 길이의 합이 80미터 이상인 경우
② 법 제38조의2제2항 단서에서 "석면함유 여부가 명백한 경우 등 대통령령으로 정하는 사유"란 다음 각 호와 같다. <개정 2012.1.26.>
1. 건축물이나 설비의 철거·해체 부분에 사용된 자재가 설계도서, 자재 이력 등 관련 자료를 통해 석면을 함유하고 있지 않음이 명백하다고 인정되는 경우
2. 건축물이나 설비의 철거·해체 부분에 석면이 1퍼센트(무게 퍼센트) 초과하여 함유된 자재를 사용하였음이 명백하다고 인정되는 경우
③ 삭제 <2012.1.26.>
[본조신설 2009.7.30.]
[제목개정 2012.1.26.]

제30조의4(석면조사기관의 지정 요건 등) ① 법 제38조의2제2항 본문에 따라 석면조사기관으로 지정받을 수 있는 자는 다음 각 호의 어느 하나에 해당하는 자로서 산업위생관리기사 또는 대기환경기사 등 석면조사 업무에 필요한 전문 인력 및 채취펌프, 편광현미경 등 석면조사를 할 수 있는 시설과 장비를 모두 갖추고 같은 조 제5항에 따라 고용노동부장관이 실시하는 석면조사 능력 평가에서 적합 판정을 받은 자로 한정한다. <개정 2010.7.12., 2012.1.26., 2017.10.17.>

1. 국가 또는 지방자치단체의 소속 기관
2. 「의료법」에 따른 종합병원 또는 병원
3. 「고등교육법」제2조제1호부터 제6호까지의 규정에 따른 대학 또는 그 부속기관
4. 석면조사 업무를 하려는 법인
② 제1항에 따른 석면조사기관의 전문 인력, 시설 및 장비에 관한 구체적인 사항은 고용노동부령으로 정한다. <개정 2010.7.12.>
[본조신설 2009.7.30.]

제30조의5(석면조사기관의 지정신청 등) ①
법 제38조의2제2항 본문에 따라 석면조사기관으로 지정받으려는 자는 고용노동부령으로 정하는 바에 따라 석면조사기관 지정신청서를 고용노동부장관에게 제출하여야 한다. <개정 2010.7.12., 2012.1.26., 2017.10.17.>
② 석면조사기관이 지정받은 사항을 변경하려는 경우에는 고용노동부령으로 정하는 바에 따라 석면조사기관 변경신청서를 고용노동부장관에게 제출하여야 한다. <개정 2010.7.12.>
[본조신설 2009.7.30.]

제30조의6(석면조사기관의 지정 취소 등의 사유)
법 제38조의2제8항에 따라 준용되는 법 제15조의2제1항제5호에서 "대통령령으로 정하는 사유에 해당하는 경우"란 다음 각 호의 어느 하나에 해당하는 경우를 말한다. <개정 2010.7.12., 2012.1.26., 2017.10.17.>
1. 정당한 사유 없이 석면조사 업무를 거부한 경우
2. 법 제38조의2제2항의 기관석면조사 관련 서류를 거짓으로 작성한 경우
3. 법 제38조의2제5항에 따라 고용노동부장관이 실시하는 석면조사기관의 석면조사 능력 평가를 받지 아니하거나 부적합 판정을 받은 경우
4. 법 제38조의2제6항에 따라 고용노동부령으로 정하는 조사 방법과 그 밖에 필요한 사항을 위반한 경우
5. 제30조의4에 따른 인력기준에 해당하지 않은 사람으로 하여금 석면조사 업무를 수행하게 한 경우
6. 법 제38조의5제2항에 따른 자격을 갖추지 아니한 자로 하여금 석면농도를 측정하게 한 경우
7. 법 제38조의5제2항에 따른 석면농도

측정 방법을 위반한 경우
8. 관계 공무원의 지도·감독 업무를 거부·방해·기피한 경우
[본조신설 2009.7.30.]

제30조의7(석면해체·제거업자를 통한 석면해체·제거 대상) ①
법 제38조의4제1항 본문에서 "대통령령으로 정하는 함유량과 면적 이상의 석면이 함유되어 있는 경우"란 다음 각 호의 어느 하나에 해당하는 경우를 말한다.
1. 철거·해체하려는 벽체재료, 바닥재, 천장재 및 지붕재 등의 자재에 석면이 1퍼센트(무게 퍼센트)를 초과하여 함유되어 있고 그 자재의 면적의 합이 50제곱미터 이상인 경우
2. 석면이 1퍼센트(무게 퍼센트)를 초과하여 함유된 분무재 또는 내화피복재를 사용한 경우
3. 석면이 1퍼센트(무게 퍼센트)를 초과하여 함유된 제30조의3제1항제3호 각 목의 어느 하나(분무재 및 내화피복재는 제외한다)에 해당하는 자재의 면적의 합이 15제곱미터 이상 또는 그 부피의 합이 1세제곱미터 이상인 경우
4. 파이프에 사용된 보온재에서 석면이 1퍼센트(무게 퍼센트)를 초과하여 함유되어 있고, 그 보온재 길이의 합이 80미터 이상인 경우
② 법 제38조의4제1항 단서에서 "석면해체·제거업자와 동등한 능력을 갖추고 있는 경우 등 대통령령으로 정하는 사유에 해당할 경우"란 석면해체·제거작업을 스스로 하려는 자가 제30조의8에서 정한 등록에 필요한 인력, 시설 및 장비를 갖추고 이를 증명할 수 있는 서류를 포함하여 법 제38조의4제3항에 따른 신고를 한 경우를 말한다.
[본조신설 2009.7.30.]

제30조의8(석면해체·제거업자의 등록 요건)
① 석면해체·제거업자로 등록하려는 자는 토목·건축 분야 건설기술인 등 석면해체·제거에 필요한 전문 인력 및 음압기(陰壓機)·위생설비 등 안전한 석면해체·제거작업을 위한 시설과 장비를 갖추어야 한다. <개정 2018.12.11.>
② 제1항에 따른 석면해체·제거업자의 구체적인 등록 요건은 고용노동부령으로 정

한다. <개정 2010.7.12.>
[본조신설 2009.7.30.]

제30조의9(석면해체·제거업자의 등록신청 등)
① 석면해체·제거업자로 등록하려는 자는 고용노동부령으로 정하는 바에 따라 석면해체·제거업자 등록신청서를 고용노동부장관에게 제출하여야 한다. <개정 2010.7.12.>
② 석면해체·제거업자가 등록받은 사항을 변경하려면 고용노동부령으로 정하는 바에 따라 석면해체·제거업자 변경신청서를 고용노동부장관에게 제출하여야 한다. <개정 2010.7.12.>
[본조신설 2009.7.30.]

제30조의10(석면해체·제거업자의 등록 취소 등의 사유)
법 제38조의4제6항에 따라 준용되는 법 제15조의2제1항제5호에서 "대통령령으로 정하는 사유에 해당하는 경우"란 다음 각 호의 어느 하나에 해당하는 경우를 말한다. <개정 2010.7.12., 2012.1.26.>
1. 법 제38조의3에 따라 고용노동부령으로 정하는 석면해체·제거의 작업기준을 준수하지 아니하여 벌금형의 선고 또는 금고 이상의 형의 선고를 받은 경우
2. 법 제38조의4제3항에 따른 서류를 거짓이나 그 밖의 부정한 방법으로 작성한 경우
3. 법 제38조의4제3항에 따른 신고(변경신고는 제외한다) 또는 서류 보존 의무를 이행하지 아니한 경우
4. 관계 공무원의 지도·감독 업무를 거부·방해·기피한 경우
[본조신설 2009.7.30.]

제31조(허용기준 이하 유지 대상 유해인자)
법 제39조의2제1항 각 호 외의 부분 본문에서 "대통령령으로 정하는 유해인자"란 다음 각 호와 같다. <개정 2016.2.17.>
1. 납 및 그 무기화합물
2. 니켈(불용성 무기화합물로 한정한다)
3. 디메틸포름아미드
4. 벤젠
5. 2-브로모프로판
6. 석면(제조·사용하는 경우만 해당한다)
7. 6가크롬 화합물
8. 이황화탄소
9. 카드뮴 및 그 화합물
10. 톨루엔-2,4-디이소시아네이트 또는

톨루엔-2,6-디이소시아네이트
11. 트리클로로에틸렌
12. 포름알데히드
13. 노말헥산
[전문개정 2009.7.30.]

제32조(유해성·위험성 조사 제외 화학물질)
법 제40조제1항 각 호 외의 부분 본문에서 "대통령령으로 정하는 화학물질"이란 다음 각 호에 해당하는 화학물질을 말한다. <개정 2010.7.12., 2016.2.17.>
1. 원소
2. 천연으로 산출된 화학물질
3. 방사성 물질
4. 법 제40조제3항에 따라 고용노동부장관이 명칭, 유해성·위험성, 조치사항 및 연간 제조량·수입량을 공표한 물질로서 공표된 연간 제조량·수입량 이하로 제조하거나 수입한 물질
5. 고용노동부장관이 환경부장관과 협의하여 고시하는 화학물질 목록에 기록되어 있는 물질
[전문개정 2009.7.30.]

제32조의2(물질안전보건자료의 작성·비치 등 제외 제제)
법 제41조제1항 각 호 외의 부분 전단에서 "대통령령으로 정하는 제제"란 다음 각 호의 제제를 말한다. <개정 2010.7.12., 2011.10.25., 2012.1.26., 2012.6.7., 2014.12.9., 2016.1.6.>
1. 「원자력안전법」에 따른 방사성물질
2. 「약사법」에 따른 의약품·의약외품
3. 「화장품법」에 따른 화장품
4. 「마약류 관리에 관한 법률」에 따른 마약 및 향정신성의약품
5. 「농약관리법」에 따른 농약
6. 「사료관리법」에 따른 사료
7. 「비료관리법」에 따른 비료
8. 「식품위생법」에 따른 식품 및 식품첨가물
9. 「총포·도검·화약류 등의 안전관리에 관한 법률」에 따른 화약류
10. 「폐기물관리법」에 따른 폐기물
11. 「의료기기법」 제2조제1항에 따른 의료기기
12. 제1호부터 제11호까지 외의 제제로서 주로 일반 소비자의 생활용으로 제공되는 제제
13. 그 밖에 고용노동부장관이 독성·폭발성 등으로 인한 위해의 정도가 적다고 인정하여 고시하는 제제

[전문개정 2009.7.30.]
[제목개정 2012.1.26.]

제32조의3(지정측정기관의 유형 등) 법 제42조제7항에 따른 지정측정기관의 유형 및 유형별 지정측정기관이 작업환경측정을 할 수 있는 사업장의 범위는 다음 각 호와 같다.
1. 사업장 위탁측정기관: 위탁받은 사업장
2. 사업장 자체측정기관: 그 사업장(계열회사 사업장을 포함한다) 또는 그 사업장 내에서 사업의 일부가 도급계약에 의하여 시행되는 경우에는 수급인의 사업장
[전문개정 2009.7.30.]

제32조의4(지정측정기관의 지정 요건) ① 제32조의3제1호에 따른 사업장 위탁측정기관으로 지정받을 수 있는 자는 다음 각 호의 어느 하나에 해당하는 자로 한정한다.
1. 국가 또는 지방자치단체의 소속 기관
2. 「의료법」에 따른 종합병원 또는 병원
3. 「고등교육법」제2조제1호부터 제6호까지의 규정에 따른 대학 또는 그 부속기관
4. 작업환경측정업무를 하려는 법인
② 제32조의3제2호에 따른 사업장 자체측정기관으로 지정받을 수 있는 자는 법 제42조제1항에 따른 작업환경의 측정 대상인 사업장의 부속기관으로 한정한다.
③ 지정측정기관으로 지정받으려는 자는 제32조의3에 따른 지정측정기관의 유형별로 고용노동부령으로 정하는 인력·시설 및 장비 등을 갖추어야 한다. <개정 2010.7.12.>
[전문개정 2009.7.30.]

제32조의5(지정측정기관의 지정신청 등) ① 법 제42조제4항에 따라 지정측정기관으로 지정받으려는 자는 같은 조 제8항에 따라 고용노동부장관이 실시하는 작업환경측정·분석 능력 평가에서 적합 판정을 받은 후 고용노동부령으로 정하는 바에 따라 지정측정기관 지정신청서를 고용노동부장관에게 제출하여야 한다. <개정 2010.7.12.>
② 지정측정기관의 지정사항 변경에 관하여는 제15조의3제2항을 준용한다.
[전문개정 2009.7.30.]

제32조의6(지정측정기관의 지정 취소 등의 사유) 법 제42조제10항에 따라 준용되는 법 제15조의2제1항제5호에서 "대통령령으로 정하는 사유에 해당하는 경우"란 다음 각 호의 어느 하나에 해당하는 경우를 말한다. <개정 2010.7.12., 2012.1.26.>
1. 정당한 사유 없이 작업환경측정업무를 거부한 경우
2. 작업환경측정 관련 서류를 거짓으로 작성한 경우
3. 법 제42조제2항에 따라 고용노동부령으로 정하는 작업환경 측정방법 등을 위반한 경우
4. 위탁받은 작업환경측정업무에 차질을 일으킨 경우
5. 법 제42조제8항에 따라 고용노동부장관이 실시하는 지정측정기관의 작업환경측정·분석 능력 평가에서 부적합 판정을 받은 경우
6. 그 밖에 법 또는 법에 따른 명령에 위반한 경우
[전문개정 2009.7.30.]

제32조의7(건강진단기관의 지정 취소 등의 사유) 법 제43조제11항에 따라 준용되는 법 제15조의2제1항제5호에서 "대통령령으로 정하는 사유에 해당하는 경우"란 다음 각 호의 어느 하나에 해당하는 경우를 말한다. <개정 2010.7.12., 2012.1.26.>
1. 건강진단 시 고용노동부령으로 정한 검사항목을 빠뜨리거나 검사방법 및 실시절차를 준수하지 않은 경우
2. 고용노동부령으로 정하는 건강진단의 검진비용을 줄이는 등의 방법으로 건강진단을 유인하거나 건강진단의 검진비용을 부당하게 징수한 경우
3. 법 제43조제9항에 따라 고용노동부장관이 실시하는 건강진단기관의 건강진단·분석 능력 평가에서 부적합 판정을 받은 경우
4. 건강진단 결과를 거짓으로 판정하거나 고용노동부령으로 정하는 건강진단 개인표를 거짓으로 작성한 경우
5. 무자격자 또는 고용노동부령으로 정하는 건강진단기관의 지정기준을 충족하지 못하는 자가 건강진단을 한 경우
6. 정당한 사유 없이 건강진단의 실시를 거부하거나 중단한 경우
7. 그 밖에 법 또는 법에 따른 명령을 위반한 경우
[전문개정 2009.7.30.]

제32조의8(유해·위험작업에 대한 근로시간

제한 등) ① 법 제46조에 따라 근로시간이 제한되는 작업은 잠함(潛艦) 또는 잠수작업 등 높은 기압에서 하는 작업을 말한다.

② 제1항에 따른 작업에서 잠함·잠수 작업시간, 가압·감압방법 등 해당 근로자의 안전과 보건을 유지하기 위하여 필요한 사항은 고용노동부령으로 정한다. <개정 2010.7.12.>

③ 사업주는 다음 각 호의 어느 하나에 해당하는 유해·위험작업에서 법 제23조와 제24조에 따른 유해·위험 예방조치 외에 작업과 휴식의 적정한 배분, 그 밖에 근로시간과 관련된 근로조건의 개선을 통하여 근로자의 건강 보호를 위한 조치를 하여야 한다. <개정 2010.7.12.>

1. 갱(坑) 내에서 하는 작업
2. 다량의 고열물체를 취급하는 작업과 현저히 덥고 뜨거운 장소에서 하는 작업
3. 다량의 저온물체를 취급하는 작업과 현저히 춥고 차가운 장소에서 하는 작업
4. 라듐방사선이나 엑스선, 그 밖의 유해 방사선을 취급하는 작업
5. 유리·흙·돌·광물의 먼지가 심하게 날리는 장소에서 하는 작업
6. 강렬한 소음이 발생하는 장소에서 하는 작업
7. 착암기 등에 의하여 신체에 강렬한 진동을 주는 작업
8. 인력으로 중량물을 취급하는 작업
9. 납·수은·크롬·망간·카드뮴 등의 중금속 또는 이황화탄소·유기용제, 그 밖에 고용노동부령으로 정하는 특정 화학물질의 먼지·증기 또는 가스가 많이 발생하는 장소에서 하는 작업

[전문개정 2009.7.30.]

제33조(교육기관의 지정 취소 등의 사유) 법 제47조제4항에 따라 준용되는 법 제15조의2제1항제5호에서 "대통령령으로 정하는 사유에 해당하는 경우"란 다음 각 호의 어느 하나에 해당하는 경우를 말한다. <개정 2012.1.26.>

1. 정당한 사유 없이 특정인에 대한 교육을 거부한 경우
2. 정당한 사유 없이 1개월 이상의 휴업으로 인하여 위탁받은 교육업무의 수행에 차질을 가져오게 한 경우
3. 그 밖에 법 또는 법에 따른 명령에 위반한 경우

[전문개정 2009.7.30.]

제33조의2(유해·위험방지계획서 제출 대상 사업장) 법 제48조제1항에서 "대통령령으로 정하는 업종 및 규모에 해당하는 사업"이란 다음 각 호의 어느 하나에 해당하는 사업으로서 전기 계약용량이 300킬로와트 이상인 사업을 말한다. <개정 2012.1.26., 2014.3.12.>

1. 금속가공제품(기계 및 가구는 제외한다) 제조업
2. 비금속 광물제품 제조업
3. 기타 기계 및 장비 제조업
4. 자동차 및 트레일러 제조업
5. 식료품 제조업
6. 고무제품 및 플라스틱제품 제조업
7. 목재 및 나무제품 제조업
8. 기타 제품 제조업
9. 1차 금속 제조업
10. 가구 제조업
11. 화학물질 및 화학제품 제조업
12. 반도체 제조업
13. 전자부품 제조업

[본조신설 2008.8.21.]
[종전 제33조의2는 제33조의3으로 이동 <2008.8.21.>]

제33조의3(안전·보건진단기관의 지정 요건) 법 제49조제1항에 따른 안전·보건진단을 하는 자(이하 "안전·보건진단기관"이라 한다)로 지정받을 수 있는 자는 안전·보건진단업무를 하려는 법인으로서 고용노동부령으로 정하는 인력·시설 및 장비를 갖춘 자로 한정한다. <개정 2010.7.12.>

[전문개정 2009.7.30.]

제33조의4(준용) 안전·보건진단기관에 관하여는 제15조의3 및 제15조의5를 준용한다.

[전문개정 2009.7.30.]

제33조의5(안전·보건진단의 종류 및 내용) 고용노동부장관은 법 제49조제1항에 따른 사업장에 대하여 별표 9에 따른 안전·보건진단을 받을 것을 명할 수 있다. 이 경우 고용노동부장관은 기계·화공·전기·건설 등 분야별로 한정하여 진단을 받을 것을 명할 수 있다. <개정 2010.7.12.>

[전문개정 2009.7.30.]

제33조의6(공정안전보고서의 제출 대상) ①
법 제49조의2제1항 전단에서 "대통령령으
로 정하는 유해·위험설비"란 다음 각 호
의 어느 하나에 해당하는 사업을 하는 사
업장의 경우에는 그 보유설비를 말하고,
그 외의 사업을 하는 사업장의 경우에는
별표 10에 따른 유해·위험물질 중 하나
이상을 같은 표에 따른 규정량 이상 제조
·취급·저장하는 설비 및 그 설비의 운영
과 관련된 모든 공정설비를 말한다. <개정
2012.1.26., 2014.3.12., 2017.10.17.>
1. 원유 정제처리업
2. 기타 석유정제물 재처리업
3. 석유화학계 기초화학물질 제조업 또는
   합성수지 및 기타 플라스틱물질 제조업.
   다만, 합성수지 및 기타 플라스틱물질 제
   조업은 별표 10의 제1호 또는 제2호에
   해당하는 경우로 한정한다.
4. 질소 화합물, 질소·인산 및 칼리질 화
   학비료 제조업 중 질소질 화학비료 제
   조업
5. 복합비료 및 기타 화학비료 제조업 중
   복합비료 제조업(단순혼합 또는 배합에
   의한 경우는 제외한다)
6. 화학 살균·살충제 및 농업용 약제 제
   조업(농약 원제 제조만 해당한다)
7. 화약 및 불꽃제품 제조업
② 제1항에도 불구하고 다음 각 호의 설비
는 유해·위험설비로 보지 아니한다. <개
정 2010.7.12., 2012.1.26.>
1. 원자력 설비
2. 군사시설
3. 사업주가 해당 사업장 내에서 직접 사용
   하기 위한 난방용 연료의 저장설비 및
   사용설비
4. 도매·소매시설
5. 차량 등의 운송설비
6. 「액화석유가스의 안전관리 및 사업법」에
   따른 액화석유가스의 충전·저장시설
7. 「도시가스사업법」에 따른 가스공급시설
8. 그 밖에 고용노동부장관이 누출·화재
   ·폭발 등으로 인한 피해의 정도가 크
   지 않다고 인정하여 고시하는 설비
③ 법 제49조의2제1항에서 "대통령령으로 정
하는 사고"란 다음 각 호의 어느 하나에 해
당하는 사고를 말한다. <신설 2012.1.26.>
1. 근로자가 사망하거나 부상을 입을 수
   있는 제1항에 따른 설비(제2항에 따른
   설비는 제외한다. 이하 제2호에서 같다)

에서의 누출·화재·폭발 사고
2. 인근 지역의 주민이 인적 피해를 입을
   수 있는 제1항에 따른 설비에서의 누
   출·화재·폭발 사고
[전문개정 2009.7.30.]

제33조의7(공정안전보고서의 내용) 법 제
49조의2에 따른 공정안전보고서에는 다
음 각 호의 사항이 포함되어야 한다. <개
정 2010.7.12.>
1. 공정안전자료
2. 공정위험성 평가서
3. 안전운전계획
4. 비상조치계획
5. 그 밖에 공정상의 안전과 관련하여 고용
   노동부장관이 필요하다고 인정하여 고시
   하는 사항
[전문개정 2009.7.30.]

제33조의8(공정안전보고서의 제출) ① 사업
주는 제33조의6에 따른 유해·위험설비를
설치(기존 설비의 제조·취급·저장 물질
이 변경되거나 제조량·취급량·저장량이
증가하여 별표 10에 따른 유해·위험물질
규정량에 해당하게 된 경우를 포함한다)·
이전하거나 고용노동부장관이 정하는 주요
구조부분을 변경할 때에는 고용노동부령으
로 정하는 바에 따라 법 제49조의2제1항
에 따른 공정안전보고서를 작성하여 고용
노동부장관에게 제출하여야 한다. 이 경우
「화학물질관리법」에 따라 사업주가 제출하
여야 하는 같은 법 제23조에 따른 유해화
학물질 화학사고 장외영향평가서(이하 이
항에서 "장외영향평가서"라 한다) 또는 같
은 법 제41조에 따른 위해관리계획서(이하
이 항에서 "위해관리계획서"라 한다)의 내
용이 제33조의7에 따라 공정안전보고서에
포함시켜야 할 사항에 해당하는 경우에는
그 해당 부분에 대해서 장외영향평가서 또
는 위해관리계획서 사본의 제출로 갈음할
수 있다. <개정 2010.7.12., 2014.3.12.,
2015.2.10.>
② 제1항의 경우에 제출하여야 할 공정
안전보고서가 「고압가스 안전관리법」 제
2조에 따른 고압가스를 사용하는 단위공
정 설비에 관한 것인 경우로서 해당 사
업주가 같은 법 제11조에 따른 안전관
리규정과 같은 법 제13조의2에 따른 안
전성향상계획을 작성하여 공단 및 같은

법 제28조에 따른 한국가스안전공사가 공동으로 검토·작성한 의견서를 첨부하여 허가 관청에 제출한 경우에는 해당 단위공정 설비에 관한 공정안전보고서를 제출한 것으로 본다.
[전문개정 2009.7.30.]

제33조의9(유해·위험방지계획서의 제출 면제)
사업주가 법 제49조의2에 따른 공정안전보고서를 제출한 경우에는 해당 유해·위험설비에 관하여 법 제48조에 따른 유해·위험방지계획서를 제출한 것으로 본다.
[전문개정 2009.7.30.]

제33조의10(제재 요청 대상 등)
법 제51조의2제1항제1호에서 "많은 근로자가 사망하거나 사업장 인근지역에 중대한 피해를 주는 등 대통령령으로 정하는 사고"란 다음 각 호의 어느 하나를 말한다.
1. 동시에 2명 이상의 근로자가 사망하는 재해
2. 법 제49조의2제1항에 따른 중대산업사고
[전문개정 2009.7.30.]

제33조의11(지도사의 직무)
① 법 제52조의2제1항제4호에서 "대통령령으로 정하는 사항"이란 다음 각 호의 사항을 말한다. <개정 2014.3.12.>
1. 법 제50조에 따른 안전보건개선계획서의 작성
2. 법 제41조의2에 따른 위험성평가의 지도
3. 그 밖에 산업안전에 관한 사항의 자문에 대한 응답 및 조언
② 법 제52조의2제2항제6호에서 "대통령령으로 정하는 사항"이란 다음 각 호의 사항을 말한다. <개정 2014.3.12.>
1. 법 제50조에 따른 안전보건개선계획서의 작성
2. 법 제41조의2에 따른 위험성평가의 지도
3. 그 밖에 산업보건에 관한 사항의 자문에 대한 응답 및 조언
[전문개정 2009.7.30.]

제33조의12(지도사의 업무 영역별 종류 등)
① 법 제52조의2제3항에 따른 산업안전지도사의 업무 영역은 기계안전·전기안전·화공안전·건설안전 분야로 구분하고, 산업보건지도사의 업무 영역은 직업환경의학·산업위생 분야로 구분한다. <개정 2012.1.26., 2014.3.12.>
② 산업안전지도사 및 산업보건지도사(이하 "지도사"라 한다)는 제1항에 따른 업무 영역에서만 업무를 수행할 수 있으며, 해당 업무 영역에서의 업무범위는 별표 11과 같다. <개정 2014.3.12.>
[전문개정 2009.7.30.]

제33조의13(시험 실시기관)
① 법 제52조의3제3항에서 "대통령령으로 정하는 전문기관"이란 「한국산업인력공단법」에 따른 한국산업인력공단(이하 "한국산업인력공단"이라 한다)을 말한다.
② 고용노동부장관은 법 제52조의3제3항에 따라 지도사시험의 실시를 한국산업인력공단에 대행하게 하는 경우 필요하다고 인정하면 같은 공단으로 하여금 시험위원회를 구성·운영하게 할 수 있다. <개정 2010.7.12.>
③ 시험위원회의 구성·운영 등에 필요한 사항은 고용노동부장관이 정한다. <개정 2010.7.12.>
[전문개정 2009.7.30.]

제33조의14(시험의 실시 등)
① 법 제52조의3제1항에 따른 지도사시험은 필기시험과 면접시험으로 구분하여 실시한다.
② 지도사시험 중 필기시험은 제1차 시험과 제2차 시험으로 구분하여 실시하고 제1차 시험은 선택형, 제2차 시험은 논문형을 원칙으로 하되, 각각 주관식 단답형을 추가할 수 있다.
③ 지도사시험 중 제1차 시험은 별표 12에 따른 공통필수Ⅰ, 공통필수Ⅱ 및 공통필수Ⅲ의 과목 및 범위로 하고, 제2차 시험은 별표 12에 따른 전공필수의 과목 및 범위로 한다. <개정 2012.1.26.>
④ 지도사시험 중 제2차 시험은 제1차 시험 합격자에 대해서만 실시한다.
⑤ 지도사시험 중 면접시험은 필기시험 합격자 또는 면제자에 대해서만 실시하되, 다음 각 호의 사항을 평가한다. <개정 2012.1.26.>
1. 전문지식과 응용능력
2. 산업안전·보건제도에 관한 이해 및 인식 정도
3. 상담·지도능력
⑥ 지도사시험의 공고, 응시 절차, 그 밖

에 시험에 필요한 사항은 고용노동부령으로 정한다. <개정 2010.7.12.>
[전문개정 2009.7.30.]

제33조의15(시험의 일부면제) ① 법 제52조의3제2항에 따른 지도사시험의 일부를 면제할 수 있는 자격 및 같은 조 제5항에 따른 시험 면제의 범위는 다음 각 호와 같다. <개정 2017.10.17.>
1. 「국가기술자격법」에 따른 건설안전기술사, 기계안전기술사, 산업위생관리기술사, 인간공학기술사, 전기안전기술사, 화공안전기술사: 별표 12에 따른 전공필수·공통필수Ⅰ 및 공통필수Ⅱ 과목
2. 「국가기술자격법」에 따른 건설 직무분야(건축 중직무분야 및 토목 중직무분야로 한정한다), 기계 직무분야, 화학 직무분야, 전기·전자 직무분야(전기 중직무분야로 한정한다)의 기술사 자격 보유자: 별표 12에 따른 전공필수 과목
3. 「의료법」에 따른 직업환경의학과 전문의: 별표 12에 따른 전공필수·공통필수Ⅰ 및 공통필수Ⅱ 과목
4. 공학(건설안전·기계안전·전기안전·화공안전 분야 전공으로 한정한다), 의학(직업환경의학 분야 전공으로 한정한다), 보건학(산업위생 분야 전공으로 한정한다) 박사학위 소지자: 별표 12에 따른 전공필수 과목
5. 제2호 또는 제4호에 해당하는 사람으로서 각각의 자격 또는 학위 취득 후 산업안전·산업보건 업무에 3년 이상 종사한 경력이 있는 사람: 별표 12에 따른 전공필수 및 공통필수Ⅱ 과목
6. 「공인노무사법」에 따른 공인노무사: 별표 12에 따른 공통필수Ⅰ 과목
7. 법 제52조의3제1항에 따른 지도사 자격 보유자로서 다른 지도사 자격 시험에 응시하는 사람: 별표 12에 따른 공통필수Ⅰ 및 공통필수Ⅲ 과목
8. 법 제52조의3제1항에 따른 지도사 자격 보유자로서 같은 지도사의 다른 분야 지도사 자격 시험에 응시하는 사람: 별표 12에 따른 공통필수Ⅰ, 공통필수Ⅱ 및 공통필수Ⅲ 과목
② 제33조의14제2항에 따라 제1차 또는 제2차 필기시험에 합격한 사람에 대해서는 다음 회의 시험에 한정하여 합격한 차수의 필기시험을 면제한다. <개정 2017.10.17.>
[전문개정 2014.3.12.]

제33조의16(합격자 결정) ① 필기시험은 매 과목 100점을 만점으로 하여 40점 이상, 전과목 평균 60점 이상 득점한 사람을 합격자로 한다.
② 면접시험은 제33조의14제5항 각 호의 사항을 평가하되, 10점 만점에 6점 이상인 사람을 합격자로 한다.
[전문개정 2009.7.30.]

제33조의17(시험 부정행위자에 대한 조치) 지도사시험과 관련하여 부정한 행위를 한 응시자에 대해서는 그 시험을 무효로 하고, 해당 시험 시행일부터 5년간 시험 응시자격을 정지한다.
[전문개정 2009.7.30.]

제33조의18(손해배상을 위한 보험 가입 등) ① 법 제52조의4제1항에 따라 고용노동부에 등록한 지도사(같은 조 제2항에 따라 법인을 설립한 경우에는 그 법인을 말한다. 이하 이 조에서 같다)는 법 제52조의7제2항에 따라 손해배상책임을 보장하기 위한 보증보험에 가입하여야 한다. <개정 2010.7.12.>
② 제1항에 따른 보증보험은 보험금액이 2천만원(법 제52조의4제2항에 따른 법인인 경우에는 2천만원에 사원인 지도사의 수를 곱한 금액) 이상인 보험으로 한다.
③ 지도사는 제1항의 보증보험금으로 손해배상을 한 경우에는 그 날부터 10일 이내에 다시 보증보험에 가입하여야 한다.
[전문개정 2009.7.30.]

제34조(연수교육의 제외대상) 법 제52조의10에서 "대통령령으로 정하는 사람"이란 산업안전 및 산업보건 분야에서 5년 이상 실무에 종사한 경력이 있는 사람을 말한다.
[본조신설 2014.3.12.]

제35조(지도사 등록 취소 등의 사유) 법 제52조의15제5호에서 "대통령령으로 정하는 경우"란 다음 각 호의 어느 하나에 해당하는 경우를 말한다.
1. 법 제52조의2에 따른 직무의 수행과정에서 고의 또는 과실로 인하여 중대재해가 발생한 경우

2. 법 제52조의7제2항에 따른 보증보험에 가입하지 아니하거나 필요한 조치를 하지 아니한 경우
3. 법 제52조의11제1항을 위반하여 같은 조 제2항에 따른 기명 또는 날인을 한 경우
4. 업무 관련 서류를 거짓으로 작성한 경우
[본조신설 2014.3.12.]

제36조 삭제 <2003.6.30.>
제37조 삭제 <2003.6.30.>
제38조 삭제 <2003.6.30.>
제39조 삭제 <2003.6.30.>
제40조 삭제 <2003.6.30.>
제41조 삭제 <2003.6.30.>
제42조 삭제 <2003.6.30.>
제43조 삭제 <2003.6.30.>
제44조 삭제 <2003.6.30.>
제45조 삭제 <2003.6.30.>

제45조의2(명예감독관 위촉 대상 등) ① 고용노동부장관은 법 제61조의2제1항에 따라 다음 각 호의 어느 하나에 해당하는 사람 중에서 명예감독관을 위촉할 수 있다. <개정 2010.7.12.>
1. 산업안전보건위원회 또는 노사협의체 설치 대상 사업의 근로자 중에서 근로자대표가 사업주의 의견을 들어 추천하는 사람
2. 「노동조합 및 노동관계조정법」 제10조에 따른 연합단체인 노동조합 또는 그 지역 대표기구에 소속된 임직원 중에서 해당 연합단체인 노동조합 또는 그 지역 대표기구가 추천하는 사람
3. 전국 규모의 사업주단체 또는 그 산하조직에 소속된 임직원 중에서 해당 단체 또는 그 산하조직이 추천하는 사람
4. 산업재해 예방 관련 업무를 하는 단체 또는 그 산하조직에 소속된 임직원 중에서 해당 단체 또는 그 산하조직이 추천하는 사람
② 명예감독관의 업무는 다음 각 호와 같다. 이 경우 제1항제1호에 따라 위촉된 명예감독관의 업무 범위는 해당 사업장에서의 업무(제8호의 경우는 제외한다)로 한정하며, 제1항제2호부터 제4호까지의 규정에 따라 위촉된 명예감독관의 업무 범위는 제8호부터 제10호까지의 업무로 한정한다. <개정 2010.7.12.>
1. 사업장에서 하는 자체점검 참여 및 근로감독관이 하는 사업장 감독 참여
2. 사업장 산업재해 예방계획 수립 참여 및 사업장에서 하는 기계·기구 자체검사 입회
3. 법령을 위반한 사실이 있는 경우 사업주에 대한 개선 요청 및 감독기관에의 신고
4. 산업재해 발생의 급박한 위험이 있는 경우 사업주에 대한 작업중지 요청
5. 작업환경측정, 근로자 건강진단 시의 입회 및 그 결과에 대한 설명회 참여
6. 직업성 질환의 증상이 있거나 질병에 걸린 근로자가 여럿 발생한 경우 사업주에 대한 임시건강진단 실시 요청
7. 근로자에 대한 안전수칙 준수 지도
8. 법령 및 산업재해 예방정책 개선 건의
9. 안전·보건 의식을 북돋우기 위한 활동과 무재해운동 등에 대한 참여와 지원
10. 그 밖에 산업재해 예방에 대한 홍보·계몽 등 산업재해 예방업무와 관련하여 고용노동부장관이 정하는 업무
③ 명예감독관의 임기는 2년으로 하되, 연임할 수 있다.
④ 고용노동부장관은 명예감독관의 활동을 지원하기 위하여 수당 등을 지급할 수 있다. <개정 2010.7.12.>
⑤ 명예감독관의 위촉 및 운영 등에 필요한 사항은 고용노동부장관이 정한다. <개정 2010.7.12.>
[전문개정 2009.7.30.]

제45조의3(명예감독관의 해촉) 고용노동부장관은 다음 각 호의 어느 하나에 해당하는 경우에는 명예감독관을 해촉할 수 있다. <개정 2010.7.12.>
1. 근로자대표가 사업주의 의견을 들어 제45조의2제1항제1호에 따라 위촉된 명예감독관의 해촉을 요청한 경우
2. 제45조의2제1항제2호부터 제4호까지의 규정에 따라 위촉된 명예감독관이 해당 단체 또는 그 산하조직으로부터 퇴직하거나 해임된 경우
3. 명예감독관의 업무와 관련하여 부정한 행위를 한 경우
4. 질병이나 부상 등의 사유로 명예감독관의 업무 수행이 곤란하게 된 경우
[전문개정 2009.7.30.]

제45조의4(산재예방사업의 지원) 법 제62조

제1항 전단에서 "대통령령으로 정하는 사업"이란 다음 각 호의 어느 하나에 해당하는 업무와 관련된 사업을 말한다. <개정 2010.2.24., 2010.7.12., 2010.11.18., 2014.3.12.>

1. 산업재해 예방을 위한 방호장치, 보호구, 안전설비 및 작업환경개선 시설·장비 등의 제작, 구입, 보수, 시험, 연구, 홍보 및 정보제공 등의 업무
2. 사업장 안전·보건관리에 대한 기술지원 업무
3. 산업안전·보건 관련 교육 및 전문인력 양성 업무
4. 산업재해예방을 위한 연구 및 기술개발 업무
5. 안전검사 지원업무
5의2. 법 제41조의2에 따른 위험성평가에 관한 지원업무
6. 작업환경측정 및 건강진단 지원업무
7. 직업성 질환의 발생 원인을 규명하기 위한 역학조사·연구 또는 직업성 질환 예방에 필요하다고 인정되는 시설·장비 등의 구입 업무
8. 안전·보건의식의 고취 및 무재해운동 추진 업무
9. 법 제42조제8항에 따른 지정측정기관의 작업환경측정·분석 능력 평가 및 법 제43조제9항에 따른 건강진단기관의 건강진단·분석 능력 평가에 필요한 시설·장비 등의 구입 업무
10. 산업의학 분야의 학술활동 및 인력 양성 지원에 관한 업무
11. 유해인자의 노출 기준 및 유해성·위험성 조사·평가 등에 관한 업무
11의2. 법 제61조제3호에 따른 근로자의 건강을 유지·증진하기 위한 시설의 운영에 관한 지원업무
12. 그 밖에 산업재해 예방을 위한 업무로서 산업재해보상보험및예방심의위원회의 심의를 거쳐 고용노동부장관이 정하는 업무
[전문개정 2009.7.30.]

제45조의5 삭제 <1997.12.31.>

제46조(행정권한의 위임) ① 고용노동부장관은 법 제65조제1항에 따라 다음 각 호의 권한을 지방고용노동청장 또는 지청장에게 위임한다. <개정 2010.7.12., 2012.1.26.,

2014.3.12., 2016.2.17., 2016.10.27., 2017.10.17.>

1. 법 제9조의2제3항에 따른 자료 제출의 요청
1의2. 법 제10조제2항에 따른 보고의 요구
2. 법 제15조제3항에 따른 안전관리자, 법 제16조제3항에 따른 보건관리자 또는 법 제16조의3제3항에 따른 안전보건관리담당자의 정수(定數) 이상의 선임 명령 또는 교체 임명 명령
3. 법 제28조제1항에 따른 유해하거나 위험한 작업의 도급 인가 및 같은 조 제4항에 따른 인가 취소
3의2. 법 제30조의2제4항에 따른 재해예방 전문지도기관에 대한 평가
3의3. 법 제32조의3에 따른 법 제31조의2에 따라 등록한 기관의 등록 취소 및 업무정지 명령
3의4. 법 제34조제7항에 따른 자료제출 명령
4. 법 제34조의2제4항에 따른 표시제거 명령
5. 법 제34조의3제1항에 따른 안전인증 취소, 안전인증표시의 사용금지 및 개선 명령
6. 법 제34조의4제2항에 따른 수거·파기 명령
7. 법 제35조의2제4항에 따른 표시제거 명령
8. 법 제35조의3제1항에 따른 사용금지 및 개선 명령
9. 법 제35조의4제2항에 따른 수거·파기 명령
10. 삭제 <2016.10.27.>
11. 법 제36조의2제4항에 따른 자율검사프로그램의 인정 취소와 개선 명령
12. 법 제36조의3제3항에 따른 등록 취소 및 지원 제한
13. 법 제37조제2항에 따른 제조등금지물질의 제조·수입 또는 사용의 승인
14. 법 제38조제1항에 따른 유해물질의 제조·사용의 허가 및 변경허가, 같은 조 제4항에 따른 수리·개조 등의 명령, 같은 조 제5항에 따른 유해물질의 제조 등의 허가 취소 및 영업정지 명령
15. 삭제 <2016.10.27.>
16. 법 제38조의2제4항에 따른 일반석면조사 또는 기관석면조사의 이행명령 및 이행명령의 결과를 보고받을 때까지의 작업중지 명령
17. 법 제38조의4제1항에 따른 석면해체·제거업자의 등록, 같은 조 제6항에

따른 등록 취소 및 업무정지 명령
18. 법 제38조의4제3항에 따른 석면해체・제거작업 신고접수 및 확인
19. 법 제38조의4제4항에 따른 석면해체・제거작업의 안전성 평가 및 결과 공표
20. 법 제38조의5제1항에 따른 석면농도 증명자료 제출의 접수
21. 법 제41조제8항에 따른 물질안전보건자료 제출 명령 및 물질안전보건자료의 취급주의사항 등의 변경 명령
22. 법 제42조제1항에 따른 작업환경측정 결과보고의 접수
23. 법 제42조제4항에 따른 지정측정기관의 지정, 같은 조 제10항에 따른 지정 취소 및 업무정지 명령
24. 삭제 <2014.3.12.>
25. 법 제43조제1항에 따른 건강진단기관의 지정, 같은 조 제11항에 따른 지정 취소 및 업무정지 명령
26. 법 제43조제2항에 따른 임시건강진단 실시 등의 명령, 같은 조 제4항에 따른 건강진단 실시 결과보고의 접수
27. 법 제47조제2항에 따른 자격・면허 취득자의 양성, 근로자의 기능 습득을 위한 교육기관의 지정, 같은 조 제4항에 따른 지정 취소 및 업무정지 명령
28. 법 제48조제4항에 따른 작업 또는 공사의 중지 및 유해・위험방지계획의 변경 명령
29. 법 제49조에 따른 안전・보건진단 명령
30. 법 제49조의2제3항에 따른 공정안전보고서의 변경 명령, 같은 조 제9항에 따른 공정안전보고서의 이행 상태 평가, 같은 조 제10항에 따른 공정안전보고서의 재제출 명령
31. 법 제50조제1항 및 제2항에 따른 안전보건개선계획의 수립・시행 등에 관한 명령
32. 법 제51조제2항에 따른 보고 및 출석 명령
33. 법 제51조제6항에 따른 대체・사용중지・제거・시설개선 등 필요한 조치의 명령
34. 법 제51조제7항에 따른 작업중지 명령
35. 법 제51조제8항에 따른 안전보건관리규정 준수 등의 명령
36. 법 제52조에 따른 법령위반사항 신고의 접수・처리
37. 법 제52조의4제1항에 따른 지도사등록, 법 제52조의15에 따른 등록 취소

및 업무정지 명령
38. 법 제61조의2제1항에 따른 명예감독관의 위촉과 관련된 업무
39. 법 제63조의2제1항 각 호의 권한 중 위임된 권한에 관한 청문
40. 법 제72조에 따른 과태료의 부과・징수
41. 제12조제6항, 제16조제3항 및 제20조제3항에 따른 서류의 접수
42. 제30조의3제3항에 따른 확인 신청의 접수 및 확인
43. 제32조의5에 따른 신청서의 접수
44. 그 밖에 제1호부터 제43호까지의 규정에 따른 권한을 행사하는 데 따르는 감독상의 조치
② 고용노동부장관은 다음 각 호의 권한을 지방고용노동청장에게 위임한다.
<개정 2010.7.12., 2014.3.12., 2016.10.27.>
1. 법 제15조제4항에 따른 안전관리전문기관의 지정 및 법 제15조의2에 따른 안전관리전문기관의 지정 취소 또는 업무정지 명령
2. 법 제15조의3에 따른 안전관리전문기관에 대한 과징금 부과 및 징수에 관한 업무
3. 법 제16조제3항에 따른 보건관리전문기관(업종별・유해인자별 보건관리전문기관은 제외한다)의 지정, 지정 취소 및 업무정지 명령
4. 법 제16조제3항에 따른 보건관리전문기관에 대한 과징금 부과 및 징수에 관한 업무
5. 법 제30조의2제1항 및 제3항에 따른 재해예방 전문지도기관의 지정, 지정 취소 및 업무정지 명령
6. 법 제30조의2제3항에 따른 재해예방 전문지도기관에 대한 과징금 부과 및 징수에 관한 업무
6의2. 법 제31조제5항에 따른 안전보건교육위탁기관의 등록, 법 제32조의3에 따라 준용되는 법 제15조의2에 따른 등록 취소 및 업무정지 명령
6의3. 법 제32조제3항에 따른 직무교육위탁기관의 등록, 법 제32조의3에 따라 준용되는 법 제15조의2에 따른 등록 취소 및 업무정지 명령
6의4. 법 제36조의2제3항에 따른 지정검사기관의 지정, 같은 조 제7항에 따라 준용되는 법 제15조의2에 따른 지정 취소 및 업무정지 명령

6의5. 법 제38조의2제2항에 따른 석면조사
　기관의 지정, 같은 조 제7항에 따라 준
　용되는 법 제15조의2에 따른 지정 취소
　및 업무정지 명령
7. 법 제49조제1항에 따른 안전·보건진
　단기관의 지정, 같은 조 제4항에 따른
　지정 취소 및 업무정지 명령
8. 법 제63조의2제1항 각 호의 권한 중
　위임된 권한에 관한 청문
9. 제15조의3, 제19조의3(업종별·유해인
　자별 보건관리전문기관의 지정신청서는
　제외한다), 제26조의9 및 제33조의4에
　따른 신청서의 접수
10. 그 밖에 제1호부터 제9호까지의 규정
　에 따른 권한을 행사하는 데 따르는
　감독상의 조치
　[전문개정 2009.7.30.]

제47조(업무의 위탁) ① 고용노동부장관은 법
제65조제2항에 따라 같은 항 각 호의 업무
중 같은 항 제1호의2, 제2호, 제3호의2, 제
4호의2, 제9호, 제9호의2, 제10호의2, 제11
호, 제11호의2부터 제11호의4까지, 제12호,
제13호의2, 제13호의3, 제14호의2, 제15호
부터 제17호까지, 제17호의2, 제18호, 제
18호의2부터 제18호의4까지 및 제19호의
업무를 공단에 위탁한다. <개정 2010.7.12.,
2012.1.26., 2014.3.12., 2017.10.17.>
② 고용노동부장관은 법 제65조제2항에 따
라 같은 항 각 호의 업무 중 같은 항 제1
호, 제3호, 제4호, 제5호부터 제8호까지,
제10호, 제13호 및 제14호의 업무를 공단
이나 다음 각 호의 어느 하나에 해당하는
비영리법인 또는 관계 전문기관으로서 위탁
업무를 수행할 수 있는 인력·시설 및 장비
를 갖춘 법인 또는 기관 중에서 고용노동부
장관이 지정·고시하거나 고용노동부장관에
게 등록한 법인 또는 기관에 위탁한다. <개
정 2010.7.12., 2012.1.26., 2014.3.12.>
1. 다음 각 목의 요건을 모두 갖춘 법인. 다
　만, 법 제65조제2항제4호의 업무를 위탁
　하는 경우에는 나목의 요건을 적용하지
　아니한다.
　가. 비영리법인일 것
　나. 산업안전·보건 또는 산업재해 예방
　　을 목적으로 설립되었을 것
2. 법 제15조제4항, 제16조제3항, 제30조
　의2제1항, 제38조의2제2항, 제42조제4항,
　제43조제1항, 제47조제2항 및 제49조제

1항에 따라 고용노동부장관의 지정을 받
　은 기관
3. 기계·기구 및 설비 등의 검정·검사,
　생산기술의 연구개발·교육·평가 등의
　업무를 목적으로 설립된 「공공기관의
　운영에 관한 법률」에 따른 공공기관
4. 산업안전·보건 관련 학과가 있는 「고
　등교육법」 제2조에 따른 학교
③ 고용노동부장관은 제2항에 따라 공단,
비영리법인 또는 관계 전문기관에 그 권
한을 위탁한 경우에는 위탁기관의 명칭과
위탁업무 등에 관한 사항을 관보 또는 인
터넷 홈페이지 등으로 공고하여야 한다.
<개정 2010.7.12.>
[전문개정 2009.7.30.]
[제목개정 2012.1.26.]

제47조의2(수수료) 법 제66조제1항제13호
에서 "대통령령으로 정하는 자"란 별표
4의 제8호·제9호 및 별표 6의 제7호에
따른 교육을 받으려는 사람을 말한다.
[전문개정 2009.7.30.]

제47조의3(민감정보 및 고유식별정보의 처리)
고용노동부장관(법 제65조에 따라 고용
노동부장관의 권한을 위임받거나 업무를
위탁받은 자를 포함한다) 및 근로감독관
은 다음 각 호의 사무를 수행하기 위하
여 불가피한 경우 「개인정보 보호법」 제
23조에 따른 건강에 관한 정보와 같은
법 시행령 제18조제2호에 따른 범죄경
력자료에 해당하는 정보, 같은 영 제19
조제1호 또는 제4호에 따른 주민등록번
호 또는 외국인등록번호가 포함된 자료
를 처리할 수 있다.
1. 법 제9조에 따라 고용노동부장관이 협조
　를 요청한 사항으로서 산업재해 또는 건
　강진단 관련 자료의 처리에 관한 사무
2. 법 제10조에 따른 산업재해 발생 기록
　및 보고 등에 관한 사무
3. 법 제43조에 따른 건강진단에 관한 사무
4. 법 제43조의2에 따른 역학조사에 관한
　사무
5. 법 제44조에 따른 건강관리수첩 발급
　에 관한 사무
6. 법 제45조에 따른 질병자의 근로 금지
　·제한에 관한 사무
7. 법 제52조의3에 따른 지도사시험에 관
　한 사무

8. 법 제52조의4에 따른 지도사의 등록에 관한 사무
[본조신설 2013.8.6.]

제47조의4(규제의 재검토) ① 고용노동부장관은 다음 각 호의 사항에 대하여 다음 각 호의 기준일을 기준으로 3년마다(매 3년이 되는 해의 기준일과 같은 날 전까지를 말한다) 그 타당성을 검토하여 개선 등의 조치를 하여야 한다. <개정 2016.2.17., 2016.10.27.>
1. 제2조의2제1항 및 별표 1 제3호에 따른 대상 사업의 범위: 2016년 1월 1일
1의2. 제19조의4에 따른 안전보건관리담당자의 선임 대상사업: 2019년 1월 1일
2. 제33조에 따른 자격·면허 취득자의 양성 또는 근로자의 기능 습득을 위한 교육기관의 지정 취소 등의 사유: 2014년 1월 1일
② 고용노동부장관은 다음 각 호의 사항에 대하여 다음 각 호의 기준일을 기준으로 3년마다(매 3년이 되는 해의 기준일과 같은 날 전까지를 말한다) 그 타당성을 검토하여 개선 등의 조치를 하여야 한다. <신설 2014.12.9., 2016.12.30.>
1. 제23조에 따른 안전보건총괄책임자 지정 대상사업: 2017년 1월 1일
2. 제25조의5에 따른 의결되지 아니한 사항 등의 처리: 2017년 1월 1일
3. 제32조의4에 따른 지정측정기관의 지정 요건: 2017년 1월 1일
4. 삭제 <2016.12.30.>
5. 제32조의6에 따른 지정측정기관의 지정 취소 등의 사유: 2017년 1월 1일
[본조신설 2013.12.30.]

제48조(과태료의 부과기준) 법 제72조제1항부터 제5항까지의 규정에 따른 과태료의 부과기준은 별표 13과 같다.
[전문개정 2011.4.4.]

부칙
<대통령령 제29360호, 2018.12.11.>
(건설기술 진흥법 시행령)

제1조(시행일) 이 영은 2018년 12월 13일부터 시행한다. <단서 생략>

제2조(다른 법령의 개정) ①부터 ⑪까지 생략
⑫ 산업안전보건법 시행령 일부를 다음과 같이 개정한다.
제30조의8제1항 중 "건설기술자"를 "건설기술인"으로 한다.
별표 6의4 제2호나목6) 중 "특급건설기술자 또는 고급건설기술자"를 "특급건설기술인 또는 고급건설기술인"으로 한다.
⑬부터 ㉓까지 생략

산업재해보상보험법

(약칭: 산재보험법)

[시행 2018.12.13.]
[법률 제15665호, 2018.6.12., 일부개정]

제1장 총칙

제1조(목적) 이 법은 산업재해보상보험 사업을 시행하여 근로자의 업무상의 재해를 신속하고 공정하게 보상하며, 재해근로자의 재활 및 사회 복귀를 촉진하기 위하여 이에 필요한 보험시설을 설치·운영하고, 재해 예방과 그 밖에 근로자의 복지 증진을 위한 사업을 시행하여 근로자 보호에 이바지하는 것을 목적으로 한다.

▣판례 - 손해배상(자)

[1] 자동차공제계약의 대인공제 Ⅱ에서 "배상책임이 있는 조합원의 피용자로서 산업재해보상보험법에 의한 재해보상을 받을 수 있는 사람의 손해는 보상하지 아니한다." 는 면책조항의 취지 및 위 면책조항의 적용요건에 해당된다는 점에 대한 증명책임의 소재(=공제조합 측)
[2] 전국버스운송사업조합연합회의 자동차공제계약에 가입된 버스의 운행으로 발생한 교통사고로 조합원인 甲 운수 주식회사 소속 피용자 乙이 사망하였는데, 공제계약의 대인공제 Ⅱ에 '배상책임이 있는 조합원의 피용자로서 산업재해보상보험법에 의한 재해보상을 받을 수 있는 사람' 인 경우에는 보상하지 않는다는 취지의 면책조항이 있던 사안에서, 乙에 대한 손해배상액에서 장차 보상 여부가 불확실한 유족급여 등 산재보험급여 해당액을 제외한 원심판결에는 자동차공제계약 보상면책조항을 적용할 때의 증명책임과 증명의 정도에 관한 법리오해의 위법이 있다고 한 사례 [대법원 2011.11.24, 선고, 2011다64768, 판결]

제2조(보험의 관장과 보험연도) ① 이 법에 따른 산업재해보상보험 사업(이하 "보험사업"이라 한다)은 고용노동부장관이 관장한다. <개정 2010.6.4.>
② 이 법에 따른 보험사업의 보험연도는 정부의 회계연도에 따른다.

제3조(국가의 부담 및 지원) ① 국가는 회계연도마다 예산의 범위에서 보험사업의 사무 집행에 드는 비용을 일반회계에서 부담하여야 한다.
② 국가는 회계연도마다 예산의 범위에서 보험사업에 드는 비용의 일부를 지원할 수 있다.

제4조(보험료) 이 법에 따른 보험사업에 드는 비용에 충당하기 위하여 징수하는 보험료나 그 밖의 징수금에 관하여는 「고용보험 및 산업재해보상보험의 보험료징수 등에 관한 법률」(이하 "보험료징수법"이라 한다)에서 정하는 바에 따른다.

제5조(정의) 이 법에서 사용하는 용어의 뜻은 다음과 같다. <개정 2010.1.27., 2010.5.20., 2010.6.4., 2012.12.18, 2017.10.24., 2018.6.12.>
1. "업무상의 재해"란 업무상의 사유에 따른 근로자의 부상·질병·장해 또는 사망을 말한다.
2. "근로자"·"임금"·"평균임금"·"통상임금"이란 각각 「근로기준법」에 따른 "근로자"·"임금"·"평균임금"·"통상임금"을 말한다. 다만, 「근로기준법」에 따라 "임금" 또는 "평균임금"을 결정하기 어렵다고 인정되면 고용노동부장관이 정하여 고시하는 금액을 해당 "임금" 또는 "평균임금"으로 한다.
3. "유족"이란 사망한 자의 배우자(사실상 혼인 관계에 있는 자를 포함한다. 이하 같다)·자녀·부모·손자녀·조부모 또는 형제자매를 말한다.
4. "치유"란 부상 또는 질병이 완치되거나 치료의 효과를 더 이상 기대할 수 없고 그 증상이 고정된 상태에 이르게 된 것을 말한다.
5. "장해"란 부상 또는 질병이 치유되었으나 정신적 또는 육체적 훼손으로 인하여 노동능력이 상실되거나 감소된 상태를 말한다.
6. "중증요양상태"란 업무상의 부상 또는 질병에 따른 정신적 또는 육체적 훼손으로 노동능력이 상실되거나 감소된 상태로서 그 부상 또는 질병이 치유되지 아니한 상태를 말한다.
7. "진폐"(塵肺)란 분진을 흡입하여 폐에 생기는 섬유증식성(纖維增殖性) 변화를 주된 증상으로 하는 질병을 말한다.
8. "출퇴근"이란 취업과 관련하여 주거와 취업장소 사이의 이동 또는 한 취업장소에

서 다른 취업장소로의 이동을 말한다.

■판례 - 근로자가 타인의 폭력에 의하여 재해를 입은 경우, 업무상 재해에 해당하는지에 관한 판단 기준

구 산업재해보상보험법(2003. 12. 31. 법률 제7049호로 개정되기 전의 것)에 규정된 '업무상 재해'란 업무상 사유에 의한 근로자의 부상·질병·신체장해 또는 사망을 말하는데, 근로자가 직장 안에서 타인의 폭력에 의하여 재해를 입은 경우, 그것이 가해자와 피해자 사이의 사적인 관계에 기인한 때 또는 피해자가 직무의 한도를 넘어 상대방을 자극하거나 도발한 때에는 업무상 사유에 의한 것이라고 할 수 없어 업무상 재해로 볼 수 없으나, 직장 안의 인간관계 또는 직무에 내재하거나 통상 수반하는 위험의 현실화로서 업무와 상당인과관계가 있으면 업무상 재해로 인정하여야 한다. [대법원 2011.7.28, 선고, 2008다12408, 판결]

제6조(적용 범위) 이 법은 근로자를 사용하는 모든 사업 또는 사업장(이하 "사업"이라 한다)에 적용한다. 다만, 위험률·규모 및 장소 등을 고려하여 대통령령으로 정하는 사업에 대하여는 이 법을 적용하지 아니한다.

■판례 - 보험료채무부존재확인

고용보험법 제8조, 제9조, 산업재해보상보험법 제6조, 제7조 및 고용보험 및 산업재해보상보험의 보험료징수 등에 관한 법률 제5조 제1항, 제3항, 제13조 제1항에 의하면, 근로자를 사용하는 사업 또는 사업장의 사업주는 원칙적으로 고용보험 및 산재보험의 보험가입자가 되어 고용보험료 및 산재보험료의 납부의무를 부담한다. 건물을 신축하는 건축주가 자신이 직접 공사를 하지 아니하고 공사 전부를 수급인에게 도급을 준 경우에는 근로자를 사용하여 공사를 수행한 자는 수급인이므로 원칙적으로 수급인이 공사에 관한 고용보험법 및 산업재해보상보험법상 사업주로서 각 보험료를 납부할 의무를 부담하고, 건축주가 근로자를 사용하여 공사의 전부 또는 일부를 직접 한 경우에는 그 부분에 한하여 건축주가 고용보험법 및 산업재해보상보험법상 사업주가 되어 이에 해당하는 보험료의 납부의무를 부담한다. [대법원 2016.10.13, 선고, 2016다221658, 판결]

제7조(보험 관계의 성립·소멸) 이 법에 따른 보험 관계의 성립과 소멸에 대하여는 보험료징수법으로 정하는 바에 따른다.

제8조(산업재해보상보험및예방심의위원회) ① 산업재해보상보험 및 예방에 관한 중요 사항을 심의하게 하기 위하여 고용노동부에 산업재해보상보험및예방심의위원회(이하 "위원회"라 한다)를 둔다. <개정 2009.10.9., 2010.6.4.>
② 위원회는 근로자를 대표하는 자, 사용자를 대표하는 자 및 공익을 대표하는 자로 구성하되, 그 수는 각각 같은 수로 한다.
③ 위원회는 그 심의 사항을 검토하고, 위원회의 심의를 보조하게 하기 위하여 위원회에 전문위원회를 둘 수 있다. <개정 2009.10.9.>
④ 위원회 및 전문위원회의 조직·기능 및 운영에 필요한 사항은 대통령령으로 정한다. <개정 2009.10.9.>
[제목개정 2009.10.9.]

제9조(보험사업 관련 조사·연구) ① 고용노동부장관은 보험사업을 효율적으로 관리·운영하기 위하여 조사·연구 사업 등을 할 수 있다. <개정 2010.6.4.>
② 고용노동부장관은 필요하다고 인정하면 제1항에 따른 업무의 일부를 대통령령으로 정하는 자에게 대행하게 할 수 있다. <개정 2010.6.4.>

제2장 근로복지공단

제10조(근로복지공단의 설립) 고용노동부장관의 위탁을 받아 제1조의 목적을 달성하기 위한 사업을 효율적으로 수행하기 위하여 근로복지공단(이하 "공단"이라 한다)을 설립한다. <개정 2010.6.4.>

제11조(공단의 사업) ① 공단은 다음 각 호의 사업을 수행한다. <개정 2010.1.27., 2015.1.20.>
1. 보험가입자와 수급권자에 관한 기록의 관리·유지
2. 보험료징수법에 따른 보험료와 그 밖의 징수금의 징수
3. 보험급여의 결정과 지급
4. 보험급여 결정 등에 관한 심사 청구의 심리·결정
5. 산업재해보상보험 시설의 설치·운영
5의2. 업무상 재해를 입은 근로자 등의 진료·요양 및 재활

5의3. 재활보조기구의 연구개발·검정 및
보급
5의4. 보험급여 결정 및 지급을 위한 업
무상 질병 관련 연구
5의5. 근로자 등의 건강을 유지·증진하기
위하여 필요한 건강진단 등 예방 사업
6. 근로자의 복지 증진을 위한 사업
7. 그 밖에 정부로부터 위탁받은 사업
8. 제5호·제5호의2부터 제5호의5까지·제
6호 및 제7호에 따른 사업에 딸린 사업
② 공단은 제1항제5호의2부터 제5호의5까지
의 사업을 위하여 의료기관, 연구기관 등을
설치·운영할 수 있다. <신설 2010.1.27.,
2015.1.20.>
③ 제1항제3호에 따른 사업의 수행에 필요
한 자문을 하기 위하여 공단에 관계 전문가
등으로 구성되는 보험급여자문위원회를 둘
수 있다. <개정 2010.1.27.>
④ 제3항에 따른 보험급여자문위원회의 구
성과 운영에 필요한 사항은 공단이 정한다.
<개정 2010.1.27.>
⑤ 정부는 예산의 범위에서 공단의 사업과
운영에 필요한 비용을 출연할 수 있다. <신
설 2015.1.20.>

제12조(법인격) 공단은 법인으로 한다.

제13조(사무소) ① 공단의 주된 사무소 소
재지는 정관으로 정한다.
② 공단은 필요하면 정관으로 정하는 바에
따라 분사무소를 둘 수 있다.

제14조(정관) ① 공단의 정관에는 다음 각
호의 사항을 적어야 한다.
1. 목적
2. 명칭
3. 주된 사무소와 분사무소에 관한 사항
4. 임직원에 관한 사항
5. 이사회에 관한 사항
6. 사업에 관한 사항
7. 예산 및 결산에 관한 사항
8. 자산 및 회계에 관한 사항
9. 정관의 변경에 관한 사항
10. 내부규정의 제정·개정 및 폐지에 관
한 사항
11. 공고에 관한 사항
② 공단의 정관은 고용노동부장관의 인가
를 받아야 한다. 이를 변경하려는 때에도
또한 같다. <개정 2010.6.4.>

제15조(설립등기) 공단은 그 주된 사무소의
소재지에서 설립등기를 함으로써 성립한다.

제16조(임원) ① 공단의 임원은 이사장 1명과
상임이사 4명을 포함한 15명 이내의 이사와
감사 1명으로 한다. <개정 2010.1.27.>
② 이사장·상임이사 및 감사의 임면(任免)
에 관하여는 「공공기관의 운영에 관한 법률
」제26조에 따른다. <개정 2010.1.27.>
③ 비상임이사(제4항에 따라 당연히 비상임
이사로 선임되는 사람은 제외한다)는 다음
각 호의 어느 하나에 해당하는 사람 중에서
「공공기관의 운영에 관한 법률」제26조제3
항에 따라 고용노동부장관이 임명한다. 이
경우 제1호와 제2호에 해당하는 비상임이사
는 같은 수로 하되, 노사 어느 일방이 추천
하지 아니하는 경우에는 그러하지 아니하다.
<신설 2010.1.27., 2010.5.20., 2010.6.4.>
1. 총연합단체인 노동조합이 추천하는 사람
2. 전국을 대표하는 사용자단체가 추천하
는 사람
3. 사회보험 또는 근로복지사업에 관한 학
식과 경험이 풍부한 사람으로서 「공공기
관의 운영에 관한 법률」제29조에 따른
임원추천위원회가 추천하는 사람
④ 당연히 비상임이사로 선임되는 사람은
다음 각 호와 같다. <신설 2010.1.27.,
2010.6.4.>
1. 기획재정부에서 공단 예산 업무를 담당
하는 3급 공무원 또는 고위공무원단에
속하는 일반직공무원 중에서 기획재정
부장관이 지명하는 1명
2. 고용노동부에서 산업재해보상보험 업무
를 담당하는 3급 공무원 또는 고위공무
원단에 속하는 일반직공무원 중에서 고
용노동부장관이 지명하는 1명
⑤ 비상임이사에게는 보수를 지급하지 아니
한다. 다만, 직무 수행에 드는 실제 비용은
지급할 수 있다. <개정 2010.1.27.>

제17조(임원의 임기) 이사장의 임기는 3년으
로 하고, 이사와 감사의 임기는 2년으로 하
되, 각각 1년 단위로 연임할 수 있다. <개
정 2010.1.27.>

제18조(임원의 직무) ① 이사장은 공단을 대
표하고 공단의 업무를 총괄한다.
② 상임이사는 정관으로 정하는 바에 따라
공단의 업무를 분장하고, 이사장이 사고가

있을 때에는 정관으로 정하는 순서에 따라 그 직무를 대행한다.

③ 감사(監事)는 공단의 업무와 회계를 감사(監査)한다.

제19조(임원의 결격사유와 당연퇴직) 다음 각 호의 어느 하나에 해당하는 사람은 공단의 임원이 될 수 없다.

1. 「국가공무원법」 제33조 각 호의 어느 하나에 해당하는 사람
2. 「공공기관의 운영에 관한 법률」 제34조제1항제2호에 해당하는 사람

[전문개정 2010.1.27.]

제20조(임원의 해임) 임원의 해임에 관하여는 「공공기관의 운영에 관한 법률」 제22조제1항, 제31조제6항, 제35조제2항·제3항, 제36조제2항 및 제48조제4항·제8항에 따른다.

[전문개정 2010.1.27.]

제21조(임직원의 겸직 제한 등) ① 공단의 상임임원과 직원은 그 직무 외에 영리를 목적으로 하는 업무에 종사하지 못한다. <개정 2010.1.27.>

② 상임임원이 「공공기관의 운영에 관한 법률」 제26조에 따른 임명권자나 제청권자의 허가를 받은 경우와 직원이 이사장의 허가를 받은 경우에는 비영리 목적의 업무를 겸할 수 있다. <신설 2010.1.27.>

③ 공단의 임직원이나 그 직에 있었던 자는 그 직무상 알게 된 비밀을 누설하여서는 아니된다. <개정 2010.1.27.>

■판례 – 산업재해보상보험법위반·공공기관의 개인정보보호에관한법률위반

산업재해보상보험법 제21조, 제127조 제3항의 취지 및 위 규정들에서 '직무상 알게 된 비밀'의 범위 [대법원 2015.7.9. 선고, 2013도13070, 판결]

제22조(이사회) ① 공단에 「공공기관의 운영에 관한 법률」 제17조제1항 각 호의 사항을 심의·의결하기 위하여 이사회를 둔다.

② 이사회는 이사장을 포함한 이사로 구성한다.

③ 이사장은 이사회의 의장이 된다.

④ 이사회의 회의는 이사회 의장이나 재적이사 3분의 1 이상의 요구로 소집하고, 재

적이사 과반수의 찬성으로 의결한다.

⑤ 감사는 이사회에 출석하여 의견을 진술할 수 있다.

[전문개정 2010.1.27.]

제23조(직원의 임면 및 대리인의 선임) ① 이사장은 정관으로 정하는 바에 따라 공단의 직원을 임명하거나 해임한다.

② 이사장은 정관으로 정하는 바에 따라 직원 중에서 업무에 관한 재판상 행위 또는 재판 외의 행위를 할 수 있는 권한을 가진 대리인을 선임할 수 있다.

제24조(벌칙 적용에서의 공무원 의제) 공단의 임원과 직원은 「형법」 제129조부터 제132조까지의 규정에 따른 벌칙의 적용에서는 공무원으로 본다.

제25조(업무의 지도·감독) ① 공단은 대통령령으로 정하는 바에 따라 회계연도마다 사업 운영계획과 예산에 관하여 고용노동부장관의 승인을 받아야 한다. <개정 2010.6.4.>

② 공단은 회계연도마다 회계연도가 끝난 후 2개월 이내에 사업 실적과 결산을 고용노동부장관에게 보고하여야 한다. <개정 2010.6.4.>

③ 고용노동부장관은 공단에 대하여 그 사업에 관한 보고를 명하거나 사업 또는 재산 상황을 검사할 수 있고, 필요하다고 인정하면 정관을 변경하도록 명하는 등 감독상 필요한 조치를 할 수 있다. <개정 2010.6.4.>

제26조(공단의 회계) ① 공단의 회계연도는 정부의 회계연도에 따른다.

② 공단은 보험사업에 관한 회계를 공단의 다른 회계와 구분하여 회계처리하여야 한다. <개정 2018.6.12.>

③ 공단은 고용노동부장관의 승인을 받아 회계규정을 정하여야 한다. <개정 2010.6.4.>

제26조의2(공단의 수입) 공단의 수입은 다음 각 호와 같다.

1. 정부나 정부 외의 자로부터 받은 출연금 또는 기부금
2. 제11조에 따른 공단의 사업수행으로 발생한 수입 및 부대수입
3. 제27조에 따른 차입금 및 이입충당금
4. 제28조에 따른 잉여금
5. 그 밖의 수입금

[본조신설 2018.6.12.]

제27조(자금의 차입 등) ① 공단은 제11조에 따른 사업을 위하여 필요하면 고용노동부장관의 승인을 받아 자금을 차입(국제기구ㆍ외국 정부 또는 외국인으로부터의 차입을 포함한다)할 수 있다. <개정 2010.6.4.>
② 공단은 회계연도마다 보험사업과 관련하여 지출이 수입을 초과하게 되면 제99조에 따른 책임준비금의 범위에서 고용노동부장관의 승인을 받아 제95조에 따른 산업재해보상보험 및 예방 기금에서 이입(移入)하여 충당할 수 있다. <개정 2010.6.4.>

제28조(잉여금의 처리) 공단은 회계연도 말에 결산상 잉여금이 있으면 공단의 회계규정으로 정하는 바에 따라 회계별로 구분하여 손실금을 보전(補塡)하고 나머지는 적립하여야 한다.

제29조(권한 또는 업무의 위임ㆍ위탁) ① 이 법에 따른 공단 이사장의 대표 권한 중 일부를 대통령령으로 정하는 바에 따라 공단의 분사무소(이하 "소속 기관"이라 한다)의 장에게 위임할 수 있다.
② 이 법에 따른 공단의 업무 중 일부를 대통령령으로 정하는 바에 따라 체신관서나 금융기관에 위탁할 수 있다.

제30조(수수료 등의 징수) 공단은 제11조에 따른 사업에 관하여 고용노동부장관의 승인을 받아 공단 시설의 이용료나 업무위탁 수수료 등 그 사업에 필요한 비용을 수익자가 부담하게 할 수 있다. <개정 2010.6.4.>

제31조(자료 제공의 요청) ① 공단은 보험사업을 효율적으로 수행하기 위하여 필요하면 국세청ㆍ지방자치단체 등 관계 행정기관이나 보험사업과 관련되는 기관ㆍ단체 등에게 필요한 자료의 제공을 요청할 수 있다.
② 제1항에 따라 자료의 제공을 요청받은 관계 행정기관이나 관련 기관ㆍ단체 등은 정당한 사유 없이 그 요청을 거부할 수 없다.
③ 제1항에 따라 공단에 제공되는 자료에 대하여는 수수료나 사용료 등을 면제한다.

제32조(출자 등) ① 공단은 공단의 사업을 효율적으로 수행하기 위하여 필요하면 제11조제1항제5호ㆍ제5호의2부터 제5호의5까지ㆍ제6호 및 제7호에 따른 사업에 출자하거나 출연할 수 있다. <개정 2010.1.27., 2015.1.20.>
② 제1항에 따른 출자ㆍ출연에 필요한 사항은 대통령령으로 정한다.

제33조 삭제 <2010.1.27.>

제34조(유사명칭의 사용 금지) 공단이 아닌 자는 근로복지공단 또는 이와 비슷한 명칭을 사용하지 못한다.
[전문개정 2010.1.27.]

제35조(「민법」의 준용) 공단에 관하여는 이 법과 「공공기관의 운영에 관한 법률」에 규정된 것 외에는 「민법」 중 재단법인에 관한 규정을 준용한다. <개정 2010.1.27.>

제3장 보험급여

제36조(보험급여의 종류와 산정 기준 등) ① 보험급여의 종류는 다음 각 호와 같다. 다만, 진폐에 따른 보험급여의 종류는 제1호의 요양급여, 제4호의 간병급여, 제7호의 장의비, 제8호의 직업재활급여, 제91조의3에 따른 진폐보상연금 및 제91조의4에 따른 진폐유족연금으로 한다. <개정 2010.5.20.>
1. 요양급여
2. 휴업급여
3. 장해급여
4. 간병급여
5. 유족급여
6. 상병(傷病)보상연금
7. 장의비(葬儀費)
8. 직업재활급여
② 제1항에 따른 보험급여는 제40조, 제52조부터 제57조까지, 제60조부터 제62조까지, 제66조부터 제69조까지, 제71조, 제72조, 제91조의3 및 제91조의4에 따른 보험급여를 받을 수 있는 자(이하 "수급권자"라 한다)의 청구에 따라 지급한다. <개정 2010.5.20.>
③ 보험급여를 산정하는 경우 해당 근로자의 평균임금을 산정하여야 할 사유가 발생한 날부터 1년이 지난 이후에는 매년 전체 근로자의 임금 평균액의 증감률에 따라 평균임금을 증감하되, 그 근로자의 연령이 60세에 도달한 이후에는 소비자물가변동률에 따라 평균임금을 증감한다. 다만, 제6항에 따라 산정한 금액을 평균임금으로 보는 진폐에 걸린 근로자에 대한 보험급여는 제외

한다. <개정 2010.5.20.>
④ 제3항에 따른 전체 근로자의 임금 평균액의 증감률 및 소비자물가변동률의 산정 기준과 방법은 대통령령으로 정한다. 이 경우 산정된 증감률 및 변동률은 매년 고용노동부장관이 고시한다. <개정 2010.6.4.>
⑤ 보험급여(진폐보상연금 및 진폐유족연금은 제외한다)를 산정할 때 해당 근로자의 근로 형태가 특이하여 평균임금을 적용하는 것이 적당하지 아니하다고 인정되는 경우로서 대통령령으로 정하는 경우에는 대통령령으로 정하는 산정 방법에 따라 산정한 금액을 평균임금으로 한다. <개정 2010.5.20.>
⑥ 보험급여를 산정할 때 진폐 등 대통령령으로 정하는 직업병으로 보험급여를 받게 되는 근로자에게 그 평균임금을 적용하는 것이 근로자의 보호에 적당하지 아니하다고 인정되면 대통령령으로 정하는 산정 방법에 따라 산정한 금액을 그 근로자의 평균임금으로 한다. <개정 2010.5.20.>
⑦ 보험급여(장의비는 제외한다)를 산정할 때 그 근로자의 평균임금 또는 제3항부터 제6항까지의 규정에 따라 보험급여의 산정 기준이 되는 평균임금이「고용정책 기본법」제17조의 고용구조 및 인력수요 등에 관한 통계에 따른 상용근로자 5명 이상 사업체의 전체 근로자의 임금 평균액의 1.8배(이하 "최고 보상기준 금액"이라 한다)를 초과하거나, 2분의 1(이하 "최저 보상기준 금액"이라 한다)보다 적으면 그 최고 보상기준 금액이나 최저 보상기준 금액을 각각 그 근로자의 평균임금으로 하되, 최저 보상기준 금액이「최저임금법」제5조제1항에 따른 시간급 최저임금액에 8을 곱한 금액(이하 "최저임금액"이라 한다)보다 적으면 그 최저임금액을 최저 보상기준 금액으로 한다. 다만, 휴업급여 및 상병보상연금을 산정할 때에는 최저 보상기준 금액을 적용하지 아니한다. <개정 2018.6.12.>
⑧ 최고 보상기준 금액이나 최저 보상기준 금액의 산정방법 및 적용기간은 대통령령으로 정한다. 이 경우 산정된 최고 보상기준 금액 또는 최저 보상기준 금액은 매년 고용노동부장관이 고시한다. <개정 2010.6.4.>

■판례 – 장해급여부지급처분취소
구 산업재해보상보험법에 따라 진폐를 원인으로 한 장해급여 청구를 받은 근로복지공단은 장해급여의 요건에 해당하는지와 함께 같은 법 시행령이 정한 장해등급에 해당하는지를 심사하여 보험급여에 대한 결정을 하여야 하는지 여부(적극) 및 보험급여청구에 앞서 별도로 진폐판정 또는 장해등급 결정을 받지 않은 경우, 그 사정만으로 장해급여청구를 거부할 수 있는지 여부(소극) [대법원 2016.9.28, 선고, 2014두14297, 판결]

제37조(업무상의 재해의 인정 기준) ① 근로자가 다음 각 호의 어느 하나에 해당하는 사유로 부상·질병 또는 장해가 발생하거나 사망하면 업무상의 재해로 본다. 다만, 업무와 재해 사이에 상당인과관계(相當因果關係)가 없는 경우에는 그러하지 아니하다. <개정 2010.1.27., 2017.10.24.>
1. 업무상 사고
   가. 근로자가 근로계약에 따른 업무나 그에 따르는 행위를 하던 중 발생한 사고
   나. 사업주가 제공한 시설물 등을 이용하던 중 그 시설물 등의 결함이나 관리소홀로 발생한 사고
   다. 삭제 <2017.10.24.>
   라. 사업주가 주관하거나 사업주의 지시에 따라 참여한 행사나 행사준비 중에 발생한 사고
   마. 휴게시간 중 사업주의 지배관리하에 있다고 볼 수 있는 행위로 발생한 사고
   바. 그 밖에 업무와 관련하여 발생한 사고
2. 업무상 질병
   가. 업무수행 과정에서 물리적 인자(因子), 화학물질, 분진, 병원체, 신체에 부담을 주는 업무 등 근로자의 건강에 장해를 일으킬 수 있는 요인을 취급하거나 그에 노출되어 발생한 질병
   나. 업무상 부상이 원인이 되어 발생한 질병
   다. 그 밖에 업무와 관련하여 발생한 질병
3. 출퇴근 재해
   가. 사업주가 제공한 교통수단이나 그에 준하는 교통수단을 이용하는 등 사업주의 지배관리하에서 출퇴근하는 중 발생한 사고
   나. 그 밖에 통상적인 경로와 방법으로 출퇴근하는 중 발생한 사고
② 근로자의 고의·자해행위나 범죄행위 또는 그것이 원인이 되어 발생한 부상·질병·장해 또는 사망은 업무상의 재해로 보지 아니한다. 다만, 그 부상·질병·장해 또는 사망이 정상적인 인식능력 등이

뚜렷하게 저하된 상태에서 한 행위로 발생한 경우로서 대통령령으로 정하는 사유가 있으면 업무상의 재해로 본다.

③ 제1항제3호나목의 사고 중에서 출퇴근 경로 일탈 또는 중단이 있는 경우에는 해당 일탈 또는 중단 중의 사고 및 그 후의 이동 중의 사고에 대하여는 출퇴근 재해로 보지 아니한다. 다만, 일탈 또는 중단이 일상생활에 필요한 행위로서 대통령령으로 정하는 사유가 있는 경우에는 출퇴근 재해로 본다. <신설 2017.10.24.>

④ 출퇴근 경로와 방법이 일정하지 아니한 직종으로 대통령령으로 정하는 경우에는 제1항제3호나목에 따른 출퇴근 재해를 적용하지 아니한다. <신설 2017.10.24.>

⑤ 업무상의 재해의 구체적인 인정 기준은 대통령령으로 정한다. <개정 2017.10.24.>
[2017.10.24. 법률 제14933호에 의하여 2016.9.29. 헌법재판소에서 헌법불합치 결정된 이 조 제1항제1호다목을 삭제함.]

■ 판례 – 희귀질환 또는 첨단산업현장에서 새롭게 발생하는 유형의 질환이 발병한 근로자의 업무와 질병 사이의 인과관계 유무를 판단할 때 고려할 사항

첨단산업분야에서 유해화학물질로 인한 질병에 대해 산업재해보상보험으로 근로자를 보호할 현실적 · 규범적 이유가 있는 점, 산업재해보상보험제도의 목적과 기능 등을 종합적으로 고려할 때, 근로자에게 발병한 질병이 이른바 '희귀질환' 또는 첨단산업현장에서 새롭게 발생하는 유형의 질환에 해당하고 그에 관한 연구결과가 충분하지 아니하여 발병원인으로 의심되는 요소들과 근로자의 질병 사이에 인과관계를 명확하게 규명하는 것이 현재의 의학과 자연과학 수준에서 곤란하더라도 그것만으로 인과관계를 쉽사리 부정할 수 없다. 특히, 희귀질환의 평균 유병률이나 연령별 평균 유병률에 비해 특정 산업 종사자 군(群)이나 특정 사업장에서 그 질환의 발병률 또는 일정 연령대의 발병률이 높거나, 사업주의 협조 거부 또는 관련 행정청의 조사 거부나 지연 등으로 그 질환에 영향을 미칠 수 있는 작업환경상 유해요소들의 종류와 노출 정도를 구체적으로 특정할 수 없었다는 등의 특별한 사정이 인정된다면, 이는 상당인과관계를 인정하는 단계에서 근로자에게 유리한 간접사실로 고려할 수 있다. 나아가 작업환경에 여러 유해물질이나 유해요소가 존재하는 경우 개별 유해요인들이 특정 질환의 발병이나 악화에 복합적 · 누적적으로 작용할 가능성을 간과해서는 안 된다. [대법원 2017.8.29. 선고, 2015두3867, 판결]

제38조(업무상질병판정위원회) ① 제37조제1항제2호에 따른 업무상 질병의 인정 여부를 심의하기 위하여 공단 소속 기관에 업무상질병판정위원회(이하 "판정위원회"라 한다)를 둔다.

② 판정위원회의 심의에서 제외되는 질병과 판정위원회의 심의 절차는 고용노동부령으로 정한다. <개정 2010.6.4.>

③ 판정위원회의 구성과 운영에 필요한 사항은 고용노동부령으로 정한다. <개정 2010.6.4.>

제39조(사망의 추정) ① 사고가 발생한 선박 또는 항공기에 있던 근로자의 생사가 밝혀지지 아니하거나 항행(航行) 중인 선박 또는 항공기에 있던 근로자가 행방불명 또는 그 밖의 사유로 그 생사가 밝혀지지 아니하면 대통령령으로 정하는 바에 따라 사망한 것으로 추정하고, 유족급여와 장의비에 관한 규정을 적용한다.

② 공단은 제1항에 따른 사망의 추정으로 보험급여를 지급한 후에 그 근로자의 생존이 확인되면 그 급여를 받은 자가 선의(善意)인 경우에는 받은 금액을, 악의(惡意)인 경우에는 받은 금액의 2배에 해당하는 금액을 징수하여야 한다.

제40조(요양급여) ① 요양급여는 근로자가 업무상의 사유로 부상을 당하거나 질병에 걸린 경우에 그 근로자에게 지급한다.

② 제1항에 따른 요양급여는 제43조제1항에 따른 산재보험 의료기관에서 요양을 하게 한다. 다만, 부득이한 경우에는 요양을 갈음하여 요양비를 지급할 수 있다.

③ 제1항의 경우에 부상 또는 질병이 3일 이내의 요양으로 치유될 수 있으면 요양급여를 지급하지 아니한다.

④ 제1항의 요양급여의 범위는 다음 각 호와 같다. <개정 2010.6.4.>
1. 진찰 및 검사
2. 약제 또는 진료재료와 의지(義肢) 그 밖의 보조기의 지급
3. 처치, 수술, 그 밖의 치료
4. 재활치료
5. 입원
6. 간호 및 간병
7. 이송
8. 그 밖에 고용노동부령으로 정하는 사항

⑤ 제2항 및 제4항에 따른 요양급여의 범위나 비용 등 요양급여의 산정 기준은 고

용노동부령으로 정한다. <개정 2010.6.4.>
⑥ 업무상의 재해를 입은 근로자가 요양할 산재보험 의료기관이 제43조제1항제2호에 따른 상급종합병원인 경우에는 「응급의료에 관한 법률」 제2조제1호에 따른 응급환자이거나 그 밖에 부득이한 사유가 있는 경우를 제외하고는 그 근로자가 상급종합병원에서 요양할 필요가 있다는 의학적 소견이 있어야 한다. <개정 2010.5.20.>

■판례 - 요양 중인 근로자의 상병을 호전시키기 위한 치료가 아니라 단지 고정된 증상의 악화를 방지하기 위한 치료만 필요한 경우, 치료종결 사유에 해당하는지 여부(적극)

산업재해보상보험법 제5조 제4호는 치유의 의미를 '부상 또는 질병이 완치되거나 치료의 효과를 더 이상 기대할 수 없고 그 증상이 고정된 상태에 이르게 된 것을 말한다.'고 규정하고 있다. 이를 비롯한 산업재해보상보험법 제40조(요양급여), 제51조(재요양), 제57조(장해급여), 제77조(합병증 등 예방관리) 등의 각 규정 내용과 입법 취지 등을 종합하면, 요양 중인 근로자의 상병을 호전시키기 위한 치료가 아니라 단지 고정된 증상의 악화를 방지하기 위한 치료만 필요한 경우는 치료종결 사유에 해당한다고 보아야 한다. [대법원 2017.6.19, 선고, 2017두36618, 판결]

제41조(요양급여의 신청) ① 제40조제1항에 따른 요양급여(진폐에 따른 요양급여는 제외한다. 이하 이 조에서 같다)를 받으려는 자는 소속 사업장, 재해발생 경위, 그 재해에 대한 의학적 소견, 그 밖에 고용노동부령으로 정하는 사항을 적은 서류를 첨부하여 공단에 요양급여의 신청을 하여야 한다. 이 경우 요양급여 신청의 절차와 방법은 고용노동부령으로 정한다. <개정 2010.5.20., 2010.6.4.>
② 근로자를 진료한 제43조제1항에 따른 산재보험 의료기관은 그 근로자의 재해가 업무상의 재해로 판단되면 그 근로자의 동의를 받아 요양급여의 신청을 대행할 수 있다.

제42조(건강보험의 우선 적용) ① 제41조제1항에 따라 요양급여의 신청을 한 자는 공단이 이 법에 따른 요양급여에 관한 결정을 하기 전에는 「국민건강보험법」 제41조에 따른 요양급여 또는 「의료급여법」 제7조에 따른 의료급여(이하 "건강보험 요양급여등"이라 한다)를 받을 수 있다. <개정 2011.12.31.>
② 제1항에 따라 건강보험 요양급여등을 받

은 자가 「국민건강보험법」 제44조 또는 「의료급여법」 제10조에 따른 본인 일부 부담금을 산재보험 의료기관에 납부한 후에 이 법에 따른 요양급여 수급권자로 결정된 경우에는 그 납부한 본인 일부 부담금 중 제40조제5항에 따른 요양급여에 해당하는 금액을 공단에 청구할 수 있다. <개정 2011.12.31.>

■판례 - 부당이득금

산업재해보상보험법(이하 '산재보험법'이라 한다) 제42조 제1항은 '산재보험법에 따른 요양급여(이하 '산재보험 요양급여'라 한다)의 신청을 한 자는 근로복지공단이 산재보험 요양급여에 관한 결정(이하 '산재요양승인결정'이라 한다)을 하기 전에는 국민건강보험법에 따른 요양급여(이하 '건강보험 요양급여'라 한다)를 받을 수 있다'고 규정하고 있고, 제90조 제1항은 '근로복지공단은 국민건강보험법 또는 산재보험법 제42조 제1항에 따라 산재보험 요양급여의 수급권자에게 건강보험 요양급여를 우선 지급하고 그 비용을 청구하는 경우에는 그 건강보험 요양급여가 산재보험법에 따라 지급할 수 있는 요양급여에 상당하는 것으로 인정되면 그 요양급여에 해당하는 금액을 지급할 수 있다'고 규정하고 있으며, 제112조 제1항 제5호는 '산재보험법 제90조 제1항에 따른 국민건강보험공단의 권리는 3년간 행사하지 아니하면 시효로 말미암아 소멸한다'고 규정하고 있다.
국민건강보험법 제53조 제1항 제4호는 산재보험 요양급여를 받을 수 있는 사람에게는 건강보험 요양급여를 하지 않는다고 규정하고 있어 업무상 사유로 인하여 부상을 당하거나 질병에 걸린 근로자(이하 '피재근로자'라 한다)가 산재보험 요양급여 신청을 하였더라도 산재요양승인결정이 있기까지는 건강보험 요양급여도 산재보험 요양급여도 받지 못하는 공백이 생길 수 있다. 산재보험법 제42조 제1항, 제90조 제1항은 이러한 사회보험의 공백상태를 없애기 위하여 국민건강보험공단으로 하여금 피재근로자에 대하여 업무상 부상 또는 질병이 발생한 때부터 그가 산재보험 요양급여 신청을 하여 근로복지공단이 산재요양승인결정을 하기 전까지 우선 건강보험 요양급여를 한 후 근로복지공단의 산재요양승인결정이 있으면 근로복지공단에 요양급여비용에 관한 정산금을 청구할 수 있도록 한 것이다. [대법원 2014.11.27, 선고, 2014다44376, 판결]

제43조(산재보험 의료기관의 지정 및 지정 취소 등) ① 업무상의 재해를 입은 근로자의 요양을 담당할 의료기관(이하 "산재보험 의료기관"이라 한다)은 다음 각 호와 같다. <개정 2010.1.27., 2010.5.20., 2010.6.4., 2015.5.18.>

1. 제11조제2항에 따라 공단에 두는 의료기관
2. 「의료법」 제3조의4에 따른 상급종합병원
3. 「의료법」 제3조에 따른 의료기관과 「지역보건법」 제10조에 따른 보건소(「지역보건법」 제12조에 따른 보건의료원을 포함한다. 이하 같다)로서 고용노동부령으로 정하는 인력·시설 등의 기준에 해당하는 의료기관 또는 보건소 중 공단이 지정한 의료기관 또는 보건소

② 공단은 제1항제3호에 따라 의료기관이나 보건소를 산재보험 의료기관으로 지정할 때에는 다음 각 호의 요소를 고려하여야 한다.
1. 의료기관이나 보건소의 인력·시설·장비 및 진료과목
2. 산재보험 의료기관의 지역별 분포

③ 공단은 제1항제2호 및 제3호에 따른 산재보험 의료기관이 다음 각 호의 어느 하나의 사유에 해당하면 그 지정을 취소(제1항제3호의 경우만 해당된다)하거나 12개월의 범위에서 업무상의 재해를 입은 근로자를 진료할 수 없도록 하는 진료제한 조치 또는 개선명령(이하 "진료제한등의 조치"라 한다)을 할 수 있다.
1. 업무상의 재해와 관련된 사항을 거짓이나 그 밖에 부정한 방법으로 진단하거나 증명한 경우
2. 제45조에 따른 진료비를 거짓이나 그 밖에 부정한 방법으로 청구한 경우
3. 제50조에 따른 평가 결과 지정취소나 진료제한등의 조치가 필요한 경우
4. 「의료법」 위반이나 그 밖의 사유로 의료업을 일시적 또는 영구적으로 할 수 없게 되거나, 소속 의사가 의료행위를 일시적 또는 영구적으로 할 수 없게 된 경우
5. 제1항제3호에 따른 인력·시설 등의 기준에 미치지 못하게 되는 경우
6. 진료제한등의 조치를 위반하는 경우

④ 제3항에 따라 지정이 취소된 산재보험 의료기관은 지정이 취소된 날부터 1년의 범위에서 고용노동부령으로 정하는 기간 동안은 산재보험 의료기관으로 다시 지정받을 수 없다. <신설 2010.1.27., 2010.6.4.>

⑤ 공단은 제1항제2호 및 제3호에 따른 산재보험 의료기관이 다음 각 호의 어느 하나의 사유에 해당하면 12개월의 범위에서 진료제한 등의 조치를 할 수 있다. <개정 2010.1.27., 2010.5.20.>

1. 제40조제5항 및 제91조의9제3항에 따른 요양급여의 산정 기준을 위반하여 제45조에 따른 진료비를 부당하게 청구한 경우
2. 제45조제1항을 위반하여 공단이 아닌 자에게 진료비를 청구한 경우
3. 제47조제1항에 따른 진료계획을 제출하지 아니하는 경우
4. 제118조에 따른 보고, 제출 요구 또는 조사에 응하지 아니하는 경우
5. 산재보험 의료기관의 지정 조건을 위반한 경우

⑥ 공단은 제3항 또는 제5항에 따라 지정을 취소하거나 진료제한 조치를 하려는 경우에는 청문을 실시하여야 한다. <개정 2010.1.27.>

⑦ 제1항제3호에 따른 지정절차, 제3항 및 제5항에 따른 지정취소, 진료제한등의 조치의 기준 및 절차는 고용노동부령으로 정한다. <개정 2010.1.27., 2010.6.4.>

제44조(산재보험 의료기관에 대한 과징금 등)
① 공단은 제43조제3항제1호·제2호 및 같은 조 제5항제1호 중 어느 하나에 해당하는 사유로 진료제한 조치를 하여야 하는 경우로서 그 진료제한 조치가 그 산재보험 의료기관을 이용하는 근로자에게 심한 불편을 주거나 그 밖에 특별한 사유가 있다고 인정되면, 그 진료제한 조치를 갈음하여 거짓이나 부정한 방법으로 지급하게 한 보험급여의 금액 또는 거짓이나 부정·부당하게 지급받은 진료비의 5배 이하의 범위에서 과징금을 부과할 수 있다. <개정 2010.1.27.>
② 제1항에 따라 과징금을 부과하는 위반행위의 종류와 위반정도 등에 따른 과징금의 금액 등에 관한 사항은 대통령령으로 정한다.
③ 제1항에 따라 과징금 부과 처분을 받은 자가 과징금을 기한 내에 내지 아니하면 고용노동부장관의 승인을 받아 국세 체납처분의 예에 따라 징수한다. <개정 2010.1.27., 2010.6.4.>

제45조(진료비의 청구 등) ① 산재보험 의료기관이 제40조제2항 또는 제91조의9제1항에 따라 요양을 실시하고 그에 드는 비용(이하 "진료비"라 한다)을 받으려면 공단에 청구하여야 한다. <개정 2010.5.20.>
② 제1항에 따라 청구된 진료비에 관한 심

사 및 결정, 지급 방법 및 지급 절차는 고용노동부령으로 정한다. <개정 2010.6.4.>

제46조(약제비의 청구 등) ① 공단은 제40조제4항제2호에 따른 약제의 지급을 「약사법」 제20조에 따라 등록한 약국을 통하여 할 수 있다.
② 제1항에 따른 약국이 약제비를 받으려면 공단에 청구하여야 한다.
③ 제2항에 따라 청구된 약제비에 관한 심사 및 결정, 지급 방법 및 지급 절차는 고용노동부령으로 정한다. <개정 2010.6.4.>

제47조(진료계획의 제출) ① 산재보험 의료기관은 제41조 또는 제91조의5에 따라 요양급여를 받고 있는 근로자의 요양기간을 연장할 필요가 있는 때에는 그 근로자의 상병경과(傷病經過), 치료예정기간 및 치료방법 등을 적은 진료계획을 대통령령으로 정하는 바에 따라 공단에 제출하여야 한다. <개정 2010.5.20.>
② 공단은 제1항에 따라 제출된 진료계획이 적절한지를 심사하여 산재보험 의료기관에 대하여 치료기간의 변경을 명하는 등 대통령령으로 정하는 필요한 조치(이하 "진료계획 변경 조치등"이라 한다)를 할 수 있다.

제48조(전원 요양) ① 공단은 다음 각 호의 어느 하나에 해당하는 사유가 있으면 요양 중인 근로자를 다른 산재보험 의료기관으로 옮겨 요양하게 할 수 있다. <개정 2010.5.20.>
1. 요양 중인 산재보험 의료기관의 인력·시설 등이 그 근로자의 전문적인 치료 또는 재활치료에 맞지 아니하여 다른 산재보험 의료기관으로 옮길 필요가 있는 경우
2. 생활근거지에서 요양하기 위하여 다른 산재보험 의료기관으로 옮길 필요가 있는 경우
3. 제43조제1항제2호에 따른 상급종합병원에서 전문적인 치료 후 다른 산재보험 의료기관으로 옮길 필요가 있는 경우
4. 그 밖에 대통령령으로 정하는 절차를 거쳐 부득이한 사유가 있다고 인정되는 경우
② 요양 중인 근로자는 제1항제1호부터 제3호까지의 어느 하나에 해당하는 사유가 있으면 공단에 전원(轉院) 요양을 신청할 수 있다.

제49조(추가상병 요양급여의 신청) 업무상의 재해로 요양 중인 근로자는 다음 각 호의 어느 하나에 해당하는 경우에는 그 부상 또는 질병(이하 "추가상병"이라 한다)에 대한 요양급여를 신청할 수 있다.
1. 그 업무상의 재해로 이미 발생한 부상이나 질병이 추가로 발견되어 요양이 필요한 경우
2. 그 업무상의 재해로 발생한 부상이나 질병이 원인이 되어 새로운 질병이 발생하여 요양이 필요한 경우

■판례 - 추가상병불승인처분취소

산업재해보상보험 사업을 시행하여 근로자의 업무상의 재해를 신속하고 공정하게 보상하며, 재해근로자의 재활 및 사회 복귀를 촉진하기 위하여 이에 필요한 보험시설을 설치·운영하고, 재해 예방과 그 밖에 근로자의 복지 증진을 위한 사업을 시행하여 근로자 보호에 이바지하는 것을 목적으로 하는 산업재해보상보험법에 의한 보험급여는 사용자가 근로기준법에 의하여 보상하여야 할 근로자의 업무상 재해로 인한 손해를 국가가 보험자의 입장에서 근로자에게 직접 전보하는 성질을 가지고 있는 것으로서 근로자의 생활보장적 성격을 가지고 있다. 또한 산업재해보상보험법에 의한 산업재해보상보험 제도는 불법행위로 인한 손해를 배상하는 제도와 그 취지나 목적을 달리하는 관계로, 법률에 특별한 규정이 없는 한 산업재해보상보험법에 의한 급여지급책임에는 과실책임의 원칙이나 과실상계의 이론이 적용되지 않는다. 그렇다면 이러한 산업재해보상보험법의 입법 취지와 기본이념, 그에 따른 보험급여의 성격 등을 종합하면, 민사상 손해배상 사건에서 기왕증이 손해의 확대 등에 기여한 경우에 공평의 관점에서 법원이 손해배상액을 정하면서 과실상계의 법리를 유추적용하여 그 손해의 확대 등에 기여한 기왕증을 참작하는 법리가 산업재해보상보험법상 요양급여에도 그대로 적용된다고 볼 수는 없다. [대법원 2010.8.19, 선고, 2010두5141, 판결]

제50조(산재보험 의료기관의 평가) ① 공단은 업무상의 재해에 대한 의료의 질 향상을 촉진하기 위하여 제43조제1항제3호의 산재보험 의료기관 중 대통령령으로 정하는 의료기관에 대하여 인력·시설·의료서비스나 그 밖에 요양의 질과 관련된 사항을 평가할 수 있다. 이 경우 평가의 방법 및 기준은 대통령령으로 정한다.
② 공단은 제1항에 따라 평가한 결과를 고려하여 평가한 산재보험 의료기관을 행정적·재정적으로 우대하거나 제43조제3항제3호에 따라 지정취소 또는 진료

제한등의 조치를 할 수 있다.

제51조(재요양) ① 제40조에 따른 요양급여를 받은 자가 치유 후 요양의 대상이 되었던 업무상의 부상 또는 질병이 재발하거나 치유 당시보다 상태가 악화되어 이를 치유하기 위한 적극적인 치료가 필요하다는 의학적 소견이 있으면 다시 제40조에 따른 요양급여(이하 "재요양"이라 한다)를 받을 수 있다.
② 재요양의 요건과 절차 등에 관하여 필요한 사항은 대통령령으로 정한다.

제52조(휴업급여) 휴업급여는 업무상 사유로 부상을 당하거나 질병에 걸린 근로자에게 요양으로 취업하지 못한 기간에 대하여 지급하되, 1일당 지급액은 평균임금의 100분의 70에 상당하는 금액으로 한다. 다만, 취업하지 못한 기간이 3일 이내이면 지급하지 아니한다.

▪판례 - 재요양휴업급여청구부지급취소

산업재해보상보험법 제40조 제1항은 "요양급여는 근로자가 업무상의 사유로 부상을 당하거나 질병에 걸린 경우에 그 근로자에게 지급한다."고 규정하고 있고, 제52조는 "휴업급여는 업무상 사유로 부상을 당하거나 질병에 걸린 근로자에게 요양으로 취업하지 못한 기간에 대하여 지급한다."고 규정하고 있으므로, 근로자가 입은 부상이나 질병이 업무상 재해에 해당하는지에 따라 요양급여 신청의 승인 여부 및 휴업급여청구권의 발생 여부가 차례로 결정되고, 근로자의 요양급여 신청의 승인 여부는 사실상 근로자의 휴업급여청구권 발생의 전제가 된다고 볼 수 있는 점, 산업재해보상보험법 제113조 후문은, 근로자의 요양급여 신청이 승인되지 아니하여 근로자가 근로복지공단을 상대로 요양불승인처분의 취소 등을 구하는 소를 제기하면 요양급여청구권의 소멸시효는 중단되는 반면, 당해 업무상 재해에 따른 휴업급여청구권 등 다른 보험급여청구권의 소멸시효는 계속 진행되는 불합리를 해결하는 데에 입법 취지가 있는 점, 위와 같은 불합리는 최초의 요양급여를 신청하는 경우뿐만 아니라 산업재해보상보험법 제51조에 정해진 재요양급여를 신청하는 경우에도 마찬가지로 발생할 수 있는 점 등을 종합해 보면, 산업재해보상보험법 제113조 후문의 '업무상의 재해 여부의 판단을 필요로 하는 최초의 청구'에는 '업무상의 재해의 재발 여부의 판단을 필요로 하는 최초의 청구'도 포함된다. 따라서 근로자가 업무상 재해의 재발 여부의 판단을 필요로 하는 최초의 청구인 재요양급여 신청을 한 경우 재요양급여청구권에 대한 소멸시효가 중단될 뿐만 아니라 재요양 기간 중의 휴업급여청구권에 대한 소멸시효도 중단된다. [대법원 2014.7.10. 선고, 2013두8332, 판결]

제53조(부분휴업급여) ① 요양 또는 재요양을 받고 있는 근로자가 그 요양기간 중 일정기간 또는 단시간 취업을 하는 경우에는 그 취업한 날 또는 취업한 시간에 해당하는 그 근로자의 평균임금에서 그 취업한 날 또는 취업한 시간에 대한 임금을 뺀 금액의 100분의 90에 상당하는 금액을 지급할 수 있다. 다만, 제54조제2항 및 제56조제2항에 따라 최저임금액을 1일당 휴업급여 지급액으로 하는 경우에는 최저임금액(별표 1 제2호에 따라 감액하는 경우에는 그 감액된 금액)에서 취업한 날 또는 취업한 시간에 대한 임금을 뺀 금액을 지급할 수 있다.
② 제1항에 따라 단시간 취업하는 경우 취업하지 못한 시간(8시간에서 취업한 시간을 뺀 시간을 말한다)에 대하여는 제52조 또는 제54조부터 제56조까지의 규정에 따라 산정한 1일당 휴업급여 지급액에 8시간에 대한 취업하지 못한 시간의 비율을 곱한 금액을 지급한다.
③ 제1항에 따른 부분휴업급여의 지급 요건 및 지급 절차는 대통령령으로 정한다.

제54조(저소득 근로자의 휴업급여) ① 제52조에 따라 산정한 1일당 휴업급여 지급액이 최저 보상기준 금액의 100분의 80보다 적거나 같으면 그 근로자에 대하여는 평균임금의 100분의 90에 상당하는 금액을 1일당 휴업급여 지급액으로 한다. 다만, 그 근로자의 평균임금의 100분의 90에 상당하는 금액이 최저 보상기준 금액의 100분의 80보다 많은 경우에는 최저 보상기준 금액의 100분의 80에 상당하는 금액을 1일당 휴업급여 지급액으로 한다.
② 제1항 본문에 따라 산정한 휴업급여 지급액이 최저임금액보다 적으면 그 최저임금액을 그 근로자의 1일당 휴업급여 지급액으로 한다. <개정 2018.6.12.>

제55조(고령자의 휴업급여) 휴업급여를 받는 근로자가 61세가 되면 그 이후의 휴업급여는 별표 1에 따라 산정한 금액을 지급한다. 다만, 61세 이후에 취업 중인 자가 업무상의 재해로 요양하거나 61세 전에 제

37조제1항제2호에 따른 업무상 질병으로 장해급여를 받은 자가 61세 이후에 그 업무상 질병으로 최초로 요양하는 경우 대통령령으로 정하는 기간에는 별표 1을 적용하지 아니한다.

제56조(재요양 기간 중의 휴업급여) ① 재요양을 받는 자에 대하여는 재요양 당시의 임금을 기준으로 산정한 평균임금의 100분의 70에 상당하는 금액을 1일당 휴업급여 지급액으로 한다. 이 경우 평균임금 산정사유 발생일은 대통령령으로 정한다.
② 제1항에 따라 산정한 1일당 휴업급여 지급액이 최저임금액보다 적거나 재요양 당시 평균임금 산정의 대상이 되는 임금이 없으면 최저임금액을 1일당 휴업급여 지급액으로 한다.
③ 장해보상연금을 지급받는 자가 재요양하는 경우에는 1일당 장해보상연금액(별표 2에 따라 산정한 장해보상연금액을 365로 나눈 금액을 말한다. 이하 같다)과 제1항 또는 제2항에 따라 산정한 1일당 휴업급여 지급액을 합한 금액이 장해보상연금의 산정에 적용되는 평균임금의 100분의 70을 초과하면 그 초과하는 금액 중 휴업급여에 해당하는 금액은 지급하지 아니한다.
④ 재요양 기간 중의 휴업급여를 산정할 때에는 제54조를 적용하지 아니한다.

▪ **판례 - 평균 임금 정정 불승인 및 보험급여 차액 부지급 처분취소**

甲이 분진사업장에서 광부로 근무하던 중 진폐증 진단을 받고 1988. 3. 25. 장해등급 제11급에 해당하는 장해보상 일시금을 받은 후, 2008. 7. 11.부터 재발 또는 악화된 진폐증으로 요양(이하 '이 사건 요양'이라 한다) 승인을 받아 요양급여를 받게 되었는데, 근로복지공단이 이 사건 요양 당시 甲이 종사하고 있던 시청 환경미화원 평균임금을 기준으로 甲의 휴업급여를 산정하자, 甲이 이 사건 요양은 재요양이 아니라 최초 요양이므로 장해판정을 받은 1988. 3. 25. 무렵의 평균임금을 기준으로 증감을 거쳐 산정된 평균임금을 기초로 휴업급여를 지급해 달라는 취지의 평균임금 정정신청 및 보험급여 차액 지급 청구를 하였으나 근로복지공단이 이를 거부하는 처분을 한 사안에서, 이 사건 요양을 재요양으로 보는 경우는 물론이고 최초 요양으로 보더라도, 이 사건 요양으로 취업하지 못한 기간에 대하여 지급하는 휴업급여의 산정 기준이 되는 평균임금 산정사유 발생일은 이 사건

요양 대상이 되는 진폐증이 재발 또는 악화되었다고 확정된 '2008. 7. 11.'로 보아야 한다고 한 사례. [대법원 2011.12.8, 선고, 2010두10655, 판결]

제57조(장해급여) ① 장해급여는 근로자가 업무상의 사유로 부상을 당하거나 질병에 걸려 치유된 후 신체 등에 장해가 있는 경우에 그 근로자에게 지급한다.
② 장해급여는 장해등급에 따라 별표 2에 따른 장해보상연금 또는 장해보상일시금으로 하되, 그 장해등급의 기준은 대통령령으로 정한다.
③ 제2항에 따른 장해보상연금 또는 장해보상일시금은 수급권자의 선택에 따라 지급한다. 다만, 대통령령으로 정하는 노동력을 완전히 상실한 장해등급의 근로자에게는 장해보상연금을 지급하고, 장해급여 청구사유 발생 당시 대한민국 국민이 아닌 자로서 외국에서 거주하고 있는 근로자에게는 장해보상일시금을 지급한다.
④ 장해보상연금은 수급권자가 신청하면 그 연금의 최초 1년분 또는 2년분(제3항 단서에 따른 근로자에게는 그 연금의 최초 1년분부터 4년분까지)의 2분의 1에 상당하는 금액을 미리 지급할 수 있다. 이 경우 미리 지급하는 금액에 대하여는 100분의 5의 비율 범위에서 대통령령으로 정하는 바에 따라 이자를 공제할 수 있다.
⑤ 장해보상연금 수급권자의 수급권이 제58조에 따라 소멸한 경우에 이미 지급한 연금액을 지급 당시의 각각의 평균임금으로 나눈 일수(日數)의 합계가 별표 2에 따른 장해보상일시금의 일수에 못 미치면 그 못 미치는 일수에 수급권 소멸 당시의 평균임금을 곱하여 산정한 금액을 유족 또는 그 근로자에게 일시금으로 지급한다.

제58조(장해보상연금 등의 수급권의 소멸) 장해보상연금 또는 진폐보상연금의 수급권자가 다음 각 호의 어느 하나에 해당하면 그 수급권이 소멸한다. <개정 2010.5.20.>
1. 사망한 경우
2. 대한민국 국민이었던 수급권자가 국적을 상실하고 외국에서 거주하고 있거나 외국에서 거주하기 위하여 출국하는 경우
3. 대한민국 국민이 아닌 수급권자가 외국에서 거주하기 위하여 출국하는 경우
4. 장해등급 또는 진폐장해등급이 변경되

어 장해보상연금 또는 진폐보상연금의 지급 대상에서 제외되는 경우
[제목개정 2010.5.20.]

■판례 - 장해등급 결정처분 취소등

장해보상연금을 받던 사람이 재요양 후에 장해등급이 변경되어 장해보상연금의 지급 대상에서 제외되었음에도 장해보상연금을 받은 경우, 구 산업재해보상보험법 제84조 제1항에 따른 부당이득의 징수 대상 [대법원 2013.2.14, 선고, 2011두12054, 판결]

제59조(장해등급등의 재판정) ① 공단은 장해보상연금 또는 진폐보상연금 수급권자 중 그 장해상태가 호전되거나 악화되어 이미 결정된 장해등급 또는 진폐장해등급(이하 이 조에서 "장해등급등"이라 한다)이 변경될 가능성이 있는 자에 대하여는 그 수급권자의 신청 또는 직권으로 장해등급등을 재판정할 수 있다. <개정 2010.5.20.>
② 제1항에 따른 장해등급등의 재판정 결과 장해등급등이 변경되면 그 변경된 장해등급등에 따라 장해급여 또는 진폐보상연금을 지급한다. <개정 2010.5.20.>
③ 제1항과 제2항에 따른 장해등급등 재판정은 1회 실시하되 그 대상자·시기 및 재판정 결과에 따른 장해급여 또는 진폐보상연금의 지급 방법은 대통령령으로 정한다. <개정 2010.5.20.>
[제목개정 2010.5.20.]

제60조(재요양에 따른 장해급여) ① 장해보상연금의 수급권자가 재요양을 받는 경우에도 그 연금의 지급을 정지하지 아니한다.
② 재요양을 받고 치유된 후 장해상태가 종전에 비하여 호전되거나 악화된 경우에는 그 호전 또는 악화된 장해상태에 해당하는 장해등급에 따라 장해급여를 지급한다. 이 경우 재요양 후의 장해급여의 산정 및 지급 방법은 대통령령으로 정한다.

제61조(간병급여) ① 간병급여는 제40조에 따른 요양급여를 받은 자 중 치유 후 의학적으로 상시 또는 수시로 간병이 필요하여 실제로 간병을 받는 자에게 지급한다.
② 제1항에 따른 간병급여의 지급 기준과 지급 방법 등에 관하여 필요한 사항은 대통령령으로 정한다.

제62조(유족급여) ① 유족급여는 근로자가 업무상의 사유로 사망한 경우에 유족에게 지급한다.
② 유족급여는 별표 3에 따른 유족보상연금이나 유족보상일시금으로 하되, 유족보상일시금은 근로자가 사망할 당시 제63조제1항에 따른 유족보상연금을 받을 수 있는 자격이 있는 자가 없는 경우에 지급한다.
③ 제2항에 따른 유족보상연금을 받을 수 있는 자격이 있는 자가 원하면 별표 3의 유족보상일시금의 100분의 50에 상당하는 금액을 일시금으로 지급하고 유족보상연금은 100분의 50을 감액하여 지급한다.
④ 유족보상연금을 받던 자가 그 수급자격을 잃은 경우 다른 수급자격자가 없고 이미 지급한 연금액을 지급 당시의 각각의 평균임금으로 나누어 산정한 일수의 합계가 1,300일에 못 미치면 그 못 미치는 일수에 수급자격 상실 당시의 평균임금을 곱하여 산정한 금액을 수급자격 상실 당시의 유족에게 일시금으로 지급한다.
⑤ 제2항에 따른 유족보상연금의 지급 기준 및 방법, 그 밖에 필요한 사항은 대통령령으로 정한다.

제63조(유족보상연금 수급자격자의 범위) ① 유족보상연금을 받을 수 있는 자격이 있는 자(이하 "유족보상연금 수급자격자"라 한다)는 근로자가 사망할 당시 그 근로자와 생계를 같이 하고 있던 유족(그 근로자가 사망할 당시 대한민국 국민이 아닌 자로서 외국에서 거주하고 있던 유족은 제외한다) 중 배우자와 다음 각 호의 어느 하나에 해당하는 자로 한다. 이 경우 근로자와 생계를 같이 하고 있던 유족의 판단 기준은 대통령령으로 정한다. <개정 2010.6.4., 2012.12.18., 2018.6.12.>
1. 부모 또는 조부모로서 각각 60세 이상인 자
2. 자녀로서 25세 미만인 자
2의2. 손자녀로서 19세 미만인 자
3. 형제자매로서 19세 미만이거나 60세 이상인 자
4. 제1호부터 제3호까지의 규정 중 어느 하나에 해당하지 아니하는 자녀·부모·손자녀·조부모 또는 형제자매로서 「장애인복지법」 제2조에 따른 장애인 중 고용노동부령으로 정한 장애등급 이상에

해당하는 자

② 제1항을 적용할 때 근로자가 사망할 당시 태아(胎兒)였던 자녀가 출생한 경우에는 출생한 때부터 장래에 향하여 근로자가 사망할 당시 그 근로자와 생계를 같이 하고 있던 유족으로 본다.

③ 유족보상연금 수급자격자 중 유족보상연금을 받을 권리의 순위는 배우자·자녀·부모·손자녀·조부모 및 형제자매의 순서로 한다.

제63조(유족보상연금 수급자격자의 범위) ①
유족보상연금을 받을 수 있는 자격이 있는 자(이하 "유족보상연금 수급자격자"라 한다)는 근로자가 사망할 당시 그 근로자와 생계를 같이 하고 있던 유족(그 근로자가 사망할 당시 대한민국 국민이 아닌 자로서 외국에서 거주하고 있던 유족은 제외한다) 중 배우자와 다음 각 호의 어느 하나에 해당하는 자로 한다. 이 경우 근로자와 생계를 같이 하고 있던 유족의 판단 기준은 대통령령으로 정한다. <개정 2010.6.4., 2012.12.18., 2017.12.19., 2018.6.12.>

1. 부모 또는 조부모로서 각각 60세 이상인 자
2. 자녀로서 25세 미만인 자
2의2. 손자녀로서 19세 미만인 자
3. 형제자매로서 19세 미만이거나 60세 이상인 자
4. 제1호부터 제3호까지의 규정 중 어느 하나에 해당하지 아니하는 자녀·부모·손자녀·조부모 또는 형제자매로서 『장애인복지법』 제2조에 따른 장애인 중 고용노동부령으로 정한 장애 정도에 해당하는 자

② 제1항을 적용할 때 근로자가 사망할 당시 태아(胎兒)였던 자녀가 출생한 경우에는 출생한 때부터 장래에 향하여 근로자가 사망할 당시 그 근로자와 생계를 같이 하고 있던 유족으로 본다.

③ 유족보상연금 수급자격자 중 유족보상연금을 받을 권리의 순위는 배우자·자녀·부모·손자녀·조부모 및 형제자매의 순서로 한다.
[시행일 : 2019.7.1.] 제63조

제64조(유족보상연금 수급자격자의 자격 상실과 지급 정지 등) ① 유족보상연금 수급자격자인 유족이 다음 각 호의 어느 하나에 해당하면 그 자격을 잃는다. <개정 2012.12.18., 2018.6.12.>

1. 사망한 경우
2. 재혼한 때(사망한 근로자의 배우자만 해당하며, 재혼에는 사실상 혼인 관계에 있는 경우를 포함한다)
3. 사망한 근로자와의 친족 관계가 끝난 경우
4. 자녀가 25세가 된 때
4의2. 손자녀 또는 형제자매가 19세가 된 때
5. 제63조제1항제4호에 따른 장애인이었던 자로서 그 장애 상태가 해소된 경우
6. 근로자가 사망할 당시 대한민국 국민이었던 유족보상연금 수급자격자가 국적을 상실하고 외국에서 거주하고 있거나 외국에서 거주하기 위하여 출국하는 경우
7. 대한민국 국민이 아닌 유족보상연금 수급자격자가 외국에서 거주하기 위하여 출국하는 경우

② 유족보상연금을 받을 권리가 있는 유족보상연금 수급자격자(이하 "유족보상연금 수급권자"라 한다)가 그 자격을 잃은 경우에 유족보상연금을 받을 권리는 같은 순위자가 있으면 같은 순위자에게, 같은 순위자가 없으면 다음 순위자에게 이전된다.

③ 유족보상연금 수급권자가 3개월 이상 행방불명이면 대통령령으로 정하는 바에 따라 연금 지급을 정지하고, 같은 순위자가 있으면 같은 순위자에게, 같은 순위자가 없으면 다음 순위자에게 유족보상연금을 지급한다. <개정 2010.1.27.>

제65조(수급권자인 유족의 순위) ① 제57조 제5항·제62조제2항(유족보상일시금에 한한다) 및 제4항에 따른 유족 간의 수급권의 순위는 다음 각 호의 순서로 하되, 각 호의 자 사이에서는 각각 그 적힌 순서에 따른다. 이 경우 같은 순위의 수급권자가 2명 이상이면 그 유족에게 똑같이 나누어 지급한다.

1. 근로자가 사망할 당시 그 근로자와 생계를 같이 하고 있던 배우자·자녀·부모·손자녀 및 조부모
2. 근로자가 사망할 당시 그 근로자와 생계를 같이 하고 있지 아니하던 배우자·자녀·부모·손자녀 및 조부모 또는 근로자가 사망할 당시 근로자와 생계를 같이 하고 있던 형제자매
3. 형제자매

② 제1항의 경우 부모는 양부모(養父母)를

선순위로, 실부모(實父母)를 후순위로 하고, 조부모는 양부모의 부모를 선순위로, 실부모의 부모를 후순위로, 부모의 양부모를 선순위로, 부모의 실부모를 후순위로 한다.
③ 수급권자인 유족이 사망한 경우 그 보험급여는 같은 순위자가 있으면 같은 순위자에게, 같은 순위자가 없으면 다음 순위자에게 지급한다.
④ 제1항부터 제3항까지의 규정에도 불구하고 근로자가 유언으로 보험급여를 받을 유족을 지정하면 그 지정에 따른다.

■판례 - 원인무효에인한법인세부과처분취소

甲 주식회사의 근로복지공단에 대한 산재보험료가 체납되었음을 이유로 甲 회사 소유의 부동산에 대해 공매처분이 이루어졌고 과세관청이 위 공매로 인하여 甲 회사에 자산의 양도로 인한 소득이 발생하였다고 보아 법인세 및 특별부가세를 부과한 사안에서, 신고(보고)납부방식으로 징수되는 산업재해보상보험법상의 산재보험료납부의무는 보험가입자인 사업자의 신고(보고) 행위에 의하여 구체적으로 확정되는데, 근로복지공단에 제출된 보험료보고서는 甲 회사의 적법한 대표자 등에 의하여 제출된 것이 아니어서 甲 회사의 산재보험료납부의무를 확정시키는 효력이 없고, 따라서 甲 회사에 납부의무가 없는 체납보험료에 근거한 위 공매처분은 무효이며, 나아가 공매에 따른 매각대금도 甲 회사에 납부의무가 없는 체납보험료 및 체납처분비에 전부 충당된 이상 공매로 인하여 甲 회사에 자산의 양도로 인한 소득이 발생하였다고 볼 수 없다는 이유로, 위 부과처분은 위법하여 취소되어야 한다고 한 사례 [대법원 2014.12.24. 선고, 2010두19775, 판결]

제66조(상병보상연금) ① 요양급여를 받는 근로자가 요양을 시작한 지 2년이 지난 날 이후에 다음 각 호의 요건 모두에 해당하는 상태가 계속되면 휴업급여 대신 상병보상연금을 그 근로자에게 지급한다. <개정 2010.1.27., 2018.6.12.>
1. 그 부상이나 질병이 치유되지 아니한 상태일 것
2. 그 부상이나 질병에 따른 중증요양상태의 정도가 대통령령으로 정하는 중증요양상태등급 기준에 해당할 것
3. 요양으로 인하여 취업하지 못하였을 것
② 상병보상연금은 별표 4에 따른 중증요양상태등급에 따라 지급한다. <개정 2018.6.12.>

제67조(저소득 근로자의 상병보상연금) ① 제66조에 따라 상병보상연금을 산정할 때 그 근로자의 평균임금이 최저임금액에 70분의 100을 곱한 금액보다 적을 때에는 최저임금액의 70분의 100에 해당하는 금액을 그 근로자의 평균임금으로 보아 산정한다.
② 제66조 또는 제1항에서 정한 바에 따라 산정한 상병보상연금액을 365로 나눈 1일당 상병보상연금 지급액이 제54조에서 정한 바에 따라 산정한 1일당 휴업급여 지급액보다 적으면 제54조에서 정한 바에 따라 산정한 금액을 1일당 상병보상연금 지급액으로 한다. <개정 2010.1.27.>

제68조(고령자의 상병보상연금) 상병보상연금을 받는 근로자가 61세가 되면 그 이후의 상병보상연금은 별표 5에 따른 1일당 상병보상연금 지급기준에 따라 산정한 금액을 지급한다. <개정 2010.1.27.>

제69조(재요양 기간 중의 상병보상연금) ① 재요양을 시작한 지 2년이 지난 후에 상병상태가 제66조제1항 각 호의 요건 모두에 해당하는 자에게는 휴업급여 대신 별표 4에 따른 중증요양상태등급에 따라 상병보상연금을 지급한다. 이 경우 상병보상연금을 산정할 때에는 재요양 기간 중의 휴업급여 산정에 적용되는 평균임금을 적용하되, 그 평균임금이 최저임금액에 70분의 100을 곱한 금액보다 적거나 재요양 당시 평균임금 산정의 대상이 되는 임금이 없을 때에는 최저임금액의 70분의 100에 해당하는 금액을 그 근로자의 평균임금으로 보아 산정한다. <개정 2018.6.12.>
② 제1항에 따른 상병보상연금을 받는 근로자가 장해보상연금을 받고 있으면 별표 4에 따른 중증요양상태등급별 상병보상연금의 지급일수에서 별표 2에 따른 장해등급별 장해보상연금의 지급일수를 뺀 일수에 제1항 후단에 따른 평균임금을 곱하여 산정한 금액을 그 근로자의 상병보상연금으로 한다. <개정 2018.6.12.>
③ 제2항에 따른 상병보상연금을 받는 근로자가 61세가 된 이후에는 별표 5에 따라 산정한 1일당 상병보상연금 지급액에서 제1항 후단에 따른 평균임금을 기준으로 산정한 1일당 장해보상연금 지급액을 뺀 금액을 1일당 상병보상연금 지급액으로 한다. <신설 2010.1.27.>
④ 제1항부터 제3항까지의 규정에도 불구하

고 제57조제3항 단서에 따른 장해보상연금을 받는 근로자가 재요양하는 경우에는 상병보상연금을 지급하지 아니한다. 다만, 재요양 중에 중증요양상태등급이 높아지면 제1항 전단에도 불구하고 재요양을 시작한 때부터 2년이 경과한 것으로 보아 제2항 및 제3항에 따라 산정한 상병보상연금을 지급한다. <개정 2010.1.27., 2018.6.12.>
⑤ 재요양 기간 중 상병보상연금을 산정할 때에는 제67조를 적용하지 아니한다. <개정 2010.1.27.>

제70조(연금의 지급기간 및 지급시기) ① 장
해보상연금, 유족보상연금, 진폐보상연금 또는 진폐유족연금의 지급은 그 지급사유가 발생한 달의 다음 달 초일부터 시작되며, 그 지급받을 권리가 소멸한 달의 말일에 끝난다. <개정 2010.5.20.>
② 장해보상연금, 유족보상연금, 진폐보상연금 또는 진폐유족연금은 그 지급을 정지할 사유가 발생한 때에는 그 사유가 발생한 달의 다음 달 초일부터 그 사유가 소멸한 달의 말일까지 지급하지 아니한다. <개정 2010.5.20.>
③ 장해보상연금, 유족보상연금, 진폐보상연금 또는 진폐유족연금은 매년 이를 12등분하여 매달 25일에 그 달 치의 금액을 지급하되, 지급일이 토요일이거나 공휴일이면 그 전날에 지급한다. <개정 2010.5.20.>
④ 장해보상연금, 유족보상연금, 진폐보상연금 또는 진폐유족연금을 받을 권리가 소멸한 경우에는 제3항에 따른 지급일 전이라도 지급할 수 있다. <개정 2010.5.20.>

제71조(장의비) ① 장의비는 근로자가 업무
상의 사유로 사망한 경우에 지급하되, 평균임금의 120일분에 상당하는 금액을 그 장제(葬祭)를 지낸 유족에게 지급한다. 다만, 장제를 지낼 유족이 없거나 그 밖에 부득이한 사유로 유족이 아닌 자가 장제를 지낸 경우에는 평균임금의 120일분에 상당하는 금액의 범위에서 실제 드는 비용을 그 장제를 지낸 자에게 지급한다.
② 제1항에 따른 장의비가 대통령령으로 정하는 바에 따라 고용노동부장관이 고시하는 최고 금액을 초과하거나 최저 금액에 미달하면 그 최고 금액 또는 최저 금액을 각각 장의비로 한다. <개정 2010.6.4.>

제72조(직업재활급여) ① 직업재활급여의 종
류는 다음 각 호와 같다. <개정 2010.1.27., 2010.5.20., 2018.6.12.>
1. 장해급여 또는 진폐보상연금을 받은 자나 장해급여를 받을 것이 명백한 자로서 대통령령으로 정하는 자(이하 "장해급여자"라 한다) 중 취업을 위하여 직업훈련이 필요한 자(이하 "훈련대상자"라 한다)에 대하여 실시하는 직업훈련에 드는 비용 및 직업훈련수당
2. 업무상의 재해가 발생할 당시의 사업에 복귀한 장해급여자에 대하여 사업주가 고용을 유지하거나 직장적응훈련 또는 재활운동을 실시하는 경우(직장적응훈련의 경우에는 직장 복귀 전에 실시한 경우도 포함한다)에 각각 지급하는 직장복귀지원금, 직장적응훈련비 및 재활운동비
② 제1항제1호의 훈련대상자 및 같은 항 제2호의 장해급여자는 장해정도 및 연령 등을 고려하여 대통령령으로 정한다.

제73조(직업훈련비용) ① 훈련대상자에 대
한 직업훈련은 공단과 계약을 체결한 직업훈련기관(이하 "직업훈련기관"이라 한다)에서 실시하게 한다.
② 제72조제1항제1호에 따른 직업훈련에 드는 비용(이하 "직업훈련비용"이라 한다)은 제1항에 따라 직업훈련을 실시한 직업훈련기관에 지급한다. 다만, 직업훈련기관이 「장애인고용촉진 및 직업재활법」, 「고용보험법」 또는 「근로자직업능력 개발법」이나 그 밖에 다른 법령에 따라 직업훈련비용에 상당한 비용을 받은 경우 등 대통령령으로 정하는 경우에는 지급하지 아니한다.
③ 직업훈련비용의 금액은 고용노동부장관이 훈련비용, 훈련기간 및 노동시장의 여건 등을 고려하여 고시하는 금액의 범위에서 실제 드는 비용으로 하되, 직업훈련비용을 지급하는 훈련기간은 12개월 이내로 한다. <개정 2010.6.4.>
④ 직업훈련비용의 지급 범위·기준·절차 및 방법, 직업훈련기관과의 계약 및 해지 등에 필요한 사항은 고용노동부령으로 정한다. <개정 2010.6.4.>

제74조(직업훈련수당) ① 제72조제1항제1호
에 따른 직업훈련수당은 제73조제1항에 따라 직업훈련을 받는 훈련대상자에게 그 직업훈련

으로 인하여 취업하지 못하는 기간에 대하여 지급하되, 1일당 지급액은 최저임금액에 상당하는 금액으로 한다. 다만, 휴업급여나 상병보상연금을 받는 훈련대상자에게는 직업훈련수당을 지급하지 아니한다. <개정 2010.1.27.>

② 제1항에 따른 직업훈련수당을 받는 자가 장해보상연금 또는 진폐보상연금을 받는 경우에는 1일당 장해보상연금액 또는 1일당 진폐보상연금액(제91조의3제2항에 따라 산정한 진폐보상연금액을 365로 나눈 금액을 말한다)과 1일당 직업훈련수당을 합한 금액이 그 근로자의 장해보상연금 또는 진폐보상연금 산정에 적용되는 평균임금의 100분의 70을 초과하면 그 초과하는 금액 중 직업훈련수당에 해당하는 금액은 지급하지 아니한다. <개정 2010.5.20.>

③ 제1항에 따른 직업훈련수당 지급 등에 필요한 사항은 고용노동부령으로 정한다. <개정 2010.6.4.>

제75조(직장복귀지원금 등) ① 제72조제1항제2호에 따른 직장복귀지원금, 직장적응훈련비 및 재활운동비는 장해급여자에 대하여 고용을 유지하거나 직장적응훈련 또는 재활운동을 실시하는 사업주에게 각각 지급한다. 이 경우 직장복귀지원금, 직장적응훈련비 및 재활운동비의 지급요건은 각각 대통령령으로 정한다.

② 제1항에 따른 직장복귀지원금은 고용노동부장관이 임금수준 및 노동시장의 여건 등을 고려하여 고시하는 금액의 범위에서 사업주가 장해급여자에게 지급한 임금액으로 하되, 그 지급기간은 12개월 이내로 한다. <개정 2010.6.4.>

③ 제1항에 따른 직장적응훈련비 및 재활운동비는 고용노동부장관이 직장적응훈련 또는 재활운동에 드는 비용을 고려하여 고시하는 금액의 범위에서 실제 드는 비용으로 하되, 그 지급기간은 3개월 이내로 한다. <개정 2010.6.4.>

④ 장해급여자를 고용하고 있는 사업주가 「고용보험법」 제23조에 따른 지원금, 「장애인고용촉진 및 직업재활법」 제30조에 따른 장애인 고용장려금이나 그 밖에 다른 법령에 따라 직장복귀지원금, 직장적응훈련비 또는 재활운동비(이하 "직장복귀지원금등"이라 한다)에 해당하는 금액을 받은 경우 등 대통령령으로 정하는 경우에는 그 받은 금액을 빼고 직장복귀지원금등을 지급한다. <개정 2010.1.27.>

⑤ 사업주가 「장애인고용촉진 및 직업재활법」 제28조에 따른 의무로써 장애인을 고용한 경우 등 대통령령으로 정하는 경우에는 직장복귀지원금등을 지급하지 아니한다. <신설 2010.1.27.>

제76조(보험급여의 일시지급) ① 대한민국 국민이 아닌 근로자가 업무상의 재해에 따른 부상 또는 질병으로 요양 중 치유되기 전에 출국하기 위하여 보험급여의 일시지급을 신청하는 경우에는 출국하기 위하여 요양을 중단하는 날 이후에 청구 사유가 발생할 것으로 예상되는 보험급여를 한꺼번에 지급할 수 있다. <개정 2010.1.27.>

② 제1항에 따라 한꺼번에 지급할 수 있는 금액은 다음 각 호의 보험급여를 미리 지급하는 기간에 따른 이자 등을 고려하여 대통령령으로 정하는 방법에 따라 각각 환산한 금액을 합한 금액으로 한다. 이 경우 해당 근로자가 제3호 및 제4호에 따른 보험급여의 지급사유 모두에 해당될 것으로 의학적으로 판단되는 경우에는 제4호에 해당하는 보험급여의 금액은 합산하지 아니한다. <개정 2010.1.27., 2010.5.20., 2018.6.12.>

1. 출국하기 위하여 요양을 중단하는 날부터 업무상의 재해에 따른 부상 또는 질병이 치유될 것으로 예상되는 날까지의 요양급여

2. 출국하기 위하여 요양을 중단하는 날부터 업무상 부상 또는 질병이 치유되거나 그 상병상태가 취업할 수 있게 될 것으로 예상되는 날(그 예상되는 날이 요양 개시일부터 2년이 넘는 경우에는 요양 개시일부터 2년이 되는 날)까지의 기간에 대한 휴업급여

3. 출국하기 위하여 요양을 중단할 당시 업무상의 재해에 따른 부상 또는 질병이 치유된 후에 남을 것으로 예상되는 장해의 장해등급에 해당하는 장해보상일시금

4. 출국하기 위하여 요양을 중단할 당시 요양 개시일부터 2년이 지난 후에 상병보상연금의 지급대상이 되는 중증요양상태가 지속될 것으로 예상되는 경우에는 그 예상되는 중증요양상태등급(요양 개시일부터 2년이 경과한 후 출국하기 위하여 요양을 중단하는 경우에는 그 당시의 상병상태에 따른 중증요양상

태등급)과 같은 장해등급에 해당하는 장해보상일시금에 해당하는 금액

5. 요양 당시 받고 있는 진폐장해등급에 따른 진폐보상연금

③ 제1항에 따른 일시지급의 신청 및 지급 절차는 고용노동부령으로 정한다. <개정 2010.6.4.>

제77조(합병증 등 예방관리) ① 공단은 업무상의 부상 또는 질병이 치유된 자 중에서 합병증 등 재요양 사유가 발생할 우려가 있는 자에게 산재보험 의료기관에서 그 예방에 필요한 조치를 받도록 할 수 있다. <개정 2018.6.12.>

② 제1항에 따른 조치대상, 조치내용 및 조치비용 산정 기준 등 예방관리에 필요한 구체적인 사항은 대통령령으로 정한다. <신설 2018.6.12.>

[전문개정 2010.1.27.]

제78조(장해특별급여) ① 보험가입자의 고의 또는 과실로 발생한 업무상의 재해로 근로자가 대통령령으로 정하는 장해등급 또는 진폐장해등급에 해당하는 장해를 입은 경우에 수급권자가 「민법」에 따른 손해배상청구를 갈음하여 장해특별급여를 청구하면 제57조의 장해급여 또는 제91조의3의 진폐보상연금 외에 대통령령으로 정하는 장해특별급여를 지급할 수 있다. 다만, 근로자와 보험가입자 사이에 장해특별급여에 관하여 합의가 이루어진 경우에 한한다. <개정 2010.5.20.>

② 수급권자가 제1항에 따른 장해특별급여를 받으면 동일한 사유에 대하여 보험가입자에게 「민법」이나 그 밖의 법령에 따른 손해배상을 청구할 수 없다.

③ 공단은 제1항에 따라 장해특별급여를 지급하면 대통령령으로 정하는 바에 따라 그 급여액 모두를 보험가입자로부터 징수한다.

제79조(유족특별급여) ① 보험가입자의 고의 또는 과실로 발생한 업무상의 재해로 근로자가 사망한 경우에 수급권자가 「민법」에 따른 손해배상청구를 갈음하여 유족특별급여를 청구하면 제62조의 유족급여 또는 제91조의4의 진폐유족연금 외에 대통령령으로 정하는 유족특별급여를 지급할 수 있다. <개정 2010.5.20.>

② 유족특별급여에 관하여는 제78조제1항 단서·제2항 및 제3항을 준용한다. 이 경우 "장해특별급여"는 "유족특별급여"로 본다.

제80조(다른 보상이나 배상과의 관계) ① 수급권자가 이 법에 따라 보험급여를 받았거나 받을 수 있으면 보험가입자는 동일한 사유에 대하여 「근로기준법」에 따른 재해보상 책임이 면제된다.

② 수급권자가 동일한 사유에 대하여 이 법에 따른 보험급여를 받으면 보험가입자는 그 금액의 한도 안에서 「민법」이나 그 밖의 법령에 따른 손해배상의 책임이 면제된다. 이 경우 장해보상연금 또는 유족보상연금을 받고 있는 자는 장해보상일시금 또는 유족보상일시금을 받은 것으로 본다.

③ 수급권자가 동일한 사유로 「민법」이나 그 밖의 법령에 따라 이 법의 보험급여에 상당한 금품을 받으면 공단은 그 받은 금품을 대통령령으로 정하는 방법에 따라 환산한 금액의 한도 안에서 이 법에 따른 보험급여를 지급하지 아니한다. 다만, 제2항 후단에 따라 수급권자가 지급받은 것으로 보게 되는 장해보상일시금 또는 유족보상일시금에 해당하는 연금액에 대하여는 그러하지 아니하다.

④ 요양급여를 받는 근로자가 요양을 시작한 후 3년이 지난 날 이후에 상병보상연금을 지급받고 있으면 「근로기준법」 제23조제2항 단서를 적용할 때 그 사용자는 그 3년이 지난 날 이후에는 같은 법 제84조에 따른 일시보상을 지급한 것으로 본다.

제81조(미지급의 보험급여) ① 보험급여의 수급권자가 사망한 경우에 그 수급권자에게 지급하여야 할 보험급여로서 아직 지급되지 아니한 보험급여가 있으면 그 수급권자의 유족(유족급여의 경우에는 그 유족급여를 받을 수 있는 다른 유족)의 청구에 따라 그 보험급여를 지급한다.

② 제1항의 경우에 그 수급권자가 사망 전에 보험급여를 청구하지 아니하면 같은 항에 따른 유족의 청구에 따라 그 보험급여를 지급한다.

제82조(보험급여의 지급) ① 보험급여는 지급결정일부터 14일 이내에 지급하여야 한다. <개정 2018.6.12.>

② 공단은 수급권자의 신청이 있는 경우에는 보험급여를 수급권자 명의의 지정된 계좌(이하 "보험급여수급계좌"라 한다)로 입금하여야 한다. 다만, 정보통신 장애나 그 밖에 대통령령으로 정하는 불가피한 사유로 보험급여를 보험급여수급계좌로 이체할 수 없을 때에는 대통령령으로 정하는 바에 따라 보험급여를 지급할 수 있다. <신설 2018.6.12.>

③ 보험급여수급계좌의 해당 금융기관은 이 법에 따른 보험급여만이 보험급여수급계좌에 입금되도록 관리하여야 한다. <신설 2018.6.12.>

④ 제2항에 따른 신청의 방법·절차와 제3항에 따른 보험급여수급계좌의 관리에 필요한 사항은 대통령령으로 정한다. <신설 2018.6.12.>

제83조(보험급여 지급의 제한) ① 공단은 근로자가 다음 각 호의 어느 하나에 해당되면 보험급여의 전부 또는 일부를 지급하지 아니할 수 있다. <개정 2010.5.20.>

1. 요양 중인 근로자가 정당한 사유 없이 요양에 관한 지시를 위반하여 부상·질병 또는 장해 상태를 악화시키거나 치유를 방해한 경우
2. 장해보상연금 또는 진폐보상연금 수급권자가 제59조에 따른 장해등급 또는 진폐장해등급 재판정 전에 자해(自害) 등 고의로 장해 상태를 악화시킨 경우

② 공단은 제1항에 따라 보험급여를 지급하지 아니하기로 결정하면 지체 없이 이를 관계 보험가입자와 근로자에게 알려야 한다.

③ 제1항에 따른 보험급여 지급 제한의 대상이 되는 보험급여의 종류 및 제한 범위는 대통령령으로 정한다.

제84조(부당이득의 징수) ① 공단은 보험급여를 받은 자가 다음 각 호의 어느 하나에 해당하면 그 급여액에 해당하는 금액(제1호의 경우에는 그 급여액의 2배에 해당하는 금액)을 징수하여야 한다. 이 경우 공단이 제90조제2항에 따라 국민건강보험공단등에 청구하여 받은 금액은 징수할 금액에서 제외한다.

1. 거짓이나 그 밖의 부정한 방법으로 보험급여를 받은 경우
2. 수급권자 또는 수급권이 있었던 자가 제

114조제2항부터 제4항까지의 규정에 따른 신고의무를 이행하지 아니하여 부당하게 보험급여를 지급받은 경우
3. 그 밖에 잘못 지급된 보험급여가 있는 경우

② 제1항제1호의 경우 보험급여의 지급이 보험가입자·산재보험 의료기관 또는 직업훈련기관의 거짓된 신고, 진단 또는 증명으로 인한 것이면 그 보험가입자·산재보험 의료기관 또는 직업훈련기관도 연대하여 책임을 진다.

③ 공단은 산재보험 의료기관이나 제46조제1항에 따른 약국이 다음 각 호의 어느 하나에 해당하면 그 진료비나 약제비에 해당하는 금액을 징수하여야 한다. 다만, 제1호의 경우에는 그 진료비나 약제비의 2배에 해당하는 금액(제44조제1항에 따라 과징금을 부과하는 경우에는 그 진료비에 해당하는 금액)을 징수한다. <개정 2010.5.20., 2018.6.12.>

1. 거짓이나 그 밖의 부정한 방법으로 진료비나 약제비를 지급받은 경우
2. 제40조제5항 또는 제91조의9제3항에 따른 요양급여의 산정 기준 및 제77조제2항에 따른 조치비용 산정 기준을 위반하여 부당하게 진료비나 약제비를 지급받은 경우
3. 그 밖에 진료비나 약제비를 잘못 지급받은 경우

④ 제1항 및 제3항 단서에도 불구하고 공단은 거짓이나 그 밖의 부정한 방법으로 보험급여, 진료비 또는 약제비를 받은 자(제2항에 따라 연대책임을 지는 자를 포함한다)가 부정수급에 대한 조사가 시작되기 전에 부정수급 사실을 자진 신고한 경우에는 그 보험급여액, 진료비 또는 약제비에 해당하는 금액을 초과하는 부분은 징수를 면제할 수 있다. <신설 2018.6.12.>

■판례 - 부당이득징수결정취소

산업재해보상보험법(이하 '법'이라고 한다)에 따른 보험급여가 잘못 지급되었음을 이유로 하여 지급결정이 취소된 경우일지라도, 지급된 요양급여가 건강보험 요양급여 등에 상당한 것으로 인정되는 때에는, 근로복지공단(이하 '공단'이라고만 한다)이 위 건강보험 요양급여 등에 해당하는 금액(이하 '건보급여액'이라고 한다)을 국민건강보험공단 등에 청구하여 수령할 것인지 여부가 공단의 재량에 맡겨져 있음이 법 제90조제2항의 문언상 명백하다. 즉 이러한 경우 공단은 잘못 지급된 보험급여액 전부(부정수급의 경

우에는 2배액)를 보험급여를 받은 자로부터 징수할 수도 있고, 지급한 보험급여액(부정수급의 경우에는 2배액) 중 건보급여액을 국민건강보험공단 등에 청구하여 수령한 후 보험급여를 받은 자에 대하여는 위 수령액을 제외한 나머지 금액만 징수할 수도 있다.

결국 법 제84조 제1항 후문에 따라 공단이 징수할 금액에서 공제할 대상은 국민건강보험공단 등에 청구하여 '실제로 수령한 건보급여액에 해당하는 금액' 일 뿐이고, 장차 국민건강보험공단 등에 청구하여 받을 수 있는 금액까지 포함되는 것은 아니다. 이러한 해석이 위 법조항의 '받은 금액' 이라는 문언에도 부합할 뿐만 아니라, 보험급여액의 중복 환수를 방지하려는 입법 취지에도 부합한다. [대법원 2017.8.29, 선고, 2017두44718, 판결]

제84조의2(부정수급자 명단 공개 등) ① 공단은 제84조제1항제1호 또는 같은 조 제3항제1호에 해당하는 자(이하 "부정수급자"라 한다)로서 매년 직전 연도부터 과거 3년간 다음 각 호의 어느 하나에 해당하는 자의 명단을 공개할 수 있다. 이 경우 같은 조 제2항에 따른 연대책임자의 명단을 함께 공개할 수 있다.
1. 부정수급 횟수가 2회 이상이고 부정수급액의 합계가 1억원 이상인 자
2. 1회의 부정수급액이 2억원 이상인 자
② 부정수급자 또는 연대책임자의 사망으로 명단 공개의 실효성이 없는 경우 등 대통령령으로 정하는 경우에는 제1항에 따른 명단을 공개하지 아니할 수 있다.
③ 공단은 이의신청이나 그 밖의 불복절차가 진행 중인 부당이득징수결정처분에 대해서는 해당 이의신청이나 불복절차가 끝난 후 명단을 공개할 수 있다.
④ 공단은 제1항에 따른 공개대상자에게 고용노동부령으로 정하는 바에 따라 미리 그 사실을 통보하고 소명의 기회를 주어야 한다.
⑤ 그 밖에 명단 공개의 방법 및 절차 등에 필요한 사항은 고용노동부령으로 정한다.
[본조신설 2018.6.12.]

제85조(징수금의 징수) 제39조제2항에 따른 보험급여액의 징수, 제78조에 따른 장해특별급여액의 징수, 제79조에 따른 유족특별급여액의 징수 및 제84조에 따른 부당이득의 징수에 관하여는 보험료징수법 제27조, 제28조, 제29조, 제30조, 제32조, 제39조, 제41조 및 제42조

를 준용한다. 이 경우 "건강보험공단"은 "공단"으로 본다. <개정 2010.1.27.>

제86조(보험급여 등의 충당) ① 공단은 제84조제1항 및 제3항에 따라 부당이득을 받은 자, 제84조제2항에 따라 연대책임이 있는 보험가입자 또는 산재보험 의료기관에 지급할 보험급여·진료비 또는 약제비가 있으면 이를 제84조에 따라 징수할 금액에 충당할 수 있다.
② 보험급여·진료비 및 약제비의 충당 한도 및 충당 절차는 대통령령으로 정한다.

제87조(제3자에 대한 구상권) ① 공단은 제3자의 행위에 따른 재해로 보험급여를 지급한 경우에는 그 급여액의 한도 안에서 급여를 받은 자의 제3자에 대한 손해배상청구권을 대위(代位)한다. 다만, 보험가입인인 2 이상의 사업주가 같은 장소에서 하나의 사업을 분할하여 각각 행하다가 그 중 사업주를 달리하는 근로자의 행위로 재해가 발생하면 그러하지 아니하다.
② 제1항의 경우에 수급권자가 제3자로부터 동일한 사유로 이 법의 보험급여에 상당하는 손해배상을 받으면 공단은 그 배상액을 대통령령으로 정하는 방법에 따라 환산한 금액의 한도 안에서 이 법에 따른 보험급여를 지급하지 아니한다.
③ 수급권자 및 보험가입자는 제3자의 행위로 재해가 발생하면 지체 없이 공단에 신고하여야 한다.

■판례 – 구상금(근로복지공단이 산업재해보상보험법에 따라 지급한 보험급여에 기하여 자동차손해배상 보장법상 피해자의 보험자에 대한 위자료청구권을 대위할 수 있는지 문제된 사건)

산업재해보상보험법(이하 '산재보험법' 이라고 한다) 제87조 제1항 본문은 "공단은 제3자의 행위에 따른 재해로 보험급여를 지급한 경우에는 그 급여액의 한도 안에서 급여를 받은 자의 제3자에 대한 손해배상청구권을 대위한다." 라고 규정하고 있다. 여기서 '급여를 받은 자의 제3자에 대한 손해배상청구권' 은 근로복지공단이 지급한 보험급여와 동일한 성질의 것으로서 상호보완의 관계에 있는 것에 한한다.

그런데 자동차손해배상 보장법에 기한 배상책임의 대상이 되는 위자료는 산재보험법이 규정한 보험급여에 의하여 전보되지 아니하는 손해이므로,

근로복지공단이 산재보험법에 따라 지급한 보험급여에 기하여 피해자의 보험자에 대한 위자료청구권을 대위할 수 없다. [대법원 2017.10.12, 선고, 2017다231119, 판결]

제87조의2(구상금협의조정기구 등) ① 공단은 제87조에 따라 「자동차손해배상 보장법」 제2조제7호가목에 따른 보험회사등(이하 이 조에서 "보험회사등"이라 한다)에게 구상권을 행사하는 경우 그 구상금 청구액을 협의·조정하기 위하여 보험회사등과 구상금협의조정기구를 구성하여 운영할 수 있다.
② 공단과 보험회사등은 제1항에 따른 협의·조정을 위하여 상대방에게 필요한 자료의 제출을 요구할 수 있다. 이 경우 자료의 제출을 요구받은 상대방은 특별한 사정이 없으면 그 요구에 따라야 한다.
③ 제1항 및 제2항에 따른 구상금협의조정기구의 구성 및 운영 등에 관하여 필요한 사항은 공단이 정한다.
[본조신설 2017.10.24.]

제88조(수급권의 보호) ① 근로자의 보험급여를 받을 권리는 퇴직하여도 소멸되지 아니한다.
② 보험급여를 받을 권리는 양도 또는 압류하거나 담보로 제공할 수 없다.
③ 제82조제2항에 따라 지정된 보험급여수급계좌의 예금 중 대통령령으로 정하는 액수 이하의 금액에 관한 채권은 압류할 수 없다. <신설 2018.6.12.>

제89조(수급권의 대위) 보험가입자(보험료징수법 제2조제5호에 따른 하수급인을 포함한다. 이하 이 조에서 같다)가 소속 근로자의 업무상의 재해에 관하여 이 법에 따른 보험급여의 지급 사유와 동일한 사유로 「민법」이나 그 밖의 법령에 따라 보험급여에 상당하는 금품을 수급권자에게 미리 지급한 경우로서 그 금품이 보험급여에 대체하여 지급한 것으로 인정되는 경우에 보험가입자는 대통령령으로 정하는 바에 따라 그 수급권자의 보험급여를 받을 권리를 대위한다.

▣ 판례 - 구상금

구 고용보험 및 산업재해보상보험의 보험료징수 등에 관한 법률 제9조 제1항에서 정한 건설업 등 대통령령으로 정하는 사업이 여러 차례의 도급에 의하여 시행되었는데, 하수급인에게 고용된 근로자가 하수급인의 행위로 업무상 재해를 입은 경우, 하수급인이 산업재해보상보험법 제87조 제1항이 정한 '제3자'에서 제외되는지 여부(적극) [대법원 2016.5.26, 선고, 2014다204666, 판결]

제90조(요양급여 비용의 정산) ① 공단은 「국민건강보험법」 제13조에 따른 국민건강보험공단 또는 「의료급여법」 제5조에 따른 시장, 군수 또는 구청장(이하 "국민건강보험공단등"이라 한다)이 제42조제1항에 따라 이 법에 따른 요양급여의 수급권자에게 건강보험 요양급여등을 우선 지급하고 그 비용을 청구하는 경우에는 그 건강보험 요양급여등이 이 법에 따라 지급할 수 있는 요양급여에 상당한 것으로 인정되면 그 요양급여에 해당하는 금액을 지급할 수 있다. <개정 2011.12.31.>
② 공단이 수급권자에게 요양급여를 지급한 후 그 지급결정이 취소된 경우로서 그 지급한 요양급여가 「국민건강보험법」 또는 「의료급여법」에 따라 지급할 수 있는 건강보험 요양급여등에 상당한 것으로 인정되면 공단은 그 건강보험 요양급여등에 해당하는 금액을 국민건강보험공단등에 청구할 수 있다.

제90조의2(국민건강보험 요양급여 비용의 정산) ① 제40조에 따른 요양급여나 재요양을 받은 사람이 요양이 종결된 후 2년 이내에 「국민건강보험법」 제41조에 따른 요양급여를 받은 경우(종결된 요양의 대상이 되었던 업무상의 부상 또는 질병의 증상으로 요양급여를 받은 경우로 한정한다)에는 공단은 그 요양급여 비용 중 국민건강보험공단이 부담한 금액을 지급할 수 있다.
② 제1항에 따른 요양급여 비용의 지급 절차와 그 밖에 필요한 사항은 고용노동부령으로 정한다.
[본조신설 2015.1.20.]

제91조(공과금의 면제) 보험급여로서 지급된 금품에 대하여는 국가나 지방자치단체의 공과금을 부과하지 아니한다.

제3장의2 진폐에 따른 보험급여의 특례

<신설 2010.5.20.>

제91조의2(진폐에 대한 업무상의 재해의 인정기준) 근로자가 진폐에 걸릴 우려가 있는 작업으로서 암석, 금속이나 유리섬유 등을 취급하는 작업 등 고용노동부령으로 정하는 분진작업(이하 "분진작업"이라 한다)에 종사하여 진폐에 걸리면 제37조제1항제2호가목에 따른 업무상 질병으로 본다. <개정 2010.6.4.>
[본조신설 2010.5.20.]

제91조의3(진폐보상연금) ① 진폐보상연금은 업무상 질병인 진폐에 걸린 근로자(이하 "진폐근로자"라 한다)에게 지급한다.
② 진폐보상연금은 제5조제2호 및 제36조제6항에 따라 정하는 평균임금을 기준으로 하여 별표 6에 따라 산정하는 진폐장해등급별 진폐장해연금과 기초연금을 합산한 금액으로 한다. 이 경우 기초연금은 최저임금액의 100분의 60에 365를 곱하여 산정한 금액으로 한다.
③ 진폐보상연금을 받던 사람이 그 진폐장해등급이 변경된 경우에는 변경된 날이 속한 달의 다음 달부터 기초연금과 변경된 진폐장해등급에 해당하는 진폐장해연금을 합산한 금액을 지급한다.
[본조신설 2010.5.20.]

제91조의4(진폐유족연금) ① 진폐유족연금은 진폐근로자가 진폐로 사망한 경우에 유족에게 지급한다.
② 진폐유족연금은 사망 당시 진폐근로자에게 지급하고 있거나 지급하기로 결정된 진폐보상연금과 같은 금액으로 한다. 이 경우 진폐유족연금은 제62조제2항 및 별표 3에 따라 산정한 유족보상연금을 초과할 수 없다.
③ 제91조의6에 따른 진폐에 대한 진단을 받지 아니한 근로자가 업무상 질병인 진폐로 사망한 경우에 그 근로자에 대한 진폐유족연금은 제91조의3제2항에 따른 기초연금과 제91조의8제3항에 따라 결정되는 진폐장해등급별로 별표 6에 따라 산정한 진폐장해연금을 합산한 금액으로 한다.

④ 진폐유족연금을 받을 수 있는 유족의 범위 및 순위, 자격 상실과 지급 정지 등에 관하여는 제63조 및 제64조를 준용한다. 이 경우 "유족보상연금"은 "진폐유족연금"으로 본다.
[본조신설 2010.5.20.]

제91조의5(진폐에 대한 요양급여 등의 청구) ① 분진작업에 종사하고 있거나 종사하였던 근로자가 업무상 질병인 진폐로 요양급여 또는 진폐보상연금을 받으려면 고용노동부령으로 정하는 서류를 첨부하여 공단에 청구하여야 한다. <개정 2010.6.4.>
② 제1항에 따라 요양급여 등을 청구한 사람이 제91조의8제2항에 따라 요양급여 등의 지급 또는 부지급 결정을 받은 경우에는 제91조의6에 따른 진단이 종료된 날부터 1년이 지나거나 요양이 종결되는 때에 다시 요양급여 등을 청구할 수 있다. 다만, 제91조의6제1항에 따른 건강진단기관으로부터 합병증[「진폐의 예방과 진폐근로자의 보호 등에 관한 법률」(이하 "진폐근로자보호법"이라 한다) 제2조제2호에 따른 합병증을 말한다. 이하 같다]이나 심폐기능의 고도장해 등으로 응급진단이 필요하다는 의학적 소견이 있으면 1년이 지나지 아니한 경우에도 요양급여 등을 청구할 수 있다.
[본조신설 2010.5.20.]

제91조의6(진폐의 진단) ① 공단은 근로자가 제91조의5에 따라 요양급여 등을 청구하면 진폐근로자보호법 제15조에 따른 건강진단기관(이하 "건강진단기관"이라 한다)에 제91조의8의 진폐판정에 필요한 진단을 의뢰하여야 한다.
② 건강진단기관은 제1항에 따라 진폐에 대한 진단을 의뢰받으면 고용노동부령으로 정하는 바에 따라 진폐에 대한 진단을 실시하고 그 진단결과를 공단에 제출하여야 한다. <개정 2010.6.4.>
③ 근로자가 진폐근로자보호법 제11조부터 제13조까지의 규정에 따른 건강진단을 받은 후에 건강진단기관이 같은 법 제16조제1항 후단 및 같은 조 제3항 후단에 따라 해당 근로자의 흉부 엑스선 사진 등을 고용노동부장관에게 제출한 경우에는 제91조의5제1항 및 이 조 제2항에 따라 요양급여 등을 청구하고 진단결과를 제출한 것으

로 본다. <개정 2010.6.4.>

④ 공단은 제2항에 따라 진단을 실시한 건강진단기관에 그 진단에 드는 비용을 지급한다. 이 경우 그 비용의 산정 기준 및 청구 등에 관하여는 제40조제5항 및 제45조를 준용한다.

⑤ 제2항에 따라 진단을 받는 근로자에게는 고용노동부장관이 정하여 고시하는 금액을 진단수당으로 지급할 수 있다. 다만, 장해보상연금 또는 진폐보상연금을 받고 있는 사람에게는 진단수당을 지급하지 아니한다. <개정 2010.6.4.>

⑥ 제1항, 제2항 및 제5항에 따른 진단 의뢰, 진단결과의 제출 및 진단수당의 구체적인 지급절차 등에 관한 사항은 고용노동부령으로 정한다. <개정 2010.6.4.>
[본조신설 2010.5.20.]

제91조의7(진폐심사회의)

① 제91조의6에 따른 진단결과에 대하여 진폐병형 및 합병증 등을 심사하기 위하여 공단에 관계 전문가 등으로 구성된 진폐심사회의(이하 "진폐심사회의"라 한다)를 둔다.

② 진폐심사회의의 위원 구성 및 회의 운영이나 그 밖에 필요한 사항은 고용노동부령으로 정한다. <개정 2010.6.4.>
[본조신설 2010.5.20.]

제91조의8(진폐판정 및 보험급여의 결정 등)

① 공단은 제91조의6에 따라 진단결과를 받으면 진폐심사회의의 심사를 거쳐 해당 근로자의 진폐병형, 합병증의 유무 및 종류, 심폐기능의 정도 등을 판정(이하 "진폐판정"이라 한다)하여야 한다. 이 경우 진폐판정에 필요한 기준은 대통령령으로 정한다.

② 공단은 제1항의 진폐판정 결과에 따라 요양급여의 지급 여부, 진폐장해등급과 그에 따른 진폐보상연금의 지급 여부 등을 결정하여야 한다. 이 경우 진폐장해등급 기준 및 합병증 등에 따른 요양대상인정기준은 대통령령으로 정한다.

③ 공단은 합병증 등으로 심폐기능의 정도를 판정하기 곤란한 진폐근로자에 대하여는 제2항의 진폐장해등급 기준에도 불구하고 진폐병형을 고려하여 진폐장해등급을 결정한다. 이 경우 진폐장해등급 기준은 대통령령으로 정한다.

④ 공단은 제2항 및 제3항에 따라 보험급

여의 지급 여부 등을 결정하면 그 내용을 해당 근로자에게 알려야 한다.
[본조신설 2010.5.20.]

제91조의9(진폐에 따른 요양급여의 지급 절차와 기준 등)

① 공단은 제91조의8제2항에 따라 요양급여를 지급하기로 결정된 진폐근로자에 대하여는 제40조제2항 본문에도 불구하고 산재보험 의료기관 중 진폐근로자의 요양을 담당하는 의료기관(이하 "진폐요양 의료기관"이라 한다)에서 요양을 하게 한다.

② 고용노동부장관은 진폐요양 의료기관이 적정한 요양을 제공하는 데 활용할 수 있도록 전문가의 자문 등을 거쳐 입원과 통원의 처리기준, 표준적인 진료기준 등을 정하여 고시할 수 있다. <개정 2010.6.4.>

③ 공단은 진폐요양 의료기관에 대하여 시설, 인력 및 의료의 질 등을 고려하여 3개 이내의 등급으로 나누어 등급화할 수 있다. 이 경우 그 등급의 구분 기준, 등급별 요양대상 환자 및 등급별 요양급여의 산정기준은 고용노동부령으로 정한다. <개정 2010.6.4.>

④ 진폐요양 의료기관을 평가하는 업무에 대하여 자문하기 위하여 공단에 진폐요양 의료기관평가위원회를 둔다. 이 경우 진폐요양의료기관평가위원회의 구성·운영이나 그 밖에 필요한 사항은 고용노동부령으로 정한다. <개정 2010.6.4.>

⑤ 진폐요양 의료기관에 대한 평가에 관하여는 제50조를 준용한다. 이 경우 제50조제1항 중 "제43조제1항제3호의 산재보험 의료기관 중 대통령령으로 정하는 의료기관"은 "진폐요양 의료기관"으로 본다.
[본조신설 2010.5.20.]

제91조의10(진폐에 따른 사망의 인정 등) 분진작업에 종사하고 있거나 종사하였던 근로자가 진폐, 합병증이나 그 밖에 진폐와 관련된 사유로 사망하였다고 인정되면 업무상의 재해로 본다. 이 경우 진폐에 따른 사망 여부를 판단하는 때에 고려하여야 하는 사항은 대통령령으로 정한다.
[본조신설 2010.5.20.]

■판례 - 분진작업에 종사하고 있거나 종사하였던 근로자가 사망한 경우 업무상 재해로 인정되기 위해서는 진폐, 합병증 등과 사망 사이에 상당인과관계가 인정되어야 하는지 여부(적극) 및 그 증명의 정도와 증명책임의 소재

산업재해보상보험법 제91조의10은 분진작업에 종사하고 있거나 종사하였던 근로자가 진폐, 합병증이나 그 밖에 진폐와 관련된 사유(이하 '진폐, 합병증 등' 이라고 한다)로 사망하였다고 인정되면 업무상의 재해로 본다고 규정하면서, 이 경우 진폐에 따른 사망 여부를 판단하는 때에 고려하여야 하는 사항은 대통령령으로 정하도록 규정하고 있다. 그 위임에 따라 산업재해보상보험법 시행령 제83조의3은 법 제91조의10에 따라 진폐에 따른 사망 여부를 판단하는 때에 고려하여야 하는 사항은 진폐병형, 심폐기능, 합병증, 성별, 연령 등으로 한다고 규정하고 있다. 그렇다면 분진작업에 종사하고 있거나 종사하였던 근로자가 사망한 경우에 업무상 재해로 인정되기 위해서는 진폐, 합병증 등과 사망 사이에 상당인과관계가 인정되어야 하고, 인과관계는 반드시 의학적, 자연과학적으로 명백하게 증명되어야 하는 것은 아니며, 근로자의 진폐병형, 심폐기능, 합병증, 성별, 연령 등을 고려하였을 때 진폐, 합병증 등과 재해 사이에 상당인과관계가 있다고 추단된다면 증명이 있다고 보아야 하나, 증명책임은 이를 주장하는 측에 있다. [대법원 2017.3.30, 선고, 2016두55292, 판결]

제91조의11(진폐에 따른 사망원인의 확인 등) ① 분진작업에 종사하고 있거나 종사하였던 근로자의 사망원인을 알 수 없는 경우에 그 유족은 해당 근로자가 진폐 등으로 사망하였는지 여부에 대하여 확인하기 위하여 병리학 전문의가 있는 산재보험 의료기관 중에서 공단이 지정하는 의료기관에 전신해부에 대한 동의서를 첨부하여 해당 근로자의 시신에 대한 전신해부를 의뢰할 수 있다. 이 경우 그 의료기관은 「시체해부 및 보존에 관한 법률」 제2조에도 불구하고 전신해부를 할 수 있다.
② 공단은 제1항에 따라 전신해부를 실시

한 의료기관 또는 유족에게 그 비용의 전부 또는 일부를 지원할 수 있다. 이 경우 비용의 지급기준 및 첨부서류 제출, 그 밖에 비용지원 절차에 관한 사항은 고용노동부령으로 정한다. <개정 2010.6.4.>
[본조신설 2010.5.20.]

제4장 근로복지 사업

제92조(근로복지 사업) ① 고용노동부장관은 근로자의 복지 증진을 위한 다음 각 호의 사업을 한다. <개정 2010.6.4.>
 1. 업무상의 재해를 입은 근로자의 원활한 사회 복귀를 촉진하기 위한 다음 각 목의 보험시설의 설치·운영
  가. 요양이나 외과 후 처치에 관한 시설
  나. 의료재활이나 직업재활에 관한 시설
 2. 장학사업 등 재해근로자와 그 유족의 복지 증진을 위한 사업
 3. 그 밖에 근로자의 복지 증진을 위한 시설의 설치·운영 사업
② 고용노동부장관은 공단 또는 재해근로자의 복지 증진을 위하여 설립된 법인 중 고용노동부장관의 지정을 받은 법인(이하 "지정법인"이라 한다)에 제1항에 따른 사업을 하게 하거나 같은 항 제1호에 따른 보험시설의 운영을 위탁할 수 있다. <개정 2010.6.4.>
③ 지정법인의 지정 기준에 필요한 사항은 고용노동부령으로 정한다. <개정 2010.6.4.>
④ 고용노동부장관은 예산의 범위에서 지정법인의 사업에 필요한 비용의 일부를 보조할 수 있다. <개정 2010.6.4.>

제93조(국민건강보험 요양급여 비용의 본인 일부 부담금의 대부) ① 공단은 제37조 제1항제2호에 따른 업무상 질병에 대하여 요양 신청을 한 경우로서 요양급여의 결정에 걸리는 기간 등을 고려하여 대통령령으로 정하는 자에 대하여 「국민건강보험법」 제44조에 따른 요양급여 비용의 본인 일부 부담금에 대한 대부사업을 할 수 있다. <개정 2011.12.31.>
② 공단은 제1항에 따라 대부를 받은 자에게 지급할 이 법에 따른 요양급여가 있으면 그 요양급여를 대부금의 상환에 충당할 수 있다.
③ 제1항에 따른 대부의 금액·조건 및 절

차는 고용노동부장관의 승인을 받아 공단이 정한다. <개정 2010.6.4.>

④ 제2항에 따른 요양급여의 충당 한도 및 충당 절차는 대통령령으로 정한다.

제94조(장해급여자의 고용 촉진) 고용노동부장관은 보험가입자에 대하여 장해급여 또는 진폐보상연금을 받은 자를 그 적성에 맞는 업무에 고용하도록 권고할 수 있다. <개정 2010.1.27., 2010.5.20., 2010.6.4.>

제5장 산업재해보상보험 및 예방기금

제95조(산업재해보상보험및예방기금의 설치 및 조성) ① 고용노동부장관은 보험사업, 산업재해 예방 사업에 필요한 재원을 확보하고, 보험급여에 충당하기 위하여 산업재해보상보험및예방기금(이하 "기금"이라 한다)을 설치한다. <개정 2010.6.4.>

② 기금은 보험료, 기금운용 수익금, 적립금, 기금의 결산상 잉여금, 정부 또는 정부 아닌 자의 출연금 및 기부금, 차입금, 그 밖의 수입금을 재원으로 하여 조성한다.

③ 정부는 산업재해 예방 사업을 수행하기 위하여 회계연도마다 기금지출예산 총액의 100분의 3의 범위에서 제2항에 따른 정부의 출연금으로 세출예산에 계상(計上)하여야 한다.

제96조(기금의 용도) ① 기금은 다음 각 호의 용도에 사용한다. <개정 2008.12.31., 2010.1.27.>

1. 보험급여의 지급 및 반환금의 반환
2. 차입금 및 이자의 상환
3. 공단에의 출연
4. 「산업안전보건법」 제61조의3에 따른 용도
5. 재해근로자의 복지 증진
6. 「한국산업안전보건공단법」에 따른 한국산업안전보건공단(이하 "한국산업안전보건공단"이라 한다)에 대한 출연
7. 보험료징수법 제4조에 따른 업무를 위탁받은 자에의 출연
8. 그 밖에 보험사업 및 기금의 관리와 운용

② 고용노동부장관은 회계연도마다 제1항 각

호에 해당하는 기금지출예산 총액의 100분의 8 이상을 제1항제4호 및 제6호에 따른 용도로 계상하여야 한다. <개정 2010.6.4.>

③ 제1항제7호에 따라 기금으로부터 「국민건강보험법」 제13조에 따른 국민건강보험공단에 출연하는 금액은 징수업무(고지·수납·체납 업무를 말한다)가 차지하는 비율 등을 기준으로 산정한다. <신설 2018.6.12.>

제97조(기금의 관리·운용) ① 기금은 고용노동부장관이 관리·운용한다. <개정 2010.6.4.>

② 고용노동부장관은 다음 각 호의 방법에 따라 기금을 관리·운용하여야 한다. <개정 2010.6.4.>

1. 금융기관 또는 체신관서에의 예입(預入) 및 금전신탁
2. 재정자금에의 예탁
3. 투자신탁 등의 수익증권 매입
4. 국가·지방자치단체 또는 금융기관이 직접 발행하거나 채무이행을 보증하는 유가증권의 매입
5. 그 밖에 기금 증식을 위하여 대통령령으로 정하는 사업

③ 고용노동부장관은 제2항에 따라 기금을 관리·운용할 때에는 그 수익이 대통령령으로 정하는 수준 이상이 되도록 하여야 한다. <개정 2010.6.4.>

④ 기금은 「국가회계법」 제11조에 따라 회계처리를 한다. <개정 2018.6.12.>

⑤ 고용노동부장관은 기금의 관리·운용에 관한 업무의 일부를 공단 또는 한국산업안전보건공단에 위탁할 수 있다. <개정 2008.12.31., 2010.6.4.>

제98조(기금의 운용계획) 고용노동부장관은 회계연도마다 위원회의 심의를 거쳐 기금운용계획을 세워야 한다. <개정 2010.6.4.>

제99조(책임준비금의 적립) ① 고용노동부장관은 보험급여에 충당하기 위하여 책임준비금을 적립하여야 한다. <개정 2010.6.4.>

② 고용노동부장관은 회계연도마다 책임준비금을 산정하여 적립금 보유액이 책임준비금의 금액을 초과하면 그 초과액을 장래의 보험급여 지급 재원으로 사용하고, 부족하면 그 부족액을 보험료 수입에서 적립하여야 한다. <개정 2010.6.4.>

③ 제1항에 따른 책임준비금의 산정 기준

및 적립에 필요한 사항은 대통령령으로 정한다.

제100조(잉여금과 손실금의 처리) ① 기금의 결산상 잉여금이 생기면 이를 적립금으로 적립하여야 한다.
② 기금의 결산상 손실금이 생기면 적립금을 사용할 수 있다.

제101조(차입금) ① 기금에 속하는 경비를 지급하기 위하여 필요하면 기금의 부담으로 차입할 수 있다.
② 기금에서 지급할 현금이 부족하면 기금의 부담으로 일시차입을 할 수 있다.
③ 제2항에 따른 일시차입금은 그 회계연도 안에 상환하여야 한다.

제102조(기금의 출납 등) 기금을 관리·운용을 할 때의 출납 절차 등에 관한 사항은 대통령령으로 정한다.

제6장 심사 청구 및 재심사 청구

제103조(심사 청구의 제기) ① 다음 각 호의 어느 하나에 해당하는 공단의 결정 등(이하 "보험급여 결정등"이라 한다)에 불복하는 자는 공단에 심사 청구를 할 수 있다. <개정 2010.5.20., 2018.6.12.>
1. 제3장 및 제3장의2에 따른 보험급여에 관한 결정
2. 제45조 및 제91조의6제4항에 따른 진료비에 관한 결정
3. 제46조에 따른 약제비에 관한 결정
4. 제47조제2항에 따른 진료계획 변경 조치등
5. 제76조에 따른 보험급여의 일시지급에 관한 결정
5의2. 제77조에 따른 합병증 등 예방관리에 관한 조치
6. 제84조에 따른 부당이득의 징수에 관한 결정
7. 제89조에 따른 수급권의 대위에 관한 결정
② 제1항에 따른 심사 청구는 그 보험급여 결정등을 한 공단의 소속 기관을 거쳐 공단에 제기하여야 한다.
③ 제1항에 따른 심사 청구는 보험급여 결정등이 있음을 안 날부터 90일 이내에 하여야 한다.
④ 제2항에 따라 심사 청구서를 받은 공단

의 소속 기관은 5일 이내에 의견서를 첨부하여 공단에 보내야 한다.
⑤ 보험급여 결정등에 대하여는 「행정심판법」에 따른 행정심판을 제기할 수 없다.

■**판례 – 산업재해보상보험법상 심사청구에 관한 절차의 성격(=근로복지공단 내부의 시정절차) 및 그 절차에서 근로복지공단이 당초 처분의 근거로 삼은 사유와 기본적 사실관계의 동일성이 인정되지 않는 사유를 처분사유로 추가·변경할 수 있는지 여부(적극)**

산업재해보상보험법 규정의 내용, 형식 및 취지 등에 비추어 보면, 산업재해보상보험법상 심사청구에 관한 절차는 보험급여 등에 관한 처분을 한 근로복지공단으로 하여금 스스로의 심사를 통하여 당해 처분의 적법성과 합목적성을 확보하도록 하는 근로복지공단 내부의 시정절차에 해당한다고 보아야 한다. 따라서 처분청이 스스로 당해 처분의 적법성과 합목적성을 확보하고자 행하는 자신의 내부 시정절차에서는 당초 처분의 근거로 삼은 사유와 기본적 사실관계의 동일성이 인정되지 않는 사유라고 하더라도 이를 처분의 적법성과 합목적성을 뒷받침하는 처분사유로 추가·변경할 수 있다고 보는 것이 타당하다. [대법원 2012.9.13. 선고, 2012두3859, 판결]

제104조(산업재해보상보험심사위원회) ① 제103조에 따른 심사 청구를 심의하기 위하여 공단에 관계 전문가 등으로 구성되는 산업재해보상보험심사위원회(이하 "심사위원회"라 한다)를 둔다.
② 심사위원회 위원의 제척·기피·회피에 관하여는 제108조를 준용한다.
③ 심사위원회의 구성과 운영에 필요한 사항은 대통령령으로 정한다.

제105조(심사 청구에 대한 심리·결정) ① 공단은 제103조제4항에 따라 심사 청구서를 받은 날부터 60일 이내에 심사위원회의 심의를 거쳐 심사 청구에 대한 결정을 하여야 한다. 다만, 부득이한 사유로 그 기간 이내에 결정을 할 수 없으면 1차에 한하여 20일을 넘지 아니하는 범위에서 그 기간을 연장할 수 있다.
② 제1항 본문에도 불구하고 심사 청구 기간이 지난 후에 제기된 심사 청구 등 대통령령으로 정하는 사유에 해당하는 경우에는 심사위원회의 심의를 거치지 아니할 수 있다.
③ 제1항 단서에 따라 결정기간을 연장할

때에는 최초의 결정기간이 끝나기 7일 전까지 심사 청구인 및 보험급여 결정등을 한 공단의 소속 기관에 알려야 한다.

④ 공단은 심사 청구의 심리를 위하여 필요하면 청구인의 신청 또는 직권으로 다음 각 호의 행위를 할 수 있다.

1. 청구인 또는 관계인을 지정 장소에 출석하게 하여 질문하거나 의견을 진술하게 하는 것
2. 청구인 또는 관계인에게 증거가 될 수 있는 문서나 그 밖의 물건을 제출하게 하는 것
3. 전문적인 지식이나 경험을 가진 제3자에게 감정하게 하는 것
4. 소속 직원에게 사건에 관계가 있는 사업장이나 그 밖의 장소에 출입하여 사업주·근로자, 그 밖의 관계인에게 질문하게 하거나, 문서나 그 밖의 물건을 검사하게 하는 것
5. 심사 청구와 관계가 있는 근로자에게 공단이 지정하는 의사·치과의사 또는 한의사(이하 "의사등"이라 한다)의 진단을 받게 하는 것

⑤ 제4항제4호에 따른 질문이나 검사를 하는 공단의 소속 직원은 그 권한을 표시하는 증표를 지니고 이를 관계인에게 내보여야 한다.

제106조(재심사 청구의 제기) ① 제105조제1항에 따른 심사 청구에 대한 결정에 불복하는 자는 제107조에 따른 산업재해보상보험재심사위원회에 재심사 청구를 할 수 있다. 다만, 판정위원회의 심의를 거친 보험급여에 관한 결정에 불복하는 자는 제103조에 따른 심사 청구를 하지 아니하고 재심사 청구를 할 수 있다.

② 제1항에 따른 재심사 청구는 그 보험급여 결정등을 한 공단의 소속 기관을 거쳐 제107조에 따른 산업재해보상보험재심사위원회에 제기하여야 한다.

③ 제1항에 따른 재심사 청구는 심사 청구에 대한 결정이 있음을 안 날부터 90일 이내에 제기하여야 한다. 다만, 제1항 단서에 따라 심사 청구를 거치지 아니하고 재심사 청구를 하는 경우에는 보험급여에 관한 결정이 있음을 안 날부터 90일 이내에 제기하여야 한다.

④ 재심사 청구에 관하여는 제103조제4항을 준용한다. 이 경우 "심사 청구서"는 "재심사 청구서"로, "공단"은 "산업재해보상보험재심사위원회"로 본다.

제107조(산업재해보상보험재심사위원회) ① 제106조에 따른 재심사 청구를 심리·재결하기 위하여 고용노동부에 산업재해보상보험재심사위원회(이하 "재심사위원회"라 한다)를 둔다. <개정 2010.6.4.>

② 재심사위원회는 위원장 1명을 포함한 90명 이내의 위원으로 구성하되, 위원 중 2명은 상임위원으로, 1명은 당연직위원으로 한다. <개정 2018.6.12.>

③ 재심사위원회의 위원 중 5분의 2에 해당하는 위원은 제5항제2호부터 제5호까지에 해당하는 자 중에서 근로자 단체 및 사용자 단체가 각각 추천하는 자로 구성한다. 이 경우 근로자 단체 및 사용자 단체가 추천한 자는 같은 수로 하여야 한다. <개정 2010.1.27.>

④ 제3항에도 불구하고 근로자단체나 사용자단체가 각각 추천하는 사람이 위촉하려는 전체 위원 수의 5분의 1보다 적은 경우에는 제3항 후단을 적용하지 아니하고 근로자단체와 사용자단체가 추천하는 위원 수를 전체 위원 수의 5분의 2 미만으로 할 수 있다. <신설 2010.1.27.>

⑤ 재심사위원회의 위원장 및 위원은 다음 각 호의 어느 하나에 해당하는 자 중에서 고용노동부장관의 제청으로 대통령이 임명한다. 다만, 당연직위원은 고용노동부장관이 소속 3급의 일반직 공무원 또는 고위공무원단에 속하는 일반직 공무원 중에서 지명하는 자로 한다. <개정 2010.1.27., 2010.6.4.>

1. 3급 이상의 공무원 또는 고위공무원단에 속하는 일반직 공무원으로 재직하고 있거나 재직하였던 자
2. 판사·검사·변호사 또는 경력 10년 이상의 공인노무사
3. 「고등교육법」 제2조에 따른 학교에서 부교수 이상으로 재직하고 있거나 재직하였던 자
4. 노동 관계 업무 또는 산업재해보상보험 관련 업무에 15년 이상 종사한 자
5. 사회보험이나 산업의학에 관한 학식과 경험이 풍부한 자

⑥ 다음 각 호의 어느 하나에 해당하는 자는 위원에 임명될 수 없다. <개정 2010.1.27., 2015.1.20.>

1. 피성년후견인·피한정후견인 또는 파산

선고를 받고 복권되지 아니한 자
2. 금고 이상의 형을 선고받고 그 형의 집행이 종료되거나 집행을 받지 아니하기로 확정된 후 3년이 지나지 아니한 자
3. 심신 상실자·심신 박약자
⑦ 재심사위원회 위원(당연직위원은 제외한다)의 임기는 3년으로 하되 연임할 수 있고, 위원장이나 위원의 임기가 끝난 경우 그 후임자가 임명될 때까지 그 직무를 수행한다. <개정 2010.1.27., 2018.6.12.>
⑧ 재심사위원회의 위원은 다음 각 호의 어느 하나에 해당하는 경우 외에는 그 의사에 반하여 면직되지 아니한다. <개정 2010.1.27., 2018.6.12.>
1. 금고 이상의 형을 선고받은 경우
2. 오랜 심신 쇠약으로 직무를 수행할 수 없게 된 경우
3. 직무와 관련된 비위사실이 있거나 재심사위원회 위원직을 유지하기에 적합하지 아니하다고 인정되는 비위사실이 있는 경우
⑨ 재심사위원회에 사무국을 둔다. <개정 2010.1.27.>
⑩ 재심사위원회의 조직·운영 등에 필요한 사항은 대통령령으로 정한다. <개정 2010.1.27.>

제108조(위원의 제척·기피·회피) ① 재심사위원회의 위원은 다음 각 호의 어느 하나에 해당하는 경우에는 그 사건의 심리(審理)·재결(裁決)에서 제척(除斥)된다.
1. 위원 또는 그 배우자나 배우자였던 자가 그 사건의 당사자가 되거나 그 사건에 관하여 공동권리자 또는 의무자의 관계에 있는 경우
2. 위원이 그 사건의 당사자와「민법」제777조에 따른 친족이거나 친족이었던 경우
3. 위원이 그 사건에 관하여 증언이나 감정을 한 경우
4. 위원이 그 사건에 관하여 당사자의 대리인으로서 관여하거나 관여하였던 경우
5. 위원이 그 사건의 대상이 된 보험급여 결정등에 관여한 경우
② 당사자는 위원에게 심리·재결의 공정을 기대하기 어려운 사정이 있는 경우에는 기피신청을 할 수 있다.
③ 위원은 제1항이나 제2항의 사유에 해당하면 스스로 그 사건의 심리·재결을 회피할 수 있다.

④ 사건의 심리·재결에 관한 사무에 관여하는 위원 아닌 직원에게도 제1항부터 제3항까지의 규정을 준용한다.

제109조(재심사 청구에 대한 심리와 재결) ① 재심사 청구에 대한 심리·재결에 관하여는 제105조제1항 및 같은 조 제3항부터 제5항까지를 준용한다. 이 경우 "공단"은 "재심사위원회"로, "심사위원회의 심의를 거쳐 심사 청구"는 "재심사 청구"로, "결정"은 "재결"로, "소속 직원"은 "재심사위원회의 위원"으로 본다.
② 재심사위원회의 재결은 공단을 기속(羈束)한다.

제110조(심사 청구인 및 재심사 청구인의 지위 승계) 심사 청구인 또는 재심사 청구인이 사망한 경우 그 청구인이 보험급여의 수급권자이면 제62조제1항 또는 제81조에 따른 유족이, 그 밖의 자이면 상속인 또는 심사 청구나 재심사 청구의 대상인 보험급여에 관련된 권리·이익을 승계한 자가 각각 청구인의 지위를 승계한다.

제111조(다른 법률과의 관계) ① 제103조 및 제106조에 따른 심사 청구 및 재심사 청구의 제기는 시효의 중단에 관하여「민법」제168조에 따른 재판상의 청구로 본다.
② 제106조에 따른 재심사 청구에 대한 재결은「행정소송법」제18조를 적용할 때 행정심판에 대한 재결로 본다.
③ 제103조 및 제106조에 따른 심사 청구 및 재심사 청구에 관하여 이 법에서 정하고 있지 아니한 사항에 대하여는「행정심판법」에 따른다.

제7장 보칙

제111조의2(불이익 처우의 금지) 사업주는 근로자가 보험급여를 신청한 것을 이유로 근로자를 해고하거나 그 밖에 근로자에게 불이익한 처우를 하여서는 아니 된다.
[본조신설 2016.12.27.]

제112조(시효) ① 다음 각 호의 권리는 3년간 행사하지 아니하면 시효로 말미암아 소멸한다. 다만, 제1호의 보험급여 중 장해급여, 유족급여, 장의비, 진폐보상연금

및 진폐유족연금을 받을 권리는 5년간 행사하지 아니하면 시효의 완성으로 소멸한다. <개정 2010.1.27., 2018.6.12.>

1. 제36조제1항에 따른 보험급여를 받을 권리
2. 제45조에 따른 산재보험 의료기관의 권리
3. 제46조에 따른 약국의 권리
4. 제89조에 따른 보험가입자의 권리
5. 제90조제1항에 따른 국민건강보험공단 등의 권리

② 제1항에 따른 소멸시효에 관하여는 이 법에 규정된 것 외에는 「민법」에 따른다.

■판례 - 채무자가 소멸시효의 완성을 주장하는 것이 신의성실의 원칙에 반하여 권리남용으로서 허용될 수 없는 경우

채무자의 소멸시효에 터 잡은 항변권의 행사도 우리 민법의 대원칙인 신의성실의 원칙과 권리남용금지의 원칙의 지배를 받는 것이어서, 채무자가 시효완성 전에 채권자의 권리행사나 시효중단을 불가능 또는 현저히 곤란하게 하였거나, 그러한 조치가 불필요하다고 믿게 하는 행동을 하였거나, 객관적으로 채권자가 권리를 행사할 수 없는 장애사유가 있었거나, 또는 일단 시효완성 후에 채무자가 시효를 원용하지 아니할 것 같은 태도를 보여 권리자로 하여금 그와 같이 신뢰하게 하였거나, 채권자보호의 필요성이 크고, 같은 조건의 다른 채권자가 채무의 변제를 수령하는 등의 사정이 있어 채무이행의 거절을 인정함이 현저히 부당하거나 불공평하게 되는 등의 특별한 사정이 있는 경우에는 채무자가 소멸시효의 완성을 주장하는 것이 신의성실의 원칙에 반하여 권리남용으로서 허용될 수 없다. [대법원 2014.7.10. 선고, 2013두8332, 판결]

제113조(시효의 중단) 제112조에 따른 소멸시효는 제36조제2항에 따른 청구로 중단된다. 이 경우 청구가 제5조제1호에 따른 업무상의 재해 여부의 판단을 필요로 하는 최초의 청구인 경우에는 그 청구로 인한 시효중단의 효력은 제36조제1항에서 정한 다른 보험급여에도 미친다.

제114조(보고 등) ① 공단은 필요하다고 인정하면 대통령령으로 정하는 바에 따라 이 법의 적용을 받는 사업의 사업주 또는 그 사업에 종사하는 근로자 및 보험료징수법 제33조에 따른 보험사무대행기관(이하 "보험사무대행기관"이라 한다)에게 보험사업에 관하여 필요한 보고 또는 관계 서류의 제출을 요구할 수 있다.

② 장해보상연금, 유족보상연금, 진폐보상연금 또는 진폐유족연금을 받을 권리가 있는 자는 보험급여 지급에 필요한 사항으로서 대통령령으로 정하는 사항을 공단에 신고하여야 한다. <개정 2010.5.20.>

③ 수급권자 및 수급권이 있었던 자는 수급권의 변동과 관련된 사항으로서 대통령령으로 정하는 사항을 공단에 신고하여야 한다.

④ 수급권자가 사망하면 「가족관계의 등록 등에 관한 법률」 제85조에 따른 신고 의무자는 1개월 이내에 그 사망 사실을 공단에 신고하여야 한다.

제115조(연금 수급권자등의 출국신고 등) ① 대한민국 국민인 장해보상연금 수급권자, 유족보상연금 수급권자, 진폐보상연금 수급권자, 진폐유족연금 수급권자(이하 이 조에서 "장해보상연금 수급권자등"이라 한다) 또는 유족보상연금·진폐유족연금 수급자격자가 외국에서 거주하기 위하여 출국하는 경우에는 장해보상연금 수급권자등은 이를 공단에 신고하여야 한다. <개정 2010.5.20.>

② 장해보상연금 수급권자등과 유족보상연금·진폐유족연금 수급자격자가 외국에서 거주하는 기간에 장해보상연금, 유족보상연금, 진폐보상연금 또는 진폐유족연금을 받는 경우 장해보상연금 수급권자등은 그 수급권 또는 수급자격과 관련된 사항으로서 대통령령으로 정하는 사항을 매년 1회 이상 고용노동부령으로 정하는 바에 따라 공단에 신고하여야 한다. <개정 2010.5.20., 2010.6.4.> [제목개정 2010.5.20.]

제116조(사업주의 조력) ① 보험급여를 받을 자가 사고로 보험급여의 청구 등의 절차를 행하기 곤란하면 사업주는 이를 도와야 한다.

② 사업주는 보험급여를 받을 자가 보험급여를 받는 데에 필요한 증명을 요구하면 그 증명을 하여야 한다.

③ 사업주의 행방불명, 그 밖의 부득이한 사유로 제2항에 따른 증명이 불가능하면 그 증명을 생략할 수 있다.

제117조(사업장 등에 대한 조사) ① 공단은 보험급여에 관한 결정, 심사 청구의 심리·결정 등을 위하여 확인이 필요하다고 인정하면 소속 직원에게 이 법의 적용을 받는 사업의 사무소 또는 사업장과 보험사무대행기관의 사무소에 출입하여 관계

인에게 질문을 하게 하거나 관계 서류를 조사하게 할 수 있다.

② 제1항의 경우에 공단 직원은 그 권한을 표시하는 증표를 지니고 이를 관계인에게 내보여야 한다.

제118조(산재보험 의료기관에 대한 조사 등)

① 공단은 보험급여에 관하여 필요하다고 인정하면 대통령령으로 정하는 바에 따라 보험급여를 받는 근로자를 진료한 산재보험 의료기관(의사를 포함한다. 이하 이 조에서 같다)에 대하여 그 근로자의 진료에 관한 보고 또는 그 진료에 관한 서류나 물건의 제출을 요구하거나 소속 직원으로 하여금 그 관계인에게 질문을 하게 하거나 관계 서류나 물건을 조사하게 할 수 있다.

② 제1항의 조사에 관하여는 제117조제2항을 준용한다.

제119조(진찰 요구)

공단은 보험급여에 관하여 필요하다고 인정하면 대통령령으로 정하는 바에 따라 보험급여를 받은 자 또는 이를 받으려는 자에게 산재보험 의료기관에서 진찰을 받을 것을 요구할 수 있다.

제119조의2(포상금의 지급)

공단은 제84조제1항 및 같은 조 제3항에 따라 보험급여, 진료비 또는 약제비를 부당하게 지급받은 자를 신고한 사람에게 예산의 범위에서 고용노동부령으로 정하는 바에 따라 포상금을 지급할 수 있다. <개정 2010.6.4.>
[본조신설 2010.5.20.]

제120조(보험급여의 일시 중지)

① 공단은 보험급여를 받고자 하는 자가 다음 각 호의 어느 하나에 해당되면 보험급여의 지급을 일시 중지할 수 있다. <개정 2010.5.20.>

1. 요양 중인 근로자가 제48조제1항에 따른 공단의 전원 요양 지시를 정당한 사유 없이 따르지 아니하는 경우
2. 제59조에 따라 공단이 직권으로 실시하는 장해등급 또는 진폐장해등급 재판정 요구에 응하지 아니하는 경우
3. 제114조나 제115조에 따른 보고·서류 제출 또는 신고를 하지 아니하는 경우
4. 제117조에 따른 질문이나 조사에 응하지 아니하는 경우
5. 제119조에 따른 진찰 요구에 따르지 아니하는 경우

② 제1항에 따른 일시 중지의 대상이 되는 보험급여의 종류, 일시 중지의 기간 및 일시 중지 절차는 대통령령으로 정한다.

제121조(국외의 사업에 대한 특례)

① 국외 근무 기간에 발생한 근로자의 재해를 보상하기 위하여 우리나라가 당사국이 된 사회보장에 관한 조약이나 협정(이하 "사회보장 관련조약"이라 한다)으로 정하는 국가나 지역에서의 사업에 대하여는 고용노동부장관이 금융위원회와 협의하여 지정하는 자(이하 "보험회사"라 한다)에게 이 법에 따른 보험사업을 자기의 계산으로 영위하게 할 수 있다. <개정 2008.2.29., 2010.1.27., 2010.6.4.>

② 보험회사는 「보험업법」에 따른 사업 방법에 따라 보험사업을 영위한다. 이 경우 보험회사가 지급하는 보험급여는 이 법에 따른 보험급여보다 근로자에게 불이익하여서는 아니 된다.

③ 제1항에 따라 보험사업을 영위하는 보험회사는 이 법과 근로자를 위한 사회보장관련조약에서 정부가 부담하는 모든 책임을 성실히 이행하여야 한다.

④ 제1항에 따른 국외의 사업과 이를 대상으로 하는 보험사업에 대하여는 제2조, 제3조제1항, 제6조 단서, 제8조, 제82조제1항과 제5장 및 제6장을 적용하지 아니한다. <개정 2018.6.12.>

⑤ 보험회사는 제1항에 따른 보험사업을 영위할 때 이 법에 따른 공단의 권한을 행사할 수 있다.

제122조(해외파견자에 대한 특례)

① 보험료징수법 제5조제3항 및 제4항에 따른 보험가입자가 대한민국 밖의 지역(고용노동부령으로 정하는 지역은 제외한다)에서 하는 사업에 근로시키기 위하여 파견하는 자(이하 "해외파견자"라 한다)에 대하여 공단에 보험 가입 신청을 하여 승인을 받으면 해외파견자를 그 가입자의 대한민국 영역 안의 사업(2개 이상의 사업이 있는 경우에는 주된 사업을 말한다)에 사용하는 근로자로 보아 이 법을 적용할 수 있다. <개정 2010.6.4.>

② 해외파견자의 보험급여의 기초가 되는 임금액은 그 사업에 사용되는 같은 직종 근로자의 임금액 및 그 밖의 사정을 고려하여 고용노동부장관이 정하여 고시하는 금액으로 한다. <개정 2010.6.4.>

③ 해외파견자에 대한 보험급여의 지급 등에 필요한 사항은 고용노동부령으로 정한다. <개정 2010.6.4.>
④ 제1항에 따라 이 법의 적용을 받는 해외파견자의 보험료 산정, 보험 가입의 신청 및 승인, 보험료의 신고 및 납부, 보험관계의 소멸, 그 밖에 필요한 사항은 보험료징수법으로 정하는 바에 따른다.

제123조(현장실습생에 대한 특례) ① 이 법이 적용되는 사업에서 현장 실습을 하고 있는 학생 및 직업 훈련생(이하 "현장실습생"이라 한다) 중 고용노동부장관이 정하는 현장실습생은 제5조제2호에도 불구하고 이 법을 적용할 때는 그 사업에 사용되는 근로자로 본다. <개정 2010.6.4.>
② 현장실습생이 실습과 관련하여 입은 재해는 업무상의 재해로 보아 제36조제1항에 따른 보험급여를 지급한다. <개정 2010.5.20.>
③ 현장실습생에 대한 보험급여의 기초가 되는 임금액은 현장실습생이 지급받는 훈련수당 등 모든 금품으로 하되, 이를 적용하는 것이 현장실습생의 재해보상에 적절하지 아니하다고 인정되면 고용노동부장관이 정하여 고시하는 금액으로 할 수 있다. <개정 2010.6.4.>
④ 현장실습생에 대한 보험급여의 지급 등에 필요한 사항은 대통령령으로 정한다.
⑤ 현장실습생에 대한 보험료의 산정·신고 및 납부 등에 관한 사항은 보험료징수법으로 정하는 바에 따른다.

제124조(중·소기업 사업주에 대한 특례) ① 대통령령으로 정하는 중·소기업 사업주(근로자를 사용하지 아니하는 자를 포함한다. 이하 이 조에서 같다)는 공단의 승인을 받아 자기 또는 유족을 보험급여를 받을 수 있는 자로 하여 보험에 가입할 수 있다. 이 경우 제5조제2호에도 불구하고 그 사업주는 이 법을 적용할 때 근로자로 본다.
② 제1항에 따른 중·소기업 사업주에 대한 보험급여의 지급 사유인 업무상의 재해의 인정 범위는 대통령령으로 정한다.
③ 제1항에 따른 중·소기업 사업주에 대한 보험급여의 산정 기준이 되는 평균임금은 고용노동부장관이 정하여 고시하는 금액으로 한다. <개정 2010.6.4.>
④ 제2항에 따른 업무상의 재해가 보험료의 체납 기간에 발생하면 대통령령으로 정하는

바에 따라 그 재해에 대한 보험급여의 전부 또는 일부를 지급하지 아니할 수 있다.
⑤ 중·소기업 사업주에 대한 보험급여의 지급 등에 필요한 사항은 고용노동부령으로 정한다. <개정 2010.6.4.>
⑥ 제1항에 따라 이 법의 적용을 받는 중·소기업 사업주의 보험료의 산정, 보험 가입의 신청 및 승인, 보험료의 신고 및 납부, 보험관계의 소멸, 그 밖에 필요한 사항은 보험료징수법으로 정하는 바에 따른다.

제125조(특수형태근로종사자에 대한 특례) ① 계약의 형식에 관계없이 근로자와 유사하게 노무를 제공함에도 「근로기준법」 등이 적용되지 아니하여 업무상의 재해로부터 보호할 필요가 있는 자로서 다음 각 호의 모두에 해당하는 자 중 대통령령으로 정하는 직종에 종사하는 자(이하 이 조에서 "특수형태근로종사자"라 한다)의 노무(勞務)를 제공받는 사업은 제6조에도 불구하고 이 법의 적용을 받는 사업으로 본다. <개정 2010.1.27.>
1. 주로 하나의 사업에 그 운영에 필요한 노무를 상시적으로 제공하고 보수를 받아 생활할 것
2. 노무를 제공함에 있어서 타인을 사용하지 아니할 것
② 특수형태근로종사자는 제5조제2호에도 불구하고 이 법을 적용할 때에는 그 사업의 근로자로 본다. 다만, 특수형태근로종사자가 제4항에 따라 이 법의 적용 제외를 신청한 경우에는 근로자로 보지 아니한다. <개정 2010.1.27.>
③ 사업주는 특수형태근로종사자로부터 노무를 제공받거나 제공받지 아니하게 된 경우에는 이를 대통령령으로 정하는 바에 따라 공단에 신고하여야 한다.
④ 특수형태근로종사자는 이 법의 적용을 원하지 아니하는 경우 보험료징수법으로 정하는 바에 따라 공단에 이 법의 적용 제외를 신청할 수 있다. 다만, 사업주가 보험료를 전액 부담하는 특수형태근로종사자의 경우에는 그러하지 아니하다.
⑤ 제4항에 따라 이 법의 적용 제외를 신청한 경우에는 신청한 날의 다음 날부터 이 법을 적용하지 아니한다. 다만, 처음 이 법의 적용을 받은 날부터 70일 이내에 이 법의 적용 제외를 신청한 경우에는 처음 이 법의 적용을 받은 날로 소급하여 이 법을 적용하지 아니한다.

⑥ 제4항과 제5항에 따라 이 법의 적용을 받지 아니하는 자가 다시 이 법의 적용을 받기 위하여 공단에 신청하는 경우에는 다음 보험연도부터 이 법을 적용한다.

⑦ 제1항에 따라 이 법의 적용을 받는 특수형태근로종사자에 대한 보험관계의 성립·소멸 및 변경, 법 적용 제외 및 재적용의 신청, 보험료의 산정·신고·납부, 보험료나 그 밖의 징수금의 징수에 필요한 사항은 보험료징수법에서 정하는 바에 따른다.

⑧ 특수형태근로종사자에 대한 보험급여의 산정 기준이 되는 평균임금은 고용노동부장관이 고시하는 금액으로 한다. <개정 2010.6.4.>

⑨ 특수형태근로종사자에 대한 보험급여 지급사유인 업무상의 재해의 인정 기준은 대통령령으로 정한다.

⑩ 제9항에 따른 업무상의 재해가 보험료 체납기간 중에 발생한 경우에는 대통령령으로 정하는 바에 따라 그 업무상의 재해에 따른 보험급여의 전부 또는 일부를 지급하지 아니할 수 있다.

⑪ 특수형태근로종사자에 대한 보험급여의 지급 등에 필요한 사항은 고용노동부령으로 정한다. <신설 2010.1.27., 2010.6.4.>

제126조(「국민기초생활 보장법」상의 수급자에 대한 특례) ① 제5조제2호에 따른 근로자가 아닌 자로서 「국민기초생활 보장법」 제15조에 따른 자활급여 수급자 중 고용노동부장관이 정하여 고시하는 사업에 종사하는 자는 제5조제2호에도 불구하고 이 법의 적용을 받는 근로자로 본다. <개정 2010.6.4.>

② 자활급여 수급자의 보험료 산정 및 보험급여의 기초가 되는 임금액은 자활급여 수급자가 제1항의 사업에 참여하여 받는 자활급여로 한다.

제126조의2(벌칙 적용에서 공무원 의제) 재심사위원회 위원 중 공무원이 아닌 위원은 「형법」 제129조부터 제132조까지의 규정을 적용할 때에는 공무원으로 본다.
[본조신설 2018.6.12.]

제8장 벌칙

제127조(벌칙) ① 산재보험 의료기관이나 제

46조제1항에 따른 약국의 종사자로서 거짓이나 그 밖의 부정한 방법으로 진료비나 약제비를 지급받은 자는 3년 이하의 징역 또는 3천만원 이하의 벌금에 처한다.

② 다음 각 호의 어느 하나에 해당하는 자는 2년 이하의 징역 또는 2천만원 이하의 벌금에 처한다. <개정 2016.12.27., 2018.6.12.>
1. 거짓이나 그 밖의 부정한 방법으로 보험급여를 받은 자
2. 거짓이나 그 밖의 부정한 방법으로 보험급여를 받도록 시키거나 도와준 자
3. 제111조의2를 위반하여 근로자를 해고하거나 그 밖에 근로자에게 불이익한 처우를 한 사업주

③ 제21조제3항을 위반하여 비밀을 누설한 자는 2년 이하의 징역 또는 1천만원 이하의 벌금에 처한다. <개정 2010.1.27.>

제128조(양벌규정) 법인의 대표자나 법인 또는 개인의 대리인, 사용인, 그 밖의 종업원이 그 법인 또는 개인의 업무에 관하여 제127조제1항의 위반행위를 하면 그 행위자를 벌하는 외에 그 법인 또는 개인에게도 해당 조문의 벌금형을 과(科)한다. 다만, 법인 또는 개인이 그 위반행위를 방지하기 위하여 해당 업무에 관하여 상당한 주의와 감독을 게을리하지 아니한 경우에는 그러하지 아니하다.
[전문개정 2009.1.7.]

제129조(과태료) ① 다음 각 호의 어느 하나에 해당하는 자에게는 200만원 이하의 과태료를 부과한다. <개정 2010.1.27.>
1. 제34조를 위반하여 근로복지공단 또는 이와 비슷한 명칭을 사용한 자
2. 제45조제1항을 위반하여 공단이 아닌 자에게 진료비를 청구한 자

② 다음 각 호의 어느 하나에 해당하는 자에게는 100만원 이하의 과태료를 부과한다.
1. 제47조제1항에 따른 진료계획을 정당한 사유 없이 제출하지 아니하는 자
2. 제105조제4항(제109조제1항에서 준용하는 경우를 포함한다)에 따른 질문에 답변하지 아니하거나 거짓된 답변을 하거나 검사를 거부·방해 또는 기피한 자
3. 제114조제1항 또는 제118조에 따른 보고를 하지 아니하거나 거짓된 보고를 한 자 또는 서류나 물건의 제출 명령에 따르지 아니한 자

4. 제117조 또는 제118조에 따른 공단의
   소속 직원의 질문에 답변을 거부하거나
   조사를 거부·방해 또는 기피한 자
5. 제125조제3항에 따른 신고를 하지 아
   니한 자
③ 제1항 또는 제2항에 따른 과태료는 대
통령령으로 정하는 바에 따라 고용노동부
장관이 부과·징수한다. <개정 2010.6.4.>
④ 삭제 <2010.1.27.>
⑤ 삭제 <2010.1.27.>
⑥ 삭제 <2010.1.27.>

부칙
<법률 제15665호, 2018.6.12.>

제1조(시행일) 이 법은 공포 후 6개월이 경
과한 날부터 시행한다. 다만, 제26조제2
항, 제36조제7항, 제54조제2항, 제97조
제4항 및 제107조제2항·제7항의 개정
규정은 공포한 날부터 시행하며, 제107
조제8항, 제126조의2, 제127조제2항의
개정규정은 공포 후 3개월이 경과한 날
부터 시행한다.

제2조(유족보상연금 수급자격의 적용례) 제
63조제1항 및 제64조제1항의 개정규정
은 이 법 시행 당시 유족보상연금을 수
급하고 있는 자녀에 대하여도 적용한다.

제3조(직장적응훈련비에 관한 적용례) 제72
조제1항제2호의 개정규정은 이 법 시행
후 최초로 실시하는 직장적응훈련부터
적용한다.

제4조(부당이득의 징수에 관한 적용례) 제
84조제4항의 개정규정은 이 법 시행 후
최초로 부정수급 사실을 자진 신고한 경
우부터 적용한다.

외국인근로자의 고용 등에 관한 법률

(약칭: 외국인고용법)

[시행 2017.7.26.]
[법률 제14839호, 2017.7.26., 타법개정]

제1장 총칙
<개정 2009.10.9.>

제1조(목적) 이 법은 외국인근로자를 체계적으로 도입·관리함으로써 원활한 인력수급 및 국민경제의 균형 있는 발전을 도모함을 목적으로 한다.
[전문개정 2009.10.9.]

제2조(외국인근로자의 정의) 이 법에서 "외국인근로자"란 대한민국의 국적을 가지지 아니한 사람으로서 국내에 소재하고 있는 사업 또는 사업장에서 임금을 목적으로 근로를 제공하고 있거나 제공하려는 사람을 말한다. 다만, 「출입국관리법」 제18조제1항에 따라 취업활동을 할 수 있는 체류자격을 받은 외국인 중 취업분야 또는 체류기간 등을 고려하여 대통령령으로 정하는 사람은 제외한다.
[전문개정 2009.10.9.]

제3조(적용 범위 등) ① 이 법은 외국인근로자 및 외국인근로자를 고용하고 있거나 고용하려는 사업 또는 사업장에 적용한다. 다만, 「선원법」의 적용을 받는 선박에 승무(乘務)하는 선원 중 대한민국 국적을 가지지 아니한 선원 및 그 선원을 고용하고 있거나 고용하려는 선박의 소유자에 대하여는 적용하지 아니한다.
② 외국인근로자의 입국·체류 및 출국 등에 관하여 이 법에서 규정하지 아니한 사항은 「출입국관리법」에서 정하는 바에 따른다.
[전문개정 2009.10.9.]

제4조(외국인력정책위원회) ① 외국인근로자의 고용관리 및 보호에 관한 주요 사항을 심의·의결하기 위하여 국무총리 소속으로 외국인력정책위원회(이하 "정책위원회"라 한다)를 둔다.

② 정책위원회는 다음 각 호의 사항을 심의·의결한다.
1. 외국인근로자 관련 기본계획의 수립에 관한 사항
2. 외국인근로자 도입 업종 및 규모 등에 관한 사항
3. 외국인근로자를 송출할 수 있는 국가(이하 "송출국가"라 한다)의 지정 및 지정취소에 관한 사항
4. 그 밖에 대통령령으로 정하는 사항
③ 정책위원회는 위원장 1명을 포함한 20명 이내의 위원으로 구성한다.
④ 정책위원회의 위원장은 국무조정실장이 되고, 위원은 기획재정부·외교부·법무부·산업통상자원부·고용노동부·중소벤처기업부의 차관 및 대통령령으로 정하는 관계 중앙행정기관의 차관이 된다. <개정 2010.6.4., 2013.3.23., 2017.7.26.>
⑤ 외국인근로자 고용제도의 운영 및 외국인근로자의 권익보호 등에 관한 사항을 사전에 심의하게 하기 위하여 정책위원회에 외국인력정책실무위원회(이하 "실무위원회"라 한다)를 둔다.
⑥ 정책위원회와 실무위원회의 구성·기능 및 운영 등에 필요한 사항은 대통령령으로 정한다.
[전문개정 2009.10.9.]

제5조(외국인근로자 도입계획의 공표 등) ① 고용노동부장관은 제4조제2항 각 호의 사항이 포함된 외국인근로자 도입계획을 정책위원회의 심의·의결을 거쳐 수립하여 매년 3월 31일까지 대통령령으로 정하는 방법으로 공표하여야 한다. <개정 2010.6.4.>
② 고용노동부장관은 제1항에도 불구하고 국내의 실업증가 등 고용사정의 급격한 변동으로 인하여 제1항에 따른 외국인근로자 도입계획을 변경할 필요가 있을 때에는 정책위원회의 심의·의결을 거쳐 변경할 수 있다. 이 경우 공표의 방법에 관하여는 제1항을 준용한다. <개정 2010.6.4.>
③ 고용노동부장관은 필요한 경우 외국인근로자 관련 업무를 지원하기 위하여 조사·연구사업을 할 수 있으며, 이에 관하여 필요한 사항은 대통령령으로 정한다. <개정 2010.6.4.>
[전문개정 2009.10.9.]

제2장 외국인근로자 고용절차
<개정 2009.10.9.>

제6조(내국인 구인 노력) ① 외국인근로자를 고용하려는 자는 「직업안정법」 제2조의2 제1호에 따른 직업안정기관(이하 "직업안정기관"이라 한다)에 우선 내국인 구인 신청을 하여야 한다.
② 직업안정기관의 장은 제1항에 따른 내국인 구인 신청을 받은 경우에는 사용자가 적절한 구인 조건을 제시할 수 있도록 상담·지원하여야 하며, 구인 조건을 갖춘 내국인이 우선적으로 채용될 수 있도록 직업소개를 적극적으로 하여야 한다.
[전문개정 2009.10.9.]

제7조(외국인구직자 명부의 작성) ① 고용노동부장관은 제4조제2항제3호에 따라 지정된 송출국가의 노동행정을 관장하는 정부기관의 장과 협의하여 대통령령으로 정하는 바에 따라 외국인구직자 명부를 작성하여야 한다. 다만, 송출국가에 노동행정을 관장하는 독립된 정부기관이 없을 경우 가장 가까운 기능을 가진 부서를 정하여 정책위원회의 심의를 받아 그 부서의 장과 협의한다. <개정 2010.6.4.>
② 고용노동부장관은 제1항에 따른 외국인구직자 명부를 작성할 때에는 외국인구직자 선발기준 등으로 활용할 수 있도록 한국어 구사능력을 평가하는 시험(이하 "한국어능력시험"이라 한다)을 실시하여야 하며, 한국어능력시험의 실시기관 선정 및 선정취소, 평가의 방법, 그 밖에 필요한 사항은 대통령령으로 정한다. <개정 2010.6.4.>
③ 한국어능력시험의 실시기관은 시험에 응시하려는 자로부터 대통령령으로 정하는 바에 따라 수수료를 징수하여 사용할 수 있다. 이 경우 수수료는 외국인근로자 선발 등을 위한 비용으로 사용하여야 한다. <신설 2014.1.28.>
④ 고용노동부장관은 제1항에 따른 외국인구직자 선발기준 등으로 활용하기 위하여 필요한 경우 기능 수준 등 인력 수요에 부합되는 자격요건을 평가할 수 있다. <개정 2010.6.4., 2014.1.28.>
⑤ 제4항에 따른 자격요건 평가기관은 「한국산업인력공단법」에 따른 한국산업인력공단(이하 "한국산업인력공단"이라 한다)으로 하며, 자격요건 평가의 방법 등 필요한 사항은

대통령령으로 정한다. <개정 2014.1.28.>
[전문개정 2009.10.9.]

제8조(외국인근로자 고용허가) ① 제6조제1항에 따라 내국인 구인 신청을 한 사용자는 같은 조 제2항에 따른 직업소개를 받고도 인력을 채용하지 못한 경우에는 고용노동부령으로 정하는 바에 따라 직업안정기관의 장에게 외국인근로자 고용허가를 신청하여야 한다. <개정 2010.6.4.>
② 제1항에 따른 고용허가 신청의 유효기간은 3개월로 하되, 일시적인 경영악화 등으로 신규 근로자를 채용할 수 없는 경우 등에는 대통령령으로 정하는 바에 따라 1회에 한정하여 고용허가 신청의 효력을 연장할 수 있다.
③ 직업안정기관의 장은 제1항에 따른 신청을 받으면 외국인근로자 도입 업종 및 규모 등 대통령령으로 정하는 요건을 갖춘 사용자에게 제7조제1항에 따른 외국인구직자 명부에 등록된 사람 중에서 적격자를 추천하여야 한다.
④ 직업안정기관의 장은 제3항에 따라 추천된 적격자를 선정한 사용자에게는 지체 없이 고용허가를 하고, 선정된 외국인근로자의 성명 등을 적은 외국인근로자 고용허가서를 발급하여야 한다.
⑤ 제4항에 따른 외국인근로자 고용허가서의 발급 및 관리 등에 필요한 사항은 대통령령으로 정한다.
⑥ 직업안정기관이 아닌 자는 외국인근로자의 선발, 알선, 그 밖의 채용에 개입하여서는 아니 된다.
[전문개정 2009.10.9.]

제9조(근로계약) ① 사용자가 제8조제4항에 따라 선정한 외국인근로자를 고용하려면 고용노동부령으로 정하는 표준근로계약서를 사용하여 근로계약을 체결하여야 한다. <개정 2010.6.4.>
② 사용자는 제1항에 따른 근로계약을 체결하려는 경우 이를 한국산업인력공단에 대행하게 할 수 있다. <개정 2014.1.28.>
③ 제8조에 따라 고용허가를 받은 사용자와 외국인근로자는 제18조에 따른 기간 내에서 당사자 간의 합의에 따라 근로계약을 체결하거나 갱신할 수 있다. <개정 2012.2.1.>
④ 제18조의2에 따라 취업활동 기간이 연장되는 외국인근로자와 사용자는 연장된 취

업활동 기간의 범위에서 근로계약을 체결할 수 있다.
⑤ 제1항에 따른 근로계약을 체결하는 절차 및 효력발생 시기 등에 관하여 필요한 사항은 대통령령으로 정한다.
[전문개정 2009.10.9.]

제10조(사증발급인정서) 제9조제1항에 따라 외국인근로자와 근로계약을 체결한 사용자는 「출입국관리법」 제9조제2항에 따라 그 외국인근로자를 대리하여 법무부장관에게 사증발급인정서를 신청할 수 있다.
[전문개정 2009.10.9.]

제11조(외국인 취업교육) ① 외국인근로자는 입국한 후에 고용노동부령으로 정하는 기간 이내에 대통령령으로 정하는 기관에서 국내 취업활동에 필요한 사항을 주지(周知)시키기 위하여 실시하는 교육(이하 "외국인 취업교육"이라 한다)을 받아야 한다. <개정 2010.6.4.>
② 사용자는 외국인근로자가 외국인 취업교육을 받을 수 있도록 하여야 한다.
③ 외국인 취업교육의 시간과 내용, 그 밖에 외국인 취업교육에 필요한 사항은 고용노동부령으로 정한다. <개정 2010.6.4.>
[전문개정 2009.10.9.]

제12조(외국인근로자 고용의 특례) ① 다음 각 호의 어느 하나에 해당하는 사업 또는 사업장의 사용자는 제3항에 따른 특례고용가능확인을 받은 후 대통령령으로 정하는 사증을 발급받고 입국한 외국인으로서 국내에서 취업하려는 사람을 고용할 수 있다. 이 경우 근로계약의 체결에 관하여는 제9조를 준용한다.
1. 건설업으로서 정책위원회가 일용근로자 노동시장의 현황, 내국인근로자 고용기회의 침해 여부 및 사업장 규모 등을 고려하여 정하는 사업 또는 사업장
2. 서비스업, 제조업, 농업 또는 어업으로서 정책위원회가 산업별 특성을 고려하여 정하는 사업 또는 사업장
② 제1항에 따른 외국인으로서 제1항 각 호의 어느 하나에 해당하는 사업 또는 사업장에 취업하려는 사람은 외국인 취업교육을 받은 후에 직업안정기관의 장에게 구직 신청을 하여야 하고, 고용노동부장관은 이에 대하여 외국인구직자 명부를 작성·

관리하여야 한다. <개정 2010.6.4.>
③ 제6조제1항에 따라 내국인 구인 신청을 한 사용자는 같은 조 제2항에 따라 직업안정기관의 장의 직업소개를 받고도 인력을 채용하지 못한 경우에는 고용노동부령으로 정하는 바에 따라 직업안정기관의 장에게 특례고용가능확인을 신청할 수 있다. 이 경우 직업안정기관의 장은 외국인근로자의 도입 업종 및 규모 등 대통령령으로 정하는 요건을 갖춘 사용자에게 특례고용가능확인을 하여야 한다. <개정 2010.6.4.>
④ 제3항에 따라 특례고용가능확인을 받은 사용자는 제2항에 따른 외국인구직자 명부에 등록된 사람 중에서 채용하여야 하고, 외국인근로자가 근로를 시작하면 고용노동부령으로 정하는 바에 따라 직업안정기관의 장에게 신고하여야 한다. <개정 2010.6.4.>
⑤ 특례고용가능확인의 유효기간은 3년으로 한다. 다만, 제1항제1호에 해당하는 사업 또는 사업장으로서 공사기간이 3년보다 짧은 경우에는 그 기간으로 한다.
⑥ 직업안정기관의 장이 제3항에 따라 특례고용가능확인을 한 경우에는 대통령령으로 정하는 바에 따라 해당 사용자에게 특례고용가능확인서를 발급하여야 한다.
⑦ 제1항에 따른 외국인근로자에 대하여는 「출입국관리법」 제21조를 적용하지 아니한다.
⑧ 고용노동부장관은 제1항에 따른 외국인이 취업을 희망하는 경우에는 입국 전에 고용정보를 제공할 수 있다. <개정 2010.6.4.>
[전문개정 2009.10.9.]

제3장 외국인근로자의 고용관리
<개정 2009.10.9.>

제13조(출국만기보험·신탁) ① 외국인근로자를 고용한 사업 또는 사업장의 사용자(이하 "사용자"라 한다)는 외국인근로자의 출국 등에 따른 퇴직금 지급을 위하여 외국인근로자를 피보험자 또는 수익자(이하 "피보험자등"이라 한다)로 하는 보험 또는 신탁(이하 "출국만기보험등"이라 한다)에 가입하여야 한다. 이 경우 보험료 또는 신탁금은 매월 납부하거나 위탁하여야 한다. <개정 2014.1.28.>
② 사용자가 출국만기보험등에 가입한 경우 「근로자퇴직급여 보장법」 제8조제1항에 따른 퇴직금제도를 설정한 것으로 본다.

③ 출국만기보험등의 가입대상 사용자, 가입 방법·내용·관리 및 지급 등에 필요한 사항은 대통령령으로 정하되, 지급시기는 피보험자등이 출국한 때부터 14일(체류자격의 변경, 사망 등에 따라 신청하거나 출국일 이후에 신청하는 경우에는 신청일부터 14일) 이내로 한다. <개정 2014.1.28.>
④ 출국만기보험등의 지급사유 발생에 따라 피보험자등이 받을 금액(이하 "보험금등"이라 한다)에 대한 청구권은 「상법」 제662조에도 불구하고 지급사유가 발생한 날부터 3년간 이를 행사하지 아니하면 소멸시효가 완성한다. 이 경우 출국만기보험등을 취급하는 금융기관은 소멸시효가 완성한 보험금등을 1개월 이내에 한국산업인력공단에 이전하여야 한다. <신설 2014.1.28.>
[전문개정 2009.10.9.]

제13조의2(휴면보험금등관리위원회) ① 제13조제4항에 따라 이전받은 보험금등의 관리·운용에 필요한 사항을 심의·의결하기 위하여 한국산업인력공단에 휴면보험금등관리위원회를 둔다.
② 제13조제4항에 따라 이전받은 보험금등은 우선적으로 피보험자등을 위하여 사용되어야 한다.
③ 휴면보험금등관리위원회의 구성 및 운영, 그 밖에 필요한 사항은 대통령령으로 정한다.
[본조신설 2014.1.28.]

제14조(건강보험) 사용자 및 사용자에게 고용된 외국인근로자에게 「국민건강보험법」을 적용하는 경우 사용자는 같은 법 제3조에 따른 사용자로, 사용자에게 고용된 외국인근로자는 같은 법 제6조제1항에 따른 직장가입자로 본다.
[전문개정 2009.10.9.]

제15조(귀국비용보험·신탁) ① 외국인근로자는 귀국 시 필요한 비용에 충당하기 위하여 보험 또는 신탁에 가입하여야 한다.
② 제1항에 따른 보험 또는 신탁의 가입방법·내용·관리 및 지급 등에 필요한 사항은 대통령령으로 정한다.
③ 제1항에 따른 보험 또는 신탁의 지급사유 발생에 따라 가입자가 받을 금액에 대한 청구권의 소멸시효, 소멸시효가 완성한 금액의 이전 및 관리·운용 등에 관하여는 제

13조제4항 및 제13조의2를 준용한다. <신설 2014.1.28.>
[전문개정 2009.10.9.]

제16조(귀국에 필요한 조치) 사용자는 외국인근로자가 근로관계의 종료, 체류기간의 만료 등으로 귀국하는 경우에는 귀국하기 전에 임금 등 금품관계를 청산하는 등 필요한 조치를 하여야 한다.
[전문개정 2009.10.9.]

제17조(외국인근로자의 고용관리) ① 사용자는 외국인근로자와의 근로계약을 해지하거나 그 밖에 고용과 관련된 중요 사항을 변경하는 등 대통령령으로 정하는 사유가 발생하였을 때에는 고용노동부령으로 정하는 바에 따라 직업안정기관의 장에게 신고하여야 한다. <개정 2010.6.4.>
② 사용자가 제1항에 따른 신고를 한 경우 그 신고사실이 「출입국관리법」 제19조제1항 각 호에 따른 신고사유에 해당하는 때에는 같은 항에 따른 신고를 한 것으로 본다. <신설 2016.1.27.>
③ 제1항에 따라 신고를 받은 직업안정기관의 장은 그 신고사실이 제2항에 해당하는 때에는 지체 없이 사용자의 소재지를 관할하는 지방출입국·외국인관서의 장에게 통보하여야 한다. <신설 2016.1.27.>
④ 외국인근로자의 적절한 고용관리 등에 필요한 사항은 대통령령으로 정한다. <개정 2016.1.27.>
[전문개정 2009.10.9.]

제18조(취업활동 기간의 제한) 외국인근로자는 입국한 날부터 3년의 범위에서 취업활동을 할 수 있다.
[전문개정 2012.2.1.]

제18조의2(취업활동 기간 제한에 관한 특례) ① 다음 각 호의 외국인근로자는 제18조에도 불구하고 1회에 한하여 2년 미만의 범위에서 취업활동 기간을 연장받을 수 있다. <개정 2010.6.4., 2012.2.1.>
1. 제8조제4항에 따른 고용허가를 받은 사용자에게 고용된 외국인근로자로서 제18조에 따른 취업활동 기간 3년이 만료되어 출국하기 전에 사용자가 고용노동부장관에게 재고용 허가를 요청한 근로자
2. 제12조제3항에 따른 특례고용가능확인을

받은 사용자에게 고용된 외국인근로자로서 제18조에 따른 취업활동 기간 3년이 만료되어 출국하기 전에 사용자가 고용노동부장관에게 재고용 허가를 요청한 근로자
② 제1항에 따른 사용자의 재고용 허가 요청 절차 및 그 밖에 필요한 사항은 고용노동부령으로 정한다. <개정 2010.6.4., 2012.2.1.>
[전문개정 2009.10.9.]

제18조의3(재입국 취업의 제한) 국내에서 취업한 후 출국한 외국인근로자(제12조제1항에 따른 외국인근로자는 제외한다)는 출국한 날부터 6개월이 지나지 아니하면 이 법에 따라 다시 취업할 수 없다.
[본조신설 2012.2.1.]

제18조의4(재입국 취업 제한의 특례) ① 제18조의3에도 불구하고 다음 각 호의 요건을 모두 갖춘 외국인근로자로서 제18조의2에 따라 연장된 취업활동 기간이 만료되어 출국하기 전에 사용자가 재입국 후의 고용허가를 신청하면 고용노동부장관은 그 외국인근로자에 대하여 출국한 날부터 3개월이 지나면 이 법에 따라 다시 취업하도록 할 수 있다.
1. 제18조 및 제18조의2에 따른 취업활동 기간 중에 사업 또는 사업장 변경을 하지 아니하였을 것(제25조제1항제2호에 따라 사업 또는 사업장을 변경한 경우에는 재입국 후의 고용허가를 신청하는 사용자와 취업활동 기간 만료일까지의 근로계약 기간이 1년 이상일 것)
2. 정책위원회가 도입 업종이나 규모 등을 고려하여 내국인을 고용하기 어렵다고 정하는 사업 또는 사업장에서 근로하고 있을 것
3. 재입국하여 근로를 시작하는 날부터 효력이 발생하는 1년 이상의 근로계약을 해당 사용자와 체결하고 있을 것
② 제1항에 따른 재입국 후의 고용허가 신청과 재입국 취업활동에 대하여는 제6조, 제7조제2항, 제11조를 적용하지 아니한다.
③ 제1항에 따른 재입국 취업은 1회에 한하여 허용되고, 재입국 취업을 위한 근로계약의 체결에 관하여는 제9조를 준용하며, 재입국한 외국인근로자의 취업활동에 대하여는 제18조, 제18조의2 및 제25조를 준용한다.

④ 제1항에 따른 사용자의 고용허가 신청 절차 및 그 밖에 필요한 사항은 고용노동부령으로 정한다.
[본조신설 2012.2.1.]

제19조(외국인근로자 고용허가 또는 특례고용가능확인의 취소) ① 직업안정기관의 장은 다음 각 호의 어느 하나에 해당하는 사용자에 대하여 대통령령으로 정하는 바에 따라 제8조제4항에 따른 고용허가나 제12조제3항에 따른 특례고용가능확인을 취소할 수 있다.
1. 거짓이나 그 밖의 부정한 방법으로 고용허가나 특례고용가능확인을 받은 경우
2. 사용자가 입국 전에 계약한 임금 또는 그 밖의 근로조건을 위반하는 경우
3. 사용자의 임금체불 또는 그 밖의 노동관계법 위반 등으로 근로계약을 유지하기 어렵다고 인정되는 경우
② 제1항에 따라 외국인근로자 고용허가나 특례고용가능확인이 취소된 사용자는 취소된 날부터 15일 이내에 그 외국인근로자와의 근로계약을 종료하여야 한다.
[전문개정 2009.10.9.]

제20조(외국인근로자 고용의 제한) ① 직업안정기관의 장은 다음 각 호의 어느 하나에 해당하는 사용자에 대하여 그 사실이 발생한 날부터 3년간 외국인근로자의 고용을 제한할 수 있다. <개정 2014.1.28.>
1. 제8조제4항에 따른 고용허가 또는 제12조제3항에 따른 특례고용가능확인을 받지 아니하고 외국인근로자를 고용한 자
2. 제19조제1항에 따라 외국인근로자의 고용허가나 특례고용가능확인이 취소된 자
3. 이 법 또는 「출입국관리법」을 위반하여 처벌을 받은 자
4. 그 밖에 대통령령으로 정하는 사유에 해당하는 자
② 고용노동부장관은 제1항에 따라 외국인근로자의 고용을 제한하는 경우에는 그 사용자에게 고용노동부령으로 정하는 바에 따라 알려야 한다. <개정 2010.6.4.>
[전문개정 2009.10.9.]

제21조(외국인근로자 관련 사업) 고용노동부장관은 외국인근로자의 원활한 국내 취업활동 및 효율적인 고용관리를 위하여 다음 각 호의 사업을 한다. <개정 2010.6.4.>

1. 외국인근로자의 출입국 지원사업
2. 외국인근로자 및 그 사용자에 대한 교육사업
3. 송출국가의 공공기관 및 외국인근로자 관련 민간단체와의 협력사업
4. 외국인근로자 및 그 사용자에 대한 상담 등 편의 제공 사업
5. 외국인근로자 고용제도 등에 대한 홍보사업
6. 그 밖에 외국인근로자의 고용관리에 관한 사업으로서 대통령령으로 정하는 사업
[전문개정 2009.10.9.]

제4장 외국인근로자의 보호

제22조(차별 금지) 사용자는 외국인근로자라는 이유로 부당하게 차별하여 처우하여서는 아니 된다.
[전문개정 2009.10.9.]

제23조(보증보험 등의 가입) ① 사업의 규모 및 산업별 특성 등을 고려하여 대통령령으로 정하는 사업 또는 사업장의 사용자는 임금체불에 대비하여 그가 고용하는 외국인근로자를 위한 보증보험에 가입하여야 한다.
② 산업별 특성 등을 고려하여 대통령령으로 정하는 사업 또는 사업장에서 취업하는 외국인근로자는 질병·사망 등에 대비한 상해보험에 가입하여야 한다.
③ 제1항 및 제2항에 따른 보증보험, 상해보험의 가입방법·내용·관리 및 지급 등에 필요한 사항은 대통령령으로 정한다.
[전문개정 2009.10.9.]

제24조(외국인근로자 관련 단체 등에 대한 지원) ① 국가는 외국인근로자에 대한 상담과 교육, 그 밖에 대통령령으로 정하는 사업을 하는 기관 또는 단체에 대하여 사업에 필요한 비용의 일부를 예산의 범위에서 지원할 수 있다.
② 제1항에 따른 지원요건·기준 및 절차 등에 관하여 필요한 사항은 대통령령으로 정한다.
[전문개정 2009.10.9.]

제24조의2(외국인근로자 권익보호협의회) ① 외국인근로자의 권익보호에 관한 사항을 협

의하기 위하여 직업안정기관에 관할 구역의 노동자단체와 사용자단체 등이 참여하는 외국인근로자 권익보호협의회를 둘 수 있다.
② 외국인근로자 권익보호협의회의 구성·운영 등에 필요한 사항은 고용노동부령으로 정한다. <개정 2010.6.4.>
[본조신설 2009.10.9.]

제25조(사업 또는 사업장 변경의 허용) ① 외국인근로자(제12조제1항에 따른 외국인근로자는 제외한다)는 다음 각 호의 어느 하나에 해당하는 사유가 발생한 경우에는 고용노동부령으로 정하는 바에 따라 직업안정기관의 장에게 다른 사업 또는 사업장으로의 변경을 신청할 수 있다. <개정 2010.6.4., 2012.2.1.>
1. 사용자가 정당한 사유로 근로계약기간 중 근로계약을 해지하려고 하거나 근로계약이 만료된 후 갱신을 거절하려는 경우
2. 휴업, 폐업, 제19조제1항에 따른 고용허가의 취소, 제20조제1항에 따른 고용의 제한, 사용자의 근로조건 위반 또는 부당한 처우 등 외국인근로자의 책임이 아닌 사유로 인하여 사회통념상 그 사업 또는 사업장에서 근로를 계속할 수 없게 되었다고 인정하여 고용노동부장관이 고시한 경우
3. 그 밖에 대통령령으로 정하는 사유가 발생한 경우
② 사용자가 제1항에 따라 사업 또는 사업장 변경 신청을 한 후 재취업하려는 외국인근로자를 고용할 경우 그 절차 및 방법에 관하여는 제6조·제8조 및 제9조를 준용한다.
③ 제1항에 따른 다른 사업 또는 사업장으로의 변경을 신청한 날부터 3개월 이내에 「출입국관리법」 제21조에 따른 근무처 변경허가를 받지 못하거나 사용자와 근로계약이 종료된 날부터 1개월 이내에 다른 사업 또는 사업장으로의 변경을 신청하지 아니한 외국인근로자는 출국하여야 한다. 다만, 업무상 재해, 질병, 임신, 출산 등의 사유로 근무처 변경허가를 받을 수 없거나 근무처 변경신청을 할 수 없는 경우에는 그 사유가 없어진 날부터 각각 그 기간을 계산한다.
④ 제1항에 따른 외국인근로자의 사업 또는 사업장 변경은 제18조에 따른 기간 중에는 원칙적으로 3회를 초과할 수 없으며, 제18조의2제1항에 따라 연장된

기간 중에는 2회를 초과할 수 없다. 다만, 제1항제2호의 사유로 사업 또는 사업장을 변경한 경우는 포함하지 아니한다. <개정 2014.1.28.>
[전문개정 2009.10.9.]

제5장 보칙
<개정 2009.10.9.>

제26조(보고 및 조사 등) ① 고용노동부장관은 필요하다고 인정하면 사용자나 외국인근로자 또는 제24조제1항에 따라 지원을 받는 외국인근로자 관련 단체에 대하여 보고, 관련 서류의 제출이나 그 밖에 필요한 명령을 할 수 있으며, 소속 공무원으로 하여금 관계인에게 질문하거나 관련 장부·서류 등을 조사하거나 검사하게 할 수 있다. <개정 2010.6.4.>
② 제1항에 따라 조사 또는 검사를 하는 공무원은 그 신분을 표시하는 증명서를 지니고 이를 관계인에게 내보여야 한다.
[전문개정 2009.10.9.]

제26조의2(관계 기관의 협조) ① 고용노동부장관은 중앙행정기관·지방자치단체·공공기관 등 관계 기관의 장에게 이 법의 시행을 위하여 다음 각 호의 자료 제출을 요청할 수 있다.
1. 업종별·지역별 인력수급 자료
2. 외국인근로자 대상 지원사업 자료
② 제1항에 따라 자료의 제출을 요청받은 기관은 정당한 사유가 없으면 요청에 따라야 한다.
[본조신설 2014.1.28.]

제27조(수수료의 징수 등) ① 제9조제2항에 따라 사용자와 외국인근로자의 근로계약 체결(제12조제1항 각 호 외의 부분 후단, 제18조의4제3항 및 제25조제2항에 따라 근로계약 체결을 준용하는 경우를 포함한다. 이하 이 조에서 같다)을 대행하는 자는 고용노동부령으로 정하는 바에 따라 사용자로부터 수수료와 필요한 비용을 받을 수 있다. <개정 2010.6.4., 2012.2.1.>
② 고용노동부장관은 제21조에 따른 외국인근로자 관련 사업을 하기 위하여 필요하면 고용노동부령으로 정하는 바에 따라 사용자로부터 수수료와 필요한 비용을 받

을 수 있다. <개정 2010.6.4.>
③ 제27조의2제1항에 따라 외국인근로자의 고용에 관한 업무를 대행하는 자는 고용노동부령으로 정하는 바에 따라 사용자로부터 수수료와 필요한 비용을 받을 수 있다. <개정 2010.6.4.>
④ 다음 각 호의 어느 하나에 해당하는 자가 아닌 자는 근로계약 체결의 대행이나 외국인근로자 고용에 관한 업무의 대행 또는 외국인근로자 관련 사업을 하는 대가로 일체의 금품을 받아서는 아니 된다. <개정 2010.6.4.>
1. 제9조제2항에 따라 사용자와 외국인근로자의 근로계약 체결을 대행하는 자
2. 제27조의2제1항에 따라 외국인근로자의 고용에 관한 업무를 대행하는 자
3. 제21조에 따른 고용노동부장관의 권한을 제28조에 따라 위임·위탁받아 하는 자
[전문개정 2009.10.9.]

제27조의2(각종 신청 등의 대행) ① 사용자 또는 외국인근로자는 다음 각 호에 따른 신청이나 서류의 수령 등 외국인근로자의 고용에 관한 업무를 고용노동부장관이 지정하는 자(이하 "대행기관"이라 한다)에게 대행하게 할 수 있다. <개정 2010.6.4., 2012.2.1.>
1. 제6조제1항에 따른 내국인 구인 신청 (제25조제2항에 따라 준용하는 경우를 포함한다)
2. 제18조의2에 따른 사용자의 재고용 허가 요청
3. 제18조의4제1항에 따른 재입국 후의 고용허가 신청
4. 제25조제1항에 따른 사업 또는 사업장 변경 신청
5. 그 밖에 고용노동부령으로 정하는 외국인근로자 고용 등에 관한 업무
② 제1항에 따른 대행기관의 지정요건, 업무 범위, 지정절차 및 대행에 필요한 사항은 고용노동부령으로 정한다. <개정 2010.6.4.>
[본조신설 2009.10.9.]

제27조의3(대행기관의 지정취소 등) ① 고용노동부장관은 대행기관이 다음 각 호의 어느 하나에 해당하는 경우에는 고용노동부령으로 정하는 바에 따라 지정취소, 6개월 이내의 업무정지 또는 시정명령을 할 수 있

다. <개정 2010.6.4.>
1. 거짓이나 그 밖의 부정한 방법으로 지정을 받은 경우
2. 지정요건에 미달하게 된 경우
3. 지정받은 업무범위를 벗어나 업무를 한 경우
4. 그 밖에 선량한 관리자의 주의를 다하지 아니하거나 업무처리 절차를 위배한 경우
② 고용노동부장관은 제1항에 따라 대행기관을 지정취소할 경우에는 청문을 실시하여야 한다. <개정 2010.6.4.>
[본조신설 2009.10.9.]

제28조(권한의 위임·위탁) 고용노동부장관은 이 법에 따른 권한의 일부를 대통령령으로 정하는 바에 따라 지방고용노동관서의 장에게 위임하거나 한국산업인력공단 또는 대통령령으로 정하는 자에게 위탁할 수 있다. 다만, 제21조제1호의 사업은 한국산업인력공단에 위탁한다. <개정 2010.6.4., 2014.1.28.>
[전문개정 2009.10.9.]

제6장 벌칙
<개정 2009.10.9.>

제29조(벌칙) 다음 각 호의 어느 하나에 해당하는 자는 1년 이하의 징역 또는 1천만원 이하의 벌금에 처한다. <개정 2014.1.28.>
1. 제8조제6항을 위반하여 외국인근로자의 선발, 알선, 그 밖의 채용에 개입한 자
2. 제16조를 위반하여 귀국에 필요한 조치를 하지 아니한 사용자
3. 제19조제2항을 위반하여 근로계약을 종료하지 아니한 사용자
4. 제25조에 따른 외국인근로자의 사업 또는 사업장 변경을 방해한 자
5. 제27조제4항을 위반하여 금품을 받은 자
[전문개정 2009.10.9.]

제30조(벌칙) 다음 각 호의 어느 하나에 해당하는 자는 500만원 이하의 벌금에 처한다.
1. 제13조제1항 전단을 위반하여 출국만기보험등에 가입하지 아니한 사용자
2. 제23조에 따른 보증보험 또는 상해보험에 가입하지 아니한 자
[전문개정 2009.10.9.]

제31조(양벌규정) 법인의 대표자나 법인 또는 개인의 대리인, 사용인, 그 밖의 종업원이 그 법인 또는 개인의 업무에 관하여 제29조 또는 제30조의 위반행위를 하면 그 행위자를 벌하는 외에 그 법인 또는 개인에게도 해당 조문의 벌금형을 과(科)한다. 다만, 법인 또는 개인이 그 위반행위를 방지하기 위하여 해당 업무에 관하여 상당한 주의와 감독을 게을리하지 아니한 경우에는 그러하지 아니하다.
[전문개정 2009.10.9.]

제32조(과태료) ① 다음 각 호의 어느 하나에 해당하는 자에게는 500만원 이하의 과태료를 부과한다.
1. 제9조제1항을 위반하여 근로계약을 체결할 때 표준근로계약서를 사용하지 아니한 자
2. 제11조제2항을 위반하여 외국인근로자에게 취업교육을 받게 하지 아니한 사용자
3. 제12조제3항에 따른 특례고용가능확인을 받지 아니하고 같은 조 제1항에 따른 사증을 발급받은 외국인근로자를 고용한 사용자
4. 제12조제4항을 위반하여 외국인구직자 명부에 등록된 사람 중에서 채용하지 아니한 사용자 또는 외국인근로자가 근로를 시작한 후 직업안정기관의 장에게 신고를 하지 아니하거나 거짓으로 신고한 사용자
5. 제13조제1항 후단을 위반하여 출국만기보험등의 매월 보험료 또는 신탁금을 3회 이상 연체한 사용자
6. 제15조제1항을 위반하여 보험 또는 신탁에 가입하지 아니한 외국인근로자
7. 제17조제1항을 위반하여 신고를 하지 아니하거나 거짓으로 신고한 사용자
8. 제20조제1항에 따라 외국인근로자의 고용이 제한된 사용자로서 제12조제1항에 따른 사증을 발급받은 외국인근로자를 고용한 사용자
9. 제26조제1항에 따른 명령을 따르지 아니하여 보고를 하지 아니하거나 거짓으로 보고한 자, 관련 서류를 제출하지 아니하거나 거짓으로 제출한 자, 같은 항에 따른 질문 또는 조사·검사를 거부·방해하거나 기피한 자

10. 제27조제1항·제2항 또는 제3항에 따른 수수료 및 필요한 비용 외의 금품을 받은 자

② 제1항에 따른 과태료는 대통령령으로 정하는 바에 따라 고용노동부장관이 부과·징수한다. <개정 2010.6.4.>

[전문개정 2009.10.9.]

부칙
<제14839호, 2017.7.26.>
(정부조직법)

제1조(시행일) ① 이 법은 공포한 날부터 시행한다. 다만, 부칙 제5조에 따라 개정되는 법률 중 이 법 시행 전에 공포되었으나 시행일이 도래하지 아니한 법률을 개정한 부분은 각각 해당 법률의 시행일부터 시행한다.

제2조부터 제4조까지 생략

제5조(다른 법률의 개정) ①부터 <199>까지 생략

<200> 외국인근로자의 고용 등에 관한 법률 일부를 다음과 같이 개정한다.

제4조제4항 중 "기획재정부·외교부·법무부·산업통상자원부·고용노동부의 차관, 중소기업청장"을 "기획재정부·외교부·법무부·산업통상자원부·고용노동부·중소벤처기업부의 차관"으로 한다.

<201>부터 <382>까지 생략

제6조 생략

외국인근로자의 고용 등에 관한 법률 시행령

(약칭: 외국인고용법 시행령)

[시행 2018.9.21.]
[대통령령 제29163호, 2018.9.18.,타법개정]

제1장 총칙
<신설 2010.4.7.>

제1조(목적) 이 영은 「외국인근로자의 고용 등에 관한 법률」에서 위임된 사항과 그 시행에 필요한 사항을 정함을 목적으로 한다.
[전문개정 2010.4.7.]

제2조(적용 제외 외국인근로자) 「외국인근로자의 고용 등에 관한 법률」(이하 "법"이라 한다) 제2조 단서에서 "대통령령으로 정하는 사람"이란 다음 각 호의 어느 하나에 해당하는 사람을 말한다. <개정 2018.9.18.>
1. 「출입국관리법 시행령」 제23조제1항에 따라 취업활동을 할 수 있는 체류자격 중 같은 영 별표 1 중 5. 단기취업(C-4), 같은 영 별표 1의2 중 14. 교수(E-1)부터 20. 특정활동(E-7)까지의 체류자격에 해당하는 사람
2. 「출입국관리법」 제10조의3제1항, 같은 법 시행령 제23조제2항 및 제3항의 규정에 따라 체류자격의 구분에 따른 활동의 제한을 받지 아니하는 사람
3. 「출입국관리법 시행령」 제23조제5항에 따라 같은 영 별표 1의2 중 28. 관광취업(H-1)의 체류자격에 해당하는 사람으로서 취업활동을 하는 사람
[전문개정 2010.4.7.]

제3조(외국인력정책위원회의 심의·의결 사항) 법 제4조제2항제4호에서 "대통령령으로 정하는 사항"이란 다음 각 호의 사항을 말한다.
1. 외국인근로자를 고용할 수 있는 사업 또는 사업장에 관한 사항
2. 사업 또는 사업장에서 고용할 수 있는 외국인근로자의 규모에 관한 사항
3. 외국인근로자를 송출할 수 있는 국가(이

하 "송출국가"라 한다)별 외국인력 도입 업종 및 규모에 관한 사항
4. 외국인근로자의 권익보호에 관한 사항
5. 그 밖에 외국인근로자의 고용 등에 관하여 법 제4조에 따른 외국인력정책위원회(이하 "정책위원회"라 한다)의 위원장이 필요하다고 인정하는 사항
[전문개정 2010.4.7.]

제4조(정책위원회의 구성) 법 제4조제4항에서 "대통령령으로 정하는 관계 중앙행정기관"이란 행정안전부, 문화체육관광부, 농림축산식품부, 보건복지부, 국토교통부 및 해양수산부를 말한다. <개정 2013.3.23., 2014.11.19., 2017.7.26.>
[전문개정 2010.4.7.]

제5조(정책위원회 위원장의 직무) ① 정책위원회의 위원장은 정책위원회를 대표하며, 그 업무를 총괄한다.
② 정책위원회의 위원장이 부득이한 사유로 직무를 수행할 수 없을 때에는 위원장이 지명하는 위원이 그 직무를 대행한다.
[전문개정 2010.4.7.]

제6조(정책위원회의 운영) ① 정책위원회의 위원장은 정책위원회의 회의를 소집하고, 그 의장이 된다.
② 정책위원회의 회의는 재적위원 과반수의 출석으로 개의(開議)하고, 출석위원 과반수의 찬성으로 의결한다.
③ 정책위원회에 그 사무를 처리할 간사 1명을 두되, 간사는 국무조정실의 3급 공무원 또는 고위공무원단에 속하는 일반직 공무원 중에서 국무조정실장이 임명한다. <개정 2013.3.23.>
④ 정책위원회는 안건의 심의·의결을 위하여 필요하다고 인정할 때에는 관계 행정기관 또는 단체 등에 자료의 제출을 요청하거나 관계 공무원 또는 전문가 등을 출석시켜 의견을 들을 수 있다.
⑤ 제4항에 따라 출석한 관계 공무원 또는 전문가 등에게는 예산의 범위에서 수당과 여비를 지급할 수 있다. 다만, 공무원이 그 소관업무와 직접적으로 관련되어 출석하는 경우에는 그러하지 아니하다.
⑥ 이 영에서 규정한 사항 외에 정책위원회의 운영 등에 필요한 사항은 정책위원회의 의결을 거쳐 정책위원회의 위원장이

정한다.
[전문개정 2010.4.7.]

제7조(외국인력정책실무위원회의 구성·운영 등)

① 법 제4조제5항에 따른 외국인력정책실무위원회(이하 "실무위원회"라 한다)는 위원장 1명을 포함한 25명 이내의 위원으로 구성한다.

② 실무위원회의 위원은 근로자를 대표하는 위원(이하 "근로자위원"이라 한다), 사용자를 대표하는 위원(이하 "사용자위원"이라 한다), 공익을 대표하는 위원(이하 "공익위원"이라 한다) 및 정부를 대표하는 위원(이하 "정부위원"이라 한다)으로 구성하되, 근로자위원과 사용자위원은 같은 수로 한다.

③ 실무위원회의 위원장은 고용노동부차관이 되고, 실무위원회의 위원은 다음 각 호의 구분에 따른 사람 중에서 실무위원회의 위원장이 위촉하거나 임명한다. <개정 2010.7.12.>

1. 근로자위원: 총연합단체인 노동조합에서 추천한 사람
2. 사용자위원: 전국적 규모를 갖춘 사용자단체에서 추천한 사람
3. 공익위원: 외국인근로자의 고용 및 권익보호 등에 관한 학식과 경험이 풍부한 사람
4. 정부위원: 관계 중앙행정기관의 3급 공무원 또는 고위공무원단에 속하는 일반직공무원중 외국인근로자 관련 업무를 수행하는 사람

④ 제2항에 따른 실무위원회의 위원의 임기는 2년(정부위원의 경우는 재임기간)으로 한다.

⑤ 실무위원회는 정책위원회에서 심의·의결할 사항 중 필요한 사항에 관하여 사전에 심의하고 그 결과를 정책위원회에 보고하여야 한다.

⑥ 실무위원회의 위원에게는 예산의 범위에서 수당과 여비를 지급할 수 있다. 다만, 공무원인 위원이 그 소관업무와 직접적으로 관련되어 위원회에 출석하는 경우에는 그러하지 아니하다.

⑦ 실무위원회에 관하여는 제5조와 제6조제1항 및 제6항을 준용한다. 이 경우 "정책위원회"는 "실무위원회"로 본다.
[전문개정 2010.4.7.]

제8조(외국인근로자 도입계획의 공표)

법 제5조제1항에서 "대통령령으로 정하는 방법"이란 다음 각 호의 매체를 통하여 공고하는 것을 말한다.

1. 관보
2. 「신문 등의 진흥에 관한 법률」제9조제1항에 따라 그 보급지역을 전국으로 하여 등록한 일간신문
3. 인터넷
[전문개정 2010.4.7.]

제9조(조사·연구사업)

고용노동부장관은 법 제5조제3항에 따라 외국인근로자 관련 업무를 지원하기 위하여 다음 각 호의 사항에 관한 조사·연구사업을 할 수 있다. <개정 2010.7.12.>

1. 국내 산업별·직종별 인력부족 동향에 관한 사항
2. 외국인근로자의 임금 등 근로조건 및 취업실태에 관한 사항
3. 사용자의 외국인근로자 고용만족도에 관한 사항
4. 제12조제1항에 따른 협의사항의 이행에 관한 사항
5. 외국인근로자의 국내 생활 적응 및 대한민국에 대한 이해 증진과 관련된 사항
6. 그 밖에 외국인근로자의 도입·관리를 위하여 필요하다고 고용노동부장관이 인정하는 사항
[전문개정 2010.4.7.]

제10조 삭제 <2006.6.30.>
제11조 삭제 <2006.6.30.>

제2장 외국인근로자 고용절차
<신설 2010.4.7.>

제12조(외국인구직자 명부의 작성)

① 고용노동부장관은 법 제7조제1항에 따라 외국인구직자 명부를 작성하는 경우에는 다음 각 호의 사항을 송출국가와 협의하여야 한다. <개정 2010.7.12.>

1. 인력의 송출·도입과 관련된 준수사항
2. 인력 송출의 업종 및 규모에 관한 사항
3. 송출대상 인력을 선발하는 기관·기준 및 방법에 관한 사항
4. 법 제7조제2항에 따른 한국어 구사능력을 평가하는 시험(이하 "한국어능력

시험"이라 한다)의 실시에 관한 사항

5. 그 밖에 외국인근로자를 원활하게 송출·도입하기 위하여 고용노동부장관이 필요하다고 인정하는 사항

② 고용노동부장관은 송출국가가 송부한 송출대상 인력을 기초로 외국인구직자 명부를 작성하고, 관리하여야 한다. <개정 2010.7.12.>

[전문개정 2010.4.7.]

제13조(한국어능력시험) ① 고용노동부장관은 법 제7조제2항에 따라 다음 각 호의 사항을 고려하여 한국어능력시험 실시기관을 선정하여야 한다. <개정 2010.7.12.>

1. 한국어능력시험 실시를 위한 행정적·재정적 능력

2. 한국어능력시험을 객관적이고 공정하게 실시할 수 있는지 여부

3. 한국어능력시험 내용의 적정성

4. 그 밖에 한국어능력시험의 원활한 시행을 위하여 고용노동부장관이 필요하다고 인정하는 사항

② 고용노동부장관은 제1항에 따라 선정된 한국어능력시험 실시기관이 다음 각 호의 어느 하나에 해당하는 경우에는 그 선정을 취소할 수 있다. <개정 2010.7.12.>

1. 거짓이나 그 밖의 부정한 방법으로 선정된 경우

2. 한국어능력시험 응시생의 모집, 한국어능력시험 시행 또는 합격자 처리과정에서 부정이 있는 경우

3. 그 밖에 제1항에 따른 한국어능력시험 실시기관 선정기준에 미달하는 등 한국어능력시험 실시기관으로서 업무를 수행하는 것이 어렵다고 인정되는 경우

③ 한국어능력시험은 매년 1회 이상 실시하며, 객관식 필기시험을 원칙으로 하되, 주관식 필기시험을 일부 추가할 수 있다.

④ 한국어능력시험의 내용에는 대한민국의 문화에 대한 이해와 산업안전 등 근무에 필요한 기본사항이 포함되어야 한다.

⑤ 제1항에 따라 선정된 한국어능력시험 실시기관은 매년 4월 30일까지 다음 각 호의 사항을 고용노동부장관에게 보고하여야 한다. <개정 2010.7.12., 2014.7.28.>

1. 전년도 한국어능력시험의 실시 결과와 해당 연도 한국어능력시험의 실시계획

2. 한국어능력시험에서의 부정 방지대책의 수립 및 그 이행에 관한 사항

3. 한국어능력시험 응시수수료의 전년도 수입·지출 명세와 해당 연도의 수입·지출 계획

4. 그 밖에 한국어능력시험의 실시와 관련하여 고용노동부장관이 정하는 사항

⑥ 한국어능력시험 실시기관이 법 제7조제3항에 따라 수수료를 징수하여 사용하려면 송출국가별로 수수료의 금액, 징수·반환의 절차 및 사용 계획에 대하여 고용노동부장관의 승인을 받아야 한다. 승인받은 사항을 변경하는 경우에도 또한 같다. <신설 2014.7.28.>

⑦ 한국어능력시험 실시기관의 장은 제6항에 따라 고용노동부장관의 승인을 받은 사항을 송출국가의 한국어능력시험 실시 계획 공고에 포함시키는 등의 방법으로 응시자에게 알려야 한다. <신설 2014.7.28.>

[전문개정 2010.4.7.]

제13조의2(기능 수준 등의 자격요건 평가)

① 법 제7조제4항에 따른 자격요건 평가의 방법 및 내용은 다음 각 호와 같다. <개정 2014.7.28.>

1. 평가방법

가. 필기시험

나. 실기시험

다. 면접시험

2. 평가내용

가. 취업하려는 업종에 근무하기 위하여 필요한 기능 수준

나. 외국인구직자의 체력

다. 근무 경력

라. 그 밖에 인력 수요에 부합되는지를 평가하기 위하여 필요하다고 인정되는 사항

② 고용노동부장관은 제1항에 따른 평가의 방법 및 내용을 정하여 「한국산업인력공단법」에 따른 한국산업인력공단(이하 "한국산업인력공단"이라 한다)에 통보하고, 고용노동부 게시판 및 인터넷 홈페이지 등에 공고하여야 한다. <개정 2010.7.12.>

③ 한국산업인력공단은 매년 4월 30일까지 다음 각 호의 사항을 고용노동부장관에게 보고하여야 한다. <개정 2010.7.12.>

1. 전년도 자격요건의 평가 결과와 해당 연도 자격요건의 평가계획

2. 그 밖에 자격요건의 평가와 관련하여 고용노동부장관이 정하는 사항

[본조신설 2010.4.7.]

[종전 제13조의2는 제13조의3으로 이동 <2010.4.7.>]

제13조의3(고용허가 신청 유효기간의 연장)
「직업안정법」 제2조의2제1호에 따른 직업안정기관(이하 "직업안정기관"이라 한다)의 장은 법 제8조제2항에 따라 사용자가 다음 각 호의 어느 하나에 해당하는 사유가 발생하여 고용허가 신청 유효기간의 만료일 이전에 그 연장을 신청하는 경우에는 3개월의 범위에서 그 유효기간을 연장할 수 있다.
1. 일시적인 경영악화 또는 예상할 수 없었던 조업단축 등이 발생하여 신규 근로자를 채용할 수 없는 경우
2. 천재지변이나 그 밖의 부득이한 사유로 사업을 계속하기가 불가능한 경우
[전문개정 2010.4.7.]
[제13조의2에서 이동, 종전 제13조의3은 제13조의4로 이동 <2010.4.7.>]

제13조의4(고용허가서의 발급요건)
법 제8조제3항에서 "외국인근로자 도입 업종 및 규모 등 대통령령으로 정하는 요건"이란 다음 각 호의 요건 모두에 해당하는 것을 말한다. <개정 2010.7.12.>
1. 정책위원회에서 정한 외국인근로자의 도입 업종, 외국인근로자를 고용할 수 있는 사업 또는 사업장에 해당할 것
2. 고용노동부령으로 정하는 기간 이상 내국인을 구인하기 위하여 노력하였는데도 직업안정기관에 구인 신청한 내국인근로자의 전부 또는 일부를 채용하지 못하였을 것. 다만, 법 제6조제2항에 따른 직업안정기관의 장의 직업소개에도 불구하고 정당한 이유 없이 2회 이상 채용을 거부한 경우는 제외한다.
3. 법 제6조제1항에 따라 내국인 구인 신청을 한 날의 2개월 전부터 법 제8조제4항에 따른 외국인근로자 고용허가서(이하 "고용허가서"라 한다) 발급일까지 고용조정으로 내국인근로자를 이직시키지 아니하였을 것
4. 법 제6조제1항에 따라 내국인 구인 신청을 한 날의 5개월 전부터 고용허가서 발급일까지 임금을 체불(滯拂)하지 아니하였을 것
5. 「고용보험법」에 따른 고용보험 및 「산업재해보상보험법」에 따른 산업재해보상보험에 가입하고 있을 것. 다만, 「고용보험법」 및 「산업재해보상보험법」을 적용받지 아니하는 사업 또는 사업장의 경우는 제외한다.
6. 외국인근로자를 고용하고 있는 사업 또는 사업장의 사용자인 경우에는 그 외국인근로자를 대상으로 법 제13조에 따른 보험 또는 신탁과 법 제23조제1항에 따른 보증보험에 가입하고 있을 것(가입대상 사용자의 경우만 해당한다)
[전문개정 2010.4.7.]
[제13조의3에서 이동 <2010.4.7.>]

제14조(고용허가서의 발급 등)
① 법 제8조제4항에 따라 고용허가서를 발급받은 사용자는 고용허가서 발급일부터 3개월 이내에 외국인근로자와 근로계약을 체결하여야 한다.
② 사용자가 법 제8조제4항에 따라 고용허가서를 발급받은 후 외국인근로자의 사망 등 불가피한 사유로 그 외국인근로자와 근로계약을 체결하지 못하거나 근로계약을 체결한 후 사용자의 책임이 아닌 사유로 외국인근로자가 근로를 개시할 수 없게 된 경우에는 직업안정기관의 장은 다른 외국인근로자를 추천하여 고용허가서를 재발급하여야 한다. <개정 2014.7.28.>
③ 법 제8조제4항 또는 이 조 제2항에 따라 직업안정기관의 장이 사용자에게 고용허가서를 발급하거나 재발급하는 경우에는 법 제9조제3항 또는 제4항에 따른 근로계약 기간의 범위에서 고용허가 기간을 부여하여야 한다.
④ 고용허가서의 발급 및 재발급에 필요한 사항은 고용노동부령으로 정한다. <개정 2010.7.12.>
[전문개정 2010.4.7.]

제15조 삭제 <2011.7.5.>

제16조(근로계약 체결의 대행 등)
사용자 또는 한국산업인력공단이 법 제9조에 따라 근로계약을 체결하거나 이를 대행하는 경우에는 근로계약서 2부를 작성하고 그 중 1부를 외국인근로자에게 내주어야 한다.
[전문개정 2010.4.7.]

제17조(근로계약의 효력발생 시기 등)
① 법 제9조제1항에 따른 근로계약의 효력발생

시기는 외국인근로자가 입국한 날로 한다.
② 법 제9조제3항에 따라 근로계약을 갱신한 사용자는 직업안정기관의 장에게 외국인근로자 고용허가기간 연장허가를 받아야 한다.
[전문개정 2010.4.7.]

제18조(외국인 취업교육기관) 법 제11조제1항에서 "대통령령으로 정하는 기관"이란 다음 각 호의 어느 하나에 해당하는 기관을 말한다. <개정 2010.7.12.>
1. 한국산업인력공단
2. 산업별 특성 등을 고려하여 고용노동부장관이 지정·고시하는 비영리법인 또는 비영리단체. 이 경우 구체적인 지정 기준 및 절차 등에 관하여는 고용노동부장관이 따로 정한다.
[전문개정 2010.4.7.]

제19조(외국인근로자 고용 특례의 대상자) 법 제12조제1항 각 호 외의 부분 전단에서 "대통령령으로 정하는 사증을 발급받고 입국한 외국인"이란 「출입국관리법 시행령」 별표 1의2 중 체류자격 29. 방문취업(H-2)의 체류자격에 해당하는 사람을 말한다. <개정 2018.9.18.>
[전문개정 2010.4.7.]

제20조(특례고용가능확인서의 발급요건 등)
① 법 제12조제3항 후단 및 제6항에 따른 특례고용가능확인서(이하 "특례고용가능확인서"라 한다)의 발급요건에 관하여는 제13조의4에 따른 고용허가서의 발급 요건을 준용한다. 이 경우 "고용허가서"는 "특례고용가능확인서"로 본다.
② 직업안정기관의 장은 법 제12조제3항 전단에 따른 사용자의 신청이 있을 때에는 제1항에 따라 준용되는 제13조의4에 따른 고용허가서의 발급요건이 충족되는 경우 특례고용가능확인서를 발급하여야 한다.
[전문개정 2010.4.7.]

제20조의2(특례고용가능확인서의 변경 확인)
① 사용자는 법 제12조제6항에 따라 특례고용가능확인서를 발급받은 후 해당 사업이나 사업장의 업종 또는 규모 등의 변화로 특례고용가능확인서의 내용 중 그 사업 또는 사업장에서 고용할 수 있는 외국인근로자의 수 등 고용노동부령으로 정하는 중요 사항을 변경하여야 할 필요가 있는 경우에는 직업안정기관의 장에게 특례고용가능확인서의 변경 확인을 받아야 한다. <개정 2010.7.12.>
② 특례고용가능확인서의 변경 확인 절차에 관하여 필요한 사항은 고용노동부령으로 정한다. <개정 2010.7.12.>
[전문개정 2010.4.7.]

제3장 외국인근로자의 고용관리
<신설 2010.4.7.>

제21조(출국만기보험·신탁) ① 법 제13조에 따른 보험 또는 신탁(이하 "출국만기보험등"이라 한다)의 가입대상 사용자는 다음 각 호 모두에 해당하는 자로 한다. 다만, 법 제12조제1항제1호에 따른 사업 또는 사업장의 사용자는 제외한다. <개정 2011.7.5., 2012.5.14.>
1. 「근로자퇴직급여 보장법」 제3조에 따른 적용범위에 해당하는 사업 또는 사업장의 사용자
2. 법 제18조 또는 제18조의2제1항에 따른 취업활동 기간이 1년 이상 남은 외국인근로자를 고용한 사용자
② 제1항에 따른 출국만기보험등의 가입대상 사용자는 근로계약의 효력발생일부터 15일 이내에 다음 각 호의 요건을 모두 갖춘 출국만기보험등에 가입하여야 한다. <개정 2010.7.12., 2011.7.5., 2012.5.14., 2014.7.28.>
1. 법 제13조에 따른 피보험자 또는 수익자(이하 "피보험자등"이라 한다)에 대하여 고용노동부장관이 정하여 고시하는 금액을 「근로기준법」 제2조제1항제5호에 따른 임금과는 별도로 매월 적립하는 것일 것
2. 계속하여 1년 이상을 근무한 피보험자등이 출국(일시적 출국은 제외한다) 또는 사망하거나 체류자격이 변경된 경우 등에는 해당 출국만기보험등을 취급하는 금융기관(이하 이 조에서 "보험사업자"라 한다)에 대하여 적립된 금액을 일시금으로 청구할 수 있을 것. 다만, 피보험자등의 근무기간이 1년 미만인 경우에는 그 일시금은 사용자에게 귀속되는 것이어야 한다.
3. 출국만기보험등에 의한 일시금을 받을

피보험자등의 권리는 양도하거나 담보로 제공할 수 없는 것일 것. 다만, 다음 각 목의 어느 하나에 해당하는 경우에는 적립된 보험료 또는 신탁금의 100분의 50의 범위에서 일시금을 받을 권리를 담보로 제공할 수 있는 것이어야 한다.

　　가. 피보험자등이 사업 또는 사업장을 변경하기 위하여 사업주와 근로관계가 종료된 상태에서 질병 또는 부상으로 연속하여 4주 이상의 요양이 필요하게 된 경우

　　나. 법 제25조제1항제2호 또는 제3호에 따른 사유로 사업 또는 사업장을 변경하는 경우

　4. 보험사업자가 출국만기보험등의 계약 전에 계약 내용을 피보험자등에게 확인시키고 계약 체결 후에는 그 사실을 통지하는 것일 것

　5. 보험사업자가 매년 보험료 또는 신탁금 납부 상황과 일시금의 수급 예상액을 피보험자등에게 통지하는 것일 것

③ 사용자는 외국인근로자의 근로관계가 종료되거나 체류자격이 변경된 경우 출국만기보험등의 일시금의 금액이 「근로자퇴직급여 보장법」 제8조제1항에 따른 퇴직금의 금액보다 적은 경우에는 그 차액을 외국인근로자에게 지급하여야 한다. <개정 2014.7.28.>

④ 사용자 및 외국인근로자는 제3항에 따른 일시금의 금액과 퇴직금 금액의 차액을 확인하기 위하여 보험사업자에게 일시금 금액의 확인을 요청할 수 있다. 이 경우 보험사업자는 지체 없이 해당 일시금을 서면(전자문서를 포함한다)으로 확인하여 주어야 한다. <신설 2014.7.28.>
[전문개정 2010.4.7.]

제21조의2(휴면보험금등관리위원회의 구성·운영 등) ① 법 제13조의2제1항에 따른 휴면보험금등관리위원회(이하 "휴면보험금등관리위원회"라 한다)는 다음 각 호의 사항을 심의·의결한다.

　1. 법 제13조제4항 후단(법 제15조제3항에서 준용하는 경우를 포함한다)에 따라 이전받은 보험금등(보험금등으로 발생한 수익금 등을 포함하며, 이하 "휴면보험금등"이라 한다) 관련 사업계획의 수립·변경에 관한 사항

　2. 휴면보험금등 관련 예산의 편성 및 결산에 관한 사항

　3. 다음 각 목의 용도에 따른 휴면보험금등의 사용에 관한 사항

　　가. 휴면보험금등 찾아주기 사업의 실시

　　나. 송출국가에 대한 지원·기여

　　다. 휴면보험금등의 운용 수익금을 통한 외국인근로자에 대한 복지사업

　　라. 그 밖에 휴면보험금등을 활용한 피보험자등을 위한 사업

　4. 그 밖에 휴면보험금등의 관리·운용과 관련된 사항으로서 위원장이 필요하다고 인정하는 사항

② 휴면보험금등관리위원회는 위원장 1명을 포함하여 15명 이내의 위원으로 구성한다.

③ 휴면보험금등관리위원회의 위원장은 한국산업인력공단 이사장이 되고, 위원은 다음 각 호의 사람이 된다.

　1. 총 연합단체인 노동조합에서 추천한 사람으로서 한국산업인력공단 이사장이 위촉하는 사람 2명

　2. 전국적 규모를 갖춘 사용자단체에서 추천한 사람으로서 한국산업인력공단 이사장이 위촉하는 사람 2명

　3. 다음 각 목의 구분에 따른 사람 중에서 한국산업인력공단 이사장이 위촉하거나 임명하는 사람

　　가. 외국인근로자의 고용 및 권익보호나 법률·회계에 관한 학식과 경험이 풍부한 사람

　　나. 고용노동부에서 외국인근로자 고용 업무를 담당하는 4급 이상의 공무원

　　다. 한국산업인력공단의 임원 또는 외국인근로자 고용 업무를 담당하는 사업본부의 장

④ 위원의 임기는 2년으로 하되, 한 차례만 연임할 수 있다. 다만, 제3항제3호나목 및 다목에 따른 위원의 임기는 그 직위에 재임하는 기간으로 한다.

⑤ 휴면보험금등관리위원회의 회의는 재적위원 과반수의 출석으로 개의하고, 출석위원 과반수의 찬성으로 의결한다.

⑥ 휴면보험금등관리위원회의 회의에 출석한 위원에 대해서는 예산의 범위에서 수당과 여비를 지급할 수 있다. 다만, 공무원 또는 한국산업인력공단의 임원·직원인 위원이 그 소관업무와 직접적으로 관련되어 출석하는 경우에는 그러하지 아니하다.

⑦ 제1항부터 제6항까지에서 규정한 사항

외에 휴면보험금등관리위원회의 운영에 필요한 사항은 휴면보험금등관리위원회의 의결을 거쳐 위원장이 정한다.
[본조신설 2014.7.28.]

제21조의3(휴면보험금등 관련 한국산업인력공단의 업무 등) ① 한국산업인력공단은 휴면보험금등과 관련하여 다음 각 호의 업무를 수행한다.
1. 휴면보험금등의 관리·운용
2. 휴면보험금등 예산의 편성 및 결산
3. 그 밖에 휴면보험금등의 관리·운용과 관련하여 휴면보험금등관리위원회에서 심의·의결한 사항의 수행
② 한국산업인력공단은 휴면보험금등을 한국산업인력공단의 다른 회계와 구분하여 회계처리하여야 한다. 이 경우 출국만기보험등으로부터 발생한 휴면보험금등과 제22조제1항에 따른 귀국비용보험등으로부터 발생한 휴면보험금등을 구분하여 회계처리하여야 한다. <개정 2018.6.5.>
[본조신설 2014.7.28.]

제22조(귀국비용보험·신탁) ① 외국인근로자는 법 제15조에 따라 근로계약의 효력 발생일부터 3개월 이내에 다음 각 호의 요건을 모두 갖춘 보험 또는 신탁(이하 "귀국비용보험등"이라 한다)에 가입하여야 한다. <개정 2014.7.28.>
1. 외국인근로자가 제3항에 따른 금액을 일시금 또는 3회 이내로 나누어 내는 것일 것
2. 귀국비용보험등을 취급하는 금융기관(이하 이 조에서 "보험사업자"라 한다)은 외국인근로자가 해당 귀국비용보험등에 가입할 경우 그 사실을 사업 또는 사업장의 소재지를 관할하는 직업안정기관의 장에게 통보하는 것일 것
3. 보험사업자는 외국인근로자가 제2항에 따라 귀국비용보험등의 일시금을 신청하는 경우 관할 출입국관리사무소의 장에게 그 출국 여부를 확인한 후 귀국비용보험등의 일시금을 지급하는 것일 것
② 외국인근로자는 다음 각 호의 어느 하나에 해당하는 사유가 발생한 경우 귀국비용보험등의 일시금의 지급을 신청할 수 있다.
1. 체류기간이 만료되어 출국하려는 경우
2. 개인사정으로 체류기간의 만료 전에 출국(일시적 출국은 제외한다)하려는 경우

3. 사업 또는 사업장에서 이탈하였던 외국인근로자가 자진하여 출국하려고 하거나 강제로 퇴거되는 경우
③ 귀국비용보험등의 납부금액은 귀국에 필요한 비용을 고려하여 국가별로 고용노동부장관이 정하여 고시한다. <개정 2010.7.12.>
[전문개정 2010.4.7.]

제23조(외국인근로자의 고용관리) ① 법 제17조제1항에서 "외국인근로자와의 근로계약을 해지하거나 그 밖에 고용과 관련된 중요 사항을 변경하는 등 대통령령으로 정하는 사유"란 다음 각 호의 어느 하나에 해당하는 경우를 말한다. <개정 2010.12.29.>
1. 외국인근로자가 사망한 경우
2. 외국인근로자가 부상 등으로 해당 사업에서 계속 근무하는 것이 부적합한 경우
3. 외국인근로자가 사용자의 승인을 받는 등 정당한 절차 없이 5일 이상 결근하거나 그 소재를 알 수 없는 경우
4. 삭제 <2014.7.28.>
5. 외국인근로자와의 근로계약을 해지하는 경우
6. 삭제 <2014.7.28.>
7. 삭제 <2014.7.28.>
8. 사용자 또는 근무처의 명칭이 변경된 경우
9. 사용자의 변경 없이 근무 장소를 변경한 경우
② 법 제17조제2항에 따라 고용노동부장관은 매년 1회 이상 외국인근로자를 고용하고 있는 사업 또는 사업장에 대한 지도·점검계획을 수립하고, 그 계획에 따라 선정된 사업 또는 사업장에 대하여 외국인근로자의 근로조건, 산업안전보건조치 등의 이행실태, 그 밖에 관계 법령의 준수 여부 등을 파악하기 위한 지도·점검을 하여야 한다. <개정 2010.7.12.>
③ 고용노동부장관은 제2항에 따른 지도·점검을 실시한 결과 「근로기준법」·「출입국관리법」 등 관계 법령을 위반한 사실을 발견한 경우에는 관계 법령에 따라 필요한 조치를 하여야 한다. 다만, 소관 사항이 아닌 경우에는 소관 행정기관에 통지하여야 한다. <개정 2010.7.12.>
④ 출입국관리사무소장 또는 출장소장은 그 직무와 관련하여 직업안정기관의 장에 대하여 외국인근로자의 고용관리에 관한 자료를 요청할 수 있다. 이 경우 직업안정기관의

장은 특별한 사유가 없으면 그 요청을 거부
해서는 아니 된다.
[전문개정 2010.4.7.]

제23조의2 삭제 <2010.4.7.>

**제24조(외국인근로자 고용허가 또는 특례고
용가능확인의 취소)** 고용노동부장관이 법
제19조제1항에 따라 사용자에 대하여 고
용허가나 특례고용가능확인을 취소할 때
에는 다음 각 호의 사항이 포함된 문서로
하여야 한다. <개정 2010.7.12.>
1. 취소의 사유
2. 해당 외국인근로자와의 근로계약 종료기한
3. 법 제20조에 따른 외국인근로자 고용
   의 제한 여부
[전문개정 2010.4.7.]

제25조(외국인근로자 고용의 제한) 법 제20
조제1항제4호에서 "대통령령으로 정하는
사유에 해당하는 자"란 다음 각 호의 어
느 하나에 해당하는 자를 말한다.
1. 법 제8조에 따라 고용허가서를 발급받
   은 날 또는 법 제12조에 따라 외국인근
   로자의 근로가 시작된 날부터 6개월 이
   내에 내국인근로자를 고용조정으로 이
   직시킨 자
2. 외국인근로자로 하여금 근로계약에 명
   시된 사업 또는 사업장 외에서 근로를
   제공하게 한 자
3. 법 제9조제1항에 따른 근로계약이 체
   결된 이후부터 법 제11조에 따른 외국
   인 취업교육을 마칠 때까지의 기간 동
   안 경기의 변동, 산업구조의 변화 등에
   따른 사업 규모의 축소, 사업의 폐업
   또는 전환과 같은 불가피한 사유가 없
   음에도 불구하고 근로계약을 해지한 자
[전문개정 2010.4.7.]

제26조(외국인근로자 관련 사업) 법 제21조
제6호에서 "대통령령으로 정하는 사업"이
란 다음 각 호의 사업을 말한다.
1. 외국인근로자의 취업알선, 고용관리 등
   에 필요한 외국인근로자 고용관리 전산
   시스템의 개발·운영사업
2. 외국인근로자의 국내 생활 적응 및 대한민
   국 문화에 대한 이해 증진과 관련된 사업
3. 출국만기보험등, 귀국비용보험등 및 법
   제23조에 따른 보증보험·상해보험 운

영의 지원사업
4. 그 밖에 정책위원회가 외국인근로자의
   고용관리를 위하여 필요하다고 인정하
   는 사업
[전문개정 2010.4.7.]

제4장 외국인근로자의 보호
<신설 2010.4.7.>

제27조(보증보험의 가입) ① 법 제23조제1
항에서 "대통령령으로 정하는 사업 또는
사업장"이란 다음 각 호의 어느 하나에 해
당하는 사업 또는 사업장을 말한다. 다만,
법 제12조제1항제1호에 따른 사업 또는
사업장은 제외한다.
1. 「임금채권보장법」이 적용되지 아니하는
   사업 또는 사업장
2. 상시 300명 미만의 근로자를 사용하는
   사업 또는 사업장
② 제1항에 따른 사업 또는 사업장의 사용
자는 근로계약의 효력발생일부터 15일 이내
에 다음 각 호의 요건을 모두 갖춘 보증보
험에 가입하여야 한다. <개정 2010.7.12.>
1. 체불된 임금의 지급을 위하여 고용노동
   부장관이 정하여 고시하는 금액 이상을
   보증하는 것일 것
2. 보증보험회사가 외국인근로자에게 해당
   보증보험 가입 사실을 통지하는 것일 것
3. 사용자가 임금을 체불하는 경우 외국인
   근로자가 보증보험회사에 보증보험의 보
   험금을 청구할 수 있는 것일 것
[전문개정 2010.4.7.]

제28조(상해보험의 가입) ① 법 제23조제2
항에서 "대통령령으로 정하는 사업 또는
사업장"이란 외국인근로자를 고용한 사업
또는 사업장을 말한다.
② 제1항에 따른 사업 또는 사업장의 외국인
근로자는 근로계약의 효력발생일부터 15일
이내에 다음 각 호의 요건을 모두 갖춘 상해
보험에 가입하여야 한다. <개정 2010.7.12.>
1. 외국인근로자가 사망하거나 질병 등이
   발생한 경우 고용노동부장관이 정하여
   고시하는 보험금액을 지급하는 것일 것
2. 외국인근로자가 사망하거나 질병 등이
   발생한 경우 본인 또는 유족이 보험회
   사에 상해보험의 보험금액을 청구할 수
   있는 것일 것

[전문개정 2010.4.7.]

제29조(외국인근로자 관련 단체 등에 대한 지원)
① 법 제24조제1항에서 "대통령령으로 정하는 사업"이란 다음 각 호의 어느 하나에 해당하는 사업을 말한다.
1. 외국인근로자에 대한 무상의료 지원사업
2. 외국인근로자에 대한 문화행사 관련 사업
3. 외국인근로자에 대한 장제(葬祭) 지원사업
4. 외국인근로자에 대한 국내 구직활동 지원사업 및 국내 생활 지원사업
5. 그 밖에 외국인근로자의 권익보호 등을 위하여 정책위원회가 필요하다고 인정하는 사업
② 국가가 법 제24조제1항에 따른 사업에 필요한 비용을 지원할 수 있는 기관 또는 단체는 다음 각 호의 요건을 모두 갖추어야 한다. <개정 2010.7.12.>
1. 비영리법인 또는 비영리단체일 것
2. 사업수행을 위하여 고용노동부장관이 정하여 고시하는 시설 또는 장비를 갖추고 있을 것
3. 사업수행을 위하여 필요한 국가자격 또는 국가의 공인을 받은 민간자격을 소지한 사람이나 해당 분야에서 1년 이상의 경력을 가진 사람이 2명 이상 종사하고 있을 것
③ 고용노동부장관은 제2항의 요건을 모두 갖춘 기관 또는 단체에 사업에 필요한 비용을 지원하려면 매년 사업계획과 운영 실적 등을 평가하여 지원 여부를 결정하여야 한다. <개정 2010.7.12.>
④ 법 제24조제1항에 따른 사업에 필요한 비용의 지원 수준은 고용노동부장관이 정하는 금액으로 한다. 이 경우 운영 실적 등의 평가 결과에 따라 지원 수준을 달리 정할 수 있다. <개정 2010.7.12.>
⑤ 제1항부터 제4항까지에서 규정한 사항 외에 고용노동부장관이 비용을 지원할 수 있는 기관 또는 단체의 선정절차, 운영 등에 필요한 사항은 고용노동부장관이 정한다. <개정 2010.7.12.>
[전문개정 2010.4.7.]

제30조(사업 또는 사업장의 변경)
① 법 제25조제1항제3호에서 "대통령령으로 정하는 사유"란 상해 등으로 외국인근로자가 해당 사업 또는 사업장에서 계속 근무하기는 부적합하나 다른 사업 또는 사업장에서 근무하는 것은 가능하다고 인정되는 경우를 말

한다. <개정 2012.5.14.>
② 삭제 <2012.5.14.>
③ 직업안정기관의 장은 법 제25조제3항에 해당하는 출국대상자의 명단을 관할 출입국관리사무소장 또는 출장소장에게 통보하여야 한다.
[전문개정 2010.4.7.]

제5장 보칙
<신설 2010.4.7.>

제31조(권한의 위임·위탁)
① 고용노동부장관은 법 제28조에 따라 다음 각 호의 권한을 지방고용노동관서의 장에게 위임한다. <개정 2010.7.12., 2011.7.5., 2012.5.14.>
1. 법 제18조의2에 따른 사용자의 재고용 허가 요청의 접수 및 처리
2. 법 제18조의4에 따른 재입국 후의 고용허가 신청의 접수 및 처리
3. 법 제26조제1항에 따른 명령·조사 및 검사 등(사용자와 외국인근로자에 대한 명령·조사 및 검사 등으로 한정한다)
4. 법 제32조에 따른 과태료의 부과·징수
5. 제23조제2항에 따른 지도·점검
② 고용노동부장관은 법 제28조에 따라 다음 각 호의 권한을 한국산업인력공단에 위탁한다. <개정 2010.7.12.>
1. 제12조제2항에 따른 외국인구직자 명부의 작성·관리
2. 법 제21조제1호에 따른 외국인근로자의 출입국 지원사업
3. 법 제21조제3호에 따른 송출국가의 공공기관과의 협력사업
4. 법 제27조제2항에 따른 수수료 등의 징수(제2호 및 제3호에 따라 위탁받은 사업과 관련된 것으로 한정한다)
③ 고용노동부장관은 법 제28조에 따라 다음 각 호의 권한을 한국산업인력공단과 업무수행을 위한 인적·물적 능력 등을 고려하여 고용노동부장관이 정하여 고시하는 비영리법인 또는 비영리단체에 위탁한다. <개정 2010.7.12.>
1. 법 제21조제2호에 따른 외국인근로자 및 그 사용자에 대한 교육사업
2. 법 제21조제3호에 따른 외국인근로자 관련 민간단체와의 협력사업
3. 법 제21조제4호에 따른 외국인근로자 및 그 사용자에 대한 상담 등 편의 제공 사업

4. 법 제27조제2항에 따른 수수료 등의 징수
   (제1호부터 제3호까지의 규정에 따라 위
   탁받은 사업과 관련된 것으로 한정한다)
5. 제26조제2호에 따른 외국인근로자의 국
   내 생활 적응 및 대한민국 문화에 대한
   이해 증진과 관련된 사업
6. 제26조제3호에 따른 지원 사업
④ 고용노동부장관은 법 제28조에 따라
제26조제1호에 따른 외국인근로자 고용관
리 전산시스템의 개발·운영사업을 「고용
정책 기본법」 제18조에 따른 한국고용정
보원에 위탁한다. <개정 2010.7.12.>
[전문개정 2010.4.7.]

제31조의2(고유식별정보의 처리) 고용노동부
장관(제31조에 따라 고용노동부장관의 권
한을 위임·위탁받은 자를 포함한다), 직업
안정기관의 장 또는 한국산업인력공단은
다음 각 호의 사무를 수행하기 위하여 불
가피한 경우「개인정보 보호법 시행령」 제
19조제1호 또는 제4호에 따른 주민등록번
호 또는 외국인등록번호가 포함된 자료를
처리할 수 있다. <개정 2012.5.14.>
1. 법 제5조에 따라 수립된 외국인근로자
   도입계획의 시행에 관한 사무
2. 법 제7조에 따른 외국인구직자 명부의
   작성에 관한 사무
3. 법 제8조에 따른 외국인근로자 고용허
   가에 관한 사무
4. 법 제9조에 따른 외국인근로자 근로계
   약 체결에 관한 사무
5. 법 제12조에 따른 외국인근로자 고용
   의 특례에 관한 사무
6. 법 제13조에 따른 출국만기보험·신탁
   에 관한 사무
7. 법 제15조에 따른 귀국비용보험·신탁
   에 관한 사무
8. 법 제17조에 따른 외국인근로자의 고
   용관리에 관한 사무
9. 법 제18조의2에 따른 취업활동 기간의
   연장에 관한 사무
10. 법 제18조의4에 따른 재입국 후의 고
    용허가에 관한 사무
11. 법 제23조에 따른 보증보험 및 상해
    보험의 가입 등에 관한 사무
12. 법 제25조에 따른 외국인근로자의 사
    업 또는 사업장 변경에 관한 사무
13. 법 제26조에 따른 보고 및 조사 등에
    관한 사무

[본조신설 2012.1.6.]

제31조의3(규제의 재검토) 고용노동부장관
은 제32조 및 별표에 따른 과태료의 부
과기준에 대하여 2017년 1월 1일을 기
준으로 3년마다(매 3년이 되는 해의 1월
1일 전까지를 말한다) 그 타당성을 검토
하여 개선 등의 조치를 하여야 한다. <개
정 2016.12.30.>
[본조신설 2014.12.9.]

제6장 벌칙
<신설 2010.4.7.>

제32조(과태료의 부과기준) 법 제32조제1항
에 따른 과태료의 부과기준은 별표와 같다.
[전문개정 2011.7.5.]

부칙
<대통령령 제29163호, 2018.9.18.>
(출입국관리법 시행령)

제1조(시행일) 이 영은 2018년 9월 21일부
터 시행한다.

제2조(다른 법령의 개정) ①부터 ⑩까지 생략
⑪ 외국인근로자의 고용 등에 관한 법률
시행령 일부를 다음과 같이 개정한다.
제2조제1호 중 "9. 단기취업(C-4),
19. 교수(E-1)부터 25. 특정활동
(E-7)까지"를 "같은 영 별표 1 중 5.
단기취업(C-4), 같은 영 별표 1의2 중
14. 교수(E-1)부터 20. 특정활동
(E-7)까지"로 하고, 같은 조 제2호 중
"「출입국관리법 시행령」 제23조제2항
부터 제4항까지"를 "「출입국관리법」 제
10조의3제1항, 같은 법 시행령 제23조
제2항 및 제3항"으로 하며, 같은 조 제
3호 중 "체류자격 30. 관광취업(H-1)
의 자격"을 "같은 영 별표 1의2 중 28.
관광취업(H-1)의 체류자격"으로 한다.
제19조 중 "별표 1 중 체류자격 31. 방
문취업(H-2)의 자격"을 "별표 1의2 중
체류자격 29. 방문취업(H-2)의 체류자
격"으로 한다.
⑫부터 ⑰까지 생략

제3조 생략

임금채권보장법

[시행 2018.10.16.]
[법률 제15850호, 2018.10.16., 일부개정]

제1장 총칙
<개정 2007.12.27.>

제1조(목적) 이 법은 경기 변동과 산업구조 변화 등으로 사업을 계속하는 것이 불가능하거나 기업의 경영이 불안정하여, 임금등을 지급받지 못하고 퇴직한 근로자 등에게 그 지급을 보장하는 조치를 마련함으로써 근로자의 생활안정에 이바지하는 것을 목적으로 한다. <개정 2015.1.20.>
[전문개정 2007.12.27.]

▣ 판례 - 배당이의

변제할 정당한 이익이 있는 자가 채무자를 위하여 근저당권의 피담보채무의 일부를 대위변제한 경우, 대위변제자는 변제한 가액의 범위 내에서 종래 채권자가 가지고 있던 채권 및 담보에 관한 권리를 법률상 당연히 취득하게 되지만 이때에도 채권자는 대위변제자에 대하여 우선변제권을 가진다. 이러한 법리는 근로복지공단이 최우선변제권이 있는 최종 3개월분의 임금과 최종 3년분의 퇴직금 중 일부를 체당금으로 지급하고 그에 해당하는 근로자의 임금 등 채권을 대위하여 행사하는 경우에도 그대로 적용되어 최우선변제권이 있는 근로자의 나머지 임금 등 채권이 공단이 대위하는 채권에 대하여 우선변제권을 갖는다고 보아야 한다. 만일 이와 달리 근로자의 나머지 임금 등 채권과 공단이 대위하는 채권이 그 법률적 성질이 동일하다는 이유로 같은 순위로 배당받아야 한다고 해석한다면, 근로자가 공단으로부터 최우선변제권이 있는 임금 등 채권의 일부를 체당금으로 먼저 지급받은 후 배당금을 지급받는 경우에는 공단도 같은 순위로 배당받는 결과 공단이 근로자에게 지급한 체당금의 일부를 근로자로부터 다시 회수하는 셈이 되어 배당금을 먼저 지급받은 후 공단으로부터 체당금을 지급받는 경우에 비하여 근로자가 수령하는 총금액이 적게 되어 체당금의 지급시기에 따라 근로자에 대한 보호의 범위가 달라지는 불합리가 발생할 뿐만 아니라 근로자로 하여금 신속한 체당금 수령을 기피하게 하여 체당금의 지급을 통하여 근로자의 생활안정에 이바지하고자 하는 임금채권보장법의 취지를 몰각시키게 된다. [대법원 2011.1.27, 선고, 2008다13623, 판결]

제2조(정의) 이 법에서 사용하는 용어의 뜻은 다음과 같다. <개정 2010.1.27.>
1. "근로자"란 「근로기준법」 제2조에 따른 근로자를 말한다.
2. "사업주"란 근로자를 사용하여 사업을 하는 자를 말한다.
3. "임금등"이란 「근로기준법」 제2조·제34조 및 제46조에 따른 임금·퇴직금 및 휴업수당을 말한다.
4. "보수"란 「고용보험 및 산업재해보상보험의 보험료징수 등에 관한 법률」 제2조제3호에 따른 보수를 말한다.
[전문개정 2007.12.27.]

제3조(적용 범위) 이 법은 「산업재해보상보험법」 제6조에 따른 사업 또는 사업장(이하 "사업"이라 한다)에 적용한다. 다만, 국가와 지방자치단체가 직접 수행하는 사업은 그러하지 아니하다.
[전문개정 2007.12.27.]

▣ 판례 - 부당이득금

부과금 면제에 관한 특별법인 산림조합법 제8조는 임금채권보장법에 대한 관계에서도 특별법으로 우선 적용됨으로써 산림조합이나 산림조합중앙회의 업무 및 재산에 대하여는 부과금의 일종인 임금채권부담금을 징수할 수 없다. 나아가 산림조합법에 따른 산림조합중앙회의 목적과 사업 내용 및 임금채권부담금의 성격 등에 비추어 보면, 산림조합중앙회가 회원의 공동이익 증진과 건전한 발전을 도모하기 위하여 각종 사업을 수행하면서 직원을 고용하여 임금을 지급하는 등의 업무는 산림조합법 제8조에서 규정하는 '업무'에 해당하고, 그 업무와 관련하여 임금채권보장법에 따라 징수되는 임금채권부담금은 위 조항에서 말하는 '부과금'에 해당하므로, 부과금 면제대상인 산림조합중앙회의 업무 및 재산에 대하여 임금채권부담금을 신고·납부한 행위는 납부의무자가 아닌 자가 부담금을 납부한 것으로서 법규의 중요한 부분을 위반한 중대한 하자가 있다. [대법원 2016.10.13, 선고, 2015다233555, 판결]

제3조의2[종전 제3조의2는 제4조로 이동 <2007.12.27.>]

제4조(준용) 임금채권보장관계에는 「고용보험 및 산업재해보상보험의 보험료징수 등에 관한 법률」(이하 "보험료징수법"이라 한다) 제3조, 제5조제4항·제5항, 제6조제2항부터 제4항까지 및 제8조를 준용한다.
[전문개정 2007.12.27.]

[제3조의2에서 이동, 종전 제4조는 제5조로 이동 <2007.12.27.>]

제5조(국고의 부담) 국가는 매 회계연도 예산의 범위에서 이 법에 따른 임금채권보장을 위한 사무집행에 드는 비용의 일부를 일반회계에서 부담하여야 한다.
[전문개정 2007.12.27.]
[제4조에서 이동, 종전 제5조는 제6조로 이동 <2007.12.27.>]

제6조(임금채권보장기금심의위원회) ① 제17조에 따른 임금채권보장기금의 관리·운용에 관한 중요사항을 심의하기 위하여 고용노동부에 임금채권보장기금심의위원회(이하 "위원회"라 한다)를 둔다. <개정 2010.6.4.>
② 위원회는 근로자를 대표하는 자, 사업주를 대표하는 자 및 공익을 대표하는 자로 구성하되, 각각 같은 수로 한다.
③ 위원회의 조직과 운영에 필요한 사항은 대통령령으로 정한다.
[전문개정 2007.12.27.]
[제5조에서 이동, 종전 제6조는 제7조로 이동 <2007.12.27.>]

제2장 임금채권의 지급보장
<개정 2007.12.27.>

제7조(체불 임금등의 지급) ① 고용노동부장관은 사업주가 다음 각 호의 어느 하나에 해당하는 경우에 퇴직한 근로자가 지급받지 못한 임금등의 지급을 청구하면 제3자의 변제에 관한 「민법」 제469조에도 불구하고 그 근로자의 미지급 임금등을 사업주를 대신하여 지급한다. <개정 2010.6.4., 2014.3.24., 2015.1.20.>
1. 「채무자 회생 및 파산에 관한 법률」에 따른 회생절차개시의 결정이 있는 경우
2. 「채무자 회생 및 파산에 관한 법률」에 따른 파산선고의 결정이 있는 경우
3. 고용노동부장관이 대통령령으로 정한 요건과 절차에 따라 미지급 임금등을 지급할 능력이 없다고 인정하는 경우
4. 사업주가 근로자에게 미지급 임금등을 지급하라는 다음 각 목의 어느 하나에 해당하는 판결, 명령, 조정 또는 결정 등이 있는 경우
   가. 「민사집행법」 제24조에 따른 확정

된 종국판결
   나. 「민사집행법」 제56조제3호에 따른 확정된 지급명령
   다. 「민사집행법」 제56조제5호에 따른 소송상 화해, 청구의 인낙(認諾) 등 확정판결과 같은 효력을 가지는 것
   라. 「민사조정법」 제28조에 따라 성립된 조정
   마. 「민사조정법」 제30조에 따른 확정된 조정을 갈음하는 결정
   바. 「소액사건심판법」 제5조의7제1항에 따른 확정된 이행권고결정
② 제1항에 따라 고용노동부장관이 사업주를 대신하여 지급하는 임금등[이하 "체당금(替當金)"이라 한다]의 범위는 다음 각 호와 같다. 다만, 대통령령으로 정하는 바에 따라 제1항제1호부터 제3호까지의 규정에 따른 체당금의 상한액과 같은 항 제4호에 따른 체당금의 상한액은 근로자의 퇴직 당시의 연령 등을 고려하여 따로 정할 수 있으며 체당금이 적은 경우에는 지급하지 아니할 수 있다. <개정 2010.6.4., 2011.7.25., 2015.1.20.>
1. 「근로기준법」 제38조제2항제1호에 따른 임금 및 「근로자퇴직급여 보장법」 제12조제2항에 따른 최종 3년간의 퇴직급여등
2. 「근로기준법」 제46조에 따른 휴업수당(최종 3개월분으로 한정한다)
③ 근로자가 같은 근무기간 또는 같은 휴업기간에 대하여 제1항제1호부터 제3호까지의 규정에 따른 체당금을 지급받은 때에는 같은 항 제4호에 따른 체당금은 지급하지 아니하며, 제1항제4호에 따른 체당금을 지급받은 때에는 해당 금액을 공제하고 같은 항 제1호부터 제3호까지의 규정에 따른 체당금을 지급한다. <신설 2015.1.20.>
④ 체당금의 지급대상이 되는 근로자와 사업주의 기준은 대통령령으로 정한다. <개정 2015.1.20.>
⑤ 사업장 규모 등 고용노동부령으로 정하는 기준에 해당하는 근로자가 제1항에 따라 체당금을 청구하는 경우 고용노동부령으로 정하는 공인노무사로부터 체당금 청구서 작성, 사실확인 등에 관한 지원을 받을 수 있다. <신설 2010.5.25., 2010.6.4., 2015.1.20.>
⑥ 고용노동부장관은 근로자가 제4항에 따라 공인노무사로부터 지원을 받은 경우 그

에 드는 비용의 전부 또는 일부를 지원할 수 있으며, 지원금액 및 구체적인 지급방법 등에 관한 사항은 고용노동부령으로 정한다. <신설 2010.5.25., 2010.6.4., 2015.1.20.>

⑦ 그 밖에 체당금의 청구와 지급 등에 필요한 사항은 대통령령으로 정한다. <개정 2010.5.25., 2015.1.20.>

[전문개정 2007.12.27.]

[제6조에서 이동, 종전 제7조는 제8조로 이동 <2007.12.27.>]

제7조의2(체불 임금등의 사업주 융자) ① 고용노동부장관은 사업주가 일시적인 경영상 어려움 등 고용노동부령으로 정하는 사유로 근로자에게 임금등을 지급하지 못한 경우에 사업주의 신청에 따라 체불 임금등을 지급하는 데 필요한 비용을 융자할 수 있다. <개정 2015.1.20.>

② 제1항에 따른 융자금액은 고용노동부장관이 해당 근로자에게 직접 지급하여야 한다.

③ 체불 임금등 비용 융자의 구체적인 기준, 금액, 기간 및 절차 등은 고용노동부령으로 정한다.

[본조신설 2012.2.1.]

제8조(미지급 임금등의 청구권의 대위) ① 고용노동부장관은 제7조에 따라 근로자에게 체당금을 지급하였을 때에는 그 지급한 금액의 한도에서 그 근로자가 해당 사업주에 대하여 미지급 임금등을 청구할 수 있는 권리를 대위(代位)한다. <개정 2010.6.4.>

②「근로기준법」제38조제2항에 따른 임금채권 우선변제권 및 「근로자퇴직급여 보장법」제12조제2항에 따른 퇴직급여등 채권 우선변제권은 제1항에 따라 대위되는 권리에 존속한다. <개정 2011.7.25.>

[전문개정 2007.12.27.]

[제7조에서 이동, 종전 제8조는 제9조로 이동 <2007.12.27.>]

제9조(사업주의 부담금) ① 고용노동부장관은 제7조에 따라 미지급 임금등을 대신 지급하는데 드는 비용에 충당하기 위하여 사업주로부터 부담금을 징수한다. <개정 2010.6.4.>

② 제1항에 따라 사업주가 부담하여야 하는 부담금은 그 사업에 종사하는 근로자의 보수총액에 1천분의 2의 범위에서 위원회의 심의를 거쳐 고용노동부장관이 정하는 부담금비율을 곱하여 산정한 금액으로 한다. <개정 2010.1.27., 2010.6.4.>

③ 보수총액을 결정하기 곤란한 경우에는 보험료징수법 제13조제6항에 따라 고시하는 노무비율(勞務比率)에 따라 보수총액을 결정한다. <개정 2010.1.27.>

④ 도급사업의 일괄적용에 관한 보험료징수법 제9조는 제1항의 부담금 징수에 관하여 준용한다. 이 경우 같은 법 제9조제1항 단서 중 "공단"을 "고용노동부장관"으로 본다. <개정 2010.6.4.>

⑤ 이 법은 사업주의 부담금에 관하여 다른 법률에 우선하여 적용한다. <신설 2018.10.16.>

[전문개정 2007.12.27.]

[제8조에서 이동, 종전 제9조는 제10조로 이동 <2007.12.27.>]

제10조(부담금의 경감) 고용노동부장관은 다음 각 호의 어느 하나에 해당하는 사업주에 대하여는 제9조에 따른 부담금을 경감할 수 있다. 이 경우 그 경감기준은 고용노동부장관이 위원회의 심의를 거쳐 정한다. <개정 2010.6.4., 2011.7.25.>

1. 삭제 <2014.3.24.>

2.「근로기준법」또는 「근로자퇴직급여 보장법」에 따라 퇴직금을 미리 정산하여 지급한 사업주

3. 법률 제7379호 근로자퇴직급여보장법 부칙 제2조제1항에 따른 퇴직보험등에 가입한 사업주, 「근로자퇴직급여 보장법」제3장에 따른 확정급여형퇴직연금제도, 같은 법 제4장에 따른 확정기여형퇴직연금제도 또는 같은 법 제25조에 따른 개인형퇴직연금제도를 설정한 사업주

4.「외국인근로자의 고용 등에 관한 법률」제13조에 따라 외국인근로자 출국만기보험·신탁에 가입한 사업주

[전문개정 2007.12.27.]

[제9조에서 이동, 종전 제10조는 제11조로 이동 <2007.12.27.>]

제11조(수급권의 보호) ① 체당금을 지급받을 권리는 양도 또는 압류하거나 담보로 제공할 수 없다. <개정 2015.1.20.>

② 체당금의 수령은 대통령령으로 정하는 바에 따라 위임할 수 있다.

③ 미성년자인 근로자는 독자적으로 체당

금의 지급을 청구할 수 있다.
[전문개정 2007.12.27.]
[제10조에서 이동, 종전 제11조는 제12조로 이동 <2007.12.27.>]

제12조(체불 임금등의 확인) ① 임금등을 지급받지 못한 근로자는 「법률구조법」제22조의 법률구조 지원절차 등에 따라 소제기를 위하여 필요한 경우 고용노동부장관에게 체불 임금등과 체불사업주 등을 증명하는 서류의 발급을 신청할 수 있다.
② 제1항에 따른 신청이 있을 경우 고용노동부장관은 근로감독사무 처리과정에서 확인된 체불 임금등과 체불사업주 등을 증명하는 서류를 제1항의 근로자 또는 「법률구조법」제8조에 따른 대한법률구조공단에 발급할 수 있다.
③ 제2항에 따른 서류의 발급절차 및 발급방법 등에 관하여 필요한 사항은 고용노동부령으로 정한다.
[전문개정 2015.1.20.]

제13조(재산목록의 제출명령) ① 고용노동부장관은 제7조에 따라 근로자에게 체당금을 지급하려는 경우에는 대통령령으로 정하는 바에 따라 해당 사업주에게 재산관계를 구체적으로 밝힌 재산목록의 제출을 명할 수 있다. <개정 2010.6.4.>
② 제1항에 따른 재산목록 제출명령을 받은 사업주는 특별한 사유가 없으면 7일 이내에 고용노동부장관에게 재산 관계를 구체적으로 밝힌 재산목록을 제출하여야 한다. <개정 2010.6.4.>
[전문개정 2007.12.27.]
[제12조에서 이동, 종전 제13조는 제14조로 이동 <2007.12.27.>]

제13조의2[종전 제13조의2는 제15조로 이동 <2007.12.27.>]

제14조(부당이득의 환수) ① 고용노동부장관은 거짓이나 그 밖의 부정한 방법으로 제7조 및 제7조의2제1항에 따라 체당금 또는 융자금을 받으려 한 자에게는 대통령령으로 정하는 바에 따라 신청한 체당금 또는 융자금의 전부 또는 일부를 지급 또는 융자하지 아니할 수 있다. <개정 2010.6.4., 2012.2.1., 2014.3.24.>
② 고용노동부장관은 제7조 및 제7조의2제1항에 따라 체당금 또는 융자금을 이미 받은 자가 다음 각 호의 어느 하나에 해당하는 경우 대통령령으로 정하는 방법에 따라 그 체당금 또는 융자금의 전부 또는 일부를 환수하여야 한다. <신설 2014.3.24.>
1. 거짓이나 그 밖의 부정한 방법으로 체당금 또는 융자금을 받은 경우
2. 그 밖에 잘못 지급된 체당금 또는 융자금이 있는 경우
③ 제2항에 따라 체당금을 환수하는 경우 고용노동부령으로 정하는 기준에 따라 거짓이나 그 밖의 부정한 방법으로 지급받은 체당금에 상당하는 금액 이하의 금액을 추가하여 징수할 수 있다. <개정 2010.6.4., 2014.3.24.>
④ 제2항과 제3항의 경우에 체당금의 지급 또는 융자가 거짓의 보고·진술·증명·서류제출 등 위계(僞計)의 방법에 의한 것이면 그 행위를 한 자는 체당금 또는 융자금을 받은 자와 연대하여 책임을 진다. <개정 2012.2.1., 2014.3.24., 2015.1.20.>
[전문개정 2007.12.27.]
[제목개정 2014.3.24.]
[제13조에서 이동, 종전 제14조는 제16조로 이동 <2007.12.27.>]

제15조(포상금의 지급) 거짓이나 그 밖의 부정한 방법으로 체당금이 지급된 사실을 지방고용노동관서 또는 수사기관에 신고하거나 고발한 자에게는 대통령령으로 정하는 기준에 따라 포상금을 지급할 수 있다. <개정 2010.6.4.>
[전문개정 2007.12.27.]
[제13조의2에서 이동, 종전 제15조는 제17조로 이동 <2007.12.27.>]

제16조(준용) 이 법에 따른 부담금이나 그 밖의 징수금의 납부 및 징수(체당금의 반환요구를 포함한다)에 관하여는 보험료징수법 제16조의2부터 제16조의11까지, 제17조부터 제19조까지, 제19조의2 및 제20조, 제22조의2, 제22조의3, 제23조부터 제25조까지, 제26조의2, 제27조, 제27조의2, 제27조의3, 제28조, 제28조의2부터 제28조의7까지, 제29조, 제29조의2, 제30조, 제32조부터 제37조까지, 제39조 및 제50조를 준용한다. 이 경우 "보험가입자"는 "사업주"로, "보험료"는 "

부담금"으로, "보험"은 "임금채권보장"으로, "보험사무"는 "임금채권보장사무"로, "공단" 또는 "건강보험공단"은 "고용노동부장관(이 법 제27조에 따라 그 권한을 위탁받은 경우에는 근로복지공단 또는 건강보험공단을 말한다)"으로, "개산보험료(概算保險料)"는 "개산부담금"으로, "보험연도"는 "회계연도"로, "보험관계"는 "임금채권보장관계"로, "보험료율"은 "부담금비율"로, "확정보험료"는 "확정부담금"으로, "「고용정책 기본법」 제10조에 따른 고용정책심의회 또는 「산업재해보상보험법」 제8조에 따른 산업재해보상보험및예방심의위원회"는 "위원회"로 본다. <개정 2009.10.9., 2010.1.27., 2010.6.4.>
[전문개정 2007.12.27.]
[제14조에서 이동, 종전 제16조는 제18조로 이동 <2007.12.27.>]

제16조의2[종전 제16조의2는 제19조로 이동 <2007.12.27.>]

제3장 임금채권보장기금
<개정 2007.12.27.>

제17조(기금의 설치) 고용노동부장관은 제7조에 따른 체당금의 지급에 충당하기 위하여 임금채권보장기금(이하 "기금"이라 한다)을 설치한다. <개정 2010.6.4.>
[전문개정 2007.12.27.]
[제15조에서 이동, 종전 제17조는 제20조로 이동 <2007.12.27.>]

제18조(기금의 조성) ① 기금은 다음 각 호의 재원으로 조성한다.
1. 제8조에 따른 사업주의 변제금(辨濟金)
2. 제9조에 따른 사업주의 부담금
3. 제2항에 따른 차입금
4. 기금의 운용으로 생기는 수익금
5. 그 밖의 수입금
② 고용노동부장관은 기금을 운용하는 데에 필요하면 기금의 부담으로 금융기관이나 다른 기금 등으로부터 차입할 수 있다. <개정 2010.6.4.>
[전문개정 2007.12.27.]
[제16조에서 이동, 종전 제18조는 제21조로 이동 <2007.12.27.>]

제19조(기금의 용도) 기금은 다음 각 호의 용도에 사용한다. <개정 2015.1.20.>
1. 체당금의 지급과 잘못 납부한 금액 등의 반환
2. 제7조제6항에 따른 공인노무사 조력비용 지원
3. 제7조의2에 따른 체불 임금등 지급을 위한 사업주 융자
4. 제27조에 따라 업무를 위탁받은 자에 대한 출연
5. 차입금 및 그 이자의 상환
6. 임금등 체불 예방과 청산 지원 등 임금채권보장제도 관련 연구
7. 「법률구조법」에 따른 대한법률구조공단에 대한 출연. 다만, 임금등이 체불된 근로자에 대한 법률구조사업 지원에 한정한다.
8. 그 밖에 임금채권보장사업과 기금의 관리·운용
[전문개정 2012.2.1.]

제19조의2[종전 제19조의2는 제23조로 이동 <2007.12.27.>]

제20조(기금의 관리·운용) ① 기금은 고용노동부장관이 관리·운용한다. <개정 2010.6.4.>
② 기금의 관리·운용 등에 관하여는 「산업재해보상보험법」 제97조제2항부터 제4항까지, 제98조부터 제100조까지 및 제102조를 준용한다. 이 경우 같은 법 중 "보험급여"는 "체당금"으로, "보험료수입"은 "부담금수입"으로 본다. <개정 2007.12.14.>
[전문개정 2007.12.27.]
[제17조에서 이동, 종전 제20조는 제24조로 이동 <2007.12.27.>]

제21조(회계연도) 기금의 회계연도는 정부의 회계연도에 따른다.
[전문개정 2007.12.27.]
[제18조에서 이동, 종전 제21조는 제25조로 이동 <2007.12.27.>]

제4장 보칙
<개정 2007.12.27.>

제22조(보고 등) 고용노동부장관은 대통령령으로 정하는 바에 따라 이 법을 적용받는 사업의 사업주나 그 사업에 종사하는 근로

자 등 관계 당사자에게 다음 각 호의 사항을 위하여 필요한 보고나 관계 서류의 제출을 요구할 수 있다. <개정 2010.6.4.>
1. 기금의 관리·운용
2. 체당금의 지급
[전문개정 2007.12.27.]
[제19조에서 이동, 종전 제22조는 제26조로 이동 <2007.12.27.>]

제23조(관계 기관 등에 대한 협조요청) ①
고용노동부장관은 제7조에 따른 체불 임금등의 지급, 제7조의2에 따른 체불 임금등의 사업주 융자, 제8조에 따른 미지급 임금등의 청구권의 대위, 제14조에 따른 부당이득의 환수 등 이 법에 따른 업무를 수행하기 위하여 다음 각 호의 어느 하나에 해당하는 자료의 제공 또는 관계 전산망의 이용(이하 "자료제공등"이라 한다)을 해당 각 호의 자에게 각각 요청할 수 있다. 이 경우 자료제공등을 요청받은 자는 정당한 사유가 없으면 그 요청에 따라야 한다. <개정 2010.6.4., 2016.1.27., 2017.7.26., 2018.10.16.>
1. 법원행정처장에게 체불사업주, 부당이득자 및 연대책임자(이하 "체불사업주등"이라 한다)의 재산에 대한 건물등기사항증명서 및 토지등기사항증명서
2. 행정안전부장관에게 체불사업주등의 주민등록 등본·초본
3. 국토교통부장관에게 체불사업주등 명의의 부동산 및 자동차·건설기계·항공기·요트 등 재산 자료(등록원부를 포함한다)
3의2. 해양수산부장관에게 체불사업주등 명의의 선박 자료(등록원부를 포함한다)
3의3. 관계 중앙행정기관의 장에게 피감독기관인 공제조합의 체불사업주등 명의의 출자증권 자료
4. 국세청장에게 체불사업주등 명의의 골프(콘도) 회원권, 무체재산권(특허권, 저작권 등), 서화, 골동품, 영업권에 관한 자료
5. 지방자치단체의 장에게 체불사업주등의 가족관계등록부(가족관계증명서, 혼인관계증명서, 기본증명서), 재산에 대한 지방세 과세증명원, 일반(집합) 건축물대장, 토지(임야)대장, 체불사업주등 명의의 임차권·전세권·가압류 등 권리등기 및 등록에 따른 등록면허세 과세자료

6. 「법률구조법」 제8조에 따른 대한법률구조공단의 이사장에게 근로자와 체불사업주등에 있어서 체불 임금등에 관한 소송, 보전처분, 강제집행 등 민사상 재판절차에 관계된 서류(소장, 신청서, 판결문, 결정문 등의 서류를 포함한다)
7. 「국민건강보험법」 제13조에 따른 국민건강보험공단의 이사장에게 체불사업주등에 대한 건강보험·국민연금·산업재해보상보험·고용보험의 보험료 납부 자료(체납 자료를 포함한다) 및 「국민건강보험법」 제47조에 따라 체불사업주등인 요양기관이 청구한 요양급여비용
7의2. 「산업재해보상보험법」 제10조에 따른 근로복지공단의 이사장에게 체불사업주등에 대한 산업재해보상보험 및 고용보험 피보험자 취득 자료, 「고용보험 및 산업재해보상보험의 보험료징수 등에 관한 법률」 제23조에 따른 보험료등 과납액 자료
8. 「근로자퇴직급여 보장법」 제26조에 따른 퇴직연금사업자에게 체당금 청구 근로자의 퇴직연금 가입 여부, 가입기간, 적립금액 또는 부담금액, 지급금액 등 퇴직연금에 관한 정보 자료(체당금 지급 대상 기간에 한정한다)
9. 「보험업법」에 따른 보험회사에게 체당금 청구 외국인 근로자의 출국만기보험·신탁 및 보증보험 가입 및 납입자료(체당금 지급대상기간의 정보에 한정한다)
10. 「신용보증기금법」 제4조에 따른 신용보증기금의 이사장 및 「기술보증기금법」 제12조에 따른 기술보증기금의 이사장에게 체불사업주등 명의의 질권 및 근저당권 설정 자료
11. 「보험업법」 제4조제1항제2호라목에 따라 보증보험 허가를 받은 자에게 체불사업주등 명의의 질권 및 근저당권 설정 자료
② 제1항에 따른 자료제공등을 요청할 때에는 다음 각 호의 사항을 적은 문서로 요청하여야 한다. <개정 2016.1.27.>
1. 체불사업주, 체당금 청구 근로자, 부당이득자(연대책임자를 포함한다)의 인적사항
2. 사용목적
3. 제공요청 자료의 목록
③ 제1항에 따라 제공되는 자료에 대해서

는 수수료 및 사용료 등을 면제한다. <신설 2016.1.27.>

[전문개정 2007.12.27.]

[제19조의2에서 이동, 종전 제23조는 제27조로 이동 <2007.12.27.>]

제23조의2(개인정보의 보호) ① 고용노동부장관은 제23조제1항 각 호의 자료의 제공을 요청함에 있어 업무에 필요한 최소한의 정보만 요청하여야 한다.

② 고용노동부장관은 제23조제1항 각 호의 자료 이용에 있어 보안교육 등 사업주 또는 근로자 등의 개인정보에 대한 보호대책을 마련하여야 한다.

③ 고용노동부장관은 제23조제1항제8호 및 제9호에 따른 자료의 제공을 요청할 경우에는 사전에 정보주체의 동의를 받아야 한다.

④ 고용노동부장관은 제23조제1항 각 호의 자료 이용에 있어 체불 임금등의 지급, 미지급 임금등의 청구권의 대위 등 목적을 달성한 경우 지체 없이 파기하여야 한다.

⑤ 제23조제1항 각 호의 개인정보는 고용노동부 또는 고용노동부장관으로부터 권한을 위임받은 기관에서 같은 항 각 호 외의 부분 본문에 따른 업무를 담당하는 자 중 해당 기관의 장으로부터 개인정보 취급승인을 받은 자만 취급할 수 있다.

⑥ 임금채권보장 업무에 종사하거나 종사하였던 자는 누구든지 업무 수행과 관련하여 알게 된 사업주 또는 근로자 등의 정보를 누설하거나 다른 용도로 사용하여서는 아니 된다.

⑦ 제2항에 따른 보안교육 등 개인정보 보호대책 마련, 제3항에 따른 정보주체에 대한 사전 동의 방법, 제4항에 따른 목적을 달성한 정보의 파기 시기 및 방법, 제5항에 따른 개인정보 취급승인의 절차 등에 필요한 세부적인 사항은 고용노동부장관이 정한다.

[본조신설 2016.1.27.]

제24조(검사) ① 고용노동부장관은 이 법을 시행하기 위하여 필요하다고 인정하면 관계 공무원으로 하여금 이 법을 적용받는 사업장에 출입하여 관계 서류를 검사하거나 관계인에게 질문하게 할 수 있다. <개정 2010.6.4.>

② 제1항에 따라 출입·검사를 하는 공무원은 그 권한을 표시하는 증표를 지니고 이를 관계인에게 내보여야 한다.

[전문개정 2007.12.27.]

[제20조에서 이동, 종전 제24조는 제28조로 이동 <2007.12.27.>]

제25조(신고) 사업주가 이 법 또는 이 법에 따른 명령을 위반하는 사실이 있으면 근로자는 그 사실을 근로감독관에게 신고하여 시정을 위한 조치를 요구할 수 있다.

[전문개정 2007.12.27.]

[제21조에서 이동, 종전 제25조는 제29조로 이동 <2007.12.27.>]

제26조(소멸시효) ① 부담금이나 그 밖에 이 법에 따른 징수금을 징수하거나 체당금·부담금을 반환받을 권리는 3년간 행사하지 아니하면 시효로 소멸한다.

② 제1항에 따른 소멸시효에 관하여는 이 법에 규정된 것 외에는 「민법」에 따른다.

③ 소멸시효의 중단 등에 관하여는 보험료징수법 제42조 및 제43조를 준용한다.

[전문개정 2007.12.27.]

[제22조에서 이동, 종전 제26조는 제30조로 이동 <2007.12.27.>]

제27조(권한의 위임·위탁) 이 법에 따른 고용노동부장관의 권한은 대통령령으로 정하는 바에 따라 그 일부를 지방고용노동관서의 장에게 위임하거나 「산업재해보상보험법」에 따른 근로복지공단과 「국민건강보험법」에 따른 국민건강보험공단에 위탁할 수 있다. <개정 2010.1.27., 2010.6.4.>

[전문개정 2007.12.27.]

[제23조에서 이동 <2007.12.27.>]

제5장 벌칙

<개정 2007.12.27.>

제27조의2(벌칙) 제23조의2제6항을 위반한 자는 10년 이하의 징역 또는 1억원 이하의 벌금에 처한다.

[본조신설 2016.1.27.]

제28조(벌칙) ① 다음 각 호의 어느 하나에 해당하는 자는 3년 이하의 징역 또는 3천만원 이하의 벌금에 처한다. <개정 2012.2.1., 2014.3.24.>

1. 거짓이나 그 밖의 부정한 방법으로 제

7조에 따른 체당금 또는 제7조의2에 따른 융자를 받은 자

2. 거짓이나 그 밖의 부정한 방법으로 다른 사람으로 하여금 제7조에 따른 체당금 또는 제7조의2에 따른 융자를 받게 한 자

3. 정당한 사유 없이 제13조에 따른 재산목록의 제출을 거부하거나 거짓의 재산목록을 제출한 자

② 다음 각 호의 어느 하나에 해당하는 자는 2년 이하의 징역 또는 2천만원 이하의 벌금에 처한다. <신설 2014.3.24.>

1. 부당하게 제7조에 따른 체당금 또는 제7조의2에 따른 융자를 받기 위하여 거짓의 보고·증명 또는 서류제출을 한 자

2. 다른 사람으로 하여금 부당하게 제7조에 따른 체당금 또는 제7조의2에 따른 융자를 받게 하기 위하여 거짓의 보고·증명 또는 서류제출을 한 자

[전문개정 2007.12.27.]
[제24조에서 이동 <2007.12.27.>]

제29조(양벌규정) 법인의 대표자나 법인 또는 개인의 대리인, 사용인, 그 밖의 종업원이 그 법인 또는 개인의 업무에 관하여 제28조의 위반행위를 하면 그 행위자를 벌하는 외에 그 법인 또는 개인에게도 해당 조문의 벌금형을 과(科)한다. 다만, 법인 또는 개인이 그 위반행위를 방지하기 위하여 해당 업무에 관하여 상당한 주의와 감독을 게을리하지 아니한 경우에는 그러하지 아니하다.
[전문개정 2009.1.7.]

제30조(과태료) ① 다음 각 호의 어느 하나에 해당하는 자에게는 500만원 이하의 과태료를 부과한다.

1. 삭제 <2015.1.20.>

2. 정당한 사유 없이 제22조에 따른 보고나 관계 서류의 제출요구에 따르지 아니한 자 또는 거짓 보고를 하거나 거짓 서류를 제출한 자

3. 정당한 사유 없이 제24조제1항에 따른 관계 공무원의 질문에 답변을 거부하거나 검사를 거부·방해 또는 기피한 자

② 제1항에 따른 과태료는 대통령령으로 정하는 바에 따라 고용노동부장관이 부과·징수한다. <개정 2010.6.4.>

③ 삭제 <2012.2.1.>

④ 삭제 <2012.2.1.>
⑤ 삭제 <2012.2.1.>
[전문개정 2007.12.27.]
[제26조에서 이동 <2007.12.27.>]

부칙
<법률 제15850호, 2018.10.16.>

이 법은 공포한 날부터 시행한다.

임금채권보장법 시행령

[시행 2017.1.1.]
[대통령령 제27751호, 2016.12.30., 타법개정]

제1조(목적) 이 영은 「임금채권보장법」에서 위임된 사항과 그 시행에 필요한 사항을 규정함을 목적으로 한다.
[전문개정 2010.11.15.]

제2조(임금채권보장기금심의위원회의 기능)
「임금채권보장법」(이하 "법"이라 한다) 제6조에 따른 임금채권보장기금심의위원회(이하 "위원회"라 한다)는 다음 각 호의 사항을 심의한다.
1. 법 제9조제2항에 따른 부담금비율의 결정에 관한 사항
2. 법 제10조에 따른 부담금 경감기준의 결정에 관한 사항
3. 법 제17조에 따른 임금채권보장기금(이하 "기금"이라 한다)의 운용계획 수립에 관한 사항
4. 그 밖에 기금의 관리·운용과 관련하여 중요하다고 인정하여 고용노동부장관이 회의에 부치는 사항
[전문개정 2010.11.15.]

제3조(위원회의 구성 등) ① 위원회 위원은 다음 각 호의 구분에 따라 고용노동부장관이 임명하거나 위촉한다.
1. 근로자를 대표하는 위원: 총연합단체인 노동조합이 추천하는 사람 5명
2. 사업주를 대표하는 위원: 전국을 대표하는 사용자단체가 추천하는 사람 5명
3. 공익을 대표하는 위원: 다음 각 목의 사람 5명
   가. 고용노동부의 임금채권보장업무를 담당하는 고위공무원 1명
   나. 고용노동부의 임금채권보장업무를 담당하는 3급 또는 4급 공무원 1명
   다. 「비영리민간단체 지원법」 제2조에 따른 비영리민간단체에서 추천한 사람과 고용노동부장관이 사회보험에 관한 학식과 경험이 풍부하다고 인정하는 사람 중 3명
② 제1항에서 규정한 사항 외에 위원회의

조직과 운영에 관하여는 「산업재해보상보험법 시행령」 제5조부터 제7조까지 및 제9조부터 제11조까지의 규정을 준용한다. 이 경우 「산업재해보상보험법 시행령」 제5조제1항 단서 중 "제4조제3호가목 또는 나목에 해당하는 위원"은 "고용노동부의 임금채권보장업무를 담당하는 고위공무원 또는 임금채권보장업무를 담당하는 3급 또는 4급 공무원 중 1명"으로, 같은 법 시행령 제5조제3항 각 호 외의 부분 중 "제4조에 따른 위원회의 위촉위원"은 "제3조제1항에 따른 위원회의 위촉위원"으로, 같은 법 시행령 제6조제2항 중 "고용노동부차관"은 "임금채권보장업무를 담당하는 고위공무원"으로, 같은 법 시행령 제10조 본문 중 "위원회 및 전문위원회의 회의"는 "위원회의 회의"로, "위원과 전문위원회의 위원"은 "위원"으로 본다. <개정 2016.3.22.>
[전문개정 2010.11.15.]

제4조 삭제 <2014.9.24.>

제5조(도산등사실인정의 요건·절차) ① 법 제7조제1항제3호에서 "대통령령으로 정한 요건과 절차에 따라 미지급 임금등을 지급할 능력이 없다고 인정하는 경우"란 사업주로부터 임금등을 지급받지 못하고 퇴직한 근로자의 신청이 있는 경우로서 해당 사업주가 다음 각 호의 요건에 모두 해당되어 미지급 임금등을 지급할 능력이 없다고 고용노동부장관이 인정(이하 "도산등사실인정"이라 한다)하는 경우를 말한다. <개정 2014.9.24.>
1. 별표 1의 방법에 따라 산정한 상시 사용하는 근로자의 수(이하 "상시근로자수"라 한다)가 300명 이하일 것
2. 사업이 폐지되었거나 다음 각 목의 어느 하나의 사유로 사업이 폐지되는 과정에 있을 것
   가. 그 사업의 생산 또는 영업활동이 중단된 상태에서 주된 업무시설이 압류 또는 가압류되거나 채무 변제를 위하여 양도된 경우(「민사집행법」에 따른 경매가 진행 중인 경우를 포함한다)
   나. 그 사업에 대한 인가·허가·등록 등이 취소되거나 말소된 경우
   다. 그 사업의 주된 생산 또는 영업활동이 1개월 이상 중단된 경우
3. 임금등을 지급할 능력이 없거나 다음

각 목의 어느 하나의 사유로 임금등의 지급이 현저히 곤란할 것

가. 도산등사실인정일 현재 1개월 이상 사업주의 소재를 알 수 없는 경우

나. 사업주의 재산을 환가(換價)하거나 회수하는 데 도산등사실인정 신청일부터 3개월 이상 걸릴 것으로 인정되는 경우

다. 사업주(상시근로자수가 10명 미만인 사업의 사업주로 한정한다)가 도산등사실인정을 신청한 근로자에게 「근로기준법」 제36조에 따른 금품 청산 기일이 지난 날부터 3개월 이내에 임금등을 지급하지 못한 경우

② 제1항에 따른 도산등사실인정 신청은 해당 사업에서 퇴직한 날의 다음 날부터 1년 이내에 하여야 한다.

③ 제2항에 따른 도산등사실인정 신청에 필요한 사항은 고용노동부령으로 정한다.
[전문개정 2010.11.15.]

제6조(체당금 상한액의 결정 · 고시) 법 제7조제1항에 따라 고용노동부장관이 사업주를 대신하여 지급하는 임금등(이하 "체당금"이라 한다)의 상한액은 임금, 물가상승률 및 기금의 재정상황 등을 고려하여 고용노동부장관이 기획재정부장관과 협의하여 퇴직 당시 근로자의 연령에 따라 정하고, 그 내용을 관보 및 「신문 등의 진흥에 관한 법률」 제9조제1항에 따라 그 보급지역을 전국으로 하여 등록한 일반일간신문 1개 이상에 고시하여야 한다. <개정 2014.9.24.>
[전문개정 2010.11.15.]

제7조(지급대상 근로자) ①법 제7조제1항제1호부터 제3호까지의 규정에 따른 체당금(이하 "일반체당금"이라 한다)의 지급대상이 되는 근로자는 다음 각 호에 해당하는 날의 1년 전이 되는 날 이후부터 3년 이내에 해당 사업 또는 사업장(이하 "사업"이라 한다)에서 퇴직한 근로자로 한다. <개정 2014.9.24., 2015.6.15.>

1. 법 제7조제1항제1호에 따른 회생절차개시의 결정 또는 같은 항 제2호에 따른 파산선고의 결정(이하 "파산선고등"이라 한다)이 있는 경우에는 그 신청일

2. 「채무자 회생 및 파산에 관한 법률」에 따른 회생절차개시의 신청 후 법원이 직권으로 파산선고를 한 경우에는 그 신청일 또는 선고일

3. 제5조제1항에 따른 도산등사실인정이 있는 경우에는 그 도산등사실인정 신청일(제5조제2항에 따른 신청기간의 말일이 공휴일이어서 공휴일 다음 날 신청한 경우에는 신청기간의 말일을 말하며, 도산등사실인정의 기초가 된 사실이 동일한 둘 이상의 신청이 있는 경우에는 최초의 신청일을 말한다. 이하 같다)

② 법 제7조제1항제4호에 따른 체당금(이하 "소액체당금"이라 한다)의 지급대상이 되는 근로자는 사업에서 퇴직한 날의 다음 날부터 2년 이내에 법 제7조제1항제4호 각 목의 어느 하나에 해당하는 판결, 명령, 조정 또는 결정 등(이하 "판결등"이라 한다)에 관한 소(訴)의 제기 또는 신청 등을 한 근로자로 한다. <신설 2015.6.15.>
[전문개정 2010.11.15.]

제8조(사업주의 기준) ①근로자가 일반체당금을 받을 수 있는 사업주는 법 제3조에 따라 법의 적용 대상이 되어 6개월 이상 해당 사업을 한 후에 법 제7조제1항제1호부터 제3호까지의 어느 하나에 해당하는 사유가 발생한 사업주로 한다. <개정 2014.9.24., 2015.6.15.>

② 근로자가 소액체당금을 받을 수 있는 사업주는 다음 각 호의 요건에 모두 해당하는 사업주로 한다. <신설 2015.6.15.>

1. 사업주가 법 제3조에 따라 법의 적용 대상이 되는 사업에 근로자를 사용하였을 것

2. 해당 근로자의 퇴직일까지 6개월 이상 해당 사업을 하였을 것. 다만, 「근로기준법」 제44조의2제1항에 따른 건설업 공사도급의 하수급인(이하 이 호에서 "건설업자가 아닌 하수급인"이라 한다)인 사업주가 해당 근로자의 퇴직일까지 6개월 이상 해당 사업을 하지 아니한 경우에는 건설업자가 아닌 하수급인의 직상(直上) 수급인(직상 수급인이 「건설산업기본법」 제2조제7호에 따른 건설업자가 아닌 경우에는 그 상위 수급인 중에서 최하위의 같은 호에 따른 건설업자를 말한다. 이하 같다)이 해당 근로자의 퇴직일까지 6개월 이상 해당 사업을 한 경우로 한다.

3. 해당 근로자에게 임금등을 지급하지 못

하여 법 7조제1항제4호 각 목의 어느 하나에 해당하는 판결등을 받았을 것

[전문개정 2010.11.15.]

제9조(체당금의 청구와 지급) ① 법 제7조에 따라 체당금을 받으려는 사람은 다음 각 호의 구분에 따른 기간에 고용노동부장관에게 청구하여야 한다. <개정 2014.9.24., 2015.6.15.>

1. 일반체당금: 파산선고등 또는 도산등사실인정이 있는 날부터 2년 이내
2. 소액체당금: 판결등이 있는 날부터 1년 이내

② 제1항에 따른 체당금의 청구 및 지급에 필요한 사항은 고용노동부령으로 정한다.

[전문개정 2010.11.15.]

제10조(파산선고등 체당금 지급 사유의 확인 등) ① 제9조제1항제1호에 따라 일반체당금의 지급을 청구하는 사람은 다음 각 호의 사항에 관하여 고용노동부장관의 확인을 받아야 하며, 그 확인의 신청은 제9조제1항제1호에 따른 일반체당금 지급 청구와 함께 하여야 한다. <개정 2015.6.15.>

1. 파산선고등 또는 도산등사실인정이 있은 날 및 그 신청일
2. 퇴직일 및 퇴직 당시의 연령
3. 최종 3개월분의 임금 또는 휴업수당 및 최종 3년간의 퇴직금 중 미지급액
4. 받아야 할 일반체당금의 금액
5. 해당 사업주가 제8조에 따른 사업주에 해당하는 사실

② 고용노동부장관은 제1항에 따른 확인을 위하여 필요한 경우에는 법 제22조에 따라 해당 사업주·파산관재인·관재인·관리인 등에게 파산선고등과 관련된 사항의 보고 또는 관계 서류의 제출을 요구하는 등 필요한 조치를 하여야 한다.

③ 제1항에 따른 확인에 필요한 사항은 고용노동부령으로 정한다.

[전문개정 2010.11.15.]

제11조(미지급 임금등 청구권의 대위) 고용노동부장관은 법 제8조제1항에 따라 근로자의 미지급 임금등 청구권을 대위(代位)하는 경우에는 청구권의 행사 및 그 확보 등에 필요한 조치를 하여야 한다.

[전문개정 2010.11.15.]

제12조(부담금의 징수) ① 고용노동부장관은 법 제9조제1항에 따라 부담금을 징수할 때에는 「고용보험 및 산업재해보상보험의 보험료징수 등에 관한 법률」(이하 "보험료징수법"이라 한다) 제13조제1항제2호에 따른 산업재해보상보험의 보험료와 통합하여 징수한다.

② 고용노동부장관은 제1항에 따라 통합징수된 부담금을 매월 정산하여 기금에 납입하여야 한다.

[전문개정 2010.11.15.]

제13조(부담금비율의 고시) 고용노동부장관은 법 제9조제2항에 따라 부담금비율을 결정하였을 때에는 그 내용을 관보 및 「신문 등의 진흥에 관한 법률」 제9조제1항에 따라 그 보급지역을 전국으로 하여 등록한 일반일간신문 1개 이상에 고시하여야 한다.

[전문개정 2010.11.15.]

제14조(부담금 경감 대상 사업주의 기준)

① 삭제 <2014.9.24.>

② 법 제10조제2호부터 제4호까지의 규정에 따른 부담금 경감 대상 사업주인지의 판단은 전년도 말일을 기준으로 한다.

[전문개정 2010.11.15.]

제15조(부담금의 경감 절차)

① 삭제 <2014.9.24.>

② 법 제10조제2호부터 제4호까지의 규정에 따라 부담금을 경감받으려는 사업주는 같은 호에서 정하는 부담금 경감 요건을 갖춘 후 고용노동부령으로 정하는 바에 따라 고용노동부장관에게 신청하여야 한다.

③ 고용노동부장관은 제2항에 따른 신청 내용을 검토한 후 부담금 경감 요건을 갖춘 사업주에게는 그 경감 내용을 통지하여야 한다.

[전문개정 2010.11.15.]

제16조(부담금 경감기준의 고시) 고용노동부장관은 법 제10조 각 호 외의 부분 후단에 따라 부담금의 경감기준을 결정하였을 때에는 그 내용을 관보 및 「신문 등의 진흥에 관한 법률」 제9조제1항에 따라 그 보급지역을 전국으로 하여 등록한 일반일간신문 1개 이상에 고시하여야 한다.

[전문개정 2010.11.15.]

제17조(부담금 또는 그 밖의 징수금 카드의 작성 등) ① 고용노동부장관은 법의 적용 대상이 되는 사업에 대해서는 사업장별로 부담금 또는 그 밖의 징수금 카드를 작성하여 갖춰 두어야 한다.
② 고용노동부장관은 제1항에 따른 부담금 또는 그 밖의 징수금 카드를 열람하려는 사업주에게는 이를 열람하게 하여야 하며, 필요한 사항에 대하여 증명서를 발급받으려는 사업주에게는 증명서를 발급할 수 있다.
[전문개정 2010.11.15.]

제18조(체당금의 수령 위임) ① 체당금을 받을 권리가 있는 사람이 부상 또는 질병으로 체당금을 수령할 수 없는 경우에는 법 제11조제2항에 따라 그 가족에게 수령을 위임할 수 있다.
② 제1항에 따라 체당금 수령을 위임받은 사람이 체당금을 지급받으려면 그 위임 사실 및 가족관계를 증명할 수 있는 서류를 제출하여야 한다.
[전문개정 2010.11.15.]

제19조(재산목록의 기재사항) 고용노동부장관은 법 제13조제1항에 따라 사업주에게 재산목록의 제출을 명할 때 그 재산목록은 다음 각 호의 사항을 포함하여 작성되도록 하여야 한다.
1. 부동산에 관한 소유권, 지상권, 전세권, 임차권, 부동산 인도청구권 및 부동산에 관한 권리이전청구권
2. 등기 또는 등록의 대상이 되는 자동차, 건설기계, 선박, 항공기의 소유권·인도청구권 및 그에 관한 권리이전청구권
3. 광업권, 어업권, 그 밖에 부동산에 관한 규정이 준용되는 권리 및 그에 관한 권리이전청구권
4. 질권·저당권 등의 담보물권으로 담보되는 채권은 그 취지 및 담보물권의 내용
[전문개정 2010.11.15.]

제20조(부당이득의 환수 등) ① 고용노동부장관은 법 제14조제1항 및 제2항에 따라 거짓이나 그 밖의 부정한 방법으로 체당금 또는 융자금을 받으려 하거나 이미 받은 사람, 그 밖에 잘못 지급된 체당금 또는 융자금을 이미 받은 사람에 대해서는 다음 각 호의 구분에 따라 지급신청한 금액을 지급 또는 융자하지 아니하거나 지급받은 금액을 환수하여야 한다. <개정 2012.6.5., 2014.9.24.>
1. 체당금 또는 융자금 지급요건을 충족하고 있지 아니한 경우: 신청금액 또는 지급금액의 전부
2. 체당금 또는 융자금 지급요건을 충족하고 있는 경우: 신청금액 또는 지급금액의 일부(거짓이나 그 밖의 부정한 방법으로 받으려 했거나 이미 받은 체당금 또는 융자금이나 잘못 지급된 체당금 또는 융자금에 상당하는 금액을 말한다)
② 고용노동부장관은 제1항에 따라 받은 체당금 또는 융자금의 환수(법 제14조제3항에 따른 추가징수를 포함한다. 이하 같다)를 결정하였을 때에는 납부의무가 있는 사람에게 그 금액의 납부를 통지하여야 한다. <개정 2012.6.5., 2014.9.24.>
③ 제2항에 따른 통지를 받은 사람은 그 통지를 받은 날부터 30일 이내에 통지된 금액을 납부하여야 한다.
④ 제1항부터 제3항까지에서 규정한 사항 외에 체당금 및 융자금의 부지급(不支給) 또는 환수절차, 그 밖에 부정수급 처리에 필요한 사항은 고용노동부장관이 정한다. <개정 2012.6.5., 2014.9.24.>
[전문개정 2010.11.15.]
[제목개정 2014.9.24.]

제20조의2(체당금 부정수급사실의 신고 등) ① 법 제15조에 따라 거짓이나 그 밖의 부정한 방법으로 체당금이 지급된 사실(이하 이 조에서 "부정수급사실"이라 한다)을 신고하려는 사람은 고용노동부령으로 정하는 바에 따라 지방고용노동관서에 신고하여야 한다.
② 법 제15조에 따라 부정수급사실에 대하여 고발을 받은 수사기관은 지체 없이 그 사실을 지방고용노동관서에 통보하여야 한다.
③ 법 제15조에 따라 부정수급사실을 신고하거나 고발한 사람이 같은 조에 따른 포상금(이하 "포상금"이라 한다)을 지급받으려면 고용노동부령으로 정하는 바에 따라 고용노동부장관에게 포상금 지급을 신청하여야 한다.
[전문개정 2010.11.15.]

제20조의3(포상금의 지급기준) 포상금은 5천만원을 지급한도액으로 하여 다음 각

호의 기준에 따라 고용노동부장관이 지급한다. 이 경우 1천원 단위 미만은 지급하지 아니한다.

1. 거짓이나 그 밖의 부정한 방법으로 지급받은 체당금(이하 이 조에서 "부정수급액"이라 한다)이 5천만원 이상인 경우: 550만원+(5천만원 초과 부정수급액×5/100)
2. 부정수급액이 1천만원 이상 5천만원 미만인 경우: 150만원+(1천만원 초과 부정수급액×10/100)
3. 부정수급액이 1천만원 미만인 경우: 부정수급액×15/100

[전문개정 2010.11.15.]

제20조의4(신고 또는 고발의 기한) 포상금은 거짓이나 그 밖의 부정한 방법으로 체당금을 지급받은 사람이 그 체당금을 거짓이나 그 밖의 부정한 방법으로 지급받은(이하 "부정수급"이라 한다) 날부터 3년 이내에 신고하거나 고발한 경우에만 지급한다.

[전문개정 2010.11.15.]

제20조의5(신고 또는 고발의 경합 시 보상금의 지급방법) ① 동일한 체당금 부정수급 행위에 대하여 2명 이상이 각각 신고하거나 고발한 경우에는 포상금액을 산정할 때 하나의 신고 또는 고발로 본다.
② 제1항의 경우 포상금은 부정수급행위의 적발에 기여한 정도 등을 고려하여 각각의 사람에게 적절하게 배분하여 지급하되, 포상금을 받을 사람이 배분방법에 관하여 미리 합의하여 포상금 지급을 신청한 경우에는 그 합의된 방법에 따라 지급한다.

[전문개정 2010.11.15.]

제20조의6(포상금의 지급 시기) 포상금은 제20조제2항에 따른 환수금의 납부 통지 후 이에 대한 불복 제기 기간이 지나거나 불복절차가 종료되어 그 처분이 확정된 후에 지급한다. <개정 2014.9.24.>

[전문개정 2010.11.15.]

제21조(부담금과 그 밖의 징수금의 납부·징수) 법에 따른 부담금과 그 밖의 징수금의 산정·납부·징수 등에 관하여는 보험료징수법 시행령 제10조, 제19조의2부터 제19조의6까지, 제20조부터 제27조까지, 제30조의2부터 제30조의4까지, 제31조부터 제33조까지, 제37조부터 제40조까지, 제40조의2부터 제40조의6까지, 제41조, 제41조의2부터 제41조의4까지, 제43조, 제43조의2, 제44조부터 제53조까지의 규정을 준용한다. 이 경우 "보험료" 또는 "산재보험료"는 "부담금"으로, "공단" 또는 "건강보험공단"은 "고용노동부장관(제24조에 따른 위탁이 있는 경우에는 그 권한을 위탁받은 근로복지공단 또는 건강보험공단을 말한다)"으로, "개산보험료"는 "개산부담금"으로, "보험연도"는 "회계연도"로, "보험관계"는 "임금채권보장관계"로, "보험료율"은 "부담금비율"로, "월별보험료"는 "월별부담금"으로, "확정보험료"는 "확정부담금"으로, "보험사무"는 "임금채권보장사무"로 본다.

[전문개정 2010.11.15.]

제22조(기금의 관리·운용) 기금의 관리·운용에 관하여는 「산업재해보상보험법 시행령」 제86조제1항제2호, 같은 조 제2항 전단, 제87조부터 제89조까지, 제91조부터 제95조까지의 규정을 준용한다. 이 경우 "기금계정"은 "임금채권보장기금계정"으로, "공단"(같은 법 시행령 제88조제2항 및 제91조제2항의 경우는 제외한다)은 "고용노동부장관(제24조제2항에 따라 그 권한을 위탁받은 경우에는 근로복지공단을 말한다)"으로, "보험료"는 "부담금"으로, "법 제95조에 따른 산업재해보상보험및예방기금"은 "임금채권보장기금"으로 본다.

[전문개정 2010.11.15.]

제22조의2(책임준비금의 적립기준) 법 제20조제2항에 따라 준용되는 「산업재해보상보험법」 제99조에 따른 책임준비금은 전년도 체당금의 지급에 든 비용에 해당하는 금액으로 한다.

[전문개정 2010.11.15.]

제23조(보고·제출 요구) 법 제22조에 따른 보고 또는 관계 서류의 제출 요구는 문서로 하여야 한다.

[전문개정 2010.11.15.]

제24조(권한의 위임·위탁) ① 고용노동부장관은 법 제27조에 따라 다음 각 호의 권한을 지방고용노동관서의 장에게 위임한다. <개정 2015.6.15.>

1. 법 제12조에 따른 체불 임금등과 체불 사업주 등을 증명하는 서류의 발급
1의2. 법 제13조에 따른 재산목록의 제출 명령
2. 법 제22조에 따른 보고 또는 관계 서류의 제출 요구(위임사무 처리에 필요한 경우만 해당한다)
3. 법 제23조에 따른 협조요청(위임사무 처리에 필요한 경우만 해당한다)
4. 법 제24조에 따른 출입·검사·질문(위임사무 처리에 필요한 경우만 해당한다)
5. 법 제30조에 따른 과태료의 부과·징수
6. 제5조에 따른 도산등사실인정
7. 제9조제1항제1호에 따른 일반체당금 지급 청구의 수리
8. 제10조에 따른 확인
9. 제20조의2제3항에 따른 포상금 지급신청의 접수
10. 제20조의3에 따른 포상금의 지급
② 고용노동부장관은 법 제27조에 따라 다음 각 호의 권한을 「산업재해보상보험법」에 따른 근로복지공단(이하 "근로복지공단"이라 한다)에 위탁한다. <개정 2012.6.5., 2014.9.24., 2015.6.15.>
1. 법 제7조에 따른 체당금의 지급
1의2. 법 제7조의2에 따른 체불 임금등의 지급을 위한 사업주 융자
2. 법 제8조에 따른 청구권 대위와 관련된 권한의 행사
3. 법 제10조에 따른 부담금의 경감
4. 법 제14조에 따른 부당이득의 환수
5. 법 제16조에 따라 준용되는 보험료징수법에 따른 다음 각 목의 권한
  가. 보험료징수법 제16조의2제1항에 따른 월별부담금의 부과
  나. 보험료징수법 제16조의3부터 제16조의6까지의 규정에 따른 월별부담금의 산정
  다. 보험료징수법 제16조의9제1항 및 제2항에 따른 부담금의 산정
  라. 보험료징수법 제17조에 따른 개산부담금의 수납·징수
  마. 보험료징수법 제18조에 따른 부담금비율 인상·인하 등에 따른 조치
  바. 보험료징수법 제19조에 따른 확정부담금의 수납·징수·정산
  사. 보험료징수법 제22조의2에 따른 부담금 등의 경감
  아. 보험료징수법 제23조에 따른 부담금 등 과납액의 충당 및 개산부담금·확정부담금 및 그에 따른 징수금 과납액의 반환
  자. 보험료징수법 제24조제1항에 따른 같은 법 제19조제4항과 관련된 가산금의 징수
  차. 보험료징수법 제27조에 따른 징수금의 통지 및 독촉
  카. 보험료징수법 제27조의2에 따른 징수금의 납부기한 전 징수
  타. 보험료징수법 제28조에 따른 체납처분
  파. 보험료징수법 제29조에 따른 결손처분
  하. 보험료징수법 제29조의2에 따른 체납 또는 결손처분 자료의 제공
  거. 보험료징수법 제33조제2항부터 제5항까지의 규정에 따른 임금채권보장사무의 인가, 변경인가, 업무의 폐지·변경신고의 수리 및 인가취소
  너. 보험료징수법 제34조에 따른 부담금과 그 밖의 징수금 납입의 통지
  더. 보험료징수법 제35조에 따른 가산금·연체금의 징수
  러. 보험료징수법 제37조에 따른 징수비용과 그 밖의 지원금 교부
  머. 보험료징수법 제39조에 따른 납부기한의 연장
6. 법 제22조에 따른 보고 또는 관계 서류의 제출 요구(위탁사무 처리에 필요한 경우만 해당한다)
7. 법 제23조에 따른 협조요청(위탁사무 처리에 필요한 경우만 해당한다)
8. 법 제24조에 따른 출입·검사·질문(위탁사무 처리에 필요한 경우만 해당한다)
8의2. 제9조제1항제2호에 따른 소액체당금 지급 청구의 수리
9. 제17조에 따른 부담금 또는 그 밖의 징수금 카드의 작성·비치·열람제공 및 증명서의 발급(근로복지공단이 징수하는 경우만 해당한다)
10. 제21조에 따라 준용되는 보험료징수법 시행령에 따른 다음 각 목의 권한
  가. 보험료징수법 시행령 제10조에 따른 부담금의 대행납부의 승인, 변경신고의 수리, 승인의 취소
  나. 보험료징수법 시행령 제45조제3항에 따른 임금채권보장사무의 수임(受任) 및 수임 해지의 신고 수리

다. 보험료징수법 시행령 제49조에 따른 청문
11. 제22조에 따라 준용되는 「산업재해보상보험법 시행령」 제88조제1항에 따른 부담금 등의 기금에의 납입
③ 고용노동부장관은 법 제27조에 따라 다음 각 호의 권한을 「국민건강보험법」에 따른 국민건강보험공단에 위탁한다.
1. 법 제16조에 따라 준용되는 보험료징수법에 따른 다음 각 목의 권한
가. 보험료징수법 제16조의2제1항에 따른 월별부담금의 징수
나. 보험료징수법 제16조의8에 따른 월별부담금의 고지
다. 보험료징수법 제16조의9제3항 및 제4항에 따른 과납액의 반환 및 부족 부담금의 징수
라. 보험료징수법 제18조제1항에 따른 부담금비율 인상에 따른 조치
마. 보험료징수법 제23조제1항에 따른 과오납 월별부담금 충당 후 잔액의 지급
바. 보험료징수법 제24조제2항에 따른 월별부담금에 대한 가산금의 징수
사. 보험료징수법 제25조에 따른 연체금의 징수
아. 보험료징수법 제27조에 따른 징수금의 통지 및 독촉
자. 보험료징수법 제27조의2에 따른 징수금의 납부기한 전 징수
차. 보험료징수법 제27조의3에 따른 부담금 등의 분할납부의 승인·승인취소 등
카. 보험료징수법 제28조에 따른 체납처분
타. 보험료징수법 제28조의3제4항에 따른 상속재산관리인의 선임 청구
파. 보험료징수법 제28조의6에 따른 고액·상습체납자의 인적 사항 등의 공개
하. 보험료징수법 제28조의7에 따른 체납처분유예를 위한 납부 담보의 제공에 관한 사항
거. 보험료징수법 제29조에 따른 결손처분
너. 보험료징수법 제29조의2에 따른 체납 또는 결손처분 자료의 제공
더. 보험료징수법 제39조에 따른 납부기한의 연장
2. 법 제23조에 따른 협조요청(위탁사무 처리에 필요한 경우만 해당한다)
3. 법 제24조에 따른 출입·검사·질문(위탁사무 처리에 필요한 경우만 해당한다)
4. 제22조에 따라 준용되는 「산업재해보상

보험법 시행령」 제88조제1항에 따른 부담금 등의 기금에의 납입
[전문개정 2010.11.15.]

제25조(공단의 보고) 법 제27조에 따라 권한을 위탁받은 근로복지공단은 법 제7조에 따른 체당금의 매월 지급현황 및 법 제14조제2항에 따른 환수금(같은 조 제3항에 따른 추가 징수금을 포함한다)의 매월 징수현황을 다음 달 말일까지 고용노동부장관에게 보고하여야 한다. <개정 2014.9.24.>
[전문개정 2010.11.15.]

제25조의2(고유식별정보의 처리) 고용노동부장관(제24조에 따라 고용노동부장관의 권한을 위임·위탁받은 자를 포함한다)은 다음 각 호의 사무를 수행하기 위하여 불가피한 경우 「개인정보 보호법 시행령」 제19조제1호 또는 제4호에 따른 주민등록번호 또는 외국인등록번호가 포함된 자료를 처리할 수 있다. <개정 2012.6.5., 2014.9.24., 2015.6.15.>
1. 법 제7조제5항에 따른 체당금 관련업무 지원 등에 관한 사무
1의2. 법 제7조의2에 따른 체불 임금등의 지급을 위한 사업주 융자의 신청 및 확인 등에 관한 사무
1의3. 법 제12조에 따른 체불 임금등과 체불사업주 등을 증명하는 서류의 발급
2. 법 제13조에 따른 재산목록의 제출명령에 관한 사무
3. 법 제14조에 따른 부당이득의 환수에 관한 사무
4. 제5조에 따른 도산등사실인정에 관한 사무
5. 제9조에 따른 체당금의 청구 및 지급에 관한 사무
6. 제10조에 따른 체당금 지급 사유의 확인 등에 관한 사무
6의2. 제11조에 따른 미지급 임금등 청구권의 대위에 관한 사무
7. 제15조에 따른 부담금 경감에 관한 사무
[본조신설 2012.1.6.]

제25조의3(규제의 재검토) 고용노동부장관은 제9조제1항에 따른 체당금의 청구기간에 대하여 2017년 1월 1일을 기준으로 3년마다(매 3년이 되는 해의 1월 1일 전까지를 말한다) 그 타당성을 검토하여 개선 등의 조치를 하여야 한다. <개정 2016.12.30.>
[본조신설 2014.12.9.]

제26조(과태료의 부과·징수) ① 법 제30조
제1항에 따른 과태료의 부과기준은 별표
3과 같다.

② 고용노동부장관은 위반행위의 정도, 위
반횟수, 위반행위의 동기와 그 결과 등을
고려하여 별표 3에 따른 과태료 금액의 2
분의 1의 범위에서 그 금액을 가중하거나
감경할 수 있다. 다만, 가중하는 경우에는
법 제30조제1항에 따른 과태료 금액의 상
한을 초과할 수 없다.
[전문개정 2010.11.15.]

부칙
<제27751호, 2016.12.30.>
(규제 재검토기한 설정 등을 위한
가맹사업거래의 공정화에 관한 법률
시행령 등 일부개정령)

제1조(시행일) 이 영은 2017년 1월 1일부
터 시행한다. <단서 생략>

제2조부터 제12조까지 생략

장애인고용촉진 및 직업재활법

(약칭: 장애인고용법)
[시행 2018.10.16.]
[법률 제15851호, 2018.10.16., 일부개정]

제1장 총칙

제1조(목적) 이 법은 장애인이 그 능력에 맞는 직업생활을 통하여 인간다운 생활을 할 수 있도록 장애인의 고용촉진 및 직업재활을 꾀하는 것을 목적으로 한다.

제2조(정의) 이 법에서 사용하는 용어의 뜻은 다음과 같다. <개정 2010.6.4.>
1. "장애인"이란 신체 또는 정신상의 장애로 장기간에 걸쳐 직업생활에 상당한 제약을 받는 자로서 대통령령으로 정하는 기준에 해당하는 자를 말한다.
2. "중증장애인"이란 장애인 중 근로 능력이 현저하게 상실된 자로서 대통령령으로 정하는 기준에 해당하는 자를 말한다.
3. "고용촉진 및 직업재활"이란 장애인의 직업지도, 직업적응훈련, 직업능력개발훈련, 취업알선, 취업, 취업 후 적응지도 등에 대하여 이 법에서 정하는 조치를 강구하여 장애인이 직업생활을 통하여 자립할 수 있도록 하는 것을 말한다.
4. "사업주"란 근로자를 사용하여 사업을 행하거나 하려는 자를 말한다.
5. "근로자"란 「근로기준법」 제2조제1항제1호에 따른 근로자를 말한다. 다만, 소정근로시간이 대통령령으로 정하는 시간 미만인 자(중증장애인은 제외한다)는 제외한다.
6. "직업능력개발훈련"이란 「근로자직업능력 개발법」 제2조제1호에 따른 훈련을 말한다.
7. "직업능력개발훈련시설"이란 「근로자직업능력 개발법」 제2조제3호에 따른 직업능력개발훈련시설을 말한다.
8. "장애인 표준사업장"이란 장애인 고용인원·고용비율 및 시설·임금에 관하여 고용노동부령으로 정하는 기준에 해당하는 사업장(「장애인복지법」 제58조제1항제3호에 따른 장애인 직업재활시설은 제외한다)을 말한다.

제3조(국가와 지방자치단체의 책임) ① 국가와 지방자치단체는 장애인의 고용촉진 및 직업재활에 관하여 사업주 및 국민 일반의 이해를 높이기 위하여 교육·홍보 및 장애인 고용촉진 운동을 지속적으로 추진하여야 한다.
② 국가와 지방자치단체는 사업주·장애인, 그 밖의 관계자에 대한 지원과 장애인의 특성을 고려한 직업재활 조치를 강구하여야 하고, 장애인의 고용촉진을 꾀하기 위하여 필요한 시책을 종합적이고 효과적으로 추진하여야 한다. 이 경우 중증장애인과 여성장애인에 대한 고용촉진 및 직업재활을 중요시하여야 한다.

제4조(국고의 부담) ① 국가는 매년 장애인 고용촉진 및 직업재활 사업에 드는 비용의 일부를 일반회계에서 부담할 수 있다.
② 국가는 매년 예산의 범위에서 장애인 고용촉진 및 직업재활 사업의 사무 집행에 드는 비용을 적극 지원한다.

제5조(사업주의 책임) ① 사업주는 장애인의 고용에 관한 정부의 시책에 협조하여야 하고, 장애인이 가진 능력을 정당하게 평가하여 고용의 기회를 제공함과 동시에 적정한 고용관리를 할 의무를 가진다.
② 사업주는 근로자가 장애인이라는 이유로 채용·승진·전보 및 교육훈련 등 인사관리상의 차별대우를 하여서는 아니 된다.
③ 삭제 <2017.11.28.>
④ 삭제 <2017.11.28.>

제5조의2(직장 내 장애인 인식개선 교육)
① 사업주는 장애인에 대한 직장 내 편견을 제거함으로써 장애인 근로자의 안정적인 근무여건을 조성하고 장애인 근로자 채용이 확대될 수 있도록 장애인 인식개선 교육을 실시하여야 한다.
② 사업주 및 근로자는 제1항에 따른 장애인 인식개선 교육을 받아야 한다.
③ 고용노동부장관은 제1항 및 제2항에 따른 교육실시 결과에 대한 점검을 할 수 있다.
④ 고용노동부장관은 제1항에 따른 사업주의 장애인 인식개선 교육이 원활하게 이루어지도록 교육교재 등을 개발하여 보급하여야 한다.

⑤ 제1항 및 제2항에 따른 장애인 인식개선 교육의 내용·방법 및 횟수 등은 대통령령으로 정한다.
[본조신설 2017.11.28.]

제5조의3(장애인 인식개선 교육의 위탁 등)
① 사업주는 장애인 인식개선 교육을 고용노동부장관이 지정하는 기관(이하 "장애인 인식개선 교육기관"이라 한다)에 위탁할 수 있다.
② 장애인 인식개선 교육기관의 장은 고용노동부령으로 정하는 바에 따라 교육을 실시하여야 하며, 사업주 및 장애인 인식개선 교육기관의 장은 교육 실시 관련 자료를 3년간 보관하고 사업주나 피교육자가 원하는 경우 그 자료를 내주어야 한다.
③ 장애인 인식개선 교육기관은 고용노동부령으로 정하는 강사를 1명 이상 두어야 한다.
④ 고용노동부장관은 장애인 인식개선 교육기관이 다음 각 호의 어느 하나에 해당하면 그 지정을 취소할 수 있다. 다만, 제1호에 해당하는 경우에는 그 지정을 취소하여야 한다.
1. 거짓이나 그 밖의 부정한 방법으로 지정을 받은 경우
2. 정당한 사유 없이 제3항에 따른 강사를 6개월 이상 계속하여 두지 아니한 경우
⑤ 고용노동부장관은 제4항에 따라 장애인 인식개선 교육기관의 지정을 취소하려면 청문을 하여야 한다.
[본조신설 2017.11.28.]

제6조(장애인의 자립 노력 등)
① 장애인은 직업인으로서의 자각을 가지고 스스로 능력 개발·향상을 도모하여 유능한 직업인으로 자립하도록 노력하여야 한다.
② 장애인의 가족 또는 장애인을 보호하고 있는 자는 장애인에 관한 정부의 시책에 협조하여야 하고, 장애인의 자립을 촉진하기 위하여 적극적으로 노력하여야 한다.

제7조(장애인 고용촉진 및 직업재활 기본계획 등)
① 고용노동부장관은 관계 중앙행정기관의 장과 협의하여 장애인의 고용촉진 및 직업재활을 위한 기본계획(이하 "기본계획"이라 한다)을 5년마다 수립하여야 한다. <개정 2008.2.29., 2009.10.9., 2010.6.4., 2016.1.27.>
② 제1항의 기본계획에는 다음 각 호의 사항이 포함되어야 한다. <개정 2010.6.4., 2016.1.27.>
1. 직전 기본계획에 대한 평가
2. 장애인의 고용촉진 및 직업재활에 관한 사항
3. 제68조에 따른 장애인 고용촉진 및 직업재활 기금에 관한 사항
4. 장애인을 위한 시설의 설치·운영 및 지원에 관한 사항
5. 그 밖에 장애인의 고용촉진 및 직업재활을 위하여 고용노동부장관이 필요하다고 인정하는 사항
③ 제1항의 기본계획, 장애인의 고용촉진 및 직업재활에 관한 중요 사항은 「고용정책 기본법」 제10조에 따른 고용정책심의회(이하 "고용정책심의회"라 한다)의 심의를 거쳐야 한다. <개정 2009.10.9.>
④ 삭제 <2009.10.9.>
⑤ 삭제 <2009.10.9.>
⑥ 삭제 <2009.10.9.>

제8조(교육부 및 보건복지부와의 연계)
① 교육부장관은 「장애인 등에 대한 특수교육법」에 따른 특수교육 대상자의 취업을 촉진하기 위하여 필요하다고 인정하면 직업교육 내용 등에 대하여 고용노동부장관과 협의하여야 한다. <개정 2008.2.29., 2009.10.9., 2010.6.4., 2013.3.23.>
② 보건복지부장관은 직업재활 사업 등이 효율적으로 추진될 수 있도록 고용노동부장관과 긴밀히 협조하여야 한다. <개정 2008.2.29., 2010.1.18., 2010.6.4.>
[제목개정 2008.2.29., 2010.1.18., 2013.3.23.]

제2장 장애인 고용촉진 및 직업재활

제9조(장애인 직업재활 실시 기관)
① 장애인 직업재활 실시 기관(이하 "재활실시기관"이라 한다)은 장애인에 대한 직업재활 사업을 다양하게 개발하여 장애인에게 직접 제공하여야 하고, 특히 중증장애인의 자립능력을 높이기 위한 직업재활 실시에 적극 노력하여야 한다.
② 재활실시기관은 다음 각 호의 어느 하나와 같다. <개정 2009.10.9., 2010.6.4., 2012.1.26.>

1. 「장애인 등에 대한 특수교육법」 제2조제 10호에 따른 특수교육기관
2. 「장애인복지법」 제58조제1항제2호에 따른 장애인 지역사회재활시설
3. 「장애인복지법」 제58조제1항제3호에 따른 장애인 직업재활시설
4. 「장애인복지법」 제63조에 따른 장애인 복지단체
5. 「근로자직업능력 개발법」 제2조제3호에 따른 직업능력개발훈련시설
6. 그 밖에 고용노동부령으로 정하는 기관으로서 고용노동부장관이 장애인에 대한 직업재활 사업을 수행할 능력이 있다고 인정하는 기관

제10조(직업지도) ① 고용노동부장관과 보건복지부장관은 장애인이 그 능력에 맞는 직업에 취업할 수 있도록 하기 위하여 장애인에 대한 직업상담, 직업적성 검사 및 직업능력 평가 등을 실시하고, 고용정보를 제공하는 등 직업지도를 하여야 한다. <개정 2008.2.29., 2010.1.18., 2010.6.4.>
② 고용노동부장관과 보건복지부장관은 장애인이 그 능력에 맞는 직업생활을 할 수 있도록 하기 위하여 장애인에게 적합한 직종개발에 노력하여야 한다. <개정 2008.2.29., 2010.1.18., 2010.6.4.>
③ 고용노동부장관과 보건복지부장관이 제1항에 따른 직업지도를 할 때에 특별히 전문적 지식과 기술이 필요하다고 인정하면 이를 재활실시기관 등 관계 전문기관에 의뢰하고 그 비용을 지급할 수 있다. <개정 2008.2.29., 2010.1.18., 2010.6.4.>
④ 고용노동부장관과 보건복지부장관은 직업지도를 실시하거나 하려는 자에게 필요한 비용을 융자·지원할 수 있다. <개정 2008.2.29., 2010.1.18., 2010.6.4.>
⑤ 제3항과 제4항에 따른 비용 지급 및 융자·지원의 기준 등에 필요한 사항은 대통령령으로 정한다.

제11조(직업적응훈련) ① 고용노동부장관과 보건복지부장관은 장애인이 그 희망·적성·능력 등에 맞는 직업생활을 할 수 있도록 하기 위하여 필요하다고 인정하면 직업 환경에 적응시키기 위한 직업적응훈련을 실시할 수 있다. <개정 2008.2.29., 2010.1.18., 2010.6.4.>
② 고용노동부장관과 보건복지부장관은 제

1항에 따른 직업적응훈련의 효율적 실시를 위하여 필요하다고 인정하면 그 훈련 기준 등을 따로 정할 수 있다. <개정 2008.2.29., 2010.1.18., 2010.6.4.>
③ 고용노동부장관과 보건복지부장관은 장애인의 직업능력 개발·향상을 위하여 직업적응훈련 시설 또는 훈련 과정을 설치·운영하거나 하려는 자에게 필요한 비용(훈련비를 포함한다)을 융자·지원할 수 있다. <개정 2008.2.29., 2010.1.18., 2010.6.4.>
④ 고용노동부장관과 보건복지부장관은 직업적응훈련 시설에서 직업적응훈련을 받는 장애인에게 훈련수당을 지원할 수 있다. <개정 2008.2.29., 2010.1.18., 2010.6.4.>
⑤ 제3항과 제4항에 따른 융자·지원의 기준 및 훈련수당의 지급 기준 등에 필요한 사항은 대통령령으로 정한다.

제12조(직업능력개발훈련) ① 고용노동부장관은 장애인이 그 희망·적성·능력 등에 맞는 직업생활을 할 수 있도록 하기 위하여 장애인에게 직업능력개발훈련을 실시하여야 한다. <개정 2010.6.4.>
② 고용노동부장관은 장애인의 직업능력 개발·향상을 위하여 직업능력개발훈련시설 또는 훈련 과정을 설치·운영하거나 하려는 자에게 필요한 비용(훈련비를 포함한다)을 융자·지원할 수 있다. <개정 2010.6.4.>
③ 고용노동부장관은 직업능력개발훈련시설에서 직업능력개발훈련을 받는 장애인에게 훈련수당을 지원할 수 있다. <개정 2010.6.4.>
④ 제2항과 제3항에 따른 융자·지원 기준 및 훈련수당의 지급 기준 등에 필요한 사항은 대통령령으로 정한다.

제13조(지원고용) ① 고용노동부장관과 보건복지부장관은 중증장애인 중 사업주가 운영하는 사업장에서는 직무 수행이 어려운 장애인이 직무를 수행할 수 있도록 지원고용을 실시하고 필요한 지원을 하여야 한다. <개정 2008.2.29., 2010.1.18., 2010.6.4.>
② 제1항에 따른 지원의 내용 및 기준 등에 필요한 사항은 대통령령으로 정한다.

제14조(보호고용) 국가와 지방자치단체는 장애인 중 정상적인 작업 조건에서 일하기 어려운 장애인을 위하여 특정한 근로 환경을 제공하고 그 근로 환경에서 일할 수 있도록 보호고용을 실시하여야 한다.

제15조(취업알선 등) ① 고용노동부장관은 고용정보를 바탕으로 장애인의 희망·적성·능력과 직종 등을 고려하여 장애인에게 적합한 직업을 알선하여야 한다. <개정 2010.6.4.>
② 고용노동부장관은 장애인이 직업생활을 통하여 자립할 수 있도록 장애인의 고용촉진을 위한 시책을 강구하여야 한다. <개정 2010.6.4.>
③ 고용노동부장관은 제1항과 제2항에 따른 취업알선 및 고용촉진을 할 때에 필요한 경우에는 그 업무의 일부를 재활실시기관 등 관계 전문기관에 의뢰하고 그 비용을 지급할 수 있다. <개정 2010.6.4.>
④ 고용노동부장관은 취업알선 시설을 설치·운영하거나 하려는 자에게 필요한 비용(취업알선을 위한 지원금을 포함한다)을 융자·지원할 수 있다. <개정 2010.6.4.>
⑤ 제3항과 제4항에 따른 비용 지급 및 융자·지원 기준 등에 필요한 사항은 대통령령으로 정한다.

제16조(취업알선기관 간의 연계 등) ① 고용노동부장관은 장애인의 취업 기회를 확대하기 위하여 취업알선 업무를 수행하는 재활실시기관 간에 구인·구직 정보의 교류와 장애인 근로자 관리 등의 효율적인 연계를 꾀하고, 제43조에 따른 한국장애인고용공단에서 이를 종합적으로 집중 관리할 수 있도록 취업알선전산망 구축 등의 조치를 강구하여야 한다. <개정 2009.10.9., 2010.6.4.>
② 고용노동부장관이 제1항에 따른 취업알선전산망 구축 등의 조치를 강구할 때에는 「직업안정법」 제2조의2제1호에 따른 직업안정기관과 연계되도록 하여야 한다. <개정 2009.10.9., 2010.6.4.>

제17조(자영업 장애인 지원) ① 고용노동부장관은 자영업을 영위하려는 장애인에게 창업에 필요한 자금 등을 융자하거나 영업장소를 임대할 수 있다. <개정 2010.6.4.>
② 제1항에 따른 영업장소의 연간 임대료는 「국유재산법」에도 불구하고 그 재산 가액(價額)에 1천분의 10 이상을 곱한 금액으로 고용노동부장관이 정하되, 월할(月割)이나 일할(日割)로 계산할 수 있다. <개정 2010.6.4.>
③ 제1항과 제2항에 따른 융자·임대의 기준 등에 필요한 사항은 고용노동부령으로 정한다. <개정 2010.6.4.>

제18조(장애인 근로자 지원) ① 고용노동부장관은 장애인 근로자의 안정적인 직업생활을 위하여 필요한 자금을 융자할 수 있다. <개정 2010.6.4.>
② 제1항에 따른 융자 기준 등에 필요한 사항은 고용노동부령으로 정한다. <개정 2010.6.4.>

제19조(취업 후 적응지도) ① 고용노동부장관과 보건복지부장관은 장애인의 직업안정을 위하여 필요하다고 인정하면 사업장에 고용되어 있는 장애인에게 작업환경 적응에 필요한 지도를 실시하여야 한다. <개정 2008.2.29., 2010.1.18., 2010.6.4.>
② 제1항에 따른 지도의 내용 등에 필요한 사항은 대통령령으로 정한다.

제19조의2(근로지원인 서비스의 제공) ① 고용노동부장관은 중증장애인의 직업생활을 지원하는 사람(이하 이 조에서 "근로지원인"이라 한다)을 보내 중증장애인이 안정적·지속적으로 직업생활을 할 수 있도록 하는 등 필요한 서비스를 제공할 수 있다.
② 제1항에 따른 근로지원인 서비스 제공 대상자의 선정 및 취소, 서비스의 제공방법 등 필요한 사항은 대통령령으로 정한다.
[본조신설 2011.3.9.]

제20조(사업주에 대한 고용 지도) 고용노동부장관은 장애인을 고용하거나 고용하려는 사업주에게 필요하다고 인정하면 채용, 배치, 작업 보조구, 작업 설비 또는 작업환경, 그 밖에 장애인의 고용관리에 관하여 기술적 사항에 대한 지도를 실시하여야 한다. <개정 2010.6.4.>

제21조(장애인 고용 사업주에 대한 지원) ① 고용노동부장관은 장애인을 고용하거나 고용하려는 사업주에게 장애인 고용에 드는 다음 각 호의 비용 또는 기기 등을 융자하거나 지원할 수 있다. 이 경우 중증장애인 및 여성장애인을 고용하거나 고용하려는 사업주를 우대하여야 한다. <개정 2009.10.9., 2010.6.4., 2016.2.3.>
1. 장애인을 고용하는 데에 필요한 시설과 장비의 구입·설치·수리 등에 드는 비용
2. 장애인의 직업생활에 필요한 작업 보조 공학기기 또는 장비 등
3. 장애인의 적정한 고용관리를 위하여 장

애인 직업생활 상담원, 작업 지도원, 한 국수어 통역사 또는 낭독자 등을 배치 하는 데에 필요한 비용

4. 그 밖에 제1호부터 제3호까지의 규정에 준하는 것으로서 장애인의 고용에 필요한 비용 또는 기기

② 고용노동부장관은 장애인인 사업주가 장애인을 고용하거나 고용하려는 경우에는 해당 사업주 자신의 직업생활에 필요한 작업보조 공학기기 또는 장비 등을 지원할 수 있다. <신설 2011.7.25.>

③ 제1항 및 제2항에 따른 융자 또는 지원의 대상 및 기준 등에 필요한 사항은 대통령령으로 정한다. <개정 2011.7.25.>

제22조(장애인 표준사업장에 대한 지원) ① 고용노동부장관은 장애인 표준사업장을 설립·운영하거나 설립하려는 사업주에게 그 설립·운영에 필요한 비용을 융자하거나 지원할 수 있다. <개정 2010.6.4.>

② 고용노동부장관은 제1항에 따른 융자 또는 지원을 할 때에 다음 각 호의 사업주를 우대하여야 한다. <개정 2010.6.4.>

1. 중증장애인과 여성장애인을 고용하거나 고용하려는 사업주

2. 지방자치단체로부터 지원을 받거나 비영리 법인 또는 다른 민간 기업으로부터 출자를 받는 등 지역 사회의 적극적 참여를 통하여 장애인 표준사업장을 설립·운영하거나 설립하려는 사업주

③ 제28조제1항에 따른 장애인 고용의무가 있는 사업주가 장애인표준사업장을 발행주식 총수 또는 출자총액 등 대통령령으로 정하는 기준에 따라 실질적으로 지배하고 있는 경우에는 제28조·제29조 및 제33조를 적용할 때에는 그 장애인 표준사업장에 고용된 근로자를 해당 사업주가 고용하는 근로자 수(다만, 여성·중증장애인을 제외한 장애인은 그 총수의 2분의 1에 해당하는 수를 말하며, 그 수에서 소수점 이하는 올린다)에 포함하고, 해당 장애인 표준사업장을 해당 사업주의 사업장으로 본다. <신설 2007.7.13., 2009.10.9.>

④ 제3항에도 불구하고 장애인 고용의무가 있는 둘 이상의 사업주가 장애인 표준사업장의 주식을 소유하거나 출자한 경우에는 그 비율에 해당하는 근로자 수(그 수에 소수점이 있는 경우에는 버린다)를 해당 사업주가 고용하고 있는 근로자 수에 포함한다. 다만,

장애인 고용의무가 있는 둘 이상의 사업주 중 제3항에 따른 실질적 지배사업주가 있는 경우에는 장애인 고용의무가 있는 다른 사업주가 주식을 소유하거나 출자한 비율에 해당하는 근로자 수를 제외한 나머지 근로자 수를 실질적 지배사업주가 고용하는 근로자 수에 포함한다. <신설 2011.3.9.>

⑤ 제1항과 제2항에 따른 융자 또는 지원의 기준 등에 필요한 사항은 대통령령으로 정한다. <개정 2007.7.13., 2011.3.9., 2012.12.18.>

제22조의2(불공정거래행위 금지에 대한 특례) 제22조제3항에 따라 장애인 표준사업장을 실질적으로 지배하고 있는 사업주가 대통령령으로 정하는 바에 따라 사전에 공개한 합리적인 기준에 의하여 해당 장애인 표준사업장을 지원하는 경우에는 「독점규제 및 공정거래에 관한 법률」 제23조제1항제7호에 따른 불공정거래행위에 해당하지 아니하는 것으로 본다.

[본조신설 2012.12.18.]

제22조의3(장애인 표준사업장 생산품의 우선구매 등) ① 「중소기업제품 구매촉진 및 판로지원에 관한 법률」 제2조제2호에 따른 공공기관(이하 이 조에서 "공공기관"이라 한다)의 장은 물품·용역에 관한 계약을 체결하는 경우에는 장애인 표준사업장에서 생산한 물품과 제공하는 용역(이하 "장애인 표준사업장 생산품"이라 한다)을 우선구매하여야 한다.

② 공공기관의 장은 장애인 표준사업장 생산품의 구매계획과 전년도 구매실적을 대통령령으로 정하는 바에 따라 고용노동부장관에게 제출하여야 한다. 이 경우 구매계획에는 공공기관별 총구매액(물품과 용역에 대한 총구매액을 말하되, 공사비용은 제외한다)의 100분의 1의 범위에서 고용노동부장관이 정하는 비율 이상에 해당하는 장애인 표준사업장 생산품의 구매목표를 제시하여야 한다.

③ 공공기관의 장은 장애인 표준사업장 생산품을 수의계약으로 구매할 수 있다. 이 경우 수의계약의 절차 및 방법 등에 관하여는 「국가를 당사자로 하는 계약에 관한 법률」 등 관계 법령에 따른다.

④ 공공기관의 장은 소속 기관 등에 대한 평가를 실시하는 경우에는 장애인 표준사업

장 생산품의 구매실적을 포함하여야 한다.
⑤ 고용노동부장관은 구매계획의 이행 점검 등을 위하여 공공기관의 장에게 장애인 표준사업장 생산품의 구매실적의 제출을 요구할 수 있다. 이 경우 공공기관의 장은 특별한 사유가 없는 한 이에 따라야 한다.
⑥ 고용노동부장관은 제2항에 따라 공공기관의 장이 제출한 전년도 구매실적과 해당 연도의 구매계획을 대통령령으로 정하는 바에 따라 고용노동부 인터넷 홈페이지에 게시하여야 한다. <신설 2016.12.27.>
[본조신설 2012.12.18.]

제22조의4(장애인 표준사업장의 인증 및 인증취소)

① 장애인 표준사업장을 운영하려는 자는 제2조제8호의 기준을 갖추어 고용노동부장관의 인증을 받아야 한다.
② 고용노동부장관은 장애인 표준사업장이 다음 각 호의 어느 하나에 해당하는 경우에는 제1항에 따른 인증을 취소할 수 있다. 다만, 제1호에 해당하는 경우에는 인증을 취소하여야 한다.
1. 거짓이나 그 밖의 부정한 방법으로 인증을 받은 경우
2. 제2조제8호의 기준을 갖추지 못하게 된 경우
3. 불가피한 경영상의 사유 등으로 고용노동부장관에게 인증의 취소를 요청한 경우
③ 고용노동부장관은 제1항에 따라 장애인 표준사업장을 인증하거나 제2항에 따라 인증을 취소한 경우에는 이를 공고하여야 한다.
④ 제1항과 제2항에 따른 장애인 표준사업장 인증, 인증취소의 방법 및 절차 등 필요한 사항은 고용노동부령으로 정한다.
⑤ 제1항에 따라 인증을 받지 아니한 자는 장애인 표준사업장 또는 이와 유사한 명칭을 사용하여서는 아니 된다.
⑥ 제1항에 따라 인증을 받은 자는 다른 사람에게 자기의 성명 또는 상호를 사용하여 장애인 표준사업장을 운영하게 하거나 인증서를 대여하여서는 아니 된다.
[본조신설 2012.12.18.]

제23조(부당 융자 또는 지원금 등의 징수 및 지급제한 등)

① 고용노동부장관은 제21조 또는 제22조에 따라 융자 또는 지원을 받은 자가 다음 각 호의 어느 하나에 해당하는 경우에는 해당 융자 또는 지원을 취소하고, 그 금액 또는 지원에 상응하는 금액을 징수하여야 한다.
1. 거짓 또는 그 밖의 부정한 방법으로 융자 또는 지원을 받은 경우
2. 동일한 사유로 국가 또는 지방자치단체(위탁받은 기관도 포함한다)로부터 중복하여 융자 또는 지원을 받은 경우
3. 동일한 사유로 제2항에 따른 시정요구를 2회 이상 받고도 시정하지 아니한 경우
4. 융자 또는 지원의 취소를 요청하는 경우
② 고용노동부장관은 제21조 또는 제22조에 따라 융자 또는 지원을 받은 자가 다음 각 호의 어느 하나에 해당하는 경우에는 기간을 정하여 시정을 요구할 수 있다.
1. 융자 또는 지원을 위한 조건을 이행하지 아니한 경우
2. 융자 또는 지원금을 제21조제1항 각 호, 같은 조 제2항 및 제22조제1항에 따른 사업의 목적에 맞게 집행하지 아니한 경우
3. 그 밖에 고용노동부장관이 정하여 고시하는 경우
③ 고용노동부장관은 제1항 각 호의 어느 하나에 해당하는 경우에는 그 사실이 있는 날부터 3년간 융자 또는 지원을 제한할 수 있다.
④ 제1항부터 제3항까지의 규정에 따른 취소, 징수, 시정요구 및 지급제한 등에 필요한 사항은 고용노동부령으로 정한다.
[전문개정 2012.12.18.]

제24조(장애인 고용 우수사업주에 대한 우대)

① 고용노동부장관은 장애인의 고용에 모범이 되는 사업주를 장애인 고용 우수사업주로 선정하여 사업을 지원하는 등의 조치(이하 "우대조치"라 한다)를 할 수 있다. <개정 2010.6.4.>
② 국가, 지방자치단체 또는 「공공기관의 운영에 관한 법률」 제4조에 따른 공공기관의 장은 공사·물품·용역 등의 계약을 체결하는 경우에는 장애인 고용 우수사업주를 우대할 수 있다. <신설 2017.11.28.>
③ 제1항 및 제2항에 따른 장애인 고용 우수사업주의 선정·우대조치 등에 필요한 사항은 대통령령으로 정한다. <개정 2017.11.28.>

■판례 - 장애인고용부담금등부과처분취소

건설업의 경우 근로자의 수가 아닌 공사실적액을 기준으로 장애인고용의무가 있는 사업주의 범위를 정하고 있는 구 장애인고용촉진 및 직업재활법 시행령 제23조 제1항 중 건설업에 관한 부분

이, 위임의 근거 법률인 구 장애인고용촉진 및 직업재활법 제24조 제1항의 위임 취지를 벗어났다고 볼 수 없음에도 이와 달리 판단한 원심판결에 법리오해의 위법이 있다고 한 사례 [대법원 2010.8.19, 선고, 2010두1750, 판결]

제25조(사업주에 대한 자료 제공) 고용노동부장관은 장애인을 고용하거나 고용하려는 사업주에게 장애인의 신체적·정신적 조건, 직업능력 등에 관한 정보, 그 밖의 자료를 제공하여야 한다. <개정 2010.6.4.>

제26조(장애인 실태조사) ① 고용노동부장관은 장애인의 고용촉진 및 직업재활을 위하여 매년 1회 이상 장애인의 취업직종·근로형태·근속기간·임금수준 등 고용현황 및 장애인근로자의 산업재해 현황에 대하여 전국적인 실태조사를 실시하여야 한다. <개정 2010.6.4., 2017.11.28.>
② 제1항에 따른 실태조사에 포함되어야 할 사항과 실태조사의 방법 및 절차 등은 고용노동부령으로 정한다. <신설 2017.11.28.>
[전문개정 2007.7.13.]

제2장의2 장애인 기능경기 대회 개최 등
<신설 2017.4.18.>

제26조의2(장애인 기능경기 대회 개최) ① 고용노동부장관 및 특별시장·광역시장·특별자치시장·도지사 또는 특별자치도지사는 사회와 기업의 장애인고용에 대한 관심을 촉구하고 장애인의 기능을 향상시키기 위하여 장애인 기능경기 대회를 개최할 수 있다.
② 고용노동부장관은 제1항에 따른 장애인 기능경기 대회의 개최에 필요한 비용의 일부를 지원할 수 있다.
③ 제1항에 따른 장애인 기능경기 대회의 참가자격 등 참가와 개최에 필요한 사항은 대통령령으로 정한다.
[본조신설 2017.4.18.]

제26조의3(국제장애인기능올림픽대회 개최 등) ① 고용노동부장관은 장애인의 국제교류를 통하여 기능 수준을 향상시키고 사회참여를 증진시키기 위하여 국제장애인기능올림픽대회에 선수단을 파견하거나 국내에서 대회를 개최할 수 있다.

② 제1항에 따른 국제장애인기능올림픽대회에 참가할 선수의 선발기준 등 참가와 개최에 필요한 사항은 대통령령으로 정한다.
③ 고용노동부장관은 국내에서 개최되는 제1항에 따른 국제장애인기능올림픽대회의 준비 및 운영을 위하여 필요한 경우 관계 중앙행정기관 및 지방자치단체와 그 밖의 「공공기관의 운영에 관한 법률」에 따른 공공기관 등 법인·기관·단체에 행정적·재정적 지원을 요청할 수 있다.
[본조신설 2017.4.18.]

제3장 장애인 고용 의무 및 부담금

제27조(국가와 지방자치단체의 장애인 고용 의무) ① 국가와 지방자치단체의 장은 장애인을 소속 공무원 정원에 대하여 다음 각 호의 구분에 해당하는 비율 이상 고용하여야 한다. <개정 2016.12.27.>
1. 2017년 1월 1일부터 2018년 12월 31일까지: 1천분의 32
2. 2019년 이후: 1천분의 34
② 국가와 지방자치단체의 각 시험 실시 기관(이하 "각급기관"이라 한다)의 장은 신규채용시험을 실시할 때 신규채용 인원에 대하여 장애인이 제1항 각 호의 구분에 따른 해당 연도 비율(장애인 공무원의 수가 제1항 각 호의 구분에 따른 해당 연도 비율 미만이면 그 비율의 2배) 이상 채용하도록 하여야 한다. <개정 2016.12.27.>
③ 임용권을 위임받은 기관의 장이 공개채용을 하지 아니하고 공무원을 모집하는 경우에도 제2항을 준용한다.
④ 제1항과 제2항은 공안직군 공무원, 검사, 경찰·소방·경호 공무원 및 군인 등에 대하여는 적용하지 아니한다. 다만, 국가와 지방자치단체의 장은 본문에 규정된 공안직군 공무원 등에 대하여도 장애인이 고용될 수 있도록 노력하여야 한다.
⑤ 제2항과 제3항에 따른 채용시험 및 모집에 응시하는 장애인의 응시 상한 연령은 중증장애인인 경우에는 3세, 그 밖의 장애인인 경우에는 2세를 각각 연장한다.
⑥ 다음 각 호의 어느 하나에 해당하는 기관의 장은 소속 각급기관의 공무원 채용계획을 포함한 장애인 공무원 채용계획과 그 실

시 상황을 대통령령으로 정하는 바에 따라 고용노동부장관에게 제출하여야 한다. <개정 2010.6.4., 2012.12.18.>

1. 국회사무총장, 법원행정처장, 헌법재판소사무처장, 중앙선거관리위원회사무총장, 중앙행정기관의 장 등 대통령령으로 정하는 국가기관의 장
2. 「지방자치법」에 따른 지방자치단체의 장
3. 「지방교육자치에 관한 법률」에 따른 교육감

⑦ 고용노동부장관은 제6항에 따른 장애인 공무원 채용계획이 적절하지 아니하다고 인정되면 장애인 공무원 채용계획을 제출한 자에게 그 계획의 변경을 요구할 수 있고, 제1항에 따른 고용 의무의 이행 실적이 현저히 부진한 때에는 그 내용을 공표할 수 있다. <개정 2010.6.4.>

제28조(사업주의 장애인 고용 의무) ① 상시 50명 이상의 근로자를 고용하는 사업주(건설업에서 근로자 수를 확인하기 곤란한 경우에는 공사 실적액이 고용노동부장관이 정하여 고시하는 금액 이상인 사업주)는 그 근로자의 총수(건설업에서 근로자 수를 확인하기 곤란한 경우에는 대통령령으로 정하는 바에 따라 공사 실적액을 근로자의 총수로 환산한다)의 100분의 5의 범위에서 대통령령으로 정하는 비율(이하 "의무고용률"이라 한다) 이상에 해당(그 수에서 소수점 이하는 버린다)하는 장애인을 고용하여야 한다. <개정 2010.6.4.>
② 제1항에도 불구하고 특정한 장애인의 능력에 적합하다고 인정되는 직종에 대하여는 장애인을 고용하여야 할 비율을 대통령령으로 따로 정할 수 있다. 이 경우 그 비율은 의무고용률로 보지 아니한다.
③ 의무고용률은 전체 인구 중 장애인의 비율, 전체 근로자 총수에 대한 장애인 근로자의 비율, 장애인 실업자 수 등을 고려하여 5년마다 정한다.
④ 제1항에 따른 상시 고용하는 근로자 수 및 건설업에서의 공사 실적액 산정에 필요한 사항은 대통령령으로 정한다.

■판례 - 장애인고용부담금부과처분취소

장애인고용촉진 및 직업재활법 제28조 제1항 등에서 정한 장애인의무고용 및 부담금을 정하는 기준이 되는 '근로자의 총수'에 국내 법인이 해외사무소의 직원으로 채용한 현지 외국인 근로자가 포함되는지 여부(원칙적 소극) [대법원 2010.4.8, 선고, 2009두21055, 판결]

제28조의2(공공기관 장애인 의무고용률의 특례) 제28조에도 불구하고 「공공기관의 운영에 관한 법률」에 따른 공공기관, 「지방공기업법」에 따른 지방공사·지방공단과 「지방자치단체 출자·출연 기관의 운영에 관한 법률」에 따른 출자기관·출연기관은 상시 고용하고 있는 근로자 수에 대하여 장애인을 다음 각 호의 구분에 해당하는 비율 이상 고용하여야 한다. 이 경우 의무고용률에 해당하는 장애인 수를 계산할 때에 소수점 이하는 버린다.

1. 2017년 1월 1일부터 2018년 12월 31일까지: 1천분의 32
2. 2019년 이후: 1천분의 34
[전문개정 2016.12.27.]

제28조의3(장애인 고용인원 산정의 특례) 제27조·제28조·제28조의2·제29조·제33조 및 제79조에 따라 장애인 고용인원을 산정하는 경우 중증장애인의 고용은 그 인원의 2배에 해당하는 장애인의 고용으로 본다. 다만, 소정근로시간이 대통령령으로 정하는 시간 미만인 중증장애인은 제외한다. <개정 2016.12.27.>
[본조신설 2009.10.9.]

제29조(사업주의 장애인 고용 계획 수립 등) ① 고용노동부장관은 사업주에게 대통령령으로 정하는 바에 따라 장애인의 고용에 관한 계획과 그 실시 상황 기록을 작성하여 제출하도록 명할 수 있다. <개정 2010.6.4.>
② 고용노동부장관은 제1항에 따른 계획이 적절하지 아니하다고 인정하는 때에는 사업주에게 그 계획의 변경을 명할 수 있다. <개정 2010.6.4.>
③ 고용노동부장관은 제28조제1항에 따른 사업주가 정당한 사유 없이 장애인 고용계획의 수립 의무 또는 장애인 고용 의무를 현저히 불이행하면 그 내용을 공표할 수 있다. <개정 2010.6.4.>

제30조(장애인 고용장려금의 지급) ① 고용노동부장관은 장애인의 고용촉진과 직업 안정을 위하여 장애인을 고용한 사업주(제28조제1항을 적용받지 아니하는 사업주를 포함한다)에게 고용장려금을 지급할 수 있다. <개

정 2010.6.4.>

② 고용장려금은 매월 상시 고용하고 있는 장애인 수에서 의무고용률(제28조제1항을 적용받지 아니하는 사업주에게 고용장려금을 지급할 때에도 같은 비율을 적용한다)에 따라 고용하여야 할 장애인 총수(그 수에서 소수점 이하는 올린다)를 뺀 수에 제3항에 따른 지급단가를 곱한 금액으로 한다. 다만, 제33조에 따라 낼 부담금이 있는 경우에는 그 금액을 뺀 금액으로 한다.

③ 고용장려금의 지급단가 및 지급기간은 고용노동부장관이 「최저임금법」에 따라 월 단위로 환산한 최저임금액의 범위에서 제33조제3항에 따른 부담기초액, 장애인 고용부담금 납부 의무의 적용 여부, 그 장애인 근로자에게 지급하는 임금, 고용기간 및 장애정도 등을 고려하여 다르게 정할 수 있다. 이 경우 중증장애인과 여성장애인에 대하여는 우대하여 정하여야 한다. <개정 2009.10.9., 2010.6.4.>

④ 「고용보험법」과 「산업재해보상보험법」에 따른 지원금 및 장려금 지급 대상인 장애인 근로자 및 그 밖에 장애인 고용촉진과 직업안정을 위하여 국가나 지방자치단체로부터 지원을 받는 등 대통령령으로 정하는 장애인 근로자에 대하여는 대통령령으로 정하는 바에 따라 고용장려금의 지급을 제한할 수 있다. <개정 2009.10.9.>

⑤ 제1항에 따른 고용장려금의 지급 및 청구에 필요한 사항은 대통령령으로 정하고, 그 지급 시기·절차 등에 필요한 사항은 고용노동부장관이 정한다. <개정 2010.6.4.>

제31조(부당이득금의 징수 및 지급 제한)

① 고용노동부장관은 제30조에 따른 고용장려금을 받은 자가 다음 각 호의 어느 하나에 해당하는 경우에는 각 호에 따라 지급한 금액을 징수하여야 한다. 다만, 제1호의 경우에는 지급한 금액의 5배의 범위에서 고용노동부령으로 정하는 금액을 추가로 징수하여야 한다. <개정 2010.6.4., 2011.3.9.>

1. 거짓이나 그 밖의 부정한 방법으로 고용장려금을 받은 경우
2. 그 밖에 잘못 지급된 고용장려금이 있는 경우

② 제1항 각 호 외의 부분 단서에 따른 추가 징수에 있어서 거짓이나 그 밖의 부정한 방법으로 고용장려금의 지급신청을 한 날부터 3개월 이내에 자진하여 그 부정행위를 신고한 자에 대하여는 추가징수를 면제할 수 있다.

③ 고용노동부장관은 고용장려금을 거짓이나 그 밖의 부정한 방법으로 지급받았거나 받으려 한 자에 대하여는 1년간의 고용장려금을 지급하지 아니한다. 다만, 고용장려금을 받은 날부터 3년이 지난 경우에는 그러하지 아니하다. <개정 2010.6.4., 2011.3.9.>

④ 제3항을 적용함에 있어서 고용장려금의 지급제한기간은 고용노동부장관이 지급제한을 한 날부터 기산한다. <신설 2011.3.9.>

제32조(포상금) 거짓이나 그 밖의 부정한 방법으로 제30조에 따른 고용장려금을 지급받은 자를 지방고용노동관서, 제43조에 따른 한국장애인고용공단 또는 수사기관에 신고하거나 고발한 자에게는 대통령령으로 정하는 바에 따라 포상금을 지급할 수 있다. <개정 2009.10.9., 2010.6.4.>

제32조의2(국가와 지방자치단체 등의 장애인 고용부담금의 납부 등) ① 제27조제6항 각 호에 따른 기관 중 같은 조 제1항에 따른 의무고용률에 못 미치는 장애인 공무원을 고용한 기관의 장은 매년 고용노동부장관에게 장애인 고용부담금(이하 "부담금"이라 한다)을 납부하여야 한다.

② 부담금 납부에 관하여는 제33조제2항부터 제11항까지, 제33조의2, 제34조부터 제36조까지, 제38조부터 제40조까지, 제41조(같은 조 제1항제6호 및 제2항제5호는 제외한다) 및 제42조(같은 조 제1호는 제외한다)를 준용한다. 이 경우 "사업주"는 "제27조제6항 각 호에 따른 기관의 장"으로, "의무고용률"은 "제27조제1항에 따른 의무고용률"로, "근로자"는 "공무원"으로 본다.
[본조신설 2016.12.27.]
[시행일 : 2020.1.1.] 제32조의2

제33조(사업주의 부담금 납부 등) ① 의무고용률에 못 미치는 장애인을 고용하는 사업주(상시 50명 이상 100명 미만의 근로자를 고용하는 사업주는 제외한다)는 대통령령으로 정하는 바에 따라 매년 고용노동부장관에게 부담금을 납부하여야 한다. <개정 2010.6.4., 2016.12.27.>

② 부담금은 사업주가 의무고용률에 따라 고용하여야 할 장애인 총수에서 매월 상시 고용하고 있는 장애인 수를 뺀 수에 제3항

에 따른 부담기초액을 곱한 금액의 연간 합계액으로 한다. <개정 2009.10.9.>
③ 부담기초액은 장애인을 고용하는 경우에 매월 드는 다음 각 호의 비용의 평균액을 기초로 하여 고용정책심의회의 심의를 거쳐 「최저임금법」에 따라 월 단위로 환산한 최저임금액의 100분의 60 이상의 범위에서 고용노동부장관이 정하여 고시하되, 장애인 고용률(매월 상시 고용하고 있는 근로자의 총수에 대한 고용하고 있는 장애인 총수의 비율)에 따라 부담기초액의 2분의 1 이내의 범위에서 가산할 수 있다. 다만, 장애인을 상시 1명 이상 고용하지 아니한 달이 있는 경우에는 그 달에 대한 사업주의 부담기초액은 「최저임금법」에 따라 월 단위로 환산한 최저임금액으로 한다. <개정 2009.10.9., 2010.6.4., 2011.3.9.>
1. 장애인을 고용하는 경우 필요한 시설·장비의 설치, 수리에 드는 비용
2. 장애인의 적정한 고용관리를 위한 조치에 필요한 비용
3. 그 밖에 장애인을 고용하기 위하여 특별히 드는 비용 등
④ 고용노동부장관은 제22조의4제1항에 따라 인증을 받은 장애인 표준사업장 또는 「장애인복지법」 제58조제1항제3호의 장애인 직업재활시설에 도급을 주어 그 생산품을 납품받는 사업주에 대하여 부담금을 감면할 수 있다. <개정 2010.6.4., 2016.12.27.>
⑤ 사업주는 다음 연도 1월 31일(연도 중에 사업을 그만두거나 끝낸 경우에는 그 사업을 그만두거나 끝낸 날부터 60일)까지 고용노동부장관에게 부담금 산출에 필요한 사항으로서 대통령령으로 정하는 사항을 적어 신고하고 해당 연도의 부담금을 납부하여야 한다. <개정 2009.10.9., 2010.6.4., 2011.7.25.>
⑥ 고용노동부장관은 사업주가 제5항에서 정한 기간에 신고를 하지 아니하였을 때에는 이를 조사하여 부담금을 징수할 수 있다. <개정 2009.10.9., 2010.6.4., 2016.12.27.>
⑦ 고용노동부장관은 제5항에 따라 부담금을 신고(제8항에 따른 수정신고를 포함한다. 이하 이 조에서 같다) 또는 납부한 사업주가 다음 각 호의 어느 하나에 해당하는 경우에는 이를 조사하여 해당 사업주가 납부하여야 할 부담금을 징수할 수 있다. <개정 2016.12.27.>

1. 사업주가 신고한 부담금이 실제로 납부하여야 할 금액에 미치지 못하는 경우
2. 사업주가 납부한 부담금이 신고한 부담금에 미치지 못하는 경우
3. 사업주가 신고한 부담금을 납부하지 아니한 경우
⑧ 사업주는 제5항에 따라 신고한 부담금이 실제 납부하여야 하는 부담금에 미치지 못할 때에는 해당 연도 2월 말일까지 대통령령으로 정하는 바에 따라 수정신고하고 그 부담금의 차액을 추가로 납부할 수 있다. <신설 2016.12.27.>
⑨ 고용노동부장관은 사업주가 납부한 부담금이 실제 납부하여야 할 부담금을 초과한 경우에는 대통령령으로 정하는 바에 따라 그 초과한 금액에 대통령령으로 정하는 이자율에 따라 산정한 금액을 가산하여 환급하여야 한다. <신설 2016.12.27.>
⑩ 부담금은 대통령령으로 정하는 대로 분할 납부를 하게 할 수 있다. 이 경우 분할 납부를 할 수 있는 부담금을 제5항에 따른 납부 기한에 모두 납부하는 경우에는 그 부담금액의 100분의 5 이내의 범위에서 대통령령으로 정하는 금액을 공제할 수 있다. <개정 2016.12.27.>
⑪ 제4항에 따른 도급의 기준, 그 밖에 부담금 감면의 요건·기준 등에 필요한 사항은 고용노동부장관이 정한다. <개정 2010.6.4., 2016.12.27.>
[제목개정 2016.12.27.]

제33조의2(신용카드등으로 하는 부담금등의 납부)
① 부담금과 이 법에 따른 그 밖의 징수금(이하 이 조에서 "부담금등"이라 한다)의 납부 의무자는 부담금등의 납부를 대행할 수 있도록 대통령령으로 정하는 신용카드회사 등(이하 이 조에서 "부담금등납부대행기관"이라 한다)을 통하여 신용카드, 직불카드 등(이하 이 조에서 "신용카드등"이라 한다)으로 부담금등을 납부할 수 있다.
② 신용카드등으로 부담금등을 납부하는 경우에는 부담금등납부대행기관의 승인일을 부담금등의 납부일로 본다.
③ 부담금등납부대행기관은 납부 의무자로부터 신용카드등에 의한 부담금등의 납부대행 용역의 대가로 수수료를 받을 수 있다.
④ 부담금등납부대행기관의 운영과 수수료 등에 필요한 사항은 대통령령으로 정한다.
[본조신설 2016.12.27.]

[시행일 : 2017.6.28.] 제33조의2제1항, 제33조의2제4항

제33조의3(부담금의 우선 적용) 이 법은 국가와 지방자치단체의 장 및 사업주의 부담금에 관하여 다른 법률에 우선하여 적용한다.
[본조신설 2018.10.16.]

제34조(부담금 등 과오납금의 충당과 환급)
고용노동부장관은 사업주가 부담금, 그 밖에 이 법에 따른 징수금과 체납처분비로 납부한 금액 중 잘못 납부한 금액을 환급하려는 때 또는 제30조에 따라 사업주에게 고용장려금을 지급하여야 하는 때에는 대통령령으로 정하는 순위에 따라 납부하여야 하는 부담금, 그 밖에 이 법에 따른 징수금에 우선 충당하고, 그 잔액을 해당 사업주에게 환급하거나 지급할 수 있다. <개정 2010.6.4.>

.제35조(가산금과 연체금의 징수) ① 고용노동부장관은 제33조제6항 및 제7항제1호에 따라 부담금을 징수하는 때에는 사업주가 납부하여야 할 부담금의 100분의 10에 상당하는 금액을 가산금으로 징수한다. <개정 2010.6.4., 2016.12.27.>
② 고용노동부장관은 제1항에도 불구하고 제33조제8항의 수정신고에 따라 사업주가 추가로 납부할 부담금의 차액에 대해서는 제1항에 따른 가산금의 100분의 50을 감면할 수 있다. <신설 2016.12.27.>
③ 고용노동부장관은 부담금의 납부 의무자가 제33조제5항에 따른 납부 기한(같은 조 제8항에 따라 수정신고를 한 사업주의 경우는 2월 말일)까지 부담금을 납부하지 아니하였을 때에는 그 연체 기간에 대하여 36개월을 초과하지 아니하는 범위에서 「은행법」 제2조에 따른 은행의 연체이자율 등을 고려하여 대통령령으로 정하는 대로 월 단위로 연체금을 징수한다. <개정 2010.5.17., 2010.6.4., 2016.12.27.>
④ 제1항부터 제3항까지의 규정에 따른 가산금 또는 연체금은 그 금액이 소액이거나 징수가 적절하지 아니하다고 인정되는 등 대통령령으로 정하는 경우에는 징수하지 아니한다. <개정 2016.12.27.>

제36조(통지) 고용노동부장관은 제33조제6항 및 제7항에 따른 징수를 하려 할 때에는 고용노동부령으로 정하는 바에 따라 납부 의무자에게 그 금액과 납부 기한을 서면으로 알려야 한다. <개정 2010.6.4.>

제37조(독촉 및 체납처분) ① 고용노동부장관은 부담금, 그 밖에 이 법에 따른 징수금을 납부 의무자가 납부하지 아니하였을 때에는 기한을 정하여 독촉하여야 한다. <개정 2010.6.4.>
② 고용노동부장관은 제1항에 따라 독촉을 하는 경우에는 독촉장을 발부하여야 한다. 이 경우에는 10일 이상의 납부 기간을 주어야 한다. <개정 2010.6.4.>
③ 제1항에 따라 독촉을 받은 자가 그 납부 기한까지 부담금이나 그 밖에 이 법에 따른 징수금을 납부하지 아니하였을 때에 고용노동부장관은 국세 체납처분의 예에 따라 징수할 수 있다. <개정 2010.6.4.>
④ 고용노동부장관은 제3항에 따른 체납처분의 예에 따라 압류한 재산의 공매(公賣)에 전문 지식이 필요하거나 그 밖에 특수한 사정이 있어 직접 공매하기에 적당하지 아니하다고 인정하는 때에는 대통령령으로 정하는 대로 「금융회사부실자산 등의 효율적 처리 및 한국자산관리공사의 설립에 관한 법률」에 따라 설립된 한국자산관리공사(이하 "공사"라 한다)에 이를 대행하게 할 수 있고, 이 경우 공매는 고용노동부장관이 한 것으로 본다. <개정 2010.6.4., 2011.5.19.>
⑤ 고용노동부장관은 제4항에 따라 공사가 공매를 대행하면 고용노동부령으로 정하는 바에 따라 수수료를 지급할 수 있다. <개정 2010.6.4.>
⑥ 제4항에 따라 공사가 공매를 대행하는 경우에 공사의 임원·직원은 「형법」 제129조부터 제132조까지의 규정을 적용하는 경우 공무원으로 본다.

제38조(징수 우선순위) 부담금과 이 법에 따른 그 밖의 징수금(이하 이 조에서 "부담금등"이라 한다)은 국세 및 지방세를 제외한 다른 채권보다 우선하여 징수한다. 다만, 부담금등의 납부기한 전에 전세권·질권·저당권 또는 「동산·채권 등의 담보에 관한 법률」에 따른 담보권의 설정을 등기하거나 등록한 사실이 증명되는 재산을 매각하여 그 매각대금 중에서 부담금등을 징수하는 경우에 그 전세권·질권·저당권

또는 「동산·채권 등의 담보에 관한 법률」에 따른 담보권에 의하여 담보된 채권에 대하여는 그러하지 아니하다.
[전문개정 2012.12.18.]

제39조(서류의 송달) 부담금이나 그 밖에 이 법에 따른 징수금에 관한 서류의 송달에 관하여는 「국세기본법」 제8조부터 제12조까지의 규정을 준용한다.

제40조(소멸시효) 부담금이나 그 밖에 이 법에 따른 징수금을 징수하거나 그 환급을 받을 권리와 고용장려금을 받을 권리는 3년간 행사하지 아니하면 소멸시효가 완성된다.

제41조(시효의 중단) ① 제40조에 따른 소멸시효는 다음 각 호의 어느 하나에 해당하는 사유로 중단된다. <개정 2016.12.27.>
1. 제30조에 따른 고용장려금의 청구
2. 제31조제1항에 따른 고용장려금 환수금의 반환 명령
3. 제33조제9항에 따른 부담금 환급금의 청구
4. 제36조에 따른 납부 통지
5. 제37조에 따른 독촉
6. 제37조에 따른 체납처분 절차에 따라 행하는 교부 청구
7. 그 밖의 「민법」에서 규정하고 있는 시효중단 사유
② 제1항에 따라 중단된 소멸시효는 다음 각 호의 어느 하나에 해당하는 기간이 지난 때부터 새로 진행한다. 다만, 제1항제7호에 따라 중단된 소멸시효의 진행은 「민법」에 따른다.
1. 반환 명령에 따른 납부 기한
2. 부담금 환급금의 청구 중의 기간
3. 제36조에 따라 통지한 납부 기한
4. 독촉에 따른 납부 기한
5. 교부청구 중의 기간

제42조(결손처분) 고용노동부장관은 체납자에게 다음 각 호의 어느 하나에 해당하는 사유가 있을 때에는 부담금이나 그 밖에 이 법에 따른 징수금을 결손처분(缺損處分)할 수 있다. <개정 2010.6.4.>
1. 체납처분이 종결되고 체납액에 충당될 배분 금액이 체납액보다 적을 때
2. 제40조에 따라 소멸시효가 완성될 때

3. 그 밖에 대통령령으로 정하는 바에 따라 징수 가능성이 없을 때

제4장 한국장애인고용공단
<개정 2009.10.9.>

제43조(한국장애인고용공단의 설립) ① 장애인이 직업생활을 통하여 자립할 수 있도록 지원하고, 사업주의 장애인 고용을 전문적으로 지원하기 위하여 한국장애인고용공단(이하 "공단"이라 한다)을 설립한다. <개정 2009.10.9.>
② 공단은 다음 각 호의 사업을 수행한다. <개정 2010.6.4.>
1. 장애인의 고용촉진 및 직업재활에 관한 정보의 수집·분석·제공 및 조사·연구
2. 장애인에 대한 직업상담, 직업적성 검사, 직업능력 평가 등 직업지도
3. 장애인에 대한 직업적응훈련, 직업능력개발훈련, 취업알선, 취업 후 적응지도
4. 장애인 직업생활 상담원 등 전문요원의 양성·연수
5. 사업주의 장애인 고용환경 개선 및 고용 의무 이행 지원
6. 사업주와 관계 기관에 대한 직업재활 및 고용관리에 관한 기술적 사항의 지도·지원
7. 장애인의 직업적응훈련 시설, 직업능력개발훈련시설 및 장애인 표준사업장 운영
8. 장애인의 고용촉진을 위한 취업알선 기관 사이의 취업알선전산망 구축·관리, 홍보·교육 및 장애인 기능경기 대회 등 관련 사업
9. 장애인 고용촉진 및 직업재활과 관련된 공공기관 및 민간 기관 사이의 업무 연계 및 지원
10. 장애인 고용에 관한 국제 협력
11. 그 밖에 장애인의 고용촉진 및 직업재활을 위하여 필요한 사업 및 고용노동부장관 또는 중앙행정기관의 장이 위탁하는 사업
12. 제1호부터 제11호까지의 사업에 딸린 사업
③ 공단은 제2항에 따른 사업을 효율적으로 수행하기 위하여 고용노동부장관의 승인을 받아 법인 또는 단체에 그 업무의 일부를 위탁할 수 있다. <개정 2010.6.4.>
[제목개정 2009.10.9.]

제44조(법인격) 공단은 법인으로 한다.

제45조(사무소) ① 공단의 주된 사무소의 소재지는 정관으로 정한다.
② 공단은 필요하다고 인정하면 고용노동부장관의 승인을 받아 분사무소를 둘 수 있다. <개정 2010.6.4.>

제46조(설립등기) ① 공단은 주된 사무소의 소재지에서 설립등기를 함으로써 성립된다.
② 제1항에 따른 설립등기와 분사무소의 설치·이전, 그 밖의 등기에 필요한 사항은 대통령령으로 정한다.

제47조(정관) ① 공단의 정관에는 다음 각 호의 사항을 적어야 한다. <개정 2009.10.9.>
1. 목적
2. 명칭
3. 주된 사무소·분사무소 및 제55조에 따른 산하기관의 설치·운영
4. 업무와 그 집행
5. 재산과 회계
6. 임직원
7. 이사회의 운영
8. 정관의 변경
9. 공고의 방법
10. 내부규정의 제정·개정 및 폐지
11. 해산
② 공단의 정관은 고용노동부장관의 인가를 받아야 한다. 이를 변경하려고 할 때에도 같다. <개정 2010.6.4.>

제48조(임원의 임면) ① 공단에 이사장 1명을 포함한 10명 이상 15명 이하의 이사 및 감사 1명을 둔다.
② 이사장을 포함한 이사 3명은 상임으로 한다. <개정 2009.10.9.>
③ 임원의 임면(任免)에 관하여는 「공공기관의 운영에 관한 법률」제26조에 따르되, 상임이사와 비상임이사 중 각각 3분의 1 이상은 장애인 중에서 임명하여야 한다. <개정 2009.10.9.>
④ 삭제 <2009.10.9.>
⑤ 삭제 <2009.10.9.>

제49조(임원의 임기) 이사장의 임기는 3년으로 하고, 이사와 감사의 임기는 2년으로 하되, 1년을 단위로 연임할 수 있다. <개정 2009.10.9.>

제50조(임원의 직무) ① 이사장은 공단을 대표하고 공단의 업무를 총괄한다.
② 이사장이 부득이한 사유로 그 직무를 수행할 수 없을 때에는 정관으로 정하는 바에 따라 상임이사 중 1명이 그 직무를 대행하고, 상임이사가 없거나 그 직무를 대행할 수 없을 때에는 정관으로 정하는 임원이 그 직무를 대행한다. <개정 2009.10.9.>
③ 이사는 이사회에 부쳐진 안건을 심의하고 의결에 참여하며, 상임이사는 정관으로 정하는 바에 따라 공단의 사무를 집행한다. <신설 2009.10.9.>
④ 감사는 「공공기관의 운영에 관한 법률」제32조제5항의 감사기준에 따라 공단의 업무와 회계를 감사하고, 그 의견을 이사회에 제출한다. <개정 2009.10.9.>

제51조(임원의 결격사유) 다음 각 호의 어느 하나에 해당하는 사람은 임원이 될 수 없다. <개정 2009.10.9.>
1. 「국가공무원법」제33조 각 호의 결격사유에 해당하는 사람
2. 「공공기관의 운영에 관한 법률」제34조제1항제2호에 해당하는 사람

제52조(임직원의 겸직 제한) ① 공단의 상임임원과 직원은 그 직무 외에 영리를 목적으로 하는 업무에 종사하지 못한다.
② 상임임원이 그 임명권자나 제청권자의 허가를 받은 경우와 직원이 이사장의 허가를 받은 경우에는 비영리 목적의 업무를 겸할 수 있다.
[전문개정 2009.10.9.]

제53조(이사회) ① 공단에 「공공기관의 운영에 관한 법률」제17조제1항 각 호의 사항을 심의·의결하기 위하여 이사회를 둔다.
② 이사회는 이사장을 포함한 이사로 구성한다.
③ 이사장은 이사회의 의장이 된다.
④ 이사회의 회의는 의장이나 재적이사 3분의 1 이상의 요구로 소집하고, 재적이사 과반수의 찬성으로 의결한다.
⑤ 감사는 이사회에 출석하여 의견을 진술할 수 있다.
[전문개정 2009.10.9.]

제54조(직원의 임면) 공단의 직원은 정관으로 정하는 바에 따라 이사장이 임면한다.

이 경우 장애인 채용을 고려하여야 한다.

제55조(산하기관) ① 공단은 제43조제2항에
따른 사업을 효율적으로 수행하기 위하여
고용노동부장관의 승인을 받아 필요한 산
하기관을 둘 수 있다. <개정 2010.6.4.>
② 공단의 이사장은 산하기관을 지휘·감
독한다.
③ 산하기관의 설치, 운영 등에 필요한 사
항은 공단의 정관으로 정한다.

제56조(국유재산 등의 무상대부) 국가는 공
단의 설립 및 운영을 위하여 필요하면 「
국유재산법」 및 「물품관리법」에 따라 국
유재산과 물품을 공단에 무상으로 대부
할 수 있다.

제57조(자금의 차입) 공단은 제43조제2항에
따른 사업을 위하여 필요하면 고용노동부
장관의 승인을 받아 자금을 차입(국제기구,
외국 정부 또는 외국인으로부터의 차입을
포함한다)할 수 있다. <개정 2010.6.4.>

제58조(공단의 회계) ① 공단의 사업연도는
정부의 회계연도에 따른다.
② 공단은 회계규정을 정하여 고용노동부
관의 승인을 받아야 한다. <개정 2010.6.4.>

제58조의2(공단의 수입) 공단의 수입은 다
음 각 호와 같다.
1. 정부 또는 정부 외의 자로부터 받은 출
연금 또는 기부금
2. 제68조에 따른 장애인 고용촉진 및 직
업재활 기금으로부터 받은 출연금
3. 제57조에 따른 차입금
4. 그 밖의 공단의 수입금
[본조신설 2011.7.25.]

제59조 삭제 <2009.10.9.>

제60조(예산의 편성 등) ① 이사장은 회계연
도마다 「공공기관의 운영에 관한 법률」 제
46조에 따라 수립한 경영목표와 같은 법
제50조에 따라 통보된 경영지침에 따라 다
음 회계연도의 예산안을 편성하고, 다음 회
계연도가 시작되기 전까지 이사회의 의결
을 거쳐 고용노동부장관의 승인을 받아 예
산을 확정하여야 한다. 예산을 변경하는 경
우에도 또한 같다. <개정 2010.6.4.>

② 공단은 제1항에 따라 예산이 확정되면
지체 없이 이사회의 의결을 거쳐 그 회계
연도의 예산에 따른 운영계획을 수립하고
그 운영계획을 예산이 확정된 후 2개월 이
내에 고용노동부장관에게 제출하여야 한
다. 예산이 변경되어 운영계획을 변경하는
경우에도 또한 같다. <개정 2010.6.4.>
[전문개정 2009.10.9.]

제61조(결산서의 제출) 공단은 사업연도마다
세입·세출결산서를 작성하고, 감사원규칙
으로 정하는 바에 따라 공인회계사나 「공
인회계사법」 제23조에 따라 설립된 회계법
인을 선정하여 회계감사를 받아 매 회계연
도 종료 후 2개월 이내에 고용노동부장관
에게 제출하여야 한다. <개정 2010.6.4.>
[전문개정 2009.10.9.]

제62조(잉여금의 처리) 공단은 사업연도마다
사업연도말의 결산 결과 잉여금이 생긴 때
에는 이월손실을 보전(補塡)하고 나머지는
다음 연도에 이월하여 사용할 수 있다.

제63조(수수료의 징수) 공단은 제43조제2항
에 따른 사업에 관하여 수수료나 그 밖의
실비를 받을 수 있다.

제64조(출자 등) ① 공단은 사업을 효율적으
로 수행하기 위하여 필요하면 제43조제2
항제7호 및 제11호의 사업에 출자하거나
출연(出捐)할 수 있다.
② 공단은 제17조에 따른 영업장소 임대를
목적으로 하는 시설을 관리·운영하기 위하
여 고용노동부장관의 허가를 받아 관리기구
를 설립할 수 있다. 이 경우 관리기구는 법
인으로 하여야 한다. <개정 2010.6.4.>
③ 공단은 제2항에 따라 설립된 관리기구
의 업무에 관하여 지도·감독한다.
④ 제1항과 제2항에 따른 출자·출연 및 관
리기구의 설립에 필요한 사항은 대통령령으
로 정한다.

제65조(업무의 지도·감독) ① 고용노동부장
관은 공단의 업무를 지도·감독한다. <개
정 2010.6.4.>
② 고용노동부장관은 공단에 대하여 업무·
회계 및 재산에 관하여 필요한 사항을 보
고하게 하거나 그 밖에 필요한 조치를 할
수 있다. <개정 2010.6.4.>

제65조의2(비밀누설 등의 금지) 공단의 임원 또는 직원이나 그 직에 있었던 자는 그 직무상 알게 된 비밀을 누설하거나 도용하여서는 아니 된다.
[본조신설 2007.12.27.]

제66조(비슷한 명칭의 사용 금지) 공단이 아닌 자는 한국장애인고용공단 또는 이와 비슷한 명칭을 사용하지 못한다. <개정 2009.10.9.>

제67조(「민법」의 준용) 공단에 관하여는 이 법과 「공공기관의 운영에 관한 법률」에 규정된 것 외에는 「민법」 중 재단법인에 관한 규정을 준용한다. <개정 2009.10.9.>

제5장 장애인 고용촉진 및 직업재활 기금

제68조(장애인 고용촉진 및 직업재활 기금의 설치) 고용노동부장관은 공단의 운영, 고용장려금의 지급 등 장애인의 고용촉진 및 직업재활을 위한 사업을 수행하기 위하여 장애인 고용촉진 및 직업재활 기금(이하 "기금"이라 한다)을 설치한다. <개정 2010.6.4.>

제69조(기금의 재원) ① 기금은 다음 각 호의 재원으로 조성한다.
1. 정부 또는 정부 외의 자로부터의 출연금 또는 기부금
2. 제33조와 제35조에 따른 부담금·가산금 및 연체금
3. 기금의 운용에 따라 생기는 수익금과 그 밖의 공단 수입금
4. 제57조에 따른 차입금
5. 제70조에 따른 차입금
② 정부는 회계연도마다 제1항제1호에 따른 출연금을 세출예산에 계상(計上)하여야 한다.

제70조(차입금) 기금을 지출할 때 자금이 부족하거나 부족할 것으로 예상되면 기금의 부담으로 금융기관 및 다른 기금, 그 밖의 재원 등으로부터 차입을 할 수 있다.

제71조(기금의 용도) 기금은 다음 각 호에 규정하는 비용의 지급에 사용한다. <개정 2011.7.25.>
1. 공단에의 출연
2. 제30조에 따른 고용장려금
3. 장애인 고용촉진 및 직업재활 정책에 관한 조사·연구에 필요한 경비
4. 직업지도, 직업적응훈련, 직업능력개발훈련, 취업알선 또는 장애인 고용을 위한 시설과 장비의 설치·수리에 필요한 비용의 융자·지원
5. 장애인을 고용하거나 고용하려는 사업주에 대한 비용·기기 등의 융자·지원
6. 장애인 표준사업장을 설립하여 운영하거나 설립·운영하려는 사업주에 대한 비용의 융자·지원
7. 직업지도, 취업알선, 취업 후 적응지도를 행하는 자에 대한 필요한 경비의 융자·지원
8. 장애인에 대한 직업적응훈련, 직업능력개발훈련을 행하는 자 및 그 장애인에 대한 훈련비·훈련수당
9. 자영업 장애인에 대한 창업자금 융자 및 영업장소 임대, 장애인 근로자에 대한 직업생활 안정 자금 등의 융자
10. 사업주의 장애인 고용관리를 위한 장애인 직업생활 상담원 등의 배치에 필요한 경비
11. 제70조에 따른 차입금의 상환금과 이자
12. 이 법에 따라 장애인과 사업주 등이 금융기관으로부터 대여받은 자금의 이차보전(利差補塡)
13. 제32조에 따른 포상금
14. 그 밖에 장애인 고용촉진 및 직업재활을 위하여 대통령령으로 정하는 사업에 필요한 비용과 제1호부터 제10호까지의 사업 수행에 따르는 경비

제72조(기금의 운용·관리) ① 기금은 고용노동부장관이 운용·관리한다. <개정 2010.6.4.>
② 기금의 회계연도는 정부의 회계연도에 따른다.
③ 기금을 운용할 때에는 그 수익이 대통령령으로 정하는 수준 이상이 되도록 하여야 하고, 다음 각 호의 어느 하나에 해당되는 방법에 따라 운용하여야 한다. <개정 2010.5.17.>
1. 「은행법」이나 그 밖의 법률에 따른 은행 또는 체신관서에의 예탁
2. 국가 또는 지방자치단체가 발행하는 채

권의 매입

3. 「은행법」이나 그 밖의 법률에 따른 은행이나 그 밖에 대통령령으로 정하는 자가 그 지급을 보증하는 채권의 매입

4. 「공공자금관리기금법」에 따른 공공자금관리기금으로의 예탁

5. 그 밖에 대통령령으로 정하는 방법

제73조(기금의 회계기관) ① 고용노동부장관은 기금의 수입과 지출에 관한 사무를 행하게 하기 위하여 소속 공무원 중에서 기금수입징수관, 기금재무관, 기금지출관 및 기금출납공무원을 임명한다. <개정 2010.6.4.>
② 고용노동부장관은 제82조에 따라 공단에 업무를 위탁한 경우에는 기금의 출납업무 수행을 위하여 공단의 상임이사 중에서 기금수입담당이사와 기금지출원인행위 담당이사를, 공단의 직원 중에서 기금지출원과 기금출납원을 각각 임명하여야 한다. 이 경우 기금수입담당이사는 기금수입징수관의 업무를, 기금지출원인행위담당이사는 기금재무관의 업무를, 기금지출원은 기금지출관의 업무를, 기금출납원은 기금출납공무원의 업무를 각각 수행한다. <개정 2009.10.9., 2010.6.4.>

제74조(자금계정의 설치) 고용노동부장관은 기금지출관으로 하여금 한국은행에 기금계정을 설치하도록 하여야 한다. <개정 2010.6.4.>

제6장 보칙

제74조의2(장애인지원관의 지정 등) ① 제27조제6항 각 호에 따른 기관의 장은 해당 기관의 장애인 공무원과 근로자에 대한 근로지원 등의 업무를 효율적으로 수행하기 위하여 그 기관의 소속 공무원 중에서 장애인지원관을 지정하여야 한다. 이 경우 「장애인복지법」 제12조제1항에 따라 장애인정책책임관을 지정한 기관은 장애인지원관을 지정한 것으로 본다.
② 제1항에 따른 장애인지원관의 지정 및 업무 등에 필요한 사항은 국회규칙, 대법원규칙, 헌법재판소규칙, 중앙선거관리위원회규칙 또는 대통령령으로 정한다.
[본조신설 2016.12.27.]
[시행일 : 2017.6.28.] 제74조의2제2항

제75조(장애인 직업생활 상담원 등) ① 고용노동부장관은 장애인의 직업지도, 직업적응훈련, 직업능력개발훈련, 취업 후 적응지도 등 장애인의 고용촉진 및 직업재활을 위한 업무를 담당하는 장애인 직업생활 상담원 등 전문요원을 양성하여야 한다. <개정 2010.6.4.>
② 대통령령으로 정하는 일정 수 이상의 장애인 근로자를 고용하는 사업주는 제1항에 따른 장애인 직업생활 상담원을 두어야 한다.
③ 고용노동부장관은 필요하다고 인정하면 제9조제2항에 따른 재활실시기관에서 제1항에 따른 전문요원에 대한 협조 요청이 있을 때에는 지원하여야 한다. <개정 2010.6.4.>
④ 제1항에 따른 전문요원의 종류·양성·배치·역할 및 자격 등에 필요한 사항은 고용노동부령으로 정한다. <개정 2010.6.4.>

제76조(보고와 검사 등) ① 고용노동부장관은 장애인 실태 조사, 장애인 고용 의무 이행 점검, 고용장려금 및 사업주에 대한 각종 지원, 부담금 징수 등의 업무 수행을 위하여 필요하다고 인정하면 관계 공무원으로 하여금 사업장에 출입하여 관계자에게 질문 또는 서류 검사를 하게 하거나 필요한 보고를 하게 할 수 있다. <개정 2010.6.4.>
② 제1항에 따라 사업장에 출입하는 공무원은 그 권한을 표시하는 증표를 지니고 이를 관계인에게 내보여야 한다. 이 경우 증표는 공무원증으로 대신할 수 있다.

제77조(세제 지원) 제69조제1호에 따른 정부 외의 자에게서 받은 출연금 또는 기부금과 제71조제2호의 고용장려금, 제4호부터 제9호 및 제14호의 지원에 대하여는 「조세특례제한법」으로 정하는 바에 따라 조세를 감면한다.

제78조(경비 보조) 국가 또는 지방자치단체는 장애인 고용촉진 사업을 수행하는 자에게는 그에 따른 비용의 전부 또는 일부를 대통령령으로 정하는 바에 따라 보조할 수 있다.

제79조(국가와 지방자치단체의 의무고용률 등에 대한 특례) ① 제28조에도 불구하고 제27조제6항 각 호에 따른 기관의 장이 공무원이 아닌 근로자를 상시 50명 이상 고용하는 경우에는 상시 고용하고 있는 근로

자 수에 대하여 장애인을 다음 각 호의 구분에 해당하는 비율 이상 고용하여야 한다. 이 경우 의무고용률에 해당하는 장애인 수를 계산할 때에 소수점 이하는 버린다.

1. 2017년 1월 1일부터 2018년 12월 31일까지: 1천분의 29
2. 2019년 이후: 1천분의 34

② 제1항에 따라 공무원이 아닌 근로자를 고용하는 경우에는 그 근로자에 대하여 제19조의2, 제21조, 제29조, 제33조, 제33조의2, 제34조부터 제36조까지, 제38조부터 제40조까지, 제41조(같은 조 제1항제6호 및 제2항제5호는 제외한다) 및 제42조(같은 조 제1호는 제외한다)를 준용한다.

③ 제1항에 따른 비율을 산정하는 경우 다음 각 호의 어느 하나에 해당하는 사람은 근로자 및 장애인 총수에서 제외한다.

1. 「국가공무원법」 제26조의4에 따른 수습근무 중인 사람
2. 「국가공무원법」 제50조제1항 및 「지방공무원법」 제74조제1항에 따른 교육훈련(실무수습을 포함한다)을 받고 있는 공무원 임용 예정자
3. 그 밖에 국가와 지방자치단체의 복지대책, 실업대책 등에 따라 고용하는 사람으로서 고용노동부령으로 정하는 사람

[전문개정 2016.12.27.]

제80조(협조) ① 국가기관, 지방자치단체, 재활실시기관, 그 밖에 장애인과 관련된 기관 및 단체는 장애인의 고용촉진 및 직업재활을 위하여 고용노동부장관이 실시하는 시책에 협조하여야 한다. <개정 2010.6.4.>

② 고용노동부장관은 제1항에 따른 시책을 수행하는 자(국가기관과 지방자치단체는 제외한다)에게 필요한 지원을 할 수 있다. <개정 2010.6.4.>

제81조(자료 제공의 요청 등) ① 고용노동부장관은 장애인 고용촉진 및 직업재활 사업의 효율적인 운영을 위하여 필요하면 중앙행정기관, 지방자치단체, 그 밖의 장애인 고용촉진 및 직업재활 사업과 관련되는 기관·단체의 장에게 필요한 국세·지방세·소득·재산, 건강보험·국민연금, 출입국·주민등록·가족관계등록·장애인등록 정보 등에 관하여 대통령령으로 정하는 관련 전산망 또는 자료의 이용 및 제공을 요청할 수 있다. <개정 2010.6.4., 2012.12.18.>

② 제82조에 따라 고용노동부장관의 권한 일부를 위임받거나 위탁받은 공단 등은 부담금 부과·징수, 장애인의 고용촉진 및 직업재활, 그 밖에 위임받거나 위탁받은 업무 수행을 위하여 필요한 국세·지방세·소득·재산, 건강보험·국민연금, 출입국·주민등록·가족관계등록·장애인등록 정보 등에 관하여 대통령령으로 정하는 관련 전산망 또는 자료의 이용 및 제공을 행정안전부·보건복지부·국토교통부·국세청·지방자치단체 등 관계 행정기관이나 장애인 고용촉진 및 직업재활 사업과 관련되는 기관·단체 등의 장에게 요청할 수 있다. <개정 2010.6.4., 2011.7.25., 2012.12.18., 2013.3.23., 2014.11.19., 2017.7.26.>

③ 고용노동부장관과 제82조에 따라 고용노동부장관의 권한 일부를 위임받거나 위탁받은 공단 등은 제1항 및 제2항에 따른 자료의 확인을 위하여 「사회복지사업법」 제6조의2제2항에 따른 정보시스템을 연계하여 사용할 수 있다. <신설 2012.12.18.>

④ 제1항과 제2항에 따라 관련 전산망 또는 자료의 이용 및 제공을 요청받은 자는 정당한 사유가 없으면 이에 따라야 한다. <개정 2012.12.18.>

⑤ 제1항부터 제3항까지에 따른 관련 전산망 또는 자료를 활용하여 업무를 수행했던 사람은 제1항부터 제3항까지에 따라 제공받은 자료나 업무를 수행하면서 취득한 정보를 이 법에서 정한 목적 외의 용도로 사용하거나 다른 사람 또는 기관에 제공하거나 누설하여서는 아니 된다. <신설 2012.12.18.>

⑥ 제1항 및 제2항에 따른 관련 전산망 또는 자료의 이용 및 제공에 대하여는 수수료·사용료 등을 면제한다. <신설 2011.7.25., 2012.12.18.>

[제목개정 2012.12.18.]

제82조(권한의 위임·위탁) 이 법에 따른 고용노동부장관의 권한은 대통령령으로 정하는 바에 따라 그 일부를 지방고용노동관서의 장, 특별시장, 광역시장, 특별자치시장, 도지사 또는 특별자치도지사에게 위임하거나 공단에 위탁할 수 있다. <개정 2009.10.9., 2010.6.4., 2016.12.27.>

제83조(다른 법률과의 관계) 이 법에서 정하지 아니하는 사항은 「근로기준법」, 「직업

안정법」, 「근로자직업능력 개발법」 등 노동 관계법에 따른다.

제84조(벌칙) 제31조제1항제1호에 따른 거 짓이나 그 밖의 부정한 방법으로 고용장려 금을 지급받은 자는 5년 이하의 징역 또 는 1천만원 이하의 벌금에 처한다.

제84조의2(벌칙) 제65조의2를 위반하여 비 밀을 누설하거나 도용한 자는 2년 이하의 징역 또는 1천만원 이하의 벌금에 처한다. [본조신설 2007.12.27.]

제85조(양벌규정) 법인의 대표자나 법인 또 는 개인의 대리인, 사용인, 그 밖의 종업원 이 그 법인 또는 개인의 업무에 관하여 제 84조의 위반행위를 하면 그 행위자를 벌 하는 외에 그 법인 또는 개인에게도 해당 조문의 벌금형을 과(科)한다. 다만, 법인 또는 개인이 그 위반행위를 방지하기 위하 여 해당 업무에 관하여 상당한 주의와 감 독을 게을리하지 아니한 경우에는 그러하 지 아니하다.
[전문개정 2009.10.9.]

제86조(과태료) ① 다음 각 호의 어느 하나 에 해당하는 자에게는 1천만원 이하의 과 태료를 부과한다. <개정 2012.12.18.>
1. 제22조의4제5항을 위반하여 장애인 표 준사업장 또는 이와 유사한 명칭을 사 용한 자
2. 제22조의4제6항을 위반하여 다른 사람 에게 자기의 성명 또는 상호를 사용하 여 장애인 표준사업장을 운영하게 하거 나 인증서를 대여한 자
3. 제29조제1항 또는 제2항에 따른 명령 을 위반한 자
② 다음 각 호의 어느 하나에 해당하는 자 에게는 300만원 이하의 과태료를 부과한 다. <신설 2017.11.28.>
1. 제5조의2제1항을 위반하여 장애인 인 식개선 교육을 실시하지 아니한 자
2. 제5조의3제2항을 위반하여 장애인 인 식개선 교육 실시 관련 자료를 3년간 보관하지 아니한 자
③ 다음 각 호의 어느 하나에 해당하는 자 에게는 200만원 이하의 과태료를 부과한 다. <개정 2017.11.28.>
1. 제33조제5항에 따른 신고를 하지 아니

하였거나 거짓된 신고를 한 때
2. 제76조제1항에 따른 검사를 거부·방 해·기피한 때 또는 보고를 하지 아니 하였거나 거짓된 보고를 하였을 때
④ 다음 각 호의 어느 하나에 해당하는 자 에게는 100만원 이하의 과태료를 부과한 다. <개정 2017.11.28.>
1. 제66조를 위반하였을 때
2. 제75조제2항을 위반하였을 때
3. 제76조제1항에 따른 질문에 대하여 답 변을 거부·방해·기피하거나 또는 거짓 된 답변을 하였을 때
⑤ 제1항부터 제4항까지의 규정에 따른 과태 료는 대통령령으로 정하는 바에 따라 고용노 동부장관이 부과·징수한다. <개정 2010.6.4., 2017.11.28.>
⑥ 삭제 <2009.10.9.>
⑦ 삭제 <2009.10.9.>

제87조(벌칙 적용에서의 공무원 의제) 제82 조에 따라 이 법의 업무를 위탁받아 행하 는 공단의 임원 및 직원은 「형법」 제129 조부터 제132조까지의 규정을 적용하는 경우 공무원으로 본다.

부칙
<법률 제15851호, 2018.10.16.>

이 법은 공포한 날부터 시행한다.

장애인고용촉진 및
직업재활법 시행령

(약칭: 장애인고용법 시행령)

[시행 2019.1.1.]
[대통령령 제29456호, 2018.12.31.,일부개정]

제1조(목적) 이 영은 「장애인고용촉진 및 직업재활법」에서 위임된 사항과 그 시행에 필요한 사항을 규정하는 것을 목적으로 한다.

제2조(정의) 이 영에서 사용하는 용어의 뜻은 「장애인고용촉진 및 직업재활법」(이하 "법"이라 한다), 「고용정책 기본법」 및 「직업안정법」에서 정하는 바에 따른다. <개정 2009.12.30.>

제3조(장애인의 기준) ①법 제2조제1호에 따른 장애인은 다음 각 호의 어느 하나에 해당하는 자로 한다. <개정 2009.12.31., 2017.6.27.>
1. 「장애인복지법 시행령」 제2조에 따른 장애인 기준에 해당하는 자
2. 「국가유공자 등 예우 및 지원에 관한 법률 시행령」 제14조제3항(「보훈보상대상자 지원에 관한 법률 시행령」 제8조에 따라 준용되는 경우를 포함한다)에 따른 상이등급 기준에 해당하는 자
② 고용노동부장관은 제1항 각 호에 해당하는 지 여부를 다음 각 호의 어느 하나에 해당하는 자료에 의하여 확인할 수 있다. <신설 2009.12.31., 2010.7.12., 2016.6.21., 2017.6.27.>
1. 「장애인복지법」 제32조에 따른 장애인 등록증
2. 「국가유공자 등 예우 및 지원에 관한 법률 시행령」 제101조제1항 전단에 따른 국가유공자증 또는 같은 조 제2항에 따른 국가유공자임을 확인하는 서류
2의2. 「보훈보상대상자 지원에 관한 법률 시행령」 제86조제1항 전단에 따른 보훈보상대상자증 또는 같은 조 제2항에 따른 보훈보상대상자임을 확인하는 서류
3. 제1항 각 호에 해당함을 입증할 수 있는 장애유형별 해당 전문의가 발행한 「장애

인복지법」 제32조에 따른 장애진단서

제4조(중증장애인의 기준) ①법 제2조제2호에 따른 중증장애인은 다음 각 호의 어느 하나에 해당하는 자로 한다. <개정 2009.12.31., 2010.7.12., 2014.6.30., 2017.6.27.>
1. 「장애인복지법 시행령」 제2조에 따른 장애인 기준에 해당하는 장애인 중 고용노동부령으로 정하는 장애등급 이상에 해당하는 자
2. 「장애인복지법 시행령」 제2조에 따른 장애인 기준에 해당하는 장애인 중 제1호에 따른 장애등급보다 한 단계 낮은 장애등급에 해당하는 자로서 뇌병변장애인·시각장애인·지적장애인·자폐성장애인·정신장애인·심장장애인·호흡기장애인·뇌전증장애인 및 팔에 장애가 있는 지체장애인
3. 「국가유공자 등 예우 및 지원에 관한 법률 시행령」 제14조제3항(「보훈보상대상자 지원에 관한 법률 시행령」 제8조에 따라 준용되는 경우를 포함한다)에 따른 상이등급에 해당하는 자 중 3급 이상의 상이등급에 해당하는 자
② 고용노동부장관은 제1항 각 호에 해당하는 지 여부를 다음 각 호의 어느 하나에 해당하는 자료에 의하여 확인할 수 있다. <신설 2009.12.31., 2010.7.12., 2016.6.21., 2017.6.27.>
1. 「장애인복지법」 제32조에 따른 장애인 등록증
2. 「국가유공자 등 예우 및 지원에 관한 법률 시행령」 제101조제1항 전단에 따른 국가유공자증 또는 같은 조 제2항에 따른 국가유공자임을 확인하는 서류
2의2. 「보훈보상대상자 지원에 관한 법률 시행령」 제86조제1항 전단에 따른 보훈보상대상자증 또는 같은 조 제2항에 따른 보훈보상대상자임을 확인하는 서류
3. 제1항 각 호에 해당함을 입증할 수 있는 장애유형별 해당 전문의가 발행한 「장애인복지법」 제32조에 따른 장애진단서

제5조(적용제외 근로자) 법 제2조제5호 단서에서 "소정근로시간이 대통령령으로 정하는 시간 미만인 자"란 1개월 동안의 소정근로시간이 60시간 미만인 자를 말한다.

제5조의2(직장 내 장애인 인식개선 교육) ①

사업주는 법 제5조의2에 따라 직장 내 장애인 인식개선 교육을 연 1회, 1시간 이상 실시하여야 한다.

② 제1항에 따른 교육에는 다음 각 호의 내용이 포함되어야 한다.

1. 장애의 정의 및 장애유형에 대한 이해
2. 직장 내 장애인의 인권, 장애인에 대한 차별금지 및 정당한 편의 제공
3. 장애인고용촉진 및 직업재활과 관련된 법과 제도
4. 그 밖에 직장 내 장애인 인식개선에 필요한 사항

③ 사업주는 사업의 규모나 특성을 고려하여 직원연수·조회·회의 등의 집합교육, 인터넷 등 정보통신망을 이용한 원격교육 또는 체험교육 등을 통하여 제1항에 따른 교육을 실시할 수 있다.

④ 사업주는 법 제5조의3제3항에 따른 강사를 활용하여 제1항에 따른 교육을 실시할 수 있다.

⑤ 법 제28조에 따른 장애인 고용 의무가 없는 사업주는 제1항에도 불구하고 고용노동부장관이 보급한 교육자료 등을 배포·게시하거나 전자우편을 보내는 등의 방법으로 장애인 인식개선 교육을 실시할 수 있다.

[본조신설 2018.5.28.]

제6조 삭제 〈2009.12.31.〉
제7조 삭제 〈2009.12.31.〉
제8조 삭제 〈2009.12.31.〉
제9조 삭제 〈2009.12.31.〉
제10조 삭제 〈2009.12.31.〉
제11조 삭제 〈2009.12.31.〉
제12조 삭제 〈2009.12.31.〉
제13조 삭제 〈2009.12.31.〉
제14조 삭제 〈2009.12.31.〉

제15조(장애인 직업지도의 지원) ① 고용노동부장관 및 보건복지부장관은 법 제10조제1항에 따라 장애인에 대한 직업상담, 직업적성 검사 및 직업능력 평가 등의 직업지도를 실시하는 경우에는 해당 장애인의 장애 유형 및 장애 정도에 따라 고용과 직업재활에 필요한 사항을 알려 주어야 한다. 〈개정 2008.2.29., 2010.3.15., 2010.7.12.〉

② 고용노동부장관은 법 제10조제4항에 따라 직업지도를 실시하거나 하려는 자에게 필요한 비용을 융자·지원하는 경우에는 다음 각 호의 사항을 고려하여 보건복지부장관과 협의하여 그 기준을 결정·공고한다. 〈개정 2008.2.29., 2010.3.15., 2010.7.12.〉

1. 사업수행 실적
2. 시설 및 장비보유 현황
3. 사업전담 인력
4. 장애인의 해당 시설 이용의 편리성
5. 장애 유형별 직업지도 수요 등

제16조(장애인 직업적응훈련의 지원) ① 법 제11조제1항 및 제2항에 따른 직업적응훈련에는 「근로자직업능력 개발법」에 따른 직업능력개발훈련 외의 훈련으로서 장애인이 쉽게 취업하도록 하기 위한 직업준비훈련과 그 밖에 직업능력을 향상시키기 위한 훈련이 포함되어야 한다.

② 고용노동부장관은 제1항에 따른 직업적응훈련의 교과과정 및 시설·장비 기준 등을 취업희망 장애인의 개인별 능력을 기초로 직업생활에 필요한 적응력 정도를 고려하여 보건복지부장관과 협의하여 결정·공고한다. 〈개정 2008.2.29., 2010.3.15., 2010.7.12.〉

③ 법 제11조제3항에 따라 직업적응훈련시설 또는 훈련 과정을 설치하여 운영하거나 하려는 자에게 필요한 비용을 융자·지원하는 경우에 그 기준은 다음 각 호의 사항을 고려하여 고용노동부장관이 보건복지부장관과 협의하여 결정·공고한다. 〈개정 2008.2.29., 2010.3.15., 2010.7.12.〉

1. 훈련계획
2. 훈련시설, 장비 및 직업훈련 교사 등의 현황
3. 훈련실적 등

④ 고용노동부장관은 법 제11조제4항에 따른 훈련수당의 지급기준을 「근로자직업능력 개발법」을 고려하여 보건복지부장관과 협의하여 결정·공고한다. 〈개정 2008.2.29., 2010.3.15., 2010.7.12.〉

제17조(장애인 직업능력개발훈련의 촉진) ① 고용노동부장관은 법 제12조제1항에 따른 장애인의 고용촉진 및 직업재활을 위하여 필요하다고 인정하는 직종에서는 장애인에게 우선적으로 직업능력개발훈련을 실시할 수 있다. 〈개정 2010.7.12.〉

② 법 제12조제2항 및 제3항에 따른 훈련비용의 융자·지원 및 훈련수당의 지원에 관한 사항은 「근로자직업능력 개발법」의

용자·지원의 내용 및 수준 등을 고려하여 고용노동부장관이 정하여 고시한다. <개정 2010.7.12., 2017.6.27.>

제18조(지원고용의 실시·지원) 법 제13조에 따른 지원고용 실시에 필요한 지원 내용은 다음 각 호의 것 등으로 하되, 그 구체적 기준은 고용노동부장관이 보건복지부장관과 협의하여 정하여 고시한다. <개정 2008.2.29., 2010.3.15., 2010.7.12., 2017.6.27.>
1. 훈련생에 대한 훈련수당
2. 사업주에 대한 보조금
3. 사업장에 배치하는 직무지도원에 대한 직무수당

제19조(취업알선의 지원) ① 고용노동부장관은 법 제15조제2항에 따른 시책의 일환으로 중증장애인의 고용촉진을 위하여 구직상담, 직업능력개발 지원 등 중증장애인을 위한 취업지원을 할 수 있다. <신설 2018.5.28.>
② 제1항에 따른 중증장애인 취업지원의 운영 등에 필요한 사항은 고용노동부장관이 정하여 공고한다. <신설 2018.5.28.>
③ 고용노동부장관은 법 제15조제4항에 따라 취업알선 시설에서 취업알선 전산망을 구축하는 경우에는 그 구축 비용을 융자·지원할 수 있으며,「직업안정법」제18조에 따라 무료직업소개사업을 하는 자가 장애인을 사업장에 취업 알선하여 일정기간 이상 근로하게 한 경우에는 필요한 지원금을 지급할 수 있다.<개정 2010.7.12., 2018.5.28.>
④ 고용노동부장관은 제3항에 따라 취업알선 전산망 구축 비용을 융자·지원하는 경우에 다음 각 호의 사항을 고려하여 지원 기준을 결정·공고한다. <개정 2009.12.31., 2010.7.12., 2018.5.28.>
1. 법 제43조에 따른 한국장애인고용공단(이하 "공단"이라 한다)과 해당 시설과의 구인·구직 정보 교류 능력
2. 구직 장애인의 해당 시설 이용의 편리성 등

제20조(취업 후의 적응지도 지원) 고용노동부장관 및 보건복지부장관은 법 제19조제1항에 따라 사업장에 고용되어 있는 장애인이 작업환경에 원만히 적응할 수 있도록 하기 위하여 다음 각 호의 지도를 할 수 있으며 그 구체적인 사항은 고용노동부장관이 보건복지부장관과 협의하여 정하여 고시한다. <개정 2008.2.29., 2010.3.15., 2010.7.12., 2016.8.2., 2017.6.27.>
1. 사업장 방문과 근무여건 확인
2. 장애인 애로사항 청취 및 상담
3. 한국수어 통역사 등의 배치 등 지원

제20조의2(근로지원인 서비스 제공대상자의 선정 등) ① 법 제19조의2제1항에 따른 서비스(이하 "근로지원인 서비스"라 한다)는 담당업무를 수행하는 능력을 갖추었으나 장애로 인하여 업무를 수행하는 데에 어려움을 겪는 중증장애인 근로자를 대상으로 하며, 다음 각 호의 중증장애인 근로자를 우대하여야 한다.
1. 장애의 정도가 상대적으로 더 심한 중증장애인 근로자
2. 여성 중증장애인 근로자
3. 「중소기업기본법」 제2조제1항에 따른 중소기업에 고용된 중증장애인 근로자
② 근로지원인 서비스를 받으려는 중증장애인 근로자는 고용노동부령으로 정하는 바에 따라 고용노동부장관에게 신청하여야 한다.
③ 고용노동부장관은 제2항에 따른 신청을 받은 경우 해당 중증장애인 근로자의 업무 내용과 업무 능력 등을 평가하여 제공이 필요하다고 인정되는 근로지원인 서비스를 예산의 범위에서 고용노동부장관이 정하는 시간 동안 제공하고, 그 소요 비용의 일부를 중증장애인 근로자에게 부담하게 할 수 있다. <개정 2013.6.17.>
④ 고용노동부장관은 근로지원인 서비스 제공대상자로 선정된 중증장애인 근로자가 다음 각 호의 어느 하나에 해당하는 경우에는 근로지원인 서비스 제공대상자 선정을 취소하고 근로지원인 서비스의 제공을 중단할 수 있다. 다만, 제1호에 해당하는 경우에는 근로지원인 서비스 제공대상자 선정을 취소하고 근로지원인 서비스의 제공을 중단하여야 한다.
1. 거짓이나 그 밖의 부정한 방법으로 근로지원인 서비스 제공대상자로 선정된 경우
2. 제공되는 근로지원인 서비스를 그 제공 용도에 맞지 않게 사용한 경우
3. 중증장애인 근로자가 제3항에 따른 비용 부담을 거부한 경우
4. 근로지원인 서비스를 제공받는 중증장애인 근로자의 이직, 해고, 업무변경 등 사정변경으로 근로지원인 서비스가 필요하지 않게 된 경우

⑤ 이 영에서 규정한 사항 외에 근로지원인 서비스 제공대상자 선정 절차 등 근로지원인 서비스 제공에 필요한 사항은 고용노동부장관이 정한다.
[본조신설 2011.3.15.]

제21조(장애인고용 사업주 등에 대한 지원기준) ①고용노동부장관은 법 제21조제1항 및 법 제22조에 따라 장애인을 고용하거나 고용하려는 사업주 및 장애인표준사업장을 설립·운영하거나 설립·운영하려는 사업주에게 융자·지원 여부 및 금액 등을 결정하는 경우에는 다음 각 호의 사항을 고려하여야 한다. <개정 2010.7.12., 2011.10.26.>
1. 장애인 고용률
2. 장애인 고용가능 여부
3. 융자나 지원신청 내용의 타당성
4. 융자금 상환 능력
5. 삭제 <2011.10.26.>
② 법 제21조제2항에 따라 작업 보조 공학기기 또는 장비 등을 지원받을 수 있는 사업주는 지원 신청 당시 근로자를 고용하고 있지 않거나 4명 이하의 근로자를 고용하고 있는 장애인인 사업주로서 장애인인 근로자를 고용하고 있거나 고용하려는 사업주로 한다. <신설 2011.10.26.>
③ 제1항 및 제2항에서 규정한 사항 외에 장애인 고용 사업주 등에 대한 융자·지원 절차 등에 관하여 필요한 사항은 고용노동부장관이 정한다. <신설 2011.10.26.>

제21조의2(장애인 표준사업장의 지배기준) 법 제22조제3항에서 "대통령령으로 정하는 기준에 따라 실질적으로 지배하고 있는 경우"란 해당 장애인 표준사업장의 발행주식 총수 또는 출자총액의 100분의 50을 초과하여 소유하는 경우를 말한다.
[본조신설 2008.1.3.]

제21조의3 삭제 <2013.6.17.>

제21조의4(장애인 표준사업장 지원기준 공개) 법 제22조의2에 따라 장애인 표준사업장을 지원하려는 사업주는 지원을 하기 전에 지원 대상·방법 등 해당 장애인 표준사업장을 지원하기 위한 합리적인 기준을 신문·방송 등 언론매체나 인터넷 홈페이지 등에 공개하여야 한다.

[본조신설 2013.6.17.]

제21조의5(장애인 표준사업장 생산품 구매계획 등의 제출) ① 법 제22조의3제2항에 따라 「중소기업제품 구매촉진 및 판로지원에 관한 법률」 제2조제2호에 따른 공공기관(이하 이 조에서 "공공기관"이라 한다)의 장은 매년 2월 말일까지 해당 연도의 장애인 표준사업장 생산품 구매계획과 전년도 구매실적을 고용노동부장관에게 제출하여야 한다. <개정 2017.6.27.>
② 고용노동부장관은 법 제22조의3제6항에 따라 공공기관의 장이 제출한 전년도 구매실적과 해당 연도의 구매계획을 종합하여 매년 4월 30일까지 고용노동부의 인터넷 홈페이지에 게시하여야 한다. <신설 2017.6.27.>
③ 제1항에 따른 장애인 표준사업장 생산품 구매계획 및 구매실적의 제출에 필요한 사항은 고용노동부령으로 정한다. <개정 2017.6.27.>
[본조신설 2013.6.17.]

제22조(장애인고용 우수사업주의 선정 및 우대) ① 고용노동부장관은 법 제24조제1항에 따른 장애인고용 우수사업주를 선정할 때에 필요하다고 인정하면 특별시장·광역시장·특별자치시장·도지사 또는 특별자치도지사(이하 "시·도지사"라 한다)에게 추천을 의뢰할 수 있다. <개정 2010.7.12., 2017.10.17.>
② 법 제24조제1항 및 제2항에 따른 우수사업주의 선정과 우대조치의 기준은 고용노동부장관이 사업주의 장애인 고용률과 사업주가 고용하고 있는 장애인 근로자 수 및 사업체의 규모 등을 고려하여 결정·공고한다. 이 경우 중증장애인과 여성장애인에게는 가중치를 부여할 수 있다. <개정 2010.7.12., 2018.5.28.>

제22조의2(장애인 기능경기 대회의 개최) ① 고용노동부장관은 법 제26조의2제1항에 따라 특별한 사정이 있는 경우를 제외하고 매년 전국 단위의 장애인 기능경기 대회(이하 "전국장애인기능경기대회"라 한다)를 개최하여야 한다.
② 시·도지사는 법 제26조의2제1항에 따라 특별한 사정이 있는 경우를 제외하고 매년 특별시·광역시·특별자치시·도 또는 특별자치도(이하 "시·도"라 한다) 단위의 장애

인 기능경기 대회(이하 "지방장애인기능경기대회"라 한다)를 개최하되, 「발달장애인 권리보장 및 지원에 관한 법률」 제2조제1호에 따른 발달장애인을 대상으로 하는 장애인 기능경기 대회(이하 "발달장애인기능경기대회"라 한다)를 별도로 개최할 수 있다.
③ 시·도지사가 특별한 사정이 있어 지방장애인기능경기대회 또는 발달장애인기능경기대회를 개최하지 못하는 경우에는 고용노동부장관이 해당 시·도 단위의 지방장애인기능경기대회 또는 발달장애인기능경기대회를 개최할 수 있다.
④ 고용노동부장관은 장애인 기능경기 대회의 원활한 개최를 위하여 다음 각 호의 사항에 대하여 시·도지사와 미리 협의할 수 있다.
1. 전국장애인기능경기대회의 개최일시 및 개최장소
2. 지방장애인기능경기대회 및 발달장애인기능경기대회의 시·도별 개최 여부 및 개최일시
3. 그 밖의 장애인 기능경기 대회의 효율적인 개최를 위하여 필요한 사항
⑤ 고용노동부장관 또는 시·도지사는 장애인 기능경기 대회를 개최하기 2개월 전까지 개최장소, 개최일시, 경기직종 및 참가자격 등 대회 개최에 필요한 사항을 공고하여야 한다.
⑥ 제1항부터 제5항까지에서 정한 사항 외에 장애인 기능경기 대회의 개최에 필요한 사항은 고용노동부장관 또는 시·도지사가 정하여 고시한다.
[본조신설 2017.10.17.]

제22조의3(대회 참가 자격 및 참가 신청)
① 장애인 기능경기 대회에 참가할 수 있는 사람은 제3조에 따른 장애인으로서 참가하려는 장애인 기능경기 대회 개최일 현재 15세 이상인 사람으로 한다.
② 전국장애인기능경기대회에 참가할 수 있는 사람은 같은 종목의 지방장애인기능경기대회 또는 발달장애인기능경기대회 입상자 중에서 고용노동부장관이 정하여 고시하는 기준에 해당하는 사람으로 한다.
③ 제1항 및 제2항에도 불구하고 다음 각 호의 어느 하나에 해당하는 사람은 장애인 기능경기 대회에 참가할 수 없다.
1. 같은 종목으로 국제장애인기능올림픽대회 또는 전국장애인기능경기대회에 참가하여

입상한 사실이 있는 사람
2. 장애인 기능경기 대회에 참가하여 부정행위를 한 사람으로서 부정행위를 한 대회가 속한 연도의 다음 연도부터 3년이 경과하지 아니한 사람
④ 장애인 기능경기 대회에 참가하려는 사람은 고용노동부령 또는 시·도지사가 정하는 바에 따라 고용노동부장관 또는 시·도지사에게 문서(전자문서를 포함한다. 이하 같다)로 신청하여야 한다.
[본조신설 2017.10.17.]

제22조의4(국제장애인기능올림픽대회 선발기준 등) ① 고용노동부장관은 법 제26조의3제1항에 따라 국제장애인기능올림픽대회에 참가할 선수를 전국장애인기능경기대회 입상자 중에서 고용노동부장관이 개최하는 선발전을 통하여 선발한다. 다만, 경기직종이 신설되거나 그 밖의 사유로 전국장애인기능경기대회 입상자 중에서 선수를 선발하기 어려운 경우에는 고용노동부장관이 정하여 고시하는 기준에 해당하는 사람(제22조의3제3항제2호에 해당하는 사람은 제외한다)을 대상으로 선발전을 개최할 수 있다.
② 제1항에 따른 선발전에 참가하려는 사람은 고용노동부령으로 정하는 바에 따라 고용노동부장관에게 문서로 신청하여야 한다.
③ 제1항 및 제2항에서 정한 사항 외에 국제장애인기능올림픽대회 참가 선수 선발 및 선발전 개최 등에 필요한 사항은 고용노동부장관이 정하여 고시한다.
[본조신설 2017.10.17.]

제22조의5(포상 및 상금) ① 고용노동부장관 또는 시·도지사는 장애인 기능경기 대회에서 우수한 성적을 거둔 사람에게 금상·은상·동상으로 구분하여 시상을 할 수 있다.
② 전국장애인기능경기대회 또는 국제장애인기능올림픽대회에서 입상한 사람에게는 「상훈법」 또는 「정부 표창 규정」에서 정하는 바에 따라 서훈을 하거나 표창을 할 수 있다.
③ 고용노동부장관 또는 시·도지사는 장애인 기능경기 대회 및 국제장애인기능올림픽대회 입상자에게 상금을 지급할 수 있다.
④ 고용노동부장관 또는 시·도지사는 부정행위로 입상한 사람의 입상을 취소할 수 있으며, 부정행위로 입상한 사람이나 거짓 또는 부정한 방법으로 상금을 지급받은 사람

등 고용노동부장관 또는 시·도지사가 정하여 고시하는 요건에 해당하는 사람에 대해서는 상금의 지급을 제한하거나 지급된 상금의 반환을 명할 수 있다.

⑤ 제3항에 따라 지급하는 상금의 종류, 지급대상 및 상금액 등 상금의 지급 기준과 제4항에 따른 입상 취소, 상금의 지급 제한 및 반환명령 등에 관하여 필요한 사항은 고용노동부장관 또는 시·도지사가 정하여 고시한다.
[본조신설 2017.10.17.]

제23조(장애인 공무원 채용계획 등의 제출)
① 법 제27조제6항제1호에서 "대통령령으로 정하는 국가기관의 장"이란 다음 각 호의 국가기관의 장을 말한다.
1. 국회사무총장, 법원행정처장, 헌법재판소사무처장 및 중앙선거관리위원회사무총장
2. 「공무원임용령」 제2조제3호가목에 따른 국가기관의 장
② 법 제27조제6항 각 호의 기관의 장은 전년도 장애인 공무원 채용계획에 대한 실시 상황과 해당 연도 채용계획을 매년 1월 31일까지, 해당 연도 채용계획에 대한 상반기 실시 상황을 해당 연도 7월 31일까지 각각 고용노동부장관에게 제출하여야 한다.
[전문개정 2013.6.17.]
[제목개정 2018.12.31.]

제24조(공사 실적액의 산정 등) ① 법 제28조제1항에 따른 건설업의 공사 실적액은 총 공사 실적액에서 「건설산업기본법」이나 그 밖의 관계 법령에 따라 적법하게 하도급된 부분의 공사 실적액을 뺀 금액으로 한다.
② 법 제28조제1항에 따른 근로자수를 확인하기 곤란한 건설업의 근로자 총수는 다음의 산식에 따라 산출한 수(그 수에서 소수점 이하는 버린다)로 한다. <개정 2010.7.12.>
③ 법 제28조제1항을 적용할 때 상시 고용하는 근로자의 수는 해당 연도의 매월 16일 이상(임금지급의 기초가 되는 날이 16일 이상인 경우를 말한다) 고용한 근로자 수의 합계를 해당 연도의 조업 개월수(조업한 날이 16일 미만인 달은 조업 개월수에서 뺀다)로 나누어 산정한다. 이 경우 「공동주택관리법」에 따른 공동주택을 관리하는 사업에는 각 사업장별로 상시 고용하는 근로자의 수를 산정한다. <개정 2016.8.11.>

제25조(사업주의 의무고용률) 법 제28조제1항에 따른 장애인 고용의무가 있는 사업주의 장애인 상시 근로자 의무고용률은 다음 각 호와 같다. 다만, 사업주가 법 제9조제2항제3호에 따른 장애인 직업재활시설을 직접 설치·운영하는 경우에는 이 시설의 장애인 근로자를 사업주가 고용하여야 하는 장애인 수에 포함한다. <개정 2009.12.31., 2014.12.3.>
1. 2015년 1월 1일부터 2016년 12월 31일까지: 1000분의 27
2. 2017년 1월 1일부터 2018년 12월 31일까지: 1000분의 29
3. 2019년 이후: 1000분의 31

제26조(특정장애인의 고용비율 등) 법 제28조제2항에 따라 특정한 장애인의 능력에 적합하다고 인정되는 직종과 이에 해당하는 특정장애인의 범위 및 고용비율은 별표 1과 같다.

제26조의2(장애인 고용인원 산정의 특례 제외 중증장애인) 법 제28조의3 단서에서 "소정근로시간이 대통령령으로 정하는 시간 미만인 중증장애인"이란 1개월 동안의 소정근로시간이 60시간 미만인 중증장애인을 말한다.
[본조신설 2009.12.31.]

제27조(장애인 고용계획 등의 제출) 고용노동부장관은 법 제29조제1항에 따라 법 제28조제1항에 따른 장애인 고용의무가 있는 사업주에게 전년도 장애인 고용계획에 대한 실시상황과 해당 연도 고용계획은 1월 31일까지, 해당 연도 고용계획에 대한 상반기 실시상황은 7월 31일까지 각각 고용노동부령으로 정하는 바에 따라 제출하게 할 수 있다. <개정 2010.7.12., 2011.10.26.>
[전문개정 2008.1.3.]

제28조(고용장려금의 지급) 법 제30조제1항에 따라 고용장려금을 지급받으려는 사업주는 고용노동부령에 따라 고용노동부장관에게 지급신청을 하여야 한다. <개정 2010.7.12.>

제29조(고용장려금의 지급제한) 법 제30조제4항에 따라 사업주가 고용한 장애인 근로자가 다음 각 호의 어느 하나에 해당하는 법률에 따른 장려금이나 지원금 지급 대상

에 해당하여 이를 지급받으면 그 지급기간에는 이 법에 따른 장려금을 지급하지 아니한다. <개정 2009.12.31.>
1. 「고용보험법」
2. 「산업재해보상보험법」
3. 「사회적기업 육성법」

제30조(부정 수급금이나 그 밖의 징수금의 반환명령 등) ① 법 제31조제1항에 따라 고용장려금의 징수 또는 추가징수를 결정한 경우에는 지체 없이 납부 책임이 있는 자에게 그 금액을 내도록 알려야 한다.
② 제1항에 따라 통지를 받은 자는 통지받은 날부터 30일 이내에 그 금액을 내야 한다.

제31조(고용장려금 부정수급자에 대한 신고 등) ① 법 제32조에 따라 거짓이나 그 밖의 부정한 방법으로 고용장려금을 지급받은 자(이하 "부정수급자"라 한다)를 신고하려는 자는 고용노동부령에 따라 지방고용노동관서나 공단에 신고하여야 한다. <개정 2010.7.12.>
② 법 제32조에 따라 고용장려금 부정수급자에 대한 고발을 접수한 수사기관은 지체 없이 그 사실을 공단에 통보하여야 한다.
③ 법 제32조에 따라 고용장려금 부정수급자를 신고하거나 고발한 자는 같은 조의 규정에 따른 포상금(이하 "포상금"이라 한다)을 지급받으려면 고용노동부령에 따라 고용노동부장관에게 포상금 지급을 신청하여야 한다. <개정 2010.7.12.>

제32조(포상금의 지급기준) 포상금은 고용노동부장관이 다음 각 호의 기준에 따라 지급하며, 1천만원을 지급한도액으로 한다. 이 경우 산정된 포상금의 1천원 단위 미만은 지급하지 아니한다. <개정 2010.7.12.>
1. 거짓이나 그 밖의 부정한 방법으로 지급받은 고용장려금(이하 이 조에서 "부정수급액"이라 한다)이 1억원 이상인 경우 : 600만원+(1억원 초과 부정수급액×3/100)
2. 부정수급액이 2천만원 이상 1억원 미만인 경우 : 200만원+(2천만원 초과 부정수급액×5/100)
3. 부정수급액이 2천만원 미만인 경우 : 부정수급액×10/100

제33조(신고 또는 고발의 기한) 포상금은 부정수급자가 그 고용장려금을 부정수급한 날부터 3년 이내에 신고하거나 고발한 경우에만 지급한다.

제34조(신고 또는 고발의 중복 시 포상금의 지급방법) ① 동일한 고용장려금 부정수급 행위에 대하여 둘 이상의 자가 각각 신고하거나 고발한 경우에는 포상금액을 산정할 때에 하나의 신고 또는 고발로 본다.
② 제1항의 경우 포상금은 부정수급 행위의 적발에 기여한 정도 등을 고려하여 각각의 자에게 적절하게 배분하여 지급하되, 포상금을 지급받을 자가 배분방법에 관하여 미리 합의하여 포상금 지급을 신청한 경우에는 그 합의된 방법에 따라 지급한다.

제35조(포상금의 지급시기) 포상금은 법 제31조제1항에 따라 부정수급자에 대한 부당이득금 징수(추가징수를 포함한다. 이하 이 조에서 같다)의 통지 후 이에 대한 불복제기 기간이 지났거나 불복절차가 끝나고 부당이득금 징수 처분이 확정된 후에 지급한다.

제36조(장애인 고용부담금의 납부 등) ① 법 제33조제1항 및 제5항에 따라 사업주는 다음 각 호의 사항이 포함된 신고서에 해당 연도의 장애인 고용부담금(이하 "부담금"이라 한다)을 고용노동부장관에게 신고·납부하여야 한다. <개정 2009.12.31., 2010.7.12.>
1. 사업주의 성명 및 사업장의 명칭·소재지
2. 해당 연도의 매월(해당 연도 도중에 사업을 개시한 경우에는 사업 개시일이 속하는 달의 다음달 이후의 매월, 해당 연도 도중에 사업을 폐업한 경우에는 폐업일이 속하는 달의 전월까지의 매월을 말한다)별로 16일 이상 고용한 근로자 수 및 16일 이상 고용한 장애인 근로자 수
3. 해당 연도에 해당하는 부담금의 액수 및 월별 명세(낼 부담금이 없는 경우에는 없다는 뜻을 적는다)
4. 그 밖에 고용노동부장관이 정하는 사항
② 제1항에 따른 신고서에는 상시 고용하고 있는 장애인 근로자가 이 영에 따른 장애인의 기준에 맞다는 것을 증명할 수 있는 서류를 첨부하여야 한다.
③ 고용노동부장관은 법 제33조제6항 및 제

7항에 따라 부담금을 징수하는 경우에는 10일 이상의 납부 기한을 주어야 한다. <개정 2010.7.12., 2017.6.27.>

④ 법 제33조제8항에 따라 부담금을 수정신고하고, 그 부담금의 차액을 추가로 납부하려는 사업주는 고용노동부령으로 정하는 바에 따라 수정신고서에 수정신고 사유를 증명할 수 있는 자료를 첨부하여 고용노동부장관에게 제출하여야 한다. <신설 2017.6.27.>

제37조(부담금의 환급) ① 고용노동부장관은 사업주가 납부한 부담금이 실제 납부하여야 할 부담금을 초과한 경우에는 법 제33조제9항에 따라 지체 없이 그 초과된 금액을 부담금환급금으로 결정하여 고용노동부령으로 정하는 바에 따라 해당 사업주에게 알려야 한다.

② 고용노동부장관은 제1항에 따라 부담금환급금을 알려주는 경우에는 부담금환급금에 다음 각 호의 구분에 따른 날의 다음 날부터 반환일까지의 기간에 대하여 「국세기본법 시행령」 제43조의3제2항에 따른 국세환급가산금의 이자율에 따라 계산한 금액을 환급가산금으로 결정하여 함께 알려야 한다.

1. 착오 납부 또는 이중 납부 등으로 납부가 잘못되었음이 확인되어 반환하는 경우: 납부일. 다만, 부담금이 2회 이상 분할납부된 경우에는 다음 각 목의 구분에 따른 납부일로 한다.
   가. 부담금환급금이 최종 분할납부된 금액보다 적거나 같은 경우: 최종 분할납부일
   나. 부담금환급금이 최종 분할납부된 금액보다 많은 경우: 해당 부담금환급금이 가목의 경우에 해당될 때까지 최근 분할납부일의 순서로 소급하여 산정한 각 분할납부일
2. 부담금의 감면결정 등 제1호 외의 사유로 반환하는 경우: 환급 결정일

③ 제1항과 제2항에서 규정한 사항 외에 부담금환급금과 환급가산금의 지급에 필요한 사항은 고용노동부장관이 정하여 고시할 수 있다.
[전문개정 2017.6.27.]

제38조(부담금의 분할 납부) ① 법 제33조제10항에 따른 부담금의 분할 납부는 해당 연도의 부담금이 100만원 이상인 경우로 한정한다. <개정 2017.6.27.>

② 제1항에 따라 부담금을 분할 납부하는 경우에는 그 부담금을 연간 4기로 균등 분할하여 내되, 제1기분은 1월 31일까지, 제2기분은 4월 30일까지, 제3기분은 7월 31일까지, 제4기분은 10월 31일까지 각각 내야 한다. <개정 2011.10.26.>

③ 제1항과 제2항에 따라 부담금을 분할 납부하려는 자는 고용노동부령에서 정하는 부담금 분할 납부신청서를 고용노동부장관에게 제출하여야 한다. <개정 2010.7.12.>

④ 법 제33조제10항 후단에서 "대통령령으로 정하는 금액"이란 부담금액의 100분의 3을 말한다. <개정 2017.6.27.>

제38조의2(신용카드등을 이용한 부담금 등의 납부) ① 법 제33조의2제1항에서 "대통령령으로 정하는 신용카드회사 등"이란 다음 각 호의 기관을 말한다.

1. 「민법」 제32조에 따라 금융위원회의 허가를 받아 설립된 금융결제원
2. 정보통신망을 이용하여 신용카드, 직불카드 등(이하 이 조에서 "신용카드등"이라 한다)에 의한 결제를 수행하는 기관 중 시설, 업무수행능력 및 자본금 규모 등을 고려하여 고용노동부장관이 지정하여 고시하는 기관

② 법 제33조의2제3항에 따른 납부대행 수수료는 고용노동부장관이 제1항 각 호의 기관의 운영경비 등을 종합적으로 고려하여 승인하며, 해당 납부금액의 1천분의 10을 초과할 수 없다.

③ 제1항과 제2항에서 규정한 사항 외에 신용카드등을 이용한 부담금이나 그 밖의 징수금의 납부에 필요한 사항은 고용노동부장관이 정하여 고시할 수 있다.
[본조신설 2017.6.27.]

제39조(부담금 등 과오납금의 충당과 환급) ① 법 제34조에서 "대통령령으로 정하는 순위"란 다음 각 호의 순위를 말한다. 이 경우 같은 순위의 부담금이나 그 밖의 징수금이 둘 이상 있을 때에는 납부 기한이 빠른 것을 우선순위로 한다. <개정 2017.6.27.>

1. 법 제37조에 따른 체납처분비
2. 법 제35조제3항에 따른 연체금
3. 법 제35조제1항에 따른 가산금
4. 법 제33조에 따른 장애인 고용부담금

② 사업주는 부담금이나 그 밖의 징수금을 낼 때에 법 제30조에 따른 고용장려금을 지급받게 되거나 법 제33조제9항에 따라 환급액이 발생하면 법 제34조에 따라 부담금이나 그 밖의 징수금에 충당시켜 줄 것을 고용노동부장관에게 신청할 수 있다. <개정 2010.7.12., 2017.6.27.>

③ 고용노동부장관은 법 제34조에 따라 부담금 등의 과오납금(過誤納金)이나 고용장려금을 부담금이나 그 밖의 징수금에 우선 충당하거나 그 잔액을 반환하려면 사업주에게 알려야 한다. <개정 2010.7.12.>

제40조(연체금의 징수) ① 고용노동부장관은 법 제35조제3항에 따라 부담금 납부 의무자가 납부 기한까지 부담금을 내지 아니하면 체납된 금액의 1천분의 12에 해당하는 연체금을 징수하고, 납부 기한이 지난 후 1개월이 될 때마다 체납된 금액의 1천분의 12에 해당하는 연체금을 추가로 징수한다. <개정 2010.7.12., 2017.6.27.>

② 제1항에 따른 연체금의 부과기간이 36개월을 초과하는 경우에는 36개월을 그 연체금의 부과 기간으로 한다.

제41조(가산금 및 연체금 징수의 예외) ① 법 제35조제4항에 따라 다음 각 호의 어느 하나에 해당하는 경우에는 법 제35조제1항에 따른 가산금을 징수하지 아니한다. <개정 2010.7.12., 2017.6.27.>
1. 가산금이 3천원 미만인 경우
2. 천재지변이나 그 밖에 부득이한 사정이 있다고 고용노동부장관이 인정하는 경우

② 법 제35조제4항에 따라 다음 각 호의 어느 하나에 해당하는 경우에는 법 제35조제3항에 따른 연체금을 징수하지 아니한다. <개정 2008.1.3., 2010.7.12., 2017.6.27.>
1. 연체금이 3천원 미만인 경우
2. 납부 의무자의 주소·거소·영업소 또는 사무소를 알 수 없어 공시송달로 독촉한 경우
3. 「채무자 회생 및 파산에 관한 법률」제140조에 따른 징수의 유예가 있는 경우
4. 천재지변이나 그 밖에 부득이한 사정이 있다고 고용노동부장관이 인정하는 경우

제42조(체납징수금의 징수 우선순위) 법 제37조제3항에 따른 체납처분에 따라 부담금이나 그 밖의 징수금을 징수하는 경우

에 그 징수 순위에 관하여는 제39조제1항을 준용한다.

제43조(공매대행의 의뢰 등) ① 고용노동부장관은 법 제37조제4항에 따라 압류재산의 공매(公賣)를 한국자산관리공사에 대행하게 하려면 다음 각 호의 사항을 적은 공매대행 의뢰서를 한국자산관리공사에 보내야 한다. <개정 2010.7.12.>
1. 체납자의 성명과 주소 또는 거소
2. 공매할 재산의 종류·수량·품질 및 소재지
3. 압류에 관계되는 부담금이나 그 밖의 징수금의 명세와 납부 기한
4. 그 밖에 압류재산의 공매대행에 필요한 사항

② 고용노동부장관은 제1항에 따라 공매대행을 의뢰한 경우에는 그 사실을 다음 각 호의 자에게 알려야 한다. <개정 2010.7.12.>
1. 체납자
2. 담보물 소유자
3. 그 재산상에 전세권·질권·저당권이나 그 밖의 권리를 가진 자
4. 압류재산을 보관하고 있는 자

제44조(압류재산의 인도) ① 고용노동부장관은 제43조제1항에 따라 공매대행을 의뢰할 때 공단이 점유하고 있거나 제3자에게 보관하도록 한 압류재산을 한국자산관리공사에 인도할 수 있다. 다만, 제3자에게 보관하도록 한 재산은 그 제3자가 발행하는 그 재산의 보관증을 인도함으로써 압류재산의 인도를 대신할 수 있다. <개정 2010.7.12.>

② 한국자산관리공사는 제1항에 따라 압류재산을 인수하면 인계·인수서를 작성하여야 한다.

제45조(공매대행의 해제 요구) ① 한국자산관리공사는 공매대행을 의뢰받은 날부터 2년 이내에 공매되지 아니한 재산이 있으면 고용노동부장관에게 해당 재산에 대한 공매대행 의뢰를 해제하도록 요구할 수 있다. <개정 2010.7.12.>

② 고용노동부장관은 제1항의 해제요구를 받으면 특별한 사정이 있는 경우 외에는 그 요구에 따라야 한다. <개정 2010.7.12.>

제46조(공매대행에 관한 세부사항) 법 제37

조제4항에 따라 한국자산관리공사가 대행하는 공매에 필요한 사항으로서 이 영에서 정하지 아니한 것은 고용노동부장관이 한국자산관리공사와 협의하여 정한다. <개정 2010.7.12.>

제47조(부담금이나 그 밖의 징수금의 결손처분) ① 법 제42조제3호에 따라 결손처분(缺損處分)을 할 수 있는 경우는 다음 각 호의 어느 하나에 해당하는 사유가 있을 때로 한다. <개정 2008.1.3.>
1. 체납자의 행방을 알 수 없거나 재산이 없음이 판명되었을 때
2. 체납처분의 목적물인 총재산의 추산액이 체납처분비보다 적어 체납처분 집행을 중지하였을 때
3. 체납처분의 목적물인 총재산이 부담금이나 그 밖의 징수금보다 우선하는 국세·지방세 등의 채권의 변제에 충당하고 나머지가 생길 여지가 없어 체납처분을 중지하였을 때
4. 「채무자 회생 및 파산에 관한 법률」 제251조에 따라 체납회사가 부담금 등의 납부 책임을 면하게 되었을 때
② 고용노동부장관은 제1항제1호에 따라 결손처분을 하려면 세무서나 지방자치단체의 기관에 조회하여 그 체납자의 행방이나 재산의 유무를 조사·확인하여야 한다. 다만 체납액이 10만원 미만인 경우에는 그러하지 아니하다. <개정 2010.7.12.>
③ 고용노동부장관은 제1항에 따라 결손처분을 한 후 압류할 수 있는 다른 재산을 발견한 때에는 지체 없이 그 처분을 취소하고 다시 체납처분을 하여야 한다. <신설 2008.1.3., 2010.7.12.>

제48조(분사무소의 설치승인) 공단은 법 제45조제2항에 따라 분사무소의 설치승인을 받으려면 분사무소에 관한 다음 각 호의 사항을 적은 분사무소 설치승인 신청서를 고용노동부장관에게 제출하여야 한다. <개정 2010.7.12.>
1. 명칭
2. 소재지
3. 설치 이유
4. 설치 예정 연월일
5. 조직 및 정원
6. 업무 내용

제49조(설립등기) 법 제46조에 따른 공단의 설립등기 사항은 다음 각 호와 같다.
1. 목적
2. 명칭
3. 주된 사무소·분사무소의 소재지
4. 법 제55조에 따른 산하기관의 소재지
5. 임원의 성명 및 주소
6. 자산의 총액
7. 공고의 방법

제50조(분사무소의 설치등기) ① 공단이 법 제45조제2항에 따라 분사무소(법 제55조에 따른 산하기관을 포함한다. 이하 같다)를 설치한 경우에는 다음 각 호의 구분에 따라 등기하여야 한다.
1. 주된 사무소의 소재지 : 3주 이내에 새로 설치된 분사무소의 명칭과 소재지. 다만, 공단의 설립과 동시에 분사무소를 설치한 경우의 분사무소 설치등기는 공단의 설립등기와 함께 한다.
2. 새로 설치된 분사무소의 소재지 : 3주 이내에 제49조 각 호의 사항
3. 이미 설치된 분사무소의 소재지 : 3주 이내에 새로 설치된 분사무소의 명칭과 소재지
② 주된 사무소 또는 분사무소의 소재지를 관할하는 등기소의 관할 구역에 새로 분사무소를 설치한 경우에는 3주 이내에 그 분사무소의 명칭과 소재지만 등기한다.

제51조(이전등기) ① 공단은 그 주된 사무소 또는 분사무소를 다른 등기소의 관할 구역으로 이전한 경우에는 구 소재지에서는 2주 이내에 신 소재지와 이전 연월일을 등기하여야 하며, 신 소재지에서는 3주 이내에 제49조 각 호의 사항을 등기하여야 한다.
② 같은 등기소의 관할구역에서 주된 사무소 또는 분사무소를 이전한 경우에는 3주 이내에 신 소재지와 이전 연월일을 등기하여야 한다.

제52조(변경등기) 공단은 제49조 각 호의 사항 중 변경이 있는 경우에는 그 주된 사무소의 소재지에서는 2주 이내에, 분사무소의 소재지에서는 3주 이내에 각각 그 변경된 사항을 등기하여야 한다.

제53조(등기신청 시의 첨부서류) 이 영에 따라 등기를 신청하려면 다음 각 호의 구분

에 따른 서류를 첨부하여야 한다. <개정 2010.7.12.>

1. 제49조에 따른 설립등기 : 공단의 정관
2. 제50조에 따른 분사무소의 설치등기 : 고용노동부장관의 분사무소 설치승인서
3. 제51조에 따른 사무소의 이전등기 : 주된 사무소 또는 분사무소의 이전을 증명하는 서류
4. 제52조에 따른 변경등기 : 그 변경사항을 증명하는 서류

제54조(등기기간의 기산) 이 영에 따른 등기사항으로서 고용노동부장관의 인가 또는 승인을 받아야 할 사항이 있으면 그 인가서 또는 승인서가 도달된 날부터 등기의 기간을 기산한다. <개정 2010.7.12.>

제55조(임원) ① 공단의 당연직 비상임이사는 기획재정부·보건복지부 및 고용노동부의 3급공무원(이에 상당하는 별정직공무원 또는 임기제공무원을 포함한다) 또는 고위공무원단에 속하는 공무원으로서 장애인 관련 업무와 관계되는 자 중에서 해당 기관의 장이 지명하는 자로 한다. <개정 2008.2.29., 2009.12.31., 2010.3.15., 2010.7.12., 2013.11.20.>
② 공단의 당연직 비상임이사를 제외한 비상임이사는 장애인에 관하여 학식과 경험이 풍부한 자로 한다. <개정 2009.12.31.>

제56조(자문위원회 및 후원회) ① 공단은 장애인 고용촉진과 직업재활에 관한 주요사업의 수행에 관하여 자문을 하기 위하여 자문위원회를 둘 수 있다.
② 공단의 사업을 효율적으로 추진하고 관계 기관과의 협조를 원활히 하기 위하여 공단에 후원회를 둘 수 있다.
③ 제1항과 제2항에 따른 자문위원회 또는 후원회의 구성·운영 등에 필요한 사항은 공단의 정관으로 정한다.

제57조(중요한 재산의 처분 등) 공단은 다음 각 호의 재산을 양도·양수·대여 또는 교환하거나 담보로 제공하려면 미리 고용노동부장관의 승인을 받아야 한다. <개정 2010.7.12.>

1. 공단의 토지·임야 및 건물
2. 교육시설, 진단 및 검사용 장비, 그 밖에 이와 관련한 주요장비

3. 그 밖에 공단의 재산 증감에 중요한 사유가 되는 재산

제58조(자금 차입의 승인신청) 공단은 법 제57조에 따라 자금의 차입승인을 받으려면 다음 각 호의 사항을 적은 승인신청서를 고용노동부장관에게 제출하여야 한다. <개정 2010.7.12.>

1. 차입의 사유
2. 차입처
3. 차입 금액
4. 차입의 조건
5. 차입금의 상환 방법 및 상환 기간
6. 그 밖에 자금의 차입과 그 상환에 필요한 사항

제59조 삭제 <2009.12.31.>
제60조 삭제 <2009.12.31.>

제61조(세입·세출결산서의 제출) 공단은 법 제61조에 따라 사업연도마다 세입·세출결산서를 고용노동부장관에게 제출하는 경우에는 다음 각 호의 서류를 첨부하여야 한다. <개정 2010.7.12.>

1. 해당 연도의 사업계획서 및 자금수지계획과 그 집행실적과의 대비표
2. 해당 연도의 손익계산서 및 대차대조표
3. 고용노동부장관이 지정하는 공인회계사 및 공단 감사의 의견서
4. 그 밖에 결산서의 내용을 확인할 수 있는 참고 서류

제62조(관리기구의 설립허가 신청) 공단은 법 제64조제2항에 따라 고용노동부장관의 허가를 받아 관리기구를 설립하려면 다음 각 호의 사항을 적은 허가신청서를 고용노동부장관에게 제출하여야 한다. <개정 2010.7.12.>

1. 관리기구 설립의 필요성
2. 사업의 개요
3. 그 밖에 관리기구의 설립에 필요한 사항

제63조(내부규정의 승인) 공단은 다음 각 호의 사항에 관한 내부규정을 제정하거나 개정하려면 고용노동부장관의 승인을 받아야 한다. <개정 2010.7.12.>

1. 공단의 조직과 정원에 관한 사항
2. 회계·재산 및 물품관리에 관한 사항
3. 임직원의 보수 및 복무에 관한 사항
4. 제82조제2항에 따라 공단에 위탁된 사

업에 관한 사항
5. 그 밖에 공단 운영에 관한 중요한 사항

제64조(업무의 감독) 법 제65조에 따라 공단의 장부·서류나 그 밖의 물건을 검사하는 공무원은 그 권한을 표시하는 증표를 지니고 관계인에게 내보여야 한다.

제65조(정부의 출연금) ① 법 제69조제1항제1호 및 법 제71조제1호에 따라 정부가 법 제68조에 따른 장애인고용촉진 및 직업재활기금(이하 "기금"이라 한다)에 출연하거나 기금에서 공단의 사업 수행에 필요한 경비를 지급하려면 고용노동부장관이 이를 예산 또는 제70조에 따른 기금 운용계획에 반영하여 출연하거나 지급하여야 한다. <개정 2009.12.31., 2010.7.12.>
② 고용노동부장관은 제1항에 따른 예산 또는 기금 운용계획이 확정되면 공단에 알려야 한다. <개정 2010.7.12.>
③ 공단이 사업 수행에 필요한 경비를 지급받으려면 사업수행경비 지급신청서에 분기별 사업계획서와 분기별 예산집행계획서를 첨부하여 고용노동부장관에게 제출하여야 한다. <개정 2010.7.12.>
④ 제3항에 따른 신청서를 받은 고용노동부장관은 분기별 사업계획서와 분기별 예산집행계획이 타당하다고 인정하면 이에 따라 사업 수행 경비를 지급하여야 한다. <개정 2010.7.12.>

제66조(정부 외의 자로부터의 출연금 등) 고용노동부장관은 법 제69조제1항제1호에 따른 정부 외의 자가 출연이나 기부를 하려는 경우 그 자와 출연방법이나 기부방법 등을 협의하여 정할 수 있다. <개정 2010.7.12.>

제67조(기금의 용도) 법 제71조제14호에 따라 기금에서 비용이나 경비를 지급할 수 있는 범위는 다음 각 호와 같다.
1. 제18조에 따른 지원고용 사업
2. 기금의 관리·운영
3. 법 제82조에 따라 시·도지사에게 위임하거나 공단에 위탁하는 사업

제68조(기금 지급의 위탁) 고용노동부장관은 기금의 융자·지원 또는 보조금 지급에 관한 업무를 「은행법」 및 그 밖의 관계 법령에 따른 금융기관이나 체신관서에 위탁하

여 행할 수 있다. <개정 2010.7.12.>

제69조(기금의 운용·관리) ① 기금은 기업회계의 원칙에 따라 계산한다.
② 기금을 결산하고 남은 금액은 기금 적립금으로 적립할 수 있다.
③ 기금의 적립금과 지출하고 남은 금액의 운용에 필요한 사항은 고용노동부장관이 정한다. <개정 2010.7.12.>
④ 법 제72조제3항 본문에서 "대통령령으로 정하는 수준"이란 「은행법」에 따른 인가를 받은 은행 중 전국을 영업구역으로 하는 은행의 1년 만기 정기예금이자율을 고려하여 고용노동부장관이 정하는 수익률을 말한다. <개정 2010.7.12., 2010.11.15.>
⑤ 법 제72조제3항제3호에서 "대통령령으로 정하는 자"란 국가나 지방자치단체를 말한다.
⑥ 법 제72조제3항제5호에서 "대통령령으로 정하는 방법"이란 「자본시장과 금융투자업에 관한 법률」 제4조제5항에 따른 수익증권의 매입을 말한다. <신설 2017.6.27.>

제70조(기금 운용계획) ① 고용노동부장관은 다음 각 호의 사항이 포함된 기금 운용계획을 수립하여야 한다. <개정 2010.7.12.>
1. 기금의 수입 및 지출에 관한 사항
2. 해당 연도의 사업계획, 지출원인행위계획 및 자금계획에 관한 사항
3. 전년도 이월 자금의 처리에 관한 사항
4. 적립금에 관한 사항
5. 그 밖에 기금 운용에 필요한 사항
② 제1항에 따른 기금 운용계획을 작성할 때 분기별 지출원인행위계획 및 월별 자금계획을 기획재정부장관과 협의하여야 한다. 그 계획을 수정하려는 경우에도 또한 같다. <개정 2008.2.29.>

제71조(기금관리 보조요원) 고용노동부장관은 기금을 효율적으로 관리하기 위하여 필요하다고 인정하면 법 제73조에 따른 기금의 회계기관을 보조하는 기금관리 보조요원을 둘 수 있다. <개정 2010.7.12.>

제72조(기금계정) 고용노동부장관은 기금의 수입과 지출을 명확하게 하기 위하여 이를 각각 구분하여 한국은행에 장애인 고용촉진 및 직업재활 기금계정(이하 "기금계정"이라 한다)을 설치하여야 한다. <개정 2010.7.12.>

제73조(기금수입금의 수납절차) ① 기금수입 징수관이 기금의 수입금을 징수하려면 납부의무자에게 기금계정에 내도록 고지하여야 한다.

② 한국은행은 기금의 수입금을 수납하면 납입자에게 영수증을 발급하고, 기금수입징수관에게 지체 없이 수납통지서를 보내야 한다.

③ 한국은행은 제2항에 따라 수납한 기금의 수입금을 국고금 취급절차에 따라 한국은행의 주된 사무소에 설치되어 있는 기금계정에 집중시켜야 한다.

제74조(기금의 지출절차) ① 기금재무관이 지출원인행위를 하면 그 지출원인행위에 관한 서류를 기금지출관에게 보내야 한다.

② 기금재무관이 지출원인행위를 한 후 불가피한 사유로 해당 회계연도에 지출하지 못한 금액이 있으면 다음 회계연도에 이월하여 지출할 수 있다.

제75조(기금의 지출원인행위 한도액 배정) ① 고용노동부장관은 제70조에 따른 분기별 지출원인행위계획의 범위에서 각 기금재무관에게 분기별 지출원인행위 한도액을 배정하여야 한다. <개정 2010.7.12.>

② 고용노동부장관은 제1항에 따라 분기별 지출원인행위 한도액을 배정하면 해당 기금지출관과 기획재정부장관에게 각각 알려야 한다. <개정 2008.2.29., 2010.7.12.>

③ 기금재무관은 제1항에 따라 배정된 한도액을 초과하여 지출원인행위를 할 수 없다.

제76조(기금지출 한도액의 배정) ① 고용노동부장관은 제70조에 따른 월별 자금계획의 범위에서 각 기금지출관에게 월별 지출한도액을 배정하여야 한다. <개정 2010.7.12.>

② 고용노동부장관은 제1항에 따라 월별 지출 한도액을 배정하면 한국은행총재에게 알려야 한다. <개정 2010.7.12.>

제77조(기금 운용상황의 보고) 고용노동부장관은 기금 운영관리에 관한 보고사항을 정할 수 있다. <개정 2010.7.12.>

제78조(기금 결산보고) 고용노동부장관은 매년 기금 결산에 관한 다음 각 호의 서류를 첨부한 기금 결산보고서를 작성하여 기금의 회계연도가 끝난 후 60일까지 기획재정부장관에게 제출하여야 한다. <개정 2008.2.29.,

2010.7.12.>

1. 기금의 기본 현황
2. 결산의 개요
3. 기금 운용계획과 실적의 대비표
4. 수입 및 지출계산서
5. 차입금 상황 조서(調書)
6. 재산 현황표
7. 연도별 기금조성 재원 현황표

제79조(다른 법령의 준용) 기금의 운용·관리에 관하여 법 및 이 영에 규정되지 아니한 사항에 관하여는 예산회계 관계 법령을 준용한다.

제79조의2(장애인지원관의 지정 및 업무) ① 법 제74조의2제1항에 따른 장애인지원관은 제2항 각 호와 관련된 업무를 담당하는 부서의 장 중에서 법 제27조제6항 각 호에 따른 기관의 장이 지정한다.

② 제1항에 따라 지정된 장애인지원관은 다음 각 호의 업무를 수행한다. <개정 2018.5.28.>

1. 장애인 공무원과 장애인 근로자를 위한 지원 서비스 제공의 협의 및 조정
2. 장애인 공무원과 장애인 근로자를 위한 안정적인 근무여건의 조성 및 개선
3. 장애인 공무원과 장애인 근로자를 위한 직무 적응 지원
4. 법 제5조의2 및 「장애인복지법」제25조에 따른 장애인에 대한 인식개선을 위한 교육의 실시
5. 그 밖에 장애인의 권익증진을 위한 사항으로서 고용노동부장관이 정하는 업무

[본조신설 2017.6.27.]

제80조(장애인직업생활상담원의 선임) ① 법 제75조제2항에 따라 장애인 직업생활상담원(이하 "상담원"이라 한다)을 두어야 하는 사업주는 상시 20명 이상의 장애인 근로자를 고용하는 사업주로 한다. 다만, 상시 20명 미만의 장애인 근로자를 고용하는 사업주의 경우에는 장애 유형에 따른 특성을 고려하여 고용노동부령으로 정하는 바에 따라 상담원을 두게 할 수 있다. <개정 2010.7.12., 2014.12.3.>

② 상담원을 두어야 하는 사업주는 그 사유가 발생한 날부터 90일 이내에 상담원을 선임하여야 한다.

제81조(경비의 보조) 국가와 지방자치단체는 법 제78조에 따라 다음 각 호의 어느 하나에 해당하는 사업을 수행하는 사업주·재활실시기관, 그 밖에 장애인 고용촉진 업무를 수행하는 장애인복지시설 관련 단체 등에 대하여 그 비용의 전부 또는 일부를 예산의 범위에서 지원할 수 있다.

1. 장애인의 고용촉진 및 직업재활 사업
2. 장애인의 고용촉진을 위한 조사, 연구, 홍보사업 및 각종 대회 개최
3. 그 밖에 국가기관이나 지방자치단체의 장이 장애인 고용촉진과 직업재활에 필요하다고 인정하는 사업

제81조의2(자료 제공의 요청 등) 법 제81조 제1항 및 제2항에서 "대통령령으로 정하는 관련 전산망 또는 자료"란 다음 각 호의 전산망 또는 자료를 말한다.

1. 원천징수이행상황신고서, 소득자별 근로소득원천징수부, 일용근로소득 지급명세서 등 「소득세법」제20조에 따른 근로소득에 관한 전산망 또는 자료
2. 토지 및 건물 등기부 등본, 농지원부 등본, 자동차 및 건설기계 등록원부 등본, 선박원부 등본 등 재산에 관한 전산망 또는 자료
3. 「국민건강보험법」 및 「국민연금법」에 따른 보험료 징수 및 체납 등에 관한 전산망 또는 자료
4. 장애인등록 및 장애등급, 출입국, 주민등록, 법인등록 및 가족관계증명 등에 관한 전산망 또는 자료

[본조신설 2013.6.17.]

제82조(권한의 위임·위탁) ① 고용노동부장관은 법 제82조에 따라 다음 각 호의 사항에 관한 권한을 지방고용노동관서의 장에게 위임한다. <개정 2010.7.12., 2012.12.28., 2014.12.3., 2018.5.28.>

1. 법 제29조에 따른 장애인 고용계획 및 고용 실시 상황 기록의 제출명령, 장애인 고용계획의 변경명령 및 장애인 고용에 관한 의무 불이행 내용의 공표(제2항제17호에 관한 사항은 제외한다)
2. 법 제76조에 따른 보고 및 검사(위임받은 사무처리를 위하여 필요한 경우로 한정한다)
3. 법 제86조에 따른 과태료의 부과·징수에 관한 사항

4. 제3항에 따른 징수금의 체납처분 및 결손처분에 대한 승인

② 고용노동부장관은 법 제82조에 따라 다음 각 호의 사항에 관한 권한을 공단에 위탁한다. <개정 2010.7.12., 2011.3.15., 2012.12.28., 2013.6.17., 2014.12.3., 2017.10.17., 2018.5.28., 2018.12.31.>

1. 법 제5조의2에 따른 장애인 인식개선 교육실시 결과에 대한 점검 및 교육교재 등의 개발·보급
2. 법 제5조의3제1항, 제4항에 따른 장애인 인식개선 교육기관의 지정 및 지정취소에 필요한 업무
3. 법 제10조에 따른 직업지도
4. 법 제11조에 따른 직업적응훈련
5. 법 제12조에 따른 직업능력개발훈련
6. 법 제13조에 따른 지원고용
7. 법 제15조에 따른 취업알선(제19조제1항에 따른 중증장애인 취업지원은 제외한다)
8. 법 제16조에 따른 취업알선전산망 구축 등
9. 법 제17조에 따른 자영업 장애인의 지원
10. 법 제18조에 따른 장애인 근로자의 지원
11. 법 제19조에 따른 취업 후 적응지도
12. 법 제19조의2에 따른 근로지원인 서비스의 제공과 관련된 업무
13. 법 제20조에 따른 사업주에 대한 고용 지도
14. 법 제21조에 따른 장애인 고용 사업주에 대한 융자 또는 지원
15. 법 제22조에 따른 장애인 표준사업장에 대한 융자 또는 지원
16. 법 제22조의3제2항에 따른 장애인 표준사업장 생산품 구매계획과 전년도 구매실적의 접수
17. 법 제22조의4에 따른 장애인 표준사업장의 인증·인증취소 및 공고
18. 법 제23조에 따른 부당 융자 또는 지원의 취소, 부당 융자금 또는 지원금의 징수, 시정요구 및 융자 또는 지원 제한
19. 법 제24조에 따른 장애인 고용 우수 사업주의 선정 및 우대조치
20. 법 제25조에 따른 사업주에 대한 장애인에 관한 자료 제공
21. 법 제26조에 따른 장애인의 고용현황에 관한 실태 조사
22. 법 제26조의2제1항에 따른 장애인

기능경기 대회(고용노동부장관이 개최하는 대회만 해당한다)의 개최
23. 법 제26조의2제2항에 따른 비용 지원
24. 법 제26조의3에 따른 국제장애인기능올림픽대회 개최 및 선수단 파견
24의2. 법 제27조제6항 및 제7항에 따라 같은 조 제6항 각 호의 기관의 장이 제출하는 장애인 공무원 채용계획, 그 실시 상황 및 채용변경계획의 접수
25. 법 제29조제1항 및 제2항에 따라 사업주가 제출하는 장애인 고용계획, 고용 실시 상황 기록 및 고용변경계획의 접수
26. 법 제30조에 따른 장애인 고용장려금의 지급
27. 법 제31조에 따른 부당이득금의 징수 및 지급 제한
28. 법 제33조에 따른 부담금의 징수·감면, 고용장려금의 추가지급, 부담금의 추징·환급 및 분할 납부
29. 법 제34조에 따른 부담금 등 과오납금의 충당 및 환급
30. 법 제35조에 따른 가산금 및 연체금의 징수
31. 법 제36조에 따른 부담금의 징수·추징 및 환급 통지
32. 법 제37조에 따른 징수금의 독촉·체납처분 및 공매대행의 의뢰
33. 법 제42조에 따른 징수금의 결손처분
34. 법 제71조제3호부터 제10호까지, 제12호 및 제14호에 따른 기금의 융자·지원·출자 및 보조
35. 법 제75조에 따른 장애인 직업생활 상담원 등 전문요원에 관한 사항
36. 법 제76조에 따른 보고 및 검사 등(위탁된 사무처리를 위하여 필요한 경우로 한정한다)
37. 제22조의2제4항에 따른 협의
38. 제22조의5에 따른 시상, 상금 지급 및 상금 지급 제한(고용노동부장관이 개최하는 대회와 관련된 경우만 해당한다)
39. 제31조제3항에 따른 포상금 지급신청의 접수
40. 제32조에 따른 포상금의 지급
③ 공단이 다음 각 호의 행위를 하려면 고용노동부장관의 승인을 받아야 한다. <개정 2010.7.12., 2013.6.17., 2018.5.28.>
1. 제2항제17호에 따른 장애인 표준사업장의 인증취소

2. 제2항제18호에 따른 부당 융자 또는 지원의 취소 및 융자 또는 지원 제한
3. 제2항제32호에 따른 징수금의 체납처분
4. 제2항제33호에 따른 징수금의 결손처분
④ 고용노동부장관은 법 제82조에 따라 다음 각 호의 사항에 관한 권한을 시·도지사에게 위임한다. <신설 2018.5.28.>
1. 법 제15조제2항 및 이 영 제19조제1항에 따른 중증장애인 취업지원
2. 법 제76조에 따른 보고 및 검사 등(위임받은 사무처리를 위하여 필요한 경우로 한정한다)

제82조의2(민감정보 및 고유식별정보의 처리)

고용노동부장관(제82조에 따라 권한을 위임·위탁받은 자를 포함한다), 보건복지부장관, 시·도지사 또는 공단은 다음 각 호의 사무를 수행하기 위하여 불가피한 경우 「개인정보 보호법」 제23조에 따른 건강에 관한 정보와 같은 법 시행령 제18조제2호에 따른 범죄경력자료에 해당하는 정보, 같은 영 제19조제1호 또는 제4호에 따른 주민등록번호 또는 외국인등록번호가 포함된 자료를 처리할 수 있다. <개정 2013.6.17., 2017.10.17., 2018.5.28., 2018.12.31.>
1. 법 제5조의2제3항에 따른 장애인 인식개선 교육실시 결과 점검에 관한 사무
2. 법 제5조의3제1항, 제4항 및 제5항에 따른 장애인 인식개선 교육기관 지정, 지정 취소 및 청문에 관한 사무
3. 법 제10조에 따른 직업지도에 관한 사무
4. 법 제11조에 따른 직업적응훈련에 관한 사무
5. 법 제12조에 따른 직업능력개발훈련에 관한 사무
6. 법 제13조에 따른 지원고용에 관한 사무
7. 법 제15조에 따른 취업알선 등에 관한 사무
8. 법 제16조에 따른 취업알선기관 간의 연계 등에 관한 사무
9. 법 제19조에 따른 취업 후 적응지도에 관한 사무
10. 법 제19조의2에 따른 근로지원인 서비스의 제공에 관한 사무
11. 법 제21조에 따른 장애인 고용 사업주에 대한 지원에 관한 사무
12. 법 제22조에 따른 장애인 표준사업장에 대한 융자 및 지원에 관한 사무
13. 법 제22조의4에 따른 장애인 표준사

업장의 인증 및 인증취소에 관한 사무
14. 법 제23조에 따른 부당 융자 또는 지
    원의 취소, 부당 융자금 또는 지원금
    의 징수, 시정요구 및 융자 또는 지원
    제한에 관한 사무
15. 법 제26조의2제1항에 따른 장애인
    기능경기 대회에 관한 사무
16. 법 제26조의3에 따른 국제장애인기능
    올림픽대회에 관한 사무
16의2. 법 제27조에 따른 장애인 공무원
    채용계획 및 그 실시 상황에 관한 사무
17. 법 제29조에 따른 장애인 고용 계획
    및 실시 상황 보고에 관한 사무
18. 법 제30조에 따른 장애인 고용장려금
    의 지급에 관한 사무
19. 법 제32조에 따른 장애인 고용장려금
    부정수급의 신고 및 포상금 지급에
    관한 사무
20. 법 제33조에 따른 장애인 고용부담금
    신고와 납부 등에 관한 사무
21. 법 제34조에 따른 과오납금의 충당과
    환급에 관한 사무
22. 법 제43조제2항제8호에 따른 취업알
    선전산망 구축·관리, 홍보·교육 및
    장애인 기능경기 대회 등 관련 사업
    에 관한 사무
23. 법 제51조에 따른 임원의 결격사유
    확인에 관한 사무
24. 법 제75조에 따른 장애인 직업생활
    상담원 양성 등에 관한 사무
[본조신설 2012.1.6.]

제82조의3(규제의 재검토) 고용노동부장관
은 다음 각 호의 사항에 대하여 다음 각
호의 기준일을 기준으로 3년마다(매 3년
이 되는 해의 기준일과 같은 날 전까지를
말한다) 그 타당성을 검토하여 개선 등의
조치를 하여야 한다.
1. 제80조에 따른 장애인직업생활상담원
   의 선임에 관한 사항: 2014년 1월 1일
2. 제83조 및 별표 2에 따른 과태료의 부
   과기준: 2014년 1월 1일
[본조신설 2013.12.30.]

제83조(과태료의 부과기준) 법 제86조제1항
부터 제4항까지의 규정에 따른 과태료의
부과기준은 별표 2와 같다. <개정 2018.
5.28.>
[전문개정 2009.12.31.]

부칙

<대통령령 제29456호, 2018.12.31.>

이 영은 2019년 1월 1일부터 시행한다.

직업안정법

[시행 2018.10.18.]
[법률 제15589호, 2018.4.17., 일부개정]

제1장 총칙
<개정 2009.10.9.>

제1조(목적) 이 법은 모든 근로자가 각자의 능력을 계발·발휘할 수 있는 직업에 취업할 기회를 제공하고, 정부와 민간부문이 협력하여 각 산업에서 필요한 노동력이 원활하게 수급되도록 지원함으로써 근로자의 직업안정을 도모하고 국민경제의 균형있는 발전에 이바지함을 목적으로 한다.
[전문개정 2009.10.9.]

제2조(균등처우) 누구든지 성별, 연령, 종교, 신체적 조건, 사회적 신분 또는 혼인 여부 등을 이유로 직업소개 또는 직업지도를 받거나 고용관계를 결정할 때 차별대우를 받지 아니한다.
[전문개정 2009.10.9.]

제2조의2(정의) 이 법에서 사용하는 용어의 뜻은 다음 각 호와 같다. <개정 2010.6.4.>
1. "직업안정기관"이란 직업소개, 직업지도 등 직업안정업무를 수행하는 지방고용노동행정기관을 말한다.
2. "직업소개"란 구인 또는 구직의 신청을 받아 구직자 또는 구인자(求人者)를 탐색하거나 구직자를 모집하여 구인자와 구직자 간에 고용계약이 성립되도록 알선하는 것을 말한다.
3. "직업지도"란 취업하려는 사람이 그 능력과 소질에 알맞은 직업을 쉽게 선택할 수 있도록 하기 위한 직업적성검사, 직업정보의 제공, 직업상담, 실습, 권유 또는 조언, 그 밖에 직업에 관한 지도를 말한다.
4. "무료직업소개사업"이란 수수료, 회비 또는 그 밖의 어떠한 금품도 받지 아니하고 하는 직업소개사업을 말한다.
5. "유료직업소개사업"이란 무료직업소개사업이 아닌 직업소개사업을 말한다.
6. "모집"이란 근로자를 고용하려는 자가 취업하려는 사람에게 피고용인이 되도록 권유하거나 다른 사람으로 하여금 권유하게 하는 것을 말한다.
7. "근로자공급사업"이란 공급계약에 따라 근로자를 타인에게 사용하게 하는 사업을 말한다. 다만, 「파견근로자보호 등에 관한 법률」 제2조제2호에 따른 근로자 파견사업은 제외한다.
8. "직업정보제공사업"이란 신문, 잡지, 그 밖의 간행물 또는 유선·무선방송이나 컴퓨터통신 등으로 구인·구직 정보 등 직업정보를 제공하는 사업을 말한다.
9. "고용서비스"란 구인자 또는 구직자에 대한 고용정보의 제공, 직업소개, 직업지도 또는 직업능력개발 등 고용을 지원하는 서비스를 말한다.
[전문개정 2009.10.9.]
[제4조에서 이동 <2009.10.9.>]

제3조(정부의 업무) ① 정부는 이 법의 목적을 달성하기 위하여 다음 각 호의 업무를 수행한다.
1. 노동력의 수요와 공급을 적절히 조절하는 업무
2. 구인자, 구직자에게 국내외의 직업을 소개하는 업무
3. 구직자에 대한 직업지도 업무
4. 고용정보를 수집·정리 또는 제공하는 업무
5. 구직자에 대한 직업훈련 또는 재취업을 지원하는 업무
6. 직업소개사업, 직업정보제공사업, 근로자 모집 또는 근로자공급사업의 지도·감독에 관한 업무
7. 노동시장에서 취업이 특히 곤란한 사람에 대한 고용을 촉진하는 업무
8. 직업안정기관, 지방자치단체 및 민간 고용서비스 제공기관과의 업무 연계·협력과 고용서비스 시장의 육성에 관한 업무
② 정부는 제1항제2호부터 제5호까지 및 제7호의 업무에 관한 사업을 다음 각 호의 자와 공동으로 하거나 다음 각 호의 자에게 위탁할 수 있다.
1. 제18조에 따라 무료직업소개사업을 하는 자
2. 제19조에 따라 유료직업소개사업을 하는 자
3. 제23조에 따라 직업정보제공사업을 하는 자
4. 그 밖에 제1항제2호부터 제5호까지 및

제7호의 업무와 관련된 전문기관으로서 대통령령으로 정하는 기관

③ 제2항에 따른 사업에 드는 비용은 대통령령으로 정하는 지원대상 및 지원방법에 따라 일반회계 또는 「고용보험법」에 따른 고용보험기금에서 지원할 수 있다.

[전문개정 2009.10.9.]

제4조[종전 제4조는 제2조의2로 이동 〈2009.10.9.〉]

제4조의2(지방자치단체의 국내 직업소개 업무 등)
① 지방자치단체의 장은 필요한 경우 구인자·구직자에 대한 국내 직업소개, 직업지도, 직업정보제공 업무를 할 수 있다.

② 지방자치단체의 장은 제1항에 따른 업무를 수행하는 데에 필요한 전문인력을 둘 수 있다.

③ 고용노동부장관은 제3조에 따른 업무를 원활하게 수행하기 위하여 필요하다고 인정하면 지방자치단체의 장과 공동으로 구인자·구직자에 대한 국내 직업소개, 직업지도, 직업정보제공 업무를 할 수 있다. 〈개정 2010.6.4.〉

④ 지방자치단체의 장이 제1항에 따라 구인자·구직자에 대한 국내 직업소개 업무 등을 수행하는 경우에 관하여는 제2장(제5조 및 제7조는 제외한다)을 준용한다.

[전문개정 2009.10.9.]

제4조의3 삭제 〈2007.1.19.〉

제4조의4(민간직업상담원)
① 고용노동부장관은 직업안정기관에 직업소개, 직업지도 및 고용정보 제공 등의 업무를 담당하는 공무원이 아닌 직업상담원(이하 "민간직업상담원"이라 한다)을 배치할 수 있다. 〈개정 2010.6.4.〉

② 민간직업상담원의 배치기준과 그 밖에 필요한 사항은 고용노동부령으로 정한다. 〈개정 2010.6.4.〉

[전문개정 2009.10.9.]

제4조의5(고용서비스 우수기관 인증)
① 고용노동부장관은 제3조제2항 각 호의 어느 하나에 해당하는 자로서 구인자·구직자가 편리하게 이용할 수 있는 시설과 장비를 갖추고 직업소개 또는 취업정보 제공 등의 방법으로 구인자·구직자에 대한 고용서비스 향상에 기여하는 기관을 고용서비스 우수기관으로 인증할 수 있다. 〈개정 2010.6.4.〉

② 고용노동부장관은 제1항에 따른 고용서비스 우수기관 인증업무를 대통령령으로 정하는 전문기관에 위탁할 수 있다. 〈개정 2010.6.4.〉

③ 고용노동부장관은 제1항에 따라 고용서비스 우수기관으로 인증을 받은 기관에 대하여는 제3조제2항에 따른 공동사업을 하거나 위탁할 수 있는 사업에 우선적으로 참여하게 하는 등 필요한 지원을 할 수 있다. 〈개정 2010.6.4.〉

④ 고용노동부장관은 제1항에 따라 고용서비스 우수기관으로 인증을 받은 자가 다음 각 호의 어느 하나에 해당하면 인증을 취소할 수 있다. 〈개정 2010.6.4.〉

1. 거짓이나 그 밖의 부정한 방법으로 인증을 받은 경우
2. 정당한 사유 없이 1년 이상 계속 사업 실적이 없는 경우
3. 제7항에 따른 인증기준을 충족하지 못하게 된 경우
4. 고용서비스 우수기관으로 인증을 받은 자가 폐업한 경우

⑤ 고용서비스 우수기관 인증의 유효기간은 인증일부터 3년으로 한다.

⑥ 고용서비스 우수기관으로 인증을 받은 자가 제5항에 따른 인증의 유효기간이 지나기 전에 다시 인증을 받으려면 대통령령으로 정하는 바에 따라 고용노동부장관에게 재인증을 신청하여야 한다. 〈개정 2010.6.4.〉

⑦ 고용서비스 우수기관의 인증기준, 인증방법 및 재인증에 필요한 사항은 고용노동부령으로 정한다. 〈개정 2010.6.4.〉

[전문개정 2009.10.9.]

제2장 직업안정기관의 장이 하는 직업소개 및 직업지도 등
제1절 통칙
〈개정 2009.10.9.〉

제5조(업무 담당기관)
제3조에 따른 업무의 일부는 직업안정기관의 장이 수행한다.

[전문개정 2009.10.9.]

제6조(담당직원의 전문성 확보 등)
① 정부

는 직업안정기관의 장이 직업소개, 직업지도 등의 업무를 전문적으로 수행할 수 있도록 전담 공무원을 양성하고 배치하는 등 담당직원의 전문성 확보에 노력하여야 한다.
② 고용노동부장관은 소속 공무원 중에서 직업소개, 직업지도 등을 담당할 직업지도관을 지명할 수 있다. <개정 2010.6.4.>
③ 제2항에 따른 직업지도관의 자격 등에 관한 사항은 고용노동부장관이 정한다. <개정 2010.6.4.>
[전문개정 2009.10.9.]

제7조(시장·군수 등의 협력) 특별자치도지사·시장·군수 및 구청장(자치구의 구청장을 말한다. 이하 같다)은 다음 각 호의 업무에 관하여 직업안정기관의 장이 요청할 때에는 협조하여야 한다.
1. 구인자 또는 구직자의 신원증명이나 그 밖의 조회에 관한 회답
2. 구인·구직에 관한 중계(中繼) 또는 공보(公報)
[전문개정 2009.10.9.]

제2절 직업소개
<개정 2009.10.9.>

제8조(구인의 신청) 직업안정기관의 장은 구인신청의 수리(受理)를 거부하여서는 아니 된다. 다만, 다음 각 호의 어느 하나에 해당하는 경우에는 그러하지 아니하다. <개정 2015.1.20.>
1. 구인신청의 내용이 법령을 위반한 경우
2. 구인신청의 내용 중 임금, 근로시간, 그 밖의 근로조건이 통상적인 근로조건에 비하여 현저하게 부적당하다고 인정되는 경우
3. 구인자가 구인조건을 밝히기를 거부하는 경우
4. 구인자가 구인신청 당시 「근로기준법」 제43조의2에 따라 명단이 공개 중인 체불사업주인 경우
[전문개정 2009.10.9.]

제9조(구직의 신청) ① 직업안정기관의 장은 구직신청의 수리를 거부하여서는 아니 된다. 다만, 그 신청 내용이 법령을 위반한 경우에는 그러하지 아니하다.
② 직업안정기관의 장은 구직자의 요청이 있거나 필요하다고 인정하여 구직자의 동의를

받은 경우에는 직업상담 또는 직업적성검사를 할 수 있다.
[전문개정 2009.10.9.]

제10조(근로조건의 명시 등) 구인자가 직업안정기관의 장에게 구인신청을 할 때에는 구직자가 취업할 업무의 내용과 근로조건을 구체적으로 밝혀야 하며, 직업안정기관의 장은 이를 구직자에게 알려 주어야 한다.
[전문개정 2009.10.9.]

제11조(직업소개의 원칙) ① 직업안정기관의 장은 구직자에게는 그 능력에 알맞은 직업을 소개하고, 구인자에게는 구인조건에 적합한 구직자를 소개하도록 노력하여야 한다.
② 직업안정기관의 장은 가능하면 구직자가 통근할 수 있는 지역에서 직업을 소개하도록 노력하여야 한다.
[전문개정 2009.10.9.]

제12조(광역 직업소개) 직업안정기관의 장은 통근할 수 있는 지역에서 구직자에게 그 희망과 능력에 알맞은 직업을 소개할 수 없을 경우 또는 구인자가 희망하는 구직자나 구인 인원을 채울 수 없을 경우에는 광범위한 지역에 걸쳐 직업소개를 할 수 있다.
[전문개정 2009.10.9.]

제13조(훈련기관 알선) 직업안정기관의 장은 구직자의 취업을 위하여 직업능력개발훈련을 받는 것이 필요하다고 인정되면 구직자가 「근로자직업능력 개발법」에 따른 직업능력개발훈련시설 등에서 직업능력개발훈련을 받도록 알선할 수 있다.
[전문개정 2009.10.9.]

제3절 직업지도
<개정 2009.10.9.>

제14조(직업지도) ① 직업안정기관의 장은 다음 각 호의 어느 하나에 해당하는 사람에게 직업지도를 하여야 한다.
1. 새로 취업하려는 사람
2. 신체 또는 정신에 장애가 있는 사람
3. 그 밖에 취업을 위하여 특별한 지도가 필요한 사람
② 제1항에 따른 직업지도의 방법·절차 등에 관하여 필요한 사항은 고용노동부장관이

정한다. <개정 2010.6.4.>
[전문개정 2009.10.9.]

제15조(직업안정기관의 장과 학교의 장 등의 협력) 직업안정기관의 장은 필요하다고 인정하는 경우에는 「초·중등교육법」 및 「고등교육법」에 따른 각급 학교의 장이나 「근로자직업능력 개발법」에 따른 공공직업훈련시설의 장이 실시하는 무료직업소개사업에 협력하여야 하며, 이들이 요청하는 경우에는 학생 또는 직업훈련생에게 직업지도를 할 수 있다.
[전문개정 2009.10.9.]

제4절 고용정보의 제공
<개정 2009.10.9.>

제16조(고용정보의 수집·제공 등) ① 직업안정기관의 장은 관할 지역의 각종 고용정보를 수시로 또는 정기적으로 수집하고 정리하여 구인자, 구직자, 그 밖에 고용정보를 필요로 하는 자에게 적극적으로 제공하여야 한다.
② 직업안정기관의 장은 고용정보를 수집하여 분석한 결과 관할 지역에서 노동력의 수요와 공급에 급격한 변동이 있거나 현저한 불균형이 발생하였다고 판단되는 경우에는 적절한 대책을 수립하여 추진하여야 한다.
[전문개정 2009.10.9.]

제17조(구인·구직의 개척) 직업안정기관의 장은 구직자의 취업 기회를 확대하고 산업에 부족한 인력의 수급을 지원하기 위하여 구인·구직의 개척에 노력하여야 한다.
[전문개정 2009.10.9.]

제3장 직업안정기관의 장 외의 자가 하는 직업소개사업, 직업정보제공사업, 근로자 모집 또는 근로자공급사업 등

제1절 직업소개사업 및 직업정보제공사업
<개정 2009.10.9.>

제18조(무료직업소개사업) ① 무료직업소개사업은 소개대상이 되는 근로자가 취업하려는 장소를 기준으로 하여 국내 무료직업소개사업과 국외 무료직업소개사업으로 구분하되, 국내 무료직업소개사업을 하려는 자는 주된 사업소의 소재지를 관할하는 특별자치도지사·시장·군수 및 구청장에게 신고하여야 하고, 국외 무료직업소개사업을 하려는 자는 고용노동부장관에게 신고하여야 한다. 신고한 사항을 변경하려는 경우에도 또한 같다. <개정 2010.6.4.>
② 제1항에 따라 무료직업소개사업을 하려는 자는 대통령령으로 정하는 비영리법인 또는 공익단체이어야 한다.
③ 제1항에 따른 신고 사항, 신고 절차, 그 밖에 신고에 필요한 사항은 대통령령으로 정한다.
④ 제1항에도 불구하고 다음 각 호의 어느 하나에 해당하는 직업소개의 경우에는 신고를 하지 아니하고 무료직업소개사업을 할 수 있다.
1. 「한국산업인력공단법」에 따른 한국산업인력공단이 하는 직업소개
2. 「장애인고용촉진 및 직업재활법」에 따른 한국장애인고용공단이 장애인을 대상으로 하는 직업소개
3. 교육 관계법에 따른 각급 학교의 장, 「근로자직업능력 개발법」에 따른 공공직업훈련시설의 장이 재학생·졸업생 또는 훈련생·수료생을 대상으로 하는 직업소개
4. 「산업재해보상보험법」에 따른 근로복지공단이 업무상 재해를 입은 근로자를 대상으로 하는 직업소개
⑤ 제1항 및 제4항에 따라 무료직업소개사업을 하는 자 및 그 종사자는 구인자가 구인신청 당시 「근로기준법」 제43조의2에 따라 명단이 공개 중인 체불사업주인 경우 그 사업주에게 직업소개를 하지 아니하여야 한다. <신설 2015.1.20.>
[전문개정 2009.10.9.]

제19조(유료직업소개사업) ① 유료직업소개사업은 소개대상이 되는 근로자가 취업하려는 장소를 기준으로 하여 국내 유료직업소개사업과 국외 유료직업소개사업으로 구분하되, 국내 유료직업소개사업을 하려는 자는 주된 사업소의 소재지를 관할하는 특별자치도지사·시장·군수 및 구청장에게 등록하여야 하고, 국외 유료직업소개사업을 하려는

자는 고용노동부장관에게 등록하여야 한다. 등록한 사항을 변경하려는 경우에도 또한 같다. <개정 2010.6.4.>

② 제1항에 따라 등록을 하고 유료직업소개사업을 하려는 자는 둘 이상의 사업소를 둘 수 없다. 다만, 사업소별로 직업소개 또는 직업상담에 관한 경력, 자격 또는 소양이 있다고 인정되는 사람 등 대통령령으로 정하는 사람을 1명 이상 고용하는 경우에는 그러하지 아니하다.

③ 제1항에 따른 등록을 하고 유료직업소개사업을 하는 자는 고용노동부장관이 결정·고시한 요금 외의 금품을 받아서는 아니 된다. 다만, 고용노동부령으로 정하는 고급·전문인력을 소개하는 경우에는 당사자 사이에 정한 요금을 구인자로부터 받을 수 있다. <개정 2010.6.4.>

④ 고용노동부장관이 제3항에 따른 요금을 결정하려는 경우에는 「고용정책 기본법」에 따른 고용정책심의회(이하 "고용정책심의회"라 한다)의 심의를 거쳐야 한다. <개정 2010.6.4.>

⑤ 제1항에 따른 유료직업소개사업의 등록기준이 되는 인적·물적 요건과 그 밖에 유료직업소개사업에 관한 사항은 대통령령으로 정한다.

⑥ 제1항에 따른 등록을 하고 유료직업소개사업을 하는 자 및 그 종사자는 다음 각 호의 사항을 준수하여야 한다. <개정 2015.1.20.>

1. 구인자가 구인신청 당시 「근로기준법」 제43조의2에 따라 명단이 공개 중인 체불사업주인 경우 구직자에게 그 사실을 고지할 것
2. 구인자의 사업이 행정관청의 허가·신고·등록 등을 필요로 하는 사업인 경우에는 그 허가·신고·등록 등의 여부를 확인할 것
3. 그 밖에 대통령령으로 정하는 사항
[전문개정 2009.10.9.]

제20조 삭제 <2009.10.9.>

제21조(명의대여 등의 금지) 제19조제1항에 따라 유료직업소개사업을 등록한 자는 타인에게 자기의 성명 또는 상호를 사용하여 직업소개사업을 하게 하거나 그 등록증을 대여하여서는 아니 된다.
[전문개정 2009.10.9.]

제21조의2(선급금의 수령 금지) 제19조제1항에 따라 등록을 하고 유료직업소개사업을 하는 자 및 그 종사자는 구직자에게 제공하기 위하여 구인자로부터 선급금을 받아서는 아니 된다.
[전문개정 2009.10.9.]

제21조의3(연소자에 대한 직업소개의 제한)

① 제18조 및 제19조에 따라 무료직업소개사업 또는 유료직업소개사업을 하는 자와 그 종사자(이하 이 조에서 "직업소개사업자 등"이라 한다)는 구직자의 연령을 확인하여야 하며, 18세 미만의 구직자를 소개하는 경우에는 친권자나 후견인의 취업동의서를 받아야 한다.

② 직업소개사업자등은 18세 미만의 구직자를 「근로기준법」 제65조에 따라 18세 미만자의 사용이 금지되는 직종의 업소에 소개하여서는 아니 된다.

③ 직업소개사업자등은 「청소년 보호법」 제2조제1호에 따른 청소년인 구직자를 같은 조 제5호에 따른 청소년유해업소에 소개하여서는 아니 된다. <개정 2011.9.15.>
[전문개정 2009.10.9.]

제22조(유료직업소개사업의 종사자 등) ① 제19조제1항에 따른 등록을 하고 유료직업소개사업을 하는 자는 제38조제1호·제2호·제4호 또는 제6호에 해당하는 사람을 고용하여서는 아니 된다.

② 제19조제1항에 따른 등록을 하고 유료직업소개사업을 하는 자는 사업소별로 고용노동부령으로 정하는 자격을 갖춘 직업상담원을 1명 이상 고용하여야 한다. 다만, 유료직업소개사업을 하는 사람과 동거하는 가족이 본문에 따른 직업상담원의 자격을 갖추고 특정 사업소에서 상시 근무하는 경우에 해당 사업소에 직업상담원을 고용한 것으로 보며, 유료직업소개사업을 하는 자가 직업상담원 자격을 갖추고 특정 사업소에서 상시 근무하는 경우에 해당 사업소에는 직업상담원을 고용하지 아니할 수 있다. <개정 2010.6.4.>

③ 유료직업소개사업의 종사자 중 제2항에 따른 직업상담원이 아닌 사람은 직업소개에 관한 사무를 담당하여서는 아니 된다.
[전문개정 2009.10.9.]

제23조(직업정보제공사업의 신고) ① 직업정

보제공사업을 하려는 자(제18조에 따라 무료직업소개사업을 하는 자와 제19조에 따라 유료직업소개사업을 하는 자는 제외한다)는 고용노동부장관에게 신고하여야 한다. 신고 사항을 변경하는 경우에도 또한 같다. <개정 2010.6.4.>
② 제1항에 따른 신고 사항, 신고 절차, 그 밖에 신고에 필요한 사항은 대통령령으로 정한다.
[전문개정 2009.10.9.]

제24조 삭제 <1997.12.24.>

제25조(직업정보제공사업자의 준수 사항) 제18조에 따라 무료직업소개사업을 하는 자 또는 제19조에 따라 유료직업소개사업을 하는 자로서 직업정보제공사업을 하는 자와 제23조에 따라 직업정보제공사업을 하는 자는 다음 각 호의 사항을 준수하여야 한다. <개정 2015.1.20.>
1. 구인자가 구인신청 당시 「근로기준법」 제43조의2에 따라 명단이 공개 중인 체불사업주인 경우 그 사실을 구직자가 알 수 있도록 게재할 것
2. 「최저임금법」 제10조에 따라 결정·고시된 최저임금에 미달되는 구인정보를 제공하지 아니할 것
3. 그 밖에 대통령령으로 정하는 사항
[전문개정 2009.10.9.]

제26조(겸업 금지) 다음 각 호의 어느 하나에 해당하는 사업을 경영하는 자는 직업소개사업을 하거나 직업소개사업을 하는 법인의 임원이 될 수 없다.
1. 「결혼중개업의 관리에 관한 법률」제2조 제2호의 결혼중개업
2. 「공중위생관리법」제2조제1항제2호의 숙박업
3. 「식품위생법」제36조제1항제3호의 식품접객업 중 대통령령으로 정하는 영업
[전문개정 2018.4.17.]

제27조(준용) 제18조에 따른 무료직업소개사업 또는 제19조에 따른 유료직업소개사업에 관하여는 제8조부터 제12조까지의 규정을 준용한다.
[전문개정 2009.10.9.]

제2절 근로자의 모집
<개정 2009.10.9.>

제28조(근로자의 모집) 근로자를 고용하려는 자는 광고, 문서 또는 정보통신망 등 다양한 매체를 활용하여 자유롭게 근로자를 모집할 수 있다.
[전문개정 2009.10.9.]

제29조 삭제 <1999.2.8.>

제30조(국외 취업자의 모집) ① 누구든지 국외에 취업할 근로자를 모집한 경우에는 고용노동부장관에게 신고하여야 한다. <개정 2010.6.4.>
② 제1항에 따른 신고에 필요한 사항은 대통령령으로 정한다.
[전문개정 2009.10.9.]

제31조(모집방법 등의 개선 권고) ① 고용노동부장관은 건전한 모집질서를 확립하기 위하여 필요하다고 인정하는 경우에는 제28조 또는 제30조에 따른 근로자 모집방법 등의 개선을 권고할 수 있다. <개정 2010.6.4.>
② 고용노동부장관이 제1항에 따른 권고를 하려는 경우에는 고용정책심의회의 심의를 거쳐야 한다. <개정 2010.6.4.>
③ 제1항에 따른 권고에 필요한 사항은 대통령령으로 정한다.
[전문개정 2009.10.9.]

제32조(금품 등의 수령 금지) 근로자를 모집하려는 자와 그 모집업무에 종사하는 자는 어떠한 명목으로든 응모자로부터 그 모집과 관련하여 금품을 받거나 그 밖의 이익을 취하여서는 아니 된다. 다만, 제19조에 따라 유료직업소개사업을 하는 자가 구인자의 의뢰를 받아 구인자가 제시한 조건에 맞는 자를 모집하여 직업소개한 경우에는 그러하지 아니하다.
[전문개정 2009.10.9.]

제3절 근로자공급사업
<개정 2009.10.9.>

제33조(근로자공급사업) ① 누구든지 고용노동부장관의 허가를 받지 아니하고는 근로자

공급사업을 하지 못한다. <개정 2010.6.4.>
② 근로자공급사업 허가의 유효기간은 3년으로 하되, 유효기간이 끝난 후 계속하여 근로자공급사업을 하려는 자는 고용노동부령으로 정하는 바에 따라 연장허가를 받아야 한다. 이 경우 연장허가의 유효기간은 연장 전 허가의 유효기간이 끝나는 날부터 3년으로 한다. <개정 2010.6.4.>
③ 근로자공급사업은 공급대상이 되는 근로자가 취업하려는 장소를 기준으로 국내 근로자공급사업과 국외 근로자공급사업으로 구분하며, 각각의 사업의 허가를 받을 수 있는 자의 범위는 다음 각 호와 같다.
1. 국내 근로자공급사업의 경우는 「노동조합 및 노동관계조정법」에 따른 노동조합
2. 국외 근로자공급사업의 경우는 국내에서 제조업·건설업·용역업, 그 밖의 서비스업을 하고 있는 자. 다만, 연예인을 대상으로 하는 국외 근로자공급사업의 허가를 받을 수 있는 자는 「민법」 제32조에 따른 비영리법인으로 한다.
④ 고용노동부장관이 제3항에 따라 근로자공급사업을 허가하는 경우 국내 근로자공급사업에 대하여는 노동조합의 업무범위와 해당 지역별·직종별 인력수급상황 및 고용관계 안정유지 등을, 국외 근로자공급사업에 대하여는 해당 직종별 인력수급상황, 고용관계 안정유지 및 근로자취업질서 등을 종합적으로 고려하여야 한다. <개정 2010.6.4.>
⑤ 제3항제2호에 해당하는 자로서 국외 근로자공급사업을 하려는 자는 대통령령으로 정하는 자산과 시설을 갖추어야 한다.
⑥ 근로자공급사업 허가의 기준, 허가의 신청, 국외 공급 근로자의 보호, 국외 근로자공급사업의 관리, 국외 공급 연예인의 심사·선발 및 그 밖에 근로자공급사업의 허가 절차에 관하여 필요한 사항은 고용노동부령으로 정한다. <개정 2010.6.4.>
[전문개정 2009.10.9.]

제4장 보칙
<개정 2009.10.9.>

제34조(거짓 구인광고 등 금지) ① 제18조·제19조·제28조·제30조 또는 제33조에 따른 직업소개사업, 근로자 모집 또는 근로자공급사업을 하는 자나 이에 종사하는 사람은 거짓 구인광고를 하거나 거짓 구인조건을 제시하여서는 아니 된다.
② 제1항에 따른 거짓 구인광고의 범위에 관한 사항은 대통령령으로 정한다.
[전문개정 2009.10.9.]

제34조의2(손해배상책임의 보장) ① 제19조제1항에 따라 등록을 하고 유료직업소개사업을 하는 자 또는 제33조제1항에 따라 허가를 받고 국외 근로자공급사업을 하는 자(이하 "유료직업소개사업자등"이라 한다)는 직업소개, 근로자 공급을 할 때 고의 또는 과실로 근로자 또는 근로자를 소개·공급받은 자에게 손해를 발생하게 한 경우에는 그 손해를 배상할 책임이 있다.
② 제1항에 따른 손해배상책임을 보장하기 위하여 유료직업소개사업자등은 대통령령으로 정하는 바에 따라 보증보험 또는 제3항에 따른 공제에 가입하거나 예치금을 금융기관에 예치하여야 한다.
③ 제45조의2에 따른 사업자협회는 제1항에 따른 손해배상책임을 보장하기 위하여 고용노동부장관이 정하는 바에 따라 공제사업을 할 수 있다. <개정 2010.6.4.>
④ 제45조의2에 따른 사업자협회가 제3항의 공제사업을 하려면 공제규정을 제정하여 고용노동부장관의 승인을 받아야 한다. 공제규정을 변경할 때에도 또한 같다. <개정 2010.6.4.>
⑤ 제4항의 공제규정에는 다음 각 호의 사항이 포함되어야 한다.
1. 공제사업의 범위
2. 공제계약의 내용
3. 공제금
4. 공제료
5. 공제금에 충당하기 위한 책임준비금
6. 그 밖에 공제사업의 운영에 필요한 사항
[전문개정 2009.10.9.]

제35조(허가·등록 또는 신고 사업의 폐업 신고) 제18조·제19조·제23조 또는 제33조에 따라 신고 또는 등록을 하거나 허가를 받고 사업을 하는 자가 그 사업을 폐업한 경우에는 폐업한 날부터 7일 이내에 고용노동부장관 또는 특별자치도지사·시장·군수·구청장에게 신고하여야 한다. <개정 2010.6.4.>
[전문개정 2009.10.9.]

제36조(등록·허가 등의 취소 등) ① 고용노

동부장관 또는 특별자치도지사·시장·군수·구청장은 제18조·제19조·제23조 또는 제33조에 따라 신고 또는 등록을 하거나 허가를 받고 사업을 하는 자가 공익을 해칠 우려가 있는 경우로서 다음 각 호의 어느 하나에 해당하는 경우에는 6개월 이내의 기간을 정하여 그 사업을 정지하게 하거나 등록 또는 허가를 취소할 수 있다. 다만, 제2호에 해당할 때에는 등록 또는 허가를 취소하여야 한다. <개정 2010.6.4.>
1. 거짓이나 그 밖의 부정한 방법으로 신고·등록하였거나 허가를 받은 경우
2. 제38조 각 호의 어느 하나에 해당하게 된 경우
3. 이 법 또는 이 법에 따른 명령을 위반한 경우
② 고용노동부장관 또는 특별자치도지사·시장·군수·구청장은 제38조제7호에 해당하는 사유로 등록 또는 허가를 취소하여야 할 때에는 미리 해당 임원을 바꾸어 임명할 기간을 1개월 이상 주어야 한다. <개정 2010.6.4.>
③ 제1항에 따른 정지 또는 취소의 기준은 고용노동부령으로 정한다. <개정 2010.6.4.>
[전문개정 2009.10.9.]

제36조의2(사업자의 지위승계 등) ① 제35조에 따른 폐업신고(신고하지 아니하고 폐업한 경우를 포함한다. 이하 같다)를 한 자가 다시 제18조·제19조·제23조 또는 제33조에 따라 신고·등록을 하거나 허가를 받은 경우(이하 이 조에서 "재신고등"이라 한다) 재신고등을 한 사업자는 폐업신고 전의 사업자의 지위를 승계한다.
② 제1항의 경우 고용노동부장관 또는 특별자치도지사·시장·군수·구청장은 재신고등을 한 사업자에 대하여 폐업신고 전의 위반행위를 사유로 제36조제1항의 행정처분을 할 수 있다. 다만, 다음 각 호의 어느 하나에 해당하는 경우는 그러하지 아니하다. <개정 2010.6.4.>
1. 위반행위가 사업의 정지처분 기준에 해당하는 경우로서 폐업신고를 한 날부터 재신고등을 한 날까지의 기간이 1년을 초과한 경우
2. 위반행위가 등록·허가의 취소처분 기준에 해당하는 경우로서 폐업신고를 한 날부터 재신고등을 한 날까지의 기간이 5년을 초과한 경우
③ 고용노동부장관 또는 특별자치도지사·

시장·군수·구청장은 제2항에 따라 행정처분을 하는 경우에 폐업기간, 폐업의 사유 및 행정처분의 사유가 된 위반행위의 존속 여부 등을 고려하여야 한다. <개정 2010.6.4.>
[전문개정 2009.10.9.]

제36조의3(청문) 고용노동부장관 또는 특별자치도지사·시장·군수·구청장은 제36조에 따라 등록 또는 허가를 취소하려면 청문을 하여야 한다. <개정 2010.6.4.>
[전문개정 2009.10.9.]

제37조(폐쇄조치) ① 고용노동부장관 또는 특별자치도지사·시장·군수·구청장은 제18조·제19조·제23조 또는 제33조에 따른 신고 또는 등록을 하지 아니하거나 허가를 받지 아니하고 사업을 하거나 제36조제1항에 따른 정지 또는 취소의 명령을 받고도 사업을 계속하는 경우에는 관계 공무원으로 하여금 다음 각 호의 조치를 하게 할 수 있다. <개정 2010.6.4.>
1. 해당 사업소 또는 사무실의 간판이나 그 밖의 영업표지물의 제거 또는 삭제
2. 해당 사업이 위법한 것임을 알리는 안내문 등의 게시
3. 해당 사업의 운영을 위하여 반드시 필요한 기구 또는 시설물을 사용할 수 없게 하는 봉인(封印)
② 제1항에 따라 조치를 하는 관계 공무원은 그 권한을 표시하는 증표를 지니고 이를 관계인에게 보여주어야 한다.
[전문개정 2009.10.9.]

제38조(결격사유) 다음 각 호의 어느 하나에 해당하는 자는 직업소개사업의 신고·등록을 하거나 근로자공급사업의 허가를 받을 수 없다. <개정 2011.9.15., 2015.1.20.>
1. 미성년자, 피성년후견인 및 피한정후견인
2. 파산선고를 받고 복권되지 아니한 자
3. 금고 이상의 실형을 선고받고 그 집행이 끝나거나 집행을 하지 아니하기로 확정된 날부터 2년이 지나지 아니한 자
4. 이 법, 「성매매알선 등 행위의 처벌에 관한 법률」, 「풍속영업의 규제에 관한 법률」 또는 「청소년 보호법」을 위반하거나 직업소개사업과 관련된 행위로 「선원법」을 위반한 자로서 다음 각 목의 어느 하나에 해당하는 자

가. 금고 이상의 실형을 선고받고 그 집행이
　끝나거나 집행을 하지 아니하기로 확정
　된 날부터 3년이 지나지 아니한 자
나. 금고 이상의 형의 집행유예를 선고
　받고 그 유예기간이 끝난 날부터 3
　년이 지나지 아니한 자
다. 벌금형이 확정된 후 2년이 지나지 아
　니한 자
5. 금고 이상의 형의 집행유예를 선고받고
　그 유예기간 중에 있는 자
6. 제36조에 따라 해당 사업의 등록이나
　허가가 취소된 후 5년이 지나지 아니
　한 자
7. 임원 중에 제1호부터 제6호까지의 어
　느 하나에 해당하는 자가 있는 법인
[전문개정 2009.10.9.]

제39조(장부 등의 작성·비치) 제19조에 따
라 등록을 하거나 제33조에 따라 허가를
받은 자는 고용노동부령으로 정하는 바에
따라 장부·대장이나 그 밖에 필요한 서
류를 작성하여 갖추어 두어야 한다. 이
경우 장부·대장은 전자적 방법으로 작성
·관리할 수 있다. <개정 2010.6.4.>
[전문개정 2009.10.9.]

제40조 삭제 <1999.2.8.>

**제40조의2(직업소개사업을 하는 자 등에 대
　한 교육훈련)** ① 고용노동부장관 또는 특
별자치도지사·시장·군수·구청장은 직업
소개사업을 하는 자 및 그 종사자가 직업소
개, 직업상담 등을 할 때 필요한 전문지식
및 직업윤리의식을 향상시킬 수 있도록 교
육훈련을 하여야 한다. <개정 2010.6.4.>
② 제1항에 따른 교육훈련의 내용·방법 및
그 밖에 필요한 사항은 고용노동부령으로 정
한다. <개정 2010.6.4.>
[전문개정 2009.10.9.]

제41조(보고 및 조사) ① 고용노동부장관 또
는 특별자치도지사·시장·군수·구청장은
필요하다고 인정하면 제18조·제19조·제
23조 또는 제33조에 따라 신고 또는 등록
을 하거나 허가를 받고 사업을 하는 자에
게 이 법 시행에 필요한 자료를 제출하게
하거나 필요한 사항을 보고하게 할 수 있
다. <개정 2010.6.4.>
② 고용노동부장관 또는 특별자치도지사·

시장·군수·구청장은 법 위반 사실의 확
인 등을 위하여 필요하면 소속 공무원으로
하여금 이 법을 적용받는 사업의 사업장이
나 그 밖의 시설에 출입하여 서류·장부
또는 그 밖의 물건을 조사하고 관계인에게
질문하게 할 수 있다. <개정 2010.6.4.>
③ 고용노동부장관 또는 특별자치도지사·
시장·군수·구청장은 제2항에 따른 조사를
하려면 미리 조사 일시, 조사 이유 및 조사
내용 등의 조사계획을 조사 대상자에게 알
려야 한다. 다만, 긴급히 조사하여야 하거나
사전에 알리면 증거인멸 등으로 조사목적을
달성할 수 없다고 인정하는 경우에는 그러
하지 아니하다. <개정 2010.6.4.>
④ 제2항에 따라 출입·조사를 하는 관계
공무원은 그 권한을 표시하는 증표를 지
니고 이를 관계인에게 보여주어야 한다.
⑤ 고용노동부장관은 이 법의 목적달성을 위
하여 필요하다고 인정하면 특별자치도지사·
시장·군수 및 구청장 등 관계 행정기관의 장
과 합동으로 제18조·제19조·제23조 또는
제33조에 따라 신고 또는 등록을 하거나 허
가를 받고 사업을 하는 자를 지도·감독할
수 있다. <개정 2010.6.4.>
[전문개정 2009.10.9.]

제41조의2(자료 협조의 요청) 고용노동부장
관 또는 특별자치도지사·시장·군수·구청
장은 필요하다고 인정하면 관계 행정기관
의 장에게 이 법 시행에 필요한 자료 협조
를 요청할 수 있다. <개정 2010.6.4.>
[전문개정 2009.10.9.]

제42조(비밀보장 의무) 직업소개사업, 직업정
보제공사업, 근로자 모집 또는 근로자공급
사업에 관여하였거나 관여하고 있는 자는
업무상 알게 된 근로자 또는 사용자에 관
한 비밀을 누설하여서는 아니 된다.
[전문개정 2009.10.9.]

제43조(수수료) 제19조에 따라 유료직업소개
사업의 등록을 하려는 자는 고용노동부령
으로 정하는 바에 따라 수수료를 내야 한
다. 등록한 사항을 변경하는 경우에도 또한
같다. <개정 2010.6.4.>
[전문개정 2009.10.9.]

제44조(권한의 위임) 이 법에 따른 고용노동
부장관의 권한은 그 일부를 대통령령으로

정하는 바에 따라 직업안정기관의 장이나 특별자치도지사·시장·군수 또는 구청장에게 위임할 수 있다. <개정 2010.6.4.>
[전문개정 2009.10.9.]

제45조(국고보조) 고용노동부장관은 제18조에 따른 무료직업소개사업 경비의 전부 또는 일부를 보조할 수 있다. <개정 2010.6.4.>
[전문개정 2009.10.9.]

제45조의2(사업자협회의 설립 등) ① 제18조·제19조·제23조 또는 제33조에 따라 신고 또는 등록을 하거나 허가를 받고 사업을 하는 자는 직업소개사업, 직업정보제공사업 또는 근로자공급사업의 건전한 발전 등을 위하여 대통령령으로 정하는 바에 따라 사업자협회를 설립할 수 있다.
② 제1항에 따른 사업자협회는 법인으로 한다.
③ 제1항에 따른 사업자협회에 관하여 이 법에 특별한 규정이 있는 것을 제외하고는 「민법」 중 사단법인에 관한 규정을 준용한다.
[전문개정 2009.10.9.]

제45조의3(포상금) ① 고용노동부장관 또는 특별자치도지사·시장·군수·구청장은 제34조를 위반한 자 또는 제46조제1항제1호 및 제2호에 해당하는 자를 신고하거나 수사기관에 고발한 사람에게 예산의 범위에서 포상금을 지급할 수 있다. <개정 2010.6.4.>
② 제1항에 따른 포상금의 지급에 필요한 사항은 고용노동부령으로 정한다. <개정 2010.6.4.>
[전문개정 2009.10.9.]

제5장 벌칙
<개정 2009.10.9.>

제46조(벌칙) ① 다음 각 호의 어느 하나에 해당하는 자는 7년 이하의 징역 또는 7천만원 이하의 벌금에 처한다. <개정 2014.5.20.>
1. 폭행·협박 또는 감금이나 그 밖에 정신·신체의 자유를 부당하게 구속하는 것을 수단으로 직업소개, 근로자 모집 또는 근로자공급을 한 자
2. 「성매매알선 등 행위의 처벌에 관한 법률」 제2조제1항제1호에 따른 성매매 행위나 그 밖의 음란한 행위가 이루어지는 업무에 취업하게 할 목적으로 직업소개, 근로자 모집 또는 근로자공급을 한 자
② 제1항의 미수범은 처벌한다.
[전문개정 2009.10.9.]

제47조(벌칙) 다음 각 호의 어느 하나에 해당하는 자는 5년 이하의 징역 또는 5천만원 이하의 벌금에 처한다. <개정 2014.5.20.>
1. 제19조제1항에 따른 등록을 하지 아니하거나 제33조제1항에 따른 허가를 받지 아니하고 유료직업소개사업 또는 근로자공급사업을 한 자
2. 거짓이나 그 밖의 부정한 방법으로 제19조제1항에 따른 등록을 하거나 제33조제1항에 따른 허가를 받은 자
3. 제21조를 위반하여 성명 등을 대여한 자와 그 상대방
4. 제21조의3제2항 및 제3항을 위반한 자
5. 제32조를 위반하여 금품이나 그 밖의 이익을 취한 자
6. 제34조를 위반하여 거짓 구인광고를 하거나 거짓 구인조건을 제시한 자
[전문개정 2009.10.9.]

제48조(벌칙) 다음 각 호의 어느 하나에 해당하는 자는 1년 이하의 징역 또는 1천만원 이하의 벌금에 처한다. <개정 2014.5.20.>
1. 제18조제1항 또는 제23조제1항에 따른 신고를 하지 아니하고 무료직업소개사업 또는 직업정보제공사업을 한 자
2. 거짓이나 그 밖의 부정한 방법으로 제18조제1항 또는 제23조제1항에 따른 신고를 한 자
3. 제36조에 따른 정지기간에 사업을 한 자
4. 제42조를 위반하여 비밀을 누설한 자
[전문개정 2009.10.9.]

제48조의2 삭제 <2009.10.9.>

제49조(양벌규정) 법인의 대표자나 법인 또는 개인의 대리인, 사용인, 그 밖의 종업원이 그 법인 또는 개인의 업무에 관하여 제46조부터 제48조까지의 어느 하나에 해당하는 위반행위를 하면 그 행위자를 벌하는 외에 그 법인 또는 개인에게도 해당 조문의 벌금형을 과(科)한다. 다만, 법인 또는 개인이 그 위반행위를 방지하기 위하여 해당 업무에 관하여 상당한 주의와 감독을 게을리하지 아니한 경우에는 그러하지 아니하다.

[전문개정 2009.10.9.]
[제50조에서 이동, 종전 제49조는 제50조로 이동 <2009.10.9.>]

제50조(과태료) ① 다음 각 호의 어느 하나에 해당하는 자에게는 1천만원 이하의 과태료를 부과한다. <개정 2010.6.4.>
1. 제19조제3항을 위반하여 고용노동부장관이 고시한 요금 외의 금품을 받은 자
2. 제21조의2를 위반하여 선급금을 받은 자
3. 제21조의3제1항을 위반하여 18세 미만의 구직자를 소개하는 경우에 친권자나 후견인의 취업동의서를 받지 아니한 자
4. 제22조제3항을 위반하여 직업소개에 관한 사무를 담당한 자
② 다음 각 호의 어느 하나에 해당하는 자에게는 100만원 이하의 과태료를 부과한다.
1. 제30조제1항 또는 제35조를 위반하여 국외 취업 모집신고를 하지 아니하거나 허가·등록 또는 신고 사업의 폐업신고를 하지 아니한 자
2. 제39조를 위반하여 장부나 그 밖의 서류를 작성하지 아니하거나 갖추어 두지 아니한 자
3. 제41조제1항에 따른 보고를 하지 아니하거나 거짓으로 보고한 자
4. 제41조제2항에 따른 관계 공무원의 출입·조사를 거부·방해 또는 기피한 자
③ 제1항과 제2항에 따른 과태료는 대통령령으로 정하는 바에 따라 고용노동부장관 또는 특별자치도지사·시장·군수·구청장이 부과·징수한다. <개정 2010.6.4.>
[전문개정 2009.10.9.]
[제49조에서 이동, 종전 제50조는 제49조로 이동 <2009.10.9.>]

부칙
<법률 제15589호, 2018.4.17.>

이 법은 공포 후 6개월이 경과한 날부터 시행한다.

직업안정법 시행령

[시행 2018.12.11.]
[대통령령 제29353호, 2018.12.11.,일부개정]

제1조(목적) 이 영은 「직업안정법」에서 위임된 사항과 그 시행에 관하여 필요한 사항을 규정함을 목적으로 한다. <개정 2006.6.30.>

제2조 삭제 <1998.4.27.>

제2조의2(채용박람회등의 개최) ① 고용노동부장관, 관계중앙행정기관의 장 또는 지방자치단체의 장은 「직업안정법」(이하 "법"이라 한다) 제3조의 규정에 의한 업무의 원활한 수행을 위하여 필요하다고 인정하는 경우에는, 채용박람회 기타 구인·구직자 만남의 날 행사등을 개최할 수 있다. <개정 2006.6.30., 2010.7.12.>
② 고용노동부장관 또는 관계중앙행정기관의 장은 채용박람회 기타 구인·구직자 만남의 날 행사등을 개최하는 자에게 그 소요경비의 전부 또는 일부를 지원할 수 있다. <개정 2010.7.12.>
[본조신설 1996.4.12.]

제2조의3(민간과의 공동사업 등의 지원) ① 법 제3조제2항제4호에서 "대통령령으로 정하는 기관"이란 다음 각 호의 기관을 말한다. <개정 2009.12.31., 2010.7.12.>
1. 사업주단체·근로자단체 또는 각각의 그 연합체
2. 「초·중등교육법」 제2조제4호에 따른 고등학교·고등기술학교 및 「고등교육법」 제2조에 따른 학교
3. 「비영리민간단체지원법」에 따른 비영리민간단체로서 해당 사업을 실시할 능력이 있다고 고용노동부장관이 정하여 고시하는 조직 및 인력 기준을 갖춘 단체
② 고용노동부장관은 법 제3조제3항에 따른 지원의 대상이 되는 사업(이하 "지원대상사업"이라 한다)의 종류·내용, 지원의 수준·방법 등을 미리 공고하여야 한다. <개정 2010.7.12.>
③ 제2항에 따른 공고 후에 법 제3조제2항에 따라 지원대상사업을 공동으로 실시하거나 수탁받아 실시하는 자(이하 "공동

실시자등"이라 한다)가 법 제3조제3항에 따른 지원을 신청하는 경우 고용노동부장관은 다음 각 호의 사항을 고려하여 지원대상사업의 공동실시자등을 선정하여야 한다. <개정 2009.12.31., 2010.7.12.>
1. 공동실시자등이 법 제4조의5에 따른 고용서비스 우수기관 인증을 받았는지 여부
2. 공동실시자등이 법 제36조에 따른 행정처분을 받은 사실이 있는지 여부
3. 공동실시자등이 법 제38조에 따른 결격사유에 해당하는지 여부
④ 고용노동부장관은 제3항에 따라 선정된 지원대상사업의 공동실시자 등이 해당 지원대상사업을 실시하면서 구인자나 구직자로부터 직업소개행위 등에 대한 대가를 받는 경우에는 지원을 하지 아니할 수 있다. <개정 2010.7.12.>
[전문개정 2007.7.23.]

제2조의4(민간직업상담원의 보수) ① 법 제4조의4의 규정에 따라 배치된 민간직업상담원에 대하여는 예산의 범위안에서 보수를 지급한다.
② 제1항의 규정에 의한 보수의 지급기준은 고용노동부장관이 정하여 고시한다. 이 경우 고용노동부장관은 민간직업상담원의 근무경력·자격 등을 고려하여 보수의 지급기준을 차등을 두어 정할 수 있다. <개정 2010.7.12.>
[본조신설 2004.1.20.]

제2조의5(고용서비스 우수기관 인증업무의 위탁) 법 제4조의5제2항에서 "대통령령으로 정하는 전문기관"이란 다음 각 호의 어느 하나에 해당하는 기관 또는 단체를 말한다. <개정 2009.12.30., 2009.12.31., 2010.7.12.>
1. 「고용정책 기본법」에 따른 한국고용정보원
2. 그 밖에 고용서비스 우수기관 인증업무를 수행할 능력이 있다고 고용노동부장관이 정하여 고시하는 조직 및 인력 기준을 갖춘 법인 또는 단체
[본조신설 2007.7.23.]
[제목개정 2009.12.31.]

제2조의6(고용서비스 우수기관 재인증) 법 제4조의5제6항에 따라 고용서비스 우수기관으로 인증을 받은 자가 재인증을 받으려면 법 제4조의5제5항에 따른 유효기간 만료 60일 전까지 고용노동부장관에게 신

청하여야 한다. <개정 2010.7.12.>
[본조신설 2009.12.31.]

제3조(직업소개담당직원의 배치) 직업안정기관의 장은 원활한 직업소개를 위하여 소속공무원중에서 노동분야에 상당한 지식과 경험이 있는 자를 선정하여 직업소개업무를 담당하도록 하여야 한다.

제4조(직업소개의 절차) ① 직업안정기관의 장은 다음 각 호의 절차에 따라 직업소개를 하여야 한다. <개정 2009.12.31.>
1. 구인·구직에 필요한 기초적인 사항의 확인
2. 구인·구직 신청의 수리
3. 구인·구직의 상담
4. 직업 또는 구직자의 알선
5. 취업 또는 채용 여부의 확인
② 제1항의 직업소개의 절차에 관하여 필요한 사항은 고용노동부령으로 정한다. <개정 2010.7.12.>

제5조(구인의 신청) ① 법 제8조의 규정에 의한 구인신청은 구인자의 사업장소재지를 관할하는 직업안정기관에 하여야 한다. 다만, 사업장소재지관할 직업안정기관에 신청하는 것이 적절하지 아니하다고 인정되는 경우에는 인근의 다른 직업안정기관에 신청할 수 있다.
② 직업안정기관의 장이 구인신청을 접수한 때에는 신청자의 신원과 구인자의 사업자등록내용등의 확인을 요구할 수 있다.
③ 구인자는 구인신청후 신청내용이 변경된 경우에는 즉시 이를 직업안정기관의 장에게 통보하여야 한다.
④ 직업안정기관의 장이 법 제8조 단서의 규정에 의하여 구인신청을 수리하지 아니하는 경우에는 구인자에게 그 이유를 설명하여야 한다.

제6조(구직의 신청) ① 직업안정기관의 장은 법 제9조의 규정에 의하여 구직신청을 접수할 경우에는 구직자의 신원을 확인하여야 한다. 다만, 신원이 확실한 경우에는 이를 생략할 수 있다.
② 직업안정기관의 장이 법 제9조제1항 단서의 규정에 의하여 구직신청의 수리를 거부하는 경우에는 구직자에게 그 이유를 설명하여야 한다.

③ 고용노동부장관은 일용근로자등 상시근무하지 아니하는 근로자에 대하여는 그 구직신청 및 소개에 관하여는 따로 절차를 정할 수 있다. <개정 2010.7.12.>
④ 직업안정기관의 장이 구직신청을 수리한 때에는 해당 구직자가 「고용보험법」 제43조제1항에 따른 구직급여의 수급자격이 있는지를 확인하여 수급자격이 있다고 인정되는 경우에는 구직급여지급을 위하여 필요한 조치를 취하여야 한다. <개정 1998.4.27., 2000.5.1., 2006.6.30., 2007.10.17.>

제7조(직업소개시 준수사항) 법 제11조에 따라 직업안정기관의 장이 직업소개업무를 행할 때에는 다음 각 호의 원칙을 준수하여야 한다. <개정 2009.12.31.>
1. 구인자 또는 구직자 어느 한쪽의 이익에 치우치지 아니할 것
2. 구직자가 취업할 직업에 쉽게 적응할 수 있도록 종사하게 될 업무의 내용, 임금, 근로시간, 그 밖의 근로조건에 대하여 상세히 설명할 것

제8조(채용여부의 통보) 구인자가 직업안정기관에서 구직자를 소개받은 때에는 그 채용여부를 직업안정기관의 장에게 통보하여야 한다.

제9조(직업지도) ① 법 제14조의 규정에 의하여 직업안정기관의 장이 신체 또는 정신에 장애가 있는 자(이하 "장애인"이라 한다)에 대하여 직업지도를 하는 경우에는 소속직원중에서 이에 대한 특별한 지식과 기능을 가진 자로 하여금 담당하게 하여야 한다.
② 직업안정기관의 장은 장애인에 대한 직업지도를 위하여 필요하다고 인정하는 경우에는 전문기관에 위탁하여 장애인의 직업지도에 관한 조사·연구를 하게 할 수 있다.
③ 직업안정기관의 장은 직업지도를 받아 취업한 사람이 그 직업에 쉽게 적응할 수 있도록 하기 위하여 필요하다고 인정하는 경우에는 취업 후에도 직업지도를 실시할 수 있다. <개정 2009.12.31.>
④ 직업안정기관의 장은 효과적인 직업지도를 위하여 필요하다고 인정하는 경우에는 구직자에 대한 직업적성검사·흥미검사·직업선호도검사 기타 필요한 검사를 실시할 수 있다. <개정 1999.5.27.>

제10조(직업상담) 직업안정기관의 장이 직업 상담을 하는 경우에는 구직자의 개별적인 상황을 고려하고, 고용정보 및 직업능력개발에 관한 정보, 직업적성검사등을 활용하여야 한다.

제11조(학생 등에 대한 직업지도) 법 제15조에 따라 직업안정기관의 장은 고용정보, 직업에 관한 조사·연구의 결과 등을 각급 학교의 장이나 공공직업훈련시설의 장에게 제공하고, 학생 또는 직업훈련생 등에 대하여 직업적성검사 및 집단상담 등을 통하여 직업선택에 필요한 지도를 할 수 있다. <개정 1999.5.27., 2009.12.31.>
[제목개정 2009.12.31.]

제12조(고용정보제공의 내용등) ① 법 제16조제1항의 규정에 의하여 직업안정기관의 장이 수집·제공하여야 할 고용정보는 다음 각호와 같다. <개정 1999.5.27.>
1. 경제 및 산업동향
2. 노동시장, 고용·실업동향
3. 임금, 근로시간등 근로조건
4. 직업에 관한 정보
5. 채용·승진등 고용관리에 관한 정보
6. 직업능력개발훈련에 관한 정보
7. 고용관련 각종지원 및 보조제도
8. 구인·구직에 관한 정보
② 법 제16조제1항의 규정에 의하여 직업안정기관의 장으로부터 구인·구직정보를 제공받은 자는 당해 정보를 구인·구직 및 취업알선목적외에 사용하여서는 아니된다. <신설 1996.4.12.>

제13조(구인·구직의 개척) ① 직업안정기관의 장은 관할지역안의 사업장 방문, 전화연락, 신문등을 통한 구인·구직알선의 광고, 사업주간담회참석등을 통하여 구인을 개척하여야 한다.
② 직업안정기관의 장은 특별자치도·시·군·구(자치구를 말한다. 이하 같다) 및 학교 등과 협력하여 취업 희망자를 파악하고 취업설명회 등을 개최하며, 직업안정기관의 이용을 홍보하는 등 적극적으로 구직을 개척하여야 한다. <개정 1999.5.27., 2009.12.31.>

제14조(무료직업소개사업의 신고) ① 법 제18조제1항의 규정에 의한 무료직업소개사업의 신고를 할 수 있는 자는 그 설립목적 및 사업내용이 무료직업소개사업에 적합하고, 당해 사업의 유지·운영에 필요한 조직 및 자산을 갖춘 비영리법인 또는 공익단체로 한다. <개정 1999.5.27.>
② 제1항의 규정에 의한 비영리법인중 법 제26조의 규정에 의하여 직업소개사업과의 겸업이 금지되어 있는 영업을 하는 자를 구성원으로 하는 비영리법인은 고용노동부령이 정하는 요건에 해당하는 법인에 한한다. <개정 2010.7.12.>
③ 제1항의 규정에 의한 공익단체는 법인이 아닌 단체중 그 설립에 관하여 행정기관의 인·허가를 받았거나 행정기관에 신고를 한 단체로서 활동의 공공성·사회성이 인정된 단체를 말한다. <개정 1998.4.27.>
④ 무료직업소개사업의 신고절차 등에 관하여 필요한 사항은 고용노동부령으로 정한다. <개정 1999.5.27., 2010.7.12.>

제15조 삭제 <1999.5.27.>
제16조 삭제 <1999.5.27.>

제17조(직업소개사업의 타목적 이용금지) 무료직업소개사업을 행하는 자는 직업소개사업외의 사업의 확장을 위한 회원모집·조직확대·선전등의 수단으로 직업소개사업을 운영하여서는 아니된다.

제18조(특별자치도·시·군·구 중 둘 이상에 무료직업소개사업소를 두는 경우) ① 삭제 <2009.12.31.>
② 법 제18조제1항에 따른 국내 무료직업소개사업의 신고가 있는 때에는 그 주된 사업소의 소재지를 관할하는 시장·군수·구청장(자치구의 구청장을 말한다. 이하 같다)은 주된 사업소 외의 사업소의 소재지를 관할하는 특별자치도지사·시장·군수·구청장에게 신고를 받은 날부터 10일 이내에 그 신고사실을 통보하여야 하며, 각 사업소의 소재지를 관할하는 특별자치도지사·시장·군수·구청장은 해당 사업의 지도·감독 등에 관하여 서로 협조를 요청할 수 있다. <개정 2009.12.31.>
③ 제2항에 따른 요청을 받은 특별자치도지사·시장·군수·구청장은 특별한 사유가 없는 한 이에 응하여야 한다. <개정 2009.12.31.>
[전문개정 1999.5.27.]
[제목개정 2009.12.31.]

제19조 삭제 <1999.5.27.>

제20조 삭제 〈1999.5.27.〉

제21조(유료직업소개사업의 등록요건 등)
① 법 제19조제1항에 따른 유료직업소개사업의 등록을 할 수 있는 자는 다음 각 호의 어느 하나에 해당하는 자에 한정한다. 다만, 법인의 경우에는 직업소개사업을 목적으로 설립된 「상법」상 회사 또는 「협동조합 기본법」 제2조제1호에 따른 협동조합(같은 조 제3호에 따른 사회적협동조합은 제외한다)으로서 납입자본금이 5천만원(둘 이상의 사업소를 설치하는 경우에는 추가하는 사업소 1개소당 2천만원을 가산한 금액)이상이고 임원 2명 이상이 다음 각 호의 어느 하나에 해당하는 자 또는 「근로자직업능력 개발법」에 따른 직업능력개발훈련법인으로서 임원 2명 이상이 다음 각 호의 어느 하나에 해당하는 자에 한정한다.
〈개정 1996.4.12., 1998.4.27., 1999.5.27., 2000.5.1., 2005.6.30., 2006.6.30., 2009.12.31., 2016.5.3.〉
1. 「국가기술자격법」에 의한 직업상담사 1급 또는 2급의 국가기술자격이 있는 자
2. 직업소개사업의 사업소, 「근로자직업능력 개발법」에 의한 직업능력개발훈련시설, 「초·중등교육법」 및 「고등교육법」에 의한 학교, 「청소년기본법」에 의한 청소년단체에서 직업상담·직업지도·직업훈련 기타 직업소개와 관련이 있는 상담업무에 2년 이상 종사한 경력이 있는 자
3. 「공인노무사법」 제3조의 규정에 의한 공인노무사 자격을 가진 자.
4. 조합원이 100인 이상인 단위노동조합, 산업별 연합단체인 노동조합 또는 총연합단체인 노동조합에서 노동조합업무전담자로 2년이상 근무한 경력이 있는 자
5. 상시사용근로자 300인 이상인 사업 또는 사업장에서 노무관리업무전담자로 2년 이상 근무한 경력이 있는 자
6. 국가공무원 또는 지방공무원으로서 2년 이상 근무한 경력이 있는 자
7. 「초·중등교육법」에 의한 교원자격증을 가지고 있는 자로서 교사근무경력이 2년 이상인 자
8. 「사회복지사업법」에 따른 사회복지사 자격증을 가진 사람
② 법 제19조제2항 단서에서 "직업소개 또는 직업상담에 관한 경력, 자격 또는 소양이 있다고 인정되는 사람 등 대통령령으로 정하는 사람"이란 제1항 각 호의 어느 하나에 해당

하는 사람을 말한다. 〈개정 2009.12.31.〉
③ 삭제 〈1996.4.12.〉
④ 삭제 〈1996.4.12.〉
⑤ 법 제19조의 규정에 의한 유료직업소개사업의 등록을 하고자 하는 자는 고용노동부령이 정하는 시설을 갖추어야 한다. 〈개정 1998.4.27., 1999.5.27., 2010.7.12.〉
⑥ 법 제19조제1항에 따른 국내 유료직업소개사업의 등록 및 지도·감독에 관하여는 제18조를 준용한다. 〈신설 2009.12.31.〉
[제목개정 2009.12.31.]

제21조의2 삭제 〈2009.12.31.〉
제22조 삭제 〈1999.5.27.〉
제23조 삭제 〈1998.4.27.〉
제24조 삭제 〈1996.4.12.〉

제25조(유료직업소개사업자의 준수사항) 법 제19조제6항에 따라 유료직업소개사업자 및 그 종사자는 다음 각 호의 사항을 준수하여야 한다. 〈개정 1996.4.12., 1998.4.27., 1999.5.27., 2009.12.31., 2010.7.12.〉
1. 직업소개사업자(법인의 경우에는 제21조제1항의 규정에 의한 등록요건에 해당하는자)는 사업소에 근무하면서 종사자를 직접 관리·감독하여 직업소개행위와 관련된 비위사실이 발생하지 아니하도록 할 것
2. 삭제 〈1998.4.27.〉
3. 구인자의 사업이 행정관청의 허가·신고·등록등을 필요로 하는 사업인 경우에는 그 허가·신고·등록등의 여부를 확인할 것
4. 직업소개사업의 광고를 할 때에는 직업소개소의 명칭·전화번호·위치 및 등록번호를 기재할 것
5. 삭제 〈1999.5.27.〉
6. 법 제19조제3항에 따른 요금은 구직자의 근로계약이 체결된 후에 받을 것. 다만, 회비형식으로 요금을 받고 일용근로자를 소개하는 경우 또는 법 제19조제3항 단서에 따라 고용노동부령으로 정하는 고급·전문인력을 소개하는 경우에는 그러하지 아니하다.
7. 제7조 각호의 사항
8. 기타 사업소의 부착물 등 고용노동부령이 정하는 사항

제26조(유료직업소개사업의 등록신청·명칭등)
유료직업소개사업의 등록 및 변경등록의 신청·사업소의 명칭 기타 유료직업소개사업의 등록 및 사업운영에 관하여 필요한 사항은 고용노동부령으로 정한다. <개정 1999.5.27., 2010.7.12.>

제26조의2 삭제 <2007.7.23.>

제27조(직업정보제공사업의 신고절차 및 변경)
① 법 제23조제1항에 따라 직업정보제공사업의 신고를 하려는 자는 다음 각 호의 사항을 기재한 신고서에 고용노동부령으로 정하는 서류를 첨부하여 고용노동부장관에게 제출하여야 한다. 이 경우 직업정보를 제공하는 사업소를 둘 이상 두고자 할 때에는 사업소별로 신고하여야 한다. <개정 1996.4.12., 2009.12.31., 2010.7.12.>
1. 신고인의 주소 및 성명(법인의 경우에는 법인의 명칭 및 대표자의 성명)
2. 사업소의 명칭 및 소재지
3. 직업정보제공의 수단 및 범위
4. 직업정보제공 대가의 유무
5. 지사를 설치하고자 하는 경우에는 지사의 대표자·소재지 및 지사의 업무
② 제1항의 규정에 의하여 직업정보제공사업을 신고한 자는 신고한 날부터 6월이내에 당해 신고사업을 개시하여야 한다. <개정 1996.4.12.>
③ 제1항에 따라 신고를 한 자가 신고서에 기재한 사항(신고인의 주소는 제외한다)을 변경한 때에는 그 변경일부터 10일 이내에 고용노동부장관에게 변경신고서를 제출하여야 한다. <개정 1996.4.12., 2009.12.31., 2010.7.12.>
④ 직업정보제공사업의 신고서 기타 신고에 관하여 필요한 사항은 고용노동부령으로 정한다. <개정 1996.4.12., 2010.7.12.>

제28조(직업정보제공사업자의 준수사항) 법 제25조의 규정에 의하여 직업정보제공사업을 하는 자 및 그 종사자가 준수하여야 할 사항은 다음 각호와 같다. <개정 1998.4.27., 2007.7.23.>
1. 구인자의 업체명(또는 성명)이 표시되어 있지 아니하거나 구인자의 연락처가 사서함등으로 표시되어 구인자의 신원이 확실하지 아니한 구인광고를 게재하지 아니할 것
2. 직업정보제공매체의 구인·구직의 광고에는 구인·구직자의 주소 또는 전화번호를 기재하고, 직업정보제공사업자의 주소 또는 전화번호는 기재하지 아니할 것
3. 직업정보제공매체 또는 직업정보제공사업의 광고문에 "(무료)취업상담"·"취업추천"·"취업지원"등의 표현을 사용하지 아니할 것
4. 구직자의 이력서 발송을 대행하거나 구직자에게 취업추천서를 발부하지 아니할 것
5. 직업정보제공매체에 정보이용자들이 알아보기 쉽게 법 제23조에 따른 신고로 부여받은 신고번호를 표시할 것
6. 「최저임금법」 제10조에 따라 결정 고시된 최저임금에 미달되는 구인정보, 「성매매알선 등 행위의 처벌에 관한 법률」 제4조에 따른 금지행위가 행하여지는 업소에 대한 구인광고를 게재하지 아니할 것

제29조 삭제 <1999.5.27.>
제30조 삭제 <1999.5.27.>

제31조(국외취업자의 모집신고 및 등록) ① 법 제30조제1항의 규정에 의하여 국외에 취업할 근로자를 모집한 자는 모집한 후 15일이내에 다음 각호의 사항을 기재한 모집신고서에 고용노동부령이 정하는 서류를 첨부하여 고용노동부장관에게 신고하여야 한다. <개정 1998.4.27., 2010.7.12.>
1. 모집자의 사업소의 명칭·소재지 및 대표자
2. 모집인원 및 근로조건
3. 모집자(국외유료직업소개사업자 또는 국외근로자공급사업자가 모집하는 경우에는 구인 또는 공급요청자)의 사업현황
② 삭제 <1998.4.27.>
③ 고용노동부장관은 법 제30조의 규정에 의한 근로자의 모집을 원활하게 하기 위하여 필요하다고 인정할 때에는 국외취업을 희망하는 근로자를 미리 등록하게 할 수 있다. <개정 2010.7.12.>
④ 제3항의 규정에 의한 근로자의 등록 및 관리에 관하여 필요한 사항은 고용노동부장관이 따로 정한다. <개정 2010.7.12.>
⑤ 국외취업자모집신고서 기타 모집에 관하여 필요한 사항은 고용노동부령으로 정한다. <개정 2010.7.12.>

제32조(모집방법등의 서면권고) 고용노동부장관이 법 제31조제1항의 규정에 의하여 모

집방법등의 개선을 권고할 때에는 권고사항, 개선기한등을 명시하여 서면으로 하여야 한다. <개정 2010.7.12.>

제33조(근로자공급사업) ① 법 제33조제1항에 따라 근로자공급사업을 하려는 자는 다음 각 호의 사항을 기재한 허가신청서에 고용노동부령으로 정하는 서류를 첨부하여 고용노동부장관에게 제출하여야 한다. 허가받은 사항 중 공급 직종, 업무구역 등 고용노동부령으로 정하는 중요 사항을 변경하고자 할 때에도 또한 같다. <개정 2010.7.12., 2011.4.4.>
1. 사업소의 명칭·소재지 및 대표자
2. 근로자 공급계획
3. 공급대상사업체수
② 근로자공급사업을 하는 자는 허가받은 사항 중 다음 각 호의 어느 하나에 해당하는 사항이 변경된 경우에는 그 사실을 고용노동부령으로 정하는 바에 따라 고용노동부장관에게 알려야 한다. <신설 2011.4.4.>
1. 사업자의 명칭
2. 사업소의 소재지
③ 법 제33조제5항에 따라 국외 근로자공급사업을 하려는 자는 다음 각 호의 자산 및 시설을 모두 갖추어야 한다. <개정 2009.12.31., 2011.4.4.>
1. 1억원 이상의 자본금(비영리법인의 경우에는 대차대조표상의 자본총계를 말한다)
2. 국내에 소재하고, 2명 이상이 상담할 수 있는 독립된 공간을 갖춘 사무실
④ 삭제 <2009.12.31.>
⑤ 삭제 <1996.4.12.>
⑥ 삭제 <2007.7.23.>
⑦ 삭제 <2009.12.31.>

제34조(거짓 구인광고의 범위 등) 법 제34조에 따른 거짓 구인광고 또는 거짓 구인조건 제시의 범위는 신문·잡지, 그 밖의 간행물, 유선·무선방송, 컴퓨터통신, 간판, 벽보 또는 그 밖의 방법에 의하여 광고를 하는 행위 중 다음 각 호의 어느 하나에 해당하는 것으로 한다. <개정 2009.12.31.>
1. 구인을 가장하여 물품판매·수강생모집·직업소개·부업알선·자금모금등을 행하는 광고
2. 거짓 구인을 목적으로 구인자의 신원(업체명 또는 성명)을 표시하지 아니하는 광고
3. 구인자가 제시한 직종·고용형태·근로

조건등이 응모할 때의 그것과 현저히 다른 광고
4. 기타 광고의 중요내용이 사실과 다른 광고
[제목개정 2009.12.31.]

제34조의2(예치금의 예치 및 인출등) ①법 제34조의2의 규정에 의하여 국내유료직업소개사업자는 사업소별로 1천만원, 국외유료직업소개사업자는 1억원, 국외근로자공급사업자는 2억원을 금융기관에 예치하거나 보증보험에 가입하여야한다. 다만, 국외 연수생만을 소개하는 국외유료직업소개사업자의 경우에는 5천만원을 금융기관에 예치하거나 보증보험에 가입하여야 한다. <개정 1999.2.8., 1999.5.27.>
②예치금의 예치기간 또는 보증보험의 보증기간이 만료되는 때에는 당해 기간의 만료일까지 제1항의 규정에 의한 금액을 다시 금융기관에 예치하거나 보증보험에 가입하고 10일이내에 그 증빙서류를 등록관청 또는 허가관청에 제출하여야 한다. <개정 1999.5.27.>
③제1항 및 제2항의 규정에 의하여 유료직업소개사업자 또는 국외근로자공급사업자가 예치금을 금융기관에 예치하는 경우에는 등록기관의 장 또는 허가기관의 장과 공동명의로 하여야 하며, 보증보험에 가입하는 경우에는 등록기관의 장 또는 허가기관의 장을 피보험자로 하여야 한다. <개정 1998.4.27., 1999.5.27.>
④유료직업소개사업자 또는 국외근로자공급사업자에 의한 직업소개 또는 근로자공급과 관련하여 손해를 입은 근로자 또는 근로자를 소개·공급받은 자는 사업자가 그 손해의 배상에 응하지 아니하여 예치금 또는 보증보험으로 손해를 배상받고자 할 경우에는 당해 근로자 또는 근로자를 소개·공급받은 자와 사업자간의 손해배상합의서, 화해조서, 법원의 확정판결문 사본 기타 이에 준하는 효력이 있는 서류를 등록관청 또는 허가관청에 제출하여 협조를 요청할 수 있다. <개정 1999.5.27.>
⑤유료직업소개사업자 및 국외근로자공급사업자는 예치금 또는 보증보험금으로 당해직업소개 또는 근로자공급과 관련된 손해를 배상한 경우에는 7일이내에 예치금중 부족하게 된 금액을 보충하여 예치하거나 보증보험에 다시 가입하여야 한다.
[본조신설 1996.4.12.]

제35조 삭제 <1997.12.31.>

제36조(서면통지) 고용노동부장관 또는 특별자치도지사·시장·군수·구청장은 법 제37조에 따른 폐쇄조치를 하려는 경우에는 미리 이를 해당 사업을 하는 자 또는 그 대리인에게 문서(해당 사업을 하는 자 또는 그 대리인이 원하는 경우에는 「전자문서 및 전자거래 기본법」 제2조제1호에 따른 전자문서를 포함한다)로 알려주어야 한다. 다만, 긴급한 사유가 있는 경우에는 그러하지 아니하다. <개정 1999.5.27., 2007.12.31., 2009.12.31., 2010.7.12., 2012.8.31.>

제37조(권한의 위임) 법 제44조에 따라 고용노동부장관은 다음 각 호의 권한을 직업안정기관의 장에게 위임한다. <개정 1996.4.12., 1998.4.27., 1999.5.27., 2009.12.31., 2010.7.12., 2018.12.11.>
1. 법 제18조의 규정에 의한 국외무료직업소개사업의 신고
1의2. 법 제19조의 규정에 의한 국외유료직업소개사업의 등록
2. 법 제23조의 규정에 의한 직업정보제공사업의 신고
3. 법 제30조의 규정에 의한 국외취업자의 모집에 관한 신고의 수리
4. 법 제33조에 따른 근로자공급사업의 허가
5. 법 제35조에 따른 직업정보제공사업 및 근로자공급사업의 폐업신고의 수리
6. 법 제36조에 따른 사업의 정지, 등록 또는 허가의 취소(국내 무료·유료직업소개사업의 정지 또는 등록의 취소는 제외한다)
7. 법 제37조의 규정에 의한 폐쇄조치(다만, 국내 무료·유료직업소개사업의 폐쇄조치를 제외한다)
8. 법 제41조에 따른 보고명령 및 조사 등(국내무료·유료직업소개사업자에 대한 보고명령 및 조사 등은 제외한다)
9. 삭제 <1996.4.12.>
10. 법 제50조에 따른 과태료의 부과·징수(국내무료·유료직업소개사업자에 대한 과태료의 부과·징수는 제외한다)

제37조의2(사업자협회의 설립) ① 법 제45조의2제1항에 따라 직업소개사업·직업정보제공사업 또는 근로자공급사업을 하는 자(이하 "사업자"라 한다)가 사업별로 사업자협회를 설립하는 때에는 사업자 30인 이상의 발기인이 정관을 작성하여 사업자 30인 이상이 출석한 창립총회에서 출석 사업자 과반수의 의결을 거친 후 고용노동부장관의 설립인가를 받아야 한다. <개정 2010.7.12.>
② 사업자협회의 설립인가 신청절차와 사업자협회의 정관에 기재할 사항 등에 관하여 필요한 사항은 고용노동부령으로 정한다. <개정 2010.7.12.>
[본조신설 2006.6.30.]

제37조의3(사업자협회의 업무) 사업자협회는 법 제45조의2제1항에 따른 목적을 달성하기 위하여 다음 각 호의 업무를 수행한다. <개정 2009.12.31.>
1. 사업자의 건전한 발전과 공동이익을 도모하는 사업
2. 사업자 및 그 종사자의 자질향상을 위한 지도와 교육 및 연수에 관한 업무
3. 사업자의 윤리헌장 제정 및 그 실천에 관한 업무
4. 법 제34조의2제3항에 따른 공제사업
5. 그 밖에 사업자협회의 설립목적 달성을 위하여 필요한 업무
[본조신설 2006.6.30.]

제37조의4(민감정보 및 고유식별정보의 처리) 고용노동부장관(법 제3조제2항·제4조의5제2항 및 이 영 제37조에 따라 고용노동부장관의 권한을 위임·위탁받은 자를 포함한다), 직업안정기관의 장 또는 특별자치도지사·시장·군수·구청장(해당 권한이 위임·위탁된 경우에는 그 권한을 위임·위탁받은 자를 포함한다)은 다음 각 호의 사무를 수행하기 위하여 불가피한 경우 「개인정보 보호법」 제23조에 따른 건강에 관한 정보 및 「개인정보 보호법 시행령」 제18조제2호에 따른 범죄경력자료에 해당하는 정보와 같은 영 제19조제1호 또는 제4호에 따른 주민등록번호 또는 외국인등록번호가 포함된 자료를 처리할 수 있다.
1. 법 제4조의5에 따른 고용서비스 우수기관의 인증·재인증 등에 관한 사무
2. 법 제9조에 따른 구직 신청에 관한 사무
3. 법 제18조에 따른 무료직업소개사업의 신고·변경신고에 관한 사무
4. 법 제19조에 따른 유료직업소개사업의 등록·변경등록에 관한 사무

5. 법 제23조에 따른 직업정보제공사업의
   신고·변경신고에 관한 사무
6. 법 제33조에 따른 근로자공급사업의 허
   가·연장허가 등에 관한 사무
7. 법 제35조에 따른 직업소개사업·직업
   정보제공사업·근로자공급사업 폐업신
   고에 관한 사무
8. 법 제38조에 따른 직업소개사업의 신고
   ·등록을 하거나 근로자공급사업의 허가
   를 신청한 사람에 대한 결격사유 조회에
   관한 사무
9. 법 제41조의2에 따른 행정기관의 자료
   협조 등에 관한 사무
10. 법 제45조의3에 따른 신고 및 포상금
    지급에 관한 사무
11. 제37조의2에 따른 사업자협회의 설립
    인가에 관한 사무
[본조신설 2012.1.6.]

제37조의5(규제의 재검토) 고용노동부장관은
제17조에 따른 직업소개사업의 타목적 이
용금지에 대하여 2017년 1월 1일을 기준
으로 3년마다(매 3년이 되는 해의 1월 1
일 전까지를 말한다) 그 타당성을 검토하
여 개선 등의 조치를 하여야 한다. <개정
2016.12.30.>
[본조신설 2014.12.9.]

제38조(과태료의 부과기준) 법 제50조제1항
및 제2항에 따른 과태료의 부과기준은 별
표와 같다.
[전문개정 2011.4.4.]

부칙
<대통령령 제29353호, 2018.12.11.>

이 영은 공포한 날부터 시행한다.

청년고용촉진 특별법

(약칭: 청년고용법)

[시행 2018.12.31.]
[법률 제16195호, 2018.12.31., 일부개정]

제1장 총칙
<개정 2009.10.9.>

제1조(목적) 이 법은 청년 미취업자에 대한 국내외 직업능력개발훈련 등의 지원을 통하여 청년고용을 촉진하고 지속적인 경제발전과 사회안정에 이바지함을 목적으로 한다. [전문개정 2009.10.9.]

제2조(정의) 이 법에서 사용하는 용어의 뜻은 다음과 같다.
1. "청년"이란 취업을 원하는 사람으로서 대통령령으로 정하는 나이에 해당하는 사람을 말한다.
2. "중소기업체"란 「중소기업기본법」 제2조에 따른 중소기업을 말한다.
[전문개정 2009.10.9.]

제3조(국가 및 지방자치단체 등의 책무) ① 국가 및 지방자치단체는 청년고용을 촉진하기 위하여 인력수급 전망, 청년 미취업자 실태 조사, 직업 지도, 취업 알선 및 직업능력개발훈련 등을 포함한 대책을 수립·시행하여야 하고 청년 미취업자의 고용이 촉진될 수 있는 사회적·경제적 환경을 마련하도록 노력하여야 한다.
② 기업과 「공공기관의 운영에 관한 법률」에 따른 공공기관 및 「지방공기업법」에 따른 지방공기업(이하 "기업등"이라 한다)은 청년고용을 촉진하기 위한 국가 및 지방자치단체의 대책에 적극 협조하여야 한다.
③ 「초·중등교육법」 및 「고등교육법」에 따른 각급 학교(이하 "대학등"이라 한다)는 산업현장에서 요구하는 인력의 양성을 위한 교육과정 운영, 직업 지도 및 직업현장 체험 기회 제공을 위하여 노력하여야 한다.
[전문개정 2009.10.9.]

제4조(청년고용촉진특별위원회 설치 등) ① 청년고용촉진에 관한 주요 사항을 심의·평가하기 위하여 고용노동부에 청년고용촉진특별위원회(이하 "특별위원회"라 한다)를 둔다. <개정 2010.6.4.>
② 특별위원회는 다음 각 호의 사항을 심의한다.
1. 제3조제1항에 따른 대책의 수립·시행에 관한 사항
2. 청년고용촉진을 위한 산·학·관 협력에 관한 사항
3. 제5조제1항에 따른 공공기관 및 지방공기업의 청년 미취업자 채용실적에 관한 사항
4. 그 밖에 청년 미취업자의 고용을 촉진하기 위하여 필요한 사항
③ 특별위원회의 설치·운영에 필요한 사항은 대통령령으로 정한다.
[전문개정 2009.10.9.]

제2장 청년 미취업자에 대한 고용 확대 및 직업 지도 등
<개정 2009.10.9.>

제5조(공공기관의 청년 미취업자 고용 의무) ① 「공공기관의 운영에 관한 법률」에 따른 공공기관과 「지방공기업법」에 따른 지방공기업 중 대통령령으로 정하는 공공기관과 지방공기업의 장은 매년 각 공공기관과 지방공기업의 정원의 100분의 3 이상씩 청년 미취업자를 고용하여야 한다. 다만, 구조조정 등 불가피한 경우로서 대통령령으로 정하는 사유가 있는 경우는 제외한다. <개정 2013.5.22.>
② 고용노동부장관은 제4조제2항제3호에 대한 특별위원회의 평가결과 청년 미취업자 채용 실적이 부진한 공공기관 및 지방공기업에 대하여는 청년 미취업자 고용을 확대하여 줄 것을 요청할 수 있다. <개정 2010.6.4.>
③ 정부는 제1항에 따라 청년 미취업자를 고용한 공공기관과 지방공기업의 장이 경영합리화조치를 통하여 경비 절감과 생산성 향상을 위한 조치를 하도록 지도하여야 하며, 청년 미취업자의 고용 실적을 고려하여 세법에서 정하는 바에 따라 조세감면을 하거나 보조금을 지급하는 등의 지원을 할 수 있다.
④ 고용노동부장관은 제1항에 따른 고용 의무를 이행하지 아니한 공공기관과 지방공기업의 명단을 공표하여야 한다. <신설

2013.5.22.>

⑤ 정부는 제1항에 따른 청년 미취업자 고용 실적을 「공공기관의 운영에 관한 법률」 제48조에 따른 경영실적 평가와 「지방공기업법」 제78조에 따른 경영평가에 반영하여야 한다. <신설 2013.5.22.>

⑥ 고용노동부장관은 제1항에 따른 고용 의무를 이행하지 아니한 공공기관과 지방공기업의 고용 의무 미이행 현황 및 그 사유, 전년도 고용 의무 미이행 공공기관과 지방공기업에 대한 제4항 및 제5항에 따른 조치 결과 등을 다음 연도 2월 28일까지 국회 소관 상임위원회에 제출하여야 한다. <신설 2018.12.31.>

[전문개정 2009.10.9.]

[제목개정 2013.5.22.]

[법률 제11792호(2013.5.22.) 부칙 제2조의 규정에 의하여 이 조는 2018년 12월 31일까지 유효함]

제6조(국민생활안정 관련 공공부문에서의 청년 미취업자 고용 확대) ① 정부는 안보·국방·치안·소방·사회복지서비스 및 환경보전 등 국민생활의 안정과 불편 해소를 위하여 인력수요가 큰 공공부문에 청년 미취업자의 고용을 확대하도록 노력하여야 한다.

② 정부는 교육·보건·환경 및 문화 등의 사회서비스 분야에 청년 미취업자의 고용이 확대될 수 있도록 일자리 창출사업을 실시하도록 노력하여야 한다.

③ 정부는 제2항에 따른 사회서비스사업, 환경감시단, 산불감시단, 그 밖의 공공근로사업에 대한 예산 지원규모를 확대하고, 사업비 단가를 현실화하여 청년 미취업자의 고용을 확대하도록 노력하여야 한다.

[전문개정 2009.10.9.]

제7조(중소기업체의 청년 미취업자 고용 지원) ① 정부는 인건비 등 경비 과중으로 인한 중소기업체의 경영 애로를 타개하고 청년 미취업자의 고용을 촉진하기 위하여 중소기업체가 청년 미취업자를 고용하거나 직업능력개발훈련을 실시하는 경우 그 소요 비용의 전부 또는 일부를 지원할 수 있다.

② 정부는 중소기업체가 청년 미취업자의 고용을 촉진하기 위하여 시설 및 환경을 개선하는 경우 그 소요 비용의 전부 또는 일부를 지원할 수 있다.

③ 정부는 외국인근로자를 고용하고 있는 중소기업체가 외국인근로자를 청년 미취업자로 대체하거나 청년 미취업자를 추가로 고용하는 경우 보조금 또는 그 밖의 방법으로 소요 비용의 전부 또는 일부를 지원할 수 있다.

④ 제1항부터 제3항까지의 규정에 따라 정부가 중소기업체에 소요 비용의 전부 또는 일부를 지원하는 경우에도 정부는 청년 미취업자 고용 여부 외에 불필요한 보고 등 해당 중소기업체의 자율적인 경영을 저해하는 간섭을 하여서는 아니 된다.

[전문개정 2009.10.9.]

제8조(청년 미취업자 고용 확대 계획의 수립 등) 정부는 제5조부터 제7조까지의 규정에 따른 청년 미취업자의 고용 확대 또는 지원에 관한 계획을 따로 수립하여 공표하고 시행하여야 한다. 이 경우 계획에는 분야별 고용계획 또는 지원방안 등이 포함되어야 한다.

[전문개정 2009.10.9.]

제8조의2(청년에 대한 직장체험 기회 제공) ① 정부는 청년이 직업을 선택하기 전에 기업등에서 직업을 체험할 수 있는 기회를 제공하도록 노력하여야 한다.

② 정부는 기업등이나 경제단체 또는 대학 등이 제1항에 따른 직장체험 기회 제공 사업에 참여하는 경우 그 소요 비용의 전부 또는 일부를 지원할 수 있다.

[본조신설 2009.10.9.]

제8조의3(직업지도 프로그램의 개발·운영 및 제공) ① 정부는 청년이 적성과 능력에 맞는 직업을 선택할 수 있도록 직업상담·직업적성검사 등 다양한 직업지도 프로그램을 개발하여 「직업안정법」 제2조의2제1호에 따른 직업안정기관을 통하여 직접 운영하거나 민간에 위탁하여 운영할 수 있다. <개정 2009.10.9.>

② 정부는 대학등이 제1항에 따른 프로그램을 운영할 수 있도록 지원할 수 있다.

[본조신설 2009.10.9.]

제8조의4(취업에 어려움을 겪는 청년에 대한 고용지원서비스 제공) ① 정부는 저학력, 경력 및 직업기술의 부족 등을 이유로 취업에 어려움을 겪는 청년에게 개인

별 심층상담을 통한 직업경로 설계, 직장체험·직업능력개발훈련을 통한 취업의 욕과 능력 증진, 취업 알선 등의 고용지원서비스를 제공하도록 노력하여야 한다.
② 정부는 제1항에 따른 고용지원서비스를 제공하는 경우 취업에 어려움을 겪는 청년의 참여를 유도하고 취업을 촉진하기 위하여 필요한 지원을 할 수 있다.
③ 제1항에 따른 취업에 어려움을 겪는 청년의 범위는 대통령령으로 정한다.
[본조신설 2009.10.9.]

제3장 청년미취업자 등에 대한 직업능력개발훈련

제9조(청년 미취업자 등에 대한 직업능력개발훈련의 기본원칙) 청년 미취업자 또는 청년 재직자에 대한 직업능력개발훈련은 다음 각 호의 원칙에 따라 실시하여야 한다.
1. 수요자의 요구를 사전에 파악하고, 적정 인원을 선발하여 훈련을 실시함으로써 실용적인 직업능력개발훈련이 되도록 할 것
2. 정부는 직업능력개발훈련 수요자가 훈련기관을 선택할 수 있도록 인프라를 구축할 것
3. 단순 기술훈련에서 탈피하여 무역·정보통신 등 신기술 분야, 환경 등 새로운 인력수요가 있는 분야 위주로 실시하여 고용구조를 고급화함으로써 이직·전직을 최소화하고, 평생 고용관계가 정립되도록 할 것
4. 직업능력개발훈련계획을 수립할 때에는 근로 취약계층·취약지역 또는 취약분야 출신자가 차별적인 대우를 받지 아니하도록 할 것
5. 정부, 기업등 및 대학등이 협력체계를 구축하여 직업능력개발훈련을 실시하되, 특화된 전문인력을 양성할 수 있도록 「초·중등교육법」에 따른 고등학교 중 특성화고등학교 및 직업훈련기관 등도 참여할 수 있도록 할 것
[전문개정 2009.10.9.]

제10조(기업 또는 민간 직업훈련기관의 직업능력개발훈련 지원) 정부는 기업 또는 민간 직업훈련기관이 청년 미취업자 또는 청년 재직자의 직업능력개발훈련을 실시하

는 경우 소요 비용의 전부 또는 일부를 지원할 수 있다.
[전문개정 2009.10.9.]

제11조(중소기업체의 공동 직업능력개발훈련 지원) 정부는 중소기업체가 비슷한 업무 분야의 기술개발, 전문가의 양성 또는 재직자의 직업능력개발훈련을 위하여 공동으로 직업능력개발훈련기관을 설치·운영하는 경우 소요 비용의 전부 또는 일부를 지원할 수 있다.
[전문개정 2009.10.9.]

제12조(글로벌인재 양성사업 및 협력체계) ① 정부는 국제적 경험을 갖춘 우수한 청년인재를 양성하고 청년의 고용을 촉진하기 위하여 해외 직장체험, 해외 봉사활동 등 다양한 인재 양성사업(이하 "글로벌인재 양성사업"이라 한다)을 하여야 한다. 이 경우 정부는 다음 각 호의 사항을 우선적으로 이행하도록 노력하여야 한다.
1. 글로벌인재 양성사업과 관련하여 다음 각 목의 자 등과 연계한 인력수급 및 취업정보 전산망 구축
   가. 기업등
   나. 대학등
   다. 「직업안정법」 제19조에 따른 국외 유료직업소개사업을 하는 자
2. 글로벌인재 양성사업에서 우수한 성과를 거둔 제1호 각 목에 해당하는 자 등에 대한 우대조치 시행
3. 글로벌인재 양성사업에 참여하는 청년의 비자 발급 지원 및 현지 정보 제공
4. 글로벌인재 양성사업에 참여한 청년의 사후관리 방안 마련
② 기업등은 글로벌인재 양성사업을 지원할 수 있는 국외 기관의 발굴 등 제1항에 따라 정부가 하는 사업에 협조하여야 한다.
③ 대학등은 다음 각 호의 사항에 관하여 제1항에 따라 정부가 하는 사업에 협조함으로써 글로벌인재를 양성하고 청년고용을 촉진하기 위하여 노력하여야 한다.
1. 글로벌인재 양성사업 대상 청년의 외국어 능력 향상 및 소양교육 강화
2. 글로벌인재 양성사업 참여자에 대한 학점인정 등 우대방안 마련
④ 정부는 제1항제1호 각 목의 어느 하나에 해당하는 자 등이 글로벌인재 양성사업

을 하는 경우 소요 비용의 전부 또는 일부를 지원할 수 있다.
[전문개정 2009.10.9.]

제13조(청년 미취업자 등의 직업능력개발훈련계획 수립 등) 정부는 다음 각 호의 사항에 관한 계획을 수립·시행하여야 한다.
1. 제9조에 따른 청년 미취업자 및 청년 재직자에 대한 직업능력개발훈련
2. 제10조 및 제11조에 따른 직업능력개발훈련의 지원
3. 글로벌인재 양성사업
[전문개정 2009.10.9.]

제4장 정부의 행정지원체계

제14조(청년 미취업자의 취업실태 및 지원계획 공표) ① 정부는 매년 청년 미취업자의 취업실태를 조사하여 공표하여야 한다.
② 정부는 제3조에 따른 대책과 제8조 및 제13조에 따라 수립한 계획을 공표하여야 한다.
[전문개정 2009.10.9.]

제15조 삭제 <2008.2.29.>

제16조(통합인력전산망의 설치) 정부는 청년 미취업자의 취업을 촉진하기 위하여 민간부문과 공공부문의 인력수급 및 취업정보를 연결하는 통합인력전산망을 구축하여 인적자원이 효율적으로 배분·활용되도록 하여야 한다.
[전문개정 2009.10.9.]

제16조의2(전문인력 양성) 고용노동부장관은 청년 미취업자의 직업지도, 취업지원 등 청년 미취업자의 고용을 촉진하기 위한 업무를 담당하는 전문인력 양성을 위하여 노력하여야 한다. <개정 2010.6.4.>
[본조신설 2009.10.9.]

제17조(군 복무 중인 자에 대한 취업기회 부여) 정부는 군 복무 중인 청년의 제대 후 취업·복직 등을 위하여 필요한 행정지원체제·훈련체제 및 예산지원체제 등 인프라를 구축할 수 있다. 이 경우 전역 3개월 전부터 병영 내 취업교육, 특별휴가 등 원활한 사회복귀 또는 취업기회 부여를 위하여 필요한 조치를

할 수 있다.
[전문개정 2009.10.9.]

제5장 보칙
<개정 2009.10.9.>

제18조(보고 및 검사) ① 정부는 정부가 지원하는 직업능력개발훈련을 내실 있게 실시하여 청년 미취업자의 고용이 촉진되도록 하기 위하여 필요하다고 인정하는 경우 기업, 민간 직업훈련기관 및 중소기업체의 대표자 등에게 제10조 및 제11조에 따른 직업능력개발훈련의 계획 및 실시결과를 보고하게 할 수 있다.
② 정부는 필요하다고 인정하는 경우 관계 공무원에게 사업장 등 시설에 출입하여 업무실태 및 장부와 그 밖의 물건을 조사하게 할 수 있다.
③ 제2항에 따라 조사하는 공무원은 그 권한을 표시하는 증표를 지니고 이를 관계인에게 내보여야 한다.
[전문개정 2009.10.9.]

제19조(과태료) ① 다음 각 호의 어느 하나에 해당하는 자에게는 500만원 이하의 과태료를 부과한다.
1. 제18조제1항에 따른 보고를 하지 아니하거나 거짓으로 보고한 자
2. 제18조제2항에 따른 출입 또는 조사를 거부·방해 또는 기피한 자
② 제1항에 따른 과태료는 대통령령으로 정하는 바에 따라 고용노동부장관이 부과·징수한다. <개정 2010.6.4.>
[전문개정 2009.10.9.]

부칙
<법률 제16195호, 2018.12.31.>

이 법은 공포한 날부터 시행한다.

청년고용촉진 특별법 시행령

[시행 2016.9.13.]
[대통령령 제27497호, 2016.9.13., 일부개정]

제1조(목적) 이 영은 「청년고용촉진 특별법」에서 위임된 사항과 그 시행에 필요한 사항을 규정함을 목적으로 한다.
[전문개정 2009.12.15.]

제2조(청년의 나이) 「청년고용촉진 특별법」(이하 "법"이라 한다) 제2조제1호에서 "대통령령으로 정하는 나이에 해당하는 사람"이란 15세 이상 29세 이하인 사람을 말한다. 다만, 법 제5조제1항에 따라 「공공기관의 운영에 관한 법률」에 따른 공공기관과 「지방공기업법」에 따른 지방공기업이 청년 미취업자를 고용하는 경우에는 15세 이상 34세 이하인 사람을 말한다. <개정 2013.10.30.>
[전문개정 2009.12.15.]

제3조(청년고용촉진 대책의 수립) ① 고용노동부장관은 법 제3조제1항에 따라 청년고용촉진을 위한 대책을 수립·시행하여야 한다. <개정 2010.7.12.>
② 특별시장·광역시장·특별자치시장·도지사 및 특별자치도지사는 법 제3조제1항에 따라 해당 지역사정을 고려하여 청년고용촉진을 위한 지역별 대책을 수립하고, 이를 수립한 경우에는 30일 이내에 고용노동부장관에게 제출하여야 한다. <개정 2010.7.12., 2016.9.13.>
[전문개정 2009.12.15.]

제4조(시행계획의 수립 등) ① 중앙행정기관의 장은 제3조제1항에 따른 대책을 이행하기 위한 자체 시행계획을 매년 1월 31일까지 수립하고, 이를 고용노동부장관에게 제출하여야 한다. <개정 2010.7.12.>
② 고용노동부장관은 제1항에 따라 수립된 시행계획을 검토하고, 그 이행상황을 주기적으로 점검하여야 한다. <개정 2010.7.12.>
[전문개정 2009.12.15.]

제5조(청년고용촉진특별위원회 설치·운영 등) ① 법 제4조제1항에 따른 청년고용촉진특별위원회(이하 "특별위원회"라 한다)는 위원장 1명을 포함한 25명 이내의 위원으로 구성한다. <개정 2016.9.5.>
② 특별위원회의 위원장은 고용노동부장관이 되고, 위원은 다음 각 호의 어느 하나에 해당하는 사람 중에서 고용노동부장관이 위촉한다. <개정 2010.7.12.>
1. 관련 중앙행정기관의 차관 또는 차관급 공무원
2. 사업주단체의 대표
3. 학교협의체 등 교육단체의 대표
4. 청년고용 문제에 관하여 학식과 경험이 풍부한 사람
③ 고용노동부장관은 제2항제2호부터 제4호까지의 규정에 따른 위원이 다음 각 호의 어느 하나에 해당하는 경우에는 해당 위원을 해촉(解囑)할 수 있다. <신설 2016.9.13.>
1. 심신장애로 인하여 직무를 수행할 수 없게 된 경우
2. 직무와 관련된 비위사실이 있는 경우
3. 직무태만, 품위손상이나 그 밖의 사유로 인하여 위원으로 적합하지 아니하다고 인정되는 경우
4. 위원 스스로 직무를 수행하는 것이 곤란하다고 의사를 밝히는 경우
④ 특별위원회의 회의는 재적위원 과반수의 출석으로 개의하고, 출석위원 과반수의 찬성으로 의결한다. <개정 2016.9.13.>
⑤ 제1항부터 제4항까지에서 규정한 사항 외에 특별위원회의 구성·운영에 필요한 사항은 고용노동부장관이 정한다. <개정 2010.7.12., 2016.9.13.>
[본조신설 2009.12.15.]
[종전 제5조는 제6조로 이동 <2009.12.15.>]

제6조(청년 미취업자 고용 확대 대상기관) ① 법 제5조제1항 본문에서 "대통령령으로 정하는 공공기관과 지방공기업"이란 다음 각 호의 공공기관과 지방공기업을 말한다. <개정 2013.10.30.>
1. 「공공기관의 운영에 관한 법률」에 따른 공공기관 중 공기업과 준정부기관 및 정원이 30명 이상인 기타공공기관
2. 「지방공기업법」에 따른 지방공사 및 지방공단 중 정원이 30명 이상인 지방공사 및 지방공단
② 법 제5조제1항 단서에서 "대통령령으로 정하는 사유가 있는 경우"란 다음 각 호의 어느 하나에 해당하는 경우를 말한다. <신설 2013.10.30.>

1. 정원이 전년도에 비하여 100분의 10 이상 감축된 연도의 경우
2. 「공공기관의 운영에 관한 법률」에 따른 공공기관 또는 「지방공기업법」에 따른 지방공기업으로 지정·설치 또는 설립된 연도의 경우
3. 고용노동부장관이 기획재정부장관과 협의하여 고시하는 전문적인 자격·능력 또는 경력 등의 기준에 맞는 사람을 해당 연도 고용인원의 100분의 70 이상 고용하는 연도의 경우

③ 제1항 각 호의 어느 하나에 해당하는 기관의 장은 매년 1월 31일까지 별지 서식에 따라 청년고용 현황을 기획재정부장관 및 고용노동부장관에게 제출하여야 한다. <개정 2010.7.12., 2013.10.30.>
[전문개정 2009.12.15.]
[제5조에서 이동 <2009.12.15.>]

제7조(취업애로 청년) 법 제8조의4제1항에 따른 취업에 어려움을 겪는 청년(이하 "취업애로 청년"이라 한다)은 다음 각 호의 어느 하나에 해당하는 청년으로 한다. <개정 2010.8.25., 2012.7.31.>
1. 고등학교 졸업 이하의 학력인 실업자(「고등교육법」 제2조 각 호의 학교를 중퇴한 사람을 포함하며, 재학 중인 사람은 제외한다)
2. 「청소년복지 지원법」에 따른 특별지원대상 청소년
3. 「근로자직업능력 개발법 시행령」 제6조제1항제3호에 따른 청소년
4. 6개월 이상 연속적으로 실업상태에 있는 사람
5. 다음 각 목의 요건에 모두 해당하며 미취업상태에 있는 사람으로서 「직업안정법」에 따른 직업안정기관의 장이 취업애로 청년으로 인정한 사람
   가. 「초·중등교육법」 및 「고등교육법」에 따른 학교에 재학하지 않는 경우
   나. 「근로자직업능력 개발법」에 따른 직업능력개발훈련시설에서 직업능력개발훈련과정을 수강하고 있지 않는 경우
   다. 상급학교 진학이나 취업을 위한 학원 등에서 수강하고 있지 않는 경우
[본조신설 2009.12.15.]

제8조(글로벌인재 양성사업 및 협력체계)
① 법 제12조제1항에 따른 글로벌인재 양성사업(이하 "글로벌인재 양성사업"이라 한다)을 시행하는 중앙행정기관의 장은 같은 항 제1호의 인력수급 및 취업정보 전산망(이하 "전산망"이라 한다)이 원활히 운영될 수 있도록 글로벌인재 양성사업 관련 기관과 협력하여 소관 글로벌인재 양성사업에 대한 사업계획 및 모집공고 등 관련 정보를 전산망 운영기관에 신속히 제공하도록 노력하여야 한다.
② 글로벌인재 양성사업을 시행하는 중앙행정기관의 장은 법 제12조제1항제4호에 따라 글로벌인재 양성사업에 참여한 청년의 사후관리를 강화하기 위하여 희망자에게 해외취업 지원서비스를 직접 제공하거나, 「한국산업인력공단법」에 따른 한국산업인력공단 등 해외취업 알선 관련 기관을 통하여 제공하도록 노력하여야 한다.
[본조신설 2009.12.15.]

제8조의2(고용 지원 등의 대상 확대) 정부는 30세 이상 34세 이하인 사람의 고용촉진을 위하여 필요한 경우 법 제6조, 제7조제1항부터 제3항까지, 제8조의2, 제8조의3, 제8조의4제1항·제2항, 제10조, 제11조 및 제12조제1항·제4항에 따른 지원 등을 할 수 있다.
[본조신설 2016.9.13.]
[종전 제8조의2는 제8조의3으로 이동 <2016.9.13.>]

제8조의3(고유식별정보의 처리) 정부(법 제8조의3제1항에 따라 정부로부터 사무를 위탁받은 자를 포함한다), 공공기관 또는 지방공기업의 장은 다음 각 호의 사무를 수행하기 위하여 불가피한 경우 「개인정보 보호법 시행령」 제19조제1호에 따른 주민등록번호가 포함된 자료를 처리할 수 있다. <개정 2016.9.13.>
1. 법 제5조에 따른 공공기관의 청년 미취업자 고용 확대에 관한 사무
2. 법 제6조에 따른 국민생활안정 관련 공공부문에서의 청년 미취업자 고용 확대에 관한 사무
3. 법 제7조에 따른 중소기업체의 청년 미취업자 고용 지원에 관한 사무
4. 법 제8조의2에 따른 청년에 대한 직장체험 기회 제공에 관한 사무
5. 법 제8조의3에 따른 직업지도 프로그램의 개발·운영 및 제공에 관한 사무

6. 법 제8조의4에 따른 취업에 어려움을
   겪는 청년에 대한 고용·지원서비스 제공
   에 관한 사무
7. 법 제10조에 따른 기업 또는 민간 직
   업훈련기관의 직업능력개발훈련 지원에
   관한 사무
8. 법 제11조에 따른 중소기업체의 공동
   직업능력개발훈련 지원에 관한 사무
9. 법 제12조 글로벌인재 양성사업 및 협
   력체계에 관한 사무
10. 법 제16조의2에 따른 전문인력 양성
    에 관한 사무
11. 법 제17조에 따른 군 복무 중인 자에
    대한 취업기회 부여에 관한 사무
12. 제8조의2에 따른 지원 등에 관한 사무
[본조신설 2012.1.6.]
[제8조의2에서 이동 <2016.9.13.>]

제9조(과태료의 부과기준) 법 제19조제1항
   에 따른 과태료의 부과기준은 별표와 같다.
   [전문개정 2011.3.30.]

제10조 삭제 <2008.2.29.>
제11조 삭제 <2008.2.29.>
제12조 삭제 <2008.2.29.>

제13조[제9조로 이동 <2009.12.15.>]

부칙
<제27497호, 2016.9.13.>

이 영은 공포한 날부터 시행한다.

최저임금법

[시행 2019.1.1.]
[법률 제15666호, 2018.6.12., 일부개정]

제1장 총칙
<개정 2008.3.21.>

제1조(목적) 이 법은 근로자에 대하여 임금의 최저수준을 보장하여 근로자의 생활안정과 노동력의 질적 향상을 꾀함으로써 국민경제의 건전한 발전에 이바지하는 것을 목적으로 한다.
[전문개정 2008.3.21.]

제2조(정의) 이 법에서 "근로자", "사용자" 및 "임금"이란 「근로기준법」 제2조에 따른 근로자, 사용자 및 임금을 말한다.
[전문개정 2008.3.21.]

제3조(적용 범위) ① 이 법은 근로자를 사용하는 모든 사업 또는 사업장(이하 "사업"이라 한다)에 적용한다. 다만, 동거하는 친족만을 사용하는 사업과 가사(家事) 사용인에게는 적용하지 아니한다.
② 이 법은 「선원법」의 적용을 받는 선원과 선원을 사용하는 선박의 소유자에게는 적용하지 아니한다.
[전문개정 2008.3.21.]

제2장 최저임금
<개정 2008.3.21.>

제4조(최저임금의 결정기준과 구분) ① 최저임금은 근로자의 생계비, 유사 근로자의 임금, 노동생산성 및 소득분배율 등을 고려하여 정한다. 이 경우 사업의 종류별로 구분하여 정할 수 있다.
② 제1항에 따른 사업의 종류별 구분은 제12조에 따른 최저임금위원회의 심의를 거쳐 고용노동부장관이 정한다. <개정 2010.6.4.>
[전문개정 2008.3.21.]

제5조(최저임금액) ① 최저임금액(최저임금으로 정한 금액을 말한다. 이하 같다)은 시간·일(日)·주(週) 또는 월(月)을 단위로 하여 정한다. 이 경우 일·주 또는 월을 단위로 하여 최저임금액을 정할 때에는 시간급(時間給)으로도 표시하여야 한다.
② 1년 이상의 기간을 정하여 근로계약을 체결하고 수습 중에 있는 근로자로서 수습을 시작한 날부터 3개월 이내인 자에 대하여는 대통령령으로 정하는 바에 따라 제1항에 따른 최저임금액과 다른 금액으로 최저임금액을 정할 수 있다. 다만, 단순노무업무로 고용노동부장관이 정하여 고시한 직종에 종사하는 근로자는 제외한다. <개정 2017.9.19.>
③ 임금이 통상적으로 도급제나 그 밖에 이와 비슷한 형태로 정하여져 있는 경우로서 제1항에 따라 최저임금액을 정하는 것이 적당하지 아니하다고 인정되면 대통령령으로 정하는 바에 따라 최저임금액을 따로 정할 수 있다.
[전문개정 2008.3.21.]

제5조의2(최저임금의 적용을 위한 임금의 환산) 최저임금의 적용 대상이 되는 근로자의 임금을 정하는 단위기간이 제5조제1항에 따른 최저임금의 단위기간과 다른 경우에 해당 근로자의 임금을 최저임금의 단위기간에 맞추어 환산하는 방법은 대통령령으로 정한다.
[전문개정 2008.3.21.]

제6조(최저임금의 효력) ① 사용자는 최저임금의 적용을 받는 근로자에게 최저임금액 이상의 임금을 지급하여야 한다.
② 사용자는 이 법에 따른 최저임금을 이유로 종전의 임금수준을 낮추어서는 아니 된다.
③ 최저임금의 적용을 받는 근로자와 사용자 사이의 근로계약 중 최저임금액에 미치지 못하는 금액을 임금으로 정한 부분은 무효로 하며, 이 경우 무효로 된 부분은 이 법으로 정한 최저임금액과 동일한 임금을 지급하기로 한 것으로 본다.
④ 제1항과 제3항에 따른 임금에는 매월 1회 이상 정기적으로 지급하는 임금을 산입(算入)한다. 다만, 다음 각 호의 어느 하나에 해당하는 임금은 산입하지 아니한다. <개정 2018.6.12.>
1. 「근로기준법」 제2조제1항제8호에 따른 소정(所定)근로시간(이하 "소정근로시간"이라 한다) 또는 소정의 근로일에 대하여 지급하는 임금 외의 임금으로서 고

용노동부령으로 정하는 임금
2. 상여금, 그 밖에 이에 준하는 것으로서 고용노동부령으로 정하는 임금의 월 지급액 중 해당 연도 시간급 최저임금액을 기준으로 산정된 월 환산액의 100분의 25에 해당하는 부분
3. 식비, 숙박비, 교통비 등 근로자의 생활 보조 또는 복리후생을 위한 성질의 임금으로서 다음 각 목의 어느 하나에 해당하는 것
　가. 통화 이외의 것으로 지급하는 임금
　나. 통화로 지급하는 임금의 월 지급액 중 해당 연도 시간급 최저임금액을 기준으로 산정된 월 환산액의 100분의 7에 해당하는 부분
⑤ 제4항에도 불구하고 「여객자동차 운수사업법」 제3조 및 같은 법 시행령 제3조제2호다목에 따른 일반택시운송사업에서 운전업무에 종사하는 근로자의 최저임금에 산입되는 임금의 범위는 생산고에 따른 임금을 제외한 대통령령으로 정하는 임금으로 한다.
⑥ 제1항과 제3항은 다음 각 호의 어느 하나에 해당하는 사유로 근로하지 아니한 시간 또는 일에 대하여 사용자가 임금을 지급할 것을 강제하는 것은 아니다.
1. 근로자가 자기의 사정으로 소정근로시간 또는 소정의 근로일의 근로를 하지 아니한 경우
2. 사용자가 정당한 이유로 근로자에게 소정근로시간 또는 소정의 근로일의 근로를 시키지 아니한 경우
⑦ 도급으로 사업을 행하는 경우 도급인이 책임져야 할 사유로 수급인이 근로자에게 최저임금액에 미치지 못하는 임금을 지급한 경우 도급인은 해당 수급인과 연대(連帶)하여 책임을 진다.
⑧ 제7항에 따른 도급인이 책임져야 할 사유의 범위는 다음 각 호와 같다.
1. 도급인이 도급계약 체결 당시 인건비 단가를 최저임금액에 미치지 못하는 금액으로 결정하는 행위
2. 도급인이 도급계약 기간 중 인건비 단가를 최저임금액에 미치지 못하는 금액으로 낮춘 행위
⑨ 두 차례 이상의 도급으로 사업을 행하는 경우에는 제7항의 "수급인"은 "하수급인(下受給人)"으로 보고, 제7항과 제8항의 "도급인"은 "직상(直上) 수급인(하수급인에게 직접 하도급을 준 수급인)"으로 본다.

[전문개정 2008.3.21.]
[시행일:2012.7.1.] 제6조제5항 중 「지방자치법」 제2조제1항제1호의 특별시 및 광역시와 제주특별자치도 및 「지방자치법」 제2조제1항제2호의 시지역를 제외한 지역

■판례 - 임금등

일반택시운송사업을 영위하는 甲 주식회사가 2007. 12. 27. 신설된 최저임금법 제6조 제5항의 시행에 대비하여 노동조합 측과 단체교섭을 진행하였으나 타결이 이루어지지 않자, '2010. 7. 1.부터 시행되는 최저임금 적용에 대하여 임금협상이 끝날 때까지 최저임금 적용을 유예하고, 회사는 단체협약이 만료되었더라도 새로운 단체협약이 체결되기 전까지 기존의 단체협약이 계속 유효한 것으로 한다' 는 내용의 합의를 하였고, 그 후 甲 회사와 노동조합이 새로운 단체협약 등을 체결하면서 시행 시기를 위 조항의 시행일로 소급하고 그동안 최저임금 이상의 임금이 지급되었음을 노사가 합의한 것으로 정하였는데, 甲 회사 소속 택시운전근로자로 근무하였거나 근무하고 있는 乙 등이 甲 회사를 상대로 위 조항에 따른 최저임금과 甲 회사가 실제로 지급한 임금의 차액 등의 지급을 구한 사안에서, 甲 회사의 乙 등에 대한 최저임금 차액 등 지급의무가 위 합의와 새로운 단체협약 등의 체결만으로 당연히 소멸하는 것은 아니고, 乙 등의 청구를 신의성실의 원칙에 반하는 권리행사로 볼 수도 없다고 한 사례 [대법원 2017.2.15, 선고, 2016다32193, 판결]

제6조의2(최저임금 산입을 위한 취업규칙 변경절차의 특례) 사용자가 제6조제4항에 따라 산입되는 임금에 포함시키기 위하여 1개월을 초과하는 주기로 지급하는 임금을 총액의 변동 없이 매월 지급하는 것으로 취업규칙을 변경하려는 경우에는 「근로기준법」 제94조제1항에도 불구하고 해당 사업 또는 사업장에 근로자의 과반수로 조직된 노동조합이 있는 경우에는 그 노동조합, 근로자의 과반수로 조직된 노동조합이 없는 경우에는 근로자의 과반수의 의견을 들어야 한다.
[본조신설 2018.6.12.]

제7조(최저임금의 적용 제외) 다음 각 호의 어느 하나에 해당하는 자로서 사용자가 대통령령으로 정하는 바에 따라 고용노동부장관의 인가를 받은 자에 대하여는 제6조를 적용하지 아니한다. <개정 2010.6.4.>
1. 정신장애나 신체장애로 근로능력이 현

저히 낮은 자
2. 그 밖에 최저임금을 적용하는 것이 적당하지 아니하다고 인정되는 자
[전문개정 2008.3.21.]

제3장 최저임금의 결정
<개정 2008.3.21.>

제8조(최저임금의 결정) ① 고용노동부장관은 매년 8월 5일까지 최저임금을 결정하여야 한다. 이 경우 고용노동부장관은 대통령령으로 정하는 바에 따라 제12조에 따른 최저임금위원회(이하 "위원회"라 한다)에 심의를 요청하고, 위원회가 심의하여 의결한 최저임금안에 따라 최저임금을 결정하여야 한다. <개정 2010.6.4.>
② 위원회는 제1항 후단에 따라 고용노동부장관으로부터 최저임금에 관한 심의 요청을 받은 경우 이를 심의하여 최저임금안을 의결하고 심의 요청을 받은 날부터 90일 이내에 고용노동부장관에게 제출하여야 한다. <개정 2010.6.4.>
③ 고용노동부장관은 제2항에 따라 위원회가 심의하여 제출한 최저임금안에 따라 최저임금을 결정하기가 어렵다고 인정되면 20일 이내에 그 이유를 밝혀 위원회에 10일 이상의 기간을 정하여 재심의를 요청할 수 있다. <개정 2010.6.4.>
④ 위원회는 제3항에 따라 재심의 요청을 받은 때에는 그 기간 내에 재심의하여 그 결과를 고용노동부장관에게 제출하여야 한다. <개정 2010.6.4.>
⑤ 고용노동부장관은 위원회가 제4항에 따른 재심의에서 재적위원 과반수의 출석과 출석위원 3분의 2 이상의 찬성으로 제2항에 따른 당초의 최저임금안을 재의결한 경우에는 그에 따라 최저임금을 결정하여야 한다. <개정 2010.6.4.>
[전문개정 2008.3.21.]

제9조(최저임금안에 대한 이의 제기) ① 고용노동부장관은 제8조제2항에 따라 위원회로부터 최저임금안을 제출받은 때에는 대통령령으로 정하는 바에 따라 최저임금안을 고시하여야 한다. <개정 2010.6.4.>
② 근로자를 대표하는 자나 사용자를 대표하는 자는 제1항에 따라 고시된 최저임금안에 대하여 이의가 있으면 고시된 날부터 10일 이내에 대통령령으로 정하는 바에 따라 고용노동부장관에게 이의를 제기할 수 있다. 이 경우 근로자를 대표하는 자나 사용자를 대표하는 자의 범위는 대통령령으로 정한다. <개정 2010.6.4.>
③ 고용노동부장관은 제2항에 따른 이의가 이유 있다고 인정되면 그 내용을 밝혀 제8조제3항에 따라 위원회에 최저임금안의 재심의를 요청하여야 한다. <개정 2010.6.4.>
④ 고용노동부장관은 제3항에 따라 재심의를 요청한 최저임금안에 대하여 제8조제4항에 따라 위원회가 재심의하여 의결한 최저임금안이 제출될 때까지는 최저임금을 결정하여서는 아니 된다. <개정 2010.6.4.>
[전문개정 2008.3.21.]

제10조(최저임금의 고시와 효력발생) ① 고용노동부장관은 최저임금을 결정한 때에는 지체 없이 그 내용을 고시하여야 한다. <개정 2010.6.4.>
② 제1항에 따라 고시된 최저임금은 다음 연도 1월 1일부터 효력이 발생한다. 다만, 고용노동부장관은 사업의 종류별로 임금교섭시기 등을 고려하여 필요하다고 인정하면 효력발생 시기를 따로 정할 수 있다. <개정 2010.6.4.>
[전문개정 2008.3.21.]

제11조(주지 의무) 최저임금의 적용을 받는 사용자는 대통령령으로 정하는 바에 따라 해당 최저임금을 그 사업의 근로자가 쉽게 볼 수 있는 장소에 게시하거나 그 외의 적당한 방법으로 근로자에게 널리 알려야 한다.
[전문개정 2008.3.21.]

제4장 최저임금위원회
<개정 2008.3.21.>

제12조(최저임금위원회의 설치) 최저임금에 관한 심의와 그 밖에 최저임금에 관한 중요 사항을 심의하기 위하여 고용노동부에 최저임금위원회를 둔다. <개정 2010.6.4.>
[전문개정 2008.3.21.]

제13조(위원회의 기능) 위원회는 다음 각 호의 기능을 수행한다. <개정 2010.6.4.>
1. 최저임금에 관한 심의 및 재심의

2. 최저임금 적용 사업의 종류별 구분에 관한 심의
3. 최저임금제도의 발전을 위한 연구 및 건의
4. 그 밖에 최저임금에 관한 중요 사항으로서 고용노동부장관이 회의에 부치는 사항의 심의
[전문개정 2008.3.21.]

제14조(위원회의 구성 등) ① 위원회는 다음 각 호의 위원으로 구성한다.
1. 근로자를 대표하는 위원(이하 "근로자위원"이라 한다) 9명
2. 사용자를 대표하는 위원(이하 "사용자위원"이라 한다) 9명
3. 공익을 대표하는 위원(이하 "공익위원"이라 한다) 9명
② 위원회에 2명의 상임위원을 두며, 상임위원은 공익위원이 된다.
③ 위원의 임기는 3년으로 하되, 연임할 수 있다.
④ 위원이 궐위(闕位)되면 그 보궐위원의 임기는 전임자(前任者) 임기의 남은 기간으로 한다.
⑤ 위원은 임기가 끝났더라도 후임자가 임명되거나 위촉될 때까지 계속하여 직무를 수행한다.
⑥ 위원의 자격과 임명·위촉 등에 관하여 필요한 사항은 대통령령으로 정한다.
[전문개정 2008.3.21.]

제15조(위원장과 부위원장) ① 위원회에 위원장과 부위원장 각 1명을 둔다.
② 위원장과 부위원장은 공익위원 중에서 위원회가 선출한다.
③ 위원장은 위원회의 사무를 총괄하며 위원회를 대표한다.
④ 위원장이 불가피한 사유로 직무를 수행할 수 없을 때에는 부위원장이 직무를 대행한다.
[전문개정 2008.3.21.]

제16조(특별위원) ① 위원회에는 관계 행정기관의 공무원 중에서 3명 이내의 특별위원을 둘 수 있다.
② 특별위원은 위원회의 회의에 출석하여 발언할 수 있다.
③ 특별위원의 자격 및 위촉 등에 관하여 필요한 사항은 대통령령으로 정한다.
[전문개정 2008.3.21.]

제17조(회의) ① 위원회의 회의는 다음 각 호의 경우에 위원장이 소집한다. <개정 2010.6.4.>
1. 고용노동부장관이 소집을 요구하는 경우
2. 재적위원 3분의 1 이상이 소집을 요구하는 경우
3. 위원장이 필요하다고 인정하는 경우
② 위원장은 위원회 회의의 의장이 된다.
③ 위원회의 회의는 이 법으로 따로 정하는 경우 외에는 재적위원 과반수의 출석과 출석위원 과반수의 찬성으로 의결한다.
④ 위원회가 제3항에 따른 의결을 할 때에는 근로자위원과 사용자위원 각 3분의 1 이상의 출석이 있어야 한다. 다만, 근로자위원이나 사용자위원이 2회 이상 출석요구를 받고도 정당한 이유 없이 출석하지 아니하는 경우에는 그러하지 아니하다.
[전문개정 2008.3.21.]

제18조(의견 청취) 위원회는 그 업무를 수행할 때에 필요하다고 인정하면 관계 근로자와 사용자, 그 밖의 관계인의 의견을 들을 수 있다.
[전문개정 2008.3.21.]

제19조(전문위원회) ① 위원회는 필요하다고 인정하면 사업의 종류별 또는 특정 사항별로 전문위원회를 둘 수 있다.
② 전문위원회는 위원회 권한의 일부를 위임받아 제13조 각 호의 위원회 기능을 수행한다.
③ 전문위원회는 근로자위원, 사용자위원 및 공익위원 각 5명 이내의 같은 수로 구성한다.
④ 전문위원회에 관하여는 위원회의 운영 등에 관한 제14조제3항부터 제6항까지, 제15조, 제17조 및 제18조를 준용한다. 이 경우 "위원회"를 "전문위원회"로 본다.
[전문개정 2008.3.21.]

제20조(사무국) ① 위원회에 그 사무를 처리하게 하기 위하여 사무국을 둔다.
② 사무국에는 최저임금의 심의 등에 필요한 전문적인 사항을 조사·연구하게 하기 위하여 3명 이내의 연구위원을 둘 수 있다.
③ 연구위원의 자격·위촉 및 수당과 사무국의 조직·운영 등에 필요한 사항은 대통령령으로 정한다.
[전문개정 2008.3.21.]

제21조(위원의 수당 등) 위원회 및 전문위원회의 위원에게는 대통령령으로 정하는 바에 따라 수당과 여비를 지급할 수 있다.
[전문개정 2008.3.21.]

제22조(운영규칙) 위원회는 이 법에 어긋나지 아니하는 범위에서 위원회 및 전문위원회의 운영에 관한 규칙을 제정할 수 있다.
[전문개정 2008.3.21.]

제5장 보칙
<개정 2008.3.21.>

제23조(생계비 및 임금실태 등의 조사) 고용노동부장관은 근로자의 생계비와 임금실태 등을 매년 조사하여야 한다. <개정 2010.6.4.>
[전문개정 2008.3.21.]

제24조(정부의 지원) 정부는 근로자와 사용자에게 최저임금제도를 원활하게 실시하는 데에 필요한 자료를 제공하거나 그 밖에 필요한 지원을 하도록 최대한 노력하여야 한다.
[전문개정 2008.3.21.]

제25조(보고) 고용노동부장관은 이 법의 시행에 필요한 범위에서 근로자나 사용자에게 임금에 관한 사항을 보고하게 할 수 있다. <개정 2010.6.4.>
[전문개정 2008.3.21.]

제26조(근로감독관의 권한) ① 고용노동부장관은 「근로기준법」 제101조에 따른 근로감독관에게 대통령령으로 정하는 바에 따라 이 법의 시행에 관한 사무를 관장하도록 한다. <개정 2010.6.4.>
② 근로감독관은 제1항에 따른 권한을 행사하기 위하여 사업장에 출입하여 장부와 서류의 제출을 요구할 수 있으며 그 밖의 물건을 검사하거나 관계인에게 질문할 수 있다.
③ 제2항에 따라 출입·검사를 하는 근로감독관은 그 신분을 표시하는 증표를 지니고 이를 관계인에게 내보여야 한다.
④ 근로감독관은 이 법 위반의 죄에 관하여 「사법경찰관리의 직무를 행할 자와 그 직무범위에 관한 법률」로 정하는 바에 따라 사법경찰관의 직무를 행한다.
[전문개정 2008.3.21.]

제26조의2(권한의 위임) 이 법에 따른 고용노동부장관의 권한은 대통령령으로 정하는 바에 따라 그 일부를 지방고용노동관서의 장에게 위임할 수 있다. <개정 2010.6.4.>
[전문개정 2008.3.21.]

제27조 삭제 <2008.3.21.>

제6장 벌칙
<개정 2008.3.21.>

제28조(벌칙) ①제6조제1항 또는 제2항을 위반하여 최저임금액보다 적은 임금을 지급하거나 최저임금을 이유로 종전의 임금을 낮춘 자는 3년 이하의 징역 또는 2천만원 이하의 벌금에 처한다. 이 경우 징역과 벌금은 병과(併科)할 수 있다. <개정 2012.2.1.>
② 도급인에게 제6조제7항에 따라 연대책임이 발생하여 근로감독관이 그 연대책임을 이행하도록 시정지시하였음에도 불구하고 도급인이 시정기한 내에 이를 이행하지 아니한 경우 2년 이하의 징역 또는 1천만원 이하의 벌금에 처한다. <신설 2012.2.1.>
③ 제6조의2를 위반하여 의견을 듣지 아니한 자는 500만원 이하의 벌금에 처한다. <신설 2018.6.12.>
[전문개정 2008.3.21.]

제29조 삭제 <1999.2.8.>

제30조(양벌규정) ① 법인의 대표자, 대리인, 사용인, 그 밖의 종업원이 그 법인의 업무에 관하여 제28조의 위반행위를 하면 그 행위자를 벌할 뿐만 아니라 그 법인에도 해당 조문의 벌금형을 과(科)한다.
② 개인의 대리인, 사용인, 그 밖의 종업원이 그 개인의 업무에 관하여 제28조의 위반행위를 하면 그 행위자를 벌할 뿐만 아니라 그 개인에게도 해당 조문의 벌금형을 과한다.
[전문개정 2008.3.21.]

제31조(과태료) ① 다음 각 호의 어느 하나에 해당하는 자에게는 100만원 이하의 과태료를 부과한다.
1. 제11조를 위반하여 근로자에게 해당 최저임금을 같은 조에서 규정한 방법으로 널리 알리지 아니한 자

2. 제25조에 따른 임금에 관한 사항의 보고
   를 하지 아니하거나 거짓 보고를 한 자
3. 제26조제2항에 따른 근로감독관의 요구
   또는 검사를 거부·방해 또는 기피하거
   나 질문에 대하여 거짓 진술을 한 자
② 제1항에 따른 과태료는 대통령령으로
정하는 바에 따라 고용노동부장관이 부과
·징수한다. <개정 2010.6.4.>
③ 제2항에 따른 과태료 처분에 불복하는
자는 그 처분을 고지받은 날부터 30일 이
내에 고용노동부장관에게 이의를 제기할
수 있다. <개정 2010.6.4.>
④ 제2항에 따른 과태료 처분을 받은 자가
제3항에 따라 이의를 제기하면 고용노동부
장관은 지체 없이 관할 법원에 그 사실을
통보하여야 하며, 그 통보를 받은 관할 법
원은 「비송사건절차법」에 따른 과태료 재판
을 한다. <개정 2010.6.4.>
⑤ 제3항에 따른 기간에 이의를 제기하지
아니하고 과태료를 내지 아니하면 국세 체
납처분의 예에 따라 징수한다.
[전문개정 2008.3.21.]

부칙
<법률 제15666호, 2018.6.12.>

제1조(시행일) 이 법은 2019년 1월 1일부
터 시행한다.

제2조(최저임금액의 효력에 관한 적용 특례)
① 제6조제4항제2호의 개정규정에도 불구
하고 같은 호에서 규정하고 있는 "100분의
25"는 다음 각 호에 따른 비율로 한다.
1. 2020년은 100분의 20
2. 2021년은 100분의 15
3. 2022년은 100분의 10
4. 2023년은 100분의 5
5. 2024년부터는 100분의 0
② 제6조제4항제3호의 개정규정에도 불구하
고 같은 호 나목에서 규정하고 있는 "100
분의 7"은 다음 각 호에 따른 비율로 한다.
1. 2020년은 100분의 5
2. 2021년은 100분의 3
3. 2022년은 100분의 2
4. 2023년은 100분의 1
5. 2024년부터는 100분의 0

최저임금법 시행령

[시행 2019.1.1.]
[대통령령 제29469호, 2018.12.31.,일부개정]

제1조(목적) 이 영은 「최저임금법」에서 위임된 사항과 그 시행에 필요한 사항을 규정함을 목적으로 한다.
[전문개정 2009.6.26.]

제2조 삭제 <2005.8.31.>

제3조(수습 사용 중에 있는 자 등에 대한 최저임금액) 「최저임금법」(이하 "법"이라 한다) 제5조제2항 본문에 따라 1년 이상의 기간을 정하여 근로계약을 체결하고 수습중에 있는 근로자로서 수습을 시작한 날부터 3개월 이내인 사람에 대해서는 같은 조 제1항 후단에 따른 시간급 최저임금액(최저임금으로 정한 금액을 말한다. 이하 같다)에서 100분의 10을 뺀 금액을 그 근로자의 시간급 최저임금액으로 한다.
[전문개정 2018.3.20.]

제4조(도급제 등의 경우 최저임금액 결정의 특례) 법 제5조제3항에 따라 임금이 도급제나 그 밖에 이와 비슷한 형태로 정해진 경우에 근로시간을 파악하기 어렵거나 그 밖에 같은 조 제1항에 따라 최저임금액을 정하는 것이 적합하지 않다고 인정되면 해당 근로자의 생산고(生産高) 또는 업적의 일정단위에 의하여 최저임금액을 정한다.
[전문개정 2009.6.26.]

제5조(최저임금의 적용을 위한 임금의 환산)
① 근로자의 임금을 정하는 단위가 된 기간이 그 근로자에게 적용되는 최저임금액을 정할 때의 단위가 된 기간과 다른 경우에는 그 근로자에 대한 임금을 다음 각 호의 구분에 따라 시간에 대한 임금으로 환산한다. <개정 2018.12.31.>
1. 일(日) 단위로 정해진 임금: 그 금액을 1일의 소정근로시간 수로 나눈 금액
2. 주(週) 단위로 정해진 임금: 그 금액을 1주의 최저임금 적용기준 시간 수(1주 동안의 소정근로시간 수와 「근로기준법」 제55조제1항에 따라 유급으로 처리되는 시간 수를 합산한 시간 수를 말한다)로 나눈 금액
3. 월(月) 단위로 정해진 임금: 그 금액을 1개월의 최저임금 적용기준 시간 수(제2호에 따른 1주의 최저임금 적용기준 시간 수에 1년 동안의 평균의 주의 수를 곱한 시간을 12로 나눈 시간 수를 말한다)로 나눈 금액
4. 시간·일·주 또는 월 외의 일정 기간을 단위로 정해진 임금: 제1호부터 제3호까지의 규정에 준하여 산정(算定)한 금액
② 생산고에 따른 임금지급제나 그 밖의 도급제로 정해진 임금은 그 임금 산정기간(임금 마감일이 있는 경우에는 임금 마감기간을 말한다. 이하 이 항에서 같다)의 임금 총액을 그 임금 산정기간 동안의 총근로시간 수로 나눈 금액을 시간에 대한 임금으로 한다.
③ 근로자가 받는 임금이 제1항이나 제2항에서 정한 둘 이상의 임금으로 되어 있는 경우에는 해당 부분을 대하여 각각 해당 규정에 따라 환산한 금액의 합산액을 그 근로자의 시간에 대한 임금으로 한다.
④ 근로자의 임금을 정한 단위가 된 기간의 소정근로시간 수가 그 근로자에게 적용되는 최저임금액을 정할 때의 단위가 된 기간의 근로시간 수와 다른 경우에는 제1항 각 호의 구분에 따라 그 근로자의 임금을 시간에 대한 임금으로 환산한다.
[전문개정 2009.6.26.]

제5조의2(월 환산액의 산정) 법 제6조제4항 제2호 및 같은 항 제3호나목에 따른 월 환산액은 해당 연도 시간급 최저임금액에 제5조제1항제3호에 따른 1개월의 최저임금 적용기준 시간 수를 곱하여 산정한다.
[본조신설 2018. 12. 31.]
[종전 제5조의2는 제5조의3으로 이동 <2018.12.31.>]

제5조의3(일반택시운송사업 운전 근로자의 최저임금에 산입되는 임금의 범위) 법 제6조제5항에서 "대통령령으로 정하는 임금"이란 단체협약, 취업규칙, 근로계약에 정해진 지급 조건과 지급률에 따라 매월 1회 이상 지급하는 임금을 말한다. 다만, 다음 각 호의 어느 하나에 해당하는 임금은 산입(算入)하지 아니한다.
1. 소정근로시간 또는 소정의 근로일에 대하여 지급하는 임금 외의 임금

2. 근로자의 생활 보조와 복리후생을 위하여 지급하는 임금
[본조신설 2009.6.26.]
[제5조의2에서 이동 <2018.12.31.>]

제6조(최저임금 적용 제외의 인가 기준) 사용자가 법 제7조에 따라 고용노동부장관의 인가를 받아 최저임금의 적용을 제외할 수 있는 자는 정신 또는 신체의 장애가 업무 수행에 직접적으로 현저한 지장을 주는 것이 명백하다고 인정되는 사람으로 한다. <개정 2010.7.12.>
[전문개정 2009.6.26.]

제7조(최저임금위원회에의 심의 요청) 고용노동부장관은 법 제8조제1항에 따라 매년 3월 31일까지 최저임금위원회(이하 "위원회"라 한다)에 최저임금에 관한 심의를 요청하여야 한다. <개정 2010.7.12.>
[전문개정 2009.6.26.]

제8조(최저임금안의 고시) 고용노동부장관은 법 제8조제2항에 따라 위원회로부터 최저임금안을 제출받았을 때에는 법 제9조제1항에 따라 지체 없이 사업 또는 사업장(이하 "사업"이라 한다)의 종류별 최저임금안 및 적용 사업의 범위를 고시하여야 한다. <개정 2010.7.12.>
[전문개정 2009.6.26.]

제9조(최저임금안에 대한 이의 제기) 법 제9조제2항 전단에 따라 최저임금안에 대하여 이의를 제기할 때에는 다음 각 호의 사항을 분명하게 적은 이의제기서를 고용노동부장관에게 제출하여야 한다. <개정 2010.7.12.>
1. 이의 제기자의 성명, 주소, 소속 및 직위
2. 이의 제기 대상 업종의 최저임금안의 요지
3. 이의 제기의 사유와 내용
[전문개정 2009.6.26.]

제10조(이의 제기를 할 수 있는 노·사 대표자의 범위) 법 제9조제2항 후단에 따라 근로자를 대표하는 자는 총연합단체인 노동조합의 대표자 및 산업별 연합단체인 노동조합의 대표자로 하고, 사용자를 대표하는 자는 전국적 규모의 사용자단체로서 고용노동부장관이 지정하는 단체의 대표자로 한다. <개정 2010.7.12.>
[전문개정 2009.6.26.]

제11조(주지 의무) ① 법 제11조에 따라 사용자가 근로자에게 주지시켜야 할 최저임금의 내용은 다음 각 호와 같다.
1. 적용을 받는 근로자의 최저임금액
2. 법 제6조제4항에 따라 최저임금에 산입하지 아니하는 임금
3. 법 제7조에 따라 해당 사업에서 최저임금의 적용을 제외할 근로자의 범위
4. 최저임금의 효력발생 연월일
② 사용자는 제1항에 따른 최저임금의 내용을 법 제10조제2항에 따른 최저임금의 효력발생일 전날까지 근로자에게 주지시켜야 한다.
[전문개정 2009.6.26.]

제12조(위원회 위원의 위촉 또는 임명 등) ① 법 제14조제1항에 따른 근로자위원·사용자위원 및 공익위원은 고용노동부장관의 제청에 의하여 대통령이 위촉한다. <개정 2010.7.12.>
② 법 제14조제2항에 따른 상임위원은 고용노동부장관의 제청에 의하여 대통령이 임명한다. <개정 2010.7.12.>
③ 근로자위원은 총연합단체인 노동조합에서 추천한 사람 중에서 제청하고, 사용자위원은 전국적 규모의 사용자단체 중 고용노동부장관이 지정하는 단체에서 추천한 사람 중에서 제청한다. <개정 2010.7.12.>
④ 위원이 궐위된 경우에는 궐위된 날부터 30일 이내에 후임자를 위촉하거나 임명하여야 한다. 다만, 전임자의 남은 임기가 1년 미만인 경우에는 위촉하거나 임명하지 아니할 수 있다.
[전문개정 2009.6.26.]

제12조의2(위원회 위원의 해촉) 대통령은 법 제14조제1항제1호부터 제3호까지의 규정에 따른 위원이 다음 각 호의 어느 하나에 해당하는 경우에는 해당 위원을 해촉(解囑)할 수 있다.
1. 심신장애로 인하여 직무를 수행할 수 없게 된 경우
2. 직무와 관련된 비위사실이 있는 경우
3. 직무태만, 품위손상이나 그 밖의 사유로 인하여 위원으로 적합하지 아니하다고 인정되는 경우
4. 위원 스스로 직무를 수행하는 것이 곤란하다고 의사를 밝히는 경우
[본조신설 2015.12.31.]

제13조(공익위원의 위촉기준) 공익위원은 다음 각 호의 어느 하나에 해당하는 사람 중에서 위촉한다. <개정 2010.7.12.>
1. 3급 또는 3급 상당 이상의 공무원이었거나 고위공무원단에 속하는 공무원이었던 사람으로서 노동문제에 관한 학식과 경험이 풍부한 사람
2. 5년 이상 대학에서 노동경제, 노사관계, 노동법학, 사회학, 사회복지학, 그 밖에 이와 관련된 분야의 부교수 이상으로 재직 중이거나 재직하였던 사람
3. 10년(제2호에서 규정한 분야의 박사학위 소지자는 5년) 이상 공인된 연구기관에서 노동문제에 관한 연구에 종사하고 있거나 종사하였던 사람
4. 그 밖에 제1호부터 제3호까지의 규정에 상당하는 학식과 경험이 있다고 고용노동부장관이 인정하는 사람
[전문개정 2009.6.26.]

제14조(상임위원의 임용 자격 등) 위원회의 상임위원은 다음 각 호의 어느 하나에 해당하는 사람 중에서 임명한다.
1. 3급 또는 3급 상당 이상 공무원이나 고위공무원단에 속하는 공무원으로서 노동행정 경력이 있는 사람
2. 대학에서 노동경제, 노사관계, 노동법학, 사회학, 사회복지학, 그 밖에 이와 관련된 분야의 부교수 이상으로 5년 이상 재직하였던 사람
[전문개정 2009.6.26.]

제15조(특별위원의 위촉 등) 법 제16조에 따른 특별위원은 관계 행정기관의 3급 또는 3급 상당 이상의 공무원이나 고위공무원단에 속하는 공무원 중에서 고용노동부장관이 위촉한다. <개정 2010.7.12.>
[전문개정 2009.6.26.]

제16조(실비변상) 법 제18조에 따라 위원회(법 제19조제4항에 따라 준용되는 전문위원회를 포함한다)에 출석한 관계 근로자와 사용자, 그 밖의 관계인에게는 예산의 범위에서 수당과 여비를 지급한다.
[전문개정 2009.6.26.]

제17조(전문위원회의 구성) ① 법 제19조제1항에 따른 전문위원회는 위원회의 위원장이 그 위원 중에서 지명하는 사람으로 구성한다.
② 위원회의 위원장은 위원회의 위원만으로 제1항의 전문위원회를 구성하기 어렵거나 소관 사항을 전문적으로 심의하기 위하여 필요한 경우에는 전문위원회의 위원을 따로 위촉할 수 있다. 이 경우 따로 위촉하는 전문위원회의 위원 중 근로자위원과 사용자위원의 위촉에 관하여는 제12조제3항을, 공익위원의 위촉기준에 관하여는 제13조를 준용한다.
[전문개정 2009.6.26.]

제18조(위원의 수당 등) 법 제14조제1항에 따른 위원회의 상임위원을 제외한 위원 및 법 제19조제3항에 따른 전문위원회의 위원에게는 예산의 범위에서 그 직무 수행에 필요한 수당과 여비를 지급하되, 수당은 출석한 일수에 따라 지급하고 여비는 상임위원의 직위에 상응하는 금액을 지급한다.
[전문개정 2009.6.26.]

제19조(실태조사) 고용노동부장관은 위원회로 하여금 법 제23조에 따른 근로자의 생계비와 임금실태에 관한 조사를 하게 할 수 있다. <개정 2010.7.12.>
[전문개정 2009.6.26.]

제20조(근로감독관의 사무 집행) 법 제26조제1항에 따라 근로감독관이 법의 시행에 관한 사무를 할 때에는 소속 지방고용노동관서의 장의 지휘·감독을 받아야 한다. <개정 2010.7.12.>
[전문개정 2009.6.26.]

제21조(증표) 법 제26조제3항의 증표는 「근로감독관규정」 제7조에 따른 증표로 한다.
[전문개정 2009.6.26.]

제21조의2(권한의 위임) 법 제26조의2에 따라 고용노동부장관은 다음 각 호의 권한을 지방고용노동관서의 장에게 위임한다. <개정 2010.7.12.>
1. 법 제7조에 따른 최저임금 적용 제외의 인가
2. 법 제25조에 따른 보고의 요구
3. 법 제31조에 따른 과태료의 부과·징수
[전문개정 2009.6.26.]

제21조의3(고유식별정보의 처리) 고용노동부장관(제21조의2에 따라 고용노동부장관의 권

한을 위임받은 기관을 포함한다)은 법 제7
조에 따른 최저임금 적용 제외의 인가에 관
한 사무를 수행하기 위하여 불가피한 경우「
개인정보 보호법 시행령」제19조제1호 또는
제4호에 따른 주민등록번호 또는 외국인등
록번호가 포함된 자료를 처리할 수 있다.
[본조신설 2012.1.6.]

제22조(과태료의 부과기준) 법 제31조제1항
에 따른 과태료의 부과기준은 별표와 같다.
[전문개정 2011.3.30.]

부칙
<대통령령 제29469호, 2018.12.31.>

이 영은 2019년 1월 1일부터 시행한다.

파견근로자보호 등에
관한 법률

(약칭: 파견법)

[시행 2017.4.18.]
[법률 제14790호, 2017.4.18., 일부개정]

제1장 총칙

제1조(목적) 이 법은 근로자파견사업의 적정한 운영을 기하고 파견근로자의 근로조건 등에 관한 기준을 확립함으로써 파견근로자의 고용안정과 복지증진에 이바지하고 인력수급을 원활하게 함을 목적으로 한다.

제2조(정의) 이 법에서 사용하는 용어의 정의는 다음과 같다. 〈개정 2006.12.21., 2013.3.22.〉

1. "근로자파견"이라 함은 파견사업주가 근로자를 고용한 후 그 고용관계를 유지하면서 근로자파견계약의 내용에 따라 사용사업주의 지휘·명령을 받아 사용사업주를 위한 근로에 종사하게 하는 것을 말한다.
2. "근로자파견사업"이라 함은 근로자파견을 업으로 행하는 것을 말한다.
3. "파견사업주"라 함은 근로자파견사업을 행하는 자를 말한다.
4. "사용사업주"라 함은 근로자파견계약에 의하여 파견근로자를 사용하는 자를 말한다.
5. "파견근로자"라 함은 파견사업주가 고용한 근로자로서 근로자파견의 대상이 되는 자를 말한다.
6. "근로자파견계약"이라 함은 파견사업주와 사용사업주간에 근로자파견을 약정하는 계약을 말한다.
7. "차별적 처우"라 함은 다음 각 목의 사항에 있어서 합리적인 이유 없이 불리하게 처우하는 것을 말한다.
   가. 「근로기준법」 제2조제1항제5호에 따른 임금
   나. 정기상여금, 명절상여금 등 정기적으로 지급되는 상여금
   다. 경영성과에 따른 성과금
   라. 그 밖에 근로조건 및 복리후생 등에 관한 사항

제3조(정부의 책무) 정부는 파견근로자를 보호하고 근로자의 구직과 사용자의 인력확보를 용이하게 하기 위하여 다음 각호의 각종 시책을 강구·시행함으로써 근로자가 사용자에게 직접 고용될 수 있도록 노력하여야 한다.

1. 고용정보의 수집·제공
2. 직업에 관한 연구
3. 직업지도
4. 직업안정기관의 설치·운영

제4조(근로자파견사업의 조사·연구) ① 정부는 필요한 경우 근로자대표·사용자대표·공익대표 및 관계전문가로 하여금 근로자파견사업의 적정한 운영과 파견근로자의 보호에 관한 주요사항을 조사·연구하게 할 수 있다.
② 제1항의 규정에 의한 조사·연구에 관하여 필요한 사항은 고용노동부령으로 정한다. 〈개정 2010.6.4.〉

제2장 근로자파견사업의 적정운영

제5조(근로자파견대상업무 등) ① 근로자파견사업은 제조업의 직접생산공정업무를 제외하고 전문지식·기술·경험 또는 업무의 성질 등을 고려하여 적합하다고 판단되는 업무로서 대통령령이 정하는 업무를 대상으로 한다. 〈개정 2006.12.21.〉
② 제1항의 규정에 불구하고 출산·질병·부상 등으로 결원이 생긴 경우 또는 일시적·간헐적으로 인력을 확보하여야 할 필요가 있는 경우에는 근로자파견사업을 행할 수 있다. 〈개정 2006.12.21.〉
③ 제1항 및 제2항의 규정에 불구하고 다음 각 호의 업무에 대하여는 근로자파견사업을 행하여서는 아니 된다. 〈신설 2006.12.21., 2007.8.3., 2011.8.4.〉

1. 건설공사현장에서 이루어지는 업무
2. 「항만운송사업법」 제3조제1호, 「한국철도공사법」 제9조제1항제1호, 「농수산물유통 및 가격안정에 관한 법률」 제40조, 「물류정책기본법」 제2조제1항제1호의 하역업무로서 「직업안정법」 제33조의 규정에 따라 근로자공급사업 허가를 받은 지역의 업무
3. 「선원법」 제2조제1호에 따른 선원의 업무
4. 「산업안전보건법」 제28조의 규정에 따른 유해하거나 위험한 업무

5. 그 밖에 근로자 보호 등의 이유로 근로자파견사업의 대상으로는 적절하지 못하다고 인정하여 대통령령이 정하는 업무

④ 제2항의 규정에 의하여 파견근로자를 사용하고자 할 경우 사용사업주는 당해 사업 또는 사업장에 근로자의 과반수로 조직된 노동조합이 있는 경우에는 그 노동조합, 근로자의 과반수로 조직된 노동조합이 없는 경우에는 근로자의 과반수를 대표하는 자와 사전에 성실하게 협의하여야 한다. <개정 2006.12.21.>

⑤ 누구든지 제1항 내지 제4항의 규정을 위반하여 근로자파견사업을 행하거나 그 근로자파견사업을 행하는 자로부터 근로자파견의 역무를 제공받아서는 아니된다. <개정 2006.12.21.>

제6조(파견기간) ① 근로자파견의 기간은 제5조제2항의 규정에 해당하는 경우를 제외하고는 1년을 초과하지 못한다. <개정 2006.12.21.>

② 제1항의 규정에 불구하고 파견사업주·사용사업주·파견근로자간의 합의가 있는 경우에는 파견기간을 연장할 수 있다. 이 경우 1회를 연장할 때에는 그 연장기간은 1년을 초과하지 못하며, 연장된 기간을 포함한 총파견기간은 2년을 초과하지 못한다. <신설 2006.12.21.>

③ 「고용상 연령차별금지 및 고령자고용촉진에 관한 법률」제2조제1호의 규정에 따른 고령자인 파견근로자에 대하여는 제2항 후단의 규정에 불구하고 2년을 초과하여 근로자파견기간을 연장할 수 있다. <개정 2006.12.21., 2012.2.1.>

④ 제5조제2항의 규정에 의한 근로자파견의 기간은 다음과 같다. <개정 2006.12.21.>
1. 출산·질병·부상등 그 사유가 객관적으로 명백한 경우에는 그 사유의 해소에 필요한 기간
2. 일시적·간헐적으로 인력을 확보할 필요가 있는 경우에는 3월이내의 기간. 다만, 그 사유가 해소되지 아니하고 파견사업주·사용사업주·파견근로자간의 합의가 있는 경우에는 1회에 한하여 3월의 범위안에서 그 기간을 연장할 수 있다.

제6조의2(고용의무) ① 사용사업주가 다음 각 호의 어느 하나에 해당하는 경우에는 해당 파견근로자를 직접 고용하여야 한

다. <개정 2012.2.1.>
1. 제5조제1항의 근로자파견대상업무에 해당하지 아니하는 업무에서 파견근로자를 사용하는 경우(제5조제2항에 따라 근로자파견사업을 행한 경우는 제외한다)
2. 제5조제3항의 규정을 위반하여 파견근로자를 사용하는 경우
3. 제6조제2항을 위반하여 2년을 초과하여 계속적으로 파견근로자를 사용하는 경우
4. 제6조제4항을 위반하여 파견근로자를 사용하는 경우
5. 제7조제3항의 규정을 위반하여 근로자파견의 역무를 제공받은 경우

② 제1항의 규정은 당해 파견근로자가 명시적인 반대의사를 표시하거나 대통령령이 정하는 정당한 이유가 있는 경우에는 적용하지 아니한다.

③ 제1항의 규정에 따라 사용사업주가 파견근로자를 직접 고용하는 경우에 있어서 파견근로자의 근로조건은 다음과 같다.
1. 사용사업주의 근로자 중 당해 파견근로자와 동종 또는 유사업무를 수행하는 근로자가 있는 경우에는 그 근로자에게 적용되는 취업규칙 등에서 정하는 근로조건에 의할 것
2. 사용사업주의 근로자 중 당해 파견근로자와 동종 또는 유사업무를 수행하는 근로자가 없는 경우에는 당해 파견근로자의 기존의 근로조건의 수준보다 저하되어서는 아니될 것

④ 사용사업주는 파견근로자를 사용하고 있는 업무에 근로자를 직접 고용하고자 하는 경우에는 당해 파견근로자를 우선적으로 고용하도록 노력하여야 한다.
[본조신설 2006.12.21.]

제7조(근로자파견사업의 허가) ① 근로자파견사업을 하고자 하는 자는 고용노동부령이 정하는 바에 의하여 고용노동부장관의 허가를 받아야 한다. 허가받은 사항중 고용노동부령이 정하는 중요사항을 변경하는 경우에도 또한 같다. <개정 2010.6.4.>

② 제1항 전단의 규정에 의하여 근로자파견사업의 허가를 받은 자가 허가받은 사항중 동항 후단의 규정에 의한 중요사항외의 사항을 변경하고자 하는 경우에는 고용노동부령이 정하는 바에 의하여 고용노동부장관에게 신고하여야 한다. <개정 2010.6.4.>

③ 사용사업주는 제1항의 규정을 위반하여

근로자파견사업을 행하는 자로부터 근로자파견의 역무를 제공받아서는 아니 된다. <신설 2006.12.21.>

제8조(허가의 결격사유) 다음 각호의 1에 해당하는 자는 제7조의 규정에 의한 근로자파견사업의 허가를 받을 수 없다. <개정 2007.4.11., 2008.3.21., 2011.8.4., 2017.4.18.>
1. 미성년자·피성년후견인·피한정후견인 또는 파산선고를 받고 복권되지 아니한 자
2. 금고이상의 형(執行猶豫를 제외한다)의 선고를 받고 그 집행이 종료되거나 집행을 받지 아니하기로 확정된 후 2년이 경과되지 아니한 자
3. 이 법, 직업안정법, 「근로기준법」제7조, 제9조, 제20조부터 제22조까지, 제36조, 제43조부터 제46조까지, 제56조 및 제64조, 「최저임금법」제6조, 「선원법」제110조을 위반하여 벌금이상의 형(執行猶豫를 제외한다)의 선고를 받고 그 집행이 종료되거나 집행을 받지 아니하기로 확정된 후 3년이 경과되지 아니한 자
4. 금고이상의 형의 집행유예선고를 받고 그 유예기간중에 있는 자
5. 제12조의 규정에 의한 당해 사업의 허가가 취소된 후 3년이 경과되지 아니한 자
6. 법인으로서 그 임원중 제1호 내지 제5호의1에 해당하는 자가 있는 법인

제9조(허가의 기준) ① 고용노동부장관은 제7조의 규정에 의하여 근로자파견사업의 허가신청이 있는 경우에는 다음 각호의 요건에 적합한 경우에 한하여 이를 허가할 수 있다. <개정 2010.6.4.>
1. 신청인이 당해 근로자파견사업을 적정하게 수행할 수 있는 자산 및 시설등을 갖추고 있을 것
2. 당해 사업이 특정한 소수의 사용사업주를 대상으로 하여 근로자파견을 행하는 것이 아닐 것
② 제1항의 규정에 의한 허가의 세부기준은 대통령령으로 정한다.

제10조(허가의 유효기간등) ① 근로자파견사업의 허가의 유효기간은 3년으로 한다.
② 제1항의 규정에 의한 허가의 유효기간의 만료후 계속하여 근로자파견사업을 하고자 하는 자는 고용노동부령이 정하는 바에 의하여 갱신허가를 받아야 한다. <개정 2010.6.4.>
③ 제2항의 규정에 의한 갱신허가의 유효기간은 당해 갱신전의 허가의 유효기간이 만료되는 날의 다음날부터 기산하여 3년으로 한다.
④ 제7조 내지 제9조의 규정은 제2항의 규정에 의한 갱신허가에 관하여 이를 준용한다.

제11조(사업의 폐지) ① 파견사업주는 근로자파견사업을 폐지한 때에는 고용노동부령이 정하는 바에 의하여 고용노동부장관에게 신고하여야 한다. <개정 2010.6.4.>
② 제1항의 규정에 의한 신고가 있는 때에는 근로자파견사업의 허가는 신고일부터 그 효력을 잃는다.

제12조(허가의 취소등) ① 고용노동부장관은 파견사업주가 다음 각호의 1에 해당하는 때에는 근로자파견사업의 허가를 취소하거나 6월 이내의 기간을 정하여 영업정지를 명할 수 있다. 다만, 제1호 또는 제2호에 해당하는 때에는 그 허가를 취소하여야 한다. <개정 2008.3.21., 2010.6.4.>
1. 제7조제1항 또는 제10조제2항에 따른 허가를 거짓이나 그 밖의 부정한 방법으로 받은 때
2. 제8조의 규정에 의한 결격사유에 해당하게 된 때
3. 제9조의 규정에 의한 허가의 기준에 미달하게 된 때
4. 제5조제5항을 위반하여 근로자파견사업을 행한 때
5. 제6조제1항·제2항 또는 제4항을 위반하여 근로자파견사업을 행한 때
6. 제7조제1항 후단을 위반하여 허가를 받지 아니하고 중요한 사항을 변경한 때
7. 제7조제2항에 따른 변경신고를 하지 아니하고 신고사항을 변경한 때
8. 제11조제1항에 따른 폐지신고를 하지 아니한 때
9. 제13조제2항을 위반하여 영업정지처분의 내용을 사용사업주에게 통지하지 아니한 때
10. 제14조에 따른 겸업금지의무를 위반한 때
11. 제15조를 위반하여 명의를 대여한 때
12. 제16조제1항을 위반하여 근로자를 파

견한 때
13. 제17조에 따른 준수사항을 위반한 때
14. 제18조에 따른 보고를 하지 아니하거나 거짓의 보고를 한 때
15. 제20조제1항에 따른 근로자파견계약을 서면으로 체결하지 아니한 때
16. 제24조제2항을 위반하여 근로자의 동의를 얻지 아니하고 근로자파견을 행한 때
17. 제25조를 위반하여 근로계약 또는 근로자파견계약을 체결한 때
18. 제26조제1항을 위반하여 파견근로자에게 제20조제1항제2호·제4호부터 제12호까지의 사항을 알려주지 아니한 때
19. 제28조에 따른 파견사업관리책임자를 선임하지 아니하거나 결격사유에 해당하는 자를 선임한 때
20. 제29조에 따른 파견사업관리대장을 작성하지 아니하거나 보존하지 아니한 때
21. 제35조제5항을 위반하여 건강진단결과를 송부하지 아니한 때
22. 제37조에 따른 근로자파견사업의 운영 및 파견근로자의 고용관리 등에 관한 개선명령을 이행하지 아니한 때
23. 제38조에 따른 보고명령을 위반하거나 관계 공무원의 출입·검사·질문 등의 업무를 거부·기피·방해한 때
② 고용노동부장관은 법인이 제8조제6호의 규정에 의한 결격사유에 해당되어 허가를 취소하고자 하는 경우에는 미리 그 임원의 개임에 필요한 기간을 1월 이상 주어야 한다. <개정 2010.6.4.>
③ 고용노동부장관은 제1항의 규정에 의하여 허가를 취소하고자 하는 경우에는 청문을 실시하여야 한다. <개정 2010.6.4.>
④ 제1항의 규정에 의한 근로자파견사업의 허가의 취소 또는 영업정지의 기준은 고용노동부령으로 정한다. <개정 2010.6.4.>

제13조(허가취소등의 처분후의 근로자파견)
① 제12조의 규정에 의한 허가의 취소 또는 영업의 정지처분을 받은 파견사업주는 그 처분전에 파견한 파견근로자와 그 사용사업주에 대하여는 그 파견기간이 종료될 때까지 파견사업주로서의 의무와 권리를 가진다.
② 제1항의 경우에 파견사업주는 그 처분의 내용을 지체없이 사용사업주에게 통지하여야 한다.

제14조(겸업금지) 다음 각호의 1에 해당하는 사업을 하는 자는 근로자파견사업을 행할 수 없다. <개정 2009.2.6.>
1. 「식품위생법」 제36조제1항제3호에 따른 식품접객업
2. 공중위생법 제2조제1항제1호 가목의 규정에 의한 숙박업
3. 가정의례에관한법률 제5조의 규정에 의한 결혼상담 또는 중매행위를 하는 업
4. 기타 대통령령으로 정하는 사업

제15조(명의대여의 금지) 파견사업주는 자기의 명의로 타인에게 근로자파견사업을 행하게 하여서는 아니된다.

제16조(근로자파견의 제한) ① 파견사업주는 쟁의행위중인 사업장에 그 쟁의행위로 중단된 업무의 수행을 위하여 근로자를 파견하여서는 아니된다.
② 누구든지 「근로기준법」 제24조의 규정에 의한 경영상의 이유에 의한 해고를 한 후 대통령령이 정하는 일정기간이 경과하기 전에는 당해 업무에 파견근로자를 사용하여서는 아니된다. <개정 2007.4.11.>

제17조(파견사업주등의 준수사항) 파견사업주 및 제28조의 규정에 의한 파견사업관리책임자는 근로자파견사업을 행함에 있어 고용노동부령이 정하는 사항을 준수하여야 한다. <개정 2010.6.4.>

제18조(사업보고) 파견사업주는 고용노동부령이 정하는 바에 따라 사업보고서를 작성하여 고용노동부장관에게 제출하여야 한다. <개정 2010.6.4.>

제19조(폐쇄조치등) ① 고용노동부장관은 허가를 받지 아니하고 근로자파견사업을 하거나 허가의 취소 또는 영업의 정지처분을 받은 후 계속하여 사업을 하는 자에 대하여는 관계공무원으로 하여금 당해 사업을 폐쇄하기 위하여 다음 각호의 조치를 하게 할 수 있다. <개정 2010.6.4.>
1. 당해 사무소 또는 사무실의 간판 기타 영업표지물의 제거·삭제
2. 당해 사업이 위법한 것임을 알리는 게시물의 부착
3. 당해 사업의 운영을 위하여 필수불가결한 기구 또는 시설물을 사용할 수 없게

하는 봉인

② 제1항의 규정에 의한 조치를 하고자 하는 경우에는 미리 이를 당해 파견사업주 또는 그 대리인에게 서면으로 알려주어야 한다. 다만, 급박한 사유가 있는 경우에는 그러하지 아니하다.

③ 제1항의 규정에 의한 조치는 그 사업을 할 수 없게 함에 필요한 최소한의 범위에 그쳐야 한다.

④ 제1항의 규정에 의하여 조치를 하는 관계공무원은 그 권한을 표시하는 증표를 관계인에게 내보여야 한다.

제3장 파견근로자의 근로조건등
제1절 근로자파견계약

제20조(계약의 내용등) ① 근로자파견계약의 당사자는 고용노동부령이 정하는 바에 따라 다음 각호의 사항이 포함되는 근로자파견계약을 서면으로 체결하여야 한다. <개정 2006.12.21., 2010.6.4.>
1. 파견근로자의 수
2. 파견근로자가 종사할 업무의 내용
3. 파견사유(第5條第2項의 規定에 의하여 勤勞者派遣을 행하는 경우에 한한다)
4. 파견근로자가 파견되어 근로할 사업장의 명칭 및 소재지 기타 파견근로자의 근로장소
5. 파견근로중인 파견근로자를 직접 지휘·명령할 자에 관한 사항
6. 근로자파견기간 및 파견근로 개시일에 관한 사항
7. 시업 및 종업의 시각과 휴게시간에 관한 사항
8. 휴일·휴가에 관한 사항
9. 연장·야간·휴일근로에 관한 사항
10. 안전 및 보건에 관한 사항
11. 근로자파견의 대가
12. 기타 고용노동부령이 정하는 사항

② 사용사업주는 제1항의 규정에 따라 근로자파견계약을 체결하는 때에는 파견사업주에게 제21조제1항의 규정을 준수하도록 하기 위하여 필요한 정보를 제공하여야 한다. 이 경우 제공하여야 하는 정보의 범위 및 제공방법 등에 관한 사항은 대통령령으로 정한다. <신설 2006.12.21.>

제21조(차별적 처우의 금지 및 시정 등) ①

파견사업주와 사용사업주는 파견근로자임을 이유로 사용사업주의 사업 내의 동종 또는 유사한 업무를 수행하는 근로자에 비하여 파견근로자에게 차별적 처우를 하여서는 아니 된다.

② 파견근로자는 차별적 처우를 받은 경우 노동위원회에 그 시정을 신청할 수 있다.

③ 제2항의 규정에 따른 시정신청 그 밖의 시정절차 등에 관하여는 「기간제 및 단시간근로자 보호 등에 관한 법률」 제9조 내지 제15조 및 제16조(동조제1호 및 제4호를 제외한다)의 규정을 준용한다. 이 경우 "기간제근로자 또는 단시간근로자"는 "파견근로자"로, "사용자"는 "파견사업주 또는 사용사업주"로 본다.

④ 제1항 내지 제3항의 규정은 사용사업주가 상시 4인 이하의 근로자를 사용하는 경우에는 이를 적용하지 아니한다.
[전문개정 2006.12.21.]

제21조의2(고용노동부장관의 차별적 처우 시정요구 등) ① 고용노동부장관은 파견사업주와 사용사업주가 제21조제1항을 위반하여 차별적 처우를 한 경우에는 그 시정을 요구할 수 있다.

② 고용노동부장관은 파견사업주와 사용사업주가 제1항에 따른 시정요구에 응하지 아니할 경우에는 차별적 처우의 내용을 구체적으로 명시하여 노동위원회에 통보하여야 한다. 이 경우 고용노동부장관은 해당 파견사업주 또는 사용사업주 및 근로자에게 그 사실을 통지하여야 한다.

③ 노동위원회는 제2항에 따라 고용노동부장관의 통보를 받은 경우에는 지체 없이 차별적 처우가 있는지 여부를 심리하여야 한다. 이 경우 노동위원회는 해당 파견사업주 또는 사용사업주 및 근로자에게 의견을 진술할 수 있는 기회를 부여하여야 한다.

④ 제3항에 따른 노동위원회의 심리 및 그 밖의 시정절차 등에 관하여는 「기간제 및 단시간근로자 보호 등에 관한 법률」 제15조의2제4항에 따라 준용되는 같은 법 제9조제4항, 제11조부터 제15조까지의 규정 및 제15조의2제5항을 준용한다. 이 경우 "시정신청을 한 날"은 "통지를 받은 날"로, "기각결정"은 "차별적 처우가 없다는 결정"으로, "관계 당사자"는 "해당 파견사업주 또는 사용사업주 및 근로자"로,

"시정신청을 한 근로자"는 "해당 근로자"로 본다.
[본조신설 2012.2.1.]

제21조의3(확정된 시정명령의 효력 확대) ① 고용노동부장관은 제21조제3항 또는 제21조의2제4항에 따라 준용되는「기간제 및 단시간근로자 보호 등에 관한 법률」제14조에 따라 확정된 시정명령을 이행할 의무가 있는 파견사업주 또는 사용사업주의 사업 또는 사업장에서 해당 시정명령의 효력이 미치는 근로자 이외의 파견근로자에 대하여 차별적 처우가 있는지를 조사하여 차별적 처우가 있는 경우에는 그 시정을 요구할 수 있다.
② 파견사업주 또는 사용사업주가 제1항에 따른 시정요구에 응하지 아니할 경우에는 제21조의2제2항부터 제4항까지의 규정을 준용한다.
[본조신설 2014.3.18.]

제22조(계약의 해지등) ① 사용사업주는 파견근로자의 성별·종교·사회적 신분이나 파견근로자의 정당한 노동조합의 활동등을 이유로 근로자파견계약을 해지하여서는 아니된다.
② 파견사업주는 사용사업주가 파견근로에 관하여 이 법 또는 이 법에 의한 명령, 근로기준법 또는 동법에 의한 명령, 산업안전보건법 또는 동법에 의한 명령에 위반하는 경우에는 근로자파견을 정지하거나 근로자파견계약을 해지할 수 있다.

제2절
파견사업주가 강구하여야 할 조치

제23조(파견근로자의 복지증진) 파견사업주는 파견근로자의 희망과 능력에 적합한 취업 및 교육훈련기회의 확보, 근로조건의 향상 기타 고용안정을 기하기 위하여 필요한 조치를 강구함으로써 파견근로자의 복지증진에 노력하여야 한다.

제24조(파견근로자에 대한 고지의무) ① 파견사업주는 근로자를 파견근로자로서 고용하고자 할 때에는 미리 당해 근로자에게 그 취지를 서면으로 알려주어야 한다. <개정 2006.12.21.>

② 파견사업주는 그가 고용한 근로자중 파견근로자로 고용하지 아니한 자를 근로자파견의 대상으로 하고자 할 경우에는 미리 그 취지를 서면으로 알려주고 당해 근로자의 동의를 얻어야 한다. <개정 2006.12.21.>

제25조(파견근로자에 대한 고용제한의 금지)
① 파견사업주는 정당한 이유없이 파견근로자 또는 파견근로자로서 고용되고자 하는 자와 그 고용관계의 종료후 사용사업주에게 고용되는 것을 금지하는 내용의 근로계약을 체결하여서는 아니된다.
② 파견사업주는 정당한 이유없이 파견근로자의 고용관계의 종료후 사용사업주가 당해 파견근로자를 고용하는 것을 금지하는 내용의 근로자파견계약을 체결하여서는 아니된다.

제26조(취업조건의 고지) ① 파견사업주는 근로자파견을 하고자 할 때에는 미리 당해 파견근로자에게 제20조제1항 각호의 사항 기타 고용노동부령이 정하는 사항을 서면으로 알려주어야 한다. <개정 2006.12.21., 2010.6.4.>
② 파견근로자는 파견사업주에게 제20조제1항제11호의 규정에 따른 당해 근로자파견의 대가에 관하여 그 내역의 제시를 요구할 수 있다. <신설 2006.12.21.>
③ 파견사업주는 제2항의 규정에 따라 그 내역의 제시를 요구받은 때에는 지체 없이 그 내역을 서면으로 제시하여야 한다. <신설 2006.12.21.>

제27조(사용사업주에 대한 통지) 파견사업주는 근로자파견을 할 경우에는 파견근로자의 성명 기타 고용노동부령이 정하는 사항을 사용사업주에게 통지하여야 한다. <개정 2010.6.4.>

제28조(파견사업관리책임자) ① 파견사업주는 파견근로자의 적절한 고용관리를 위하여 제8조제1호 내지 제5호의 규정에 의한 결격사유에 해당하지 아니하는 자중에서 파견사업관리책임자를 선임하여야 한다.
② 파견사업관리책임자의 임무등에 관하여 필요한 사항은 고용노동부령으로 정한다. <개정 2010.6.4.>

제29조(파견사업관리대장) ① 파견사업주는

파견사업관리대장을 작성·보존하여야 한다.
② 제1항의 규정에 의한 파견사업관리대장의 기재사항 및 그 보존기간은 고용노동부령으로 정한다. <개정 2010.6.4.>

제3절 사용사업주가 강구하여야 할 조치

제30조(근로자파견계약에 관한 조치) 사용사업주는 제20조의 규정에 의한 근로자파견계약에 위반되지 아니하도록 필요한 조치를 강구하여야 한다.

제31조(적정한 파견근로의 확보) ① 사용사업주는 파견근로자로부터 파견근로에 관한 고충의 제시가 있는 경우에는 그 고충의 내용을 파견사업주에게 통지하고 신속·적절하게 고충을 처리하도록 하여야 한다.
② 제1항의 규정에 의한 고충의 처리외에 사용사업주는 파견근로가 적정하게 행하여지도록 필요한 조치를 강구하여야 한다.

제32조(사용사업관리책임자) ① 사용사업주는 파견근로자의 적절한 파견근로를 위하여 사용사업관리책임자를 선임하여야 한다.
② 사용사업관리책임자의 임무등에 관하여 필요한 사항은 고용노동부령으로 정한다. <개정 2010.6.4.>

제33조(사용사업관리대장) ① 사용사업주는 사용사업관리대장을 작성·보존하여야 한다.
② 제1항의 규정에 의한 사용사업관리대장의 기재사항 및 그 보존기간은 고용노동부령으로 정한다. <개정 2010.6.4.>

제4절 근로기준법등의 적용에 관한 특례

제34조(근로기준법의 적용에 관한 특례) ① 파견중인 근로자의 파견근로에 관하여는 파견사업주 및 사용사업주를「근로기준법」제2조의 규정에 의한 사용자로 보아 동법을 적용한다. 다만, 같은 법 제15조부터 제36조까지, 제39조, 제41조부터 제48조까지, 제56조, 제60조, 제64조, 제66조부터 제68조까지 및 제78조부터 제92조까지의 규정의 적용에 있어서는 파견사업주를, 같은 법 제50조부터 제55조까지, 제58조, 제59조, 제62조, 제63조 및 제69조부터 제75조까지의 규정의 적용에 있어서는 사용사업주를 사용자로 본다. <개정 2007.4.11.>
② 파견사업주가 대통령령이 정하는 사용사업주의 귀책사유로 인하여 근로자의 임금을 지급하지 못한 때에는 사용사업주는 당해 파견사업주와 연대하여 책임을 진다. 이 경우「근로기준법」제43조 및 제68조의 규정을 적용함에 있어서는 파견사업주 및 사용사업주를 같은 법 제2조의 규정에 의한 사용자로 보아 동법을 적용한다. <개정 2007.4.11.>
③ 「근로기준법」제55조, 제73조 및 제74조제1항의 규정에 의하여 사용사업주가 유급휴일 또는 유급휴가를 주는 경우 그 휴일 또는 휴가에 대하여 유급으로 지급되는 임금은 파견사업주가 지급하여야 한다. <개정 2007.4.11.>
④ 파견사업주와 사용사업주가 근로기준법을 위반하는 내용을 포함한 근로자파견계약을 체결하고 그 계약에 따라 파견근로자를 근로하게 함으로써 동법을 위반한 경우에는 그 계약 당사자 모두를 동법 제15조의 규정에 의한 사용자로 보아 해당 벌칙규정을 적용한다.

제35조(산업안전보건법의 적용에 관한 특례)
① 파견중인 근로자의 파견근로에 관하여는 사용사업주를 산업안전보건법 제2조제3호의 규정에 의한 사업주로 보아 동법을 적용한다. 이 경우 동법 제31조제2항의 규정을 적용함에 있어서는 동항중 "근로자를 채용할 때"를 "근로자파견의 역무를 제공받은 때"로 본다.
② 제1항의 규정에 불구하고 산업안전보건법 제5조, 제43조제5항(作業場所의 변경, 作業의 轉換 및 勤勞時間 短縮의 경우에 한한다), 제43조제6항 단서, 제52조제2항의 적용에 있어서는 파견사업주 및 사용사업주를 동법 제2조제3호의 규정에 의한 사업주로 본다.
③ 사용사업주는 파견중인 근로자에 대하여 산업안전보건법 제43조의 규정에 의한 건강진단을 실시한 때에는 동법 제43조제6항의 규정에 의하여 당해 건강진단결과를 설명하여야 하며, 당해 건강진단결과를 지

체없이 파견사업주에게 송부하여야 한다.
④ 제1항 및 제3항의 규정에 불구하고 산업안전보건법 제43조제1항의 규정에 의하여 사업주가 정기적으로 실시하여야 하는 건강진단중 고용노동부령이 정하는 건강진단에 대하여는 파견사업주를 동법 제2조제3호의 규정에 의한 사업주로 본다. <개정 2008.3.21., 2010.6.4.>
⑤ 파견사업주는 제4항의 규정에 의한 건강진단을 실시한 때에는 산업안전보건법 제43조제6항의 규정에 의하여 당해 건강진단결과를 설명하여야 하며, 당해 건강진단결과를 지체없이 사용사업주에게 송부하여야 한다.
⑥ 파견사업주와 사용사업주가 산업안전보건법을 위반하는 내용을 포함한 근로자파견계약을 체결하고 그 계약에 따라 파견근로자를 근로하게 함으로써 동법을 위반한 경우에는 그 계약당사자 모두를 동법 제2조제3호의 규정에 의한 사업주로 보아 해당 벌칙규정을 적용한다.

제4장 보칙

제36조(지도·조언등) 고용노동부장관은 이 법의 시행을 위하여 필요하다고 인정할 때에는 파견사업주 및 사용사업주에 대하여 근로자파견사업의 적정한 운영 또는 적정한 파견근로를 확보하는데 필요한 지도 및 조언을 할 수 있다. <개정 2010.6.4.>

제37조(개선명령) 고용노동부장관은 적정한 파견근로의 확보를 위하여 필요하다고 인정할 때에는 파견사업주에 대하여 근로자파견사업의 운영 및 파견근로자의 고용관리등에 관한 개선을 명할 수 있다. <개정 2010.6.4.>

제38조(보고와 검사) ① 고용노동부장관은 이 법의 시행을 위하여 필요하다고 인정할 때에는 고용노동부령이 정하는 바에 따라 파견사업주 및 사용사업주에 대하여 필요한 사항의 보고를 명할 수 있다. <개정 2010.6.4.>
② 고용노동부장관은 필요하다고 인정할 때에는 관계공무원으로 하여금 파견사업주 및 사용사업주의 사업장 기타 시설에 출입하여 장부·서류 기타 물건을 검사하

거나 관계인에게 질문하게 할 수 있다. <개정 2010.6.4.>
③ 제2항의 규정에 의하여 출입·검사를 하는 공무원은 그 권한을 표시하는 증표를 관계인에게 내보여야 한다.

제39조(자료의 요청) ① 고용노동부장관은 관계행정기관 기타 공공단체등에 대하여 이 법 시행에 필요한 자료의 제출을 요청할 수 있다. <개정 2010.6.4.>
② 제1항의 규정에 의하여 자료의 제출을 요청받은 자는 정당한 사유가 없는 한 이에 응하여야 한다.

제40조(수수료) 제7조 및 제10조의 규정에 의한 허가를 받고자 하는 자는 고용노동부령이 정하는 바에 따라 수수료를 납부하여야 한다. <개정 2010.6.4.>

제41조(권한의 위임) 이 법에 의한 고용노동부장관의 권한은 대통령령이 정하는 바에 의하여 그 일부를 지방고용노동관서의 장에게 위임할 수 있다. <개정 2010.6.4.>

제5장 벌칙

제42조(벌칙) ① 다음 각 호의 어느 하나에 해당하는 업무에 취업시킬 목적으로 근로자파견을 한 자는 5년 이하의 징역 또는 5천만원 이하의 벌금에 처한다. <개정 2014.5.20., 2017.4.18.>
1.「성매매알선 등 행위의 처벌에 관한 법률」제2조제1항제1호에 따른 성매매 행위가 이루어지는 업무
2.「보건범죄 단속에 관한 특별조치법」제2조제1항에 따른 부정식품 제조 등 행위가 이루어지는 업무
3.「보건범죄 단속에 관한 특별조치법」제3조제1항에 따른 부정의약품 제조 등 행위가 이루어지는 업무
4.「보건범죄 단속에 관한 특별조치법」제4조제1항에 따른 부정유독물 제조 등 행위가 이루어지는 업무
5.「보건범죄 단속에 관한 특별조치법」제5조에 따른 부정의료 행위가 이루어지는 업무
6.「식품위생법」제4조에 따른 위해식품등의 판매 등 행위가 이루어지는 업무

7. 「식품위생법」제5조에 따른 병든 동물 고기 등의 판매 등 행위가 이루어지는 업무
8. 그 밖에 제1호부터 제7호까지의 규정에 준하는 행위가 이루어지는 업무로서 대통령령으로 정하는 업무
② 제1항의 미수범은 처벌한다.
[2017.4.18 법률 제14790호에 의하여 2016.11.24 헌법재판소에서 위헌 결정된 이 조 제1항을 개정함.]

제43조(벌칙) 다음 각호의 1에 해당하는 자는 3년 이하의 징역 또는 3천만원 이하의 벌금에 처한다. <개정 2006.12.21., 2014.5.20.>
1. 제5조제5항, 제6조제1항·제2항·제4항 또는 제7조제1항의 규정을 위반하여 근로자파견사업을 행한 자
1의2. 제5조제5항, 제6조제1항·제2항·제4항 또는 제7조제3항의 규정을 위반하여 근로자파견의 역무를 제공받은 자
2. 허위 기타 부정한 방법으로 제7조제1항의 규정에 의한 허가 또는 제10조제2항의 규정에 의한 갱신허가를 받은 자
3. 제15조 또는 제34조제2항의 규정을 위반한 자

제43조의2(벌칙) 제21조제3항의 규정에 따라 준용되는「기간제 및 단시간근로자 보호 등에 관한 법률」제16조(동조제1호 및 제4호를 제외한다)의 규정을 위반한 자는 2년 이하의 징역 또는 1천만원 이하의 벌금에 처한다.
[본조신설 2006.12.21.]

제44조(벌칙) 다음 각호의 1에 해당하는 자는 1년 이하의 징역 또는 1천만원 이하의 벌금에 처한다. <개정 2006.12.21., 2009.5.21.>
1. 삭제 <2006.12.21.>
2. 제12조제1항의 규정에 의한 영업의 정지명령을 위반하여 근로자파견사업을 계속한 자
3. 제16조를 위반한 자

제45조(양벌규정) 법인의 대표자나 법인 또는 개인의 대리인, 사용인, 그 밖의 종업원이 그 법인 또는 개인의 업무에 관하여 제42조·제43조·제43조의2 또는 제44조의 위반행위를 하면 그 행위자를 벌하는 외에 그 법인 또는 개인에게도 해당 조문의 벌금형을 과(科)한다. 다만, 법인

또는 개인이 그 위반행위를 방지하기 위하여 해당 업무에 관하여 상당한 주의와 감독을 게을리하지 아니한 경우에는 그러하지 아니하다.
[전문개정 2009.5.21.]

제46조(과태료) ① 제21조제3항, 제21조의2제4항 및 제21조의3제2항에 따라 준용되는「기간제 및 단시간근로자보호 등에 관한 법률」제14조제2항 또는 제3항의 규정에 따라 확정된 시정명령을 정당한 이유 없이 이행하지 아니한 자는 1억원 이하의 과태료에 처한다. <신설 2006.12.21., 2012.2.1., 2014.3.18.>
② 제6조의2제1항의 규정을 위반하여 파견근로자를 직접 고용하지 아니한 자는 3천만원 이하의 과태료에 처한다. <신설 2006.12.21.>
③ 제26조제1항을 위반하여 근로자파견을 할 때에 미리 해당 파견근로자에게 제20조제1항 각 호의 사항 및 그 밖에 고용노동부령으로 정하는 사항을 서면으로 알리지 아니한 파견사업주에게는 1천만원 이하의 과태료를 부과한다. <신설 2009.5.21., 2010.6.4.>
④ 제21조제3항, 제21조의2제4항 및 제21조의3제2항에 따라 준용되는「기간제 및 단시간근로자보호 등에 관한 법률」제15조제1항의 규정에 따른 고용노동부장관의 이행상황 제출요구에 정당한 이유 없이 불응한 자는 500만원 이하의 과태료에 처한다. <신설 2006.12.21., 2009.5.21., 2010.6.4., 2012.2.1., 2014.3.18.>
⑤ 다음 각호의 1에 해당하는 자는 300만원 이하의 과태료에 처한다. <개정 2006.12.21., 2009.5.21.>
1. 제11조제1항의 규정에 의한 신고를 하지 아니하거나 허위의 신고를 한 자
2. 제18조 또는 제38조제1항의 규정에 의한 보고를 하지 아니하거나 허위의 보고를 한 자
2의2. 제26조제3항의 규정을 위반한 자
3. 제27조·제29조 또는 제33조의 규정을 위반한 자
4. 제35조제3항 또는 제5항의 규정을 위반하여 당해 건강진단결과를 송부하지 아니한 자
5. 제37조의 개선명령을 위반한 자
6. 제38조제2항의 규정에 의한 검사를 정당한 이유없이 거부·방해 또는 기피한 자
⑥ 제1항부터 제5항까지의 규정에 따른

과태료는 대통령령으로 정하는 바에 따라 고용노동부장관이 부과 · 징수한다. <개정 2009.5.21., 2010.6.4.>
⑦ 삭제 <2009.5.21.>
⑧ 삭제 <2009.5.21.>

부칙
<제14790호, 2017.4.18.>

제1조(시행일) 이 법은 공포한 날부터 시행한다.

제2조(금치산자 등의 결격사유에 관한 경과조치) 제8조제1호의 개정규정에도 불구하고 이 법 시행 당시 법률 제10429호 민법 일부개정법률 부칙 제2조에 따라 금치산 또는 한정치산 선고의 효력이 유지되는 사람에 대하여는 종전의 규정에 따른다.

■ 공저 김종석

□ 노동법률실무연구회(수석연구원)
□ 노동복지신문 산재담당부장(前)
□ 각 문화센터 노동법강사
□ 저서 : 노동법 강의(공저)
　　　　노동법지식사전
　　　　근로기준법(법률용어사전)
　　　　산업재해 이렇게 해결하라

■ 공저 이기옥

□ 한양대 법과대학 졸업
□ 한양대 대학원 법학박사
□ 법률사이트 LAWB 자문위원
□ 경상대, 한양대 강사

용어해설·법령을 같이 보는

노동·근로 정보와
용어·법규 총람

정가 48,000원

2019年 5月 25日 1판 인쇄
2019年 5月 30日 1판 발행
　공 저 : 김 종 석
　　　　　이 기 옥
　발행인 : 김 현 호
　발행처 : 법문 북스
　공급처 : 법률미디어

152-050
서울 구로구 구로동 636-62
TEL : 2636-2911~2, FAX : 2636~3012
등록 : 1979년 8월 27일 제5-22호
Home : www.lawb.co.kr

▌ISBN 978-89-7535-732-9　(13360)
▌이 도서의 국립중앙도서관 출판예정도서목록(CIP)은 서지정보유통지원시스템 홈페이지
　(http://seoji.nl.go.kr)와 국가자료종합목록 구축시스템(http://kolis-net.nl.go.kr)에
　서 이용하실 수 있습니다. (CIP제어번호 : CIP2019020332)
▌파본은 교환해 드립니다.